DICTIONNAIRE
SAN-ANTONIO

Serge Le Doran
Frédéric Pelloud
Philippe Rosé

DICTIONNAIRE
SAN-ANTONIO

FLEUVE NOIR

AVANT-PROPOS

Depuis Rabelais, aucun écrivain de langue française n'a pu prétendre, autant que San-Antonio, être parvenu à forger un langage qui lui soit propre. Nous pensons qu'avec ses quelque 15 000 entrées, ce dictionnaire en apporte la preuve.

Naturellement, la première raison de cette richesse réside dans l'abondance de l'œuvre san-antonienne : 169 romans à l'heure où nous mettons sous presse, dont 14 épais « hors série », soit, au total, environ 45 000 pages, ce qui représente une pile de livres haute de près de quatre mètres[1].

Mais on verra qu'abondance, ici, rime avec luxuriance. L'imagination narrative de San-Antonio n'a d'égale que son imagination verbale : syntaxe réadaptée aux besoins de la cause, néologismes, calembours, expressions métaphoriques...

En face d'un tel corpus, la modestie est nécessaire; notre tâche s'est limitée à une collecte lexicale, puisque nous n'avons retenu que le vocabulaire non conventionnel utilisé dans l'œuvre.

Le lecteur trouvera donc dans la première partie « LEXIQUE GÉNÉRAL » :

– les mots d'emprunt à divers jargons populaires, tel l'argot des truands : « machine à tricoter du macchabée » (arme à feu), « assiettes » (cour d'assises)...; aux parlers régionaux ou francophones : « coufle », (rassasié, Dauphiné), « cadière » (chaise, Provence), « cornet » (sac, Suisse), « s'en-fout-la-mort » (nom local donné aux chauffeurs de taxi d'Abidjan); à d'autres auteurs : « tarte

---

1. Parce qu'ils sont de facture plus conventionnelle que les « San-Antonio », nous n'avons pas inclu en outre, dans notre travail de collecte, les romans signés du vrai nom de l'auteur, Frédéric Dard, ou d'un des nombreux pseudonymes que le père du commissaire a utilisés entre 1948 et 1955 : Kaput, l'Ange Noir, F. D. Ricard, Max ou Maxell Beeting, Frederick Antony, Verne Goody, Cornel Milk, Frédéric Charles.

aux poils » (cunnilingus ou appareil génital féminin, expression attribuée à Michel Audiard), etc.

Ces mots d'emprunt (surtout à l'argot du Paris populaire) apparaissent très fréquemment dans l'œuvre de San-Antonio, car ils forment l'ossature du langage de l'auteur; dans ce dictionnaire, où naturellement ils n'apparaissent qu'une seule fois, ils sont largement minoritaires :

– les néologismes de toute sorte : mots dérivés obtenus par ajout d'un suffixe : « hypothancer » (émettre une hypothèse), « trahisseur » (traître), « striderie » (sonnerie stridente)...; mots dérivés obtenus par suppression du suffixe : « dépradé » (qui a subi une dépradation), « réminer » (se souvenir, avoir une réminiscence de souvenir)...; mots composés : « gesticrier » (gesticuler en criant), « enridiculisé » (rendu ridicule)...; mots décomposés : « terlocuteur » (interlocuteur), « tomobiliste » (automobiliste), « ptempérer » (obtempérer)...; mots-valises : « jouvenpucelle » (jeune fille vierge), « accumoncelé » (accumulé en monceaux)...; mots forgés : « gomènol », « heurkch-plitz », « chaoursien » (termes de sens indéterminé)...; onomatopées : « graouper » (gober, avaler goulûment)...; néologismes de sens : « psychanalyser » (copuler), « natation » (nation)...; plus, bien évidemment, les néologismes qui mélangent les procédés, comme « foirdempoigner » (se bousculer), ou de type plus exotique, tels les paragrammes (« rétroquer » pour rétorquer, ou « s'ocroyer » pour s'octroyer : ça ressemble à une coquille typographique mais ce n'en est pas une). L'immense majorité de ces créations lexicales fait l'objet d'une apparition unique dans l'œuvre;

– les tropes : « tout-à-l'égout » (tube digestif), « salle à manger » (bouche), « fleur de coin » (innocent), et les expressions métaphoriques : « gibecière à carénage italien » (soutien-gorge), « lentille concave » (crâne chauve), « gommer le curriculum » (tuer), « fromagé du psychique » (idiot)...;

– les calembours et les termes dont l'orthographe est modifiée : « eau-cul-rance » (occurrence), « con-cul-pissant » (concupiscent), « à-ce-mastique » (asthmatique), « à lavement » (à l'avenant), « casier chéant » (cas échéant)...

Toutes les entrées du dictionnaire sont classées alphabétiquement, définies brièvement, mais précisément, comme dans les exemples ci-dessus, et très souvent illustrées d'un ou plusieurs extraits puisés dans les romans. Figure également, à la suite de chaque extrait, la référence chiffrée de la source.

Chaque terme employé dans ces extraits qui fait l'objet d'une entrée dans le dictionnaire est repéré par un astérisque (*). Et comme beaucoup des principaux personnages ont un langage qui leur est spécifique (en particulier Alexandre-Benoît Bérurier), la référence du locuteur est parfois précisée (B pour Bérurier, MM pour Marie-Marie, etc.). Pour les substantifs, l'adjonction d'un article en regard de chaque entrée permet d'identifier le genre. Le lecteur, en revanche, ne trouvera ni étymologie, ni liste de synonymes, ni commentaire d'aucune sorte, sinon lorsqu'un court développement s'avère nécessaire pour faire saisir le sens d'un terme. Nous laissons à d'autres le soin de tirer de ce corpus les discours critiques qui s'imposent.

La deuxième partie « L'ÉROTISME » est semblable à la première, sinon qu'elle regroupe thématiquement les termes qui ont trait à la sexualité - de loin le thème qui excite le plus la créativité verbale de San-Antonio. Ici, les définitions des termes ne sont qu'indicatives. Ce n'est pas un choix de notre part dicté par la pudeur, mais par le sentiment qu'il est absurde de vouloir être précis en regard de termes justement choisis par San-Antonio pour leurs fonctions fantasmatiques.

Le lecteur trouvera en outre, à la fin de cette partie, un index des appellations de plus d'un millier de positions amoureuses recensées, ce qui laisse à penser que les auteurs du Kama-sutra manquaient singulièrement d'imagination.

La troisième partie « NOMS PROPRES » justifie le fait que nous avons affaire à une œuvre de fiction, et regroupe :
– les personnages principaux et leur biographie (le commissaire lui-même, Bérurier, Pinaud et leurs épouses, Achille, Marie-Marie, Jérémie Blanc, etc.), avec des extraits significatifs, les références des sources à chaque événement important de leur histoire personnelle, et la liste de leurs surnoms (plus de 1300 surnoms recensés pour Alexandre-Benoît Bérurier) ;
– les personnages récurrents et une courte biographie indicative (M. Félix, le cousin Hector, Alfred le coiffeur...) ;
– les personnages épisodiques, les lieux imaginaires et tous noms propres dont les appellations font l'objet d'un calembour : Mac Heusdress (inspecteur de Scotland Yard), Kons Thy Pê (pétomane cambodgien), M'branl-moua (village africain), les Fourbis de ce calepin (les fourberies de Scapin)...
– les personnages réels qui ont inspiré à San-Antonio un commentaire (donné en extrait), leurs fonctions (fausse ou réelle) et leurs surnoms : Agatha Christie (alias la mère Lacryma-Christi, Agaga Christie), Maurice Rheims, François Mitterrand, etc.

La référence de la source est ici chaque fois indiquée.

Enfin, le lecteur trouvera en annexe les textes qui figurent en « quatrième de couverture » de chacun des romans signés San-

Antonio, ainsi que la bibliographie complète, avec la date de première parution.

Nous conclurons ce long avant-propos par une mise en garde : cet ouvrage ne prétend pas à l'exhaustivité. Tout au plus les parties « LEXIQUE GÉNÉRAL » et « L'EROTISME » ont-elles essayé d'y tendre. Nous ne le répéterons jamais assez : l'œuvre de San-Antonio est richissime, et ne se laisse pas épuiser facilement. En dépit de toute notre attention, les relectures successives des romans ont révélé toujours de nouvelles « trouvailles », étrangement « oubliées » lors des lectures précédentes. Comme si l'œuvre comportait plusieurs strates sédimentaires, et que notre travail de collecte se serait davantage apparenté à une fouille archéologique qu'à un examen littéraire. Il faut ici signaler l'aisance du style san-antonien, qui fait facilement oublier que presque chaque phrase comporte une perle.

Avons-nous manqué de rigueur ? Peut-être. De froideur, sûrement. Nous ne sommes pas des lexicographes ; nous avons surtout été guidés dans notre travail par notre amour de l'œuvre, et le plaisir toujours renouvelé de nous y replonger. L'aspect fastidieux de la tâche s'est toujours effacé derrière le rire. Puisse le lecteur de ce dictionnaire s'amuser et s'émerveiller autant que nous.

Serge Le Doran
Frédéric Pelloud
Philippe Rosé

MODE D'EMPLOI

1. Les sources des exemples cités sont repérées entre parenthèses par un numéro (de 1 à 155 pour les romans parus au format de poche dans la collection « San-Antonio », et de 200 à 217 pour les grands formats et les hors-collection). Chaque numéro correspond à un roman de San-Antonio, dont la liste figure en annexe.

2. Des abréviations ont été utilisées dans les cas suivants :
– lorsque certains mots sont adaptés d'une langue étrangère :
adapt. : adaptation
– pour les mots et expressions employés par Alexandre-Benoît Bérurier :
B : Alexandre-Benoît Bérurier
– pour les mots et expressions employés par certains principaux personnages, autres que Alexandre-Benoît Bérurier et San-Antonio :
A : Achille
BB : Berthe Bérurier
F : Félicie
M : Xavier Mathias
MM : Marie-Marie
P : César Pinaud
T : Toinet

3. Chaque terme qui fait l'objet d'une entrée dans le présent dictionnaire est repéré par un astérisque (*).

« Je te le raconterais en termes surchoix, sélectionnés à vif, entièrement créés par moi; zob aux Larousse, Littré, Robert. Le santonien moderne. Intégral, taillé dans la masse à la demande. » (100)

« Me fais pas toujours chier comme quoi c'est pas français. Je ne suis pas là pour écrire français. Si t'es puriste, relis ta feuille d'impôts, elle, elle est en pur français, garanti académique, pauvre melon! » (85)

« Si tu veux de la grammaire fignolée, t'as qu'à changer de crémerie, mon pote! Faut bouquiner Paul Guth, ou bien l'ami Dutourd. Quand on bouffe des frites à la Foire du Trône, on ne réclame pas des serviettes empesées! » (135)

« Le néologisme, c'est la langue qui fait ses besoins. » (206)

« Même pour réfléchir je m'invente des néologismes. Faut jamais lésiner sur son confort cérébral. » (132)

« Où c' qu'vous z'allez chercher tout ça? Dans ma culotte, hé, peau de zob! Y en a plein, pis que des morpions dans la tienne, te dire! J'ai que d'ouvrir les vannes pour que les vannes dégoulinent. Un don, hein? Merci, mon Jésus bon Dieu. Toi qui m'avez si tant comblé que j'en éclate de trop tout. Merci, mon doux tout beau Seigneur dont j'implore de plus en plus pour me bien repaître à fond, de manière à crever de ça, de trop-plein. Le rêve de tout le monde. Tout ce qui marche sur les pattes de derrière et qui parvient à formuler une pensée, n'espère que cela, à bout d'espérance : la monstre mort par excès. L'infinie goinfrade homicidiaire. L'explosion pléthorique. Qu'ensuite pet à mon âme, hein, Dudule? » (85)

LEXIQUE GÉNÉRAL

A

abasourdissance (une): abasourdissement.

abasourdre : abasourdir. Ex. : « Alors il s'enrouge*, véhème*, abasourd tant qu'il peut, s'aidant de sa calvitie pour rougir plus totalement. » (93)

abat-jour (un) : jupe. Ex. : « C'est le genre de pète-sec qui refuse des augmentations aux employés mais qui passe la paluche* dans l'abat-jour des dactylos en leur dictant des trucs ésotériques sur la fluctuation (nec mergitur) du hareng d'eau douce dans la vie contemporaine. » (30)

abbaye de Monte-à-Regret (l') : guillotine.

abbé noir (l') : baignoire. Ex. : « Sa comanse dans la sale de bin. Toto est dans l'abbé noir. » (T, 127)

abeilles dans les cages à miel (avoir des) : avoir des problèmes d'audition.

ablationner : pratiquer une ablation. Ex. : « Si un jour je dois me faire ablationner l'appendice. » (150)

ablution des sœurs Karamazov (l') : ablation des testicules. Ex. : « Si m'faut un sauf-conduite pour tremper l'biscuit*, autant m'faire faire l'ablution des sœurs Karamazov, qu'on en cause plus ! » (B, 148)

ablutionner : arroser, faire des ablutions. Ex. : « L'eau froide, quand on ne la verse pas dans du Ricard, faut en ablutionner la figure des endormis. » (76)

ablutionnerie (une) : fait de procéder à des ablutions. Ex. : « Quand c'est fini, elle fait ce que tu ne vois jamais faire dans les films : elle passe à l'ablutionnerie. » (122)

ablutionneur (un) : celui qui pratique des ablutions. Ex. : « L'ablutionneur se retourne, le panoche* enrubanné de mousse de savon. » (93)

abominance (une) : abomination.

abondanter : être prolifique. Ex. : « J'écris trop massif à présent, trop compact. J'abondante. » (100)

abonnés absents (se foutre aux) : mourir. Ex. : « Il émet quelques bouts de râles et se fout aux abonnés absents. » (118)

abordager : partir à l'abordage. Ex. : « Il périlie* en force, mon cher valeureux Mammouth. Il ferre de lance*. Il abordage*. » (90)

aborgniser (s') : utiliser un seul de ses yeux à la façon d'une personne se servant d'un microscope.

aboufer : parler la bouche pleine. Ex. : « C'd'v't'être l'g'z'esse, aboufe Bérurier*. » (89)

abouler : amener, donner, apporter. Ex. : « C'est pas des manières de te servir de ton feu... Allons, aboule. » (5). Ex. : « Aboule-nous un coup de beaujolpif*. » (80). Ex. : « Au début vous aguichiez le cille* avec des bouffes copieuses, mais maintenant c'est le buffet de la sous-préfète que vous aboulez. » (204)

abracadabrance (une) : invraisemblance. Ex. : « Quand des gens passablement évo-

15

lués te donnent pour vérité des abracadabrances, c'est que ces abracadabrances se sont bel et bien produites. » (94)

abracadabranter : faire des choses abracadabrantes.

abrégé (un) : agrégé.

abréger : tuer. Ex. : « – Lâche ça, Charly, ou je t'abrège! crié-je dans son dos. » (75)

abrupter : parler abruptement, sans ménagement.

absolution (une) : ablution. (B)

absorbeur (un) : qui absorbe.

abstiner : faire abstinence.

abusage (un) : abus. Ex. : « Si tu calumettes* un gonzier* pour l'laisser floconner* dans ses gu'nilles, c'est de l'abusage de confiance. » (B, 148)

académiser (s') : devenir académique, conventionnel. Ex. : « Les Mystères de Nouille York, j'intitulerai mon book quand je l'aurai fini. Quoique, à bien réfléchir, c'est pas suffisamment racoleur. Ça fait trop " Pléiade "; y en a qui clameront comme quoi je m'académise. » (132)

académiteux (un) : académicien (de l'Académie française).

acadhémicycle (un) : académicien. Ex. : « Il bleuit, pis qu'une platée d'épinards frais. Qu'une pomme pas mûre. Qu'une émeraude. Qu'un habit d'acadhémicycle! Qu'une gueule d'académicien! » (81)

acagnardé : appuyé, blotti. Ex. : « Il est acagnardé contre la porte d'un frigo de bois à laquelle il demeure fixé grâce à l'épée qui lui traverse la poitrine. » (2)

acagnarder (s') : s'appuyer, se blottir, s'engoncer.

acajouteux : en bois d'acajou. Ex. : « C'est meublé en Lévitan cossu, acajouteux des années 20. » (62)

acalifourchonner ou accalifourchonner : se mettre à califourchon. Ex. : « Quelques minutes plus tard, Marie-Marie m'accalifourchonne joyeusement. » (69). Ex. : « En attendant les secours, j'acalifourchonne une chaise et contemple la pauvrette. » (149)

acariâtrer : parler, agir d'une manière acariâtre.

acclimaté : climatisé. (B)

accolader (s') : s'étreindre, se donner l'accolade. Ex. : « On s'accolade en triangle. » (150)

accompagnage (un) : accompagnement. (B)

accordéonner : plisser comme un accordéon. Ex. : « En l'apercevant dans son fauteuil de cuir râpé, le bitos* sur les genoux, les tifs* collés à l'eau de Cologne, anxieux et immuablement gentil, j'ai le corgnolon* qui accordéonne. » (59). Ex. : « Une apparence de réflexion accordéonne son front d'intellectuel de la pioche. » (97)

accoucher : avouer.

accourir contre : se précipiter vers. Ex. : « Béru m'accourt contre, tel un cador* éperdu de son maîmaître. » (93)

accoutumance (par) : contumace. Ex. : « Il s'agit de Jojo la Défouraille, un loustic* pas fréquentable, condamné à mort par accoutumance je crois bien, et qu'on m'avait dit espadrillé* en Amérique latoche*. » (58)

accrocher les Decauville : vomir.

accrocher les wagons : vomir. Ex. : « Des clochettes printanières carillonnent gaiement et j'ai envie d'aller accrocher les wagons. » (19). Ex. : « Pendant qu'ils accrochaient les wagons en série, mézigue* j'entiflais* des francforts. » (203)

accroupetonner (s') : s'accroupir.

accumonceler : accumuler en monceaux. Ex. : « Tu croyes, toi, qu'un vivant peut accumonc'ler assez d'amour su' la tête d'un être pour le protéger même après qu'il sera mortibus*? » (B, 208). Ex. : « Il accumoncelle les cartes de membre, les décorations, les résidences s'condaires ou tertiaires. » (B, 208)

accumulance (une) : accumulation.

à-ce-mastique : asthmatique. (B)

achargederevancher : prévoir une revanche.

acharné de pets en câpres : harnaché de pied en cap. (B)

acharnerie (une) : acharnement.

achélème (un ou une) : H.L.M.

acide bavarois (l') : acide prussique. (B)

acidulé : adulé. Ex. : « On était miniss, on était acidulé par les uns et les aut'. » (BB, 125)

acomptes (verser des) : vomir. Ex. : « T'as pas bientôt fini de nous verser des acomptes ? » (un mari s'adressant à sa femme enceinte). (201)

acoustico-décibélien : qui fonctionne au son. Ex. : « On vous a butiné des " oui " pour exécuter une synthèse sonore destinée au réglage du détonateur acoustico-décibélien. » (81)

acrostiche (un) : accroc. Ex. : « Bon, t'as tout bien pigé*, gamine ? Tâche qu'ait pas d'acrostiches. » (B, 90)

acrylique : cyrillique. Ex. : « Tout ça est rédigé en caractères acryliques. » (115)

activance (une) : activité. (B)

adagio (un) : agio. Ex. : « A propos d'adagios, magine-toi que la Berthe avait découverte à not' banque. Ces salauds m'ont salé* pour c'q'est des adagios ! Ah ! les nœuds* ! Pas surprenant qu'y soient si riches ! » (B, 133)

adamesque : qui évoque Adamo. Ex. : « Le chanteur à la voix adamesque arrête sa brouette à viande* tiède. » (67)

adhésifier : faire adhérer. Ex. : « Bérurier* s'empresse d'aller adhésifier l'émetteur au bas de la caisse arrière de la grosse tuture noire. » (106)

adjas (mettre les) : partir ou s'enfuir. Ex. : « On est certain qu'il a mis les adjas ? » (48). Ex. : « Un larbin* s'annonce, porteur d'un plateau abondamment garni. J'attends qu'il ait mis les adjas pour continuer. » (51). Ex. : « Mes forces ont mis les adjas. J'ai du carat* et mes muscles ressemblent à des souvenirs. » (104)

adjectif (un) : sujet. Ex. : « Tout ce qu'elle nous apprend* sur l'éducation sexuelle de ses adjectifs, c'est de la mauvaise farine de lin, mon pote*. » (B, 65)

adjudange (un) : archange. Ex. : « Elle gardait ses moutons à Dom Pérignon* en tricotant une layette. Puis un adjudange lui a causé*, je me rappelle plus si c'était Saint-Martin-la-Garenne ou Saint-Philippe-du-Roule. » (B, 200)

admitance (une) : admission. Ex. : « Si vous voudriez bien nous indiquer les conditions d'admitance. » (128)

adulé : adultère. Ex. : « Môssieur va bientôt se mettre à son compte, je parie ! San-Antonio dans la filature de femme adulée. » (B, 64)

advalsedevenir : advenir. Ex. : « Les anciens pétomanes ! Les anciens musiciens ! Toujours nouveaux cons, quoi qu'il advalsedevienne. » (76)

adverbiser : utiliser un adverbe.

aéropage multiforme de la bandoulière équilatérale (un) : affection (fictive) spécifique d'une partie du cerveau, qui a pour origine une convection* unilatérale touchant la tourangelle* sassanide.

afauteuiller : prendre contact avec un fauteuil.

affaire d'essence (une) : effervescence. Ex. : « Ces nœuds* volants avaient laissé la mallette su'l'banc, dans leur affaire d'essence, y l'ont oublillelé un instant. » (B, 106)

affaisser des méninges (s') : devenir sénile. Ex. : « Il semble s'affaisser des méninges, le birbe*. Se débattre dans le yaourt. » (85)

affaler (s') : avouer.

affamé (mal) : malfamé. (B)

affirmance (une) : affirmation.

affliction (une) : affection.

affligence (une) : affliction.

affranchi : informé. Ex. : « Comment es-tu aussi bien affranchi ?... Tu lis l'avenir dans le marc de café ? » (20)

affreudisiaque (un) : aphrodisiaque. Ex. : « Ça ressemble à une noix et selon le gus* ç'aurait des propriétés affreudisiaques. » (B, 77)

affure (une) : affaire. Ex. : « Le Vieux* attend un rapport de Londres pour me brancher* sur mon affure. » (20)

affurer : 1. Se procurer, s'accaparer, percevoir. Ex. : « C'est des tordus* qui affurent le blé* des utopistes et les font marner*. » (90). Ex. : « Lorsque tu es de nature marginale, tu trouves toujours un petit turbin* pour affurer ton minimum vital. » (141). 2. Gagner de l'argent. Ex. : « M'est avis que le propriétaire de ce barlu* doit affurer un max* pour s'offrir de tels caprices. » (142)

affûtiaux (des) : vêtements. Ex. : « Une grognace* qui se taille* emporte au moins ses affûtiaux. » (16)

after-chèvre (un) : adapt. de l'anglais « after-shave » (lotion après rasage). (B)

agaçant : adjacent. Ex. : « J'ai arpenté la rue principale de Kelbo Salo*, puis ses rues agaçantes, et jusqu'à ses moindres ruelles. » (138). Ex. : « Je voulais gagner une rue agaçante pour aller récupérer mon vélo sur le parkinge de la gare. » (B, 208)

agacin (un) : pied. Ex. : « J'ai des crampes dans les agacins à force d'y faire des nœuds aux orteils. »

agenceur (un) : celui qui agence. Ex. : « J'en suis à cette période, si essentielle pour un agenceur, où "je vois" les choses. » (75)

aggravation universitaire (l') : système de gravitation universelle. Ex. : « La terre aussi puisqu'on gire*, nous autres av'c le système d'aggravation universitaire, solaire, métrique et tout ça. » (B, 208)

aggravir (s') : « J'entends par là qu'il devient grave, tu t'en doutes un peu. » (95)

agingrat (un) : agenda. Ex. : « Compare le " prie " de la bafouille* av'c le " pilier " de l'agingrat. J'sus d'accord d' me faire bouffer* les couilles* par des fourmis rouges si c' s'rait pas la même pogne* qu'a écrit ces deux mots ! » (B, 141)

agir à la mords-moi le nœud : faire n'importe quoi.

agir à la mords-mon-paf : faire n'importe quoi.

agiter (s') : s'agir. Ex. : « De quelles opérations s'agite-t-il ? » (81)

agnéstésiste (une) : anesthésie. (B)

agrandissage (un) : agrandissement. (BB)

agréabiliser : être agréable à quelqu'un. Ex. : « Manière de l'agréabiliser, je réponds que je me souviens tout ce qu'il y a de parfaitement. » (89)

agreste : accorte. (B)

ahuriser : être ahuri par quelque chose.

aïce-crim (un) : adapt. de l'anglais « ice-cream » (crème glacée).

aïe âme : adapt. de l'anglais « I am » (je suis). (B)

aigriser : parler avec aigreur. Ex. : « Alors, quoi, c'est là, oui ou non ? aigrise-t-il. » (132)

aiguiller (n'en avoir rien à) : s'en désintéresser complètement.

aiguiser la menteuse (s') : parler. Ex. : « Allons boire le dernier de la journée, je crève* de soif depuis le temps que je m'aiguise la menteuse sans mouiller la meule*. » (43)

ail dompte nose : adapt. de l'anglais « I don't know » (je ne sais pas). (B)

aile (une) : bras.

aileron (un) : bras.

aime ail Elf : M.L.F. (Mouvement de Libération de la Femme). Ex. : « Le Mastard déclare alors une chose qui va me valoir les foudres de ces gentilles connes du " aime ail Elf " : Peut pas y avoir d'logique, c't'une histoire de gonzesses*. » (106)

aimepi : adapt. de l'anglais « M.P. » (soldat américain de la Military Police).

aine air gît dû dé S poire (l') : énergie du désespoir.

air cul les haines : herculéennes.

air de teinturier (un) : air détaché.

air de vouloir paraître gentil qui mettrait sur ses gardes un mendiant aveugle (avoir un) : avoir un air méchant.

alambic (l') : tube digestif. Ex. : « Une violente nausée me secoue l'alambic. » (62). Ex. : « Il ressort son flacon de corrosif pour s'en téléphoner* deux décilitres dans l'alambic. » (81)

alambic intime (l') : foie.

albergargotier : patron d'une auberge-gargote.

albergo (une) : auberge.

alcool de l'angle droit (un) : alcool à 90°.

alcoolo : alcoolique.

alcove-tête (un) : alcooltest. Ex. : « J'ai lichetrogné* que deux Ricard et deux kils* de rouge à mon dernier repas pour pas paniquer l'alcove-tête des gendarmes au cas qu'on aurait un accrochage en cours de route. » (B, 73)

aldo : adjectif exprimant l'autosatisfaction, la fierté. Ex. : « C'est vachement aldo pour mes scouts ! Ils flippent* tous azimuts, les gars. Se prennent pour des terreurs. » (117)

alexandrer : parler en faisant un alexandrin.

alexandriner : écrire ou parler en alexandrins. Ex. : « Il fait trop long décidément pour pouvoir alexandriner ses formules, ce qui permettrait de les mieux retenir et de les glisser en douce sous la porte de la postérité. » (135)

alexandriser (s') : créer des alexandrins. Ex. : « Et voilà que moi, un soir d'automne, avec le vent de France soufflant à ma porte, ma pensée s'alexandrise toute seule. » (103)

algarader : se battre. Ex. : « Toujours pareil, quand on algarade en ville! Les badauds pullulent comme des cellules en tumeur. » (75)

algériser : ne pas vouloir partager, être intransigeant. Ex. : « – Tu te figures que c'est des manières! s'indigne Alfred. J'ai engagé Berthe, oui ou chose! – Tu l'as engagée pour filer ta saloperie de berlingot sur la pipe* des déboisés*, tranche le Véhément, pas pour te tenir compagnie la nuit, sans charre*! Ou alors faudrait-il que je supposasse? – Je l'ai engagée à part entière! algérise Alfred. » (58)

alibabesque : qui évoque Ali Baba. Ex. : « Prof et King viennent de franchir le seuil de la caverne alibabesque. Des grilles aux barreaux plus gros que les jambons* du Mastard s'interposent entre les joyaux et la vie courante. » (72)

alibi-du-nœud : libidineux. Ex. : « La salinguerie techenique à la rosier, j'vais t'lu donner la m'sure illico, d'un seul exemple, et après j'passerai t'à aut' chose car j'voudrais pas choir dans l'alibi-du-nœud. » (B, 208)

aliéna (un) : 1. Aléa. Ex. : « Les aliénas de l'existence. » (B, 75). 2. Aliéné.

aligner : 1. Donner, envoyer. Ex. : « Tout en gouaillant, je fais gaffe*, parce que si cet olibrius prenait la fantaisie de m'aligner un taquet*, sûr et certain que ça ferait travailler mon dentiste. » (20). 2. Tuer. Ex. : « Un vilain déserteur. Je suis bien content de l'avoir aligné de ma main. » (118)

alinéa jacte à l'aise : adapt. du latin « alea jacta est » (le sort en est jeté). (B)

alizé subtropical (un) : émission de gaz intestinal. Ex. : « Bérurier balance un alizé subtropical, ce qui, de sa part, équivaut au coup de clairon sonnant la charge héroïque. » (105)

allégrer : être allègre. Ex. : « J'allègre à plein tuyaux. » (105)

allemande honorable (faire) : amende honorable. (BB)

aller du cigare (y) : être guillotiné.

aller-retour (un) : paire de gifles. Ex. : « Et t'as jamais imaginé qu'une môme* malpertinente* prenne un aller-retour sur le museau*? » (B, 79)

allonger : 1. Assener, donner. Ex. : « Je ne perds pas une seconde, saisissant mon arme par le canon, je lui allonge un vieux coup de crosse sur le bocal*. » (107). 2. Tuer. Ex. : « Jetez votre flingue*, Martha, sinon je vous allonge. » (105)

allons-z'enfancer : chanter la « Marseillaise ». Ex. : « Et que je te sabre au clair et que t'allons-z'enfance pour un oui, un niet, une allocution, une allocation. » (94)

allumé : ivre.

allumer les cierges : faire le guet. Ex. : « Par mesure de sécurité, j'allume les cierges. » (4)

alluse (une) : allusion.

allusionner : faire allusion. Ex. : « Le quelque chose auquel j'allusionne. » (102)

alluvion (une) : allusion.

alouf (une) : allumette. Ex. : « Je gratte une alouf. » (48)

alpaguer : attraper, appréhender. Ex. : « Y a pas un matuche* en liberté qui, ce matin, ne rêve pas de nous alpaguer. » (15). Ex. : « Jusqu'à présent, il s'en est bien tiré, mais je pense qu'il a commis une bêtise et que nous réussirons à l'alpaguer. » (31). Ex. : « Tu me saignes, je calanche*, les flics t'alpaguent et tu te fais chier* comme il est pas permis pour purger les années de prison qui t'attendent. » (136)

alphabêtise (l') : analphabétisme. Ex. : « Le père Con, qui avait inventé ça. Un homme qui n'savait pas lire. Comme quoi l'alphabêtise n'empêche pas le génie. » (206)

alphabouche (l') : méthode de lecture sur les lèvres. Ex. : « Lire sur les lèvres, elle a pas appris, elle connaît l'alphabet, pas l'alphabouche. » (81)

Alsaco (un) : Alsacien.

altelas (un) : atlas. (B)

altercater (s') : se battre. Ex. : « Il s'est p't'être altercaté avec un des ouvriers. » (57)

alvéole-à-loto (une) : orbite oculaire.

amabiliser : parler sur un ton aimable.

amadouance (une) : fait d'amadouer.

amande (une) : fesse. Ex. : « Il flanque une claque retentissante sur les noix* de Sofia. Ça ne doit pas lui déplaire de lui palper les amandes. » (15)

amangendre (un) : gendre qui est l'amant de sa belle-mère.

amant d'Honorable (faire) : amende honorable.

ambassadal : qui a rapport avec la fonction d'ambassadeur. Ex. : « Le couple ambassadal reçoit les invités, debout à l'entrée. » (120)

ambidextre : ambitieux. Ex. : « Attends, ma libellule, attends, j'ai des projets plus ambidextres pour toi. » (B, 116)

âme à zone (une) : amazone. Ex. : « On avait une vieille couvrante* toute lisse de frottement et de poils à Gamin qui servait à l'monter en âme à zone lorsqu'on allait aux terres ou bien qu'on en r'venait. » (B, 208)

âme d'élitre (une) : âme d'élite. Ex. : « Vos rapports ! V's'appelez ça des rapports ! Une fois par mois, j'ai grommelé, y n'vous chouchoutait pas, Martin. Faut que vous eussiez eu une âme d'élitre pour ne pas vous embourber* le facteur des recommandés ou l'livreur d'chez Fauchon. » (B, 208)

amendhonorabler : faire amende honorable.

amendhonorablerie (une) : fait de faire amende honorable.

amerdicain : américain. Ex. : « Le style Louis XIV pensé par un décorateur amerdicain. » (97)

américaniser : employer une expression américaine. Ex. : « Hello ! les gamins ! américanise-t-il en s'avançant, la main tendue dans des gants de pécari frileux. » (79)

amerloque : américain. Ex. : « Mon premier blaud*, après ma douche et mon café, c'est de faire un viron* à l'ambassade amerloque. » (6)

amertumer : parler sur un ton plein d'amertume.

amigo (un) : ami.

aminche (un) : ami.

amitieusement : amicalement.

amitieux : amical.

amoindri (un) : infirme.

amortisseurs (les) : fessier. Ex. : « Nous choisissons un banc et y déposons nos amortisseurs. » (154)

Ampère peine art : en père peinard*.

amphigouré : alambiqué, finement ouvragé. Ex. : « Belle demeure amphigourée, du seizième, selon moi, mais j'sus pas expert en douanes, hein ! » (93)

amphigourique : amphibie. Ex. : « Au garage, chercher une chignole* amphigourique, que j'ai retenue. » (B, 77)

amphithéâtrer (s') : se dit d'une ville qui s'étend sur les pentes d'une colline comme un amphithéâtre.

amulette : azimut. Ex. : « On persécute les juifs, on s'gaffe* des Japs* ou des Chin'toques*, mais la mozzarelle a son passeport tout amulette. » (B, 106)

analogiser : présenter des analogies. Ex. : « Nous venons d'abandonner un bonhomme qui voulait sectionner le joli cou de Carole et nous trouvons un autre bonhomme au cou sectionné. Y a de la concomitance, non ? Ça analogise bougrement, mes frères ! » (64)

analphabétise (l') : analphabétisme.

analphacon (un) : analphabète.

analphébêtasse : alphabétique. Ex. : « Ça marche par lettres analphébêtasses, selon la ville, tu piges ? Comme pour les dictionnaires en plusieurs volumes. » (97)

anarchique : hiérarchique. (B)

anarfébète (un) : analphabète. (B)

anastasier : anesthésier. (B)

anatomie (l') : 1. Corps humain. Ex. : « Alors je sens une cohorte de fourmis envahir mon calbar et remonter le long de mon anatomie. » (20). 2. Autonomie. (B)

anatomique : atomique. (B)

anchoisé : immergé dans une cuve remplie d'anchois.

anchoiter : conditionner dans des barils d'anchois.

anchorager : se dit lorsque l'on casse de la glace, se trouvant ainsi dans une ambiance digne d'Anchorage.

âne à gramme : (une) anagramme.

anéantissure (l') : néant, sommeil. Ex. : « Se fourbir la bidoche* pour mieux l'expédier dans l'anéantissure. » (94)

âne est docte : anecdote. Ex. : « Cet âne est docte juste en passant. » (B, 208)

an nez fait : en effet.

anémiaque : anémique.

anémiter (s') : s'anémier. Ex. : « On s'anémite à claper leurs saloperies décalorifiées*. » (B, 130)

anesthésique ambulant (un) : hypnotiseur.

Anglais-saxif (un) : Anglo-Saxon.

anglicir : parler en construisant sa phrase comme une phrase en anglais. Ex. : « Je vois, anglicis-je. » (73)

Anglo-saxoche (un) : Anglo-Saxon.

angora : barbu, chevelu. Ex. : « Tous les révolutionnaires angoras la cernent et l'abreuvent de quolibets. » (75)

annapurniser : grimper au faîte absolu d'un sentiment. Ex. : « Je franchis des Himalaya de réprobation, j'annapurnise dans le désenchantement. » (68)

année docte (une) : anecdote. Ex. : « Pour créer une ambiance favorab' j'y ai raconté quéques années doctes de moi et Berthe, la fois qu'on a lonché* dans la vitrine d'un grand magasin de Londres, sans se gaffer* que la remonture* des rideaux de fer était automatique et que toute une craquée* de gus* en chapeau melon nous visionnaient. » (B, 99)

annezrir : atteindre le nez. Ex. : « Elle expulse la fumaga*, raide dans ma direction, mais le nuage se dissipe avant de m'annezrir. » (87)

annif (un) : anniversaire. Ex. : « Le canari que j'ai acheté à Toinet pour son annif piaille à gorge* d'employé, comme dit Béru. » (114)

anniv (un) : anniversaire.

annoncer (s') : arriver quelque part. Ex. : « Alors la dame a biché* les jetons* pendant que Dubœuf s'annonçait, tout plan-plan. » (20)

anomalique : qui présente une anomalie. Ex. : « Faut le voir de chef, Béru, pour mesurer l'ampleur de cette face anomalique. » (75)

antibrouillard (un) : œil. Ex. : « O.K.! O.K.! fait-il en bâillant et en se fourbissant les antibrouillards. » (138)

antichiare-normalisé (un) : contraceptif.

antidélavé : antédiluvien. Ex. : « Une grosse bagnole* noire antidélavée. Le chauffeur est adossé cont' l'aile avant, tu mords* ou si t'as la rétine en contreplaqué*? » (B, 106)

antipostes (les) : antipodes. Ex. : « Elle appartient à personne. Enfin, positivement, puisqu'il s'agit de quelqu'un qu'a hérité et qui vit aux antipostes positivement puisqu'il habite aux îles. » (90)

antiquaire (l') : urticaire. (B)

antiseptique : sceptique. (B)

antisociable : indissociable. Ex. : « Voilions, Antoine, moi et lui, vous savez bien que c'est comme Jacob et Delafon pour les bidets : antisociable. » (BB, 143)

antiterrorisante : antiterroriste. (B)

anus-déi : francisation du latin « Agnus Dei » (agneau de Dieu). (B)

anusologue (un) : médecin spécialiste de l'anus. Ex. : « C'est pas un de ces chétifs qui font venir le plus grand anusologue des hôpitaux de Paris pour se faire prendre la température. » (39)

anxieuser : être anxieux.

août : adapt. de l'anglais « out » (dehors). Ex. : « En m'adressant un enclin d'œil pour m'faire signe d'écluser* fissa*, du temps que son singe s'trouvait août. » (B, 208)

août-sidère (un) : outsider.

apairir : habituer aux plaisirs de la paix. Ex. : « C'est aussi con que lorsque le colonel obligeait des jeunes gens à se traîner dans la boue à plat ventre simplement pour les crépir de merde. Les " aguerrir ". Alors qu'on devrait plutôt " apairir " les jeunes. » (87)

apaliérer : déboucher sur un palier. Ex. : « Toujours caracolant, je gravis quatre-vingt-douze degrés (il m'en manque huit pour être en ébullition), et j'apalière. » (64)

apanade (l') : apanage. (B)

apasdelouser : marcher à pas de loup. Ex. : « J'apasdelouse. Sans faire plus de bruit qu'une araignée arpentant sa toile. » (149)

apercevance (une) : fait d'apercevoir. Ex. : « Mon apercevance le fait se dresser. » (130)

apéritifle (un) : apéritif. (B)

apeupréser : faire des « à-peu-près », de médiocres astuces verbales. Ex. : « Je contrepète*, pète, débloque, apeuprèse avec entrain (de marchandises). » (114)

aphrologique : graphologique. (B)

à-piedjointer : sauter à pieds joints. Ex. : « Le ziguche* qui fermait la marche me reçoit plein cadre car j'ai à-piedjointé sur sa poitrine. » (155)

aplatventré : être à plat ventre. Ex. : « Faut dire que ça vous fait chanter la glande de la rigolade, ces deux bonhommes aplat-ventrés sur une porte posée à terre. » (64)

apogétique : relatif à l'apogée. Ex. : « Cette archiclasse! Cette réussite apogétique! Cette faramineuse branlette*! Et le luxe, nom de Dieu, le luxe! » (97)

apostasique : qui renie la foi chrétienne. Ex. : « Ces c...-là, ils ont créé apostasie, mais avaient oublié " apostasique ". Ah, la langue française, si on ne la terminait pas soi-même. » (77)

apostolicromain (un) : apostolique romain.

appareil à aérer les tripes (un) : mitraillette. Ex. : « Comme je déhotais* de ma tire pour ouvrir ma grille, un zouave était sorti de l'ombre avec un appareil à aérer les tripes et m'avait balancé une rafale pour adulte. » (45)

appareil à affûter les esquimaux Gervais (un) : bouche.

appareil à calmer les créanciers (un) : stylo. Ex. : « Dans sa précipitation, il a laissé son

stylo sur le bureau. Lorsqu'il est revenu, l'appareil à calmer les créanciers avait disparu. » (200)

appareil à caresser le cervelet (un) : matraque. Ex. : « Ces messieurs ont des appareils à caresser le cervelet qu'ils ont dû faire breveter s.g.d.g. Le premier gnon* est pour Béru*. » (51)

appareil à débiter de la viande froide (un) : arme à feu.

appareil à débiter des couenneries (un) : dentier. Ex. : « Pinaud sort son dentier, gratte entre deux incisives un fœtus d'allumette qui s'y était coincé et remet son appareil à débiter des couenneries dans sa gargoulette. » (20)

appareil à décortiquer les biftecks (un) : dentier.

appareil à engueuler à distance (un) : téléphone.

appareil à envoyer la fumée (un) : arme à feu.

appareil à guérir les migraines (un) : matraque.

appareil à jouer de l'harmonica (un) : bouche. Ex. : « Se fait célébrer une tyrolienne* de force. Te place le* corpus délit d'autore sur ton appareil à jouer de l'harmonica. » (76)

appareil à maintenir les jugulaires (un) : menton.

appareil à refuser les augmentations (un) : supérieur hiérarchique.

appareil à surmener les pompes funèbres (un) : arme à feu.

apparitionner : faire une apparition. Ex. : « On frémissait vilain dans l'assistance. Enfin, l'est apparitionné au balcon, de Gaulle. » (B, 208)

appart (un) : appartement.

appartementicide (un) : saccage d'un appartement. Ex. : « Un appartementicide! Tout est saccagé méthodiquement. Les meubles ont été vidés, puis brisés, les tableaux décrochés et lacérés, les fauteuils et les canapés éventrés, les tapis arrachés. » (141)

appartements Eminence (les) : sous-vêtements. Ex. : « Elle pose un bisou de séparation sur le museau de son pétard à miches et le reconduit dans ses appartements Eminence. » (149)

appât rance (l') : apparence.

appât-rat (salon d') : apparat. (B)

appauvrissement smigard de la conchoïde monomade (un) : accompagne en général une lésion para-pontifiante* du bulbe* biscorneur premier.

appeler « Hughes » : vomir.

approbateux : qui marque l'approbation. Ex. : « Il a une mimique approbateuse, montrer qu'il apprécie notre compréhension. » (100)

approbationner : approuver, acquiescer. Ex. : « On approbationne du murmure. » (204)

approfiter : mettre à profit. Ex. : « Un silence. Je l'approfite pour écouter les bruits de la maison. » (94)

approprier : laver, nettoyer, rendre propre. Ex. : « Sitôt qu'on vient de l'approprier (le bébé), il cagate* à nouveau. J'ai jamais vu un chieur pareil. J'croye que s'il sera riche un jour, y n'fera que ça ! » (B, 126)

approvisionné du carnet à souches : riche.

appuilleller : appuyer.

appuyer (s') : être contraint de faire. Ex. : « Elle n'a pas de domestique pour fourbir son espèce de castel plus ou moins délabré, et c'est elle qui s'appuie les ménagères besognes. » (135)

aprème (un) : après-midi. Ex. : « Je l'ai connu place de l'Eglise, là qu'on va jouer avec les copains le mercredi aprème. » (T, 127)

après-midinche (un) : après-midi.

aprofiter : mettre à profit.

aquarium à babies (l') : ventre féminin.

aquarium funèbre (l') : type de torture.

arachnée (une) : caractère de ce qui est arachnéen. Ex. : « J'aperçois son petit jardin* botanique à travers l'arachnée de sa limouillette*. » (88)

arachnéenner : parler d'une voix blanche. Ex. : « Fuiiii, arachnéenne-t-il, la glotte dans les chaussettes. » (147)

arborer : abhorrer. (B)

arc-de-cercler : entourer.

arc-en-ciélir : prendre toutes les couleurs de l'arc-en-ciel. Ex. : « Lormont blêmit, rougit, jaunit, verdit, violit*, marronnit* (comme Saint-Laurent du), orangit*, arc-en-ciélit, puis reprend tant bien que mal sa couleur initiale. » (51)

arcade souricière (une) : arcade sourcilière. (B)

arcan (un) : petit truand. Ex. : « C'étaient des arcans de la chourave*, mais eux, jamais de crime de sang. » (117)

arcane souricière (une) : arcade sourcilière. Ex. : « Elle était coiffée av'c une grande frange qui lu descendait jusqu'aux arcanes souricières. » (B, 208)

archer (un) : policier.

archer à moteur (un) : motard de la police.

archer de la pédale (un) : coureur cycliste.

arcquedecercler (s') : se mettre dans une position en arc de cercle.

ardence (une) : ardeur.

ardenter : exprimer une ardente curiosité. Ex. : « Qu'est-ce qu'il lui est arrivé ? ardente-t-elle en me bichant* par une aile*. » (149)

arête (une) : arrêt. Ex. : « Chier* sur le portrait d' ta mère, la môme*, c'est ton arête de mort qu'on a signée. » (B, 128)

argache connexe (une) : pièce indéterminée d'une serrure. Ex. : « Je fais coulisser l'argache connexe. » (84)

argomuche (l') : argot. Ex. : « Deux fois la semaine, je prends des cours d'incongruité et deux autres fois encore des cours d'argomuche. » (A, 135)

argouiner : bafouiller. Ex. : « Il crépite un peu de la menteuse*, argouine un évasif : – C'qu'c'qu'c' ? » (83)

arguche (l') : argot. Ex. : « Toujours est-il qu'on jacte* en arguche de barrière, façon javanaise pour n'être pas compris d'eux. » (91)

arguincher : arrêter, appréhender. Ex. : « Tous les flics* du territoire arguincheront les mecs* qui auront le mauvais goût de ressembler à ces portraits parlés. » (3)

aridifier (s') : devenir aride. Ex. : « La végétation se clairsème. La nature s'aridifie. » (105)

aristogratte (un) : aristocrate. (BB)

arlequin (un) : baldaquin. (B)

armature (une) : corps, ossature. Ex. : « Au bout d'un moment à ce régime, je sens un tendre apaisement dans mon armature. » (2)

Arménoche (un) : Arménien.

armoire à couscous (une) : ventre. Ex. : « Ecoute, brin d'homme, je vais être magnanime et te laisser filocher*, mais que ça soit un adieu définitif, sinon je te décharge le contenu de ta seringue* dans l'armoire à couscous. » (113)

armoire à idées (une) : crâne.

armoire normande entre les jambes et faire semblant de la scier en deux (avoir son) : jouer du violoncelle. Ex. : « Dites, est-ce que cela vous suffit-il d'avoir vot'armoire normande ent'les jambes et d'faire semblant d'la scier en deux ? » (B, 208)

arnaquerie (une) : escroquerie, vilenie. Ex. : « Toujours prêts à mordre aux appas de leur bonne femme, n'importe les arnaqueries qu'ils ont endurées d'elle. » (81)

arnaqueux : qui évoque une escroquerie, une arnaque. Ex. : « Les temps ont changé, se sont durcis. Tu tolérerais jamais ce genre de pirouette arnaqueuse. » (135)

arnoucher : regarder, scruter. Ex. : « Le chauffeur range sa brouette* et j'arnouche les numéros. » (3)

arpenter dans le goudron : déraisonner, avoir perdu la raison.

arpenter les boules de gomme : irriter. Ex. : « Du coup il commence à m'arpenter les boules de gomme à l'allure d'un fantassin morpion en permission. » (81)

arpenteur d'océans (un) : marin.

arpenteuse d'asphalte (une) : prostituée.

arpenteuse de continents (une) : personne qui voyage beaucoup à travers le monde.

arpenteuse de nationale (une) : personne qui voyage en utilisant l'auto-stop. Ex. : « D'emblée je m'assure qu'elle n'est pas trop craignos*. Ces arpenteuses de nationales ont souvent tendance à négliger leur service entretien* et ma pomme*, si une gerce* n'est pas rigoureusement clean de partout, je préfère abstiner*. » (139)

arpion (un) : pied. Ex. : « Cyprien n'a pas traversé le désert pour venir me grumer* les arpions. » (59). Ex. : « Il paraît un peu nubile des cannes*, l'artiste, et ses arpions sont douteux. » (135). Ex. : « L'altimètre déclare douze cents arpions. » (204)

arquebuse à répétition (une) : mitraillette.

arquebuser : tirer avec une arme à feu.

arquepincer : attraper, mettre en état d'arrestation. Ex. : « Dès que la mutinerie sera jugulée ils se mettront tous à nos chausses et nous arquepinceront (c'est bon de se vautrer dans l'argot de Vidocq). » (59). Ex. : « Si les matons* nous arquepincent, ton pays sera tellement groggy que même le gaullisme arriverait pas à le sauver. » (B, 72). Ex. : « Quand j'arquepince un coupable, je le ramène. » (80)

arquer : marcher. Ex. : « Tu peux arquer ? – Relève-moi, pour voir. » (18). Ex. : « Bon, tu peux arquer, j'espère, biscotte* vaudrait mieux filocher* avant qu'y rappliquent. » (76). Ex. : « Mets des bottes si t'es pas foutue d'arquer av'c des escarpins ! » (B, 125)

arracher (s') : 1. Partir, quitter un lieu. Ex. : « Je me disais que je ne devais pas compter aller loin, mais seulement m'arracher de la zone dangereuse. » (122). 2. S'enivrer. Ex. : « Elle picolait* à mort ! Il arrivait qu'elle s'arrache* au gros rouge jusqu'à tomber. » (132)

arracheur de chailles (un) : dentiste. Ex. : « Comme elle avait paumé* son tour, l'assistante de son arracheur de chailles lui a fait une réflexion déplacée. » (134)

arranger les bidons : rendre service, sortir d'une situation ennuyeuse. Ex. : « Si vous avez un bon bavard*, il vous arrangera les bidons. » (121). Ex. : « Le ministre va vous arranger vos bidons en deux coups les gros*, n'est-ce-pas ? » (216)

arrestance (une) : arrestation.

arrêt au port (un) : aéroport. (B)

arrêt publique (l') : République. Ex. : « M'est arrivé de causer* du président de l'arrêt publique, pas pour cela qu'il m'a filé une médaille. J'aurais pas toléré. » (127)

arrière-saison (l') : ménopause. Ex. : « Je sonde la dame et je me dis que je suis tombé sur une personne victime de son arrière-saison. » (31)

arrière-salle (une) : postérieur.

arrimeur publique (l') : rumeur publique. (B)

arrogante (une commission) : commission rogatoire. (B)

arroser au sirop de plomb : tirer à l'arme à feu.

arroser l'escalier de la cave (s') : boire.

arsènelupinerie (une) : procédé de héros de romans policiers démodés, comme se travestir à des fins d'investigation.

arsouille : louche, vicieux. Ex. : « – Vous ne croyez pas à la culpabilité de Gaspard ? – C'est vrai qu'il avait un petit air arsouille. » (100)

artère iliaque interne (une) : organe indéterminé du corps humain. Ex. : « Et ça vous hypnotise depuis les crins* jusqu'aux orteils en passant par la membrane médiane, le gros côlon (Christophe pour les dames) et l'artère iliaque interne. » (35)

artiche (l') : argent.

articulance (une) : articulation. (B)

artillerie lourde (une) : poitrine de femme. Ex. : « Elle manque peut-être un peu d'artillerie lourde sur le devant, il n'empêche qu'elle est autrement comestible que la mère Denis. » (126)

artisanat passageatabesque (l') : art du passage à tabac.

artisse (un) : artiste.

as (aux) : riche.

as-fixe-scie (une) : asphyxie. (B)

asperger : apercevoir. Ex. : « Elle murmure quelque chose du genre " Oh ! Pardon ! " en m'aspergeant. » (104). Ex. : « Une des premières personnes que j'asperge en déboulant* de mon bahut*, c'est le vieil exilé. » (113)

aspergeur (un) : goupillon.

aspirateur (un) : aspiration. Ex. : « Une Libanaise couverte de diams* ; veuve à ne plus en pouvoir, riche à crever et chiément* portée sur la bagatelle*. L'genre d'personne que son gabarit est conforme à mes aspirateurs. » (B, 116)

aspirateur-driver (un) : utilisateur d'aspirateur.

assaisonner : tuer. Ex. : « S'il dispose d'un flingue*, m'assaisonner serait un jeu d'enfant. » (204)

assentimer : donner son assentiment. Ex. : « Le gardien louque* son patron, lequel assentime d'une branlade* de tête. » (90)

assentimenter : donner son assentiment. Ex. : « Il assentimente de la tronche*. » (152)

asseyage (un) : fait de s'asseoir. Ex. : « Je poussai habilement une chaise contre la pliure postérieure de ses genoux, ce qui l'amena dans une posture de demi-croix gammée propice à l'asseyage. » (94)

assez léré : accéléré. Ex. : « Av'c l'aimab' participante* d'Mam'zelle Louisiana*, qu'ici j' présente et qu'est une surdouée dont d'laquelle j'ai complété l'éducance* par des cours assez lérés, j'vas entr' pende vot' formation. » (B, 141)

assiettes (les) : cour d'assises. Ex. : « Un délit comme ça, le tarif irait chercher les assiettes, vite fait ! ». Ex. : « Tu serais tranquillement dans une cellote de Chambéry, mon gars, en attendant de passer aux assiettes. » (51)

assis commak : astigmate.

assommissement (un) : évanouissement consécutif à un choc.

assouvissure (une) : assouvissement.

assurer : tenir en respect sous la menace d'une arme. Ex. : « Le doigt sur la détente de son glingling* ; en train de m'assurer. » (105)

astec (un) : asticot. Ex. : « Si tu te pointes* à Paname* avec cette mentalité, gars, tu tarderas pas à engraisser les astecs*. » (15)

astect (un) : asticot. Ex. : « Je vais cette fois être bonnard* pour engraisser les astects ! » (26)

astèque (un) : asticot. Ex. : « Passé neuf plombes* du mat* y a plus que les follingues* qui se laissent piquer*, les autres sont déjà revenues de la chasse aux astèques. » (B, 200)

asthmatiser : respirer avec peine.

asticot (un) : vers de poésie de mauvaise qualité.

asticoter (s') : se décomposer organiquement.

asticoter la pensarde (s') : réfléchir. Ex. : « Je pars en glissade d'mon récit, ma gosse. Pour m'rappeler, faut s'asticoter la pensarde car j'vais pas jouer au glandu* et rembobiner ma déconne afin d'm'l'écouter. » (B, 208)

astiquer les tympans au sirop de chef : complimenter un subordonné.

astrakaner (s') : friser. Ex. : « Je sens s'astrakaner mes poils sous les bras. » (105)

astrakaneux (un) : vêtu d'astrakan.

astraqueste : frit dans la margarine Astra.

astreux : astral, astrologique. (B)

astrologique : minéralogique. Ex. : « Pinaud* note le numéro des plaques astrologiques. » (148)

ataviss (un) : atavisme. Ex. : « Si t'serais pas black, mec, j'essayerais d'te dresser un peu. S'l'ment y a ton ataviss cont' auquel j'peux pas aller. » (B, 143)

ataviste (un) : atavisme. (B)

atelier à bigoudis (un) : salon de coiffure.

atémoigner : prendre à témoin.

athéisme (l') : athlétisme. (B)

atome : adapt. de l'anglais : « at home » (à la maison).

atout définitif (filer un) : achever. Ex. : « Tout ce que je pouvais faire pour sa pomme*, c'était de lui filer un atout définitif pour l'envoyer direct au paradis des cadors*. »

atriquer : donner. Ex. : « Le porteur me remercie pour le flouze* que je lui atrique. » (16)

atroçante : atroce. Ex. : « Il a biché* le tête-en-os*, qu'est une maladie qu'on s'remettait pas à l'époque et a défunté* dans d'atroçantes souffrances. » (B, 208)

atrophié de la coiffe (un) : personne stupide.

atrophié de la mansarde (un) : crétin.

atrophié du bulbe (un) : imbécile.

atteler dans les brancards (s') : s'unir pour une danse.

attendrissage (l') : attendrissement. Ex. : « Dans quèques instants on charge, sinon ils vont nous enlever les amygdales. Occupe-toi du grand méchant, je biche* les deux autres. Et surtout pas d'attendrissage. » (B, 72)

attension artérieuse (l') : tension artérielle. Ex. : « Pourquoi qu'il est en crise, le vieux nœud moisi ? Il va prendre ses vapeurs, c' qu'est mauvais pour son attension artérieuse, à son âge. » (B, 99)

attente aux bons murses (une) : atteinte aux bonnes mœurs. (B)

atterré : à terre. Ex. : « Tous les mariniers ont un Solex ou une petite moto pour s'déplacer quand t'est-ce y sont atterrés. » (B, 105)

attifet (un) : vêtement ridicule. Ex. : « Une connasse franfreluchée* se pointe, attifée d'un attifet. » (112)

attiger : exagérer. Ex. : « Voilà, m'dit c'te p'tite arsouille*, aujourd'hui, ce sera là. – Là quoi ? – Qu'on fait l'amour. Des frissons me prennent partout, tu juges ! Les gal'ries Lafayette ! Eclairées à Jean Giono*. Du personnel qui vigile : vendeuses, deurs, chefs d'rayonnages, tout ça, merde ! – Tu croyes pas qu't'attiges, Zaza ! J'éplore. » (B, 208)

attilaser : détruire tout sur son passage.

attiliser : faire en sorte qu'après vous rien ne repousse (tel Attila), faire place nette.

attisonnier (un) : tisonnier. Ex. : « Comme si on m'enfonc'rait un attisonnier dans la goulante*. » (B, 208)

attitude du jevousaicompris (une) : attitude gaullienne. Ex. : « Béru passe sous la corde et se présente à la fringante assistance, les bras en V, dans l'attitude du jevousaicompris réglementaire. » (56)

attraper les nuages : lever les mains. Ex. : « Levez les bras ! intime Laura. J'attrape les nuages. » (2). Ex. : « Lève tes sales pattes ! je crie au brigadier. Il lâche son baveux* et il attrape les nuages d'assez bonne grâce. » (15)

attriquer : donner. Ex. : « J'attrique un pourliche* au larbin. » (130). Ex. : « Je leur attrique un bouquet de dix pions* uésiens*. » (138)

auber (l') : monnaie, argent. Ex. : « Je reporte le tri à l'épicier, lui cloque* l'auber, puis je me taille ». Ex. : « J'ai que le temps de ramener mon auber à l'intérieur, sinon ils me le chouravaient* dans la foulée. » (204)

auberginesque : qui évoque l'aubergine. Ex. : « Une bosse auberginesque dilate le sparadrap qui lui barre le front. » (56)

au cul : occulte. (B)

augurer : inaugurer. Ex. : « C'eut lieu l'année qu'on a auguré le groupe escolaire, près de la nouvelle poste, dans l'bas du pays. » (B, 208)

Auguste (un) : augure. Ex. : « Fais pas l'oiseau d' mauvais Auguste, j't'en prille ! » (B, 103)

au parfum : être au courant, informé.

aurore boréale dans le Lustucru (avoir une) : être grandement soulagé.

aussi taudis, aussitôt fée : aussitôt dit, aussitôt fait.

austériser (s') : devenir austère. Ex. : « Les temps sont venus de changer le vin en flotte, comme les mecs de Bordeaux ! Méfiez-vous, les gars : on s'austérise ! » (94)

autoallumerie (une) : autoallumage.

autobus à impérialiste (un) : autobus à impériale. (MM)

autofosayage (un) : fait de creuser sa propre tombe.

autoimmobile (une) : automobile immobile.

automato-somnambulique (un) : effectué de façon automatique, comme un somnambule.

automobile-allumage (l') : autoallumage. Ex. : « Faut qu'j'l'envoye à la révision. Ell' m'fait un peu d'automobile-allumage ; ça doit proviendre* des visses platinées qu'est entartrées. » (B, 118)

autonomisation : en rapport avec des revendications d'autonomie politique. Ex. : « Tirer des coups de pétard* dans les glaces, briser les boutanches* du bar, bref déclencher un western de bistrot* corse un soir d'autonomisation. » (102)

autor (d') : énergiquement, autoritairement.

autre étang, autre nurse : autres temps, autres mœurs.

autrequelqu'un : quelqu'un d'autre. Ex. : « Elle me regarda et elle rougit. Elle s'était attendue à autrequelqu'un, bien sûr. » (94)

autres temps, autres nurses : autres temps, autres mœurs.

autrouducuns et d'autrouducunes (d') : d'aucuns et d'aucunes.

autruchiser : refuser de voir la réalité. Ex. : « Je ferme les yeux. J'autruchise à outrance. » (75)

auvergnater : parler comme un Auvergnat. Ex. : « Au chouchol ! auvergnate-t-il. » (51)

Auverpiot (un) : Auvergnat.

aux pommes : impeccable. Ex. : « Il savait qu'on filait* le train à Diano et il s'est préparé une sortie de secours aux pommes. » (28)

avaler son extrait de naissance : décéder.

avancer à la façon espagnole : avancer en éventail.

avanille (une) : avanie. (B)

avant-scène (une) : poitrine. Ex. : « Je déboutonne ma limace* et je me masse doucement l'avant-scène. » (6). Ex. : « Elle a une avant-scène qui me rend instantanément neurasthénique. » (15)

avarice (une) : avarie. Ex. : « J'voulais pas t'causer d'avarice de machine. » (B, 104)

avarie à la coque (une) : défaut physique. Ex. : « Il faut distinguer celles qu'on se farcit* sans ostentation, because elles ont une avarie à la coque, et celles qu'au contraire on aime trimbaler* dans les lieux surpeuplés. » (41)

avarié des cellules (un) : original, doux dingue, illuminé, gâteux.

avariure (une) : caractéristique de ce qui est avarié. (B)

avaro (un) : avarie. Ex. : « Oui, c'était le bon temps, Antoine. Mais ces prouesses, après tous mes avaros de santé, je ne peux plus me les permettre. » (141)

a-va-vite : akvavit. (B)

aventurer : enrichir d'aventures. Ex. : « Con de Stevenson... Que de chance tu as eu d'aventurer ta prose. De la faire macérer dans du corsaire, dans du meurtre, dans de l'amour. » (81)

aveuglette (une) : aveuglement. Ex. : « Ton aveuglette, mon grand, c'est du temporaire provisoire absolument momentané et qui ne durera pas ! » (B, 77)

aviatoche (un) : aviateur.

avocater : tenir un discours pour défendre une cause.

avoinée (une) : volée de coups, châtiment corporel. Ex. : « Fils d'alcoolique ; l'assistance avec une visiteuse antisociale qui venait lui filer une avoinée chaque mois histoire de se rendre compte de ses réflexes. » (39). Ex. : « L'avoinée que je lui mets endormirait tous les encaisseurs de la Banque de France. » (51). Ex. : « Je monte y flanquer une avoinée. » (204)

avorterie : avortement. Ex. : « L'un qu'est pour les naissances, l'aut' pour l'avorterie. » (B, 208)

azalée-à-toir : aléatoire. (B)

azimuts (les) : environs. Ex. : « M'est avis qu'il ne doit pas y avoir lersche d'hôtel dans les azimuts. » (8)

Bbaba : pantois. Ex. : « Vous êtes tellement siphonnés* que l'insolite vous laisse babas. » (20)

babellerie (une) : profusion de langages différents. Ex. : « Pourquoi m'appelez-vous Prosper? il demande. Et il prononce " preuspaire " bien entendu, amerloque* à ne plus en pouvoir, ces cons, qu'il y a des moments, je me demande pourquoi ils ne sont pas tous français, qu'on en finisse une bonne fois avec cette babellerie. » (97)

babillarde (une) : lettre. Ex. : « Je prends connaissance de la fameuse babillarde. »

babille (une) : lettre. Ex. : « La boîte à babilles, jaune, frappée du sigle des P.T.T. » (83). Ex. : « Tu voudrais pas me torcher* une babille bien sentie? » (211)

babinette (une) : lèvre. Ex. : « De la crème, légèrement citronnée, lui débagoule* des babinettes. » (93)

babiole (effacer une) : recevoir une balle d'arme à feu. Ex. : « Son copain a effacé une babiole sous la pommette gauche. » (204)

babouche (une) : lèvre.

babouché : portant une babouche. Ex. : « Vêtements indigènes en majorité : boubous de couleurs, dont certains brodés. Pieds nus ou babouchés. » (105)

babouchké : étonné, stupéfait. Ex. : « J'en fus, tu sais quoi? babouchké! » (115)

baby-dolleuse (une) : jeune fille, femme-enfant.

bac (le) : bouche. Ex. : « J'ai la clapeuse* épaisse. Je me rince le bac au lavabo. » (24)

bac à choléra (le) : baccalauréat. (B)

bac à lait (un) : sein. Ex. : « Elle avait un poitrail tel un capot d'jeep, deux bacs à laits colossals, av'c des embouts gros comm' des poires vouiliamse*. » (B, 208)

bac à plonge (le) : gosier. Ex. : « A sa voix, je comprends qu'il s'est téléphoné* pas mal de petits rouges dans le bac à plonge. » (28)

bacchantes (les) : moustaches. Ex. : « Il s'est laissé pousser les bacchantes. Une paire de baffies* style animal pinnipède ajoute à l'incroyable. » (109)

bach annale (une) : bacchanale.

bachelier de la vodka (un) : batelier de la Volga. (B)

bâchouze (une) : 1. Bâche. 2. Casquette. Ex. : « Le gros garde recoiffe sa bâchouze en descendant la visière bas sur son front de bouvillon. » (76)

bâclette (une) : travail bâclé. Ex. : « Bon, je sais que ça va pas être de la bâclette, mais du tout beau travail, style horlogerie suisse. » (105)

bada (un) : chapeau. Ex. : « Je porte la main à mon bada et je regarde la société d'un petit air avantageux. » (15). Ex. : « Il vire sur les badas de roue. » (76)

badaboumer : tambouriner, exploser.

badauder : faire le badaud.

bade (à la) : de côté, à disposition. Ex. : « Chez nous autres, dans le Bas-Dauphiné, on a toujours des reliquats de religion " à la bade ". » (132)

bader : faire le badaud.

badigeon (un) : franc (monnaie). Ex. : « M. Clément lui avait fait une fleur de cinq mille badigeons. » (110)

badigoinsse (une) : lèvre.

badigue (une) : lèvre. Ex. : « Comme le zigomar* continue un peu trop de se croire vedette américaine dans Chicago for ever, tout en discutant avec Mme Césari-Césarini*, je file un coup de boule* dans les badigues du voyou : vraoum! C'est si bref et si fort qu'il en reste comme sa photo radar. Et puis il se met à crachoter ses incisives tels des pépins de raisin. » (118)

badine : adapt. de l'anglais : « made in » (fabriqué à). Ex. : « C'mec* est un Ricain*, mon pote*. N.Y. ça veut dire Nouille York*. D'aut' part, leurs fringues*, aux deux clamsés*, sont badine U.S.A. » (B, 96)

badour : beau, imposant. Ex. : « D'ici bientôt y aura du badour immeuble en poutrelles d'acier et verre fumé à la place de ce jardin extraordinaire tombé de la chanson de Trenet. » (92)

badronne (une) : baronne, patronne.

badru : rachitique. Ex. : « Le larbin, il faut que je te raconte, il est tout michu*, tout grelu*, badru, glapu*. Il ressemble à Sim*, même tête de casse-noix en bois sculpté. » (100)

baffer le museau : battre, donner une gifle. Ex. : « Messieurs les padres, déclare le gros, va falloir la verrouiller, qu'autrement sinon, j'aurais honte, catholique à mon point, de baffer le museau à des curetons. » (91)

baffies (les) : moustaches. Ex. : « Un bath* julot* avec des baffies à la retroussette. » (93). Ex. : « Il s'est laissé pousser les bacchantes*. Une paire de baffies style animal pinnipède ajoute à l'incroyable. » (109). Ex. : « Un gusman* aux baffies larges comme un râteau à feuilles mortes. » (147)

baffle (une) : oreille. Ex. : « Je remonte l'écouteur contre ma baffle. » (100)

bafflouer : bafouer. Ex. : « J'aurai pas presque traversé l'Atlantique afin de rebecqueter* un vieux ramolli du tiroir* pour qu'il me baouffe*, bouffa, baffloue, enfin, bref, en public! » (BB, 205)

bafouille (une) : lettre. Ex. : « Quand ça va se savoir, tu pourras t'acheter le nouveau Parker pour rédiger ta bafouille de démission. » (20). Ex. : « Pour toute correspondance, prière d'expédier ses bafouilles par bouteille-à-la-mer! » (57). Ex. : « J'ai gratté* deux ans dans un institut de rééducation où ce que j'ai accompli positivement des miracles. Le patron a même reçu une bafouille de protestation du syndicat d'Initiative de Lourdes qui se plaignait de la concurrence déloyale. » (58)

bagnole (une) : voiture.

bagoter (se) : se baguenauder.

bagouiller : bafouiller.

bagouse (la) : chance. Ex. : « Ils trouvent ça trop louche. Ils estiment que j'ai trop de bagouse. » (8)

bagouze (une) : 1. Bague. Ex. : « T'es bonnard* pour la bagouze au doigt! » (19). Ex. : « Les poils, ça se coince dans le chaton de vos bagouzes pendant les transports au septième ciel. » (204). 2. Mariage.

baguenaude (une) : promenade, flânerie. Ex. : « Et donc, pour t'en revenir, après la baguenaude en mer qu'il n'est rien de plus con, en ce monde, de plus creusement* oisif, vide de sens, d'aller fendre le flot pour y brûler des hydrocarbures, empolluer* les baies qui contenaient tant de félicité avant les premiers derricks. » (97). Ex. : « Et, y avait aussi l'hiver, av'c de la fougère blanche plein les vitres, tellement qu'on y voyait que tchi* à travers. Les fenêtres de la classe ressemblaient t'à des cartes de Noël. Tu penses : j'partais en baguenaude, dans mes content'ments. » (B, 208)

baguenauder (se) : se promener. Ex. : « Une décharge électrique carabinée se baguenaude dans mon omoplate gauche. » (3). Ex. : « Elles sont marrantes les mouches, surtout quand elles se baguenaudent sur du blanc. » (28). Ex. : « A perte de vue ce n'est que caillasse et encore caillasse. – C'est poilant*, dit-il, j'ai l'impression qu'on se baguenaude sur la Lune et que c'est la Terre qu'on voit briller là-haut! » (59). Ex. : « Son pote va se baguenauder à l'autre bout du monde. » (101)

baguenauder au pays du cirage : être évanoui.

bahut (un) : 1. Camion. 2. Automobile, taxi. 3. Capacité thoracique, coffre. Ex. : « La radio diffuse un air d'opéra de toute beauté, chanté par un ténor qui a du bahut, crois-moi. » (81)

bahutier (un) : chauffeur de taxi. Ex. : « Mon bahutier envoie un peu plus de sauce* car la Morgan a disparu de notre champ visuel. Il fonce tombeau ouvert. » (127)

baigner : se dérouler à merveille ; utilisé exclusivement dans les expressions « ça baigne » ou « tout baigne ». Ex. : « Quand je t'aurai mis au bouc* le crochet qui me démange les phalanges, alors là, oui, je commencerai à outrepasser mes droits, mais jusqu'alors, tout baigne ! » (143)

baigneur (un) : fessier. Ex. : « Je lui file* une claque au baigneur. » (20). Ex. : « Elle se moque royalement que sa tata se fasse masser le baigneur par ses locataires. » (32). Ex. : « Elle a le baigneur monté sur roulement à billes, cette miss Camomille ! » (59). Ex. : « C'est bon de déposer son baigneur dans quelque chose conçu pour le recevoir. » (104). Ex. : « T'as visionné ce jouffru*, Blanche-Neige ? fait-il à Jérémie. C't'aut'chose qu'l'baigneur d'vos négresses, merde ! » (B, 136)

baignoire tragique (la) : type de torture.

baignouscoff (un) : fessier. Ex. : « Je refrène mon envie de lui aligner* un doublé dans le râtelier pour me venger de ses coups de genou dans le baignouscoff. » (100)

baignouzoff (un) : fessier.

bâillanche (une) : bâillement. Ex. : « La bâillanche est aussi communicative que la chaleur des banquets. » (66)

baille (la) : 1. Eau. Ex. : « Le voilà parti pour une conférence. Faudrait peut-être lui offrir une carafe de baille ? » (20). 2. Pluie.

baille-baille : adapt. de l'anglais : « bye-bye » (au revoir). Ex. : « Dans dix minutes ? Ça joue* ; baille-baille ! » (B, 90)

baille nite : adapt. de l'anglais : « by night » (la nuit). Ex. : « Après que je l'eus quittée, elle est tombée sur une bande de malfrats* qui lui z'ont proposé Téhéran baille nite pour une pincée de clopinettes*. » (B, 72)

bâiller à nous découvrir la marque de son slip : bâiller à gorge déployée.

bâiller comme à une conférence sur le sous-développement du tiers-monde : bâiller d'ennui.

bâillerie (une) : bâillement.

bain (envoyer au) : éconduire.

baisé : floué, berné. Ex. : « Il s'estimait baisé en canard par ce coup sournois. » (20)

baise-bol (le) : adapt. de l'anglais « base-ball ».

baise-mainter : faire un baisemain.

baisemaintiser : faire un baisemain.

baise-paluche (un) : baisemain.

Baise-Paul (le) : adapt. de l'anglais « base-ball ». Ex. : « Ça vient de ce qu'ils ont l'habitude de jouer au Baise-Paul, ce sont des sportifs, quoi ! » (B, 29)

baiser (se faire) : être berné.

bajaffer : parler, bavarder. Ex. : « Il m'examine comme si j'étais une pépite anormale, puis il bajaffe avec l'un des jules*. » (26). Ex. : « Vous croyez pas qu'il va s'enrayer l'élan à bajaffer, non ! » (75)

bajoue : jabot.

bajouter : avoir des bajoues.

bal-but-scier : balbutier.

bal-parquet (un) : bal populaire. Ex. : « Il avait eu le nez brisé au cours d'une bagarre de bal-parquet, ce qui lui donnait un petit air tête brûlée. » (217)

balai (un) : année (d'âge). Ex. : « Dans la piscaille*, ça batifolle mollo. Ils ont plus de soixante-dix balais, les tritons ! Quatre-vingts et des, le plus grand nombre. Le crawl, la brasse coulée, ils les exécutent au ralenti rhumatismal. C'est le ballet nautique des arthritiques ! Les Jeux olympiques de la pataugette ! » (145)

balancer : proférer, jeter une plaisanterie perfide.

balancer des beignes : asséner des gifles, des coups.

balancer des coups de saveur : cligner de l'œil dans le but de séduire. Ex. : « J'ai l'œil. Si Freddy y avait balancé des coups d'saveur, je les eusse eu surpris, n'ayez crainte, m'sieur César. » (BB, 148)

balancer le duce : dénoncer. Par extension, donner l'alerte, prévenir, donner une information. Ex. : « Je lui attache alors la serviette sur le clapoir ouvert. Ça m'étonnerait qu'il puisse balancer le duce avec ça sur le museau. » (24)

balancer dans les torchons (se) : se coucher. (B)

balancer le potage : tirer avec une arme à feu. Ex. : « On lui a balancé le potage à moins d'un mètre. Ça l'a foudroyé sur place. » (203)

balancier arrière (un) : fessier. Ex. : « Pour ce qui est des formes, ses nichebars* ont le volume de deux pommes californiennes; quant au balancier arrière, il a été modulé par un luthier. » (151)

balandard (un) : individu balourd. Ex. : « Le grand balandard se pointe, toujours calme et lourdingue. » (115)

balanstiquer : asséner. Ex. : « J'hésite à lui balanstiquer un nouveau parpin, plus appuyé que le précédent. » (8). Ex. : « Comme vannes*, il en balanstique des paquets! » (24). Ex. : « Le mufle fouisseur, l'œil en bouchon de champagne, il fonce sur Fouassa, le débarrasse de sa paire de pincettes et se met à lui balanstiquer la rouste des grandes occases. » (49). Ex. : « Je tente de replier mes cannes* pour pouvoir balanstiquer un coup de savate dans le coffret à bijoux* du gars. » (57)

balayage de spoliation (le) : élément essentiel de l'équilibre mental de l'homme.

balayeuse d'étage (une) : concierge.

balbudrouiller : bredouiller en balbutiant.

balbutialer : balbutier.

balconnet (un) : sein de femme. Ex. : « Une infirmière, développée à bloc du côté des balconnets. » (2)

balconnet (y aller du) : avoir une poitrine opulente. Ex. : « Elle porte un bloudgine fatigué, aux rapiéçages savamment élaborés, avec une liquette* blanche à rayures bleues qui met en relief, voire en haut-relief, des loloches* de cantinière. Oh, pardon! Comment qu'elle y va du balconnet, la pécore*! Tu parles d'un capot de Land Rover! » (90)

balconnet pour travailleur de force (un) : poitrine opulente.

balette (une) : franc (monnaie). Ex. : « Je lui pose un bifton* de cinq balettes devant le nez. » (3)

baliser : travailler. Ex. : « Il balisait dur avec son zob*, l'homme au gros moignon (un acteur de films porno). » (135)

balises (les) : seins de femme. Ex. : « Elle portait un tailleur blanc, au corsage ouvert entièr'ment. Et ses balises dodaient* outragesquement*, à tel point qu'on n'pouvait r'garder aut'part. » (B, 208)

ballastre (un) : ballast. Ex. : « L'était si tant tell'ment ressemblante qu'on m' l'a virgulée* su' l' ballastre où qu'une flopée* d' trains y a passé dessus; et elle, c'tait plutôt des mecs* qu'ell' encaissait, portée comme ell' était. » (B, 155)

balle-but-siège : balbutiais-je.

ballepeau : rien. Ex. : « Ils respiraient mal, comme quand l'inspecteur déboulait à l'improvisation* dans not' école et se mettait à nous poser des questions qu'on se demandait si c'était seulement en français tellement qu'on y entravait* ballepeau. » (208)

ballon (un) : prison.

ballon (faire) : faire abstinence. Ex. : « D'abord tu m'as traité de flic*, tout à l'heure dans le caveau. Si je m'écoutais, je te ferais faire ballon! » (51)

ballon d'Alsace (le) : 1. Sein de femme. 2. Crâne chauve.

ballonet (un) : sein de femme. Ex. : « Elle a le polo par-dessus les ballonets. » (203)

balochard (un) : sein de femme. Ex. : « Elle est grande et flexible, avec une taille de guêpe, des balochards surcomprimés, un valseur* sculpté-main. » (41)

balpeau : rien. Ex. : « Il aime pas beaucoup qu'on l'emmerde* pour balpeau. »

baluche : 1. Dommage. Ex. : « C'est baluche que tu soyes pas de service, je viens d'hériter d'une enquête que j'aimerais mieux que ça soye toi qui l'aies sur les endosses*. » (B, 50). 2. Stupide, lourdaud.

balzacer : narrer abondamment, à la façon d'Honoré de Balzac. Ex. : « Un de ces jours, mes polards*, je vous les téléviserai, c'est juré. Force m'est donc, en attendant, de balzacer pour vous permettre de comprendre. » (72)

bambouler : festoyer.

bananiesque : relatif à la poudre chocolatée Banania, et à son logo représentant un Noir hilare. Ex. : « M. Blanc finit par sourire malgré ses lèvres bananiesques. » (132)

bananophage (un) : celui qui se nourrit de bananes.

bancal du cervelet (un) : original, douxdingue, illuminé, gâteux.

bancaux : bancals.

banckok : banco. (B)

bande-dessiner : parler comme un héros de bande dessinée.

bande des six nez (une) : bande dessinée. Ex. : « Faut toujours qu' tu coupasses dans des combines à la mords* mon nœud, qu' même dans les bandes des six nez, y z'oseraient pas les employeyer. » (B, 155)

bandeletter : entourer de bandelettes. Ex. : « Bon, ils ont un cadavre dans le placard, le Vieux* et les Prince. Alors ils se le bandelettent pour eux trois seulement. » (93)

bandoulié : ceint d'une courroie en bandoulière. Ex. : « J'abandonne à pas lents tous ces dos bandouliés de Kodak. » (85)

banjo (le) : fessier. Ex. : « Après ça, le gars qui dira que je n'ai pas le nez creux aura droit à un coup de tatane* dans le banjo. » (16)

banquer : payer. Ex. : « Je banque les deux demis et je fais la grimace car la note est salée, ce qui me redonne soif. » (20)

banqueroute (une) : banquette de route.

banquet aux astèques (servir son) : mourir. Ex. : « J'lu d'mande pas ce qu'il attend, le cinochaste*, c'est sous-entendu : la clamse* à grand-papa. Quand l'Vieux ira servir son p'tit banquet aux astèques, alors là y aura chamboulement dans la chaumière. » (B, 208)

baobab (le) : 1. B.a-ba. Ex. : « Mon gars, dans la vie, faut toujours voir grand. Avant de te lancer : fais tes classes! On va te choisir une bonne école où on t'enseignera le baobab du métier. » (128). 2. Jambe.

baouffer : bafouer. (BB)

baquer (se) : se baigner.

baquet (un) : 1. Ventre. Par extension, basventre. Ex. : « Avec ce baquet, il devait préférer la poularde demi-deuil plutôt que sur canapé. » (20). Ex. : « Le gusman a dans le baquet un trou aussi vaste que l'entrée du tunnel du mont Blanc. » (108). Ex. : « Il aurait droit à des chiées* de drains dans le baquet. » (150). 2. Automobile.

baraqué : costaud, découplé, avantagé physiquement. Ex. : « Si leurs châsses* étaient des mains, toutes les souris* un peu bien baraquées se promèneraient à loilepé*! » (16). Ex. : « Un garnement comme bibi, s'il est baraqué Apollon et plus résistant que le béton armé, croyez-moi, sa vieille* y est pour quelque chose. » (72)

barbapapesque : cotonneux, ouateux. Ex. : « La vie me semble improbable, lointaine, immobile et comme en attente au bout d'un étroit et long tunnel. Pas fréquentée pour le moment. Je me sens mou, flou, barbapapesque. » (86)

barbaque (la) : viande. Par extension, chair d'homme. Ex. : « Je me communique un bon kilo de barbaque dans le porte-pipe*. » (4)

barbariser : actionner une manivelle, comme celle d'un orgue de Barbarie. Ex. : « Un grincement caractéristique me fait dresser l'oreille : celui que produit une manivelle en action. C'est ce quidam qui barbarise avec la manivelle. » (71)

barbe (un) : proxénète.

barbé : barbu. Ex. : « Mal rasé, ou mal barbé, le regard sanguignoleur*. » (105)

barbeau (un) : proxénète.

barbecue (le) : soleil. Ex. : « Je ferme les yeux dans la chaleur du mahomed* généreux. Pourvu qu'il se refroidisse pas trop vite, ce barbecue. Qu'on rôtisse encore quelques millénaires. » (85)

barbecuter : faire un barbecue. Ex. : « Il doit faire bon barbecuter, le soir, au photophore, tandis que le rosé de Provence froidit dans les bacs à glaçons et que les melons sentent de toute leur force à côté des brugnons. » (90)

barbichouze (une) : barbe, barbiche.

barbier turc (un) : barbiturique. Ex. : « Après en avoir délibéré pendant quatre jours et vingt-deux nuits, le personnel des Editions Fleuve* Noir, auquel s'était jointe la concierge d'à côté, a décidé que Béru* employait barbier turc pour barbiturique. » (202)

barbillon (un) : proxénète. Ex. : « Trois-sous était un petit barbillon minable de Montmartre. » (8)

barbillonner : se mettre en ménage. Ex. : « Il a barbillonné la Gérante*, je parierais ? devine le Gros qui maintenant connaît le processus classique des fortunes de cour. » (B, 200)

barbiquet (un) : proxénète. Ex. : « Je brico-lais. J'avais deux polkas* sur le tas*. Et puis j'en ai eu assez de jouer au barbiquet. » (15). Ex. : « La grille est restée entrouverte, signe de la panique qui anima la mère Bisemont lorsqu'elle découvrit son barbiquet out. » (31)

barbon (un) : homosexuel. Ex. : « Près de nous, un minet turlute* son barbon* berli-nois tandis que, tout au bout du renforce-ment, une nana fait à son mec le coup du Poséidon. » (131). Ex. : « Quelle horreur ! fais-je : un barbon ! Pas de signes parti-culiers ? » (204)

barboter : dérober. Ex. : « Je vous affirme que ce sont les gars de la bande Himker qui m'ont barboté le corps. » (81)

barbouilleum de couyette 14 (un) : somni-fère fictif.

barbouilleur (un) : artiste peintre. Ex. : « Le plus miraculeux sourire que les barbouil-leurs de la Renaissance italoche* aient jamais cloqué* sur un visage de madone. » (62)

barbousard (un) : barbu. Ex. : « Le barbou-sard d'en haut : Dieu. »

barbouze (une) : 1. Barbe. 2. Agent secret, espion.

barbu (un) : roi d'un jeu de cartes. (B)

barbu-frisé (un) : personne qui porte une barbu psalmodieur (un) : juif orthodoxe.

barbe aux poils frisés.

barburiéro (un) : guérillero barbu.

barduche (un) : barda. Ex. : « Si elle s'en s'rait allée, ell'aurait emporté son barduche, la môme. » (135)

barguigner : hésiter, tergiverser. Ex. : « Il ne s'agit pas de barguigner. Je m'avance vers le guichet en prenant soin de demeurer dans l'ombre. » (22). Ex. : « Vous savez bar-guigner, vous autres ? Moi, très mal. C'est pourquoi, sans barguigner, donc. » (75)

baringuer : baragouiner. Ex. : « Elle me baringue j'sais pas quoi. Mais ça doit vou-loir dire " Vous avez très mal ", si je réfère à l'expression. » (122)

barlu (un) : bateau. Ex. : « A ma frite*, elle pige* que je ne la mène pas en barlu, alors elle a les chocottes*. » (16). Ex. : « Ce qui revient z'à dire qu'quand t'as ouvert les châsses*, le grand drivait* le barlu France. » (B, 208)

baromètre (un) : thermomètre. (B)

baron (un) : compère qui, chez les mar-chands forains, vient acheter le premier afin d'amorcer le client. Ex. : « On va drôlement affurer* ! annonce Béru*. Pas besoin de baron, ici. Et il ouvre la malle de fer dans laquelle il a emballé sa marchandise. » (56)

baroquinerie (la) : caractère de ce qui est baroque.

barouf (un) : vacarme. Ex. : « Un zig* qui culbute du troisième étage fait un drôle de barouf en atterrissant. » (20)

barqueur (un) : pilote de barque.

barreau de chaise (un) : gros cigare.

barrer (se) : s'en aller, partir.

barvoumane (une) : adapt. de l'anglais : « bar woman » (serveuse de bar).

bas tangage (un) : bastingage. (B)

bas de plaftard (un) : imbécile. Ex. : « La vengeance, je vais te dire, elle n'est bonne à exercer que pour les êtres primaires, les obtus, les bas du plaftard* et moelleux du bulbe*. » (142)

bas con (le) : bacon. Ex. : « Qu'est-ce qu'on leur donne à becter*, aux malades de cette baraque. Pouah, des patates à l'eau et du bas con ! » (B, 73)

bas laitage (de) : bas étage. Ex. : « Tu m' voyes, moi, officier d' police, ex-ancien miniss, porter le pet* dans un commissa-riat, comme quoi une pétasse* de bas laitage m'a ratissé*. » (B, 128)

basable : fondé. Ex. : « N'existe pas d'société basable sur le désintéressement, sinon par la force. » (B, 208)

basaner (se) : bronzer.

basourdi : abasourdi.

basques (les) : vêtements. Ex. : « Faut le voir choper* le mateur* par ses basques. » (83)

bassin aquitain (le) : fessier. Ex. : « Des robes décolletées jusqu'au bassin aquitain. » (39). Ex. : « Ses meules* géométriques, son ignoble fessier, ses miches* en caisse d'horloge, son bassin aquitain, son prose* cubique. » (75)

bassin parisien (le) : fessier. Ex. : « Ma jolie popotineuse* dont chaque degré accentue le mouvement ondulatoire du bassin parisien. » (75)

bassiner : ennuyer, importuner. Ex. : « D'ailleurs, soit dix ans passants*, ils commencent à me bassiner, tous à chercher si j'appartiens ou non à la littérature. » (113)

bassiner le bassin : irriter.

bassino-haricotière (une) : personne préposée à la distribution des bassins et haricots dans un hôpital.

bassourdisseux : qui abasourdit.

bastingage (le) : comptoir.

bastonner : battre, bagarrer.

bastos (une) : balle d'arme à feu. Ex. : « Je suis sûr de dérouiller* une bastos dans la gargane*. »

bastosser : tirer avec une arme à feu.

bastringue (un) : maison close.

bastringuée (une) : 1. Empilement. Ex. : « Le podium des musicos* avec la bastringuée d'instruments sous housses a un aspect surréaliste. » (85). 2. Désordre bruyant.

bataver : parler néerlandais. Ex. : « La vioque qui pâmasse* continue de bataver en clamant des " god ". » (105)

bateaux-lavoirs en guise de mocassins (avoir des) : avoir de grands pieds. (B)

bath : plaisant.

bathouze : plaisant.

bathyscaphe oculaire (un) : regard plongeant. Ex. : « Je cligne des châsses* et je plonge mon petit bathyscaphe oculaire dans les profondeurs de son corsage. » (8)

batifoler de la glotte : chanter. Ex. : « Elle continue bravement à batifoler de la glotte, cette grande fifille, au milieu du vacarme. » (203)

batifouiller : brasser. Ex. : « Ses hélices batifouillent dans les polluances* portuaires. » (85)

bâtonneux (un) : bâtonnier. Ex. : « Vot' conduite est un qualifiable. J'vais d'ores et n'avant, en informer l'bâtonneux, l'garde des sottes*, le suce-titube*, le pauv'cureur* d'la République. » (B, 208)

bâtons qu'veux-tu (à) : à bâtons rompus. (B)

batouze : beau, plaisant. Ex. : « Tout est blanc et ocre, ici. Faut reconnaître que c'est batouze. » (56)

battant (le) : cœur. Ex. : « M'étonnerait qu'on puissasse greffer son battant à un pépère* en rade* de palpitant* vu qui doit pas lui en rester chouchouille*. » (B, 69). Ex. : « Quelque chose qui ressemble à une confuse tendresse m'arrive au battant. » (83). Ex. : « Mon battant se serre à l'idée que ce bel oiseau va s'envoler. » (150)

batterie d'cuisine (une) : médailles militaires en nombre. Ex. : « Le conseil, les anciens combattants av'c pépé Bérurier* en tête, le béret plus basque qu'jamais et sa batterie d'cuisine en vitrine. » (B, 208)

battoir (un) : main. Ex. : « J'ai les battoirs qui font bravo sans le vouloir. » (36). Ex. : « Un solide coup de battoir me répond. » (66)

battoir à linge (un) : main de grande taille. Ex. : « D'autres voyageurs surviennent : des Japonais, des Nordiques, un ménage ricain* dont le mec* mesure deux mètres vingt avec des battoirs à linge capables de masquer l'écran d'un téléviseur géant. » (155)

battre à Niort : nier. Ex. : « Ce qui me plaît chez lui, c'est qu'il ne cherche pas à battre à Niort. Il admet avoir été son souteneur et assume son rôle. » (152)

battre les roustons : ennuyer, importuner. Ex. : « La hâte du cul* l'emparait et le vieux Ferguson commençait à lui battre les roustons. » (136)

battre l'œil (s'en) : s'en désintéresser.

baudouiner : s'identifier à Baudouin, roi des Belges. Ex. : « Je ne peux pas rester plus de deux heures sans frites ! Sinon, c'est la crise ! Les affres ! L'hallucination ! Pas de frites, et les chauves-souris m'apparaissent ! Je me désincarne ! Le talent m'en tombe ! De la frite et je suis ranimé ! Je rote belge ! Je deviens enfant d'Albert Iᵉʳ, roi chevalier mais mauvais alpiniste ! Des frites et je baudouine ! » (205)

bavade (une) : bavure. Ex. : « Et comme, derrière le fuyard, se trouve la populace* en fuite, il risquerait de se produire une bavade. » (117)

bavaisaver (un) : baiser.

bavard (un) : avocat. Ex. : « Si vous me bouclez*, je veux un bavard! » (43). Ex. : « Si vous avez un bon bavard, il vous arrangera les bidons*. » (121)

bavarde (une) : langue. Ex. : « T'as juste à ouvrir ta mandoline* et j't'interprète un' tyrolienne baveuse* d' tout' beauté. J'sais pas si t'as évalué la surface portante d' ma bavarde, mais j'peuve te traiter cinquant' centimèt' carrés n' à la fois! » (B, 148)

bavasserie (une) : bavardage. (B)

bave-à-roi : bavarois.

baver des rondelles de fromage mou coupées à la scie circulaire : être stupéfait.

baver des ronds de baba : être stupéfait.

baver des ronds de chapeau : être éperdu d'admiration ou d'étonnement. Ex. : « Celui-ci rapplique au moment où le toubib* extrait la balle de ma blessure. Il demande ce qui se passe et je lui raconte tout. Ce brave garçon en bave des ronds de chapeau. » (107)

baveuse (une) : 1. Cravate. Ex. : « Sabroulé* bleu marine croisé, avec limouille* blanche et baveuse club à rayures. » (152). 2. Lèvre. Ex. : « Commence pas à interrompre l'orateur, je t'en supplie! – Je me mords les baveuses. » (18). Ex. : « Je lui cisaille l'épithète au ras des baveuses. » (20)

baveux (un) : 1. Journal. Ex. : « J'examine la première page du baveux que le marchand de journaux vient d'apporter. » (31). Ex. : « Avez-vous ligoté* le baveux ce matin? » (35). Ex. : « V's' auriez-t'y pas un french baveux, ma colombe? » (B, 74). Ex. : « La Claudette revient av'c les baveux dont il me fallait pour capituler* l'affaire. » (B, 208). 2. Savon. Ex. : « Tout en oignant mes doigts de baveux, j'examine mon physique de théâtre dans la glace. » (3)

baveux jacté (un) : journal télévisé ou radiophonique.

bavoche (la) : sénilité. Ex. : « Il peut gâtouiller* en toute paix. Glisser dans la bavoche la tête haute. » (85)

bavocher : parler. Ex. : « Je vais décrocher et c'est effectivement Sa Majesté Gras-dubide qui bavoche à l'autre bout. » (62)

bayardesque : plein de périls, digne du chevalier Bayard. Ex. : « Selon toute vraisemblance, parti sur cette route bayardesque, il est actuellement soit mort, soit bien parti pour y parvenir d'une manière rapide et violente. » (64)

bazardier (un) : personne qui tient un bazar. Ex. : « Pendant qu'il s'exécute je pénètre tour à tour chez le coiffeur, le pharmago*, le magasin de confection et le bazardier. » (106)

béantement : de manière béante. (B)

béanterie (la) : caractère de ce qui est béant. Ex. : « Une nana* réussie, tu peux te moucher dans ses doigts ou te torcher* le cul* avec son slip, elle est éperdue de gratitude, de passivité, de béanterie incomblable* par autre chose que ta grosse bitoune*. » (124)

béanture (une) : ouverture béante. Ex. : « Alexandre-Benoît porte des caleçons longs dotés d'une béante ouverture à proue, à l'instar des ferry-boats. Sans céder au graveleux, signalons au passage l'absolue nécessité de ladite béanture. » (97)

béat bas (le) : B.A-ba. (B)

beau-dabe (un) : beau-père.

beaudanuber : danser au rythme du « Beau Danube bleu. »

beauf (un) : 1. Beau-frère. 2. Homme imbu de lui-même, ou grossier.

beaujolisé : alcoolique.

beaujolpif (le) : beaujolais.

beaux moplates (les) : omoplates. (B)

beauzardeur (un) : étudiant des Beaux-Arts.

bébi (un) : adapt. de l'anglais « baby » (bébé). (B)

bécane à Charlot (la) : guillotine. Ex. : « Tel Louis XVI sur la bécane à Charlot, je ne termine pas ma phrase. » (28)

bécauder : parler comme Gilbert Bécaud dans ses chansons. Ex. : « Et maintenant, que vais-je faire? bécaude le Gros. »

becco (un) : baiser. Ex. : « La voilà qui découvre the french becco et qui en redemande. » (59)

becdecaniser : ouvrir une porte à l'aide du bec-de-cane. Ex. : « Il descend, plonge dans l'établissement après avoir toqué* à la porte pour se la faire becdecaniser. » (90)

bécébégiste (un) : personne B.C.B.G.

béchamel (une) : situation problématique. Ex. : « Il avait une moche affaire sur les bras. Je l'avais tiré de cette béchamel, le Marco. » (132)

bêcher : faire des manières, être bêcheur, méprisant. Ex. : « Voilà qui aurait fait progresser l'enquête, ironisé-je. – Bêche-moi pas, grand. » (126). Ex. : « Tu ne vas pas bêcher avec un vieux pote* comme moi, Alexandre-Benoît. » (128)

bécif : tout de suite. (B)

becquetance (la) : nourriture, repas. Ex. : « La becquetance reprend pour les ceuss* qui ont encore faim. » (2)

becqueter : manger.

becqueter à la grande gamelle : être informateur de police.

becqueter dans la gamelle : prendre pour argent comptant. Ex. : « Tu penses bien que je doute d'elle, sans blague ! Je ne serais pas l'éminent limier que tu sais si je becquetais dans sa gamelle sans arrière-pensée. » (94)

becqueter de l'aile : perdre le fil d'une démonstration, être stupide. Ex. : « Vous pigez* ? Non ! Je vois à vos figures de constipés que vous becquetez de l'aile, les gars ! » (28)

becqueter du cartilage de main droite aux marrons (faire) : donner une gifle.

becqueter son bulletin de naissance : mourir.

becter : manger.

becter sa paillasse : faire la grasse matinée, traîner au lit. Ex. : « Merde, tu bectes ta paillasse, técolle*, ce morninge*. T'sais qu'il va z'être midi ? » (B, 116)

bédame : à cause.

bédolanche (une) : fait de déféquer.

bédolanche excessive (une) : diarrhée. Ex. : « Pinaud* a déjà repeint les deux tiers de la toile cirée, car il se déplace en déféquant, le chéri ! A pas minuscules, trottineurs, comme pour s'éloigner du désastre qu'il crée. Pareil au bombardier : il fuit l'impact des projectiles qu'il largue ! Il va peut-être décéder de sa bédolanche excessive, le pauvre biquet ! » (148)

bédoler : déféquer. Ex. : « Les chiches* étaient dans une cabane au fond du jardin, et les noyes* d'hiver, quand la cagate* vous bichait*, on bédolait dans des pots d'chamb'! » (138)

bédolmuches (les) : lieux d'aisances.

bédouin (un) : homme quelconque, quidam.

bégueuler : prendre une attitude bégueule.

beigne (une) : gifle, coup de poing. Ex. : « Il gratifie l'un et l'autre d'une beigne soignée. » (3)

beigner la frite : frapper le visage. Ex. : « Je voudrais leur beigner la frite, histoire de les apprendre à vivre. » (210)

beignzif (le) : fessier.

bel et mal : bel et bien, lorsque le contexte ne justifie pas le mot : bien.

bêlerie (une) : bêlement. Ex. : « Peut-on qualifier de " voix " ce murmure glouglouteur*, cette bêlerie d'enrhumé, ce solo de monocorde vocal ? » (75)

belle (une) : évasion. Ex. : « Un gusman* d'son âge, y n'peut pas passer des mois en cellule sans causer*. Et de quoi qu'y l'aurait causé*, sinon de la belle qui s'préparait ? » (90)

belle (jouer la) : s'évader.

belledoche (une) : belle-mère. Ex. : « M'est avis qu'elle devait ressembler à un grenadier de Flandres, la belledoche. » (104)

belle-marâtre (une) : belle-mère.

belliqueuser : être belliqueux. Ex. : « On belliqueuse pas, on vient ici en touriste. » (B, 66)

belliqueuserie (une) : manifestation belliqueuse.

bélocher : bêler.

belon triple zéro (une) : crachat. Ex. : « Il propulse une belon triple zéro, mastarde* comme celles que balançait cette pauvre Dame aux camélias sur la fin de sa galante existence. » (117)

beloter : jouer à la belote. Ex. : « Alors, mon commissaire, l'homme que tu veux rencontrer est en train de nous attendre en bas. Et toi, belle crêpe, pendant ce temps, tu te forces à beloter dans une chambre sans en avoir la moindre envie. » (65)

bénard (un) : pantalon. Ex. : « Bérurier*-Mille-et-un-ennuis n'attend plus pour flouzer* en éventail dans son bénard. » (74)

bénoche (un) : pantalon. Ex. : « Il verdit et se chope* les joyaux de la Couronne* comme s'il entendait les extraire de son bénoche pour les offrir à une dame de ses relations privée d'abats. » (131). Ex. : « Le Mammouth se hisse, côté passager. Dans son rétablissement, il craque le fond de son bénoche. C'est le genre de pépin qui l'affecte fréquemment avec son cul* majuscule et ses fendards* toujours en retard de deux tailles. » (148). Ex. : « Elle me palpe la queue* à travers le bénoche. » (150)

benoîte (une) : brouette.

bénouze (un) : pantalon. Ex. : « Achille* réapparaît, une giclée de pisse sur son bénouze gris. » (150)

béohef (un) : B.O.F. (beurre, œufs, fromage) se dit de quelqu'un qui s'est frauduleusement enrichi, par référence aux trafiquants du marché noir pendant la Seconde Guerre mondiale.

béquille (une) : jambe. Ex. : « Il a les béquilles qui se dévissent, le Vioque. » (36)

béquiller de la pensarde : perdre la raison.

bercailler : rentrer chez soi.

béret-basqué : coiffé d'un béret basque.

béreziner : déprimer, suite à une déroute.

berge (une) : année. Ex. : « Obligée de se débrouiller à dix berges ! » (204)

berger : habiter. Ex. : « " Voyage autour de ma chambre ", qu'il écrivit, Xavier de Maistre ! Il aurait bergé dans une caverne commak*, c'était carrément la croisière autour de ma chambre ! » (62)

bergère (une) : femme, épouse. Ex. : « Sa bergère lui faisait les poches. » (20)

bergougnan à bretelles (un) : poitrine, seins de femme. Ex. : « Une belle femme, malgré sa forte moustache. Un dargif* large comme le coffre d'une bagnole américaine, avec des jambons* poilus et une de ces paires de bergougnan à bretelles qu'on aurait pu faire du campinge dessous ! » (B)

bergougnouf fromental à lipothymie variable (le) : partie anatomique indéterminée. Ex. : « Jamais le boss n'a fait allusion à sa destitution. Il lui est arrivé d'envisager la mienne, mais pas la sienne. Ça me chanstique le bergougnouf fromental à lipothymie variable. » (51)

berlingot (un) : 1. Balle d'arme à feu. 2. Tête. Ex. : « On l'aurait trouvé avec une dragée dans le berlingot, j'aurais accepté. » (19)

berlue (une) : couverture. Ex. : « On l'emmitoufle d'une berlue et on se vote* à chacun un plumard*. » (155)

berlurer : duper, tromper. Ex. : « Pourquoi qu'il vous berlurerait ce tordu, chef ? » (48). Ex. : « Belloise m'a dit que tu étais au courant de tout, pas la peine de me berlurer ! » (51). Ex. : « Mon instinct ne m'a pas berluré. » (81). Ex. : « Ce ne sera pas la première fois que je berlurerai une mousmé*. » (203)

berlusconesque : qui se rapporte à Silvio Berlusconi (magnat italien de la télévision). Ex. : « De l'autre côté de la Seine, la tour Eiffel semble me tourner le dos, écœurée. Ses antennes berlusconesques sont plantées dans la ouate sale*. » (127)

bermégère (une) : épouse mégère.

bermudoche (un) : bermuda.

bernique : pas du tout, rien à faire.

berthe-caille (au) : bercail béruréen. Ex. : « Faut m'imaginer, ma pauv' chérie, dans la peine d'c'te méprise à tante Berthy qui m'croirait pernicieux, fin salaud dépravationné*, tout ça. Moi, seul des ormeaux* au berthe-caille, attendant son r'tour hypothéqué*. » (B, 208)

bérucher : avoir un comportement semblable à celui de Bérurier*.

béruréen : qui se rapporte à Bérurier*. Ex. : « Il part d'un rire qu'on qualifierait d'homérique si l'adjectif béruréen n'avait sa place sur le marché. » (83)

bérurer : agir à la façon de Bérurier*. Ex. : « Bérurier bérure, solide, sanguin, sans gains, sans gêne, la braguette mal fagotée, une poche de veston arrachée, le chapeau haut relevé, mastiquant encore des aliments riches en calories. » (110)

bérurerie (une) : néologisme béruréen*. Ex. : « Fraise et adipeux* : autre bérurerie dont le sens est vraisemblablement : frais et dispos. » (62)

béruresque : qui se rapporte à Bérurier*.

bérurier : agir comme Bérurier*. Ex. : « Béru est une expression qui signifie horrible butor. Il s'agit d'une contraction du nom de Bérurier, le célèbre cancre français, l'homme qui a mis au point le jaune d'œuf sur la cravate, la barbe mal rasée, les chaussettes trouées et les imperfections de l'imparfait du subjonctif. Depuis, il existe chez nous le verbe " bérurier ", lequel appartient au premier groupe puisqu'il se termine en " er ". On dit qu'un enfant " bérue " quand il renverse son potage sur son pantalon ou qu'il s'oublie au lit. » (57)

béruriste (un) : disciple de Bérurier*, paillard, bon vivant. Ex. : « On le devine habité par une farouche vocation. Il est devenu béruriste et il ira jusqu'au bout de cet élan sublime. » (59). Ex. : « A l'intention des fins esprits qui me dénigrent en me prétendant scatologue, alors que je suis tout bêtement béruriste. » (89)

béruser : conférer un caractère béruréen à quelque chose.

berzingue (à tout) : à toute vitesse. Ex. : « Voilà son instrument qui requinque à tout berzingue. » (148)

bésicles (les) : yeux. Ex. : « J'ai hâte de téléphoner la grande nouvelle au Vieux*. Hâte d'en mettre plein les bésicles aux petits copains du Yard*. » (205)

besognance (la) : besogne.

bestsellerer : écrire des « best-sellers ».

béton armé à la place des tympans (avoir du) : être dur d'oreille. (B)

betteur : adapt. de l'anglais « better » (mieux). (B)

beurranche (une) : ivresse. Ex. : « Un bloody! Tu parles! Comment donc... Vodka, tomate. Fifty-fifty... La beurranche hypocrite. Pas vu pas pris. Tu te nazes* en ayant l'air sobre : le pied! » (93). Ex. : « Ça annonçait l'imminence de la beurranche intégrale, profonde, qui affecterait la journée entière. » (104)

beurré : ivre.

beurrer (se) : s'enivrer.

beurrer la prostate (aller se faire) : s'occuper de ses affaires, être congédié.

beurrer le trésor chez les Grecs (aller se faire) : aller se faire voir chez les Grecs. (B)

beurrer la tartine : flatter. Ex. : « Il beurre à outrance la tartine au Dabe*. Il fignole des épithètes rares, exhume des locutions adverbiales inusitées, forge des néologismes, pomponne le pedigree du Tondu. Le dore à la feuille. » (203)

beurrer l'oignon : conforter dans ses principes. Ex. : « Voilà qui beurre l'oignon des adeptes du nouveau roman. Donne de l'assiette* aux chiotards* du style. A ceux qui pompeusement à merde*, qui pédalent à vide. Dont la plume pantelle comme une bite* déchargée*. » (81)

béver : commettre une bévue. Ex. : « Au temps pour moi! Je viens de béver. » (126)

bévure : « Le mot bévure n'existe pas ni en français, ni en argot. C'est un plaisir que je me fais. » (145)

bézef : beaucoup. Ex. : « Vous allez me dire que tout ça c'est pas bézef, pris séparément, mais une fois groupé, ça finit par constituer un début de dossier. » (45)

bézeff (chercher) : chercher loin, beaucoup. Ex. : « Un jour Tonio : rien qu'un jour dans une vie, merde ça va pas chercher bézeff! » (B, 90)

bibace : bébé. Ex. : « Le temps héroïque où le tour de France se courait en cinq étapes. L'époque de Petit-Breton, comme papa me causait. Il était tout bibace, lui-même, dans ces années heureuses. Peut-être qu'il n'était seulement pas né, j'sais plus. » (98)

bibe (un) : biberon.

biberonanche (une) : acte de boire.

biberonner : boire. Ex. : « Il est à son affaire, ayant déniché une bouteille de Cinzano qu'il biberonne à même le goulot. » (45). Ex. : « Volant à mon bar mural, j'y cramponne* une bouteille de n'importe quoi, que le gros biberonne à l'emporte-pièce. » (108). Ex. : « M'est avis qu'il doit biberonner, l'ancien nazi. Son foie, s'il connaît pas, les présentations vont pas tarder; ça se lit sur son teint jaune et ses yeux couleur jonquille. La cirrhose rôdaille autour de lui, comme un chat autour d'une pièce d'eau bourrée de poissons rouges. » (123)

bibi : moi.

bibine (une) : bière.

biblique : public. Ex. : « Et ta sister, elle est inculquée* de tapinage* sur la voie biblique? » (B, 60)

bicepstique : relatif au biceps. Encerclement bicepstique : fait de prendre sous son bras.

bicher : 1. Etre content, satisfait. 2. Prendre, attraper. Ex. : « Mais si la nuit prochaine, une crise le biche pendant qu'il sera seul avec le môme, il lui fera sa fête. » (111). Ex. : « Je biche délicatement son appareil et l'ouvre. » (150). Ex. : « Je vais le bicher sous les brandillons* pour le hisser sur le paddock. ». Ex. : « Je biche le cher Tu-tues par le canon. » (204)

bicher du carat : prendre de l'âge. Ex. : « C'est plutôt rare que les Italiens soyent obèses. Leurs nanas*, oui, quand elles bichent du carat. » (91)

bicher les chocottes : prendre peur. Ex. : « Y a un type qui biche les chocottes because il voit remuer un rideau. » (4)

bicher les jetons : prendre peur.

bicornanche (la) : fait d'être cocu. Ex. : « Toujours prêts à mordre aux appas de leur bonne femme, n'importe les arnaqueries* qu'ils ont endurées d'elle. Toujours parés pour la bicornanche. » (81)

bicorner (se faire) : se faire élire à l'Académie française. Ex. : « Je sais bien que je vais rater le fauteuil de Mauriac avec mes calembours aussi piètres, mais tant pis ! j'aime mieux me marrer* de mes pauvretés que de me faire bicorner par des messieurs que je connais pas et dont j'ai même pas entendu causer* de la plupart ! » (64)

bicot : 1. Adapt. de l'anglais « because » (parce que). Ex. : « T'y vas à l'envapage, momaque. L'abandon de l'instant, bicot les violons et les vaperies de l'alcool. » (B, 208)

bicyclette à Charlot (la) : guillotine. Ex. : « Dès que tu dis Louis XVI on pense à la bicyclette à Charlot. » (B, 200)

bidasse : comique. Ex. : « Cette attitude est terrible lorsqu'elle est " en situation ", mais elle devient bidasse quand elle s'avère injustifiée (je devrais écrire " quand il est avéré qu'elle est injustifiée ", mais je te pisse à la raie*). » (142)

bide qui lance des appels au secours (avoir le) : produire des bruits stomacaux pour cause de faim.

bidoche (un) : bidet. (B)

bidoche (une) : viande, chair. Ex. : « J'aime pas toucher la viandasse de mes temporains. Surtout la bidoche de bonhomme, surtout lorsqu'elle a cette apparence dégodante*. » (83)

bidoche fin-de-parcours (une) : chair d'une personne d'un âge avancé.

bidon : faux, truqué. Ex. : « Costar* beurre-frais, cravtouse* verdâtre, limace* jaune, bitos* amerlock*, gros diam* bidon à l'annulaire et charmeuses* à la Clark Gable. » (15). Ex. : « Pas besoin de prendre une loupe pour comprendre que c'était du gros bidon. » (20)

bidonner : duper, berner. Ex. : « Je lui soulève les stores*, histoire de m'assurer qu'elle ne me bidonne pas. » (16)

bienfonder : justifier le bien-fondé de quelque chose. Ex. : « Il est prototypique* dans son genre, ce kroum*. Il témoigne, étalonne, prouve : bienfonde ce qualificatif. » (106)

bieurler : 1. Pleurer, sangloter. Ex. : « Y avait comme une satisfaction d'la ram'ner par chez nous, ma vieille. Mais le mieux, ç'a été au cim'tière. Y faisait grand beau ; des abeilles lutinaient les fleurs des tombes et on entendait la récréation d'l'école qui montait d'la vallée. Alors, là, pour le compte, je m'ai mis à bieurler. » (B, 208). 2. Hurler. Ex. : « Martha me bieurlait ses culteries* dans les manettes*. » (105)

bif (un) : 1. Billet de banque. Ex. : « Il tend son bif au préposé. » (5). 2. Bifteck.

biffeton ou **bifton** (un) : billet. Ex. : « Je lui pose un biffeton de cinq balettes* devant le nez. » (3)

bigarreau (un) : œil. Ex. : « Ses bigarreaux font l'appareil à sous. » (94)

biglanche (la) : vue. Ex. : « Bon, y a le sens de la biglanche, çui de la renifle*, le sens de l'esgourde*, le sens de la paluche*, çui de la menteuse* et le sens du devoir. » (B, 58)

bigler : regarder. Ex. : « Je me décide à bigler le paysage. » (2). Ex. : « Quand je me bigle dans une glace j'arrive pas à piger* ce qui leur titille le palpitant*. » (16)

biglouche (la) : strabisme. Ex. : « Il écoute en fronçant ses sourcils épais d'Auverpiot*, en croisant ses yeux à tendance biglouche. » (89)

bigne (un) : téléphone.

bigner : regarder, jauger du regard. Ex. : « Je bigne la préposée mais elle ne vaut pas une œillade. » (53)

bignoche (un) : téléphone.

bignof (un) : téléphone.

bignole (une) : concierge. Ex. : « Fais venir du trèpe* de la Maison Poulaga*, on interroge tous les habitants de l'immeuble, tout le voisinage sur le boulevard et la bignole, naturellement! » (141)

bignolon (un) : policier. Ex. : « Des bignolons de Police- Secours radinent*. » (38)

bignou (un) : téléphone.

bignou-bouffeur de piécettes (un) : téléphone public à pièces de monnaie

bignouphone (un) : téléphone.

bignoutzer : actionner : Ex. : « Je bignoutze alors le procurseur moleté* et les pales se mettent à tourner. » (74)

bignt (un) : prison.

bigntz (un) : affaire, situation embrouillées. Ex. : « Ce bigntz cesse aussi brusquement qu'il est venu. » (66). Ex. : « Mince, quand je pense qu'il va falloir te décrire tout ce bigntz! » (81). Ex. : « Mais faut être vachetement* professionnel pour chafauder* ce bigntz, ma bien chère sœur. » (108). Ex. : « Tout ce bigntz dûment organisé en pure perte. » (150)

bigoche (un) : téléphone. Ex. : « Les croulantes* fortunées se refilent son numéro de bigoche. » (148)

bigof (un) : téléphone.

bigomuche (un) : numéro de téléphone. Ex. : « Je bombe* au téléphone. Dans un nuage je cherche le bigomuche du Sun. Le trouve, l'appelle. » (90)

bigophone (un) : téléphone.

bigophone à sonnette (un) : téléphone.

bigophoner : téléphoner.

bigornance (une) : désir de se bagarrer. Ex. : « Faut que je me délivre la bigornance, que je me dégage le sensoriel, que je m'évacue les excédents. » (204)

bigorne (une) : bagarre; par extension, guerre. Ex. : « Ça a failli tourner à la grande bigorne et j'ai calmé mon pote*. » (20). Ex. : « Heureusement que l'honneur est en voie de disparition, sinon avec la pléthore d'individus en grouillance* sur le globe, ça serait la bigorne permanente, tu parles. » (93)

bigorneau (un) : 1. Téléphone. Ex. : « Le bigorneau reprend son gazouillis. » (88). 2.

Anus. Ex. : « Faut un certain cran quand votre bigorneau fait péter les thermomètres. » (66)

bigorner : tuer.

bigorner (se) : se battre. Ex. : « Nous nous sommes bigornés avec des malfrats. » (29). Ex. : « Sa voix se transforme en miel; il a les inflexions de l'ange qui disait à Jeanne d'Arc de mouler* ses moutons et d'aller se bigorner avec les Anglais. » (107)

bigoudaine (une) : crâne. Ex. : « Sous ma bigoudaine, y a des ondes molles qui se congratulent. » (74). Ex. : « Moi, ça boulonne* intense sous ma bigoudaine, espère! Je veux pas chiquer* les Maigret, mais question des déductions, j'en confectionne comme avec un gaufrier. » (128)

bigouden (une) : crâne. Ex. : « Drôle de musiquette. Voilà qu'elle déclenche quelque chose sous ma bigouden. » (149)

bigouille (un) : téléphone. Ex. : « Je clape d'un appétit de naufragé récupéré. Comme j'en suis à récupérer les miettes avec mon doigt humecté, mon bigouille rameute. C'est messire Conrad. » (136)

bigouiner : sonner. Ex. : « J'attire le téléphone à moi pour composer le numéro. Ça bigouine un peu longtemps. » (114)

bijoutage (un) : fait de se parer de bijoux.

bijoux de famille (les) : testicules. Ex. : « Le Gros, c'est un méthodique du passage à tabac. Un vrai technicien! L'orfèvre du quai du même nom! Il fignole! Il sait faire alterner les manchettes aux directs, les coups de pouce dans les yeux aux coups de genoux dans les bijoux de famille! » (200)

bikiniser : porter un bikini.

bilboquet (le) : crâne.

bille (la) : tête, visage.

biller : taper. Ex. : « Je lui bille sur le museau* depuis hier, annonce le Gros, et il s'obstine à ne pas parler. Est-ce qu'il faut continuer les massages? » (27)

bimbeloteux : de piètre qualité. Ex. : « C'est plein de magasins modernes où l'on vend des disques, des inutilités bimbeloteuses et des hamburgers noyés dans le ketchup. » (93)

binette (une) : visage. Ex. : « Ma binette occupe la première page des baveux*. » (22)

biniou (un) : téléphone. Ex. : « Un coup de biniou doit m'alerter en cas de malheur. » (16). Ex. : « Je me soustrait aux vapes* avant que le biniou grelingue*. » (121)

binoche (une) : bière. Ex. : « J'attends un moment devant son Martini-gin renversé et mon demi de bière plein. Mais fume! J'écluse ma binoche, essuie la moustache blanche qui m'en résulte et adresse un grand geste comminatoire à Lola, laquelle feint de ne pas le voir. » (128)

binoclé : qui porte des lunettes.

bioutifoule : adapt. de l'anglais « beautiful » (beau). Ex. : « Ils s'étalaient, sur leur trente et un, bioutifoules comme des pissotières repeintes. » (B, 208)

bioutifoulement : bellement.

bipède-à-bretelles (un) : homme.

biraudiser : plaisanter à la manière de Maurice Biraud, comédien, chansonnier. Ex. : « La flotte tombe avec une telle violence qu'elle rejaillit jusqu'à hauteur de la ceinture en touchant le sol. – On pourrait se faire opérer de la cataracte! biraudise Béru*. » (59)

birbasse (un) : vieillard.

birbe (un) : vieillard.

bire (to drinque ouane) : adapt. de l'anglais « to drink one beer » (boire une bière). (B)

bisbille (en) : en conflit. Ex. : « Il tient une godasse* à la main, because les vernis neufs sont en bisbille avec ses durillons. » (39)

biscorner : baisser. Ex. : « Pour le coup, tu verrais biscorner son estime. » (83)

biscorninche : tordu. Ex. : « Faut avoir des cerveaux vachement biscorninches pour imaginer ça. » (134)

biscornu de la coiffe (un) : fou, pervers.

biscoto (un) : biceps.

biscotofier : être musclé.

biscotte : adapt. de l'anglais « because » (parce que). Ex. : « Bon, tu peux arquer*, j'espère, biscotte vaudrait mieux filocher* avant qu'y rappliquent. » (B, 76). Ex. : « Si aurait un gorgeon* à la traîne, j'sus preneur, biscotte j'voudrais pas risquer d'attraper une génuflexion* d'poitrine consécutivement à c'te trempette. » (B, 121)

biseness : adapt. de l'anglais « business » (affaires).

bistanclac (une) : bruit (onomatopée). Ex. : « On n'y entend que le bistanclac des métiers à tisser et le bruit des verres entrechoqués, car c'est un endroit où l'on boit sec! » (8)

bistougnage (un) : déclic. Ex. : « Dans ma majestueuse cervelle, un léger bistougnage s'opère. » (110)

bistougnet à tartine (un) : bouton de contact d'une radio. Ex. : « A peine j'ai tourné le bistougnet à tartine, volatile* pas qu'on cause de moi au poste! » (135)

bistouille (la) : embarras. Ex. : « Quand on est dans la bistouille, on chipote pas sur les moyens d'en sortir. » (74)

bistounet (un) : bouton. Ex. : « Coiffé d'une gapette* surmontée d'un bistounet, très ancien lad passé au Milieu. » (132)

bistoureur (un) : personne qui manie un bistouri.

bistourieux (un) : personne qui manie un bistouri. Ex. : « Quand je serais canné* de frais, les bistourieux, les passionnés de l'encéphale, les acharnés du bulbe rachidien batifoleront dans les circonvolutions de mes deux hémisphères. » (65)

bistraque (un) : bistrot.

bistroquet (un) : patron de café.

bistrot à store (un) : drugstore. Ex. : « On pourrait aller écluser du whisky dans un bistrot à store? » (B, 29)

bistrote (une) : tenancière de bistrot.

bistrotier : relatif au bistrot. Ex. : « Elle lève en ahanant, descend de son trône bistrotier. » (105)

bité : dupé, berné. Ex. : « Bité jusqu'à la garde, enviandé* de première. Couillonné* à toute extrémité. Niqué*. Zobé*. Plumé*. Misé*. » (81)

biter : 1. Berner. Ex. : « Béru* vient de m'expliquer en détail son fiasco de Rome. La manière qu'il s'est laissé biter par un gusman* au self-control étourdissant. » (95). 2. Fracasser. Ex. : « Jérémie prend son élan pour biter la lourde*, je le retiens de justesse. » (128)

bites rabattues (à) : à brides abattues.

bitextile : bissextile. (B)

bitos (un) : chapeau. Ex. : « Quant à la carrosserie* de la demoiselle, alors là, bitos! » (57)

bitougnard gladoté (un) : bouton (terme technique fictif).

bitougnazer : manipuler l'élément d'une radio émettrice. Ex. : « Il va à sa phonie et bitougnaze le clapoteur médusé de basse extraction corollaire. » (105)

bitougne (une) : bouton. Ex. : « Je presse une minuscule bitougne ronde, en acier, logée à droite de la porte. » (93)

bitougner : manipuler un bouton.

bitougnet (un) : bouton. Ex. : « Son nez ressemblait au petit bitougnet placé au milieu d'un couvercle de panier à toasts pour permettre de le saisir. » (122)

bitougnette (une) : balle d'arme à feu. Ex. : « Un mitrailleur lui lâche une rafale de bitougnettes au-dessus de la tronche*. » (85)

bitougnot (un) : bouton. Ex. : « Une veste en cuir à fermeture Eclair qui ne fermé-claire* plus vu que le petit bitougnot pernicieux a disparu dans une gestée* trop brutale. » (75)

bitounage foirineux à friction (un) : système (fictif) de propulsion de sous-marin.

bitume (faire le) : se prostituer.

biture (une) : 1. Ivresse. Ex. : « Il s'est réconforté à coup de bojolpif. Vous savez, le genre biture du matin, la plus mauvaise. » (28). Ex. : « La biture qu'il trimballait n'aurait pas tenu dans sa musette. ». 2. Allure. Ex. : « Je réfléchis à toute biture. » (66)

biture à l'eau de Javel (une) : suicide.

biturer (se) : se soûler, s'enivrer. Ex. : « Il m'examine pour voir si je suis bituré. »

bivouaquer dans le flou : rester perplexe un certain temps. Ex. : « Et ma perplexité ne doit pas s'éterniser, car elle dessert mon prestige. Les subalternes ne croient plus aux chefs indécis. Ils ont besoin d'avoir à leur tête des hommes qui tranchent infailliblement. Un temps mort, ça oui, ça fait même bien dans le paysage, ça montre que le king coordonne ses idées. Mais bivouaquer dans le flou, bordel! Ça, never! » (133)

bivulve vaginelle caduque (une) : plante (fictive) méditerranéenne qui pousse en buisson.

bizancointer : être déformé, de travers. Ex. : « Sa tête est de guingois, kif* un portrait dont le cadre a " travaillé " et qui bizancointe. » (93)

bizmuter : manipuler. Ex. : « Mathias* a le réflexe. Il bizmute le contacteur d'apparition. Sur un écran se manifeste la silhouette d'un gus* qu'était enfin ni le facteur, ni le gonzier* des électricités de France-Navarre. » (87)

blabla (un) : bavardage, discours creux et sans intérêt. Ex. : « Dans ces cas-là, le blabla* savant ne désomnubile* pas un mec; au contraire. » (75)

blablabutier : balbutier. Ex. : « Je suis navré, commissaire, il se risque à blablabutier. » (135). Ex. : « Mais tu es membré comme un âne, mon garçon! il blablabutiait. » (B, 208)

blablaohertéffeur (un) : producteur de télévision très bavard.

blablatage (un) : bavardage.

blablater : bavarder.

blablaterie (une) : bavardage.

blablateur à trous (un) : téléphone.

blabluter : bafouiller.

blablution (une) : ablution. Ex. : « Leurs poitrines mâles, juste un ou deux filaments comme ceux que t'abandonnes dans ton bidet à chacune de tes blablutions. » (138)

blablutionner : faire des ablutions.

blacaoute (un) : adapt. de l'anglais « black-out » (obscurité totale). Par extension : la mort, le noir total. Ex. : « Si c'serait pour le big blacaoute, môme, j'adresse une dernière bibise. » (B, 208)

blacoûte (un) : adapt. de l'anglais « black-out » (obscurité totale). (B)

blafardi : rendu blafard. Ex. : « Humble fleurette des pavés, blafardie par la poussière. » (62)

blafardir : devenir blafard.

blagoute (le) : adapt. de l'anglais « black-out » (obscurité totale). (B)

blague à tabac (une) : sein de femme. Ex. : « V'là ses deux blagues à tabac qui pendent misérablement, comme les paupières de Bodard. » (121)

blair (un) : nez.

blanc : innocent. Ex. : « Notre Alfredo montmartrois est blanc comme la neige* que ses petits camarades bradent aux camés* de Paname*. » (43)

blanche (la) : drogue, héroïne ou cocaïne.

blanchisseur de camelote chouravée (un) : individu qui écoule de la marchandise volée.

blase (un) : nom.

blasure (une) : fait d'être blasé. Ex. : « Une grande blasure générale nous évite d'exister. On se confie au système; on espère crever un jour; on attend. » (135)

blatchousse (un) : bastingage. Ex. : « Le docteur Hervé Con* s'empresse, main tendue pour l'aider à charouber* le blatchousse (qu'importent les mots, c'est le sens qui compte.) » (206)

blatouiller : bafouiller.

blaud : 1. Période de temps très longue. Ex. : « Ça fait un blaud que je ne t'ai pas vu, San-A.*, toujours le bourreau des cœurs à prendre ? » (202). 2. Travail, occupation. Ex. : « Je lui demande à quelle heure elle finit son blaud. » (2). Ex. : « C'est un type qui fait son blaud et rien de plus. » (5). Ex. : « Mon premier blaud, après ma douche et mon café, c'est de faire un viron* à l'ambassade amerloque*. » (6). 3. Affaire. Ex. : « Moi les pédoques*, c'est pas mon blaud. » (8). Ex. : « Ça ne fait pas son blaud*, Marinette. La poésie, elle se la bourre dans le frigounet. » (145). Ex. : « Il est duraille* de s'arracher à pareil spectacle. N'en déduisez pas que je tourne au petit voyeur-voyou; moi, la contemplation par trou de serrure et miroir sans tain, c'est pas mon blaud. » (205). 4. Tout. Ex. : « Le local tient de la bibliothèque et du laboratoire, avec pardessus le blaud l'atmosphère équivoque d'un antre d'alchimiste. » (60). 5. Balle d'arme à feu. Ex. : « Il morfle le blaud dans le baquet. » (24). 6. Ensemble de circonstances. Ex. : « Je vous raconte tout ce blaud pour bien vous camper le paysage où je te vais vous dérouler une action pas dégueu. » (76). Ex. : « T'as mordu* ? Je t'ai résumé le blaud rondo*, non ? » (100)

blaze (un) : nom.

blazer (se) : se nommer. Ex. : « Une vraie madone! – Quand on se blaze Bernadette, c'est normal. » (15)

blé (le) : argent.

blèche : laide. Ex. : « Il mate* la môme*, la trouve un peu blèche. » (85)

blêcheur (un) : insatisfait, revendicateur, critique. Ex. : « De nos jours blêcheurs, où tout un chacun revendique, exige, fait valoir, c'est stupéfiant une soumission pareille. » (85)

blêchu (un) : monsieur Tout-le-Monde. Ex. : « J'ai rien du blêchu d'hachélèmes* qui passe sa vie entre sa téloche*, son turbin* et le cul de sa voisine de palier. » (85)

blé-de-fesses (le) : argent obtenu de la prostitution.

blêmissure (une) : fait de blêmir. Ex. : « Malgré l'obscurité, je sens qu'elle blêmit car la blêmissure produit un bruit léger. » (75)

blet : laid, abîmé. Ex. : « Un quartier modeste de Stockholm. Mais pas blet pour autant. En Suède, pays ultra-prospère, ce qui correspond à nos bidonvilles est ici pourvu du chauffage central, d'ascenseurs, de vide-ordures. Simplement y a qu'une salle de bains par chambre et les robinets ne sont pas en platine. » (82)

bleumir : devenir bleu. (B)

bleu plein le cœur avec déversoir sur le calbar (avoir du) : être ému moralement puis physiquement. Ex. : « Son appareil est réglé sur un poste spécialisé dans la guimauve. J'ai droit à un blues qui me met effectivement du bleu plein le cœur avec un déversoir sur le calbar. » (45)

blindé : ivre. Ex. : « Un gars qui rentre chez lui n'a pas besoin d'essayer plusieurs clés à moins qu'il soit blindé à mort. » (16)

blindé comme un porte-avions : ivre mort.

blinder (se) : s'enivrer.

bloc (à) : totalement.

bloche (un) : asticot. Ex. : « Prélevez les bloches dans la région de mes burnes*, ils seront plus gras, plus vigoureux et peut-être auront-ils, eux aussi, les yeux bleus. » (84)

bloquer : recevoir, subir. Ex. : « Le crouille* a bloqué un parpaing* qui l'a fait sortir de ses gonds. » (20)

bloudgine (un) : pantalon en toile, de type blue-jean.

blousé : berné, dupé. Ex. : « Nous avons été flouzés*, blousés, feintés*, brossés*, cocus. » (59)

blouser : 1. Tromper, duper. 2. Danser le blues.

blutionner : pratiquer des ablutions.

boatien : en rapport avec le boa. Ex. : « Elle va me broyer, la frénétique, me déguiser en pâte et me croquer de son gosier boatien. » (59)

bob (un) : dé à jouer.

bob salingue (un) : bobsleigh. (B)

bob-chlingue (un) : bobsleigh. Ex. : « T'sais : tu y joues un p'tit solo de flûte enchantée*, manière d'l'apprivoiser, et ensute, é t'glisse dans l'trésor comme sur une piste de bob-chlingue. » (B, 104)

bobinard (un) : maison de tolérance.

bobine (une) : tête, visage.

bobiner : embobiner. Ex. : « Il regarde alternativement bobiner des bobines et s'agiter des aiguilles rouges sur des cadrans blancs. » (97)

bocal (le) : crâne.

bocal plein de plumes (avoir le) : avoir l'esprit, les idées embrumés.

bochophonie (la) : connaissance de la langue allemande. Ex. : « Concentrant ma bochophonie, je lui réclame d'urgence la chambre de Herr Bérurier*. » (104)

bocon (un) : drogue, somnifère. Ex. : « C'est elle qui a foutu du bocon dans le whisky. Et moi, la bonne crêpe, j'ai avalé ça comme un œuf du jour ! » (22)

bœufé : vautré. Ex. : « Voici Béru*, mon factotum, annoncé-je en montrant l'Ignobliure, vautrée (voire même bœufée) sur le canapé. » (94). Ex. : « Je suis bœufé dans un fauteuil, sans arme, engourdi, ahuri, dépassé. » (105)

bœufer (se) : se vautrer.

boire à la rigolade : boire à la régalade. (B)

bois-scout (un) : boy-scout. Ex. : « Vot' guignolo*, les mecs*, m'nait pas une vie de bois-scout. » (B, 141)

boîte à bouffe (une) : restaurant.

boîte à dominos (une) : 1. Cercueil. Ex. : « T'as toujours créché* dans un univers néon - formica - acquis - autour - d'un - buffet - campagnard-gratuit et que tu y crécheras* jusqu'au moment que t'iras coucouche panier dans ta boîte à dominos capitonnée. » (121). 2. Bouche. Ex. : « Je me penche sur elle et je fais l'inventaire de sa boîte à dominos. Les trente-deux pièces s'y trouvent rassemblées. » (60)

boîte hésite : adapt. de l'anglais : « what is it ? » (qu'est-ce que c'est ?) (B)

boîte à idée (la) : crâne. Ex. : « Je finis par resquiller* un coup de crosse sur la boîte à idée et je vais me baguenauder en plein cosmos. » (51)

boîte-is-it : adapt. de l'anglais « what is it ? » (qu'est-ce que c'est ?).

boîte à jérémiades (une) : violon. Par extension, tout instrument de musique. Ex. : « Il résiste un peu, me confie de mauvaise grâce sa boîte à jérémiades. » (104)

boîte de lait Mont-Blanc (une) : sein de femme.

boîte à Lollo (une) : soutien-gorge.

boîte à néant (une) : crâne d'un demeuré.

boîte à osselets (une) : cercueil. Ex. : « Je saute dans le caveau. Ma boîte à osselets est posée sur une étagère en ciment. » (45). Ex. : « Elles ont une forme bizarroïde, les boîtes à osselets, ici. Elles sont laquées rouge avec des dessins dorés. » (59)

boîte à pandores (une) : commissariat de police. Ex. : « Je demande après le commissaire Soupin, lequel préside aux destinées de la boîte à pandores du sixième. » (20)

boîte à penser (la) : crâne.

boîte à phosphore (la) : crâne.

boîte à pitié (une) : cœur. Ex. : « En le doublant je sentis quelque chose grincer dans ma boîte à pitié. » (8)

boîte à poignées (une) : cercueil.

boîte à ragoût (une) : estomac. Ex. : « Si je ne ferme pas illico ma boîte à ragoût elle va me faire une piquouze* afin de me faire tenir tranquille. » (19). Ex. : « Un direct du gauche dans la boîte à ragoût. » (20)

boîte à rêves (une) : crâne. Ex. : « Dans ma boîte à rêves, ça fermente tant si fortement que de la fumaga* me sort des narines et p't'être bien des oreilles aussi, sans parler de

45

l'anus que je peux moins contrôler de par sa position. » (125)

boîte à viande froide (une) : cercueil.

boitiller du cervelet : être débile léger.

bol (le) : 1. Crâne. Ex. : « Béru* l'empoigne au revers et lui porte un phénoménal coup de bol entre les carreaux. » (83) 2. Chance. Ex. : « Par un bol phénoménal pour moi, et un manque de pot* catastrophique pour l'assassin. » (28)

bolanche (la) : chance. Ex. : « Manque de bolanche, un groupe de militaires barre le pont. » (74)

bolider : emmener en voiture à une vitesse élevée.

bolopunch (un) : coup de tête violent. Ex. : « J'ai dix fois le temps d'esquiver et il se trouve en partiel déséquilibre. Je l'estoque* d'un bolopunch et il se redresse, alourdi par ce gnon* féroce aux mandibules*. » (124)

bomber : se déplacer à vive allure. Ex. : « Dickson bombe à pleins gaz. » (24)

bombeur (un) : poseur de bombe. Ex. : « Au dernier moment, les bombeurs (pourquoi pas? On dit bien " dynamiteur ")! » (81)

bombiner (se) : se faire sauter avec une bombe.

bombiner : poser une bombe.

bombinette (une) : bombe aérosol de petite taille.

bon thé (la) : bonté. Ex. : « Chère Maâme, serait-ce-t-il un effet de vot' bon thé de me dire à qui qu'appartient la fourrurerie* d'à côté. » (B, 90)

bon escienter : choisir à bon escient. Ex. : « Le grand romancier doit discerner et bon escienter. » (114)

bon point (un) : embonpoint. (B)

bon à nib : bon à rien.

bon de la Semeuse (un) : billet de la Banque de France. Ex. : « La grand-croix de la Légion d'honneur que j'ai jamais demandée malgré que j'eusse suffisamment de bons de la Semeuse pour l'obtenir. » (122)

bonbonne d'échevin (la) : bonhomme de chemin.

bonbonner : prendre de l'embonpoint. Ex. : « Chez les pingouins*, j'ai remarqué, ce sont les mâles qui sont minces tandis que les dadames ont tendance à bonbonner chouïa*. Elles rabattent trop sur la paella et les tortillas et pas assez sur la gym-tonic, les mères! Mais ça n'a pas d'importance : les Suédoises sont ravissantes! » (120)

bonbonnière (la) : crâne. Ex. : « Les cloches de Bâle et les cloches D'Aragon doivent carillonner dans sa bonbonnière. Il a le regard fixe et une morve d'écolier se met à filer de son nez blême. » (55)

bonbonnière à génie (la) : crâne.

bonbons (briser les) : agacer.

bondesque : relatif à James Bond. Ex. : « C'est bondesque ce qui nous arrive. » (66)

bondieusard : qui se rapporte à des bondieuseries.

bongré-maugréer : admettre bon gré mal gré.

bonheur du jour (un) : fessier. Ex. : « Elle a le bonheur du jour monté sur roulement à billes. Faut la voir aller et venir sous la jupe de tweed. Il fait signe de s'approcher! » (42)

bonhomme-pébroque (un) : policier.

bonnard : bon.

bonne en uniforme : en bonne et due forme.

bonne main (une) : pourboire. Ex. : « Charles qui a toujours plein de fric* dans ses poches (enfance de pauvre) le règle en ponctuant d'une " bonne main " extrêmement bonne. » (213)

bonnet de forme (en) : en bonne et due forme. (B)

bonnet de coton, bonnet de laine : bonnet blanc, blanc bonnet. Ex. : « Fakir, émir, c'est bonnet d'coton, bonnet d'laine; la preuve c'est qu'ça rime. » (B, 113)

bonnet difforme (en) : en bonne et due forme.

bonnet-haut-de-forme (en) : en bonne et due forme. (B)

bonnet déformé (en) : en bonne et due forme. (B)

bonneterie bonnetier : bonnet blanc, blanc bonnet. (B)

bonniche (une) : employée de maison. Ex. : « Une grosse bonniche moustachue vient s'enquérir. » (148)

bonnir : dire, raconter.

bonzes-apôtres (jouer les) : jouer les bons apôtres.

book (un) : bookmaker, parieur clandestin.

book pététesque (un) : annuaire téléphonique.

boomer : rencontrer du succès. Ex. : « Lorsqu'il sera à la retraite, il pourra monter un office de tourisme, ça boomera. » (24)

boomeranger : lancer.

boquiller : s'affoler. Ex. : « Son cœur s'est mis à boquiller au point qu'il doit se vider les ventricules à la petite cuiller. » (130)

boquiller des paupières : cligner des paupières, être sur le point de s'endormir.

boquiller de la pensarde : déraisonner. (B)

bordel-arme (au) : bord des larmes. Ex. : « Elle a ébroué. J'la sentais au bordel-arme. » (B, 208)

bordelière (une) : tenancière de bordel.

bordéliser : faire du tapage, semer le désordre. Ex. : « Mes forces revenant, à défaut de ma vue, je commence à bordéliser dans sa tire*. » (120)

borgnasif (un) : borgne.

borgnolisant : évoquant un croque-mort. Ex. : « On l'imagine plutôt en noir, ce savant, car il est très borgnolisant. » (89)

borgnon (à) : à l'aveuglette. Ex. : « Je marche à borgnon, mains en avant. » (85)

borgnoter : regarder.

borne (une) : kilomètre. Ex. : « Au bout de vingt bornes j'ai la godanche* monstrueuse : faut qu'je calce* coûte que coûte. » (B, 136). Ex. : « Il est aussi crédule qu'un marchand de voitures d'occasion à qui tu essaies de faire croire que le compteur de ta vieille DS marque réellement huit mille bornes parce qu'elle appartenait à ton vieux papa qui s'en servait très peu, because ses rhumatismes déformants. » (143)

Borniol's man (un) : croque-mort.

bornique (une) : lumière, lampe. Ex. : « Allez, éteins les borniques et referme le cadenas. » (20)

borniquer : 1. Rester inactif. Ex. : « J'en ai ma claque de borniquer. » (204). 2. Tâton-ner. Ex. : « L'ampoule pendouillait à cru au bout d'son fil et les mouchagas* avaient tellement chié* d'sus qu'on borniquait dans ces quat'mèt'carrés comme deux poissons rouges dans un n'aquarium rempli d'encre. » (B, 208)

bosaille (la) : entrailles. Ex. : « J'eusse z'été là, il aurait gardé sa fraîcheur d'ouistiti alors qu'y ressemb' maint'nant à la bosaille d'un lapin vidé, ce con ! » (132)

bosc (la) : boxe. Ex. : « Bien mieux qu'un combat de bosc ou de catsche*. » (B, 208)

bossu (un) : chameau.

botte (une) : 1. Main. Ex. : « Je lui serre la botte et je me trisse*. » (25). 2. Commission en numéraire. Ex. : « Il m'a chargé de transacter avec un garaco*. Le mec m'a même promis une petite botte pour moi. » (217)

botte pipole (une) : adapt. de l'anglais « boat people » (bateau de réfugiés).

botter : plaire. Ex. : « Ça me bottait de voir comment vivait une nana* sur le compte en banque duquel le soleil ne se couche jamais. » (57)

bottes de cellier (des) : bottes de sept lieues. (MM)

bouc (le) : menton.

bouc commissaire (un) : bouc émissaire. Ex. : « Quand tu commets le péché, t'as besoin d'un bouc commissaire. » (B, 136)

bouc-en-train (un) : boute-en-train. Ex. : « Bérurier*, assis à la droite de la maîtresse de maison (devenue également la sienne), fait le bouc-en-train. » (148)

bouchebéer : être bouche bée.

bouchon de carafe (un) : diamant.

bouclard (un) : boîte de nuit. Ex. : « Le bouclard est au repos. Ce genre de taule* n'ouvre qu'en fin d'après-midi. » (16)

bouclarder : enfermer. Ex. : « Il empoigne le groggy par sa ceinture jusqu'au placard mural penderie dans lequel il le bouclarde. » (148)

bouclarès : fermé, enfermé. Ex. : « Il lui recommanda de laisser son cador* bouclarès dans la cuisine. » (152)

boucler (la) : se taire. Ex. : « Et puis il la boucle et se met à me reluquer* d'un air gland. » (20)

bouddhique : obèse, qui ressemble à Bouddha. Ex. : « Imaginez une dadame haute d'un mètre cinquante, large comme un vaisselier, ventrue, mafflue*, bouddhique. » (59)

boudeur (un) : boudoir. Ex. : « La v'là qui m'entraîne jusqu'à son boudeur, au premier. » (B, 208)

boudin (un) : 1. Pneumatique. Ex. : « Les marchands de boudins de la région ne vont plus savoir où donner du gonfleur. » (39). 2. Fille laide. Ex. : « Il aime ce côté chrysalide des petites filles. Il se rappelle des gamines ingrates, du genre boudin, qui, en quelques mois, devenaient d'adorables nymphettes. » (213)

boudiner : 1. Manger du boudin. 2. Saigner. Ex. : « L'autre pousse des cris de goret qu'on boudine. » (83)

boudoir de calbute (un) : braguette de pantalon. Ex. : « Il s'arrête de cigogner* son mât de misère*. Le renfourne presto dans le boudoir de son calbute. » (134)

bouée (une) : esprit, crâne. Ex. : « Une idée lumineuse comme le ring du palais des Sports un soir de championnat du monde m'inonde la bouée. » (28)

bouffage (un) : fait de manger.

bouffardage (en) : en train de fumer la pipe.

bouffement (un) : repas. Ex. : « Les hôtesses radinent avec leur fourbi à roulettes pour le bouffement promis. » (148)

bouffer à la Grande Gamelle : être indicateur de police. Ex. « Ecoutez, mon vieux, je ne suis pas fan des poulets, mais j'aurais pas hésité à aller bouffer à la Grande Gamelle si j'avais eu vent d'une chose aussi atroce. » (108). Ex. : « De temps à autre, il bouffait à la Grande Gamelle, histoire de rester en bons termes avec les roycos*. » (118)

bouffer avec les chevaux de bois : jeûner.

bouffer du lapereau : attendre. Ex. : « Il existe des forcenées du rendez-vous. Des nanas* obstinées qui espèrent coûte que coûte et bouffent du lapereau pendant des heures, certaines que l'élu finira par se pointer*. » (114)

bouffer son artiche : dépenser son argent.

bouftance (la) : nourriture, repas. Ex. : « Qu'on briffe* du caviar, du foie gras ou du riz à l'eau, la pause bouftance est inévitable. » (59)

bouger les meules (se) : se dépêcher.

bougie (une) : année (d'âge).

bougie-bougie : adapt. de l'anglais « boogie-woogie » (type de danse moderne).

bougnazé : à l'article de la mort. Ex. : « Le gériatre a radiné* dare-dare et ordonné la venue d'une infirmière avec tout un attirail de survie tellement il était bougnazé, le Vioque ! » (94)

bougnazium mixte (le) : matière qui se décompose en quelques heures au contact de l'humidité.

bougne (un) : bougnat, marchand de vin et de charbon.

bougniphasé : terme technique indéterminé. Ex. : « Le calibre de l'arme ? Un 9 mm bougniphasé. » (100)

bougnoul (un) : homme de couleur (péjoratif).

bougnozoff (un) : bougnat, marchand de vin et de charbon. (B)

bougonner jaune : rire jaune.

bouif (un) : cordonnier. Ex. : « Le bas est occupé par l'échoppe d'un bouif. » (48)

bouik (un) : maison de rendez-vous. Ex. : « Ça finissait au bouik où on tirait la même frangine*. » (142)

bouillabaisser : manger une bouillabaisse.

bouillabe (une) : bouillabaisse. (B)

bouillasse (la) : tête, visage.

bouillaver : remuer, triturer, pénétrer. Ex. : « Je bouillave des urlupes*. » (84)

bouillaveur (un) : amant. Ex. : « C'est possible, il admet, l'ancien bouillaveur d'Angèle. » (8)

bouille (une) : tête, visage. Ex. : « Je virgule* ensuite la chaise dans la bouille de son pote* qui part en arrière. » (104). Ex. : « Je me paie sa bouille. » (130)

bouille à guidon droit (une) : visage moustachu.

bouilloire (une) : crâne. Ex. : « Je me prends la bouilloire à deux mains. » (18)

boulanger (un) : spécialiste de l'incinération.

48

boule (la) : 1. Crâne. Ex. : « Béru* l'a déjà filé dans la patouille* d'un coup de boule. » (91). Ex. : « Tout de suite c'est la savate française dans les couilles de l'un et un féroce coup de boule dans la mâchoire de l'autre. Et ça s'étale sans rechigner, ça, madame. » (98). 2. Oeil. Ex. : « Mathias* écarquille ses boules, because pour lui, jusqu'à preuve du contraire (et ce contraire-là est pas prêt de se manifester) dix sacs* restent une somme. » (34)

boules à zéro (avoir les) : avoir peur. Ex. : « Oui, lui, l'implacable, le décideur d'exécutions, lui qui a fait périr tant et tant de gens, il a les flubes*, les jetons*, les copeaux*, les foies*, la chiasse noire*, les grelots*, le traczir*, les boules à zéro, les chaleurs*, le taf*, la mouillette*, les chocottes*. » (142)

boulevard des allongés (le) : cimetière.

boulevarder : aplanir, créer un boulevard. Ex. : « Les machines haletantes, aux tentacules monstrueux, fouillent le sol, l'éventrent, le malaxent, le fouettent, le tamisent, l'étalent, le tassent, le déguisent, le boulevardent, le goudronnent, l'haussmannent*. » (59)

bouliguer (se) : se hâter.

boulimer : manger exagérément.

boulimiquer : dévorer. Ex. : « Les danois finissent de boulimiquer leur jaffe*. » (81)

boulimiser : être sujet à la boulimie.

boulonner : travailler. Ex. : « Là-dessus mes collègues du Quai* se pointèrent* et nous commençâmes sérieusement à boulonner. » (118)

boulotter : manger. Ex. : « Elle est un peu trop boulotte (parce qu'elle boulotte trop). » (76)

boulotter du ruban : franchir de grandes distances par route. Ex. : « Mon intérêt est de boulotter du ruban pour, le plus rapidement possible, franchir la frontière suédoise. » (150)

boulouliloula (un) : phrasé d'instrument de musique. Ex. : « Les ziziqueurs* en sont au slow, ça strangerizenailleguette* dans le suave, avec des boulouliloula au saxo qui te démangent sous les couilles*. » (116)

boulouliloulater : jouer des boulouliloula*.

boumerange (un) : conséquence d'un acte qui se retourne contre son auteur, retour de manivelle (au sens figuré).

boumérange (un) : boomerang. (B)

boumeranguer : revenir à son point de départ.

bouquet (un) : 1. Année d'âge. Ex. : « Dis, ça va pas la tronche ? Une jeune fille de dix-neuf bouquets ! – Elle est en âge, non ? – De se marier peut-être, mais av'c tézigue, c't'une aut'paire d'couilles ! Un gars qu'a traîné son outillage dans tous les at'liers d'France et de Navarin* ! » (B, 101). Ex. : « La peau fripée, ça, tu ne peux pas marcher sur tes quatre-vingts bouquets et ressembler à une carte postale d'Hamilton, avec les veines qui font surface et des tavelures en archipel de la Sonde. » (119). 2. Commission en numéraire.

bouquinerie (une) : collection de livres. Ex. : « J'ai tapé dans la bouquinerie à Marie-Marie* qu'y en a plein des placards. Je m'ai farci les " Pensées " de Blaise, de Pascal*. » (121)

bouquiniste : botanique. Ex. : « Ça commence à bien faire ! Le premier routier que j'aperçois, je m'arrête ! On est bonnards* pour jouer Tarzan s'évade dans ton jardin bouquiniste ! » (B, 68)

bourdiche (le) : bourdon, tristesse. Ex. : « Moi, ça me ficherait le bourdiche de mater* ces illustres messieurs blêmes et pétrifiés. » (75)

bourdille (un) : policier.

bourdise (une) : bêtise. Ex. : « Quand ils auront fait développer leurs pelloches* truffées de bourdises. » (85)

bourdonner : avoir des idées noires.

bourge (un) : bouge, bar mal fréquenté. (B)

bourgeoisdecaliser : se sacrifier, comme les bourgeois de Calais. Ex. : « Il tisse mon salut sur l'autel de sa perte. Il paiera. Il est prêt. Il bourgeoisdecalise. Que sa tête tombe pour payer l'erreur, mais que la mienne du moins continue de flamboyer sous l'auréole du devoir accompli. » (65)

bourgeoise (une) : épouse.

bourgeoiseté (la) : caractère de ce qui est bourgeois. Ex. : « La morne bourgeoiseté dans toute sa pompière* hideur*. » (135)

bourguignoche : bourguignon.

bourrader : donner une bourrade. Ex. : « Je le bourrade dans les endosses* et il trébuchaille* jusqu'à l'appentis. » (83)

bourratoire mémorable inversé (un) : instrument d'optique performant.

bourre (un) : policier.

bourre (se tirer la) : se concurrencer vigoureusement.

bourre (à la) : en retard.

bourré : ivre.

bourré à la clé : totalement ivre.

bourre aquatique (un) : garde-côte.

bourreleux : affligé de bourrelets. Ex. : « Le bide béruréen* peut s'épanouir en paix sous sa toison, avec les cicatrices bourreleuses qui le parcourent en tous sens. » (93)

bourre-pif (un) : coup de poing sur le nez.

bourrer la caisse : mentir, berner.

bourrider : manger une bourride.

bourrin (un) : cheval. Ex. : « Il allait aussi sec grimper sur son grand bourrin de bataille. » (20). Ex. : « Il a posé ses godasses* et ses pieds fument comme un bourrin qui vient de se farcir le Prix de l'Arc de Triomphe. » (28). Ex. : « Je t'ai vu sabrer* Maria*, la bonniche*. Alors là, t'y mettais une verge de bourrin, Tonio! Plus conséquente que mon poignet! » (136)

bourrin de retour (un) : récidiviste.

bourriner : chevaucher. Ex. : « L'oncle bourrinait en forêt. » (100)

bourru : démasqué, confondu. Ex. : « Pourvu que tout aille bien! Si par hasard l'auto s'éloigne, je suis bourru. » (24)

bousculance (une) : bousculade.

bousculé (être bien) : être physiquement bien constitué. Ex. : « Les mousmés* vous font cadeau de leur vertu si vous êtes un gars à peu près bien bousculé. » (5)

bouseux (un) : paysan.

bousin (un) : tracas. Ex. : « Je ne demande qu'à te tirer du bousin! » (24)

boustif (la) : nourriture. Ex. : « Mon estom' gargouille, le Mastard ayant clapé* la boustif de mon petit dèje. » (132)

boustifaille (la) : nourriture. Ex. : « Je clape* distraitement l'ombre de boustifaille qui m'est dévolue. On devait mieux tortorer* sur le radeau de la Méduse. » (145)

boutabouté : mis bout à bout. Ex. : « Après la Samsonite, dévalèrent alors deux ou trois valoches* plutôt mesquines, dont l'une assurait même son hermétisme à l'aide de vilaines cordes boutaboutées. » (103)

boutadeur (un) : personne qui lance des boutades.

boutanche (une) : bouteille. Ex. : « Pinuche*, qui a rencontré sur sa route la bouteille de fine champagne précédemment signalée par Fouassa, a un entretien confidentiel avec elle. Il lui fait part de son émotion et la boutanche lui déverse des paroles de réconfort. » (49). Ex. : « Bérurier s'explique avec un ragoût aux choux rouges en tutant* une boutanche de vin d'ici. » (104)

bout de bois (un) : ski (objet). Ex. : « Comme je n'ai pas rechaussé les bouts de bois depuis l'hiver dernier, je redoute de perdre l'équilibre. » (43)

boutanche (prendre de la) : vieillir.

bouteille (avoir de la) : être âgé, avoir de l'expérience.

bouter : faire des boutades.

boutique Viande-Froide (la) : morgue.

boutique-son-cul (faire) : se prostituer, en langage africain. Ex. : « Mon petit chou! Vous alors, vous avez envie de baiser* français pour me dire ça! Moi, je baise* français, aussi bien qu'à Paris. Vous voulez qu'on baise français, les deux? Avant de travailler ici, je faisais boutique-mon-cul, mais c'est plein de voyous qui me prenaient tout. Alors j'aime mieux travailler. C'est moins fatigant et je peux garder mes sous, et de temps en temps baiser français avec des beaux hommes comme vous qui baisent bien comme y faut français. » (92)

boutiquer : remuer, besogner. Ex. : « Il boutique un peu le cul de Berthe*, à tout hasard, escomptant un retour au carburo. Mais ouichtre! » (150)

boutiquerie (une) : aventure.

boutondemancheté : porteur de boutons de manchettes. Ex. : « Le Vieux*, cravaté, récuré, boutondemancheté est là. » (28)

bouvillonesque : qui tient du bouvillon. Ex. : « La voracité du Mammouth est telle que, bientôt je peux réapercevoir le front bouvillonesque du Très Cher. » (77)

bouxif (un) : livre. (B)

bouzdinguer : exploser bruyamment. Ex. : « Les échos retentissent. Ça bouzdingue à tout va. Le canon tonne. » (94)

bouzigage (un) : opération, manœuvre. Ex. : « C'est le bouzigage habituel. Flashes, empreintes, récupérations en tout genre. » (114)

bouzin (un) : 1. Grand bruit, vacarme. 2. Lieu de débauche. 3. Affaire, travail. Ex. : « Ce qui complique un peu le bouzin, c'est que je ne parle pas le russe. » (122)

bovelinge (le) : bowling. (B)

boviser : meugler.

boxif (un) : maison de prostitution. Ex. : « – Ce qui est le plus rentable, ce sont les quatre chambres du premier. – Un boxif? – Oui. Avec des filles qui s'expliquent magnifiquement. » (121)

boxon (un) : maison de prostitution.

boy-scout de la Maison Parapluie (un) : policier.

boyasse (la) : boyaux, tube digestif. Ex. : « Il réclame, Prosper. Faut le calorifuger* au moins deux fois par jour, sinon la boyasse fait des nœuds. » (59). Ex. : « Il m'a si tellement malaxé la boyasse que j'en ai bédolé* sans m'en rendre compte. » (204)

boyasserie (la) : intestins. Ex. : « La première chose qu'il fait, l'homme paniqué, c'est de se vider. Sa boyasserie joue relâche. » (74)

boyau boudeur (avoir le) : être constipé. Ex. : « Quand t'avais le boyau boudeur, fallait la voir cramponner* le savon de Marseille, maman. Elle t'en taillait un coin gros comme ça, te le pétrissait dans les doigts pour y donner la forme fusée, et v'lan elle te le carrait* dans l'oignon* avec un bon coup de pouce pour le placer sur son orbite. » (B, 58)

boyauter (se) : rire. Ex. : « Je les mets* en réprimant une copieuse envie de me boyauter tandis que la vieille salive comme un escargot. » (5)

boyscouter : boycotter. Ex. : « Gérer! Vous rigolez! Il a nibe* d'activités depuis long-temps. Il boyscouterait plutôt l'affaire si moi et ma sœur on ne veillait pas au grain. » (119)

brabant (le) : charrue à deux socs sur pivot. Ex. : « Il a moulé* les études pour le brabant. » (62)

bracadabrance (une) : caractérise ce qui est abracadabrant. Ex. : « J'ai voulu n'avoir l'cœur net de ses bracadabrances. » (B, 138)

bracelets (les) : menottes.

braconnier : draconien. Ex. : « C'est braconnier comme mœurs, non? » (B, 65)

bractéal filiforme (le) : produit chimique indéterminé.

bradzoum (un) : vacarme assourdissant.

braguette de pennis (une) : raquette de tennis. Ex. : « Si c'est pour voir manœuvrer des braguettes de pennis que tu m'empêches de jaffer*, on serait mieux à Roland-Garros où qu'on a la possibilité d'acheter des sandwiches d'occasion. » (B, 63)

bragueuler : brailler, gueuler.

brahmamer : bramer, pour un brahmane.

braiseur de fils de vaches (un) : restaurateur spécialisé dans la viande de veau.

bramade (une) : hurlement. Ex. : « T'aurais entendu la bramade du Vieux* quand je l'ai relaté nos avatars. Si les murs de son burlingue* s'sont point lézardés, c'est qu'y sont en pierre de taille pur fruit. » (B, 86)

bramance (une) : hurlement. Ex. : « Ses locataires du second ont remis le couvert* pour un nouveau steeple-chaise. Leurs bramances retentissent dans le vaste puits obscur de la cour et s'envolent vers les étoiles qui, elles aussi, reluisent à ne plus pouvoir. » (92)

bramante (une) : hurlement, vocifération. Ex. : « Le Gravos pousse sa bramante des grands jours. » (80). Ex. : « Oh! la bramante à Uhro! Cet égosillage* tympanticide*! » (150)

brameur (un) : chanteur. Ex. : « Les petits brameurs à la croix de bois. » (84)

brancard (un) : épouse, maîtresse. Ex. : « Moi, je me mets à filer le train* à mon petit brancard! » (28)

brancard de rechange (un) : maîtresse. Ex. : « Veuf! Il devait avoir un brancard de rechange, pour lors? Il se farcissait* qui est-ce?» (B, 69)

brancard de secours (un): maîtresse. Ex.: « Et il t'a offert une place pour Fernande, le Dabe*? Dis, ça devient un rêve, la grande volière*, si on se met à envoyer les matuches* à l'autre bout du monde avec leurs brancards de secours!» (64)

brancher: charger d'une affaire.

branchimouiller: brancher. Ex.: « Je branchimouille le foutrazeux ostentatoire et je coiffe un casque d'écoute. » (61)

brandillard (un): bras.

brandillon (un): bras. Ex.: « Un Italien qui lui secoue le brandillon pendant un quart d'heure en l'assurant de l'expression, etc., etc. » (31)

brandonner: allumer des brandons.

brandouiller: faire. Ex.: « Que peut bien brandouiller cette doudoune* en ces lieux? » (204)

branlade de tête (une): hochement de tête.

branle haut de con bas (un): branle-bas de combat.

branle-baser: mener un branle-bas. Ex.: « Pendant qu'on branle-basait à ma requête, je me suis rendu dans la cour d'honneur et j'ai interrogé les gardes républicains. » (124)

branle-bourg: brandebourg (galon, broderie ornant une boutonnière). Ex.: « L'était en robe de chambre à branle-bourg qui lui f'sait ressembler à un cosaque. » (B, 208)

branle-con de baba (un): branle-bas de combat. (B)

branle-macchabe (un): employé de la morgue.

branlebater: affoler, semer la confusion. Ex.: « Je me mets à supposer que le coup de carillon doit branlebater la cahute. » (75)

branlée (une): correction physique.

branlement de marmiton (un): hochement du chef. Ex.: « Le Gros remercie d'un branlement de marmiton. » (74)

branler le chef: acquiescer. Ex.: « Il branle ce qu'il peut, c'est-à-dire son chef, ce qui est toujours de bonne politique, surtout quand on travaille dans l'administration. » (130).

Ex.: « Quand j'en ai fini avec mon exposé, elle branle délicatement le chef dans ses doigts de princesse convertie à l'aréonautique. » (204)

branler du manche: vaciller. Ex.: « Notre raison commence à branler sérieusement du manche. » (66)

branler: faire (sens très large).

branler (n'en avoir rien à): s'en moquer complètement.

branler du Bocuse: branler le chef.

branlette de morue (une): brandade de morue. (B)

branleur (un): paresseux.

branleuse (une): jeune fille.

branligoter: 1. Branler. Ex.: « Elle a branligoté du chef. Pauv'femme, si pâle. Anxieusée* jusqu'à la mouelle. » (B, 208). 2. Faire. Ex.: « Je pigeais* mal ce que nous venions branligoter dans tout ça. » (74)

branligoteur: branlant, délabré. Ex.: « Une vraie ruine, le Dabe*, le dentier branligoteur. » (110)

branligotter (s'en): s'en moquer.

branlocher (n'en avoir rien à): laisser indifférent. Ex.: « Après tout j'en ai rien à branlocher quoi t'est-ce qu'ils aillent marchander de la moquette ou des narguilés? » (72)

branlocher: faire (sens très large).

branlocher (s'en): s'en moquer.

branloire: chambranle. Ex.: « Quand j'l'ai vue, toute blonde dans son kimono noir fendu su' les hanches, m'a fallu cramponner le branloire d'la lourde* pour pas tomber à la renverse. » (B, 208)

branque (un): 1. Individu de peu d'envergure, stupide, maladroit. 2. Client. Ex.: « – T'as le retour d'âge précoce, mon mec, diagnostique le Dr Bérurier*, mais c'est pas le tout, t'as pas vu les branques qu'y me reste à visionner? Si tu voudrais bien déblayer le terrain, plize*!» (B, 67)

branquignolade (une): situation folle, délire, digne de la troupe des Branquignols de Robert Dhéry. Ex.: « En France, tout le monde me supplie d'aller au Brésil rechercher Vosgien, et à peine arrivé, tout le monde me saute sur le poil* en me demandant où il est! Ça vous paraît pas un peu louftingue* à vous autres, une branquignolade pareille ? » (64)

branquiller : 1. Faire. Ex. : « J'me demande ce qu'il va branquiller avec ces pieds-nickelés, alors qu'elle porte un derrière plus beau qu'Venise. » (109). Ex. : « Qu'est-ce que tu veux branquiller de ce cadavre ? » (204). 2. Affaiblir, diminuer physiquement. Ex. : « Abcès, grosseurs, plaques, grattouilles*, époumonades*, toux vicieuses, pisses rouges, cacas verts, et autres vilaines salades désastreuses, qui ruinent et branquillent l'homme. » (85)

branquilleux : bancal, délabré. Ex. : « Ainsi, en aperc'vant ce bigophone* mural, noir et branquilleux, j'ai su comm' y n'est pas permis qu'il s'agissait bien d'çu qu's'servaient les kidnappeurs. C'bignou*, tout pauvret cont' un mur carrelé qui f'sait songer à une pissotière désinfectée*, ouais, c'bignou m'éloquençait*. » (B, 208)

braoum (un) : vacarme. Ex. : « Avec un tel braoum dans la propriété, je pourrais m'y pointer* à motocyclette sans qu'on m'entende venir. » (94)

braquage (un) : attaque à main armée.

braquer : tenir sous la menace d'une arme. Ex. : « Ils nous braquent méchamment, sans en casser* une. » (142)

bras de l'orfèvre (les) : bras de Morphée. (B)

bras de Morflé (les) : bras de Morphée. (B)

brasero (un) : cigare.

brassebouillonner : patauger. Ex. : « Pendant cette conversation de salon, les roues du camping-car continuent de brassebouillonner. » (95)

brasse coulée dans de la barbe à papa (faire la) : user d'un euphémisme, rester en deçà de la vérité. Ex. : « La forêt est malade ! Et quand je te dis malade, je fais la brasse coulée dans de la barbe à papa. Elle est MORTE ! » (150)

brasse papillon dans la marmelade (faire la) : perdre la raison.

bravoche (la) : bravoure. Ex. : « Un morceau de bravoche. »

breakfaster : prendre un petit déjeuner en Grande-Bretagne.

brebiser : bêler.

brèche dans la chambre noire (avoir une) : être fou.

bredocher : bredouiller.

brèfle : bref. Ex. : « Je serais brèfle, avertit-il. » (B, 72)

brelanter : bêler. Ex. : « Pinaud*-culte se rengorge, brelante un rire d'agnelet regardant le loup se coincer la queue dans une porte. » (81)

breloque (une) : montre-bracelet.

breloquer : 1. Agiter, secouer. Ex. : « Mon cœur se remet à breloquer. » (150). 2. Bafouiller.

brème (une) : 1. Carte à jouer. Ex. : « Dites donc, percepteur de mes choses ! Faudrait voir à pas camoufler votre sept de cœur ou autrement sinon je vais vous faire bouffer les trente-deux brèmes sans les assaisonner. » (55). 2. Carte de police.

brèmes en main (reprendre les) : reprendre l'initiative, le contrôle de la situation.

brèmouze (une) : papier officiel d'identité.

brenouiller : bredouiller. Ex. : « Impossible, non, mais dangereuse ! brenouille l'éminent interpellé. » (76)

Brésilioche (un) : Brésilien.

bretèche (la) : brèche. Ex. : « M'sieur Pinaud*, sans cesse su' la bretèche, va démarrer la comtesse en y f'sant langu' d' velours*, c' qu'est toujours appréciab'. » (B, 148)

brève déchéance (à) : à brève échéance. Ex. : « Quand les trois quat' nœuds volants dont je auront mis la clé sous le paillasson de leur sépulcre, il en sera terminate pour ta pomme* à brève déchéance comme j'dis toujours. » (93)

brevetier (un) : titulaire du brevet de fin d'études. Ex. : « J'sus pas bachelier, ni même brevetier, en tout cas, je peux te dire que rien de l'amour n'saurait s'apprendre ailleurs que sur le tas. » (B, 208)

bréviaire déchéance (à) : à brève échéance. Ex. : « Une pauv' nouillasse* telle qu'Huret était appelée à se faire alpaguer* à bréviaire déchéance. » (B, 73)

bricabraqueux : qui évoque un bric-à-brac. Ex. : « Sous des caisses et du chenil* bricabraqueux. » (B,135)

bricoler la devanture (se) : modifier son apparence, notamment au niveau du visage. (B)

bride-haleine-perdre-abattue (à) : très rapidement, à bride abattue et à perdre haleine. Ex. : « Et Achille* à la langue légère repart à bride-haleine-perdre-abattue, ou tout ce que tu voudras pour exprimer la fougue. » (113)

brièveté (état de) : état d'ébriété. Ex. : « Une fois, av'c l'Antonio, lors d'une traversée en bateau, m'trouvant en état de brièveté, conséquemment aux punches créoles du bar. » (B, 208)

briffe (une) : collation. Ex. : « Je vais claper* une petite briffe à la cuisine. » (152)

briffer : manger. Ex. : « J'ai faim, je n'ai rien briffé de la journée. » (19). Ex. : « Qu'on briffe du caviar, du foie gras ou du riz à l'eau, la pause bouftance* est inévitable. » (59). Ex. : « J'te fais remarquer qu'on a rien briffé depuis des temps immatériaux*. » (B, 101)

briffer son bulletin de consigne : mourir.

brigadinche (un) : brigadier.

brigadoche (un) : brigadier.

brigander : voler.

brignole (un) : pain. Ex. : « Et moi je me sens comme le Petit Poucet au milieu de la forêt après que les zoziaux* eurent mouffeté* les miettes de brignole* dont il marquait sa route. » (9)

brignolet (un) : pain. Ex. : « Les apôtres devaient pas le regarder autrement, Jésus, quand il ridiculisait les scaphandriers en marchant sur les eaux ou quand il réduisait les boulangers au chômage en multipliant les brignolets. » (59). Ex. : « Des sande-vouiches. Le brignolet est ranci, et l'jambon ressemb' à du carton à chaussures humide. » (B, 208)

briller les lampions (se faire) : observer très attentivement.

brimbaler : se balancer. Ex. : « Un pacsif gros commak*, ça lui brimbale. » (89) Ex. : « Le Mastard* brame toujours. Sa grosse biroute* brimbale comme le bourdon de Notre-Dame un jour où l'on sert le Te Deum à la cathédrale. » (91)

brin (un) : un peu. Superlativement, beaucoup. Ex. : « Ça la cloue un brin. » (24)

brinder : saluer d'un geste, de la manière dont on porte un toast. Ex. : « Je brinde à la foule, les bénis urbi et orbite*, leur distribue quelques dollars en chute libre. » (97). Ex. : « Il bénissait l'émeute, tel le torero brindant la foule. » (130)

brindzingue (un) : 1. Fou, inattendu. Ex. : « C'est si rarissimement fortuit. Si étonnamment brindzingue. » (85). 2. Ivre.

bringuailler : festoyer. Ex. : « Vous avez bringuaillé toute la nuit. » (6)

bringueur (un) : fêtard.

briochant : croissant. Ex. : « Le fracas va briochant. » (105)

briochard (un) : homme ventru. Ex. : « Il évalue d'un œil désenchanté le soupirail. Un homme normal ne saurait s'y glisser, à plus forte raison un briochard comme cézigue*. » (51)

brioche (aller) : aller croissant.

brioche (une) : ventre. Ex. : « Je réalise alors qu'il est deux plombes* de l'après-midi et que ma brioche appelle la tortore*. » (16). Ex. : « Il se trimbale une brioche grosse comme une bétonnière. » (136)

brioche (rester sur la) : éprouver de la rancune. Ex. : « Probable que la pêche du copain lui est restée sur la brioche. » (20)

brioche à claire-voie (faire une) : éventrer.

brique faste (une) : adapt. de l'anglais « breakfast » (petit déjeuner). Ex. : « J'm'ai rasé d'fraîche, loqué en gentleman farmeur* et j'sus été me coller* une brique faste dans l' cornet* en attendant qu'on va petit-déjeuner* ensemble, les deux. » (B, 155)

brique (une) : million d'anciens francs. Ex. : « Deux malheureuses briques ! Vous auriez claqué* ça en un mois. » (31)

brique-feuste (un) : adapt. de l'anglais « breakfast » (petit déjeuner).

brise de larfouillet (une) : argent.

briser (se) : s'en aller.

bristoleux : en papier bristol. Ex. : « Il va à l'armoire à balais où l'on range les documents secrets et en extrait un fort rouleau bristoleux. » (83)

britannisé : colonisé par les Britanniques. Ex. : « Je m'hâte de lui dire en anglais (ces gens-là parlant volontiers ce bas patois depuis qu'ils ont été britannisés, car les colons, quand ils s'en vont, abandonnent tout sur place, y compris leur langue, ce qui permet de renouer des relations quand les orgueils se désendolorent). » (102)

britannouille : britannique. Ex. : « Je lui explique que je me languis dans le fog britannouille. » (113)

britich : anglais.

britindien : issu d'un croisement d'Indien et de Britannique.

broc (un) : brocanteur.

brochet-niture (une) : progéniture. (MM)

brodequin (un) : baldaquin. (B)

broque (une) : 1. Parole, mot. Ex. : « Dans le taxi, pas une broque, juste j'ai virgulé* notre adresse d'un ton fêlé. » (147). 2. Minute. Ex. : « Sans perdre une broque. »

broque (ne pas casser une) : ne pas dire un mot.

broque (pas une) : rien du tout.

broquette (une) : mot. Ex. : « Je tends l'oreille pour capter l'émission. Le journal-parleur* ne dit pas une broquette de l'affaire. » (76)

broquille (une) : minute. Ex. : « Le mec du standard me dit qu'il s'est trissé depuis une vingtaine de broquilles. » (20). Ex. : « Je t'en prie, soye poli, mec, laisse pas moisir ta vioque* ; sans compter qu'à cinq cents points* les trois broquilles avec c't'engin, le silence est d'or ! » (63)

broschingué : qui a subi un « brushing ». Ex. : « Elle me demande si ça ne me contrarierait pas de la brosser* debout une nouvelle fois à cause de sa coiffure qu'est broschinguée de frais. » (93)

brosse (passer la) : flatter.

brossé : dupé, berné. Ex. : « Nous avons été flouzés*, blousés*, feintés*, brossés, cocus. » (59)

brouette (une) : automobile.

brouette à viande tiède (une) : ambulance.

brouhahater : faire du bruit, créer un brouhaha. Ex. : « Voilà que ça se met à brouhahater ferme in the street. » (74)

brouhahateux : qui résonne d'un brouhaha. Ex. : « Des rampes de ciment qui montent, descendent, se superposent ; des halls immenses, brouhahateux, empestant les vapeurs d'essence et l'huile chaude. » (97)

broussailleux du bulbe : stupide.

brousse (la) : campagne.

broussecaille (la) : campagne.

brouter : manger.

broutillette (une) : fait sans importance, broutille.

broutuche-félicianoche (le) : substance injectable qui donne l'apparence de la mort pendant douze heures.

Broveninge (un) : Browning, marque d'arme à feu. Ex. : « Sinon, y a son Broveninge de jeune homme, son Colt du dimanche, sa mitraillette pliante pour le campinge, son Luger de cérémonie et son Beretta de tous les jours. » (B B, 151)

broyeur (un) : main vigoureuse. Ex. : « Il me tend à nouveau son broyeur, mais je prends les devants cette fois et c'est moi qui lui fais un consommé de cartilages*. » (29)

bruitance (une) : bruit.

brûle (la) : brûlure d'estomac. Ex. : « Non, merci. Je préfère du vin ; ce machin-là, ça me fout la brûle ! » (28)

brûlé : démasqué, compromis, confondu. Ex. : « Et puis ç'a été tellement brûlé pour sa pomme* qu'il a disparu. » (24). Ex. : « Il n'empêche que la bonne Catherine a été soufflée* parce qu'elle était brûlée. » (89)

brûle-parfum (à) : à brûle-pourpoint. Ex. : « Tu dépourves* de devoir te prononcer commako*, à brûle-parfum. » (135)

brûlepourpoindre : demander à brûle-pourpoint.

brûle-pourpointer : exprimer quelque chose à brûle-pourpoint.

brûle-soutane (à) : à brûle-pourpoint, pour un ecclésiastique.

brûle tourcoing (à) : à brûle-pourpoint. Ex. : « C'était un amant merveilleux, terriblement porté sur le sexe et très inventif. Qu'est-ce z'appelez inventif ? j'lu demande à brûle tourcoing. » (B, 208)

brûle-veston (à) : à brûle-pourpoint. Ex. : « Laure ne bronche pas, mais elle me demande à brûle-veston. » (149)

brumasseux : vaguement brumeux. Ex. : « On entend s'éloigner leurs pas craquants dans la nuit brumasseuse. » (135)

brunisseur de slip (un): peureux. Ex.: « Bayard, en comparaison, c'était le dernier des foireux*, un brunisseur de slip, un castagnetteur de dentier*. » (94)

bruyance (une): bruit. Ex.: « Le fils se sert d'une motocyclette dont la bruyance est non seulement compétitive, mais sujette à pétitions. » (79)

bruyanter: faire du bruit.

bubonner: être affligé de bubons ou de boutons d'acné. Ex.: « Une qui souhaiterait malgré tout l'embrasser aurait du mal à déterminer un emplacement disponible, tellement que ça bubonne sur sa frime*. » (152)

bucoler: être bucolique. Ex.: « On longe des rivières tumultueuses, des arbres géants, des fleurs de sous-bois mystérieuses. Ça bucole à fond la caisse. » (138)

buffalobiliaire: en rapport avec Buffalo Bill. Ex.: « Je sors mon revolver et je le fais tourner au bout de mon index dans la plus pure tradition buffalobiliaire. » (54)

Buffalo Bill (un): arme à feu. Ex.: « Le pétard* aussi? fait-il en désignant le Buffalo Bill qui dépasse de ma vague*. » (149)

buffet (le): ventre.

buffetter: se sustenter à un buffet.

buffetteur (un): personne qui est à un buffet.

bugjette (un): budget. (B)

buildingeux: où l'on trouve des buildings. Ex.: « Nous traversons les faubourgs buildingeux de Munich. » (77)

bukowskier: citer le titre d'un roman de Bukowski. Ex.: « Vous me la baillez belle! Drame de la folie ordinaire? a-t-il bukowskié. » (141)

bulbe (un): crâne, cerveau. Ex.: « T'as un' aut' idée derrière l'bulbe, mec. Vas-y, accouche! » (105)

bulbe biscorneur premier (le): partie du cerveau.

buldozeurien: à la manière d'un bulldozer. Ex.: « Bourrade bulldozeurienne dans le dos du terrific. » (147)

bule-dosier (un): adapt. de l'anglais « bulldozer ». (B)

bulgome (mystère et): mystère et boule de gomme. (B)

bulle (coincer la): paresser.

bungalove (un): bungalow.

bureau (le): ventre. Ex.: « Il n'achève pas, car je viens de lui cloquer* une olive* dans le bureau. » (21)

bureau de passage à tabac (un): commissariat de police.

bureau de vote (un): cabine dans des toilettes publiques.

burlingue (un): 1. Bureau. 2. Ventre.

burlingue ministre (un): ventre proéminent.

burne (une): urne. Ex.: « Moi, j'sus cont' le non-sens, décrète Béru*, ainsi j'pigerai* jamais pourquoi tout un chacun te d'mande pour qui est-ce tu votes, et que l'jour d'l'érection*, tu dusses passer à l'isolateur* avant d'aller aux burnes. » (B, 109)

burnes (se cailler les): avoir froid.

but (le): crâne.

Butagaz-camping (le): fessier. Ex.: « Je lui envoie une paluche* fantasque au Butagaz-camping, manière de lui prouver l'intérêt qu'elle m'inspire. » (91)

butant blanc (en): de but en blanc. Ex.: « Moi, j'ai toujours rêvé de dégainer Prosper* en butant blanc, sans un mot, et qu'la personne remonte son rideau de scène* sans chiquer. » (B, 208)

buter: tuer.

buter (se): se suicider.

butor (un): butoir. (B)

butorderie (une): comportement, acte d'un être grossier, d'un butor.

buverie (une): beuverie. Ex.: « Mister la Renflure désommeille*, bâille, éructe, loufe*, manière d'établir un courant d'air salutaire dans un organisme surmené par les buveries et mangeries*. » (105)

Ccabalistique (une): cabale, conjuration, intrigue. Ex.: « Y avait les pour, et surtout les contre. Tu sais comment sont les gens, ma gosseline? Et si tu n'sais pas, tu tarderas pas à comprendre. Des cabalistiques s'montaient contre elle. » (B, 208)

cabane (une): prison.

cabèche (une): tête.

cabèche qui patine des bielles (avoir la): être en peine de se concentrer.

caberle (le): crâne.

caberlinche (le): crâne, cerveau. Ex.: « Il me reste chaque fois quelque chose de positif dans le caberlinche. » (136)

caberlot (le): crâne, cerveau. Ex.: « Vous parlez d'un coup de bidon*! C'est des charres*, j'ai le caberlot tellement en dérangement avec ce micmac que je n'ai rien gaffé* du tout! » (6)

caberlot qui bat la campagne (avoir le): avoir une tempête sous le crâne, déraisonner.

caberluche (le): crâne, cerveau. Par extension, entendement. Ex.: « Il avait quatre ans de retard dans ses études. Avec plein de malfaçons côté caberluche. » (83)

caboche (la): crâne.

cabochon (un): mamelon de sein de femme. Ex.: « Je prélude à l'après-midi par un léger frottaillou* sur ses cabochons. »

cabot (un): chien.

cabotinage (faire du): faire du cabotage. Ex.: « Je fais ce que Béru* appelle du " cabotinage " le long de la berge. » (B, 155)

cabri-au-lait (un): cabriolet. Ex.: « Il avait comme pompe* un cabri-au-lait Mercedes à deux places. » (B, 208)

cabrioler: entraver les mains à l'aide de menottes.

cabriolet (un): paire de menottes de sûreté.

cabriolet deux places (un): paire de menottes de sûreté.

cabzingues (les): toilettes.

caca d'oie (un): cacatois (voile).

cacahuète (une): poing. Ex.: « Sa cacahuète fonctionne comme le piston d'une locomotive. » (57)

cacao (mettre): mettre k.-o. Ex.: « Les toubibs* voulaient m'garder à l'hosto*, nez en moins*, et y a fallu qu'j'mette cacao un balaize infirmier qui s'prenait pour un costaud avant qu'j' le rencontrasse. » (B, 133)

cacaterie (une): objet hideux. Ex.: « Là, il a fait dans le design! Note que je préfère ça à ses cacateries Louis XV amerloques*. » (132)

cacateur (un): homme en train de déféquer. Ex.: « Elle s'agenouille devant le cacateur et lui masse le ventre avec dextérité, science et sagacerie*. » (97)

cachalé: affalé comme un cachalot. Ex.: « Au burlingue* des clés, la préposée jacasse avec deux femmes de ménage cachalées dans des fauteuils, les bras et la balayette pendant hors des accoudoirs. » (99)

cache-cache-jambonneau : macache bono. Ex. : « C'te vérolerie de portes d'hôtel, une fois que t'es dehors sans la clé, c'est cache-cache-jambonneau pour les ouvrir. » (B, 64)

cache-lampion (un) : bandeau sur l'œil.

cache-pif (un) : écharpe, cache-nez.

cache-tampon (un) : slip de très petite taille.

cachenezé : qui porte un cache-nez. Ex. : « Juché sur un tonneau, Diogène triomphant, coiffé d'un canotier chevaleresque et flanqué de Morbleut* et d'un Pinuche* plus cachenezé que jamais, Béru* prononce une allocution qui soulève les foules. » (55)

cachère : cochère. Ex. : « Elle devait poireauter* d'vant une porte cachère. » (B, 208)

cacheton (un) : cachet, rétribution.

cacophonesque : qui produit une cacophonie.

cacophonier (machine à) : microphone. Ex. : « Alfredo règle au mieux sa machine à cacophonier. » (204)

cacure (une) : chiure. Ex. : « Y a des cacures de mouches sur la vitre. » (102)

caczingues (les) : toilettes (w.-c.). (B)

Cad (une) : Cadillac.

caddie de ses saucisses (le) : cadet de ses soucis. (B)

cadennes (les) : menottes de sûreté. Ex. : « On m'emporte, cadennes aux poignets. » (116). Ex. : « Il palpe la poche droite de son veston pour s'assurer que ses cadennes sont bien là. Il a le geste prompt pour ferrailler* un mec*, Jeannot. De toute sa brigade, c'est lui qui passe les menottes le plus rapidement : un don ! » (149)

cadière (une) : chaise. Ex. : « Prends une cadière, dit-il. J'obéis et me laisse choir sur une chaise. » (15)

cador (un) : 1. Chien. 2. Caïd du Milieu.

cadran à remontoir (un) : montre. Ex. : « Mon cadran à remontoir* indique dix plombes*. » (43)

cadranter : manipuler. Ex. : « Il s'active sur son classeur, bricole, titille, vérifie, cadrante, chopsule*. » (110)

cadumer : savonner avec du savon Cadum.

caféaulaiter : servir un café au lait.

cagate (une) : 1. Envie de déféquer. Ex. : « Les chiches* étaient dans une cabane au fond du jardin, et les noyes* d'hiver, quand la cagate vous bichait*, on bédolait* dans des pots d'chamb'! » (138). 2. Matière fécale. 3. Problème, ennui.

cagater : 1. Se détériorer, devenir critique, en parlant d'une situation. Ex. : « Les potes*, ils sont sacrés, ça, faut pas revenir dessus, mais quand ça cagate pour eux, ça cagate pour toi, idem. » (118). Ex. : « Ça cagate, mon lapin ! Ça cagate de tous les bords. » (147). Ex. : « T'as dit qu' c'tait des gens à pèze*, c'est toujours dans ces milieux-là qu'ça cagate ; c'est eux qu'est en butte aux escrocs et nègres fins* de toutes sortes. » (B, 148). 2. Déféquer.

cage (une) : établissement public, restaurant, bar, cabaret. Ex. : « Ensuite on allait claper* dans une cage heurf*. » (142)

cage à cancans (une) : loge de concierge. Ex. : « Ça sent la cuisine réchauffée et le pipi de grand-mère dans sa cage à cancans. » (45)

cage à éponges (une) : cage thoracique. Ex. : « Le type gît avec plein de pralines* dans la cage à éponges. » (66)

cage à miel (une) : oreille. Ex. : « Pasoparatabaco* se cure l'oreille d'un ongle trop long pour être bien tenu et dépose le résultat de ses fouilles au revers de sa cravate. Moi, pendant qu'il se dégage les cages à miel, je file un œil au crucifix écartelé en face de moi. » (78). Ex. : « Je lui balbutias dans les cages à miel. » (121). Ex. : « Comme il n'existe pas de différence de niveaux sonores à bord des postes téléphoniques suisses, je me contente de me dégager les cages à miel avec l'auriculaire. » (149). Ex. : « Faut pas avoir du goudron dans les cages à miel avec lui, car sa voix est pratiquement inaudible. » (154)

cages à miel fanées (avoir les) : être sourd.

cage à poules (une) : geôle.

cage à sérénade (une) : piano.

cage à serin (une) : cage thoracique. Ex. : « Crispés à s'en coincer le guignol* dans la cage à serin. » (85). Ex. : « Le cœur m'en saute dans la cage à serin. » (105)

cage tauromachique (une) : cage thoracique. Ex. : « Mon guignolet* trépigne dans ma cage tauromachique. » (B, 131)

cage trop raciste (une) : cage thoracique. Ex. : « – Oh ! Madame, cette cage trop raciste ! Oh ! Pardon, c'est pas de la nasse à homard ! Et ces éponges*, Baronne ! On en mangerait ! Pas la moindre taverne ! C'est clair comme de l'auroch*. Y a pas de poitringue* dans vot' famille depuis Henri IV, mon ami. Et ce battant* : ni trop petit ni trop gros, juste à la pointure ! Vot' rime* cardiaque est excellente. J'ai jamais vu un guignol* aussi pépère*. » (B, 67)

cagna (une) : chambre.

cagoinces ou **cagoinsses** (les) : toilettes. Ex. : « Je t'ai souvent raconté l'appartement des Bérurier*, mais je me souviens pas t'avoir précisé que les cagoinces sont situés pile en face de la salle à manger : " directement du producteur au consommateur ", se plaît à souligner le Mastard. » (206). Ex. : « Quoi d'mieux qu'd'se soulager dans des cagoinces proprets, que la chasse fonctionne, que l'abattant n'est point arraché, le siphon pas obstrué. » (B, 208). Ex. : « J'lai eu vu dans des castagnes*, quand on marnait* dans l'même service. Il l'avait bonne pour courir s'barricader aux cagoinsses quand ça bastonnait* trop fortement. » (B, 208)

cagoinsser : satisfaire des besoins naturels. Ex. : « Gaumixte* lève le doigt comme pour demander la permission d'aller cagoinsser. » (203)

caguer : déféquer.

cahin-cahater : aller cahin-caha. Ex. : « Ils cahin-cahatent dans l'allée centrale du petit cimetière. » (152)

cahin-cahotant : cahin-caha. Ex. : « Ils marchent cahin-cahotant vers le bonheur. » (135)

caïd (un) : chef de la pègre.

caille (avoir à la) : 1. Avoir peur. Ex. : « Il garde son air bougon, mais il doit les avoir à la caille. » Ex. : « Je les avais un peu à la caille biscotte* cette réunion ressemblait à un congrès du Cucul-Clandé, les cagoules en moins. » (59). 2. Etre contrarié, en colère.

cailler (se) : s'inquiéter, se préoccuper.

caillon (un) : cochon.

caillou (un) : 1. Crâne. Ex. : « Un léger mal de caillou, consécutif aux mélanges, me file des lancées dans la calandre*. » (90). 2. Calvitie. Ex. : « Ses manchettes amidonnées

dont les boutons d'or, très classiques, étincellent presque autant que son caillou. » (28). 3. Pierre précieuse.

Caïn-caha : qualifie un type de relation conflictuelle entre deux frères. Ex. : « Il doit haïr son frelot*, cézigue*. Entre eux, ça va Caïn-caha. » (83)

caisse (une) : automobile.

caisse (bourrer la) : mentir, mener en bateau.

caisse (à fond la) : très vite.

caisse à horloge (la) : thorax.

caisse d'horloge (une) : poitrine. Ex. : « Le défunt a effacé* deux chouettes pralinettes*. L'une dans la caisse d'horloge, l'autre dans le tiroir à boustifaille*. » (69)

caisse sec : qu'est-ce que c'est que ? Ex. : « Caisse sec sept histoires ? » (B, 79)

caisse temps c'est : qu'est-ce que tu en sais. (B)

caisson étanche (un) : sein de femme. Ex. : « Une nièce à maman qu'avait un pétard* large comme une porte de grange et une de ces paires de caissons étanches qu'elle pouvait se filer au jus* sans crainte de se noyer. »

calabdre (le) : crâne.

calembourer : faire un calembour. Ex. : « J'adore calembourer. Ma matière grise me grise ! » (62)

calamistrer : dégainer. Ex. : « On gratte à la porte. Le bruit me fait sursauter car, jusqu'alors, l'inspecteur préposé à la garde extérieure toquait sur un rythme à lui. Illico, pour ne pas toujours dire dard-dard*, ce qui est dégueulasse, je calamistre mon pote Tutues*. » (95)

calamitas : calamité (s'emploie sans article). Ex. : « Il prophétise, mon chauffeur, que le couvercle de la marmite infernale finira par sauter et que ce sera calamitas dans ce coin de Pennsylvanie. » (132)

calamiter : subir une calamité. Ex. : « Tu calamites dans la patouille*. » (89)

calancher : mourir. Ex. : « Je suis le héros sympathique, et un héros sympathique ne calanche jamais dans une histoire bien construite. » (2). Ex. : « Sans elle, je serais calanché à l'heure où je mets sous presse ! » (19). Ex. : « Il me semble que je suis calanché et que je viens d'arriver aux Enfers où un aréopage effrayant me juge. » (47). Ex. : « Tu me saignes, je calanche, les flics t'alpaguent* et tu te fais chier* comme il est pas permis pour purger les années de prison qui t'attendent. » (136)

calandos (un) : camembert. Ex. : « Et puis le plateau de frometons* radine*, presque tout seul, tant certains calandos sont en débandade. Suffit de le convoyer, comme on drive* un troupeau de dindons à l'aide d'une longue perche corrective. » (95)

calandre (la) : poitrine de femme.

calbar (un) : caleçon, culotte. Ex. : « Alors je sens une cohorte de fourmis envahir mon calbar et remonter le long de mon anatomie. » (20). Ex. : « Ses fesses en goutte d'huile pendent dans le calbar comme un regard d'enfant de Marie. » (24)

calbasse (la) : tête, crâne.

calbèche (la) : tête, crâne.

calbombe (la) : 1. Tête. Ex. : « Il a la moitié de calbombe enlevée. » 2. Lumière, lampe. Ex. : « Je leur emboîte la roue, toutes calbombes éteintes. » (24). Ex. : « Je pénètre dans la cuistance*, j'éteins ma calbombe et je mets un silencieux à ma respiration. » (50). Ex. : « C'est grâce au clair de lune que je visionne les lieux, me gardant bien, tu penses, d'actionner les calbombes. » (102). Ex. : « Pour la tringlette, va falloir que j'éteignasse les calbombes. » (B, 130)

calbuche (un) : caleçon, slip. (B)

calbute (un) : caleçon, culotte. Ex. : « T'auras des lâchées de chiasse dans le calbute devant tant d'horreurs si horribles. » (89). Ex. : « Mariée avec un agrégé plus ou moins désagrégé du calbute puisque Ninette devait baiser au noir pour assurer les fins de mois de son système glandulaire. » (114)

calcaire (le) : calcul. Ex. : « Potasser la grammule* et le calcaire. » (B, 48)

calcif (un) : slip, caleçon. Ex. : « Ses calcifs à fleurs sont muselés du bas par des fixe-chaussettes à changement de vitesse. » (24). Ex. : « Un calcif à rayures style Chéri-Bibi. » (36)

cale sèche (être en) : être en panne d'idées.

calebasse (la) : crâne, tête. Ex. : « J'admire ma perspicacité. Y a des moments où j'ai envie de léguer ma calebasse à la faculté de médecine. » (28)

calèche (une) : automobile.

calédonis (des) : cannellonis. (B)

calembreder : dire des calembredaines.

calendoche (un) : calendrier.

calendos (un) : camembert. Ex. : « Elle me visionne à peine, comme si j'étais un calendos plâtreux. » (151). Ex. : « Les Suisses clapent* du calendos aussi malgré leur gruyère. Seulement eux, ils le bouffent* quand il est encore guindé alors que nous autres, on se le paie au moment où qu'il s'abandonne ! » (59)

calendriers grecs (les) : calendes grecques. (B)

calfatage (un) : convalescence. Ex. : « Me sentais cotonneux encore, mais nettement mieux ; en cours de calfatage. » (122)

califourchonner : se mettre à califourchon. Ex. : « L'ex-officier s'en approche (du cheval naturalisé), grimpe sur un tabouret réservé à cet effet, et califourchonne la bête. » (102)

calmèche (une) : automobile.

calmos : calmement, doucement.

calorifuger : nourrir. Ex. : « Il réclame, Prosper. Faut le calorifuger au moins deux fois par jour, sinon la boyasse* fait des nœuds. » (59)

calorifuger l'orifice par les Hellènes (aller se faire) : aller se faire voir chez les Grecs.

calot (un) : œil.

calottineur : cabotin.

calpiner : consulter un calepin. Ex. : « Il calpine avec application, l'Obèse. Chassant chaque page d'un pouce ravageur qui dérape un brin sur le papier because les lubrifications diverses qu'il a subies. » (103)

calte (une) : fuite. Ex. : « J'arrête pile, écarte les bras pour rassembler mes compagnons de calte. » (94)

calter : fuir, partir. Ex. : « Les Fédés se sont foutus en rogne après lui et il a dû calter d'Amérique par le premier avion. » (5). Ex. : « Lorsqu'il a calté, j'évacue les ouatères. » (11). Ex. : « Il n'a pas pu en dire davantage. Au pas de course, il caltait à l'intérieur de la maison inachevée pour appeler " Hugues "*. Fallait en effet avoir le palpitant* bien arrimé pour supporter le spectacle ! " (21). Ex. : « Il s'avança tandis que le gamin rentrait Popaul* dans sa niche à tout berzingue* et caltait comme un garenne. » (148). Ex. : « Caltez si vous voudriez pas que je fisse un malheur. » (204)

calva (un) : calvados. Ex. : « A la douzième rasade de calva, Bérurier* commence à flotter dans une tendre somnolence. Je me dis qu'il est temps d'arrêter là mon cours d'histoire. Mais Béru*, c'est bébé qu'on endort : sitôt qu'on cesse d'agiter le berceau, le voilà qui se remet à brailler. » (200)

calvadé : ravagé par l'abus d'alcool du Calvados. Ex. : « Je distingue mal le visage vinasseux et calvadé de mon terlocuteur*. » (102)

calvitié : chauve. Ex. : « Un petit zig* en blouse blanche, calvitié et moustachu. » (31)

camarade de plumard (un) : amant, époux.

camargue (battre la) : battre la chamade, battre à grands coups. Ex. : « Moi qu'ai pourtant pas facile à impressionner, j'osais plus rien. J'avais le guignol* qui battait la camargue. » (B, 208)

cambouis dans le réservoir de l'essuie-glace à gamberge (avoir du) : perdre la raison.

cambron (un) : prison. Ex. : « Je vais lui mettre la main dessus et lui faire passer deux jours au cambron, avec castagne d'honneur de Bérurier* pour lui calmer les nerfs. » (31). Ex. : « – Je porte plainte ! elle sanglote. – T'auras l'occase* quand tu seras chez l'juge d'instruction, salope ! Et tu vas t'y trouver dès d'main, au cambron, ma poule. Complicité d'meurtre, t'auras du temps pou' t'faire les ong' ! » (B, 208)

cambuse (une) : domicile, maison.

cambuteur (un) : cliquet d'un briquet à gaz. Ex. : « Du pouce j'actionne le cambuteur. Ça gaze ! Et ça enflamme ! » (89)

came (une) : marchandise ; par extension, drogue. Ex. : « Il peut très bien me faire une piqûre de n'importe quoi en prétendant que c'est la bonne came ! » (26)

camé (un) : drogué. Ex. : « Je sens chez cette fille un obscur égarement. Un peu comme si elle était chlass* ou camée. » (76)

camel (un) : chameau. Ex. : « Toujours avec son bath* pardingue* en poil de camel. » (24)

caméléonesque : rapide comme un caméléon. Ex. : « Elle se déchausse et s'approche de la petite porte du fond donnant sur les communs. L'ouvre en un éclair caméléonesque. » (100)

camemberter : dégouliner, couler. Ex. : « Elles ont les pommettes enflammées, les yeux brillants, le fond de teint qui camemberte. » (203)

camérasser : filmer avec une caméra. Ex. : « Ses râles, mes amis, une splendeur. Vous assisteriez à une agonie pareille dans la vie que vous alerteriez les mecs* de " Cinq Colonnes à la Une " pour qu'ils la camérassent. » (64)

camionniste (un) : conducteur de camionnette.

camouflet de la paix (le) : calumet de la paix. (B)

camougle (un) : œil. Ex. : « Presto je lui fais la respiration artificielle. Elle crache l'eau et rouvre les camougles. » (25)

camouse (une) : drogue.

camp des ratons (se foutre du) : se moquer du qu'en-dira-t-on. (B)

campeloud : campagnard.

campigner : faire du camping.

campiller : camper. Ex. : « La poissarde* campille-t-elle encore sur son tas de hardes pouilleuses ? » (75)

campo (avoir) : être en congé. Ex. : « Je demande au standard de me passer Bérurier*. Le préposé m'apprend que mon honorable collègue a campo aujourd'hui. » (39)

campo (donner) : donner congé. Ex. : « Elle a donné campo au personnel, qu'on aye les coups de dé franches*. » (116)

canadienne de sapin (une) : cercueil.

canadoche : canadien. Ex. : « Un monumental zing* se pose, avec sa feuille d'érable rouge au fion*, bien montrer qu'il est canadoche en plein. » (91)

canaille se piquer : adapt. de l'anglais « can I speak ? » (puis-je parler ?). Ex. : « Canaille se piquer en français, m'sieur the djudje ? C'est pas qu' j' cause* pas anglais, mais j' le parle mal. » (B, 116)

canalisation (une) : canal. Ex. : « Santonio travaille sous mes ord' esclusives, point c'est tout ! Si vous croilleriez avoir des trucs à lui communiquer, vous devez passer par ma canalisation. » (B, 113)

canard (un) : journal. Ex. : « Tu n'as rien remarqué en feuilletant ce canard, Gros ? – Si, me dit-il, des cons l'ont imprimé en anglais. » (94)

canari (un) : panaris. Ex. : « J'peux m'espliquer, ce d'autant mieux que c'est Berthy* qui tient la plume, consécutivement au canari qu'j'ai au doigt, d'à la suite d'une piqûre infectée. » (B, 119)

ça n'a rien de docteur : expression utilisée en Afrique pour « ça n'a rien de sorcier ». (204)

canasson (un) : cheval.

cancreler : paresser. Ex. : « M'est avis qu'il doit rester en marge des affaires et cancreler béatement en écluant du bourbon et en faisant friser ses poils de bide* au soleil. » (84)

candider : poser sa candidature. (B)

cané (un) : cadavre. Ex. : « C'est moi qui suis chargé de dégauchir le cané idéal. » (7). Ex. : « Il n'y a pas grand-chose qu'on puisse demander à un type cané. »

cané : mort.

caner : mourir. Ex. : « Ça m'aurait fait pleurer les fesses de caner avant d'avoir reniflé l'odeur particulière qui flotte sur ce patelin. » (11)

cani (un) : bistrot. Ex. : « J'entre dans le cani et je demande un café très fort. » (28)

canicule (un) : chien minuscule, mot construit sur le modèle homoncule, (traduit du san-antonien par le professeur René Cossu de l'université de Bouffemont). (205)

canne (une) : jambe. Ex. : « Les cannes à Pinuche* sont d'une maigreur en comparaison de laquelle le squelette de Valentin le Désossé ferait songer à Orson Welles. » (76)

canné (un) : 1. Homme qui s'aide d'une canne pour marcher. 2. Cadavre.

canne à pêche (un) : canapé. (B)

canne-à-rien (une) : canne à pêche d'un pêcheur bredouille.

canner : 1. Mourir. Ex. : « Venez pas me raconter qu'on peut mourir d'ennui car si c'était vrai, ça ferait huit jours que je serais canné à Liège. » (16). 2. Reculer.

cannes (avoir les) : avoir peur. Ex. : « Tu te figures que c'est le moment de jouer à cache-cache ? Ou bien t'as les jetons* ? Hein ? C'est ça, t'as les cannes ! » (26)

cannibaux : pluriel de cannibale. (B)

canon (un) : arme à feu.

canoner : canoniser. Ex. : « J't'l'prédis en grande pompe : tu s'ras canoné saint, un jour. T'auras ton estatue* dans les églises et on t'f'ra brûler des cierges contre. » (B, 148). Ex. : « C'est le seul roi qu'ait jamais été canoné ? » (B, 200)

canoner chez les Grecs (aller se faire) : aller se faire voir chez les Grecs.

canotaumobiliste (un) : conducteur de canot automobile.

canter (un) : balade, promenade. Ex. : « Je m'offre un petit canter (bury) jusqu'au barlu*. » (105)

cantiminette (en) : en catimini. Ex. : « Et l'v'là qui débraguette* d'vant moi et déballe son panoche* comme si j'serais pas z'été présent. Et y m'lorgnait en cantiminette, le salingue* ! » (B, 208)

cantonader : crier à la cantonade. Ex. : « Si la crème d'andouille qui mijote derrière la lourde* attend qu'on se déculotte, qu'elle le dise tout de suite ! cantonadé-je. » (72)

canule (une) : canicule.

cao (un) : k.-o. (B)

caoutchouteux du bulbe (un) : personne stupide.

caparaçonné : affublé de. Ex. : « Beaucoup de dadames du Tout-Paris, caparaçonnées Cartier-Van-Cleef. » (83)

cap et d'épaisse (film de) : film de cape et d'épée. (B)

capiter de la prunelle : jeter des regards capiteux. Ex. : « Vous prenez rencard* à une capricieuse qui capite de la prunelle et dont les ondes de choc vous trémulsent* le glandulaire*. » (75)

capitonner : capituler. Ex. : « On a vite pigé* qu'on était pas de taille à se le payer*, l'Hitler. Les troupes anglaises ont pris la tangente* vers la Manche et le roi des Belges a capitonné. » (B, 200)

capituler : récapituler. Ex. : « Je capitule les péripétances* précédentes. » (112)

capot (un) : jupe. Ex. : « Cette gosse, j'aimerais la plaquer contre moi, soulever son capot et lui glisser langoureusement mon oncle Benjamin* entre les cuissettes. » (138)

capotier (un) : arbre africain qui donne pour fruit la capotanglèse.

capuccino (une) : femme de race noire à la peau claire. Ex. : « Une sixaine* de filles stationnent dans ce fastueux livinge*. Trois Blanches, trois Noires. Les Blanches comprennent : une blonde, une rousse, une brune. Les Noires : une ébénite*, une capuccino, une mulâtreuse*. » (105)

caque (la) : marée, mer, faune marine. Ex. : « Le Hollandais est un habitué de la caque, c'est sa nature profonde, avec ses gros sabots et son air comme ses moulins à vent, il se sustente modestement des produits de cette mer du Nord dans laquelle il patauge. » (110)

caquezingues (les) : toilettes.

caracoler des meules : s'activer, bouger. Ex. : « Où ça va caracoler des meules chez ces demoidames* c'est dans pas longtemps, avec l'insémination artificielle et la banque du sperme. » (80)

caractiser : caractériser. (B)

carafe (la) : crâne. Ex. : « Tout ça s'était déjà inscrit dans ma carafe. » (135)

carajamber (se) : s'enfuir à toutes jambes.

caramboleur gnafronesque (un) : revolver. Ex. : « Puis il élève son caramboleur gnafronesque jusqu'à la serrure qu'il praline* à tout va. » (108)

caraméliser : fustiger. Ex. : « Le Raclé me caramélise d'une œillade dont une nature faible ne se remettrait qu'au bout de trois électrochocs. » (93)

carante (une) : 1. Table. Ex. : « Un truc louche est fixé au plateau de la carante. » (81). Ex. : « Là, nous jouerons brèmes* sur carante. » (155). 2. Couverture, plaid. Ex. : « Je prends une carante dans mon coffre et je la mets sur la flaque de sang, je prends place au volant de la petite chiote*, et en route ! » (20)

carapater : s'enfuir, s'en aller. Ex. : « L'onde de choc nous oblige à carapater. » (94). Ex. : « Elle carapate à regret, attendrie par notre couple. » (118)

carat (avoir du) : être âgé. Ex. : « Mes forces ont mis les adjas*. J'ai du carat et mes muscles ressemblent à des souvenirs. » (104)

carat (un) : année d'âge. Ex. : « Il a dans les trente-six carats. » (24). Ex. : « Ses 46 carats, il tient à en faire profiter la famille. » (38). Ex. : « Sauveur, il a du carat, pas loin de la soixantaine. » (142). Ex. : « Il s'agit d'une personne ayant à foison du carat et des carats. Entendez par là qu'elle n'est ni de première ni de la seconde jeunesse et qu'elle a remplacé son éclat de jeune fille par des éclats de gemmes, lesquels sont beaucoup plus coûteux, mais beaucoup moins séduisants. » (205)

carbi (le) : argent. Ex. : « Le fric*, le blé*, l'oseille*, l'artiche* ! Synonymes magiques ! Le pèze*, la soudure*, le carbi ! » (18). Ex. : « Y t'reste plus qu'à envoyer l'carbi, mec*. » (137)

carbonisé de la coiffe : fou. Ex. : « Mais y sont devenus dingues dans c'te branche de la famille ! Complètement carbonisés de la coiffe ! » (B, 74)

carboniser les papilles : irriter la langue, priver du sens du goût. Ex. : « Reusement que la sauce au piment est là pour vous carboniser les papilles. » (204)

carburateur (le) : cœur.

carbure (le) : argent. Ex. : « Je lance un peu de carbure sur le zinc et je me prends par la pogne*. »

carburer : fonctionner parfaitement. Ex. : « Ça n'a pas l'air de carburer ? remarqué-je grâce à mon sens si aigu de l'observation. » (49)

carburer mal du bulbe : éprouver quelque difficulté à réfléchir de manière cohérente.

cardeur (un) : quart d'heure. Ex. : « Ce n'est qu'un mauvais cardeur à passer. » (32)

cardio (un) : cardiologue.

caresse en jus de muscles (une) : coup.

cariatide (la) : carotide.

carluche (une) : prison. Ex. : « J'aime pas les parloirs, expliqué-je au dirlo* de la carluche ; depuis que j'ai eu une petite amie dans la banque, à laquelle je devais déclarer ma flamme à travers les petits trous d'une plaque de plexiglas, je fais une fixation. » (121)

carmer : payer. Ex. : « Il carme sa note avec une gravité de chef d'orchestre s'apprêtant à attaquer "l'Introduction du trou vert". » (40). Ex. : « Il me fera carmer des dommages et intérêts à n'en plus finir. » (44). Ex. :

« Mes tarifs sont de cinq cents points* la leçon, faudrait voir à m'en carmer six d'avance. » (104)

carmouille (une) : paiement. Ex. : « Passer à la carmouille. » (24)

carne (une) : individu malfaisant.

carnerie (une) : viande de boucherie de mauvaise qualité, charogne. Par extension, insulte. Ex. : « Les gonzesses, t'auras beau faire, beau dire, c'est tout carnerie et saloprance*! » (105)

carnogravure (une) : gravure sur chair. Ex. : « Le tesson, croyez-moi, dans les mains d'un expert c'est pire qu'un couteau. J'ai vu des gars sur la gueule desquels on avait pratiqué une petite séance de carnogravure, ils étaient pas partants pour le concours du plus beau bébé, je vous le jure. » (15)

carolus gaulmuche à pétales (un) : plante exotique fictive.

carotter : 1. Dérober. 2. Pratiquer la culture de la carotte. Ex. : « J'ai beau visionner ces nabus*, je me rends compte qu'aucun d'eux n'a remarqué notre descente en voltige. Bien trop occupés à poireauter*, naveter*, carotter et chouer*. » (105). 3. Arnaquer, mentir. Ex. : « Je l'examine sous le nez pour voir si elle cherche à me carotter, mais je ne le pense pas. » (24).

carouble (une) : 1. Clé. Ex. : « Une carouble s'affole dans la serrure. » (147). 2. Couverture. Ex. : « J'vas y donner une carouble, pas qu'elle prende froid. » (B, 141). Ex. : « Je file une deuxième carouble sur la vieille, histoire de la dissimuler. » (147). 3. Serrure. Ex. : « Je sonne. Personne ne répond ; resonne en vain. Compte posément jusqu'à cent vingt-trois mille huit cent quarante-quatre et actionne la carouble. » (109)

caroublé : fermé à clé. Ex. : « La porte n'étant pas caroublée, elle entre. » (142)

carpette (une) : 1. Individu soumis, qui manque de caractère. 2. Exagérément poli, attentionné. Ex. : « La direction vous présente ses compliments et vous a réservé sa meilleure suite (au prochain numéro). Tout ça, bien dans l'obséquiosité* la plus carpette. » (97)

carré d'as (un) : coup. Ex. : « Merci pour le carré d'as que vous m'avez mis sur le bol*. » (2)

carreau (un) : œil. Ex. : « Mes carreaux se ferment doucement et je me mets à pioncer comme un petit coq en plâtre*. » (19)

carreau (se tenir à) : rester tranquille.

carreaux en face des soupiraux (avoir les) : avoir les yeux en face des trous.

carrée (une) : chambre, ou plus largement appartement.

carrer : mettre, introduire. Ex. : « Puis il ramasse son dentier sur le dallage, souffle la sciure qui s'y est collée et se le carre dans le clapoir*. » (20). Ex. : « Je fonce dans la salle de bains et je vais me carrer dans la douche. » (24). Ex. : « Nous avons été mal inspirés de les carrer dans nos profondes*, les pétards de ces messieurs. » (29). Ex. : « Ton Coran, tu peux le carrer dans tes gogues* si les pages seraient pas trop épaisses. » (B, 74). Ex. : « La clé de contact qu'on a dû carrer sous le tapis » (204).

carrer dans le baba (se) : formule de refus méprisant.

carriole (une) : automobile.

carrossé : formé corporellement. Ex. : « La frangine* est carrossée de première. » (123)

carrosse d'allongé (un) : voiture-ambulance, corbillard.

carrosserie (une) : corps de femme. Ex. : « Pour la carrosserie, c'est du petit format, mais bien enveloppé. » (25). Ex. : « Elle a le châssis*, mais la carrosserie manque d'aéro-dynamisme, pour vous résumer. » (57)

carteblancher : donner carte blanche.

cartesurtabler : jouer cartes sur table, être franc. Ex. : « On m'a dit qu'il appartenait à la C.I.A. ? cartesurtablé-je. » (97)

cartiche (un) : cartable.

cartif (un) : cartable. Ex. : « D'charrier mon cartif l'après-midi après qu'on s'était tant marré l'morninge, j'avais l'impression d'aller au bagne. » (B, 208)

cartomenceuse (une) : cartomancienne et diseuse de bonne aventure. Ex. : « La cartomenceuse, à la Martin, ell' d'vait lui réclamer le beau pactole, à la manière qu'elle a duré, leur conférence astreuse*. » (B, 208)

carton (faire un) : 1. Remporter une nette victoire. 2. Tirer à l'arme à feu.

cartonner : tirer avec une arme à feu.

cas d'inepsie (en) : catalepsie. (B)

cas-râté (le) : karaté.

casanovesque : digne de Casanova. Ex. : « Je ne rechigne jamais pour vous raconter mes séances casanovesques. » (57). Ex. : « Je me pointe à Eggs-to-the-Cook*, prêt à la manœuvre casanovesque d'urgence pour forcer la porte des Delameer, via la culotte rose de sa dame. » (113)

casba (une) : maison.

cascadeur : en cascade (adjectif). Ex. : « L'accident de chignole* aux conséquences cascadeuses. » (83)

caserne (une) : caverne. Ex. : « C'est la caserne d'Ali Baba, ici ! » (B, 119)

caserne Rasurel (une) : slip.

cases noires dans la grille de son cervelet (avoir des) : être mentalement attardé.

cashère : cochère. Ex. : « Je m'aventure jusqu'à la porte cashère de l'église. » (155)

casier à broutilles (un) : casier judiciaire. Ex. : « Je te parie une nuit d'amour avec ta femme contre une pipe* de ta sœur que ce bonhomme trimbale un Himalaya de choses pas fraîches dans le casier à broutilles. » (129)

casier chéant (le) : cas échéant. Ex. : « Si t'aurais b'soin d' moi, prends le tubophone* de c'te crèche* et laisse-moi-z'y un message, le casier chéant. » (B, 103)

casier judiciaire qui ressemble à des chiottes de caserne (un) : lourd passif judiciaire.

casquer : payer.

casquette en peau de fesse (une) : calvitie. Ex. : « Le Vieux* aurait fait un très représentatif président de la République, avec sa belle casquette en peau de fesse, luisante comme une engelure. » (28)

casse (un) : cambriolage.

casse-bonbons : ennuyeux.

casseburner : irriter.

casse-grainer : casser la graine, manger. (B)

cassement (un) : cambriolage. Ex. : « Ils ont à leurs actifs des cassements notoires. » (93)

casse-noisette'man (un) : homme ennuyeux. (B)

casse-noisettes (un) : 1. Dentier. Ex. : « Un type qui part en balade n'oublie pas son casse-noisettes. » (3). 2. Ecureuil. 3. Appareil à poinçonner les tickets. Ex. : « Le contrôleur avec quatre dents absentes sur le devant du clavier*, sa sacoche, son casse-noisettes et sa délicate odeur S.N.C.F. » (105)

casse-noix (un) : dentition. Ex. : « Se faire bridger le casse-noix. » (204)

casse-quenouille : ennuyeux. Ex. : « Des vieux messieurs élégants qui bouquinent des œuvres casse-quenouilles, mais reliées pleine peau de vache. » (28)

casse-tronche (un) : casse-tête.

casser : 1. Cambrioler. 2. Donner, indiquer. Ex. : « Je vous casse ces détails car la lune illumine le patelin comme le ferait son mec le père Durand*. » (24)

casser (en) : parler, dire. Ex. : « Il en casse encore, d'abondance. Il a ses périodes disertes, Alexandre-Benoît. » (138). Ex. : « Ils nous braquent* méchamment, sans en casser une. » (142). Ex. : « Elle n'a pas le temps d'en casser davantage. » (147)

casser (se) : 1. Faire de gros efforts. Ex. : « Moi, sans me casser, je suis resté au volant, juste j'ai abaissé ma vitre. » (151). 2. Partir.

casser sa bouffarde : mourir. Ex. : « La v'là qui se met à bavasser*, à condoléer*, tout ça, à d'mander le comment qu'il avait cassé sa bouffarde, tonton bozon. » (B, 208)

casser les burettes : ennuyer, importuner. Ex. : « Bon, Berthe, on va pas casser les burettes à m'sieur. » (B, 125)

casser la cabane : 1. Faire un scandale. Ex. : « Chez nous (en France), on se lave les pieds deux fois par an, mais (à l'hôtel) on casse la cabane si le robinet d'eau chaude de la douche est bloqué ! » (24). 2. Faire échouer un plan.

casser le chou (se) : se creuser la tête, se débrouiller. Ex. : « C'est pas mes oignes*, aux roycos* d'ici de se casser le chou. » (69)

casser les couilles : ennuyer, irriter.

casser le gicleur : mourir.

casser le morcif : avouer, informer.

casser les noix : importuner.

casser la ronflette : réveiller.

casser les sœurs Brontë : ennuyer, importuner.

casser le tarin (se) : 1. Rencontrer brusquement. Ex. : « Je sors du bureau et je me casse le tarin sur Bérurier*. » (20). 2. Faire chou blanc.

casser les vestibules : ennuyer, irriter.

casserole (passer à la) : 1. Tuer. 2. Se dit aussi d'une femme qui subit une étreinte.

cassettophage : qui se nourrit de cassettes audio. Ex. : « (Elle) a déclenché l'enregistreur du cassettophone* cassettophage. » (105)

cassettophone (un) : lecteur de cassettes audio.

casseur (un) : cambrioleur.

cassis (le) : crâne. Ex. : « Elle s'est logé une balle dans le cassis après m'avoir téléphoné. » (114)

cassos (jouer) : s'en aller.

castagne (la) : bagarre. Ex. : « Quand t'est-ce il s'agit de castagne, on me cloque* en premières lignes, seulement, pour les turbins* mondains, je fais le pied de pute* devant la lourde* du château. » (76)

castagner (se) : se battre.

castagnettage (un) : bruit de castagnettes. Ex. : « Il faut une symétrie absolue pour obtenir un parfait castagnettage, pas que ca dérape le moins, toujours bien bord à bord pour le tagadagada, une erreur d'un millimètre, et t'obtiens tagâdâgâda, nuance ; pour lors la Conchita ça lui déroute son flamenco, elle enchaîne sur la valse des patineurs. » (96)

castagnetter : 1. S'entrechoquer à la manière des castagnettes. Ex. : « Elle fonce en beauté, pas du tout à la manière des dadames qui se castagnettent les genoux en courant, mais d'une belle foulée de coureuse de stade. » (85). 2. Claquer des dents de peur.

castagnetter des ratiches : claquer des dents.

castagnetteur (un) : joueur de castagnettes.

castorer : engendrer (fabriquer avec la queue). Ex. : « Les femmes se remplacent, les enfants s'additionnent. Se multiplient ! Tu castores un fourmillement de lavedus*, mon pote ! » (76)

castration (la) : claustration. Ex. : « Dans un réduit, c'est pas folichon et j'ai jamais supporté la castration. » (B, 46)

cata (une) : catastrophe. Ex. : « Je démarre en cata, l'accélérateur trouant le plancher. » (155)

cataclysmer : s'adonner à une subite et violente colère. Ex. : « Je n'éclate pas, je n'explose pas, je cataclysme ! » (154)

cataclysmique : qui évoque un cataclysme. Ex. : « Une espèce d'hôtel-bazar dont les baies s'ouvrent au-dessus de l'océan cataclysmique. » (150)

catafalque à boustifaille (un) : monceau de mets et boissons.

cataloconner (se) : se cataloguer, pour des cons.

catalogue (un) : homologue. Ex. : « J'avais un client, marre- toi pas : le chef de la police. Le catalogue suédois du Vieux*, comme qui dirait. » (B, 82)

cataplasme (un) : coup.

cataplasmie (la) : catalepsie. Ex. : « Ces piquouzes* qui te foutent en cataplasmie, t'avoueras que c'est pas chez nous qu'on voye des trucs pareils ! » (B, 101)

cataplasse (un) : cataplasme. (B)

cataracteux : en cataracte, à profusion. Ex. : « La Seine est le mode d'évacuation le plus rapide (malgré ses méandres) pour les scories cataracteuses de Paname. » (75)

catch : cash.

caté (le) : catéchisme. Ex. : « Des bribes de caté qui vous vadrouillent dans la mémoire. » (132)

catho : catholique. Ex. : « C'est juste comme j'en sortais qu'j'ai vu se pointer* la lady en question ; du coup, flairant du pas catho, j'm'ai planqué*. » (B, 155)

catiminer : agir ou parler en catimini. Ex. : « (La langue) catimine sur les canines à Loulette, attend que se lève la barrière du péage pour aller folâtrer dans les muqueuses. » (97)

catiminette (en) : en catimini.

catimineusement : en catimini.

catsche (le) : catch. Ex. : « Bien mieux qu'un combat de bosc* ou de catsche. » (B, 208)

cauchemar de fées (un) : inverse d'un conte de fées. Ex. : « Car il n'y a pas que des contes de fées ; si vous me prouvez le contraire, je vous offre la Perrault. » (63)

cauchemerdeux : cauchemardeux. Ex. : « La torpeur cauchemerdeuse d'un hôpital. » (93)

causer (le) : parler, langage. Ex. : « Ta phrase. J'm' demande comment t'est-ce que tu fais pour en bricoler des pareillement semblables. T'as pourtant pas une instruction espéciale. Moi qu'ai loupé mon certif* d'un poil de cul, je peux pas fignoler du langage comme toi. Note que mon causer y gagne. Moins tu dérapes dans la déconne* poétale, mieux t'es compréhensif. Ainsi, par exemple, je prends ta phrase : " impitoyab comme un boa affamé enfermé en compagnie d'un écureuil ". En ce dont il me concerne, pour donner une idée du tueur, j'eusse eu dit " fumier comme pas deux " ou bien " crème de salope ". » (B, 82)

causer par l'intermède* d'un guéridon : parler avec les morts en ayant recours au spiritisme.

causetroforbe : claustrophobe.

causophone (un) : parlophone, hygiaphone. Ex. : « Le driveur* arrête la tire* et va s'expliquer au causophone. » (76)

cavalcader : courir. Ex. : « On se met à cavalcader à travers les somptueuses tombes marmoréennes. » (85). Ex. : « Le vilain quitte sa fenêtre, ce qui veut dire qu'il est déjà en train de cavalcader jusqu'à la porte. » (93)

cavaler à en perdre sa laine : courir à en perdre haleine.

cavaler sur le haricot : irriter, ennuyer. Ex. : « Il commence à me cavaler sur le haricot, le seul métrabord-à-prédieu*. » (203)

cavaler sur la prostate : ennuyer, importuner.

cavaler sur la membrane : irriter. Ex. : « Soupin finit par me cavaler sur la membrane avec ses façons de me snober. » (20)

cavalier sergent (un) : chevalier servant. (BB)

cave (un) : individu naïf, qui ne fait pas partie du Milieu (péjoratif).

cave (la) : entre-jambe, sexe féminin. Ex. : « Je suis infoutu* de me rappeler sa couleur pileuse. Je crois que sa toiture* était blonde, mais question de la cave, c'est le trou. » (114)

cave d'Amérique : cadavérique. Ex. : « T'es d'une pâleur cave d'Amérique, ma gosse*. » (B, 120)

cave déchéant (la) : cas échéant. Ex. : « V's'avez droit d' regard sur mon cul*, mon bonhomme. J'sus prêt à vous l'montrer, la cave déchéant, moi, mon bonhomme, je fais pas d'l'ouvrage de salon, mais d'la police. » (B, 113)

caverner : émettre un son caverneux. Ex. : « Ici, les bruits ont une résonance profonde. Ça caverne, mon gars. » (81)

caverneuser : rendre caverneux.

caviarder : agglutiner, détériorer.

cavillon (un) : personne de peu d'envergure, peu informée, méprisable. Ex. : « Un ramassis de cavillons ramollis de partout, principalement de la matière grise. » (24)

cavouze (une) : cave.

cécoinsse : lui. Ex. : « Avec cécoinsse, il faut drôlement secouer le flacon. » (66)

cécoinsse-pâte : lui, celui-là.

cédant-terre : sédentaire. (B)

céder le con : concéder. Ex. : « Un trafiquant, c'est quoi t'est-ce, sinon un simple commerçant ? D'accord, je vous cède le con, ce commerçant-là laisse quimper* la tévéha*. » (B, 79)

cégaloman : mégalomane. Ex. : « Tu vois, me dit l'Obèse, c'est pas que je soye cégaloman, mais j'aimerais prendre du galon pour montrer à Berthe* qu'elle a épousé la patate* qu'elle suppose. » (B, 46)

célébrer : donner un coup.

célérat et célérat (et) : « Locution béruréenne employée pour " etc., etc. ". Signé : Le Secrétaire perpétuel de l'Académie française. » (B, 141)

cellote (une) : cellule. Ex. : « Un chiourmeur* bardé de clés me drive* jusqu'à la cellote 2016. » (121)

cellules (se bousculer les) : se creuser les méninges.

cellules qui font la colle (avoir les) : perdre la raison.

Celui d'ailleurs : Dieu. Ex. : « In petto, j'envoie une ardente prière à Celui d'ailleurs. » (24)

centfoissurlemétiérer : remettre cent fois sur le métier.

cent navets : ça en avait.

centpasser : faire les cent pas.

centrale (une) : 1. Cerveau. Ex. : « Je vous le dis, les gnaces*, ma centrale fait du turbin* à la chaîne ! » (18). 2. Prison centrale.

centre-géographiser : se situer au centre d'un site. Ex. : « Je freine à mort juste devant le camembert lumineux qui centre-géographise un carrefour. » (62)

centrifuger : subir la force centrifuge, s'écarter. Ex. : « Il cherche à me semer en serrant l'Arc de Triomphe de manière à me laisser centrifuger vers les avenues. » (150)

centrouse (une) : centrale, prison. Ex. : « Alex s'était laissé fabriquer* comme un cave* à plusieurs reprises par des merdailleurs* frais émoulus de centrouse. » (104)

cerberculeuse (une) : concierge tuberculeuse.

cerbère (un) : concierge.

cerceau (un) : côte de la cage thoracique. Ex. : « J'ai les cerceaux qui bloquent mes éponges*. » (56)

cercle (un) : siècle. Ex. : « Exprimé en pur langage dix-neuvième cercle (si t'as remarqué, l'abréviation du mot siècle, c'est un petit rond. D'accord ?) » (81)

Cérébos (le) : sel. (B)

cérémoilemonieux : cérémonieux.

cerise (la) : malchance. Ex. : « Je ne voudrais pas infecter* votre beau moral, mes potes, mais j'ai idée qu'on tient une période de cerise tout ce qu'il y a de piqué des vers. » (67)

certif (le) : certificat d'études.

cérusé de la conscience (un) : original, doux dingue, illuminé, gâteux.

cérusé de la jugeote (un) : original, doux dingue, illuminé, gâteux.

cerveau fané (avoir le) : être idiot, imbécile.

cerveau qui joue à la toupie infernale (avoir le) : avoir la tête qui tourne.

cerveau-lent (un) : cerf-volant.

cervelet en iridium (avoir le) : être totalement borné.

cervelet qui s'invalide (avoir le) : être imbécile.

cerveloche (le) : cervelet.

cervicot (le) : cerveau. Ex. : « C'est bath*, l'intuition poulardière*, non ? Illico il a renouché* le topo*, mon génial cervicot. » (75)

césarienne (faire une) : faire avouer.

Césarin : individu quelconque.

cesser les battues : se taire. Ex. : « Cesse les battues, je vois ce que tu veux dire, tranché-je. » (20)

c'estbeaulafrancer : trouver la France belle.

ceuss (les) : ceux.

cézigo : lui, celui-là. Ex. : « Il entend tout contrôler, cézigo ; tout gérer. » (150)

cézigue-pâte : lui, celui-là.

cézigus : lui, celui-là.

chabanais (un) : vacarme, désordre. Ex. : « C'est la confusion, la grande pagaille, le toutim* des toutims, le chabanais du diable, le grand bidule ! » (2). Ex. : « Dix minutes plus tard, le professeur en vacances de la chambre voisine tabassait la cloison en gueulant que si on continuait un tel chabanais il allait téléphoner à la gendarmerie ou alors il voulait en être ! » (8). Ex. : « Le massacre du Tigre va faire un chabanais de tous les diables. » (148)

chabandelmien : qui évoque Jacques Chaban-Delmas. Ex. : « Farragus sort de son véhicule avec une souplesse chabandelmienne. » (76)

chabler : frapper. Ex. : « Il aime chabler à tout va, tisaner* pour un oui, un non, ou pour rien du tout. » (117)

chacalot (un) : petit chacal. Ex. : « Lorsque le soleil commence à rougir le sable à l'horizon, à l'heure où le chacalot (ou petit chacal, ne pas confondre avec le cachalot) jappe pour appeler sa maman aux pis gonflés. » (56)

chafauder : échafauder.

chagate délicatium (une) : plante exotique fictive.

chaille (une) : dent. Ex. : « Il lui manquait la moitié des chailles et il avait deux doigts sectionnés. » Ex. : « Le coup du soir, c'est toujours bâclé chez l'boulonneur*. Ça va plus vite qu'pour s'fourbir les chailles. » (B, 208)

chairdepouler : avoir la chair de poule. Ex. : « Ma peau se met à chairdepouler pire qu'un mur crépi d'une tyrolienne. » (75)

chaise (une) : dent.

chaleurs (avoir les) : avoir peur. Ex. : « Oui, lui, l'implacable, le décideur d'exécutions, lui qui a fait périr tant et tant de gens, il a les flubes*, les jetons*, les copeaux*, les foies*, la chiasse noire*, les grelots*, le traczir*, les boules à zéro*, les chaleurs, le taf*, la mouillette*, les chocottes*. » (142)

chaloupe (la) : fessier. Ex. : « J'ai déjà maté une quantité gastronomique de culs, mais des aussi bathouzes* que votre chaloupe, rarement, chère maâme. » (B, 89)

chaloupe de débarquement (une) : lit.

chalumeau de la paix (le) : calumet de la paix. Ex. : « Tu connais la nouvelle, Tonio ? On a fumé le chalumeau de la paix, moi et l'Vieux*. » (B, 113)

chalumeauter : flamber verticalement, comme la flamme d'un chalumeau.

chalutier (un) : patron d'un chalutier.

chamader : battre la chamade. Ex. : « Mon guignol* se met à chamader comme un branque*. » (100)

chamadeux : battant la chamade. Ex. : « Et l'autre Antonio, flageolant, le cœur chamadeux, les tempes battantes. » (142)

chamarrer l'oigne (se) : s'apprêter de belles toilettes. Ex. : « Elles luttent entre deux tendances : se foutre à poil ou au contraire se chamarrer l'oigne. Dior et Cartier, sinon c'est mon cul sur le sable chaud. » (80)

chamberlain (un) : parapluie. Ex. : « Notre Rosbif* se met à frappoter le plancher de la pointe de son chamberlain. » (93)

chamberlé : ému, perturbé. Ex. : « Le Vieux* était tout chamberlé de ma venue. » (94)

chamboularesse : chamboulé.

chambranle (le) : moral. Ex. : « J'donnais dans le familier, pour lu remonter le chambranle, créer l'bon climat copinesque*. » (B, 208)

chambre à donner (une) : chambre d'amis. (F)

chambre à ronfler (une) : chambre à coucher.

chambrer : 1. Duper, berner. Ex. : « Elle a chambré son mari en affirmant que tout était O.K. dans le garage. » (81). Ex. : « On nous chambrait vilain avec ces histoires de corne-cul. » (122). Ex. : « Je connais les hommes, je sais quand on me chambre et quand on me parle à la loyale. » (142). 2. Chercher à lier connaissance avec quelqu'un, séduire. Ex. : « Des gars* ont voulu la chambrer, l'inviter à danser, elle ne leur a rien répondu. » (46). Ex. : « Il voulait être prof, Ambroise. Ce qui le chambrait, c'était la promotion sociale que ça représentait. » (62). 3. Snober. Ex. : « Mon pauvre vieux, au lieu de nous chambrer avec tes grands airs. » (20)

chambrer à la dégoulinante : tenter de séduire une femme en parlant sans réfléchir, en improvisant. Ex. : « Jamais préméditer ce qu'on va dégoiser* à une femme farouche, surtout, ça casse le charme. Faut broder. Une fille comme Inès, tu la chambres à la dégoulinante, rien qu'en improvisant, j'insiste. Quand tu prononces un mot, tu dois ignorer encore le suivant, sinon c'est râpé. » (78)

chamelelier (un) : sommelier. (B)

champ de macchabes (un) : cimetière.

champ branleur (un) : chambranle.

champ (le) : champagne.

champ du guépard (le) : chant du départ. (B, 208)

champ bêlant (un) : chambellan. Ex. : « C't'une veuve, la reine. D'après la Constitution de son pays, elle a pas le droit de reconvoler*. Ni même de se faire batifoler dans la broussaille* par ses champs bêlants. » (B, 65)

champelure (le) : champagne. Ex. : « J'ai calmé mon pote en lui proposant d'aller écluser une petite bouteille de champelure au bar. » (20)

champignon (un) : pédale d'accélérateur d'une automobile. Ex. : « Moi, c'est les voitures rapides qui me régalent ! Appuyer sur un champignon de métal et sentir ta caisse* foutre le camp* sous tes miches* comme un lavement que tu ne contrôles plus, quel panard* ! » (139)

champignonner : accélérer, faire vite. Ex. : « Comment qu'ils ont champignonné, les bougres ! » (74). Ex. : « Le Mahousse, obéissant comme un kamikazé, champignonne tank ça peut. » (76). Ex. : « Galvanisé, il champignonne foutralement*. » (204)

championne du cap cerbère (une) : concierge.

championner : agir comme un champion. Ex. : « Filez-lui un portrait-robot à exécuter, à Mathias*, et le voilà qui championne aussi raide ! » (62)

chancetiquer : bouleverser, remuer.

chandelier du Rèche (le) : chancelier du Reich. Ex. : « Mais, nom de fichtre ! Qu'est-ce qu'il débloque*, ce vieux chnock* ! Y se prend pour le grand chandelier du Rèche, ou quoi ? » (B, 64)

chandelle (une) : goutte. Ex. : « Il sue des chandelles comme le pouce. » (24)

chanelisée : vêtue de Chanel.

changer l'eau du poisson rouge : uriner.

changer l'eau du perroquet : uriner. Ex. : « Ici j'en demande pardon aux jeunes demoiselles qui me lisent, mais que fait automatiquement le monsieur sur le point de changer l'eau du perroquet en pleine nature ? Hmm ? Il cherche un arbre. C'est en cela qu'il rejoint le geste auguste de son fidèle compagnon le clébart*. » (58)

changer l'eau du canari : uriner. Ex. : « Comme je parviens en vue de la porte marquée " Messieurs ", je peux toujours changer l'eau du canari. » (6)

chanrançonner de la tonsure : être chauve.

chanson à ciboire (une) : équivalent d'une chanson à boire dans les milieux religieux. Ex. : « La sœur Marie de la Croix-Nivert passe à l'Olympia dans son récital de chansons à ciboire ! » (69)

chanson de tourlourou (une) : chanson à boire militaire du genre de " La Madelon ". Ex. : « Il entonnait au dessert des chansons de tourlourou. » (216)

chanstiquer : 1. Perturber. Ex. : « Le petit coup de zim-boum que je viens de mouler* sur la carrosserie m'a chanstiqué un peu le carburateur. » (29). Ex. : « J'ai absorbé tellement de caoua le long du chemin pour me tenir éveillé que j'ai le système nerveux complètement chanstiqué. » (39). 2. Truquer. Ex. : « Seulement cette fois ça serait coton pour gagner le gros lot, ou alors faudrait que le petit Jésus chanstique vachement les opérations de tirage au sort. » (15). Ex. : « Elle continue de chanstiquer les réactions de mon turbo-mayonnaise* ! » (31). 3. Remuer. Ex. : « J'ai beau me faire péter l'obturateur et me chanstiquer la cellule

photoélectrique, je ne découvre rien. » (48). 4. Paralyser. Ex. : « Me retrouver chanstiqué en long ou en large dans une mignonne voiture chromée. » (147)

chantier de naguère (le) : sentier de la guerre. (B)

chaoursien : adjectif de sens indéterminé. Ex. : « Un mot. Un seul. Mais pas laconique du tout ! D'une précision chaoursienne (ce mot ne veut rien dire, n'a encore jamais été utilisé, ne le sera plus jamais, d'où sa valeur intrinsèque*. Je te serais reconnaissant de ne pas le réutiliser, d'ailleurs, il te donnerait l'air davantage con, et de ce côté-là, tu dois absolument soigner ta ligne !). » (102)

chapiteau (le) : crâne. Ex. : « Je me caresse le chapiteau car je sens que mon cervelet distille du point d'exclamation. » (6). Ex. : « Il réfléchit un peu, ce qui produit des craquements sous son chapiteau. » (20)

chaplinesque : qui évoque Charles Chaplin. Ex. : « La bonne vieillasse, la relique très chère, l'exquis petit bout d'homme, chaplinesque un peu, moi je dis. » (105)

chaque rose en son champ : chaque chose en son temps.

char (un) : automobile.

char à bia (un) : charabia. (B)

char à bœufs (un) : automobile.

char d'assaut (un) : automobile.

charabia en syllabes (de) : de Charybde en Scylla.

charabiaiser : parler ou écrire charabia. Ex. : « Je charabiaise pour vous montrer ce que ça donnerait si j'allais lecturepourtousser* avec les pommes* qui rédigent en branlorama*. » (57)

charabiaser : parler charabia.

charabier : parler du charabia.

charançonné de la soupente (un) : fou.

charançonner : dévorer tels des charançons.

charançons (aller aux) : mourir. Ex. : « On va me buter dans pas longtemps ; ça me ferait chier* d'aller aux charançons sans t'avoir passé le flambeau. » (B, 208)

charançons dans l'abat-jour (avoir des) : être fou.

charançons dans les éponges (avoir des) : être tuberculeux.

70

charbon (aller au) : travailler.

charbonner : travailler.

charcoter : casser de la glace, à la manière du commandant Charcot.

charcutage (un) : fait de charcuter, d'opérer chirurgicalement. Ex. : « Je me laisserai ouvrir le baquet* sans être anesthésié pour pouvoir mater* cette déesse nordique en cours de charcutage. » (150)

chargé : armé. Ex. : « Tu devrais me passer ton feu* car je ne suis pas chargé. » (142)

charger : tenter de séduire. Ex. : « Vous chargez des bonnes femmes bien souvent sans savoir où vous portez vos lattes*! » (25). Ex. : « Puisqu'il en étang scie, j'vais charger une petite Japonaise qu'on a vu morfondre au bar de l'hôtel. » (93)

charger la carriole : s'enivrer à l'excès.

chargeur (un) : séducteur, dragueur.

chariboter : exagérer. Ex. : « Six plombes*, il charibote, votre copain. » (64)

charioteuse (une) : femme qui pousse un chariot.

charmeuses (les) : moustaches. Ex. : « Costar* beurre-frais, cravtouse* verdâtre, limace* jaune, bitos* amerlock*, gros diam* bidon* à l'annulaire et charmeuses à la Clark Gable. » (15)

charneux : charnel.

charnière du tiroir (la) : mâchoire.

charognage (un) : vilenie. Ex. : « Un bonhomme faisandé qui a raté sa vie par veulerie et goût du charognage. » (75)

charognasse (une) : charogne, terme d'injure.

charogne en syllabe (de) : de Charybde en Scylla. (B)

charogne : difficile. Ex. : « Cent quatre-vingts livres à soixante-dix-huit ans, c'est charogne à trimbaler. » (150)

charognerie (une) : objets divers mis au rebut. Ex. : « M'man emmène les lardons* jouer dans le cabanon au fond du jardin, là qu'on remise les outils, les meubles d'été et un tas de charogneries en tout genre qui va faire leur bonheur. » (139)

charouber : enjamber.

charpadœufs (un) : chapardeur d'œufs.

charre (un) : exagération, tromperie. Ex. : « Vous parlez d'un coup de bidon! C'est des charres, j'ai le caberlot* tellement en dérangement avec ce micmac que je n'ai rien gaffé* du tout ! » (6). Ex. : « Pas de charre, c'est du vrai. » (204)

charrette (une) : voiture.

charrette en syllabe (de) : de Charybde en Scylla. (B)

charrier : emmener, conduire. Ex. : « Charrie-moi rue des Abbesses. » (3)

charron (crier au) : hurler. Ex. : « Les deux gonzesses* la ramènent, et libèrent vocalement leur trouille* en clamant au charron. » (90). Ex. : « Furieusement, l'autre pécore* se met à crier au charron. Elle fait un tel foin* que le dirluche* décide de suspendre les représentations. » (119)

châsse (un) : œil. Ex. : « Il a les pinceaux* dans des pantoufles à pneus ballons et ses châsses sont coagulés par le sommeil. » (20)

chasse tétée (la) : chasteté. (B)

chasseur-alpien : digne des chasseurs-alpins.

châssis (un) : corps humain, en général féminin. Ex. : « Elle a le châssis, mais la carrosserie* manque d'aérodynamisme, pour vous résumer. » (57). Ex. : « Elle est mannequin dans le civil. Avec un châssis pareil, qu'est-ce que tu voudrais qu'elle branle d'autre ? » (83)

châtaigner : frapper. Ex. : « T'as des gonzesses qu'ont besoin d'être châtaignées pour trouver leur longueur d'onde. C'est comme les flippers électriques, faut pas craindre de les secouer : ça les illumine de partout. » (83). Ex. : « Il a l'instinct de se mettre en garde, mais y a lulure* qu'il n'a pas dû grimper sur un ring. En outre, il hésite à châtaigner un poulet*. » (90)

château des Cauchemars pour messieurs seuls (le) : prison. Ex. : « J'ai pensé que les gonzes* qui le cernaient au point qu'il veuille se planquer* au château des Cauchemars pour messieurs seuls penseraient que j'avais été son complice et ça me défrisait*. » (43)

châteaulologue (un) : expert en châteaux.

châtelet de nécessité (un) : lieu d'aisances. Ex. : « Le zig* qui a bu trop de cidre ou

71

bouffé* trop de pruneaux ne se rue pas plus vite vers le châtelet de nécessité. » (59)

chatte à lécher (une) : variante de chat à fouetter. Ex. : « On a d'autres chattes à lécher. » (115)

chaud-bise (le) : show-biz.

chaude fourrée (une) : échauffourée.

chaude-pisse de tronçonné (une) : roupie de sansonnet. (B)

chaudeusement : chaleureusement.

chauds fourrés (les) : échauffourée. (B)

chauffe-Barbès (un) : regard appuyé. Ex. : « Ils adressent à ceux qui les attendent des sourires zémus et des chauffe-Barbès veloutés. » (29)

chauffer : soutirer, voler. Ex. : « Pour commencer, je lui chauffe son larfeuil*. » (29). Ex. : « Tu m'as suffisamment assez chauffé de flouze*. » (B, 88)

chausson (un) : pneumatique.

chauvasse : vaguement chauve.

chauvassu : chauve. Ex. : « C'est un jeune con, chauvassu du dessus, avec un blazer et la certitude d'appartenir à l'élite. » (148)

chavirance (en) : qui chavire. Ex. : « Et voilà que je me sens agir de même. Haletant. L'œil en chavirance, la sécrétion opérante. Je convoite, quoi. Je désire. » (106)

chbrouti de carence (un) : élément (fictif) d'une radio émettrice. Ex. : « Il cigogne* le chbrouti de carence, puis dégauchit* l'impétrant de coordination bivalvaire à articulation visuelle mince. » (105)

chébran : branché, à la page. Ex. : « Elle se met bien, la môme* Iria, décidément. Ne fréquente que les endroits classe. Je la devine chébran tout azimut. » (124)

chef de chiottes (un) : chef de cabinet dans un gouvernement.

chef de gogues (un) : chef de cabinet dans un gouvernement.

chef droguestre (un) : chef d'orchestre amateur, droguiste de profession.

chef-poulard (un) : policier gradé. (B)

chéferie (la) : fait d'être chef. Ex. : « Il entre le premier. La chéferie engendre des devoirs, et les devoirs des risques et périls. » (90)

cheftise (la) : fait d'être chef.

chelinguer : puer. Ex. : « Ne restons pas ici, ça chelingue trop ! » (10)

chelkejème à fleurs persistantes (un) : arbre exotique (fictif) aux essences rares par référence au slogan de la Shell.

chemin de ronde à mouches (un) : calvitie.

chenil (un) : fatras. Ex. : « Sous des caisses et du chenil bricacabraqueux*. » (135)

chenillard : vicieusement compliqué. Ex. : « Un verbe aspiratif. Et du troisième groupe : le plus chenillard ! » (147)

chenillé : sénescent. Ex. : « Sans parler de sa chère maman qu'elle a toujours, là-bas, dans un village fleuri, une très vieillarde de nonante et mèche, voûtée à l'équerre, chenillée à bloc. » (105)

cheniller : ramper. Ex. : « Je repte, je rampe, je chenille, je ver-de-terre*. » (59)

chenilles dans la dure-mère (avoir des) : être stupide. Ex. : « Et tu affirmais qu'aucun saint-locducien ne saurait avoir des chenilles dans la dure-mère, Gros ? » (80)

chèque-liste (un) : adapt. de l'anglais « check-list » (récapitulation exhaustive d'instructions à exécuter).

chèque tavelé (un) : adapt. de l'anglais « traveller's cheque » (chèque de voyage). Ex. : « Reusement qu'elle avait laissé ses chèques tavelés à l'hôtel. » (B, 72)

chercher des noises : provoquer. Ex. : « Le San-A.*, c'est un beau folklore tant qu'on ne lui cherche pas des noises, mais que les enrobés viennent me dénicher des morbachs* dans l'Eminence* et vous verriez cette brutale désaffection ! » (57)

chéribibesque : relatif à Chéri-Bibi, costaud et laid.

chérot : cher, onéreux. Ex. : « Lui ferais douiller* chérot sa pernicieuse invention. » (204)

cherrer : exagérer.

chérubine (une) : chérubin femelle, femme.

chetard (un) : prison. Ex. : « Je sais bien que c'est vexant d'avoir un rejeton au chetard pour meurtre. » (36)

chétif de la coiffe (un) : idiot.

chétivité : caractère de ce qui est chétif. Ex. : « Le minet punkisé* porte un caleçon trop vaste pour sa chétivité. » (135)

chevaler : chevaucher, monter à cheval. (B)

chevalet (un) : chevet. Ex. : « Sitôt que nous fûmes prévenus, le Vieux* m'a chargé d'accourir à ton chevalet. » (B, 77). Ex. : « Elle est à son chevalet justement. » (204)

chevalier de la balayette (un) : serviteur, employé de maison.

chevalier de la pèlerine (un) : agent de police.

chevalier du guet (un) : policier.

cheveler : coiffer.

chevelu-à-rebours (un) : chauve. Ex. : « Cette espèce de chevelu-à-rebours est chauvin, si je puis me permettre une telle expression pour qualifier un monsieur qui a autant de cheveux sur le crâne que sous la plante des pieds. » (25)

cheveluré : teinte, pour les cheveux. Ex. : « Une ravissante demoiselle habillée de blanc et chevelurée en blond. » (62)

cheville (être en) : être en rapport avec quelqu'un.

chévrer (se) : se cabrer. Ex. : « Mais elle m'aperçoit et elle se chèvre. » (138)

chialer : pleurer. Ex. : « Ça langoure* à t'en faire éjaculer dans tes guenilles tout en chialant sur la tristesse de notre condition. » (132)

chialeuse : lacrymogène. Ex. : « Ils devront se déguiser en C.R.S. et lancer des grenades chialeuses. » (203)

chiant : extrêmement ennuyeux, très contrariant.

chiard (un) : enfant, bébé. Ex. : « Chaque année, il fait un chiard à sa femme. » (6)

chiarderie (une) : famille nombreuse.

chiare (un) : enfant. Ex. : « Dès qu'on touche à un chiare, il me pousse des crocs de loup et des griffes de tigre, pis qu'à Dracula. » (81). Ex. : « Rien ne fait plus plaisir à Félicie* qu'une virouze en guinde avec son chiare. »

chiareux (un) : enfant.

chiassard : peureux, lâche. Ex. : « Faut être drôlement chiassard pour se faire garder par des monstres pareils. » (81). Ex. : « Les deux frelots*, chiassards comme des porcelets, se carapatent* sans demander l'heure des obsèques. » (93)

chiasse noire (avoir la) : avoir peur. Ex. : « Oui, lui, l'implacable, le décideur d'exécutions, lui qui a fait périr tant et tant de gens, il a les flubes*, les jetons*, les copeaux*, les foies*, la chiasse noire, les grelots*, le traczir*, les boules à zéro, les chaleurs*, le taf*, la mouillette*, les chocottes*. » (142)

chiasse (la) : ennui, contrariété, problème.

chiasse daneresse : Diane chasseresse. (B)

chiasser : 1. Avoir peur. Ex. : « Merde, c't' une vraie loque*, ce gugus, à chiasser de la sorte! » (88). 2. Protester. Ex. : « Un peuple qui chiasse pour laisser atterrir Concorde ne va pas sonner à la lourde* d'un flic français quand il veut régler des problèmes aussi délicats. » (94)

chiasserie (une) : ennui, désagrément.

chiasseux : peureux. Ex. : « Lui! Il est chiasseux comme un cul de vache! » (123)

chiassique : médiocre, désagréable.

chiater : effrayer. Ex. : « Le gonzman* du journal causé* prend sa voix à liaisons coulées, frétillante pour pas chiater le populo*, lui faire gober toutes ces sales pilules, toutes ces noires menaces que les hommes se croient obligés de s'accumonceler* sur la gueule. » (90)

chiatique : ennuyeux, problématique.

chiatoire : ennuyeux. Ex. : « Un burlingue* bourré de tableaux chiatoires qui représentent des mecs perruqués et des connasses* sur des escarpolettes. » (83)

chibrezoque à paroles (un) : téléphone.

chibrium endurci (le) : explosif (fictif) le plus puissant avant la bombe atomique.

chicandier : chicaneur.

chiche : 1. Capable. Ex. : « Elle est chiche de venir me faire une relance à domicile. » (24). Ex. : « Au silence de Sir Concy, je comprends qu'il est à bout de nerfs et que si je n'interviens pas dare-dare, il est vraiment chiche de buter* quelqu'un. » (65). Ex. : « Ça lui renforcera tellement la rogne* qu'il est chiche de piquer un coup de raisin*. » (203). 2. Un instant. Ex. : « Au bout de chiche, des lignes s'inscrivent sur son écran. » (132). 3. Chiche! : exclamation de défi.

chichemanes (les) : toilettes.

chiches (les) : toilettes. Ex. : « Les chiches étaient dans une cabane au fond du jardin, et les noyes* d'hiver, quand la cagate* vous bichait*, on bédolait* dans des pots d'chamb' ! » (138). Ex. : « Elle l'entend ouvrir la porte des chiches. » (210)

chichigner : lancer une perfidie. Ex. : « On se demande ce qui lui passe par la tête pour s'habiller ainsi, chichigne la Vioque*. Ma parole, elle se prend pour une jeune fille ! » (75)

Chichine (un) : Chinois. Ex. : « Les Chichines, le noir laqué, le lie-de-vin et le doré constituent leurs couleurs de prédilection. » (120)

chichoi : modeste. Ex. : « Un' Renault 25 noire, c'est trop chichoi pour sa gueule ? » (152)

chichois : avare. Ex. : « Je me dis que le sort qui avait l'air de me faire une fleur s'est montré chichois en fin de parcours. » (31)

chichoiter : regarder à la dépense. Ex. : « La construction françouaise laisse encore à désirer. Elle marche à l'éconocroque*, même dans les quartiers huppés. Ça chichoite* sur la salle de bains et le dégagement, mes princes. » (79)

chicorne (une) : bagarre. Ex. : « Ben invente, t'es pas à court. Un truc vachement saignant, grand ; avec de la chicorne, des gonzesses*, de l'espionnage. » (113)

chicorner (se) : se battre. Ex. : « Les Gaulois ! C'étaient des vrais sauvages. Ils passaient leur temps à se chicorner entre eux. » (200)

chicoteur (un) : dentiste.

chiée (une) : beaucoup, en grande quantité. Ex. : « Il aurait droit à des chiées de drains dans le baquet*. » (150). Ex. : « J'ai fait une chiée de prises, il y en aura bien une de convenable. » (216)

chiément : très. Ex. : « Chiément bien. » (115)

chiendefusiller : se mettre en chien de fusil.

chien panzé (un) : chimpanzé. (B)

chier (se faire) : s'ennuyer. Ex. : « Tu me saignes, je calanche*, les flics t'alpaguent* et tu te fais chier comme il est pas permis pour purger les années de prison qui t'attendent. » (136)

chier (ça va) : ça va barder.

chier la honte : se rendre ridicule.

chier la bite (se faire) : s'activer laborieusement, s'ennuyer. Ex. : « Les chameliers faisaient chier la bite à tout le monde, proposant une longue promenade de quinze pas dans le désert que le vent touillait comme les pales d'un batteur Moulinex. » (116). Ex. : « Il examine une vieille affiche réclame vantant les mérites de la Suze et qui montre un mec aux bras noueux se faisant chier la bite à arracher du sol hermétique des racines de gentianes pour fabriquer ce nectar. » (129)

chieur (un) : importun.

chiffe (une) : individu sans énergie, sans courage.

chiffrogneux : renfrogné. Ex. : « Il est chiffrogneux, le Vieux*. On dirait une botte de radis fanés. Cherche pas " chiffrogneux " sur le dico, il s'y trouve pas. Moi, faut que tu l'admettes ou que t'ailles voir chez Guy Descartes si j'y suis, je pratique la glossolalie. » (123)

chiftir (un) : 1. Chiffon. Ex. : « Merde, tu trouves qu'c'est l'moment d'causer chiftirs ? » (100). 2. Chiffonnier (vieilli), biffin, personne qui fait les poubelles afin de vendre ce qu'elle y trouve.

chignole (une) : voiture. Ex. : « La blanche chignole ricaine* transformée en carrosse d'allongé* s'élance. » (91)

chignoleur à trille (un) : prise de karaté. Ex. : « Et pour le karaté, merci bien ! Je suis un enfant de chœur, comparé. Il me place un chignoleur à trille, plus un gournazeau bancal* et m'achève d'un clodomir en cru* carabiné. » (105)

chignon (le) : crâne. Ex. : « Vous prenez une olive dans le chignon. » (24)

chignon (avoir du) : être intelligent.

chignoneux : coiffé d'un chignon. Ex. : « Une vieille mémé chignoneuse tient le vestiaire. » (83)

chinetoque : chinois.

chinois : difficile. Ex. : « Je traverse le labo où Mathias* vient prêter son concours dans les cas chinois. » (108)

Chintock (un) : Chinois.

chiotard du style (un) : écrivain conventionnel, de fausse avant-garde. Ex. : « Voilà qui beurre l'oignon* des adeptes du nouveau roman. Donne de l'assiette aux chiotards du style. A ceux qui pompeusement à merde*, qui pédalent à vide. Dont la plume pantelle comme une bite* déchargée*. » (81)

chiotte (une) : automobile.

chiottard (un) : lieu d'aisances.

chiottes (les) : lieu d'aisances.

chiottezings (les) : lieu d'aisances.

chiottezingues (les) : lieu d'aisances. (B)

chiotzbrounts (les) : toilettes.

chiourmeur (un) : gardien de prison (garde-chiourme). Ex. : « Un chiourmeur bardé de clés me drive* jusqu'à la cellote* 2016. » (121)

chipater : chipoter, travailler avec lenteur.

chipatouiller : chipoter. Ex. : « Ils jaffent* en se parlant très peu, seulement intéressés par la bouffe* qu'ils chipatouillent menu. » (112)

chiper : attraper, saisir. Ex. : « Il a refusé, ça s'est gâté, elle a chipé le coupe-papier et l'a abattu sur le crâne de Josephini qui est parti directement chez saint Pierre. » (20)

chipotage (un) : fait de chipoter. Ex. : « On peut peut-être déplorer son absence de poitrine, mais ce serait vraiment du chipotage de mufle. » (57)

chipoteur du morlingue (un) : avare.

chiquer : imiter, feindre. Ex. : « Je chique au gars jalmince*. » (24). Ex. : « J'ai l'air de chiquer les deux cents voltes* surpris par son jaillissement. » (78). Ex. : « J'en ai plein le cul de ces giries* de merde. On m'y reprendra à chiquer les héros au service de la France. » (96). Ex. : « J'attends juste pour dire de ne pas chiquer les malotrus en interprétant la « Marseillaise » sur le timbre électrique. » (139). Ex. : « Hieronymus accepte de charger le mec qui doit chiquer à l'automobiliste en panne, son jerrican à la main. » (149). Ex. : « Il chique les vedettes modestes. » (204)

chiquer les marmottes : dormir.

chirurgiclable : chirurgical. Ex. : « Vous, en pleine santé, une intervention chirurgiclable, mon trésor! C's'rait d'la folie. » (B, 208)

chirurgie hystérique (la) : chirurgie esthétique. Ex. : « Si je te touche, t'auras plus la

force de porter quoi que ça soye, même pas une plainte, hé! Concombre! Je peux déjà t'annoncer que ta dernière molaire va faire naufrage! Et tes étiquettes*, pour les recoller faudra une drôle de Seccotine, je te le dis. Quant à ce qui concerne ton renifleur*, c'est pas la chirurgie hystérique qui pourra lui redonner de l'apparence. » (B, 49)

chirurgiquer : avoir recours à des méthodes chirurgicales. (B)

chize (un) : détail. Ex. : « J'y vais de mon historiette détaillée. Tout le chize. » (204)

chkoumoun : malheur. Ex. : « Dis, ils vont pas se fader* des années de chkoumoun pour un malentendu. » (85)

chlague (un) : pied. Ex. : « Il lui fait péter un coup de chlague dans le museau. » (66)

chlaguer : détruire, vandaliser. Ex. « Les visiteurs possédaient une lampe à souder, et ils ont chlagué tout le décor, à grands zigzags destructeurs, ces fumiers. » (108)

chlass : ivre. Ex. : « Je sens chez cette fille un obscur égarement. Un peu comme si elle était chlass ou camée*. » (76)

chleuh (le) : langue allemande. Ex. : « Le chleuh, c'est pas la langue de mes rêves et le seul reproche que je fasse à Mozart c'est d'avoir écrit ses opéras en boche*. » (150)

chleuh décaféiné (un) : Autrichien. Ex. : « C'est ainsi que j'ai baptisé les Autrichiens, gens qui parlent l'allemand en étant plus " gentils " que les Allemands, mais qui nous ont tout de même pondu* Hitler. » (155)

chlingant : puant. Ex. : « Je sortais de ma chlingante cachette. » (104)

chlinguer : puer. Ex. : « Ça chlingue tellement que si j'avais des boules Quiès, ce n'est pas dans mes portugaises* que je les collerais mais dans mes trous de nez. » (56)

chlinguer le roussi : sentir le roussi, être sur le point d'échouer, en parlant d'une affaire.

chlorophyllicateur (un) : chewing-gum.

chmol (un) : homme. Ex. : « Si t'aurais voulu te marier un riche chmol, mets-toi escrétaire, ma mignonne. » (B, 208)

chmouillard (un) : défaut. Ex. : « Pourtant, toute cuirasse a son chmouillard, non? » (81)

chnouf (la) : drogue. Ex. : « Messieurs les Hommes sont tous laga*. Les macs* des quartiers populeux, les patrons des boîtes des Champs-Zés, les dirlos de clandés*, les rois de la chnouf*, les buteurs* diplômés. » (15)

chnouffer : droguer. Ex. : « Quand j'songe à toutes les p'tites salopes qu'on voye dans la rue, chnouffées et cradoches* et qui s'placent un'page d' " France-Soir " roulée en guise de tampasc*, j'm' dis qu'heureusement qu'on a encore des d'moselles d'cett' qualité. » (145)

chocable : capable d'être choqué. Ex. : « Si les dames sont fatiguées, elles peuvent s'asseoir sur les genoux des messieurs, je ne suis pas chocable. » (57)

chochotte (une) : 1. Personne excessivement maniérée. Ex. : « J'ai eu pour amies des nanas* de la haute. Ces chochottes vous font payer chérot la rançon de leur corps. » (25). 2. Personne très impressionnable.

chockinger : adapt. du verbe anglais « to shock » (choquer). Ex. : « Elle a renfrogné sec, la dadame. M'aperc'vant que j'l'avais chockingée, j'y vais d'mon couplet. » (B, 208)

chocolat : possédé, eu. Ex. : « Je vais tout cracher* aux flics et vous serez chocolat avec les plans et la maquette. » (28)

chocolater : 1. Posséder, avoir. Ex. : « Je me rapproche afin de ne pas me laisser chocolater par un feu rouge. » (20). 2. Rougir, pour un homme de couleur. Ex. : « Si Jérémie était pigmenté différemment, il est probable qu'il rougirait. Là, il chocolate seulement. » (139)

chocottance (la) : peur.

chocotter : prendre peur. Ex. : « Faut pas chocotter, mon gars ! » (B, 74). Ex. : « Lorsque je lui ai eu fait comprendre cette vérité, tu parles qu'il s'est mis à chocotter, le frelot* ! » (81). Ex. : « Tu chocottes pas de te baguenauder avec juste deux connards comme porte-flingues ? » (204)

chocottes (avoir les) : avoir peur. Ex. : « Ils ont les chocottes du scandale dans la haute. » (41). Ex. : « Oui, lui, l'implacable, le décideur d'exécutions, lui qui a fait périr tant et tant de gens, il a les flubes*, les jetons*, les copeaux*, les foies*, la chiasse noire*, les grelots*, le traczir*, les boules à zéro*, les chaleurs*, le taf*, la mouillette*, les chocottes. » (142). Ex. : « Bérurier* pousse

un ricanement qui foutrait les chocottes à un congrès de fantômes écossais. »

cholestérol (le) : choléra. (B)

chômage (baraque en) : maison couverte de chaume. (B)

chômedu (le) : chômage.

choper : attraper. Ex. : « Ces six mecs sont chopés. Il faut voir si on peut les tirer de là. » (2). Ex. : « La v'là qui me chope miss Guiguite* par la taille. Du coup elle est rassurée : y aura bel et bien fête au village, cette nuit ! » (136). Ex. : « Tâche de ne pas choper un orgelet. » (204)

chopsuler : manipuler (voir **cadranter**).

chorusser : dire en chœur.

chose-frère (un) : confrère.

choses étant ce caleçon (les) : les choses étant ce qu'elles sont.

chou : 1. Intelligence, jugeote. Ex. : « Ils posséderaient un rien de chou, Lourdes aurait fermé boutique depuis longtemps. » (80). 2. Tête. Ex. : « Le jour que j'écrirai plus ce qui me passe par mon chou, je laisserai tout quimper*. » (76)

chou qui bouillonne vite (avoir le) : réfléchir rapidement.

chou-fleur (un) : cancer. Ex. : « Je ne sais pas s'il démarre un chou-fleur du foie. » (59)

chouaner : se déguiser, prendre l'aspect des chouans. Ex. : « Je reconnais qu'une fois harnachés, nous avons une allure pas croyable. Le côté Cadoudal. Société secrète paysanne. On chouane à tout va. » (141)

choucard : mignon, joli. Ex. : « Quand on est choucarde comme elle, pas besoin de savants déshabillés. » (109). Ex. : « Les gonzesses, elles ont pas b'soin d'être choucardes pour plaire. » (B, 208)

chouchouille : beaucoup. Ex. : « On ne doit pas inviter chouchouille de julots* dans ce harem. » (75). Ex. : « Y aurait pas chouchouille de formalités. » (150). Ex. : « Y a pas chouchouille de peuple en déplacement. Les vioques font la sieste, les jeunes limaillent*. » (203). Ex. : « Plus chouchouille de coco. » (204)

choucrouter : manger, dévorer. Ex. : « Les gosses sont tout just' en m'sure de comprendre, qu'aussi sec tu les gaves de vannes* où les pauv' parents vont paumer* leurs chiares* en forêt, les fumiers ; où des ogres les bouffent ; où des loups vic'lards se déguisent en grand-mère après avoir choucrouté la vioque dans son plume. » (B, 208)

choucroutesque : qui évoque la choucroute.

choucrouteur (un) : Allemand.

chouer : pratiquer la culture du chou. Ex. : « J'ai beau visionner ces nabus*, je me rends compte qu'aucun d'eux n'a remarqué notre descente en voltige. Bien trop occupés à poireauter*, naveter*, carotter* et chouer. » (105)

chouette (avoir à la) : avoir de l'attirance, de la sympathie pour une personne.

chouette portion (une) : visage. Ex. : « Sa chouette portion devient une espèce de punching-ball vivant. » (24)

chouettosse : agréable.

chouf (un) : cancer. Ex. : « Sa pauvre môman étant morte d'un chouf vicieux, y a trois ans. » (85). Ex. : « Ce gars, tu croirais qu'il vient d'apprendre une mauvaise nouvelle : qu'il est atteint d'un chouf ou que sa bonne femme refuse de divorcer. » (104)

choufleurter : réfléchir. Ex. : « Ça me donne à choufleurter. » (76)

chougnard : plaintif, entaché de faux sentiments, « ringard ». Ex. : « C'est pas du Labiche, c'est pas du Feydeau. C'est chougnard. Tu ressembles à Gaby Morlay dans " Le Voile bleu ". » (216)

chougnarder : plaindre, consoler. Ex. : « Je me suis rendu au téléphone pour chougnarder un peu ma vieille mère, la consoler de mon faux bond, l'assurer que nos grandes réjouissances auraient lieu à midi, demain. » (118)

chougnasser : pleurnicher. Ex. : « Au plus qu'il jacte*, au plus que ça chougnasse au rayon des dames, dans la tribu. La maman surtout, à tel point que le gars Béru* l'a prise dans ses bras et lui fourrage le bustier pour la consoler, qu'elle reprenne du poil de la vie. » (95)

chougner : geindre, gémir, pleurnicher. Ex. : « La petite vieille renversée chougne dans ses jupailles. » (85). Ex. : « L'arrivante chialait* curieusement, en gonflant ses joues. Tout en chougnant, elle me racontait les circonstances. » (100)

chougniasse : plaintif. Ex. : « Hommasse, rougeasse, chougniasse. Elle paraît être la mère de son mari. » (126)

chouïa (un) : petite quantité.

chouïard : joli. Ex. : « Elle est chouïarde ? – Une vraie madone ! » (15)

chouille (un) : peu. Ex. : « Je me doutais un tant soit chouille que j'allais pas débarquer dans une pièce comme les autres. » (75). Ex. : « Tu juges un chouille du désastre ? » (83). Ex. : « Elle a souri un chouille, léger, pas trop s'livrer. » (B, 208)

chouillet (un) : peu. Ex. : « Je dois vous dire que ma tenue est un chouillet incorrecte, vu que j'ai la zifolette blagueuse* sortie de son écrin. » (76)

chouquette (une) : jeune fille.

chourave (une) : vol. Ex. : « Il pique*, pique, avec un doigté infernal. C'est le Mozart de la chourave. » (105). Ex. : « C'étaient des arcans* de la chourave, mais eux, jamais de crime de sang. » (117)

chouraver : voler. Ex. : « Jules lui avait proposé de chouraver les cailloux* du mari. » (36)

chouraverie (une) : vol.

chourinerie (une) : bagarre, tuerie.

chourineur (un) : 1. Assassin. Ex. : « Je le sais et la sens encore, ô chourineur hors classe ! » (48). Ex. : « On dirait M. Propre, tu sais, cette abominable créature qui fait briller les sols, avec sa frime* de chourineur et ses bras croisés ! » (122). 2. Videur de boîte de nuit.

choute : charmante. Ex. : « Vous ne pouvez pas savoir ce qu'elle est choute, notre brave baleine, avec pour tout vêtement : des bas, un abat-jour en parchemin et une brûlure. » (53)

chplaftz (un) : commande, bouton. Ex. : « Béru* est assis sur le siège, son front taurin posé contre l'appuie-tronche, il a le chplaftz déclencheur dans la main. Il reste immobile comme sans doute l'évêque Cauchon devant sa cheminée, les soirs d'hiver, après le turbin* de Rouen. » (92)

chploafftbigntz (le) : médicament (fictif) contre les rhumatismes.

chpountz (un) : pauvre type. Ex. : « Qui irait donc se gaffer* d'un chpountz comme lui, fringué* à la ville comme à la scène par le carreau du Temple, sale comme les bas-fonds de Barcelone et aussi puant qu'une couenne de lard oubliée. » (28)

chprountz (un) : individu aux idées rétro-grades.

chprountz (faire du) : créer des ennuis, faire du vilain. Ex. : « Tu crois qu'ils vont nous faire du chprountz ? » (204)

chromatique crâneur (un) : traumatisme crâ-nien. Ex. : « T'as eu une crise, façon délire d'homme très mince*. C'est résultatif* de tes chromatiques crâneurs. » (B, 86)

chromatisme (un) : traumatisme. (B)

chromatisse crâneur (un) : traumatisme crâ-nien.

chronologique (une) : logique chronolo-gique. Ex. : « N'importe la logique ou la chronologique. » (76)

chtard (un) : coup. Ex. : « Vlan, un chtard dans le museau du débloqueur*. » (76)

chtare (un) : coup. Ex. : « Il file de ces chtares au mobilier qui frisent la déprédation. » (80) Ex. : « Le gars retire vivement son bras et, ahuri, regarde la paire de menottes qui se balance à son poignet. Il bondit, mais mes-sire Moi-même, je l'abasourdis d'un chtare démoniaque sur l'oreille. » (127)

chtouille dans le chantier (foutre la) : semer le désordre.

chtourber : tuer.

chutiste (un) : personne qui vient de chuter.

chwizdeutch (le) : langue parlée en Suisse alémanique.

chyderme (un pas) : qualifie un pas pesant. Ex. : « De son pas chyderme lourd et ébran-leur de terres meubles, il retourne à l'auto. » (152)

cibiche (une) : cigarette. Ex. : « Je biche* une cibiche. Il me présente la flamme de son bri-quet que je ne connaissais pas. » (43)

ciboulard (le) : tête, cerveau.

cibouloche (le) : tête, cerveau.

ciboulot (le) : tête, cerveau.

cibroque (un) : délire. Ex. : « Alors là, mes gueux, on vadrouille en plein cibroque. Je doute de tout. » (76)

cidre (ne pas valoir un coup de) : ne rien valoir.

cidre (en) : variante de en vain. (204)

cigare (le) : tête. Ex. : « Que voudrais-tu qu'ils te disent pendant qu'ils t'émondent la limouille avant de te sectionner le cigare ? » (83)

cigare (en avoir dans le) : être intelligent. Ex. : « Par cont', j'ai bien aimé " Etudes sur l'hystérie ", de Freud. Ça voui, c'est torché, c'vieux mec en avait dans l'cigare*, bon Dieu d'mouche ! » (B, 121)

cigare décédé (un) : mégot de cigare.

cigare en torche (se mettre) : se mettre martel en tête. Ex. : « Armonieux, comme dirait Antonio de mes chères deux qui se met tou-jours le cigare en torche pour esprimer avec des mots que, souvent, on se demande pour-quoi. » (B, 208)

cigarillo (le) : crâne. Ex. : « Si tu ne réponds pas ou mal, j'sais pas. Te dire que j't'en met-trai une dans le cigarillo s'rait p't'êt' éguesa-géré, encore que moi, en état d'énervement, on n'peut jurer de rien. » (90)

cigler : payer. Ex. : « Ils sont venus cigler trois sacs une bouteille de champ éventé. » (3). Ex. : « Faut être le dernier des tortibacs* pour cigler une mousmé* alors que l'univers est plein de fillettes qui ne demandent qu'à se propager dans les nuages avec un gars sachant chasser. » (6). Ex. : « Je mets la pogne* à la feuille et je tire une pincée de biffetons*. J'extrais de quoi cigler mon orgie. » (8). Ex. : « Je vide mon verre de rhum et je me casse après avoir ciglé le bar-man. » (19). Ex. : « Pourquoi ? Parce qu'on lui aura ciglé de la fraîche* pour qu'il la ferme*! » (76). Ex. : « Quand t'auras ciglé la douloureuse*. » (147). Ex. : « Quand t'est-ce on grimpe* un'pute, on la cigle avant l'embroque*! » (B, 148)

cigogner : 1. Frapper. Ex. : « Si elle a commencé par cigogner la tronche de son mec, comme il se tenait à son côté, le raisin* a dû vaser* dru sur le voile. » (135). Ex. : « Mouais, deux. Ils ont dit qu'ils viendraient d'ta part, grand. Z'ont cigogné à la lourde du temps qu'on dormait. » (145). 2. Réfléchir, cogiter. Ex. : « Ça cigogne plus vite dans mon caberluche que le bigoudi d'un taulard relâché après dix ans de gnouf dans la tirelire à moustache de sa bien-aimée qui l'attendait en haut du donjon ! ». 3. Fendre, déchirer. Ex. : « Paraît qu'on t'a cigogné le placard*, mon pote, c'est ta testicule biliaire* qui ramonait* plus, ou quoi donc ? » (B, 65).

Ex. : « Son cri, ça f'sait : titi panpan, titi panpan, titi, très vite, très vite, et fort à t'en cigogner le tympan. » (B, 208)

ciné de curé (un) : sinécure. (B)

cinémateuse : cinématographique. Ex. : « Martine se jette contre moi, le pubis en offrande, et me gratule* à mort, comme quoi je suis mieux que Superman, Rambo et autres cons de la mythologie cinémateuse. » (141)

cinématographieur (un) : cinéaste.

ciné turc (un) : sinécure. (B)

cinetoque's office (un) : asile d'aliénés.

ciningue (un) : cinéma.

cinoche (un) : cinéma.

cinock (un) : fou.

cinoqué : fou.

cinq clous véru moche : adapt. de l'anglais « thank you very much » (merci beaucoup).

cinq siège (le) : Saint-Siège.

cinq centaines (une) : nombre de cinq cents environ.

cinq clous, sœur : adapt. de l'anglais « thank you, sir » (merci, monsieur).

cinq-ptômes (les) : symptômes. Ex. : « Ça étant dit, j'oserais pas prétendre que c'est d'détecter les pets qui m'a orienté vers la police. Mon don, ça constitue les pr'miers cinq-ptômes et l'aurait pas été suffisant. » (B, 208)

cinq-tomes (un) : saint homme.

cinqdernièreminuter : s'exclamer « Bon Dieu! Mais c'est bien sûr », à la manière du commissaire de la série télévisée « Les Cinq Dernières Minutes ».

cinquante-cinquaine : nombre de cinquante-cinq environ.

cinquante-deuxaine : nombre de cinquante-deux environ.

cintré du bulbe (un) : fou.

cintrer (se) : rire. Ex. : « Je me cintre comme un perdu devant ce spectacle encore jamais vu du Gros et de Pinuche* déguisés en descendants de Mahomet. » (56)

cirage (un) : évanouissement. Ex. : « Lorsque j'émerge du cirage. » (20)

circoncire : circonscrire. (B)

circoncription (la) : circonspection. (B)

circonvoluer : décrire des circonvolutions.

circonvolutionner : faire des circonvolutions. Ex. : « Un gros zinc* à hélices racheté probablement d'occase à un gouvernement centre-africain, commence sa descente sur Ispahan. Il circonvolutionne et se pose sans trop de bavures. » (72)

circonvuler : faire des circonvolutions. Ex. : « Ingénieux comme M. Dassault, lequel regardant circonvuler un fer à repasser chez sa blanchisseuse s'écria : " Tiens-tiens " car il venait de concevoir le Mirage I. » (76)

circulance (la) : circulation.

circulanche (la) : circulation.

circulante (la) : circulation. Ex. : « Quand j'étais à la circulante, s'il m'vait fallu coltiner tout ça sur les miches*! » (B, 29)

circulariser : encercler, former un cercle. Ex. : « Une fois atteinte la petite plate-forme qui circularise autour de la grosse cloche de pierre. » (138)

circus (un) : 1. Mise en scène, stratagème. Ex. : « Ces messieurs avaient mis au point tout un circus pour effacer* Merdanflak en douceur. » (81). 2. Lieux alentours. Ex. : « A ces heures, il a encore peu de trèpe* dans le circus. » (24)

cirer (n'en avoir rien à) : se désintéresser complètement de quelque chose.

cisaillé : 1. Être abasourdi, époustouflé. 2. Sénile, débile mental. Ex. : « Elle crèche* dans une gentille maisonnette en compagnie de sa vieille moman, laquelle est complètement cisaillée. Elle passe ses derniers jours dans un fauteuil, en bavochant*. » (26)

cisailler l'épithète au ras des baveuses : interrompre un discours, couper la parole.

citoillien (un) : citoyen.

citron (le) : crâne. Ex. : « Alors je prends un jeton* inouï derrière le citron. » (2)

citron (avoir quelque chose dans le) : être intelligent.

Citonette (une) : petite Asiatique.

citrouille (la) : visage. Ex. : « Béru* a constaté le manège burlesque et se fend la citrouille d'est en ouest. » (147)

citrouillette qui girate (avoir la) : avoir la tête qui tourne. Ex. : « Moi, vers minuit, j'en trimbalais* une chouette et j'ai décidé d'regagner le berthe-caille*. Comme j'arpentais le ruban*, v'là qu'y m'prend un coup d'vape*. La citrouillette qui me giratait. » (B, 208)

civique : civil.

clabotage (le) : décès.

claboter : mourir. Ex. : « Tous les petits Indiens ne clabotent pas au bord du Gange en pensant au lait des vaches sacrées. » (28)

clair comme de l'auroch : clair comme de l'eau de roche. (B)

clairé : éclairé. Ex. : « La nuit est clairée de lune. » (102)

clamance (une) : cri. Ex. : « Une immense clamance éperdue. » (130)

clameugler : clamer en meuglant.

clameurs d'orfèvres (des) : cris d'orfraie.

clamistreur adjacent (un) : terme technique indéterminé. Ex. : « Il doit seulement prendre les mesures du clamistreur adjacent, ce sera l'affaire de cinq minutes. » (102)

clamsage (le) : mort. Ex. : « N'était cette tenace odeur de clamsage, je pourrais croire que rien ne s'est passé. »

clamsance (la) : mort.

clamse (une) : mort, décès. Ex. : « La clamse à grand-papa. » (B, 208)

clamsé (un) : mort.

clamsé : mort. Ex. : « Il serait tellement clamsé à ce moment-là qu'en comparaison, l'obélisque de la Concorde semblerait plus frétillant que lui. » (121)

clamser : mourir. Ex. : « Si on n'agit pas presto, elle risque de nous clamser sous le nez, la pauvrette ! » (76)

claouis (les) : testicules. Ex. : « Il commence à me battre les claouis, Totor. » (203)

clapahouter : bafouiller.

clapaouteur à feuilles caduques (un) : arbre (fictif) que l'on trouve en bord de mer, sur la côte bretonne notamment.

clape (une) : 1. Bouche. Ex. : « Elle cause avec une patate brûlante dans la clape. »

(130). 2. Repas. Ex. : « Pendant la première moitié de notre clape, dans ce bouchon* sans histoire, qui sent la saucisse chaude et le vin blanc. » (83)

claper : 1. Manger. 2. Mâcher. Ex. : « Il ouvre la bouche, arrime son dentier d'un coup de pouce averti, clape plusieurs fois à vide. » (20)

claper d'un store : cligner d'un œil.

clapeuse (une) : langue. Ex. : « J'ai la clapeuse épaisse. » (24)

clapiérer (se) : s'enfermer dans des clapiers, habiter des appartements pareils à des clapiers de lapins.

clapoir (le) : bouche. Ex. : « Puis il ramasse son dentier sur le dallage, souffle la sciure qui s'y est collée et se le carre* dans le clapoir. » (20). Ex. : « Mon mécano émet un râle d'extase, que le Béru lui fait gober d'un coup de boule* dans le clapoir. » (51). « Il la dérouille* en plein clapoir, la gentille Sainte Vierge espanche*. » (91). Ex. : « Il ponctue sa promesse d'un baiser goulu. La bouche poisseuse, il se la torchonne d'un coup de manche. – Faudra vous décamoter* un brin* l'clapoir, si vous v'lez qu'on fasse plus z'ample connaissance, chérie. » (B, 109)

clapoire postiche (une) : dentier. Ex. : « Il se dégage des mains pompières qui le soutiennent, chope* Herr Otto Heckol* par son nœud papillon et lui place un coup de boule* dans la margoulette*. V'là que les dominos* de sa clapoire postiche déjantent*. » (64)

clapoter : 1. Bafouiller. 2. Sonner. Ex. : « Le turlu clapote. » (114). 3. Mourir.

clapoter des abat-jour : cligner des yeux.

clapoter des mandibules : claquer des dents, avoir peur. Ex. : « Il le fixe d'un tel air que le gars se met à clapoter des mandibules. » (121)

clapoutailler : sonner. Ex. : « Le téléphone clapoutaille. » (85)

clappe (la) : bouche.

clappoire (la) : bouche. Ex. : « Ils ont fermé leurs putains de clappoires, tous ces cons. » (131)

claque (un) : maison close.

claque (en avoir sa) : en avoir assez. Ex. : « J'en ai ma claque de ce métier de gueux. » (204)

claque-bec (un) : affamé.

claquedesdenter : claquer des dents.

claque-merde (le) : bouche.

claquer : 1. Mourir. Ex. : « Quelques instants plus tard, une voiture stoppe devant la résidence de Delameer*. Une portière claque. Elle n'est pas la seule : six détonations lui répondent. Et pour faire le bon poids, Alain Fernal* claque aussi, ayant la poitrine, le ventre, la tête perforés par des balles de fort calibre. » (113). 2. Dépenser. Ex. : « Deux malheureuses briques*! Vous auriez claqué ça en un mois. » (31)

claquer l'armoire à spaghetti (se) : rire. Ex. : « J'avise le préposé qui se claque l'armoire à spaghetti, vu qu'un Italien, tu remarqueras, il perdra jamais une occase de se fendre le pébroque* quand l'occasion se présente. » (91)

claque-son (un) : klaxon. (B)

claquoir (le) : bouche.

clarinette : clair et net. Ex. : « Vous avez bien compris, tout le monde? Je me suis efforcé d'être clarinette. » (72). Ex. : « Abigail, mon amour, fis-je à voix clarinette (je veux dire claire et nette). » (97)

classe : assez. Ex. : « Ah, non! Classe à la fin! » (75). Ex. : « Alors il clame que ça suffit comme ça, le commissaire. Classe à la fin, des cousinages débusqués, des effusions grandiloquestes*, des remèdes à base de bave de vieux birbe. » (100)

classe (en avoir sa) : en avoir assez. Ex. : « Mes choses*! lui dis-je, peu protocolaire lorsque j'en ai ma classe. » (20)

clataquysme (un) : cataclysme. Ex. : « Parmi ces bêtes, t'as l'homme qu'est la plus marle* de toutes pou'l'moment; j'te précise bien : pou'l'moment, car rien ne prouve qu'ça n'changera pas à la faveur de quéqu' clataquysme et que les mouches ou les castors nous remplaceront pas haut la main un jour. » (B, 208)

claudefrançoiser : se comporter comme le public féminin de Claude François, trépigner, pousser des cris d'hystérie, etc.

clavier (un) : dentier, dentition. Ex. : « Je sens qu'il va avaler une partie de son clavier avant qu'il ne soit longtemps. » (6)

clavier universel (un) : dentier. Ex. : « Il mastique difficilement parce que son clavier universel en a pris un coup aussi et que ses ratiches* se déchaussent comme un facteur après sa tournée. » (18) Ex. : « Il n'est pas question de vous laisser seule! qu'il rétorque le rat de burlingue, en montrant les touches jaunes qui lui servent de clavier universel. » (45)

clé de Lénine (la) : clé de l'énigme. (MM)

clés s'y astiquent (les) : l'ecclésiastique. (B)

clic-claquer : prendre ses cliques et ses claques. Ex. : « C'en est suffisant pour que je décide de clic-claquer. Fou de rogne*, je quitte mon plume* en assurant que je ne resterai pas dix secondes de mieux sous la coupe d'une ogresse pareille. » (86)

cliczique (un) : cliquetis.

clignotant (un) : œil. Ex. : « Quand nous ouvrons nos clignotants, nous avons la bonne surprise d'apercevoir des palmiers à travers la vitre du hublot. » (57)

clille (un) : client. Ex. : « Nous sommes les seuls clilles du restaurant. » (121)

clincaille (une) : ensemble de choses clinquantes.

clique-claquer : photographier. Ex. : « Les éclairs répétés de mon flash aveuglent ce petit monde en folie. Je clique-claque à tout berzingue*. » (106)

cliquette (une) : oreille.

clito (un) : détente d'arme à feu.

clitoris de sonnette (un) : bouton de sonnette.

clitoriseur de basse fréquence moudiré (un) : bouton (fictif) d'un poste émetteur-récepteur.

clitoritus tatillus (un) : plante exotique fictive.

clitougnard (un) : bouton (fictif d'un appareil qui l'est aussi) qui permet le réglage d'un bourratoire mémorable inversé*.

cloaquer : 1. Emettre un bruit aquatique, marécageux. Ex. : « Il cloaqua du clapoir*, remonta sa langue qui se dévidait sur son plastron. » (94). 2. Jeter. Ex. : « Il me cloaque un regard noir. » (57)

cloaquer vilain : regarder d'un sale œil. Ex. : « Le poivrot me cloaque vilain. » (108)

cloaquer des vasistas : cligner des yeux.

cloaqueux : amoindri, inefficace. Ex. : « Je suis cloaqueux côté gamberge*. » (83)

cloche (une) : pauvre type.

clochepatter : avancer à cloche-pied.

cloche-piéder : avancer à cloche-pied.

cloches (se branler les) : se plaindre, geindre. Ex. : « T'es là à te branler les cloches en pleurant sur tes canassons fourbus. »

clocheton (un) : pauvre type.

clochetouille (une) : clochard.

clodo (un) : clochard.

clodomir en cru (un) : prise de karaté fictive. Ex. : « Et pour le karaté, merci bien ! Je suis un enfant de chœur, comparé. Il me place un chignoleur à trille*, plus un gournazeau bancal* et m'achève d'un clodomir en cru carabiné. » (105)

clodote (une) : clocharde.

cloduche (un) : clochard.

clope (un ou une) : mégot, cigarette.

clopinettes (des) : quantité négligeable.

cloporter : colporter. (B)

cloquer un Clemenceau dans le moteur : mettre un tigre dans le moteur.

cloquer la pensarde en pas de vis (se) : réfléchir intensément.

cloquer sa menteuse au minet : donner sa langue au chat.

cloquer un rambour : donner un rendez-vous.

cloquer les copeaux : effrayer. Ex. : « J'essaie, à la sournoise, de lui cloquer les copeaux pour qu'elle ait besoin d'une solide compagnie. » (38)

cloquer : 1. Donner. Ex. : « Je vais vous cloquer un conseil tout de même. » (4). Ex. : « Je te promets de rester jusqu'aux liqueurs lorsqu'on te cloquera la Légion d'honneur. » (6). Ex. : « Un turbin* consistant à cloquer des armes à des mecs désireux de foutre* le merdier* en quelque point du globe. » (24). Ex. : « L'État vous les cloque à l'œil, mais c'est pas une raison pour en faire des paillassons. » (50). Ex. : « Tu la cloqueras à un mendigot. » 2. Mettre, remettre, remiser. Ex. : « Je cloque de la terre argileuse sous les semelles. » Ex. : « Il l'a fait exprès de me clo-

quer ce moulin à paroles. » Ex. : « Je prends une douche froide, manière de me cloquer les idées en place. » (37). Ex. : « J'ai cloqué ma tire* auprès d'une vieille charrette*. » (129)

clore son moulin à déconne : se taire.

clostrer : clore. Ex. : « Mais avant de clostrer c'taperçu sur mon don flicard*, Marie la belle, je tiens à t'attirer une remarque. » (B, 208)

clostrichpatze (une) : plante exotique fictive.

clouer : stupéfier. Ex. : « Ça la cloue un brin*. Elle s'attendait à une ballade au clair de lune. » (24)

clous (des) : rien ; exprime parfois le refus catégorique. Ex. : « – Bon, tu accouches ? – Des clous ! » (24)

coaquer de la clape : être dans l'incapacité d'articuler un propos.

cocacoler : américaniser, subir l'influence de la culture américaine.

coca-colien : influencé par la civilisation américaine. Ex. : « Tout de suite après le Sphinx alangui, l'univers coca-colien commençait. Le Caire gagne du terrain et d'ici très bientôt, devant la formidable poussée urbaine, ces fabuleux vestiges ne seront plus que des ornements de squares coincés entre des buildings de verre et de béton. » (116)

cocard (un) : œil. Ex. : « Elle ouvre de grands cocards. » (16)

cocarde (la) : crâne. Ex. : « Le soleil prend de l'altitude et se met à nous cogner sur la cocarde. » (59)

coco (le) : essence.

cocoricauser : causer comme un coq.

cocoricoter : chanter comme un coq. Ex. : « C'est mon tas de fumier où je juche pour cocoricoter à vous en fendiller les tympans. » (76)

cocoriquer : chanter, pour un coq.

cocoteresse : planté de cocotiers. Ex. : « Hale les égarés sur les rives cocoteresses de la soumission. » (108)

cocotte-minute (la) : crâne.

cocotter : sentir mauvais, sentir fort le parfum bon marché.

cœur qui cabriole jusque dans le gosier (avoir le) : avoir le cœur qui bat la chamade.

coffiot (un) : 1. Coffre. Ex. : « Il avait la possibilité d'ouvrir immédiatement le coffiot grâce à ses pistolets désintégreurs*. » (91). 2. Buste.

coffrage de la boîte à couenneries (le) : crâne.

cogitance (la) : cogitation.

cogne (un) : policier.

cogné : défraîchi. Ex. : « Une femme extrêmement quinquagénaire pour son âge est là. Un peu cognée si on trouve la petite bête, mais séduisante si on ne la cherche pas. » (76)

cogner (se) : 1. Consommer, absorber. Ex. : « Ce bougre de bougre s'en cogne deux tranches (de saumon fumé) dans la foulée. » (83). 2. Subir. Ex. : « On la ferme toujours un bout de temps, lorsqu'on vient de se cogner plusieurs plombes* d'avion. » (11)

cogner la casserole : bringuebaler.

cogner la cloche (se) : se restaurer, manger.

cogner le tronc (se) : manger. Ex. : « Elle nous accommode un repas digne de Lucullus. Nous nous cognons le tronc de façon tout à fait remarquable. » (59)

cohenniser : faire allusion à l'écrivain Albert Cohen. Ex. : « Ah ! Vous voilà, mes valeureux ! cohennise-t-il. » (151)

cohérentement : de manière cohérente.

cohérer : devenir cohérent. Ex. : « Il faudra au moins vingt-quatre plombes* au négus pour se réveiller, et autant, ensuite, avant que son esprit cohère. » (149)

coiffe (la) : crâne.

coiffe (s'en aller de) : devenir fou, débile mental.

coiffé à la grille-pain : se dit d'un homme presque chauve, coiffé d'une manière ridicule et artificielle. Ex. : « Il est coiffé à la grille-pain, c'est-à-dire en ramenant ses poils de cul sur le sommet de son crâne et en les y maintenant avec une gomina seccotinisée. » (83)

coiffé à la mappemonde : chauve. Ex. : « Il est coiffé à la mappemonde, mais je trouve que ça lui va bien. Seulement pardon : ce boulot quand tu te débarbouilles, mon pote ! T'es obligé de flécher le parcours pour savoir où que s'arrête ta frimousse ! » (203)

coiffer : 1. Arrêter, appréhender. 2. Voler.

coin du ciboulot branché sur l'alternatif (avoir un) : être fou.

coinçaga : coincé.

coincer la bulle : paresser, ne rien faire.

coinceteau (un) : coin. Ex. : « On est seuls, dans un coinceteau désert, mais néant d'moins*, je tolérerai pas qu'vous gueulassiez*. » (B, 109). Ex. : « Il met sa guinde* dans un coinceteau peinard*. » (148)

coincetot (un) : coin. Ex. : « Le coincetot est désert. » (11)

cointché : ivre. Ex. : « Faut vite l'entreprendre avant qu'il soit complètement cointché. Déjà, il patouille* de la menteuse* et ses bigarreaux* font l'appareil à sous. » (94)

cointché à mort : ivre mort. Ex. : « Il chialait*, pépé, en racontant ses batailles, les soirs d'onze novemb', quand y rentrait, cointché à mort. » (B, 208)

coiter : rester coi. Ex. : « J'en coite. » (150)

colback (un) : cou, col, revers. Ex. : « Il chope* Hamar par le colback, l'amène à vingt centimètres de lui et lui file un coup de boule* dans l'écrin à ratiches*. » (56). Ex. : « Je le biche* par le colback et le traîne jusqu'à la lourde*. » (151)

colbard (un) : colis.

colégramme : superlatif d'épique. Ex. : « Brrr ! Quelle soirée épique ! Et même colégramme ! » (102)

coléoptère (un) : hélicoptère. Ex. : « Par la voie des déserts. En coléoptère, je suppose ? » (B, 77). Ex. : « D'puis la mort d'son mec qui s'est planté en coléoptère en sulfatant ses récoltes l'an dernier, ell' avait pas r'tâté du braque*. » (B, 148)

colibar (un) : colis. Ex. : « Je débarquerai tout d'abord Anne-Marie chez elle avec ses colibars. » (19)

colimaceur (un) : escalier en colimaçon.

colimaçonnique : en colimaçon.

colimateur (en) : en colimaçon. (B)

colin-tampon (un) : tampon périodique.

colique de maçon (en) : en colimaçon. (B)

colis de maçon (en) : en colimaçon. Ex. : « D'même que tu montes plus facil'ment un escalier d'honneur qu'un escalier en colis de maçon. » (B, 208)

collaborance (une) : collaboration. (B)

collaborateuse (une) : collaboratrice. Ex. : « La collaborateuse indispensable que t'installes d'autor* dans tes meubles. » (B, 208)

collationner (se) : monter une coalition. Ex. : « Tous les rois des alentours ont eu les flubes* et se sont collationnés contre la France. » (B, 200)

colle (être à la) : vivre en couple, être amants.

colle (faire la) : être écrasé. Ex. : « Le gars que j'ai propulsé de la coupelle est outias*, ses vertèbres font la colle. » (57)

collecteur de grisbi (un) : percepteur des impôts.

collection (une) : collation. Ex. : « Allez, grouille*, j't'attends en prenant une p'tite collection légère. » (B, 99)

coller : 1. Convenir. Ex. : « Ça colle, comme ça ? – Oui, fait le prêtre, ça collera, à la condition toutefois que vous abandonniez votre parler pittoresque. » (2). 2. Donner, faire subir. Ex. : « Je n'ai pas à forcer le boîtier, car le choc lui a collé un fameux jeu. » (24)

coller (se) : absorber.

coller la membrane dans l'œil (se) : se tromper complètement.

collier à paf (un) : dentition. Ex. : « Elle me vote* un éclatant sourire qui découvre un somptueux collier à paf*. » (147)

collier de maçon (en) : en colimaçon. (B)

collisionné (un) : celui qui est victime d'une collision. Ex. : « Une collision, on a toujours l'air con : collisionné ou collisionneur*. » (117)

collisionner : entrer en collision. Ex. : « Elle me fait un " Psiiiit ! " qui ferait se collisionner vingt bagnoles* si elle l'avait balancé place Charles-de-Gaulle (qui fut la troisième étoile de ce grand guerrier du micro). » (113)

collisionneur (un) : celui qui est responsable d'une collision.

colloque (en) : enceinte.

colloquer : mettre. Ex. : « Pour lui colloquer une belle trouille* vert pomme je prends mon feu. » (16)

colmater les chicots à la crème de marrons : assener un coup de poing au menton.

colmater les brèches (se) : manger. Ex. : « Si tu nourrirais convenablement les gens que t'invites, y seraient pas obligés de se colmater les brèches avec les minables œufes de tes poultoks* nourris aux produits chimiques ! » (B, 69)

colombin (un) : 1. Etron. Ex. : « Apollon-Jules a fini de déféquer. Marie-Marie* lui torchonne le prose*. Comme le môme est un Bérurier* authentique, il prétend goûter à son colombin ; qu'heureusement Marie-Marie* lui soustrait presto l'objet de sa convoitise. » (139). Ex. : « T'en as de bonne, técolle* ! Me mouler* comme un colombin à ce rade*, sans explicances*, j'ai eu l'air glandu*. » 2. Colombins (à) : colombage. 3. Mâle de la colombe. Ex. : « T'as déjà maté deux colombes s'aimant d'amour tendre ? La colombe et son colombin ? Bec à bec. Lui, traînant de l'aile, papattant* sur place. » (97)

colombus prénatal (le) : partie indéterminée du corps humain.

colon (un) : colonel.

colonne d'Hercule (une) : jambe. Ex. : « Je profite de sa posture pour lui remonter les colonnes d'Hercule et lui tutoyer la minouche*. Ça l'incite à refaire la planche sur le lit. » (124)

colonne Vendôme (la) : colonne vertébrale. Ex. : « Un long frémissement me parcourt la colonne Vendôme. » (45)

coloquer : 1. Indiquer, donner. Ex. : « Je cramponne un taxi en lui coloquant l'adresse de ma blonde secrétaire. » (11). 2. Mettre, appliquer. Ex. : « Elle s'est même coloqué de la poudre de riz sur le pif*. » (32)

coloquinte (la) : tête. Ex. : « L'homme riche, son boumerange, c'est d'avoir voulu s'dorloter à outrance. Y lu retombe su' la coloquinte à présent parce que ses musques* font relâche et qu'y est incapab' de r'pousser les attaques estérieures. » (B, 208)

coloquinter : tomber sur la tête. Ex. : « Un morcif* de plâtras me coloquinte, en provenance directe du plafond. » (81)

coltard (dans le) : évanoui.

coltiner sa fraise : aller quelque part. Ex. : « Je me décide à coltiner ma fraise sur les lieux du crime. » (66)

coltuche (dans le) : évanoui.

combine (une) : 1. Affaire louche. Par extension, tout enchaînement d'événements qui sort de l'ordinaire. Ex. : « Le chirurgien m'a oublié une partie de sa trousse dans le placard. Moi, j'croyais que ça n'existait que dans les blagues du Vermot, des combines pareilles. » (83). 2. Plan, stratagème.

combles (les) : crâne. Ex. : « Un torrent de pensées me déboule des combles. » (81)

combron (un) : geôle. Ex. : « Envoie-moi au combron si tu veux, tout, pourvu que je n'aie plus ta gueule de flic devant les yeux ! » (25)

combustible (le) : nourriture, repas. Ex. : « Sous toutes les latitudes, la bouffe, c'est sacré, non ? L'heure du combustible, qu'on soye en Gaule, en Chine ou chez Plumeau, elle régit le temps. » (59)

combustionner de la salive : parler abondamment.

combustionner du cigare : réfléchir intensément.

comique agricole (un) : comice agricole.

commak : comme ça. Ex. : « C'est toujours commak avec l'amour. » (93). Ex. : « Une relique commak, elle t'fait passer des nuits orientales. » (B, 130)

commandant-case (un) : attaché-case.

commandant-loufiat (un) : majordome. Ex. : « Les valets de chambre français, il commence à les honnir, le commandant-loufiat. » (46)

comme-en-ta-sœur (un) : commentateur de télévision.

comme ma queue : comateux. Ex. : « Me trouve dans l'état " comme ma queue " dont parle Béru* dans sa thèse sur la date limite de conservation du beaujolais. » (B, 155)

commencer à rassembler son paquetage : vieillir.

commencer les matches retour : la cinquantaine d'années. Ex. : « Pas de la première fraîcheur : elle a commencé les matches retour et les années à domicile comptent double, hélas. » (155)

comment-tas-tort (un) : présentateur télé.

commercenaire (un) : ancien commerçant devenu mercenaire ou ancien mercenaire devenu commerçant.

comminche (une) : commission. Ex. : « C'est noté, j'ferai la comminche, et de la part de qui est-ce qui, j'vous prille ? » (109)

commiséreux : plein de commisération. Ex. : « Bérurier* hoche une tête commiséreuse. » (83)

commissaire-repriseur (un) : commissaire-priseur. (B)

comm' ma queue : comateux. Ex. : « Un état comm' ma queue. » (B, 130)

communication avec l'au-delà (avoir la) : mourir. Ex. : « – Si tu ne me dis pas la vérité, toute la vérité, rien que la vérité, je presse la détente et t'as aussi sec la communication avec l'au-delà. » (68)

communion (une) : communication. (B)

commutater : actionner un commutateur.

comparte (un) : compartiment de chemin de fer. Ex. : « J'vais d'pus en pus vite. Ça s'savait déjà qu'j'arrivais, kif* un siphon* d'la Jamaïque et les gens s'hâtaient d'entrer dans leur comparte pour m'laisser le passage. » (B, 155)

compas (aller des) : marcher rapidement. Ex. : « Elle y va des compas, la gueuse alambiquée. Un vrai grenadier retour de Flandres. » (204)

compas à écartements variables (les) : jambes.

compasser : prendre une mine compassée. Ex. : « Même les sadiques ont besoin de faire sérieux. Tout de suite qu'ils ont refermé leur braguette, après le viol de la petite fille, ils compassent vachement, se composent un personnage austère, réprobateur. » (126)

compassionnant : compatissant.

compassionner : avoir de la compassion. (B)

compensateur de gazouillage indexé (un) : émetteur (fictif) d'une série d'ondes provoquées par la projection phosphoro-baveuse le long de la paroi bitounière* d'une fusée d'alarme.

compensateur de trémulsion (un) : postérieur.

compétitionner : entrer en compétition. Ex. : « Inutile de vouloir compétitionner, ce serait la faillite. » (76)

compisser : uriner contre. Ex. : « Le cher homme compisse le pilastre à petits jets mutins annonciateurs de prostate. » (100)

complaisamment (le) : complaisance. Ex. : « Je voyais venir notre stage avec beaucoup de complaisamment. » (81)

complanté : planté. Ex. : « L'autre côté de la cour (qu'on pourrait appeler jardin car elle est complantée d'arbustes). » (152)

complicebroquer : licebroquer*, uriner de concert. Ex. : « J'écoute cette cataracte qui devrait me paraître un peu bovine mais qui devient musicale à mesure qu'elle se perpètre. Pour un peu, je complicebroquerais également et dans mes hardes, tellement que ça me commotionne. » (143)

complicer : être complice. Ex. : « Tant pis pour eux de ne pas utiliser les biens de nature. Reusement, d'autres me complicent. » (114)

compliment-retourner : retourner le compliment. Ex. : « Moins bien que toi, compliment-retourné-je. » (62)

complimentatif : complimenteur. Ex. : « Il m'adresse une mimique complimentative. » (105)

compo (une) : composition. Ex. : « T'as eu qu'deux à ta compo ? Non, mais qu'est-ce y s'prend, ton prof. » (90)

compofran (une) : composition de français. Ex. : « Il raconte bien, le gars Mathias*. Je parie qu'il devait avoir de bonnes notes en compofran au lycée. » (43)

comportance (la) : comportement. Ex. : « Pendant que ça chuchote à la ronde, qu'on observe la comportance de Lady Di, savoir si elle va pas encore grimper au chibre*, la pauvrette, son bonhomme, grand glandeur* devant l'Eternel, continue d'écouter les giries* de Pierre, Paul, Jacques, plutôt de Peter, John, William. » (124)

comporter : se comporter. Ex. : « Le mec comprend vite qu'il comporte comme un con. » (150)

comporterie (une) : comportement. (B)

compostage (un) : action de tuer avec une arme à feu.

composteur (un) : arme à feu. Ex. : « Le môme vient de valder* une bastos* oubliée par le Gros dans son composteur. » (105)

compréhensif : compréhensible. (B)

comprenette (la) : compréhension, entendement. Ex. : « Mon instinct a entravé* avant ma comprenette. » (16). Ex. : « J'ai la comprenette qui s'embourbe. » (24). Ex. : « Ce matin-là, c'est mon renifleur qui me déverrouille la comprenette. » (66). Ex. : « Ma comprenette fait des couacs. » (150)

comprenette qui patine (avoir la) : éprouver quelque difficulté à suivre un raisonnement.

comprimance (la) : compression. Ex. : « L'avait perdu son emploi pour comprimance d'personnel. » (B, 208)

compromisant : compromettant. Ex. : « Il aurait pas eu des documents planqués* quéqu'part, Martin ? Des lettres compromisantes pour certains mecs haut juchés. » (B, 208)

comptée (une) : recette. Ex. : « Il rafle la comptée du jour. » (80). Ex. : « On dirait un petit racketteur de Chicago. Le genre de porte-coton* de caïd qui passe ramasser la comptée dans les bars ou les blanchisseries " sous protection ". » (133). Ex. : « Un client pervers l'a emmanché dans une impasse avant de lui secouer* sa comptée. » (136)

compteur (relever le) : prélever la recette d'une prostituée.

compulsage (un) : action de compulser.

con-cul-pissant : concupiscent. Ex. : « Et il tend la main à Li Pût* qui y dépose la sienne. Son Altesse Rarissime adresse un sourire con-cul-pissant à la môme*. Y a déjà du remue-ménage sous sa gandoura. Tu te crois dans la " Marquise des Anges ", quand les méchants sultans membrés féroce veulent baratter la chaglatte* à la mère Mercier en douce de Robert qu'est en train de se filer du Mercurochrome sur la balafre. » (120)

con drôle (un) : contrôle. Ex. : « Je vas m'met' en rapport a'v'c' une tour de con drôle. » (B, 74)

con-j'ai-payé (un) : congé payé. Ex. : « Une vingtaine de bungalows sont disséminés sur un hectare de pelade et cernés de barbelés, ce qui leur donne un petit air Auschwitz tout ce qu'il y a de fringant. Le loueur de ces masures pour pauvres-cons-j'ai-payé, pas si bête, crèche dans une maisonnette de granit, pas tellement folichonne, mais apparemment confortable. » (127)

con le plus cierge (un) : concierge. (B)

con pétant : compétent. Ex. : « Plus tard, je développererai l'affaire. J'embauch'rai du personnel con pétant. » (B, 141)

con qu'est errant (un) : conquérant. Ex. : « Ils s'étalaient la mine vantageuse, le z'œil comme un con qu'est errant. » (B, 208)

con se tâter : constater. (B)

con sidéra Sion : considération.

con t'en fomble (de) : de fond en comble. (B)

con trop laid : contrôlé.

con vaincu : convaincu.

con vingt camps : convaincant. Ex. : « Ce que je viens de déclarer à la louvette, de mon ton le plus spontané, le plus con vingt camps, paraît lui entrer dans le cigare* en faisant le grand tour. » (113)

concasser (en) : dormir. Ex. : « Je tombe de sommeil, mes petites reines. Ce qu'il ferait bon se pelotonner dans vos bras parfumés pour en concasser un peu. » (58). Ex. : « Le teuton Streiger, il doit être en rade de dorme* car il en concasse lorsque je reviens de Munich lesté d'un vrai barda*. Il a du mal à se détoiler*, bâille comme les godasses d'un clodo*, et ses lanternes vénitiennes* lui pendent sur les joues. » (123). Ex. : « J'en avais concassé pendant près de vingt plombes*. » (122)

concasser des tombereaux (en) : dormir profondément. Ex. : « Ça carillonne vachement longtemps, vu que son correspondant doit en concasser des tombereaux. » (134)

concasseur (un) : 1. Dentier. 2. Poing. Ex. : « J'élève ma main, la ferme pour en faire un poing que je montre à Bérurier*. Il m'imite. Nous confrontons nos deux concasseurs. » (62)

concasseuse (la) : bouche. Ex. : « Béru* vient de se caler un morceau de bovin grand comme sa main dans la concasseuse. » (121)

concentrationner : devenir concentrationnaire. Ex. : « On est en détention sur cette planète, bordel de merde ! Elle concentrationne à tout berzingue* ! » (135)

concerto pour dominos et castagnettes de J. Glaglate (avoir les ratiches* qui jouent le) : claquer des dents, de peur.

conchier : 1. Déféquer sur. 2. Mépriser.

conciergerie à loustic (une) : interphone. (B)

concile à bulle (un) : conciliabule. Ex. : « Ayant ainsi souscrit aux impétuosités de la stupeur, ils tiennent un rapide " concile à bulle ", comme dit volontiers Bérurier*. » (B, 155)

conciliabuleur (un) : personne qui tient un conciliabule.

concis des rations : considérations.

conciser : résumer.

conclavesque : en rapport avec un conclave. Ex. : « Le vieux bitos* lui tenant lieu de couvercle laisse filtrer, me semble-t-il, une petite fumée conclavesque consécutive à l'intensité de sa réflexion. » (114)

conclusion intestinable (une) : occlusion intestinale. Ex. : « Pépé a manqué faillir en claquer* d'une conclusion intestinable. » (B, 208)

concomiter : coïncider. Ex. : « Je n'ai encore jamais eu l'occasion de bosser* avec elle, non que je sois miso*, mais mes occupations et les siennes ne concomitaient pas. » (118)

concubile attristée (une) : concubine attitrée. (B)

condé (un) : 1. Policier en civil. 2. Autorisation officieuse. 3. Renseignement.

condition (l'air à) : air conditionné. (B)

condoléancé (un) : personne en deuil. Ex. : « M. X., en costume de condoléancé, gris sombre, cravate noire, mine blafarde. » (83)

condoléer : adresser des condoléances. Ex. : « V's'êtes t'en plein veuvage, j'voudrais pas abuser d'vot'chagrin ; d'autant qu'des tas de gens doivent t'encore venir condoléer, l'tantôt, à l'improvise, mufle comme j'sais la plus part ? » (B). Ex. : « Condoléer à la main. » (130)

con d'Ominium (un) : condominium. Ex. : « Les rideaux à petits carreaux du bistrot s'échappent de l'établissement et flottent au vent du large, comme les jupailles de la reine d'Angleterre lorsqu'elle franchit la passerelle de son yacht pour aller montrer aux cons d'Ominium l'à quel point qu'elle est jolie et bien royale de partout. » (96)

conductracte (un) : conducteur de tracteur.

conduit (un) : oreille. Ex. : « Un hymne gazouilleur me veloute* les conduits. » (105)

conduit à conneries (un) : oreille.

conduit de descente (le) : tube digestif.

confection (une) : confession. Ex. : « Moi, j'lu donnerais l'bon Dieu sans confection, c'est au pif* qu' j'juge les gens. » (B, 109)

confettiser : déchirer en confettis. Ex. : « Ayant appris ce court texte par cœur, je le confettise et le lâche de ma fenêtre au vent mauvais qui l'emporte. » (155)

confiancer : mettre en confiance. Ex. : « Manière de le confiancer, je fais mine d'en écraser*. » (74)

confidencer : faire une confidence. Ex. : « Avant de clamser*, il m'a confidencé. » (57)

confidencieur : confidentiel. (B)

confidentieller : chuchoter. Ex. : « Un poste de télé confidentielle (de mon nouveau verbe : confidentieller, premier groupe à gauche en descendant le perron). » (202)

confidentieux : confidentiel. Ex. : « Martha roupille* pas loin de la réception où une loupiote confidentieuse veille. » (105)

confisé : confessé. (B)

confiseur : confesseur. (B)

confiture (en) : en déconfiture.

confortabilisme (le) : confort. Ex. : « La crèche* au Sir Hugh, tu peux pas t'imaginer le confortabilisme dont elle témoigne, comme disent les revues spécialisées. » (94)

confusance (une) : confusion. Ex. : « J'emplâtre* la mémé* et on roule au pied du talus, elle et moi, dans une grande confusance. » (106)

confusionner : être confus. Ex. : « Tous les subalternes confusionnent* d'émotion et d'orgueil discret quand leurs supérieurs sollicitent leur avis. » (94)

congrater : congratuler.

conicide (un) : homicide sur la personne d'un con.

conjection pulmonaire (une) : congestion pulmonaire. Ex. : « Du train que j'enrhume, je suis bonnard* pour la conjection pulmonaire. » (204)

conjecturer : troubler. Ex. : « Elle chuchote d'une voix délicatement embrumée, because le reliquat de sommeil qui lui conjecture encore le mental. » (85)

conjonction (une) : conjecture. Ex. : « Je me perds en conjonctions. » (B, 77)

conjonction pulmonaire (une) : congestion pulmonaire. (B)

conjonctionner : user de conjonctions. Ex. : « Or, donc (conjonctionné-je). » (81)

conjoncture (une) : conjonctivite. Ex. : « Pour ce qui est de ta voyance*, tu devrais te rapatrier chez Lissac, car j'ai idée que t'as coulé une bielle à ta rétine, mon pote*! Ou alors t'as de la conjoncture. » (B, 65)

connafier : bêtifier. Ex. : « Montre un peu ton menoumenoul*, j'lu gazouille, non pas qu'j'aime connafier, mais j'voulais ménager sa puderie d'jeune vierge. » (B, 208)

connaître une touffe (en) : en savoir long. Ex. : « Tu sais que pour la planque*, j'en connais une touffe et que je suis capable de toutes les patiences. » (18)

conne hennie : que nenni. (B)

connegénitale : forme féminisée de congénital. (B)

connesacrée : consacrée.

connesque : stupide.

connifier : abêtir, rendre con. Ex. : « Gifler les parents qui giflent ou qui connifient leurs chérubins par contamination spontanée. » (76)

conomètre (un) : appareil à mesurer la connerie humaine. Ex. : « Il y a belle lurette* que le conomètre est saturé quand Alexandre-Benoît s'escrime. » (151)

cononiser : abêtir, rendre con. Ex. : « Vous verrez que lorsque l'homme aura conquis le cosmos, il y foutra la m... comme partout où il passe. On assistera à du chabanais* sur les planètes. Le Soleil exigera son jour de relâche, les Martiens se fileront des piles de soucoupes à travers la pipe*, Vénus se voilera d'une feuille de vigne et la Lune mettra un slip. Partout où il va, l'homme cononise. » (63)

conquéri : conquis. (B)

consécrater : consacrer. (B)

consécutant : consécutif.

consécuter : résulter de. Ex. : « L'explosion qui en consécute ne ressemble pas à du Mozart. » (108). Ex. : « Un accident? – Plusieurs. Ils consécutent de la disparition de ce garnement. » (150)

consécution (une) : conséquence. Ex. : « Mon cousin Fernand, de Saint-Locdu-le-Vieux*, il est canné* dans un sana* des consécutions d'une partie de pêche. Le brochet, en plein hiver. Il s'était fichu* à la baille* en enfilochant un petit monstre. » (B, 79)

consécutiver : résulter. Ex. : « J'imagine le fracas de l'explosion et les taches qui en consécutiveraient. » (76)

conseil-d'administrationner : participer à un conseil d'administration. Ex. : « Pendant que son gagneur* conseil-d'administrationne, déjeune-d'affaire* et se mijote l'infarctus à coups de téléphones et de traites reportées. » (62)

considérence (une) : considération.

considérer chez les Helvètes (aller se faire) : aller se faire voir chez les Grecs.

considérer chez les Grecs (aller se faire) : aller se faire voir chez les Grecs.

consilvument : convulsivement. Ex. : « Ils vont la tuer ! ils vont la tuer, comme ils ont tué son père ! pleurnichait la Martin, consilvument. » (B, 208)

conso (une) : consommation.

consoleux : consolateur.

consommationner : apporter une consommation. Ex. : « On nous consommationne. Il boit avidement. » (77)

consommé de cartilages (un) : poignée de main vigoureuse. Ex. : « Il me tend à nouveau son broyeur*, mais je prends les devants cette fois et c'est moi qui lui fais un consommé de cartilages. » (29)

conspueries (des) : propos par lesquels on conspue.

consternant de la coiffe : imbécile.

consterné : constellé. Ex. : « Mon compagnon règle la course. Il fait tiède. Le ciel est consterné d'étoiles, comme dit le pauvre cher Béru*. » (B, 73)

constipé : compliqué. (B)

constipé des cellules : stupide.

constipé des feuilles : sourd.

constipé de la glande inventive : à court d'imagination. Ex. : « Ce qui succède fournirait la matière à douze romans chez un auteur constipé de la glande inventive. » (109)

construire un bath petit cinéma portable (se) : laisser libre cours à son imagination.

consumer : consommer. (B)

container à méninges (le) : crâne.

contenancer (se) : se donner une contenance.

conténeur (un) : poumon. Ex. : « En pleine roupille*, l'impression d'clamser*. T'as beau respirer par l'tarin* ou par la bouche : le pipeline est naze*. D'dieu, j'me mets su' mon océan et j'essaye d'appeler. Mais pour crier au s'cours, faut de l'air ! Moi, y m'restait que tchi* dans les conténeurs. » (B, 208)

contentage (un) : contentement.

contondance (la) : caractérisque de ce qui est contondant.

contraignance (une) : contrainte.

contre toute ta tante : contre toute attente. Ex. : « Contre toute ta tante (la grosse, celle qui a des varices et qui vend du poisson au marché) nous n'allons point loin. » (113)

contre vents et ma raie : contre vents et marées. (B)

contrebranler (s'en) : s'en moquer éperdument.

contrebûche (une) : contravention. Ex. : « Je laisse ma tire* sur un trottoir avec la belle insouciance de ceux qui ne paient pas leurs contrebûches. » (149)

contrecarre (faire du) : 1. Contrarier, attirer des ennuis. Ex. : « Et voilà que mon putain de destin vient me faire du contrecarre. » (8). Ex. : « Plus de cornichons pour me faire du contrecarre à longueur de journées sous prétexte qu'ils sont décorés. » (24). Ex. : « Le soleil voudrait percer, mais une chiée de nimbus à la con lui font du contrecarre. » (83). Ex. : « Rassure-toi, je ne suis pas là pour te faire du contrecarre. » (152). 2. Tromper, être infidèle. Ex. : « Quant au Mastard, il ne pourrait pas se permettre ses imitations dans une porcherie, toutes les truies viendraient à la relance et Sa Majesté devrait faire du contrecarre à sa Berthe ! » (51). Ex. : « Avez-vous d'jà fait beaucoup de contrecarre à vot'flutiau ? » (B, 208)

contrecœurer : contrarier.

contredanse perverse (la) : type de torture.

contrefait de la matière grise (un) : original, doux-dingue, illuminé, gâteux.

contremauvaisefortuneboncœurer : faire contre mauvaise fortune bon cœur. Ex. : « Elle contremauvaisefortuneboncœure par égard pour son groupe scolaire qu'est pas ignifugé. » (69)

contrepéter : faire des contrepèteries. Ex. : « Je contrepète, pète, débloque, apeuprèse* avec entrain (de marchandises). » (114)

contrepoids (un) : fessier. Ex. : « Elle est mince, avec un contrepoids abondant. » (20)

contribuance : contribution. Ex. : « En France, la gravité n'est de mise que lorsqu'on discute avec son contrôleur des contribuances. » (109)

contrôlement (un) : contrôle. Ex. : « Ainsi, elle, la bouchère, si digne du port et d'la maintenance, on imaginait qu'elle gardait toujours le contrôlement d'son self, en toutes circonstances. » (B, 208)

contusion (une) : confusion. (B)

contusionner (se) : se coaliser. Ex. : « On a eu des officiers républicains à la hauteur qui ont conquéri* la Belgique, puis la Hollande. Si bien que les rois qui s'étaient contusionnés pour nous filer la rouste* ont été forcés de signer la paix à Bâle! » (B, 200)

convaincable : capable d'être convaincu.

convaincul : convaincu. (B)

convalo (une) : convalescence.

convalsé : condensé. (B)

convection unilatérale (une) : dite encrafouillage de Saillet, problème qui affecte la tourangelle sassanide*.

convergeo-strabismé : affligé d'un strabisme convergent. Ex. : « Elle porte des lunettes à grosse monture ronde qui accentuent la proéminence de son regard myope et convergeo-strabismé. » (132)

conversation (une) : conservation. Ex. : « Mon instinct de conversation me supplie de remettre mes fantasmes dans ma culotte où il y a déjà plein de monde chic. » (115)

converse (une) : conversation. Ex. : « Son Excellence a créé un village de toile dans le massif du Zobmastar*, annonce le Vieux*, désireux de réemparer la converse. » (77). Ex. : « Avec cette foutue bougresse, la converse s'engage aussi mal qu'un zob* d'âne dans le chas d'une aiguille. » (87). Ex. : « J'avance vers elles, précédé d'un sourire tellement ensorceleur qu'elles vont devoir changer de slip dès la fin de la converse et alors qui est-ce qui sera en place pour répondre à la clientèle, tu peux me dire? » (101)

convive en rupture de chaise (un) : convict en rupture de banc. (B)

convocation (une) : vocation. Ex. : « A ce compte-là, tu tournes pute, doucettement, que t'aies ou non la convocation pour l'être. » (B, 208). Ex. : « P't'êt' que t'as raté ta convocation, gars*. C'est pas un pétard* qu'y t'fallait comme outil, mais un carnet d'commandes. » (B, 90)

convocation sacerdotale (avoir la) : avoir la vocation sacerdotale.

convoitance (une) : convoitise.

copains comme cochons (des) : amants.

copeaux (avoir les) : avoir peur. Ex. : « Oui, lui, l'implacable, le décideur d'exécutions, lui qui a fait périr tant et tant de gens, il a les flubes*, les jetons*, les copeaux, les foies*, la chiasse noire*, les grelots*, le traczir*, les boules à zéro*, les chaleurs*, le taf*, la mouillette*, les chocottes*. » (142)

copeaux (prendre les) : prendre peur. Ex. : « Le monstre, donc, jaillit d'un coup hors de la flotte en faisant une gerbe blanche grande comme commako*. Du coup je prends les copeaux, mets-toi à ma place. » (B, 46)

copiner de sa tendresse : prodiguer des marques de tendresse amicale.

copinesque : amical.

copoclépher : collectionner des porte-clés.

copollution (la) : corruption. (B)

copulation (la) : corruption. (B)

copyright (tu me la) : tu me la copieras. Ex. : « Celle-là, on me la copyright. » (B, 64)

coq en plâtre (un) : coq en pâte. Ex. : « Mes carreaux* se ferment doucement et je me mets à pioncer* comme un petit coq en plâtre. » (19)

coq-si-pute (le) : occiput. (B)

coq-six (le) : coccyx. Ex. : « L'un des hommes en blanc s'est fêlé le coq-six ce qui va l'obliger de transvaser le contenu de son slip sur son oreiller. » (79)

coquard (un) : œil. Ex. : « La taulière* ouvre des coquards façon hublots en nous voyant. » (54)

coquelicot (en) : incognito. Ex. : « Pas d'infusions*, Finfin, j'sus t'ici en coquelicot. » (B, 125)

coquetaille (un) : adapt. de l'anglais « cocktail ».

coquetèle (un) : cocktail. Ex. : « A se mignarder le clito entre deux coquetèles. » (130). Ex. : « On a biberonné* du champ'*, ensute des coquetèles, et puis la gosse* nous a aguichés et ça s'est fini par la monstre partie d'jambons*. » (B, 113)

coquetter : être coquet.

coquicide (un) : action de tuer un coq.

coquille (une) : 1. Oreille. Ex. : « Ça fait drôlement mal aux coquilles, tes suraigus! » (131). 2. Crâne. Ex. : « Il palpe sa coquille en peau de chose premier choix comme s'il craignait qu'elle ne fût fêlée par son gambergeage* à haute tension. » (15). Ex. : « Il n'a pas eu de bol*, le suborneur de petits garçons, car non seulement il s'est éclaté la coquille sur la chaussée, mais en outre une fourgonnette des P. & T. vient de lui passer dessus. » (127). 3. Paupière. Ex. : « Je ferme les coquilles et je me laisse bercer par la brise qui a soufflé d'Ecosse (c'était du scotch). » (16)

coquille Saint-Jacques (une) : oreille.

corbak (un) : corbeau. Ex. : « C'est couru d'avance que le corbak larguera son reblochon. » (203)

corbeille de poires (une) : poitrine de femme.

cordage (un) : corde vocale. Ex. : « T'arraches pas les cordages, mec, j' sus là! » (B, 77)

cordasauter : sauter à la corde.

corde (une) : horde. Ex. : « Les chiares* hurlent comme un' corde d'loups! Y disent qu'y veuillent pas qu' papa tue maman. » (B, 118)

cordialiser : rendre cordial. (B)

cordonniers (les) : coordonnées. (B)

cordonus lombilicalus (un) : plante tropicale fictive.

corgnif (le) : gorge. Ex. : « Je me suis entiflé* une rasade de charretier dans le corgnif et voilà que je surmonte ma défaillance. » (129)

corgnole (la) : gorge. Ex. : « La corgnole serrée. Une tonne d'émotion sur chaque poumon, tu peux courir. » (211)

corgnolet (le) : gorge. Ex. : « Une nausée me coince le corgnolet. » (83). Ex. : « J'me rac' le corgnolet. » (B, 208)

corgnolette (la) : gorge. Ex. : « Lerat-Gondin bondit en avant et coupe la corgnolette de Serge Grokomak. » (135)

corgnolif (le) : gorge. Ex. : « L'autre se ramone le corgnolif. » (75)

corgnolon (le) : gorge. Ex. : « J'ai oublié mon nœud; t'sais c'que c'est quand t'est-ce la bourgeoise* n'est pas là? J'ai dû préparer ma valdingue* seulâbre*. Alors j'm'ai noué un' chaussette noire au corgnolon pour remplacer. L'illuse* est parfaite, non? » (B, 155). Ex. : « Le corgnolon bloqué par l'émotion. ». Ex. : « J'ai fait la grimace, ça me rôtissait le corgnolon. »

coridrique : chlorhydrique. Ex. : « Berthy* remplit son violon émaillé* pour l'déminage intime*. Et d'un coup, la v'là qu'hurle, mais qu'hurle comme une damnée. C'te salope d'soubrette avait filé d'l'acide coridrique dans l'eau chaude, et Berthy* qu'y s'tait aspergé la crénelure* de c'méchant produit jouait Volga en flammes av'c son gnougnouf*. » (B, 208)

cornac (un) : chauffeur de taxi.

cornard (un) : 1. Cocu. 2. Cornac. Ex. : « Où qu'il est le cornard-conducteur? J'aime pas grimper en chignole* quand le moteur est embrayé! J'ai pas le permis poids lourds, moi! » (B, 79)

corne à monarque (avoir plus d'une) : avoir plus d'une corde à son arc. (B)

cornechose (un) : cocu. Ex. : « Je l'ai tellement fait marrer avec mes histoires de cornechose qu'on l'a opéré d'une hernie étranglée la semaine suivante. » (24)

corneiller : citer un fameux vers de Corneille, tel « la valeur n'attend pas le nombre des années » ou « l'avaleur n'attend pas le nombre des almées »).

cornet (le) : 1. Estomac. 2. Cœur net. Ex. : « Je veux en avoir le cornet. » (115). 3. Sac. Ex. : « Et un cornet en plastique plein de boîtes de chocolat qu'ils avaient dû acheter à Genève (en Suisse, un cornet est synonyme de sac). » (149)

cornette (une) : sornette. Ex. : « Allons, allons, croivez pas des cornettes de ce genre, ma poule. » (B, 151)

cornette (en avoir la) : en avoir le cœur net. (B)

cornichon pestiféré (le) : type de torture.

cornifler : renifler, rôder. Ex. : « Quand j'voye une nouvelle qui vient cornifler dans ma piaule, j'pige illico. » (B, 130)

corps constipés (les) : corps constitués. Ex. : « D'quoi qu'j'ai l'air, moi, d'vant tous les corps constipés d'la Rousse*, à jérémier* su'un cadav'qui crie " Coucou, m'r'v'là ! " » (121)

corpus délit : corpus Dei.

corrèque : correct. (B)

corrida (une) : bagarre.

corridater : évoquer une corrida. Ex. : « La musique corridate de plus en plus. » (93)

corsager : relatif au corsage. Ex. : « Celle qui est loquée* à volants avec échancrure corsagère généreuse. » (132)

Corsico (un) : Corse. Ex. : « Une vraie mafia, mec! Pire que chez les Corsicos ou les six ciliens*. » (B, 74)

cos-laisse-tes-rôles (le) : cholestérol. Ex. : « J'ai horreur de ce genre d'endroits. Y m' foutent le bourdon*. Et puis c'est arnaque* and company. Si j' te causais* que je m'ai fait une analyse d'urines, le mois passé, pour si j'aurais du cos-laisse-tes-rôles. Les carnes* du labo* m'ont demandé un prix fou et m'ont pas seulement rendu mes urines. Même que j' sus été les traiter d'escroques*. » (B, 73)

cosmétique (un) : cosmonaute. (B)

cosmonie (la) : science spatiale. Ex. : « On était loin de croire qu'ils damaient le pion* aux Popofs* et aux Amerlocks* en matière de cosmonie. » (59)

cosmopolingue : cosmopolite. Ex. : « L'aire d'accueil est entourée de guichets où une foule cosmopolingue fait la bite*. » (97)

cossard : paresseux. Ex. : « Mettre la France en gérance libre, faut être drôlement cossard en effet. » (B, 200)

cosse (la) : paresse. Ex. : « J'ai idée, cette femme, qu'elle s'traînait une cosse monumentable*. Songe un peu qu'à onze plombes* du mat', é l'était encore en ch'mise de noye, av'c une longue jaquette d'laine en guise d'robe d'chamb'. » (B, 208)

costar (un) : costume. Ex. : « Un costar* dans les bleus fonçaga*. » (91)

costumière de la fête : coutumière du fait. Ex. : « D'autant qu'elle devait être costumière de la fête (comme dit Bérurier*), et s'occuper du bonheur des invités mâles placés près d'elle. » (B, 155)

cote (à la) : pauvre. Ex. : « Il a pas l'air à la cote. C'est pas le vrai mylord, mais ses sapes* ont une certaine tenue. » (83)

coton : difficile. Ex. : « Il est coton de situer l'âge de ces gerces* graciles. » (138)

cotonner des flûtes* : avoir les jambes flageolantes. (B)

cotonner le bulbe : rendre incapable de réflexion. Ex. : « La surprise, l'émotion, le côté insensé de l'aventure nous cotonnent le bulbe. » (85)

coubigner : actionner. Ex. : « Pendant qu'une clé coubigne le pêne. » (89)

couche du moche (la) : mouche du coche.

couci-couché : couci-couça. Ex. : « A la frissonnante, ell' m'faisait. Le super grand standinge. Moi, j'apprécie couci-couché. » (B, 208)

coucou (un) : avion.

coucougnousser : puer. Ex. : « Je ne sais pas si ça vient de la chaleur, mais elle coucougnousse vachement de l'épiderme, cette morue! » (138)

coucourbe (le) : crâne. Ex. : « La dame élève ses petites filles, leur maman s'étant fraisée* lors du même accident qui fit éclater la coucourbe à Gaston. » (135)

coucouter : faire coucou comme une horloge suisse. Ex. : « San-Antonio jaillit de sa caisse d'horloge comme un coucou suisse, mais au lieu de coucouter dix plombes*, il bouscule la servante et se précipite. » (85)

coudaucorpser : courir coudes au corps. Ex. : « Je coudaucorpse jusqu'à l'embarcadère. » (101)

coudaucourer : courir coudes au corps.

coude à couder : être, venir coude à coude.

couenne (la) : chair. Ex. : « Les pensionnaires achèvent leur sieste avant de se mettre à mariner les couennes dans l'Adriatique. » (24)

couennes (se branlocher les) : paresser. Ex. : « Des tueurs qui rôdent ! Et moi, la reine des pommes, en train de me branlocher les couennes ! » (136)

couette lélette (à la) : à la queue leu leu.

coufle : repu, rassasié. Ex. : « Pas de dessert, m'man, je suis coufle. » (149)

couic : adapt. de l'anglais « quick » (vite). Ex. : « J'attends en ligne, faites couic, plize* ! » (B, 90)

couille (avoir une) : avoir des ennuis.

couilles (sur les) : sur les coups. Ex. : « Il s'est embarqué très tôt ce matin, sur les couilles de quat' plombes*. » (B, 96)

couillonné : dupé, berné. Ex. : « Bité* jusqu'à la garde, enviandé de première. Couillonné* à toute extrémité. Niqué*. Zobé*. Plumé*. Misé*. » (81)

couine (la) : adapt. de l'anglais « queen » (reine).

couiquely : adapt. de l'anglais « quickly » (vite). Ex. : « It- is-t-il possible de to drinque ouane bire* ? Le plus couiquely sera le betteur*, biscotte* les escarguinches* de mon goûter trouvent pas la sortie of my estom'*. J'croive qu'j'ai eu tort d'en claper* quat' douzaines, surtout après une choucroute. » (B, 155)

coulage (un) : excès. Ex. : « Le patron est un radin. Il a trouvé qu'il y avait trop de coulage avec le téléphone. » (20)

coulapiquer : couler à pic. Ex. : « Plouff ! Je coulapique d'une traite. Deux mètres de plongée. » (72)

couler dans le sirop : s'évanouir. Ex. : « Je suis mou de la coiffe*, mais je n'ai pas coulé dans le sirop. » (74)

couler un bronze : déféquer. Ex. : « Bon, du temps que vous pensez, moi je vais couler un bronze, déclare-t-il en dégrafant son futal* pour gagner la salle de bains. Je préfère l'action. » (138)

coulissage (un) : action de coulisser. Ex. : « Faites voir le système qui commande le coulissage (coulissage n'était pas un mot français avant l'écriture de ce livre. Tombez à genoux et remerciez San-Antonio pour cet apport). » (114)

couloir (le) : gorge.

couloir aux lentilles (le) : anus, ici fessier. Ex. : « Fallait pas qu'ell' le prisse su'c'ton, la blonde, parce que j'allais lu savater l'couloir aux lentilles sans y mett' d'la r'tenue. » (B, 208)

coup de boutoir-théâtre (un) : coup de théâtre particulièrement percutant.

coup de buis (un) : sommeil. Ex. : « A ces heures, c'est fréquent qu'un automobiliste qui sent venir le coup de buis fasse une ronflette. » (149)

coupe-cigare (un) : guillotine. Ex. : « A sa frénésie dactylographique, on pourrait penser qu'elle tape le recours en grâce d'un gnace* qui va passer au coupe-cigare dans trente secondes. » (47)

coup con n'ail : où que l'on aille. (B)

coup dans les carreaux (en prendre un) : être ivre. Ex. : « " Chanson bulgare ", il annonçait, papa, quand y avait fête de famille et qu'il s'en était pris un coup dans les carreaux. » (104)

coup dans les galoches (en avoir un) : être ivre.

coup-férable : capable de férir un coup. Ex. : « Bérurier* est passé de la bière au vin blanc sans coup férir, n'étant pas d'une nature coup-férable. » (97)

coup de flou (un) : spleen, démoralisation.

coup de flou dans le cassis (un) : coup de fatigue.

coup de foutre (un) : coup de foudre. Ex. : « Ç'a a été un coup de foutre réciproque. Les mystères de la passion ! » (B, 136)

coup de glotte (un) : capacité à boire. Ex. : « Nous possédons tous un solide coup de glotte. » (66)

coup de mangave à l'étuvée (un) : sorte de supplication afin d'obtenir quelque chose, de l'argent par exemple.

coup de patin (un) : coup de frein.

coup de périscope (un) : regard. Ex. : « Il amorce une courbette qui lui permet le méchant coup de périscope imprenable sur des régions généralement à l'ombre. » (203)

coup de perlimpinpin (un) : coup mortel.

coup de pompe (un) : coup de fatigue. Ex. : « De retour au volant de mon bolide blanc, j'éprouve un sérieux coup de pompe. Faut dire qu'il est tard et que j'ai vécu à cent à l'heure les événements livrés à ta sage réflexion. » (151)

coup de projo (un) : regard. Ex. : « La môme me file un grand coup de projo histoire de me défrimer* complètement. » (93)

coup de râpe (un) : coup de frein.

coup de sabord (un) : regard. Ex. : « Je file* un coup de sabord dans le rétro. » (83)

coup de saveur (un) : coup d'œil.

coup fasse rire (sans que le) : sans coup férir. Ex. : « Mais c'que je peux t'annoncer sans que le coup fasse rire c'est que je t'plains par avance d'une pareille hypothèse, si é s'réalis'rait. » (B, 90). Ex. : « Un type jamais malade, que les grippes d'automne y passent à travers sans qu' le coup fasse rire. » (BB, 92)

couper les poils du rêve en quatre : psychanalyser, interpréter les rêves. Ex. : « Je me suis fait psychanalyser par une professeur en renom, habile à couper les poils du rêve en quatre. » (97)

couper dans la vanne : croire à un mensonge.

couper le sifflet : rendre muet.

coupes de gruyère à apôtre (en deux) : en deux coups de cuillère à pot. (B)

coupole (la) : crâne. Ex. : « Le Gros prend sur la coupole un gnon* qui devrait faire un trou dans une plaque de blindage. » (29). Ex. : « L'Allemand file un coup de saton* dans la coupole au Gravos. » (101)

coups de dé franches (avoir les) : avoir les coudées franches. (B)

courante (la) : diarrhée.

courante (faire la) : suivre, prendre en filature. Ex. : « Ils nous font pas de courante ? demande Alexandre-Benoît qui se donne trop à la conduite pour pouvoir consulter son rétroviseur. » (76)

courette (une) : filature. Ex. : « Je vais rater ma courette à cause de cet enviandé. » (204).

courgette (la) : crâne. Ex. : « Il pouvait s'attendre, tout à coup, de déguster une volée de plombs dans la courgette ? » (85)

courgum bactéris (un) : plante exotique fictive.

courir : irriter. Ex. : « Ses grands machins redondants commencent à me faire tartir*. Il me court, ce pèlerin. » (2)

courir réserver sa place chez saint Pierre : mourir. Ex. : « Il se prend, dédicacé par Bérurier*, une demi-douzaine de bouts de plomb dans la boîte à ragoût*. Il crie " Jawohl " et court retenir sa place chez saint Pierre, car du train où vont les choses il risque bien de ne pas y en avoir pour tout le monde. » (49)

courir sur la prostate : agacer.

courir sur le haricot : agacer, exaspérer. Ex. : « L'illustre collègue de Paname* commence à lui courir sur le haricot. Il le goberge, le gave de pieds lacsompems*, et en guise de remerciements. » (46)

courjuter : court-circuiter.

court-circuité des centres nerveux : original, doux-dingue, illuminé, gâteux.

courtines (les) : courses de chevaux. Ex. : « Le taulier* ligote* un journal de courses. Les courtines constituent son hobby, à cézigue. » (114)

courtisane (la) : cortisone. (B)

court-jus (un) : court-circuit.

court-jus dans la sono (avoir un) : avoir des problèmes auditifs. (B)

couru : inévitable. Ex. : « Personnellement je t'accuse de meurtre et de tentative de meurtre. Avec ton casier qui déshonorerait des gogues publiques tu y vas du cigare, c'est couru ! » (35). Ex. : « Quand elle aurait bouffé le monceau de denrées empilées là-dedans, elle pèserait une tonne de mieux, couru, certifié ! » (122)

cousue (une) : cigarette. Ex. : « Je grille deux cousues en l'attendant. » (35)

coutanche (un) : couteau.

couteaux (comme deux) : comme deux gouttes d'eau. (B)

coutumieuse : coutumière.

couvercle (le) : ciel. Ex. : « Le couvercle est aussi bath qu'en Afrique : dans les bleus soignés et il y a du zoiseau* à tous les étages. » (15)

couverture (une) : profession officielle, souvent fictive et dissimulant d'autres activités moins licites.

couvrante (une) : couverture. Ex. : « Une serveuse se radine* que tu croirais la couvrante de Playboy. » (142)

couvre-but (un) : chapeau, couvre-chef. Ex. : « Avec des lambeaux de nos hardes nous

nous confectionnons de sommaires couvre-buts. » (59)

couvre-subalterne (un) : couvre-chef d'un subalterne.

cove-bois (un) : cow-boy. Ex. : « Combien de gens par l'monde, et d'nos jours, ont marché dans des labours fumants ? Même les paysans ignorent c't'sensation à présent. Tu les voyes grimpés su' des tracteurs hauts comme des immeub', en jeans, av'c des bottes de cove-bois qu'ont pas même une éclaboussure. » (B, 208)

cow-boy (un) : cobaye. (B)

crabe (un) : 1. Cancer. Ex. : « Elle a fini par claquer du crabe, à force de constipation intraitable. » (109). 2. Vieillard défraîchi.

crabe de juin-juillet (le) : cancer. Ex. : « La bastos* perfide, qui travaille de l'intérieur comme le crabe de juin-juillet. » (149)

crabinche (un) : crabe.

crache-pralines à bésicles (un) : arme à feu à lunette. Ex. : « Des fois qu'un dégourdi se tiendrait embusqué dans les cagouinsses* avec un crache-pralines à bésicles. » (204)

cracher : 1. Tirer d'un feu nourri. Ex. : « Ça se met à cracher épais dans les environs immédiats ! » (20). 2. Dire, dénoncer. Ex. : « Je vais tout cracher aux flics et vous serez chocolat* avec les plans et la maquette. » (28). 3. Déposer. Ex. : « Il me crache à la pharmacie, comme je lui ai demandé. » (143)

cracher au bassinet : payer sous la contrainte. Ex. : « Les hommes les plus calmes de l'assemblée déclarent que c'est une affaire de racket et engueulent* le patron, comme quoi quand on est restaurateur marseillais, on est un criminel de ne pas cracher au bassinet. » (90). Ex. : « Mon idée c'est qu'elle le tenait d'une façon ou d'une autre et qu'il ne pouvait pas moins faire que de cracher au bassinet. » (141)

cracher des suppositoires : tirer des balles d'arme à feu ou des missiles. Ex. : « Je réalise qu'ils vont cracher leurs suppositoires aux quatre points cardinaux, comme disait Mazarin (lequel, pourtant, n'avait pas l'esprit frondeur). » (66)

cracher le morcif : avouer.

cracher son bulletin de naissance : mourir.

cracher sur (ne pas) : apprécier.

crachoir (prendre le) : prendre la parole.

crachoir à trous (un) : microphone. Ex. : « Temps à autre, Gude dégoise* un truc plus ou moins codé à je ne sais qui dans son crachoir à trous. » (127)

crack (un) : champion.

cracra : sale. Ex. : « Le Cul-de-Singe* en question n'a jamais appris l'existence du savon, malgré la publicité forcenée que font certaines marques. Il est cracra comme une poubelle et son accoutrement ferait merveille sur la liste de Médrano. » (27)

cradingue : 1. Sale. 2. Cardiaque. (B)

crado : sale.

cradoche : sale. Ex. : « Ça va devenir cradoche dans le quartier Saint-Sulpice si tu fais l'école buissonnière, M. Blanc. » (128)

cradoque : sale.

craignos : douteux.

cramer : brûler.

cramoisingue : cramoisi et dingue. Ex. : « Il est cramoisingue instantanément. Titubant comme un bourdon maladroit, il se jette contre la baie vitrée et la pulvérise bien qu'il s'agisse d'une glace isoplane. »

cramouille (une) : chemise. Ex. : « Je le biche* par la cramouille et je lui balance une paire de tartes maison de quoi lui décoller la soucoupe*. » (18)

cramponner : attraper. Ex. : « Le premier a cramponné ce qui lui tombait sous la pogne*. » (20). Ex. : « Je lui crampone la paluche. » (24). Ex. : « Je crampone son tube et l'examine avec soin. » (25). Ex. : « Elle crampone un carnet relié faux cuir sur une console. » (149). Par extension, emprunter. Ex. : « Je vire à l'Etoile et cramponne l'avenue du Bois pour rejoindre Saint-Cloud. » (20)

crânibard (le) : crâne.

crânibus (le) : crâne.

cranouffer : déclencher l'action négative du balayage de spoliation*, ce qui constitue la deuxième conséquence pour un sujet atteint d'un aéropage multiforme de la bandoulière équilatérale* (après le petafinage molduc du trublion carrossable*).

craouchte : sidéré, abasourdi, stupéfait. Ex. : « Ecoute, julot : je viens de potasser le

95

Robert pour chercher des synonymes à "sidérer". J'ai trouvé "abasourdir" et "stupéfier", ce qui est d'une faiblesse crasse pour exprimer l'intensité de ce que j'éprouve. C'est de la liqueur de vocabulaire, ça. Du sirop de syllabe. Me faut donc inventer un terme susceptible de m'assouvir la sidérante et abasourdissante stupeur. Ce que je suis, à cet instant ? Eh ben, tiens, je suis "craouchte". T'entends, Dunœud ? "Craouchte". Et je pèse mes mots. » (81)

crapaud (un) : portefeuille. Ex. : « Je tire cinq lacsés* de mon crapaud et, pudiquement, je les dépose sur la table. » (25). Ex. : « Pendant que je te chapitrais, la copine de madame me secouait mon crapaud. » (48). Ex. : « Mon crapaud est là, impec* : crocro* avec coins en or, un cadeau de ma Félicie* au dernier Noël. » (155)

crapaud à cinq pattes (un) : main. Ex. : « On se serre le crapaud à cinq pattes en se disant qu'on-va-bien-merci. » (40)

crapauteux : qui évoque un crapaud. Ex. : « Je soulève la paupière crapauteuse et fais la moue devant cette rétine jaunasse. » (93)

crapouillard (un) : crapaud.

crapouter : manipuler un objet technique. Ex. : « Il retabule* son zinzin*, le fortuite* en crapoutant et le renseignement tombe. » (105)

crapularde : qui se rapporte à une crapule.

craquage (un) : fait de craquer, de perdre le contrôle de ses nerfs.

craquée (une) : tas, ensemble.

craquer un plomb : subir une attaque cérébrale.

craquer une lourde : ouvrir une porte par effraction. Ex. : « A quoi ça sert de vivre au siècle des voyages cosmiques si on est pas foutu de craquer une lourde ! » (91)

craquer la gueule (à quelqu'un) : frapper violemment au visage. Ex. : « S'il en penserait du mal, ton minable, j'y craquerais la gueule avant de l'embastiller* pour voie de fête* su' la personne d'un officier de police ! » (B, 151)

craquer : ouvrir par effraction. Ex. : « Quand on devait craquer la British Golden Bank, il en voulait au coffre 44, le Dabe*. » (93). Ex. : « Quelle hache, mon drôlet ? – Celle qui t'a servi à craquer la porte de l'oratoire. » (135)

craquer une louise : péter, lâcher un pet.

craspec : sale. Ex. : « La même faune lamentable, craspec et débraillée, roule sa misère sur les trottoirs étroits. » (18)

craspect : sale et suspect. Ex. : « C'est locdu* et vaguement craspect, avec des serviettes de toilette sales par terre. » (11)

cravacher le bulbe : donner mal à la tête. Ex. : « Il s'opère dans ma tempe de profondes lancées qui me cravachent le bulbe. » (84)

cravater : 1. Attraper. Ex. : « Elle a cravaté le lourd tisonnier de cuivre accroché au montant de la cheminée et me le file sur la coloquinte. » (36). Ex. : « Sans ce malencontreux taxi, plein de mansuétude, je cravatais la fille (une personne d'une trentaine d'années, m'a-t-il paru, brune, avec des cheveux longs et une veste rouge). » 2. Voler.

cravater de chanvre : pendre.

cravatouze (une) : cravate. Ex. : « Berthe* me restitue ma cravatouze. » (33)

cravetoche (une) : cravate. Ex. : « Peu après, Mathias* s'est pointé. Beau comme une exposition internationale de bites*. Costar* sombre, cravetoche de soie marine, pochette blanche. Juste les croquenots* étaient à lanières, genre sandales. » (124)

cravetouze (y aller de la) : se faire pendre. Ex. : « Tu crois qu'on va y aller itou de la cravetouze ? commence à s'inquiéter Béru*. » (74)

créancer : établir une créance. Ex. : « Les créanciers créancent à qui mieux mieux. » (58)

crèche (une) : maison. Ex. : « A propos, je n'ai pas pris de blanquette à l'ancienne au restaurant. Elle était tellement ancienne que les gens de la rue entraient pour demander si y avait pas une rupture de canalisation dans la crèche. » (54). Ex. : « Tu sens illico que les proprios de cette crèche ont les moyens, tout au moins ceux de faire accroire qu'ils en ont, ce qui revient au même, et même au plus. » (100)

crécher : habiter. Ex. : « T'as toujours créché dans un univers néon-formica-acquis-autour-d'un-buffet-campagnard-gratuit et que tu y crécheras jusqu'au moment que t'iras coucouche panier dans ta boîte à dominos* capitonnée. » (121)

créduler : croire. Ex. : « Alors dégage tes ruches* et écoute, homme de peu de foie. Ecoute, et crédule un peu, de grâce. » (102)

crédulier : crédule. Ex. : « Y a pas plus créduliers qu'ceux qui commandent. » (B, 208)

crème de goudron (une) : bière brune irlandaise.

crémer : subir une crémation. (B)

crèmerie (une) : domicile.

crénelure (une) : anus. (B)

crêpe (une) : imbécile.

crêpe sucette (une) : crêpe suzette. (B)

crépir le moule à gaufre (se) : se maquiller outrageusement.

crépiter de la menteuse : bafouiller.

crépusculaire (un) : scapulaire. (B)

crépusfesse (le) : crépuscule. Ex. : « Dieu, qu'il fait doux. Le crépusfesse est suave. » (90)

cresson (le) : poil. Ex. : « Deux paquets de cresson lui sortent des étiquettes. »

crésus'man (un) : homme riche.

crétinuche (un) : crétin. Ex. : « Le crétinuche se plonge le doigt dans les fosses nasales, et grume* le fruit de ses investigations. » (36)

creusement : d'une manière creuse. Ex. : « Il n'est rien de plus creusement oisif, vide de sens. » (97)

crevaison (la) : décès. (B)

crevance (la) : mort. Ex. : « La crevance l'a biché*. » (140)

crevard (un) : mourant.

crevé : fatigué, mort.

crève (la) : maladie plus ou moins grave, rhume tenace, grippe.

crevée (la) : mort. Ex. : « Je pense que j'ai la crevée dans le ventre maintenant. Dans quelques heures j'irai dans le pays obscur où les héros rejoignent les lâches pour les aider à faire pousser le blé. » (26)

crever : 1. Mourir. 2. Appréhender. Ex. : « Il y a une dizaine d'années, je l'ai crevé dans une affaire où il avait joué un rôle secondaire. » (27)

crever la bagouze (se) : se démener.

crever la dalle : être affamé. Ex. : « Quand son peuple crève la dalle, on ne dépense pas son blé* dans un clandé* de gala, alors que pour une poignée de fèves, n'importe quelle fille de ton patelin est prête à jouer " monte-là-dessus ". » (141)

cri d'orfèvre (un) : cri d'orfraie, hurlement.

crier aux petits pois : hurler.

crier classe : déclarer forfait. Par extension, en avoir assez. Ex. : « Ma colonne vertébrale commence à crier classe. » (24)

crier Edgar : crier gare. Ex. : « T'as pris ton fade* à la sournoise, sans crier Edgar? » (B, 104)

crier garce (sans) : sans crier gare. (BB)

crin (un) : cheveu. Ex. : « Grand, costaud, avec les crins en brosse. » (20)

crincrin (un) : violon.

crincrineur (un) : violoniste.

crincrinter : jouer d'un instrument de musique à cordes.

crique-craquer : forcer une serrure. Ex. : « Rien de plus naïf que ces serrures d'église. Un enfant de deux ans les ouvrirait à l'aide de son hochet. Je la crique-craque en moins de temps qu'il ne t'en faut pour déboutonner le corsage d'une dame lorsque tu portes des moufles. » (96)

cris d'orfèvre (des) : cris d'orfraie. (P)

cris d'or frais (des) : cris d'orfraie. (BB)

cris d'or vrai (des) : cris d'orfraie. (B)

cris-égare (sans) : sans crier gare.

crispé du bulbe : rancunier, réprobateur.

cristofcolomber : se comporter comme Christophe Colomb, et crier « Terre, terre! ». (64)

cristouper : crisper. Ex. : « Ça lui cristoupe les mandibules, une question pareillement abrupte. » (81)

critiquer : crépiter. Ex. : « Tu vois, quand c'est que j'ai entendu critiquer les balles, j'ai eu de l'espoir. Il me semblait que c'était lui. Son style, quoi, comme qui dirait pour ainsi dire. » (B, 49)

crivain (un) : écrivain. Ex. : « Je racle ma gorge tétanisée comme ils aiment écrire dans leurs conneries* à eux autres, les crivains de la main gauche. » (135)

croater : coasser. Ex. : « C'était terrible ! elle croate. » (150)

crochet (un) : croc, dent. Ex. : « Moi j'ai des crochets de première. Je bouffe du verre et de la porcelaine, alors des cordes, c'est pour ainsi dire des spaghettis ! » (51). Ex. : « Dedieu, c'qu'j'sus malheureux sans mon jeu d'dominos*, j'm'demande comment t'est-ce je pourrai avoir des conversations utiles avec des biftecks en attendant mes nouveaux crochets. » (B, 104). Ex. : « Ils viendraient nous déloger d'ici avec leurs chiens, histoire que ces médors* se fassent un peu les crochets. » (122)

crocheton (un) : 1. Dent. 2. Coup de poing, crochet. Ex. : « Un crocheton du droit à la mâchoire. » (20)

crochetons (avoir les) : avoir faim.

crochets (avoir les) : avoir faim.

crocoduche (un) : crocodile.

crocs (avoir les) : avoir faim.

crocro (un) : crocodile.

croisé (un) : voyageur de croisière maritime. Ex. : « On reboit. Des trucs qui doivent pas être regardables, ce sont les foies des croisés quand ils reviennent de croisière. » (85)

croisière dans l'au-delà (la) : mort. Ex. : « Comme il a eu le temps de préparer sa croisière dans l'au-delà il a prévu pendant la minorité du petit Louis XIV un conseil de Régence composé d'un tas de gens. » (200)

croisière dans les limbes (une) : inconscience, évanouissement.

croquant (un) : 1. Vieillard. Ex. : « Elle est brune, belle, putasse*, roulée-main, et affublée d'un croquant amerloque (très amère loque) qui ne doit goder* que pour l'Independance Day. » (93). 2. Paysan (vieilli).

croque (une) : 1. Repas. Ex. : « O.K. pour une croque, Gros, mais on rentrera dans la soirée. » (62). 2. Dent.

croque-macchab (un) : croque-mort.

croquenot (un) : chaussure. Ex. : « – Vérifiez aussi les pompes. – Les quoi ? – Les targettes*, les croquenots, les godasses enfin ! » (20)

croquenuche (un) : soulier.

croquer : manger.

croquer (en) : 1. Être indicateur de la police. Ex. : « Croyez-moi, les meilleurs anges, ce sont les anciens démons. Mordez* Vidocq, par exemple. Ancien bagnard, truand* patenté. Pedigree à plusieurs feuillets, mais le jour où il s'est mis à en croquer il est devenu chef de la poule* ! » (27). 2. Toucher de l'argent occulte.

croqueton (un) : petit croquis.

croqueuse (une) : dent. Ex. : « Le Volumineux obtempère, mais il apporte une variante à mon ordre, à savoir qu'il biche* le copain par sa cravate, l'arrache de son siège et lui pétrifie la devanture* d'un coup de boule* taurin dans les croqueuses. » (95)

crosse (en) : en colère.

crosses (chercher des) : chercher la bagarre.

crotsbigne de fourragité (le) : cran de sécurité d'une arme à feu fictive. Ex. : « J'ai dégauchi* un pistolet de fort tonnage, à double canon, avec les yeux noirs. Je l'examine avec intérêt, déboucle son crotsbigne de fourragité et le mets en évidence devant moi. » (106)

crottiner : déféquer, pour un cheval. Ex. : « Son bourrin* accablé crottinait haut commak*. » (85)

crottoir (un) : trottoir jonché d'excréments. Ex. : « Ils marchent au milieu des bombes comme toi au milieu des merdes de cador*, sur les crottoirs parisiens. » (94)

crougnougnou biscotéidal (le) : partie indéterminée du corps humain.

croulant (un) : vieillard. Ex. : « Les croulantes* fortunées se refilent son numéro de bigoche*. » (148)

croum (à) : à crédit. Ex. : « On ne vous demande rien et voilà que vous vous engagez dans des troupes aéroportées, vous lavez les chaussettes d'un cul-de-jatte ou que vous aidez un pote* à payer sa chignole* achetée à croum en plusieurs broches*. » (46). Ex. : « Lui, il roule dans une Renault 19 achetée à croum. » (149)

crouni : fatigué, hors d'usage. Ex. : « Ce pageot* d'hôtel minable achève une carrière pénible. Depuis le temps qu'il donne sa représentation d'adieu, il est crouni ! » (28). Ex. : « C'est fameux de se zoner* à poil dans un lit aux draps nickel quand on est crouni ! » (138)

croupe (la) : fessier. Ex. : « Je lui flatte la croupe, parce que c'est toujours comme ça que l'on pratique avec les juments et les bonnes de bistrots. »

croupion (le) : fessier.

croûte (une) : tableau sans grande valeur artistique.

croûter : manger.

croûtonner : 1. Collectionner des tableaux. Ex. : « Il n'a pas varié dans ses passions artistiques. Il continue de croûtonner à tout va. » (132). 2. S'encroûter. Ex. : « A force de croûtonner dans son burlingue* il finit par devenir inhumain. » (53). Ex. : « Un policier sans aventures n'est plus qu'un fonctionnaire qui croûtonne. » (83)

cubitus à moelle (un) : plante tropicale fictive.

cubration-élue (une) : élucubration.

cucudet : qualification péjorative. Ex. : « Je n'ai qu'une hâte : remettre les plans à l'ambassadeur et aller me taper un spaghetti d'honneur avec mes copains consuls. Ensuite, je tâcherai de mettre la main sur ce cucudet de code. » (107)

cucul-jupe (une) : minijupe très courte. Ex. : « Bérurier* achève ses olives, mitraille le décolleté d'une petite péteuse* en cuculjupe, sourit à sa fureur, et balance un pet sans réplique pour la contraindre au silence. Méthode efficace car la fille stoppe ses invectives, sidérée, chère pauvrette, par l'ampleur de la détonation. » (111)

cucul-la-praline : ridicule mais attendrissant. Ex. : « Elle roucoule et, prometteuse, me dévoile un sein, mal emprisonné par un soutien-gorge rose cucul-la-praline. » (20)

cueillir : prendre, attraper en flagrant délit. Ex. : « Il a toujours peur de se faire cueillir, le Vieux*. » (46)

çui : celui. Ex. : « Pas le demeuré qui est dernier de la classe, çui qui a eu les oreillons en nourrice ! » (57)

cuiller à appeau (en deux coups de) : en deux coups de cuiller à pot.

cuisine de Jupiter (la) : cuisse de Jupiter. (B)

cuisiner : interroger. Ex. : « Il l'a cuisinée et elle a fini par cracher le morcif*. » (31)

cuistance (la) : cuisine. Ex. : « La cuistance, c'est une œuvre d'art, tu peux m'en croire. » (114)

cuistaude (une) : cuisinière.

cul (mon) : marque de désaccord. Ex. : « Mon cul, comme le dit avec sa désinvolture coutumière la reine Elisabeth II à la mère Thatcher, quand celle-ci prétend lui faire signer la facture concernant la pose d'un nouveau bidet à jets multiples et rotatifs au 10, Downing Street. »

cul de calebasse fausse (un) : cul-de-basse-fosse. (B)

cul de fausse contrebasse (un) : cul-de-basse-fosse. Ex. : « J'aim'rais mieux qu' Berthe crevasse dans un cul de fausse contrebasse plutôt qu' d'aller chialer* sur la crav'touze* d'Achille* ! » (B, 148)

cul est fadé (ce) : C.Q.F.D. Ex. : « Faut t'faire un dessin ? Maâme Félicie* t'a rien dit, l'jour d'ta majoration* ? Y v'naient donner un petit spectac' aux deux autres, bonne poire ! Ce cul* est fadé. Tu disais : une chambre d'hôtel est mieux pour, souate ! Mais p't'être qu'on ne partouze* pas av'c l'amour dans c'bled*, et que c'est interdit par la censure. » (B, 106)

cul linaire : culinaire. (B)

cul-soutané : vêtu d'une soutane. Ex. : « Je remets l'objet de ma vanité dans ma culotte ; il y a pas tant, je disais encore " dans ma soutane ", mais personne ne sait plus de quoi il retourne depuis que le clergé n'est plus cul-soutané. » (102)

cul-de-bassefosser : jeter dans un cul-de-basse-fosse.

cul-de-jatte-de-basse-fosse (un) : cul-de-jatte.

cul-de-singe (un) : militaire qui assure la fonction d'ordonnance.

cul-de-zag (un) : fin de zigzag. Ex. : « Un éclair. Le temps d'un éclair, tu connais ? Bien. Eh ben suppose que je m'ai mis à réfléchir au début de l'éclair, là qu'il montre le bout de son dard. Figure-toi, dès lors, qu'à la fin dudit éclair, c'est-à-dire lorsque son cul-de-zag (le zig ayant déjà disparu) fulgure, j'ai déjà tout vu, tout pigé, tout analysé, tout décidé. » (85)

cul-mulé (au) : accumulé. (B)

cul-ponteur : qui a trait à l'acuponcture. (B)

cul-réhabilité (la) : culpabilité. (B)

culbuteur (un) : fessier.

culier à apôtre (en trois coups de) : en trois coups de cuiller à pot.

culier : en rapport avec les fesses. Ex. : « La raie culière. » (83). Ex. : « Il goûte le pichtegorne* en faisant miauler une goulée entre ses joues culières. » (147)

culjupette (une) : minijupe. Ex. : « Tout en louchant* machinalement sur le fessier agressif d'une serveuse en culjupette. » (81)

culment : simplement, bêtement. Ex. : « J'ai oublié ! Oui, mon grand, tout culment : oublié. » (132)

culséquer : vider un verre cul-sec. Ex. : « Après avoir ras-bordé*, il culsèque, soucieux de ne pas laisser traîner des pièces à conviction. » (151)

culterie (la) : bêtise.

cultivatracte (un) : cultivateur sur son tracteur.

cunégonder : mot de sens indéterminé inventé parce que San-A en a eu besoin. Ex. : « Je cunégonde, si tu veux tout savoir. Mais par contre, cherche pas à savoir ce que signifie le verbe cunégonder, il m'est venu dès lors que j'en ai eu besoin. » (86)

cupidon : cupide. (B)

curaillon (un) : curé.

curaterie (la) : clergé. Ex. : « Je te savais pas porté sur la curaterie. » (74). Ex. : « Mais dis voir, les Romains, question curaterie, ils se sont vachement* rattrapés depuis ? » (B, 200)

cure de ciné (une) : sinécure. Ex. : « J'sus t'heureux d'te retrouver en ord'd'marche, Tonio. Toujours t'fout' sur la gueule*, ça d'venait une cure d'ciné ! » (B, 120)

curédarsien : parlant d'un soulier, semblable à celui d'un prêtre, plus particulièrement celui du curé d'Ars. Ex. : « Illico* j'identifie les quatre pieds à leurs chaussures éculées, bâillantes, tordues, curédarsiennes, vangoghiennes*, poulbotiennes, mal lacées, délaissées, incirées, éclatées, pareilles à de vieux tubercules en train de germer et de pourrir à la fois. » (110)

cure-dent (un) : couteau, poignard.

cure-pipe (un) : couteau. Ex. : « Aurais-je gravement blessé le sieur Himker, tantôt, en lui floquant* mon cure-pipe ? » (81)

cureton (un) : curé.

curieuser : montrer de la curiosité. Ex. : « Comment m'avez-vous trouvé ? curieuséje. » (139)

curiositance (la) : curiosité. (B)

curriculum vitré (un) : curriculum vitæ. (B)

curry-cul-d'homme vitré (un) : curriculum vitæ. (B)

custance (une) : cuisine.

cuterie (une) : bêtise. Ex. : « Entre une cuterie et une chose sensée, je n'hésite jamais longtemps. » (18)

cyclope (un) : cyclone. (B)

cygne alleman (un) : signalement. Ex. : « J'i ai demander le cygne alleman du mec, ce don t'elle m'a fourni. » (B, 86)

cylindre (un) : rouleau compresseur. (B)

cymbale (décrocher la) : décrocher la timbale, gagner le gros lot.

cyniquer : s'exprimer d'une manière cynique.

D d'ac : d'accord.

d'artagner : parler ou agir chevaleresque-ment, à la manière de d'Artagnan.

d'aucons : d'aucuns.

d'autrouducuns : d'aucuns (péjoratif). Ex. : « D'aucuns. D'autrouducuns, devrais-je plutôt dire, me réputent rocambolesque. » (81)

d'or et d'orgeat : d'ores et déjà. (B)

d'ores et n'avant : dorénavant. (B)

d'orge et d'orgeat : d'ores et déjà. (BB)

dabe (un) : père, vieillard.

dabuche (un ou une) : père, mère.

dabuches (les) : parents (père et mère).

dabuchette (une) : mère, vieillarde.

dache (à) : loin. Ex. : « Moi, la croyant à dache, je veux prendre un sapin*. » (101). Ex. : « Une agonie fulgurante m'emporte chez Dache, le perruquier des zouaves, que disait ma mère-grand. » (142). Ex. : « Ça se trouve à dache, dans le treizième, près d'un entrepôt. » (152)

dactylographe : tactile. Ex. : « Durant la période que tu vadrouilleras* dans de la ténèbre, exerce-toi le sens dactylographe. » (B, 77)

dalle (que) : rien.

dalmatique : daltonien. (B)

dame (aller à) : tomber, s'évanouir.

dame du corps de balai (une) : concierge.

dame-barrière (une) : femme garde-barrière.

dame n'étant pas fâchée avec son mari huit mois plus tôt (une) : femme enceinte.

damier (un) : dentition, dentier. Ex. : « Il n'a pas menti. Son damier, c'est une vraie paire de tenailles ! » (51)

damier (sur le) : évanoui. Ex. : « Et cette pauvre chérie tourne de l'œil. Je suis bien, moi, avec mes deux nanas* sur le damier. » (31)

damier à ventouse de trente-deux pièces (un) : dentier.

damnée : d'années. Ex. : « C'est un mec d'une cinquantaine damnée. » (105). Ex. : « Le pompiste est un gnace* d'une petite cinquantaine damnée. » (149)

damoche (une) : dame, femme. Ex. : « Les damoches au pèze* se font faire des copies de leurs diams pour sortir. » (6)

dannemarkais : originaire du Danemark. (B)

danoiser (se) : devenir de nationalité danoise.

danse (une) : correction physique.

danse de Saint-Glinglin (une) : danse de Saint-Guy.

dansedesaintguyter : trembler.

dansiller : danser. Ex. : « Le bouchon dan-sille un brin sur l'eau peinarde*, déclen-chant à sa surface verdâtre des cercles concentriques. » (105)

dantation (une) : damnation. Ex. : « Enfer et dantation! Comme s'exclamait l'auteur de " La Divine Comédie ". » (204)

dantoner : discourir à tue-tête, à la manière de Danton.

dardarement : dare-dare.

dardarer : se hâter.

dard-dard : dare-dare. Ex. : « Quand je déniche une belle affure* ou une belle gonzesse, dard-dard je saute dessus. » (75). Ex. : « Physionomiste, elle me retapisse* dard-dard. » (83)

darder : 1. Voler à toute allure. Ex. : « Tant qu'il aura de la tisane*, pour peu que le gros ne touche à rien, on continuera de darder dans les azurs. » (74). 2. Mitrailler du regard. Ex. : « On la darde en silence jusqu'à ce qu'elle s'évacue. » (136)

dardissimo : dare-dare à l'extrême.

dargeoskoff (un) : fessier.

dargeot (un) : fessier. Ex. : « Elle a le dargeot sympa, c'est énorme. » (11). Ex. : « Le dargeot idéal c'est lui, là-devant. La rondeur est belle, son va-et-vient réglé comme le balancier d'une horloge et la fermeté n'est pas discutable. » (B, 54)

dargeot-de-basse-fosse (un) : cul-de-basse-fosse.

dargibus (le) : fessier. Ex. : « On pourrait pas le reconnaître puisqu'on ne lui voit pas la tête, mais seulement le dargibus, les sœurs siamoises* et le balancier perpétuel*. » (203)

dargif (le) : fessier. Ex. : « J'y vais d'une mandale* géante. Ça claque sur sa joue comme un coup de fouet sur le dargif d'une jument. » (54). Ex. : « Planter le dard acéré d'une astuce grammaticale dans le dargif d'un analphabète professionnel. » (80). Ex. : « Et mon dargif, c'est du poulaga? » (204)

dargif de contrebasse (un) : cul-de-basse-fosse. (B)

dargiflard (le) : fessier. Ex. : « Un temps à se barrer à la cambrousse*, manière d'aller se traîner le dargiflard sur les belles fourmilières. » (69)

dargiflard (se remuer le) : se hâter. Ex. : « Il doit se remuer le dargiflard. » (129)

dargiflet (le) : fessier. Ex. : « Chez Rebecca, sans conteste, c'est son mignon dargiflet qui m'a branché. » (75)

darlinge : adapt. de l'anglais « darling » (chéri). Ex. : « Pour le coup, je désoufe. Douche écossaise à répétition, mes darlinges. » (76)

darmiche (le) : fessier. Ex. : « Je me virgule le darmiche dans notre fauteuil Voltaire. » (83)

daron (un) : père. Ex. : « Cette histoire est quelque chose comme mon enfant, et ça embête toujours lorsqu'on se rend compte qu'on est pas le daron de son moujingue*. » (6)

daronne (une) : mère. Ex. : « Félicie*, ma brave femme de mère, c'est la plus discrète des daronnes. » (10)

dartagner : se conduire comme d'Artagnan, plastronner. Ex. : « Il se prive pas de dartagner. " A moi, comte, Vermot! " Second prix du conservatoire de roulage de mécaniques. » (89)

daubé : 1. Trahi. 2. En état de putréfaction.

dauber : 1. Médire. Ex. : « Il vous amorce à dauber sur le pouvoir, pour mieux vous tirer les vers du nez! » (78). Ex. : « Le Vieux* maugréa beaucoup et dauba si fort sur le régime en place qu'un nouveau limogeage le concernant me parut inévitable. » (122). Ex. : « Combien j'entends de lanturlus dauber sur les Japonouilles et qui vivent dans une débauche de Nikkon, de Suzuki, de Honda, de Sony, de Seiko (à quartz). » (150). 2. Pourrir. Ex. : « Un cadavre sans tête qui daube quelque part. » (25)

déambulancer : vaquer à des occupations paramédicales. Ex. : « V'là les pompiers qui pompent, les ambulanciers qui déambulancent, des journalistes qui journalisent* à qui mieux mieux. » (81)

débabéliser : s'internationaliser

débafouer (se) : se venger d'avanies subies.

débagouler : dégouliner. Ex. : « De la crème, légèrement citronnée, lui débagoule des babinettes*. » (93)

débaldaquiner (se) : s'effondrer, pour un lit à baldaquin. Ex. : « On bouscule les meubles en roulant. On assaille le grand magistral plumard* qui finit par se débaldaquiner dans un craquement de chêne abattu; on renverse des tables, des sièges. » (71)

débanquetter (se) : se lever d'une banquette.

débanquiser (se) : se dégeler, fondre. Ex. : « Il prend son godet* où un glaçon se débanquise à toute vibure*, fait tinter ce volume en péril dans le breuvage et me porte un toast. » (155)

débarbot (un) : avocat. Ex. : « Quand t'es passé aux assiettes*, ton débarbot a mentionné ton héroïsme au cours de la guerre d'Algérie. » (121)

débarbouiller (se) : se débrouiller. Ex. : « Je vais vous larguer les amarres* et vous gerberez* le plus vite possible, du temps que je les épaterai encore un chouïa* avec mes conneries*. Occupez-vous pas de mécolle*, je me débarbouillerai seulâbre*. » (B, 68). Ex. : « Y s'débarbouille pas mal, tonton Béru*, quand il assure seul une enquête, hein, fifille. » (B, 208)

débargougner les phalangettes (se) : se nettoyer les mains. Ex. : « Il se mouche bruyamment, constate qu'il avait omis de sortir préalablement son mouchoir et glisse une main pas racontable dans sa poche, manière de se débargougner les phalangettes à l'hypocrite. » (80)

débarouler : dévaler, dégringoler. Ex. : « Soudain, un troisième œil lui naît au milieu du front. Il ne profère pas le moindre mot. Il reste un instant debout, très droit, immobile comme si on l'avait statufié. Puis il s'écroule en arrière et débaroule l'escalier. » (9). Ex. : « Je passe en revue les multiples éléments de l'affaire, mais il y en a tellement que ça me débaroule sur le colback*, comme la pile de boîtes de petits pois quand tu saisis l'une du dessous. » (135). Ex. : « Les souvenirs te choient sur le râble, comme ces objets bordéliques que tu empiles sur le rayon du haut d'un placard et qui, un beau jour, te débaroulent sur le portrait quand tu en ouvres la porte. » (152)

débarquer du sirop : reprendre connaissance, après un évanouissement.

débâter (se) : se débarrasser de sa charge.

débattre dans le yaourt (se) : ne plus avoir toutes ses facultés mentales.

débecquetant : dégoûtant. Ex. : « L'amour au cinéma, c'est nécessaire. Mais le cinéma dans l'amour, moi je trouve ça débecquetant ! » (25)

débecter : dégoûter. Ex. : « Un bon conseil, les gars : si les humains vous débectent par trop, regardez vivre les mouches pour changer ! » (28)

débigocher : 1. Déraisonner. Ex. : « Voilà que je débigoche, mes frères. Ça lambeaute* sous ma coiffe*. Je me dis des phrases sans suite. » (67). 2. Dire. Ex. : « Ça ne vous est jamais arrivé à vous de débigocher des conneries à une poupée ? » (4). Ex. : « J'sais pas ce qu'il débigoche au Gros, mais ça doit être l'équivalent sonore du chloroforme. » (41). 3. Décrocher un téléphone.

débile (une) : sébile. Ex. : « Lui faut sa canne blanche, à Césarin ! Son cador* ! Un cataphote aux miches* ! Je vais y refiler* mon plat à barbe pour qu'y s'en fisse une débile. » (B, 77)

débilium très mince (un) : delirium tremens.

débinade (une) : fuite. Ex. : « On s'est aperçu de ma débinade. » (104). Ex. : « Je me mis à tirer sur le chariot pour dégager le passage. Dès que l'espace fut suffisant, je repris ma débinade. » (122)

débinocher (se) : partir, s'en aller.

débiter des bûches en tranches : ronfler. Ex. : « Le sieur Béru* (pardon : le scieur Béru*) ne s'est pas réveillé et continue de débiter des bûches en tranches. » (77)

débitouner : décrocher. Ex. : « Je débitoune le téléfon pour tuber* au Vioque*. » (69)

déblaterie (une) : fait de déblatérer. Ex. : « Moi, ces déblateries à ton sujet, ça m'avait fait l'effet d'un mégot d'cigare dans le fion* d'un bourrin* d'course. » (B, 135)

débloquer : 1. Déraisonner. 2. Déboucher. Ex. : « Je vous demande de bien vouloir débloquer vos étagères à mégots*. » (24)

débloquer la boyasse (se) : déféquer. Ex. : « Nous le regardons, mourant de rire, se débloquer la boyasse, puis cueillir un paquet de faf-à-train* plus épais que l'annuaire des téléphones pour se torchonner le baignouzoff* longuement, feuille après feuille. » (69)

débloqueur (un) : homme qui tient des propos incohérents.

débloqueur d'induration rationnelle molletonné (un) : partie fictive d'un poste émetteur-récepteur.

déblouser (se) : ôter sa blouse.

déboisé de la colline : chauve.

débonder : 1. Ouvrir. Ex. : « Je me lève pour débonder la caroube*. » (145). Ex. : « Elle débonde sa valdingue*. » (147). 2. Raconter, informer. Ex. : « En réalité nous sommes en mission, mon pote. Et une mission pas fastoche* que je te débonderai sur place le moment venu. » (150)

débonder ses lucarnes : ouvrir les yeux.

débonder du clapoir : ouvrir la bouche.

débonder les lampions : ouvrir les yeux.

débonder les falots : ouvrir les yeux.

débonder ses cages à miel (se) : se déboucher les oreilles.

débonder le bigophone : décrocher le téléphone.

déborgniser : mettre un œil de verre à un borgne.

débotté (au) : à l'improviste. Ex. : « Il me chope au débotté. » (24)

débotter : déplaire. Ex. : « Y a quéqu'chose chez c'te greluse* qui m'débotte. Son r'gard, j'croye. Elle te mate* comm' si tu s'rais la pire merde jamais tombée d'un cul. Ell' est pas sortie d'la cuisine d'Jupiter*, pourtant, si ? » (B,123)

déboucheur de lavabos (un) : plombier.

déboucler : ouvrir.

déboulé du tunnel (un) : fait de reprendre conscience, de sortir du coma. (B)

débouler : arriver, passer. Ex. : « Un coup d'ascenseur nous fait débouler deux étages. » (130). Ex. : « Tu croirais qu'il déboule dans sa circonscription pour une petite virée démagogique. » (211)

déboulonner son clapoir : ouvrir la bouche.

débourranche (une) : défécation. Ex. : « Alors si y r'tiennent sur la jaffe, ils forcent sur la débourranche. » (B, 130)

débours (un) : frais, dépense. Ex. « Du moment que Béru* rentrait dans ses débours, son cœur s'est remis à chanter un hymne d'allégresse. » (20)

déboutonner le cervelet : tuer d'une balle dans la tête.

débraguetter : déboutonner une braguette.

débranché : inconscient.

débrayage en masse dans l'usine à idée (avoir un) : avoir la réflexion difficile, ne pas avoir de suite dans les idées. Ex. : « Comme je ponctue chacune de mes syllabes d'une période de réflexion, ça indispose le gars Bérurier*. – Dis, San-A.*, y aurait pas un débrayage en masse dans ton usine à idée ? » (45)

débriderie (une) : acte débridé. Ex. : « Même dans ses rêves les plus érotiques, il imaginait pas une débriderie pareille. » (98)

débrisure (une) : délabrement. Ex. : « Pinaud* vieillit encore un peu plus. Il a trouvé un degré de plus dans la débrisure. » (83)

de brute en plan : de but en blanc. (B)

de brute en blanc : de but en blanc. (B)

débruyanter : rendre silencieux. Ex. : « Le crachotement d'un Raskolnikov éclate. Râpeux, sec, malgré le silencieux qui essaie de le débruyanter. » (132)

débulonner : presser un bouton d'épiderme. Ex. : « Il abandonne son nombril excavatoire pour se dynamiter un vilain bouton sommé de blanc tel le Fuji-Yama, qui se complaisait dans la pliure de sa cuisse. Je le laisse débulonner pour aller louer un coffre. » (93)

débusqué : proéminent. Ex. : « L'homme a le front étroit, le nez busqué, le regard embusqué*, la lèvre débusquée et une paire d'oreilles rougeoyantes. » (62)

débutatoire : initial. (B)

décabrioler : délivrer de menottes de sûreté.

décacheter : ôter. Ex. : « Elle décachette sa fine culotte. » (130)

décacheteuse de courrier (une) : concierge.

décadé : déchu, en décadence. Ex. : « Pinuche, lui, saboulé* en lord décadé somnole autour d'un mégot neuf stoppé à la bonne dimension. » (105)

décafouillage-inducteur (le) : réactivité du sulfocradingue*.

décalcer (se) : ôter son pantalon. Ex. : « Je m'ai laissé dire que les frangines* adoraient les négros* et que vous autres, avec votre teint de radis noir, vous n'aviez qu'à vous décalcer pour en prendre ! » (42)

décalcifié : sans pantalon. Ex. : « Il a fait une brusque chute du bénard* et il est complètement décalcifié (puisque son calcif* gît sur le plancher). » (45). Ex. : « Il serait malséant d'offrir à ma mère le spectacle d'un Béru* décalcifié. » (62)

décalcifier (se) : ôter son pantalon.

décalécher : sortir d'une voiture.

décalorifié : dénué de calories. Ex. : « On s'aménite* à claper* leurs saloperies décalorifiées. » (B, 130)

décalotage horaire (un) : décalage horaire. (B)

décaloter : étêter, déboucher. Ex. : « C'est elle qui décalote la quille* de rouille*. » (135)

décambuter : s'en aller précipitamment. Ex. : « Les fourmis qui me donnaient l'assaut décambutent en rangs pressés. » (62). Ex. : « Allez, oust, qu'on décambute! La friture et les boutanches* c'est pour ses pieds. » (121)

décamotage (le) : nettoyage, raclage.

décamoter : 1. Racler, tousser. Ex. : « Le Pinaud*-occulte se décamote le gosiard*. » (81). Ex. : « Enfin elle grumeuse*, décamote, expectore (et à travers) et demande pourquoi et qui. » (105). 2. Nettoyer. Ex. : « Il ponctue sa promesse d'un baiser goulu. La bouche poisseuse, il se le torchonne d'un coup de manche. – Faudra vous décamoter un brin l'clapoir*, si vous v'lez qu'on fasse plus z'ample connaissance, chérie. » (B, 109). Ex. : « Du temps qu'Berthaga décamote Pinuche* et not'enfant, faut qu'je vais vous lire l'menu. » (126)

décamoter la gargane (se) : se racler la gorge.

décamoter le tuyau de vidange (se) : se désaltérer. Ex. : « Je réclame une bière pour me décamoter le tuyau de vidange. » (104)

décamotter les pupilles (se) : se désaltérer. Ex. : « Sers-moi un godet* de pinard* que je me décamotte les pupilles*. » (B, 206)

décaniller : partir, s'en aller. Ex. : « Bien que n'ayant pas une adoration pour les poulets*, elle va les appeler bel et bien si ce triste sire ne décanille pas vite-fait-bien-fait, compris? » (105)

décapeur de bidet (un) : valet de chambre.

décapoté du jardin suspendu : chauve.

décapsulé au sécateur : circoncis. Ex. : « Nous goys authentiques, non décapsulés au sécateur! » (74)

décapsuler : 1. Déboutonner. Ex. : « La tronche carrée la première saute le pas en décapsulant son futiau*. » (117). 2. Escamoter. Ex. : « Je lui octroie le billet qu'il décapsule sans sourciller et il s'hâte de regrimper. » (106)

décarade (une) : démarrage, fuite.

décarburanter : manquer de carburant. Ex. : « Courageusement, bien que mes réserves thoraciques s'épuisent et que je décarburante des soufflets*, je la mène à bien, ma souris*. » (73)

décarpillage (un) : déshabillage. Ex. : « J'aurais bien aimé la connaître du temps où elle passait son numéro de strip. Au décarpillage elle devait en foutre un jus, cette chérie. » (35). Ex. : « V's'allez pas m'rester dans c't' état, sinon vous trouverez plus personne pour le décarpillage. » (B, 130). Ex. : « Elle continue le décarpillage, notre vivandière! » (203)

décarpiller (se) : se déshabiller. Ex. : « Je me décarpille prestement, me sèche et me refringue. » (104). Ex. : « Toujours ces salamalèques à la con pour sembler éduqué, alors que déjà tu la décarpilles par la pensée et y glisses ton majeur d'homme dans la mouloche façon d'y démarrer un doigt de cour côté jardin. » (B, 208)

décarpir : dévêtir. Ex. : « J'ai dit nu! Je me décarpis complet. » (122)

décarrade (une) : fuite précipitée.

décarrer : s'en aller, partir précipitamment. Ex. : « J'en glisse une partie sous l'auto afin de pouvoir décarrer sans crainte de m'enliser. ». Ex. : « Et en trois mouvements (contact, débrayage, première) on décarre. » (81). Ex. : « Ses loloches* décarrent tout azimut, malgré qu'ils ne soient pas volumineux. » (85). Ex. : « La guimbarde décarre, soubresautante, brimballante, perdant un peu de ses entrailles métalliques au gré des cahots. » (138). Ex. : « La Grosse vient de décarrer à la poursuite de son maître étalon. » (203)

décarrer dans les langoures : démarrer quelque chose de façon langoureuse.

déchaiser : enlever des chaises. Ex. : « Nous déchaisons un dessus de table formiqueuse* et prenons place. » (151)

déchaiser (se) : se lever d'une chaise. Ex. : « Le cul se déchaise. » (105)

déchambrer (se) : sortir d'une chambre. Ex. : « Je me déchambre en souplesse. » (122)

décharnance (la) : 1. Fait d'être décharné. Ex. : « Bien qu'il fût encore jeune, la ganache* se profilait en lui, comme le squelette sous la décharnance du vieillard. » (119). 2. Organe en décrépitude. Ex. : « Y a des mémés qu'il a fallu hospitaliser d'urgence après un emplâtrage* à sec, pour cause d'éclatement des décharnances, voire occlusion intestinale. » (148)

décharner : s'acharner. (B)

déchaussurer (se) : pour une chaussure, perdre son caractère de chaussure.

dechavanniser : parler à la manière du présentateur de télévision Christophe Dechavanne. Ex. : « On se calme! dechavannisé-je. » (149)

dèche (en) : en mauvais état.

déchéeux : qui déchoit. Ex. : « Des perspectives déchéeuses lui apparaissent tout à coup. » (94)

décher : être dans le besoin, subir de graves revers financiers.

déchet d'hanse (un) : déchéance. Ex. : « S'êt' rescampé* d'la quatorze pour un tel déchet d'hanse. » (B, 208)

décheur : pauvre, qui est en dèche* ou dans la dèche*. Ex. : « Les petites épiceries de banlieue, décheuses, les cris joyeux des potes* retrouvés dans l'aurore pleine de suie, le long des gazomètres. » (77). Ex. : « Décheur comme il est, y a belle lurette que le Trésor britannouille l'a fourgué (le joyau de la Couronne) au shah Durand. » (94)

déchienné (un) : personne qui a perdu son chien.

décisive : incisive. (B)

déclarer forfait : mourir.

déclaveté : déglingué. Ex. : « Ils tombent en sirop* mais sont heureux. Vieux Roméo arthritique attelé à sa Juliette déclavetée. » (135). Ex. : « Dans cet enchevêtrement d'autobus déglingués, de camions d'avant-guerre, de vélos déclavetés. » (147)

déclicteur (un) : instrument qui déclenche un déclic. Ex. : « Les déclicteurs du téléphone tintignassent*. » (115)

déclitoriser : pratiquer l'ablation du clitoris.

décloaquer (se) : revenir à soi après un évanouissement. Ex. : « Il se décloaque doucettement, le Débris. Il défloconne de la pensarde* par petites poussées en entendant sa bermégère*. » (75)

décocter : déféquer. (B)

décoction (une) : dérouillée.

décoction de goumi (une) : coup de matraque. Ex. : « Péver lui octroie une nouvelle décoction de goumi qui déguise le crâne de Sirk Hamar en spoutnik accidenté. » (56)

décoction de phalanges (une) : coup de poing. Ex. : « Placer une décoction de phalanges sur le museau*. » (48)

décodant : irréel. Ex. : « Nous allongeons nos échasses*, croisons nos mains sur nos braguettes surpeuplées et glissons dans un anéantissement décodant. » (135)

décoiffé des cellules : stupide.

décoiffer : décapiter. Ex. : « La mère Hortense apporte la nouvelle quille* de rouille*. Durdelat se la décoiffe d'un coup de sabre de cavalerie. » (150)

décoller (se laisser) : se laisser distancer. Ex. : « Tâchez de ne pas vous laisser décoller si vous voulez palper* dix raides* de prime! » (204)

décolleté-grand-frisson (un) : décolleté profond d'une femme.

décolleté sud (un) : braguette.

décolleté zipeur (un) : braguette.

décomater : sortir du coma.

décombinaiser : ouvrir un coffre-fort.

décompasser : perdre son expression compassée. Ex. : « Le portier compassé décompasse un peu en me voyant. » (94)

décompressage (le) : décompression. (B)

décompresseur surbaissé (un) : fessier.

déconfiter : devenir déconfit. Ex. : « Il déconfite à tout va. » (149)

déconfituré : qui a échoué, subi une défaite cuisante. Ex. : « Alors, là, pour le coup, je suis passionné. Et déconfituré aussi, bien sûr. Si ce gros mec* n'avait pas brandi l'étendard du règlement, on ne se faisait pas baiser* au poteau. » (103)

déconfusionner (se) : sortir de sa confusion.

déconisation (une) : déshumanisation concernant uniquement les cons.

déconnage (un) : dysfonctionnement. Ex. : « Il prend les bourrasques nasales de Béru* pour un déconnage de ses soupapes. » (66).

déconnanche (une) : bêtise. Ex. : « Vous êtes toujours là à me bouquiner, à m'ingurgiter la déconnanche sans piper une broque*. » (204)

déconnecter le bulbe (se) : réfléchir intensément.

déconner : dire ou faire des sottises.

déconophone (le) : téléphone. Ex. : « J'enfonce une touche de mon déconophone intérieur. » (89)

déconstipé : guéri de la constipation. Ex. : « Le Dilaté m'adresse un fieffé sourire d'homme fraîchement déconstipé par l'intervention des pilules Tuchimoud. » (138)

déconstiper les lacrymales : provoquer des larmes. Ex. : « La musique c'est bien commode : tu peux chialer* sur commande. Tu te mets l'" Adagio " d'Albinoni ou l'" Ave Maria " de Schubert et ça te déconstipe illico* les lacrymales. » (155)

décontenancé : vide. Ex. : « Me voici plus décontenancé qu'un bidon de lait sans fond. » (75)

déconvenir : marquer une déconvenue. Ex. : « – M. Kazaldi? je m'enquis-je. – Au douzième, mais il n'est pas chez lui. – Je déconviens un brin. » (126)

décoquer : décrocher (un téléphone). Ex. : « On décoque. – Allô! Quoi? Qui ose me faire chier à... à... Quelle heure est-il, au fait? » (105)

décoquiller : déboucher. Ex. : « La détonation nous décoquille les trompes*. » (204)

décordevocaliser (se) : hurler à s'en briser les cordes vocales.

décor-homme (un) : décorum. Ex. : « Faut le décor-homme, hein? Tapis vert avec sous-main et carafe de flotte! » (B, 65)

décorner : décrocher.

décorpser (se) : s'abîmer le corps. Ex. : « J'ai honte. Toujours quand mes semblables se défigurent, se désâment, se décorpsent.

Honte pour l'espèce à laquelle j'appartiens et qui périclite délibérément, par jeu, par non-croyance en elle-même, par infinie sottise. » (128)

découillade (une) : ennui. Ex. : « Alaise en pet, y aura plus d'découillade pour aujourd'hui. » (B, 130)

découlade (une) : fait de ce qui découle.

découlium de reblochon 17 (le) : agent anesthésique fictif.

découpeur de tif (un) : quelqu'un qui coupe les cheveux en quatre.

découverte de Christophe Colomb qui devait tant tracasser les habitants d'Hiroshima (la) : découverte de l'Amérique.

découvrir (se) : se désarmer.

décrampinner : semer. Ex. : « Le Débris s'est mis à filocher* Clément Moulayan. Fasse le ciel qu'il ne se laisse pas décrampinner trop vite! » (110)

décramponner : abandonner, changer d'activité. Ex. : « Après quoi, autre chose, enfin, les sollicite. Ils décramponnent. » (81)

décrasser : manger. Ex. : « Votre Bérurier*, c'est fou ce qu'il décrasse. Y a eu une minute de silence dans l'estanco* quand il a commandé un troisième biftèke-frites! » (39). Ex. : « Tu les verrais décrasser, ces beaux messieurs. The mandibule's party! » (81)

décrépir l'intérieur des feuilles : assourdir.

décrépitance (une) : fait d'être décrépi. Ex. : « Sans un mot, j'engouffre dans l'allée jouxtant ce magasin en décrépitance. » (90)

décrivance (une) : description. Ex. : « Assez de ces décrivances complaisantes faites pour émoustiller le lecteur. » (102)

décrocher les wagons : vomir. Ex. : « Il fait des efforts pour décrocher les wagons, because son foie a subi des avaries, mais il ne peut s'épancher. » (20)

décroutailler le phophoneur : décrocher le téléphone.

décujus (un) : cadavre.

déculotter son feu : dégainer son arme.

dédaler : errer dans un dédale.

dédicassage (un) : dédicace. Ex. : « T'aurais dû ligoter* ces dédicassages : A Martin Martin, dont l'action est un des rouages de la France. » (B, 208)

dédolorer (se) : faire passer la douleur.

dédominoter : édenter. Ex. : « Il te dédominote une mâchoire d'un seul parpaing*, mister l'Emplâtreur, en imprimant au poing un mouvement glissant qui le fait courir sur la denture. » (117)

déductance (une) : déduction. (B)

défalaiser : jeter du haut d'une falaise.

défarguer : débarrasser. Ex. : « Je me défargue de ma cargaison. » (152)

défatiguer (se) : se reposer. Ex. : « Un gus* ne récupère de la vie qu'en se foutant à l'horizontale pendant un certain temps. Plus c'est dur et horizontal, mieux il se défatigue. » (81)

défeindre : cesser de feindre.

déféquer au plancher : déférer au parquet. (B)

déferlage (un) : fait de déferler. Ex. : « Surtout rien de furtif dans notre campement : le bordel français dans tout son déferlage ! » (150)

déferler de la menteuse : parler abondamment.

défeuillu : privé de feuilles. Ex. : « Les arbres de l'esplanade aussi défeuillus que des perchoirs de perroquets. » (62)

déficiance (mettre à la) : au défi. Ex. : « J'vous mets à la déficiance d'me trouver un tesque* qui prétend l'contraire. » (B, 113)

défieur : qui défie. Ex. : « Bérurier* annonça à la ronde qu'il allait mettre sa vessie en état de disponibilité. Il le fit en termes moins choisis, mais plus concis, d'une voix forte et assurée, en considérant l'assistance d'un œil défieur. » (97)

défloconner de la pensarde : revenir à soi après un évanouissement.

défoncé : ivre.

défoncer le chignon (se) : réfléchir intensément.

défouiller : sortir d'une poche. Ex. : « Je lui montre ma carte. En voilà une qui commence à être usée depuis le temps que je la défouille. » (16)

défouraillade (une) : action de tirer avec une arme à feu.

défourailler : tirer à l'arme à feu. Ex. : « Faudrait pas que tu sois obligé de défourailler à la sauvage, ricané-je, sinon ton adversaire t'aurait déguisé en harmonica avant que tu aies achevé ton strip-tease. » (108). Ex. : « Je défouraille à la fantasque. » (204)

défourrer : tirer à l'arme à feu. Ex. : « Pas de sommations ! Je défourre. » (75)

défricher : dévisager en essayant de comprendre quelque chose.

défrimailler : dévisager. Ex. : « On se défrimaille un tout petit bout d'instant, posément, en gens d'expérience qui, avant de s'engouffrer dans une longue conversation, cherchent à se réduire à un commun dénominateur. » (81)

défrimer : dévisager. Ex. : « Au moment où je pousse la lourde* du troquet* de Fifi les Belles Noix, il se fait un grand silence dans la taule* et les truands qui stagnent là me défriment d'un œil extrêmement peu cordial. » (15). Ex. : « Ainsi apostrophés, les trois personnages en quête de hauteur se défriment. » (117)

défriser : perturber, énerver. Ex. : « Ange c'était pas un garçon qu'on pouvait lui poser trop de questions. Déjà que je lui demande pourquoi il me vidait le tiroir, ça l'avait défrisé. Il est parti, comme ça. » (34). Ex. : « Vous savez que vous me défrisez, Monlascart ? Vous savez que vous pole le renfermé et que je n'ai plus envie de vous voir, fût-ce de dos ? » (135). Ex. : « Les employés de cette honorable et précieuse société font un foin* du diable, ce qui défrise fortement Bérurier*. » (200)

De Funès : funeste. Ex. : « J'ai un De Funès pressentiment, hoquette le Malheureux, quèque chose me dit que tout est râpé, San-A.* » (B, 202)

défuntage (le) : décès.

défunter : mourir. Ex. : « Tous quatre ont défunté d'une balle dans la nuque. » (94). Ex. : « Vous ne serez pas le premier chef d'Etat à la retraite à défunter d'une crise cardiaque. » (204)

dégagement (un) : sortie, foire, frasque. Ex. : « Sa vie sociale se résumait à deux ou trois copains en compagnie desquels il se livrait de temps à autre à quelque " dégagement " et à des filles faciles qui raffolaient de sa gueule d'amour de gentil voyou. » (217)

dégager : 1. Partir. 2. Puer. Ex. : « Ses pinceaux* dégagent vilain, mais les relents de vomissures accrochés à ses guenilles leur font une concurrence déloyale. » (93). Ex. : « Si ça se trouve, elle dégage du fouinozoff*. Les ancillaires de province n'ont pas le Cadum spontané. » (151)

dégarganer (se) : se racler la gorge. Ex. : « Elle se dégargane en présentant son beau gant droit devant sa bouche en forme de cachet postal. » (103)

dégauchir : découvrir, trouver. Ex. : « Il en avait dégauchi un meilleur prix autre part. » (24). Ex. : « Courir tout Pantruche* pour dégauchir un interprète. » (32). Ex. : « Y a pas mèche* de dégauchir une bagnole. » (66). Ex. : « C'est uniqu'ment moi, commissaire Bérurier*, qu'a dégauchi l'nom et l'adresse de la dame en question. » (B, 90). Ex. : « Où as-tu dégauchi un costar* à ce point britiche*? Tu ressembles au prince Charles qui aurait pris un bain d'encre de Chine. » (130)

dégaufré : défrisé.

dégaufrer : dégainer. Ex. : « J'ai à peine eu le temps de dégaufrer mon pote Tu-Tues*. » (130)

dégausser : arrêter de se gausser.

dégazéifier le tube digestif (se) : éructer et péter. Ex. : « Il se dégazéifie le tube digestif par tous les moyens mis à sa disposition (ils ne sont pas nombreux, mais d'un bon diamètre). » (77)

dégenouiller : se relever lorsque l'on est agenouillé.

dégermaniser (se) : abandonner des accessoires dont l'origine allemande est évidente. Ex. : « Lâchant son drapeau, Béru* se dégermanise et se laisse tomber dans un fauteuil. » (64)

dégibuser (se) : ôter son chapeau gibus.

déglinguer de la pensarde : s'évanouir. Ex. : « Mais si j'engouffre la mollusque* dans ton état, tu vas déglinguer d'la pensarde*. » (B, 148)

déglinguer la laitance (se) : être préoccupé.

déglotter : écraser la glotte en y portant un coup.

dégluanter : décoller. Ex. : « Sa Majesté dégluante ses paupières en capotes de fiacre. » (150)

dégluantir : décoller.

dégobillanche (une) : vomissement.

dégobiller : vomir. Ex. : « Le genre de truc exotique qui ferait dégobiller un rat. » (31). Ex. : « Dégobiller comme un rat d'égout qui viendrait de bouffer le câble téléphonique du ministère des Affaires sociales. » (204)

dégobillocher : vomir.

dégodant : dégoûtant.

dégoder de la rogne : avoir la colère qui tombe.

dégoise (une) : discours.

dégoiser : parler, dire. Ex. : « Vous pensez pas que Johnson a pu dégoiser? » (6). Ex. : « Je me mets à lui dégoiser mille et une balourdises, pour meubler le silence. » (26). Ex. : « On dirait qu'il récite un poème en prose, notre jaune ami. Sa monocordie*, chose curieuse, renforce l'horreur de ce qu'il dégoise. » (76). Ex. : « Et après, le v'là qu'incline contre le maire et y dégoise un chuchotis dans les feuilles*. » (B, 208)

dégorgeoir (un) : 1. Arme à feu. Ex. : « J'atterris sur la carpette à l'instant précis où le dégorgeoir du grand Frizou se met à cracher épais. » (2). 2. Hôtel de passe. Ex. : « Peu soucieux d'attendre un quart d'heure devant ce dégorgeoir à bipèdes. » (114)

dégoufigner la tarentaise chevauchée : désarçonner (au sens figuré).

dégoulinante (une) : montre et tout appareil à mesurer le temps. Ex. : « Quelques minutes s'écoulent au cadran de ma dégoulinante. » (147)

dégouliner : passer, s'écouler. Ex. : « Il reste encore deux plombes à dégouliner. » (3). Ex. : « Quatre plombes viennent de dégouliner. » (130)

dégoulineur (un) : lieu où l'eau dégouline.

dégouloter : désemboucher une bouteille qu'on boit au goulot. Ex. : « Sa Majesté dégoulote, nous virgule* une œillade critique et se remet à biberonner*. » (135)

dégoupiller : 1. Désarçonner (sens figuré). Ex. : « Ces détails rapportés par Mathias* qui a mené une enquête serrée la dégou-

pillent complet. » (126). 2. Décrocher. Ex. :
« Je dégoupille le téléphone pour héler le
Vieux*. » (102). Ex. : « Ils sont interrompus
dans leur babillage charmant par la sonnerie
du téléphone. Le Mammouth dégoupille. »
(145). 3. Ouvrir. Ex. : « Je prends sa tête
entre mes mains, pose mes lèvres sur les
siennes, lui dégoupille l'entrée des artistes*
pour une petite visite de politesse. » (116)

dégourdoche : dégourdi, débrouillard.

dégoûtation (une) : caractère de ce qui est
dégoûtant. Ex. : « M'est avis que le pourtant
célèbre Alexandre-Benoît Bérurier* a
trouvé son maître au plan dégoûtation. »
(97)

dégravir : descendre. Ex. : « Chaque barreau
dégravi de son tabourescabeau* le réhuma-
nise*. » (203)

dégringoler : séduire.

dégringoler en flammes : séduire rapidement une femme. Ex. : « Au bout d'un certain temps, elle s'est laissée dégringoler en
flammes par un julot*. » (46)

dégrouiller (se) : se hâter, se dépêcher. Ex. :
« Dégrouille! glapit Paul qui commence à
s'impatienter. » (15)

dégrumeler la pensarde (se) : se changer les
idées.

dégueniller (se) : se déshabiller. Ex. : « Vu
ma galanterie et aussi qu'elle était moins
ragoûtante qu'une chaussette de fantassin,
je l'ai laissée se dégueniller dans mon burlingue*. » (B, 67)

dégueu : diminutif de dégueulasse.

dégueulade (une) : vomi. Ex. : « Le rata sent
la dégueulade. » (59)

dégueulaire : répugnant. Ex. : « Un porche
fétide exhale des souffles dégueulaires. »
(83)

dégueulanche (une) : vomissement. Ex. :
« Un spasme me conduit aux abords de la
dégueulanche. » (135)

dégueulantade (une) : dispute. Ex. : « Dites,
je ne vous ai pas fait venir à New York pour
entendre vos dégueulantades! » (132)

dégueulasse (pas) : remarquable, excellent.

dégueulassement parler (à) : antonyme de
« à proprement parler ».

dégueulée (une) : vomi. Ex. : « La mer, à
gauche, secouée de grandes dégueulées
d'écume. » (85)

dégueulis (un) : vomi. Ex. : « Avoir l'orgueil
comme une serpillière qui vient de nettoyer
une flaque de dégueulis dans une coursive. »
(115)

déguiller : commencer. Ex. : « Oh! Merde,
ça déguille mal. J'ai trop joué sur le velours
avec ma première cliente. Pour ce qui est de
la seconde, c'est pas dans la fouille*! » (116)

**déguiser en langouste-sortant-du-court-
bouillon** (se) : rougir.

déguiser en plat d'épinards (se) : s'évanouir.

déguiser les méninges en décombres (se) :
réfléchir intensément.

dégustation de nez (une) : bagarre. Ex. :
« Gros bidule, les gars! Du Wagner chez
Messieurs les Hommes, avec cymbales et
dégustation de nez! » (24)

dégustation de trottoir (une) : chute violente. Ex. : « Il va faire une dégustation de
trottoir. Six étages, ça ne pardonne pas. »
(24)

déguster son extrait de naissance : mourir.

déguster de la purée de tunnel : perdre
connaissance.

déguster du sirop de mensonge : se laisser
duper par de fausses affirmations.

déguster des cerceaux : avoir mal aux pieds.

déharder : dévêtir.

déhoter : sortir. Ex. : « Voilà effectivement
notre bonhomme qui déhote de sa
planque. » (28). Ex. : « Beurrés ou pas, à la
fermeture officielle, ils déhotent sans
rechigner. » (66). Ex. : « Comme je déhotais
de ma tire pour ouvrir ma grille. » (45)

déjambé (un) : unijambiste.

déjanter : 1. Perdre la raison. Ex. : « Là, ça
lui perturbe le mental. Il se dit que j'ai dû
déjanter. Ou alors que ma matière grise fait
de la colle*. » (59). 2. Déchausser en parlant
des dents fausses ou vraies. Ex. : « Vlà que
les dominos de sa clapoire postiche*
déjantent. » (64)

dèje (un petit) : petit déjeuner.

déjecter : déféquer.

déjeté : de piètre apparence. Ex. : « C'est une
rabougrie teinte en blonde, aussi déjetée

qu'un lendemain de réveillon. » (39). Ex. : « Les tifs* filasse*, la bouille déjetée, les roploches* pendant comme des rideaux. » (122)

déjeunance (la) : nourriture, matière d'un déjeuner. Ex. : « La femme de chambre noire s'avance vers mon plumard* grand luxe avec une table de lit chargée de petite déjeunance. » (132)

déjeune-d'affairer : participer à un déjeuner d'affaires.

déjurer (se) : abandonner ses fonctions de membre d'un jury. Ex. : « Méames, messieurs, je dois me déjurer car le devoir m'appelle. » (B, 79)

délabrance (une) : fait d'être délabré. Ex. : « On voit sortir des gogues* le père Pinaud, plus verdâtre et en complète délabrance que jamais. » (105). Ex. : « Alex se sentait tourner en casserole dans sa taule* en délabrance. » (104)

délabré du calbart (un) : homme qui n'est plus sexuellement dans la force de l'âge. Ex. : « Je l'imaginais avec un vieux mironton à bandage herniaire, plein de sterling et de préjugés. Elle était pile le genre de beauté qu'un délabré du calbart coltine* au Grand Véfour. » (51)

délanguir : retrouver de l'énergie. Ex. : « Le coup d'après, c'est comme un réveil normal. Je délanguis et m'ouvre, tel le volubilis au matin. » (86)

délardonner : accoucher. (B)

délationner : dénoncer. Ex. : « Pendant l'Occupation, le soir, je cigognais* not'vieux poste afin de choper London. Maman redoutait qu'on fusse délationné aux Allemands. » (B, 208)

délayeur de gomina (un) : coiffeur.

délectablosavoureux : savoureusement délectable. Ex. : « Les cristaux de Bocuse, son armada de serveurs, son portrait iconographique, ses mets délectablosavoureux. » (151)

délectance (une) : délice. Ex. : « Deviens pas voyeur, grand, te complais pas dans les moroses délectances, ça manque de dignité. » (142)

délégationner : déléguer. (B)

délétharger : sortir de léthargie.

déléthargiser (se) : sortir de léthargie.

délicerie (une) : délice.

déliquescer : être en déliquescence, vieillir. Ex. : « Tu m'la soutiens la milady, Bazu ? Arque-toi, c'est pas qu'elle soye lourde, mais tu déliquesces un brin, vieux schnock. » (105)

délirade (une) : délire. Ex. : « C'est la grande crise. Il la compisse pour étancher son sang. Il est au fin fond des délirades. » (121)

délire d'homme très mince : delirium tremens. (B)

dé lisse (un) : délice. Ex. : « C'est la maison des dés lisses, ici ! T'as pas le temps de tirer le verrou de ta braguette qu'on te souhaite ta fête. » (B, 205)

déliter (se) : sortir de son lit.

délivrer une carte d'abonnement pour le purgatoire : assassiner, tuer. Ex. : « Si je tenais le crocodile galeux qui a délivré au gros homme une carte d'abonnement pour le purgatoire, je crois que je lui cognerais dessus jusqu'à ce qu'à côté de lui une limande paraisse plus épaisse qu'un canot pneumatique. » (107)

deloniser : parler de soi à la troisième personne du singulier, à la manière d'Alain Delon.

déloquer : dévêtir.

délourder : ouvrir une porte. Ex. : « Il cherche ses clés dans sa vague pour délourder. » (B, 208)

delta (le) : aine. Ex. : « Ça me file des lancées dans toutes les cannes* jusqu'à leur delta. » (94)

deltoïdes en cale sèche (ne pas avoir les) : être d'une grande force physique.

délure : déluré.

demandavoixbasser : demander à voix basse.

démangement (un) : démangeaison. (B)

démanger : vomir. Ex. : « Les derniers mangeurs démangent maintenant. Il ne reste plus que le Gros qui s'empiffre éperdument, ravi de l'aubaine ! » (56)

démaranche (une) : démarrage. Ex. : « L'Isaac nous entraîne dans une démaranche record. » (29)

démariée (une) : veuve. Ex. : « Une veuve récente, c'est presque aussi charmant qu'une jeune mariée. Ça en a la timidité, la maladresse, les gestes incertains et les mines confuses. En somme, c'est une jeune démariée ! » (67)

dématiériser (se) : déféquer. Ex. : « Il s'opère un léger remue-ménage dans les boyaux de M. Van De Boo. Une tourmente discrète qui le sollicite, l'induit à se dématiériser. » (93)

démaverdaver (se) : se débrouiller.

démécher : sortir d'un état d'ébriété.

démégoté : se dit des lèvres de Pinaud* quand, exceptionnellement, il n'a pas son mégot.

démelonner (se) : ôter son chapeau melon.

déméménageuse (une) : vieillarde dynamique.

déméninger : perturber. Ex. : « Je te déméninge avec mes récits de cornecul*. » (84)

démentiellerie (une) : folie. Ex. : « Les tordus* qu'ont commis, perpétré, osé une démentiellerie aussi grave ! » (138)

démerde : débrouillard. Ex. : « Ils sont gentils mais pas démerdes. » (66)

démerdé : qui vient de déféquer. Ex. : « Berthy*, la jolie petite maman embarque d'autor l'emmerdé et le démerdé aux chiches* (tardivement, hélas) afin de remettre de l'ordre dans la situation. » (126)

démerder : s'extraire de la mer. (B)

démerder (se) : se débrouiller.

demeurance (la) : stupidité. Ex. : « Riri prend son air le plus emprunté. Des nuages de demeurance lui passent devant la vitrine*. » (100)

demi-jambe (une) : somme de cinq francs. Ex. : « – Salut, j'lu fais, j'voudrais téléphoner. – C'est cinq francs ! – Si ça n'vous ennuillerait pas trop, Chef, j'voudrais élégamment* ce numéro. Y m'réponge* d'une demi-jambe et me délivre un s'cond ticket d'appel. » (B, 208)

demi-livre avec os (une) : main. Ex. : « Comme j'ai toujours eu le pourliche* facile je lui placarde* un gros bif* dans sa demi-livre avec os. » (16)

demi-porcif (une) : demi-portion, individu malingre, chétif. Ex. : « Seulement Alfredo, c'est pas une demi-porcif. Il n'a pas du jus de pomme dans les veines. » (43)

demi-siéclée d'années (une) : une cinquantaine d'années.

déminage (un) : toilette. Ex. : « Berthy remplit son violon émaillé pourl'déminage intime. » (B, 208)

demitourer : accomplir un demi-tour. Ex. : « Je demitoure en trombe et pénètre dans un hall. » (76)

démitrailletter (se) : abandonner sa mitraillette.

demoidame (une) : dame, demoiselle.

demoiselles d'honneur de la lune (les) : étoiles. Ex. : « Au ciel immense, la madame lune et ses demoiselles d'honneur se font reluire à tout va, bien dans les aplombs. » (86)

démon à ressorts (le) : type de torture.

démonoculé (un) : homme qui a perdu son monocle.

démorpionner : ôter les morpions.

démousser (se) : ôter la mousse. Ex. : « Avec des ébrouements de rasé Gillette qui se démousse dans un lavabo d'eau froide. » (93)

démuqueuser le conduit (se) : se racler la gorge.

démurger : se hâter.

dénaphtaliner : sortir de la naphtaline.

dénégater : nier, donner une réponse négative. Ex. : « Momo dénégate, il goupillonne* avec ses larmes en agitant sa boule* ronde. » (106). Ex. : « – Je parie que tu n'as jamais lu Verlaine, Gros ? – Le Mammouth dénégate. » (138)

dénégriser (se) : ôter un déguisement de nègre. Ex. : « Il m'avait demandé une plombe*, Béru*. Cinquante-huit minutes plus tard, il rapplique*. Il s'est dénégrisé, ce qui lui va beaucoup mieux. » (65)

dénéguer : nier. Ex. : « Le pauvre diable dénègue du chef. » (75)

déniaiser : déboucher une bouteille. Ex. : « On a drôl'ment transgressé*, hein ? jubile Alexandre-Benoît en déniaisant le premier flacon. » (93)

dénigrerie (une) : fait de dénigrer. Ex. : « Elle me suit, sans mot redire, sans dénigrerie d'aucune sorte, même mimiqueuse*. » (105)

dénougâter : vomir. Ex. : « Il dégueule sur lui, par terre, partout. S'arrête aux tables, s'y appuie pour refiler* dans les plats. Il dénou-gâte aussi dans les chevelures des dames ! » (203)

dénoyauter : faire parler. Ex. : « Je ne déteste pas questionner des gens qu'on a déjà passés sur le gril : ils sont sonnés et donc plus faciles à dénoyauter. ». Ex. : « Tu ne pour-rais pas aller dénoyauter la pipelette ? » (20)

dénoyauteur de quetsches (un) : revolver. Ex. : « Sans cesser de le braquer avec mon dénoyauteur de quetsches, je me baisse pour ramasser quelque chose par terre. » (43)

dent (avoir la) : avoir faim.

dentier de chameau (un) : clavier de piano.

dénuquer : rompre les vertèbres cervicales.

dépantaloner (se) : ôter son pantalon. Ex. : « Sans en demander davantage, il se dépan-talone. Une fois le grimpant* sur les che-villes, il attend, la trompe* à l'air, pareil, en sa partie inférieure, à un éléphant à barbe. » (128). Ex. : « Je la calce* sur son beau canapé blanc sans avoir pris la peine de dépantaloner. » (142)

dépaquetage (un) : défécation. Ex. : « J' sus un impulsif du dépaquetage. » (204)

dépaqueter : déféquer. Ex. : « J'suis assis cul nu sur la chaise de bois blanc, et le fond en est percé comme au temps à Louis XIV, lorsque Monsieur le Roi dépaquetait en pré-sence de la cour tandis qu'on lui jouait du Lulli. » (89). Ex. : « Quoi d'mieux qu'd'se soulager dans des cagoinces* proprets. Dans un coinceteau* où qu'les usagers usagent rien, ni n'dépaquettent à côté de la gagne*. » (B, 208)

dépaqueteur (un) : personne qui défèque.

dépardinguer (se) : ôter son pardessus.

déparebriser : passer à travers un pare-brise.

déparler : tenir des propos stupides, incohé-rents. Ex. : « A force de parler, ils " déparlent ", comme on dit chez nous. » (132). Ex. : « Rachel et le père Montgauthier " déparlaient ". Les deux vieux avaient mis à mal trois litres de gigondas. » (217)

dépassager : quitter un moyen de transport pour, de fait, cesser d'être un passager.

dépaver la ganache : frapper, casser la figure. Ex. : « Si jamais un type a éprouvé le besoin de dépaver la ganache d'un de ses contemporains c'est bien moi en ce moment. » (3)

dépeignoirer : ôter un peignoir.

dépeinturlurer (se) : se nettoyer des taches de peinture.

dépétarader : pour une moto pétaradante, ralentir avant de s'arrêter.

déperfuser : arrêter de pratiquer une ponc-tion sanguine ou séminale.

dépétalé : démuni de pétales. Ex. : « La douche coule goutte à goutte, ce qui contraint à un séjour prolongé sous son pommeau de zinc qui ressemble à une fleur de tournesol dépétalée. » (138)

dépétaler : perdre ses pétales, pour une fleur.

dépeurer (se) : se rassurer. Ex. : « Pour essayer de me dépeurer, je me livre à des cal-culs. » (150)

dépiautage (un) : fait de se dévêtir.

dépieuter (se) : se lever d'un lit.

dépifer : pratiquer l'ablation du nez. Ex. : « Et maint'nant, ma loute, on te dépife ou tu nous racontes c'qu'on est v'nu savoir ? » (102)

dépistouiller : dépister, trouver l'origine de. Ex. : « D'en trois coups de cuiller à apôtre* dépistouiller l'originaire des coups de gre-luche*, j'en r'venais pas moi-même. » (B, 208)

déplacer dans la purée de pois cassés (se) : ne pas avoir toutes ses facultés. Ex. : « A son r'gard pas fixe, on pigeait qu'y s'déplaçait dans la purée de pois cassés, l'ancêtre. L'existence, y la voiliait à sa manière désor-mais, et c'tait pas celle d'tout le monde. » (B, 208)

déplafonné : fou. Ex. : « Faut vraiment être une gonzesse déplafonnée pour se faire peinturer la tignasse quand on a des douilles* pareilles ! » (3)

déplorer : se réjouir. Ex. : « Tant mieux, déplore le Gros. » (117)

déplumé : chauve. Ex. : « Il dessine des oiseaux. Je pense qu'il doit liquider un complexe, lui qui est aussi déplumé que son sous-main. » (28)

dépocher : vider ses poches.

dépoildecuter : ôter des poils de cul. Ex. :
« Le râtelier* qu'il a eu tant de mal à dépoildecuter voltige dans la bruyère en fleur pour
s'y refaire une santé. » (128)

dépoiler : dévêtir. Ex. : « Dépoiler un individu jusqu'au squelette, c'est pas du vrai
strip-tease, ça ? » (28)

dépolariser : ôter. Ex. : « Elle m'a dépolarisé
le bénoche* et extradé* Popaul* du kangourou* comme une grande. » (140)

déponer (ou **déponner**) : ouvrir. Ex. :
« C'était l'Ongulé qui déponnait les tirelires* avec son matériel haut de gamme. »
(117). Ex. : « Une fois devant le 408, il
dépone la lourde*, entre le premier. » (122)

déportiériser : extraire par une portière.
Ex. : « L'Implacable le déportiérise à moitié.
José a déjà une fesse dehors et il lance des
implorations. » (148). Ex. : « Elle se déportiérise pour me tendre sa bouche. » (150)

déposer son bilan : mourir. Ex. : « Tu vas
voir que quand je vais déposer mon bilan,
ils colleront les couvertures de mes books
sur le fourgon mortuaire, en lâchant des ballons rouges et en lançant à la foule des
petites culottes fendues. » (152)

déposer son estomac sur le plancher (avoir
envie de) : avoir envie de vomir.

dépoter : abattre un travail considérable.
Ex. : « Moi, vous savez, je dépote. Je fais dix
minutes de bon par jour. La scène du champ
de blé, je l'ai tournée en nuit américaine en
huit heures ! » (135)

dépôt légal (le) : fessier. Ex. : « Je confie
mon dépôt légal au siège. » (81)

dépoumoner : couper le souffle. Ex. : « Il
m'administre un coup de latte* dans les
côtelettes, ce qui me dépoumone. » (150)

dépourver : 1. Prendre au dépourvu. Ex. :
« Ma question le dépourve. » (119). 2. Etre
pris au dépourvu. Ex. : « Tu dépourves de
devoir te prononcer commako*, à brûle-
parfum*. » (135)

dépradé : qui a subi une dépradation. Ex. :
« Tu verrais mon futal* de toile blanche, ma
limouille* jaune pâle, mes tartisses* de toile
immaculées comme la conception, tu chialerais* de les constater aussi dépradées. »
(101)

dépravationné : dépravé. (B)

déprédatesque : déprédateur.

déprédation (une) : dépravation. (B)

dépréoccuper : désintéresser.

dépuceler une quille : déboucher une bouteille.

dépuzzeler : action de défaire un puzzle, ou,
a contrario, résoudre un puzzle. Ex. :
« Deux précautions... – Valent mieux qu'un
tiens tu l'auras, complète le Mammouth qui
sut toujours dépuzzeler les proverbes les
plus efficaces de notre chère langue. » (93)

dépyramider : défaire une pyramide. Ex. :
« J'enjambe des marchandises, je dépyra-
mide des conserves, je dévaste des forêts de
tapis roulés et plantés comme des arbres
pétrifiés. » (72)

der (le) : apocope de derrière. Ex. : « Nous
nous engageons dans l'escalier. Elle nous
trotte au der. » (20)

dérailler de la rétine : avoir la berlue.

dérangé du citron : fou. Ex. : « J'ai tout du
type dérangé du citron. » (5)

dérangé du caberlot : fou.

dérapade (en) : en dérapage. Ex. : « Puis,
l'œil torve et la voix en dérapade, il ajoute. »
(93)

dérassuré : inquiet.

derche (un) : fessier. Ex. : « Il y a des jours
où les coups de pied au derche volent bas ! »
(25). Ex. : « Si l'Ambroise vous chope* à
vous branler les couennes*, il va vous faire
fumer le derche. » (62). Ex. : « Faire sombre
comme dans le derche d'un Noir occupé à
percer un tunnel à minuit par une nuit sans
lune. »

dérenfrogner (se) : abandonner une attitude
renfrognée.

déréputer : conspuer, cesser d'accorder une
bonne réputation. Ex. : « Quand tu es un
grand romancier arrivé, faut pas commettre
de fausses manœuvres, sinon on te dérépute
vite fait, saligauds comme ils sont tous, et
grincheux, poildeculteurs*, compteurs de
tout, avares de rien. » (89)

déréserver : annuler une réservation.

dérêvasser : cesser de rêvasser. Ex. : « Tu
dérêvasses en te demandant ce dont. Et tu te
dis : Ah, oui : le métro. » (105)

dergeot (un) : fessier. Ex. : « Je te jure que
lorsque viendra le jour de ma retraite, (mes

pieds) feront la connaissance avec le dergeot d'un commissaire que je connais. » (28)

déricaner : arrêter de ricaner.

dérisé : tourné en dérision. Ex. : « La fille est un gros boudin* blanchâtre à bourrelets culiers, aux crins* totalement rasés avec une énorme monture de lunettes tatouée autour des seins. Ces deux grosses doudounes* blêmes et veinées de bleu me flanquent la gerbe*, ainsi dérisées. » (128)

dérivatifier : dériver, dévier. Ex. : « J'y ai cloqué* un p'tit coup d'guiseau*, pour dire d'lui dérivatifier l'chagrin. » (B,132)

derjo : en arrière. Ex. : « Tu vas ouvrir en laissant la chaîne de sécurité, moi je resterais derjo avec le feu*. » (133)

derme (le) : épiderme. Ex. : « Il s'imperméabilisait le derme pour subir mon flot de quolibets. » (62)

dermifuger : faire frissonner. Ex. : « Un grattouillis me dermifuge de la cave au grenier. » (147)

derniermoter : avoir le dernier mot.

dérogement (un) : dérogation. Ex. : « Les boxifs*, on les appelle les maisons closes, c'est que le règlement leur interditionne* d'ouvrir leurs fenêtres. Or, le claque* de not'préfecture venait de faire un dérogement en honneur du Grand. » (B, 208)

déroitiser (se) : mettre fin aux monarchies, supprimer les rois. Ex. : « A notre époque où le monde achève de se déroitiser, le chaud, le froid, une grande animation sont les rares éléments qui puissent encore régner. Ceux qui seraient contristés par cet état de choses n'ont qu'à téléphoner pour tous renseignements à Danton 17-89. » (27)

dérollser (se) : sortir d'une Rolls-Royce. Ex. : « Il a fini par débouler* avec son tombereau* grand luxe et sa compagne déguisée en boutique de haute joaillerie. M'apercevant, il s'est dérollsé en vitesse. » (141)

dérouconcerté : dérouté et déconcerté. Ex. : « Moi, dérouconcerté à outrance, je cavale* au fion* de la môme*. » (99)

dérouillanche (une) : raclée. Ex. : « J'en soupçonne un de morfler* la dérouillanche du siècle ! » (74)

dérouiller : 1. Recevoir, attraper. Ex. : « L'une des braves dames à chignon a dérouillé sa bastos* au-dessus de la lèvre supérieure et ça forme un étrange trou entre la bouche et le nez. » (123). 2. Rosser. 3. Subir un coup. Ex. : « Mon pif* dérouille et je me mets à pisser rouge. » (24). 4. Subir les atteintes de l'âge. Ex. : « Des mémères que le temps a dérouillées. » (126)

dérouiller les mandibules : manger.

dérouilleur (un) : personne qui administre une raclée.

derrière-de-basse-fosse (un) : cul-de-basse-fosse.

derrière de fausse-basse (un) : cul-de-basse-fosse. (B)

des daims (avec) : dédain. (B)

désabouler : déshabiller.

désabretacher : ôter ses bretelles.

désabusance (une) : fait d'être désabusé. Ex. : « Y a désabusance totale, démobilisation générale. » (152)

désabuser : être désabusé. Ex. : « Au plus qu'ça va, au plus qu'on désabuse, les temps sont plus c'qu'il était. » (B,117)

désaccaparé : qui a cessé d'être accaparé. Ex. : « Désaccaparé, le conducteur me virgule un regard critique dans son rétro. » (204)

désagrégation (une) : agrégation. (B)

désagréger du grenier (se) : devenir fou.

désaimer : ne plus aimer.

désâmer (se) : s'abîmer l'âme.

désanglaiser : perdre les caractéristiques de la culture anglaise. Ex. : « Elle désanglaise un brin, Samantha. » (105)

désaper (se) : se déshabiller.

désapocalypser : annuler les effets d'une apocalypse.

désappartementé : dépaysé. Ex. : « Tous les appartements d'un certain niveau sont résolument identiques de manière à ce que les nantis puissent déménager sans se sentir désappartementés (un écrivain moins scrupuleux que moi écrirait " dépaysés ", mais chacun fait avec ses moyens). » (110)

désaper aussi vite qu'une marguerite fanée dans un typhon (se) : se déshabiller rapidement.

désappointé : privé d'appointements. Ex. : « Désappointé comme un employé en chômage. » (75)

désapprobater : désapprouver.

désarrouance (une) : désarroi. (B)

désascensionner : descendre. Ex. : « Dans le poussif ascenseur hydraulique qui me désascensionne. » (81)

désastré : 1. Désastreux, qui a subi un désastre. Ex. : « Elle nous enveloppe d'un regard désastré qui ressemble aux regards de certains clowns dont le maquillage est très épais. » (75). 2. Affligé. Ex. : « Achille* réapparaît, une giclée de pisse sur son bénouze* gris. Durdelat considère la tache sénilesque* puis me mate* d'un air désastré. » (150)

désastrique : désastreux. Ex. : « Qu'est-ce que Marcus a à voir avec ce patelin désastrique ? » (132)

désastriser : transformer en désastre, ruiner. Ex. : « Quelle histoire ! Elle désastrise ma carrière ! » (102)

désautoter (se) : sortir d'une automobile.

descalader : descendre, dévaler. Ex. : « Nous descaladons les marches du perron et passons un porche monumental, tendu de velours grenat, ce qui fait éminemment royal. » (65)

descendance d'une maman d'esturgeon (la) : caviar.

descend-en-bas (un) : cambrioleur, monte-en-l'air, lorsque celui-ci s'attaque à une cave.

descendez-on-vous-demande : déglutir. Ex. : « Il avale une menue gorgée de sa mixture, la savoure en la conservant quelques instants en bouche avant de descendez-on-vous-demande. » (123)

descendre lentement de son piédestal comme une statue blanche vaincue par des diarrhées pigeonesques : redevenir l'égal du commun des mortels.

descensionner : descendre.

descente (la) : 1. Gorge. 2. Capacité de boire.

déseinté : qui a subi l'ablation des seins. Ex. : « Sa maîtresse est morte égorgée et déseintée par sa nounou. » (204)

désemparade (une) : fait d'être désemparé. Ex. : « Il sourcille. Un poil de désemparade lui vient. » (117)

désendémanger (se) : calmer une démangeaison. Ex. : « Ayant dit et s'étant désendémangé cette sorte de zone franche séparant l'emmanchure de son sexe de son rectum. » (93)

désendolorer : attendre qu'une douleur s'apaise. Ex. : « Je laisse Gertrude désendolorer. » (93)

désendolorir : atténuer, calmer. Ex. : « Pour lui désendolorir l'offuscade*, je m'empresse de lui brandir un billet de dix raides*. » (85)

désengendrer : mourir, mettre fin à une lignée. Ex. : « L'homme qui se désengendre doucement. S'inaboutit d'une génération l'autre. » (100)

désenrubanner : détacher, défaire des liens. Ex. : « Ils essayaient en loucedé* de se désenrubanner ; mais j'avais serré fort. » (122)

désescaber : tomber d'un escabeau.

désestomaquer : régurgiter. Ex. : « L'interpellé déglutit, reglutit*, désestomaque. » (102)

désévanouir (se) : reprendre conscience après un évanouissement. Ex. : « C'est quelqu'un qui l'a trouvé ? – Non, il s'est désévanoui tout seul et il s'est traîné jusqu'au téléphone. » (132)

désexer : subir l'ablation du sexe.

déshaleiner : perdre son souffle.

déshameçonner : désamorcer. Ex. : « Ecoute, j' sus certain qu' l' gars* Mathias*, qu'a du chou*, saurait déshameçonner c't engin. » (B, 103)

déshérité : déshydraté. (B)

déshonorance (une) : déshonneur.

déshonoriser : déshonorer.

déshorté : qui a ôté son short. Ex. : « Foin des insectes bourdonneurs. Leurs crépitements ont cessé. Il n'y a plus que les cris de délivrance infinie de cette jeune femme déshortée, que je fourre* à présent côté pile tandis qu'elle prend appui des deux mains contre un mur en ruine. » (116)

déshôteler : sortir d'un hôtel.

désidentification (une) : fait de rendre méconnaissable un cadavre pour empêcher son identification. Ex. : « Sa désidentification par rôtisserie. » (81)

désignance (une) : objet d'une désignation. Ex. : « J'aperçois quelqu'un. Il regarde ma désignance et, comme moi, doute de ses Saint-Saëns*. » (105)

désigniste (un) : adapt. de l'anglais « designer » (styliste).

désilluse (une) : désillusion. Ex. : « Mon gros Patapouf est tellement glacé de désilluse qu'il n'a pas la force de châtaigner* le moqueur. » (128)

désimmobiliser : bouger, cesser d'être immobile. Ex. : « Il se désimmobilise d'un coup de panard* mécontent. » (76)

désimperméabiliser (se) : ôter son imperméable.

désimporter : n'avoir aucune importance. Ex. : « On dirait que ma réaction lui désimporte ; qu'elle ne le contrarie même pas. » (97)

désincliner (se) : se redresser.

désincréduliser (se) : cesser d'être incrédule. Ex. : « Nous nous entre-regardons, nous nous entre-reconnaissons, nous nous désincrédulisons et nous nous exclamons. » (47)

désinfecter : désaffecter. Ex. : « Je désinfecte* ensuite la ligne de métro Porte de Clignancourt-Porte-d'Orléans et je la transforme en tunnel routier. » (B, 200)

désinistrer : réparer les dégâts d'un sinistre. Ex. : « Elle se précipite si tant violemment qu'elle me virgule* son Martini-gin sur le grimpant*. Me voilà en partance pour les goguemuches*, histoire de me désinistrer un peu le falzar*. » (128)

désinsulariser : entreprendre une expansion hors de son île. Ex. : « Les petits Japs* lui portaient à l'inquiétude. Elle sentait qu'ils allaient désinsulariser un de ces quatre morninges, accomplir la vaste expansion de par le monde. » (99)

désintégrer : renvoyer, licencier, mettre à pied. Ex. : « J'viens juste d'être rintégré après m'êt' fait désintégrer. » (B, 117)

désintégreur : désintégrateur.

désinvolter : agir, parler de manière désinvolte. Ex. : « Arrive le moment où c'est quand tu désinvoltes un peu avec elle que tu la respectes le mieux, ta mère. » (81)

désir-rata (un) : desiderata. (B)

désliper : ôter un slip. Ex. : « Ayant déslipé la donzelle*, je trompai le temps en lui chatoyant* la marguerite*. » (138)

désolance (une) : désolation.

désolé du mont Palomar (un) : chauve.

désommeiller : se réveiller. Ex. : « Mister la Renflure désommeille, bâille, éructe, loufe*, manière d'établir un courant d'air salutaire dans un organisme surmené par les buveries* et mangeries*. » (105)

désomnubiler : distraire d'une obsession. Ex. : « Dans ces cas-là, le bla-bla* savant ne désomnubile pas un mec ; au contraire. » (75)

désordonnance (la) : désordre. Ex. : « Je crois que la désordonnance de mes pensées me réchauffe plus encore que mes mouvements. » (71)

désorientance (une) : fait d'être désorienté, en plein désarroi. Ex. : « Tu leur as cassé la cabane* au Pompon Rouge. Les v'là en pleine désorientance. » (B, 90)

désouciser (se) : oublier ses soucis, redevenir serein. Ex. : « Son visage se désoucise comme le cadet de mes. » (85)

désoufer : s'inquiéter à nouveau après s'être rasséréné (après avoir prononcé : « Ouf »). Ex. : « Pour le coup, je désoufe. Douche écossaise à répétition, mes darlinges*. » (76)

désourciller : cesser de froncer les sourcils. Ex. : « Il désourcille pour me regarder en grand. » (83)

désourire : cesser de sourire. Ex. : « La souris* désourit, redevient professionnelle. » (105)

déssabouler (se) : se déshabiller.

dessalé (un) : individu sans complexe. Ex. : « Hé, mollo, gosse, joue pas les dessalées, ça fait morue. D'ici que la crêpe t'envoye une tarte*, y a pas la distance de Lille-Nice ! » (87)

dessapage (un) : déshabillage. Ex. : « Mécolle*, me voilà en dessapage express. Tournemain ! Ça va plus vite qu'au Crazy Horse. » (122)

dessaper (se) : se déshabiller. Ex. : « Pour loncher*, il se dessape, du moins de l'hémisphère sud. » (210)

dessaquer : extirper d'un sac.

dessiéger (se) : se lever d'un siège.

dessouder : 1. Tuer. Ex. : « Au cours de ma carrière, j'ai dessoudé bon nombre de mes contemporains et fracassé plus de mâchoires que la marquise de la Trémouille n'a usé de paires de coules (vêtement à capuchon). » (28). 2. Mourir. Ex. : « Il faut qu'il dessoude salement, inexorablement, mais de sa belle mort. » (132)

destinationner : destiner. (B)

déstupéfaire (se) : réagir après un instant de stupéfaction. Ex. : « Sans laisser au secrétaire le temps de se déstupéfaire, je le biche* par sa cravate de la main gauche, je le hale à l'intérieur de la chambre, je repousse la porte d'un coup de pompe* et je foudroie le camarade William d'un crochet droit au menton susceptible de démolir les arènes de Nîmes. Le tout en trois secondes un dixième, faut le faire ! » (65)

désupporter : ne plus supporter. Ex. : « Je leur avais pitié. Eux aussi me désupportaient. Alors j'm'ai retiré de la populace. » (B, 208)

détabler (se) : se lever de table. Ex. : « Mine d'aryen*, je me détable pour gagner le téléphone dans les coulisses de la brasserie. » (128)

détabouretter : descendre d'un tabouret.

détartrer le ciboulard : rendre intelligent. Ex. : « Faudra vous faire détartrer le ciboulard*, la prochaine fois que vous porterez vos dominos* chez le chicoteur*. » (204)

dételer : déboutonner. Ex. : « Il se redresse furax. Comme il avait dételé son pantalon, celui-ci lui tombe sur les chevilles. » (31)

déténébrer le matrimonial (se) : égayer sa condition d'homme ou de femme mariée. Ex. : « C'étaient des bourgeoises gentilles qui se refilaient l'adresse et venaient éponger leurs glandes*, temps à autre. Elles montaient en ligne crânement, de tout leur cul*, de tout leur cœur, manière de déténébrer le matrimonial, si fastidieux souvent, avec ces cons qui ne pensent qu'aux affaires et au tennis et juste des adresses de restaurants. »

détire-bouchonner : défaire quelque chose qui était tire-bouchonné.

détoiler (se) : se lever d'un lit.

détoiser : dévisager, toiser. Ex. : « Il me détoise, ou visage*, au gré. » (105)

détoitement (un) : fait de tomber d'un toit.

détoiter : tomber d'un toit.

détonationner : exploser. Ex. : « Ça détonationne sur le pont grill. » (85)

détorchonner (se) : se lever du lit. Ex. : « Ça ne regarde que moi si je me détorchonne à six plombes* du matin, non ? » (64)

détour par la fabrique de tunnels (faire un) : être inconscient, évanoui.

détournage de mineuse (un) : détournement de mineure. Ex. : « T'as pas peur de te faire coffrer pour détournage de mineuse ? » (B, 74)

détourneur (un) : individu qui détourne des avions.

détracter : 1. Revenir sur une déclaration après s'être rétracté une première fois. (B). 2. Détecter. Ex. : « J'ai voulu voir, dehors, laquelle des pièces que c'était. Je m'ai repéré et j'ai pu la détracter. » (B, 46)

détramatisé : usé jusqu'à la trame. Ex. : « Les marches d'escalier sont recouvertes d'un tapis détramatisé dont les nez de marches paraissent atteints de pelade eczémateuse. » (149)

détrancher (se) : hausser la tête pour observer attentivement. Ex. : « Quand j'annonce ma viande dans le coinceteau*, les mecs se détranchent comme un seul homme pour m'examiner. » (15). Ex. : « J'ai beau me détrancher, je ne vois absolument personne de connaissance. » (29). Ex. : « Les wagons de queue me masquent la perspective de la voie. Toujours courant, je parviens au dernier fourgon, celui de la poste. Deux bons mecs des P.T.T., peinturlurés au beaujolpif, se détranchent pour mater le circus. » (35)

détransater (se) : se lever d'une chaise longue, dite transat. Ex. : « Et voilà-t-il que la gravosse qui se détransate en ahanant et vient à moi. » (122)

détricoter le moral : démoraliser. Ex. : « Et madame du Pinaud* la harcèle sournoisement, lui détricote le moral, lui fiche des perfidies dans la détresse. » (75)

détricotisation (en) : état d'un tricot qui se défait.

détritus (au) : au détriment. (B)

détrônance (une) : fait d'être détrôné. Ex. : « Monarque, merci bien ! Plus une sinécure !

Une cravate pas conforme, un sourire malvenu et y a de la détrônance dans l'air. » (126)

détronche (une) : décapitation. Ex. : « S'il est chlass*, il avoue tout ce qu'on veut et il se retrouve dans le quartier des condamnés à la détronche un vilain matin. » (15)

détroncher : dévisager.

détroncher (se) : hausser la tête pour observer attentivement. Ex. : « J'ai beau me détroncher, je n'aperçois plus notre ange gardien. » (29). Ex. : « J'ai beau essayer de me détroncher, je ne vois rien. » (204)

détrottoirer (se) : descendre d'un trottoir.

détrousseur de ruisseaux (un) : pêcheur.

détruiteur (un) : personne qui pêche la truite.

détuyauter : ôter des tuyaux.

deux mots commençant (en) : en deux mots comme en cent. (B)

deux coups d'écuyère à Pau (en) : en deux coups de cuillère à pot.

deux frères Lumière (les) : seins de femme.

deux coups les gros (en) : rapidement. Ex. : « Avec mon staff, on va te décortiquer tes salades* en deux coups les gros. » (132)

deux coups les gros de cuiller à pot (en) : rapidement. Ex. : « Ça s'est décidé en deux coups les gros de cuiller à pot. » (135)

deux cents voltes (les) : désinvoltes.

deux étangs trois mous devant (en) : en deux temps trois mouvements.

deux attentats trois mouvements de foule (en) : en deux temps trois mouvements.

deux-pièces-trou-de-balle (le) : fessier. Ex. : « Là, il pose son deux-pièces-trou-de-balle sur une chaise rempaillée de frais. » (155)

dévalade (une) : fait de dévaler. Ex. : « Il fallait grimper un monticule et, de là, on avait droit à l'angoissante dévalade des arbres assassinés vers le lac. » (150)

dévaluance (une) : dévaluation. Ex. : « Un croquant* amerloque* qui a les poches bourrées de dollars en dévaluance. » (93)

devantrine (une) : devanture et vitrine. Ex. : « T'as pas connu les boucheries d'avant, du temps qu'é n'ressemblaient pas z'encore à des dispensaires. C'tait un vrai monde, t'sais, môme. Des grilles rouges en guise d'devantrine, une tête de bœuf dorée pour enseigne. » (B, 208)

devanture (la) : 1. Visage. Ex. : « Si je me retiendrais pas, tu le prendrais dans la devanture, m'assure Sa Grosseur. » (56). 2. Braguette. (B)

dévaser (se) : sortir d'un état d'hébétude.

dévergonderie (la) : dévergondage.

dévertébro-cervicaliser : écraser les vertèbres cervicales.

dèves (les) : devoirs d'écolier.

de vésuve : de visu. (B)

dévêture (une) : fait d'être dévêtu. Ex. : « Sa dévêture n'affole pas la luronne, qui me fixe d'un œil cordial encore que papillotant. » (64)

déveuler : rejeter. Ex. : « Ils me refusent, me déveulent, m'annulent ! Je leur fais plus partie ! C'est le bannissement ferme et définitif. » (150)

devinette (une) : diva. Ex. : « En me quittant, à l'instant, il m'a dit qu'il te ferait livrer des fleurs. Tu juges ? Des fleurs ? Comme à une devinette d'opéra ! » (B, 86)

dévioler : dévier, perturber. Ex. : « Je le déviole de sa routine. » (75)

dévirginiser une bouteille : ouvrir une bouteille.

devisance (une) : fait de deviser, bavardage.

dévisser les échalotes : pour une femme, subir une ablation de l'appareil reproducteur. Ex. : « On m'avait opérée du ventre, dit-elle. Qu'est-ce que ça peut bien me foutre qu'on lui ait dévissé les échalotes ? » (16)

dévitoiser : dévisager en toisant.

dévivre : gommer de l'existence. Ex. : « Tout ce qui déborde du cadre est pas bon, à jeter, à dévivre. » (85)

dévoiturer : sortir d'une voiture.

dextère (une) : dextérité.

dextéritement : avec dextérité. Ex. : « Ils y logent dextéritement le cadavre de notre ci-devant complice. » (93)

dextrer : serrer la main pour saluer.

dézoner : sortir d'un lit. Ex. : « Pour ajouter à ses confusions, deux ou trois de ses voisins, éveillés par l'altercation palière*, surgissent en tenue nocturne ; pas contents du tout d'être dézonés par un boucan pareil ! » (128)

diabolicien : diabolique.

diabolodiabolique : diabolique.

diabologrenadyn'h (un) : type de matériel (fictif) que l'on trouve dans un laboratoire de chimie.

diabomenthe : diabolique. Ex. : « Le Mastard a eu une idée diabomenthe. » (93)

dialiscope : norme de format d'écran de cinéma. Ex. : « Elle me file un baiser en dialiscope. » (24)

diam (un) : diamant.

diarrhétique (un) : personne souffrant de diarrhée. Ex. : « A v's'ord', m's' l'com's'r ! répond-il d'un ton piteux comme le pet d'un diarrhétique (le mot n'existait pas avant moi. Il y avait bien diarrhéique, mais c'était un malheureux adjectif pour noces et banquets. Puisqu'on tolère hépatique dans le sens de " personne souffrant du foie ", le mot n'est au demeurant qu'adjectif, lui aussi ; pourquoi ne créerais-je pas " diarrhétique ", hein ? Excusez-moi de te faire chier avec ça, mais faut bien que, de temps à autre, je me justifie aux yeux des lettrés). » (117)

didigeable : ventre proéminent. Ex. : « Le Mastard gratte la partie inférieure de son didigeable. » (48)

dif : difficile. (B)

différentiel à pivot surcompensé (faire jouer son) : tourner la tête. Ex. : « La douce épouse pousse une exclamation supplémentaire (de surprise celle-là) et relève sa tête boursouflée et rouge de volupté. – Alexandre-Benoît ! balbutie-t-elle. Au lieu de faire jouer son différentiel à pivot surcompensé, le chauffeur met au contraire le grand développement, et il a une bonne excuse à cela puisque, en argot athénien, alec zandrebenoas signifie : plus vite, chéri. » (60)

diffusionner : diffuser. (B)

dignitaire de l'ordre du pot de chambre et du plumeau réunis (un) : serviteur, employé de maison.

digue-digue (tomber en) : s'évanouir.

dilater l'orifice chez les Grecs (aller se faire) : aller se faire voir chez les Grecs.

diluer dans des trouilles glaireuses (se) : être mort de peur.

dinguer : chuter violemment. Ex. : « Je lui écrase une baffe qui la renvoie dinguer à travers la pièce. » (147)

dinguerie (la) : folie.

diplodocus : diplomatique. Ex. : « Les bagnoles appartenant au corps diplodocus. » (115). Ex. : « L'attaché d'embrassade* doit passer ses loisirs à tirer toutes les dames pinables et désœuvrées du corps diplodocus. » (131)

diplomate (être) : être baba.

directo : directement. Ex. : « Il se pointe directo vers moi. » (204)

dirigerie (une) : directive (B).

dirlo (un) : directeur.

dirloque (un) : directeur.

dirlotte (une) : directrice.

dirluche (un) : directeur.

diro (un) : directeur. Ex. : « Si les diros des palaces européens voyaient ça, ils deviendraient dingues. » (29)

disable : dicible. Ex. : « Et d'autres encore que je devine, comme je devine tout ce qui est dit et disable, fait et faisable. » (105)

disagne (le) : adapt. de l'anglais « design » (forme).

disance (une) : parole. Ex. : « Voilà ce que j'avais à dire, en un moment pourtant peu propices aux disances et médisances. » (81)

discipliner : dissiper. Ex. : « Brêfle*, nos nuages sont disciplinés et not' qualité de la vie a r'trouvé l'beau fisque. » (B, 113)

discutance (une) : discussion.

discuter le bouddha de gras : deviser (dans certains pays asiatiques).

disgression (la) : discrétion. (B)

disjoncter : perturber. Ex. : « Mon objection la disjoncte un brin*. » (117)

disloqué mental (un) : original, doux dingue, illuminé, gâteux.

disparaître comme un suppositoire pour bébé dans le rectum d'une jument : disparaître rapidement.

disperser en postillons (se) : rire.

dispose (à) : à disposition. (B)

dispositif gambergeur (le) : pensée, conscience.

dispositionner : disposer. Ex. : « Faut que j'avise, que je dispositionne. » (75)

distinguetion (une) : distinction. (BB)

distracter (se) : se distraire. (B)

distribe (une) : distribution.

distribuer des tickets de Paradis : tuer.

distribution de chandelles (une) : fait de donner des coups douloureux.

dit-on (un) : dicton. Ex. : « Si slave* vous contrarireait pas, j'vous serais r'connaissant d'pas m'tutoillier*, vous connaissez le dit-on ? La famille alitée engrange l'mépris. » (B, 113)

divaconner : divaguer.

divagation (une) : diffamation. (B)

divagondage (un) : divagation et vagabondage. Ex. : « Tu voyes bien qu'j'paume pas le fil, malgré mes divagondages. » (B, 208)

dive (une) : bouteille.

diversionner : faire diversion, détourner l'attention. Ex. : « Qu'est-ce qu'elle allait inventer c'te fois que la clape* touchait à son dessert pour me diversionner ? » (B, 208)

divertissure (une) : divertissement. Ex. : « Pendant qu'é s'ra au chômedu*, faudra qu'on la sabre* un peu, les uns les autres, si on passerait dans son quartier, manière d'lu apporter un peu d'divertissure, d'réconfort. » (B, 127)

dividu (un) : individu. (B)

divulgation (une) : divagation. Ex. : « Arrête tes divulgations. Je me paume*. » (B, 200)

dix ans passants (soit) : soit dit en passant.

dix lemmes (un des) : dilemme. (B)

dix plomates (les) : diplomates. Ex. : « Toutes les giries* des politicards*, les bavasseries* des dix plomates, les z'accords de ceci-cela, mes chers vous autres, sont que de la c... en bâton comparé à l'efficacité du radada* sur le plan du rapprochement des peuples. » (B, 71)

dizaïgne : adapt. de l'anglais « design » (forme).

djobe (un) : adapt. de l'anglais « job » (travail, emploi). Ex. : « Maint'nant, si tu voudrais bien écraser*, j'ai b'soin d'êt'peinardos* pour continuer mon djobe. » (B, 90)

doc (un) : docteur.

dociliser : action d'être docile.

docilitas (une) : docilité.

docteur honoris caudal (un) : universitaire spécialisé dans l'étude du pénis.

doctorale (une) : doctoresse. (B)

doctoriser : faire comme un docteur qui demande à voir le patient avant de porter un jugement.

doder : être dodu, plantureux. Ex. : « Ses balises* dodaient outragesquement*. » (B, 208)

dodeliner du cervelet : perdre la raison. Ex. : « Je saisis une revue vieille de dix-huit mois sur la table basse, comme quoi la reine de j'ignore où a des turbins* avec son consort (qu'on ne sort plus, vu qu'il dodeline du cervelet) et entreprends courageusement cette lecture abrupte, qu'en comparaison, les polars* à M. Attali (dont la vie est un songe) sont aussi faciles à lire qu'une affiche de mobilisation générale. » (113)

dodofier (se) : se coucher pour dormir. Ex. : « On grimpe se dodofier un chouilla*, chacun dans sa turne*. » (97)

dodomontade (une) : bruit que produit un dormeur. Ex. : « Des râles agoniques. Des sifflements. Des dodomontades me parviennent. » (80)

doigtonner : tâtonner avec un doigt.

doléer : se plaindre.

doloriser : être douloureux.

domaine (le) : abdomen. Ex. : « L'Henri III morfle* l'Opinel du cureton* dans le domaine et ça lui fait cracher son bulletin de naissance*. » (B, 200)

dôme (le) : crâne, tête. Ex. : « Si elle voit sortir un curé en costar* blanc à rayures noires, portant un bitos* de feutre ramolli enfoncé sur le dôme et ayant une tache d'huile large comme le golfe du Lion sur le futal*, elle va se dire que quelque chose ne tourne pas rond dans le clergé. » (54)

dôme des seins valides (le) : poitrine de femme.

dominancer : dominer. Ex. : « Les individus qui chercheront à t'dominancer, pense à leur part de cul, moustique, et tu verras que tu les verras z'autrement. » (B, 208)

domino (un) : 1. Dent. Ex. : « Ce serait un domino à saint Patrick, à la rigueur, je comprendrais, mais une dent de pochard. » (94). Ex. : « On a le droit de parler fort quand on a la bouche pleine de dominos bien à soi. » (203). 2. Touche de piano. 3. An (d'âge). Ex. : « Lui, il est du genre râlocheur*. C'est le père-la-gronde. Sa fifille, malgré qu'elle se cogne* ses cinquante dominos facile, il la voit toujours mouflette* et continue de peaufiner son éducance*. » (95)

dominos empochables (des) : dentier.

dominoter : s'écrouler l'un sur l'autre comme des dominos. Ex. : « L'officier se met alors à siffler. V'là quatre z'autres troufions* qui se rabattent du premier. Je leur balance une chaise dans l'escalier, et ils dominotent en chœur pour finir le restant des marches sur les côtelettes. » (68)

dompter la boyasse (se) : contrôler ses intestins. Ex. : « Se dompter la boyasse, ça demande de l'entraînement. » (204)

don du biscuité (le) : don d'ubiquité. Ex. : « Note aussi qu'ça peuve s'passer à Marseille avant Lyon, j'sus d'accord, seul'ment comme on n'a pas l'don du biscuité, moi et César, on commence par commencer et après on verrera bien, non ? » (B, 119)

donjon (le) : crâne. Ex. : « Le Mahousse se massa la rétine, se tâta le donjon, éternua, éructa, vagit, barrit, et finit par bredouiller. » (47)

donner : dénoncer.

donner de l'assiette : conforter. Ex. : « Voilà qui beurre l'oignon* des adeptes du nouveau roman. Donne de l'assiette aux chiotards* du style. A ceux qui pompeusement à merde*, qui pédalent à vide. Dont la plume pantelle comme une bite déchargée. » (81)

donner de l'air : en imposer. Ex. : « La vue de Bérurier* en habit ! – Je donnerais de l'air au duc d'Edimbourg que ça m'étonnerait pas, non ? » (39)

donner un gala de bienfaisance : émettre des flatulences intestinales. Ex. : « A midi, j'ai bouffé un n'haricot d'mouton et mister trouduc* donnait son gala de bienfaisance. » (B, 121)

donneur (un) : indicateur de police, dénonciateur. Ex. : « Je rengaine mon bel argent sans insister. Ça le vexerait, et avec les hommes donneurs, il faut se méfier. » (20)

donzelle (une) : femme, fille. Ex. : « Après qu'il eut passé un agréable week-end entre les bras (et les jambes) d'une donzelle élégante et salope à souhait. » (122)

dorcer : dominer, battre. Ex. : « Qu'heureusement, ils se trouvent généralement sous la coupe d'une mégère qui les dorce d'importance, les bride et brime et réduit menu en des intimités bien funestes. » (106)

doré de l'avant : dorénavant. Ex. : « La politique, telle qu'elle se pratique en tout cas chez nous, c'est pas la peine. Ça l'a p't'ête été, ça ne l'est plus. Doré de l'avant, y a plus qu'des nécessités. » (B, 208)

dorénavuche : dorénavant.

dorer le nombril (se) : s'auto-encenser.

dormance (la) : sommeil. Ex. : « Je me laisse doucement quimper dans la dormance*. » (134)

dorme (la) : sommeil. Ex. : « Terrassé par la dorme. » (20). Ex. : « Trois heures de dorme, c'est pas lerche* lorsqu'on a passé la nuit à cavaler. » (36)

dorme (être à la) : dormir.

dormir son vin : cuver son vin. Ex. : « Elle secoue l'ignominieuse épaule du Mammouth, lequel dort son vin sur son coude en polochon. » (150)

dormitoir (un) : dortoir.

dors minus, vomis scout : adapt. du latin « Dominus vobiscum » (le Seigneur soit avec vous).

doryphore (un) : Allemand. Ex. : « Si tu materais* les douaniers doryphores, y boulonnent* dans le sérieux. » (B, 77). Ex. : « Elle prie bien poliment les Espanches* de fermer leurs grandes gueules* tandis qu'elle jactera* le boche* ; et ensuite que les Doryphores bouclent leurs claque-merde* pendant qu'elle maniera le patois de Cervantès. » (116)

dose d'osselets (une) : coup de poing. (B)

dossard (le) : dos. Ex. : « Il est assis sur un tabouret, les mains toujours entravées dans le dossard. » (83). Ex. : « Le cocher vient de mourir d'une injection d'acier dans le dossard. » (85)

dou note masturbe : adapt. de l'anglais « do not disturb » (ne pas déranger). (B)

douanoche (un) : douanier.

doublard (un) : amant d'une femme mariée. Ex. : « Le mari le matin, le doublard le soir ! » (16)

doublarde (une) : prostituée clandestine, ou secondaire d'un proxénète.

doubler : tromper.

doubles rideaux (les) : paupières. Ex. : « J'écarte mes doubles rideaux. A première vue, je crois sincèrement que je rêve. » (105)

doublevécés (les) : w.-c., toilettes.

doublevuiste (un) : individu doué de double vue. Ex. : « Tous les déchiffreurs de lignes de la pogne*, tous les astrologues, les devins, les horoscopistes*, les doublevuistes. » (57)

doudoune (une) : 1. Femme. Ex. : « C'est le genre de doudoune qui marche pour deux. Elle a le panier* à changement de vitesse sur roulement à billes. » (16). 2. Sein de femme de forte taille.

douille (une) : cheveu. Ex. : « Faut vraiment être une gonzesse déplafonnée pour se faire peinturer la tignasse quand on a des douilles pareilles ! » (3). Ex. : « L'un a les douilles taillées en brosse. » (93)

douiller : payer. Ex. : « Je sors de l'auber* de ma vague* pour douiller l'orgie anisée*. » (20). Ex. : « Cet individu vous a douillé la forte somme pour vous décider à lui livrer les plans. » (28). Ex. : « Maintenant, les messieurs hésitent à douiller des extras vu que leurs légitimes se comportent comme des maîtresses. » (45). Ex. : « Et je pèse mes mots, pas que t'aies à douiller une surtaxe, mec. » (88)

douloureuse (la) : addition, facture. Ex. : « Courez chercher un bahut* et préparez immédiatement ma douloureuse. » (16). Ex. : « J'appelle le loufiat pour signer la douloureuse. » (130)

douter de ses Saint-Saëns : douter de ses (cinq) sens.

douze (un) : bévue, erreur. Ex. : « Un douze pareil ne se rattrape jamais. » (110). Ex. : « Je ne rectifie pas l'erreur, Sauveur n'étant pas le genre d'homme qu'on peut reprendre quand il commet un douze. » (142)

douze note masturbe : adapt. de l'anglais « do not disturb » (ne pas déranger). (B)

douze notes masturbent : adapt. de l'anglais « do not disturb » (ne pas déranger). Ex. : « Et puis j'place su' ma lourde* l'écriteau " Douze notes masturbent ". » (B, 106)

doyen du bord (le) : les moyens du bord. Ex. : « Bon, il va falloir les mettre* par le doyen du bord. » (B, 64)

dragée (une) : 1. Crâne. Ex. : « Il a beau être chauve, il a tout de même le front étroit. Quarante ans de képi lui ont une fois pour toutes cisaillé la dragée. Ses sourcils ressemblent à une visière. » (55). 2. Projectile d'arme à feu, balle de revolver. Ex. : « Des dragées qui volent, des hommes qui s'écroulent, du raisin* qui coule ! » (15). Ex. : « Presque à bout de portant, y te l'a seringué de première. Quatre dragées. » (B, 208)

draguer dans : fréquenter. Ex. : « M'est avis, fait-il, que Dubœuf drague dans un bar, avenue Junot. » (20)

dramaturger : dramatiser. Ex. : « On pardonne toujours, qu'est-ce tu veux qu'on fasse d'aut' pisqu'on les aime et qu'on leur a l'habitude ? Moi, ma Berthy*, elle a déjà fait plus d'fugues que Mozart, et alors ? Si on dramaturgeait pour des bricoles, y aurait pas d'existence possib'. » (B, 90)

drapeauteux : qui se rapporte au drapeau considéré comme emblème national. Ex. : « Alors en ce cas pourquoi que les hommes se tirent la bourre* pour les frontières, le patriotisme et tout le toutim* drapeauteux. » (B, 200)

drauper (un) : policier (perdreau* en verlan).

draupère (un) : policier.

drelinguer : sonner. Ex. : « Je drelingue à la lourde*. » (136)

drinker : adapt. de l'anglais « to drink » (boire).

driver : adapt. de l'anglais « to drive » (conduire). Ex. : « Et voilà que je drivais un carrosse sur une route étincelante de lumière. » (122)

driverman (un) : conducteur.

driveur (un) : conducteur.

drogue-store (un) : drugstore. (B)

droit à son retour de bâton (avoir eu) : avoir atteint l'âge de la ménopause pour une femme, ou avoir subi un « coup de vieux » pour un homme.

drôle (un) : gars.

drôlet (un) : petit garçon.

droper ou **dropper** : courir. Ex. : « Vite je drope au lavabo pour freiner l'hémorragie. » (24). Ex. : « L'ambulance droppe dans la nuit byzantine. » (147)

drouille (une) : drogue. Ex. : « Ces toubibs, c'est tout sirop et consorts ! Ils ne rêvent que de vous faire ingurgiter de la drouille et de vous piqouzer* les meules ! » (19)

dubitater : être dubitatif.

dubiter : douter. Ex. : « J'sus moins certain, dubite Bigzob. » (94)

duce (envoyer ou donner le) : donner l'alerte. Ex. : « Crois-tu que le douanier va envoyer le duce ? » (155)

duègnette (une) : petite duègne.

dulcinoche (une) : dulcinée.

dunlopillo (un) : 1. Sein de femme. Ex. : « Quand on mate* les dunlopillos grand standing de la Berthe, on se dit qu'il a de quoi se réchauffer, le serpent à Durandal*. » (200). 2. Ventre.

duo des hommes (le) : duodénum. (B)

duo des nonnes (le) : duodénum. Ex. : « Je caresse la crosse de mon composteur*, comme si je me massais le "duo des nonnes" (dirait Béru* en parlant du duodénum) et je m'approche du hublot. » (B, 65)

dur (un) : 1. Train. 2. Homme viril, solide et aguerri, selon les lois du Milieu.

duraille : dur, difficile. Ex. : « Le duraille reste à dire ; il cherche les mots les plus arrondis aux angles. » (20)

Durand (le père) : soleil. Ex. : « Je vous casse* ces détails car la lune illumine le patelin comme le ferait son mec le père Durand. » (24)

durillon de comptoir (un) : ventre proéminent. Ex. : « Il nous découvre une ceinture élastique large de quatre-vingts centimètres. – Je vous présente l'engin à gommer les durillons de comptoir, fait le Gravos. » (57). Ex. : « Pour présenter dignement ce nectar des dieux qu'est le vin, faut des références physiques : un durillon de comptoir, un début de cirrhose, les yeux injectés de sang, la paluche* qui sucre* un peu, la voix embourbée, plus un chouïa* de couperose. » (205)

durillon de comptoir façon ballon de rugby (un) : ventre proéminent. (B)

durite (la) : intestin. Ex. : « Tel qu'il est parti, il va tousser ses poumons, sa rate, son gésier et trois mètres cinquante de durite. » (75)

dussèche (une) : duchesse.

dynamo valseuse à protubérance triple (une) : élément indéterminé d'une radio dans un avion de chasse de type Mystère (Hébulldegomme).

dysentrique : atteint de dysenterie. Ex. : « Un gazier* pelleteur défèque à mon côté. Dysentrique, le mec*. Il semble souffrir mille morts en bédolant*. » (106)

dzobbe (le) : petit mammifère qui vit dans la région du lac Honasse et dont la principale particularité est qu'il change très souvent de terrier.

E eau-cul-rance (une): occurrence. Ex. : « Qu'alors, cette crêpe* de Martin adulée du peuple se réfuge* entre
d'aut'cuissots compatissants. Dans l'eau-
cul-rance celles d'une actrice un peu
tapée*. » (B, 208)

eau curence (une) : occurrence. Ex. : « D'ailleurs ça n'a rien de préjoractif d'êt'une
femme d'notaire. C'que il y a dans cette eau
curence, c'est qu'vous y donnez d'l'air à
maâme Bugnazet. » (B, 208)

eau-de-là (l') : l'au-delà. Ex. : « M'ayant t'nu
ce conseil de guerre, j'esplique à la gosse que
j'dois faire mes rites av'c l'eau-de-là, sans
faute, ce soir, vu qu'c'est pleine lune avec
l'étoile polard à bâbord et le signe du Ver-
seau en poupe, une conjonction qui
n'trompe pas. » (B, 208)

eau montée sur amortisseurs télescopiques
(une) : eau gazeuse. Ex. : « Quelqu'un
s'empresse avec une boutanche* d'Evian ;
mais l'Espago* secoue la tête d'un air boudeur. Il aime l'eau montée sur amortisseurs
télescopiques, lui. Faut que ça lui décape ses
pauvres muqueuses encrassées par la
route ! » (58)

eau-praline (i') : opaline. Ex. : « Des bruits
de verrerie rendue à leur état silicieux initial. – Quoi ! La lampe en eau-praline ! Et qui
me v'nait de ma mère. » (BB, 73)

ébénite (une) : femme de race noire à la peau
très foncée. Ex. : « Une sixaine* de filles stationnent dans ce fastueux livinge*. Trois
Blanches, trois Noires. Les Blanches
comprennent : une blonde, une rousse, une
brune. Les Noires : une ébénite, une capuccino*, une mulâtreuse*. » (105)

éberluade (une) : ahurissement.

éberluage (l') : fait d'être éberlué.

éberluance (l') : fait d'être éberlué.

éberluant : capable d'éberluer. Ex. : « Une
créature vivante vient m'ouvrir, si éber-
luante que je suis heureux de ne pas porter
de dentier, sinon il chuterait sur le paillasson, tant est grand mon saisissement. »
(132)

ébloui du promontoire (un) : original, doux
dingue, illuminé, gâteux.

éblouisserie (une) : éblouissement.

ébrouance (une) : fait de s'ébrouer. Ex. :
« Une ébrouance pour recoller au réel. »
(117)

ébrouffailler (s') : s'exclamer avec émotion
et reconnaissance. Ex. : « Cette pierre est à
marquer d'un jour blanc, s'ébrouffaille le
cher garçon ! Moi, vous tutoyer ! » (147)

éburner : pratiquer l'ablation des testicules.
Ex. : « Ces mecs, on devrait les éburner
comme des olives à farcir. » (75)

écarcouiller : écarter, écarquiller. Ex. : « Il
écarcouille grand ses vasistas*. » (83)

écarquiller : prêter attention. Ex. : « Un truc
fou, San-Antonio ! – Y a bon Banania, pour-
léché-je ; vas-y, j'écarquille. » (112)

écarteler le fion* (s') : se fatiguer, s'efforcer.
Ex. : « Le jour où que ton Bitauvent* a
composé ses pom, pom, pom, pommm il

125

s'est pas écartelé le fion* mais il nous a en tout cas rendu un fameux service. » (B, 202)

échaffourer : tourner à l'échauffourée. Ex. : « Ça échaffoure plein tube. Il en radine* de partout ; le peuple souverain s'avance, belliqueux, nous faire notre fête. » (117)

échasse (une) : jambe. Ex. : « Nous allongeons nos échasses, croisons nos mains sur nos braguettes surpeuplées et glissons dans un anéantissement décodant*. » (135)

échauffourer : effaroucher. Ex. : « Si c'est comme ça, c'serait p't'être meilleur qu'tu la voyes tout seul, pas l'échauffourer. » (B, 151)

échauguette (une) : ouverture ; par extension, braguette. Ex. : « Il a omis d'assujettir les quatre boutons protégeant son déshonneur et le pan de sa chemise passe par l'échauguette. » (31)

échevelage (un) : écheveau. Ex. : « Vous mordez* un peu l'échevelage de tout ça ? » (204)

échevelé : chevelu. Ex. : « J'ai ôté un d'mes souliers et j'y ai balancé un grand coup d'talon su'le crâne. Ça y a déchiré l'cuir échevelé et y s'est mis à pisser le sang. » (BB, 98)

échine d'or sale (l') : épine dorsale. (B)

échonocroque ou **éconocroque** (une) : économie.

échoter : répéter comme un écho. Ex. : « Madame ! salué-je. - Maâme, échote Béru*. » (62)

échouer au concours de longévité organisé par Mathusalem : mourir.

éclabouiller de la bistouille (s') : avoir le visage qui s'éclaire.

éclairage au néant (offrir l') : assommer, faire perdre conscience. Ex. : « Tu permets que j'offre à m'ssieur l'éclairage au néant ? Et, sans attendre mon approbation, voilà Sa Majesté qui place un crochet à l'estom' du pompiste. » (51)

éclairer : payer, soudoyer, graisser la patte. Ex. : « Je comprends que cent pesetas sont un peu jeunettes*. Il va falloir l'éclairer au néon, le gars, pour qu'il m'assiste dans cette étrange conjoncture et qu'il la boucle hermétiquement. » (18). Ex. : « Elle entretient Aldo avec une certaine parcimonie. Bon

gîte, bonne table, mais elle éclaire* en rechignant. » (213)

éclusade (une) : action de boire.

écluser : boire. Ex. : « J'ai calmé mon pote* en lui proposant d'aller écluser une petite bouteille. » (20). Ex. : « On écluse un gorgeon* pour se rebecqueter*. » (40)

écluser le pactole : se ruiner en buvant.

écordé : se dit d'un instrument de musique à cordes, sans cordes.

écosser : ôter un vêtement trop ajusté. Ex. : « En tout cas j'ai eu la fermeture ! triomphe ladite. Elle le prouve en écossant le short récalcitrant. » (150)

écosser la rate (s') : rire.

écouillage (un) : ablation des testicules.

écouiller : castrer. Ex. : « Leurs yeux me dardent, me lardent, transpercent, déchiquettent, éventrent, écouillent, égorgent, dépècent. » (150)

écoulaga : écoulé. Ex. : « Trente minutes se sont écoulagas depuis mon coup de grelot* à Mathias*. » (132)

écoutille (une) : oreille. Ex. : « Baissez un peu le niveau sonore de la hi-fi, j'ai les écoutilles qui se lézardent. » (131)

écrabouillade (une) : écrasement.

écrabouiller (en) : dormir.

écrase-merde (un) : chaussure. Ex. : « Le toubib* est corpulent, avec des écrase-merde format péniches, et un froc* mesurant un mètre nonante de circonférence. » (139)

écraser (en) : dormir. Ex. : « Manière de le confiancer*, je fais mine d'en écraser. » (74). Ex. : « J'ai dû en écraser une heure, tout au plus. » (104). Ex. : « Ce que je voudrais, c'est pouvoir en écraser sans avoir l'impression que j'sus couchée au milieu de la gare Saint-Lago*. » (MM, 203)

écraser (s') : se taire.

écrémer : soutirer de l'argent. Ex. : « Je sais qu'il s'agit de gredins de la pire espèce, de ceux qui jouent de la dinguerie* pour éponger* leurs semblables, les écrémer jusqu'au trognon*. » (135)

écrémer son lait : gagner sa vie, subsister. Ex. : « Les temps sont difficiles, chacun écrème son lait comme il peut, non ? » (105)

écrémoire (un) : four crématoire. (B)

écrin à ratiches (l') : bouche. Ex. : « Il chope* Hamar par le colback*, l'amène à vingt centimètres de lui et lui file un coup de boule* dans l'écrin à ratiches. » (56)

écrin Eminence (un) : slip. Ex. : « J'me torchonnais Coquette* avant d'la remett' dans son écrin Eminence. » (B, 208)

écrire quatre et deux, six, avec sa démarche : boiter.

écrire huit mille huit cent quatre-vingt-huit avec son nombril : pratiquer la danse orientale, dite du ventre.

écrivaillerie (une) : littérature de peu d'envergure.

écroulaga : écroulé, avachi. Ex. : « Elle continue son gazouillis charmant. Moi, je reste écroulaga dans mon rocking-chair. Gâtouillard* à bloc, l'Antonio. Pas plus nerveux qu'un yaourt taille fine. » (120). Ex. : « Sa combine vient de s'écroulaga. » (142)

écumer : 1. Spolier. Ex. : « Il est si gentil, mon Pinaud*, qu'on peut l'écumer à la louche comme un pot-au-feu. » (152). 2. Boire. Ex. : « Si on irait s'écumer un peu de bière à Montmartre ? » (83)

écureuil (un) : écueil. Ex. : « Av'c d'la persévérance et d'l'huile d'olive, on surmonte tous les écureuils. » (B, 148)

écuries d'Audiard (les) : écuries d'Augias. Ex. : « C'est suite à l'arrestance* de ton saint Raphaël qu'ils ont nettoyé les écuries d'Audiard chez ta mère Tatzi. » (B, 121)

écuyère à Pau (deux coups d') : en deux coups de cuillère à pot.

éducance (une) : éducation. Ex. : « La femme rangée, d'belle éducance, qui se fait piner* sobr'ment à la maison par une personne qualifiée. » (B, 148). Ex. : « Y a un truc que j'insiste énergétiquement, ma loute : sèche tes cours d'éducance sexuelle. » (B, 208)

effacer : 1. Recevoir. Ex. : « Je crois le moment venu d'accorder une seconde tarte à mademoiselle. C'est pas qu'elle fasse du rebecca*, mais il est bon de la maintenir dans le climat. Elle efface sa beigne*, essuie l'humidité qui coule sur ses joues. » (45). Ex. : « Je ne sais pas où il a effacé ma balle, en tous cas elle lui met un terme*, à ce saligaud. » (75). Ex. : « Il vient d'effacer ma droite au menton. » (83) 2. Tuer.

effacer (s') : partir, quitter.

effarade (une) : fait d'être effaré. Ex. : « Je la plante au milieu de son effarade. » (118)

effarer : être effaré. Ex. : « Il effare en me voyant escorté de deux ravissantes femmes. » (102)

effectif (un) : effet. Ex. : « Est-ce qu'm'sieur l'Antonio d'mes fesses sombrerait-il dans la gâtoche*, si c'serait un effectif d'vot'bonté d'm'y dire ? » (B, 109)

effeuillé de l'intelligence : original, doux dingue, illuminé, gâteux.

effeuiller la denture : édenter.

effeuilleuse (une) : strip-teaseuse. Ex. : « Ses yeux de ciel trempé (ou d'acier d'azur) me mettent à nu en moins de temps qu'il n'en faut à une effeuilleuse du Crazy Horse Saloon pour se dessabouler* de son ultime confetti. » (102)

effeuilleuse de ratiches (une) : dentiste.

effigie de Bonaparte (une) : billet de cinq cents francs.

efforcer de l'entraille : déféquer. Ex. : « Je déduis que messire Papa se trouvait aux gogues*, à lire son journal en efforçant de l'entraille. » (93)

effractionner : pénétrer par effraction. Ex. : « Il n'est pas question d'effractionner cette tirelire*. » (75)

effrayance (une) : chose effrayante. Ex. : « M. Blanc, habitué à des effrayances négroïdes, conserve mieux son calme. » (138)

effrénance (une) : frénésie. Ex. : « Je lui pique des deux* avec une effrénance si forte qu'elle se met à crier, la chérie. » (97)

effrénégance (une) : frénésie.

effroyance (une) : caractère de ce qui est effrayant. Ex. : « Les sentir à tes miches* : cauchemar ! Queuleuler* derrière cette horde : effroyance* ! » (97)

effusion internée (une) : contusion interne. Ex. : « Pour la part d'en ce qui me concerne, excepté quelques effusions internées, je m'en sors avec les honneurs de naguère*. » (B, 79)

effusionner : se répandre en effusions. Ex. : « C'est bigrement gentil à vous de vous être dérangés, assure-t-il en nous effusionnant. » (150)

égoïsterie (une) : manifestation d'égoïsme. Ex. : « Lui sauter dessus maintenant passerait pour une égoïsterie masculine. » (104)

égosillage (un) : fait de s'égosiller. Ex. : « Oh! la bramante* à Uhro! Cet égosillage tympanticide*! » (150)

égosiller : s'égosiller. Ex. : « Fayot comme pas deux, j'égosille qu'à son âge on peut tout entreprendre. » (150)

égosiller de la clape : béer.

éguesacte : exact. (B)

éguesiger : exiger. Ex. : « L'aura t'été un ami sûr, avec des tendresses et des rires à s'en faire péter l'joint d'culasse de nos rates. Qu'est-ce tu voudras éguesiger d'mieux d'un ami. » (B, 208)

éguesistence (l') : existence. Ex. : « L'éguesistence est moins marrante qu'un boisseau de morpions dans vot'culotte. » (B, 130)

éhonter : dire un mensonge éhonté.

éhonteuserie (une) : ignominie.

éjambé : privé de jambes. Ex. : « Il arrive en rajustant son futal* éjambé. » (62)

éjupée (une) : femme vêtue d'une jupe très courte.

élaminoire : éliminatoire. Ex. : « Si j'y cloque* le zéro dont auquel il mérite, il va se retrouver chez plumzingue*, le concurrent! C'est élaminoire, un zéro. » (B, 79)

électrac (l') : électricité. Ex. : « Le Boss* le foudroie à bout portant d'un regard comportant autant d'électrac que le barrage de Donzère permet d'en fabriquer en un an. » (35)

électraque : électrique.

électriqueur (un) : électricien.

électro (un) : électricien.

électrocoquer (se faire) : subir un électrochoc.

électrocuteur (un) : interlocuteur. (B)

élec trop faune (un) : électrophone.

élégamment : également. (B)

éléphancade (une) : cavalcade.

éléphantiaste (un) : personne obèse.

élesdé : L.S.D.

élevage portatif (un) : poux du pubis. Ex. : « D'où qu' t' viens? il demande en passant une main fougueuse dans sa braguette disloquée pour aller porter la panique dans son élevage portatif. » (87)

élimé de la pensarde : hébété. Ex. : « Et l'autre raccroche. Je suis à ce point élimé de la pensarde que je ne songe pas à l'imiter. C'est le dévoué Jérémie Blanc* qui, charitablement, me cueille le combiné des mains pour le reposer sur l'interrupteur de grossesse. Pour un peu, il m'emmènerait faire pipi. » (141)

éliminé : élimé. Ex. : « Sa limouille* est éliminée. » (83)

élixir de roupillage (un) : somnifère. Ex. : « Croyez-moi ou allez vous faire déterminer le groupe sanguin, mais je m'offre quatre gouttes de mon élixir de roupillage, afin de mettre un point de suspension à mes affres. » (63)

éloctrusection (une) : électrocution. (B)

éloigneté (une) : éloignement.

éloquencer : être éloquent. Ex. : « Ainsi, en aperc'vant ce bigophone* mural, noir et branquilleux*, j'ai su comm' y n'est pas permis qu'il s'agissait bien d'çu qu's'servaient les kidnappeurs. C'bignou*, tout pauvret cont' un mur carrelé qui f'sait songer à une pissotière désinfectée, ouais, c'bignou* m'éloquençait. » (B, 208)

élucubrance (une) : élucubration. Ex. : « A l'instant que je te mets mes élucubrances sous presse. » (81)

élytre : élite. (B)

émascugorgé : égorgé et émasculé.

embager : enjamber. Ex. : « Là-dessus, j'embage le siège avant. » (97)

emballage à osselets (un) : cercueil.

emballer : 1. Séduire une femme. 2. Mettre en état d'arrestation.

embardouflée (une) : quantité importante. Ex. : « Ça pue bon le croissant chaud et les brioches. Elle a envoyé Conchita en acheter une embardouflée. » (119). Ex. : « Il opine et file une embardouflée de pommes de terre débitées à la machine dans son bac à frigousse*. » (132)

embecquer : porter à la bouche.

emberlifer (s') : 1. S'emberlificoter, s'empêtrer. Ex. : « Le Dabe*, quand il est lancé sur une affaire, il s'emberlife dans les gravités solennelles. » (74). Ex. : « On s'emberlife dans des pâmades. » (84). Ex. : « Il bat des ramasse-miettes*, façon jeune pianiste ingénue qui regarde son professeur déboutonner sa braguette pendant qu'elle s'emberlife avec " La Lettre à Elise ". » (136). 2. Tromper. Ex. : « Il t'emberlife de première alors que tu mouilles de curiosité. » (131)

embigoudée : se dit d'une femme qui porte des bigoudis.

embistouiller : confondre. Ex. : « Bucher t'a appelé ce soir en te disant qu'un gars des Services secrets français cherchait à l'embistouiller. Il t'a ordonné de me liquider* presto, non ? » (24)

embistrouillant : ennuyeux. Ex. : « Je suis aux prises avec ce problème, beaucoup plus délicat et embistrouillant que mon enquête, lorsque la porte s'ouvre avec fracas et le Gros que j'avais déposé devant sa porte entre sans saluer personne. » (46)

embocconant : suffocant, puant. Ex. : « Je m'trouvais z'au jardin, à r'tourner le carré des fleurs, près d'la cabane des chiottes où qu'on f'sait pousser du réséda et des giroflées pour couvrir l'odeur si embocconante l'été. » (B, 208)

emboer : engloutir tel un boa. Ex. : « Béru*, d'une gueulée ultime, vient d'emboer (de boa) ses victuailles. » (89)

emboucher un coing : en boucher un coin. Ex. : « Je vais vous emboucher un coing, comme disait un fabricant de confitures. » (75)

embourbé du chignon (un) : fou. Ex. : « Le fils Michu-Blumenstein, le demeuré, le jobré*, le déplafonné*, le cintré du bulbe*, l'embourbé du chignon*, le grippé du promontoire*, le zinzin*, le follingue*, le tordu, l'obscurci de la coiffe*, le zig aux méninges pâteuses*. » (89)

embourber : enterrer. Ex. : « Quand je canerai*, je défends qu'on m'embourbe dans un lardeuss* de chêne. » (71)

embracelé : orné d'un bracelet. Ex. : « Ce bras blanc embracelé de sang, là-haut, la rappelle à des réalités sinistres. » (75)

embrasement de chemise (en) : bras de chemise. Ex. : « J'claquais des chailles*, comme quand t'as raccompagné quéqu'un à sa bagnole*, la nuit d'hiver, et qu't'es resté à lu

causer en embrasement d'chemise. » (B, 208)

embraseser l'essence : enflammer les sens. Ex. : « Qui c'est, l'mec qu'a su m'embraseser l'essence ? Il s'appelle comment est-ce ? Hmm ! Oui : Béru* ! Y m'arrive d'papillonner et de prend'des pafs, mais d'cœur je t'ai resté fidèle. J't'aye dans la peau, Sandre. » (BB, 148)

embrassade (une) : ambassade. Ex. : « Un attaché d'embrassade séduisant comme un calendrier des postes. » (131)

embrasse-en-ville (un) : petit bagage contenant le strict nécessaire, synonyme de « baise-en-ville ». Ex. : « Je confie mon embrasse-en-ville à un bagagiste. » (24)

embrayer : engager une conversation avec. Ex. : « J'embraye la nurse. Elle s'appelle Marlène Poilfout. » (28)

embringuer (s') : s'organiser, se mettre en place. Ex. : « Franchement, (la situation) s'embringue mal ! » (24)

embrogliller : concevoir des imbroglios embrouillés. Ex. : « Les romanciers yankees, c'est de l'amphigouri à grand spectacle et rien d'autre. Ils embroglillent. Ils assènent de la documentation. » (135)

embroquer : masser, enduire d'embrocation.

embrouilla-motos (un) : embrouillamini de motocyclettes.

embrouille dans la triperie (avoir de l') : avoir la nausée. (B)

embrumasser (s') : s'embrumer.

embugner : entrer en collision. Ex. : « Mais la route est trop pétroite ! On va s'embugner mutuellement ! » (76). Ex. : « Je freine en catastrophe. Un choc ! Le zozo* qui me suit en drivant* une Pigeot* vient de m'embugner. Il descend en râlant ! » (127). Ex. : « C't'une bagnole commak* dont il t'faudrait. Quand t'est-ce t'embugnes un gus, c'est sa tire* qu'est plein d'bosses, toi tu continues ta route en père turbable*. » (B, 148)

embusqué : fuyant, pour un regard. Ex. : « L'homme a le front étroit, le nez busqué, le regard embusqué, la lèvre débusquée* et une paire d'oreilles rougeoyantes. » (62)

émeraude (une) : hémorroïde. Ex. : « J'allais au toubib pour lui présenter mes émeraudes sur champ d'azur. » (B, 74). Ex. : « J'vous répondrais bien quèqu' chose, mon p'tit gars, mais comme elle est induite* d' moutarde, c'serait pas gentil pou' vos émeraudes. » (B, 124)

émergeant : divergent. Ex. : « Elle a les cheveux de Dalida, mais sans strabisme émergeant. » (93)

émerveillance (une) : émerveillement.

émicher : subir une ablation des muscles fessiers. Ex. : « Il va me falloir sortir d'ici en loucedé*, sans me laisser égorger ni émicher par les redoutables fauves que j'entends rôdailler* autour du hangar. » (81)

émiction (une) : miction.

émietté du lobe : original, doux-dingue, illuminé, gâteux.

Eminence grise (une) : slip douteux. Ex. : « Il remet Coquette* dans son Eminence grise. » (115)

emmagasineuse de picaillons (une) : caissière.

emmajester (s') : devenir majestueux. Ex. : « Sa voix enfle, enfle, s'emmajeste ! » (126)

emmalheuré : malheureux.

emmalleur (un) : quelqu'un dont la tâche est de remplir une malle.

emmanché (un) : imbécile. Ex. : « Des emmanchés de ma connaissance, des ramollis que je sais, des gluants du bulbe* que je n'ignore pas complètement, des loupés du cervelet dont je suis au courant vont me réputer raciste alors que je ne hais même pas les Blancs. » (204)

emmaverdavemavent (un) : emmerdement.

emmaverder : emmerder, ennuyer.

emmiraclé : miraculé, incarné miraculeusement.

emmoroser : ennuyer, rendre morose. Ex. : « Ma venue l'emmorose un brin. » (109)

emmouscailler : ennuyer. Ex. : « Je me gratte le crâne, sérieusement emmouscaillé par la tournure des événements. » (24). Ex. : « La mine très emmouscaillée de l'unijambiste qui se fait couper sa dernière guitare par le train en allant à Lourdes. » (32). Ex. : « Il doit être salement emmouscaillé par cette histoire, le dirlo* du Comptoir Machinchouette. Il a le ton accablé d'un homme qui manque de sommeil par excès de méditations accablantes. » (73). Ex. : « De belles fleurs rouges garnissent les fossés. Je me rappelle plus leur blaze*, ça n'a pas d'importance. Tout ce que je peux vous dire c'est qu'elles coûtent très cher chez votre fleuriste, alors qu'ici elles emmouscaillent pire que le chiendent. » (78)

émollienter : parler d'une voix émolliente. Ex. : « Je n'en doute pas, monsieur le directeur, émolliente le commissaire. » (135)

émotionnant : émouvant.

empaffé de pissotière (un) : imbécile. Ex. : « Empaffés de pissotières ! Moudus* ! Raciste, moi ? Et ça, c'est du belge ? » (204)

empailler : tromper, duper, escroquer.

empalucher : empoigner.

empâmer (s') : se pâmer d'aise.

empanné (un) : automobiliste en panne. Ex. : « Quand je songe que des empannés s'impatientent lorsqu'ils doivent transporter un jerrican d'essence. » (204)

empapadréouter : subir les embrassades des concitoyens de Papandréou (homme politique grec).

empaqueter : dérober, détourner. Ex. : « Elle n'a pas la possibilité de t'empaqueter de la fraîche*, en loucedé* ? » (132)

emparade (une) : fait de s'emparer. Ex. : « Troisio, emparade du Colt. » (132)

emparer : s'emparer. Ex. : « L'un des gardes du corps empare ma valise. » (97). Ex. : « Qu'alors un brusque malaise m'empare. » (97). Ex. : « Le rectangle de carton est posé sur une table basse, devant mon siège. J'empare. » (142)

empelousé : garni de pelouses. Ex. : « On déboule dans la cour de l'établissement, agrémentée de plates-bandes empelousées. » (93)

empétarder (s') : se mettre en colère.

empetercheyner : s'exprimer à la manière de l'écrivain Peter Cheyney. Ex. : « M'est avis, empetercheyné-je, que vous aviez mis au point une gentille combine. » (80)

emphaser : s'exprimer avec emphase.

empileuse de mornifle (une) : caissière.

empinaudé : stimulé par César Pinaud*. Ex. : « Agacé, dopé, l'âme empinaudée, je rouvre les penderies qui, sur trois faces, entourent le magasin. » (90)

emplafer : projeter violemment. Ex. : « Ce gâteau est destiné à être mangé ou à être emplafé dans la gueule d'un mec ? » (154)

emplâtrée (une) : correction physique. Ex. : « Sa frime* est un magma saignant, boursouflé, bordé de marbrures vertes et violettes, strié de lacérations ouvertes. – Les vaches*, articule-t-il, tu parles d'une emplâtrée. » (93)

emplâtrer : percuter avec un véhicule, frapper.

emplâtreur de modération thermo-hygiénique à grumeau valseur (un) : interrupteur (fictif) de radio-émetteur.

empletter : acheter, faire une emplette. Ex. : « La description de Belle Isabelle cadrait pile avec celle d'une des clientes ayant empletté une valdingue* de métal. » (126). Ex. : « Il y a des magasins surchoix à la Mamounia. J'emplette un Nikon avec ses accessoires. » (126). Ex. : « Mon bagage se résume à un sac de plastique contenant le rasoir et la trousse de toilette que j'ai emplettés au market* de l'aéroport. » (134)

emplumé à casque (un) : gendarme motocycliste.

empogner : saisir. Ex. : « La dinguerie du zobinoche* l'empogne à bras-le-corps. » (75)

empoissonnement (un) : noyade dans une cuve remplie de poissons vivants.

empolluer : polluer. Ex. : « Et donc, pour t'en revenir, après la baguenaude* en mer qu'il n'est rien de plus con, en ce monde, de plus creusement* oisif, vide de sens, d'aller fendre le flot pour y brûler des hydrocarbures, empolluer les baies qui contenaient tant de félicité avant les premiers derricks. » (97)

empotage (un) : mise en terre d'un défunt.

empoté du bulbe : personne peu intelligente. Ex. : « La jeune Mme Bérurier* n'est pas empotée du bulbe. » (74)

empreinte de gitane (une) : empreinte digitale. (B)

emprintané : joyeux, printanier. Ex. : « Quand tu entends vociférer " Les Matelassiers* " quelque part, c'est que mon Béru* a le cœur emprintané. » (94)

empullové : attifé d'un pull-over. Ex. : « Jérémie met ses bonnes papattes sur les deux épaules empullovées de Bambois. » (149)

en bon point : embonpoint. Ex. : « Même que m'on p'pa l'avait surnommé Faty, à cause qu'il est en bon point. » (79)

en-allade (une) : départ. Ex. : « Un quart d'heure après l'en-allade de Gretta, Lurette* a refait surface. » (118)

en-cuir (un) : motard.

en-p'tit-potiste (un) : antipodiste. Ex. : « J'étais comme ces gonziers* d'cirque qui portent toute une pyramide d'aut' pékins* sur leur tronche*, à l'envers, les en-p'tit-potistes, on les nomme. » (B, 208)

en-va (un) : départ. Ex. « L'ogresse-concierge est sur le pas de sa porte (bien qu'elle soit digne des loges) et surveille notre en-va. » (108)

énamourant : énamouré. Ex. : « Deux ou trois bouquins d'amour pour serveuses de drugstore énamourantes. » (142)

énamourer : énumérer. (B)

encabaner : emprisonner. Ex. : « – Le jour où tu quitteras la poule*, tu pourras t'établir serrurier, gars, t'es doué. – C'est un métier qui a bien des désagréments : regarde Louis XVI. – Il était serrurier, ce mec-là ? s'étonne mon compère. – Tu ne le savais pas ? – C'est pas fort de s'être laissé encabaner. » (45)

encablure (une) : distance. Ex. : « Je continue d'y filer le train* à bonne encablure pour ne pas trop attirer l'attention du Ricain*. » (24). Ex. : « Je n'ai jamais su ce qu'était une encablure, et vous, non plus, je parie ; mais ça fait bien dans un récit océanesque. » (60)

encaisseuse de termes (une) : concierge.

encaoutchoutés (des doigts) : doigts qui portent des gants en caoutchouc.

encaustiquer le blason : flatter un aristocrate. Ex. : « Mesdames et messieurs, fais-je, oubliant dans la frénésie du moment de leur encaustiquer le blason à coups de Sa Majesté. » (57)

enceinter : engrosser. (B)

enchaleurer : réchauffer. Ex. « Cette confidence, lâchée dans un moment d'abandon, m'enchaleure l'âme. » (108)

enchantage : fait d'être enchanté.

enchaster (s') : se confiner dans la chasteté. Ex. : « La manière qu'ils baisent ou se masturbent, qu'ils partouzent*, font des pipes* à trois cents points* ou bien s'enchastent dans des idéaux. » (114)

enchetarder : mettre en état d'arrestation, emprisonner.

enchetiber : 1. Incarcérer. 2. Duper, mentir. Ex. : « – Ecoute, mon gars, c'est pas la peine de t'enchetiber, ce serait pas correct en un pareil moment. Je joue franco : je ne suis pas plus curé que toi tu n'es le pape. » (9). 3. Surpasser. Ex. : « Un mec qui sait bâfrer sait vivre, et un homme qui sait vivre enchetibe les autres, ceux qui sont au Vittel et aux carottes Vichy. » (10)

enchié : constellé de matière fécale. Ex. : « Je m'approche du téléphone enchié par des générations de mouches. » (105)

enchier : ennuyer, tracasser. Ex. : « Il dit tout net qu'il s'agit pas de venir enchier une honnête famille à pareille heure avec des ragots. » (105)

enchiffrogné : ronchon, renfrogné. Ex. : « Vachement enchiffrogné, mon coéquipier! L'air d'un qui couve la grippe et à qui l'Aspirine ne fait que tchi*. » (142)

enchifrené : renfrogné, maussade. Ex. : « L'image crémeuse du Tondu m'apparaît. Il est tout enchifrené. Un début de grippe, sans doute? » (95). Ex. : « Trois tires dans le garage, surveillées par un mec chafouin à l'air enchifrené (il a peut-être le rhume des chafouins). » (121)

enchifrogné : renfrogné. Ex. : « Me voyant radiner*, il prend une mine tout enchifrognée. » (100)

enchifrogner (s') : se renfrogner. Ex. : « Le Mastard s'enchifrogne puisque je parais avoir eu raison contre lui. Mais, beau joueur de nature, il ne tarde pas à baisser pavillon, comme il baisse culotte. » (118)

enchitonné : drapé tel un Romain de l'Antiquité. Ex. : « Elle fait face à Pinaud*, lequel est également enchitonné dans le second rideau. » (75)

enchoser (s') : s'ennuyer. Ex. : « On va acheter des cartes postales qu'on adresse à des truffes qui s'enchosent autre part en vous écrivant les mêmes. » (24)

enchrister : incarcérer. Ex. : « J'ai passé un savon carabiné à Bérurier* pour l'avoir enchristé sans le fouiller. » (38). Ex. : « Avec tout ce dont nous disposons, si ce gus* n'est pas enchristé dans les quarante-huit heures, je m'engage dans l'Armée du Salut! » (152)

enchtiber : incarcérer. Ex. : « Il est toujours très ahuri, mais soulagé de voir qu'on ne lui cherche pas de rognes. Un cadavre dans sa propriété! Il se voyait déjà enchtibé, le moustachu. » (8)

encimetiérer : attrister.

encloaqué : terni, gonflé. Ex. : « Le patron est à la caisse, l'œil encloaqué de sommeil. » (75)

encloque (le mur d') : mur d'enceinte. Ex. : « Aux Indes on ne dit pas le mur d'encloque depuis la campagne entreprise pour la régularisation des naissances. » (79)

enclumer (s') : se statufier. Ex. : « Le Mammouth somnole, comme chaque fois qu'il est immobile. Que cesse le mouvement et il s'enclume, Alexandre-Benoît. » (105)

encoconner : emprisonner dans un cocon. Ex. : « Une araignée géante m'aurait encoconné, ça ne serait pas mieux. » (81)

enconner (s') : devenir con. Ex. : « Ils s'enconnent dans les jactances*. » (132)

encorailler : enterrer dans le corail.

encornage (l') : fait d'être cocu. Ex. : « La vérité, mes drôles, c'est que votre encornage vient de votre promptitude. » (75)

encornée (l') : cornée. (B)

encorner (s') : se tromper (entre époux).

encorner : faire cocu. Ex. : « M'est avis que ça doit être duraille* d'encorner un pote* au pays d'Aladin! » (56)

encornifler : faire cocu.

encrâner : donner un coup de tête. Ex. : « Et ploff! Il encrâne rageusement l'Hindou. Qui se tend (toujours, l'Hindou se tend), et s'affale. » (102)

enculade (une) : enfilade. Ex. : « Au premier, une enculade de salons modernes et de salles de jeux. » (89). Ex. : « Me font gravir les marches, me traînent à travers une enculade de pièces (comme dit Béru*) avant de s'arrêter devant une porte rébarbative. » (116)

enculé : éculé. Ex. : « Un grand, à pull roulé, futal* d'velours potelé, savanes tout enculées. » (B, 208)

enculinaire : culinaire. (B)

enculper : inculper. Ex. : « Je vous enculpe de violation d'hôpital! De nonne assistance à personne en danger de mort! D'excitation* au suicide! D'insulte à commissaire de police! D'attente aux bons murses*! (B, 86)

encultisme (l') : occultisme. (B)

enculum vitré (un) : curriculum vitæ. Ex. : « C'est quoi dans les grandes lignes, l'enculum vitré d'mossieur? » (B, 121)

encurieuser (s') : devenir curieux.

encuriosé : attiré par la curiosité, rendu curieux. Ex. : « Elle est encuriosée pour de bon, la mère. M'avait pris pour un coquin de maître chanteur, et puis se met à réviser son hâtif jugement. » (106). Ex. : « Ils accourent, encuriosés. » (152)

encyclopédie (l') : étude des cyclopes.

endésespoirer : désespérer. Ex. : « J'enrage! J'endésespoire! » (75)

endéver : faire subir des ennuis. Ex. : « Lui aussi je le fais endéver. Et lui aussi m'a déjà secouru bien des fois. » (20)

endêver : enrager. Ex. : « Je voudrais la photo du président dédicacée au nom de notre concierge. Elle aimerait faire endêver son époux, lequel est communiste. » (124)

endofé ou **endoffé** : sodomisé (insulte). Ex. : « L'autre endofé se vautre dans une bergère où il se met à jouer les Juliette Récamier. » (10)

endoffer : berner.

endolorissure (une) : ecchymose, blessure. Ex. : « Y m'casseraient une aile*, ces charognards! gronde le Majestueux, surpris, en massant ses endolorissures. » (126)

endormir sur le cachalot (s') : être inactif. Ex. : « M'est avis qu'il va falloir jouer serré, pas s'endormir sur le cachalot. » (85)

endosse (une) : épaule. Ex. : « C'est pas la première fois qu'on me cloque* le canon d'un pétard* entre les endosses. » (47). Ex. : « Je le crampanne par les endosses, le forçant à me regarder. » (51). Ex. : « Ça commençait à faire mal aux endosses, ce patacaisse cascadeux. » (74)

énerguméner : se conduire en énergumène, se débattre. Ex. : « Il le tient ferme dans le creux de son coude. L'autre tente d'énerguméner. » (89)

énergumer : se conduire en énergumène, se débattre.

énervance (une) : énervement.

enfamiliariser (s') : se permettre des familiarités.

enfance de lard (l') : enfance de l'art. (B)

enfanfreluché : garni de franfreluches. Ex. : « Moi, quand je mate* un nuptial cortège enfanfreluché de blanc, dans la rue, j'ai envie d'écrire " cocu " sur les lourdes*, au goudron (cette encre politique). » (81).

enfant de Sodome (un) : homosexuel. Ex. : « Ils se ressemblent, tous les trois. D'aimables blondinets, pâles, aux yeux de biches fiévreuses et à la lèvre humide. Béru* qui n'est pas un enfant de Sodome ne leur fait pas de cadeau. » (200)

enfantiller : parler comme un enfant.

enfantilleur (un) : celui qui fait des enfantillages.

enfantrucide (un) : infanticide.

enfarinage (un) : duperie. Ex. : « C'était la grosse fable express! L'enfarinage grotesque. » (122)

enfenestrer : entrer par la fenêtre.

enfer des sens (en) : effervescence. (B)

enfigouré : combiné. Ex. : « Pas mal enfigourée, cette combine*, hein? » (81)

enfilée (d') : d'affilée. Ex. : « Me suis enfui à tire de Maserati, en compagnie d'une pétroleuse* que j'ai vergée* pendant quarante-huit heures d'enfilée. » (104)

enfilocher : prendre à l'épuisette (terme de pêche).

enflure (une) : 1. Obèse. 2. Personnage méprisable.

enfouiller : empocher; par extension, gagner de l'argent. Ex. : « Le caméléon met davantage de temps à gober un insecte que lui à enfouiller le talbin*. » (138)

enfourner : 1. Encaisser. 2. Mettre en bouche.

enfourneur (un) : spécialiste de l'incinération.

enfrémisser : faire frémir. Ex. : « Le dompteur qui file sa pipe* dans la gueule du lion pour enfrémisser l'assistance. » (138)

engloutisseur (un) : celui qui engloutit.

engoncer chez les Zoulous (aller se faire) : aller se faire voir chez les Grecs.

engouffrance (une) : fait de s'engouffrer.

engourdir : dérober. Ex. : « Engourdir les éconocroques d'une vieillarde. » (83). Ex. :

« Prends l'osier* et va te louer un compte à la Chase Manhattan la plus proche ; tu le déposeras, sinon tu vas te le faire engourdir dans les meilleurs délais, ça chourave* à tout va, ici. » (132). Ex. : « Ces fumiers m'avaient engourdi mon sac à main. » (149). Ex. : « C'tait au moment d'carmer*, car j'v'nais d'entend' la p'tite musique d'la boîte suissaga où elle rangeait son carbure*, la vieillasse. C'tait ingénieux. D'la sorte, un cave* futé qu'aurait voulu lu engourdir sa fraîche*, elle pouvait larguer une pipe* en cours pour s'rabat' su' son osier*. » (B, 208)

engraisser : transgresser. Ex. : « – Ah ! vous, le cove-bois*, je vous interdis de vous mêler de mes oignes*, sinon je vais engraisser* les lois de l'hospice-alité*. » (B, 68)

engraisser les asticots (aller) : mourir.

engranger : gagner de l'argent. Ex. : « Il a tout de même dû engranger, Sauveur, au cours de ses arnaqueries*, si j'en juge à la qualité de son appartement. » (142)

engresser : agresser. Ex. : « J'aurais p't-être pas dû larguer* ma Caroline dans cette ville, elle risque de se faire engresser par des malfrats*. » (B, 72)

engrillagé (un) : personne à l'intérieur d'un court de tennis. Ex. : « Sur le court, les engrillagés continuent de smasher hardiment. Toc, toc... toctoc... toc ! Pour eux, le monde est bien une boule, mais réduite au diamètre d'une balle de tennis. Ils s'y consacrent corps et âme. Le reste de l'univers leur est indifférent, y compris les deux flics français collés au grillage comme deux macaques ayant décidé de regarder vivre les hommes, dans un zoo, un dimanche après-midi. » (63)

engrisaillé : terne.

engrisailler (s') : devenir gris. Ex. : « Il agonise sobrement. S'engrisaille, s'use de l'intérieur comme un tronc de saule. » (83)

engueuler avec un autobus (s') : subir une grave lésion physique.

enguirlandage (un) : fait de se faire réprimander.

enguirlander : réprimander. Ex. : « Je coltine mon sac de charbon en m'enguirlandant intérieurement pour l'avoir tant rempli. » (2). Ex. : « J'enguirlande l'Enflure. – Alors là, tu sors des limites de la dégueulasserie originelle pour chambouler la paix du monde, Immonde ! » (93). Ex. : « La

dame au général se pointe aussi, enguirlande son schnock* à la deuxième personne du pluriel. » (102)

enhargner : agir ou parler hargneusement.

enjeeper : grimper à bord d'une jeep. Ex. : « On enjeepe. Fouette cocher ! » (105)

enjoliveur à huile goménolée (l') : nez.

enjoyeuser : rendre joyeux.

enmauvaiser : rendre mauvais. Ex. : « Y a des moments, les hommes, j'm'demande s'y font pas esprès d'enmauvaiser les choses pour l'seul agrément d'faire suer l'monde. » (B, 208)

enniaiser : rendre niais. Ex. : « Une voix qui enniaise le tonnerre, qui foudroie les appareils acoustiques. » (75)

ennocé : endimanché pour une noce. Ex. : « Le Mastard s'empare du carton pour mater* le groupe ennocé qui s'y étale avec des mines, des poses, des attitudes et des fleurs jusque dans les braguettes. » (62)

ennuierie (une) : ennui. Ex. : « Z'ont la frousse de se fiche dans les ennuieries compliquées. » (74)

ennuis avec sa carburation (avoir des) : ne plus avoir toutes ses facultés mentales.

énormité (une) : sommité. Ex. : « Le professeur Baloche*, il est un grand spécialiste du cerveau. Section subconscient et autres, c'est une énormité médicale, ce mec*, sans y paraître. » (B, 86)

enquenouillé de l'esprit : original, doux-dingue, illuminé, gâteux.

enquetscher : endormir, rendre inconscient. (B)

enquierjeur (un) : celui qui s'enquiert de quelque chose. Ex. : « Un accident ? m'enquiers-je, car je suis un enquierjeur chevronné. » (147)

enquiller : engager, introduire. Ex. : « Justement, il nous est promis une aire de stationnement pour d'ici mille mètres. Je ralentis, enquille la rampe le moment venu. » (139). Ex. : « Elle me dirait : " Je viens ", aussi sec je l'enquillerais dans ma chignole* et boliderais* vers d'autres horizons. » (145)

enquiller (s') : entrer, s'introduire. Ex. : « J'ai morflé* la crève*. Je crois que la fièvre me prend. Je m'enquillerais un baromètre* dans le recteur*, je taperais le 40 chrono facile ! » (B, 79). Ex. : « Il a dû s'enquiller dans une laide impasse. » (83). Ex. : « Je gagne le centre de Marrakech et m'enquille dans le bureau de poste. » (113)

enridiculisé : rendu ridicule. Ex. : « La jolie hôtesse enridiculisée par son couvre-chef ne lui répond pas, laissant entendre qu'il a mis dans le mille. » (99)

enroché : échoué sur un rocher. Ex. : « C'est bruyant, sinistre, dramatique. L'éléphante en accouchant dans de mauvaises conditions, le pétrolier enroché perdant son mazout, la sourde-muette qu'on viole, le phonographe à pavillon qu'on tente de refaire marcher, oui, seuls ces gens, ces animaux et ces choses produisent des sons semblables à ceux qu'émet mon cher camarade d'infortune. » (64)

enrogné : en colère.

enrogner (s') : se mettre en colère.

enrogner : souffler en tempête (pour le vent). Ex. : « Le vent enrogne sur la plage déserte. C'est plein d'embruns à 6 % indexés. Des dunes s'accordéonnent* jusqu'à l'infini, hérissées de touffes végétatives. » (95)

enrouger (s') : rougir, se mettre en colère. Ex. : « Alors il s'enrouge, véhème*, abasourd* tant qu'il peut, s'aidant de sa calvitie pour rougir plus totalement. » (93)

ensabler : sabler. (B)

enseignage (l') : enseignement. (B)

enseigneuse (une) : enseignante. (B)

ensemblier-décoramerdeur (un) : ensemblier-décorateur. Ex. : « Le super grand luxe. Pas celui des z'ensembliers- décoramerdeurs qui uniformisent les appartements à partir d'un certain niveau de vie. » (100)

ensueuré : en sueur. Ex. : « Mr Adam Delameer* est tout ensueuré, kif* un gros cierge de procession. Il respire large. Ça dilate son survêtement. » (113)

ensuqué : assommé, inconscient (sens propre). Par extension, abêti.

ensute : ensuite. Ex. : « N'ensute t'auras droit à la côte de veau pâlichonne. » (B, 130)

entériner : enterrer. Ex. : « Après ma feurste* bénévole, l'est été chercher Achille* pour qu'on entérine l'hache d'naguère*. » (B, 113)

entifler : ingurgiter, faire ingurgiter. Ex. : « Je me suis entiflé une bonne moitié de boutanche*. » (19). Ex. : « J'ai eu droit à tous les tonifiants. Gobé des œufs frais pondus, entiflé des bolées de lait bourru, tâté de la Quintonine, des sels de fruits, du sirop des Vosges. » (72). Ex. : « M'man m'entiflait des tas de remèdes dégueulasses, mais rien n'y faisait. » (122)

entifler (s') : ingurgiter. Ex. : « Il s'arrête parfois de chanter et d'essuyer la vaisselle pour s'entifler une lampée de picrate* à même le goulot de la bouteille. » (27). Ex. : « Les julots* se démaverdavent* pour rester sveltes malgré les pâtes qu'ils s'entiflent. » (91). Ex. : « Je m'entifle la vodka copieusement servie. » (112)

entonner : boire à même le goulot d'une bouteille. Ex. : « Voulant éteindre cet incendie de palais, il entonne d'urgence une boutanche* et boit à longs traits. » (83)

entonner la sonnerie « Aux champs » : boire au goulot.

entonnoir (un) : porte-voix. Ex. : « Ensuite j'ai recours à mon entonnoir. – Larieux, vous m'écoutez? Il crie : " Oui ". » (26)

entonnoir acoustique (un) : oreille.

entonnoir à calembours (un) : oreille.

entonnoir à musique (un) : oreille.

entonnoir à ondes courtes (un) : oreille. Ex. : « Ouvre bien tes entonnoirs à ondes courtes, baby. » (51)

entourbiller : entourer, en parlant de fumée. Ex. : « La fumaga* nous rejoint par la lourde* défoncée, nous entourbille, nous suffoque. » (83)

entrance (une) : action d'entrer.

entraver : comprendre. Ex. : « J'ai beau prêter l'esgourde*, je n'arrive pas à entraver ce qu'ils disent. » (15). Ex. : « Lorsqu'on jacte* rital* devant mézigue* je n'y entrave que pouic*! » (24). Ex. : « Je lui mimique* à quel point j'entrave que pouic* à son patois. » (150). Ex. : « Elle n'entrave que pouic aux madrigaux savants. » Ex. : « La France, ça oui, bon, bien, je me rappelle. Mais le blabla d'autour, j'entravais plus. » (B, 208)

entre-asperger : entr' apercevoir.

entre-braquer (s') : se tenir mutuellement sous la menace d'une arme.

entre-dégueuler (s') : se mépriser mutuellement. Ex. : « Chacun se démerde de finir sa journée dans les cohues, de se bousculer sauvagement, de s'entre-dégueuler du regard. » (114)

entre-grumer (s') : se lécher l'un l'autre. Ex. : « On se répartit les émotions, on se distribue l'émotion, on se l'émiette, on se la fait goûter, on se l'entre-grume, on se la sèche, on se la boit, on se la décerne, on se la cerne, on y patauge, on la distille, on l'alimente, on l'éclabousse. » (59)

entrediaposer (s') : se photographier mutuellement.

entrée des artistes (l') : bouche. Ex. : « Je prends sa tête entre mes mains, pose mes lèvres sur les siennes, lui dégoupille* l'entrée des artistes pour une petite visite de politesse. » (116)

entrefesses (les) : entrefaites. Ex. : « Sur ces entrefesses le téléphone sonne. » (149)

entremeule (l') : entrefesse. Ex. : « On se dévisage, le Gros et moi. Lui se gratte l'entremeule pour survoler le siège de son intelligence. » (106)

entreprenance (l') : esprit d'entreprise. (B)

entrepreneur des travaux bibliques (un) : pasteur.

entuméfié : tuméfié.

énucléeur : responsable d'une énucléation. Ex. : « Un œil entièrement blanc à la suite d'un accident énucléeur. » (105)

envacarmer : faire du vacarme.

envahir le rectum chez les colonels (aller se faire) : aller se faire voir chez les Grecs.

envapé (un) : victime d'un étourdissement.

envapé : à demi inconscient, étourdi. Ex. : « Encore envapé, il a du mal à rassembler ses idées pour en confectionner des bottes de phrases convenables. » (132)

enveufé (un) : veuf de fraîche date.

enviandé : 1. Dupé, floué. Ex. : « Les gars de la bande s'imaginent t'avoir eu de première. Le petit mot ironique qu'ils t'ont laissé le prouve. » (51). Ex. : « Bité* jusqu'à la garde, enviandé de première. Couillonné* à toute extrémité. Niqué*. Zobé*. Plumé*. Misé*. » (81). 2. Salaud. Ex. : « Il ferait Beauvoir (comme dirait Jean-Paul) qu'un enviandé de louche aventurier yankee se payasse la bouille du délicat San-A.* » (204)

enviander : tromper, duper, flouer. Ex. : « Le fait qu'il soit déguisé en femme l'aide à enviander ces messieurs. » (104)

enviander (un) : arbre géant africain fictif (en latin Barbacus grandissimo). (204)

enviorner : rendre assourdissant. Ex. : « Une musique démentielle enviorne le lieu, te concasse* les tympans. Pour subir ça à longueur de journée, faut avoir les trompes* en béton. » (95)

envisonné : vêtu de vison. Ex. : « Adélaïde paraît, envisonnée. Elle ressemble à une poule malade, malgré ses poils. » (211)

envoiturer (s') : monter dans une voiture.

envoyer chez Plumeau : envoyer balader. Ex. : « A partir de cette seconde, ou bien elle m'allongeait son blaze et je n'avais plus qu'à dire le reste, ou bien elle m'envoyait chez Plumeau pour voir si j'y étais. » (51)

envoyer dans les prunes : provoquer un accident. Ex. : « Sa carcasse risquait d'envoyer dans les prunes le dégourdi qui profiterait de cette route déserte pour taper le cent quarante. » (8)

envoyer chez Plume : envoyer au diable.

envoyer derrière la cravetouze (s'en) : boire. Ex. : « Le Gros se radine*, portant un verre plein de scotch. M'est avis qu'il a dû s'en envoyer quelques-uns derrière la cravetouze*, car son regard flambe de nouveau comme un feu de sarments. » (54)

envoyer aux pelotes : envoyer balader.

envoyer aux prunes : congédier.

envoyer au pays des lampions : assommer. Ex. : « Ça n'est pas du tout le genre de type à se laisser envoyer au pays des lampions. » (5)

envoyer le duce : informer discrètement un complice. Ex. : « Je reste coi, non sans avoir envoyé le duce à ma compagne. » (147)

envoyer en mission dans son estomac : avaler. Ex. : « Je me fais monter un cognac et je l'envoie en mission dans mon estomac tandis que coule mon bain. » (107)

envoyer la fumée : faire feu d'une arme. Ex. : « Je lui envoie la fumée ! Il morfle* le blaud* dans le baquet*. » (24)

épagneulé : qui évoque le chien épagneul. Ex. : « Le molosse est là, livide, moustache en détresse, œil en verre dépoli, poitrine répandue, tifs* défrisés, nez désamorcé, langue dardée, oreilles épagneulées. » (75)

épandage de si beau vis (un) : épanchement de synovie. Ex. : « J'ai eu juste un petit turbin* avec la belle-doche* au percepteur, dont à laquelle j'ai démis le genou en lui sonnant les réflexes avec mon maillet. Que veux-tu : elle réagissait pas, mémère. Sa guibole* jouait relâche. Pour en avoir le cœur net, je l'ai maillochée* un peu trop fort, ce qui lui a occasionné un épandage de si beau vis. » (B, 67)

éparsé : épars. Ex. : « Mes fringues* éparsées recouvrent l'hideux tapis. » (100)

épastouiller : épater. Ex. : « Epastouiller le gogo* de province, le Japonais en rade* de Nikon. » (211)

épastrouillant : épatant, magnifique. Ex. : « Monsieur Bucher dans un épastrouillant costard* bleu de Bresse ! » (24)

épatante (une) : patente. Ex. : « Et pourquoi t'est-ce on fonderait une boîte officielle, mes mecs* ? Pour carmer* des impôts ? Douiller* des épatantes ? Acquitter des tasques* en tout genre ? » (B, 119)

épavique : qui se rapporte à une épave.

épée (une) : 1. Caïd, truand de haute volée. Ex. : « Sion était une des épées du Mitan* en France après la Libération. » (24). 2. Aiguille à tricoter. Ex. : « Lorsqu'elle n'a plus les yeux fixés sur son ouvrage, le cliquetis de ses épées ralenti quelque peu. » (77)

éperduance (une) : fait d'être éperdu. Ex. : « Le ronronnement d'éperduance qu'il avait préparé s'intensifie, mais pour marquer son incrédulité et son refus. » (102). Ex. : « Le Dabe* me regarde avec de l'éperduance plein les lotos*. Il branle son pauvre chef qui ressemble aux vestiges d'un donjon du treizième siècle au sommet d'un piton rocheux. » (120)

éperduser : être éperdu. Ex. : « Je suis lié par le secret professionnel, éperduse-t-il. » (152)

épi du derme (l') : épiderme. (B)

épicemar ou **épicemard** (un) : épicier.

épicer le brouet : apporter des satisfactions d'ordre pécuniaire. Ex. : « Oui, dans le fond, bon, ça va p't'être bien au contraire lui épicer le brouet, ce drame. Question d'opportunité. Dans son job, c'est primordial, la pube. » (85)

épidermique (l') : épiderme. Ex. : « T'arrives pas à déterminer si c'est la peau de leur épidermique qui t'ravage le sensoriel, ou bien les influx qu'elles dégagent. » (B, 208)

épiécer (s') : se dévoiler aux autres par morceaux. Ex. : « On s'épièce selon des caprices

intérieurs, des élans imprévisibles. Faudrait pouvoir s'offrir en bloc, se livrer en entier, bien complètement. » (135)

épilation négative blanche du Riva de Cossu endémique (une) : particularité d'un sujet atteint d'un appauvrissement smigard de la conchoïde monomade*.

épinalien : qui se rapporte aux images d'Epinal. Ex. : « Note pour les cons* : un danger " épinalien " est un danger à grand spectacle digne d'inspirer les imagiers d'Epinal et de sa périphérie. » (77)

épique-niqueur (un) : pique-niqueur.

épis baudet : adapt. de l'anglais « happy birthday » (joyeux anniversaire).

épis-indes (un) : adapt. de l'anglais « happy end » (dénouement heureux). Ex. : « La grosse variceuse au fichu de la Martin, elle d'vait, pour cent balles, êt'en train d'lu regonfler l'moral en présageant des bonheurs pour bientôt, des épis-indes plus fabulous l'un qu'les aut'. » (B, 208)

éplorance (une) : fait d'être éploré. Ex. : « Sa gêne devient de l'éplorance. » (142). Ex. : « Une éplorance la vieillit, comme l'orage vieillit la campagne. » (213)

éplucher la prostate : ennuyer.

épluchures d'éponges (des) : poumons en très mauvais état.

éponge (une) : poumon. Ex. : « J'ai les cerceaux* qui bloquent mes éponges. » (56). Ex. : « Mes éponges se minéralisent. Ma respiration est stoppée net. » (108)

éponger : dépouiller, soutirer de l'argent. Ex. : « Je sais qu'il s'agit de gredins de la pire espèce, de ceux qui jouent de la dinguerie* pour éponger leurs semblables, les écrémer* jusqu'au trognon*. » (135)

éponger (s') : boire.

époumonade (une) : asphyxie.

épousâtre (une) : femme dénaturée, mauvaise épouse.

épousseter les méninges (s') : se suicider d'une balle dans la tête. (B)

époustahurissant : époustouflant et ahurissant.

époustouflance (une) : fait d'être époustouflé. Ex. : « D'un ton guilleret pour masquer un peu mon époustouflance. » (81)

épouvaffreux : épouvantable et affreux.

épuisode (une) : épisode, aventure. Ex. : « Ça me remémore une épuisode qu'est arrivée la fois qu'une vieille eut été opérée d'la véhicule billaire*. » (B, 208)

équateur (l') : ceinture. Ex. : « Tout ce qui est essentiel se passe un peu au-dessous de l'équateur, au niveau du 5e parallèle. » (114)

équerre du cervelet (d') : opérationnel sur le plan intellectuel. Ex. : « Tu vois, même en fin de nuit blanche, il est encore d'équerre du cervelet, Tonio. » (89)

équestrer : chevaucher, faire chevaucher. Ex. : « Tu l'équestres sur ton point d'appui, tel Atlas soulevant le monde. » (81)

équevilles (les) : ordures ménagères (mot du folklore lyonnais).

équivaudre : équivaloir. Ex. : « Y vont déclencher le dispositif number vouane* qu'équivaudre, chez eux, à not' plan or sec. » (B, 101). Ex. : « C' négr' de mes fesses, j'sais bien qu'il est pas trop con*, mais d'là à m'remplacer, mec*! D'là à équivaudre à ton vieux Béru*! » (B, 141)

équivoquoire : équivoque. Ex. : « Ça tombe au milieu de cette journée équivoquoire, comme une feuille se détache de son arbre pour partir à sa corvée d'humus. Léger, planant, ondulant. » (86)

érection (une) : 1. Election. Ex. : « Selon toi, murmure le Gros, le jardinier aurait vu quèque chose le jour où qu'on a révolvérisé* le premier candidat aux érections ? » (B, 55). Ex. : « Moi, j'sus cont' le non-sens, décrète Béru*, ainsi j'pigerai* jamais pourquoi tout un chacun te d'mande pour qui est-ce tu votes, et que l'jour d'l'érection, tu dusses passer à l'isolateur* avant d'aller aux burnes*. » (B, 109). 2. Eruption. Ex. : « Y a pas de raison qu'ils cherchassent à m'anéantir au composteur* et qu'ils kidnappassent Bobonne simplement pour y faire admirer le Vésuve en érection. » (B, 202)

érections présidentieuses (des) : élections présidentielles. (B)

éroport (un) : aéroport.

érotoche : érotique.

érudier : parler en faisant preuve d'érudition.

éruditeux : érudit. (B)

érupter : entrer en éruption. Ex. : « Mais autant ordonner à la Soufrière de fermer sa gueule* lorsqu'elle érupte. » (94)

esbigner (s') : s'en aller, s'enfuir. Ex. : « Alors va falloir s'esbigner en loucedé*, sur la pointe des targettes*. » (93). Ex. : « Je m'esbigne pudiquement avant la fin. » (130) Ex. : « Nous aurions pu nous esbigner en loucedé*. » (136)

esbroufe (partir sans) : partir sans faire d'embarras.

escadrin (un) : escalier. Ex. : « Il commence par poser ses ribouis* et le voilà qui disparaît dans l'escadrin. » (131)

escadruche (un) : escalier.

escale au pays du cirage noir (faire) : être inconscient, évanoui.

escalier montant : équivalent de « chemin faisant » pris dans une forme ascensionnelle.

escamoche (un) : escabeau. Ex. : « La Meringue s'est pendu. Il a découpé sa vaste chemise en lanières, a tressé celles-ci, s'est juché sur son escabeau afin d'atteindre les barreaux de sa cellote* et s'est suspendu par le cou à l'un d'eux. Ensuite de quoi il a culbuté l'escabeau. Avant que mes choses frères fussent revenus de leur stupeur j'ai redressé l'escamoche (celui-ci n'est pas beau). » (58)

escandre (un) : escalier.

escardin (un) : escalier.

escarguinche (un) : escargot. Ex. : « A nous beurrer les esgourdes* comme des coquilles d'escarguinches de Bourgogne (les escargots sont toujours de Bourgogne comme les sosies sont de Lyon). » (133). Ex. : « Il se ferme comme l'escarguinche en hibernation, quand il construit son petit mur de l'Atlantique pour s'isoler du monde. » (145). Ex. : « Elle fait l'él'vage des bêtes z'à cornes en Argenterie*, et, espère, c'est pas des escarguinches! » (B, 148)

escarper : grimper. Ex. : « On escarpe jusqu'au monastère pour stopper devant une poterne moyenâgeuse. » (94)

esclaffade (une) : action de s'esclaffer.

escodent (un) : escogriffe. Ex. : « L'escodent a plus de dents que de griffes. » (83)

escolaire : scolaire. (B)

escommuniance (une) : excommunication. Ex. : « L'Eglise s'est transformée en un' espèce de parti politique qui, dans les temps jadis surtout, t'menait les peuples par le bout du pif*, à coups d'goupillons et d'escommuniances. » (B, 208)

escopette (une) : arme à feu, mitraillette.

escroque (un) : escroc. (B)

esgourde (l') : ouïe. Ex. : « Bon, y a le sens de la biglanche*, çui de la renifle*, le sens de l'esgourde, le sens de la paluche*, çui de la menteuse* et le sens du devoir. » (B, 58)

esgourde (une) : oreille. Ex. : « J'ai beau prêter l'esgourde, je n'arrive pas à entraver* ce qu'ils disent. » (15). Ex. : « Un bouseux du cru pleurniche dans l'esgourde de sa fille. » (129)

esgourder : écouter. Ex. : « Marchez devant, je vous esgourde en grand. » (60)

espaçage (un) : espace. Ex. : « Il remisait une moto pliante vu l'peu d'espaçage. » (B, 105)

espadriller : expatrier.

espagnole-bretonne (une) : épagneul-breton femelle. Ex. : « Nous, on a eu une chienne qui s'appelait Diane; pour le garenne elle craignait personne. Une vraie Diane chasseresse! C'était une espagnole-bretonne. » (B, 200)

Espago, Espagote (un, une) : Espagnol. Ex. : « J'imagine Toinet*, aux premières loges, en train de détailler le trésor* de l'Espagote. » (136)

Espanche (un) : Espagnol.

espèce d'active : expectative. Ex. : « Donnez-moi une consultation, je vous le demande; il ne faut pas me laisser dans l'espèce d'active! » (B, 208)

espégologue (un) : spéléologue. (B)

espéranter : parler l'espéranto.

Espinglette (une) : Espagnole. Ex. : « Les Espinglettes, tu noteras que la paella et la tortilla carbonisent leur ligne. » (109)

Espingouin : Espagnol.

esplicance (une) : explication. (B)

espoir-de-bourreau (un) : gibier de potence. (B)

esquimaude (une) : ecchymose. Ex. : « Faites-vous pas d'souci pour vot' daronne*, mes chouchous : c'est quéqu' égratignures pour dire, deux trois esquimaudes comme quand on chahute. » (B, 118)

esquinter : abîmer, détériorer. Ex. : « Vous n'allez pas m'obliger à vous esquinter? » (24)

esquinter l'ogne (s') : se fatiguer. (B)

esquissable : qu'on peut esquisser. Ex. : « Ça, c'est ce qu'on peut rapporter à son propos, la description du premier degré, quoi. Mais la vraie n'est pas esquissable. » (97)

essence d') : décence. (B)

essènecéef : S.N.C.F. Ex. : « Vive la littérature essènecéef! La seule! La vraie! L'unique! » (56)

essènecéfiste (un) : agent de la S.N.C.F. Ex. : « Il est prêt à nous jouer le concerto pour grosse moto de Haendel, l'essènecéfiste. » (35)

essorer : boire. Ex. : « Ce sont les quatre ou cinq boutanches* de picrate* que tu as essorées. » (135)

estanco (un) : 1. Restaurant. Ex. : « L'estanco était tenu par une veuve aux seins confortables. » 2. Petite pièce d'habitation.

estandardeur (un) : standardiste.

estatue (une) : statue. Ex. : « J't'l'prédis en grande pompe : tu s'ras canoné* saint, un jour. T'auras ton estatue dans les églises et on t'f'ra brûler des cierges contre. » (B, 148)

estom' (l') : estomac. Ex. : « Mon pauvre estom' méprisé gargouille à m'en faire devenir ventriloque. » (204)

estom' qu'applaudit des deux mains (avoir l') : avoir faim.

estomac en portefeuille (mettre l') : avoir l'estomac serré, sous le coup d'une forte émotion. Ex. : « En pleine nuit, dans cet appartement inconnu dont le locataire est égorgé, un carillon de turlu* vous met l'estom' en portefeuille. » (64)

estomac comme un pneu crevé (avoir l') : être affamé, avoir l'estomac dans les talons. Ex. : « Et bouffer*? J'ai l'estomac comme un pneu crevé, San-A.*! » (B,45)

estomac qui arrive dans le clapoir (avoir l') : avoir la nausée. Ex. : « Mes doigts rencontrent une espèce de boule laineuse et grasse. Je la ramène au jour, et, illico, j'ai l'estomac qui m'arrive dans le clapoir*. La boule en question est une tête de nègre sectionnée au ras du menton. » (42)

estompeux : qui estompe. Ex. : « Tu aperçois la rive d'en face parce qu'il (le lac) forme un téton, mais sur la gauche, ses limites se perdent dans une brume estompeuse. » (150)

estragon : astrakan. Ex. : « Je me penche sur l'homme au manteau d'estragon. » (132)

estravagantissime : extrêmement extravagant. Ex. : « Allons, viens avec moi, maintenant que t'es grand, je vas te montrer du neuf, de l'estravagantissime. » (105)

estravaguer : être extravagant. (B)

estrême rigoriste (l') : extrême rigueur. Ex. : « A l'estrème rigoriste, on peut s'passer de la morale, assez chiante* certains jours, je disconviens pas, mais on n'peut pas se passer de bon sens. » (B, 208)

estrêment : extrêmement. (B)

estromanier : estropier une main. Ex. : « Sauter dans la rue par une fenêtre sans m'estropier ni m'estromanier. » (94)

étable (une) : domicile. Ex. : « Pourquoi pionce*-t-il sur un talus alors qu'il est à un quart d'heure de son étable ? » (24)

établi (à l') : au travail.

étagère à lunettes (une) : oreille.

étagère à crayon (une) : oreille.

étagère à mégot (une) : oreille.

étalage (l') : visage. Ex. : « M'est avis que je peux lui défoncer l'étalage sans rien obtenir. » (24)

étal de clause : état de cause. Ex. : « En tout étal de clause on aurait un entretien quand c'est qu'il sortirait. » (B, 48)

étang record (en un) : en un temps record. (B)

étang qui court (l') : les temps qui courent.

étang a changé (l') : les temps ont changé. Ex. : « Disons qu'le téléphone a pas d'secrets pour moi, ma jolie. Quand j'étais moujingue* y m'effrayait, mais l'étang a changé et j'sus devenu d'une espertise folle av'c c't'instrument. » (B, 208)

état comme ma queue (un) : état comateux. (B)

éteignoir de cierges (un) : nez, particulièrement celui d'un homme de couleur. Ex. : « L'ami Ricoré se met à souffler du pif*, un peu comme le fait Béru* lorsqu'il est affairé. Avec l'éteignoir de cierges qui lui tient lieu de lunettes de soleil, il est paré pour le pompage d'oxygène en accéléré. » (139)

éternuer dans le son : être guillotiné.

éthéro-brindzing flatulé (l') : gaz mortel fictif. Ex. : « Gaz qui tue plus sûrement et rapidement que l'alcool, le cancer ou la pneumonie double. » (113)

étiquette (une) : oreille. Ex. : « Aïe ! Mon oreille ! soupire Riri à qui il manque un joli morceau d'étiquette. » (51)

étiquettes au garde-à-vous (se foutre les) : tendre l'oreille. Ex. : « Je m'interpelle, je m'entends, je me réponds, je me rejoins et je me fous les étiquettes au garde-à-vous pour écouter la suite. » (45)

étirer son lard : se reposer. Ex. : « Justement un pote à moi tenait un hôtel dans les environs de Grenoble. Depuis mille ans il me suppliait de venir étirer mon lard chez lui. » (8)

étonnation (une) : exclamation d'étonnement. Ex. : « Puis des exclamations de disjonction, des vitupérances* à fulgurité* passionnelle, des étonnations parachevées éclatent un peu partout. » (81)

étouffer : dérober. Ex. : « En moins de temps qu'il n'en faut à un sacristain pour étouffer le bifton* d'un généreux donateur dans le plateau de la quête. » (62)

étui à flouze (un) : portefeuille.

eucalyptin : qui a trait à l'eucalyptus. Ex. : « Il fait frais sous les ombrages. Y a des senteurs eucalyptines. » (76)

eucalyptus (une vision d') : vision d'Apocalypse. (B)

euphémiser : dire un euphémisme.

Euréka (un) : arme à feu. Ex. : « Si z'au moins j'avais mon appareil à débiter de la viande froide*! se lamente le Gros. T'as pas ton Euréka, San-A.*? » (47)

euréker : trouver la solution à un problème. Ex. : « Il continue de chercher quelle astuce va lui permettre de feinter les deux sœurs. Ça tarde à euréker sous sa coupole*. » (147)

europe centralien (l') : langue d'Europe centrale.

eustache (un) : couteau. Ex. : « Comm'quoi j'tais bien destinationné* à la place, non ? Une furie déberlinguée* qui t'brandit un eustache de trente centimèt' en annonçant qu'é va t'saigner, pour lu rester d'marb' d'vant, à c't'instant, faut pas avoir du gazoual dans les tuyaux*! » (B, 208)

euthanasie (une) : anesthésie. Ex. : « Pour qu'é s'assoive, y eût fallu lu pratiquer une euthanasie locale. » (B, 136)

eux saucisses : eux aussi. Ex. : « Une bordée d'ascenseurs, archidorés eux saucisses. » (132)

évacuer (s') : s'en aller. Ex. : « S'évacuer comme un pet d'une chambre à coucher de jeune fille. » (137)

évadé de bidet (un) : avorton affligé de crétinisme. Ex. : « Des évadés de bidet comme toi et ton neveu. » (20)

évadé de bocal (un) : infirme.

évanescer : soupirer, exhaler. Ex. : « Soulagée, elle évanesce un soupir susceptible de propulser une goélette. » (75)

évantailler : mettre en éventail. Ex. : « Faut le voir pousser ses pions d'un air ahuri, au petit malheur la malchance*. Il dissémine, il disperse, il éventaille. » (58)

évasionner : s'évader.

évasiver : répondre de manière évasive.

éventail à bengali (un) : oreille.

éventail à crapaud (un) : oreille. Ex. : « Il ne l'a même pas entendu sonner. Depuis qu'il porte un appareil très compliqué sur les éventails à crapaud avec embranchement sur une dynamo à pédale qu'on lui a scellée sur le nombril. » (35)

éventail à libellule (un) : oreille.

éventail à moustique (un) : oreille.

éventrer (s') : s'éventer. Ex. : « Rebouchez bien vot' flacon, patron, que le vôtre pourrait s'éventrer. » (B, 74)

éventreur de plaine (un) : paysan. Ex. : « La surprise me cisaille l'entendement. Marrant, cet éventreur de plaine qui s'y connaît en tutures* étrangères. » (35)

évide-amant : évidemment.

évidé de la noisette : distrait. Ex. : « Il a toujours été un peu évidé de la noisette, le cher prof. Je l'ai vu venir plus d'une fois au lycée avec les boutons de braguette pas synchrones. » (53)

évidencer : être évident. Ex. : « D'un regard, je vous dis, ça m'évidence. » (75)

exact-gone (l') : Hexagone. Ex. : « T'es entrain d'causer au plus gros chibre* de l'exact-gone, après l'gourdin* de m'sieur Félisque, un ami professeur. » (B, 148)

exact-main (un) : examen. (B)

exaguete : exact. (B)

excavationner : creuser une excavation. Ex. : « L'air de l'océan, ça fait plus que creuser l'estomac, ça l'excavationne. » (81)

excitation (une) : incitation. (B)

excitatoire (un) : excitant.

excitinge : adapt. de l'anglais « exciting » (excitant) :

exclamance (une) : exclamation. Ex. : « A chaque exclamance, il taille avec un poignard dans la viande de Monkku*. » (131)

exclamationner : pousser une exclamation.

exclamatoire : racoleur, accompagné de points d'exclamation. Ex. : « Il me présente des opuscules aux couvertures tapageuses portant en caractères exclamatoires les noms de music-halls internationaux fameux. » (81)

exclusifer : déclarer exclusif. Ex. : « On m'acclame ! On m'élit ! On met l'eau ! On m'accapare ! On m'exclusife ! » (59)

excursion organisée dans l'inconscience à bord des véhicules de la maison Néant (faire une) : être inconscient, évanoui, se faire assommer.

excusatrice : d'excuse. Ex. : « Toutes ces flexions faites je vais pour bavasser* des formules explicatives, excusatrices et aristocratiques. » (56)

exécuter de la pyrogravure dans la viande : tuer à coups d'arme à feu. Ex. : « Les Allemands ont dû s'installer là-dedans après avoir exécuté de la pyrogravure dans la viande des propriétaires. » (2)

exemplariter : illustrer des propos par un exemple.

exhumer : présumer. (B)

exigeanter : être exigeant. Ex. : « C'est tout ce que j'aspire, mes lapins. Vous ne viendrez pas dire que j'exigeante ! » (65)

exigutoire : exigu. (B)

exil au faune (un) : xylophone. Ex. : « Toc, toc, toc... Un peu comme çui qui joue de l'exil au faune. » (B, 208)

exorbité : exonéré. Ex. : « Paraît que quand on fait bâtir, on est exorbité d'impôts pendant vingt ans. » (B, 41)

expanser : être en expansion, répandre. Ex. : « Et ces salauds de Japonais qu'en finissent

141

pas d'expanser du produit manufacturé. »
(117)

expanser (s') : s'étendre, être en expansion.

expatrier au pays des pommes (s') : s'évanouir. Ex. : « Mon mécano émet un râle d'extase, que le Béru* lui fait gober d'un coup de boule dans le clapoir. Monsieur Joint-de-Culasse s'expatrie au pays des pommes, sans demander de visa. » (51)

expecter : excepter. (B)

expédier à la fabrique à cirage : assommer. Ex. : « Lui a le droit à la formule dégustation : deux coups, le premier pour plaisanter, le deuxième pour vous expédier à la fabrique à cirage. » (51)

expédier aux prunes : congédier sans ménagement.

expédier dans le cirage : assommer.

expédier sous le gazon (s') : se suicider.

explicance (une) : explication.

exploratrice de slips Eminence (une) : prostituée.

exporter au pays de Morphée (s') : s'endormir. Ex. : « Combien de fois, à l'instant où j'allais m'exporter au pays de Morphée, un incident indépendant de ma volonté m'a-t-il condamné à puiser dans mes réserves pour continuer une dangereuse mission ? » (155)

exprès handé : appréhendé. (B)

exproprier : expatrier. (B)

exsailletinge : adapt. de l'anglais « exciting » (excitant). Ex. : « Bouge pas qu'j't'escalade le sensoriel, ma poulette. Ensute tu sauras c'que c'est qu'un coup d'rapière* à la française. T'es vachement exsailletinge, la mère ! » (B, 123)

extensionner : prendre de l'extension. Ex. : « L'affaire extensionne. On bâtit de nouvelles ailes à l'usine, on embauche. » (132)

exténuant : atténuant. Ex. : « Surtout qu'avec un mari de la jaquette* elle aurait eu droit aux circonstances exténuantes. » (B, 200)

extra-con (l') : estragon. (B)

extrader : extraire. (B)

extradition (une) : condition. Ex. : « Je raffole des hôtels de lusc*, moi, l'Antonio, de pourtant modeste extradition. » (101). Ex. : « Elles rameutent, ces demoiselles de basse extradition ? » (B, 103)

extraorformidasublime : extraordinaire, formidable et sublime.

extrapoler : extirper. Ex. : « Lady Meckhouihl et sa gente secrétaire (à tout faire) ont décolleté la braguette du chef des gardes pour lui extrapoler l'Anatole*. » (105)

extrapoler la boyasse (s') : déféquer. Ex. : « Dans les chiches* fermées, y a un gonzier* qui s'extrapole la boyasse avec force et fracas. Tu te croirais revenu au temps de la guerre des Malouines quand les Rosbifs* teigneux allaient étriper les Argentins pour défendre leurs moutons d'outre-mer. » (141)

extrationner : extrader. Ex. : « Même si t'as quéque chose de pas légal à te reprocher, t'as rien à craindre dans ton bled*. C'est pas demain la veille qu'on pourra t'extrationner. » (B, 79)

extravaganter : être extravagant, exagérer. Ex. : « J'extravagante facilement. A travers moi, la ficelle devient corde et la source murmurante torrent. » (75)

extrême-onctueux : qualifie la curiosité culinaire d'une personne à l'article de la mort. Ex. : « Elle a la force extrême-onctueuse de demander la recette à m'man, la mourante. Sur son lit de mort, c'est pas héroïque ? » (114)

exubérer : être exubérant, foisonnant. Ex. : « Tu d'vrais t'élaguer un peu la moniche*, ma gosse : t'exubères d'trop du poilu de Verdun* ! » (B, 152)

F

fabiusbaladurus à floraison bissextile (un) : plante (fictive) en pot.

fabricant de veuve (un) : homme marié décédé.

fabriqué : découvert, confondu. Ex. : « Du coup, les matuches* n'auraient plus qu'à jouer au Petit Poucet, et je serais fabriqué vilain. » (24)

fabrique de points d'interrogation qui ferme ses portes (avoir la) : avoir les réponses aux questions que l'on se pose.

fabriquer : duper. Ex. : « Alex s'était laissé fabriquer comme un cave* à plusieurs reprises par des merdailleurs* frais émoulus de centrouse*. » (104). Ex. : « D'apprendre qu'il a été fabriqué par sa maîtresse le cisaille. » (126). Ex. : « M'est avis que mon pauvre Jérémie s'est laissé fabriquer dans les grandes largeurs. » (138)

fabuleusité : caractère de ce qui est fabuleux. Ex. : « Elle a un cul* inouï à force de fabuleusité. » (105)

face à facer : faire face à. Ex. : « Je volte pour face à facer avec Foukett's*. » (81)

face et scie (une) : facétie. Ex. : « Te foutrais*-tu pas de ma tirelire*, Alexandre-Benoît ? insisté-je avec l'aine air gît dû dé S poire* (quand je ferai partie de lac anémie franc seize*, je ne me permettrai plus ce genre de face et scie). » (92)

facho (un) : fasciste. Ex. : « Il s'agit bel et mal* d'une organisation de fachos en délire, guerriers en peau de zob* et de carnaval libérant leurs fantasmes derrière une crapuleuse idéologie. » (151)

factionnaire (un) : fonctionnaire. (B)

factotum exubérant (le) : minerai (fictif) d'une grande rareté dont la propriété est de désintégrer tout ce qui est métallique dans un rayon de cent mètres carrés.

fader : tuer. Ex. : « Je fouille les fringues* du défunt et découvre un rouleau de banknotes*. Les types qui l'ont fadé se moquaient pas mal du fricotin*. » (28)

fader (se) : 1. Subir. 2. S'octroyer.

fa dièse voûté et du jeu dans le contre-ut (avoir le) : se dit d'une personne en mauvais état, consécutivement à un passage à tabac selon les règles béruréennes.

fading (un) : faiblesse. (B)

faf (un) : 1. Papier. Ex. : « Saboule-toi*, mec, prends tous les fafs, ta fraîche*, et la photo de ta morue* si tu l'as amenée avec toi. » (104). Ex. : « Il semblerait que son faf comporte plutôt un plan. » (204). 2. Billet de banque. Ex. : « Sur Jean Con on a trouvé trois fafs de dix raides* qu'il n'avait pas en partant, sa taupe* est formelle. » (206)

faf à train (le) : papier hygiénique. Ex. : « Parfois, quand le distributeur de faf à train fait relâche et qu'un déféqueur se trouve en rade*, on m'ampute la page de garde, celle du faux titre, et la dernière, si ça ne suffit pas, celle où figure le blaze* à Bussière, notre imprimeur. » (121). Ex. : « Il est un tantisoit estomaqué, because mon compagnon noir ; il nous situait pas dans les régions volaillères*, plutôt de l'autre côté du poulailler*. Il a la frime* déconcertée du mec en proie à une grande débâcle intestinale et qui découvre au dernier moment que l'appareil distributeur de faf à train est vide. » (139)

fafatrain (le) : papier hygiénique. Ex. : « Un chiotte équipé de son rouleau fafatrain. » (131)

fafiot (un) : coupure, billet de banque. Ex. : « Il y a de la fraîche* dans un coffret d'argent : huit cent mille pions* en gros fafiots, des bijoux en massif dans un autre d'ébène. » (106)

fagot d'os (un) : squelette.

fagoter (se) : s'habiller avec élégance. Ex. : « Croyez-moi (ou ne me croyez pas, qu'est-ce que vous voulez que ça me foute) mais cette déesse sait se fagoter! Elle doit avoir une garde- robe qui ferait baver des ronds de bitos* à France Roche. » (29)

faiblissant de la jugeotte (un) : original, doux-dingue, illuminé, gâteux.

faire derche et limace : faire cul et chemise, être très lié. Ex. : « Illico, parce qu'il se trouvait au côté de Luebig au métingue*, j'ai cru qu'ils faisaient derche et limace! » (18)

faire la bite : faire la queue. Ex. : « L'aire d'accueil est entourée de guichets où une foule cosmopolingue* fait la bite. » (97)

faire la vitrine : s'embrasser, pour un couple.

faisceauter : former des faisceaux. Ex. : « Tout ça se regroupe, se recoupe et faisceaute (du verbe faisceauter, qui signifie former les faisceaux). » (202)

fait aux dalles : féodal. (B)

fait aux pattes : confondu, arrêté.

faite tome : fait homme. Ex. : « Y m'remerciait, comme quoi j'étais la simplicité faite tome, d'un abordage* facile, tout ça. » (B, 208)

falot (un) : œil. Ex. : « Elle me foutait* la pointe des baleines dans les falots, à vouloir m'héberger sous son riflard*, cette vieille conne. » (100)

falsuche (un) : pantalon.

falzar ou **falzard** (un) : pantalon.

falzif (un) : pantalon.

falzuche (un) : pantalon.

fanaga : fané.

fané : hors service. Ex. : « Une guitare* fanée, c'est pas la mort d'un jules*! » (74)

fané des quilles : handicapé des jambes.

fané du tympan : sourd.

fanfareux : qui se rapporte à une fanfare, accueillant. Ex. : « Je ne l'ai pas averti du coup de fil de sa bonne femme. Sa rentrée ne sera pas fanfareuse, moi je te le dis. » (100)

fantomasser : fantasmer. Ex. : « Moi et vous, commissaire, j'sus certain qu'on s'recevrait cinq su' cinq. Si j'vous avouais qu'je fantomasse à propos de vot' sujet. » (BB, 143)

farcir la virouze ultime au Père-Lachaise (se) : mourir. (B)

farcir (se) : absorber, déguster, supporter, subir. Ex. : « Je l'attends en me farcissant la fin du dessin animé. » (24)

farfadingue : farfelu, fou.

farfelingue : fou, farfelu et dingue. Ex. : « Il me paraît un chouïa* farfelingue. » (66)

farfeluser : être farfelu. Ex. : « J'écris " moi " sans " s "; je signale pour l'imprimeur. Je farfeluse tellement que, d'autor*, les linotypistes rectifient, croyant bien faire, me contraignant au classicisme, me menaçant de l'Académie, sans s'en rendre compte. C'est machinal de foutre* des cendres sur des excréments. » (63)

farfouiner : farfouiller, fouiner. Ex. : « Je profite de l'absence de Merdanflak pour farfouiner de gauche à droite. » (81)

farine (aller à la) : se droguer. Ex. : « Il n'y avait pas gourance* lorsque je prétendais qu'elle allait à la farine. » (36)

fastoche : facile.

fataliser : être fataliste.

fauchaga : fauché. Ex. : « Là, j'ai les cannes* fauchagas. » (143)

fauche (la) : vol.

fauchman : pauvre.

faune intime (la) : parasites pubiens.

faux fret (un) : forfait. (B)

faux briquet (un) : sobriquet. (B)

faux-mornifleur (un) : faux-monnayeur.

favorisé (un) : celui qui porte des favoris. Ex. : « Le favorisé Perlouze* tire à pleines mains sur ses rouflaquettes. » (77)

fébrile : fébrilement. Ex. : « Entre nous trois, il s'en décidera bien un pour la chausser* fébrile entre deux lourdes* ou à l'arrière d'une tire*! » (135)

féconne : féconde. (B)

fectivement : effectivement.

fée du bidet (une) : prostituée.

fée-minime : féminine. Ex. : « J'aurais pas autant de self sensual control, vous verriez ces dégâts! La manière qu'elles tourneraient en charpie leurs belles robes! La façon qu'on marcherait sur de la lingerie fée-minime. » (B, 73)

feinte-à-Jules (une) : astuce. Ex. : « Pour lui célébrer son culte de la personnalité*, j'ai idée qu'il doit falloir se lever de bonne heure et avoir des feintes-à-Jules plein sa malle arrière. » (59)

feinter en canard : duper, berner.

félicitieux : qualifie une situation de félicité.

fellouze (un) : combattant algérien du F.L.N.

femmâtre (une) : mégère.

femmivore : qui se nourrit de femmes. Ex. : « Elle opte pour un fauteuil qui la happe totalement, telle la gueule d'un requin femmivore. » (138)

fendard (un) : pantalon. Ex. : « Le Mammouth* se hisse, côté passager. Dans son rétablissement, il craque le fond de son bénoche*. C'est le genre de pépin* qui l'affecte fréquemment avec son cul majuscule et ses fendards toujours en retard de deux tailles. » (148)

fendre la cerise (se) : rire.

fendre-l'âmer : pousser des plaintes à fendre l'âme.

fendre le parapluie (se) : rire. Ex. : « Toutes ces salades me font fendre le parapluie. » (6)

fenotte (une) : femme. Ex. : « Zézette est une très gentille fenotte. Travailleuse et tout. » (206)

fer à repasser (un) : avion. Ex. : « Des zincs* qui décollent en grondant et crachant noir. Merde, tous ces fers à repasser qui s'envoient en l'air, leurs lampes à souder* au cul, c'est impressionnant quand tu réfléchis. » (92)

fer à souder (un) : avion. Ex. : « Le pilote devait être dans les hâtes de rentrer calcer* sa bergère*, car il posa son fer à souder avec dix broquilles* d'avance sur la piste de Genève Cointrin. » (103)

ferforgeux : en fer forgé.

fermaga : fermé.

fermé-clairer : actionner une fermeture Eclair. Ex. : « Une veste en cuir à fermeture Eclair qui ne fermé-claire plus. » (75)

fermentatrice : qui provoque la fermentation. Ex. : « C'est la choucroute, assure-t-il. Vous noterez l'à quel point elle est fermentatrice, d'où ballonnage et d'où loufes* à répète. » (123)

fermenter de la calbombe : divaguer.

fermer (la) : se taire. Ex. : « Pourquoi? Parce qu'on lui avait ciglé* de la fraîche* pour qu'il la ferme! » (76)

fermer sa gueule : se taire. Ex. : « Autant ordonner à la Soufrière de fermer sa gueule quand elle érupte*. » (94)

fermeture mensuelle (la) : période de menstruation. Ex. : « Moi j'ai z'eu rencontré des pogneuses* à passion, qui t'f'saient un dépannage manuel* pour cause de fermeture mensuelle jointe à une fluctuation* dentaire. » (B, 208)

fermir : s'affermir. Ex. : « Je fermis du soubassement à la vitesse grand zob*, espère. » (85)

ferrailler : passer les menottes. Ex. : « Il palpe la poche droite de son veston pour s'assurer que ses cadennes* sont bien là. Il a le geste prompt pour ferrailler un mec*, Jeannot. De toute sa brigade, c'est lui qui passe les menottes le plus rapidement : un don! » (149)

ferrer : séduire. Ex. : « Vas-y de l'œillade et du robert*. Faut absolument que tu me ferres ce hotu*. » (83)

ferrer de lance : être le fer de lance.

ferreuse : ferrée. Ex. : « Je dévale le remblai, traverse la voie ferreuse. » (105)

ferriboîte (un) : adapt. de l'anglais « ferry-boat ».

145

ferrure (la) : férule. Ex. : « J'sus pas fâché d'y avoir dit son faîte ; il m'a assez plumé les burnes* quand t'est-ce j'étais sous sa ferrure, c't'apôtre. » (B, 113)

fervance (la) : ferveur. (BB)

fesses et gestes (les) : faits et gestes. (B)

fête à bras (demain, il y a) : expression sanantoniaise signifiant que le labeur sera rude. (58)

fêter le jubilé : tuer.

fétidure (une) : désigne ce qui est fétide. Ex. : « Vérole ambulante, carne à veau, fétidure, ignominie latente, choléra. » (102)

feu (prendre du) : prendre exemple. Ex. : « Il est sympa, ton dirlo*, Antoine. Pas bêcheur pour un chef flic. Je voudrais que les gardiens de la paix ronchons et les tractuels prennent du feu ! » (MM, 68)

feu (un) : arme à feu. Ex. : « Pour lui colloquer* une belle trouille* vert pomme je prends mon feu. » (16)

feuille (une) : oreille. Ex. : « Il dérape en ricaneries si malodorantes que je lui raccroche à l'ouïe. Du plus fort que je peux pour lui froisser le tympan. Mais tu penses, avec l'épaisseur de poils qui lui matelasse les feuilles, Césarin, il est paré pour le grand fracas. » (82). Ex. : « Parle vite, ne laisse pas la curiosité irriter d'avantage mes trompes d'Eustache, qu'ensuite je devrais me filer de l'huile d'amande douce dans les feuilles ! » (108)

feuille de chou (une) : journal.

feurst couality : adapt. de l'anglais « first quality » (première qualité). Ex. : « Si t'aurais voulu te marier un riche chmol, mets-toi escrétaire, ma mignonne ; loque*-toi de feurst couality et joue les bêcheuses publiques. » (B, 208). Ex. : « Y leur fallait des coussins, de l'eau tiède et des crèmes adoucissantes, ses fesses. De feurste couality. » (B, 208)

feurste : adapt. de l'anglais « first » (premier). (B)

feydeauer : s'exprimer dans le style des répliques théâtrales de Feydeau. Ex. : « C'est parce qu'il était frais et que les chiens l'avaient fortement gratté que j'ai eu la puce à l'oreille, feydeaué-je. » (81)

fèzes et zestes (les) : faits et gestes. Ex. : « Mon brave tueur est libre de ses fèzes et zestes. » (105)

fiarder : échouer. Ex. : « On risque de voir fiarder l'affaire. » (32)

fias (les) : hommes.

fibriller : frémir. Ex. : « Pour lors, la sentant fibriller du frifri*, je la retrousse. » (102)

ficeler connaissance : lier connaissance. (B)

ficelles (les) : cordes vocales. Ex. : « Je m'extirpe des ficelles les inflexions les plus soyeuses afin d'amadouer la houri. » (75). Ex. : « La fille écoute la crise de foie du chanteur pop à son transistor. Rappelle-toi que le gars a dû picoler* comme une vache, et des drôles de saloperies, tellement qu'il est malade, qu'il fait des beurgs, des rrhâo, des hugg, entrecoupés de grands cris de souffrance, voire de mots désespérés : " Oh non ! Au 's'c'rs' ! J' mal ! Touâ ! Mouâ ! Holala ! " Il crie à s'en faire péter* les ficelles. Qu'on sent bien, le malheureux, qu'il se roule à terre, tout en causant. Qu'il a pas que la gorge d'atteinte, mais aussi le tube, l'estom', la tripouille*, tout bien, jusque z'au fond des burnes* pour avoir pareillement mal. » (87)

fichaise : foutaise.

fichedroyer : foudroyer. Ex. : « Je fichedroie Bérurier* d'un œil sanguinolent de rage. » (61)

ficher son billet : parier.

fichtralement : bougrement. Ex. : « Mais mégnace gommeux*, tu peux croire que je me sens fichtralement marri (voire même Joseph) de ce coup du sort. » (105)

fichtre foutre : assurer. Ex. : « En tout cas (mon traitement) fait effet à sa dame, je te fichtre foutre ! » (126)

fier d'une paire de couilles : faire d'une pierre deux coups (B).

fif (un) : argent. Ex. : « Je me marre* à cause du Gros. Il n'a toujours pas un fif sur lui, et en ce moment, ne me voyant pas revenir, il doit bougrement phosphorer* pour trouver le moyen de carmer* l'addition. » (73). Ex. : « V'là une enfant qu'a pas un fif ! Obligée de se débrouiller par ses propres moyens à dix berges* ! » (204)

fifrelin (un) : argent. Ex. : « Je me dis que mes poches sont vides et que je n'ai pas un fifrelin sur moi. » (64)

fil : en parlant de roues d'automobile, aux flancs blancs. Ex. : « C'est une 403 noire avec des roues fil. » (39)

filamenter : pendre comme un filament. Ex. : « La Pinasse redresse la morve bleuâtre qui lui filamente au bout du tarin*. » (117)

filamenter de la matière grise : déraisonner.

file africaine (en) : expression employée en Afrique pour « en file indienne ». (204)

file-indienner ou **filindienner** : se déplacer en file indienne.

filer le tortillard : suivre.

filer le dur : prendre en filature, suivre. Ex. : « Ils filent le dur à la donzelle*, abandonnant leur jaffement* pourtant odorant. » (130)

filer la coiffe* en mayonnaise (se) : se creuser le cerveau.

filer à l'horizontale (se) : se coucher.

filer le train : suivre, prendre en filature.

filer une mentonnière en os : donner un coup de poing au menton.

fillasse (une) : petite fille. Ex. : « Les fillasses, faut toujours qu'elles jouent à la poupée. » (80)

filliouz 14 expansé (le) : minerai (fictif) alvéolaire à concentration thermico-dégagée, dix fois plus efficace que le plutonium employé dans les surrégénérateurs. (140)

film de câpre et d'épais (un) : film de cape et d'épée.

filoche (un) : filet. Ex. : « Je ne sais pas quel pressentiment m'a poussé à me munir de tout un tas de petits gadgets du style James Bond, moi qui, habituellement, travaille sans filoche. » (65)

filoche (une) : filature.

filocher : filer, fuir. Ex. : « Bon, tu peux arquer*, j'espère, biscotte* vaudrait mieux filocher avant qu'y rappliquent. » (76). Ex. : « Je laisse filocher quelques minutes. » (104)

filocher rondo : tourner rond. Ex. : « Ça filoche rondo, notre enquête. » (134)

filochon (un) : filet. Ex. : « Il y a un coup de filochon carabiné à réussir. » (38)

filsplexe : fils perplexe. Ex. : « Cette sortie me rend perplexe, merplexe*, filsplexe, etc. » (117)

filtre à mensonges (un) : téléphone.

filtre à voyelles (un) : dentier. Ex. : « Ton filtre à voyelles est encrassé ; il commence à te faire une mâchoire de brochet. » (200)

filuger : réaction immédiate de l'inotron pourfendeur* après l'enclenchement du mémoniaque persillé à cavernation unilatérale*, ceci n'étant possible qu'une fois que l'on ait gougné* le débloqueur d'induration rationnelle molletonné*, ce qui bien évidemment gasloque* le voyant de flaoutopage indexé*. (96)

fin de foutre-à-la-porte : façon de congédier (construit sur le modèle de fin de non-recevoir).

findenonrecevoir : parler sur une ton indiquant une fin de non-recevoir.

finegueur (un) : adapt. de l'anglais « finger » (doigt). (B)

finlandoche : finlandais.

fiole (la) : tête. Ex. : « Il est en train de se demander si je me fous de sa fiole, mais je ne lui laisse pas le temps de cultiver ses complexes. » (27)

fion (le) : anus, fessier. Ex. : « Faudrait quoi pour t'calmer, saleté ? Qu'on t'enfourne un tomb'reau d'betteraves sucrières dans le fion ? » (148)

fion bordé de nouilles (avoir le) : avoir de la chance.

fiotte (une) : homosexuel. Ex. : « Les fiottes aiment qu'on les secoue un peu. » (10). Ex. : « Bérurier* tire une bordée de noyaux contre la carrosserie d'une Porsche noire. Le conducteur, furax, le traite de grosse fiotte faisandée ! Le Gros qui, en temps ordinaire descendrait l'arracher de son siège, ne réagit pas. » (111)

Firestone à bretelles (un) : soutien-gorge. Ex. : « Je tiens à votre estime autant (ou presque) qu'au contenu de votre Firestone à bretelles. » (58)

firpapa (le) : firmament.

fissa (faire) : se dépêcher.

fissa : vite, rapidement.

fissurateur : strident. Ex. : « La radasse* émit un cri, moins fissurateur que le précédent. » (108)

fissurer de la pensarde : perdre la raison.

fissurer la nénette (se) : se casser la tête. Ex. : « Ne jamais se fissurer la nénette en complications, mes chérubins : les moyens les plus élémentaires sont toujours les meilleurs. » (205)

fissures au caberluche (avoir des) : être gâteux.

flacard (un) : flacon. Ex. : « Il a beau chiquer* les champions de la ligue anti-alcoolique, espère un peu qu'il biberonne* comme un veau qu'aurait bouffé* de la morue. Tu l'aurais vu tourniquer autour de mes flacards. » (B, 72)

flagada : sans force. Ex. : « Le toubib* m'a flanqué* aux antibiotiques, tu penses, ce qui va me mettre flagada complet. » (124)

flagadaguer : fatiguer, épuiser.

flagader : fatiguer, épuiser. Ex. : « J'ai les cannes* qui font bravo. La séance du couloir m'a flagadé. » (91)

flageolard : flageolant.

flagorner : agir avec flagornerie.

flagrant du lit : flagrant délit. Ex. : « Trent' six chandelles me choyent dans la tronche*. C'est suivi d'une esplosion au bas d'mon dos : papa qui v'nait d'me choper* en flagrant du lit. C't'volée, mon n'veu ! » (B, 208)

flahuber : flageoler. Ex. : « Il flahube des guibolles*. » (81)

flambard : fier. Ex. : « Il nous attendait à la sortie, l'air pas flambard du tout. » (20). Ex. : « Ecoutez-moi ce piège à poux qui fait le flambard. T'avais deviné que tchi*, hé, vieux chnoque. » (B, 65)

flambé : confondu, démasqué. Ex. : « Il y avait des cris, des bruits de pas dans l'escalier ; si je sortais, j'étais flambé. » (20)

flamber de la trogne* : rougir du visage.

flan (à la) : 1. Faux, truqué. Ex. : « Les zigotos* qui ont mijoté le combat à la flan. » (20). 2. Médiocre. Ex. : « On avait dû les traîner dans un cabaret à la flan (et au flanc) de Montmartre. » (150)

flan (rester comme un) : être totalement abasourdi.

flaneller : flageoler, trembler. Ex. : « Nos collègues flanellent vachement des guiboles*. » (117)

flanelleuse : en flanelle.

flânocher : flâner.

flanquer : mettre.

flanquer des tabassées : battre, frapper pour punir.

flanquer la gerbe : donner envie de vomir, écœurer.

flasher : photographier. Ex. : « La porte du Dr Stephen Martin, tu peux la flasher pour ton album, elle vaut qu'on en gravisse le perron. » (94)

flatouiller : flageoler. Ex. : « Il flatouille des cannes*, le Mastard. » (74)

fléautiser : dévaster.

flèche (un) : sou. Ex. : « Je te dis que j'ai plus un radis* ; mes derniers flèches, je les ai utilisés pour t'appeler tout à l'heure. » (31)

flétri de la toiture : accidenté du crâne, imbécile.

fleur (faire une) : accorder un avantage à quelqu'un.

fleur de coin : innocent. Ex. : « Moi, il me botte* pas à l'excès, le pélican, je lui trouve même une frite* pas très fleur de coin. » (132) Ex. : « Moi, de savoir qu'elle n'est pas déberlinguée*, me conjure les appréhensions. Une gonzesse* fleur de coin, à notre époque, faut pas rater l'aubaine. » (132)

fleurtailler : flirter. Ex. : « En v'là un qui avait bigrement envie de fleurtailler avec la mort ! » (36)

fleurte (un) : flirt. Ex. : « Les hommes qu'efforcent de gagner du temps dans tous les secteurs, ils continuent la piétinerie sur l'plan fleurte. » (B, 208)

flicard (un) : policier.

flingage (un) : action de tirer avec une arme à feu.

flinguche (un) : arme à feu.

flingue (un) : arme à feu.

flinguer : tuer avec une arme à feu.

fliper : éprouver du plaisir. Ex. : « C'est vachement Aldo* pour mes scouts ! Ils flipent tous azimuts, les gars. Se prennent pour des terreurs. » (117)

flipoter : faire clapoter. Ex. : « Leur façon de se briquer l'oigne* ! T'as remarqué ? La petite menotte* flipotant l'eau mousseuse! » (149)

flipper : sonner, pour un téléphone. Ex. : « Tandis qu'il usine*, le grabouilleur* flippe. – Tu veux que je décroche, Rouillé*? » (141)

flipper (le) : fessier. Ex. : « Je lui pose un bras sur l'épaule. Je lui virgule* mon autre main au flipper. J'en aurais une troisième, elle plongerait dans son bustier. » (100)

fliquerie (la) : police.

fliquicide (un) : tueur de flic. Ex. : « Vampires! Négrieurs*! Fliquicides! Je te vas vous en fout' de vos espériences à la mords - ma - bite* - si - t'aurais - le - clapoir* - assez - grand! » (B, 86)

flocfloquer : remuer quelque chose, ce mouvement ayant pour bruit : floc-floc. Ex. : « Elle me punit de mon incivilité. Me laisse admirer sa manière élégante de dactylographier. La manière qu'elle écarte bien les bras, comme si elle avait un artichaut sous chaque aisselle. Et aussi comment ses roberts* flocfloquent sous sa blouse, au-dessus du clavier qui ne saurait être universel, puisque anglais. » (73)

flonflonner : siffler. Ex. : « Elle désigne la bouilloire qui flonflonne (cherchez pas le verbe flonflonner sur le dico : je viens de l'inventer à l'instant) sur une espèce de petit brasero. » (74)

floquer : 1. Clapoter. Ex. : « Mais si je ne bouge pas, la masse qui me supporte, elle, remue sous mon poids. Elle floque. Ça gassouille*. » (81) 2. Planter. Ex. : « Aurais-je gravement blessé le sieur Himker, tantôt, en lui floquant mon cure-pipe*? » (81)

florès (faire) : pulluler, faire fortune. Ex. : « M'est avis que les pompes funèbres générales ne doivent pas faire florès dans la région. » (59)

flottaisance (la) : flottaison. (B)

flotteur (un) : sein de femme. Ex. : « Elle est munie en flotteurs. » (3) Ex. : « Ça ne lui empêche pas d'avoir sa portion de flotteurs et une arrière-boutique* qui n'a pas été fabriquée rien qu'avec des os. » (6). Ex. : « Jusqu'à ce que, vaincue par ma faconde, elle me laisse lui choper* un de ses flotteurs. » (28). Ex. : « Ses flotteurs maintenus par un échafaudage spécial plongent en avant comme un capot de Porsche. » (57). Ex. : « Y a des moments, dans la vie glandulaire de l'homme, où ça plaît, les gros flotteurs. Le julot*, il est capricieux, ça lui sert de vices, souvent. Tantôt il se fera damner pour une gerce* qui te trimbale deux œufs au plat dans sa gibecière à carénage italien*, tantôt il lui prend l'envie de folâtrer entre les mamelons vosgiens d'une forcenée du capot*. » (78). Ex. : « Une clameur d'étonnement part de l'assistance, car les flotteurs de la donzelle sont en caoutchouc. » (203)

flou dans le vaporisateur (avoir du) : être euphorique.

flouse ou **flouze** : argent. Ex. : « Il inventerait n'importe quoi pour gagner du flouze. " (5)

flouser ou **flouzer** : 1. Déféquer, émettre des pets. Ex. : « Bérurier*- Mille-et-un-ennuis n'attend plus pour flouser* en éventail dans son bénard*. » (74). Ex. : « Il est encore en train de flouser dans ses hardes*, tellement qu'il a eu les chocottes. » (136). Ex. : « Je pense que c'est cézigue qui a dû flouser dans son bénoche* parce que ça fouette* de plus en plus. » (137). Ex. : « Je regardais ces lavedus*, à mon alentour, la gueule ouverte, les gobilles comme mes poings, flousant dans leurs calbutes d'émotion intense. » (B, 208). 2. Duper, berner. Ex. : « Nous avons été floenés, blousés*, feintés*, brossés*, cocus. » (59). 3. Se répandre. Ex. : « Des trucs se mettent à flouser, liquides brunâtres à forte senteur d'iode. » (110). 4. Devenir flou. Ex. : « Ça flouze, à l'agrandissage*. » (BB, 151)

flouze (le) : argent.

flubes (avoir les) : avoir peur. Ex. : « Mes poursuivants ont dû abandonner la chasse. Peut-être qu'ils ont eu les flubes. » (4). Ex. : « C'est ma visite d'hier qui lui a collé les flubes. » (10). Ex. : « Comme disait mon vieux camarade de régiment Henri de La Tour d'Auvergne : " Tu trembles, carcasse, mais si tu savais où je vais te mener tout à l'heure, tu aurais les flubes bien davantage. " (28). Ex. : « Oui, lui, l'implacable, le décideur d'exécutions, lui qui a fait périr tant et tant de gens, il a les flubes, les jetons*, les copeaux*, les foies*, la chiasse noire*, les grelots*, le traczir*, les boules à zéro*, les chaleurs*, le taf*, la mouillette*, les chocottes*. » (142)

fluctanganate aznavourien de télébenzène hydropique (le) : gaz (fictif) anesthésiant.

fluction (une) : fluctuation. Ex. : « Si je me pèserais en sortant de table, il est évident que mon poids subirait une fluction. » (B, 79)

fluctuater dans la mergiture : adapt. du latin « fluctuat nec mergitur » (il est battu par les flots mais ne sombre pas). Ex. : « Schuppen me vote* un sourire qui fluctuate nettement dans la mergiture. » (81)

fluctuation dentaire (une) : fluxion dentaire. (B)

fluider : être fluide. Ex. : « Ça pendait comme des rideaux d'tulle, son bastringue* à la vieille. Pas mèche* d'en maintenir : ça fluidait entre les radis*. » (B, 208)

fluminer : fulminer. (BB)

flûte (une) : jambe. Ex. : « Du moment qu'on est courtois et qu'on a le rond de flûte fastoche*, les pépées passent l'éponge. » (20). Ex. : « Enrayer un début d'ankylose dans ma flûte gauche. » (28). Ex. : « Avec ses flûtes trop maigrichonnes et sa poitrine partie sans laisser l'adresse de Scandale, le décarpillage* public la désavantage. » (57)

flûtiser : susurrer. Ex. : « Faites-moi confiance, mon cher Antoine, flûtise mon module d'étable. » (75)

fly-tox-à-chagrin (un) : remontant.

fly-tox à microbes (un) : inhalateur nasal.

focard (un) : fou.

fœtus (un) : fétu, petit morceau. Ex. : « Pinaud* sort son dentier, gratte entre deux incisives un fœtus d'allumette qui s'y était coincé et remet son appareil à débiter des couenneries dans sa gargoulette. » (20). Ex. : « L'élément liquide joue avec nous comme avec des fœtus de paille. » (74)

fofollingue (une) : homosexuel.

foie blanc (un) : homme lâche, veule.

foies (avoir les) : avoir peur. Ex. : « Oui, lui, l'implacable, le décideur d'exécutions, lui qui a fait périr tant et tant de gens, il a les flubes*, les jetons*, les copeaux*, les foies, la chiasse noire*, les grelots*, le tracir*, les boules à zéro*, les chaleurs*, le taf*, la mouillette*, les chocottes*. » (142)

foilier (un) : foyer. Ex. : « C'est pas l' tout d' rende les copains veufs, faut-il ensuite leur donner un coup d' main pour qu'y r'constituassent un foilier. » (B, 155)

foins (se faire les) : se gratter le pubis. Ex. : « Pastaga ôte son imper, coule une main par l'ouverture de son pantalon de pyjama et se met à se faire les foins. » (85)

foirade (en) : qui se détériore, qui fonctionne mal. Ex. : « M'est avis qu'il devrait prendre des granulés, ou je ne sais quoi pour redresser son mental en foirade. » (139)

foirade (une) : échec, déconvenue.

foirdempoigner : se bousculer. Ex. : « Les voitures de police décrivent un petit ballet. Des autos de presse les rejoignent. Je me dis qu'il va falloir mettre les bouts* avant que ça foirdempoigne trop fort dans le coin. » (118)

foirer : déféquer, échouer.

foiridon (une) : fête. Ex. : « Elle fait la foiridon ici et je l'assiste dans ce délicat passe-temps. » (47)

foiridondaine (une) : fête.

foiridonner : festoyer. Ex. : « Ils imaginent une espèce de Cannes gigantesque qui foiridonne au bord de l'Atlantique dans un fracas de juke-boxes. » (76)

foiriner : festoyer. Ex. : « Qu'est-ce qui leur prend à mes valeureux collaborateurs, de foiriner sous mon label cette nuit ? » (75)

foirinette (une) : fête. Ex. : « Tu verras cette foirinette pour fêter mon retour de la tombe ! » (19)

foirure (une) : échec. Ex. : « Je pressentais des foirures. » (125)

folichon : amusant. Ex. : « C'est pas folichon de moisir à l'intérieur d'une voiture. » (3)

folklo : folklorique. Ex. : « Les gens huppés trouvent ça folklo et les autres pensent débouler* dans un haut lieu du luxe. » (118)

folle (une) : homosexuel au comportement et à la mise très efféminés.

follingue (un) : fou.

follingue (une) : homosexuel. Ex. : « Qu'on suce un peu à quoi s'en tenir sur ces follingues, bourrées d'osier* et de bites*. » (129)

foloquer des noix : trembler de peur. Ex. : « Y causait* bien au début, avant que j'élevasse la voix. C'est quand je m'ai mis à gronder qu'il a foloqué des noix. » (B, 205)

fonçaga : foncé. Ex. : « Un costar* dans les bleus fonçaga. » (91)

fond-de-trainter : aller à fond de train.

footaise (une) : match de football. Ex. : « Le barman écoute la retransmission d'une footaise sur son transistor. » (102)

footingé : sportif. Ex. : « Je pourrais la suivre à pincebroque* si j'avais des humeurs footingées. » (204)

forcenée du capot (une) : femme à la poitrine opulente. Ex. : « Y a des moments, dans la vie glandulaire de l'homme, où ça plaît, les gros flotteurs*. Le julot*, il est capricieux, ça lui sert de vices, souvent. Tantôt il se fera damner pour une gerce* qui te trimbale* deux œufs au plat dans sa gibecière à carénage italien*, tantôt il lui prend l'envie de folâtrer entre les mamelons vosgiens d'une forcenée du capot. » (78)

Ford intérieur (la) : for intérieur. Ex. : « Va jamais hurler avec personne, hurle pour toi toute seule, dans ta Ford intérieur. » (B, 208)

forfaiture (déclarer) : forfait. Ex. : « Moi, à la place d'eux, j' déclarerais forfaiture ; biscotte* les rixes qu'ils prendent, tu permets, c'est du suicide ! » (B, 118). Ex. : « Dans not' job*, ce qu'il faut c'est qu'il faut pas déclarer forfaiture, aut'ment sinon, c'que t'asperges* dans la glace d'ton miroir en t'rasant ressemb' à mon cul* comme deux couteaux* ! » (B, 120)

forfanter : commettre un forfait.

forge (la) : appareil respiratoire. Ex. : « L'asthme lui ravage la forge à ce gros picoleur*. » (3)

formicateux : en formica. Ex. : « Les cuisines formicateuses. » (62)

formidadmirablement : formidablement et admirablement.

formide : formidable. Ex. : « Félicie* me lisait des bouquins formides. » (204)

formidé : rendu formidable. Ex. : « Formidé par le temps qui passe, Léon. » (105)

formiprodifantastextraordinairement : mot le plus long de la langue san-antonienne (35 lettres), désigne quelque chose de formidable, prodigieux, fantastique et extraordinaire.

formiqueux : en formica.

forniculaire (un) : funiculaire. (B)

Fort Alamo dans la soupente (jouer) : avoir la gueule de bois.

fortuiter : manipuler un objet technique fortuit. Ex. : « Il retabule* son zinzin*, le fortuite en crapoutant* et le renseignement tombe. » (105)

fortuiterie (une) : fait fortuit. Ex. : « Elle abandonne la partie en cours et de trio, le numéro devient duo, ainsi en est-il dans les formations de music-hall que la vie émiette au gré de ses fortuiteries. » (105)

fossile (un) : vieillard.

fote-bale (le) : football. (BB)

fouailleux : douloureux. Ex. : « Curieuse impression ! Acre ! Violente ! Fouailleuse ! » (135)

foudroyer le grand zygomatique : faire rire.

fouettaison (une) : puanteur. Ex. : « Charogne, cette fouettaison ! J'en biche* plein les naseaux*. » (138)

fouette dents de scie : adapt. de l'anglais « wait and see » (attendre et voir).

fouette and scie : adapt. de l'anglais « wait and see » (attendre et voir).

fouettecochérer : aller vite. Ex. : « J'enclenche le phare gyroscopique, la sirène et je fouettecochère à une allure stupréfiante* (de pigeon voyageur). » (104)

fouetter du couloir : avoir mauvaise haleine. Ex. : « Ta gueule* ressemble à ton foie. Tu fouettes du couloir pire qu'un scatophage. » (141). Ex. : « Elle fouettait un tantisoit du couloir, mais juste parce qu'elle avait becqueté* des escarguinches* à la parisienne trop aillés. » (B, 208)

fouetter : puer. Ex. : « Le logis fouette la jeunesse en surnombre. » (108). Ex. : « Ça fouette l'urine chaude et le désinfectant. » (204)

fougnasser : lécher.

fougnazant : diffusant. Ex. : « A l'intérieur, la radio marche à pleine vibure*, fougnazant à tous les échos (chacun paye le sien) une merveilleuse chanson nouvelle. » (58)

fouguer : être fougueux. (B)

fouille (une) : poche.

fouinasser : chercher, fouiller. Ex. : « Je me mets à fouinasser dans l'appartement avec l'espoir de découvrir un indice quelconque. » (5)

fouinasserie (une) : recherche.

fouinozof (le) : fessier. Ex. : « M'man commence à talquer le fouinozof d'Antoinet*. » (80). Ex. : « Carmen Abienjuy* file une mandale* sur la gueule du bulldog qui a essayé de lui placer une main tombée au fouinozoff. » (148)

fouizingue (un) : fessier. Ex. : « Il ferait mieux de se voiler la fesse, car je lui vois le fouizingue comme je te vois. » (80)

foultitude (une) : foule nombreuse. Ex. : « Un Blanc souille de sa grisaille hépatique cette foultitude d'ébène. » (105)

four à choucroute (le) : bouche. Ex. : « Il place son index d'une demi-livre perpendiculairement à son four à choucroute. » (106)

four à croque (le) : bouche.

fourbir : frotter. Ex. : « O.K.! O.K.! fait-il en bâillant et en se fourbissant les antibrouillards*. » (138). Ex. : « Le sieur Gaumixte* se grouille* de fourbir ses bésicles* embuées par le spectacle. » (203). Ex. : « Votre San-A.* se fourbit la rétine pour s'assurer qu'il a bien liquidé le songe en cours. » (204)

four écrémeur (un) : four crématoire. Ex. : « J'aime mieux êt'dirigé par un gars qu'la braguette est branchée su'la force qu'par un gaspard* à la Hitler, qui fait l'amour av'c des fours écrémeurs. » (B, 208)

fourgue (une) : marchandise volée confiée à un revendeur.

fourgue (un) : revendeur de marchandise volée.

fourlinguer : fourrager.

fourmis dans l'encéphale (avoir des) : être fou.

fournil (un) : chenil. (B)

fourrager les chicots (se) : se curer les dents.

fourrager l'entre-deux (se) : se gratter la raie fessière. Ex. : « Et de s'introduire la main dans l'arrière du calbar* pour se fourrager l'entre-deux, ce qui, chez lui, est un signe d'intense contrariété. » (58)

fourré et au moulin (au) : au four et au moulin.

fourré jusqu'à l'épicentre : attrapé, vaincu. Ex. : « Les mâchoires du piège se resserrent de plus en plus. Me v'là fourré jusqu'à l'épicentre. » (203)

fourreau de parapluie (les avoir en) : avoir peur.

fourrer la pattemouille dans l'oignon (se) : se tromper.

fourrer en pistole : incarcérer, enfermer.

fourrurerie (une) : magasin de fourrures. (B)

fourvoyage (un) : fait de se fourvoyer.

foute : football.

foutral : imposant. Ex. : « Duvalier stoppe devant un foutral immeuble en pierre de taille (et de taille imposante, crois-moi). » (132)

foutralement : extrêmement. Ex. : « Là, il commençait à m'intéresser foutralement, César. » (124). Ex. : « Vous êtes foutralement gentil, Doc. » (135). Ex. : « Galvanisé, il champignonne foutralement. » (204)

foutraque : fou.

foutre : mettre.

foutre (aller se faire) : congédier sans ménagement.

foutre (se) : se moquer.

foutre à jour (se) : déféquer. Ex. : « Là-dessous, j'ai passé dans ma salle de bains, m'fout' à jour. Ça m'gênait un peu biscotte, dans ces cas-là, tu croirais " Les canons d'la Varenne* ". » (B, 208)

foutresque : se dit de quelque chose dans un grand désordre.

foutriqueux : minable. Ex. : « Il n'a pas sa blouse blanche et porte un complet foutriqueux, dans les tons muraille. » (152)

fouzi-foula (le) : coutume accompagnant l'anniversaire de mariage pour les gens de la tribu de M. Blanc. Ex. : « En période de fouzi-fouza, on doit redoubler d'amour pour la circonstance et, pendant toute l'année, baiser* au moins deux fois par jour : au coucher et au lever du soleil. » (151)

fox-terrer : creuser la terre comme le ferait un fox-terrier.

fraîche (la) : argent. Ex. : « Heureusement, je ne pars jamais en vacances sans avoir de la fraîche en cave*. » (37). Ex. : « Pourquoi ? Parce qu'on lui avait ciglé* de la fraîche pour qu'il la ferme*! » (76). Ex. : « Saboule-toi*, mec, prends tous les fafs*, ta fraîche, et la photo de ta morue* si tu l'as amenée avec toi. » (104)

fraîchecaille (la) : argent.

fraîchouillard : frais. Ex. : « On découvre la cave voûtée à l'ancienne, située plein nord, donc fraîchouillarde à souhait. » (135)

fraîchure (la) : fraîcheur.

fraise et dix pots : frais et dispos. Ex. : « Quand j'ai réapparu, je m'sentais fraise et dix pots. » (B, 208)

fraise et adipeux : frais et dispos. (B)

fraise et dix spots : frais et dispos.

fraiser (se) : 1. Etre victime d'un grave accident. Ex. : « Une manière de leur annoncer ma grosse bitoune* savante d'une œillade plus expressive qu'une affiche de la Prévention routière montrant l'automobiliste chlass* en train de se fraiser la gueule, because son alcoolémie forcenée. » (134). Ex. : « La dame élève ses petites filles, leur maman s'étant fraisée lors du même accident qui fit éclater la coucourbe* à Gaston. » (135). 2. Tomber. Ex. : « Sûr qu'il allait se planter, pépé ; se fraiser sur le plancher, apoplexié d'un coup d'un seul. » (125). 3. Percuter. Ex. : « Ta vieille perruche, tu vois, c't'un bonheur qu'elle s'soye fraisée dans c'camion. » (114)

fraises (envoyer aux) : envoyer promener, congédier.

fraises (aux) : situe une date. Ex. : « Elle m'informe que son époux est mort depuis dix-huit ans aux fraises. » (103)

franc du collier : honnête. Ex. : « J'ai mangé des huîtres qu'étaient pas franches du collier et me voilà malade à crever ! » (217)

franc-parler : avoir un franc-parler. Ex. : « T'as des gerces* avec lesquelles tu franc-parles à ta guise. » (126)

franc-plâtrier (un) : franc-maçon. (BB)

franc-tirage (un) : action du franc-tireur.

française-françaiser : prononcer un discours solennel. Ex. : « Mes potes* m'esgourdent* comme si j'étais un texte d'ultimatum. Comme si je française-françaisais dans le gravissimo. » (103)

francfort (un) : doigt. Ex. : « La vérité avec le grand V que compose M. Churchill avec ses francforts. » (20)

Franchecaille (un) : Français. Ex. : « Mettez-vous dans la peau du Franchecaille qui esgourde des vannes pareilles ! » (24). Ex. : « Je commence par demander à ces messieurs s'ils jaspinent* le franchecaille. » (29)

franche embrassade (une) : ambassade de France. Ex. : « On t'a dit la franche embrassade, gars ! mugit Zorro, remue-toi le panier. » (B, 74)

franchouillard : français (péjoratif).

franchouille : français.

franco du collier : honnête.

franco pour la polka des mandibules (y aller) : avoir bon appétit.

françouais : français.

françousse : français. Ex. : « Je vois entrer l'escogriffe qui parle si joliment le françousse. » (26)

françouze : français. Ex. : « On d'vrait s'inquiéter si y aurait pas une pute françouze dans l'secteur. » (B, 101). Ex. : « Pas mécontent de ce dernier qualificatif, l'Antonio. Maraud. Ça vous a un côté vieux françouze. » (132)

frangin (un) : frère.

frangine (une) : 1. Sœur. 2. Femme. Ex. : « Un mec qu'a tronché* telle'ment d'frangines qu'on pourrait plus les compter, même av'c le théorème d'Pichtgorne*! » (B, 148). Ex. : « Les frangines, c'est comme la priorité à droite, ça s'respecte. » (57). 3. Testicule. Ex. : « Une savate mongole dans les frangines. » (121)

fransaucisse : adapt. de l'allemand « französich » (français). (B)

frappadingue (un) : fou.

frappe (une) : vaurien.

Frédéric-Frédéric : dare-dare. Ex. : « Tout laisse à supposer que le Vieux* a voulu dire dare-dare, mais qu'au paroxysme de la fureur, une double confusion s'est faite en ricochet dans son esprit. » (111)

freiner : s'interrompre. Ex. : « Du coup, le Béru* a freiné dans le dithyrambe*. » (20)

frelature (une) : chose frelatée. Ex. : « Les paradis artificiels, je t'en fais cadeau ! J'ai horreur des frelatures. » (132)

frelon (un) : balle d'arme à feu. Ex. : « Baisse ta ruche*, les frelons volent bas! » (59)

frelonner : bourdonner, sonner. Ex. : « Alors ça frelonne très longtemps avant qu'une main tâtonnante ne décroche. » (132)

frelot (un) : frère. Ex. : « Je devine une immense rancœur de la frangine*. De la haine ? Pas vraiment, mais cette ladrerie du frelot qui ne s'exerçait que sur elle lui est restée au travers de la gorge. » (141)

frelotte (une) : sœur.

frémissure (une) : frémissement. (B)

french Caen-Caen à la mode de tripes (un) : poitrine plantureuse de femme.

french concon (le) : french cancan.

frénésiser : agir frénétiquement. Ex. : « Quand je frénésise, moi, j'ai du mal à r'tenir la telage*. » (B, 152)

frénétiquer : agir frénétiquement.

frénétiser : agir frénétiquement.

fréquentatif frisé (le) : produit chimique indéterminé.

frères Goncourt (les) : seins de femme. Ex. : « J'ignore si elle s'est fait bricoler les frères Goncourt, mais ils planturent* vachement et se tiennent parfaitement dans le monde. »

frères Karamazov (les) : seins de femme. Ex. : « Il est stupide d'appeler des seins " les frères Karamazov " puisque les frères Karamazov étaient trois. Désormais, je les surnommerai " les frères Goncourt "*. » (145)

frères Rouland (les) : seins de femme.

frèrzhuminer : être humaniste. Ex. : « Je frèrzhumine d'emblée, moi, Sana. La main tendue, le cœur prompt, les labiales parées pour la bisouille au lépreux. » (85)

frétiller : affréter. (B)

friandise vulcanisée par Dunlop (une) : gomme à mâcher.

fric (le) : argent.

fricasser : faire une fricassée avec quelqu'un, brûler. (B)

fric-frac (un) : cambriolage.

fric-fraquer : commettre un cambriolage.

fricfraqueur (un) : cambrioleur. Ex. : « Je sonne, selon les règles du parfait fricfraqueur, tout en me disant que trois visites illégales dans une même journée ça commence à faire pas mal. » (106)

frichti ou **fricheti** (un) : repas.

fricotin (le) : argent. Ex. : « Je fouille les fringues* du défunt et découvre un rouleau de bank-notes. Les types qui l'ont fadé* se moquaient pas mal du fricotin. » (28)

frictionner : rouler à vive allure.

frigidaire : frigide. Ex. : « Soyons logiques, ma Majesté, mais une frangine* est surtout frigidaire biscotte* les gus* sont pas à l'hauteur de la situation. » (B, 65)

frigo collectif (un) : morgue.

frigousse (une) : friture. Ex. : « A l'angle de la street et d'une placette plantée d'orangers, se trouve un pub d'où s'échappent des relents de frigousse. » (124). Ex. : « Il opine et file une embardouflée* de pommes de terre débitées à la machine dans son bac à frigousse. » (132). Ex. : « Dans un recoin jouxtant les cuisines du monastère (des odeurs de frigousse ne laissent pas d'équivoque). » (147)

frime (la) : visage. Ex. : « Au besoin, flanquez*-lui un seau d'eau sur la frime. » (50)

frimer : regarder, dévisager.

fringant de la menteuse (un) : bavard.

fringuant du lit (en) : flagrant délit. (B)

fringue (une) : habit, vêtement.

fringuer : vêtir.

friponner : aguicher. Ex. : « Elle me friponne un regard délectable, avec frisottement de cils. » (62)

frisé (un) : Allemand. Ex. : « Des frisés qui s'appelaient Francs, moi je me marre*! C'eusse t'été des Marks, je veux bien, mais des Francs! Ya de quoi se mettre du sucre en poudre sur la choucroute, non! » (B, 200)

friser : pétiller légèrement. Ex. : « Je me verse une rincelette de fendant dans ce minuscule verre dont usent les Suisses pour déguster leurs vins blancs. Le liquide d'or pâle mousse légèrement, je dirais plutôt qu'il frise. » (112)

frisure de bois dans le caisson à fourrage (ne pas avoir de) : ne pas être idiot.

frisure poitrinale (une) : poils du thorax.

frite (la) : visage. Ex. : « Ils n'ont jamais reluqué* ma frite et ils se demandent si je suis un poulaga* ou un Martien. » (15). Ex. : « Ses crins* sont emprisonnés dans une résille et elle s'est filé sur la frite un astringent qui la fait ressembler à une divinité inca. » (20). Ex. : « Une cyphose plus marquée que celle de Quasimodo et des bubons plein la frite. » (147)

friteurman (un) : marchand de pommes de terre frites. Ex. : « Le friteurman continue sa sirotation* extatique. » (132)

fritomane (un) : individu passionné par la frite.

frivoler : friser. Ex. : « Peau douce où frivolent des duvets annonciateurs de pilosités plus captivantes. » (105)

frizou (un) : Allemand.

froc (un) : 1. Pantalon. 2. Foc (voile). (B)

froisser le pourtour du radada : décevoir, avec une connotation sexuelle.

frôlure (une) : frôlement. Ex. : « Ça cahote. Tant mieux, voilà qui facilite les frôlures. » (85)

fromaga (un) : fromage.

fromage (un) : bien matériel. Ex. : « Les bonshommes, plus ils sont riches, plus ils se cramponnent à leur fromage. » (83)

fromagé du psychique (un) : original, doux dingue, illuminé, gâteux.

fromager : fomenter. Ex. : « Tel que tu vois ce vieux poireau sec, il a peur que je fromage un coup avec le notaire pour l'arnaquer*. » (B, 202)

fromager du bulbe : déraisonner.

fromageur (le) : force majeure. Ex. : « – T'espères, t'espères, et si il aurait un empêchement de fromageur, hein, Antoine ? Au lieu d'espérer, tu ferais mieux de t'occuper de lui. » (MM, 68)

fromageux : riche en stucs et moulures. Ex. : « Chouette bâtisse, un peu fromageuse comme toutes celles des années 30. » (110)

frometobe (un) : fromage.

frometobock (un) : fromage. Ex. : « On s'rabattait sur le frometobock, le gros pain de camberousse, à croûte épaisse comm'

d'la peau d'éléphant, l'pinard fruité. » (B, 208)

frometoboque (un) : fromage.

frometon (un) : 1. Fromage. Ex. : « Elles ont décliné le frometon et on est passé directo* au dessert. » (150). Ex. : « Il vit en vieux garçon : sardines puisées à même la boîte, frometon dans le papier. » (211). 2. Homme, amant. Ex. : « Y a z'eu quéqu'chose de pas catholique, l'soir qu'ton from'ton a dessoudé*. » (B, 208)

frometoneur de basse fréquence (un) : partie fictive d'une radio. Ex. : « Le radio essaie de raconter aux espaces ce qui nous survient, mais son frometoneur de basse fréquence a pété* un joint de culasse dans l'aventure, et c'est bernique* pour communiquer. » (99)

fromogogue (un) : fromage. (B)

fromtobock (un) : plante exotique fictive. Ex. : « Le fromtobock constitue pratiquement l'unique culture du Rondubraz* et partant, sa seule industrie. » (68)

fronce-les-sourciler : froncer les sourcils.

fronce-sourcibrer : parler en fronçant les sourcils. Ex. : « Mort ? fronce-sourcibre-t-il. » (54)

froncelésourcibrer : froncer les sourcils.

frontnationaliser : émettre des idées proches de celles du Front national.

frotti-frottailler : frotter, gratter. Ex. : « Et je me remets à frotti-frottailler comme un perdu. » (81)

frouiller : tricher (parler local de Saint-Locdu-le-Vieux*, en Normandie).

fufute : futé. Ex. : « Lorsque Béru* est venu me voir, je me trouvais bel et bien dans une clinique, sinon le Gros s'en serait aperçu. Il est moins fufute qu'un pot de crème à raser, mais pas lavedu* pourtant. » (63)

fulgurer : surgir d'une manière fulgurante.

fulgurité : caractère de ce qui est fulgurant. Ex. : « Puis des exclamations de disjonction, des vitupérances* à fulgurité passionnelle, des étonnations* parachevées éclatent un peu partout. » (81)

fulminance (une) : éclat de colère. Ex. : « S'ensuit immédiatement de sévères fulminances de Berthy*. » (75)

fulmineur : irrité, en colère.

fumaga (une): fumée. Ex.: « Oh! non, affirme l'autre, derrière la fumaga de son havane. » (64)

fumareaud ou **fumarot**: infect personnage (insulte). Ex.: « Faut être un drôle de fumareaud pour se conduire ainsi. » (3). Ex.: « Je suis fumarot tout de même. Pourquoi lui endolorer l'orgueil? » (72)

fumasse (une): fumée. Ex.: « La fumasse lui sort des naseaux. » (204)

fume: marque l'impuissance, rien à faire. Ex.: « J'attends un moment devant son Martini-gin renversé et mon demi de bière plein. Mais fume! » (128)

fume-cigare (un): bouche. Ex.: « J'ai bâillé d'ennui, mais poliment, en mettant ma main devant mon fume-cigare. » (51)

fumelar: infect personnage (insulte). Ex.: « Et ce fumelar qui nous braque comme des caissiers de banque! » (121)

fumelle (une): femelle.

fumer: être en colère.

fumer des naseaux: fulminer.

fumeron (un): jambe. Ex.: « Je ne tiens plus sur mes fumerons, lamente-t-il en s'abattant dans le fauteuil que j'occupais. » (65). Ex.: « J'aurais été heureux d'aller t'accueillir moi-même, mais je ne tiens plus sur mes fumerons! » (132)

fumiardise: caractère de ce qui est moralement abject. Ex.: « Son regard n'a jamais dû se poser sur une fleur, un bébé, une jeune fille ou un San-Antonio*, sinon il ne serait pas pétri d'une telle fumiardise définitive. » (112)

funambuler: se trouver en équilibre instable. Ex.: « Le bada* funambule. » (75)

funébrer: célébrer des obsèques.

furaxer: être en fureur. Ex.: « Le Vieux* ne crie pas " Entrez " quand il furaxe. Il lance simplement un " Oui! " très bref. » (81)

furaxif: furieux. Ex.: « Furaxif, je l'invective à voix basse mais à mots découverts. » (102)

fureur (un): adapt. de l'allemand « führer » (chef). (B)

furibarder: être furieux et le faire comprendre.

fuseau (un): jambe. Ex.: « J'la laisse se vider, en profitant de c'qu'elle est debout pour y mater* les fuseaux. » (B, 208)

fusée (une): vomissement. Ex.: « Il tangue misérablement sur le dromadaire et bredouille entre deux fusées que la vie n'est plus possible. » (56)

fusée à roulettes (une): automobile, plus particulièrement un coupé Jaguar.

fusée traçante (une): spasme lors d'un vomissement.

fuselage (un): fuseau. Ex.: « J'm'ai réveillé tard dans la noye*, biscotte* ces fuselages horaires. » (B, 106)

fuselage aurifère (un): fuseau horaire. (B)

futal (un): pantalon.

futiau (un): pantalon. Ex.: « Sa Majesté est en train de faire recoudre son futiau par Claudette. Il porte un beau slip à grille qui ressemble à une épuisette épuisée. Notre secrétaire rogne* comme quoi c'est pas tenable, l'odeur du grimpant*. » (87). Ex.: « Ayant arraché sa limouille* de son futiau, il dégrafe ce dernier, le laisse choir sur ses godasses*. » (135)

G

gabaderne (une) : gabardine de baderne. Mot utilisé pour désigner la gabardine de Pinaud*, dit Baderne.

gabouiller : bafouiller.

gâche (une) : 1. Place. Ex. : « Un bifton* de départ. J'espère qu'il reste de la gâche dans ce coucou ! » (47). Ex. : « Nous nous laissons guider par un gars vêtu en Pierrot, à une table située en dessous des musicos*. Ça tombe bien, c'est pour nous la plus chouette gâche car de cet endroit, on n'est pas en vue et on peut reluquer* tout ce qui se passe dans le cirque. » (107). 2. Travail. Ex. : « Alors quoi, je murmure, y a de la gâche que pour les fonctionnaires, ici ? » (15)

gâchouse (une) : place. Ex. : « Ma position n'est pas enviable. Même le gars qui traverse les chutes du Niagara sur un fil, avec les yeux bandés, ne voudrait pas troquer sa gâchouze contre la mienne. » (6). Ex. : « Entre la naissance de leurs cheveux et leurs sourcils, il y a juste de la gâchouse pour la visière de leur képi. » (8)

gadin (un) : 1. Gravier, caillou. Ex. : « On trébuche sur les gadins. » (59). Ex. : « On entend les gadins qui pètent contre le bas de caisse de la carrosserie. » (62). 2. Chute (faire une). 3. Diamant.

gadouiller : patauger.

gaffe (faire) : faire attention.

gaffer : 1. Apercevoir. Ex. : « Vous parlez d'un coup de bidon ! C'est des charres*, j'ai le caberlot* tellement en dérangement avec ce micmac que je n'ai rien gaffé du tout ! » (6). Ex. : « Ils sont glacés de chiasse, font mine de gaffer de rien. » (108). 2. Observer attentivement.

gaffer (se) : 1. Se douter. Ex. : « Je me gaffais bien que ça allait finir commako*. Passage au concasseur. Mister Moulinex en action ! Fabrication de tartares maison ! Hamburgers à toute heure. Recours inévitable à la main souveraine de Bérurier*, l'homme de Gros-Moignon ! » (106). Ex. : « Il se comporte comme s'il était sûr de moi. Cela dit, je me gaffe bien qu'il me fait surveiller. » (112). 2. Se méfier. Ex. : « Moi, les serments de gonzesse, j'cours pas après. J'm'en ai toujours gaffé des serments d'souris. » (B, 208)

gagne (une) : victoire. Ex. : « Non, bouscule rien, t'as la gagne en main ! » (150)

gagner le canard : remporter le gros lot.

gagner son bœuf : gagner sa vie.

gagneur (un) : mari. Ex. : « Il y a les dames mariées polissonnes qui doublent* leur gagneur pour se donner des raisons de le supporter. » (92)

gagneuse (une) : prostituée (du point de vue du proxénète).

gaguejette (un) : gadget. Ex. : « Rouillé*, tu vas dare-dare préparer un p'tit gaguejette que ma nièce va viendre prendre. Y faut qu'elle eusse un p'tit micro polisson impossib' à remarquer de ceux qui l'entourent et dont j'pusse écouter c'qu'é dit à une portée d'au moins deux cents bornes*, tu mords l'topo* ? » (B, 90)

gai-chat (une) : geisha. (B)

gai-riez-rose (une) : guérillero de sexe féminin.

gai-tapant (un) : guet-apens.

gaillard d'avant (un) : sein de femme. Ex. : « Ses deux gaillards d'avant manquent m'énucléer car elle ne porte pas de soutien-loloches* et leurs embouts vieux rose me partent dans les lotos*. » (149)

gaillardi : ragaillardi. Ex. : « Lui ayant roulé la pelle* du siècle, je me sens gaillardi. » (135)

gaillardoche : gaillardement. Ex. : « Et bon, je marche gaillardoche. » (105)

gaille (un) : cheval.

gaine à glaves (la) : gorge. Ex. : « Le livreur se pointe en se raclant la gaine à glaves. » (154)

gainsbourium-malrauxité (le) : cousin germain fictif du L.S.D.

galantine : galante. Ex. : « On est partants pour prend'l'pousse-caoua* en galantine compagnie, mon p'tit cœur. » (B, 121)

galantine (la) : galanterie. (B)

galantiner : être galant. (B)

galimafrage (un) : fait de dévorer. Ex. : « Le larbin* nous apporte à chacun un plateau chargé de victuailles. Et c'est le galimafrage intégral. » (47)

galimafrance (une) : action de dévorer.

galimafre (un) : festin.

galimafrer : manger. Ex. : « Tout le monde bâfre* et rote. Les plus rapides émettent déjà d'autres incongruités. On galimafre avec les doigts. » (56)

galipoder : galoper. Ex. : « On se met à galipoder en direction des départs, section lignes intérieures. » (204)

galipoteux : tremblant de peur. Ex. : « Il est tout galipoteux, le collègue. Il grabouille* vilain*, tu le verrais. Les chailles* qu'entrechoquent à glagla. » (85)

gallinacide (un) : action de tuer un gallinacé.

gallo-moderne : français contemporain. Ex. : « Pièce assez vaste où sont rassemblés quelques gadgets de l'époque gallo-moderne : télévision, tourne-disque, téléphone, transistor. » (114)

galoche (une) : 1. Chaussure. Ex. : « J'ai du sable plein les galoches, plein les revers de mon grimpant*. » (2). 2. Semelle. Ex. : « Une ombre bat la galoche place Victor-Hugo. » (31)

galopant : rapide. Ex. : « Il prend la tire* la plus galopante et se casse*. » (142)

galoper comme un qu'a des ratés : courir comme un dératé.

galoperie (une) : galop. Ex. : « Bien t'assouplir les salsifis* avant de déclencher leur galoperie sur le clavier qu'est tellement large, le salaud. » (89)

galoup (un) : indélicatesse, traîtrise, coup pendable. Ex. : « On se cherche des rognes, on se snobe, on se fait des galoups, on crâne, on règne, on éclabousse et tout ce qu'on peut s'expédier à la frite, ce sont les mêmes débris lamentables. » (20). Ex. : « J'ai employé des mots simples, usé de répétitions. Faudra pas venir rouscailler* comme quoi j'entourloupe. Je suis un auteur consciencieux, moi. Je manigance pas dans les galoupes. » (72). Ex. : « Y a pas de refuge envisageable pour le mec qui lui a fait ce galoup. » (126). Ex. : « Il pensait qu'il venait de faire un galoup à un caïd* et qu'on l'emportait pour le punir. » (142)

galure (un) : chapeau. Ex. : « Je touche le bord de mon galure et je gagne l'entrée du Père-Lachaise. » (15). Ex. : « Ce n'est que numéro d'illusionniste, mais les spectateurs bouffent le lapin, plument les colombes sitôt sorties du galure. » (93)

galurin (un) : chapeau.

gamberge (la) : réflexion, intellect. Ex. : « J'eusse aimé le prendre à part, notre pépère qu'êtes odieux, pour lui demander s'il causait par galéjade, ou bien s'il n'avait pas oublié ses granulés pour la gamberge. » (B, 74)

gamberge qui grimpe en mayonnaise (avoir la) : réfléchir intensément. Ex. : « Supposez qu'un matin, on ne trouve plus qu'une grande terre nue à la place de Poissy ou de Sainte-Foy-l'Argentière, nécessairement, notre gamberge grimperait en mayonnaise. » (66)

gambergeage (un) : réflexion. Ex. : « Il palpe sa coquille* en peau de chose premier choix comme s'il craignait qu'elle ne fût fêlée par son gambergeage à haute tension. » (15)

gambergeance (une) : réflexion.

gamberger : réfléchir, penser. Ex. : « Voilà ce dont à quoi je gamberge tandis que notre canot fonce sur le grand canal. » (204)

gambette (une) : jambe. Ex. : « Il se dit confusément que son cas ne peut pas être désespéré du moment que tu le traites pardessous la gambette. » (132)

gambille (une) : danse. Ex. : « La tournanche* des grands-ducs. L'initiation au beaujolpif* et à la côte de charolais sur litière de pommes frites. Puis la gambille dans les boîtes pour touristes. » (71)

gambiller : 1. Danser. Ex. : « On tangue, on tangote*, on gambille, on babille. » (62). 2. Marcher, fonctionner. Ex. : « Nous sommes toujours dans l'antichambre directoriale, en attente du Vioque*. Tu te souviens ? Ah ! faut faire gambiller ta matière grise dans ce polar*, mon drôle* ; à la manière que je t'y balade d'avant en arrière, tantôt précédant l'action, tantôt lui cavalant* au prose*. »

gamelle à phosphore (la) : crâne.

gamine (une) : canine, dent. (B)

gamzoule (une) : 1. Gamelle. Ex. : « Des aubergines et du porc aux pruneaux ! Merde, je m'en ferais une sacrée gamzoule, car j'ai les crochets*. » (108). 2. Nourriture. Ex. : « J'ai les crocs*, merde ! T'as vu la gamzoule de l'avion, cette misère ? Sandevouiche* biafrais, pomme ridée que t'aurais cru le cul de ma voisine du dessous que j'ai embroquée* à la sauvage, un soir qu'ell' rentrait du cinoche* toute pâmoisée d'avoir visionné Delon en large. » (B, 106)

ganache (une) : 1. Imbécile. 2. Vieillard. 3. Gardien. Ex. : « On te soignera, Trois-Sous ! Fais confiance, je leur glisserai le mot d'ordre aux ganaches de ta taule ! » (8)

ganacheur (un) : braillard, difficile de caractère, « grande gueule ». Ex. : « Au comptoir, un vieux kroum* ganacheur rinçotte* des verres. » (105)

gandin : élégant.

gandinus : élégant.

ganguestère (un) : gangster.

gâpette (une) : casquette. Ex. : « Je tends ma gâpette de toile imperméabilisée au Mastard. » (76). Ex. : « Il se voit au volant d'une tire* décapotable, coiffé d'une gâpette britiche*. » (150)

gapian (un) : douanier. Ex. : « En Scandinavie, les frontières sont vachement poreuses et t'aperçois même pas un gapian à l'horizon. » (150)

garaco (un) : garagiste.

garageo (un) : garagiste.

gardameuter : ameuter la garde.

gardavouser : se mettre au garde-à-vous. Ex. : « Le brigadier Mornefleur se lève à mon approche et gardavouse comme un fou. » (152). Ex. : « Affolé, le président gardavouse. » (204)

garde-chiasse (un) : garde-chasse. Ex. : « Et comme il y a du gibier, des garde-chiasses, naturellement, des vrais, en costar* de velours potelé, casquette à visière noire, leggings, accent solognot garanti. » (100)

garde-dingue (un) : garde-fou.

garde des sottes (le) : garde des Sceaux. Ex. : « Vot' conduite est un qualifiable. J'vais d'ores et n'avant en informer l'bâtonneux*, l'garde des sottes*, le suce-titube*, le pauv'cureur* de la République. » (B, 208)

garde-fou d'avalanche (un) : soutien-gorge d'une femme à la poitrine opulente.

gardemanger (un) : 1. Ventre. Ex. : « Ils aiment se balancer de la boustifaille* dans le garde-manger. » (2). 2. Chargeur d'arme à feu. Ex. : « Sous l'oreiller se trouve un pistolet en parfait état de marche, avec huit balles dans le garde-manger. » (117)

garde-pèze (un) : banquier.

garde-tires (un) : gardien de parking.

gardemanger : stocker des victuailles. Ex. : « Bérurier* croit le moment opportun pour éplucher et croquer quelques cacahuètes qui gardemangeaient au fond de sa vague*. » (89)

gardéno-pantéola-fissuré (un) : poison (fictif) à base de curare, mortel sous quinze minutes si on n'administre pas l'antidote.

garderépublicainsabrauclairer : se mettre au garde-à-vous, sabre au clair, pour un garde républicain.

gardien de l'happé (un) : gardien de la paix.

gardinge partouze (une) : garden-party. (B)

garé des voitures : retiré de la vie active. Ex. : « Al Kollyc* est descendu chez un bon ami à lui, espèce de vieux forban garé des voitures et ayant pignon sur rue : César Césari- Césarini*. » (118)

garer des taches (se) : prendre garde.

gargane (la) : gorge.

gargante (la) : gorge. Ex. : « Si la gargante ne me faisait pas encore mal, je chanterais, parole ! » (132)

gargarisme (un) : discours bêtement émouvant. Ex. : « En plein gargarisme, alors que mon auditoire forme les faisceaux et que je le sens en partance pour les suitances* pâmoisantes*, un coup de sonnette ! » (117)

gargouillade (une) : bruit stomacal. Ex. : « J'appréhendais quelque nouvelle gargouillade intempestive du Gros*, mais son buffet* s'est bien tenu, cette fois. » (83)

gargouiller de la chique : baver.

gargouiller dans les désilluses : se laisser aller à la démoralisation pour cause de désillusions.

gargoulet (le) : gorge. Ex. : « La daronne* se racle le gargoulet et se met à vociférer. » (50)

gargoulette (la) : 1. Bouche. Ex. : « Pinaud* sort son dentier, gratte entre deux incisives un fœtus d'allumette qui s'y était coincé et remet son appareil à débiter des couenneries* dans sa gargoulette. » (20). 2. Gorge. Ex. : « Il se racle la gargoulette. » (112)

gargue (la) : gosier.

garguiche (un) : escargot. Ex. : « Les garguiches, tu les aperçois, les cornes dressées, bien pimpants dans leurs carrosseries sport ; durs comme des cailloux. » (88)

gars Mézigue (le) : moi. Ex. : « Le gars Mézigue regagne sa chambre en catimini et se pieute* comme s'il ignorait que le very old castle commence à griller. » (46)

gasloquer : verbe exprimant l'action réalisée par le voyant de flaoutopage indexé*, lorsque l'on a gougné* le débloqueur d'induration rationnelle molletonné* d'un poste émetteur-récepteur. (96)

gaspard (un) : 1. Rat. Ex. : « On perçoit un glissement menu, et voilà qu'un gaspard gros comme un chat castré traverse la bicoque* pour enquiller* une fente du plancher. Ça nous réagit, cette vilaine bestiole. » (141). 2. Homme.

gassouiller : glisser, clapoter, suinter. Ex. : « Mais si je ne bouge pas, la masse qui me supporte, elle, remue sous mon poids. Elle floque*. Ça gassouille. » (81)

gastéropodé : maculé d'une sorte de bave luisante, comme celle des escargots. Ex. : « Un effet de perspective me donnerait à penser qu'elle a de la barbe, à découvrir ainsi la surface de son visage derrière la broussaille gastéropodée de son frifri*. » (93)

gâtochard : gâteux. Ex. : « Elle le trouve gâtochard sur les bords, le président. » (211)

gâtoche (la) : gâtisme. Ex. : « Est-ce qu'm'sieur l'Antonio d'mes fesses sombrerait-il dans la gâtoche, si c'serait un effectif d'vot'bonté d'm'y dire. » (B, 109)

gâtocher : devenir sénile. Ex. : « Il devient dangereux en gâtochant, le général Prandurond. » (102)

gâtouillard : gâteux.

gâtouille (la) : sénilité. Ex. : « Seulement, le hic, c'est qu'alors il voguera en pleine gâtouille, San-A*. » (62)

gâtouiller : devenir sénile. Ex. : « Il peut gâtouiller en toute paix. Glisser dans la bavoche* la tête haute. » (85)

gaudrioler : pratiquer la gaudriole.

gaufrance (une) : surprise. Ex. : « Qu'elle n'est pas ma gaufrance, en arrivant au palace, d'apercevoir Achille* dans le hall, beau comme une bite* fraîche dans un complet à carreaux blancs et bleus, chemise à col ouvert, targettes* à grille immaculées. » (113)

gaufrer : sonner. Ex. : « Dix plombes* viennent de gaufrer au carillon Westminster. » (117)

gaufrette (la) : visage. Ex. : « Elle est en train de se saupoudrer la gaufrette devant la glace du lavabo. » (97)

gaulancher : uriner. Ex. : « Quand je me balade sur les bords du lac Clément* à Genève je gaulanche dans mon bénard* à mater* leur jet d'haut*. » (B, 72)

gauler (se faire) : se faire prendre. Ex. : « On va se faire gauler comme des noix. » (131)

gauler : uriner.

gaulle (un) : adapt. de l'anglais « goal » (gardien de but au football). (BB)

gaullisse (le) : gaullisme. Ex. : « T'es née en plein gaullisse, mon brin d'amour. Ce qui reviens z'à dire qu'quand t'as ouvert les châsses*, le Grand drivait* le barlu* France. » (B, 208)

gausseur (un) : personne qui se gausse d'autrui.

gaz-à-poumons (le) : air. Ex. : « Je remonte pour aspirer un peu de gaz-à-poumons. » (77)

gazer : 1. Aller bien. Ex. : « Quand ça ne gaze pas, faites exactement comme si ça gazait. » (65). 2. Accélérer. Ex. : « Je gaze un peu parce que qu'est-ce que t'en as à branler* de ce qui se raconte en détail ? » (94)

gazibouille cloaqueux (un) : plante méditerranéenne (fictive) qui pousse en buisson.

gazier (un) : homme.

gazon à brillantine (le) : chevelure. Ex. : « Il est vrai qu'il n'y a pas plus de matière grise sous votre gazon à brillantine qu'il n'y a de provisions sur le compte bancaire d'un producteur de films. » (43)

gazouiller du geste : avoir des mouvements précieux. Ex. : « Et ses mouv'ments ont une espèce d'rondeur, tu vois comme ? Y gazouille du geste, Alfred. » (B, 208)

geignerie (une) : plainte, gémissement. Ex. : « Des geigneries lui nébulent* du pif*. » (75)

geishien : relatif à une geisha. Ex. : « Elle fera un stage au Japon aussi, pour apprendre les délicatesses geishiennes ; bref, ça néone* vachement dans la lignée à Nelly. » (66)

gélatineux du bulbe (un) : imbécile.

gelé : ivre.

geler à pourfendre : geler à pierre fendre.

génaire (un) : vieillard. Ex. : « Ah ! chers vieux génaires démunis qui n'ont plus de rigide que l'impuissance, comme je pense à vous ! » (135)

genciver : montrer ses gencives. Ex. : « L'édenté nous gencive un ultime sourire en remerciement. » (105)

gendarmier : relatif au gendarme.

généalogique (une plaque) : minéralogique. (B)

générateur à déconnance (le) : crâne. Ex. : « Et puis soudain, crac ! Elle se tire une bastos* dans le générateur à déconnance. » (114)

genêtophile (un) : amateur de genêts.

génie-colloque (un) : gynécologue. Ex. : « Et pis v'là l'film. Ça démarrait bille en tête, av'c une gonzesse* chez son génie-colloque, qui s'installait dans sa capsule Apollo, les flûtes* en position de " J'vous ai compris ! " et t'montrait une babasse* qu'elle eusse mieux fait d'aller chez Haroun Tazieff plutôt qu'chez son génie-colloque. » (B, 208)

génisser : gésir. Ex. : « Car vous avez raconté des saloperies à c' pauv' blessé qu'est en train de génisse sur son lit de souffrances. » (B, 86)

génitif : génial. Ex. : « D'abord t'es obligé de dénicher des peintres et de faire croire au public qu'ils sont génitifs. » (B, 200)

genouflexion de poitrine (une) : fluxion de poitrine. Ex. : « L'idée que t'existes plus, ça m'empêche de respirer comme si j'aurais une genouflexion de poitrine. » (45)

genouiller : faire du genou.

gentleman agrémenté (un) : gentleman's agreement. (B)

gentleman-farmeur (un) : gentleman-farmer. (B)

gentelmant : adapt. de l'anglais « gentleman » (monsieur). (B)

gentillommasse (une) : ensemble des habitants d'une gentilhommière.

génuflexion (une) : fluxion. Ex. : « Si y aurait un gorgeon* à la traîne, j'sus preneur, biscotte* j'voudrais pas risquer d'attraper une génuflexion d'poitrine consécutivement à c'te trempette. » (B, 121)

génuflexionner : faire une génuflexion. Ex. : « Le Vieux* en a des frémissements dans la voix, il s'humidifie, s'humanise, se répand ; il a la cervelle qui se prosterne, l'âme qui génuflexionne. » (65)

géographie (la) : corps. Ex. : « Le Mastodonte libère un frémissement de pachyderme touché par une balle en un point non vital de sa géographie. » (147)

géographier : donner des informations géographiques. Ex. : « Merde, t'as qu'à potasser le Guide Bleu, j'sus pas là pour géographier tes connaissances ! » (93)

géographiser : indiquer un lieu.

geôlier (un) : joaillier. Ex. : « Lorsque tes méninges patinent, les miens se mettent illico à briller comme la vitrine de Van-Flic*, le geôlier* de la place Vendôme. » (B, 77)

gerbage (un) : départ. Ex. : « Nous nous levons pour un gerbage discret, muet, furtif. » (83)

gerbance (une) : vomissement. Ex. : « L'Amédée, il est à deux doigts de la gerbance, tu verrais. » (121). Ex. : « A présent, le petit d'ogres digère avec quelque difficulté et je pressens une gerbance imminente. » (150)

gerbe (une) : nausée. Ex. : « Essayez d'pomper* un braque* en ayant la gerbe, et v'm'en direz des nouvelles! » (BB, 125)

gerber : 1. Vomir. 2. Partir, fuir.

gerce (une) : femme. Ex. : « J'ai tout ce qu'il faut pour plaire aux gerces. » (5). Ex. : « Une gerce pareille, quand elle fout le pied dans votre univers, vous n'avez plus qu'à vous asseoir. »

gérémier : se plaindre, dire des jérémiades. Ex. : « Jérémie! gérémié-je. » (138)

gérémieur (un) : celui qui pousse des jérémiades.

gériatreux (un) : vieillard.

gestape (la) : Gestapo. Ex. : « J'ai d'aut' projets pour toi, mais alors là, on sait plus où ça s'arrêt'ra. On dérape dans la chinoiserie mâtinée gestape, comprends-tu? » (B, 141)

gestauguster : faire des gestes augustes.

geste dubitatif (un) : geste mis au point par Jacques Duby et Jacques Tati, d'où le mot dubitatif. (49)

gestée (une) : geste. Ex. : « Une veste en cuir à fermeture Eclair qui ne fermé-claire* plus vu que le petit bitougnot* pernicieux a disparu dans une gestée trop brutale. » (75)

gesticouder : gesticuler en jouant des coudes. Ex. : « Je m'approche des badauds et gesticoude parmi leur compacité pour parvenir au premier rang. » (124)

gesticrier : gesticuler en criant.

gesticulance (une) : gesticulation. Ex. : « Elle se donne pleine et entièrement, en apportant sa quote-part de gesticulances. » (104)

gesticuler le système (se) : gesticuler d'une manière véhémente. Ex. : « Je me gesticule

tout le système au milieu de la strasse* et le véhicule s'arrête docilement. » (105)

geunefille (un) : type de végétal fictif. Ex. : « Je reste à l'ombre d'un geunefille en fleur. » (105)

geysérer : cracher tel un geyser. Ex. : « Un plouf somptueux! Le Gravos se retrouve dans la fange, sacrant, barbotant, geysérant, nageotant jusqu'à la berge. » (200)

gi : expression signifiant : d'accord, O.K. Ex. : « Je vous attendrai en face au volant de ma bagnole, gi? » (25)

gibecière à carénage italien (une) : soutien-gorge. Ex. : « Y a des moments, dans la vie glandulaire de l'homme, où ça plaît, les gros flotteurs*. Le julot*, il est capricieux, ça lui sert de vices, souvent. Tantôt il se fera damner pour une gerce* qui te trimbale deux œufs au plat dans sa gibecière à carénage italien, tantôt il lui prend l'envie de folâtrer entre les mamelons vosgiens d'une forcenée du capot*. » (78)

gibecière à colombes (une) : soutien-gorge. Ex. : « Moi, expert comme un orfèvre en la matière, je dégrafe sa gibecière à colombes. Les deux seins qui apparaissent ne sont hélas pas jumeaux puisque l'un d'eux est en matière plastique. » (106)

giberne (une) : slip. Ex. : « Un fessier beau comme celui d'un violoncelle! Moi, illico, j'en bandouille* dans ma giberne. » (150)

gibler : découper. Ex. : « Le légiste, ses vrais copains, ce sont les horizontaux définitifs. Il ouvre une petite valoche* de cuir et se met à gibler le père Balmin de la cave au grenier. » (10)

giclouille (une) : giclée.

gidienne : étroite, lorsqu'il s'agit d'une porte.

gigogné : mis en gigogne. Ex. : « Tu la dévisserais, Ninette, t'en découvrirais une demi-douzaine d'autres gigognées dans sa bedaine*. » (122)

gigognisme (le) : ce qui est formé de parties emboîtées. Ex. : « Compte tenu des dimensions de sa piaule*, y entrer ne peut s'accomplir qu'en pénétrant d'abord en elle car le lieu incite au gigognisme. » (155)

gigogniter : mettre, emboîter en gigogne.

gigolette (une) : jeune fille.

gigolpince (un) : amant intéressé. Ex. : « Pas besoin d'avoir suivi les cours de l'Ecole universelle pour comprendre que ce mecton est le gigolpince de la mère Van Boren. » (16). Ex. : « Je me demande si, au fond, la vioque* ne s'est pas payé la peau de son gigolpince dans une crise de passion contrariée. » (31).

gigot : d'accord! J'y vais!

gigot (un) : cuisse. Par extension, le postérieur. Ex. : « Je vais retrouver la lumière, la plage, les gigots en maillots! » (24)

gilet à grilles (un) : domestique.

gilet-pleurer : venir pleurer dans le gilet de quelqu'un.

gillette (une) : lame de rasoir.

gingembre : ingambe. (B)

giquette (une) : jeune femme.

girafer : tendre le cou pour apercevoir quelque chose.

girater : tourner, spiraler. Ex. : « La foule affolée se met à bouillonner et à girater comme dans une machine à laver. » (138)

giravionneuse (une) : femme pilote d'hélicoptère.

girer : tourner.

girie (une) : manigance. Ex. : « Du diable si je pige* quelque chose à ces giries! » (24). Ex. : « Mon instinct de sale poulet* de merde branché sur la force depuis son coup de vaporisateur, m'avertit qu'elle va essayer une girie salope avant d'être totalement menottée. » (108). Ex. : « J't'connais trop pour couper dans ces giries! » (147)

giroflée à cinq feuilles (une) : gifle.

girond : séduisant.

girondesque : relatif à l'estuaire de la Gironde. Ex. : « La robe de chez Cardin, l'étole de vison sauvage, la rivière à estuaire girondesque abondent. » (57)

girouette (une) : crâne. Ex. : « Alors le gars San-Antonio sent un frisson glacé démarrer de la plante de ses nougats* jusqu'au sommet de sa girouette, avec escale à l'antenne*. » (31)

gisquette (une) : jeune fille ou jeune femme. Ex. : « En plein cloaque intellectuel, le Gros. D'une morosité infinie que ne distrait

même pas la gisquette qui passe devant lui en mordant dans une pizza. » (116). Ex. : « Il devait avoir un sérieux béguin* pour sa gisquette. » (152)

glabafouiller : glapir en bafouillant.

glabouiller : bafouiller.

glace de la coiffeuse (faire comme la) : réfléchir.

gladouiller de la trémole : exprimer avec véhémence sa stupéfaction. Ex. « Elle en gladouille de la trémole, en zinzinga du clapoulet, s'en embardofle le gros tiguer, s'évaste la mollarde, se ponctifie l'éracleur. Elle membrouze, elle pictoburne, clamahuche, défroste. C'est l'empachage, l'abougnaze excessif, la fouinoche béchue sans retenue, le furchnops, quoi, n'ayons pas peur des mots (et camées, ajouterait Théophile Gautier). » (204)

glafahûter : répondre, rétorquer. Ex. : « – Vous dormez à quel numéro ? – Au neuf, mais dans une autre rue, glafahûte la gentille pécore*. » (91)

glafouiteuse : difficile, relatif au fait de bafouiller. Ex. : « Son élocution déjà glafouiteuse s'en ressent. On dirait qu'il parle avec la bouche pleine de gruyère râpé. » (204)

glaglaouter : refroidir. Ex. : « Pour le coup, le frisson qui me glaglaoute le derme ne doit rien à la fée lumière. » (206)

glaglas (avoir les) : trembler. Ex. : « J'avais les glaglas. De la fièvre? Possible. Une sucrette* à grand spectacle. » (122)

glaglatage (un) : peur.

glaglatant : tremblant. Ex. : « J'ai les cannes* glaglatantes une fois ce déménagement opéré. » (134)

glaglater : avoir peur. Ex. : « Tu me vois pas mourir en glaglatant devant une jolie dame que j'eus l'honneur et le désavantage d'embroquer* tout debout sous les yeux effarés d'une religieuse hollandaise. » (91)

glaglater du casse-noisettes : claquer des dents sous l'effet de la peur.

glaglater des croqueuses : claquer des dents, de peur.

glaglateur : grelottant. Ex. : « Il est d'un chouette vert, le Polak*. Bien que la température extérieure soit douce, son bain prolongé dans l'eau froide le rend glaglateur en diable. » (73)

glahufer : grincer, grésiller. Ex. : « Ça gla-hufe un peu, puis la sonnerie traditionnelle de notre biniou* retentit. » (111)

glaïeul (le) : iris. Ex. : « T'as une vacherie* de la tétine*, ou de l'encornée*, p't-être plu-tôt du glaïeul. » (B, 77)

glamahucher : faire frémir. Ex. : « Un fris-son polaire me glamahuche l'épine dorsale depuis la troisième lombaire jusqu'au fion*. » (152)

gland : peu intelligent, bête, abruti, demeuré, idiot, stupide. Ex. : « Ajoutez un air gland comme on en trouverait que dans une encyclopédie de la connerie à travers les âges. » Ex. : « Et puis il la boucle et se met à me reluquer* d'un air gland. » (20)

glande (la) : sein de femme. Ex. : « Cin-quante bougies*! Des loloches* pareils à deux sacs de patates! Et ça se promène avec les glandes en liberté! » (132)

glander : 1. Ne rien faire, attendre inutile-ment, bayer aux corneilles. Ex. : « Le froid a eu raison de la curiosité des gens qui glan-daient par là. » (20). 2. Faire. Ex. : « Moi, sans chercher à piger* ce que ce bolide glande dans cette banlieue en fabrication, je lève la main. » (99)

glandes endoctrines (les) : glandes endo-crines. Ex. : « Tous, ils ont un point commun : ils récitent. Même s'ils improvi-sionnent*, ils récitent. Des perroquets! Sont bouclardés dans leurs glandes endoc-trines. » (B, 208)

glandeur (un) : personne qui ne fait rien d'utile, paresseux.

glandibard : idiot, stupide. Ex. : « Ce glandi-bard de Dieu de flic préférait cavaler aux trousses de ses gangsters plutôt que de veil-ler à la sécurité de sa bonne vieille maman! » (6)

glandibus : idiot, stupide. Ex. : « Je suis glandibus d'attendre davantage. » (3)

glandocher : rester inactif, errer.

glandouillard : imbécile, idiot.

glandouiller : rester inactif, errer.

glandu (un) : individu quelconque. Ex. : « Pas un des clilles* qui n'ait un casier judi-ciaire long comme le rouleau de papier hygiénique du petit glandu de la téloche* qui va chercher sa vioque* à l'autre bout de l'appartement pour se faire torchonner le joufflu*. » (113)

glandu : stupide, idiot.

glandulard : mou.

glaouper : couler, s'abîmer. Ex. : « Sa vilaine voix va peut-être tonner, brusquement, si fort que le Thermos s'en ira glaouper dans les abysses avec son chargement. » (85)

glapahuter : bafouiller.

glapaouter : bafouiller. Ex. : « La standar-diste me répond et me glapaoute mon numéro. » (80)

glapatouiller de la menteuse : bafouiller. Ex. : « Prosper glapatouille de la men-teuse*. » (104)

glapouiller : bafouiller.

glapu : cf. **michu**.

glass (un) : verre. Ex. : « Tout en sirotant mon glass de rosé. » (20)

glatmutche (un) : bouton. Ex. : « Tu connais, ces laisses extensibles à enrouleur. T'appuies sur un glatmutche nickelé et ton cador* peut aller renifler des étrons à vingt mètres de toi. » (113)

glatouiller : chatouiller. Ex. : « Ça me gla-touille dans la région claouesque*. » (149)

glaude (une) : poche. Ex. : « Je planque la décalcomanie dans ma glaude. » (28). Ex. : « Ne suis pas le genre de gonzier* à trop les-ter mes glaudes, qu'ensuite on a une démarche d'âne bâté. » (106)

glave (un) : crachat. Ex. : « Sa frime était d'un jaune faisandé et ses bons gros yeux injectés évoquaient les méchants glaves de tubar*. » (20). Ex. : « Je sonne, et c'est une guenon qui vient m'ouvrir. Une guenon avec une voix de pintade enrhumée. Imagi-nez un être grand comme ça, et même un peu plus petit, avec la poitrine creuse, bien que cet être appartienne au beau sexe, des cheveux Louis XIV, des pommettes en avance sur le progrès, des yeux comme deux glaves de phtisique et une bouche mal fer-mée sur un dentier Louis XV. » (49). Ex. : « Ma philo est belle comme un glave de tubar* dans un mouchoir de baptiste. » (89). Ex. : « L'avocat de la défense a jeté un regard goguenard au ministère public, le

côté : " Qui est-ce qui l'a dans le cul ? "
Lequel ministère public, de rage, a balancé
un glave ressemblant à une belon qui aurait
mal voyagé. » (106). Ex. : « Je défroisse les
serviettes usagées, ce qui me permet de
découvrir deux Tampax en fin de carrière,
un glave qui ferait chialer de jalousie une
belon triple zéro. » (140)

glavioter : cracher. Ex. : « Sans compter la
manière dont il glaviote au sol, en écrasant
le résultat sous la semelle de sa pantoufle.
Tu mords* le genre ? » (104). Ex. : « Il a
épargné le tapis pour glavioter dans son tire-
gomme*. » (125). Ex. : « Glavioter comme
un vieux tubar* de jadis dans un sana des
carpates. » (140)

glavioter le morcif : cracher le morceau,
avouer.

glavioter une (en) : parler. Ex. : « On était
loin de la cabine publique de Saint-Locdu-
le-Vieux*, où j'étais incapab' d'en glavioter
une. » (B, 208)

glavioteur (un) : crachoir. Ex. : « Tenir le
glavioteur pour deux. » (204)

glingling (un) : arme à feu. Ex. : « Le doigt
sur la détente de son glingling, en train de
m'assurer*. » (105)

glinglinterie (une) : sonnerie de téléphone.
Ex. : « Je compose son fil privé. Gouzillage*, glinglinterie et c'est sa pomme* qui
répond. » (152)

glingue-glinguer : tirer abondamment avec
des armes à feu. Ex. : « Derrière moi, on tire
des rafales de mitraillette. Ça glingue-
glingue tout azimut. » (104)

glisser dans les toiles (se) : se coucher.

glofugueur de pression (un) : élément indéterminé d'une radio dans un avion de
chasse de type « Mystère (Hébulldegomme) ».

glomération (la) : agglomération.

glomifugé : terme technique indéterminé.

glomifuge bousmuré (un) : type de lampe
(fictive) qui répand une clarté invisible à
partir de trois mètres de sa source.

glomucheur de ptafingue (un) : raisonnement mathématique permettant de calculer
la force d'une déflagration.

**glomurite distendue de la membrane per-
chée** (une) : maladie (fictive) dont les symptômes apparaissent ainsi : « On commence
par faire un foutriquet latent du capuchon et
ça évolue très vite, jusqu'à ce qu'on assiste à
un affaissement de l'Huhéner. Lorsque le
professeur Bhandemhoux m'a opéré, j'étais
sur le point de faire un culbutus du croupio-
nus. » (53)

glotmuche condescendant (un) : partie vitale
du corps humain. Ex. : « Dans ces lignes, il
est décrit la manière dont les initiés peuvent
mettre à mort un ennemi en provoquant un
arrêt du cœur par simple pression du pouce
sur la face externe du glotmuche condescendant. »

glotmutche de chproutz (un) : matériel (fictif) que l'on trouve dans un laboratoire de
chimie.

glottée (une) : bouchée. Ex. : « Il avale d'une
glottée béruréenne* son morceau d'animal
mort. » (147)

glottiser : déglutir. Ex. : « Avale ce que tu as
dans la bouche et répète. – Il glottise à
outrance, violit*, tousse, crache des choses
non mastiquées. » (150)

**gloufanou baladeur à fléchissement désem-
paré** (le) : organe indéterminé. Ex. : « Il a le
gloufanou baladeur à fléchissement désemparé qui se conjugue au troisième groupe
sanguin, les gars ! » (51)

glouglouteur : aquatique. Ex. : « Peut-on
qualifier de " voix " ce murmure glouglouteur, cette bêlerie* d'enrhumé, ce solo de
monocorde vocal ? » (75)

glounouter : picoter, titiller. Ex. : « Des picotis agréables me glounoutent le dessous des
roustons*. J'attends sans impatience, mais
avec fébrilité, comme dit l'autre. » (141)

gloupe (la) : bouche. Ex. : « Je me fais clai-
ronnant de la glotte. J'ai la gloupe en
bataille. » (85)

gloupée (une) : déglutition, bouchée.

glouper : 1. Avaler. Ex. : « Ses molosses ont
pas pu le glouper entièr'ment ! Doit au
moins rester ses fringues*, ses tartines*,
voire sa tronche* ! » (B, 134). 2. Mordre.
Ex. : « – Ce toutou est un amour, il dit, en
avançant la main vers Azor qui, crouic, lui
gloupe la paluche*. » (109)

gluant du bulbe : imbécile, stupide.

gluâtrer : être gluant.

glutir : déglutir.

gnace (un) : homme, individu quelconque. Ex. : « Un coin chouïa* pour les gnaces qu'ont sucré* assez de grisbi* au monde des affaires. ». Ex. : « Je me sens regaillardi comme le gnace qui buvait une jouvence de vie. ». Ex. : « Les gnaces qui se baguenaudent* déguisés en rombières ont toujours retenu mon attention. » (6)

gnacouet (un) : homme, individu quelconque. Ex. : « Si le gnacouet qui m'assaisonne* possédait une carabine au lieu d'un revolver, c'en serait fait de ma santé et de ce qui est autour. » (63)

gnaf (un) : homme, individu. Ex. : « J'aurai un gnaf de la permanence qui lui transmettra mon message. » (22). Ex. : « Je m'adresse au gnaf à lunettes d'or. » (39). Ex. : « Il a de plus en plus l'air glandu*, ce gnaf. » (97)

gnafrer : cogner, choquer. Ex. : « Mon coup de patin envoie gnafrer le Gros contre le pare-brise. » (83)

gnagnater : faire frémir, picoter. Ex. : « L'orchestre balaïke* à tout berzingue*. Y a des lamentos fouailleurs qui te gnagnatent sous les testicules ou bien qui t'escaladent l'épine dorsale comme un alpiniste les Grandes Jorasses. » (115). Ex. : « Un grand frisson de vraie détresse me gnagnate l'échine. » (115)

gnagnaterie (une) : détail sans importance. Ex. : « Il ne faut pas qu'on disperse dans les aléas, alinéas, gnagnateries de tout poil. » (100)

gnapofuseur : terme technique indéterminé. Ex. : « Il tient un pistolet gnapofuseur à canon britmitche de la main gauche. » (102)

gnard (un) : 1. Homme. 2. Enfant.

gnère (une) : femme. Ex. : « L'intelligence n'est pas le fort des gnères. ».

gniasse (un) : homme.

gnognote (la) : quelque chose de tout à fait négligeable. Ex. : « J'ajoute que dans le cas contraire, je vais commencer à tout casser et que les typhons de la Jamaïque sont de la gnognote comparés à mes colères. » (107). Ex. : « C'est de la gnognote à côté de mézigue*. » (66)

gnon (un) : coup. Ex. : « Le Gros* prend sur la coupole* un gnon qui devrait faire un trou dans une plaque de blindage. » (29). Ex. : « Je reçois régulièrement des gnons sur la tête. » (57)

gnouf (le) : 1. Geôle, prison. Ex. : « Il a eu une remise de peine et, au bout de quatre ans, il est sorti du gnouf. » (142). Ex. : « Moi, si on me filait au gnouf, ce qui m'incommoderait le plus, ce serait de ne jamais pouvoir me réfugier dans l'obscurité. » (149). 2. Idiot.

go-homer : adapt. de l'anglais « to go home » (rentrer chez soi). Ex. : « Cette fois, il n'y a plus de taxi. Va falloir go-homer à pince*. » (102)

gober : croire.

gober l'extrait de naissance : tuer.

goberge (la) : action de bien manger.

gobille (une) : 1. Oeil. Ex. : « J'ai beau mater* à m'en faire gicler les gobilles. » (66). Ex. : « Ses gobilles enflent et proéminent* si tellement fort que je redoute de les voir choir à l'intérieur de ma tire*. » (76). 2. Coup d'œil. Ex. : « L'homme qui remplace le Gardénal, ça doit valoir la gobille. » (41)

godasse (une) : chaussure. Ex. : « Vérifiez aussi les pompes*. – Les quoi ? – Les targettes*, les croquenots*, les godasses enfin ! » (20)

godasse à clous (une) : policier.

godemicher par les Grecs (aller se faire) : aller se faire voir chez les Grecs.

godet (un) : verre. Ex. : « Je lève mon godet à hauteur de pif*. » (203)

godiche : yiddish. Ex. : « Vos canards en godiche, j'sais pas de quel côté faut les tenir pour les lire. » (B, 74)

godilleur (un) : rameur. Ex. : « Place San Marco ! lâché-je à tout hasard aux godilleurs de service. » (204)

goduche (un) : verre.

gognandise (une) : propos irréfléchi. Ex. : « Je gamberge* un bout de temps, histoire de ne pas lui déballer des gognandises, comme dirait mon oncle Gustave qui est lyonnais. » (24)

gogne (la) : visage. Ex. : « Je lui célèbre* une mornifle* qui ferait éternuer son râtelier à un hippopotame. Sa gogne se met à enfler et à violacer comme dans un documentaire sur la culture de l'aubergine. » (64). Ex. : « Non, j'veux pas rentrer, si la belle Berthy m'voye radiner* av'c c'te gogne, elle va faire tout un circus. » (108)

gogs (les) : lieux d'aisances.

goguemuches (les) : lieux d'aisances.

goguenarder : être goguenard. Ex. : « Alors, goguenarde le Vénérable, en s'adressant à Bérurier*, il paraît que vous vous êtes fait sacquer* de mon poste, cher collègue ? » (117)

goguenitot : incognito. (B)

gogues (les) : lieu d'aisances. Ex. : « Les gogues, siouplaît ! Y a pas de toilettes ici ! rétorque le pompiste. » (51). Ex. : « Avoir les yeux hallucinés du bonhomme qui se trouvait aux gogues lorsque le zinc* a perdu une aile et qui, par bonheur (et par mégarde) a tiré sur la commande d'un parachute en croyant qu'il s'agissait de la chasse d'eau. » (61). Ex. : « Ton Coran, tu peux le carrer* dans tes gogues si les pages seraient pas trop épaisses. » (B, 74)

goguezingue (un) : lieu d'aisances.

goher : aller quelque part après avoir poussé un : go ! (82)

goinfrade (en) : en train de manger. Ex. : « Des rats en goinfrade s'évacuent sans hâte. » (147)

goinfrage (un) : fait de se goinfrer.

goinfrer : manger. Ex. : « Et dire que je l'ai empêché d'aller goinfrer des crêpes ! » (20)

goinfrer (se) : faire des profits, des gains considérables. Ex. : « J'ai renouché* la vioque*. Elle compte se goinfrer. Elle exige une brique* de Washington*. » (119)

goinfrer d'au-delà (se) : mourir. Ex. : « Le mec* a le front contre le volant et se goinfre d'au-delà car il est tellement mort qu'une sardine à l'huile paraît frétiller comparée à cézigue*. » (119)

goinfresque : qui se rapporte à un goinfre. Ex. : « Pas la bisouille goulue, goinfresque, appuyée et mouillée ! L'effleurement léger, tu sais ? » (102)

golgothaser : faire son chemin de croix. Ex. : « Je golgothase péniblement, la viande cisaillée par le fil de fer. » (84)

goménol-privatif (un) : unité de mesure (fictive) de la puissance du sulfocradingue. Ex. : « Selon nos estimations, il y en a environ huit cents grammes, ce qui est peu lorsqu'il s'agit de pommes de terre, mais extravagant quand il est question d'une matière dont la puissance décafouilleuse-inductrice* est de trois goménol-privatifs par milligramme. » (68)

gommarabiqué : enduit de gomme arabique.

gomme (à la) : dénué de sens, stupide, médiocre.

gomme à effacer le sourire (une) : arme à feu.

gommer : adapt. de l'anglais « to go home » (rentrer chez soi). Ex. : « Cette fois, il n'y a plus de taxi. Va falloir go-homer à pince*. On gomme, donc. » (102)

gommer le curriculum : tuer.

gommer le curriculum (un appareil à) : arme à feu.

gommer l'extrait de naissance : tuer.

gondole de sapin (une) : cercueil. (B)

gondoler : rire. Ex. : « Ces petits jouvenceaux, qui jouent les gangsters, me font gondoler. » (31)

gondoler du frontal : froncer les sourcils. Ex. : « Le gros homme gondola du frontal et se mit à compter sur ses doigts. » (151)

gondolineur (un) : gondolier.

gone (un) : enfant, gars.

gonflaga : gonflé.

gonfle (une) : gros homme vulgaire.

gonflé : osé, culotté.

gonfler : exaspérer. Ex. : « Son époux finit par lui déclarer galamment qu'elle les gonflait avec ses ballonnements. » (216)

gono (un) : homme. Ex. : « Ils ont le chic pour attraper tous les gonos en vadrouille dans un bled, les frisés. » (4)

gonze-qui-t'adore (un) : conquistador.

gonzeman (un) : homme.

gonzesse (une) : femme. Ex. : « Un troupeau de gonzesses, j'aime assez ! » (75)

gonzier (un) : homme quelconque. Ex. : « Six gonziers retraités du Yard, avec des frimes* qui flanqueraient la maladie de Parkinson à des lions. » (93). Ex. : « La fille accepte et se laisse empoigner par le gonzier. » (104)

gonzeman (un) : homme.

gonzier de la brousse (un) : provincial.

good night les copains (un) : somnifère.

gorette (une) : goret femelle. Ex. : « C'est une truie mauvaise, messieurs! Une gorette cruelle. » (126)

gorge d'employé (à) : à gorge déployée. Ex. : « Ils paraissent joyeux, voire éméchés un brin et rient, comme dit le Gros, " à gorge d'employé ". » (B, 113)

gorgechauder : faire des gorges chaudes. Ex. : « Les noctambules ici présents continuent de gorgechauder sur l'explosion de l'après-midi. » (102). Ex. : « Les journalistes italoches* gorgechaudent à s'en fouler le poignet (ce qui n'est pas un luxe, mais une luxation). » (106)

gorgeon (un) : verre, coup à boire. Ex. : « Il accepte un gorgeon de champ. » (204). Ex. : « Va drinker* un gorgeon au bistrot d'en bas. » (83). Ex. : « Toi, t'as b'soin d'pinter* un gorgeon, mec. » (135)

gorgeonner : boire. Ex. : « Bien que musulmane, elle gorgeonne du roteux*, la superbe. » (131)

gosaille (la) : gosier.

gosiard (un) : gorge. Ex. : « Le Pinaud-occulte se décamote* le gosiard. » (81)

gosseline (une) : jeune fille, femme.

goualante (une) : cri. Ex. : « Il ne peut s'empêcher de balader son lance-flammes* sur la devanture* du blondasse. L'intéressé pousse une drôle de goualante; Bécaud, Aznavour et consorts peuvent déclarer forfait! » (51)

gouape (une) : voyou. Ex. : « Y a écrit " Prenez garde à la vermine " sur sa frite de gouape. » (75). Ex. : « Voilà qui va un peu refroidir les indignations de la presse et plus encore celles du public qui ne pleure jamais longtemps le décès d'une gouape. » (90)

gouffresque : qui évoque un gouffre. Ex. : « Un visage doté d'un rire gouffresque, mal denté, mousseux, rosâtre. » (102)

gougnafe (un) : homme (péjoratif).

gougnafié géant (un) : plante tropicale fictive.

gougnafier (un) : 1. Homme. Ex. : « Je me présente chez des gougnafiers que je ne connais pas. » (38). 2. Type d'arbre fictif.

Ex. : « J'ai déposé une banquette de la guinde* au pied d'un gougnafier multiple, à coquilles vertébrales claquemurées. » (105)

gougner : actionner le débloqueur d'induration rationnelle molletonné* d'un poste émetteur-récepteur.

goujonicide (un) : pêcheur de goujons.

goulache (un) : goulag.

goulanche (une) : gorgée, fait de boire. Ex. : « Et alors, j'm'ai ocroyé* une p'tite goulanche en attendant l'arrivée de la poule*, j'ai ben l'droit d'me remonter, ent' un vieux pote mort et un aut' qu'en vale guère mieux ! » (B, 90)

goulante (la) : gorge. Ex. : « Une giclée monstre me dévale dans la charognerie qu'encombrait mes voies respirateuses*. Comme si on m'enfonc'rait un attisonnier dans la goulante. » (B, 208)

gouletter : uriner. Ex. : « Quand j'étais chiare*, pour que je goulette à heures fixes, elle faisait couler de la flotte d'une casserole dans une autre. » (B, 72)

gouliner : dégouliner, couler. Ex. : « La vodka gouline à flots. C'est la Volga, plutôt, si t'en crois son débit (de boisson qui deviendra grand pourvu que Dieu lui prête eau-de-vie). » (85)

goulot (le) : bouche.

goume (une) : sonnette. Ex. : « La gerce qui me répond au coup de goume est encore plus belle que la précédente. » (206)

goumi (un) : matraque. Ex. : « Elle sort un goumi de son tiroir-caisse pour leur faire des massages de nuque. » (15). Ex. : « Ses deux sbires jaillissent de l'ombre, armés de matraques et se mettent à m'invectiver* la nuque à coups de goumis. » (102)

goupillance (une) : fait d'actionner un goupillon. Ex. : « Pourtant ça fait bien, un prêtre, devant une tombe pour l'ultime goupillance, la dernière prière. » (152)

goupiller : manigancer, organiser. Ex. : « J'ai goupillé une petite combine pas mal. » (25). Ex. : « Et tout est goupillé de manière à ce que le débarquement des plans et de la maquette s'effectue sans complication. » (28)

goupillon à salive (un) : micro. Ex. : « Le présent-tentateur* virgule son goupillon à salive devant l'hébété. » (66)

goupilloner : assommer.

goupillonner : arroser comme avec un goupillon. Ex. : « Momo dénégate*, il goupillonne avec ses larmes en agitant sa boule* ronde. » (106)

gourance (une) : erreur.

gourancer (se) : se tromper.

gourdasse (une) : 1. Femme stupide. Ex. : « Le moment de la pipe* finit toujours par arriver pour une fille ! Sinon elle tourne gourdasse* frigide, ce qui n'arrange personne. » (211). 2. Variété d'arbre. Ex. : « Le type détenait l'insecte dans cette petite boîte plate en bois de gourdasse. » (83)

gourder : faire des maladresses, se tromper. Ex. : « Je me rends compte maintenant, la couennerie que j'ai faite, c'est d'aller aux cours des mouflets*. Ils m'ont chahuté et j'ai gourdé sans arrêt. » (B, 43)

gourdiner : donner du gourdin. Ex. : « Des gardes gourdinent à toute matraque pour endiguer le flot montant. » (138)

gourement (un) : erreur. Ex. : « Et s'il y avait eu gourement ? Supposons que je me sois trompé de fille ? » (76)

gourmande (la) : 1. Langue. Ex. : « Le Gravos passe sa gourmande sur ses lèvres à pneu-ballon, se racle le corgnolon* et enchaîne vite-fait-sur-le-gaz (comme on dit à Lacq). » (54). 2. Clé. Ex. : « Alors on se renfourne* dans ma tire*. Ou du moins on va pour. Mais moi, tu connais mes prompts réflexes ? Quand j'enquille* la gourmande dans la serrure et que je constate que la porte n'est pas verrouillée, n'aussitôt des alertes me surgissent dans l'entendement. » (139)

gourmander : s'exprimer avec gourmandise. Ex. : « Ce n'en sera que meilleur, grand fou ! gourmande-t-elle. Et tu le sais bien, polisson. » (75)

gourmé : stylé. Ex. : « Elle est drôlement gourmée, la mère, dans son uniforme noir de soubrette. » (132)

gournazeau bancal (un) : prise de karaté fictive. Ex. : « Et pour le karaté, merci bien ! Je suis un enfant de chœur, comparé. Il me place un chignoleur à trille*, plus un gournazeau bancal et m'achève d'un clodomir en cru* carabiné. » (105)

gouttagoutter : tomber goutte à goutte.

gouvernante (la) : gouverne.

gouvernement personnel (le) : gouverne. Ex. : « Sit'plaît, mec*, juste pour mon gour'nement personnel : c'est quoi-t-au juste, le Boukamba* ? » (B, 106)

gouzigouzer : caresser, chatouiller. Ex. : « Ivana monte en amazone sur le cadre de mon vélo, ce qui me permet de lui gouzigouzer des baisers folâtres dans le cou. » (104)

gouzillage (un) : connexion. Ex. : « Je compose son fil privé. Gouzillage, glinglinterie* et c'est sa pomme* qui répond. » (152)

gouziller : chatouiller. Ex. : « Et comme Félix regarde ailleurs, je lui roule une galoche* montante qui lui gouzille la luette. » (150)

grabahouter : bafouiller. Ex. : « – Excuse, mon pote, grabahoute l'ivrogne, c'est les mélanges. Uniquement les mélanges. C't'un tort de vouloir mélanger la vodka, la bière et le beaujolais. » (88)

grabatouiller : 1. Gratter. Ex. : « Je grabatouille tant tellement à sa lourde* que tout le Bella Vista sera éveillé avant elle. » (122). 2. Bafouiller.

grabatuler : bafouiller.

grabotter : 1. Remuer, gigoter. Ex. : « Je grabotte des salsifis* le long de la belle jeune fille en costume d'Eve une pièce. » (76). 2. Grésiller.

grabouiller : 1. Bafouiller. Ex. : « Je carapate jusqu'à la piaule* à grand-père. Y ronflait comme un métinge d'aviation, le poilu d'quatorze. J'l'secoue. Y s'réveille. – Hein, quoi, ta mère est plus mal ? il grabouille. » (B, 208). 2. Détériorer. Ex. : « Deux pertes de connaissance coup sur coup (si je puis dire), y a de quoi te grabouiller les pédoncules cérébraux. » (89). 3. Avoir peur. Ex. : « Il grabouille vilain*, tu le verrais. Les chailles* qu'entrechoquent à glagla. » (85)

grabouilleur (un) : téléphone. Ex. : « Tandis qu'il usine*, le grabouilleur flippe*. » (141)

gradinge (le) : cf. **ploufignal.**

graffiti dans le casier (avoir du) : condamnation inscrite sur le casier judiciaire. Ex. : « La majorité de l'assistance se compose principalement de messieurs qui ont du graffiti dans le casier. » (20)

graffitir : écrire des graffiti. Ex. : « Un jour je tracerai mon œuvre contre les tours de

Saint-Sulpice. Déjà que je la griffonne, bientôt, je la graffitirai. » (75)

grailler : manger. Ex. : « On s'enquiquine, mais on graille bien. » (19). Ex. : « Faut dire aussi qu'ils ont faim car nous n'avons rien graillé depuis des millénaires. » (51)

graillonner : 1. Grésiller. Ex. : « Le transistor graillonne. » (204). 2. Parler d'une voix enrouée par l'abus d'alcool. Ex. : « Ecoutez, graillonne-t-elle après s'être raclé le gosier à plusieurs reprises pour tenter de se décamoter* les muqueuses et les ficelles*. » (75)

grain de courge (avoir) : avoir gain de cause.

grain de courge à la place du cerveau (avoir un) : être idiot.

grainer : manger.

graisser (à) : agressé. (B)

grammairé : compétent en grammaire. Ex. : « Y a des écrivains plus grammairés que moi qui pourraient pas mieux. » (93)

grammairier : exprimer des précisions grammaticales. Ex. : « Je ne me fous pas DE toi, je TE fous de moi, grammairié-je. » (77)

grammule (la) : grammaire. Ex. : « Potasser la grammule et le calcaire*. » (B, 48)

gramophone (un) : anagramme. Ex. : « J'm'appelle Bérurier*, c'est qu'est le gramophone de beurrier. » (B, 208)

grand mère (la) : grammaire. (B)

grand appel de l'ami Hugues (avoir un) : haut-le-cœur. Ex. : « J'ai un grand appel de l'ami Hugues me vient des stomacales profondeurs. Mais tout ce que j'expectore c'est un misérable couac. » (72)

grand zygomatique qui rompt ses amarres (avoir le) : éclater de rire.

grand-albion : britannique. Ex. : « Notre venue apporte un sang neuf à ces facéties grandes-albiones. » (105)

grand-albionais : britannique, relatif à la Grande Albion.

grande roupille (la) : mort. Ex. : « Descendez, on vous demande. C'est l'heure de la grande roupille. Salut, dames et messieurs, bonne continuation ! » (100)

grande friture (la) : chaise électrique. Ex. : « Tacaba, s'il n'est pas issu d'un croisement d'un bulldog et d'une horloge normande, il doit être mexicain. Il a travaillé longtemps en Amérique et il s'est évadé d'un pénitencier deux jours avant de passer à la grande friture. » (107)

grande faucheuse (la) : mort.

grande oreille (foutre sur la) : mettre une ligne téléphonique sur table d'écoute. Ex. : « Combien de temps pour foutre* sur la grande oreille le numéro d'où je vous appelle ? » (81)

grandesurfacer : acheter dans un grand magasin.

grandiloquerie (une) : caractère de ce qui est grandiloquent. Ex. : « Merci pour cette magnificence de chiotte ! Merci pour cette grandiloquerie à pompons. Bravo ! » (97)

grandiloqueste : grandiloquent. Ex. : « Alors il clame que ça suffit comme ça, le commissaire. Classe* à la fin, des cousinages débusqués, des effusions grandiloquestes, des remèdes à base de bave de vieux birbe*. » (100)

grand-vioque : grand-mère.

grang' graine (la) : gangrène. (B)

grange (la) : bouche.

graouper : gober. Ex. : « Tonton Bérurier* accouru à la rescousse et qui bouffe des olives noires dont il a ses poches remplies. Il en graoupe cinq six en même temps. Puis il abaisse sa vitre et tire une rafale de noyaux dans le cul des cyclistes qu'on double. » (111)

grapouflarder les bagoules (se) : se taire. Ex. : « Je suis parti en vidange* (ou en vie d'ange) sur des litanies du Gros. J'en reviens comme. Faites votre voyage de noces en litanies ! Je me grapouflarde les bagoules. Ouf ! » (86)

grappe de saucisses (une) : main. Ex. : « Il se lève, propose sa grappe de saucisses au visiteur. » (106)

grappiner : bégayer.

grasse-matiner : faire la grasse matinée.

grassouille : gros, gras, obèse.

grassouiller : s'empâter.

gratte (une) : 1. Aumône. Ex. : « En bon traîne-lattes* de studio toujours à l'affût d'une gratte. » (135). 2. Démangeaison. 3. Argent, billet de banque. Ex. : « Sa bergère lui faisait les poches et il planquait ses grattes dans ses chaussures. » (20)

gratte-cul (un) : gratte-ciel.

gratte-papelard (un) : scribouillard.

gratter le cervelet (se) : réfléchir. Ex. : « Il se gratte le cervelet avec une idée pointue et s'exclame. » (24)

gratter : travailler. Ex. : « Les filles qui grattent sans nécessité absolue, ça dénote de leur part une belle moralité. » (75)

gratti-grattou (faire des) : caresser (un animal).

grattouille (une) : démangeaison.

gratuler (se) : se congratuler.

gratziboum (un) : arbre (fictif) que l'on trouve en Inde. Ex. : « Un gus* enturbanné de frais accourt, portant une espèce de pouf en bois de gratziboum (dont la densité, je vous le souviens est tellement supérieure à celle de l'eau que si tu le plonges dans un liquide, la poussée d'Archimède est douze fois supérieure au poids du liquide déplacé, ce qui n'est pas un mince éloge!). » (79)

gravater : faire des gravats. Ex. : « On gratte, on grignote, on griffe, on grappille, on graffite, on dégrade, on gravate, on gravite, on aggrave, on burgrave. » (62)

gravée (la vitesse) : grand V. Ex. : « La situasse devient sotte à la vitesse gravée. » (108)

gravioler : cracher. Ex. : « Je lui mets ma boule* dans sa boîte à dominos*. Il en graviole quatre ou cinq et lâche son arme. » (59)

gravir, en rappel, la face nord du paradis : être en train de monter au paradis, être mort.

gravisser : devenir grave.

gréer ses mots : maugréer. Ex. : « Il repique en gréant ses mots. » (105)

greffier (un) : chat.

grefton (un) : chat.

grelinguer : sonner. Ex. : « Je me soustrais aux vapes* avant que le biniou* grelingue. » (121)

grelot (un) : 1. Téléphone. 2. Gros lot. (B)

grelots (avoir les) : avoir peur. Ex. : « Oui, lui, l'implacable, le décideur d'exécutions, lui qui a fait périr tant et tant de gens, il a les flubes*, les jetons*, les copeaux*, les foies*, la chiasse noire*, les grelots, le traczir*, les boules à zéro*, les chaleurs*, le taf*, la mouillette*, les chocottes*. » (142)

grelotter : 1. Retentir, pour une sonnerie de téléphone. Ex. : « Le bigophone se met à grelotter. » (24). Ex. : « Le biniou* n'a pas le temps de grelotter deux fois. » (100). 2. Téléphoner, donner un coup de grelot*.

grelu : rachitique. Ex. : « Le larbin, il faut que je te raconte, il est tout michu*, tout grelu, badru*, glapu*. Il ressemble à Sim, même tête de casse-noix en bois sculpté. » (100)

greluche (un) : téléphone. Ex. : « Lors de mon précédent coup de greluche au Dabe*, j'avais branché l'ampli. » (102)

greluse (une) : femme. Ex. : « Cette greluse, je m'en gaffe*, c'est comme de la peste bubonique. » (150)

grelut : épuisé. Ex. : « Je suis là, grelut et flageolard* sur mes cannes*. » (100)

grenouiller : enquêter. Ex. : « Je balance Lurette sur le sentier de la reniflette*, qu'il aille grenouiller dans ses coinceteaux* malodorants pour lever une piste à propos des craqueurs* de coffiots*. » (117)

grenouilleur (un) : courtisan. Ex. : « Ces gens qui ne sont pas de parole, mais de parlote, grenouilleurs d'antichambres ministérielles, francs comme des Wisigoths. » (117)

grenuleuser : taquiner. Ex. : « Eh ben, là-haut, vous faites nid? grenuleuse la Saucisse. » (75)

griffe (une) : main.

griffer : saisir. Ex. : « Je repris ma liasse, l'épluchis d'un bifton*. Elle le griffa d'un beau geste putassier*. Exactement le geste contraire à celui, auguste, du semeur. » (122). Ex. : « Il lui griffe son pébroque*. » (152)

grill-room (un) : crématorium. Ex. : « Mande pardon, les gars, mais faut que j'aille au grill-room du Père-Lachaise. » (B, 54)

grillotte (ramener sa) : avoir un comportement fanfaron ou importun.

grimiauler : grimacer en miaulant. Ex. : « Je grimiaule. Y a des jours où ça foire*, mon gars, faut s'incliner. » (103)

grimpant (un) : pantalon. Ex. : « Et d'où vient-ce qu'il a le grimpant au rez-de-chaussée ? » (62). Ex. : « T'as qu'à suivre mon regard et la protubérance de mon grimpant. » (121)

grimper en mayonnaise : se mettre en colère. Ex. : « Quant à Messire Sana, il regarde la taulière* grimper en mayonnaise. » (121)

grincerie (une) : grincement. Ex. : « Un coup de klaxon impératif me donne à croire que nous sommes devant un portail fermé. Fectivement, y a de la grincerie peu après. » (76)

grinche (un) : voleur. Ex. : « C'est pas le lardu* que je te demande d'aider, c'est le Français dans la mouscaille*, petit mec*. Mon frère s'est fait effacer* devant Verdun et pourtant il gerbait* quand il apercevait un uniforme. Le patriotisme ça ne se discute pas, qu'on soye grinche ou baron. » (113)

grinche (la) : fait d'être grincheux.

grincheman (un) : grincheux.

gringalure (une) : fait d'être gringalet. Ex. : « Rien n'est plus affligeant à contempler que ce pauvre bonhomme de grande gringalure en chaussettes malencontreuses et ravaudées par-dessus les ravaudages*, tire-bouchonnesques* sur ses godasses* de frère quêteur. » (105)

gringue (le) : tentative de séduction. Ex. : « M. Blanc*, chose rarissime, est en plein gringue avec une dame lorsque j'atterris dans le hall. » (138)

gringuer : faire la cour. Ex. : « Messire Dugenou, commotionné de plus en pis, continue de gringuer la mère Claudette. » (93)

grippe oseille (un) : avare.

grippé du promontoire (un) : fou.

grippoteux : légèrement grippé.

grisbi (le) : argent. Ex. : « Ce qui l'intéresse, c'est de repérer l'endroit où ces braves badauds viceloques* remisent leur grisbi. » (105)

griser : rougir, pour un homme de couleur.

grog : groggy. (B)

grognace (une) : femme (péjoratif).

grognace aux grandes chailles (la) : mort. Ex. : « Nous autres, les French-men, on opère avec promptitude car on sait que la vie est brève et qu'il faut se manier le dargif* si on veut avoir pris sa part du gâteau quand la grognace aux grandes chailles viendra nous couper l'herbe sous les flûtes*. » (46)

grognasse (une) : femme (péjoratif).

grognassou : grognon. Ex. : « Le môme est grognassou because il a trop bouffé de baleine. » (150)

grognu : grognon. Ex. : « Harassé, déçu, grognu, mécontu*, je retourne auprès de mes guérilleros de bistrots. » (105)

grolle (une) : chaussure.

grommelucher : grommeler.

gromucher : grommeler. Ex. : « Et c'mec-là voudrait d'venir mon gendre, il gromuche. » (101)

gromuler : racler. Ex. : « Je me gromule un peu la gargante*, bien filtrer ma voix, la rendre cristalline. » (88)

grondailler : réprimander.

gros-moignon : Cro-Magnon.

gros mot seau d'eau : grosso modo. Ex. : « Si tu permettrais, grand gamin, je t'esposerais le topo*, gros mot seau d'eau, pour ta comprenette*. » (B, 86)

gros paxon : anglo-saxon. Ex. : « – C'est vachement éducateur de voyager. Ça te permet de vérifier coup con n'ail* les bonhommes sont partout pareils : dans les pays latins, dans les pays en gros paxons, chez les peaux jaunes, noires ou rouges ! Pareils, mon pote ! Une vraie épidémie de cloportes ! Y pensent qu'au fric*, à se pavaner et à blouser* les copains. » (B, 68)

grosse (faire sa) : déféquer.

grosse (une) : défécation.

grosse mouillette (une) : peur panique.

grossium (un) : 1. Personnage riche. Ex. : « Dès que vous vous présentez à l'orée de ce ghetto pour grossiums, des gardes vous foncent sur le paletot comme la chtouille* dans la braguette de Maupassant. » (76). 2. Obèse.

grouillamini (un) : grouillement.

grouillance (une) : multitude, désigne ce qui grouille. Ex. : « Heureusement que l'honneur est en voie de disparition, sinon avec la pléthore d'individus en grouillance sur le globe, ça serait la bigorne* permanente, tu parles. » (93). Ex. : « Je branche la téloche*. Mais il y a une telle grouillance de chaînes que je finis par tourner le bouton. » (132)

grouiller (se) : se dépêcher, se hâter.

groume (un) : groom. Ex. : « La v'là qui viole des p'tits groumes qu'ont une cacahuète comme zézette*! Non mais c'est ben la rage au cul ça! » (B, 148)

gruau (le pied de) : le pied de grue. Ex. : « Moi, si tu voudras bien t'rappeler à ton bon souv'nir, combien d'fois j'ai fait le pied d'gruau pendant que tu j'tais ta gourmette* chez une frangine*? » (B, 92)

grumeleux : grassement. Ex. : « Il tousse grumeleux. Un glave* lui vient et il va l'expectorer par la fenêtre. » (150)

grumelocher : grommeler. Ex. : « Le taureau de la rousse* grumeloche à blanc avant de questionner. » (103)

grumer : lécher. Ex. : « Le crétinuche* se plonge le doigt dans les fosses nasales, et grume le fruit de ses investigations. » (36). Ex. : « Cyprien n'a pas traversé le désert pour venir me grumer les arpions*. » (59)

grumeuser : cracher, tousser. Ex. : « Enfin elle grumeuse, décamote*, expectore (et à travers) et demande pourquoi et qui. » (105)

guenilleux : en guenilles. Ex. : « Personne ne m'accorde un regard, sinon quelques marmots guenilleux qui me tirent la langue au passage. » (76)

guenuche (une) : guenon.

guêpière (la) : ventre. Ex. : « Tes bras! me répète mon antagoniste en ponctuant d'un coup de mitraillette dans la guêpière. » (57)

guérillé-rose (une) : guérillero de sexe féminin.

guérillé-rosse (un) : guérillero. Ex. : « Nous atteignons une antichambre où des guérillé-rosses jouent aux brèmes. » (204)

guérite à déconner (la) : crâne.

guerre lasser : être de guerre lasse, indécis. Ex. : « Je guerre lasse sans me décider à m'évacuer. » (138)

guerrier-rosse (un) : guérillero.

guesibitionisse (un) : exhibitionniste.

guet (le) : police.

gueulance (une) : vacarme. Ex. : « Si tu voudrais bien baisser la zizique*, mes portugaises* t'en sauraient un plein pot de grès. J'sais pas comment t'arrives à viv' dans c'te gueulance! » (B, 95)

gueulard (un) : gourmet, personne portée sur la bonne chère. Ex. : « Entre nous soit dit, m'est avis que l'Empereur devait être un gueulard de première si on en juge par tous les repas gastronomiques qu'il s'est farcis au cours de son règne. D'ailleurs, s'il est mort d'un cancer de l'estomac, hein! » (71)

gueule (faire la) : être de mauvaise humeur, bouder.

gueule (foutre sur la) : battre, donner un coup.

gueuledeboisé : affligé d'une gueule de bois.

gueuledeboitesque : profond, digne d'un lendemain de gueule de bois. Ex. : « Un silence gueuledeboitesque seul me répond. » (203)

gueulée (une) : bouchée. Ex. : « Il hoche la tête, avale sa gueulée de cheeseburger. » (102)

gueuler aux petits pois : alerter, ameuter. Ex. : « On devait buter* l'English avant qu'il ne gueule aux petits pois. » (5)

gueules (nos) : nous.

gugus (le) : cœur.

gugusse ou **gugus** (un) : individu quelconque.

guibolle ou **guibole** (une) : jambe.

guidemicheliner : conseiller le choix d'un bon restaurant. Ex. : « Je le remercie de me guidemicheliner avec tant d'amabilité. » (142)

guignocher : farfouiller, faire jouer. Ex. : « Je suis en train de guignocher non dans un trou de serrure, mais dans un trou produit par l'absence d'un rivet. » (18)

guignol (un) : 1. Individu ridicule, grotesque. 2. Cœur.

guignol qui part en foirade (avoir le) : avoir le cœur qui lâche. Ex. : « Je palpe sa calandre*, M'sieur Hyppolyte. Ça cognait encore, mais mollo* et tout braque*. Son guignol partait en foirade. » (B, 208)

guignoler : faire le guignol. Ex. : « J'ai pas de temps à perdre à guignoler dans les palais de justice belges. » (93)

guignolet (le) : cœur. Ex. : « On entend décroître le bruit de la patrouille. Le guignolet de notre hôte fait un raffut de contrebasse. » (74). Ex. : « Mon guignolet trépigne dans ma cage tauromachique* (comme dit ce salaud de Béru*!). » (131). Ex. : « Là, mon guignolet se mit à trépigner, car nous nous trouvions à proximité du but de notre voyage. » (150)

guignolo (un) : 1. Individu ridicule, grotesque. 2. Bandit. Ex. : « Trois guignolos avaient braqué une banque du seizième arrondissement. » (142)

guignon (le) : guigne.

guillerer : parler sur un ton guilleret.

guillerettement : d'une manière guillerette.

guilleretter : parler sur un ton guilleret. Ex. : « Sa voix ne guillerette plus. Elle a retrouvé sa belle âpreté des instants solennels. » (71)

guinche (un) : bal, dancing. Ex. : « Roro cause* accordéon. Il évoque le guinche de sa banlieue, le samedi soir. » (77)

guinde (une) : voiture. Ex. : « On ne peut pas à la fois assister à un assassinat et noter le numéro minéralogique d'une guinde roulant à vive allure. » (6). Ex. : « Il met sa guinde dans un coinceteau* peinard. » (148)

guingoiseux : de guingois. Ex. : « Je subodore un petit appartement. Quelque chose d'un peu guingoiseux aménagé dans quelque excroissance de l'immeuble. » (100)

guingoitre (de) : de guingois. (B)

guitare (une) : jambe. Ex. : « Une guitare fanée*, c'est pas la mort d'un jules ! » (74). Ex. : « Je venais de bicher* des fourmis dans une guitare à cause de ma fausse position sur son pucier*. » (100)

guitares en coton (avoir les) : avoir les jambes flageolantes.

guitares Louis XV (avoir les) : avoir les jambes arquées. (B)

guitareux : accompagné d'une guitare. Ex. : « Un truc guitareux, qui sanglote dans la torpeur. » (75)

guitoune à sueur (une) : sauna. (B)

guitoune à péchés (une) : confessionnal.

guitoune (une) : baraque.

gummi (un) : matraque. Ex. : « Ce gnace* sait se servir d'un gummi, je suis bien placé pour le savoir. » (11)

gurgiter : boire, ingurgiter. Ex. : « M. Blanc* a accepté de venir gurgiter un coup de rouille*. » (131). Ex. : « Faut avoir le corgnolon* blindé pour gurgiter cette eau de feu ! » (135)

gus (un) : homme.

gusman (un) : homme.

gustave (un) : complément d'un octave. Ex. : « Sa voix a dégringolé de dix octaves et de douze gustaves. » (87)

Gustave-six (les papilles) : gustatives. (B)

gut-frau (rideau) : bonne femme. Ex. : « Outre-Rhin, le rideau gut-frau est à peu près l'équivalent de notre rideau bonne femme. » (205)

gutturer : parler d'une voix ou dans une langue gutturale. Ex. : « Môssieur se met à gutturer avec des mots bourrés de " A " et de " U " à trémas. » (150)

guy-luxien : qui a pour origine une émission de télévision produite ou présentée par Guy Lux. Ex. : « Des odeurs de frites et des bruits guy-luxiens signalent que l'immeuble est habité. » (139)

gymnastiquer le cerveau (se) : se changer les idées.

gynécologique : généalogique. Ex. : « C'est pas parce qu'elles ont un arbre gynécologique qu'elles m'impressionnent. » (B, 36)

Gyptien (un) : Egyptien. (B)

gyroscoper : tourner en rond.

H

habiller en engrais azoté (s') : mourir, être inhumé.

habit d'Hoche (l') : chair. Ex. : « Je tire sur mes ficelles, mais y a rien de plus traître que le nylon. Plus vous faites d'effort, plus il vous cisaille l'habit d'Hoche. » (65)

hache de naguère (la) : hache de guerre. (B)

hachélème (une) : habitation à loyer modéré.

haddock : ad hoc. (B)

haïssure (une) : haine. Ex. : « Ça fait partie de c't'haïssure que les hommes z'ont les uns pour les autres. » (B, 208)

hallebardé : ayant subi un coup de hallebarde.

hallebarder : pleuvoir fortement.

hallucinogène : halogène. (B)

haltère mégot (un) : alter ego. Ex. : « Mon haltère mégot aussi, se met à presser le pas. » (109)

hamac à double carburateur (un) : soutien-gorge. Ex. : « Elle remise ses loloches* dans leur hamac à double carburateur et retourne à table. » (203)

handicapement (un) : handicap. (B)

hangar à thermomètre (le) : anus.

happe hihan (un) : adapt. de l'anglais « happy end » (fin heureuse). (B)

happeler : happer quelqu'un en l'appelant.

harakirié (un) : Japonais qui s'est infligé le hara-kiri.

hareng (un) : 1. Proxénète. 2. Voiture.

hargner : avoir une attitude agressive. Ex. : « C'est d'venu d' bon ton, tout le monde, d'hargner su'les flics, d'les traiter d'fumiers, de vaches, d'massacreurs du peup' et j'en passe. » (B, 208)

hargneuser : parler d'une manière hargneuse. Ex. : « T'es pas trop crevé*? hargneuse-t-il. Je voudrerais pas qu'tu t'fissasses un tout d'reins en maniant ta canne à pêche, mec ! » (150)

hargniser : parler avec hargne.

harki (par) : par acquit.

harmoniumiste (un) : joueur d'harmonium.

harnais (un) : 1. Epouse, compagne d'un homme. 2. Vêtement. Ex. : « Elle débonde* sa valdingue* et accroche ses harnais dans une des deux penderies. » (147)

harponner : arrêter, mettre la main sur.

hauboïste (un) : personnage affligé de la gueule de bois. Ex. : « Je me morfonds comme une gueule d'hauboïste. » (136)

haulecorpser : avoir un haut-le-corps.

haussmanner : tracer des avenues à la manière du baron Haussmann. Ex. : « Les machines haletantes, aux tentacules monstrueux, fouillent le sol, l'éventrent, le malaxent, le fouettent, le tamisent, l'étalent, le tassent, le déguisent, le boulevardent*, le goudronnent, l'haussmannent. » (59)

haut pignon (un) : opinion. Ex. : « Chacun son haut pignon, San-A*. » (B, 72)

haut-jacteur (un) : haut-parleur. Ex. : « Le dur* a ralenti, et l'haut-jacteur a raconté comme quoi on se pointait* à Innsbruck. » (B, 155)

haute-parleuse (une) : hôtesse chargée d'énoncer des messages dans les haut-parleurs. Ex. : « La haute-parleuse de service roucoule à tous les échos. » (204)

haute-pension (la) : haute tension. (B)

hécatomber : faire une hécatombe. Ex. : « Je me sens en rut de mort, si tu vois ? La bandaison trucidante*. J'hécatombe à tombeau ouvert. » (81)

hécatombeur (un) : une personne qui sème une hécatombe. Ex. : « Voilà qu'après avoir été le tombeur, je deviens l'hécatombeur de ces dames. » (58)

hectare (un) : nectar. (B)

hékreviçalanage (une) : plante exotique fictive, pousse en buisson.

hélaisdé (un) : plante hallucinogène fictive que l'on trouve dans la jungle rondubrazienne*.

hélicoptrice (une) : femme pilote d'hélicoptère.

hémisphère (un) : sein de femme. Ex. : « Dis donc, t'as des hémisphères qui me rappellent le dôme des Invalides ! » (25)

hémisphère austral (l') : fessier.

hémisphère boréal (l') : visage, tête. Ex. : « Pour lors, le " Cabossé " baissa pavillon. Je préférais ça à son froc. Si son hémisphère austral* ressemblait au boréal, y avait de quoi foutre le bourdon aux cloches de Notre-Dame ! » (122)
hémorroïdeux (un) : personne souffrant d'hémorroïdes.

hémorroïdique (un) : personne souffrant d'hémorroïdes. Ex. : « Pinuche* se racle la gargante* misérablement, ça fait comme quand un hémorroïdique paume* ses légumes* aux latrines, à l'issue de trop de riz. » (83)

hémorroïde (une) : émeraude. Ex. : « J'ai toujours rêvé d'aller au Groenland ; moi, les palmiers, les plages de sable fin, la mer couleur d'hémorroïde, ça me cloque* du vague à l'âme. » (B, 54)

Henri II (l') : poitrine (« buffet* »). Ex. : « Il me lâche les bras pour m'appliquer ses deux mains contre l'Henri II, presser, retirer. » (81)

Henri-quatretiser : déclarer que l'on se rallie à un panache blanc.

herbe à Philippe Nicaud (l') : tabac.

herculachose : herculéen.

herculanum (l') : arrière-train. Ex. : « Cette fois, je l'ai dans l'herculanum. » (66)

hercule : air cul. Ex. : « Car tu l'as déjà pigé*, avec ton hercule et ta vue basse. » (81)

hercuréléenne (une force) : herculéenne. Ex. : « Il avait des rognées* terribles, mon vieux, et on l'craignait dans la contrée. Une force hercuréléenne, il possédait. » (B, 208)

hermafreuse (une) : femme laide hermaphrodite.

hermaphrodite à lupus (un) : plante tropicale fictive.

hermétiser (s') : se taire. Ex. : « Renseigné, il consent à s'hermétiser. » (126)

hernie être anglais (une) : hernie étranglée. (B)

hésitance (une) : hésitation.

hesso tigrée à multiples actions pontificales (un) : arbre exotique fictif aux essences rares.

hétérochose : hétérogène.

heures de vol (des) : âge.

heures de vol (avoir pas mal d') : accuser un certain âge.

heureuquicommeulysser : exprimer sa joie au terme d'un voyage.

heurff : sensationnel. Ex. : « Les convives sont smart, et même heurffs, en y regardant à deux fois. » (115). Ex. : « Ce qu'il y a de heurff avec cette môme, c'est qu'elle sait toujours à quoi s'en tenir avec ma pomme. » (135)

heurkchplitz (un) : élément indéterminé d'un orgue. Ex. : « Je m'approche de l'orgue, soulève le couvercle de la console, actionne des tirettes, branche l'admission d'air, règle le manomètre, amorce l'engreneur à ailettes, déverrouille le parkinsonneur de cloches, fulmige le décompresseur de bas morceaux, agglomère le tamis, déregistre le heurkchplitz à basse fréquence, fadingue le grenouilleur à tête de loup pour débroquiller le pfatineur mérovingien, et carbonise l'aménageur indélébile afin que son superstatisme concentré n'affecte pas le paranoïaque central. C'est pas que je sois organiste, mais j'ai été enfant de chœur et j'ai vu fonctionner les orgues de la basilique Saint-Guy-Quête, qui sont, vous le savez, les plus belles du monde après celles de Barbarie. Il ne me reste plus qu'à interpréter sur cet instrument géant, et à ma façon, l'argot de Pierre Devaux, musique de Haendel et Bill, orchestration de l'abbé Résina. Je n'en connais que les deux premières notes, mais couramment. » (62)

hévéa (un) : chewing-gum. Ex. : « Il avait l'air d'un rat d'égout, cradingue* comme jamais, à grignoter son hévéa. » (118)

hévéas (les) : aléas. Ex. : « Je vous passe les hévéas de la route dont justement à propos desquels je me trouve entre vos mains de fée en ce moment. » (B, 65)

hibouse (une) : féminin de hibou.

hiéraldique : hiérarchique. Ex. : « Je voudrais pas manquer de respect à mon supérieur hiéraldique, mais j'ai idée que depuis le début de cette affaire, les tiennes, de méninges, ont la batterie qui débloque, non ? » (B, 51)

hiérarche (un) : supérieur hiérarchique. Ex. : « Deux de ses sbires l'imitent servilement, comme il est de mise quand on est subalderne* (j'ai bien écrit subalderne) et que le hiérarche* rigole. » (135)

hilarance (une) : hilarité. Ex. : « Je lui souris niaisement, ce qui redouble son hilarance. » (116)

hilardire : être hilare. Ex. : « Me voici debout. Je vois rouge, flou, bizarre. Une sarabande de cons hilardit à mon entour. L'intermède les met en fête, ces globuleux ! » (116)

hilariser (s') : devenir hilare.

hilariser : rendre hilare. Ex. : « Le Rosbif*, ce type déboulant dans une taule* de gays* en pyjama, ça l'hilarise complet. » (124)

hiltonien (un) : employé d'un hôtel Hilton.

himalayade (une) : monceau.

himalayeux : élevé. Ex. : « L'immeuble n'est pas très haut. Le grand standinge est rarement himalayeux. » (206)

hiroshimer (s') : subir des dégâts rappelant ceux de Hiroshima. Ex. : « La capitale leur fait peur. Ils savent qu'elle va se transformer en cendres, s'hiroshimer entièrement. » (99)

hiroshimiesque : catastrophique, dévastateur.

hirsuterie : fait d'être hirsute.

hisse-flemmes (un) : ascenseur.

hisser le grand foc au sommet du mât de misère : s'en aller, se lever. Ex. : « Je fais signe au Gros de mettre le cap sur la sortie. Le voilà qui hisse le grand foc, au sommet du mât de misère. » (45)

hochage (un) : fait de hocher. Ex. : « Il nous prend conscience et nous gratifie d'un hochage de tête. » (105)

hocher le chef : expression utilisée à la place de branler le chef*, depuis « qu'il est interdit de le branler en public. » (84)

hockeur (un) : hockeyeur. (MM)

hognon (un) : coup (mot dérivé de horion et de gnon*). Ex. : « Vous dûtes vous battre ? s'inquiète ce dernier en désignant les hognons du Mastard. » (77)

hold-upeur (un) : celui qui commet un hold-up.

Hollanduche : hollandais.

homard-terminus (un) : homard thermidor. (B)

homicider : tuer, rendre meurtrier. Ex. : « La lueur qui homicide son regard s'éteint. » (75)

hommage et ce thé (une) : majesté. Ex. : « Mais alors votre hommage et ce thé est comme qui dirait moins vioque* qu'elle en a l'air. » (B, 65)

hommager : rendre hommage.

homme de lettres (un) : facteur.

homme épluché (un) : chauve.

homme-sœur (une) : âme sœur. (B)

homolègue (un) : homologue et collègue.

homonyme (un) : anonyme. (B)

honneurs de naguère (les) : honneurs de la guerre. (B)

horloge (l') : cœur, cage thoracique. Ex. : « Je te demande un peu, une mobylette, à son âge! Une supposition qu'il décrochasse le grelot*, c'est la pneumonie double aussi sec pour Pépère! Déjà, quand il passe entre deux mecs* qui bâillent, il est obligé de se calorifuger l'horloge à la ouate Thermogène pour éviter les complications pulmonaires!» (B, 65)

horloge (une): éloge. Ex.: «Horloge funèbre.»

horloge de poignet (une): montre. Ex.: «Du temps glisse sur le cadran de mon horloge de poignet.» (99)

horloge parlante de la ferme (une): coq.

horlogique: chronologique. Ex.: «Va falloir qu'je numérotasse tout ça; suffit pas d'aligner mes bobines su' la tab', dans l'ordre horlogique, qu'un simp' mouv'ment risque d'm'les mélanger.» (B, 208)

horoscopiste (un): celui qui établit des horoscopes. Ex.: «Tous les déchiffreurs de lignes de la pogne*, tous les astrologues, les devins, les horoscopistes, les doublevuistes*.» (57)

horribiliser: rendre horrible.

hors de la laine: hors d'haleine. (B)

horticuler: articuler avec difficulté. Ex.: «Mon... heu... oncle a bbbbeaucoup de d'estime ppppour vous! parviens-je à articuler, ou horticuler, j'sais plus.» (94)

hospice-alité (l'): hospitalité. (B)

hospitalier: donner l'hospitalité. Ex.: «Il risque gros, ton magot de tonton en nous hospitaliant.» (59)

hosto (un): hôpital. Ex.: «Les toubibs* voulaient m'garder à l'hosto, nez en moins*, et y a fallu qu'j'mette cacao* un balaize infirmier qui s'prenait pour un costaud avant qu'j' le rencontrasse.» (B, 133)

hot dog: ad hoc. (B)

hotte (une): poche. Ex.: «Je décroche le bristol des téléphones usuels et l'enfouis dans ma hotte droite.» (106)

hotte à déchets (une): poche béruréenne. Ex.: «Il extirpe de son innommable hotte à déchets un papier déjà froissé, contusionné, souillé, et dont on s'étonne qu'il ne couronne pas un colombin de belle venue.» (82)

hotte à vendange (la): dos. Ex.: «Tous les gens qui morflent* une rapière* dans la hotte à vendange font encore quelques pas avant de s'écrouler.» (79)

hotu (un): homme.

houblon (le): loup blanc. Ex.: «Je suis connu comme le houblon.» (130)

houspillance (une): réprimande. Ex.: «Je dois subir les sales houspillances de cette Roxane-virago à matrice féconde.» (147)

housse à crocs (une): bouche.

housse à soufflets (une): sein de femme. Ex.: «Un bustier d'première! Elle aurait pu faire chanteuse à l'Opéra, sûrement, avec de pareilles z'housses à soufflets.» (B, 208)

hugolâtrerie (une): passion pour Victor Hugo. Ex.: «Moi, tu sais mon hugolâtrerie, mais merde, valait mieux qu'il écrivasse des pouèmes, Totor, plutôt que des Santonio, des A.D.G., des Gérard de Villiers, des Boileau-Narcejac. Mais enfin, quoi: autre étang, autre nurse*, ça ne l'a pas empêché de bestselerer*, le vieux Vic, ni d'avoir sa poire* sur les talbins* de cinquante pions*, comme moi bientôt.» (112)

huile de parlotes (l'): salive. Ex.: «Y passait ses après-mes et ses vacances entre les jambons* d'une frangine* à lui briquer l'clito à l'huile de parlotes.» (B, 142)

huile (une): personnage important dans son domaine.

humecter les amygdales (s'): boire.

humecter le gosier (s'): boire.

humecter du kangourou: éprouver une irrésistible curiosité.

humeur-russe (l'): humérus. (B)

hure (la): tête, visage. Ex.: «La gonzesse qui vient d'entrer ne se fiche pas de la lotion de péquenod* sur la hure!» (19). Ex.: «Si mes collègues me voyaient, ils voudraient drôlement se payer ma hure!» (31). Ex.: «Je m'ai mis dans la hure de passer commissaire.» (B, 48)

hurlance (une): hurlement. Ex.: «Il est enroué à force d'hurlance.» (203)

hurleventeuse: se dit d'une maison, battue par les vents, digne du roman «Les Hauts de Hurlevent».

hydravionner: voler en hydravion. Ex.: «On hydravionne paisiblement dans un ciel sans tache.» (76)

hydrocution (une) : élocution. (B)

hymnenationalesque : qui fustige le patriotisme de quelqu'un. Ex. : « On perçoit les vibrations hymnenationalesques du Dabe*. Progressivement Béru* rectifie la position, se redresse, bombe le torse, lève le menton. Ses bajoues lui font des favoris. Il ressemble à Sa Majesté France-Soir-Joseph empereur d'Autruche. » (68)

hyper-gueulance (une) : vacarme.

hyperdécarrade (une) : démarrage sur les chapeaux de roue. Ex. : « Hyperdécarrade sur le sol visqueux. Il laisse au moins trois centimètres de la gomme des pneumatiques. » (149)

hypergrossissement (un) : très gros plan photographique.

hypocondriaquement : de manière hypocondriaque.

hypocrate (un) : hypocrite. Ex. : « Ecoutez-moi c't'apôtre ! Quand t'est-ce qu'il voit un cul, il enlève plus vite son falzar* qu'son bitos* ! Boug'd'hypocrate, va. » (B, 120)

hypocrisisme (l') : hypocrisie. (B)

hypothancer : émettre une hypothèse. Ex. : « T'insinuerais que ce sont les frangins* qui lui ont fêté son jubilé* ? – J'incinère rien, j'hypothance. » (B, 93)

hypothénus(e) (une) : hypothèse. (B)

hypothéqué : hypothétique. (B)

hypothéser : émettre une hypothèse.

hystérique : historique. Ex. : « Un monument hystérique. » (B, 130)

hystéro : hystérique. Ex. : « M'est avis que la Martha doit être vaguement hystéro sur les bords. » (24)

I

iceberg (un) : glaçon.

icigo : ici, là. Ex. : « Je n'ai rien à foutre icigo. » (10). Ex. : « Les ricains ont eu raison de nous laisser poursuivre l'enquête icigo. » (29)

iconerie (une) : icône.

idole au logis (une) : idéologie. (B)

ignifugé de la pensarde : insensible, inflexible. Ex. : « Le grand cœur qui paraît au discours que je tiens ne l'amadoue pas, il est ignifugé de la pensarde, cézigus*. » (94)

île morte de l'ami Pierrot (l') : lune.

île nain porte : il n'importe. Ex. : « J'ignore, et j'ignor'rai toujours le blaze* du type qu'a inventé la jupe portefeuille ; c'est dommage parce que, ce zouave-là, j'eusse voulu l'embrasser d'mon vivant pour service rendu à l'humanité. J'ai idée qu'y d'vait plus ou moinsss t'êt' écossouille*, et qu'il a vach'tement inspiré du kilt. Mais île nain porte. » (B, 208)

illuminance (une) : illumination.

illumination (une) : élimination. (B)

illuse (une) : illusion.

illustre (un) : lustre. Ex. : « Depuis des illustres et des illustres. » (B, 130)

image tarifée (une) : billet de banque.

imaginance (l') : imagination.

imbaisable : qu'on ne peut duper.

imbroglionesque : caractère d'une situation d'imbroglio.

immaculance (une) : fait d'être immaculé.

immatériaux : immémoriaux. Ex. : « J'te fais remarquer qu'on a rien briffé* depuis des temps immatériaux. » (B, 101)

immatriculance (une) : immatriculation.

immatriculée contraception (l') : immaculée conception.

immédiatelet : adapt. de l'anglais « immediately » (immédiatement). (B)

immémoriances (les) : temps immémoriaux. Ex. : « Les rayonnages garnis d'un papier passé ne supportent que quelques mouches défuntes depuis des immémoriances. » (108). Ex. : « Pinaud*, qui avait renoncé depuis des immémoriances à protester. » (117)

immeublier : immobilier. (B)

impavider : être impavide. Ex. : « La Baleine* continue d'impavider comme si elle ne le connaissait ni des lèvres (de la chatte*) ni des dents. » (155)

impec : impeccable.

impeccablerie (une) : fait d'être impeccable.

impenseur (un) : homme incapable de réflexion. Ex. : « Oh, comme j'abomine ce faux ruminant, ce mâcheur de capotes anglaises, ce digéreur de néant, ce non-parleur, cet impenseur, ce proémineur de mâchoires. » (94)

impératrice (une) : impératif. Ex. : « La vie suit son cours. T'as les impératrices de la journée, du boulot*, de tout, quoi ! » (B, 77)

imperturber : rester imperturbable. Ex. : « Le gars continue d'imperturber, toutefois il ramasse le bank-note. » (105). Ex. : « Un qu'imperturbe, dans ces cas où t'as intérêt d'avoir ton flacon de self-control à portée de la main, c'est bien le gars moi-même. » (100)

impétuer : agir avec impétuosité. Ex. : « Un San-Antonio qui s'élance, c'est comme un barrage crevé : faut qu'il impétue jusqu'à son estuaire. » (59)

impétuoser : rendre impétueux. Ex. : « Une allégresse m'impétuose les sens. » (141)

impitoyabler : être impitoyable.

importunance (une) : fait d'importuner.

importunasser : importuner. (B)

imprévoyante : imprévisible. Ex. : « M'est avis qu'elle avait trop biberonné*, et puis elle était très infectée* par c'voyage qui lu passait sous l'pif*. Les gonzesses*, leurs rédactions* sont imprévoyantes. » (B, 99)

imprimeur (l') : la primeur. (B)

impropricité (une) : caractère de ce qui n'est pas propice. Ex. : « Je la galoche* furieusement, malgré l'impropricité de l'endroit. » (147)

improvisation (à l') : à l'improviste. (B)

improvisionner : improviser. Ex. : « Même s'ils improvisionnent, ils récitent. Des perroquets ! » (B, 208)

improvisme (un) : fait d'arriver à l'improviste.

in petto (un) : for intérieur. Ex. : « Et dans mon in petto décapotable, double carburateur, je fulmine contre cette gosse. » (97)

inadvertansion (une) : inadvertance et inattention. (B)

inajusté : non ajusté. Ex. : « Nous marchons donc dans le jour finissant, d'un double pas inajusté. » (105)

inanimer : perdre conscience, s'évanouir. Ex. : « L'hôtelière, k.-o., inanime recta, avec une jambe qui indique la direction de Lyon, et une autre celle de Nancy. » (105)

inauguration (une) : augure. (B)

inaugurencer : inaugurer. Ex. : « Il croyait avoir réussi sa vie en pleine pothéose*, messire Martin. Quand t'est-ce il inaugu-

rançait un nouveau groupe scolaire, une petite bourgeoise le galochait* en lui refilant un bouquet. » (B, 208)

inaugurer : augurer. (B)

inca (un) : en-cas. Ex. : « Il va bientôt êt' l'heur' de la jaffe*, Antoine*. Je pense qu'on d'vrait retourner à l'auberge, moi et Violette, on t'ramènererait un indien. – Un Indien ?!?! – J'veux dire un inca. » (B, 145)

incandescenter : devenir incandescent.

incendie diplômé (un) : incident diplomatique. Ex. : « Les diplomates, tu les connais pas ? T'en as vu qui s' mouillent, técolle* ? Ils nous diront qu'on doit falloir aller s'espliquer à la police. Pas créer d'incendie diplômé entr' l'Egypte et la France, que déjà Guy Mollet avait fait l' con et qu' ça leur a resté en traviole* d' la gargante*, les Gyptiens*. » (B, 116)

incendie (un) : accident. (B, 139)

incendie diplomastique (un) : incident diplomatique. Ex. : « La police, c'est moi ! que j'm'ai mis à hurler, en anglais. The police it is me, et don't brake-me les roustons*, sinon on va droit à l'incendie diplomastique. » (B, 99)

incendie problématique (un) : incident diplomatique.

incinérateur de poche (un) : pipe.

incinération (une) : insinuation. (B)

incinérer : 1. Insinuer. Ex. : « Elle incinérait qu'il était sûr'ment raciss, ce mec, pour, en voyant des doudounes comme les siens, il en biche* pas une en acier massif. » (B, 208). 2. Insérer. (B)

incirconvenable : incorruptible. Ex. : « Mais l'Antonio, c'est la fidélité même ! Cul, pas cul, il est incirconvenable. » (149)

incisivité (une) : caractère de ce qui est incisif. Ex. : « Son regard d'une incisivité que tu serais Jean Dutourd ou Michel Droit, tu ferais rentrer le mot dans le dictionnaire. » (132)

inclos : ouvert. Ex. : « Un second palier avec une porte. Celle-ci étant inclose, je risque à pénétrer céans. » (149)

incohérer : devenir incohérent. Ex. : « Je crève le cerceau de l'inconscience. Je plonge dans la folie. J'incohère ! » (76)

incolmatable : qu'on ne peut colmater.

incommodeur de blennorageance (un) : terme technique indéterminé. Ex. : « Je fonce au biniou*, fais mine de turluter*, et entreprends de le détériorer, en diffusant l'incommodeur de blennorageance. » (100)

incompater : être incompatible. Ex. : « Il a un côté branleur ou toucheur de petites filles, ce qui n'incompate pas. » (152)

incompatibilité (une) : comptabilité. Ex. : « Il s'agite de une sècreterre de l'incompatibilité. » (B, 86)

incompréhenser : ne pas comprendre. Ex. : « Pourquoi? incompréhensé-je. » (138)

inconvégner : gêner, présenter un inconvénient. Ex. : « D'accord aussi pour l'inclusion du ris de veau, si ça ne vous inconvègne pas. » (B, 105)

inconvenir : en convenir. Ex. : « Ses activités sont illicites et punises par la loi selon l'artic' j' sais plus combien de j' sais pas quoi, soite j'inconvéniens. » (B, 79)

incorrigeable : incorrigible. (B)

incourant : rare.

incréduler : être incrédule. Ex. : « Pour lors, elle a incrédulé des gobilles*. » (B, 208)

incréduliser : être incrédule.

inculquer : inculper. Ex. : « Un coup pareil c'est la Bastille pour toi, je suis inculpé de viol et de meurtre! – Et ta sister, elle est inculquée de tapinage* sur la voie biblique? risposte le Mahousse. » (B, 60). Ex. : « Tu sais qu'on est inculqué de meurtre? » (B, 72)

indéciser (s') : devenir indécis. Ex. : « Leur colère s'indécise. » (85)

indemnisance (une) : indeminité. (B)

indemnisé : indemne. (B)

indépendanter : être indépendant. Ex. : « T'en fais qu'à ta tronche*. M'sieur indépendante d'plus z'en pluss. » (B, 94)

indifférencer : être indifférent.

indigotir : devenir indigo.

indiscrer : être indiscret. Ex. : « Vous claudiquez de la membrane*? indiscré-je. » (129)

individuse (une) : individu de sexe féminin.

indolescent (un) : adolescent. (B)

indubicontestablement : indubitablement incontestable. (B)

induit : enduit. (B)

indulgenter : avoir une attitude indulgente. Ex. : « Il indulgente de la moue. » (154)

induration émolliente (une) : action qui se produit lorsque l'on a décapsulé le survalveur à goupille rétractile* d'une fusée d'alarme.

induse : hindoue. (B)

industrielle : indue. Ex. : « Donc il l'attendait à une heure industrielle pour parler affure. » (20). Ex. : « Il vient sans doute de bigler* son horloge parlante et de s'apercevoir qu'il est une heure industrielle. » (24)

inefficacer : agir inefficacement. Ex. : « Ses doigts fébriles inefficacent sur les liens du colis. » (154)

inélucter : dire ou faire quelque chose d'inéluctable.

inertique : inerte. (B)

infameux : infect.

infamure (une) : personne ou objet infâme. Ex. : « Il me rejoignait, nanti d'une infamure qui puait encore le ricin et qui suintait pis qu'un cornet de frites. » (132)

infarctuser : subir un infarctus. Ex. : « Les pachydermes font des nœuds avec leurs trompes. Des cardiaques infarctusent. Des dames enceintes mettent bas. » (79)

infecter : affecter. (B)

infection (une) : inflexion. Ex. : « A peine j'eusse sauté la barrière et assaisonné* Toutou, que j'entends une beuglante*. Immédiatelet* j'ai repéré tes infections. » (B, 64)

infermé : ouvert. Ex. : « Une porte infermée donnant sur un couloir. » (147)

infernalerie (une) : situation infernale.

infernaleux : infernal. Ex. : « L'abnégation qu'il faut pour se lancer dans des inventeries* échevelées, des coups de bite et de théâtre infernaleux. » (135)

inferneux (un) : personne infernale. Ex. : « Cette inferneuse va-t-elle le ramener à une juste clémence? » (150)

infirmoche (une) : infirmière.

influxion nerveuse (l') : influx nerveux.

informe (une) : information.

informes (les) : informations, journal radiodiffusé ou télévisé. Ex. : « Je m'étais fignolé par la pensée une grasse matinée d'archiduc, avec Alka Seltzer en même temps que les informes à la radio. » (118)

infoutu : incapable. Ex. : « Je suis infoutu de me rappeler sa couleur pileuse. » (114)

infrastructure du mocarde (une) : infarctus du myocarde. Ex. : « C'est pas que je tienne à discutailler* tes lubies, mec*. Seulement j'aimerais piger*. Si tu voudrais nous faire l'aumône d'une pointe esplicative, tu nous écarterais les dangers d'infrastructure du mocarde. » (B, 79)

infrastructure du myocarde (une) : infarctus du myocarde. Ex. : « Calmez-vous, grandpère, pas la peine de jouer l'air du toboggan fantôme à votre palpitant*, en supplément de programme. Manquerait plus que vous nous fassiez une infrastructure du myocarde sur la carpette pour tout arranger. » (B, 202)

infrastructure du myocarme (un) : infarctus du myocarde. Ex. : « Et c't'infrastructure du myocarme, la façon qu'elle lui avait prise, ce qu'y l'avait dit avant d'canner, le pauv'homme. » (B, 208)

infraction du side-car (un) : infarctus du myocarde. Ex. : « Après tout, qu'il soye clamsé* de ça ou d'une infraction du sidecar, qu'est-ce que ça change? Il doit se payer une drôle de frime*, là-haut, maintenant que saint Pierre y tape sur l'épaule en lui annonçant que c'est le terminus. » (B, 54)

infréquent : rare.

infusée (la science) : science infuse. (B)

infuser : diffuser. (BB)

infusion (une) : effusion. Ex. : « Tout ça se tassera* un jour, avec ou sans infusion de sang. » (B, 118). Ex. : « Pas d'infusions, Finfin, j'sus t'ici en coquelicot*. » (B, 125)

infusion de semelle cloutée (une) : coup de pied. Ex. : « T'inquiète pas, je ferai comme si c'était mon frère! assure ce Caïn de Béru* en administrant une infusion de semelle cloutée au cher Serge. » (35)

infusion de marrons (une) : coups. Ex. : « J'ai envie de l'endormir d'une infusion de marrons. » (136)

infusion de muqueuse (une) : baiser.

infusion de néant (une) : coup qui provoque l'inconscience, mort.

infusionner : fusionner. Ex. : « Ces braves gens ont attaqué en disant comme quoi toutes les Eglises devraient infusionner. » (B, 200)

ingentil : méchant.

ingentillesse (une) : indélicatesse, méchanceté. Ex. : « Il ne relève pas l'ingentillesse de mon propos, preuve qu'il a l'esprit ailleurs. » (131)

inguéri : qui n'est pas guéri. Ex. : « Pasionaria de mes burnes*, typhoïde inguérie, trou décomposé, tarte à la merde. » (102)

ingurgiter (s') : s'insurger. Ex. : « Je m'ingurgite contre ce système, camarades médames et maissieurs. Il nous a toujours menés droit z'à la guerre et il nous y mènera t'encore si qu'on réagisserait pas. » (B, 71)

inhalateur de poche (un) : revolver.

inhumé : inné. Ex. : « Comme ils imposent magistralement leur sens inhumé (ou inné, si tu préfères, je m'en fous, merde, des nœuds pareils, on va pas chipoter!) de la décoration. » (97)

inimportant : négligeable. Ex. : « Ce ne sont pas des nantis, mais des néantis*! Des anéantis! Foutus au départ, en cours de route et à l'arrivée. Inimportants à jamais! » (122)

initiater : prendre des initiatives. Ex. : « Aye pas peur d'initiater. Invente. Jamais s'avouer vingt culs*. » (B, 97)

initiativer : prendre l'initiative. Ex. : « Nous vous écoutons, mon général, initiativé-je. » (150)

injugulable : qu'on ne peut juguler.

inoculation baveuse (une) : type de torture.

inondement (un) : inondation.

inopinance (une) : intervention inopinée.

inopinaudement : inopinément, pour Pinaud*. Ex. : « Moi, je me demande où Pinuche* en est avec son arête. Je redoute qu'il débouche inopinaudement et ne morfle* les prunes* d'un petit nerveux. » (90)

inopiner : arriver inopinément. Ex. : « C'est ce regard flou, viceloque* et cachotier qu'ont deux femmes en train de deviser entre elles, lorsque le jules de l'une d'elles inopine. » (94)

inotron pourfendeur (un) : partie fictive d'un poste émetteur-récepteur.

inouïse : inouïe. Ex. : « Des coups d'une violence pire qu'inouïe : inouïse, font vibrer la pièce. » (105)

inrasé : barbu. Ex. : « Un visage de fouine inrasée se montre. » (114)

inravi : mécontent.

inscriptance (une) : inscription. (B)

inscription (une) : prescription. Ex. : « Faut bien suivre les inscriptions de votre médecin. » (B, 66)

inscripture indébilitée (une) : inscription indélébile. (B)

inséparer : unir.

insidieuseté : caractère de ce qui est insidieux. Ex. : « Souplesse, douceur, insidieuseté. » (94)

insignifiance (une) : chose, propos insignifiant. Ex. : « On parle tellement pour ne rien dire ! Des instants, je suis affligé de tant d'insignifiances ! » (132)

insinuer : incinérer. Ex. : « Quand je serai mortibus*, je me ferai insinuer, c'est plus propre. » (B, 51)

insistance (une) : instance. Ex. : « J'lu laisse pas six mois qu'il introduise une insistance en divorce pour te driver* à la mairie de son arrondissement. » (B, 208)

insoleillation (une) : insolation. (B)

insolitisme (l') : insolite. Ex. : « J'y trouve une scène qui ne manque pas d'insolitisme. » (154)

insonotorisation (l') : insonorisation. (B)

inspirance (une) : inspiration. (B)

installer (en) : avoir un comportement fanfaron, vaniteux. Ex. : « Ah ! ma vache, tu ne vas pas faire perdre la frite* au beau Sana quand il en installe devant l'une des plus ravissantes personnes d'Italie, merde ! » (106)

installer le chauffage central dans le corgnolon (se faire) : boire un remontant.

instance de K2R (en) : sali. Ex. : « Béru* ressort, l'œil brouillé et le futal* en instance de K2R. » (80)

instant tanné (un) : instantané. (B)

instantéisme (l') : temps présent. Ex. : « Je te cesse ma littérance* eau de boudin assaisonnée pour revenir à l'instantéisme. » (85)

instants péris (les) : intempéries. (B)

instite (une) : institutrice.

instituteuse (une) : institutrice.

instrument à vents (l') : anus.

insubordonné (un) : subordonné insoumis.

insuce (l') : insu. Ex. : « Le coup pouvait avoir été mijoté à son insuce après tout. » (B, 121). Ex. : « Et qu'est-ce y t'a permis d' la voir à mon insuce, hmmm ? » (B, 103)

insulinde (l') : insuline. Ex. : « J'ai un pote* diabétique, lui c'est l'insulinde qu'on administre en piquouzes*. » (B, 77)

insupportation (l') : agacement. Ex. : « T'y files pas une mandale* ? questionne le Gros* avec un étrange soupir d'insupportation. » (108)

insurger : s'insurger. Ex. : « Mais l'Enflure s'insurge, ou plutôt, insurge, je préfère la forme sanantoniaise. » (108)

insurrectionner (s') : faire une insurrection, s'insurger. Ex. : « L'Eglise, bon, dans la mesure qu'elle enseigne aux mômes Dieu et l'bien, les vertus, tout ça, son rôle, j'l'admets. Mais c'que j'insurrectionne, c'est qu'elle s'soye transformée en un espèce de parti politique. » (B, 208)

insuspectable : qu'on ne peut suspecter. Ex. : « Ce qu'il convenait de faire, c'était de se composer un look de complète innocence. Se rendre invisible à force de banalité. Insuspectable. » (150)

intarir : être intarissable. Ex. : « S'tu m' branches sur l'sujet, j'intarisse. Y avait qu'le bout à commencer, l'reste filochait comme le fil du moulinet quand t'as débloqué l'cran d'freinage et que ton brochet part à dame* à travers ses profonds roseaux. » (B, 208)

intégralité (l') : intégrité. Ex. : « J'doute pas d'ton intégralité, mon grand. » (B, 125)

intégriste : intègre. (B)

intempester : arriver de manière intempestive. Ex. : « Je reprends aussi sec, en m'excusant pour l'intervention qui intempeste. » (103)

intempestiver : être intempestif. Ex. : « Enfin groupés, tous. Plus de ces rivalités qu'intempestivent. » (85)

intensespéries (les) : intempéries. (B)

intensitive : intensive. (B)

interdictionner : interdir. Ex. : « Le règlement leur interdictionne d'ouvrir leurs fenêtres. » (B, 208)

intérieur de son fort (dans l') : en son for intérieur. Ex. : « J'ai jamais compris qu'l'Antonio aye un faible pour lui dans l'intérieur de son fort. » (B, 208)

intérimerie (une) : intérim. Ex. : « S'agit d'usiner* conv'nab'ment, non? On vadrouille dans l'délicat : s'agit du président de la Raie publique*. Note bien, y arriverait quéqu' chose, on a toujours Poher pou' l'remplacer. Just'ment, y doit s'languir d'l'Elysée, le pauv', ça commence à faire lulure* qu'il fait nibe* d'intérim'rie. » (B, 118)

interjection dirèque (à) : injection directe. (B)

interjectionner : produire des interjections.

interlectrocuté (un) : interlocuteur électrocuté.

interloc (un) : interlocuteur.

interlocuté : interloqué.

interlocuter : dialoguer. Ex. : « Ce qui importe, avec un interlocuteur, c'est de voir ses yeux. Pour baiser*, vaut mieux pas interlocuter. » (102)

interlophonocuteur (un) : interlocuteur au travers d'un interphone.

interloquade (une) : fait d'être interloqué.

interloqueur (un) : interlocuteur. Ex. : « Quatre jours, me répond mon interloqueur (car il m'a interlocuté). » (102)

interluder : éluder. (B)

intermède (un) : 1. Interprète. Ex. : « J'ai été au consulat des U.S.A. avec un intermède causant l'américain. » (P, 33). 2. Intermédiaire.

interpellephoner : interpeller au téléphone.

interpiocher : interpeller.

interposer : s'interposer. Ex. : « Eh! minute, interpose le dirlo. » (150)

interpréter le prélude d'Autant en apporte le vent à la rondelle cannelée : émettre des flatulences. Ex. : « Là-dessus, il va gauler*. Et il en profite pour interpréter le prélude d'" Autant en apporte le vent " à la rondelle cannelée*. » (99)

interrir : atterrir au fond d'un boyau souterrain.

interrogateusement : interrogativement.

interrupteur de grossesse (un) : poste téléphonique. Ex. : « Et l'autre raccroche. Je suis à ce point élimé de la pensarde que je ne songe pas à l'imiter. C'est le dévoué Jérémie Blanc* qui, charitablement, me cueille le combiné des mains pour le reposer sur l'interrupteur de grossesse. » (141)

intersidérant : époustouflant. Ex. : « C'est tellement énorme, tellement impudent, tellement intersidérant que je ne trouve rien à objecter. » (93)

interventionner : intervenir. (B)

inter-vieiller : interviewer.

interviendre : intervenir.

interviouver : interroger.

interviouveur (un) : interviewer.

intolérer : ne pas tolérer. Ex. : « Peut-être est-ce que parce que les hommes se respirent qu'ils se détestent; qu'ils s'intolèrent. » (114). Ex. : « Il intolère les déconnes dérapantes, le président. Intégriste*, c'est sa nature. » (138)

intriguanter : intriguer. (B)

intriguité (une) : fait d'être intrigué. Ex. : « Mon intriguité est extrême. » (114)

intrinhumide : opposé à intrinsèque. Ex. : « Drame! Pinson avait nié les qualités intrinsèques et intrinhumides d'Hector*. » (47)

intrinsèche : intrinsèque.

introspecter : faire une introspection. Ex. : « Comment que j'allais introspecter les bourgeoises du seizième! Avec le médius sur le clito pour les aider à se concentrer, ces chéries! » (135)

introspective (une) : rétrospective. (B)

introuvabiliste : particulièrement introuvable. Ex. : « Rarissimiste*! Introuvabiliste! Prodigiotissime*! » (97)

intruser : pénétrer en intrus.

invectiver : frapper. Ex. : « Ses deux sbires jaillissent de l'ombre, armés de matraques et se mettent à m'invectiver la nuque à coups de goumis*. » (102)

inventairié : inventorié. (B)

inventé l'appareil à sculpter les éponges (ne pas avoir) : être stupide.

inventerie (une) : invention. Ex. : « L'abnégation qu'il faut pour se lancer dans des inventeries échevelées, des coups de bite* et de théâtre infernaleux*. » (135)

inversion des fêtes (une) : version des faits. Ex. : « Donne ton inversion des fêtes, et chambre-moi pas, sinon y aura des taches dans ce taudis. » (B, 128)

invertébré du crâne (un) : original, doux dingue, illuminé, gâteux.

invertimbré : invertébré. (B)

invertir : investir. Ex. : « Bon, on invertit la bicoque*. On y découvre trois personnes. » (B, 86)

investigueur : investigateur.

invexable : insensible à la vexation.

invidable : qu'on ne peut vider.

invitance (une) : invitation.

invraisembler : tenir des propos invraisemblables. Ex. : « Il va prétendre que j'en rajoute*. Que je délire, dérape, invraisemble. » (81)

ire alitée (l') : hilarité. Ex. : « Caisse y vous fait rire ? elle m'a d'mandé, la Martin, inquiète d'mon ire alitée. » (B, 208)

Irlandoche : Irlandais.

irradieux : radieux. Ex. : « Je le salue d'un sourire plus irradieux que le dépliant agrafé au milieu de " LUI ". » (94)

irragoûtant : dégoûtant.

irrésistance (une) : caractère de ce qui est irrésistible. Ex. : « L'irrésistance de son charme. » (85)

irrétrécissable : qui ne peut rétrécir.

irruption (une) : éruption.

irruptionner : faire irruption.

isolateur (un) : isoloir. Ex. : « Moi, j'sus cont' le non-sens, décrète Béru*, ainsi j'pigerai* jamais pourquoi tout un chacun te d'mande pour qui est-ce tu votes, et que l'jour d'l'érection*, tu dusses passer à l'isolateur avant d'aller aux burnes*. » (B, 109)

isolation (une) : isolement. Ex. : « Si on aurait besoin de nous, nous sommes dans le camion des biscuits Vaporetto. C'est le seul endroit dans cette garcerie de ville où qu'on peut trouver Berthe* et moi un peu d'isolation. (B, 58)

issolver : être issu de.

Italoche : Italien.

italomuche (l') : langue italienne.

J

Jack Paul (un) : jackpot. (B)

Jack yes : j'acquiesce. Ex. : « Nous avons demandé à San-Antonio ce qui signifiait ce Jack yes. Il nous a répondu qu'il entendait écrire " J'acquiesce ", et nous a prié de laisser subsister sa distraction dans cette œuvre. L'éditeur. » (95)

Jacob-Delafon de course (un) : bidet. (B)

jactancer : parler. Ex. : « Morton continue de me jactancer à bout portant. » (97)

jactasser : parler. Ex. : « Tu penses que la vieillasse ne va pas rater l'occasion de jactasser. » (90)

jaffe (une) : repas. Ex. : « Ce soir, je l'emmènerai à l'Olympia et ensuite je lui paierai une jaffe chez Lipp. » (59). 2. Cuisine. Ex. : « La nouvelle jaffe, c'est bien, délectable, j'en conviens souvent, seulement elle uniformise la becquetance* à travers l'Hexagone. » (111)

jaffer : manger.

jaffouse (la) : nourriture.

jafouille (une) : repas. Ex. : « Il est seul, sa bergère* ayant monté dans la tire* d'un couple d'aminches* dont y doivent tous se r'trouver pour une jafouille de nuit au Coupe-Chou, rue de Lanneau. » (B, 208)

jaja (le) : vin. Ex. : « Un grand nombre de Duval-Blanchet sont bourrés à la clé*, à cause du jaja corsé de la belle Afrique. » (116). Ex. : « Il descendait fréquemment dans son antre, sous les prétextes les plus fallacieux, mais en réalité il allait se cogner des coups de jaja au tonneau. » (122)

jalmince : jaloux. Ex. : « Il a un self-control qui rendrait jalmince une statuette chinoise. » (31). Ex. : « Je ne suis pas jalmince, commissaire. Ce matin, c'était pour l'honneur, je vous avais pris pour un cave*, sauf votre respect. » (51)

jalousance (la) : jalousie. Ex. : « T'vas pas m'péter une pendule* av'c ta jalousance, merde ! » (B, 148)

jamairien (un) : individu défaitiste.

jambage (un) : jambe. Ex. : « Elle a une belle écriture, bien formée, généreuse, avec de la frivolité en contrepoint dans les boucles et les jambages. Ces jambages de son écriture me donnent envie des siens. » (102)

jambages (sans) : sans ambages. (B)

jambé : avec des jambages. Ex. : « Toujours de sa belle écriture bien jambée, me griffonne une adresse. » (102)

jambeau (un) : cuisse. Ex. : « Sa jupette froufroute*, découvrant de monstrueux jambeaux auxquels la cellulite donne une apparence de sol lunaire. » (75)

jambecasseux (un) : personne à la jambe cassée. Ex. : « Sa sacoche était rebondie et il la serrait sous son bras, comme un jambecasseux sa béquille. » (117)

jambes à Moscou (prendre ses) : prendre ses jambes à son cou.

jambon (un) : 1. Guitare. Ex. : « Le guitariste sale jette un regard amorphe et se remet à grattouiller son jambon. » (18). 2. Cuisse.

jambonneau (un) : bras. Ex. : « Je chope* l'Hénorme par un jambonneau et l'entraîne. » (62)

jambonner : être accroché par les bras, comme des jambons que l'on est en train de fumer.

japonais absents (aux) : aux abonnés absents. Ex. : « Le juge enfile* sa secrétaire et donne un ordre à sa veste ; à moins que ça ne soit le contraire, excuse : j'ai mon caberluche* qui s'est mis aux japonais absents. » (116)

japoniaiserie (une) : bibelot d'origine asiatique de peu de valeur.

japoniller : parler le japonais. Ex. : « Le Japonouille* japonille dans le combiné. » (115)

Japonouille : Japonais.

Japounoche : Japonais.

jardinet terminal (le) : tombeau. Ex. : « On soumet nos organismes à un dur régime, mes enfants. Tout ça, c'est pas dédommagé par la Sécurité. A force de gnons* reçus et de nuits blanches on s'achemine vers le jardinet terminal, en avance sur l'horaire, probablement. » (72)

jardinoche (un) : jardinier.

jarrexe (un) : jarret. (B)

jaspiner : parler. Ex. : « J'ouvre grand mes manettes* pour essayer d'esgourder* leurs salades*, mais je suis chocolat* car ils jaspinent en flamand. » (2). Ex. : « Je commence par demander à ces messieurs s'ils jaspinent le franchecaille*. » (29). Ex. : « Et comment que je le jaspine, l'italoche*. Je m'en voudrais de pas. Une langue pareille, que rien que de lire l'annuaire des chemins de fer romains ça équivaut à de la musique. » (86)

jaune-d'œufé : enduit de jaune d'œuf. Ex. : « Quelque chose de bizarre, de trouble, d'arqué, de gluant, de brillant, d'écumant, de jauni, de jaune-d'œufé, de choucroutesque* tombe sur le tapis. Je reconnais le râtelier du Gros. » (62)

jaunet (un) : pièce d'or. Ex. : « Les radins aiment bien pioncer* sur des jaunets, ça leur file des ondes bénéfiques dans la moelle épinière. » (20). Ex. : « Et jusqu'aux jaunets de leurs bas de laine qui foirent* sucette, se dévalorisent à toute pompe. » (152)

Jaunet : Asiatique.

jaunoyer : briller d'une couleur jaune. Ex. : « La carcasse de jeep est encore illuminée. Elle rougeoie, orangeoie*, jaunoie. » (59)

javeloter : lancer un projectile.

jazyen : relatif à Michel Jazy, champion de course à pied. Ex. : « Le père Yapa Lmétro Akyoto possède une foulée jazyenne. » (57)

jazzerie (une) : réunion où l'on joue du jazz. Ex. : « On perçoit des bribes de la jazzerie, en bas. » (132)

je : oui. Ex. : « Tu as fait ça ? – Je ! » (216)

je vous allume, Harry : « Je vous salue, Marie ».

je-vous-salue-marier : réciter le « Je vous salue, Marie ». Ex. : « Y a les lavasses* qui coulent, les résignés qui je-vous-salue-marient. » (57)

Jean Giono (à) : a giorno. Ex. : « La lumière se met à briller à Jean Giono. » (28)

Jean navet : j'en avais. (B)

Jean Passe : j'en passe.

Jean serait treize au noré : j'en serais très honoré. (B)

jedonnelaparoler : donner la parole à quelqu'un.

jéhannedarquer : brûler. Ex. : « Il s'agit du mégot de Pinaud* qui a chu dans le décolleté de Madame. C'est lui, l'immonde, le gluant, l'incandescent, qui a entrepris de jéhannedarquer la châtelaine. » (100)

jérémier : se plaindre.

jésuitard (un) : jésuite (péjoratif).

jet d'haut (un) : jet d'eau. (B)

jeter (se) : sortir rapidement. Ex. : « Le bonhomme se jette de sa tire. » (105)

jeter le piment dans la boîte : dévoiler un secret. Ex. : « Ce quelqu'un d'est venu, a constaté qu'on avait violé le secret de la trappe et a convoqué Compère, histoire de savoir si ça n'était pas sa pomme* qui avait jeté le piment dans la boîte. » (8)

jeter (en) : briller par son élégance. Ex. : « Brummell ! J'en jetais comme un projo de défense antiaérienne. » (122)

jeter son dé velu : jeter son dévolu. (B)

jeton (un) : coup. Ex. : « Alors je prends un jeton inouï derrière le citron*. » (2)

jetonner : avoir peur.

jetonneur (un) : lâche, peureux. Ex. : « D'être un vieux jetonneur, ça n'empêche pas le savoir-vivre ! » (93)

jetons (avoir les) : avoir peur. Ex. : « Oui, lui, l'implacable, le décideur d'exécutions, lui qui a fait périr tant et tant de gens, il a les flubes*, les jetons, les copeaux*, les foies*, la chiasse noire*, les grelots*, le traczir*, les boules à zéro*, les chaleurs*, le taf*, la mouillette*, les chocottes*. » (142)

jette la corde : je te l'accorde. (B)

jeu de dominos (un) : dentier. Ex. : « Dedieu, c' qu' j' sus malheureux sans mon jeu d' dominos, j'm'demande comment t'est-ce je pourrai avoir des conversations utiles avec des biftecks en attendant mes nouveaux crochets*. » (B, 104)

jeu de l'humour et du Bazar de l'Hôtel de Ville (le) : « Le Jeu de l'amour et du hasard » de Marivaux.

jeudemotiser : faire un jeu de mots. Ex. : « Tu t'demandes où la paix niche ? jeudemotise le Mastard. » (105)

jeunassou (un) : jeune homme.

jeunastre (un) : jeune homme.

jeune : insuffisant ; selon le contexte, petit, court. Ex. : « Je suis même dans mes petites targettes*, exactly comme si je m'étais introduit dans des pompes* trop jeunes de deux pointures. » (16)

jeunesse : genèse. (B)

jeux-de-moter : faire des jeux de mots. Ex. : « C'est plus fort que moi : faut que je jeux-de-mote. J'ai consulté, notez bien. Les toubibs m'ont dit que j'avais une malformation du clapet supérieur gauche. » (62)

jézabel (un) : décibel. (B)

jobastre (un) : fou.

jobré (un) : fou. Ex. : « Elle le prend pour un jobré ou pour un fumiste. » (66)

job-ton-père : j'obtempère. (B)

jockeyclubman (un) : membre du Jockey Club.

jocondesque : qui se rapporte à la Joconde.

jointoyer : festoyer en fumant de la drogue.

jojo : 1. Fou. Ex. : « Il s'est tapé le front avec le doigt comme pour me faire croire que le gars Jérôme était frappadingue*, et entre nous, m'sieur le commissaire, je me demande si ça serait pas ça la vérité. J'en ai vu, des potes de la colonie qui devenaient jojos une fois de retour. » (43). Ex. : « Il est devenu jojo en partant châtier un de ses seigneurs turbulents. Insolation, disent les uns, excès de consanguinité, affirment les autres. » (200). 2. Eberlué. Ex. : « J'en suis complètement jojo ! » (24)

joligarçonnise (la) : fait d'être beau garçon. Ex. : « – Il est si beau garçon. – Et z'alors ? Ça se bouffe en salade, la joligarçonnise ? » (B, 208)

joliotcuresque : en rapport avec les physiciens Joliot-Curie. Ex. : « Je me mets à manipuler des éprouvettes et des flacons avec un petit air joliotcuresque qui m'impressionne moi-même. » (59)

jonc (le) : 1. Or. Ex. : « Il sourit, me cloquant* à bout portant dans les lampions* le reflet de ses quatorze ratiches* en jonc. Si je ne me retenais pas, je lui ferais glavioter* ses quatorze chailles* en or. » (45). 2. Argent.

joncaille (la) : bijoux en or.

joncailleux (un) : bijoutier.

jonctionner : établir une jonction. Ex. : « Tu jonctionnes les deux attelages. » (82)

joue (ça) : ça marche.

jouer Bayard au Pont d'Arcueil : faire preuve de bravoure. Ex. : « A vrai dire, y n'était ni mondain ni courageux, Joc'lin et si un p'tit connard en cavale l'a planté, une fois qu'y tapait aux fafs dans un bourge mal famé de la Goutte-d'Or, c'est pas parce qu'y jouait Bayard au pont d'Arcueil. » (B, 208)

jouer Calcination : brûler.

jouer cassos : partir, s'en aller.

jouer le premier de Cassos : s'en aller.

jouer les fontaines bruxelloises : uriner.

jouer les frimants : se mettre en valeur. Ex. : « En somme, Okapis a fait venir les célébrités mondiales pour jouer les frimants. » (57)

jouer les lions de la Métro : bâiller. Ex. : « Je rabats mes draps et je joue les lions de la Métro. » (200)

jouer les pimpantes : ironiquement, manifester de l'élégance. Ex. : « La femme de l'avocat jouait les pimpantes dans un manteau de drap blanc plus souillé que le burnous d'un marchand de dattes. » (217)

jouer Motus : se taire. Ex. : « Je me dis que ce n'est pas en jouant Motus (pièce en trois actes de Vivendi) que j'arriverai à dégauchir* cette saloperie de base. » (59)

jouer « Prison sans barreaux » : s'évader.

jouer rip : s'en aller.

jouer une sévillane avec son damier : claquer des dents de peur. Ex. : « L'impact de la balle fait hurler le gros chauve. Ses deux comparses jouent une sévillane avec leurs damiers. » (155)

joufflu (le) : postérieur, fesses. Ex. : « T'as visionné ce joufflu, Blanche-Neige? fait-il à Jérémie. C't'aut'chose qu'l'baigneur* d'vos négresses, merde! » (B, 136)

jouge (en moins de) : rapidement. Ex. : « Le plat est démoli en moins de jouge. » (130)

joujouer : faire joujou.

journal causé (le) : journal radiodiffusé.

journaleux (un) : journaliste.

journaliser : pratiquer le journalisme. Ex. : « V'là les pompiers qui pompent, les ambulanciers qui déambulancent*, des journalistes qui journalisent à qui mieux mieux. » (81)

journalparleur (un) : présentateur d'un journal d'informations télévisé ou radiophonique. Ex. : « Je tends l'oreille pour capter l'émission. Le journalparleur ne dit pas une broquette* de l'affaire. » (76)

journal téloché (le) : journal télévisé.

journaux (à) : a giorno. (B)

jouvenpucelle (une) : jouvencelle et pucelle.

joyce : joyeux, content. Ex. : « Le voilà rasséréné, Chilou, joyce en plein. » (150)

joyeuser : parler ou agir joyeusement. Ex. : « C'est vrai? joyeuse-t-elle. » (93)

jsépacoua (le) : je ne sais pas quoi, ou langage indéterminé. Ex. : « Enfin il s'éveille, murmure des choses en kabyle ou en jsépacoua, et vient nous ouvrir. » (20)

jubilance (la) : jubilation. Ex. : « Il nous toise avec jubilance et mouillage* garanti. » (135)

jubileur (un) : homme qui jubile.

judicieux : judiciaire. (B)

juge imparti : juge et partie. (B)

juke (un) : diminutif de juke-box. Ex. : « Dans le juke, une connasse qui a la voix de Dalida parle d'amoré et de cuoré (c'est moi qui fous* les accents pour rétablir la conso-

nance) en dégoulinant de partout comme un cornet de glace oublié sur la console d'un radiateur. » (106)

jules (un) : amant, homme, mari.

julot (un) : amant, homme, mari.

jumal (un) : singulier de jumeaux.

jumeaude (une) : jumelle. Ex. : « Ecoutez, chuchote-t-il, faut que je vais vous faire une confidence : j'sus pas moi, j'sus mon frère. Je remplace ma sœur jumeaude qui s'est tirée av'c un prince arabe. » (B, 119)

jupabaissé : ayant rajusté sa jupe. Ex. : « La voilà reculottée, jupabaissée, déterminée! » (138)

jupaille (une) : jupe.

jupe ras-de-touffe (une) : minijupe.

jurade (une) : serment. Ex. : « Je vous le jure sur sa mémoire. – Une jurade pareille vaut celle de Saint-Emilion. » (100)

jus d'huîtres (un) : eau de mer. Ex. : « Je fonce bille en tête sur le pauvre nabot qui va faire un plongeon maison dans le jus d'huîtres. » (18)

jus de chique dans les biscotos (avoir du) : être faible physiquement.

jus de fruite (le) : usufruit. Ex. : « A croire qu'y z'en ont la jouissance, le jus de fruite, comme disent les notaires. » (B, 208)

jus (le) : 1. Electricité. Ex. : « Je finis par repérer le commutateur et je donne le jus. » (24). 2. Café.

jus de cuveau (un) : vin. Ex. : « Il dresse vers moi un mufle barbouillé de jus de cuveau. » (35)

jus de veines (le) : sang. Ex. : « Il arrose sa colère avec le jus de veines des victimes. » (56). Ex. : « Tu remarqueras combien le sang fait vite désordre. Un demi-verre de jus de veines sur un costar*, et le plus bioutifoul dandy se met à ressembler à une fin de bal de banlieue. » (83)

jus-d'occase (un) : judoka. Ex. : « J'ai massé l'équipe des jus-d'occase de Bouffémont, tous ceinture de flanelle! » (58)

jute-lui-dessus (le) : jiu-jitsu.

juteux (un) : adjudant.

K

kadhafien : relatif au général Kadhafi, chef de l'Etat de la Libye. Ex. : « Je cause. Lui narre ma mission délicate pour retrouver la valise piquée aux Ricains par une fieffée équipe kadhafienne ou assimilée. » (117)

kangouresque : qui évoque un kangourou. Ex. : « Pinaud* qui n'a pas fini de se reculotter se déplace par petits bonds kangouresques. » (105)

kangourou (un) : slip. Ex. : « Du coup, j'ai le trémulseur-à-injection-prompte* qui tambourine à la cloison de mon kangourou. » (75) Ex. : « Elle me frime* à outrance, que j'en éprouve un vertige dans le kangourou, merde ! » (108). Ex. : « Le monstre branle-moi le combat* à bord de mon kangourou. » (138)

kangourou à porte-bagages (un) : slip.

karabéru (le) : sorte de karaté revu et corrigé par Bérurier*. (68)

karater : pratiquer le karaté. Ex. : « J'ai rien d'un émule de Bruce Lee, mégnace. Je karate un brin mais de là à décimer un corps d'armée, hein ? » (85)

kébour (un) : képi. Ex. : « Au rez se trouve un type en livrée bleue de chauffeur qui tient son kébour à la main, par la visière. » (149)

khâlbar : vêtement masculin en usage au Moyen-Orient qui sert à la fois de pantalon et de fourre-tout. La capacité d'un khâlbar normal est sensiblement celle d'un coffre de 2 CV Citroën. (74)

khomeinyesque : persan.

kibour (un) : képi. Ex. : « Il était chauve sous son kibour. » (130). Ex. : « Enfin, l'est apparitionné* au balcon, de Gaulle. Lui, là-haut, avec son kibour deux étoiles, pareil à un n'i grec. » (B, 208)

kidnappingeur (un) : kidnappeur. Ex. : « Les pires criminels : c'est les kidnappingeurs. » (B, 208)

kif : pareil, identique. Ex. : « C'est exactement du kif. » (66)

kif-kif bourricot : du pareil au même. Ex. : « Je me casse*, lui balançant des gaz hautement nocifs dans les naseaux*, mais pour lui, ça ou du 5 de Chanel, c'est kif-kif bourricot. » (139)

kil (un) : litre de vin.

kilbus (un) : 1. Kilomètre. Ex. : « Une autonomie de huit cents kilbus. » (150). 2. Kilo.

kilo de mornifle (un) : pourboire que l'on peut laisser en Angleterre. Ex. : « Je me hâte de lui refiler un kilo de mornifle* (soit deux livres, naturellement). » (127)

kilo d'osselets (un) : poing. Ex. : « Sitôt qu'il sortira j'lu déguste mon kilo d'osselets dans la margoule*. » (93)

kino (le) : salle de cinéma. Ex. : « J'arrive des States et n'ai pas pris garde aux frontons des kinos. D'ailleurs, le film importe peu. » (102)

Kleenesque (un) : mouchoir Kleenex.

knockouter : mettre k.-o.

knouté : fouetté avec un knouet (fouet russe). Ex. : « Je me sens knouté par la colère et la jalousie. » (151)

kodaker : photographier.

kodakeux : photographique.

kodakon (un) : touriste.

kopek (un) : argent. Ex. : « Au plume*, tu parles d'une Berezina! Fallait mieux qu'elle fisse des ménages qu'l'bitume*, c'te femme, sinon y aurait pas z'eu lerche* de kopeks dans son morlingue*. » (B, 208)

kraspock (un) : élément du train d'atterrissage d'un avion. Ex. : « Le kraspock est un produit breveté S.G.B.D. de mon imagination. » (112)

kroum (un) : vieillard. Ex. : « Ces deux kroums ont l'air de deux verbes défectifs qui ne se conjuguent pas à la première personne. » (135)

kroume (à) : à crédit. Ex. : « Il avait revendu des marchandises achetées à kroume et non payées? » (135)

kroumir (un) : vieillard.

kûrdanhkomak (un) : arme (fictive) typiquement indienne dotée d'une lame de 31 centimètres de long.

L

label du Bois-Dormant (le) : la Belle au bois dormant. Ex. : « J'sus été m'recueillir d'vant le corps de cette esquise mignonne. Dans ses grands ch'veux qui lui servaient de linceuil, t'aurais cru le label du Bois-Dormant. » (B, 208)

labiale (une) : lèvre.

labiales (se souder les) : se taire.

laborater : procéder à la fabrication, à la transformation de quelque chose en laboratoire. Ex. : « C'est pas ta pomme* qui va fourguer* la came* dans les groupes escolaires*. Tu laborates juste. » (B, 106)

laboutracteur (un) : paysan qui laboure avec un tracteur.

labuche (un) : laboratoire.

labyrinther : parcourir un labyrinthe. Ex. : « Je labyrinthe pendant quelques minutes, allant d'un présentoir à un autre, avant de trouver ce que je souhaite. » (76)

lac anémie franc seize : Académie française.

lâcher la rampe : 1. Mourir. Ex. : « C'est toujours les meilleurs qui lâchent la rampe les premiers, déplore Béru* qui connaît ses classiques et l'art de les placer dans une conversation. » (202). 2. S'évanouir. Ex. : « Je lâche la rampe et m'engloutis dans des espaces interplanétaires qu'aucun télescope géant ne captera jamais. » (20)

lâcher les baskets : laisser tranquille. Ex. : « J'invoque des noms, je me prévaux de ma fonction, mentionne les relations diplomatiques franco-autrichiennes, tout ça bien, qu'enfin, ils me lâchent les baskets à leur tour, et qu'ouf! me revoici peinard*. » (155)

lâcher un fil : uriner.

lâcher sa courroie de ventilo : devenir fou ou sénile.

laconer : être laconique. Ex. : « Voire! laconé-je. » (75)

lacrymogène : lacrymale. Ex. : « Allons, allons, ma gosse*, essaie de la calmer Béru*, faut pas vous détraquer les glandes lacrymogènes. » (B, 65)

lacsé (un) : unité monétaire correspondant à dix francs ou mille francs d'avant 1959. Ex. : « Je tire cinq lacsés de mon crapaud*. » (25). Ex. : « Je le vois mal économiser cinquante lacsés sur sa maigre pagouze*. » (8)

lady (la) : édit. Ex. : « Le Vieux* se plante devant Alexandre-Benoît. – Ah! odieux goret, murmure-t-il, avant longtemps tu seras révoqué comme l'édit de Nantes! – Vot'lady, qu'é soye d'Nantes ou d'Montaigu, j'l'encule*! » (B, 113)

lady-cent'rie : dysenterie. Ex. : « Pour la rassurer, y l'y ont raconté comme quoi y z'avaient chopé lady-cent'rie, et y bédolaient* dans leurs frocs, scientifiqu'ment, pour la rassurer. » (B, 208)

laga : là.

laguche : là.

lagune (une) : lacune. Ex. : « Même la marquise, je suppose que vous devez causer* l'anglais comme père et mère, vous voulez bien me demander ma communion* à la stand-artiste*, j'ai des lagunes dans mon britiche*. » (B, 205)

laine (la) : haleine. (B)

laisser sa conscience dans le porte-parapluies : ne pas s'embarrasser de problèmes d'ordre moral.

laisser sur la paille : ruiner.

laisser fabriquer (se) : se faire posséder. Ex. : « M'est avis qu'on s'est laissé fabriquer, le Gros et moi. » (47)

laisser mousser la boîte à idée : laisser libre cours à l'imagination. Ex. : « Mon vieux San-A., te laisse pas mousser la boîte à idée, sinon tu seras bientôt bon à faire tourner les tables ou à ligoter* les présages dans du marc de caoua*. » (62)

laisser lancequiner le mouflon : attendre patiemment qu'un événement se produise.

laisser flotter les rubans : se montrer conciliant, indulgent. Ex. : « Et ce qu'il y a de plus exigeant avec elles, c'est que non seulement il faut laisser flotter les rubans, mais encore on doit crier bravo. » (20). Ex. : « Il est des instants où tu dois laisser flotter les rubans puisque la chance t'est donnée de ne pas avoir à décider. » Ex. : « Ces rois laissaient flotter les rubans. Alors, les larbins* se goinfraient*. Le royaume était administré par les Maires du Palais. » (200)

laisser glisser (se) : mourir. Ex. : « Je suis catholique de père en fils dans ma famille. On est baptisé, premier communié*, et tout ! Et quand un Bérurier* se laisse glisser, le cureton* du village vient y filer un petit coup d'estrème-onction. » (B, 65)

laisser flotter les brides du soutien-gorge : abandonner.

lait (se cailler le) : s'inquiéter.

laitage (un) : étage. Ex. : « Une piaule située à laitage du dessus. » (130)

laitance (se cailler la) :1. S'inquiéter. 2. Avoir froid.

laiterie (la) : poitrine de femme. Ex. : « Des longues jambes racées, une laiterie modèle, et un visage de madone, sans te causer du pétrousquin* majuscule de Mademoiselle la Miss. » (76). Ex. : « En c'temps-là, elle était bien roulée, Berthy*. Elle avait la laiterie moins forte, mais p't'être un tantisoit plus ferme. » (B, 208)

laiterie modèle (une) : poitrine de femme opulente. Ex. : « Non, mais vous entendez cette planche à laver* qui chique* les difficiles devant ma laiterie modèle ! Sans charre*, Madame a autant de formes que la vitre et elle se permet des critiques ! » (202)

laitue (une) : femme.

lamartiniser : avoir l'âme bucolique, nostalgique et romantique comme le sont les écrits de Lamartine.

lambeauter : partir en lambeaux.

lamdé (la) : femme, épouse.

lamentateux : lamentable. Ex. : « Oh, mais pourquoi ? dit Fayol d'une voix lamenteuse. » (93)

lamento (un) : lamentation. Ex. : « Je devine parfaitement ce qui vient de s'opérer en elle. Ce savant coup de bite* à arabesques, la Selma déculottée et glapissante de bonheur, son sensoriel a été court-juté, Vera. Elle a été arrachée à son faux veuvage d'adolescente romantique. Elle s'est réveillée, trêve de lamentos. » (116)

lampassouder : utiliser une lampe à souder.

lampassoudeur (un) : homme qui utilise une lampe à souder.

lampe à dessouder (une) : arme à feu.

lampe à souder (une) : réacteur d'avion.

lampion (un) : 1. Oeil. Ex. : « Mes potes vont se la radiner* encore, la larmouze* au lampion. » (19). Ex. : « Je me frotte les lampions à la peau de chamois car je crois être victime d'une hallucination. » (25). Ex. : « Je retourne coller mon lampion au petit trohu*. » (28). 2. Lumière. Ex. : « Pour commencer, je n'allume pas mes lampions afin de ne pas éveiller son attention. » (20). 3. Année.

lampouille (une) : lampée. (B)

lance (la) : 1. Urine. 2. Pluie.

lance-fumée (un) : revolver. Ex. : « Les arrivants lèvent les bras au ciel comme pour dire que c'est trop de bonté de sa part. Je les déleste de leurs lance-fumée et leur fais signe de passer dans le bureau du patron, où je les boucle* hermétiquement. » (64)

lance-morve (le) : nez.

lance-pierrer : tendre et relâcher un élastique. Ex. : « Béru* apporte une heureuse diversion en vitupérant l'ambassadeur qui vient de lui lance-pierrer sa jarretelle. » (202)

lance-pierres (des) : bretelles.

lancebroquer : uriner. Ex. : « Ça ne lance-broque pas loin comme argument, hein ? » (76)

lancequiner : 1. Uriner. 2. Pleuvoir. Ex. : « Les quatre se lèvent et vont décrocher leurs impers car il lancequine comme Walkyrie sur Paname. » (117)

langage des papillons (un) : chuchotis. Ex. : « Il dit, dans le langage des papillons, et sans faire plus de bruit qu'une chenille sur de la mousse à raser. » (83)

langé : endormi.

langourance (une) : fait d'être langoureux.

langourer : être langoureux. Ex. : « Les musicos* se mettent à mouliner* un truc genre torpeur de fin de nuit, très connu, mais j'arrive pas à me rappeler le blaze* du morceau. Ça langoure à t'en faire éjaculer dans tes guenilles tout en chialant* sur la tristesse de notre condition. » (132)

languauchater : donner sa langue au chat. Ex. : « Devine ! s'étouffe Bérurier*, qui ne veut pas que je languauchate trop vite. » (79)

lansquiner : pleuvoir.

lanterne (la) : 1. Crâne. Ex. : « J'enregistre sur disque souple ces paroles qui illuminent ma lanterne. » (20). Ex. : « Pinuche* dit que ça ne presse pas, espérant vaguement que le sapin sera groggy ; mais quand Béru* s'est mis une idée dans la lanterne, rien ne peut l'en déloger. » (34). 2. Œil.

lanterne (être en) : à la traîne.

lanterne japonaise (une) : œil. Ex. : « Il détourne ses lanternes japonaises pour me priver de sa joie. » (94)

lanterne haute (la) : Landerneau. Ex. : « Ça f'ra un drôle de cri dans la lanterne haute. » (B, 208)

lanterne vénitienne (une) : paupière.

lanternocher : musarder.

Laos (l'avoir dans le) : l'avoir dans l'os, être trompé. Ex. : « Je m'en gaffais* obscurément, mes frères. Je l'ai dans le Laos. C'était pas marle*, du reste, de penser que le

tueur avait balancé au marchand de tires* une identité extra-bidon. » (45)

lapalisser : dire des lapalissades.

laparolecouper : couper la parole.

lape-suce (un) : lapsus linguae.

lapin sur la planche (avoir du) : avoir du pain sur la planche. Ex. : « J'ai du lapin sur la planche, mon pote. Dès c'soir, je vas m'ingurgiter le " Triomphe de la sensibilité ", de Goethe, ça m'a l'air chiément chié. » (B, 121)

laponer : casser de la glace.

lapsus (un) : laps. Ex. : « T'es pas aveugle, ah, grand Dieu, non ! Quelle idée ! Pas aveugle du tout, mais y a comme un hic : t'y vois plus de tes yeux et t'y voiras plus pendant un certain lapsus de temps. » (B, 77)

lapsuser : faire un lapsus.

laranqué (un) : sou. Ex. : « Me larguer* sans un laranqué dans London ! Ah, ma vache ! » (73). Ex. : « Et me voilà seulâbre et sans un laranqué. » (149)

larbine (une) : domestique de sexe féminin.

larbinoche (un) : domestique, serviteur.

larbinoskoft (un) : domestique, serviteur.

larbinus (un) : domestique, serviteur.

lard (le) : chair. Ex. : « Contents de vivre et de se faire cuire le lard au soleil. » (24)

lard (se faire du) : grossir.

lard rond (un) : larron. Ex. : « Moi, j'dis, ce Gérant*, y n'est pas paumé* pour tout l'monde. De trois choses l'une : ou bien c'est l'émir qui l'a enfouillé* et qu'a fait scrafer* Fernal*. Ou bien c'est les Britiches* qu'ont manigancé l'coup. Ou bien c'est un troisième lard rond qu'aurait opéré. » (B, 113)

lardeuss (un) : 1. Manteau, pardessus. Ex. : « Il fait froid. Engoncés dans nos lardeuss, nous avons la sensation déprimante, le Gros* et moi, d'être transformés en statues de marbre. » (51). Ex. : « Affublée d'un lardeuss qui ferait honte à un épouvantail. » (152). 2. Dos. Ex. : « Me bondir sur le lardeuss à la première occase*. » (24). 3. Portefeuille.

lardeuss à poignées d'argent (un) : cercueil. Ex. : « Lorsqu'un humain occupe une pos-

197

ture pareille, c'est qu'il est bonnard* pour le lardeuss à poignées d'argent. » (35)

lardeuss en sapin (un) : cercueil.

lardoche (un) : enfant.

lardoire (un) : couteau. Ex. : « Un coup de lardoire en plein burlingue*. » (154)

lardon (un) : enfant.

lardons en poire (comme des) : comme larrons en foire. Ex. : « Moi et l'hygiène, on s'entend comme lardons en poire. » (B, 148)

lardu (un) : policier. Ex. : « C'est joli, ce que vous dites, me complimente-t-elle. Je savais pas que ça pouvait être poète, un lardu. » (149)

larduche (un) : 1. Lard. Ex. : « C'est fou, ce gros larduche, l'agileté dont il peut faire preuve. » (105). 2. Enfant.

larfeuil(le) (un) : portefeuille. Ex. : « Je lui pique son larfeuille et je jette un coup d'œil sur le contenu. Je trouve des fafs amerloks au nom de Dickson. » (24). Ex. : « Pour commencer, je lui chauffe* son larfeuil. » (29)

larfouillet (un) : portefeuille.

largage en piqué (un) : action de déféquer.

larguer les amarres : 1. Couper les liens, quitter. 2. Mourir.

larguer sa cargaison : déféquer. Ex. : « Ayant dit, il achève de larguer sa cargaison et se met à dérouler un fort kilométrage de faf à train*. » (90)

larmes du ciel (les) : pluie. Ex. : « Cette protection contre les larmes du ciel est d'autant plus insolite que nous tenons un beau temps coriace. » (56)

larmouilles en baguenaude (avoir des) : avoir les larmes aux yeux.

larmouze (une) : larme. Ex. : « Mes potes vont se la radiner* encore, la larmouze au lampion*. » (19)

larvaire : lâche. Ex. : « Les deux mecs, vachetement* larvaires, glaglatent*. » (105)

laséancétouverter : ouvrir une séance.

latoche : latin.

latte (une) : 1. Pied. Ex. : « C'est un prudent. Il doit toujours regarder où il pose ses lattes avant de jacter*. » (16). Ex. : « Tu le verrais traîner des lattes sur le parquet. » (104). 2. Chaussure.

laubé : beau, joli. Ex. : « Elle est pas laubée, mais elle possède un bioutifoule* dargif*. » (117)

lavasse (une) : homme lâche, de peu de volonté. Ex. : « Un type comme moi n'a plus d'avenir. – Seriez-vous une lavasse ? On m'avait pourtant annoncé un crack ! » (26)

lavedoche : individu idiot, incapable, insipide. Ex. : « Le gars valable au coït est, neuf fois et demie sur dix, lavedoche infâme dans les pré et postfaces. » (79)

lavedu (un) : individu idiot, incapable, insipide. Ex. : « Ta blanche-neige te pigeonnait* comme un pauvre lavedu que tu es. » (51)

liquider : tuer.

lavement (à) : à l'avenant. Ex. : « Tout le reste est à lavement, ou à l'avenant si tu es diarrhéique. » (97). Ex. : « Le fin des fins : sa chaglatte* fauve et le fessier du siècle. Pour la frimousse, " Elle est à lavement ", dirait Béru*. » (B, 109). Ex. : « Il a le reste à lavement. » (B, 130)

lavement-garde (à) : à l'avant-garde. Ex. : « Allons, méhames ! V'nez vous rend' compte d'à quel point on est à lavement-garde d'la mode. » (B, 119)

lavoires taris (les) : adapt. de l'anglais « lavatory » (toilettes).

laxatif (un) : unité monétaire, billet de banque. Ex. : « Mais je ne découvre rien d'intéressant sinon un solide paquet d'artiche* (plus de quatre cents laxatifs !). » (35)

laxompem (un) : 1. Paquet. Ex. : « Il me tend un laxompem de gauloises. » (6). 2. Porte-monnaie. Ex. : « Je prends mon laxompem et lui file un kilo (deux livres). Il répond : " Cinq clous, sœur " et se casse*. » (119)

lazagnard (un) : portefeuille.

lazaréfier : ressusciter.

lazingue (un) : portefeuille. Ex. : « Je sors mon lazingue, y puise deux pascaux* que je tends à la mastroquette*. » (121)

le 22 (faire) : faire le guet. Ex. : « Béru* fait le 22, dehors, pendant que Pinuche* dégonfle les pneus du colosse. » (76)

lécher : lyncher. Ex. : « Si on te pique* tout seul, tu risques d'être léché par la foule. » (B, 56)

lèchetrouduquer : flagorner. Ex. : « Moi, en position branlante, en porte à faux, suppôt de l'ancien régime malgré que je lèchetrouduque éperdument tout anus qui se présente à reculons, sans demander à voir ses papiers ni même son visage ! » (1 ! 1)

lécheuse de Majesté (une) : postière anglaise.

lécoptère (un) : hélicoptère.

lectables (des) : délectable. Ex. : « Le foie gras était des lectables. Servi av'c du château d'Yquem, ce qu'est la fin du nectar plus ultra*. » (B, 208)

lecturepourtousser : participer à l'émission littéraire « Lecture pour tous ». Ex. : « Je charabiaise* pour vous montrer ce que ça donnerait si j'allais lecturepourtousser avec les pommes* qui rédigent en branlorama*. » (57)

légatelle universitaire (une) : légataire universelle. (P)

légendeur (un) : personne qui perpétue une légende. Ex. : « Je veux bien que Roncevaux c'est pas tellement loin de Lourdes, et que là-bas on a le miracle sur l'évier, mais il pousse un peu le client dans les orties, le légendeur. » (B, 200)

légion (une) : lésion. Ex. : « Ils sont presque tous morts, mon grand ! De légions au cerveau. » (B, 77)

légiondhonneurer : attribuer, porter la Légion d'honneur.

légumes (les) : 1. Hémorroïdes. 2. Appareil génital interne de la femme.

lentille concave (une) : crâne chauve. Ex. : « Il réalise pas ce don fabuleux que le ciel lui a fait en lui plastifiant le couvercle*. C'est un ingrat. Mais à quoi bon le fustiger, hein ? Faut lui venir en aide, lui donner l'orgueil de sa lentille concave à ce con-vexé. » (58)

lépreuser : être rongé, partir en lambeaux. Ex. : « Les murs lépreusent affreusement, on a fauché* la boule d'escalier. » (128)

lerche : beaucoup. Ex. : « M'est avis qu'il ne doit pas y avoir lerche d'hôtels dans les azimuts. » (8). Ex. : « T'en trouverais pas lerche des nanas qui planquent des truands

en pleine noye sans faire la moindre girie*. » (15). Ex. : « D'accord, mais c'est pas lerche comme tuyaux*. » (18). Ex. : « Moi, si honnête foncièr'ment que j'aye pas lerche de peccadilles à m'r'procher. » (B, 208)

lerchouille : beaucoup. Ex. : « Il ne te reste pas lerchouille d'esprit d'initiative*. » (84). Ex. : « Des bandes adhésives qui adhèrent plus lerchouille. » (140)

lichetrogner : boire.

lèse-augustée : lèse-majesté.

lésépaulhausser : hausser les épaules.

lésion (une) : liaison. Ex. : « Vous savez donc pas qu'ils sont en insistance* de divorce depuis plusieurs mois, rapport que sieur Alfred a une lésion avec la femme d'un de ses amis, une grosse dondon* que le mari est dans la police ? » (68)

lésion d'horreur (la) : Légion d'honneur. Ex. : « Il tapote un insigne fixé à son revers, entre le ruban de la lésion d'horreur et celui des napalm cadavériques*. » (83)

lésion para-pontifiante (une) : lésion qui peut affecter le bulbe biscorneur premier*.

lessiver : tuer. Ex. : « Ils ont lessivé l'équipage sans mesurer les conséquences de leur massacre. » (74)

léthargiser : être en léthargie.

lettres et les lézards (les) : les lettres et les arts. Ex. : « Pour nous résumer, si qu'on expecte* François Ier qui a encouragé les lettres et les lézards, ces Valois ils valaient pas le coup de cidre* ! » (B, 200)

lever la pioche : travailler sans rechigner à la tâche. Ex. : « Félicie ne demande qu'à lever la pioche avec moi. » (24)

lever la piote : déguerpir, lever le camp (expression d'origine dauphinoise).

lever le panard : ralentir.

lever le pinceau : ralentir.

lèvres ni des dents (ni des) : ni d'Eve ni d'Adam.

lèvres en r'bord d'pot de chambre : lèvres charnues. Ex. : « C't'une mule à tresse* qui l'avait remplacée, une grosse av'c des bouc' d'oreilles grandes comm' des cerceaux et des lèvres en r'bord d'pot de chambre. » (B, 208)

Lévy danse (à) : à l'évidence. (B)

lézardé du minaret : fou, dérangé. Ex. : « Ça va pas, il est lézardé du minaret, ton livreur de la Samaritaine. » (B, 74)

lézards et lettres (ordre des) : ordre des Arts et Lettres. (B)

libationner : participer à des libations. Ex. : « On libationne un brin, tout le monde buvant sec dans mon corps franc. » (150)

libérable : libéral. (B)

libérance (une) : libération. (B)

libidiner : être libidineux.

libidiniser : être libidineux. Ex. : « D'aucuns et d'aucunes de vous trouveront que j'exagère et je libidinise un peu. Faut m'excuser, m'sieurs-dames. Je ferai gaffe dans mon prochain bouquin. Tenez, je demanderai à mon éditeur qu'il supprime la page 69, c'est un geste ça, non ? » (45)

librer (laisser) : laisser vaquer librement. Ex. : « Je laisse librer le cours (en hausse) de mon imagination. » (105)

licebroquer : uriner. Ex. : « Aux champs, y lâchait tout, s'approchait d'une haie et commençait de s'l'astiquer* comme un fou. Y avait rien à lui dire. Papa en avait causé au docteur qui conseillait de lu laisser faire et on feindait d'pas comprendre, d'croire qu'il allait just'licebroquer. » (B, 208)

licencieux (un) : titulaire d'une licence. (B)

licher : boire. Ex. : « Il y a belle lurette que je n'ai pas liché un gorgeon* de muscadet. » (36)

lichetrogner : boire.

lichouiller : lécher.

lichtegorner : boire. Ex. : « Son sang ne fait d'autant plus qu'un tour qu'il avait lichtegorné, mon ancêtre. Quand il se lançait dans la partie de cul sec, fallait se rincer la gorge à l'esprit-de-sel si on aurait voulu y tenir tête ! Un vrai pipe-line dans son genre, mon dabe*. » (B, 202)

lideur (un) : adapt. de l'anglais « leader » (dirigeant). Ex. : « Même les lideurs de l'opposance y écrivaient des trucs chagrinés, comme quoi il était irréparab' de sa perte, Martin Martin, si tragique qu'une indignation nationale s'couait le pays. » (B, 208)

lieucommuniser : dire une banalité, exprimer un lieu commun. Ex. : « Elle erre comme une âme en peine, lieucommunise Pinaud. » (68)

lieux-communir : exprimer un lieu commun. Ex. : « C'est la vie, lieux-communis-je. » (56)

ligne de flottaison (la) : fessier. Ex. : « Je lui propose donc un siège sur lequel elle se dépose avec précaution, because sa gaine qui doit lui descendre cinquante centimètres au-dessous de la ligne de flottaison. » (31)

ligo-bâillonner : ligoter et bâillonner quelqu'un.

ligoté-caisse (un) : attaché-case. Ex. : « Par la sute, t'aurais vu c'te partie d'coudes au corps qu'ils se livraient pour essayer d'retrouver leur ligoté-caisse, les mecs* ! » (B, 106)

ligoter : lire. Ex. : « Avez-vous ligoté le baveux* ce matin ? » (35). Ex. : « Ligoter les présages dans du marc de caoua*. » (62)

liliacéphage (un) : mangeur de poireaux (ordre des liliacées).

limace (une) : 1. Chemise. Ex. : « Je déboutonne ma limace et je me masse doucement l'avant-scène*. » (6). 2. Lèvre. Ex. : « Un léger sourire perce sous ses limaces meurtries. » (56)

limacer : souiller de bave. Ex. : « Des filets de bave limacent les revers. » (85)

limbiner : évoluer dans les limbes. Ex. : « Sur leur plumard* démocratique, le sir et son subordonné limbinent de conserve. » (65)

limite du hors-jeu (à la) : à bout.

limonaire à sottises (le) : bouche.

limondice (un) : limon et immondice. Ex. : « C'est moi qu'ai inventé limondice. Mais malgré son efficacité, jamais les vieux branlants de l'institut ne l'admettront dans leur dico fantôme. » (95)

limouille (une) : chemise. Ex. : « Que voudrais-tu qu'ils te disent pendant qu'ils t'émondent la limouille avant de te sectionner le cigare* ? » (83)

limouille de noye (une) : chemise de nuit.

lingue (un) : couteau. Ex. : « Il rentre la lame de son lingue, l'enfouille*. » (152)

linotterie (une) : tête de linotte. Ex. : « Elle secoue sa linotterie. » (93). Ex. : « Elle me fixe, sans ciller. Quelque chose remue dans sa linotterie. Un léger boulot s'y effectue. » (106)

liquéfacture (une) : liquéfaction. (B)

liquéfié des hémisphères (un) : original, doux-dingue, illuminé, gâteux.

liquéfier du bulbe : devenir débile mental.

liqueur de phalanges (une) : coup de poing.

liquide à ressort (un) : liquide gazéifié.

lis tes ratures (une) : littérature. (B)

lit vreur (un) : livreur. (B)

lites (les) : élite. (B)

lithiner : lutiner. Ex. : « Ben en rentrant à la crèmerie*, hier soir, je l'ai un peu lithinée, manière d'y chasser les idées noires. » (B, 128)

littérance (la) : littérature. Ex. : « Je te cesse ma littérance eau de boudin assaisonnée pour revenir à l'instantéisme*. » (85)

littérature à éjaculation-retard (la) : littérature conventionnelle. Ex. : « Son visage s'éclaire d'un sourire, comme on dit dans la littérature à éjaculation-retard. » (81)

littéreux : littéraire. Ex. : « Ma prose fait aussi dans la philosophie et dans les décarrades* littéreuses, parfois, quand la chiasse m'en prend. » (135)

lituanie (une) : litanie. (B)

liturger : prononcer une liturgie. Ex. : « Nous avons demandé à San-Antonio la signification du néologisme liturger employé de manière nous semblait-il anarchique dans ce paragraphe. Il nous a répondu que nous devions aller nous faire foutre. Nous avons suivi son conseil et avons lieu de nous en féliciter. » (Les Editeurs, 98)

livinge-rome (un) : living-room. (B)

livre d'arbitre (la) : libre arbitre. Ex. : « J'aime bien conserver ma livre d'arbitre lorsque j'enquête en chef ! » (B, 77)

lobé : beau. Ex. : « Il est pourtant pas lobé, le roi du fais-dodo-mon-petit-frère ! » (41). Ex. : « Je voudrais pas te vexer, mais elle est pas lobée, ta mousmé*. Je t'ai vu dégringoler* mieux. » (57)

locataire de soutien-gorge (un) : sein de femme. Ex. : « Je la questionne poliment sur elle afin de lui montrer que je ne m'intéresse pas qu'aux locataires de son soutien-gorge. » (200)

locaux motives (des) : locomotives. Ex. : « Le train débouche de la courbe dans un grand halètement que mon regretté camarade Zola vous décrirait mieux que je ne saurais le faire car il a beaucoup travaillé dans les chemins de faire, et il y a plus de locaux motives dans sa " Faute de l'Abbé Tumaine " qu'à la gare régulatrice de Melun. » (71)

locdoche : idiot. Ex. : « Ça peut te sembler locdoche, mais ça l'est pas. » (88)

locdu : 1. Empoté, mou. Ex. : « Il a été un drôle de locdu s'il n'a pas tenté l'abordage d'une caravelle pareille. » (5). 2. Laid. Ex. : « Je la regarde d'un œil d'autant plus évasif qu'elle est vachement locdue. » (74)

locomotive (une) : percolateur. Ex. : « Le gérant du club-house tire deux tasses à sa locomotive, plonge une méchante cuillère à café dans chacune d'elles, chope* quelques sucres dans une coupe et nous apporte le tout. » (151)

loctue : laide. Ex. : « Et d'autres, des chiées, loctues à faire grincer les girouettes. » (B, 208)

locuter : parler, utiliser des locutions.

loguche : là. (B)

loi de Joffre et de l'Allemande (la) : loi de l'offre et de la demande. (B)

loilpé ou **loilepé** (à) : nu. Ex. : « Si leurs châsses* étaient des mains, toutes les souris* un peu bien baraquées* se promèneraient à loilepé ! » (16)

loilpé (un) : poil. Ex. : « Le nabot va se faire sécher les loilpés. » (18)

loloche (un) : sein de femme. Ex. : « La donzelle a les plus fantastiques loloches que j'aie jamais vus. Vous pourriez poser là-dessus une bible de dix livres sans les faire fléchir. Vous parlez d'un lutrin ! » (74). Ex. : « Ses regards chavirés, ses cils qui palpitent, ses soupirs silencieux qui lui font grimper les loloches à laitage* supérieur. » (130). Ex. : « Elle était bien trop maig'. Lui, sa régalade, c'est quand y a du répondant sur les miches* et les loloches. » (B B, 148)

lolochée (une) : mesure la qualité d'une poitrine de femme. Ex. : « A part ça, elle est grande, moulée impec, lolochée de first. » (93)

lolotte : leu-leu. Ex. : « A la queue lolotte. » (130)

long bagout (un) : lumbago. Ex. : « Elle endolorait de l'épineuse dorsale, ma payse, chopait* du long bagout à force. » (B, 208)

long dix raies : on dirait.

long nid peut rien : on n'y peut rien.

lope (une) : homme lâche.

loque (une) : vêtement.

loqué façon batouze (être) : élégant. (B)

loquer (se) : se vêtir. Ex. : « Après quoi je file un coup de tondeuse électrique sur mes râpeuses* et je me loque en beau gosse. » (16)

loquer rase-pet (se) : s'habiller très court. Ex. : « J'ai des témoins : la mignonne infirmière que voici, celle qu'a un si joli cul* que j'approuve hautement de se loquer rasepet. » (B, 86)

lorgnetter : lorgner, regarder.

lot (un petit) : jolie fille. Ex. : « Brune, bien roulée, le genre de petit lot qu'il est agréable de rencontrer sur une route. »

loto (un) : œil. Ex. : « J'essuie la buée du pare-brise et je fais fonctionner mes lotos. » (3). Ex. : « La volée de bois vert du temps ! Je viens de toucher mes lotos de vieillard. » (131). Ex. : « Il est subjugué par les lotos fluo du négus. » (149)

loucedé (en) : en douce. Ex. : « Nous aurions pu nous esbigner* en loucedé. » (136). Ex. : « Je m'ai mis à enquêter en loucedé sur son propos. » (B, 208)

loucedoche (en) : en douce.

louche (une) : main. Ex. : « La mémère au gros dargif* mal équarri me serre la louche. » (75)

louche de potage (servir une) : tuer. Ex. : « Je crois que l'ami Casuel s'est laissé servir une pleine louche de potage, à moins que ça ne soye pas sa cervelle qui me dégouline sur la manche. » (B, 83)

louchebem (un) : boucher. Ex. : « C'est pourtant con une langue, admets ! Quand t'en vois, à l'étal du louchebem sur un lit de persil, ça fait triste. » (131)

loueur de drap (un) : hôtelier.

loueur de sommeil (un) : hôtelier.

louf (un) : 1. Fou. 2. Flatulence. Ex. : « Et alors, l'Gamin qui balance des loufs comme un n'hors-bord qu'arrive pas à démarrer. » (B, 208)

loufdingue : fou.

loufer : émettre une flatulence. Ex. : « Ce matin le Vieux a voulu me téléphoner. Ça tombait bien : j'avais justement besoin de loufer, j'ai mis l'écouteur devant mon dargif* et j'y ai balancé le pet du siècle dans les trompes d'Eustache. Dedieu! J'y ai foutu tout mon cœur, il a été si tant tellement violent que mon Eminence ressemble à une photo aérienne de la Beauce à l'époque des labours. » (B, 86). Ex. : « Le cheval, la plus noble conquête du pet, car ces quadrupattes ont la faculté de loufer en courant. » (102)

louftingue : fou.

louftinguerie (la) : folie. Ex. : « Sensuelle à sa manière, c'est-à-dire que sa sensualité passe par le crible de sa louftinguerie. » (85)

louftoche (un) : garçon de bar ou de restaurant.

louis (un) : franc. Ex. : « Chez lui, sa bergère* mettait l'embargo sur la pagouze* et lui octroyait généreusement cinquante louis pour sa nicotine mensuelle et ses apéros. » (20)

louis-philippard : de style Louis-Philippe. Ex. : « Papier et rideaux cretonne, lit et meubles de famille, donc louis-philippards. » (150)

louise (une) : flatulence. Ex. : « Elle est mélodieuse, cette perlouse*, pas vrai, Béru* ? pouffe-t-il. Et vous pouvez renifler, elle rougnote* pas comme une louises que vous lâchez, Gros ! » (135). Ex. : « Alexandre-Benoît s'énerva. Il se plaça à califourchon sur le visage de sa récente dulcinée et lui virgula* une série de louises dans la physionomie, méthode empirique, assez peu usitée à la cour d'Angleterre, mais qui créerait la joie dans les couches nuptiales de Saint-Locdu-le-Vieux. » (148). Ex. : « Le Mastard se lève, pète sec, ce qui est rarissime chez ce dodu. Tu sais, la louise péremptoire, qui n'admet aucune objection. » (152). Ex. : « Il plaça une louise d'attaque sèche comme un bruit d'étoffe déchirée. » (154)

loulou de pommes et radis (un) : loulou de Poméranie. (B)

loupé du cervelet (un) : imbécile, stupide.

loupiot (un) : enfant.

loupiote (une) : 1. Lumière. Ex. : « Vous éteindrez bien les loupiotes en partant, siouplaît. » (139). 2. Œil.

louque (le) : adapt. de l'anglais « look » (allure). (B)

louquer : adapt. de l'anglais « to look » (regarder).

lourdage (un) : fermeture. Ex. : « Non! dit Fifi, arrêtez le massacre, les mecs, la cabane parapluie* va s'annoncer et je suis bonnarde pour trois mois de lourdage! » (15)

lourde (une) : porte. Ex. : « Au moment où je pousse la lourde du troquet* de Fifi les Belles Noix, il se fait un grand silence dans la taule* et les truands qui stagnent là me défriment* d'un œil extrêmement peu cordial. » (15)

lourder : fermer une porte. Ex. : « Là-dessus, je lourde ma porte. » (45)

lourdingue : lourd, beaucoup. Ex. : « Pinuche en a pas dit lourdingue, mais c'qu'y l'a dit vaut son p'sant d'moutarde. » (B, 90)

loustic (à) : acoustique. Ex. : « Ça ne doit donc pas être une conciergerie à loustic, mais plutôt un tout-à-l'égout. » (B, 77)

loustic (un) : 1. Homme. 2. Enfant.

loyaliser : admettre loyalement.

lubrifié de la boyasse : affligé de diarrhée.

lubrifier la gamberge : éclaircir les idées.

lubrique esportive (une) : rubrique sportive. (B)

lucarne (une) : 1. Œil. 2. Braguette.

luce (une) : lumière. Ex. : « J'actionne la luce. » (135)

lucratif : laxatif. (P)

lucubration (une) : élucubration.

lugubration (une) : élucubration. (B)

lugubrer : être lugubre. Ex. : « A bord d'un taxi-corbillard, lugubré-je, et elle s'est fait conduire au cimetière le plus proche après avoir réservé un caveau grand standinge, avec vue sur la mer! Tu sais parfaitement qu'elle était cannée* à bloc ! » (63)

lulure : longtemps. Ex. : « Ils se sont maté* les pompes pendant lulure. » (130) Ex. : « Moi, y a lulure que j'ai pigé ce qu'elle rime, leur culture. » (B, 208)

lumino - arboricolo - descentionnello - chantant : se dit de quelque chose de lumineux qui descend d'un arbre en chantant.

lune (la) : fessier. Ex. : « La lune sort d'un nuage pour éclairer la sienne. » (62)

luné (mal) : de mauvaise humeur. Ex. : « Il m'est arrivé de me faire rebuffer* (de l'italien rebuffo) par des sœurs* mal lunées. » (64)

lunette à infrarouge thermo bédolé (une) : instrument d'optique.

lunetté : portant des lunettes.

lusc (le) : luxe. Ex. : « Je raffole des hôtels de lusc, moi, l'Antonio, de pourtant modeste extradition*. » (101). Ex. : « Le play-boy de lusc, c'est bibi. » (130)

luxembourgeoiser (se) : écouter Radio-Luxembourg.

luxurié : luxé. Ex. : « Elle avait le poignet luxurié de toutes ces pognes* serrées à tort et travers. » (B, 208)

luxurier (se) : se luxer. Ex. : « La dernière fois tu t'es luxuriée le poignet comme une conne. » (B, 97)

luxurieux : luxuriant. (B)

lycée de Versailles : vice et versa. (B)

lyriquer : parler de façon lyrique.

M

mabilité (la) : l'amabilité. (B)

maboul : fou. Ex. : « Qu'est-ce que je peux vous dire! grogne le zigomard*. J'ai l'impression de devenir maboul. On me fauche* ma pompe* et on me montre le cadavre de ma môme* dans la voiture volée. Et j'y comprends balpeau*! » (43)

macache : impossible. Ex. : « Je voudrais bien l'éveiller... Mais c'est macache! Elle continue d'en écraser. » (24). Ex. : « Je m'approche et j'essaie de le soulever : macache! »

mac à dames (le) : macadam. (B)

mac de la dame (le) : macadam. Ex. : « S'il aurait eu z'un parachute, y s' serait pas pété* la tronche* sur le mac de la dame, hé, ballot*! » (79)

Mac hache Bonnot : macache bono.

macache bono : impossible.

macaque-bonnot : impossible. Ex. : « J'ai rencontré ce pèlerin, seulement te dire z'où et à quelle époque, c'est macaque-bonnot. » (80)

Macar (un) : homme de nationalité italienne, abréviation de Macaroni.

Macaroni (un) : Italien.

macchab(e) (un) : cadavre.

macérer dans des vinaigreries mentables inadouciçables : être mal luné, grincheux. Ex. : « Champs-Elysées, patron, lui lancé-je le plus joyeusement que je peux, manière de créer une ambiance détendue. Mais un apôtre dans ce marasme, tu peux pas l'amadouer. Il macère dans des vinaigreries mentables inadouciçables. Il me répond que s'il était patron, il ferait autre chose. Mais que de toute manière ça ne le tente pas, vu qu'il sodomise les patrons tousautanquisont, ce qui doit être, à tout prendre (si je puis dire), plus confortable que de sodomiser un clodo*. » (87)

machiavéliser : être machiavélique. Ex. : « Un frisson, pas seulement dû au froid, me parcourt. Voyez-vous, mes frères, je ne suis pas heureux en ce moment. Ça machiavélise trop autour de moi. » (71)

machigouiller : magouiller une machination. Ex. : « Adam qui sait que je viens pour m'introduire dans son univers, prévient sa gerce* et machigouille son faux meurtre sur ordre de ses supérieurs. » (113)

machine à décrasser le paysage (une) : arme à feu.

machine à distribuer des bouts de plomb (une) : arme à feu, tueur professionnel.

machine à dorer les nombrils (la) : soleil.

machine à éternuer du néant (une) : arme à feu.

machine à fabriquer de la clientèle pour Borniol (une) : arme à feu.

machine à faire sucrer les fraises (une) : arme à feu. Ex. : « Sa machine à faire sucrer les fraises est si près de moi maintenant que j'en louche. En soupirant, je largue Tu-Tues*. » (51)

machine à gommer les extraits de naissance (une) : arme à feu.

machine à secouer le paletot (une) : arme à feu.

machinerie pensatoire (la) : cerveau.

machino (un) : technicien.

mâchon (un) : repas. Ex. : « Je me suis offert un petit mâchon au wagon-restaurant. Dans ces popotes*-là, la cuisine n'est jamais fameuse, mais il y a toujours des boissons à la hauteur. » (107). Ex. : « Que je vous bonisse une histoire que m'a racontée la comtesse de Paris à son dernier mâchon. » (130)

mâchouillée (une) : bouchée. Ex. : « Il extirpa une mâchouillée de gum de sa bouche. » (94)

machouillin (un) : machin. Ex. : « Ça fiche le tournis et la migraine (de courge) un machouillin pareil. » (97)

mactée (une) : tenancière de maison close.

Madame chef-pétasse (une) : tenancière de maison close.

Mademoiselle Laissez - moi - votre - pardessus - il - fait - chaud - dans - la - salle (une) : employée du vestiaire dans une boîte.

madérer : modérer. (B)

madrigaler : dire un madrigal. Ex. : « Je fais de l'anémie graisseuse, soupire Ko Man Kélé. – Ça vous va bien, madrigale Béru*. » (59)

mafrage (un) : fait de s'empiffrer. Ex. : « Le Mastoche lui fourlingue* dans le bustier et sous les jupes, entre deux mafrages ; comme quoi dit-il, cul et bouffe sont indissociables. » (95)

magasin général (le) : estomac. Ex. : « On vient de pousser la boustifaille dans notre magasin général. »

magasin d'accessoires (le) : crâne. Ex. : « Il place sa dextre sur la tempe droite du passager, sa senestre sur la tempe gauche du conducteur, et il fait bravo. Bong, bong, bong, bong, bong, bong, bong, bong, font les crânes entrechoqués de ces messieurs. Ça se déboulonne outrancièrement dans leur magasin d'accessoires. Les écrous cèdent, se répandent. » (87)

mage lesté (une) : majesté. Ex. : « Si je me permettrais de causer* en camarade à votre mage lesté, je lui dirais qu'elle est pile à l'intersection de la belle amour vache et du feu au derche*. » (B, 65)

maginer : imaginer.

magistraler : présenter un caractère magistral. Ex. : « La Rolls, magistrale devant la maison. » (154)

magmatique préhensif (le) : produit chimique indéterminé.

magne (une) : manière. Ex. : « Ça ne lui suffit pas, il fait des magnes. » (11). Ex. : « Elle se laisse aller en douceur et, sans faire de magnes, me colle* ses bras autour du cou. » (27)

magner (se) : se hâter. Ex. : « Je la regarde disparaître et je me magne de lui filer le train*. » (57)

magner la rondelle (se) : se hâter. Ex. : « Ils se magnaient un chouïa la rondelle. »

magnérer : faire des manières.

maguegnome (un) : magnum. (B)

mahomed (le) : soleil. Ex. : « Le mahomed qui nous cogne dessus à grands coups de rayons. » (24)

mahomet (le) : soleil.

mahousse : gros. Ex. : « Je prends un mahousse paquet de cartilages* à la mâchoire. » (16). Ex. : « Le pépin est mahousse. » (22). Ex. : « Je résume au plus vite, au plus serré, les événements que tu connais et que je vais pas te retartiner, sinon t'es cap' de me filer ce mahousse bouquin de par la frite*, et t'aurais pas absolument tort ! » (206)

maigrissure (une) : perte de poids. Ex. : « Ma maigrissure, é va s'déclencher d'un coup. » (B, 130)

maillocher : frapper. Ex. : « Retiens-toi, Mohammed, la Fédération te retirerait ta licence si tu avais le malheur de maillocher un poulet. » (20). Ex. : « Ça se trémousse, ça se malaxe ! Ça geint ! Ça renifle ! Ça mailloche ! Enfin le combat ralentit. » (47)

maillocher la gueule (se) : se battre. Ex. : « On se mailloche la gueule en Asie ; ça mijote dans le Moyen-Orient ; nos députés sont des rigolos. » (6)

maillot de bain à moustaches (un) : bikini de très petite taille. Ex. : « Ce qui m'intéresse, c'est les jolies pépées avec leurs petits maillots de bain à moustaches. » (24)

main (être en) : avoir un amant attitré.

mairesse (une) : épouse d'un maire, femme maire. Ex. : « La mairesse est une forte dame née pour être veuve. » (81)

mais-encule-pas (un) : mea culpa. (B)

maison Frigo (la) : morgue.

maison bains - douches - purée - d'algues (une) : institut de thalassothérapie.

maître-nageur-pour-asticots (un) : pêcheur à la ligne.

maîtresse de balai (une) : concierge.

maîtresse du corps de balais (une) : concierge.

maîtrite (une) : maîtrise. (B)

majestique : magnétique. Ex. : « Les passes majestiques, tu sais, ça marche pas à tout coup, c'serait trop beau ! » (B, 205)

majoration (la) : majorité. (B)

ma lady (une) : maladie.

mal fagoté du bulbe : compliqué, à l'esprit retors. Ex. : « On est mal fagotés du bulbe, les hommes. On se complique tout : la vie, la mort, l'amour. » (138)

mal (la foutre) : faire mauvais effet.

mal chiance (une) : constipation. Ex. : « Ça défèque, en général, les gros. Eh ben, pas elle. Et puis elle est morte de sa mal chiance, au bout du compte. » (109)

mal plaçance (une) : fait d'être mal placé. Ex. : « Moi, j'parie qu'vot'taulière* s'en paie l'un dans l'autre trente centimètres Fahrenheit dans la manche à air*, comme ça, à vu d'nez, étant donné ma mal plaçance ? » (105)

maladie wagnérienne (une) : maladie vénérienne. (BB)

malagir : mal agir.

malassurer : être mal assuré. Ex. : « Et il malassure de la glotte. » (26)

malaxage général de cartilages (se faire un) : se serrer la main.

malaxer les cartilages : serrer une main.

malenpatienter : prendre son mal en patience. Ex. : « Après avoir longtemps malenpatienté, j'aperçois à l'horizon les premières pentes du Zobmastar*. » (77)

malentretien (un) : caractère de choses mal entretenues. Ex. : « Le guide ressemblait à un vieil aristocrate désargenté. Sa mise conservait quelque chose de gourmé malgré l'usure et le malentretien de ses vêtements. » (116)

malexprimer : s'exprimer mal. Ex. : « Il étanche son raisin* vermeil à l'aide d'un mouchoir qui en a vu de toutes les couleurs, au point d'oublier la sienne d'origine, si je puis malexprimer ainsi, mais t'as l'habitude, non ? » (93)

malfichance (une) : défaut ou disgrâce physiques. Ex. : « Sa figure naufrage dans des bouffissures et tuméfiances, veinures, replis, sillons abreuvés par un sang qu'impur. Mais il est sympa, nonobstant ces malfichances. » (102)

malformance génitale (une) : malformation congénitale. (B)

malgache bonnot : macache bono. (B)

malgache bonne eau : macache bono. (B)

malgache : macache bono. Ex. : « Quand t'est-ce la mise à feu a été pratiquée, c'est malgache pour stopper les opérations. » (105). Ex. : « Plantu, il branlait rien en classe, sauf sa bique. Un gamin s'bouffe les ong', t'as la ressource d'y tremper les doigts dans d'l'aloès ; mais là, malgache ! » (B, 208)

malgrébien (un) : Maghrébin. Ex. : « Elle voulait qu'on le mît en nourrice chez des gens dont elle connaît : des malgrébiens d'Afrique du Nord. » (B, 128)

malin tendu (un) : malentendu. (B)

malinterprétance (une) : fait de mal interpréter.

malle (faire la) : partir. Ex. : « Jadis, la mer s'avançait à huit kilomètres, et puis elle a fait la malle, au fil des siècles ; une lubie, quelque chose qui l'aura vexée. » (116). Ex. : « Le bonhomme avait dû être blond, jadis, mais ses crins* s'étaient fait la malle. » (122)

malle-arrière (la) : 1. Fessier. 2. Malaria. (B)

malle-poste (la) : fessier.

maller : 1. Partir, se faire la malle*. Ex. : « Le journal disait comme quoi le président venait de maller pour le Fort de Brégançon où il allait bouffer* un aïlloli avec le chancelier ouest-allemand. » (124). 2. Se hâter, rouler à toute allure. Ex. : « Une fois que je suis assis à son côté, il malle à tout va. » (132)

maller (se) : s'en aller.

mallouze (une) : malle.

malloche (une) : mallette. Ex. : « Le zig pose sa malloche en porc et tend son bif* au préposé. » (5)

mallouse (une) : ébriété, ivresse. Ex. : « – Qu'est-ce qu'il tient comme mallouse pour débloquer de cette façon. » (107)

mallouze (se faire la) : partir, s'enfuir. Ex. : « Il prend son sac et se fait la mallouze en direction de la route. » (4)

malodorer : puer. Ex. : « C'est sombre, ça malodore, ça s'anéantit dans le tanin de l'humanité. » (93)

malotrusien : qui se rapporte à l'archipel des Malotrus*.

malpertinent : impertinent. Ex. : « Et t'as jamais imaginé qu'une môme malpertinente prenne un aller-retour sur le museau*? » (B, 79)

malrasance (avoir de la) : être mal rasé. Ex. : « Il a de la malrasance genre cactus plein sa frime* maussade, le regard évasif, la bouche en fond de cage de perroquet. » (151)

malvalide : invalide.

mamelon de Cavaillon (un) : sein de femme.

mam'luche (un) : mamelon. (B)

mammouthien : en rapport avec le mammouth. Ex. : « Furax, il file un shoot mammouthien dans le flanc du distributeur, lequel, sous l'impact, devient d'une folle prodigalité et se met à pisser comme trente-six vaches à la fois. » (76)

manar (un) : ouvrier. Ex. : « On vit une époque où si t'as pas l'instruction on te considère comme manar à vie. » (76)

manche (un) : maladroit.

manche à couilles (un) : incapable. Ex. : « Bravo, poulet! Toi, au moins, t'es pas un manche à couilles! » (149)

manche à culte (un) : goupillon.

manche de guitare (un) : jambe. Ex. : « Je comprends qu'il va se sectionner les manches de guitare s'il veut nous imiter. » (105)

manche à air (une) : oreille. Ex. : « Il va à son chef bien-aimé pour lui chuchoter un zigounou* secret dans la manche à air. » (132). Ex. : « Ce ramdam, j'ai pas besoin de me passer un rince-bouteilles dans les manches à air pour l'identifier. Il est encore signé Béru*. » (203)

mancheron (un) : bras. Ex. : « Les gonzesses doivent se succéder entre ses mancherons à un rythme accéléré. » (16)

mandale (une) : gifle. Ex. : « Bérurier* lui flanque une mandale de trois kilos. » (24). Ex. : « Le Gros a fait ses études à la Manufacture des Passages à Tabac. Il connaît cet art délicat depuis la taloche commune jusqu'aux mandales roulées. » (31). Ex. : « Le Gros cloque* une mandale sur le museau frelaté de Larnacq qui en éternue ses lunettes. » (62)

mandarin (un) : policier.

mandarine (une) : 1. Sein de femme. 2. Grenade explosive. Ex. : « Le geste auguste du semeur, enfin. Elle vient de lancer sa mandarine par la lucarne la plus basse. Qu'à peine elle l'a larguée, l'engin explose. » (145)

mandibulaire (un) : mâchoire. Ex. : « Après quoi, il cracha son bridge de six dents, à cause du sauvage crochet droit que le Gros lui plaça dans le mandibulaire. » (97)

mandoline-perceuse (une) : revolver. Ex. : « Il déculotte son feu*, le montre au minus, de plus en plus sidéré. Il soulève le menton effaré du gars* du canon de sa mandoline-perceuse. » (90)

mandolinesque : qui évoque le mouvement d'un doigt sur une mandoline. Ex. : « Le constipé des feuilles* se met à titiller d'un doigt mandolinesque la nuque de Berthe*. » (200)

mandriver (un) : chauffeur; littéralement de l'anglais homme qui conduit.

manée (une) : mouvement de la main. Ex. : « Le Mastard lui parcourt l'anatomie à grandes manées fougueuses. » (121)

manette (une) : oreille. Ex. : « J'ouvre grand mes manettes pour essayer d'esgourder* leurs salades*, mais je suis chocolat* car ils jaspinent* en flamand. » (2). Ex. : « Tout le monde de la boxe est là. Le cortège se compose de gens qui ont tous le nez aplati et les manettes en chou-fleur. » (20)

mangave (une) : aumône. Ex. : « Je croyais qu'ils faisaient la mangave, alors je leur ai cloqué* une petite aumône. » (56). Ex. : « Le beau commissaire, en train de faire la mangave avec une barbe de six jours (les plus déprimantes car ensuite on devient un vrai barbu). » (74)

manger du fer sans recracher les noyaux : être en grande forme physique.

manger du pain de mort : détrousser un cadavre. Ex. : « Tenez, voilà le fric qu'il avait sur lui. Je ne mange pas du pain de mort ! » (24)

mangerie (une) : fait de manger. Ex. : « Mister la Renflure désommeille*, bâille, éructe, loufe*, manière d'établir un courant d'air salutaire dans un organisme surmené par les buveries* et mangeries. » (105)

maniaque (un) : 1. Magnat. Ex. : « C'est elle qu'est propriétaire de cette galerie dont tu es dans l'annexe du fond de la cour. Paraît qu'elle est entretenue par un riche maniaque de la finance. » (B, 202). 2. Manioc. Ex. : « – Ah, mon San-A.*, je savais bien que t'allais reviendre* ! Et il est temps vu que je commençais à me faire du lard avec leur tortore* à la c...! Rien que de la farine de maniaque, gars, et de la viande de sanglier bien grasse. » (B, 68)

manier le dargif (se) : se hâter.

manier le train (se) : s'activer, se presser. Ex. : « J'vous d'mande un instant, j'ai rien sous la pogne*. Oh ! merde ! Bordel ! Chié donc ! Maâme Langlade ! Maniez-vous l'train, putain d'elle, j'viens de renverser ma bassine ! Apportez des serpières. » (123)

manier le pot (se) : se dépêcher.

manier la rondelle (se) : se hâter. Ex. : « M. Prince, absolutly décomposé, se manie la rondelle pour aller quérir la boîte aux lettres. » (105). Ex. : « Vous allez devoir vous manier la rondelle pour me sortir de cette fosse d'aisances. » (136)

maniérique : magnétique. Ex. : « Je croyais que c'étaient des passes maniériques qu'elle leur faisait à ces cons-là ! » (B. 205)

manifeur (un) : manifestant. Ex. : « Les manifeurs égosillent comme quoi il leur faut du boulot* et la liberté, avec, en prime, l'enculage* à sec de leurs édiles par des ânes. » (106)

manigancer (se) : se faire. Ex. : « Mam'selle miss se manigance un solo de banjo*, souate* ! » (132)

manigrée (une) : manigance. Ex. : « Y en a classe de vos manigrées et de vos simagances*. » (B, 86)

manivelle en os (une) : coude. Ex. : « Ce qu'apercevant, je flanque un coup de manivelle en os dans les cerceaux* du Gravos*. » (106)

maniveller : tourner une manivelle. Ex. : « Ils béquillent* et manivellent, se farcissent les portugaises* de sonotones ultrasensibles. » (75)

manœuvrier : apte à la manœuvre. Ex. : « Il passe ses mules dans les étriers, assure les rênes dans ses mains toujours énergiques et manœuvrières. » (102)

mansarde (la) : crâne. Ex. : « Brusquement, c'est comme si un immeuble de cinq étages me chutait sur la mansarde. » (20)

mansuet : plein de mansuétude. Ex. : « Elle sourit, mansuète tout plein. » (85)

manteau toutes saisons (un) : cercueil. Ex. : « Si jamais tu m'as monté un turbin, je te retrouverai et alors tu pourras te commander un manteau toutes saisons chez le menuisier du coin ! » (24)

manufacture des portes et serrures (la) : prison. Ex. : « Je déboule mon Ausweis au préposé et j'ai droit à une entrée gratuite pour la manufacture des portes et serrures. » (36)

manusse (un) : manuscrit. Ex. : « Et l'éditeur marle*, toujours soucieux d'écrémer un peu de fraîche* par ces temps pernicieux, de publier néanmoins le manusse pas fini. » (135)

mappemonde (une) : casque de moto. Ex. : « Je déguste sa mappemonde dans les badigoinsses*. » (110)

maquer (se) : se marier, vivre en concubinage. Ex. : « L'idée qu'elle avait eue, la tante, de se maquer avec un pareil babouin ! » (129)

maquereauter : contraindre à la prostitution. Ex. : « Il doit la maquereauter sur les bords. » (84)

maquiller : faire. Ex. : « Le mieux que j'aie à maquiller, c'est encore de gamberger* à la situation. » (11)

maquiller de l'intérieur (se) : s'enivrer d'alcool. Ex. : « Elle dispose d'un petit réfrigérateur. Dedans, il y a tout ce qu'il faut pour se maquiller de l'intérieur. » (154)

marcelcarner : faire une allusion au cinéaste Marcel Carné (auteur de « Le Jour se lève »). Ex. : « Le jour se lève, marcelcarné-je. » (66)

marchal (un) : œil.

marchand de blanc d'Espagne : droguiste.

marchand de calamités (un) : patron de journal.

marchand de frites : tenancier d'un restaurant.

marchand de jeûne (un) : diététicien.

marchand de naphtaline : droguiste.

marchand de papier hygiénique (un) : droguiste.

marchand de pommades (un) : pharmacien. (B)

marchand de purges (un) : pharmacien. (B)

marchand de ramponneaux (un) : policier.

marchand de salades romaines (un) : avocat.

marchand de salive (un) : politicien.

marchand d'oubli (un) : tenancier de bistrot.

marche-arriérer : accomplir une marche arrière. Ex. : « L'auto marche-arrière chouïa. » (152)

marcotin (un) : mois.

mare aux harengs (une) : océan. Ex. : « J'ai idée que les matuches* ont droit à des notes de frais carabinées de côté-ci de la mare aux z'harengs. » (29)

maréchalerie-ferrante (une) : atelier d'un maréchal-ferrant. Ex. : « L'odeur du métal surchauffé se répand dans la pièce, me rappelant des remugles de maréchalerie-ferrante. » (94)

maréchausseur (un) : gendarme.

maréhauter : affluer comme la mer à marée haute.

marganette (la) : mâchoire, bouche. Ex. : « Je lui file un coup de boule dans la marganette. » (11)

margariner la laitance (se) : se donner du mal.

margoule (la) : mâchoire, bouche. Ex. : « J'vous cloque* un goupillon dans la margoule pour vous calmer. » (B, 91). Ex. : « Sitôt qu'il sortira j'lu déguste mon kilo d'osselets* dans la margoule. » (93)

margoulette (la) : mâchoire, bouche. Ex. : « Elle est en train de se flanquer une coquille Saint-Jacques par la margoulette. » (3)

mari de Juana (le) : marijuana. Ex. : « Y avait trois Noirpiotes* dans une chambre grande comme mes vouatères* : son cheptel. Ces dames étaient camées* jusqu'à l'oignon*. Ça puait* le mari de Juana dans l'estanco*. » (B, 118)

maricide (une) : meurtrière de son mari.

marida (se) : se marier. Ex. : « Je ne veux pas encore me marida, inutile de mettre au point mon apologie. » (2)

mar(r)ida : marié. Ex. : « Chaque année, il fait un chiard* à sa femme et, depuis qu'il est marida, il a eu le temps d'en pondre tellement que ce qu'il touche comme allocations familiales suffirait à l'Aga Khan pour passer un mois au Waldorf Astoria. » (6). Ex. : « Ça n'est même pas marrida, donc pas cocu. » (28)

mariée chaussée (la) : maréchaussée. Ex. : « Autrement sinon ils tuberaient* à la gendarmerie nationale du secteur et on serait obligés de se coltiner avec la mariée chaussée. » (B, 74)

mariole (un) : fanfaron.

marka (le) : marché. Ex. : « Par-dessus le marka, chauve comme un boîtier de montre. » (19). Ex. : « J'irais buter* ma gagneuse*? Et je la laisserais dans ma calèche*, par-dessus le marka ! » (43)

marle : malin. Ex. : « C'est un bled où les gars marles peuvent se faire une situation. » (5). Ex. : « Le plus marle, c'est encore de lui filer le train. » (24). Ex. : « Si on était marles, on se taillerait en Australie, m'man, mes potes, Toinet*, Maria* l'Andalouse au fion* de braise et moi. » (131). Ex. : « Une seule idée peut pas suffire à beaucoup de monde, car chacun a une idée d'son idée et alors on finit par s'chicorner* pour l'idée du plus marle qu'aura imposé. » (B, 208)

marlou (un) : proxénète, petit voyou. Ex. : « Les femmes sont comme ça ; pourvu que vous ayez les biceps et que vous sachiez river son clou* à une pauvre gonfle* comme ce marlou, elles commencent à vous regarder d'un air chaviré. » (107)

marloupin : illégal. Ex. : « Import-export... Pas une histoire marloupine qui ne se cache sous ce double vocable. » (110)

marloupiner : s'adonner à des pratiques illégales. Ex. : « Tu marloupines encore avec des gredins ? » (149)

marmeladé de la coiffe : fou.

marmelader : mettre en marmelade. Ex. : « L'arrivée brutale achève de marmelader ma colonne vertébrale. » (106)

marmeladeux : ayant la consistance de la marmelade. Ex. : « Le voilà plus que groggy : marmeladeux ! » (142)

marmite (une) : coup du sort, malchance. Ex. : « Quand le Bon Dieu invente une nouvelle tuile*, vite il l'essaie sur la mère Saugrenut. Les marmites, c'est son lot, à c'te femme. » (53)

marmoréiser (se) : devenir de marbre. Ex. : « Il se marmoréise, le dabe ! Du Rodin de la bonne année ! » (150)

marmorer (se) : devenir de marbre. Ex. : « Je me pétrifie, me solidifie, me minéralise, me marmore. » (59)

marmotter : marmonner. Ex. : « Tu causes finlandais, maint'nant ? marmotte Bérurier* (car tantôt il marmonne et tantôt marmotte, ce qui est son droit imprescriptible). » (150)

marner : travailler. Ex. : « C'est du nanan que de marner avec de la ravelure*. » (8). Ex. : « Nous pelletons frénétiquement. On marne de la sorte pendant des heures. » (59)

marneur (un) : travailleur.

marrade (une) : rire. Ex. : « Les Prince's brothers, venus aux nouvelles, meurent de marrade. » (93)

marron : 1. Confondu, découvert. Ex. : « Du coup, je serais marron foncé, les gars ! » (24). 2. Véreux, malhonnête.

marron (faire) : tromper, berner.

marronasse : véreux, malhonnête.

marronnir : devenir marron sous l'effet d'une émotion. Ex. : « Lormont blêmit, rougit, jaunit, verdit, violit, marronnit (comme

Saint-Laurent-du-), orangit*, arc-en-ciélit*, puis reprend tant bien que mal sa couleur initiale. » (51)

marseillaiser : chanter la « Marseillaise », faire preuve de patriotisme.

marsupiastre (un) : monnaie de Tasmanie. Un marsupiastre vaut huit dollars.

martyriseur de valises (un) : bagagiste. Ex. : « Alexandre-Benoît finit par trouver l'effigie de Mme Elisabeth Deux sur une pastille de bronze et la remet au martyriseur de valises en ponctuant l'offrande d'un geste péremptoire vers la porte. » (72)

masculiner : changer le genre d'un mot féminin. Ex. : « Ils (les orgues) jouaient tout seuls, masculine-t-il. » (62)

massacrage (un) : massacre. Ex. : « Me reconnaissant, il laisse retomber le beau poing en ordre de massacrage qui lui était venu. » (126)

massacreur de taupinière (un) : fossoyeur.

massicoter : m'asticoter. (B)

mastar (d) : gros. Ex. : « Son défaut, c'tait ses guiboles*, mastardes comme des pylônes à haute tension, violacées de l'intérieur tellement qu'elles frottaient l'une cont' l'autre à force d'êt' mahousses*. » (B, 208)

mastéguer : manger. Ex. : « Nous nous mettons à mastéguer en poussant la tortore* à grands coups de pichetegorne*. » (15)

mastroquet (un) : tenancier de bar. Ex. : « Je sors mon lazingue*, y puise deux pascaux* que je tends à la mastroquette. » (121). Ex. : « J'entre dans un troquet*, vais m'accouder au bar. Le mastroquet, style vieux cocu chauve à varices et tricot de corps renouvelable en début d'année par taciturne reconduction*, demande d'une voix préenregistrée et vachement sempiternelle : – Et pour monsieur ce sera ? » (133)

masturbant : branlant. Ex. : « Les marches de l'escalier sont masturbantes, creusées en leur milieu par trop d'allées-venues, venues et reparties. » (92)

masturbation (une) : perturbation. Ex. : « A la fin les gorilles de la maison sont venus me prier de déguerpir vu qu'à leur avis je jetais la masturbation. » (58). Ex. : « Tu me masturbes mes derniers instants, gars, reproche Sa Majesté. » (B, 59). Ex. : « Les locataires signent des répétitions comme quoi tu leur masturbes la quiétude. » (80)

masturber le chef : branler le chef.

m'as-tu-vuisme (le) : comportement propre aux m'as-tu-vu. (B)

mat (le) : matin. Ex. : « Il est deux heures du mat bien sonnées. » (20)

mat a caché le bonnot (le) : macache bono*. Ex. : « Le triomphe complet, bien total et définitif. Seulement, ensuite, le mat a caché le bonnot. Le vide ! Le bide ! Plus rien. » (B, 86)

mât de misère (un) : mât de misaine. (B)

mât cache bonne eau : macache bono*.

mât cache Bonnot : macache bono*.

mataf (un) : marin. Ex. : « Parce qu'vous trouvez qu'd'me faire vider les burnes* à plus d'cent matafs c'est pas une éguesigence. » (BB, 125)

mater : observer. Ex. : « J'en ai classe de mater par les trous de serrure. » (24)

matériel Nestlé (un) : sein de femme.

maternoche : maternel. Ex. : « Il émet un juron dans sa langue maternoche. » (150)

maternuche : maternelle. (B)

mateur (un) : observateur. Ex. : « Si l'endroit est toujours sous surveillance, les mateurs vont fondre sur nous. » (150)

mathusala (un) : vieillard. Ex. : « Il devrait exister un superlatif au mot vieillard. Le terme ne devrait couvrir qu'une période bien délimitée de l'existence : entre 70 et 90 balais*, par exemple, au-delà, on userait d'un autre vocable. On appellerait " ça " un " mathusala ", par exemple, voire un " terminus ". » (149)

matière grise en cale sèche (avoir la) : être demeuré.

matineux : matinal. Ex. : « Y a personne dans les azimuts, vu l'heure relativement matineuse. » (102)

matisé (trop) : traumatisé. Ex. : « Alors fais gaffe* de pas y épouvanter le baigneur*, qu'ensuite elle serait trop matisée. » (B, 71)

matou (un) : homme.

matouse (une) : féminin de matou, chatte.

matouzer : regarder, voir. Ex. : « J'en avais le torticolis, à force de matouzer du haut de l'avion. » (11). Ex. : « On matouze à pleins carreaux*. On s'en remplit la mémoire ras bord ! J'aimerais voir la bouille* qu'il fait, le seigneur Anàrchî, pendant ce batifolage machiavélique. » (72). Ex. : « Lui a saisi la main, la lui tapote tout en matouzant la frisure* en direct, vue inviolable. » (93)

matrial : matrimonial. Ex. : « Nous deux, not' force matriale, c'est qu'on unissonne* dans le fade*. » (B, 97)

matriculogique : minéralogique. (B)

matrimaniaquerie (une) : maniaquerie matrimoniale. Ex. : « Je comprends surtout que Césarin va me peler la bite* jusqu'à perpète* avec ses matrimaniaqueries, aussi usé-je d'un subterfuge pour m'en débarrasser. » (90)

matuche (un) : policier. Ex. : « Je vois des uniformes de matuches dont les boutons brillent. » (10). Ex. : « J'ai idée que les matuches ont droit à des notes de frais carabinées de ce côté-ci de la mare aux z'harengs*. » (29). Ex. : « J'entre, sans qu'elle songe à me le proposer. Mais, nous autres matuches, nous sommes plus investisseurs que les représentants en vins. » (206)

matucherie (la) : police. Ex. : « Me voici enfin dans l'antre de la matucherie new-yorkaise. » (29)

maugréateur (un) : celui qui maugrée.

maussader : être maussade.

maussadiser : rendre maussade. Ex. : « Elle accepte avec empressement, ce qui maussadise le Vieux*. » (102). Ex. : « Ça le maussadise, cet homme, mon obstination ronchonne. » (105)

maverdavier (un) : merdier.

mazda (une) : œil. Ex. : « L'autre, tu penses, bouc* comme pas deux, la manière qu'il fait tilt et lui braque ses mazdas sur les contours. » (89)

mazette (une) : gringalet. Ex. : « Vous ai-je dit qu'Hercule, à côté de moi, n'était qu'une mazette sous-alimentée ? » (25)

mazoïste (un) : maoïste. (B)

méandreux : compliqué, généré par les méandres de la pensée. Ex. : « Un moment s'écoule. Je devrais le déguster, mais l'homme est ainsi fait qu'il se perd toujours dans de méandreuses préoccupations. » (103)

mec (un) : homme.

mécanique à racler les feuilles d'artichaut (une) : dentier.

mécanique à tricoter du macchabée (une) : arme à feu.

mécanoche (une) : mécanique. Ex. : « Ma petite mécanoche interne se remet à carburer*. Je pige* l'astuce de ce monarque local. » (72)

mèche (un) : moyen. Ex. : « On m'a indiqué Joséphini parce qu'avec lui il y avait peut-être mèche de s'entendre. » (20). Ex. : « Attendre, certes, puisque pas mèche de comporter autrement. » (89). Ex. : « Plus mèche de le foutre en veilleuse, ça s'emballe, s'emballe ! Au secours !!! » (108)

mécoince : moi.

mécolle : moi.

mécollepâte : moi. Ex. : « Seulement, mécollepâte, j'ai d'autres chats à fouetter. » (86)

mécontu : mécontent. Ex. : « Harassé, déçu, grognu*, mécontu, je retourne auprès de mes guérilleros de bistrots. » (105)

mecton (un) : homme. Ex. : « Le mecton qui sort de son bureau est plus délavé que la vitrine d'un marchand de parapluies brestois. » (39). Ex. : « Le mecton doit essuyer quelques rebufferies avant la chevauchée cosaque. » (136)

médecène (une) : femme médecin. (B)

médechef (un) : médecin-chef.

médecin (un) : titulaire d'un doctorat, docteur. Ex. : « J'sais bien qu'j'y s'rais jamais réell'ment, vu que ces cons, doré de l'avant*, un commissaire y éguesigent qu'y soye mondain, abrégé* ès lettres, médecin en droit et toutim*. » (90)

médème : madame.

médigalomane : médico-légal. (B)

médine : adapt. de l'anglais « made in » (fait à, fabriqué à). Ex. : « Ses gestes donnaient à miroiter à une quincaillerie médine place Vendôme. » (B, 208)

médique (un) : médicament. Ex. : « Rassuré, je gobe mes médiques et rempile pour une dorme* salvatrice. » (124)

Méditerranée deux pièces (la) : yeux bleus. Ex. : « La môme pose sur moi sa Méditerra-née deux pièces, j'ai envie de m'y baigner. » (83)

médiumité (la) : médiumnité. Ex. : « J'y dis d'venir consulter d'main matin et que si elle a de l'Alka Seltzer dans ses valoches* faut pas qu'é s'gêne d'm'amener, histoire d'favoriser ma médiumité. » (B, 208)

médusance (une) : fait d'être médusé. Ex. : « Ma médusance le ramène à de justes sentiments. » (94)

méduse : indu. Ex. : « – 'Scusez-moi si je vous demande pardon de téléphoner à une heure aussi méduse, mais y a urgence ! » (B, 64). Ex. : « Vu l'heure méduse à laquelle on s'est balancé dans les torchons*, j'ai raté ma pêche du matin. » (B, 200)

méduser : être médusé. Ex. : « Je me trouvais dans le bar quand il vous a parlé. Elle méduse : – Vraiment ? » (150)

m'éencule pas (faire son) : mea culpa. (B)

mégalophone (un) : magnétophone. (B)

mégarde du corps (un) : garde du corps qui a failli à sa mission. Ex. : « Le canon du feu* pointé vers la tempe du mégarde du corps. » (105)

mégatzornium thermossiphil (le) : minerai. Ex. : « Un nouveau minerai récemment découvert en Amérique centrale et qui va permettre la fabrication de bombes atomiques cent vingt-trois mille fois plus puissantes que les plus puissantes réalisées jusqu'à ce jour. » (67)

mégnace pâteux : moi.

mégnace gommeux : moi.

mégnasse : moi. Ex. : « Pour lors, c'est mégnasse qui moule la ficelle. » (204)

mégnasse gommeuse : moi.

mégoter : vivre d'expédients. Ex. : « J'ai marché. Dix briques*, juste à une période où je mégotais, faut être juste ! » (45)

meilleur des laids (le) : meilleur délai. (B)

mélanco du clapoir : pâteux de la bouche.

mélanco : mélancolique.

mélancoliser : être mélancolique.

mélangeur à ondes courtes (un) : oreille.

melba (une) : coup de poing.

mêlécasseux : rogomme, enroué par l'alcool. Par extension, qui évoque un bruit grasseyant.

mêlécassiste ou **mêlécastique :** rogomme, enroué par l'alcool. Par extension, qui évoque un bruit grasseyant. Ex. : « Dans la cabine, le conducteur possède une radio qui rugit une musique mêlécassiste. » (106). Ex. :« Moui, quoi donc ? rétorque un organe mêlécastique. » (108)

mélodiser : chanter. Ex. : « La voix d'Hélène Favret me mélodise les trompes d'Eustache d'un " J'écoute " qui ferait bander un escargot. » (110)

mélodrome (un) : mélomane. Ex. : « Elle était plus douée pour le turlututu-panpan que pour la musique, s'lon moi qui, d'accord, n'est pas particulièrement mélodrome. » (B, 208)

meloneux : coiffé d'un chapeau melon.

mélopétomane (un) : mélomane pétomane. Ex. : « Et les oreilles m'en sifflent de déception, comme une flûte plantée dans le prosibe* d'une Asiatique mélopétomane (ou plus justement, causons français : mélopétowomane). » (89)

mélusine : médusée. (BB)

membrane médiane (la) : organe du corps humain. Ex. : « Et ça vous hypnotise depuis les crins jusqu'aux orteils en passant par la membrane médiane, le gros côlon (Christophe pour les dames) et l'artère iliaque interne. » (35)

mémégère (une) : mégère âgée.

méménagère (une) : ménagère âgée.

mémoniaque persillé à cavernation unilatérale (le) : partie d'un poste émetteur-récepteur.

mémorance (la) : mémoire, souvenir. Ex. : « On n'a plus qu'à laisser le champ libre à leur mémorance. » (142)

ménagère (une) : mégère. Ex. : « Berthe*, je la connais, chaude du valseur*, j'admets, mais femme de devoir. Elle n'eusse jamais été chercher la gamine pour la plaquer* aussi sec, voyons ! Tu la prends pour une ménagère apprivoisée ou quoi ? » (B, 68)

ménageresque : relatif à une ménagerie. Ex. : « Une jeune servante turque qui serait sexy si elle avait moins de moustache, un strabisme moins divergent et une odeur moins ménageresque surgit. » (147)

mendieras tant (tu) : tu m'en diras tant. (B)

ménesse (un) : tenancier de bistrot, marchand de soupe (péjoratif). Ex. : « Le jour où je suivrai les consignes d'un vieux ménesse comme toi, faudra m'attacher un bavoir autour du cou pour me faire manger ma soupe ! » (142)

menine (une) : main. Ex. : « La jeune fille (ou femme, tiens, j'avais oublié de regarder ses menines). » (94). Ex. : « Je coule ma menine dans sa vague* et j'en ressors un rasoir pas dégueulasse*, que le barbier de Séville aurait pu raser toute la ville gratis. » (118)

méningerie (la) : cerveau. (B)

méninges pâteuses (avoir les) : être fou.

méninges qui se croisent les bras (avoir les) : être intellectuellement paresseux.

méninges sur coussin d'air (avoir les) : perdre la raison.

ménoche (la) : ménopause.

ménopausetamie (la) : ménopause.

menstruesophage (un) : dégustateur de menstrues (insulte). Ex. : « Je t'entends ricaner, face d'ablette ! T'es là, comme une braguette entrouverte, à prédire des choses qui ne viennent pas. Il est feinté, le preux commissaire ! Tomate, va ! Colique verte ! Menstruesophage ! » (103)

menteur (un) : avocat. Ex. : « Avec les remises pour bonne conduite, les finasseries d'un bon menteur et les amnisties, d'ici sept ans tu seras rendu à la vie civile. » (20)

menteuse (la) : 1. Langue. Ex. : « Je continue de la baratiner comme quoi elle a la menteuse la plus alerte, la peau la plus veloutée. » (24). Ex. : « Il tire sa belle langue aussi chargée qu'un envoi de fonds. – J'ai la menteuse comme une queue de morue dans un baril de saumure. » (51). Ex. : « Prosper glapatouille* de la menteuse. » (104). 2. Goût. Ex. : « Bon, y a le sens de la biglanche, çui de la renifle*, le sens de l'esgourde*, le sens de la paluche* et le sens de la menteuse* et le sens du devoir. » (B, 58)

menteuse (plomber la) : empêcher de parler. Ex. : « Il m'avait déjà paru peu loquace, tout à l'heure, mais maintenant on lui a plombé la menteuse. » (24)

214

menteuse en cuir (avoir la) : avoir soif. Ex. : « Y aurait pas un gorgeon* de picrate* ? murmure Bérurier*, j'ai la menteuse en cuir. » (88)

menteuse huilée à l'huile d'olive (avoir la) : être bavard. Ex. : « J't'ai dit, méridionable* comme ell's'trouvait d'êt' elle avait la menteuse huilée à l'huile d'olive, et la v'là qui se met à bavasser*. » (B, 208)

menu : 1. A fond, totalement. Ex. : « L'intrus la menace. La violente, peut-être, tout en fouillant menu son appartement. » (92). 2. Doucement. Ex. : « Un baiser ça se donne et ça se déguste. Il commence menu*, puis s'élargit à l'infini. » (151)

menue-morcer : mettre en menus morceaux.

menuhiner : jouer du violon. Ex. : « Et le gars Crincrin qui menuhine toujours. » (104)

méphistomeschose : méphistophélique. Ex. : « Pas un rire méphistomeschoses, non. Simplement le rire badin du type qui s'amuse d'une idée folle. » (81)

mercille : merci. (B)

mercrediser : pour un écolier, jouir du congé du mercredi.

merdagogue (un) : pédagogue, spécialisé dans la connaissance des excréments.

merdailleur (un) : jeune homme (péjoratif). Ex. : « Alex s'était laissé fabriquer* comme un cave* à plusieurs reprises par des merdailleurs frais émoulus de centrouse*. » (104)

merdancolique : merdique, mélancolique. (B)

merdaprétout (un) : fait de se dire : « Merde, après tout ! » (145)

merdatoire : merdeux, catastrophique. Ex. : « Je me rends parfaitement compte que l'avenir qui se prépare est plus merdatoire que des chiottes de gare régulatrice en période de mobilisation générale. » (81)

merdatologue (un) : spécialiste des excréments.

merde (foutre la) : semer le désordre.

merderie (la) : ennui.

merdier : 1. Qui évoque la merde. Ex. : « La rampe te met au creux de la main des sensations merdières. » (83). 2. Problème, ennui, catastrophe.

merdique : qui évoque la merde. Par extension, laid, catastrophique. Ex. : « J'escalade un perron moussu flanqué de vasques hautement merdiques. » (104)

merdouille (une) : merde.

merdoyer : échouer, prendre une mauvaise tournure.

mère-denir : parler à la manière de la mère Denis, lavandière d'un spot publicitaire. Ex. : « Ça, c'est vrai, ça, mère-denis-je. » (114)

mère maquerelle (une) : tenancière de maison close.

mer(e)plexe : féminin de perplexe. (B). Ex. : « Bon, les gens le considèrent. Perplexes. Merplexes, quand il s'agit de dames seules. » (105). Ex. : « Elle s'en va, merplexe. » (132)

mère tume (la) : l'amertume. Ex. : « Par moments ça te prend, la mère tume. Tu vois tout en noir, tu trouves tout moche. » (B, 65)

méridionable : méridional. (B)

merlan (un) : coiffeur.

mesdamesmessieuser : faire un discours.

mesquinade (une) : mesquinerie.

messager : communiquer. Ex. : « Il en développe l'antenne et se met à messager en dialecte ougandais. » (94)

messe an cor : mais encore.

messebasser : faire des messes basses.

messe encore : mais encore. (B)

messieurs les bersagliers : hommes ou soldats de nationalité italienne.

messieurs du Guet (les) : policiers. Ex. : « Tous les clodos* du secteur vont se faire ramoner l'alibi par ces messieurs du Guet ! » (24)

métal bolling nasal (le) : métabolisme basal. Ex. : « Ces fuselages* horaires m'avaient chanstiqué* le métal bolling nasal. » (B, 106)

métallorite (un) : météorite. (B)

métallurgiste (un) : météorite. (B)

métallurgiste (un) : légiste.

métaloman (un) : mégalomane. (B)

méting(u)e (un) : adapt. de l'anglais « meeting » (réunion).

métrabord-à-prédieu (un) : capitaine de navire (maître à bord après Dieu).

métronique : métrique. Ex. : « Ces Rosbifs*, t'avoueras que c'est des gnaces* contrariants. Ils envoient Jeanne d'Arc à Sainte-Hélène, ils brûlent le Poléon, ils refusent d'accepter le système métronique et ils sont pas foutus de tenir leur droite alors qu'ils ont encore la royaltée*. » (B, 45)

mets un pétard : mais un peu tard. Ex. : « Je découvre, mets un pétard, qu'il est trop impétueux, votre San-A.* frivole. » (205)

mets en corps : mais encore.

mettre (les) : s'en aller, s'enfuir.

mettre aux abonnés absents (se) : s'évanouir.

mettre les adjas : s'en aller, fuir.

mettre des baïonnettes : bâillonner. (B)

mettre les bâtons : fuir précipitamment.

mettre les bouts de bois : partir, s'enfuir.

mettre la boyasse à jour (se) : déféquer.

mettre le bulbe en survoltage (se) : réfléchir intensément. Ex. : « Et eux, en compensation, se mettent le bulbe en survoltage pour semer le plus tocasson* de tous les maux : la mort ! » (26)

mettre les cannes (se) : partir.

mettre la cervelle en pas de vis (se) : réfléchir intensément. Ex. : « Bon, il va devoir se mettre la cervelle en pas de vis pour dégauchir* une troisième astuce. » (100)

mettre les claouis* en meurette : irriter.

mettre en l'air : tuer, blesser. Ex. : « Béru* vient de se faire mettre en l'air ! » (20)

mettre l'estomac en portefeuille : donner la nausée.

mettre la gamberge en « 8 » (se) : réfléchir intensément. Ex. : « Se faire comprendre des gens intelligents, c'est facile, voilà pourquoi mes zillustres confrères se mettent la gamberge en " 8 " pour chier des phrases hermétiques. » (94)

mettre la gomme : accomplir un effort, foncer. Ex. : « Le soleil qui met toute la gomme. » (24). Ex. : « Y a des jours où l'existence a un train à prendre : elle met la gomme. » (117)

mettre le grand développement : se hâter.

mettre à l'horizontale (se) : s'allonger.

mettre toute la sauce : produire son effort, accélérer.

mettre dans le 10 : mettre dans le mille.

mettre au parfum : informer.

mettre les pouces : faire amende honorable. Ex. : « T'as vu comment je les ai obligés à mettre les pouces, à ces deux hâbleurs ? » (93). Ex. : « Elle met les pouces, la salope. Elle, si intraitable, si virulente, voilà que son bas-ventre la rend tout miel. » (216)

mettre au rancart : se débarrasser.

mettre sur son cent trente et un (se) : se mettre sur son trente et un.

mettre la Spontex à l'air (se) : réfléchir en vain. Ex. : « Lorsque vous vous trouvez devant un problème considéré de prime abord comme étant insoluble, au lieu de vous mettre la Spontex à l'air, allez roupiller. » (4)

mettre à table (se) : avouer.

mettre au tapin (se) : se prostituer.

mettre la tripaille en devanture : éventrer.

mettre la viande dans les torchons : se coucher.

mettre les voiles : partir, s'enfuir.

Metz Angkor : mais encore.

meule (une) : fesse. Ex. : « Ses meules géométriques, son ignoble fessier, ses miches* en caisse d'horloge, son bassin aquitain*, son prose* cubique. » (75). Ex. : « A nous de jouer ! exulte Béru*. Je commençais à choper* des durillons aux meules ! » (83). Ex. : « Ça, c'tait l'année que j'ai fait mon angine couenneuse. On n'arrêtait pas de m'larder* les meules à coups de s'ringue. » (B, 208)

meursses (les) : mœurs. Ex. : « Et qu'elle affranchirait papa à propos d'mes meursses abominables pour un gamin d'quatorze piges*. » (B, 208)

meurtri des racines : qui souffre des pieds.

meurtrir la rétine : éblouir.

mézigoche : moi.

mézigue : moi.

mézigus (le gars) : moi-même. Ex. : « Et le gars mézigus, fils honorable de la chère Félicie*, continue de chercher ardemment ses deux touristes. » (72)

mi-prune, mi-cassis : mi-figue, mi-raisin. Ex. : « Le patron du garage reprend alors quelque autorité et demande, mi-prune, mi-cassis (il ne restait plus de figues et les raisins sont trop chers en cette saison) pourquoi on vient donner cette représentation de café-théâtre chez lui qui ne demandait rien à personne et au prix qu'il paie les ouvriers, avec ces lois syndicales impossibles, les prud'hommes teigneux, tout ça, merde ! » (111)

miamiame (un) : repas.

miasmesque : relatif à des miasmes. Ex. : « Tout écrit est zoizeux* sans cette épine dorsale qu'est l'action. Stagnant. Verdâtre. Riche en têtards condamnés à ne jamais devenir grenouilles. Moussu de la pierre qui ne roule pas. Miasmesque. » (81)

miche (une) : fesse. Ex. : « Ses meules* géométriques, son ignoble fessier, ses miches en caisse d'horloge, son bassin aquitain*, son prose* cubique. » (75). Ex. : « Une gracieuse demoiselle loquée* d'un uniforme rouge, avec des miches qui auraient foutu tout un zoo en effervescence. » (122). Ex. : « Les " Infirmiers " lui tiennent les miches écartées tandis que le garagiste a introduit le bec de son gonfleur de pneus dans le fion* du malheureux. » (136). Ex. : « Elle était bien trop loquée'. Lui, sa régalade, c'est quand y a du répondant sur les miches et les loloches*. » (BB, 148). Ex. : « Avant d'enfiler sa robe de bataille, elle se gratte la raie des miches par-dessous sa culotte, sent ses doigts, comme pour s'assurer qu'il s'agit bien d'elle, hoche la tête, convaincue, puis s'habille en baronne de gala. » (155)

miché (un) : client. Ex. : « Pourtant, comme je suis un client et que la tradition veut qu'on soit poli avec les michés, il m'écoute. » (8)

micheton (un) : 1. Client d'une prostituée. 2. Individu naïf.

michier (le) : fessier.

michu : rachitique. Ex. : « Le larbin, il faut que je te raconte, il est tout michu, tout grelu*, badru*, glapu*. Il ressemble à Sim,

même tête de casse-noix en bois sculpté. » (100)

micmaquer ou **mic-maques** : manigancer, échafauder. Ex. : « Voilà ce que mon esprit fertile vient de mic-maquer. » (94)

microbard : microscopique.

microter : parler dans un micro.

miculjupe (une) : minijupe.

midi : impossible, difficile, peine perdue. Ex. : « Seulement, pour dégauchir* son véritable blaze*, c'est midi ! » (18). Ex. : « Il est de plus en plus pâlichon, Soupin, mais cette fois c'est à cause de sa traquette. Son battant fait du rabe, croyez-moi. Et pour s'humecter la menteuse, c'est midi. » (20)

midole : adapt. de l'anglais « middle » (milieu). (B)

mignard : petit. Ex. : « Je me fais tout mignard sous cette putain d'auto. » (3)

mignarder : 1. Préparer, fabriquer avec soin, concocter. Ex. : « Les lourdes* de chaque immeuble sont cintrées, flanquées de colonnes, ornées de magnifiques heurtoirs en cuivre, laquées, mignardées, fourbies. » (94). Ex. : « Seulement moi, j'suis vanné* et sauf ta permission, je m'en vas aux cuisines me mignarder un brique faste*. » (206). 2. Minauder, feindre la pudeur. Ex. : « Elles mignardaient au départ, se réfugiaient la vertu derrière les boucliers de la morale, voire de la religion. » (75). 3. Caresser intimement. Ex. : « Je lui mignarde l'ergot de contrôle*. » (142)

mignarder le museau (se) : se maquiller.

mijaurer : faire la mijaurée. Ex. : « Viens me faire du bouche-à-bouche, connasse, au lieu de mijaurer. » (108)

millimot : mot qui est au langage ce que le millimètre est au mètre-étalon. Ex. : « Les concordances grammaticales ajustées au millimot. » (83)

mimi : 1. Palpitant. Ex. : « Pour qui le connaît, ce préambule annonce des choses tout ce qu'il y a de mimi. » (24). 2. Joli, attendrissant.

mimi (un) : baiser.

mimiquer : s'exprimer par mimiques. Ex. : « Je lui mimique à quel point j'entrave* que pouic* à son patois. » (150)

mimiqueux : sous forme de mimique. Ex. : « Elle me suit, sans mot redire, sans dénigrerie* d'aucune sorte, même mimiqueuse. » (105)

minard : petit. Ex. : « Un qui se fait tout minard dans son coin, c'est ton pote Sana*, mon chéri. Je me crois fourvoyé dans un polar* de mamie Gaga Christie*. La vieille Angleterre où un meurtre a été commis. Ne manque que Hercule Poirot-Delpech pour fignoler le tableautin. » (113)

minaret (le) : crâne.

mine d'aryen : mine de rien.

minérale-logique : minéralogique. (B)

mini-cassecouille (un) : lecteur de cassettes audio. Ex. : « J'entends la voix de Stromberg enregistrée par le mini-cassecouille. » (105)

minipoil (au) : au poil ras. Ex. : « Bérurier* s'évente la trogne avec son beau chapeau neuf, au minipoil luisant. » (105)

mini-stérile : ministériel.

minot (un) : petit, auriculaire. Ex. : « Les trois frères Karamazov* sont maintenant en place ; du coup, y a le minot qui part jouer sa partition dans ton père fouettard*. » (155)

minoucheur : flatteur (mot québécois).

minuscolophile (un) : amateur de petitesses. Ex. : « D'aucuns, les minuscolophiles, détestent mes outrances. » (75)

minusculisé : rétréci. Ex. : « Il est tout rabougri, soudain, tout minusculisé par le drame. » (93)

miraculade (une) : miracle. Ex. : « Tu ne crois plus en rien ni en personne, t'attends plus de miraculades et tu te dis que c'est pas Pascal qui a pu inventer la brouette, mais son jardinier. » (83)

miraculage (un) : fait d'avoir un pouvoir miraculeux. (BB)

mirader : regarder, voir. Ex. : « Et, tout en m'causant, elle ouvrait ses brancards un peu mieux, comme si d'se pencher l'eusse contrainte à l'faire. Le mouton à cinq pattes, c'tait tonton Béru* dans sa niche! Je miradais des trucs fabules! Sombres, mais esplendides. » (B, 208)

mirador (un) : œil. Ex. : « J'ouvre grands mes miradors. » (72)

miradorer : observer. Ex. : « La petite reine nous miradore à travers ses larmes. » (135)

miragière : relatif à un mirage.

miralojique : minéralogique. Ex. : « Il s'amuse a relevait les numéraux miralojiques de toutes les z'autos qui vient t'isi. » (B, 86)

miraud : myope, aveugle. Ex. : « C'est une vieille qui tient ça, complètement miraud ; elle a des lunettes aux verres si épais que ses yeux ressemblent à des glaves*. » (143)

mirette (une) : œil. Ex. : « Elle me regarde avec de la buée dans les mirettes. » (62)

miroboler : exciter la convoitise. Ex. : « Cette promesse mirobole sous la calvitie du Vieux*. » (89)

miroitage (un) : action de se regarder dans un miroir.

mironton (un) : homme, vieillard. Ex. : « Il est à l'âge des regrets, des nostalgies. Le moment qu'un mironton comprend que ça se ressent vilain pour sa pomme. » (93)

mirot ou **miro** (un) : myope, aveugle.

misé : berné. Ex. : « Bité* jusqu'à la garde, enviandé* de première. Couillonné* à toute extrémité. Niqué*. Zobé*. Plumé*. Misé. » (81)

mise à jour (une) : accouchement, naissance.

misérable (un) : billet de banque de peu de valeur. Ex. : « Je pose un misérable sur le rade*, j'enfouille* la morniflette* et je vais voir dehors si j'y suis. » (20)

misère et corde (la) : miséricorde. (B)

miséricordasauter (la) : miséricorde.

miséricordiable : miséricordieux.

miso : misogyne. Ex. : « Je n'ai encore jamais eu l'occasion de bosser* avec elle, non que je sois miso, mais mes occupations et les siennes ne concomitaient* pas. » (118)

miss Goguenods (une) : gardienne de lieux d'aisance publics.

miss Poussière (une) : concierge.

missile (un) : 1. Gros cigare. 2. Sein de femme. Ex. : « Moi, une gosse pareille, j'irais faire de la varappe dans la Beauce pour la conquérir! Je ne peux m'empêcher de loucher sur les deux missiles pointées dans ma direction et que la peine fait frémir comme de l'eau commençant à bouillir. » (123)

missile mémère (un) : missile mer-mer. (B)

miste (au petit) : optimiste. (B)

mister trouduc : anus. Ex. : « A midi, j'ai bouffé un n'haricot d'mouton et mister trouduc donnait son gala de bienfaisance*. » (B, 121)

mister Dodo : sommeil.

mistifrisé : coiffé avec affectation. Ex. : « Mme Lachaise, dite Ninette, mistifrisée, avec une touche de rouge à lèvres pareille à une violette au milieu de la bouche. » (62)

mistifriser : coiffer. Ex. : « T'es toujours dans ton échoppe, à mistifriser des bergères* en leur causant de ceci-cela. » (204)

mistonne (une) : femme. Ex. : « Ces salades, ça prend toujours avec les mistonnes du bas peuple. » (10)

mistouille (une) : ennui, problème. Ex. : « Ils cherchent quoi, les mecs, pour s'extraire de la mistouille quotidienne ? De l'ambiance. » (85). Ex. : « Et qu'est-ce qu'il va en faire, le vieux gros paf*, de son rab* d'existence, si je parviens à le sortir de la mistouille ? » (136)

mistoune (une) : femme, maîtresse. Ex. : « Je suis là pour ça et cette mistoune m'attend dans le hall d'arrivée, côté bar. » (103)

mistounette (une) : femme.

mistral de fayots (un) : gaz intestinal.

mitan (le) : 1. Le Milieu (la pègre). 2. Milieu (géographique). Ex. : « Il s'arrête au beau mitan de l'esplanade. » (62)

mitard (un) : cachot disciplinaire.

miter un turlu : mettre un téléphone sur écoute. (B)

miteux-man (un) : mythomane. Ex. : « Ton bouffeur de cul, il t'aura berluré*, diagnostique le Gravos*. C't'un miteux-man. » (134)

mitoune (une) : malheur, grave ennui. Ex. : « Il faut que nous évacuions les lieux dare-dare, sinon on va plonger dans la grande mitoune avant peu. » (126)

miurédique de Falstaff (le) : partie (fictive) du cerveau.

mixer (le) : cerveau. Ex. : « Dans mon mixer, c'est plein de bouts d'idées bizar-

roïdes qui tourniquent pour chercher leur place. » (34)

mochasse : laid.

modestiser : se montrer humble, modeste. Ex. : « Il modestise des yeux et des épaules. » (59)

module (le) : fessier. Ex. : « Et je te parle pas de son module. Dedieu ! Roulée ! » (93)

moelle épineuse : moelle épinière.

moelle pépinière (la) : moelle épinière (B).

moelleuse épine (la) : moelle épinière. (B, 202)

moelleux dans la périphérie (avoir du) : avoir, pour une femme, un fessier dodu.

moelleux du bulbe (un) : imbécile.

mohammed (le) : soleil. Ex. : « Une insolation, je suppose. A force de morfler* le mohammed derrière le cigare* ça devait arriver ! » (56)

moijeger : commencer des phrases par : « Moi, je. » Ex. : « Moi, je, c'est le fer de lance de toutes leurs converses* à la con. Ils moijegent sans le vouloir, d'instinct. » (119)

moile pépinière (la) : moelle épinière. Ex. : « Ça m'a produit une commotion d'deux cent vingt voltages dans la moile pépinière. » (B, 208)

moilien (un) : moyen. Ex. : « Les moiliens du beurre. » (B, 130)

moindre (la) : le moins possible. Ex. : « Je l'écartouille* la moindre, juste faufiler un zœil investigueur*. » (150)

moins-que-riennerie (une) : caractère de ce qui est moins que rien. Ex. : « Tout sur Madeleine Moulfol*! Son absence, sa moins-que-riennerie. Cette femme si vaine. » (100)

moiter : ressentir une peur extrême. Ex. : « Comment qu'il moite ! Il les a à la caille*. Y a le blizzard dans son slip. La toundra dans sa raie culière*. Il pétrifie de la moelle épineuse*. » (83)

molarder : cracher.

moleskiner : molester. Ex. : « Ça a chier* dur pour nos gueules*. T't'rends compte ? La Letizia qu'on a moleskinée pour lu faire dire l'adresse d'sa potesse*. » (B, 106)

molesnez : molester en utilisant son appendice nasal.

molhar (un) : unité monétaire du Kalbahr*.

mollassement : mollement.

mollasse sous la touffe (avoir de la) : avoir du mal à se concentrer. Ex. : « Ayant ligoté*, tant bien que mal, car j'ai de la mollasse sous la touffe, je rends le baveux* à ma visiteuse. » (86)

mollasson : mou. Ex. : « Je commence à me sentir mollasson des cannes*. » (29)

mollissure (une) : mollesse. Ex. : « Moi, j'aime pas des chiées* d'choses d'l'Eglise. Notoirement qu'elle t'enrégimente pour adorer l'Seigneur. Notre mollissure actuelle, elle y est pour beaucoup. » (B, 208)

mollo : mollement, doucement.

molluscule (une) : molécule. Ex. : « Av'c ces esquimaudes* plein la gueule*, qu'é doit avoir des molluscules d'ta peau sous les ongues*, la gosse*, on t'aurait cherché des giries*. » (B, 99)

moloter du badoufle : être en proie à une grande confusion. Ex. : « Ma confusion de subordination, madoué, devant un tel spectacle ! A cause de Laura, tu comprends ? Amener une nana toute fraîche cueillie dans son antre pour lui découvrir un tel spectacle, voilà qui te dévisse le couvercle ! Tu molotes du badoufle, aussi sûr que con et con font toi ! » (87)

moltebock (un) : mollet. Ex. : « Je commence à avoir des fourmis dans les moltebocks. »

moluxe (un) : mollusque.

momaque (une) : jeune femme. Ex. : « Une momaque époustouflante de tellement qu'elle est belle m'implore de l'apprendre à tirer. » (85)

mômaque (un) : enfant.

môme Tiroir-Caisse (la) : caissière.

môme vert-de-gris (un) : soldat allemand pendant l'Occupation (allusion au roman de Peter Cheney « La Môme Vert-de-Gris »).

mominette (une) : demi-dose de boisson anisée.

mon zémerveil : monts et merveilles.

monarcher : régner, vivre sous un régime monarchique. Ex. : « Tant qu'à faire de monarcher, autant que ça tombe sur un marrant, non ? » (138)

monchu (un) : monsieur (patois dauphinois).

mondaniser : être mondain.

mondanisme (un) : mondanité. Ex. : « Que de grâce exquise ! Que de mondanisme spontané ! On sent l'homme de race, à son aise partout. » (117)

monde au balcon (avoir du) : pour une femme, être dotée d'une forte poitrine. Ex. : « J'aime bien son parfum. Ses loloches* aussi. Du monde au balcon pour regarder passer le défilé, espère ! » (152)

mongolfer : se gonfler de vent et s'envoler. Ex. : « Les cabines, c'est juste de la toile de tente formant abri. Trois murs maintenus par des piquets, un toit que gonfle le vent. Quand celui-ci souffle trop fort, faut démonter le fourbi, pas que ça mongolfe. » (122)

mongolfiant : qui gonfle comme une mongolfière. Ex. : « Le Mammouth dégrafe son pantalon pour renfouir sa chemise mongolfiante. » (99)

moniter : faire office de moniteur. Ex. : « S'il consent à faire l'emplette d'une Ferrari, d'une 500 SL, voire d'une BMW M5, je suis à sa disposition pour le moniter. » (150)

monocordie : caractère de ce qui est monocorde. Ex. : « On dirait qu'il récite un poème en prose, notre jaune ami. Sa monocordie, chose curieuse, renforce l'horreur de ce qu'il dégoise*. » (76). Ex. : « Sa voix a une monocordie révélatrice. » (85)

monoculé (un) : qui porte un monocle.

monovalveur de compromission (un) : pièce d'un DC-8 qui se situe entre le contacteur d'endurance et le polyvaleur stercouillé. Ex. : « Vous disez ? Le bouton rouge à droite du monovalveur de compromission ? Qu'est-c'est c'te bestiole ? Et puis d'abord, des boutons rouges ça foisonne autour de moi. A croire qu'il a la varicelle, ce tableau de bord ! Comment ?... Entre le contacteur d'endurance et le polyvaleur stercouillé ?... » (B, 74)

monsieur aux écailles (un) : proxénète.

monstreusance (une) : monstruosité. Ex. : « Une chose de cette monstreusance, il aurait jamais pensé que ça se put-ce, Chillou. » (128)

mont d'Auvergne (un) : sein de femme. Ex. : « Je m'approche de la couche de mon évanescente et me mets à lui pétrir les monts d'Auvergne. » (122)

montagnerusser : avaler et dévaler des pentes. Ex. : « La chignole* montagnerusse de plus en plus. » (138)

montant (un) : jambe. Ex. : « Ils achèvent de nous éveiller à coups de satons* dans les montants. » (101)

monte-charge (un) : soutien-gorge. Ex. : « Femme d'un homme d'élite, elle prend conscience de ses obligations, et, partant, de sa nudité. La voilà qui réintègre son slip et qui arrime son monte-charge. » (58). Ex. : « C'est un monte-charge de religieuse! En grosse toile, avec des trucs de renforcement par-dessous, et puis des courroies, des sangles, des étais. Un soutien-tétons de religieuse, quoi! Il traduisait la chasteté, au départ. Elle a sauvé la situation à force d'inventions, d'initiatives, d'essais. Primo (comme disait Carnera) elle a décalotté l'extrémité de chaque poche pour laisser s'épanouir sa gorge. Pour le coup, ses monstrueux gredins débouchent à l'air libre comme de la crème de marrons jaillit du chinois d'un pâtissier. » (78)

monte-charge à calandre blindée (un) : soutien-gorge de très grande taille.

monte-charge de nourrice (un) : soutien-gorge d'une femme à la poitrine opulente.

monte-charge Eminence (un) : slip.

monter le cervelet en chantilly (se) : faire de fausses suppositions.

monter la bourriche (se) : éprouver pour soi-même un orgueil exagéré. Ex. : « V's'allez voir qu'y va se monter la bourriche, à présent qu'on lui bisouille* les panards*. » (204)

monter le bourrichon (se) : éprouver pour soi-même un orgueil exagéré.

montrer la couleur : informer, jouer cartes sur table. Ex. : « Qu'est-ce que je vais pouvoir inventer pour lui montrer la couleur? » (4)

montres z'et réveils : monts et merveilles. Ex. : « Son destin, qu'veux-tu, c'est les charognards qui promettent montres z'et réveils. » (B, 208)

montreur (un) : fabricant de montres.

montrouze (une) : montre.

monts et vermeil : monts et merveilles.

monument hystérique (un) : monument historique. Ex. : « La fin des fins, c't'un vieux château branlé au fond des campagnes que tu fais rafistoler par les Beaux-z'Arts de l'Hôtel de Ville comme monument hystérique. » (B, 208)

monumentable : monumental. (B)

monumenter : présenter un caractère monumental. Ex. : « Ça protubère*, ça dilate partout, ça cascade, dévale, monumente. » (75)

moral en compote (avoir le) : déprimer.

morbach ou **morbac** (un) : pou du pubis, morpion.

morcif (un) : morceau. Ex. : « Le musico* a fini son morcif et entame un autre air. » (104). Ex. : « Ninette, dès qu'on s'revoye, t'auras ta part. J'te mets d'côté les meilleurs morcifs : rien qu' d' l'entrelardé! » (B, 148)

mord-bide : morbide.

mordeuse de draps de lit (une) : prostituée. (B)

mordicule : mordicus. Ex. : « Il m'a dit : " Si vous tiendriez à vot' sécurance*, sout'nez mordicule à votre ami qu'vous n'avez pas quitté le groupe. " » (B, 99)

mordiquer : soutenir mordicus. Ex. : « Je partisais* qu'on rent' sur Paname*, mais elle a mordiqué pour viendre à Bouddhapeste*. » (B, 155)

mords-moi-le-lobe (à la) : minable. Ex. : « Tu parles d'un policier à la mords-moi-le-lobe! » (20)

mordre la poussière pour le compte : être mort.

mordre : 1. Comprendre. Ex. : « Ça retient mon attention parce que la teinture en question est blanche. Vous mordez? Blanche. » (24). 2. Regarder. Ex. : « C'est un athlète, non? Tu as mordu ces triceps? » (20). Ex. : « Mordez le bath établissement! De la crèche pour rupinos* » (24). Ex. : « Sans compter la manière dont il glaviote* au sol, en écrasant le résultat sous la semelle de sa pantoufle. Tu mords le genre? » (104). 3. Croire. Ex. : « Mordre une histoire. »

mordrerie (une) : action de mordre. Ex. : « Minouche, elle, tu verrais c't'usine à tailler des pipes*! Charogne! Dents jaunes, haleine du pingouin! Vraoum! En une mordrerie, t'ampute son sandwich à impériale d'un bon tiers. » (119)

mords-ma-bite (à la) : minable. Ex. : « Je te vas en fout' de vos espériences à la mords-ma-bite ! » (B, 86)

mords mon nœud (à la) : minable, peu sûr.

mordurond (le) : cf. **ploufignal**.

morfible (la) : menue monnaie. Ex. : « Je retourne au bignou bouffeur de piécettes*, près des gogues*. Il te gobe la morfible en ponctuant ta mise d'un bruit péremptoire assez désagréable. » (103)

morfile (une) : repas.

morfiler : manger. Ex. : « Un terrible besoin de morfiler me triture le gésier. » (8). Ex. : « La première chose, c'est de rentrer pour changer de fringues et morfiler un brin. » Ex. : « Morfile ton tas de fumier parce qu'il va refroidir. »

morfler : 1. Recevoir, subir. Ex. : « Diano a morflé une praline* en plein bocal*. » (28). Ex. : « Une insolation, je suppose. A force de morfler le mohammed* derrière le cigare* ça devait arriver ! » (56). Ex. : « Elle a dû morfler die Tür* en pleine bouille* car son nez saignote et elle est groggy. » (123). Ex. : « Malgré que l'après-midi touchât à sa fin, le mahomet* continuait de souquer* ferme et on morflait sérieusement. » (123). Ex. : « Pile qu'il rentre, y a Ramadé deux*, la fille aînée des Blanc, qui tire un penalty avec une boîte de conserve vide retrouvée dans la poubelle sous l'évier. Maria a la présence d'esprit de se pencher et c'est le visiteur qui la morfle pleine poire*. » (139). 2. Etre condamné, puni. Ex. : « Je t'ai perdu de vue depuis l'histoire des bonaparte bidons. T'avais morflé lourd ? » (51)

morfondeur de vitesse droit (le) : muscle indéterminé. Ex. : « Vous exercez ladite étreinte sur le morfondeur de vitesse droit. » (51)

morfondir : morfondre. (B)

morganer : manger.

morgeon (un) : enfant. Ex. : « Un vrai conte d'enfant dans lequel j'expliquerai aux morgeons que la salope méchante bête c'est l'homme qu'il va devenir. » (81)

morlingue (un) : porte-monnaie. Ex. : « Je chauffe son morlingue et son artillerie. » (11). Ex. : « On est rentrés, l'oreille et la queue basses, pareils à des fêtards qui se sont fait entôler* par des entraîneuses trop capiteuses. On nous avait rousti* notre morlingue, les gars. » (135)

mornasse : morne.

morne-astère (un) : monastère. (B)

mornifle (une) : 1. Gifle. Ex. : « Je lui allonge* une mornifle. – Je me présente, fais-je : commissaire San-Antonio* ! Elle se frotte la joue et ses yeux distillent de l'arsenic. » (8). Ex. : « Une seconde mornifle plus impressionnante que la première se pose sur son frais minois, avec le train d'atterrissage rentré. » (51). 2. Monnaie.

morniflette (la) : menue monnaie. Ex. : « Je pose un misérable* sur le rade, j'enfouille la morniflette et je vais voir dehors si j'y suis. » (20)

morninge (un) : adapt. de l'anglais « morning » (matin).

morniser : attendre mornement. Ex. : « Rien de plus détestable que de morniser devant un tourniquet d'aérogare où dodelinent des valises. » (136)

mornité (une) : état de ce qui est morne. Ex. : « J'essaie seulement de conjurer la mornité de l'existence. » (112)

mornitude (une) : caractère de ce qui est morne. Ex. : « Honningsvåg, l'agglomération la plus au nord de l'Europe, aux maisons peintes de couleurs vives, ce qui en égaie un peu la mornitude. » (150)

morph' (la) : morphine. Ex. : « Ted y va un peu à la morph' ; mais pas moi, vous savez ; regardez mes bras. » (128)

morpionner : pulluler de parasites. Ex. : « Sa grattouille se prolonge. – J'ai idée que ça morpionne un peu sur ce contre-torpilleur. » (56)

morser : s'exprimer en langage morse. Ex. : « Ça criaille, ça piaille, ça braille, ça morse ! » (75)

mort fine (la) : morphine. (B)

mortadelle inexpiable (une) : citadelle inexpugnable. Ex. : « Mathias* s'est tuyauté sur la caserne Yapabézeff. Il a appris qu'c'était une mortadelle inexpiable. » (B, 131)

mortadelle dans le caberlot (avoir de la) : être peu intelligent.

mortibus : mort.

mortier (un) : arme à feu.

mortificater : se mortifier. Ex. : « Quand tu te déplores une saloperie, t'as des moyens d'expier, de mortificater. » (132)

morue (une) : femme (péjoratif). Ex. : « Saboule-toi*, mec, prends tous les fafs*, ta fraîche*, et la photo de ta morue si tu l'as amenée avec toi. » (104)

moste (un) : adapt. de l'anglais « must » (plus). (B)

motelier (un) : tenancier d'un motel.

mots écrasés (des) : mots croisés. Ex. : « Qu'est-ce que tu branloches*, mec ? Des mots écrasés ? » (B, 106)

motus vivaldi : motus vivendi. (B)

mou (bourrer le) : duper.

mouarder : faire la moue. Ex. : « Ça ne détend pas le personnage austère pour autant. Lui ? Un fin gourmet. Il mouarde. » (81)

mouchaga (une) : mouche.

moudelas (un) : idiot. Ex. : « Seul'ment t'as les moudelas qui visionnent tout à tout prix, jusqu'à l'estintion des feux. » (B, 208)

moudre (en) : parler. Ex. : « Parle ! hurlé-je. Gagné par ma frénésie, Alexandre-Benoît en moud à tout berzingue*. » (135)

mouflard (un) : enfant.

mouflinge (un) : enfant.

moufter : parler. Ex. : « Je conseille à mes compagnons de ne plus moufter. » (51)

mougingue (un) : enfant. Ex. : « Il vivait dans l'arrière-boutique, comme dans une roulotte, avec sa grosse bonne femme et ses trois mougingues, Sébastien. » (76)

mouillage (le) : plaisir intense, jubilation. Ex. : « Il nous toise avec jubilance* et mouillage garanti. » (135)

mouillage de meule (un) : action de boire.

mouiller (se) : se compromettre.

mouiller du caberluche : jubiler.

mouiller la compresse : flatter. Ex. : « Cézigue*, faut lui mouiller la compresse sans relâche si on veut se l'amadouer. » (83)

mouiller la meule : boire.

mouille-timbres (le) : langue (muscle). Ex. : « Elle a retapissé* directo* les possibilités

découlant d'un tel mouille-timbres, la gosse, portée comme elle sur le chibraque*. » (117)

mouillette (avoir la) : avoir peur. Ex. : « Oui, lui, l'implacable, le décideur d'exécutions, lui qui a fait périr tant et tant de gens, il a les flubes*, les jetons*, les copeaux*, les foies*, la chiasse noire*, les grelots*, le traczir*, les boules à zéro*, les chaleurs*, le taf*, la mouillette, les chocottes*. » (142)

mouillette (la) : fait de se compromettre. Ex. : « La mouillette, c'est pas le genre de la Grande Maison*. Il a toujours peur de se faire cueillir*, le Vieux*. Avec lui faut toujours accomplir des tours de force dans l'anonymat et la dignité. » (46)

mouilloter (faire) : exciter. Ex. : « T'as rien pigé* à cette greluse*, mec*. Y a pas plus intrépide. Au contraire, ça la f'sait mouilloter, notre aventure. » (B, 82)

moujingue (un) : enfant. Ex. : « Cette histoire est quelque chose comme mon enfant, et ça embête toujours lorsqu'on se rend compte qu'on est pas le daron* de son moujingue. » (6)

moukala (un) : arme à feu. Ex. : « Puisque les flics m'ont rendu mon moukala, je pourrais essayer de cartonner ces gentlemen. » (142)

moukère (une) : femme. Ex. : « Je vois des fringues*, tantôt d'hommes, tantôt de moukères, accrochées aux patères. » (18). Ex. : « On le voit dans des cabarets de luxe, se gorgeant de champ et levant des moukères à dix raides* la nuit. » (28)

moulard (un) : moulin.

moulavon (un) : pièce indéterminée d'une serrure.

moule à blasphèmes (le) : bouche. Ex. : « Je dépose mon moule à blasphèmes sur le dos de sa dextre et fais passer un maximum de " ce-que-t'es-belle-salope-ça-te-dirait-de-t'allonger-sur-le-même-matelas-que-moi ? ". » (88)

mouler : 1. Quitter. Ex. : « Lisez les bouquins d'Eugène Tisserant tant que vous voudrez (ils sont en vente au rayon séminariste dans toutes les bonnes pharmacies) et moulez-moi. » (74). Ex. : « Dites donc, les gars, moulez un instant le 12 degrés et essayez de bâtir des phrases cohérentes. » (108). Ex. : « Gros, tu vas mouler sec la chère ville de Lyon et rabattre* fissa* sur

Dublin. » (119). 2. Prendre. Ex. : « Le petit coup de zim-boum que je viens de mouler sur la carrosserie m'a chanstiqué* un peu le carburateur. » (29)

moules de Foix : moult fois. Ex. : « Parce que y a ça dont j'ai eu l'occasion de constater moules de Foix ; une morue* dessalée, même tapée à devoir mett' des baleines dans sa culotte pour s'sout'nir les miches*, est préférab' à une beauté ignoreuse et peinarde du pince-bite. » (B, 208)

moulin à jactance (le) : bouche.

moulin à neutrons (un) : centrale nucléaire.

moulinaventesque : qui évoque un moulin à vent. Ex. : « Ses grands bras moulinaventesques. » (66)

mouliner : 1. Passer à la moulinette. 2. Jouer. Ex. : « Les musicos* se mettent à mouliner un truc genre torpeur de fin de nuit. » (132)

moulinet à sornettes (le) : imagination.

moulinette (une) : mitraillette.

moulinette farceuse (la) : 1. Mitraillette. 2. Réflexion. Ex. : « Je suis en pleine moulinette farceuse lorsque j'entends s'ouvrir la trappe. » (59). Ex. : « Il suffit d'un parfum, parfois. D'un bruit, d'un rien, et t'as la moulinette farceuse qui se met à totonner*. » (100)

moulinette 35 (une) : caméra de cinéma. Ex. : « J'espère qu'ils ont donné du Gévacolor à bouffer à leurs caméras, les copains de la moulinette 35. » (57)

Moulinex individuel (un) : dentier. Ex. : « Pinuche* est raidi par le froid. Il claque des gencives, ayant paumé* son Moulinex individuel dans le naufrage. » (99)

mouluration (une) : moulure. Ex. : « La porte de la chambre du maître est dorée à la feuille avec des moulurations à n'en plus finir. » (132)

mourance (une) : agonie.

mourant : adorable. Ex. : « Deux tables de nuit Renaissance vénitienne absolument mourantes. » (150)

mouratoire : terminal. Ex. : « Quelques allers-retours mouratoires. » (147)

mouron (se faire du) : s'inquiéter.

mouron (le) : souci. Ex. : « Je vais paumer* un brin de ma folle jeunesse à me faire du mouron pour une histoire qui n'en vaut peut-être pas la peine. » (16)

mouronner : s'inquiéter. Ex. : « Tu peux devenir vieux con adipeux sans trop mouronner en sachant que tes chances d'annapurner* une jouvencelle restent intactes. » (75)

mouscaille (la) : 1. Excréments. 2. Boue. Ex. : « De l'eau en flaques sur un sol bourbeux. Je me mets à patauger dans la mouscaille. » (75). 3. Ennui, problème. Ex. : « Une mouscaille noire et profonde. » (130)

mouscanche (la) : ennui, problème. Ex. : « Et tu dis que c'est grâce à la petite greluse* de la piscine qu'on est sortis de la mouscanche. » (B, 79)

mousmé (une) : femme. Ex. : « Faut être le dernier des tortibacs* pour cigler* une mousmé alors que l'univers est plein de fillettes qui ne demandent qu'à se propager dans les nuages* avec un gars sachant chasser. » (6)

mousquette (une) : enfant.

mousser le pied de veau (se faire) : se vanter, s'auto-complimenter. Ex. : « Il se faisait mousser le pied de veau. S'imaginait planteur de café, champion de moto, diplomate en poste, vedette de cinoche, et il laissait quimper* parce qu'il n'était qu'une larve. » (114)

moyeu (un) : nœud. Ex. : « Tu parles d'un bled à la mords-moi le moyeu. » (B, 204)

mozarder : avoir un don naturel pour quelque chose.

mozeur (une) : adapt. de l'anglais « mother » (mère). Ex. : « Le San-A.* se trouve en vacances a'v'c maâme sa mozeur. » (B, 208)

mufle (le) : nez.

muflet (le) : bouche. Ex. : « Je lui galoche* le muflet. » (89)

mugichuchoter : chuchoter d'une voix mugissante. Ex. : « Naturellement, il suffit d'intimer à Béru* de fermer sa gueule pour qu'il l'ouvre. Il me mugichuchote dans la portugaise* droite. » (126)

mugicien (un) : musicien mugissant.

mulâtreuse (une) : femme mulâtre. Ex. : « Une sixaine* de filles stationnent dans ce fastueux livingue*. Trois Blanches, trois Noires. Les Blanches comprennent : une

blonde, une rousse, une brune. Les Noires :
une ébénite*, une capuccino*, une mulâtreuse. » (105)

mule (une) : femme stérile.

**multidurite triphénylméthanique de convec-
tion de vecteur hypodermique B** (un) : terme
technique indéterminé.

multiglotte : polyglotte.

mur et flexions : mûre réflexion. Ex. : « Le
slip, j'lu l'avais seul'ment pas vu r'tirer.
Après mur et flexions, j'pense qu'y devait
s'ouvrir comme les barlus
d'débarqu'ment. » (B, 208)

muranesque : originaire de Murano. Ex. :
« Des lustres muranesques. » (117)

murgé : enivré.

murmuredesourcer : parler d'une voix semblable à un murmure de source. Ex. : « Pour
monsieur, ce sera ? me murmuredesource-t-
elle dans les baffles*. » (81)

muronchonner : murmurer tout en ronchon-
nant.

musc (un) : muscle. (B)

muscadet (le) : muscade. Ex. : « Passez muscadet ! comme dit Béru*. » (B, 203)

musculance (une) : musculature. Ex. :
« Tout résidence* dans la musculance à ma
part'naire. » (B, 97)

museau (le) : visage. Ex. : « Toi, l'avorton,
écrase ou je te tartine le museau avec mes
gants blancs pleins de doigts ! » (206)

musécasable : susceptible d'être exposé
dans un musée.

musée-grévin : compassé, figé comme un
masque de cire. Ex. : « La frite des musicos*
à tronches* musée-grévines. » (138)

musico (un) : musicien. Ex. : « Le musico a
fini son morcif* et entame un autre air. »
(104)

musiquer : jouer de la musique.

musulprêtre (un) : imam.

musulwoman (une) : féminin de musulman.
(B)

mutismer : se taire. Ex. : « M. Blanc clape*
en mutismant farouche. » (138)

N

nabu (un) : paysan. Ex. : « Je stoppe à une poignée de main d'un vieux nabu dressé sur un tracteur. » (83). Ex. : « C'est plus l'époque des terreux ! Tout leur foire* entre les mains, à mes nabus : le prix de la viande sur pied, du blé, du beurre, de la betterave sucrière. » (152)

nageoire (une) : main. Ex. : « La société scande en battant des mains. Le roi Farouch se blesse même à force de frapper ses nageoires. » (57)

nager dans la négresse : nager dans l'allégresse. Ex. : « C'est pas pa'c'qu'une minette vient de débarquer qu'y faut nager dans la négresse et vous estimer tout permis. » (B, 109)

naguèragresseur (un) : agresseur de naguère. Ex. : « J'emplis donc tout sottement la baignoire d'eau froide et j'y laisse tomber mon naguèragresseur. » (81)

naguère l'as : de guerre lasse. (B)

nain su (à mon) : à mon insu.

nain gras (un) : ingrat.

nain terre loque ut heure (un) : interlocuteur. Ex. : « Mon nain terre loque ut heure, fidèle à son impassibilité, reste de marbre (ce qui est un cas rare, j'ajoute puis toujours quand on parle de marbre). » (118)

nain-gêneur (un) : ingénieur. Ex. : « La gonzaisse elle dit come sa qu' cé un môssieu dont elle l'a prix pour un nain-gêneur des travots. » (B, 86)

nain-puissant (un) : un impuissant. Ex. : « La fille bêchait dans son fauteuil, disait que merci bien, tourner av'c un nain-puissant c'tait la pire calamitas. » (B, 208)

naïte-clube (un) : adapt. de l'anglais « night-club » (boîte de nuit).

nanagénaire (une) : se dit d'une femme d'un âge plus que mûr. Ex. : « D'allieurs, j'peux t'le dire, du moment que l'Antonio censurera, mais j'avais déjà grimpé des nanagénaires autr'ment chargées d'carats*. » (B, 208)

nanan (du) : facile, ou encore délicieux. Ex. : « C'est du nanan que de marner* avec de la ravelure*. » (8)

nani-naniant : hésitant. Ex. : « Il semble atteint de rhumatismes articulaires plâtreux, la manière nani-naniante qu'il se déplace, ce gonzier*, posant un pied comme sur une poutrelle située à vingt mètres du sol, y établissant son équilibre pour, ensuite, placer l'autre pattoune* devant. » (113)

napalm cadavériques (les) : palmes académiques. Ex. : « Il tapote un insigne fixé à son revers, entre le ruban de la lésion d'horreur* et celui des napalm cadavériques. » (83)

naphtaloche (la) : naphtaline. (B)

napoléoniser : évoquer Napoléon.

nappeuse (une) : brodeuse de nappe.

naquir : naître. Ex. : « Tout le monde se détranche* pour le mater*. Malgré le flegme des indigènes, on voit naquir les sourires. » (105)

narrable : racontable. Ex. : « On me considère comme un vieux dégueulasse qui doit infliger à sa jolie duègne des sévices pas narrables. » (97)

narrationner : narrer.

naseau (un) : narine.

naseaux (bourrer les) : donner un coup de poing dans la figure.

naser (se) : s'enivrer. Ex. : « Y faut d'la tolérance vis-à-viss d'quéqu'un qui s'nase, vu qu'souvent, c't'un d'la solitude, la boisson, et qu'un mec défoncé*, y s'traîne une belle charr'tée de chagrin, en douce. » (B, 208)

natation (une) : nation. Ex. : « Reconnaissance pour services trois pièces rendus à la natation. » (130)

natchaver (se) : s'en aller, partir, quitter. Ex. : « Il est glandu*, cézigue*, avec une gerce* aussi ronchon, malgracieuse infiniment, qui jamais ne salue personne et dont la progéniture infernale fait tellement chier* les autres locataires que tous ont envie de se natchaver des lieux. » (128)

nationable : national. (B)

natomie (la) : anatomie. (B)

nature : naturellement. Ex. : « Cette voix rouillée posée à ras de plancher. Celle de Pinuche*, nature. » (75)

nature-enliser : naturaliser.

nature-liche : adapt. de l'allemand « natürlich » (naturellement).

nature riche : adapt. de l'allemand « natürlich » (naturellement). (B)

naturlich : adapt. de l'allemand « natürlich » (naturellement).

nautication (la) : navigation. Ex. : « J'aperçois une île aux abords de tribord, à moins que ça soye de bâbord car, en nautication, j'ai jamais pu me rappeler si bâbord était du côté du bas tangage* ou du côté du roulis. » (B, 77)

nave : niais. Ex. : « J'ai été nave jusqu'à l'os du milieu en le laissant me suivre. » (81)

naveter : pratiquer la culture du navet. Ex. : « J'ai beau visionner ces nabus*, je me

rends compte qu'aucun d'eux n'a remarqué notre descente en voltige. Bien trop occupés à poireauter*, naveter, carotter* et chouer*. » (105)

naveton (un) : individu imbécile. Ex. : « Ah ! Y sont gâtés, les navetons que tu réussis à soulever. » (203). Ex. : « Quand je pense que ces navetons étaient les maîtres de l'armée. » (204)

naviguer dans de l'eau de vaisselle : être dans l'erreur.

navrance (une) : fait d'être navré, ce qui est navrant. Ex. : « Je dis à l'épouse du Déchet ma navrance de l'appeler si tard. » (75). Ex. : « J'en conçois de la navrance pour moi et de l'inquiétude pour vous. » (88)

navrancer : être navré. Ex. : « Encore ! navrance la Dodue. » (75)

naze (le) : nez. Ex. : « Alors là, la moutarde me grimpe au naze. » (31)

naze : 1. Epuisé. Ex. : « J'étais tellement naze que j'ai roupillé. » (204). 2. Ivre. 3. Cassé (une chose), foutu (être humain).

nazeau (un) : narine. Ex. : « Avec des nazeaux pareils, il engouffre un demi-mètre cube de morve. » (130)

nazebroque : 1. Cassé, abîmé. Ex. : « Une partie des bâtiments est nazebroque. » (130). 2. Ivre. Ex. : « T'étais complètement nazebroque, chéri ! Ce matin quand je m'ai barrée de ta piaule*, tu ronflais comme un moulin à café électrique. » (203)

nazer (se) : s'enivrer. Ex. : « Un bloody ! Tu parles ! Comment donc. Vodka, tomate. Fifty-fifty. La beurranche* hypocrite. Pas vu pas pris. Tu te nazes en ayant l'air sobre : le pied ! » (93). Ex. : « On va se nazer si on continue d'écluser* de la sorte. » (132)

nazer : casser, démolir.

nazibule pétafiné (un) : plante exotique fictive.

néandertalien (le) : langage inarticulé. Ex. : « Ayant déjà perdu la notion du langage articulé pour clamer ses frénésies en néandertalien. » (75)

néanti (un) : pauvre d'âme. Ex. : « Ce ne sont pas des nantis, mais des néantis ! Des anéantis ! Foutu au départ, en cours de route et à l'arrivée. Inimportants* à jamais ! » (122)

nébuler : exhaler. Ex. : « Des geigneries* lui nébulent du pif*. » (75)

nécesser : être nécessaire. (B)

nécessité fêle l'oie : nécessité fait loi.

nectar plus ultra (le) : nec plus ultra. Ex. : « Le foie gras était des lectables*. Servi avec du château d'Yquem, ce qu'est la fin du nectar plus ultra. " » (B, 208)

nectrochoc (un) : électrochoc. Ex. : « Un petit cao* ça n'a jamais fait d'mal à personne. Et souvent c'est mieux qu'un nétrochoc. » (B, 90)

néditeur (un) : éditeur. Ex. : « Car c'est toi (le lecteur) qui as droit à la considération du néditeur et non pas moi, humble forçat de la plume qui ne se permettrait même pas de changer sa Rolls sans demander la permission à qui de droit(s d'auteur). » (105)

néerlander : parler en néerlandais.

néfaster : anéantir. Ex. : « Leurs réprobations jumelées me néfastent complètement. Je deviens scorie, déchet humain, déjection porcine, tronçon abject. » (150)

néfertitiane (une) : évocation de Néfertiti et de son époque. Ex. : « Quelques néfertitianes entre nous, "Son et lumière" sur la gueule renfrognée du Sphinx dans les tons vert, rouge, indigo. » (116)

nèfles (des) : rien.

négligencer : négliger. Ex. : « Tu m'as déjà vu négligencer, rapport à la bite ? » (B, 130)

négliger son service entretien : être sale.

négochiant (un) : négociant auvergnat.

négrieur (un) : négrier. (B)

neige (la) : cocaïne, héroïne.

nénette (la) : tête.

néologiser : créer un néologisme.

néoner : illuminer. Ex. : « Elle fera un stage au Japon aussi, pour apprendre les délicatesses geishiennes* ; bref, ça néone vachement dans la lignée à Nelly. » (66)

nepasaître (un) : type d'arbre fictif. Ex. : « Nous nous dirigeons vers un bois de hêtres ou de nepasaîtres, impossible de trancher sans être arboriculteur. » (122)

nerf gumène (un) : énergumène.

nervi (un) : voyou, proxénète, homme de main.

nervouse en veilleuse (avoir la) : ne pas être nerveux.

nervouze (la) : nervosité. Ex. : « Je maîtrise mal ma nervouze. » (75). Ex. : « Au lieu de calmer ma nervouze, cette déambulation en circuit fermé ne fait que l'accroître. » (136)

nettoyer : tuer.

neu-neu : faible d'esprit. Ex. : « Alors vous avez décidé de la buter*. Pour cela vous avez fait croire qu'elle était neu-neu. » (19). Ex. : « Tu m'sauves le mental, mec*. Si ç'aurait pas été de toi, j' serais d'venu neu-neu. » (B, 128)

neutre (mords-moi le) : mords-moi le nœud. Ex. : « Avec tes combines à la mords-moi le neutre, j'ai failli me tuer. » (B, 43)

névrouze (une) : crise de nerfs. Ex. : « L'était en pleine névrouze, la gosse*. A r'fusait d'me suiv'. Y a fallu qu'j'l'alignasse pou' y calmer le système. » (B, 90)

nez lent (un) : élan. (B)

nez cécité fêle oie : nécessité fait loi. (B)

nez propre (avoir le) : être innocent.

nez en moins : néanmoins. (B)

nez vide amant : évidemment.

nez dites heure (un) : éditeur.

nez-chèque (un) : un échec. (B)

nez-nu-phare (un) : nénuphar. (B)

nez-pou (un) : époux.

ni des lèvres, ni des dents : ni d'Eve, ni d'Adam.

ni des lièvres ni dedans : ni d'Eve, ni d'Adam. (B)

ni gros ni spirituel : negro spiritual. (B)

niace (un) : homme. (B)

niagaresque : énorme, démesuré. Ex. : « Béru*, soucieux, hostile déjà, prêt à des colères niagaresques. » (62). Ex. : « L'Empereur gratta l'endroit de sa personne que l'imagerie populaire devait par la suite affubler d'une barbouze* niagaresque. » (200)

nianianer : parler niaisement. Ex. : « Une odeur délicate émane d'elle, comme j'ai pus lu dans un beau livre, jadis, drôlement mouillant, où un bel officier à épaulettes prenait la main d'une ravissante jeune fille abandonnée sur l'escarpolette de service pour lui nianianer comme quoi il la raffolait et souhaitait unir son destin au sien. » (111)

niaque (un) : homme de race noire ou asiatique. Ex. : « Ces fumiers de niaques, c'est des bouffeurs de merde au vitriol ! » (B, 151)

nib : rien. Ex. : « Je suis bon à nib. » (66). Ex. : « Et l'endoffé* de Pinuche* qui est bon à nib avec sa chiasse décidément chronique ! » (148)

nichebar (un) : sein de femme.

nichebé (un) : sein de femme.

nichebloque (un) : sein de femme.

nichebroque (un) : poitrine, sein de femme. Ex. : « Des nichebroques guillerets. » (69). Ex. : « Et puis ces tout superbes nichebroques, d'un blanc bleuté, avec des roses pompons à chaque bout. » (B, 208)

nicheloque (un) : sein de femme. Ex. : « Elle avait pas d'formes ; ça produisait un gros bloc : ses nicheloques, son bide*, son derche*, ses cuisses. » (B, 208)

nichemar(d) (un) : sein de femme. Ex. : « Une mégère apprivoisée avec des nichemards croulants et une moustache gauloise. » (24). Ex. : « Elle est coiffée frisottée sur le côté, mais elle fait pas trop poire malgré. A cause de son beau sourire plein d'éclats, de son regard ensorceleur, et puis de ses nichemards de grande laitière. » (78). Ex. : « Elle se traîne des nichemards qui te donnent à croire que t'admires le Ballon d'Alsace en étant beurré* à bloc. » (93). Ex. : « Des nichemards himalayesques. » (130). Ex. : « Je supervise ses nichemards blottis dans sa robe de chambre, ses hanches violoncelleuses dont l'étendue est de beaucoup plus de quatre octaves, sa bouche qui t'acharne le chipolata* dans les moments intimistes. » (131). Ex. : « Les dames, elles, ressemblent à des armatures habillées de triperie jaunasse. Doigts de pieds en bottes de radis. Les cuisses comme un lit défait. Des ventres bas, veinés de bleu, dégueulasses très beaucoup. Les nichemards comme deux bonnets sur un fil d'étendage. » (145)

nichonnante : se dit d'une femme à la poitrine opulente.

nicolaser : vendre du vin au détail, comme la maison Nicolas. Ex. : « L'étalon " kil de rouge " est le dernier lien entre eux (les clochards) et le reste, parce que c'est " le reste " qui vinicole*, embouteille et nicolase. » (75)

nid d'éal (un) : idéal. Ex. : « Just' à cause d'une poignée de nœuds volants, sournois, obstinés que j'sais même point ce qui z'espèrent, ni s'y z'ont réellement un nid d'éal. » (B, 208)

nid meuble (un) : immeuble. Ex. : « Derrière l'Néfertiti*, y a un chantier qu'on est en train d' bâtir un nid meuble. » (B, 116)

nière (une) : femme. Ex. : « Des nières pareilles, rappelle-toi que ça fait du dégât dans la braguette ! » (117). Ex. : « La nière* à laquelle tu souris et qui te sourit a déjà un pied dans ton lit et sa boîte de préservatifs à la main. » (136)

nièrouze (une) : femme. Ex. : « Une niérouze commak*, tu la grimpes* en danseuse sans agaceries prélavables* (comme dit Béru*). » (150)

nikonesque : relatif à un appareil photo.

nikonner : photographier. Ex. : « Les Japonouilles* de la cathédrale ou bien leurs copains de bureau se bousculent pour nikonner en chœur. » (136)

nippe (une) : vêtement.

nippé : vêtu. Ex. : « Il est nippé avec recherche ; ça a toujours été un grand coquet. » (20)

nipper (se) : se vêtir.

niqué : berné. Ex. : « Bité* jusqu'à la garde, enviandé* de première. Couillonné* à toute extrémité. Niqué. Zobé*. Plumé*. Misé*. » (81)

niquecaper : kidnapper. (BB)

niquecapeur (un) : kidnappeur.

nistoune (une) : 1. Petite fille. 2. Jeune femme.

nitro-vaseline (la) : nitroglycérine. Ex. : « Un mec*, pour agir d'la sorte, l'aurait fallu, soite qu'y craque* le coffe à la nitro-vaseline, soite avoir la complicité d' la banque ! » (B, 141)

nobiliaire : biliaire. Ex. : « Se démenant de tout, y compris de l'intestin grêle et de la vésicule nobiliaire. » (108)

nœud (un) : imbécile.

nœud-coulanter : faire un nœud coulant. Ex. : « Pour peu qu'il ait les ratiches trop espacées, ça se faufile autour de ses canines, ça lui nœud-coulante les incisives. » (204)

nœud-nuque (un) : eunuque. Ex. : « Ce qui n'est pas à la portée de toutes les bourses, comme disait un nœud-nuque. » (94)

nœud-rologue (un) : neurologue. (B)

nœurs indissolubles (les) : mœurs dissolues. (B)

noir (le) : opium. Ex. : « J'ai eu tort de lui chauffer* son noir. » (11)

noisette à lobes (une) : cerveau d'individu stupide.

noisette honorable (faire une) : faire amende honorable. (B)

noix (les) : fesses. Ex. : « Ma mère m' disait qu'on s'enrhume par les pieds, en ce dont il me concerne, faut croire que c'est plutôt par les noix. » (B, 88)

nomade slang (un) : no man's land. (B)

nomade's langue (un) : adapt. de l'anglais « no man's land » (zone neutre).

nomalie (une) : anomalie. (B)

nomancler : établir une nomenclature.

nombrille (le) : nombril.

nomenclater : établir une nomenclature. Ex. : « J'ai tellement croisé de gens sur ma route qu'il me faudrait mille pages pour à peu près tous les nomenclater, mais j'en oublierais quand même. » (114)

nonagéner : être nonagénaire.

nonchaler : aller avec nonchalance.

nonnastère (une) : monastère habité par des nonnes. (B)

Nordaf (un) : homme originaire d'Afrique du Nord.

nordure (une) : froidure du Nord. Ex. : « M'est avis que ma santé en a pris un vieux coup, dans les nordures canadoches. » (140)

normalien : normal.

nostalge (une) : nostalgie.

nostalgeos : nostalgique.

notarié (une) : notoriété. Ex. : « Elle est de notarié publique, elle aussi. J'm'ai laissé dire qu'une séance de baise* av'c vous, Antoine, c'est plus beau que Venise. J'sais plus quelle pécore* qu'v's'aviez tirée* m'a raconté vos passes de capes*, j'ai été obligée d'changer d'culotte tell'ment qu' j'm'y croilais. » (BB, 143)

notche (une) : nuit. Ex. : « Le Gros vient d'arriver et il rouscaille* en apprenant qu'il va passer une partie de la notche dans une bagnole* à surveiller l'immeuble d'un bourgeois. » (43)

notre père quête z'aux cieux : Notre Père qui êtes aux cieux.

nougat (un) : pied. Ex. : « Alors le gars San-Antonio* sent un frisson glacé démarrer de la plante de ses nougats jusqu'au sommet de sa girouette*, avec escale à l'antenne*. » (31)

nougater : frapper.

nougatière (une) : chaussure.

nouillasse (une) : imbécile dépourvu d'énergie.

nouille (une) : imbécile dépourvu d'énergie.

nouillerie (une) : chose insipide. Ex. : « Si je t'écris des nouilleries à l'eau, sans beurre, tu rogneras* et nos étroites relations s'arrêteront là. » (135)

Nouillorkais (un) : originaire de New York.

nouillorkchaire (un) : yorkshire. Ex. : « Un p'tit klébar* à la con, tout mignard*, style nouillorkchaire, av'c le kiki rose dans c'qui y sert d'tifs*. » (B, 127)

noye (une) : nuit.

noze (le) : nez. Ex. : « L'odeur m'a fouetté les trous de noze. » (81)

nozigues : nous. Ex. : « Pilois fonce pour se dégager du parking. Il est suivi par nozigues. » (39)

nuaire (la) : annuaire. Ex. : « Si t'auras envie d'l'revoir, l'braque* à Béru*, au lieu d'ta Normandie, appelle-moi, j'sus dans la nuaire. » (B, 143)

nubile : utile. Ex. : « La petite fille s'entreprend au médius pour joindre le nubile à l'agréable. » (84)

nudéhaire (un) : membre du parti U.D.R., parti conservateur dans les années soixante.

nuiteux : nocturne. Ex. : « Les autres locataires qui rappliquent en tenue nuiteuse. » (105)

numérer : énumérer.

numismater : collectionner des pièces de monnaie.

numismateux : en rapport avec la numismatique.

nurses (les) : mœurs. Ex. : « Bon, d'la came*, t'es pas l'seul. C'est dans les nurses d'aujourd'hui. » (B, 106)

nusse (la) : anus. Ex. : « Et d'me coincer la nusse, d'm'la rend' étanche comme si ça s'rait le couverc' d'un sous-marin. S'l'ment l'homme propose et le trou du cul* dispose ! Un vent de force 5, c'est pis qu'la toux. Tu peux pas l'réprimander. Quand y veut aller vive sa vie, faut qu'il alle. J'en bichais* mal au cœur d'à force de me coincer l'fion*. L'impression comme quoi j'allais mourir, en tout cas fulgurer dans mon bénoche*. » (B, 127)

nymphatique : lymphatique. (B)

nymphowoman (une) : nymphomane.

O **obaiser** : opiner. Ex. : « J'obaise du chef. » (126)

objecte : abject. (BB)

objectionner : objecter. Ex. : « Ma vieille n'a pas objectionné, vu qu'on n'craignait plus rien des chleuhs*. » (B, 208)

obscéninsanité (une) : mélange d'obscénité et d'insanité. Ex. : « Sa Majesté tempête comme une lampe du même nom. Elle sacre pis qu'à Reims. Elle gesticule comme une grève du zèle des sémaphores. Elle vomit des flots d'obscéninsanités que je pourrais pas te relater ici à cause de la crise du papier. » (86)

obscurci de la coiffe (un) : fou.

obsédance (une) : obsession.

obstraction (une) : objection. (B)

obus (un) : cigare de grosse taille.

occis dentaux (les) : Occidentaux.

occulement : d'une manière occulte. (B)

ocroyer (s') : s'octroyer. (B)

odalisque navrée (une) : plante exotique fictive.

odésespoirer : désespérer. Ex. : « In petto, car je suis aussi latiniste que tennisman, j'enrage, j'odésespoire. » (203)

odeur de seins tétés (en) : en odeur de sainteté. Ex. : « Après une tornade pareille, le juge peut aller se déshabiller tout seul ! Prendre du sirop d'hormones dans son huile de foie de morue ! Il est à tout jamais déchu de sa droite civique. C'est devenu la breloque* fantôme. Le singe d'une Nuit d'Eté ! Don Qui Chiasse* faisant la manche ! Déjà qu'il n'était pas en odeur de seins tétés pour sa Belle. » (78)

odorifié : malodorant.

œil du bidet (l') : police privée. Ex. : « Filatures en tous genres, ricane-t-il, l'œil du bidet ? Très peu pour moi, merci. » (59)

œil en flash (un) : regard rapidement inquisiteur. Ex. : « J'ai l'œil en flash. Pif-paf-pouf, j'ai une vue générale des gars. » (24)

œil qui dit merde à l'autre (avoir un) : loucher. (B)

œillée (une) : regard, œillade. Ex. : « Elle me viole d'une œillée en coup de fouet. Et mézigue*, cette véhémente regardée* me dégringole séance tenante dans les parties académiques*. » (104)

œillerie (une) : regard.

œuf (l'avoir dans l') : être dupé, berné.

œuf ajaccien : adapt. de l'anglais « of course » (bien sûr). Ex. : « Oeuf ajaccien (j'en ai classe* de toujours dire œuf corse). »

œuf corse : adapt. de l'anglais « of course » (bien sûr).

œuf de Pâques (un) : ventre proéminent. Ex. : « Il dégrafe son futal* qui lui tombe sur les pieds comme deux bandonéons lâchés. Son œuf de Pâques, libéré, s'épanouit dans la lumière des loupiotes*. C'est un truc énorme, velu, mais avec des cicatrices fulgurantes et rosées qui le ravinent, le zèbrent, le déforment. Cela plonge et ressort, cela sinue, s'insinue, se faufile, s'élargit sec et désert comme, en été, le lit aride d'un torrent italien. Le nombril, pourtant accusé, est perdu au milieu de ces fossés tourmentés ; ça n'est plus qu'une orbite énucléée, un anus obstrué par un éboulis de graisse, une marque d'origine dépréciée par les ans. » (202)

œuf-nuque (un) : eunuque. Ex. : « Les femmes, y a pas à chercher, faut les accepter comme elles sont, ou alors se faire œuf-nuque ou pédoque* de charme. » (B, 205)

offessine (un) : officine spécialisée dans les choses du sexe. (B)

officiante : officielle. Ex. : « Traînée dans des banquets, n'augurations, soirées officiantes, elle déjantait* d'la patience. » (B, 208)

offrir le bocal (s') : se moquer. (B)

offrir des chrysanthèmes à la Toussaint (aller se faire) : mourir.

offrir un meeting orlyesque : ronfler. Ex. : « Mais Berthe* continue d'offrir son meeting orlyesque. En ce moment, elle bruite l'exercice acrobatique d'une escadrille de Vampire. » (200)

offrir une Voie lactée en état de marche : assommer.

offuscade (une) : protestation. Ex. : « Pour lui désendolorir* l'offuscade, je m'empresse de lui brandir un billet de dix raides*. » (85)

offusquencer : offusquer. Ex. : « Faut dire qu'chez nous, maâme Martin, à la ferme on t'nait le taureau ; j'voudrais pas vous offusquencer, mais on l'avait baptisé Martin, c't'animal. » (B, 208)

ogive (l') : crâne.

ognasse (une) : montre. Ex. : « J'ai pas regardé la trotteuse de mon ognasse. » (204)

oignasse (un) : oignon. Ex. : « M'faudra beaucoup d'oignasse dans les flageolets, note ! » (B, 203)

oigne (un) : oignon, anus.

oignon (l') : anus.

oindre les précieuses à l'huile d'hypocrisie : flatter hypocritement.

oiseuserie (une) : chose oiseuse.

olfacpif : olfactif. Ex. : « Un type possédant un sens olfacpif (j'écris bien olfacpif) telle-

ment surdéveloppé qu'il parvient à trouver des truffes dans les cervelas truffés de Jacques Borel*. » (112)

olfactif (un) : nez.

olidesque : porcin, en rapport avec les produits de la société Olida. Ex. : « Je bondis sur Amin Dada et lui applique le canon de sa propre pétoire sur sa nuque olidesque. » (94)

olive (une) : balle d'arme à feu. Ex. : « Vous prenez une olive dans le chignon*. » (24)

ombrelle (se fendre l') : rire.

ombrelle (prendre) : prendre ombrage. Ex. : « Prends pas ombrelle si j'te dis qu'ta sister me porte aux sens. » (B, 140)

ombrure (une) : ténèbres. Ex. : « Alors le gars Hugo se lève et éteint la lumière. Nous plongeons aussitôt dans des ombrures qui exaltent les mauvaises odeurs ambiantes. » (83)

omelette à roues (une) : véhicule de couleur jaune de l'administration postale.

omissionner : omettre. (B)

omnambuler (s') : agir comme un somnambule. (B)

omniprésent-tâteur (un) : présentateur télé.

on satan à tout : on s'attend à tout.

onaniste du verbe (un) : quelqu'un qui s'écoute parler.

once croix raie : on se croirait.

ongle en carnet (un) : ongle incarné. Ex. : « J'tais en train d'prendre un bain d'pieds, vu que j'ai des ongles en carnet. Ceux des pouces ! J'avais oublié d'les couper c't'année et ces p'tits rigolos me rentent dans la viande. » (B, 123) Ex. : « Les nouvelles du morningue*. Comme quoi le gouverneur s'est fait enlever un ongle en carnet. » (B, 134)

ongue (un) : ongle. (B)

onguler : manucurer. Ex. : « Je trouve bizarroïde que ce fusse lui qui machinait les ongles à Van Danlesvoyl* au paravent* et qui tout soudain ne voulusse plus le faire. En refusant de l'onguler, il ouvrait conséquemment la lourde* à la manucure, non ? » (B, 205)

onomatoper : s'exprimer par onomatopées. Ex. : « Le Vieux* m'écoute en onomatopant pour montrer son intérêt. » (105)

onomatopéter : prononcer des onomatopées.

opé (une) : opération.

opéner : adapté de l'anglais « to open » (ouvrir). Ex. : « Elle est vachée* sur son tiroir-caisse, Loulette. Chaque fois qu'elle l'opène, elle doit déplacer, à droite, puis à gauche, les deux sacs de farine qui lui servent de poitrine. » (105)

openner : adapt. de l'anglais « to open » (ouvrir). Ex. : « Sa femme vient m'openner. » (104). « Le rouquin désaffecté m'approche en me disant que la malle peut plus s'openner. » (94)

opérationnelle : se dit d'une femme qui n'est pas dans sa période de menstruation. (B)

opériste (un) : chanteur d'opéra. Ex. : « Leurs pépiements composent une musique bien plus avantageuse que celle des opéristes de tout à l'heure. » (81)

ophtalmo (un) : ophtalmologiste.

opinion sur ruche (avoir) : avoir pignon sur rue. (B)

oponer : adapt. de l'anglais « to open » (ouvrir). Ex. : « Bon, j'm'annonce, sans m'être annoncé. Un soubret* vient m'oponer la porte. » (B, 208)

opportuner : être opportun. (B)

opportuniser : faire preuve d'opportunisme.

oraison (d') : de raison.

oraisonfunébrer : prononcer une oraison funèbre. Ex. : « Elle cligne des yeux à plusieurs reprises, comme le fait André Malraux lorsqu'il oraisonfunèbre devant les caméras de la téloche*. » (76)

oraisonner : prononcer une oraison. Ex. : « Quand on me disait qu'une haltère désaltère, il ronchonne pour funèbrement oraisonner. » (93)

orange-outange (un) : orang-outang. (B)

orangeoyer : briller d'une couleur orange. Ex. : « La carcasse de Jeep est encore illuminée. Elle rougeoie, orangeoie, jaunoie*. » (59)

orangir : devenir orange sous l'effet d'une émotion. Ex. : « Lormont blêmit, rougit, jaunit, verdit, violit, marronnit* (comme Saint-Laurent-du-), orangit, arc-en-ciélit, puis reprend tant bien que mal sa couleur initiale. » (51)

oratoire (un) : orateur. (B)

orchite (une) : orchidée. (MM)

ordinater : ordonner ses idées, méthodiquement et logiquement, comme le ferait un ordinateur.

ordinateur à cheveux (un) : crâne. Ex. : « Il écoute mon nom, l'enregistre dans son ordinateur à cheveux et passe ses deux pouces dans les tiroirs de son gilet. » (76)

ordination tétralogique (une) : ordre chronologique. (B)

ordonnateur (un) : ordonnance. (B)

ordredujourer : lire l'ordre du jour.

orémus (un) : tibia. Ex. : « L'orémus, c't'os, là au-dessous du genou. » (B, 49)

orfèvrement : à la manière d'une pièce d'orfèvrerie. Ex. : « Depuis la moelle épinière jusqu'aux plus mignons replis de l'anus si orfèvrement cannelé, moi je trouve. » (97)

orfévreuse (une) : féminin d'orfèvre. Ex. : « Savoure ton omelette, Sana*, elle est baveuse au poil* et Lousiana, faire griller des lardons, elle est orfévreuse en la matière comme tous les Canadiens. » (B, 141)

organisance (une) : organisation.

originalité (d') : d'origine. (B)

oripal (un) : vêtement de mauvais goût, singulier d'oripeaux. Ex. : « A propos, toi qu'est le patron, tu pourrais pas dire à cette Espingote* de mes fesses qu'elle s'achète des slips un peu bandants, qu'on se régale ? T'as vu dans quoi elle s'emmitoufle le joufflu*, Antoine ? Chez les ursulines, elles ont des culottes plus attractives. Faudrait lui faire réviser sa panoplie. Ne serait-ce que pour le standinge* de cette maison, merde ! Assurer le service d'un commissaire en portant un oripal en gros coton flasque, faut avoir la cervelle qui se caramélise ! » (T, 143)

ormeaux (des) : désormais. (B)

orthopédique : orthodoxe. Ex. : « Y avait un curé à barbouze* de l'église orthopédique. » (B, 200)

os (un) : automobile. Ex. : « Higgins devait bien carrer* son tréteau* quelque part lorsqu'il pieutait* ici. Comme il n'y a pas possibilité de garer une voiture dans l'étroit jardinet, j'en conclus qu'il remisait son os dans un garage. » (9). Ex. : « Je me rapatrie dans mon os de louage et fonce jusqu'à son domicile. » (126)

os au buco (un) : osso-buco. (B)

osier (l') : argent. Ex. : « J'ai l'osier, assura le poulet en ramenant une forte liasse de sa poche-poitrine. » (104). Ex. : « Prends l'osier et va te louer un compte à la Chase Manhattan la plus proche ; tu le déposeras, sinon tu vas te le faire engourdir* dans les meilleurs délais, ça chourave* à tout va, ici. » (132). Ex. : « Si tu te fixais à Buenos, moi je me chargerais de te rabattre des rombières* bourrées d'osier. » (148)

osleuse (une) : femme qui porte un manteau en ocelot.

os qui pue (l') : occiput. (B)

ossure (une) : ossature. (B)

ôtage (un) : action d'ôter. Ex. : « J'exagère les difficultés pour l'ôtage du bénouze. » (115)

otarie nationale (l') : Loterie nationale.

ouater : être dans la ouate. Ex. : « Ma faim s'accroît, car si on bouffe* pas, c'est un mal irréversible ; mais par contre, ma souplesse se précise et les ultimes vapes qui m'ouataient achèvent de s'effilocher. » (63)

ouatiner : adoucir, flatter. Ex. : « Stéphane est un vieil ami. Nous fûmes condisciples, jadis en Suisse. – Ça crée des liens, veux-je bien convenir, manière d'ouatiner son entonnoir à confidences*. » (87)

ouest and scie : adapt. de l'anglais : « wait and see » (attendre et voir). Ex. : « Moi, j'sentais qu'sa gamberge travaillait pour mes actions. Qu'y n'fallait pas bousculer, mais attend'! Ouest and scie, comme disent ces cons d'Anglais. » (B, 208)

où-est-ce-terne (un) : adapt. de l'anglais « western ».

ouesterne : adapt. de l'anglais « western ».

ouin-ouin (un) : douanier (suisse).

ouiquande (un) : week-end.

ouraganter : hurler comme un ouragan.

ourdisseur (un) : celui qui ourdit un plan. Ex. : « D'après le plan que j'ai ourdi, comme disait un ourdisseur que j'ai bien connu. » (39)

ours (les) : règles menstruelles. Ex. : « Une gerce* qu'a ses ours au mauvais moment, et je la répudie aussi sec, pour toujours. » (136)

outias : décédé. Ex. : « Le gars que j'ai propulsé de la coupelle est outias, ses vertèbres font la colle*. » (57)

outil de la maison Scandale (un) : soutien-gorge. Ex. : « Elle porte une robe imprimée représentant des nénuphars sur un fond lie-de-vin. Cette réussite de la couture française ménage une vue étourdissante sur la poitrine de la dame. J'admire la résistance de son tombereau à bretelles*. Je ne sais pas s'il était prévu pour une charge utile de cinquante kilos, l'outil de la maison Scandale, mais il fait son devoir, vaille que vaille, je vous jure. » (200)

outragesquement : outrageusement.

outrecuider : être outrecuidant. Ex. : « Monsieur ! Chaque fois je trémouille* de m'octroyer un tel vocable. C'est monsieur ! Faut pas craindre d'outrecuider ! Faut pas rechigner sur sa personne, ni non plus chier la honte ! » (102)

outre-emmanché (un) : habitant d'outre-Manche, Britannique. Ex. : « Nobody, comme disent les outre-emmanchés. » (45)

ouvrillyme (un) : patronyme d'un ouvrier.

O.V.N.I. (un) : coup de poing. Ex. : « Et puis voilà tout ce qu'il peut articuler vu que Mister Babar vient de lui parachuter* un O.V.N.I. à travers le portrait. » (94)

oxyde de cambronne (l') : oxyde de carbone. Ex. : « Tu ne trouves pas que ça pue l'oxyde de cambronne ? demande le Monumental. » (B, 109)

oxygénance (l') : oxygénation. Ex. : « La camberousse*, on n'peut pas arriver à se sentir soye-même sans elle. Pas une question d'oxygénance. Ici, j'te cause pas de poilution* mais d'équilibre. » (B, 208)

P pacsif (un) : paquet. Ex. : « Avec le pacsif de mouscaille* qui lui a chu sur le râble, ça n'aurait rien d'étonnant. » (204)

pacson (un) : paquet.

paddock (un) : lit.

padiraquien : qui évoque le gouffre de Padirac. Ex. : « Ils sont là, tous les trois : Achille*, Béru* et l'Américaine au décolleté padiraquien. » (113)

paf (un) : imbécile.

pagado : payer (adapt. de l'espagnol). Ex. : « Je fais ma valoche* à la diable et descends pagado la chambre. » (128)

pagant (un) : paysan. Ex. : « Ce qui réconforte, avec les pagants, c'est qu'ils ont le culte de l'oseille. » (8)

pagayer de la menteuse : bafouiller.

page (un) : lit.

pagemuche (un) : lit. Ex. : « La violatil pas qui me culbute sur le pagemuche. » (85)

pageot (un) : lit. Ex. : « Ce pageot d'hôtel minable achève une carrière pénible. Il suffit de le regarder d'une façon un peu trop appuyée pour qu'il se mette à geindre. » (28)

pager (se) : se coucher dans un lit. Ex. : « Je casse une graine et je vais me pager. » (6)

pagingue (un) : lit.

pagner (se) : se coucher. Ex. : « S'il se pagne avec la demoiselle qu'est là, je comprends mal qu'il soye pas déjà au paddock*, mon pote. » (88)

pagnoter : coucher. Ex. : « Moi, eh bien, je... je pagnoterai sur une couvrante*, par terre. » (2)

pagnoter (se) : se coucher.

pagouze (une) : paye, salaire. Ex. : « Je le vois mal économiser cinquante lacsés* sur sa maigre pagouze. » (8). Ex. : « Chez lui, sa bergère mettait l'embargo sur la pagouze et lui octroyait généreusement cinquante louis pour sa nicotine mensuelle et ses apéros. » (20). Ex. : « On est des bonshommes à solde, nous autres : la pagouze en fin de mois, les primes, les notes de frais... » (121). Ex. : « Quand j' vivais av'c Berthe*, c'était pas possib'. E m'freinait l'entreprenance*. Voulait qu' j' restasse fonctionnaire. La pagouze en fin d' mois, é voiliait pas plus loin, c'te grosse vachasse! » (B, 141)

paillarder : se livrer à des activités paillardes, festoyer. Ex. : « Nous passons une journée orgiaque dans le petit pavillon du curé, à boire et paillarder. » (2). Ex. : « Les nuits de beuverie affûtent ses sens; ses plus belles prouesses, il les a toujours accomplies les lendemains de cuite*. Il évoque le couple en compagnie duquel il a " paillardé " cette nuit. » (213)

paillasse (la) : ventre.

pain (un) : coup de poing ou de tête. Ex. : « Je lui mets un pain dans le bureau*. » (5). Ex. : « Le Gravos a empoigné Riri par sa cravate et lui fait décrire une douzaine de

237

tours complets autour de sa personne. Après quoi il se l'immobilise et lui téléphone* un pain d'une livre dans le clapoir*. » (54)

pain de fesse (le) : prostitution. Ex. : « Mais, ma p'tite fée, je blablutie*, prostipute*, c't'un métier. Et y faut beaucoup d'connaissances espéciales. On n'débute pas dans l'pain d'fesse comme aux P.T.T. » (B, 208)

pain total (le) : Penthotal. Ex. : « J'y ai fait croire qu'y s'agissait d'une s'ringue de Pravda* et qu' j'allais lu bricoler une piqûre de pain total pour lui faire causer*. » (B, 106)

paire (se faire la) : partir, s'enfuir.

paire de machin-trucs (une) : seins de femme. Ex. : « Ce sont du reste deux merveilleuses spécialistes des ébats collectifs. Et puis roulées comme pas trois! Regardez un peu ça! Dessous il y a une paire de machin-trucs sans emballage qui ferait dresser les cheveux d'une boule d'acier. » (202)

paires nourricières (les) : seins de femme.

palaçage (un) : élément qui fait partie d'un hôtel, d'un palace.

palaner : hisser avec un palan.

palanquiner : transporter dans un palanquin.

paldingue (le) : dos. Ex. : « Des gars d'autrefois me chutent sur le paldingue, à l'improviste. » (83)

paletot (le) : dos.

palière : relatif à un palier. Ex. : « Deux ou trois de ses voisins, réveillés par l'altercation palière... » (128)

palomarès (un) : palmarès.

pâlot des flûtes : flageolant des jambes. Ex. : « Nous allons assez doucement à cause de mon pote* qui se sent un peu pâlot des flûtes. » (18)

palpitant (le) : cœur.

palpons (à) : à tâtons. Ex. : « Je réanime. Avance mes mains à palpons. » (102)

paltingue (un) : veston.

paltobock (le) : dos, épaules. Ex. : « Faut voir à quelle vitesse ils m'arrivent sur le paltobock! » (57)

paltobok (bondir sur le) : empoigner. Ex. : « Nous leur bondissons sur le paltobok avec la frénésie d'une main de pickpocket dans la poche d'un baron de Rothschild. » (68)

paltuche (le) : dos. Ex. : « Elle balance du morse av'c son croupion. Le guigne du coin d'l'œil, le rouleur. T't'à coup, il lui saute sur le paltuche. » (B, 208)

paluchage (le) : poignée de main. Ex. : « L'autre, qui a des usages, lui tend la main pour le paluchage préambulatoire*. » (56)

paluche (une) : 1. Main. Ex. : « Il fait mine d'hésiter à lever les paluches. » (5). Ex. : « Elle est grande comme le chef des gardes royaux de Buckingham, avec des épaules de lutteur forain, un cou de taureau, une grande gueule de marchande de poissecaille*, une moustache de cantonnier auvergnat, des mirettes* de lionne en rut et des paluches de catcheuse. » (15). 2. Toucher. Ex. : « Bon, y a le sens de la biglanche, çui de la renifle*, le sens de l'esgourde*, le sens de la paluche, çui de la menteuse* et le sens du devoir. » (B, 58)

palucher : caresser.

paluchette (une) : main.

pâmoisant : qui se pâme. Ex. : « En plein gargarisme*, alors que mon auditoire forme les faisceaux et que je le sens en partance pour les suitances* pâmoisantes, un coup de sonnette! » (117)

pâmoisé : en pâmoison.

panaché universel (le) : panacée universelle. (B)

panade (une) : 1. Situation embrouillée. Ex. : « Oh! cette panade! Cette soupe de merde! Un schprountz* pareil, y avait lurette*! » (147). 2. Panacée. (B)

panais (un) : langue. Ex. : « Satisfaite, Babouchka sort une menteuse* d'une livre et me virgule* un coup de panais prometteur sur les lèvres. » (122)

panais (s'en branlocher le) : s'en moquer.

panard (un) : 1. Pied. 2. Jouissance. Ex. : « Prendre son panard. » Ex. : « Une julie qui take son panard par la trompe d'Eustache, ça bat des records. » (204)

panchromatique flouzeur gauche (un) : muscle quelconque du corps humain. Ex. :

« Vous relâchez alors votre étreinte pour le porter à la base du panchromatique flouzeur gauche. » (51)

pandore (un) : policier.

panégyresque : relatif à un panégyrique. Ex. : « Je lis les textes panégyresques qui lui sont consacrés. » (81)

panier (le) : 1. Braguette. 2. Fessier. Ex. : « C'est le genre de doudoune* qui marche pour deux. Elle a le panier à changement de vitesse sur roulement à billes. » (16). Ex. : « Elle met les adjas* vite fait sur le gaz, comme une demoiselle des enfants de Marie qui traverserait un bois avec quinze Sénégalais au panier. » (31)

panne de bidet (une) : terme d'insulte. Ex. : « Je sais un paquet de connasses qui vont encore me traiter de macho; elles comprennent jamais la plaisanterie, ces pannes de bidet ! » (128)

panne de secteur dans le transformateur (avoir une) : être fou.

panoche (un) : pied.

panoplie d'intérieur (la) : viscères. Ex. : « En effet, Trois-Sous pousse un faible soupir, ses mains lâchent sa panoplie d'intérieur qui croule sur le plancher avec un bruit affreux, et il s'écroule. » (8)

panoplie fanée (avoir la) : être stérile. Ex. : « Si t'es en manque de mouflet*, fallait répugner* ta dame, comme font les rois lorsque leur bobonne* a la panoplie fanée. » (B, 61)

panoramiser : jeter un regard circulaire. Ex. : « Le gros défaitiste panoramise du regard sur la lande, le lac et, au loin, l'océan grisâtre. » (94)

panosse (une) : individu incompétent. Ex. : « Il a du métier, de la jugeote... – Tandis que moi, j'sus une panosse ? » (152)

panouille (une) : figurant, second rôle. Ex. : « Un type de troisième plan, un Suisse alémanique plus ou moins originaire d'Europe centrale et qui jouait des panouilles à l'écran; un officier allemand dans un film d'Occupation, un invité à monocle dans les réceptions d'ambassades. Du sous Eric von Stroheim* au rabais. » (86). Ex. : « Boris leur avait confié des " panouilles " dans ses spectacles. » (216)

pantalonien : relatif aux pantalons. Ex. : « Il se penche pour montrer la fente panta-lonienne antérieure à l'explosion et qu'il va se faire rembourser par l'assurance. » (81)

pantalonner (se) : se vêtir d'un pantalon.

pantoufler (se) : chausser des pantoufles.

panzère (un) : panzer, char blindé allemand de la Seconde Guerre mondiale. (B)

papa (à la) : tranquillement, sans hâte.

papatter : piétiner. Ex. : « T'as déjà maté* deux colombes s'aimant d'amour tendre ? La colombe et son colombin* ? Bec à bec. Lui, traînant de l'aile, papattant sur place. » (97)

papelard (un) : papier. Ex. : « Elle tient un papelard dans le creux de sa main. » (204).

paperasser : accomplir des tâches administratives. Ex. : « Etre née Pran de La Gite et aller paperasser parmi les effluves de panards*, voilà qui est d'une forte nature. » (102)

papezingue ou **papzingue** (un) : papier. Ex. : « Un froissement de papezingue m'apprend que, dans la pièce, un mec lit ou classe des fafs*. » (15)

papier (un) : billet de banque.

papier vert (un) : dollar.

papilleux : qui excite le sens du goût. Ex. : « Je sors de la salle ronronnante où flottent les plus papilleuses senteurs qui soient, qui fussent, et qui fusseront. » (102)

paquemoche (un) : paquebot.

pâquerettes (aller aux) : s'évanouir. Ex. : « L'agresseur devait être tapi dans l'ombre, la bêche à la main. Quand elle s'est amenée, il lui en a collé un coup sur la noix*. La dame Renard est allée aux pâquerettes, estourbie. » (49)

paquet (mettre le) : employer les grands moyens.

paquet de cartilages (un) : poing. Ex. : « Je prends un mahousse* paquet de cartilages à la mâchoire. » (16)

para tout ce qu'a de bel homme (un) : parabellum. Ex. : « J'ai ce para tout ce qu'a de bel homme dans ma pocket, convient-il en extrayant trente centimètres d'une pétoire* qui aurait permis à Carthage de gagner les guerres puniques si elle avait été inventée deux cents ans avant Jésus-Christ. » (B, 127)

parabole de vigile (une) : parole d'Evangile. Ex. : « C'est not' supérieur rachitique*, mec ; ce qu'il décide est parabole de vigile. » (B, 109)

parachuter : envoyer. Ex. : « Et puis voilà tout ce qu'il peut articuler vu que Mister Babar vient de lui parachuter un O.V.N.I.* à travers le portrait. » (94)

paradis-thérèse (un) : paradis terrestre. Ex. : « Des oiseaux de couleurs vives remueménagent* autour de nous sur les pelouses et dans les buissons. Un vrai coin de paradis-thérèse. » (97)

paradisiaque (un) : aphrodisiaque. Ex. : « Pour ce qui est de la ressemblance, y a pas que le profil : faut voir itou du côté de la bagatelle*. Avec la différence toutefois que Bérurier* il a pas besoin qu'une Mme de Sacripan* le gave de paradisiaques ! » (B, 200)

paraison (une) : parution. (B)

parapluie (un) : policier. Ex. : « Tu peux pas rentrer là-bas avec la crise d'urticaire que tu as déclenchée chez les parapluies. » (15)

paravent (au) : auparavant.

parc à huîtres (un) : ventre, estomac. Ex. : « La situation est tellement critique que j'en ai des aigreurs dans le parc à huîtres ! » (26). Ex. : « Je déguste un formidable coup de boule* dans le parc à huîtres ! J'ai l'impression de n'être plus qu'un mauvais estomac hors d'usage. » (27)

parc à os (un) : cimetière. Ex. : « Le zig va être transféré au parc à os demain. » (36)

parchemin facial (un) : visage de vieille femme. Ex. : « L'importante impotente grimace dans son fauteuil. Son parchemin facial se craquelle un peu plus. » (69)

parcimoner du flocon : neiger faiblement.

parcimoniser : agir avec parcimonie. Ex. : « Lui, il chipote sur les compliments ; parcimonise. » (105). Ex. : « Je finis par enquiller la guinde* dans une bouche noire où je circule sans phares, juste à la clarté lunaire qui parcimonise entre des masures. » (138)

parcotaumètre (un) : parcmètre. Ex. : « Oui, que chez des peuples comme nous, ou pire que nous, qu'on saccage le bien public : les taxiphones, les gogues*, les parcotaumètres, les esquares*. » (B, 208)

pardessus en sapin (un) : cercueil. Ex. : « Deux centimètres plus à droite et j'allais me faire confectionner un pardessus en sapin. » (2)

pardeuss (un) : pardessus.

pardine : bien sûr, pardi.

pardingue (un) : manteau, pardessus.

pardingue à manettes (un) : cercueil.

pardingue en bois d'arbre (un) : cercueil.

pardingue en sapin (un) : cercueil. Ex. : « Crack ou pas, ils finissent dans un pardingue de sapin ! » (19). Ex. : « Si tu n'observes pas les règles essentielles, parvenu à l'âge branlant tu y vas du pardingue en sapin. » (100)

pardosse en sapin véritable (un) : cercueil. Ex. : « Je me sens bon pour le pardosse en sapin véritable. » (8)

pare-brise (un) : œil.

pare-brise à lampions (un) : lunettes.

pare-chocs à poumons (un) : poitrine, seins de femme. Ex. : « J'ai profité pour palper l'emballage et m'assurer que ses pare-chocs à poumons sortaient pas de chez Dunlopillo. »

pareilleté (une) : identité, ressemblance. Ex. : « Moi, j'ai des relations, j'sais jamais chez laquelle je me trouve, tant tellement leurs crèches* sont identiques, hallucinantes de pareilleté, avec les mêmes teintures, gravures, meubles... » (100)

parenthéser : faire des parenthèses. Ex. : « Le Lucratif parenthèse des cannes* pour s'aller gratter le trou du cul démangeant sans bourses déliées. » (94)

parfum (au) : informé.

parking à sac tyrolien (un) : dos. Ex. : « Et filant une bourrade dans le parking à sac tyrolien du chauffeur, il ordonne : – Mets le pétrole qu'il faut, Jules, mais rattrape-moi cet enfoiré d'Alonzo ; cet animal, dès qu'on n'est plus à ses côtés, il prend la mentalité d'un ramasseur de muguet ! » (58)

parkingeuse (une) : gardienne de parking.

parkinsonner : trembler. Ex. : « Tu sais que je l'emplâtrerais* facile, ce marchand de chiffons ? Il me court. J'en prends la tremblote*. Je parkinsonne des antérieurs. » (119)

parlaille (une) : discours.

parler en faisant friser les féminines : parler en usant d'un ton oratoire, pompeux.

parler du parapluie et du Bottin : parler de la pluie et du beau temps. Ex. : « Il y a des filles groupées, à l'écart, qui se mettent des touches de laque à ongles sur les échelles de leurs bas en parlant du parapluie et du Bottin. » (43)

parmesan dans les assiettes à hors-d'œuvre (avoir du) : être sourd.

parodiébérurer : parodier Alexandre-Benoît Bérurier*. Ex. : « Mon petit gars, parodiébéruré-je. Vous avez sorti votre voiture hier. » (200)

paroi bitounière (une) : paroi d'une fusée d'alarme le long de laquelle se produit une projection phosphoro-baveuse lorsque l'on a décapsulé le survalveur à goupille rétractile* pour que se produise l'induration émolliente*. (60)

paroldhonneurer : donner sa parole d'honneur. Ex. : « Il suspecte ma science, ce gros cartésien. Faut que je lui répète ! Lui assure, lui confirme, lui jure, lui parole-dhonneure pour parvenir à le reconvaincre. » (71). Ex. : « Alors si je paroldhonneure qu'il y a pas mèche de se complaire dans les complaisances de style, faut pas me butiner les valseuses. » (74)

parpagne (la) : campagne. Ex. : « J'ai bien fait d'accepter ce petit coup de parpagne. » (62). Ex. : « Ma Félicie*, drôlement pimpante dans une robe bleue à col blanc, applaudit généreusement. Elle est radieuses, m'man. La parpagne, c'est son idéal, sa vraie nation. » (69). Ex. : « Je vas barrer toute la strasse*! objecte l'Emérite (agricole puisqu'il est de la parpagne). » (136). Ex. : « Deux ou trois maisonnettes semi-rurales, et on attaque la vraie parpagne aux tas de fumier fumants, sur lesquels chantent des coqs plus gaulois que nature. » (141)

parpaing (un) : coup de poing. Ex. : « Le Paul me télégraphie* en urgent un parpaing de la catégorie A sur le coin de la joue. » (15). Ex. : « Cet enfant de garce vient de me filer un uppercut au menton. Ce parpaing, croyez-le, il n'est pas allé l'acheter à la pharmacie Bailly! »

parpiner : frapper. Ex. : « Je lui parpine le menton, et il s'étale dans le couloir. » (88)

parpinoche (un) : coup de poing. Ex. : « Vous prenez ce parpinoche dans le portrait, et vous avez illico les hémorroïdes qui festonnent. » (204)

parqueen (un) : parking. Ex. : « On va récupérer sa Porsche au parqueen (vive la reine). » (103)

parthénonesque : qui évoque le Parthénon. Ex. : « C'est une construction blanche, avec un toit plat, un péristyle parthénonesque. » (105)

parthéno-panthéonesque : qui s'inspire de constructions comme le Parthénon et le Panthéon.

participante (une) : participation. (B)

particulé (un) : noble. Ex. : « Encore un particulé, gouaillé-je, on s'explique dans la noblesse, décidément, avec cette histoire. » (100)

partie la moins intellectuelle de la personne (la) : fessier.

partie du corps qui sert à jouer de l'harmonica (la) : bouche.

partie-cul : particule. (B)

partir en brioche : s'effriter. Ex. : « Trop de vin rouge : son standing en contre-plaqué est parti en brioche. » (57)

partir à dame : s'évanouir. Ex. : « Je reçois un coup de pied dans la poitrine... Je repars à dame... » (20). Ex. : « Va falloir que je réponde à au moins l'un de ses pourquoi avant qu'il ne biche* une attaque d'apoplexie. Il commence à violacer, Jules. S'il a de la tension, il risque de partir à dame avant la fin de l'entretien. » (42)

partir au lasso : partir à l'assaut. Ex. : « J'fourre en danseuse les mains z'en haut du guidon. Chaque fois c'est comme si je partirais au lasso du Galibier. » (B, 208)

partir en sucette : se délabrer, se détériorer. Ex. : « Tout émigre, sitôt que créé. Part en sucette dans les mesquinades* de la vie, dans la turbulence des hommes. » (93). Ex. : « Ça fait un bout, visiblement, qu'elle part en sucette, cette taule*. » (128)

partir dans les quetsches : s'évanouir.

partiser : être partisan. (B)

partouze (une) : 1. Coït collectif. Ex. : « Au premier, un grand admirable tableau, sombre comme une partouze de Sénégalais, représente une formide* bataille navale entre Français et Anglais. » (96). 2. Osmose. Ex. : « Tes sens qui décarrent* sans te demander la permission. Et toi, docile, tu les suis, t'entres en partouze avec eux ! » (94)

pascal (un) : billet de cinq cents francs. Ex. : « Je sors mon lazingue*, y puise deux pascaux que je tends à la mastroquette*. » (121)

pasdecharger : avancer au pas de charge. Ex. : « Il y a des exclamations, des interjections, des supplications. Des coups sourds. Des coups pas sourds. Le personnel pasdecharge en direction de la clameur, du séisme. » (64)

pas-de-courser : avancer au pas de course.

pashaderme (un) : riche Arabe obèse.

pas laid (un) : palais. Ex. : « Le ministère qui venait d'apprendre le décès du prince prend immédiatement contact avec le pas laid impérial. » (72). Ex. : « Le Vieux*, débrancher le bigoche* ! Mais c'est une révolution de pas laid, ça ! » (205)

pas-le-pot (un) : individu malchanceux.

pas que beau (un) : paquebot.

passageatabasser : rosser, passer à tabac*. Ex. : « J'ai peur que le Gros ne passageatabasse trop son jeune client. Il a l'habitude de pratiquer des durs*, Béru*, des vrais coriaces qui encaissent les gnons* en rigolant. » (200)

passe-partouse (un) : passe-partout.

passe-sirop (un) : combiné téléphonique. Ex. : « Je pose à mon tour le passe-sirop sur son râtelier*. » (36)

passer à l'effaceur : tuer.

passer au barbecue : incinérer. Ex. : « Et tu estimes que le columbarium est un endroit choisi pour aller flirter avec la veuve d'un gars qu'on passe au barbecue ? » (54)

passer l'arme à gauche : mourir.

passer l'outre : passer outre. (B)

passer la brosse à reluire : flatter.

passer la sébile : emprunter de l'argent.

passerparlesarmer : passer par les armes.

passoire (la) : 1. Combiné du téléphone. Ex. : « Allô ! Allô ! Antoine* ? dit ma Félicie* dans la passoire. » (118). 2. Téléphone. Ex. : « Alors note ce numéro de passoire : Buffon 94-60. Il ne figure pas dans l'annuaire. » (58). 3. Microphone. Ex. : « Il s'assied dans la pièce et ramasse le fil d'un micro à terre. Il porte la passoire à ses lèvres. » (26)

passoire à déconne (une) : combiné téléphonique.

passoire à mensonges (une) : bouche. Ex. : « La digne personne met sa main sur sa passoire à mensonges. » (24)

pastaga (un) : pastis ; par extension, situation embrouillée. Ex. : « Il consomme son litre de pastaga quotidien. » (3)

pastèque (une) : sein de femme de forte taille. Ex. : « Une bride de son montecharge* a dû flancher car une de ses pastèques pend sur la jupette frivole. » (75)

pastèque de cuir (une) : ballon de rugby.

pastille (une) : balle d'arme à feu. Ex. : « Pas de faux mouvements ou c'est toi qui écopes de la première pastille. » (5)

pastis (un) : situation confuse.

pas trop nesse : patronnesse. Ex. : « Les dames pas trop nesses. » (66). Ex. : « Bonjour, miss, je lui susurre en l'enveloppant d'un regard qui carboniserait le slip d'une dame pas trop nesse. » (73)

patacaisse (un) : pataquès.

patache : poussif. Ex. : « Sur le palier, je me demande si j'emprunte l'escalier ou le vieil ascenseur hydraulique, si lent, si patache. » (83)

patapoufer : tomber. Ex. : « Ils vont nous faire chavirer, ces gueux. On va patapoufer dans la grande bleue. » (85)

patate (une) : 1. Individu lourdaud, maladroit. 2. Tête, crâne. 3. Coup de poing. Ex. : « Une patate plantigradesque* télescope* la tempe de son agresseur. » (105). 4. Nez. Ex. : « Le Gravos se met à jouer les Atchoum. Je lui comprime la patate à pleines pognes pour écraser la déflagration. » (51)

patate (rester sur la) : rester en travers de la gorge.

patatesque : en forme de patate. Ex. : « Il a un nez patatesque. » (62)

pataudement : d'une manière pataude.

pataugesque : relatif à un lieu où l'on patauge.

pataugeuse (une) : botte. Ex. : « Les pataugeuses sont deux fois trop grandes et je pourrais recevoir du monde dedans. » (4)

pâte à base de poulardium et de corgnolon valvaire décentré (une) : pâte (fictive) permettant de relever une empreinte de clé.

pâtée (une) : correction infligée à quelqu'un. Ex. : « Mon nom est San-Antonio*, avec un tiret; mon prénom : Antoine. Mais, contrairement à ce qu'on pourrait en conclure, je ne suis pas d'origine ibérique. Dans ma famille, nous sommes français de père en fils depuis que votre grand César a flanqué la pâtée à notre sympathique Vercingétorix. » (145)

patente (une) : licence. Ex. : « Espèce de petit gredin! aboie le Molosse. Au lieu de préparer sa patente d'histoire, ça veut jouer les truands! » (B, 200)

paternoche : paternel.

patibulaire (un) : vocabulaire. Ex. : « Alors avec toi, faut pas chahuter le patibulaire ou la grammaire. » (B, 54)

patibuler : être patibulaire. Ex. : « Portrait de notre camarade Bézamé, qui patibule vachement devant l'objectif éclabousseur de photomaton. » (99)

patin (un) : 1. Pépin, problème. Ex. : « S'il se produit du caca, n'intervenez qu'en cas de gros patins. » (117). 2. Baiser.

patineuse de trottoir (une) : prostituée.

patins (prendre les) : défendre la cause de quelqu'un.

patins (chercher des) : chercher querelle, créer des problèmes. Ex. : « Quand je lui ai annoncé que j'étais flic*, elle a cru que je venais lui chercher des patins et s'est mise à chocotter*. » (141). Ex. : « Vous allez nous chercher des patins? s'inquiète-t-elle. – Non, rassure-toi, vos tribulations ne sont pas de mon ressort. » (149)

pâtisserie (faire) : faire tapisserie. Ex. : « Que je restasse à faire d' la pâtisserie, du temps que vous allez à la chicorne, les deux? Non mais tu m'prends pour qui est-ce-t-il, l'artiss? » (B, 128)

patouille (la) : 1. Eau, boue. Ex. : « Béru* l'a déjà filé dans la patouille d'un coup de boule*. » (91). 2. Malheur, disgrâce. Ex. : « Tu calamites* dans la patouille. » (89)

patouiller de la menteuse : bafouiller. Ex. : « Faut vite l'entreprendre avant qu'il soit complètement cointché*. Déjà, il patouille de la menteuse et ses bigarreaux* font l'appareil à sous. » (94)

pâtouilleux : pâteux. (B)

patribonze (un) : patrimoine constitué de bibelots d'origine chinoise.

patte (une) : main.

pattemouiller : être confus. Ex. : « Il murmure, penaud : – Navré de... de ce qui s'est passé. Il pattemouille, le frangin. » (132)

pattes (se faire faire aux) : être en état d'arrestation. Ex. : « Et alors, ma pauvre guêpe, on s'est fait faire aux pattes? – C'est une erreur judiciaire, m'sieur le commissaire. » (56)

pattoune (une) : patte, main, pied.

pas tubulaire : patibulaire. (B)

paturon (un) : pied. Ex. : « Ecrase-moi pas les paturons, je te prille! recommande la mégère. » (131)

paulémilvictorer : évoquer Paul-Emile Victor et ses expéditions polaires. S'emploie lorsque l'on casse de la glace, se trouvant ainsi dans une ambiance très familière à Paul-Emile Victor. (63)

paumé : perdu. Ex. : « Béru*, tout seulâbre*, tout paumé sur le gigantesque territoire chinetoque, pareil à Charlot à la fin de ses films quand il s'en va, sur une route vide, de sa démarche de canard. » (59)

paumer : perdre. Ex. : « Je vais paumer un brin de ma folle jeunesse à me faire du mouron* pour une histoire qui n'en vaut peut-être pas la peine. » (16)

paumer le contrôle de son self : perdre son self-control. (B)

pauvcon (un) : bacon. Ex. : « J'arrête de piocher mes eggs and pauvcon pour la frimer*. » (97)

pauv'cureur d'la République (un) : procureur de la République. Ex. : « Vot'-conduite est un qualifiable. J'vais d'ores et n'avant, en informer l'bâtonneux*, l'garde des sottes*, le suce-titube*, le pauv'cureur d'la République. » (B, 208)

paveton (un) : pavé.

pavillon (un) : oreille.

pavillon à conneries (un) : oreille.

pavillons qui radarent (avoir les) : être attentif. Ex. : « Mes pavillons* radarent* à tout va, captant des bruits ténus, des frissons en forme de soupir, des glissements rêvés, des projets de frémissements. » (206)

paxon (un) : paquet.

paye (une) : longtemps.

payer quelqu'un (se) : vaincre quelqu'un, le berner.

payer une toile (se) : aller au cinéma.

payer du lard (se) : dormir, paresser. Ex. : « Seulement monsieur ne répondait pas. Monsieur se payait du lard, ou une pépée*. » (18)

payer la cerise de quelqu'un (se) : se moquer de quelqu'un.

payer un émerveillement de l'hémisphère Nord (se) : sourire, être radieux.

payer un viron rapide dans l'entrepôt de sa mémoire (se) : réfléchir pour se rappeler quelque chose.

payer une brèche dans la palissade (se) : perdre une dent.

payer une partie de mandibules (se) : manger.

Pays-Bassesse (une) : habitant des Pays-Bas.

pays des quetsches (le) : inconscience consécutive à un coup violent.

peau (la) : vie. Ex. : « Je l'ai buté pour sauver ma peau. » (24)

peau (pour la) : pour rien, inutilement. Ex. : « On s'est cogné* tout ce voyage bidon* pour la peau. » (150)

peau de balle : rien. Ex. : « Comme argument, peau de balle ! » (24)

peau-de-bananer : glisser, semer des pièges. Ex. : « Il est des jours où ça peau-de-banane vilain* sur les trottoirs. » (58)

peau-de-zob : rien. Ex. : « Je permettrai pas que tu te prétendasses aveugle ! Never ! Jamais ! Défendu ! Admettons que t'y voies peau-de-zob, bon, faut se conformer à l'évi-

dence. » (B, 77). Ex. : « C'est du temps perdu, du danger encouru pour peau-de-zob. » (97)

peaudechagriner : se faire rare. Ex. : « De nos jours, ils peaudechagrinent, les sujets de conversation tonifiants. Si on cause pas sport, cul* ou art, de quoi peut-on parler sans se payer des crises de tachycardie ? » (73)

peaudechamoiser : fourbir à l'aide d'une peau de chamois.

pébroque (un) : 1. Parapluie. 2. Parachute. Ex. : « L'atterrissage risque d'être sévère, because le pébroque n'est pas à deux places. » (59). Ex. : « Le para* dont le pébroque se croise les suspentes, tu te figures qu'il organise le temps de sa dégringolade* ? » (119). 3. Truand. Ex. : « Un vieux pébroque comme Landolfi a beau se tenir les pieds au sec, ça lui coupe toujours la parlote* lorsqu'un perdreau* le relance. » (27). 4. Problème. Ex. : « Si ses associés sont démasqués, à cause de ce vol, ils sauront d'où vient le pébroque et leur vengeance sera terrible. » (106)

pébroque (se fendre le) : rire. Ex. : « J'avise le préposé qui se claque l'armoire à spaghetti*, vu qu'un Italien, tu remarqueras, il perdra jamais une occase de se fendre le pébroque quand l'occasion se présente. » (91)

pêche (une) : coup de poing.

pêcher : donner un coup de poing. Ex. : « Comment qu'il m'a pêché, ce salaud ! » (20)

pécloter : péricliter. Ex. : « D'nos jours, pas étonnant si les affaires péclotent. Les financiers entravent rien à rien. » (B, 141)

pécorer : pérorer, parler d'une manière stupide. Ex. : « Elle lui pécore d'une voix sarahbernhardienne* l'assassinat en triple exemplaire. » (105)

péculer : se constituer un pécule. Ex. : « Chaque fois que quéqu'un m'aboulait* une piécette de mornifle*, mon vieux* voulait que j'allasse la verser sur mon livret de caisse d'épargne, comme quoi ça rapportait des intérêts. Moi, mine de rien, je péculais en douce. Et quand j'avais réuni la somme nécessaire, j'allais me faire apprécier la tige* au claque* du canton. » (B, 79)

pédaler : se déplacer très rapidement. Ex. : « Je ne sais pas s'il s'est aperçu de ma filature, toujours est-il qu'il se met à pédaler sérieusement... » (20)

pédaler dans le pop-corn : déraisonner.

pédaler du timbre : prendre des intonations en parlant.

pédé-gabegie (une) : pédagogie. (B)

pédégisme (un) : ensemble des attitudes d'un P.-D.G. type. Ex. : « Je m'efforce au pédégisme. C'est dur quand t'as pas l'habitude. Faut prendre des mines, des airs, des attitudes. Se trouver la gravité ad hoc. Bien inspirer confiance, mais rester avenant, surtout. » (87)

pédérastement : à pied. Ex. : « Je dépose ma tire* à quelques encablures et nous revenons pédérastement, comme le disait sur son rapport un brigadier, avant-guerre. » (141)

pédicure démentiel (le) : type de torture.

pédicurée (une) : personne qui reçoit les soins d'un pédicure.

pedigree (un) : 1. Extrait du casier judiciaire. Ex. : « Hold- up, faux fafs, traite des Blanches, il avait tout ça à son pedigree. » (24). Ex. : « Un vieux truand au pedigree plus rouge que la Tranchée des Baïonnettes. » (94). 2. Biographie.

pédoche (une) : pédicure.

pégreleux (un) : 1. Homme. Ex. : « Le monde tourne de plus en plus vite à cause qu'à dessus de plus en plus de pégreleux. » (B, 208). 2. Paysan.

peigne-cul (un) : individu grossier, mal élevé.

peigne-zizi (un) : individu grossier, méprisable. Ex. : « Vous êtes un homme comme les autres, avec les mêmes instincts, les mêmes manies, les mêmes pauvretés que le premier peigne-zizi stoppé dans la rue. » (16)

peignée (une) : combat, altercation.

peigner la girafe : rester inactif. Ex. : « On reste là à peigner la girafe. » (135)

peinardise (la) : tranquillité.

peinardos : tranquille, tranquillement.

peinturer la tignasse (se) : se teindre les cheveux.

peinturlucher : maquiller à outrance.

peinturluré : grisé, enivré. Ex. : « Deux bons mecs des P.T.T., peinturlurés au beaujolpif*, se détranchent pour mater* le circus*. » (35)

péjorative (une) : prérogative. (B)

pékin (un) : individu quelconque.

pelé ni pote hanse hier (un) : plénipotentiaire. Ex. : « Messieurs et messieurs, attaque Béru* (car aucune femme n'est présente à cette cérémonie d'accueil), la façon espontanée et magistrale dont à laquelle votre gars ici présent vient de me passer la brosse*, non seulement en tant que secrétaire du pelé ni pote hanse hier, mais en tant que moi-même, me touche profondément. » (B, 65)

pelé du promontoire (un) : individu chauve.

pêle-mêler : s'accumuler pêle-mêle. Ex. : « On déboule dans une vaste pièce où pêle-mêlent des meubles Haute Epoque, des sculptures de César et des toiles de Vasarely. » (75)

peler : ennuyer. Ex. : « Que toujours l'abbé Pierre, toujours les Restaurants du Cœur de feu Coluche, toujours la manche pour les Abyssins, ça commence à peler le public. » (129)

peler la prostate : ennuyer. Ex. : « La vie de château, ça devait lui peler la prostate, à force. » (142)

peler les burnes : ennuyer, irriter. Ex. : « Il dérive doucement dans l'insupportable, Chilou* ; me pèle les burnes, la prostate, la moelle pépinière dont parle Béru*. » (147)

peler la bite : importuner vivement.

peler le haricot (se) : s'ennuyer. Ex. : « Je me pelais le haricot à cent sous de l'heure. » (204)

pèlerin (un) : individu quelconque.

pelisse : adapt. de l'anglais « please » (s'il vous plaît). (B)

pelle à gâteau (une) : raquette de tennis.

pelle-à-feu (une) : ongle. Ex. : « Dis donc, avec des pelles-à-feu pareilles, j'voudrais pas qu'ces jouvencelles m'fissent un'pogne! Y aurait de quoi t'arracher les sœurs Brontées. » (B, 101)

pelleteuse à ragoût (une) : dentier.

pelliculer : photographier.

pelliculeur (un) : photographe. Ex. : « Alors il a sélectionné les deux visages et les a agrandis. Une marotte de pelliculeur pointilleux. » (100)

pellochard (un) : photographe. Ex. : « Les pellochards rengainent leurs outils à souvenirs. » (85)

pelloche (une) : pellicule photo. Ex. : « Ces forçats de la pelloche me font pitié, quelque part, d'être sans cesse aux aguets pour flasher. » (124)

pellos (un) : sou. Ex. : « Un gnace* qu'avait pas un pellos, qu'est-ce que ça pouvait me rapporter, à part des emmerdements, de lui faire une brioche à claire-voie*, bandes de truffes! » (58). Ex. : « Je me livre à une étude rapide de notre situation. Elle ne vaut pas un pellos. » (82)

pelosses (envoyer aux) : éconduire, congédier. Ex. : « S'l'ment, les gonzesses*, tu sais comment t'elles sont? Un jour é t'sautent au paf*, et la fois d'après, comme ell' sont en main* av'c un croquant* nouveau, ell' t'envoyent aux pelosses. Y a rien de plus azalée-à-toir*. » (B, 90)

pelou (un) : homme, gars. Ex. : « Penchée su'sa grande bassine, on lu matait presque sa ligne d'horizon, à la Polak. Sa culotte en pr'mière ligne. Pas fraîche fraîche, mais quand t'as quatorze piges et qu't'es un p'tit pelou perdu dans les campagnes, merde, les d'sous troublants, c'qu't'en as à branler, hein? » (B, 208)

pelure (une) : 1. Vêtement. 2. Individu de peu d'envergure.

pénardes (les) : pénates. Ex. : « T'sais : y l'a une petite servante un peu d'meurée, Marthe! Qu'j'lu file en loucedé* un doigt dans la chatte* pendant qu'elle sert. On a r'gagné nos pénardes, remis l'couvert* et roupillé jusque z'à six heures. » (B, 133)

penauder : être penaud, parler d'une manière penaude. Ex. : « Je vous demande pardon, penaude la Vieillasse. » (83)

pendard (un) : sein de femme. Ex. : « Elle se remet les pendards en position de pare-chocs dans leur monte-charge respectif. » (102)

pendentif (ce) : cependant. Ex. : « C't'ennuillieux, j'ai pas d'bureau ici, fait-il au bout de ses cogitances*, j'aimerais ce pendentif avoir une converse* av'c le commissaire. » (B, 113)

pêne est dehors (le) : adapt. de l'anglais « open the door » (ouvrez la porte). (B)

pénéloper : 1. Tisser. Ex. : « Une cuisine où des araignées pénélopent à tout va. » (75). 2. Tricoter. Ex. : « Je sais bien que m'man me contemple tout en pénélopant. » (77)

pénicheman (un) : marinier.

péninsulaire convergent (le) : produit chimique indéterminé.

pénis-club (un) : club de tennis.

pénisman (un) : tennisman. Ex. : « T'as des michetons vanneurs qui se croyent flambards parce qu'ils ont une braguette* de pénis, mais le pénisman authentique sans sa Lacoste et son chorte* blanc il ressemblerait à un marchand de gaufres. » (B, 61)

pennis (le) : tennis. (B)

péno (un) : penalty (au football). Ex. : « Siffler le péno. » (204)

pénoche (la) : pénicilline. Ex. : « Je gobe* un rab* de pénoche pour dompter plus vitement les squatters de ma gorge. » (124)

pénombreux : sombre, ténébreux. Ex. : « Notre conversation a été mouvementée dans l'immensité pénombreuse du parking souterrain. » (97)

pensage (le) : 1. Réflexion. Ex. : « Pinaud* a sa toutoux* (car elle est menue) des jours de grand pensage. » (83). 2. Pensée. 3. Mémoire. 4. Tête.

pensarde (la) : cerveau, esprit. Ex. : « Je le regarde et ça se met à grincer dans ma pensarde. » (20). Ex. : « J'ai brusquement un toton en activité dans la pensarde. » (83)

pensée mieux lubrifiée qu'un clitoris assistant à la projection d'un film de Pasolini (avoir une) : avoir une grande capacité de déduction.

pensée sous cellophane (une) : capacité de réflexion amoindrie par l'effet de drogues calmantes. Ex. : « Il pria les médecins d'interrompre les calmants pour pouvoir sortir de son apathie latente. Il ne voulait plus avoir ses pensées sous cellophane, car il allait devoir bientôt prendre de graves décisions. » (217)

pensif (un): penseur, intellectuel. Ex.: « On a toujours été de grands pensifs chez les Bérurier*. » (B, 74)

pension (la): tension artérielle. (B)

pensionné de la prière (un): bigot.

penthotaler: anesthésier.

pépée (une): jolie jeune femme. Ex.: « Ce qui m'intéresse, c'est les jolies pépées avec leurs petits maillots de bain à moustaches. » (24)

pépère (un): vieil homme.

pépère: tranquille.

pépin (un): béguin, passion amoureuse.

pépin dans le grelot (mettre un): assassiner.

pepsi-qu'a-trique: psychiatrique. Ex.: « J'en ai classe* de ce métier à la con. C'est trop! Ma vie, mes nerfs, mes vacances, tout y passera. Mon foyer aussi! Ça me conduira au divorce, je prédis. A l'hôpital pepsi-qu'a-trique! À la maison des vieux! J' serai le plus jeune vieux de France, c'est couru! Le plus jeune mort, aussi! » (B, 73)

per sauna-gratin: persona grata. Ex.: « Le prince Dugenou a porté plainte qu'on lui a assaisonné* ses larbins*. M'est avis qu'il a l'air per sauna-gratin dans la région. » (B, 72)

perce-neige: chasse-neige, technique de virage à ski. (B)

percepicracité (la): perspicacité. Ex.: « D'son avis, dans l'existence, j'joue: " Le Bon, la Brute, l'Antitruand " av'c mes poings, pas av'c ma tronche. La percepicracité de Bérurier*? Zob! » (B, 208)

percerette (une): perceuse.

percher: habiter.

perchoir à perroquet (un): béquille. Ex.: « Il commande un grand coup de raide*, histoire de se refaire un moral et s'abîme dans le souvenir de sa jambe perdue, la façon qu'elle avait un beau mollet et portait bien la chaussure. Il n'avait jamais vu une jambe droite pareille, et puis il a fallu cet éclat d'obus, ou bien cette balle, voire cet accident à la con, pour qu'il se trouve veuf d'elle, à faire la cloche entre deux perchoirs à perroquet. » (124)

perco (un): percolateur.

percuté du bulbe (un): original, doux dingue, illuminé, gâteux.

percuter: permuter. (B)

perd' le contrôle d'son self: perdre son self-control. Ex.: « Elle était l'genre d'gonzesse qu'ôte ses pompes pour conduire, Betty. Et ça, une morue* qui conduit en bas, j'défie n'importe quel mecton* de supporter l'spectac' sans perd' le contrôle d'son self. » (B, 208)

perdisance (la): perdition et médisance. Ex.: « Adieu, j'me retire de c'monde de perdisance. » (B, 208)

perdreau (un): policier.

perdrhaleiner: perdre haleine.

père Ronnet (un): péroné. (B)

père Joseph (un): slip. Ex.: « Le gars Ganachet se met en tenue, à savoir qu'il pose sa liquette*, son bénouze*, ne gardant que son père Joseph (j'appelle ainsi son slip car il s'agit d'une Eminence grise), ses chaussettes à injection et ses mocassins pur porc. » (100)

père turbable (en): imperturbable. Ex.: « Moi, en père turbable, d'continuyer. » (B, 208)

père Mes-pantoufles (un): homme pantouflard.

père suasif: persuasif. (B)

père Iscope (un): périscope. (B)

père Durand (le): soleil. Ex.: « La lune illumine le patelin* comme le ferait son mec le père Durand. » (24)

père-nobler: jouer les pères nobles. Ex.: « Pense tout de même à tes seize gosses, Blondinet, père-noblé-je. » (114)

père-sauna-gratin (un): persona grata. (B)

péremptoire (le choc): opératoire. (B)

péremptoirité (une): caractère de ce qui est péremptoire. Ex.: « Ce serait un garçon! déclare avec une grande péremptoirité Sa Majesté, on n'a jamais fait aut'chose, chez les Bérurier*, aussi loin qu'on putasse remonter. » (B, 151)

pérenniter: perdurer. Ex.: « La mémoire à Jules pérennitera. » (81)

perforateur à injection directe (un): pistolet. Ex.: « Une fouille de chaque personne serait négative car il est fort probable que le meurtrier s'est débarrassé de son perforateur à injection directe! » (51)

perforateur de bidoche (un) : arme à feu.

périésthétricienne : péripatéticienne. (BB)

périférie : péripétie. (B)

périlier : entreprendre une action périlleuse. Ex. : « Il périlie* en force, mon cher valeureux Mammouth. Il ferre de lance*. Il abordage*. » (90)

péripatéchinoise (une) : péripatéticienne chinoise.

péripatémarconiticienne (une) : prostituée.

péripatéticien (un) : prostitué. Ex. : « Bi Tan Nôr* était un péripatéticien dont les dames de la bonne société se racontaient les prouesses autour du pot of tea. Sa science de la baise* était telle qu'on venait des cinq continents pour la pratiquer. » (120)

péripâtissière (une) : péripatéticienne, prostituée. (B)

péripétance (une) : péripétie.

péripétie (la) : périphérie. Ex. : « J'ai continué d' les suvre. On a été dans un bled* de la péripétie genevoise. » (B, 103)

péripétien : riche en péripéties. Ex. : « Je suis en train de me dire que je passe une drôle de nuit. Probablement la plus rare et la plus péripétienne de ma carrière. » (149)

péripétique : en rapport avec la péripétie. Ex. : « Coûte que coûte, je dois m'interrompre la délirade*, débander de l'envolée, que je pantelle dans la bonne action facile à suivre, péripétique, un peu foutreuse*, juste la limite. » (85)

périphérie (une) : péripétie. Ex. : « T'es pas l'homme à rentrer t'glisser dans les torchons* pendant qu'y s'déroule des périphéries d' c't'ampleur. » (B, 141)

périscope (un) : œil, regard. Ex. : « Elle me balance un coup de périscope plein de chaleur. » (35)

périscoper : regarder, observer.

perle hypothèque (sa) : saperlipopette. (B)

perlot (le) : tabac.

perlouse ou **perlouze** (une) : 1. Gaz intestinal. Ex. : « Elle est mélodieuse, cette per-louse, pas vrai, Béru*? pouffe-t-il. Et vous pouvez renifler, elle rougnote* pas comme les louises* que vous lâchez, Gros! » (A, 135). 2. Perle. Ex. : « Elle a trois rangs de perlouzes sur le goitre. » (31). Ex. : « Ma capacité thoracique me permet des performances de pêcheurs de perlouzes. » (72). Ex. : « Elle a au cou un sautoir de perlouzes à six rangs qui barricade son généreux décolleté. » (203). Ex. : « Elle porte un triple rang de perlouzes et un chapeau cloche. » (204)

permanenter : coiffer.

permanenter à la Yul : raser le crâne, comme l'acteur américain Yul Brynner.

permanganache d'opossum (le) : permanganate de potassium. Ex. : « Ça m'est resté d'une orchidée simple que j'eusse des suites d'une vieille pute* de notre chef-lieu qu'avait jamais entendu causer du permanganache d'opossum. » (B, 83)

pernicer : s'aggraver, devenir pernicieux. Ex. : « Pas de ça, Lisette, je dois t'arracher coûte que coûte à cet envoûtement qui pernice de plus en plus vite! » (108)

pernicerie (une) : caractère de ce qui est pernicieux. Ex. : « Et que tu vas voir la pernicerie du hasard. » (135)

perniflard (un) : alcool à base d'anis. Ex. : « C'est un gros zigue* d'Auvergnat qui boit chaque jour autant de perniflard qu'en consomme en un mois le département de la Seine. » (3)

perplexer : rester perplexe. Ex. : « Je ne perplexe pas longtemps. » (102)

perplexer la nénette (se) : être perplexe.

perplexiter : rendre perplexe. Ex. : « C'est alors que je découvre un tout petit quelque chose, insignifiant en apparence, mais qui me perplexite à mort. » (138). Ex. : « Je perplexite à outrance dans ce salon d'attente. » (154)

perquise (une) : perquisition.

perron de quatorze juillet (un) : escalier à double révolution.

persécuter : percuter. Ex. : « Une bagnole*, une Jag*. Juste comme elle traversait le village, son boudin* avant droit a éclaté, le chauffeur a pas pu redresser son plafonnier* et il nous a persécutés bille en tête. » (B, 63)

persilien : relatif à la lessive Persil. Ex. : « Les dents éclatantes de blancheur persilienne. » (57)

personnage non gratin : personnage indésirable. (B)

personne à gratin : persona grata. Ex. : « Il peut appeler là-bas pour en savoir plus sur les Santantonio qui bougent, El Babah, on lui fera un papier de première. Nous y sommes personnes à gratin. » (116)

personne-à-gratter : persona grata. (B)

perspectiver : prévoir, anticiper. Ex. : « On deviendrait veuf l'un de l'autre... J'en chiale* de perspectiver de la sorte. » (135). Ex. : « Voilà qui me fait perspectiver des dangers peu banals. » (93)

perspicologue : perspicace. Ex. : « A ma place, mec, t'en aurais fait autant, alors m'écrase pas les arpions* avec tes vannes*. Je suis perspicologue et je sais pertinemment ce dont je peux me permettre. » (B, 67)

persuaderie (une) : croyance. Ex. : « Les gens ont besoin de s'accrocher à des persuaderies. » (130)

perte de vulve (à) : à perte de vue. (B)

perturbance (une) : perturbation. Ex. : « Pauvre chère âme ! Une secousse pareille, t'envisages la perturbance de son métabolisme ? » (124)

perversif : pervers. Ex. : « Elle prend son nouveau protecteur à témoin des sévices qu'on lui fait endurer dans cette sale boutique perversive. » (93)

perversiteux : pervers. (B)

pesage (le) : passage. Ex. : « Un mot au pesage (si tu es aux courses) ou au passage, si tu n'y es pas. » (130)

peser le pourtour et l'encontre : peser le pour et le contre. (B)

peser sur la patate : tracasser. Ex. : « Tout ça, croyez-moi, commence à me peser singulièrement sur la patate. » (24)

pessimard : pessimiste. Ex. : « J'en suis là de mes réflexions pessimardes lorsque je parviens à l'hauteur d'une aire de parking. » (97)

pessimister : être pessimiste. Ex. : « Mézigue*, à travers cette hécatombe, je pessimistais vilain* à leur sujet. » (75)

pester bubonique : enrager. Ex. : « J'enrogne*, je rageasse*, je peste bubonique. » (81)

pestiler : 1. Persifler. Ex. : « Drôle de conception de votre enquête, pestile la jeune et fringante donzelle* commissaire. » (102). 2. Puer. Ex. : « On est dénoncés par nos odeurs, les hommes. Nous pestilons. » (126)

pestouille (une) : malheur, coup du sort.

pet (un) : bruit, scandale. Ex. : « Cette histoire va faire un drôle de pet, je vous le dis. » (31)

pet (porter le) : porter plainte.

pet vécé (en) : P.C.V. Ex. : « Tu pourras téléphoner au Vioque* en pet vécé. » (B, 74)

petafinage molduc du trublion carrossable (un) : première conséquence qui affecte un sujet atteint d'un aéropage multiforme de la bandoulière équilatérable*.

petafiner : piétiner.

petafineur d'extrême justesse modulé : instrument d'optique (fictif) performant.

pétarader : se mettre en colère. Ex. : « Quand la lâcheté t'empare, elle sape même les rancœurs. T'as plus la force de pétarader. » (93)

pétard (un) : revolver. Ex. : « Nous avons été mal inspirés de les carrer* dans nos profondes*, les pétards de ces messieurs. » (29). Ex. : « De nos jours les flics ne se différencient un tout petit peu des truands que par le fait qu'ils usent moins volontiers de leurs pétards. » (117)

pétard (en) : en colère, en situation de conflit. Ex. : « T'as l'air d'une marchande de parapluies en pétard avec son mec ! » (216)

pétardier (un) : 1. Amateur d'armes à feu. 2. Homme prompt à s'énerver.

pétasse (une) : prostituée.

pétaux (des) : pluriel de pétale.

péter : casser, éclater, craquer.

péter (se) : s'enivrer. Ex. : « Il s'était pété* au porto et s'est tenu le raisonnement d'ivrogne suivant. » (128)

péter la miaille : embrasser avec effusion.

péter le bocal (se) : se suicider d'une balle dans la tête. Ex. : « Il n'empêche qu'il s'est pété le bocal d'un coup de flingue*. » (204)

péter sa crémaillère : devenir fou. Ex. : « Tu vois pas que mémère a pété sa crémaillère et que son cerveau fait la poulie folle ! » (62)

péter une pendule : créer des problèmes, protester. Ex. : « Pas la peine d'en péter une pendule ! D'écrire mille et un bouquins sur la question ! » (24). Ex. : « T'vas pas m'péter une pendule av'c ta jalousance*, merde ! » (B, 148)

pététeuse (une) : employée des P.T.T.

péteuse : prétentieuse.

péteuse (une) : 1. Femme facile. Ex. : « Des péteuses platinées dont un seul regard suffit pour faire la fortune des marchands de boutons du coin. » (24). 2. Motocyclette. Ex. : « Not' julot* a filé av'c une péteuse japonouille*. » (105). Ex. : « Dans ma strasse* fumante, d'un neuf mouillé, tout neuf, mais bientôt salopé*, des ouvriers immigrés tartinaient* la chaussée en louchant sur les deux motards assis en amazone sur leurs péteuses au repos. » (124). Ex. : « Eric se bat un instant avec la béquille et finit par caler sa péteuse. » (211)

petit-déjeuner : prendre un petit déjeuner. (B)

petit jardin sur le bide (avoir un) : être mort et enterré.

petit malheur la malchance (au) : expression inverse de : au petit bonheur la chance.

petit néraire (un) : itinéraire. Ex. : « Ça fait deux jours qu'on répète le petit néraire. » (B, 116)

pétoche (une) : 1. Peur. Ex. : « La grand-mère franchouille* lui a légué cette saloperie bien de chez nous qu'on nomme la pétoche. » (121). 2. Malchance. Ex. : « Je me tords un pied en chutant dans l'embarcation et je devine que ça se met à enfler illico presto. La pétoche tout azimut, quoi ! » (142)

pétoire (une) : revolver.

pétoire bégayante (une) : mitraillette.

pétouiller : péter légèrement.

pétoulet (le) : fessier.

pétrir un paquet (s'en) : se serrer la main.

pétrisseur de cellulite (un) : masseur.

pétrolard (un) : cargo, pétrolier.

pétrolman (un) : riche Arabe.

pétrousquin (le) : fessier. Ex. : « Des longues jambes racées, une laiterie* modèle, et un visage de madone, sans te causer du pétrousquin majuscule de Mademoiselle la Miss. » (76). Ex. : « Elle porte une jupette que le vent retrousse, débusquant ainsi un pétrousquin qui assurerait le succès de vos vacances, quand bien même il pleuvrait à torrent. » (78)

pétrus (un) : fessier. Ex. : « Il va me virer à coup de savates dans le pétrus en me traitant de tous les noms. » (16). Ex. : « Vous leur tendez la main et, au lieu de vous tendre la leur, elles approchent leur pétrus. » (20). Ex. : « Le baron de la Branle fait fonctionner ses muqueuses à tout berzingue*. Pour mieux adhérer, il tient sa cousine par la taille et lui pétrit le pétrus avec pétulance (quel pet tu lances !). » (100)

pets et thés (les) : P.T.T., administration postale.

petzouillance (la) : basse extraction.

petzouille (un) : paysan, homme frustre, personne de petite condition. Ex. : (dans un hôtel de grand luxe) « Je fais un brin petzouille lorsque je radine* à la réception. » (24). Ex. : « Nous vidons notre coupe de Dom Pérignon. Comme l'addition est réglée, je laisse un gros talbin* sur la table à l'attention du personnel ; pas paraître petzouille en un lieu si prestigieux. » (151)

peu ain porte : peu importe.

peu au jus (du) : bientôt, presque. Ex. : « Ce bonhomme n'est pas tout à fait mort, mais c'est du peu au jus. » (59)

peut-êtrement : peut-être. Ex. : « Et moi, poussé par j'sais pas quoi ou qui, mon instinct peut-êtrement. » (94)

pévé (un) : contravention. Ex. : « Son gardien de la paix doit la sabrer* à la va-vite, comme il dresse ses pévés : un coup pour balancer son képi, un aut'coup pour aller l'ramasser. » (B, 127)

pèze (au) : riche. Ex. : « Les damoches* au pèze se font faire des copies de leurs diams pour sortir. » (6)

pèze (le) : argent.

phalanges-party (procéder à une) : se serrer les mains.

phallusinant : hallucinant. Ex. : « Il s'agit d'une femme plus vieille que Dominique et qui lui ressemble d'une façon phallusinante. » (102)

pharaoner : voir grand, sur le plan funéraire. Ex. : « Quand tu verras les cim'tières italiens ! Ou espagos ! Ces édifices, ce bigntz de pierraille et de marbre ; les petits anges voltigeurs, les madones éclairées au néon, les chienlits de toutes sortes. On pharaone en latinie*. » (B, 208)

phares à iode dans le sens de la largeur (avoir les) : avoir les yeux bridés.

phares en code (avoir les) : avoir les yeux bridés.

pharmago (un) : pharmacien.

pharmaguche (un) : pharmacien.

phèdre du Lit Blanc (un) : cèdre du Liban. (B)

philatéler : collectionner des timbres.

philippine (faire) : faire la paire. Ex. : « Le boucher de Charenton vient de faire philippine. Partagé en deux jusqu'au thorax, le v'là déguisé en i grec. Ça floconne, ça floflotte, ça bouillonne, ça dégouline. » (58). Ex. : « – Pourquoi j'irais vous baiser*, l'ami, si vous avez été réglo* ? – Parce que vous êtes une grosse gourmande, miss Gleenon*, et que vous pourriez très bien avoir l'intention de faire philippine. » (119)

philo (la) : philosophie.

phlébite (une) : plébiscite. (B)

phlegmon (un) : flegme. Ex. : « Phlegmon britannique. » (B)

photo d'intérieur (une) : radiographie.

photomatonesque : photographique.

physicien (un) : phénicien. Ex. : « Ces pièces ont seulement plus cours ! Elles datent des physiciens, selon le guide. » (B, 72)

physionomie (une) : phtisie. Ex. : « Deux mois plus tard, on lui trouvait des cavernes aux soufflets* grandes comme les champignonnières d'Argenteuil ! Y avait pas de pénoche* à l'époque. Il a fini par faire une physionomie galopante qu' a tellement galopé qu'il en est mort. » (B, 79)

piaferie (une) : chanson d'Edith Piaf. Ex. : « Un ancien succès de la grande Piaf : Alka Seltzer l'Amour. Or, donc, j'attends au volant de ma chignole* en dégustant les piaferies de jadis. » (100)

piano-mâle (un) : piano à queue. Ex. : « Il y a aussi un petit piano-mâle près de la fenêtre. » (29)

pianobariste (un) : pianiste dans un pianobar. Ex. : « Le maestro a la frite* de tous les pianobaristes du monde quand il est minuit et qu'il ne reste plus que trois ou quatre peloux* à gorgeonner* sans trop prendre garde à ses ritournelles. » (155)

pianoteuse d'Underwood (une) : secrétaire.

piastre (une) : unité monétaire. Ex. : « Faut drôlement se cramponner à ses piastres, de nos jours. Vos poches, c'est une simple plaque tournante, une gare de triage. T'as beau mettre ton tire-gomme* par-dessus, il se taille*, ton auber*, d'une façon ou d'une autre. » (83). Ex. : « Je lui virgule* dix piastres. » (142)

piater : aller à pied, piétiner. Ex. : « Moi, mauviette, j'peux t'la raconter, la terre, c'te voluté* qu'avait à piater d'dans, quand elle est molle, brillante comme du foie d'veau. » (B, 208)

piaule à dorme (une) : chambre à coucher.

piauler : habiter. Ex. : « Elle piaule un petit appartement assez minable. » (11)

picaille (la) : argent.

picaillons (des) : argent.

picanalyser : psychanalyser. Ex. : « Je serais pichiâtre*, je le picanalyserais avec des pincettes et un masque à gaz ! » (B, 75)

picarder : tuer d'un coup de poinçon.

piccol's dame (le) : jeu de dames particulier. Ex. : « Le piccol's dame se joue avec un damier ordinaire, d'assez grandes dimensions toutefois, mais les pions sont remplacés par des verres de vin. Un adversaire a les verres de rouge et l'autre les verres de blanc. Chaque fois qu'un joueur souffle une dame, il boit le verre conquis, ce qui revient à dire qu'à ce jeu on ne souffle pas les pions, mais qu'on les siffle. » (58)

picequologie (la) : psychologie. Ex. : « La vieille, de prédilections* en voyures*, de mises en garde en aviss, elle a fini par se fout' un maxi à dos. C'qui l'a carbonisée*, c'est son manque de picequologie. » (B, 208)

pichiâtre (un) : psychiatre. (B)

pichtegorne (le) : vin. Ex. : « Il goûte le pichtegorne en faisant miauler une goulée entre ses joues culières*. » (147). Ex. : « Y aurait pas un coup de pichtegorne dans votre gentille hommière ? » (B, 204)

picolanche (la) : boisson. Ex. : « La picolanche à Aigou, c'est le régime aqueux. » (56). Ex. : « Je suis dans un état second, non ? Je vadrouille en pleine hypnose, allez savoir ! C'est pas la picolanche qui me joue des tours, vu que je n'ai bu qu'un demi pression avec mon petit salé. » (64)

picole (la) : fait de boire.

picoler : boire. Ex. : « Elle picolait à mort ! Il arrivait qu'elle s'arrache* au gros rouge jusqu'à tomber. » (132)

picoleur (un) : alcoolique.

picotus-graducus (un) : type de cactus tropical fictif.

picrate (le) : vin de mauvaise qualité. Ex. : « Le picrate a un petit goût acide et opiacé. » (5). Ex. : « Elle arrive à nous jeter un regard flasque de ses grosses gobilles ravagées par le picrate. » (20)

pied ânesque (avoir le) : donner des ruades.

pied de grue (le) : pied de guerre. Ex. : « J' bouff'rai* les frometons* et les crêpes sucette* en ta compagnie quand t'est-ce tu seras su' l' pied d' grue. » (B, 155)

pied de pute (faire le) : faire le pied de grue. (B)

pied à terre (un) : caveau.

pied-à-ciel (un) : pied-à-terre situé à un étage élevé.

piedegruer : faire le pied de grue. Ex. : « Bon, j'entre. Béru* sur mes chausses. Y a que Chilou à piedegruer devant la porte. » (135)

pieds plats dans l'écran (mettre les) : mettre les petits plats dans les grands. (B)

pieds lacsompems (des) : pieds-paquets.

pieds-paxons (des) : pieds-paquets.

piège à biftèque (un) : bouche.

piège à hamburgères (un) : dentier.

piège à macaroni (un) : barbe. Ex. : « Un type assez jeune dont le menton s'orne d'un piège à macaroni de style florentin. » (28). Ex. : « Ils ont des pièges à macaroni vachement abondants. Ces barbes noires, aussi touffues que la forêt, ont quelque chose de castriste. » (68)

piège à saucisse (un) : dentier. Ex. : « Elle prend un objet que je n'identifie pas tout de suite et qui, à seconde vue, s'avère être un dentier. Elle se l'introduit dans le tout-à-l'égout*, l'essaie, le ressort, prend une burette, huile les charnières, revisse deux canines qui précisément se faisaient la paire*, arrache une incisive trop branlante et se réintroduit le piège à saucisse. » (47)

piétiner les fraisiers : marcher sur les plates-bandes.

piétiner les nougats : marcher sur les pieds.

pieu (un) : lit.

pieumensonger : dire un pieux mensonge.

pieuter (se) : se coucher. Ex. : « Il n'est pas question de se pieuter dans l'immédiat. Auparavant, y a conseil de guerre à la clé. » (203)

pieuvre d'œufs (à) : à pied d'œuvre. (B)

pif (se bourrer le) : s'enivrer. Ex. : « Mme Coras se bourre le pif, c'est ce qui donne ce regard étrange. » (36)

piffrer (se) : s'empiffrer. Ex. : « Maâme se piffre comme une gorette. » (B, 138)

pifo (le) : nez.

pifomètre (le) : intuition, instinct. Ex. : « C'est malgré moi : mon pifomètre se met à faire du morse lorsque quelque chose cafouille. » (8). Ex. : « Toujours mon vieux pifomètre qui fonctionne avant ma raison. » (20)

pifrer : supporter.

pige (une) : année. Ex. : « Faut la choper en marche, sinon dans cinq piges, elle aura changé de catégorie et sera homologuée ogresse de seconde division. » (204)

pigeonner : abuser, duper. Ex. : « Se laisser pigeonner par une bande de teigneux ! Maverdave alors ! » (29). Ex. : « Ta blanche-neige te pigeonnait comme un pauvre lavedu que tu es. » (51). Ex. : « On s'est fait pigeonner de première. » (204)

pigeotiste (un) : conducteur d'une automobile Peugeot. Ex. : « Le pigeotiste n'en a que pour sa calandre défoncée. Il trépigne que c'est ma faute. Le gars ensanglanté à côté de ses roues, il n'en a rien à cirer*. » (127)

piger la soudure : comprendre un raisonnement. Ex. : « Il se dit que nous avons l'air de bien piger la soudure et que c'est du nanan* un auditoire pareil. » (20)

pignon (un) : opinion. Ex. : « Parce que les hommes politiques de pignons différents, s'ils se causent pas d'leur vivant c'est par peur de s'entendre, uniquement. » (B, 208)

pignoufle (un) : individu grossier.

pîh jhâmah (un) : pantalon gonflant, au Moyen-Orient. Ex. : « Bérurier*-Mille-et-un-ennuis n'attend plus pour flouzer* en éventail dans son bénard* gonflant (appelé là-bas un pîh jhâmah). » (74)

pilducien : relatif à César Pinaud*.

pilonner les montants : donner des coups de pieds dans les tibias.

piloriser : mettre au pilori. Ex. : « Son long regard incisif me pilorise un bout de temps. » (150)

pilotesse (une) : femme pilote.

piloteuse (une) : femme pilote.

pilotis (un) : jambe. Ex. : « Je lui propulse un coup de tatane* dans les pilotis à titre préventif. » (56). Ex. : « Je commence à me sentir un peu mou des pilotis. » (66)

pilou-pilou (à) : pile ou face. Ex. : « Jouer la chose à pilou-pilou serait de la démence. » (105)

pilpatant : palpitant. Ex. : « Mais avant d'entreprendre le récit passionnant, de part en part, de cette pilpatante aventure (car palpitant est insuffisant en exprimer l'angoisse), il me faut révéler ici que, sans le moindre esprit courtisan, ni la moindre ambition, j'étais devenu l'ami de M. le président de la République. » (118)

pilpater : palpiter. Ex. : « J'ai le cœur qui pilpate. » (53)

pilpoquette (un) : pickpocket.

pilule Pink pour personnes pâles (une) : balle de revolver. Ex. : « Il ne restait que trois pilules Pink pour personnes pâles dans mon réservoir à fabriquer du défunt*. » (15)

piluler : prendre la pilule.

pimbêchage (le) : comportement de pimbêche. Ex. : « Ah non! m'emporté-je, la période des pimbêchages est terminée. On bivouaque sur le perron de la cour d'assises, ma gosse, essaie de comprendre! » (75)

pimentophage (un) : mangeur de piments.

pimpanter : être pimpant.

pim-ponner : actionner une sirène. Ex. : « Voilà les pompiers qui se pointent en pim-ponnant à tout va. » (117)

pinard à ressort (le) : champagne.

pince (à) : à pied.

pince (une) : pied. Ex. : « C'est un zig qui sait où il met les pinces. » (24).

pincé (être) : être épris.

pinceau (un) : pied. Ex. : « Mes pinceaux privés de chaussures deviennent de marbre. » (104). Ex. : « Lui faudrait des roulettes sous les pinceaux pour le déplacer comme ces Samsonite qu'on promène en laisse dans les aérogares. » (130)

pincebroque (à) : à pied. Ex. : « Je pourrais la suivre à pincebroque. » (204). Ex. : « Il suit à pincebroque l'avenue Montaigne jusqu'à la rue Jean-Goujon où il a garé sa chignole*. » (B, 208)

pincecorné : fou. Ex. : « Jamais personne n'est devenu pincecorné à Saint-Locdu. » (B, 80). Ex. : « Je veux bien bouillaver* avec une conne, mais avec une pincecornée, c'est dégodant*, admets? » (85)

pincecorné de la touffe (un) : fou.

pincecorné du bulbe : fou. Ex. : « Si ce gus* est un peu pincecorné du bulbe côté collectionneur, c't'un vrai pape question affaires! » (B, 119)

pincer le glandulaire : émouvoir. Ex. : « Un air à la fois sauvage et voluptueux qui vous pince illico le glandulaire. » (204)

pindicite (la) : appendicite. (B)

ping-pong-lotos (un) : dialogue par le regard.

pingouin (un) : Espagnol.

pingouine (une) : pingouin femelle.

pinsonne (une) : femelle du pinson. Ex. : « Un pinson, parodiant Béru*, explique à une pinsonne, au sommet de la meule, le coup-du-petit-oiseau-qui-va-sortir. » (62)

pintariser : se mettre en valeur. Ex. : « On s'en est morflé plein les baguettes et maintenant on chochote, on pintarise devant le monde pour s'éponger la confusion. » (204). Ex. : « Tu m'as jamais entendu prétendre que j'allais t'à l'Opéra ou dans des gal'ries de tableaux d'peinture, ou bien qu'je lisais les bouquins à Paul Dutour. Pas mon genr' d'pintariser. » (B, 208)

pinter (se) : s'enivrer. Ex. : « Tu te pintes les naseaux au Chivas spécial en faisant des plaisanteries sur le sida. » (129)

pinture (une) : état d'ivresse avancée.

pinucien : qui se rapporte à Pinaud*.

pinulcien : qui se rapporte à Pinaud*. Ex. : « Je compose le numéro de son domicile, mais personne ne répond, ce qui avive mes craintes concernant l'état de santé de l'épouse pinulcienne. » (151)

piocher : travailler, réviser. Ex. : « Je pioche les examens. » (48)

pioger : 1. Dormir. 2. Habiter. Ex. : « Je viens d'acquérir la preuve que la femme au chien écrasé pioge dans les parages. » (8)

pion (un) : pièce de un franc.

pionard (un) : ivrogne. Ex. : « Il s'agit d'une Renault 4 blanche... M'en approche. Pour apercevoir, à l'intérieur, un pionard en pleine distillation. » (102)

pionarder (se) : s'enivrer. Ex. : « Il avait des circonstances atténuantes : pas de père, une vieille qui se pionardait. » (51). Ex. : « A ce que les baveux d'opposition sous-entendent, paraîtrait qu'elle se pionarde au pastis nature, l'Excellence. » (203)

pionçaille (la) : sommeil.

pionce (la) : sommeil. Ex. : « Je ferme mes yeux ensorceleurs, qui tant ont suractivé de glandes féminines. Mais la pionce ne vient pas. » (109)

pioncer : dormir. Ex. : « Ce qu'ils sont organiques, ces deux gorets! Bâfrer, bouillaver*, pioncer. » (62)

pioncette (une) : somme.

pipe (une) : 1. Cigarette. 2. Visage, tête. Ex. : « Se carrer* la pipe sous une aile*, c'est le suprême recours. » (75)

pipelette (une) : concierge. Ex. : « La concierge met un terme (si je puis dire, parlant d'une pipelette) à mes méditations. » (31)

pipe-line (un) : veine. Ex. : « Faut que l'officier m'assiste pour que j'arque* jusqu'à sa crèche*. Qu'il me frotte le dos et les jambes d'un poing vigoureux manière de me faire vadrouiller le raisin* dans les pipe-lines. » (71). Ex. : « Je lui rétorque qu'il n'est pas donné à tout un chacun d'avoir les pipe-lines saturés de gros rouge. » (108). Ex. : « Il reste seulâtre dans la masure, avec son sang de Casanova dans les pipe-lines. » (204)

piper : parler. Ex. : « On reste là sans piper, à se couler un œil morose de temps à autre. » (114)

pipiroumes (les) : lieux d'aisances.

pipole (du) : adapt. de l'anglais « people » (du monde). (B)

pique-bise (un) : nez. Ex. : « Je renifle autour de moi... Il y a, pour mon pique-brise averti, comme un parfum de drame. » (20)

pique-plante : immobile. Ex. : « Rester pique-plante, comme on dit à Saint-Locdu..., c'est au-dessus de mes forces. » (85). Ex. : « Le mari est toujours pique-plante (dit-on dans mon pays) au milieu de la chambre. » (118)

piquepoquète (un) : adapt. de l'anglais « pickpocket ». (B)

piquer : dérober. Ex. : « Je lui pique son larfeuille et je jette un coup d'œil sur son contenu. » (24). Ex. : « Il pique, pique, avec un doigté infernal. C'est le Mozart de la chourave*. » (105)

piquer (se faire) : se faire surprendre. Ex. : « Si je me fais piquer dans une carrée qui n'est pas la mienne, ça va faire un sacré cri dans l'albergo*! » (24)

piquer le tube (se) : se droguer par voie intraveineuse.

piquer une rogne : se mettre en colère. Ex. : « M'est déjà arrivé de lui voir piquer des rognes, à Pépère. Mais des fureurs de cette ampleur, alors là, non, jamais. Un typhon! Il est violet. » (83)

piquer une tronche : tomber la tête en avant. Ex. : « Il rate la première marche et pique une tronche en avant. » (204)

piqueur (un) : voleur, pickpocket.

piquouze (une) : piqûre. Ex. : « Le doc fait sa piquouze et tapote la joue de la pauvre femme. » (104)

piquouzer (se) : se faire une piqûre. Ex. : « Je déboule* aux chiches*. Deux épaves mordorées sont en train de se piquouzer sans vergogne dans le pli du bras. » (124)

piscaille (une) : piscine. Ex. : « Je m'avance vers la piscaille où ça trempotte à qui mieux mieux. » (101)

pissat (un) : urine.

pisse-chagrin (un) : personne aigrie, chagrine, négative, fielleuse.

pisser à la raie (de quelqu'un) : manifester un mépris total à son égard. Ex. : « Le " poussin "* qu'vous causez*, m'sieur l'sous-j'sais-pas-quoi, de ch'sais-pas-quoi-non-plus, y l'a l'honneur d'vous pisser à la raie*, ni plus ni moins, av'c beaucoup d'parfaitement. » (B, 113)

pisser le mouton (laisser) : laisser les choses suivre leur cours. Ex. : « Entre onze heures et midi, Mme Hulette n'est pas obnubilée par le temps ; c'est le genre bonne grosse qui laisse pisser le mouton. » (141)

pisser parmi (se) : uriner dans ses vêtements. Ex. : « Son jean compte autant de taches que de trous, la plus superbe se situant dans la périphérie de la braguette, à croire qu'il se pisse parmi comme on dit en Suisse... » (117)

pisser seul : être autonome.

pisseuse (une) : jeune fille.

pister : emprunter les pistes de ski. (B)

pistolet (un) : tartine. Ex. : « Je me mets à tremper un pistolet beurré comme un gagnant du gros lot dans mon café au lait. » (16)

pistoletté : armé d'un pistolet. Ex. : « A l'instant où il prononce cette phrase, la lourde* de la sacristie s'ouvre à la volée et un nergumène* pistoletté défouraille* gaiement. » (155)

pistolo-mitrailler : blesser ou tuer à l'aide d'un pistolet-mitrailleur. Ex. : « Sans un mot, je m'approche des trois personnes qu'il vient de pistolo-mitrailler. » (124)

pistouille (la) : malheur. Ex. : « J'ai horreur qu'on pressentimente* dans les tons sombres, ça porte la pistouille. » (76)

piteuse (la) : nourriture, pitance. Ex. : « La pouloche*, garce en plein, chique* les innocentes. L'côté : j'ai rien vu, moi, j'cherche ma piteuse. » (B, 208)

piteuser : parler piteusement. Ex. : « Voyons, mais non, piteuse le San-A.*, avec autant d'énergie qu'en déploie une malheureuse ménagère à retenir à dîner ses cousins de Pontamousson lorsqu'il ne subsiste plus qu'un reste de macaroni dans le garde-bouffe*. » (83)

pitoyablerie (une) : sentiment, propos de pitié. Ex. : « Je me cassais* en exhalant des pitoyableries sur le crevard*. » (142)

pitrogner (se) : se bagarrer. Ex. : « Deux hommes qui se pitrognent, ça fait toujours recette ! » (23)

pivoter : participer à l'émission littéraire télévisée animée par Bernard Pivot. Ex. : « J'en ai vu, en train de pivoter avec moi, si combien dérisoires dans leurs rébellions de salon ! » (100)

pizzer : fabriquer des pizzas. Ex. : « Il a un torchon noué au cou et un curieux calot américain, amidonné, sur sa tronche* frisée. Il pizze à tout va, coulant parfois un regard vigilant sur la clientèle. » (127)

pizzérer : faire des pizzas. Ex. : « Le four à pizzérer. »

placard (un) : 1. Thorax. Ex. : « Le chirurgien m'a oublié une partie de sa trousse dans le placard. » (83). 2. Prison. Ex. : « Tiens, Mathieu-la-Vache est sorti du placard ? Je croyais qu'il était à Poissy pour vingt berges ? » (20)

placard à gruyère (le) : cage thoracique. Ex. : « Il avait morflé* trois balles dans le placard à gruyère. Toutes avaient atteint le cœur. » (55)

placard aux archives (le) : mémoire. Ex. : « Ces mecs-là, ils ont tellement de trucs pas catholiques à leur actif qu'une petite question comme celle-là provoque un vrai remue-ménage dans leur placard aux archives. » (8)

placarder (se) : se cacher. Ex. : « Si je me placardais derrière cette grosse touffe de poildocks*. » (204)

plafond (le) : crâne, cerveau.

plafonnier (un) : 1 Volant. 2. Palonnier. (B)

plaftard (un) : 1. Plafond. Ex. : « Les mouches vous donneront une très jolie leçon de simplicité, bien qu'elles marchent au plaftard ! » (28). Ex. : « Deux belles chambres, un peu trop hautes de plaftard à mon goût. » (204). 2. Crâne.

plaie-vache : play-back. (B)

planche à clous (une) : lit.

planche à laver (une) : femme qui a peu de poitrine.

plancheur de tronc (un) : forestier, fabricant de planches de bois.

planque (une) : 1. Terme policier signifiant une surveillance approfondie mais discrète d'un endroit, d'une personne. 2. Cachette.

planquer : garer un véhicule.

planquer (se) : se cacher pour surveiller ou pour échapper à un danger.

planquouser (se) : se cacher.

planquouzé : caché. Ex. : « Von Chichmann* est je pense planquouzé dans cette pièce. » (74)

planter son vioque dans la terre glaise : enterrer son mari, son père. (B)

plantigrade : centigrade. Ex. : « La température avoisine encore les vingt-quatre degrés plantigrades. » (B, 74)

plantigrader : se dandiner de façon grotesque. Ex. : « Il vient à moi sans cesser de plantigrader, ce qui est sa façon de danser. » (57)

plantigradesque : qui évoque un plantigrade. Ex. : « Une patate* plantigradesque télescope* la tempe de son agresseur. » (105)

planturade (une) : sein de femme plantureux. Ex. : « Sa robe noire contient mal ses planturades débordantes. » (132)

planturer : 1. Se goinfrer. Ex. : « Sa Majesté planture maintenant devant notre table. Son bide* paraît plus volumineux que jamais. » (93). Ex. : « Sa baleine continue de planturer de la rillette en omettant de torchonner ses lèvres plus graisseuses qu'une machine-outil. » (102). 2. Etre plantureux. Ex. : « J'ignore si elle s'est fait bricoler les frères Goncourt*, mais ils planturent vachement et se tiennent parfaitement dans le monde. »

plastifier le couvercle : rendre chauve.

plastro (la) : poitrine. (B)

platcher : tuer.

plâtrarder : produire des plâtras.

pléhase : adapt. de l'anglais « please » (s'il vous plaît). Ex. : « Garçon ! Par ici la bonne soupe, pléhase ! » (B, 72)

plein d'azur (faire le) : mourir.

plein-au-pèze (un) : riche.

plein-de-fric (un) : riche.

pléonasme (un) : maladie (fictice) découverte au XVᵉ siècle, consécutive à une répétition de maux.

pléonasmer les claouis : ennuyer.

pleurade (une) : fait de pleurer.

pleurance (une) : fait de pleurer. Ex. : « Y a des fois, t'es en état de pleurance, mais tes lacrymales ont la prostate*. » (102)

pleurer : lésiner sur. Ex. : « Tu vois, ma vieille loque, je suis un zouave comme Raspoutine, pour m'avoir il faut pas pleurer l'arsenic ! » (24)

pleurer le gamin (faire) : uriner.

pleurer le gosse (faire) : uriner.

pleurer le jus de nerf : économiser ses forces physiques.

pleurer le môme (faire) : uriner. Ex. : « Jamais tu ne l'entendras dire qu'il licebroque*, lancequine*, ou va faire pleurer le môme, voire simplement qu'il gaule*; Pinaud* urine, verbe et fonction qui m'ont toujours débecté* car je trouve à l'un et à l'autre un côté hospitalier. Pour moi, on n'urine que dans un hôpital, partout ailleurs on pisse ! » (109)

pleutrer : avoir peur.

pleuvre : pleuvoir. Ex. : « Il continue de pleuvre des tessons de pots de fleurs, linges naguère suspendus. » (108)

plize : adapt. de l'anglais « please » (s'il vous plaît). (B)

plombe (une) : heure.

plomber : 1. Tuer avec une arme à feu. Ex. : « Ils le plombent d'un coup de pétard* dans la tronche*. » (81). 2. Garer, ranger. Ex. : « Je plombe ma tire* dans la contre-allée et fais un clin d'œil au préposé arabe que son uniforme raide garde debout, mais qui, sans lui, s'allongerait sur l'immense paillasson. » (151)

plombier-zinguer : agir comme un plombier-zingueur dans le cadre de son travail.

plombinette (une) : petite heure.

ploufter : s'écrouler en réalisant un bruit identique à celui d'un plongeur entrant dans l'eau. Ex. : « Ma présence la trouble comme une goutte d'eau trouble le Ricard le plus pur. Elle se séante* et ses vingt kilogrammes de nichons* plouffent sur son ventre à replis. » (128)

ploufignal (le) : élégance, chic. Ex. : « Cette harmonie, ce ploufignal, ce gradinge, ce mordurond, ce chose, quoi ! » (100)

plouplouter : bafouiller. Ex. : « Il plouploute comme ça, au Vieux* : – Cet individu est fou... Il ment... Il... » (81)

plumard : relatif au lit. Ex. : « Les prouesses plumardes. » (B, 208)

plumarder : coucher.

plumassier : relatif à un lit.

plume (un) : lit.

plumé : dupé, berné. Ex. : « Bité* jusqu'à la garde, enviandé* de première. Couillonné* à toute extrémité. Niqué*. Zobé*. Plumé. Misé*. » (81)

plumeauteuse (une) : femme de ménage.

plume au thorax (la) : pneumothorax. (B)

plumechif (un) : lit.

plumer : 1. Ennuyer. Ex. : « Vous me plumez avec votre intégrité ! » (142). Ex. : « Ecoute, Rouquemoute*, tu me plumes avec tes réponses évasives. » (143). Ex. : « Tu me plumes avec tes amours branquignoles. » (216). 2. Dépouiller, voler. Ex. : « Les anges se font plumer. » (24)

plumer (se) : s'ennuyer. Ex. : « Nous gagnons le bar voisin. Le barman se plume derrière son rade*. Juste un ivrogne international, rouge comme une muleta de toréador, écluse du long drink dans le virage de la main courante. » (116). Ex. : « M'est avis qu'elle doit se plumer avec son crincrineur*. » (155)

plumer les burnes : importuner.

plumes (les) : intégrité physique ; par extension, la tranquillité. Ex. : « Je me suis dit qu'il vaudrait mieux pour mes plumes camoufler le crime en suicide. » (20)

plumes (avoir chaud aux) : craindre pour sa vie.

plumesque : littéraire. Ex. : « J'ai pas remercié souvent dans ma carrière plumesque. » (117)

plumzingue (un) : lit. Ex. : « Nous passons une heure de qualité dans un vieux plumzingue à impériale. » (94)

plumzingue (chez) : Plumeau*. (B)

plusampleconnaître : faire plus ample connaissance. Ex. : « Après ce sort effroyable, le sorcier de poche retourne en son antre et nous plusampleconnaissons la fille. » (77)

pneu (un) : 1. Chaussure. 2. Un peu.

pocheté (un) : idiot.

poêle de l'ablette (reprendre du) : reprendre du poil de la bête. Ex. : « Popaul reprend du poêle de l'ablette. » (131)

poéserie (une) : poème.

poéter plus haut que son luth : péter plus haut que son cul sur le plan littéraire.

pognant : extrêmement ennuyeux.

pogne (une) : main. Ex. : « Les pognes croisées sous la nuque, je regarde les évolutions d'un meeting de mouches au plafond. » (28). Ex. : « Maintenant, Mme Ponce-Pilate se lave les pognes. » (31)

pogner le panais (s'en) : se moquer de quelque chose. Ex. : « Je vais aller déposer une plainte sur le parquet, illico presto. Et on est en Suisse, ici, l'ami. Que vous seriez chef de la Rousse*, ils s'en pognent le panais* à deux mains, les suissagas*, à s'en faire gicler le potage* plus haut que leur jet d'eau de Genève. » (B, 86)

pognon (le) : argent.

pognozof (le) : argent.

poids d'horloge (les) : seins de femme.

poignardanledossé : poignardé dans le dos.

poignard guatémaltèque (un) : ne diffère du poignard mexicain que par le fait qu'il est vendu au Guatemala; l'un et l'autre proviennent des aciéries de Detroit. (48)

poil (un) : quantité ou espace infime. Ex. : « Si je reste un poil de plus dans ce pays, je vais finir par apprendre le français, ce qui est un comble, car je suis obligé d'utiliser les termes les plus académiques de ma langue d'origine. » (9)

poil (sauter sur le) : attraper à l'improviste.

poilant : amusant.

poildeculter : attacher trop d'importance aux détails.

poildeculteur (un) : mesquin, coupeur de cheveux en quatre, prompt à conspuer.

poildecuter : se perdre dans des détails insignifiants.

poildock (un) : 1. Poil. 2. Végétal indéterminé. Ex. : « Si je me placardais* derrière cette grosse touffe de poildocks. » (204)

poiler (se) : se tordre de rire. Ex. : « Elle s'poilait pour des riens. La vie en rose, elle voyait. Les mots, pour elle, avaient une drôlerie que les aut'gensss passaient à côté. » (B, 208)

poiltebock (un) : poil. Ex. : « Une chaleur d'étuve fleurant l'embrocation me saute immédiatement sur le poiltebock lorsque je pénètre dans l'antre cliniquard des masseurs. » (203)

poiluchard (un) : poil. Ex. : « Il lâche ses beaux poiluchards ondulés, non sans en arracher un qu'il mire et admire longuement, fier d'avoir assuré sa végétation. » (62). Ex. : « Je lui bondis sur le poiluchard. » (69)

poiluche (un) : poil. Ex. : « Ne bouge plus d'un poiluche! » (204)

poinçonner : tuer.

poinçonneuse à bidoche (une) : arme à feu.

poing de vulve (un) : point de vue. (B)

point (un) : dix francs actuels ou mille francs d'avant 1959. Ex. : « Ensuite, ils passent la sébile... Ça y est, San-A.* Tu l'as dans l'œuf pour cinquante points! » (83)

point de soudure (un) : point de suture. (B)

point-de-suspensionner : proférer des grossièretés. Ex. : « Elle est dingue, cette p... de c... de mes c...! point-de-suspensionne Bérurier*. » (203)

point-d'interrogationner : s'interroger.

point-nommer : arriver à point nommé. Ex. : « Si tu ne point- nommes pas, t'es marron*, bité* profond, bon à dégager. » (77)

pointe chinetoque (une) : équivalent de la pointe Bic en Asie.

pointe avancée (la) : crâne.

pointer (se) : arriver.

pointillé de la pensarde* (un) : original, doux-dingue, illuminé, gâteux.

pointiller du bulbe : ne pas avoir de suite dans les idées.

poire (la) : visage, tête. Ex. : « Je lui flanque un coup de genou dans la poire. » (204)

poireau (faire le) : attendre.

poireautage (un) : attente. Ex. : « Merci bien pour l'poireautage, j'commençais à m'poser des questions. » (B, 90)

poireaute (une) : longue attente.

poireauter : 1. Attendre. Ex. : « Une DS noire s'est avancée, tous feux éteints. Elle devait poireauter d'vant une porte cachère*. » (B, 208). 2. Pratiquer la culture du poireau. Ex. : « J'ai beau visionner ces nabus*, je me rends compte qu'aucun d'eux n'a remarqué notre descente en voltige. Bien trop occupés à poireauter, naveter*, carotter* et chouer*. » (105)

poire-curé (un) : sein de femme. Ex. : « Lola avait les poires-curés terminés par des cabochons mauves. » (76)

poirer : 1. Enfermer. Ex. : « Un rat s'était laissé poirer dans une cage grillagée. » (66). 2. Appréhender. Ex. : « Il a dû se faire poirer en pleine séance de ciné cochon, et il espère que je vais lui arranger ses bidons. » (83). Ex. : « Fallait essayer de passer le maximum de trucs en fraude sans se faire poirer. » (142). 3. Rire. Ex. : « Me voilà aux prises avec la folie d'une dame respectable qui doit faire poirer sa valetaille* avec ses sornettes. » (31). Ex. : « Me fais pas poirer! Un tableau, c'est un tableau! » (32)

poirer (se) : rire.

poissard (un) : 1. Clochard. Ex. : « La poissarde campille*-t-elle encore sur son tas de hardes pouilleuses ? » (75). 2. Alcoolique.

poissecaille (un) : poisson. Ex. : « C'est des cas, comme à la pêche, qu'ayant filé ta ligne au jus, faut s'en remett' au bon vouloir du poissecaille. » (B, 208)

poisser : arrêter.

poisser des cellotes : être très limité sur le plan intellectuel.

poisson exotique contemplant un touriste japonais à travers la vitre bombée de son aquarium et qui le prend pour son voisin de palier (faire le) : être très étonné.

poissonicide (un) : pêcheur. Ex. : « Range ton matériel de poissonicide, Gras-d'os, j'ai un boulot plus urgent à te confier. » (81)

poissonnaille (une) : grande quantité de poissons.

poitricierge (une) : concierge poitrinaire.

poitringue (un) : poitrinaire, tuberculeux. Ex. : « Elle sort de son sac à main un truc que le toubib* se met dans les cages à miel* en appuilant le bidule noir ent' les cerceaux* du patient, vérifier s'il est poitringue. » (B, 155)

poivraga : ivre.

poivre : ivre. Ex. : « Oh ! dis, il est poivre, papa Prudent ! Sa deuxième bouteille de Richebourg est à marée basse et l'âme du picrate* vocifère dans sa tête de porc persillée. » (114)

poivré : atteint d'une maladie vénérienne.

poivrer : tuer. Ex. : « Je le poivre avant qu'il ait atteint son pote, d'un chouette pruneau* entre les omoplates. » (57)

poivrer (se) : s'enivrer. Ex. : « Devant l'impuissance, t'as pas d'autre recours que de te poivrer. » (89)

poivrer les naseaux (se) : s'enivrer.

pok (un) : poker.

polaire (une) : molaire. (B)

polak : polonais. Ex. : « C'est un grand diable d'origine slave, moi je le vois assez polak d'après son accent. » (118)

polard : polaire. Ex. : « C'est pleine lune avec l'étoile polard à bâbord. » (B, 208)

polard-ovide (un) : Polaroïd. Ex. : « Quand je vais leur raconter ça, aux aminches* de la maison Pouleman*, ils en prendront la colique de rire. San-A.* avec son gentil robinet d'eau chaude, je regrette de ne point avoir eu de polard-ovide pour te tirer un instant tanné*. » (B, 64)

polarman (un) : écrivain de romans policiers.

polesuder : aller ou séjourner au pôle Sud.

policemard (un) : genre littéraire qui relève du policier. Ex. : « Le chiasse* (j'écris pas la, exprès, parce que que !) dans le policemard, c'est de toujours avoir à bien expliquer : les choses, le comment, les pourquoi, tout bien, rien laisser dans l'ombre, rien omettre. » (86).

policemard : policier (genre littéraire). Ex. : « Votre San-A.*, il se contenterait d'écrire des rucs policemards bien classiques eu lieu de se foutre des stalactites dans le caberlot* à force de vous pondre des machins à la mords-moi le neutron. » (203)

policer : enquêter, agir comme un policier. Ex. : « C'est un vrai flic*, Alexandre-Benoît. N'importe les circonstances, tu peux pas l'empêcher de policer. » (135)

polichinelle (un) : fœtus. Ex. : « Lorsqu'on a son dix-neuvième polichinelle dans le tiroir du milieu*. » (154)

politer : faire preuve de politesse.

politicouille (un) : politicien. Ex. : « Quand la robotique aura pris leur place, les soubrettes, les Droits de l'Homme auront fait un nouveau pas en avant, comme disent les politicouilles de mes deux chéries. » (136)

polka (une) : femme, maîtresse. Ex. : « Il me sourit avec complicité, car à plusieurs reprises j'ai amené une polka dans ma turne*. » (16). Ex. : « Tu dis à ta polka de répondre à nos questions au lieu d'faire des zobs tructions*. » (B, 121)

polker (faire) : casser, éparpiller, disperser ; mot construit à partir de polka, comme dans l'expression « faire valser ». Ex. : « Ses yeux étincellent de fureur. Je vous prie de croire qu'il me ferait polker les ratiches*. » (24)

polluance (une) : pollution. Ex. : « Ses hélices batifouillent* dans les polluances portuaires. » (85)

polnorder : aller ou séjourner au pôle Nord. Par extension, se trouver dans une ambiance glaciale.

polytechnicier : être à l'Ecole polytechnique. (B)

pommade (une) : 1. Naïf, niais. Ex. : « Faire semblant. Faire semblant d'être honnête, faire semblant d'être un des quat'tordus en corvée de sommeil à la Chambre. Et à force d'faire semblant, y s'prennent t'au sérieux, ces pommades. » (B, 208). 2. Personne désagréable. Ex. : « Cette gonzesse, une vraie pommade! Y avait pas plus chiante qu'elle. Capricieuse et cynique... » (100). 3. Adversité, malchance. Ex. : « Comme je suis en période de pommade, ma tire* est ornée d'un gracieux papillon de l'espèce grand paon de nuit. » (90)

pommadin (un) : coiffeur. Ex. : « Ell' continuera d'aller s'faire mett'* par Alfred*, le coiffeur. Pommadin, il l'est aussi dans les façons, Alfred*. » (B, 208)

pomme (ma) : moi.

pomme (une) : 1. Naïf. Ex. : « Je me dis fermement que celui-là n'arrivera jamais, qui démontre à un supérieur qu'il est une pomme. » (81). 2. Visage.

pomme d'escadrin (la) : crâne.

pommes (aux) : parfait.

pommier : premier. Ex. : « Le Pommier Ministre. »

pompamerder : se saluer en se serrant la main. Ex. : « On se pompamerde énergiquement, jusqu'à ce que l'épaule nous brûle. » (149)

pompe (une) : 1. Automobile. 2. Chaussure. Ex. : « Vérifiez aussi les pompes... – Les quoi? – Les targettes*, les croquenots*, les godasses* enfin! » (20)

pompéienne : se dit de quelque chose qui rappelle l'éruption du Vésuve qui détruisit Pompéi.

pompéiesque : relatif à l'éruption qui détruisit Pompéi.

pompelard (un) : pompier.

pomper du pif : renifler pour sentir.

pomper l'air : ennuyer, importuner. Ex. : « Je lui pompe l'air avec mes conneries. » (130)

pompes funestes (les) : pompes funèbres.

pompette : ivre. Ex. : « Lorsqu'il rentrait pompette, la nuit, il hésitait sur la couche où dormir, jetant avec une époustouflante impudence son dévolu soit sur le lit de la mère soit sur celui de la fille. » (213)

pompeusement à merde : s'exprimer dans un style pompeux et médiocre. Ex. : « Voilà qui beurre l'oignon* des adeptes du nouveau roman. Donne de l'assiette aux chiotards du style*. A ceux qui pompeusement à merde, qui pédalent à vide... Dont la plume pantelle comme une bite déchargée. » (81)

pompezingue (un) : pompier.

pompistador (un) : employé de station-service.

poncepilater (se) : s'en laver les mains.

ponction (une) : fonction. (B)

pondre : 1. Ecrire. 2. Accoucher.

pont lewis (un) : pont-levis dans un pays anglophone.

pont-leviser : lever un pont-levis.

pontamousson écarlate (un) : plante méditerranéenne (fictive) qui pousse en buisson.

pontamousson (la) : mousson. Ex. : « Allons bon, v'là que le temps se gâte, méprend le Gros lequel croit au tonnerre, c'est la saison de pontamousson qu'arrive. » (79)

ponts déchaussés (les) : Ponts et Chaussées. (B)

popaul (le) : cœur. Ex. : « Un peu de fading* dans le guignol*, biscotte* mon bon point* qui me taquine les coronaires du dessus. J'ai droit à la piquouze* de soutien quand popaul fait son caprice. » (B, 79)

popcornerie (une) : friandise américaine. Ex. : « Cette Amérique sur laquelle elle prend pied ressemble, pour elle, à une kermesse où elle compte bien tâter de tous les comptoirs, user de tous les gadgets et se gaver de toutes les popcorneries qui passeront à sa portée. » (97)

popeyen : en rapport avec Popeye.

popof (un) : fessier.

Popoff : Russe.

popotiner : pour un pope, vaquer à ses occupations.

popotiner du tralala : rouler des fesses.

popotineuse (une) : femme au fessier avenant. Ex. : « Ma jolie popotineuse dont chaque degré accentue le mouvement ondulatoire du bassin parisien*. » (75)

popotrain (le) : fessier.

populaciers (les) : foule, peuple, éléments d'une populace. Ex. : « La grille du parc est assiégée. Vous pensez, pour une fois que la crèche* d'un prince flambe, ils vont pas rater ça, les populaciers. Le peuple, faut qu'il ait des compensations, de temps à autre. » (72)

popule (le) : peuple.

populer : vaquer, pulluler (en parlant d'une foule). Ex. : « Il fait nuit et doux. Les travailleurs libérés populent sur les trottoirs. » (106)

poquer : sentir mauvais. Ex. : « Si elle chlingue* pas le tabac elle poque le frifri* monté en neige, espère. C'est révélateur, à son âge. Merde, la marée du soir, tu parles que c'est pas de la brise de mai. » (82)

porcherie (une) : porche. Ex. : « L'ira faire la manche* sous la porcherie d'une église. » (B, 77)

porcif (une) : portion.

porc's bus (un) : bétaillère spécialisée dans le transport de porcs.

portafausse (en) : en porte à faux. Ex. : « Je la cueille d'autor*, sans barguigner, pour l'entraîner dans une valse lente, pas trop cassante, à l'usage des vieux krooums*. Vera se raidit, elle rebuffe* sèchement avec une telle impétuosité que je suis obligé d'exécuter un pas en arrière. Ce faisant, je bute contre la godasse* d'une grosse radasse* omnipotente, ce qui la fait trébucher. Elle s'agrippe à ce qu'elle trouve, et je suis ce qu'elle trouve. Ma position portafausse jointe à sa surcharge pondérale me fait basculer. » (116)

portail-faux (en) : en porte à faux. Ex. : « Et puis quoi, des péchés? Et puis quoi, la morale? On s'mousse l'pied d'veau*, d'puis des sièc' et des sièc', en portail-faux, sur des biscorn'ries* d'esprit inventées par des moines bêcheurs, qui t'prohibaient la baise à tout va, t'escommunicataient* pour

encore moins et te garnissaient si tant et plus les enfers qu'à l'heure d'aujourd'hui on doit afficher complet dans les z'hauts fourneaux d'Satan. » (B, 208)

porte à grosse caisse (une) : porte à tambour.

porte à serpe (en) : en porte à faux. Ex. : « J'sentais qu'on s'mettait en porte à serpe d'trop bonimenter. » (B, 208)

porte-bagages (le) : fessier. Ex. : « Elle balançait son porte-bagages et on avait envie de s'engager dans la marine japonaise (sous les ordres de l'amiral Tavé-Kapa-Yalé), section des torpilles humaines. » (37)

porte-blabla (un) : porte-parole.

porte-coton (un) : adjoint, aide, subalterne, secrétaire. Ex. : « Maillard est avec Longeron, l'un de ses porte-coton, grand zig maigre, voûté plein cintre, qu'on enverrait sûrement dans un sanatorium si j'avais moins vendu de timbres antituberculeux quand j'étais petit. » (108)

porte-flingue (un) : second couteau.

porte-jactance (un) : porte-voix. Ex. : « J'embouche encore mon porte-jactance. » (26)

porte-jugulaire (un) : menton. Ex. : « Je la foudroie d'un crochet au porte-jugulaire : rran ! » (94)

porte-lasagne (un) : porte-monnaie. Ex. : « Je tire mon porte-lasagne et sors le billet. » (100). Ex. : « Le porte-lasagne ! Le porte-lasagne, mec ! Après le fion*, c'est ça qui régit le monde. » (150)

porte-manteau dans le dossier (filer le) : poignarder dans le dos.

porte-pébroques (un) : porte-parapluies.

porte-pipe (un) : bouche. Ex. : « Je me communique un bon kilo de barbaque* dans le porte-pipe. » (4)

porter la cerise : porter malheur. Ex. : « Y a des sœurs* comme ça, qui portent la cerise. » (16)

porte-voix de portefaix (un) : voie de fait. Ex. : « Si qu'on enlèverait ce connard*, c's'rait comme on dit en langage judicieux* : un porte-voix de portefaix su' sa personn'. » (B, 120)

portefeuillé (un) : ministre.

porter le pet : porter plainte. Ex. : « La persécution étant une maladie au moins aussi répandue que le rhume des foins ou la blennorragie, des dégourdis croient se reconnaître dans mes bouquins et portent le pet. » (18). Ex. : « Je me dis aussi que si Abel avait le nez propre, il pourrait porter le pet et nous faire avoir de l'avancement chez les écrevisses*. » (20)

porter le deuil : porter plainte. Ex. : « Affaire trouble : un de ses clients était décédé dans des circonstances bizarres et la famille avait porté le deuil dans tous les sens du terme. » (127)

portion (une) : visage. Ex. : « Je vois encore son direct du gauche m'arriver sur la portion. » (16)

portugaise (une) : oreille. Ex. : « Tante île Eve raie que ventre affamé n'a pas de portugaise. » (66)

position de la planche à repasser en batterie (dans la) : allongé.

possibilance (une) : possibilité.

postère (un) : fessier. Ex. : « Je suis la souris en regardant onduler son postère fort aimablement. » (11)

postérien : en rapport avec le postérieur. Ex. : « La Française a le coup de reins impeccable, l'esprit inventif (ça oui, surtout) et beaucoup de conscience postérienne. » (58)

postillon (faire le) : faire diligence. Ex. : « J'ai été z'au bureau de poste où ton mandat venait d'arriver, à ce propos je te remercie d'avoir fait le postillon. » (B, 43)

postilloner : postuler. Ex. : « Quand t'est-ce qu'on a eu not' premier, il a postilloné pour avoir un emploi à la mairie et il l'a obtenu. Fonctionnaire, ça rapporte moins, mais c'est plus sûr. » (95)

postman (un) : facteur.

postmaturé : qui arrive après maturité. Ex. : « L'antonyme de prématuré est tardif, ce mot étant, à mon grand regret trop faible pour appuyer ma pensée, j'invente postmaturé (mûr après) et le dédie à la faculté des lettres de Bordeaux en souvenir de l'époque où j'enseignais là-bas. » (106)

posturance (une) : posture. Ex. : « L'étonn'ment la t'nait dans c'te posturance, comme elle aurait t'eu un clou dans chaque pied, pareil à c'pauv'Jésus su' sa croix, qu'Dieu aye son âme ! » (B, 208)

pot (un) : impôt. Ex. : « Ou c's'rait-il pas ta déclaration d'un pot ? » (B, 106)

pot d'échappement (le) : anus.

pot d'échappement au ras du gazon (avoir le) : pour une personne, être de petite taille.

pote en tas (un) : potentat.

poteau rose (un) : pot aux roses. (B)

poteau-feu (un) : pot-au-feu. Ex. : « M'man l'a mise au courant pour la frichte c'qu'on bouffait : les potées z'au chou, les poteaux-feux. » (B, 208)

potesse (une) : amie. Ex. : « Elle partage sa chambre avec une potesse de voyage. » (150)

potion contondante (une) : coup. Ex. : « Il a morflé une sacrée potion contondante dans les gencives, l'amour. » (108)

potiron-midinette (dès) : dès potron-minet. (B)

potiron-minette : dès potron-minet. Ex. : « Et quand on m'chuchote qu'le président se taille d'l'Elysée à potiron-minette sous prétesque qu'y part en baisouille chez des polkas* carrossées par Capron, ma tendance c'est d'lu applaudir les prouesses plumardes*. » (B, 208)

pot trop rose (un) : pot aux roses. (B)

poubelle (une) : voiture, généralement en mauvais état.

poucettes (les) : menottes. Ex. : « Ustensiles précieux, les poucettes. Ce sont elles qui font qu'un flic est flic. » (20)

poudre à éternuer (la) : bombe atomique. Ex. : « Ce sont des blagues qui vous mènent directo* à la Trappe, comme le mec* qui a largué la poudre à éternuer sur Hiroshima ! » (31)

poudrer les carreaux : envoyer de la poudre aux yeux.

pouême (un) : poème. Ex. : « Et y'avait rien d'plus chiatique à r'tenir que ses pouêmes. » (B, 208)

pouète (un) : poète.

pouffe (une) : prostituée, femme.

poufiasse ou **pouffiasse** (une) : prostituée, femme, reine d'un jeu de cartes. (B)

pouic (que) : rien. Ex. : « Je n'y entrave que pouic. » (24)

pouilladin : miséreux.

poulaga (un) : policier. Ex. : « Ils n'ont jamais reluqué* ma frite* et ils se demandent si je suis un poulaga ou un Martien. » (15)

poulaille (la) : police. Ex. : « La poulaille, c'est terminé pour moi. Je tourne la page ! » (134)

poulailler (un) : commissariat de police.

poulaillerie (la) : police. Ex. : « Ne plus appartenir à la poulaillerie me prive de mes moyens. » (36)

poularde sur canapé (une) : femme.

poulardien : relatif à la police. Ex. : « Lorsque nous sommes de retour à la cité poulardienne... » (18)

poulardin (un) : policier.

poulardoche (un) : policier.

poularduche (un) : policier.

poule (la) : police.

poule-manne (un) : fourgon de police. Ex. : « La malle bée... Je saute de mon poule-manne. » (76)

poulet (un) : policier.

poulette (une) : jolie femme.

pouliche (une) : fille.

poultock (un) : 1. Policier. 2. Poulet.

poumons (les) : seins de femme. Ex. : « Elle rouscaille* quand je l'ascensionne* comme quoi j'y flétris les loloches* et y bouscule les poumons. » (B, 79)

poupée (une) : femme. Ex. : « C'est exactement le genre de poupée qu'un type de mon calibre aime à trouver dans ses godasses* le matin de Noël. » (2)

pour (du) : affirmation mensongère, contre-vérité. Ex. : « Je suis convaincu que c'est du pour. Si maître Simson apprenait qu'on veut me refroidir*, il ne dépenserait même pas le prix d'un jeton de téléphone pour m'en avertir. » (139)

pourlèche (la) : action de pourlécher.

pourlécheur d'oigne (un) : flatteur, lèche-cul.

pourliche (un) : pourboire. Ex. : « Je lui vote un pourliche surchoix. » (204)

pourparler : mener des pourparlers. Ex. : « Aussi, fissa, fissa, dis-je au Mastard d'aller voir en passant par-derrière pendant que je pourparlerai avec la plénipotentiaire. » (102)

poursuiteur (un) : poursuivant.

poursuivre son petit bonhomme de Michelin : poursuivre sa route.

pourtourdutroubeurré : flatté, flagorné. Ex. : « Le principal Conrouge joue seul maître à bord ! Il est très sollicité, très entouré, très pourléché, très flatté, très adulé, très acidulé, très pourtourdutroubeurré. Et faut voir comment il se rengorge dans les premiers grands rôles ! » (55)

pousse-au-crime (un) : alcool.

pousser la goualante : chanter.

pousser la manette des gaz : accélérer. Ex. : « Je ne puis m'empêcher de virguler* une œillerie* à ma montre. Pas poli mais éloquent. Une personne qui te bavasse* dans les trompes*, tu frimes* ta tocante* et la voilà qui pousse la manette des gaz. » (143)

poussin (un) : poussah. (B)

povgus-sansanus (un) : plante exotique fictive.

praczif (un) : objet quelconque. Ex. : « Je sonde l'eau noire à l'aide d'un praczif qui se trouve là (et surtout cherche nulle part le mot praczif, je viens juste de l'inventer). » (91)

praline (une) : 1. Coup de poing. Ex. : « Il lui vote* une praline à la pommette qui fait éclater icelle comme le printemps un bourgeon. » (83). 2. Balle de revolver. Ex. : « Le Gros a bloqué une praline dans la région du cou. » (20)

praliner : tirer à l'arme à feu. Ex. : « Il préférerait se praliner le chignon* à la perspective qu'on puisse voir une dame lui pomper* le dard*... » (150)

praliner la calbombe* (se) : se suicider d'une balle dans la tête.

pralinette (une) : balle d'arme à feu.

Pravda (sirop de) : sérum de vérité. (B)

pré à l'able (au) : au préalable. (B)

pré-à-bulle (un) : préambule. (B)

préalavement : préalablement. (B)

préambuler : écrire un préambule. Ex. : « Ayant fortement préambulé... il serait peut-être temps d'entrer dans le vif d'un sujet qui comporte pas mal de morts. » (114)

préavis (un) : parvis. (B)

préblaze (un) : prénom. Ex. : « Qui m'aurait dit qu'un jour j'appellerais le Big Boss par son préblaze. » (203)

précédateur : qui précède.

précipitance (une) : précipitation.

précipitance (en) : en se précipitant.

précipoter : précipiter. Ex. : « Précipote, c'est pas voulu, pour une fois. Il s'agit d'une faute de frappe, mais je laisse courir car je trouve plus sympa que précipite. On va me le baptiser néologisme, je pressens. Le néologisme, c'est la langue qui fait ses besoins. » (206)

précisance (une) : précision. (B)

préciserie (une) : précision. Ex. : « T'es là, tu m'apprends un truc qui m'outre. J'veux des préciseries. » (B, 208)

préconer : préconiser. Ex. : « Y s'plaît dans sa nouvelle vie au point d'm'fout' su' la gueule* quand t'est-ce je lu précone de rentrer. » (B, 120). Ex. : « On doit débloquer* à propos de la Nouvelle-Calédonie, au sujet d'à propos d'ce con d'Edgar Panzani* qui s'prend pour Fidèle Castré*. Moi, j'précone qu'on l'oblige déjà à s'raser, y f'ra moins marchand d'tapis. » (B, 123)

pré des cesseurs (le) : prédécesseur. (B)

prédécurseur (un) : prédécesseur. (B)

prédilection (une) : prédiction. (B)

préfabe : préfabriqué.

préférencier : préférer. Ex. : « Les sosies sont à l'ail*, dirais-je cette fois, au lieu des sosies sont de Lyon que mes origines me poussent à préférencier. » (94)

prélassage (un) : fait de se prélasser, farniente. Ex. : « Fini les prélassages, les roucoulades et autres enculades* fantasques à l'ombre des motels en fleurs. » (97)

prélatique : à la façon d'un prélat, avec componction. Ex. : « A gestes prélatiques, je dénoue son carré Hermès. » (110)

prélavable : préalable. Ex. : « Les formalités prélavables. »

prélavable (au) : au préalable. Ex. : « Alors deux doubles calvas, j'éclus'rai* le tien, t'auras qu'à trinquer au prélavable pour qu'l'honneur y soye sauf conduit. » (B, 109)

prélimolaire (un) : préliminaire. (B)

préludance (une) : prélude.

premier communié (un) : celui qui a fait sa première communion.

prémonier : avoir une prémonition.

prémonité : prémonitoire.

prémoniter : avoir des prémonitions. Ex. : « Je prémonite, mec*. Toi, tu sentais dans la crèche* à Bonblanc* qu'le turlu* allait sonner ; moi, je sens que tout ce circus* se tient par la barbichette. » (B, 141)

prémoniteur (un) : prémonition. (B)

prémonitieux : prémonitoire. Ex. : « Toi et Marie-Marie*... Des nuits j'rêve que t'habites chez nous av'c elle. C'est p't'êt' prémonitieux dans son genre ? » (B, 92)

prémonition sociable (une) : promotion sociale. Ex. : « Un gonzier* qui se croit fort est toujours faible. Sa force ne lui vient que de sa prémonition sociable, c'est-à-dire qu'elle équivale à zéro virgule zéro. » (B, 208)

prémunir : présumer. Ex. : « Pommadin*, il l'est aussi dans les façons, Alfred*. Ses originaires* italiennes, j'prémunis. » (B, 208)

prendre la voix gauche d'un droitier : contrefaire sa voix.

prendre le large : mourir.

prendre le poireau à deux mains : attendre, patienter. Ex. : « Donc j'ai suivi notre bonhomme jusque chez lui et là, j'ai pris le poireau à deux mains. » (28)

prendre un billet de corbeille : jouir d'un spectacle (souvent à connotation érotique). Ex. : « Elle a beau se draper dans son drap de lit, la donzelle*, j'ai pris mon billet de corbeille. » (24)

prendre un billet pour Gazonville : mourir.

prendre un jeton : regarder un spectacle salace. Ex. : « Bon..., tu vas prendre un jeton. – J'en prends assez comme ça, dit

Pinaud*, qui, mine de rien, regarde se relever les jupes des danseuses. – Un jeton de téléphone! lui mugis-je dans l'esgourde*. » (20)

prendre les patins : prendre le parti, la défense.

prendre la tangente : s'enfuir.

préoccupance (une) : préoccupation.

prépâmer : commencer à se pâmer.

préparade (une) : action de s'apprêter. Ex. : « Les déplumés* se rabattent les derniers tifs sur leur chemin de ronde à mouches*; les gonzesses* se lissent les plumes. Bref, c'est la préparade éclair. » (83)

préposer : s'affairer à une tâche administrative. Ex. : « Les préposés commencent à préposer derrière les guichets. » (39)

prépuce à l'oreille (mettre le) : mettre la puce à l'oreille.

près à lavement : préalablement. (B)

prescritionner : prescrire. Ex. : « Sorti d'là, l'humanité, pour elle, c'tait les serveurs d'chez Maxim's, les champouineuses d'chez Carita et l'toubib qui lu prescritionnait des pilules à rester maig'. » (B, 208)

présent-tentateur (un) : présentateur télé.

présente bulle (une) : préambule. Ex. : « Toute cette présente bulle pour arriver à la question que j'te poserai pas deux fois, ma parole d'homme. » (B, 90)

presse-pigeon (un) : médium, voyant.

presse-varices qu'a tort (un) : prévaricateur. Ex. : « Ah! je me retiendrais pas, un presse-varices qu'a tort de ce t'acabit, j'y morflerais* la gogne* jusqu'à ce qu'il existe plus! » (B, 65)

pressent-hâbleur (un) : présentateur télé.

pressentimenter : avoir un pressentiment. Ex. : « J'ai horreur qu'on pressentimente dans les tons sombres, ça porte la pistouille*. » (76). Ex. : « Je pressentimente que s'il n'en meurt pas, il s'en tirera. » (120)

presser les salsifis : serrer la main.

pressionner : presser. Ex. : « Sa main pressionne mon biceps. » (126)

prestesse (une) : caractère de ce qui est preste. Ex. : « Le héron qui fond sur une tanche, mes gamines! Oh! la prestesse de cette prêtresse! » (76). Ex. : « Il a une manière à lui de s'esbigner*, profitant de tout ce qui s'offre : gens, ruelles, voitures, avec une prestesse diabolique. » (105)

prestigieux-tâteur (un) : prestidigitateur. Ex. : « Il a l'air de rien, le binoclard*, mais il te vous escamote une carte que même un prestigieux-tâteur saurait pas en faire autant. » (B, 55)

presto : prestement.

prétentiard (un) : prétentieux.

preuveparneuver : administrer la preuve par neuf.

prévauté (une) : privauté. (B)

prévoté (une) : privauté. Ex. : « Avant de gerber*, je me suis permis une prévoté : j'ai filé une paire de baffes* aux mômes*. » (B, 55)

priller : prier. Ex. : « Je t'en prille. » (130)

primat des glauques (le) : primat des Gaules.

primauté (une) : privauté.

prime d'abordage (de) : de prime abord. (B)

primorder : être primordial. Ex. : « Ça primorde pour toi. » (94)

princesse : impeccablement, parfaitement. Ex. : « Tu peux compter que là-bas, ils l'ont fignolée princesse, leur vacherie. » (93)

principauté (une) : 1. Privauté. (B). 2. Crâne. Ex. : « Il se masse la principauté qu'il tond triple zéro chaque matin. » (85)

prioritance (une) : priorité. (B). Ex. : « Moi, quand j'révoque* Saint-Locdu-le-Vieux* dans mes mémoires, c'qui m'vient en prioritance, c'est l'école. » (B, 208)

prisme à conneries (un) : entendement, intellect.

private : privé.

privaton-filoché 18 (le) : antidote du gardéno-pantéola-fissuré* (substance fictive).

probabiliser : supposer, supputer.

probabletilement : probablement. Ex. : « Il entreprend de sonner, mais la porte ne s'ouvre pas, car probabletilement, il appuie sur un mauvais bouton. » (88)

problo (un) : problème.

procréer : procéder. (B)

procurseur moleté (un) : pièce quelconque d'un avion. Ex. : « Je bignoutze* alors le procurseur moleté et les pales se mettent à tourner. » (74)

prodigiotissime : particulièrement prodigieux. Ex. : « Rarissimiste*! Introuvabiliste*! Prodigiotissime! » (97)

produc (un) : producteur.

produits de la ferme (les) : excréments. Ex. : « On torche l'intéressé, le Gros évacue les produits de la ferme. » (134)

proéminer : faire saillie. Ex. : « Ses gobilles* enflent et proéminent si tellement fort que je redoute de les voir choir à l'intérieur de ma tire*. » (76)

professeuse (une) : femme professeur.

profiterole (le) : profit. Ex. : « Je mets la chose à profiterole. » (115)

profonde (une) : poche. Ex. : « Je me mets alors à fouiller les profondes du mort... » (28). Ex. : « Nous avons été mal inspirés de les carrer* dans nos profondes, les pétards* de ces messieurs. » (29)

profondimètre (un) : instrument qui mesure la profondeur.

progéniturer : procréer. Ex. : « Des gosses cradingues* et turbulents, aux frimousses croûteuses se traînent le dargeot* sur le linoléum de la cuisine en élaborant de savants encombrements de voitures à l'aide de pinces à linge. Une grosse dame jeune mais sans âge, enceinte au-dessus de la ligne de flottaison, les regarde jouer d'un œil de bois, elle est assise dans un fauteuil d'osier et essuie la vaisselle avec des gestes mous, ronds, sans se faire de mouron. Elle est heureuse de progéniturer, cette maman. Comme dirait l'autre : la mère rit de son arrondissement. » (202)

projet niture (une) : progéniture. (B)

projo (un) : projecteur.

proléteuse (une) : femme originaire d'un milieu prolétaire.

promenade en décolleté (une) : exécution capitale.

promener dans le cirage (se) : perdre conscience.

promiscuité (à) : à proximité. Ex. : « Une sœur de charité hollandaise qui passait à promiscuité m'a constaté la défaillance, bref on a pu faire un bout de conversation. » (B, 91)

promo (un) : promoteur immobilier.

promontoire (un) : crâne. Ex. : « Le flic de la banquette avant lui ramone* le promontoire avec un solide goumi*. » (47)

promotionné : promu. Ex. : « Y a pas pire engeance que les troufions promotionnés généraux. » (B, 208)

prompto : promptement.

pronostiser : pronostiquer. (B)

propagandeuse : en rapport avec la propagande.

propicionner : rendre propice. Ex. : « L'agitation aquatique est soûlante, pourtant elle... propicionne ma réflexion. » (147)

propose (une) : proposition. Ex. : « Il ne répond pas; mais je sens que ma propose fait du traininge* dans sa tronche*. » (128). Ex. : « Ma propose le rend dubitatif. » (150)

proposeur (un) : celui qui fait une proposition. Ex. : « L'invite* s'adresse à César. Surpris, il s'arrête pour considérer la proposeuse. » (114)

propositionner : faire une proposition.

propre (être au) : s'être retiré du Milieu, avoir cessé toute activité illégale.

prose (le) : fessier. Ex. : « Avec ce système, je peux m'engager chez les Grecs, gars! On a le prose accessible. On me frappe dans le dos et je lève le rideau du magasin. Directement du producteur au consommateur! » (B, 54). Ex. : « Il croye avoir un cerveau monumental, l'Français, alors qu'il n'a qu'un énorme cul. Son prose, c'est le vrai fourre-tout. » (B, 208)

proser « **tasse-de-thé** » : écrire une prose académique, conventionnelle.

prosibe (le) : 1. Fessier. 2. Plausible. Ex. : « Son veuvage rend prosibe qu'é l'aye confiée à d'la famille dans cette conjecture, n'est-ce pas? » (B, 208)

prosibus (le) : fesses.

prospection (une) : prescription. (B)

prosper (le) : 1. Fessier. Ex. : « Remue-toi le prosper, mon gars! » (61). 2. Estomac.

Ex. : « C'est pas que j'aie le culte de la torture, mais j'ai horreur de rester longtemps
sans morganer*, après on a le prosper qui
s'exclame, or le borborygme fait négligé. »
(35). Ex. : « Il réclame, Prosper. Faut le
calorifuger* au moins deux fois par jour,
sinon la boyasse* fait des nœuds. » (59)

prostate (avoir la) : être à sec. Ex. : « Y a
des fois, t'es en état de pleurance, mais tes
lacrymales ont la prostate. » (102)

prostipute (une) : prostituée. Ex. : « Une
prostipute de chez nous, t'es tranquille
qu'elle a pas l'minou* comm' une boutonnière ! » (B, 101)

prostite (la) : prostitution. Ex. : « La prostite, c'est beau quand t'es jeune et carrossée
Bertone*, mais quand t'as morflé ta dose
de carats*, que t'as des dominos empochables* et des miches* en goutte d'huile,
avec un intervalle de deux mains en haut
des cuisses, c'est plus rentable. » (133)

prostitutionnel : en rapport avec la prostitution. Ex. : « Elle était espagnole avant de
s'engager dans les troupes prostitution-
nelles. » (152)

protestance (une) : protestation. (B)

prothésé : portant une prothèse. Ex. :
« Voilà pourquoi tant de beaux Suédois
sont prothésés du chibraque*. » (82)

prothéser : mettre une prothèse.

prototypique : d'un archétype, qui possède
les caractéristiques d'un prototype. Ex. :
« Il y aurait écrit " Vieux con " en travers
de sa personne, en caractères d'imprimerie,
qu'il ne ferait pas davantage vieux con. Car
il est prototypique dans son genre, ce
kroum*. » (106)

protozoaire constipé (le) : type de torture.

protrouducteur : se dit d'un producteur
T.V. qui vient de copuler.

protubérer : présenter une protubérance.
Ex. : « Ça protubère, ça dilate partout, ça
cascade, dévale, monumente*. » (75)

proviendre : provenir. (B)

provise (une) : provisions. Ex. : « Bérurier*
a déniché des provises, quelques boutanches* d'alcool et il se fait une joie de
vivre. » (136)

proximité (la) : promiscuité. (B)

prudencer : parler prudemment.

prune (une) : 1. Balle d'arme à feu. Ex. :
« Je lui ai cloqué* trois prunes dans le buffet*. » (24). 2. Coup de poing.

pruneau (un) : balle d'arme à feu.

pschitt-analyste (un) : psychanalyste. (B)

psster : appeler, ou répondre à un appel.
Ex. : « Psst ! nous crie-t-il. Et nous psstons
en courant. » (105)

psychologique (un asile) : asile psychiatrique. (B)

ptempérer : obtempérer. Ex. : « Force est à
l'officier de ptempérer. » (85)

publiciter : vanter à des fins publicitaires.
Ex. : « Six balles groupées dans la poitrine,
ça ne vaut pas une cure de jouvence chez
Cambuzat, au Mont-Pèlerin, près de
Vevey, publicité-je. » (149)

puceaux horaires (les) : fuseaux horaires.
(B)

pucelage (un) : 1. Fuselage. (B). 2. Puzzle.
Ex. : « Y r'consitue des pucelages, t'sais, ces
trucs qu'on s'fait tellement chier* av'c la
limite du ciel et d'la mer. » (B, 119)

pucier (un) : lit. Ex. : « Je pose ma veste,
mes godasses et je m'allonge sur le
pucier. » (6). Ex. : « Je venais de bicher*
des fourmis dans une guitare* à cause de
ma fausse position sur son pucier. » (100)

pucierman (un) : chiffonnier.

pudibard : pudibond.

pudibondance (la) : pudibonderie. Ex. :
« Moi, ma nature, c'est d'y aller carrément.
J'sus un tombereau qu'on décharge. Plan-
quez vos nougats, vos pudibondances ! »
(B, 208)

pudibondieuserie (une) : pudibonderie et
bondieuserie. (B)

pue-cocher : fouette cocher. (B)

puer de la gueule : avoir mauvaise haleine.

puériculter : appliquer les techniques de
puériculture.

pugilater : faire un pugilat.

pulman (un) : policier. Ex. : « Les petits
gonziers* savaient qu't'étais un pulman,
puisqu'y z'ont allé droit t'à toi pour
t'rafler* ton feu*. Or, soye dit sans vouloir
t'vexer, tu n'fais pas tellement flic* quand
on t'voye av'c du monde autour... » (B, 90)

punkisé : affublé en « punk ». Ex. : « Le minet punkisé porte un caleçon trop vaste pour sa chétivité*. » (135)

pupilles (les) : papilles. (B)

purgateux : qui évoque le purgatoire. Ex. : « Une résignation totale, libérée de tout sursaut, rend ce lieu évasif et purgateux. » (93)

purgatif (le) : purgatoire. Ex. : « J'me demande si y croyait t'encore en Dieu, à c'moment-là, le pauv'homme. Mais quoi, vaut mieux s'farcir* son purgatif su' la terre, tant qu'à faire, quand on est dans les ordes, non ? » (B, 208)

purger l'eau du radiateur : uriner. Ex. : « Y a même un gros monsieur dont le cou fait des plis qui abaisse son " Parisien Libéré " pour me regarder purger l'eau du radiateur avec un sourire gentil, style : " Ça soulage et ça ne coûte pas cher, hein ? " » (155)

purodoriférant-cétacé (un) : type d'arbre tropical fictif.

puruler : pourrir (transitif). Ex. : « Voilà le truc qui me purule la gamberge*. » (81)

putasser : se prostituer. Ex. : « Des gamins chahutent, les putes putassent. » (109)

puteaux : plus tôt.

putoise (une) : femelle du putois.

putrescer : pourrir, entrer en putréfaction. Ex. : « Et ma plus grande appréhension c'est qu'après moi ma mémoire continue toute seule, cette charognerie*. Que je putresce et qu'elle subsiste, manière de me faire chier le néant*. » (94)

puzzelage (un) : 1. Puzzle. 2. Enigme. Ex. : « Personne n'a jamais échafaudé un puzzelage pareil ! » (135)

pygmétation (la) : pigmentation d'un pygmée. (B)

pyjamaser (se) : se vêtir d'un pyjama.

pyje (un) : pyjama.

pyjmoiça (un) : pyjama.

pyrographe (un) : pyromane. (B)

pythagornerie (une) : développement mathématique à partir du théorème de Pythagore.

pythonisé : hypnotisé. Ex. : « J'étais pythonisé par l'œilleton de verre percé dans le panneau. » (B, 208)

Q

quadrimoteurgénaire (un) : vieillard respectable.

quadrupède : centripète. Ex. : « Berthe*, c'est mes brancards : je suis t'attelé et l'habitude c'est un peu comme la force vermifuge* ou quadrupède, je me rappelle plus au juste, qui tient en équilibre les trucs instables. » (B, 54)

quantitoche (une) : quantité.

quarante-huitaine (une) : quatre douzaines.

quart de sel (un) : voyou de peu d'envergure. Ex. : « Trois-sous était un petit barbillon* de Montmartre. Le genre quart de sel ! Il s'était lancé dans le pain de fesse tout à fait fortuitement. » (8)

quatre-cent-vingt-et-uniste (un) : joueur de 421. Ex. : « Le bougnat manque avaler son râtelier* en voyant débarquer dans son usine à limonade* un connétable Du Guesclin fort en tétons* et une Joconde dont la trogne* pourrait servir d'enseigne à son bistrot. Il se produit un grand silence dans la carrée*. Les quatre-cent-vingt-et-unistes qui sévissaient au comptoir en mettent les dés dans leur café. » (200)

quatre-quatrer : monter un escalier quatre à quatre.

quatrecheminer : aller par quatre chemins. Ex. : « Dans les cas gravissimes je ne quatrechemine pas. » (89)

quatreférenlairer : tomber. Ex. : « Ali se morfle* une cacahuète* de magnitude 8 qui te me le quatreférenlaire proprement. » (105)

que tchi : rien. Ex. : « La lutte à poings nus, il n'y connaît que tchi. » (56)

que pouic : rien. Ex. : « Je lui mimique* à quel point j'entrave* que pouic à son patois. » (150)

qué zaco : qu'est-ce que c'est ? Provient du provençal « qu'es aco ? »; littéralement : qu'est ceci ?

quelconquerie (une) : caractère de ce qui est quelconque. Ex. : « La signification profonde, obscure, d'un être tellement minime. Le dépassement humain d'une telle quelconquerie. » (100)

quenotte-août (le) : adapt. de l'anglais « knock-out ». Ex. : « Z'ont attendu que vous futassiez tous quenotte-août, et puis y z'ont descendu un grappin du coléoptère* pour agrafer le camion et l'emporter. » (B, 77)

quêquête (se mettre en) : se mettre en quête, rechercher.

questche (une) : balle de revolver. Ex. : « Le zigoto a morflé* ma questche dans le creux de la nuque et le rêve de ses chers vieux parents s'est réalisé : il a du plomb dans la cervelle. »

questcher : s'évanouir.

quétcheupe (un) : adapt. de l'anglais « check-up » (bilan de santé). Ex. : « Y se bousculent dans les cliniques suisses afin de se faire des quétcheupes ou des trucs dans ce genre. » (203)

quetsche (une) : coup de poing.

queue-leu-leuter : avancer à la queue leu leu.

queueleulard : relatif à une file d'attente, à la queue leu leu. Ex. : « Ils sont cramponnés à leurs casbas s'condaires, leurs machines à laver, repasser, traire, cirer, biter; leurs bagnoles à 90 l'heure; leurs vouécandes queueleulards. » (B, 208)

queuleuler : marcher à la queue leu leu. Ex. : « Les sentir à tes miches* : cauchemar! Queuleuler derrière cette horde : effroyance*! » (97)

queutard (un) : personne qui fait la queue.

queuter : prendre. Ex. : « Je le queute en aparté et lui file mon blaze*. » (16)

qui t'a misé : tamisé. Ex. : « Dès l'entrée, je devine que c'est un port d'attache pour gens étranges venus d'ailleurs ou soucieux de s'y rendre. La salle est en longueur, feutrée, avec un éclairage qui t'a misé, comme dit Béru*. » (B, 127)

qui-est-ce : Quiès, pour boule Quiès.

quidame (un) : quidam.

quille (une) : 1. Jambe. 2. Bouteille. Ex. : « Notre quille de champ' torpillée, on décide de s'en aller. » (203)

quilles entre parenthèses (avoir les) : flageoler de peur.

quimbou (un) : bouquin, en verlan.

quimonsieur (un) : quidam. Ex. : « Si dans l'honorab' assistance, y aurait un quidame* ou un quimonsieur qui voudrait voir de tout près. » (97). Ex. : « C'est plein de quidams et de quimonsieurs qui se la radinent* peureusement, comme mouches à merde myopes sur une affiche de Le Pen. » (133)

quimpage (un) : abandon. Ex. : « La pauvre petite rose en bouton, mal remise de mon quimpage de butor, mais ne protestant pas. » (150)

quimper : abandonner, tomber. Ex. : « Une fois dans le couloir, je le laisse quimper. » (48). Ex. : « Le jour que j'écrirai plus ce qui me passe par mon chou*, je laisserai tout quimper. » (76). Ex. : « Je fais feuille de rose à la langue française ma maman chérie. Si ça t'agace, laisse quimper*, ça ne nous empêchera pas de crever, toi et moi, connard! » (210)

quimper dans la dormance : s'endormir. Ex. : « Je me laisse doucement quimper dans la dormance*. » (134)

quincaillesque : métallique. Ex. : « Lambert fait jouer le double fermoir quincaillesque (de la valise) et soulève le couvercle. » (126)

quine : rien. Ex. : « J'y vois quine. »

quine (en avoir) : en avoir assez. Ex. : « J'ai des périodes que ça me prend, l'horreur du lit. Où j'en ai quine de sa moelleur. » (81). Ex. : « Y en a quine de tes giries*, mec. » (89). Ex. : « J'en ai quine de moisir dans cet appartement sinistros qui pue le rance. » (136)

quinqua (un) : quinquagénaire.

quinquager : avoisiner la cinquantaine. Ex. : « Le mironton qui quinquage, fissa il s'inscrit à Saint-Nom-la-Breloque, s'harnache pied et cape et se met à n'causer que de trous comme des fabricants de gruyère. » (B, 208)

quinquet (un) : œil. Ex. : « Figure-toi que je pêchais depuis une bonne heure quand soudain je me frotte les quinquets en apercevant une île pas loin de moi. » (46). Ex. : « Je m'ablutionne* les quinquets. » (80)

quinte d'atout (une) : quinte de toux.

quinte d'essence (une) : quintessence. Ex. : « La vie est courte et faut en tirer une quinte d'essence chaque fois que l'occase* se présente. » (B, 79)

quitter le circuit : mourir.

quoiasser : interroger en utilisant le pronom quoi.

quolibetter : lancer des quolibets.

quouette (une) : queue de chien. Ex. : « Le loulou poméranien frétille de la quouette, en signe de bienvenue. » (89)

R rab (un) : supplément. Ex. :
« Et qu'est-ce qu'il va en faire, le vieux gros
paf*, de son rab d'existence, si je parviens à
le sortir de la mistouille*? » (136)

rabattre : venir, arriver.

rabattre (se) : battre en retraite, s'effacer.

rabbit (un) : petit animal britannique,
grand amateur de carottes, que l'on
dépêche à ses rendez-vous pour vous
excuser lorsqu'on a un empêchement. (Le
Traducteur, 98)

rabe (faire du) : zèle, excédent, temps de
service supplémentaire. Ex. : « La bonne
chère, y a que ça pour retaper le moral d'un
bonhomme. Lorsque j'ai fini ma seconde
aile de poulet et bu mon troisième verre de
châteauneuf, je sens que mon optimisme
va faire du rabe. » (9)

rabiliter : réhabiliter. (B)

rabouif (un) : nez.

rabouin (un) : individu pédant et stupide.

raboulette : potelée.

racagnarder (se) : se renfoncer confortablement. Ex. : « Il s'est déjà racagnardé dans
sa litière à bœufs. » (105)

raccrocher la clé au tableau : mourir. Ex. :
« Un " petit " digestif? J'aime pas ça. Papa
a eu le temps de m'apprendre à aimer le
pinard* avant de raccrocher sa clé au
tableau. » (155)

rachitique : hiérarchique. Ex. : « Tu permets, oui! dit-il à Riri, mon supérieur

rachitique passe avant toi! » (B, 51). Ex. :
« On lève le lièvre, on le flingue*, et ensuite
c'est nos supérieurs rachitiques qui
bouffent* le civet et se parent des plumes
du paon! » (B, 81). Ex. : « C'est not' supérieur rachitique, mec; ce qu'il décide est
parabole de vigile*. » (B, 109)

racho : rachitique. Ex. : « Dans ces pays, on
cultive l'opium comme les banlieusards
parisiens le poireau, sauf que les poireaux
du banlieusard sont plutôt rachos alors que
les plants de pavot d'Ispahan ont une luxuriance qui prédispose à la luxure. » (72)

racler les pinceaux (se) : s'essuyer les pieds.
Ex. : « T'as beau te racler les pinceaux sur
le misérable paillasson de caoutchouc
confectionné à l'aide de vieux pneus coupés en lanières, t'en ramènes at home,
comme disent les Savoyards. » (109)

racornance (en) : en train de se racornir.
Ex. : « Son asperge bénite me coule des
regards furtifs, par-dessous sa pudeur
hypocrite, et p't'être qu'elle imagine ma
bite*, après tout, cette pauvrette en racornance faite initialement pour s'envoyer en
l'air comme tout une chacune, mais que
d'obscures contraintes morales maintien-
dront toujours en chasteté. » (102)

racouloums (des) : rahat-loukoum. (B)

radar (un) : oreille.

radarer : se guider au radar; par extension,
se guider à l'intuition.

radasse (une) : prostituée. Ex. : « Cette personne faisait radasse pire que dans les films
du muet, quand il fallait forcer sur l'expres-

sion pour remplacer la parole encore non avenue. » (125)

rade (en) : en panne. Ex. : « Il écoute avec ses oreilles de catcheur fini, pige* avec son cervelet de primate en rade. » (104)

rade (un) : comptoir de bistrot ; par extension, le bistrot lui-même.

rade-made (un) : barman. Ex. : « J'ai idée que Mme Loulette est maquée gentil avec son rade-made qui doit lui bricoler une bonne manière* quand il a achevé de mettre les chaises à la renverse sur les tables. » (105)

radeauter : 1. Méduser, frapper de stupeur. 2. Radoter. Ex. : « Le père La Méduse se demande s'il radeaute. » (75)

radieuser : rendre radieux. Ex. : « Ma question radieuse Alexandre-Benoît. Tous les subalternes confusionnent* d'émotion et d'orgueil discret quand leurs supérieurs sollicitent leur avis. » (94). Ex. : « Eh bon, voilà que ça radieuse dans mon esprit. » (149)

radieusir : devenir radieux.

radiner (se) : parvenir quelque part, arriver. Ex. : « Peu à peu, le populo se radine. » (24).

radio-ciner : ratiociner. Ex. : « L'affaire est trop engagée pour qu'on se permette de radio-ciner, comme dit Bérurier*, l'analphacon* de l'élite. » (127)

radiophonique-activé : radioactive. Ex. : « La bombe anatomique* française, c'est comme qui dirait un accessoire pour farces et attrapes, elle retombe en confettis ! Et les irradiations radiophoniques-activées, on s'en protège avec de l'ambre solaire ou de la crème Nivéa. » (B, 65)

radioreporter : raconter une action à travers un émetteur radiophonique.

radis (un) : 1. Orteil. 2. Sou. Ex. : « Je te dis que j'ai plus un radis ; mes derniers flèches*, je les ai utilisés pour t'appeler tout à l'heure. » (31)

radoche (une) : prostituée.

radote (la) : état de quelqu'un qui radote. Ex. : « A travers sa radote, on devine une intelligence affirmée, mais qui vacille un peu comme la flamme d'une chandelle dans un courant d'air. » (90)

rageasser : enrager. Ex. : « J'enrogne*, je rageasse, je peste bubonique*. » (81)

ragoûter : être ragoûtant.

ragrafer (se) : fermer sa braguette. Ex. : « Le verbe " ragrafer " n'existait pas. Buvons un coup pour saluer sa naissance ! » (205)

rahgoûte (un) : raout. Ex. : « Le prince Béru*, lui y circule en éléphant surchoix, à injection directe, tu mates* le tableau, mec* ? Et les rahgoûtes, au palais de chez mézigue* ! » (B, 79)

raidar : raide.

raide : pauvre, sans argent. Ex. : « Car il est toujours raide comme barre, le dabuche, sa rombière tenant fermement les cordons de la bourse. » (114)

raide (le) : 1. Alcool. Ex. : « Faudrait le rebecqueter* avec un coup de raide. » (8) 2. Unité monétaire. Ex. : « Dedans, il y a cinq beaux billets de dix raides. » (8). Ex. : « On le voit dans des cabarets de luxe, se gorgeant de champ et levant des moukères* à dix raides la nuit. » (28)

raide à blanc : pauvre, sans argent. Ex. : « Puisque t'es raide à blanc, je passerai aux postaux. » (10)

raide-s'cousse (à la) : à la rescousse. (B)

raie alitée (une) : réalité. Ex. : « Il est inutile de chercher à piger* : les bonnes dames sont commak*. Vaut mieux prendre leurs désirs pour des raies alitées. » (77)

raie au porc (la) : aéroport. Ex. : « J'ai peur qu'à la raie au porc y m'chicanent pour l'excrément de bagages. » (B, 134)

raie ception (une) : réception. Ex. : « On emmène les deux étuis dans notre piaule*. Ensuite tu dis à la raie ception de faire porter les bagages du lord à l'arrêt au port*. » (B, 65)

raie publique (la) : république.

raie-pulsion (une) : répulsion.

raie-salement : récemment. Ex. : « Sa gerce* est prête-nom, exaguete*, mais elle a qu'l'droit de fermer sa gueule* et si é la ferme pas, y lui la ferme biscotte* il a la mandale* fastoche*, dont j'me demande comment on peut comporter ainsi av'c sa femme, j'en causais à Berthe* raie-salement. » (B, 119)

raimer (se) : s'aimer de nouveau. Ex. : « Les voilà unis par l'indignation. Ils se raiment de tant me haïr. » (150)

Rainier (un) : prince (du prince Rainier de Monaco). Ex. : « Il se frotte les sourcils, comme dut le faire la Belle au Bois Pionçant* lorsque son Rainier est venu la tirer des toiles*. » (20)

rainure (la) : pli fessier. Ex. : « J'en ai des sueurs dans la rainure. » (20)

raisin (le) : sang. Ex. : « Je sens mon raisin qui se caille. » (24). Ex. : « Avec la tension que tu as, pour arriver à t'extirper une goutte de raisin faudrait t'ouvrir en deux, et encore ! » (28)

raisin (se cailler le) : s'inquiéter, se faire du mauvais sang.

raisiné (le) : sang.

raisiner : saigner. Ex. : « Il en raisine du tarin*. » (203)

raisonnage (un) : raisonnement. Ex. : « Maginez-vous que je m'ai tenu la raisonnance suivante... » (B, 66). Ex. : « Et dans l'fond, hein, ça s't'nait mon raisonnage. » (B, 208)

râlage (un) : fait de rouspéter. Ex. : « Ayant trop parlé, le Mahousse a soif. C'est pour lui un nouveau motif de râlage. » (56)

râlocher : râler, protester. Ex. : « Et Bérurier* râloche de mon mutisme. » (91)

ramager : entreprendre une tentative de séduction. Ex. : « Il valse en chuchotant des choses qui pâment ma copine. Ça ramage ferme sur l'étroite piste. » (83)

ramassage (un) : ramassis. (B)

ramasse-miettes (un) : cil. Ex. : « C'est le moment de faire jouer mes ramasse-miettes ! S'il y avait un grelot accroché à chacun de mes cils, je lui interpréterais " Prenez mon cœur et mes roses " sans accompagnement. » (24). Ex. : « Je bats des ramasse-miettes avant de regarder. » (29). Ex. : « Lorsqu'elle bat des paupières, on croit toujours qu'Amalia Rodriguez va en pousser une, because le bruit des castagnettes de ses ramasse-miettes. » (31). Ex. : « Il bat des ramasse-miettes, façon jeune pianiste ingénue qui regarde son professeur déboutonner sa braguette pendant qu'elle s'emberlife* avec « La Lettre à Élise ". » (136)

ramasser (se) : échouer. Ex. : « Avec cette créature d'exception, Sana*, le séducteur, se ramasse comme un con. Il fait un bide*, le Casanova des comptoirs ! » (122)

ramasser une caisse : s'enivrer. Ex. : « Le Mastard nous a rejoints à la Cabane Pébroque*, pété* à mort. Soûl perdu, à ne plus pouvoir apercevoir ses mains au bout de ses bras ! Une caisse pareille, ça faisait des années que je lui en avais pas vu ramasser ! » (133)

ramasser une malle : s'enivrer. Ex. : « La dernière fois, c'était pour arroser l'avancement de mon collègue Rifflet et on avait ramassé une malle. » (4)

ramasser une peinture : s'enivrer.

ramasseur de végétaux morts (un) : jardinier.

rambiner : 1. Accourir. 2. Séduire. Ex. : « Le temps que je trouve quelque chose à lui dire pour la rambiner et elle a évacué mon horizon. » (2). Ex. : « C'était une chic fille. J'aurais plaisir à la rambiner. » (8). Ex. : « Elle est brunette et pas farouche. Je l'ai rambinée hier au bureau de tabac. » (10). Ex. : « Cette souris, je l'avais retapissée* déjà, me promettant de la rambiner à la première occase*. » (203)

rambiner le coup : arranger les choses.

rambour (un) : rendez-vous.

ram dam (un) : mot hindou signifiant brouhaha. Ex. : « Les gens se mettent à dévaler du dur* en trépignant et gesticulant. Leur ram dam attire l'attention du Mastard. » (79)

ramdam sous la coiffe (avoir du) : avoir la gueule de bois. Ex. : « J'ai l'impression d'avoir nettoyé les gogues d'une caserne avec la langue. Et il y a du ramdam sous ma coiffe. » (22)

rame (une) : bras.

ramener (la) : se faire remarquer exagérément. Ex. : « Faut toujours qu'il la ramène en tricolore sur fond de " Marseillaise " avec les yeux en forme de croix de guerre ! » (20). Ex. : « Pourtant, sachant qu'il est inutile et malvenu de la ramener, je me soude les labiales à l'autogène. » (24)

ramener sa fraise : avoir un comportement fanfaron ou importun.

rameutatoire : susceptible de rameuter. Ex. : « De vrais grands cris rameutatoires. » (83)

ramolito : ramolli.

ramolli de l'intellect (un) : personne stupide.

ramolli de la calbombe : stupide. Ex. : « Elle n'est pas ramollie de la calbombe, la vioque. » (5)

ramolli de la coiffe (un) : personne stupide.

ramonage (un) : blâme. Ex. : « Le Vieux* nous attend. Il va y avoir une nouvelle séance de ramonage, je sens ça. Il m'a paru aussi aimable qu'une ménagerie affamée. » (25)

ramonage de pif (un) : bagarre. Ex. : « Mon coup de gueule fait rappliquer Béru*. Envolée sa timidité. Il redevient instinctivement le gros chienchien dont il faut pas chahuter le maîmaître. – Y a ramonage de pif? il demande sèchement en reniflant avec fureur. » (B, 202)

ramoner : 1. Parler d'une voix de gorge, langoureuse. Ex. : « Approchez plus près votre oreille, jolie madame, plus près encore, car c'est l'heure ensorceleuse des confidences » que ramonait l'autre en bectant* son sandvouiche* rillettes devant sa passoire*. » (83). 2. Fonctionner.

ramoner l'alibi : conduire un interrogatoire de police. Ex. : « Tous les clodos* du secteur vont se faire ramoner l'alibi par ces messieurs du Guet ! »

ramoner la descente (se) : se racler la gorge. Ex. : « Il se ramone la descente et glaviote* dans la cabine du bureau de poste de Saint-Locdu-le-Vieux*. » (141)

ramoner les voies respiratoires inférieures par les Hellènes (aller se faire) : aller se faire voir chez les Grecs.

ramoner la boyasse (se) : déféquer. Ex. : « Entre parenthèses, j'ai maille à partir avec un adjudant de la coloniale en pleine dysenterie qui braille que les autres gogues* sont entre les mains d'un horrible constipé et qu'il n'a pas pris un billet de première pour aller se faire ramoner la boyasse dans les vouatères* des deuxièmes. » (B, 67)

ramoner l'œsophage (se) : se désaltérer. Ex. : « Je vais siffler* un grand blanc-cassé

au bistrot d'en bas, histoire de me ramoner l'œsophage. » (6)

ramoner les muqueuses (se) : se racler la gorge.

ramoneuse de goussets (une) : prostituée. Ex. : « Tu me prends pour un miché*, non ? Tu te figures que je serais allé lever une ramoneuse de goussets ! » (48)

rampe (lâcher la) : s'évanouir.

ramponner : raccrocher.

rancard (un) : 1. Rendez-vous. 2. Renseignement. Ex. : « Il me rédige tous ces rancards sur une feuille de papier blanc, de cette écriture britannique droite et arrondie. » (9)

rancarder : renseigner. Ex. : « Elle doit pouvoir me rancarder utilement au sujet de son vieux*. » (76). Ex. : « Y n'acceptent qu'des jeunots* dans ce bastringue* et faut qu'j'soye rancardé su' leurs manières à ces tordus*. » (90)

rancerie (une) : femme d'âge mûr.

rancuneux : rancunier.

ranger des voitures (se) : se retirer de la vie active.

ranque (un) : rendez-vous. Ex. : « J'ai cloqué un ranque pour dans cinq minutes. » (17). Ex. : « Mario m'avait filé le ranque pour le soir, lundi, dans la nuit. » (20). Ex. : « Kif* un vieux kroum ayant filé le ranque à sa secrétaire pour s'aller faire reluire dans une honorable maison d'accueil à double issue avec glaces au plafond. » (101)

ranque (filer le) : donner rendez-vous. Ex. : « Quand une dame me file le ranque, je mets un point d'honneur à ne pas arriver en retard. » (57)

rantaine (une) : quarantaine. Ex. : « Il s'agit d'un gars d'une rantaine d'années. » (105)

rapage (du) : dérapage, technique de descente à ski. (B)

râpé : fini. Ex. : « A présent, c'est râpé, les cartes. Pas assez intellectuel pour le rutilant de la pensarde* que j' suis devenu. » (73)

rapercevoir (se) : s'apercevoir à nouveau.

râpeuse (une) : joue. Ex. : « Après quoi je file un coup de tondeuse* électrique sur mes râpeuses et je me loque* en beau gosse. » (16)

rapidance (la) : rapidité. Ex. : « Tu verrais cette rapidance, mon n'veu! Pas plus de cinq broquilles* chez chacun, et encore! » (106)

rapidingue : rapide.

rapido : rapidement.

rapière (une) : arme à feu. Ex. : « Il déballe une rapière d'au moins trois livres, noire et hideuse et balance la purée*. » (149). Ex. : « Un type est descendu en souplesse, une rapière de fort calibre à la main. » (B, 208)

rapiérer : assassiner avec un couteau. Ex. : « Alfred*, rapiérer une frangine*, lui qui s'évanouit quand il voit du sang! Je m'marre! » (B, 148)

rapiner : dénoncer. Ex. : « Une infecte odeur m'agresse les narines. Moi, j'aime les chats, mais à l'unité. Dès qu'il y a séminaire, je biche* la gerbe*. J'hésite à shooter* dans le tas, mais tu es tellement chinois que tu irais me rapiner à la Société protectrice des animaux. » (143)

raplaplatitude (une) : propos d'une platitude extrême.

rapporter : établir un rapport.

rapter : enlever, kidnapper.

raquer : payer.

raqueter : jouer au tennis.

rarissimement : extrêmement rare.

rarissimiste : rarissime. Ex. : « Rarissimiste! Introuvabiliste*! Prodigiotissime*! » (97)

ras-border : remplir un récipient à ras-bord.

ras-de-touffe : très court, en parlant d'une jupe. Ex. : « Elle portait une minijupe côté ras-de-touffe et un slip si étroit qu'elle aurait eu meilleur compte d'utiliser une ficelle à gâteau. » (134)

rase-mottant : terre à terre. Ex. : « Egrener ces choses de basse vie de nos vies rasantes*, rase-mottantes, puériles, sottes et pusillanimes. » (105)

rasibus : à ras. Ex. : « Une grande bringue*, athlétique, aux cheveux coupés rasibus. » (150)

rasibus (en avoir) : en avoir assez.

rasibus de la dragée (un) : chauve. Ex. : « Tous les rasibus de la dragée semblent s'être filé rembour* ici. Il y a là un échantillonnage parfait de toutes les calvities sournoises, style tapis-dont-on-voit-la-trame, entièrement capitonné peau de fesse, jusqu'à la calvitie sournoise. » (58)

rasibuser : raser. Ex. : « L'un a les douilles* taillées en brosse, l'autre s'est fait rasibuser au dernier degré. » (93)

rasoirder : couper au rasoir.

rasséneration (une) : rétablissement.

rassurance (la) : fait d'être rassuré.

Rasurel (un) : poitrine. Ex. : « Il déguste tout dans le Rasurel. » (81)

rat-bord (au premicr) : au premier abord.

rat-m'dame (un) : ramdam. Ex. : « Et puis elle a califourchonné* l'bidet dont t'aurais cru qu'y fusse t'à moteur deux temps tellement qu'la tuyauterie produisait du rat-m'dame. » (B, 208)

rat-mouillé (un) : samouraï. Ex. : « Son grand-dabe* était rat-mouillé dans la Japonie ancienne. » (B, 93)

rat pelé : rappelé. (B)

rat-peler (se) : se rappeler. Ex. : « J'ai retrouvai le mec* qui m'avé vandu cé fruis exzotics don tu te rat-pèle les concécances*. » (B, 77)

rat-qui-rit (un) : hara-kiri. Ex. : « Môssieur a bien le genre à se faire le rat-qui-rit avec un couteau à lame de caoutchouc mousse! » (B, 51)

ratabois : stupéfait. Ex. : « Il aurait la c... de signer ses meurtres de son écriture? J'en suis ratabois! » (11)

rataoût (un) : raout, fête mondaine. Ex. : « M'sieur le miniss* d'l'Intérieur y a cloqué la médaille su'l'front des troupes, dans la cour d'honneur où qu'on décerne les Légions du même nom. Ensuite, on a organisé un p'tit rataoût histoire d'le chambrer* à l'aise. » (B, 208)

ratatiner : tuer.

rate au court-bouillon (la) : peur panique. Ex. : « C'est le grand malaxage de la trouille*. La rate au court-bouillon générale. » (57)

râteau (un) : peigne. Ex. : « Je saute du lit, je me file* un coup de râteau dans les crins* et je repars sur le sentier de la guerre. » (18)

râtelier (bouffer à un autre) : servir une autre cause.

râtelier qui joue des castagnettes (avoir le) : claquer des dents. (B)

ratiboisé du promontoire : chauve.

ratiche (une) : dent. Ex. : « Le Notre-Père te reste collé à l'âme comme du chewing-gum après de fausses ratiches*. » (210)

raticheur (un) : dentiste.

ratifier : radier. Ex. : « L'a le cerveau fané*, ce mec*! Faut le ratifier de la Rousse*. Même la circulanche* au carrefour, c't un danger public. » (B, 127)

ratiochiner : pinailler. Ex. : « C'est pas à l'instant de crever que j'te vas ratiochiner sur des chiottes esquintées. » (B, 208)

ratiocinance (une) : ratiocination.

ratissé du mamelon : chauve.

ratisser : dépouiller, ruiner.

rauner : protester, râler. Ex. : « Le Vieux* raunait comme un lion auquel sa fumelle* fait du contrecarre*. » (122)

ravagé du point culminant (un) : chauve.

ravager la laitance (se) : s'inquiéter.

ravalement de façade (un) : lifting du visage.

ravaler les parois stomacales (se) : manger. Ex. : « Le zig* à jeun qui vient de larguer deux mignonnes crampes*, crois-moi, il a besoin de se ravaler les parois stomacales. » (85)

ravelure (une) : 1. Femme laide. Ex. : « C'est pas une ravelure, la mère! Putain, ce châssis*! » (138). 2. Plèbe, petites gens.

ravissant (un) : ravisseur. Ex. : « Et puis l'coup de grelot* classique des ravissants annonçant qu'y z'ont s'coué la mignonne et qu'ils la buteront* si Germaine prévient la police. » (B, 208)

ravissé : ravi. Ex. : « Pas satisfait : ravissé. » (B, 90)

raz de marrade (un) : raz de marée.

razif (un) : rasoir. Ex. : « Il n'y avait pas d'autres empreintes sur le manche du razif. » (19)

réac (une) : réaction.

rébarbater : être rébarbatif. Ex. : « Elle rébarbate dans un tailleur mal coupé qui ne parvient pas à lui composer la silhouette hommasse souhaitée au départ. » (104). Ex. : « Quand je te dis porte, c'est du haut de gamme. La vraie lourde* de blockhaus, mon vieux. Elle rébarbate vachement. » (128)

rebecca (un) : désastre. Ex. : « Berthe*, c'est pas le genre de paroissienne qui tolère longtemps un rebecca de cette ampleur dans sa carrée*. » (53)

rebecca (faire du) : se battre, se défendre âprement. Ex. : « Je me mets à faire un drôle de rebecca dans le pays. » (8). Ex. : « C'est risqué car mes deux gredins n'hésiteront pas à faire du rebecca. On ne va pas provoquer un petit Verdun dans cette rue populeuse. » (114). Ex. : « On est dans un endroit tout ce qu'y a de sélect et je voudrais pas faire du rebecca à grand spectacle sur cette terrasse. » (51). Ex. : « Elle n'a pas fait de rébecca pour te suivre? » (136)

rebecqueter : restaurer, corriger. Ex. : « Il a fait ce qu'il a pu pour la rebecqueter, la masure. » (76). Ex. : « Elle contient une lettre rédigée sur la nappe de papier gaufré d'un restaurant à prix fixe (comme s'il restait des prix fixes à notre époque, mais va-t'en rebecqueter le vocabulaire, toi !). » (86)

rebecter : corriger, restaurer. Ex. : « Lorsque je commets une bévue, je m'arrange toujours pour la rebecter dans la fraction de seconde qui suit. » (81)

rebecter (se) : se rétablir.

rébellateur : en rapport avec la rébellion. Ex. : « Imagine qu'un bon mouvement rébellateur me porte sur la barricade. » (85)

rebiffe (la) : rejet, méfiance agressive. Ex. : « Comme je le défrime* d'un air de rebiffe instinctif, il sourit pour m'amadouer. » (85)

rebignoter : raccrocher. Ex. : « Et plaf, il rebignote le turlu*. » (93)

rebignouter : téléphoner à nouveau.

reboulonner : remettre en état. Ex. : « Je te défoncerais le portrait si tellement que même un superman de la chirurgie orthopédique serait pas foutu de te reboulonner, vu? » (56)

rebrancher sa distillerie : reprendre la parole.

rebrousse-hall (à) : dans un hall, dans le sens inverse de la direction attendue.

rebuffer : signifier un refus. Se faire rebuffer : essuyer une rebuffade. Ex. : « Il m'est arrivé de me faire rebuffer (de l'italien rebuffo) par des sœurs* mal lunées*. » (64). Ex. : « En regardant son vieux nœud rebuffé, lequel, privé de son emmitouflage tarifé, se remettait à pendre comme un drapeau sous l'orage. »

recacheter : refermer. Ex. : « Elle murmure, avant même de recacheter ses jambes... » (154)

récalcitrer : être récalcitrant. Ex. : « J'extirpe mon sésame*. Cric-croc-crac. La portière est délourdée*. Ensuite je m'attaque au plus duraille : le contact. La chignole*, pourvue d'un antivol, récalcitre. » (106)

récamiesque : à la manière de Madame Récamier. Ex. : « Elle m'indique d'un geste récamiesque la petite cuisine. » (75)

récesser : être en période de récession. (B)

recevoir : présenter les marques physiques du vieillissement.

recharger les labiales (se) : s'appliquer du rouge à lèvres.

réchaud (un) : fessier. Ex. : « Il a commencé à lui foutre la main au réchaud tandis que j'avais le dos tourné. »

réchauffante (une) : perruque. Ex. : « On le subodore chauve comme la piste d'Holiday's on ice sous la plus effarante réchauffante qui somma* jamais la pointe avancée* d'un pseudo-intellectuel italien. » (106)

recigognance (une) : fait de frapper, de secouer à nouveau. Ex. : « Son poing d'ancien chourineur martèle (Charles) la porte. Un silence succède. Recigognance de Mister Mammouth. » (114)

récital de sirène (un) : hurlement.

récit-propre : réciproque. Ex. : « Cette gamine*, ç'a été récit-propre le coup de foudre. » (B, 64)

réclamance (une) : réclamation. (B)

réclusionné : reclus.

reconnaissanter : être reconnaissant.

reconstituante (une) : reconstitution. Ex. : « Supposons qu' la jeune fille, c'soye ce poulet*. V's'allez voir. Dites-lui z'y qu'j'en ai pour un instant, qu' c'est simp'ment pour une reconstituante expresse, dites-y, il a une gueule* à pas vouloir r'connaître sa maman quand é change d' rouge à lèv'. » (B, 116)

reconvoler : convoler à nouveau. (B)

recréer : procréer. (B)

rectal : recta, immédiatement.

recteur (le) : rectum. Ex. : « Tu l'as dans le recteur en bout de course. » (80). Ex. : « Des frissons m'insistent à l'orifice du recteur. » (108). Ex. : « Il vient de me finir François Ier et il va m'attaquer le chapitre de son garçon qu'a épousé Catherine de mes-dix-sept*! Ça promet, pas vrai? J'ai entendu causer* de cette moukère* et il m'en reste des frissons dans le recteur. » (B, 200). Ex. : « Il a le fion en forme d'hangar. Son recteur est un centre d'Arcueil. » (B, 208)

rectifier : tuer.

reculade (une) : recul. Ex. : « Alors, pourquoi cette angoisse ? Ce confus besoin de reculade? » (81)

rédaction (une) : réaction. Ex. : « Elle esprimait littéreusement, par rédaction cont'son vieux qui d'vait déballer à tout va les formules dégamogiques z'usuelles. » (B, 208)

rédactionner : rédiger.

redditionner : faire reddition.

rédiger en branlorama : commettre de la littérature sans se soucier du lecteur. Ex. : « Je charabiaise* pour vous montrer ce que ça donnerait si j'allais lecturepoutousser* avec les pommes* qui rédigent en branlorama. » (57)

redingoté : qui porte une redingote.

redingote flottante (la) : homosexualité masculine.

redoutance (une) : fait de redouter quelque chose.

réel-color (la) : réalité. Ex. : « Je reluque* la séance en me disant que ce n'est pas la peine d'aller douiller* des trois ou quatre cents balles au Rex ou au Marignan pour voir des films qui puent le studio, lorsqu'à l'œil* on peut s'offrir des superproductions en réel-color, panoramique, relief, etc. » (16)

référence-d'homme (un) : référendum. Ex. : « Les pires : c'est les kidnappingeurs* d'enfants. Pour moi : pas de quartier. Pour tout l'monde, note bien. Fais un référence-d'homme pour voir. » (B, 208)

refile (le) : vomissure.

refile (aller au) : vomir.

refiler : 1. Donner, transmettre. 2. Vomir. Ex. : « Il dégueule sur lui, par terre, partout. S'arrête aux tables, s'y appuie pour refiler dans les plats. Il dénougâte* aussi dans les chevelures des dames! » (203)

réflexion : reflex (appareil photo). (B)

refoulage (le) : fait d'être refoulé, particulièrement sur le plan sexuel.

refouler du siphon : avoir mauvaise haleine.

refréner : référer. Ex. : « De qui est-ce prenez-vous-t-il vos ordres, commissaire? A qui est-ce-t-il qu'vous d'vez en refréner, j'vous prille? » (B, 113)

réfrigérance (une) : froideur. Ex. : « Devant cette réfrigérance, je cesse mes travaux d'ensorcellement pour lui brandir mon carton. » (99)

refroidir : assassiner.

réfugiant : capable de faire office de refuge. Ex. : « J'ai la montagne dans le sang, mézigue*. Elle est tellement réfugiante et consoleuse* de bien des choses. » (100)

regard en code (un) : yeux bridés. Ex. : « Y en a un qui devait être asiatique voilà deux trois générations, because ses pommettes saillantes et son regard en code. » (117)

regard en guidon de course (avoir le) : avoir le regard cerné de fatigue.

regard qui se croise les bras (avoir le) : loucher.

regardée (une) : regard, œillade. Ex. : « Assez pour une première regardée, mes rétines en pèlent. » (93). Ex. : « Elle me viole d'une œillée* en coup de fouet. Et mézigue*, cette véhémente regardée me dégringole séance tenante dans les parties académiques*. » (104)

regarder la France jusqu'au slip : dévisager, jauger du regard le caractère d'un homme. Ex. : « Il a un bon regard; un brin* gélatineux, mais droit, loyal, et qui sait regarder la France jusqu'au slip. » (150)

Régence : distingué, de grand style. Ex. : « Je ne savais pas ce qui t'était advenu, déclare-t-il, très Régence. » (20)

régencer : se comporter avec style et distinction.

régenciser : se comporter avec style et distinction.

regimbe (une) : fait de regimber. Ex. : « Je pige* la regimbe de la môme Rebecca, tout à l'heure. » (75)

régimeur (un) : personne qui suit un régime.

régions volaillères (les) : police.

reglutir : réingurgiter. Ex. : « L'interpellé déglutit, reglutit, désestomaque*. » (102)

régulance (une) : régularité. (B)

régulier : honnête.

régulière (une) : épouse, concubine attitrée. Ex. : « Même sans zézette*, si t'es un vrai julot*, tu peux l'expédier dans les azurs*, ta régulière. » (140)

réhumaniser : humaniser à nouveau.

relâche du côté Prix Cognacq (faire) : être stérile, ne pas pouvoir avoir d'enfant. Ex. : « Seul'ment ça vient d'Berthy si on fait r'lâche du côté Prix Cognacq, les deux. Elle cloche des hormones, la Grosse. Y a son parabolisme qui n'passe pas par sa boîte à vitesses, ou assimilé. Les gonzesses, c'est pas comme les montres : é n'sont pas sous garantie. » (B, 208)

relancer à la fraîche : emprunter de l'argent.

relinger (se) : se rhabiller.

relique (une) : femme âgée.

reloquer (se) : se rhabiller.

relourder : refermer une porte.

reluquer : regarder, voir, observer. Ex. : « Ils n'ont jamais reluqué ma frite* et ils se demandent si je suis un poulaga* ou un Martien. » (15). Ex. : « Et puis il la boucle et se met à me reluquer d'un air gland. » (20)

remaker : faire un « remake » d'un film. Ex. : « Des volées de marches sur lesquelles on pourrait remaker la grande scène du " Cuirassé Potemkine ". » (76)

remarida : remarié.

remblondir (se) : se rembrunir. Ex. : « Elle se remblondit (vu qu'elle est blonde). » (57)

rembour (un) : rendez-vous.

rembrancher : renouer avec le sujet initial d'une conversation. Ex. : « Nous disions donc. – Qu'on vient d'appréhender mon fuyard à la Mercedes, rembranché-je. » (75)

remémorance (une) : fait de se remémorer quelque chose, souvenir. Ex. : « J'en frissonne de remémorance. » (116)

remettre les verres à jour : renouveler les consommations. Ex. : « Il fait signe au loufiat* de remettre nos verres à jour. » (200)

remettre sur son assiette (se) : reprendre confiance en soi.

remettre ses fusibles : reprendre conscience.

remettre la jauge à calories à niveau (se) : se réchauffer.

remettre le couvert : recommencer. Ex. : « Tu vas pas remettre le couvert avec cette histoire. C'est pas parce que t'as le sens de l'amour que je dois perdre çui de l'humour, non. » (B, 46)

réminer : se souvenir. Ex. : « Elle m'affirme qu'elle se souvient parfaitement de moi. J'en suis flatté, la manière qu'elle rémine. » (89)

Remington (maladie de) : Parkinson. Ex. : « M'est z'arrivé d'en rencontrer un qu'avait la maladie de Remington : y sucrait follement, note que ça l'aidait pour la manœuvre du plumeau. » (B, 208)

remiser sa couenne dans les torchifs : se coucher. (B)

rémission : retransmission. (B)

remolarisant : qui remonte le moral. Ex. : « On décide de biberonner* des choses remolarisantes pour lier connaissance dans les règles. » (93)

remonte-moral (un) : alcool.

remonture (une) : remontée.

remouiller la compresse : flatter. Ex. : « Un peu de lèche matinale, ça ne mange pas de bred ! Jamais hésiter à remouiller la compresse des supérieurs puisqu'ils aiment. » (133)

rémoulade : satisfait. Ex. : « Moi, tu penses si je biche* ! J'ai les tympans rémoulade. » (150)

rempaluche (un) : coup de poing. Ex. : « On te cause ! affirme Bérurier* en cloquant* un second rempaluche dans la bouille* de notre interlocuteur. » (28)

remplumer (se) : regagner de l'argent perdu.

remuance (une) : fait de remuer.

remue-ménager : faire du remue-ménage. Ex. : « Apollon-Jules* remue-ménage jusqu'au délire. » (126). Ex. : « La porte était fermaga*, mais ça remue-ménageait à l'intérieur. » (B, 155)

remue-ménagerie (un) : remue-ménage.

remue-déménage (un) : remue-ménage. Ex. : « n remue-déménage retentit dans la chambre voisine, m'informant du retour béruréen*. » (93)

remue-ménages (un) : vacarme occasionné par des couples. Ex. : « A la fin, le bruit cesse. Seul subsiste le remue-ménages de l'escalier (j'écris remue-ménage avec un " s " parce qu'ils sont plusieurs dans l'immeuble). » (75)

remue-méninger : tarauder, tourmenter. Ex. : « Des nostalgies de charentaises le remue-méningent ; il voudrait enfin lire la Pléiade devant un feu de bûches en suçant des bonbons au miel ! » (135)

remueménager : faire du remue-ménage. Ex. : « Des oiseaux de couleurs vives remueménagent autour de nous sur les pelouses et dans les buissons. Un vrai coin de paradis-thérèse*. » (97)

remuer l'alvéole (se) : se dépêcher, s'activer. Ex. : « Je recommande à la standardiste de se remuer l'alvéole. » (50)

remuer le panier (se) : se démener.

renâcleur (un) : personne qui renâcle.

renaud (en) : colère. Ex. : « Il est tellement en renaud qu'il savoure son triomphe. » (3)

renaud (monter en) : se mettre en colère. Ex. : « Donc elle montait en renaud, la Martin. Se laissait mousser les rancunes. » (B, 208)

renaude (la) : colère.

rencarder : renseigner.

rencarder (se) : s'informer, se renseigner. Ex. : « Je me rencarde auprès d'un marchand de vélos. » (2)

rencart avec ses asticots personnels (avoir) : mourir.

renchérer : renchérir.

renchifrognage (un) : état de ce qui est renfrogné.

rencontral : qualifie ce qui a trait à une première rencontre. Ex. : « Il ne bouge pas ses pattounes* pour la poignée de main rencontrale. » (112)

renfouiller : rempocher.

renfourner (se) : remonter.

renfrognance (une) : état de ce qui est renfrogné.

rengoiser : renchérir. Ex. : « – Intéressant, affirmé-je. – Tu parles, rengoise Béru*. » (206)

renifle (la) : 1. Odorat. Ex. : « Bon, y a le sens de la biglanche, çui de la renifle, le sens de l'esgourde*, le sens de la paluche*, çui de la menteuse* et le sens du devoir. » (B, 58). 2. Drogue.

reniflette (une) : méthode d'investigation policière qui consiste à faire la tournée des indicateurs. Ex. : « Je balance Lurette sur le sentier de la reniflette, qu'il aille grenouiller* dans ses coinceteaux* malodorants pour lever une piste à propos des craqueurs* de coffiots*. » (117)

renifleur (un) : nez. Ex. : « Je sens qu'il contient des boules de pain, en amenant mon grand renifleur jusqu'à la hauteur du plateau. » (2). Ex. : « J'en profite qu'il se carre le renifleur dans un godet pour revenir à mon sujet. » (8)

renifloir (le) : flair. Ex. : « Mon renifloir m'a joué un vilain tour. Ma gamberge* en fusion m'a mal induit. » (103)

renoucher : regarder, observer, scruter. Ex. : « Je renouche le coin avant d'y porter mes nougats*. » (3). Ex. : « Enfin nom de Dieu une gisquette qui vous brandit une pétoire sous le pif on la renouche, non ? » (8). Ex. : « J'ai déjà renouché les lieux. » (121)

renouillasser : protester. Ex. : « En somme, renouillasse Béru*, c't'à cause de ton sale comte de merde si Tonton a été scrafé* ! » (129)

renquiller : rentrer, remettre. Ex. : « Je me renquille le sonotone. » (130)

renseigneur (un) : personne qui renseigne.

rentre-dedans (du) : avances amoureuses pressantes.

renversée (une) : renversement de situation. Ex. : « Rends-toi compte de la renversée, mon gamin : ces messieurs avaient mis au point tout un circus* pour effacer* Merdanflak* en douceur, sans attirer le moins du monde l'attention sur lui. Or, soudain, oubliant toute prudence, ils le plombent* d'un coup de pétard* dans la tronche*. » (81)

réparateur de dominos (un) : dentiste. Ex. : « Quand on sort de chez un réparateur de dominos, on a besoin de se rincer le bec* avec autre chose que sa saloperie mentholée. » (134)

repassé : usé par les années. Ex. : « Et puis te voilà repassé, vieux con mollasson. » (135)

repasser : 1. Tuer. Ex. : « Ce que tu as de la chance, dit le Rital. J'aime tant repasser un perdreau* ! » (15). 2. Berner. Ex. : « On n'est pas ici pour faire l'apologie des petits malins qui m'ont repassé ! » (15). Ex. : « M'man, pour la repasser, faut se lever matin* et ne pas oublier d'allumer ses antibrouillards. » (46)

repasser la douane : être expulsé par l'anus. Ex. : « Ils m'ont fait bouffer* un bol de piments rouges. Des petits, les terribles. Rien que de mordre dedans, on pleure. Et quand ils repassent la douane, c'est le vrai brasier. On a l'anus en lampe à souder. » (85)

repeintage (un) : fait de repeindre. Ex. : « Je le raccompagne jusqu'au portail en cours de repeintage. » (142)

repiquer : reprendre une habitude que l'on avait abandonnée.

repleurade (une) : fait de pleurer à nouveau.

repoiler (se) : se rhabiller.

réponger : dépouiller à nouveau.

repousser du goulot : avoir mauvaise haleine.

reprendre du poil de l'abbé : reprendre du poil de la bête.

reprendre la poêle de l'ablette : reprendre du poil de la bête.

réprobance (une) : réprobation. Ex. : « Mrs. Mahouss commence à me trouver incongru avec ces visites dont je suis l'objet. Elle marque sa réprobance en restant à distance, bras croisés, farouche défenseuse d'un logis héréditaire. » (113)

réprobationner : exprimer de la réprobation. Ex. : « Il nous croit soûls. Réprobationne à outrance. » (150)

réprobe (une) : réprobation, désaccord. Ex. : « Qu'à peine son regard devient d'une mornité absolue, bien me marquer sa réprobe. » (104)

reproduction miniaturisée de la forêt amazonienne (une) : système pileux très fourni.

repuade (une) : fait d'être repu. Ex. : « Et c'est la repuade somptueuse. » (94)

répugnantise (une) : fait d'être répugnant.

répugner : répudier. Ex. : « Si t'es en manque de mouflet*, fallait répugner ta dame, comme font les rois lorsque leur bobonne a la panoplie fanée*. » (B, 61)

répulsion (une) : pulsion (cardiaque). Ex. : « Je possède à bloc* l'abc du métier. Je sais : prendre la pension* de quéqu'un, compter ses répulsions, contrôler ses réflexions* avec le maillet de caoutchouc. » (B, 67)

répute (une) : réputation. Ex. : « Tu vas te faire une répute de petit arnaqueur. » (216)

repuzzler : reconstituer quelque chose détruit en petits morceaux.

rerire : rire de nouveau.

rescampé : rescapé. Ex. : « Viv' jusqu'à mon âge pour assister des gnominies pareilles! S'êt' rescampé d'la Quatorze pour un tel déchet d'hanse*. » (B, 208)

rescapeur (un) : sauveur.

rescousser : se porter à la rescousse. Ex. : « La porte du Vaillant n'étant point close il m'est aisé de rescousser. » (93). Ex. : « Conclusion : retraverse la place, vaillant Cent-ans-de-tonneau et cours rescousser si besoin haie afin de porter haut les couleurs de la France. » (105)

réséda (le) : sang.

réserveur (un) : employé de la S.N.C.F., préposé aux réservations.

réservoir à fabriquer du défunt (un) : chargeur de revolver. Ex. : « Il ne restait que trois pilules Pink pour personnes pâles* dans mon réservoir à fabriquer du défunt. » (15)

résidencer : résider. Ex. : « Tout résidence dans la musculance* à ma part'naire. » (B, 97)

résiduser : transformer quelque chose en résidu.

respiranche (une) : respiration.

résignance (une) : résignation.

résolver : résoudre. Ex. : « Des problos à résolver et pas trente-six moiliens pour y arriver. » (B, 208)

résorber (se) : se résoudre. (B)

respectance (la) : respectabilité.

respectrovitement : rétrospectivement. (B)

respectueuse (une) : prostituée.

respirer (se) : 1. Subir. Ex. : « T'avais les capacités pour devenir un crack dans la vie normale, au lieu de te respirer des années de gnouf*. » (142). 2. Ingurgiter. Ex. : « Je vas toujours me respirer une petite bière, histoire de me refoutre du liant dans le clapoir*. » (76). 3. S'accaparer, s'offrir.

respirer du sirop de rêve : être évanoui.

resquiller : recevoir. Ex. : « Je finis par resquiller un coup de crosse sur la boîte à idées. » (51)

ressentir (s'en) : être amoureux, attiré par une personne. Ex. : « La vraie gueule d'amour. Feu Miss Elise devait s'en ressentir à outrance pour sa pomme*. » (152)

ressortissement (le) : ressort. Ex. : « Au plus qu'une mission est ultra-privée, qu'au plus elle est d' mon ressortissement. » (B, 124)

restau (un) : restaurant. Ex. : « Le bahut* redémarre, piloté par un Asiatique morose. Le genre de Chinois dont la famille tient un restau où non seulement on te donne à claper* des boulettes de Canigou, mais aussi, ceux qui sont censés les consommer (à la sauce piquante, tu te poses pas de questions). » (139)

reste-chaussée (un) : rez-de-chaussée. Ex. : « Le reste-chaussée (car il ne s'agit pas d'une mosquée) est consacré aux bureaux, le premier laitage* constitue les appartements de fonction. » (133). Ex. : « Y z'habitaient près d'chez nous, trois numéros plus loin, un estudio au reste-chaussée. » (B, 208)

rester comme trois francs vingt-cinq de Franco-Russe : rester comme deux ronds de flan*, stupéfait.

restif (un) : restaurant. Ex. : « Je regarde la rue, voir si une enseigne de restif clignoterait quelque part. » (132)

resucée (une) : nouvelle manifestation. Ex. : « Ils reviennent mater* les conséquences, contrôler les dégâts, en espérant confusément une resucée de danger, bien faiblarde, qui les auréolera héros sans pour autant les mettre en péril. » (85)

resuédoiser : se remettre à parler en suédois.

résultatif : résultant. (B)

résurgent : urgent. Ex. : « Je voudrais pas vous importunasser*, mais il serait résurgent que je vous visse. » (B, 64)

résurrecter : ressusciter. Ex. : « Le plus effrayant, quand tu résurrectes, c'est de pas comprendre où tu te trouves. » (86). Ex. : « La multiplication des pains dans la gueule : banco ! J'ai enfin résurrecté. Lave-toi et mâche ! » (114)

résurrection (une) : insurrection. Ex. : « A Pantruche* ils ont préparé un attentat contre le président, San-A*. Vosgien* rentrait pour lancer une résurrection dans la capitale après l'assassinat projeté. »

rétablissage (un) : rétablissement. (B)

retabuler : manipuler un clavier. Ex. : « Il retabule son zinzin*, le fortuite* en crapoutant* et le renseignement tombe. » (105)

rétam-tameur (un) : joueur de tam-tam.

rétamer : tuer.

retape (la) : racolage.

retape (faire la) : observer. Ex. : « Je te parie que la Vieillasse fait la retape autour du palais en cherchant un moyen de nous délivrer. » (56)

retapisser : reconnaître. Ex. : « A peine ai-je eu le temps de retapisser l'odeur caractéristique qu'il m'arrivait dans les lucarnes. » (80). Ex. : « Elle me retapisse au premier regard. » (152). Ex. : « J'avise des têtes pas encore retapissées. » (155)

retartiner : 1. Répéter. Ex. : « Je résume au plus vite, au plus serré, les événements que tu connais et que je vais pas te retartiner. » (206). 2. Rédiger de nouveau un long développement.

retentir : puer. Ex. : « Des odeurs d'épices, de beignets, d'essence brûlée et de poissons retentissent un peu partout (car une odeur trop insistante " fait du bruit "). » (147)

réticer : être réticent. Ex. : « Je l'intervieille* à propos du blessé. Au début elle rétice un peu, la daronne*. » (94)

rétine en contre-plaqué (avoir la) : avoir des problèmes de vision.

retirer son dossard de la compétition : renoncer.

rétiver : être rétif.

retour de manivelle (un) : ménopause. Ex. : « J'ai des langueurs de jouvencelle, des sortes d'espèces de pâmoisons, comme les mémères qui sont en train de se ciseler un bambino dans leurs flancs ou comme celles qui, frappées par le carat*, se farcissent* leur retour de manivelle. » (63)

retour de flamme au carburateur (avoir un) : devenir fou.

retour au carburo (avoir un) : 1. Etre démoralisé. Ex. : « Et moi, j'ai brusquement un retour au carburo. Je me dis que notre bioutifoule* plan d'action est à foutre* aux latrines. » (150). 2. Avoir ses menstrues. Ex. : « Il la cognait quand il arrivait à la mégère d'avoir des retours au carburo. » (115)

retourner (se) : revenir à une situation financière saine. Ex. : « Cela vous intéresserait de travailler quelques mois dans cette maison ? Vous auriez le temps de vous " retourner ", comme l'on dit en France. » (217)

retourneur de matelas (un) : valet de chambre.

retraitable : en âge de prendre la retraite.

rétroquer : rétorquer. Ex. : « Tu es comblante ! lui dis-je. – Tu m'as comblée, rétroque-t-elle. » (126)

rétrospectiver : chercher dans sa mémoire. Ex. : « J'ai beau rétrospectiver, je ne me rappelle rien. » (147)

reuche (un) : adapt. de l'anglais « rush » (bout d'essai de cinéma).

revaler : monter un escalier quatre à quatre. Ex. : « En revalant l'escadrin*, Jérémie murmure... » (135)

reviendre : revenir. (B)

révolutionné : révolu. Ex. : « Et pourtant les trois jours que ça devait prétendument me durer sont révolutionnés. » (B, 77)

révolutionner : faire la révolution. Ex. : « Les barbus révolutionnaires cessent de révolutionner. » (75)

révolvériser : tuer à coup de revolver. Ex. : « Qui vous dit qu'il ne m'a pas suivie ? Et puis ensuite, bouillonnant de basse rancune, n'a pas révolvérisé Bruyère ? » (100)

révoquer : évoquer de nouveau. Ex. : « Moi, quand j'révoque Saint-Locdu-le-Vieux* dans mes mémoires, c'qui m'vient en prioritance*, c'est l'école. » (B, 208)

rêvouiller : rêvasser.

revoyure (à la) : au revoir.

revoyure (une) : fait de se revoir. Ex. : « Elle m'a même noté son adresse pour si ça presserait notre revoyure. » (93)

rez-de-chaussette (un) : rez-de-chaussée.

rez-de-chausson (un) : rez-de-chaussée.

rhumaniser (se) : s'humaniser de nouveau.

riaque (une) : diarrhée. Ex. : « Décidément, il me flanque la riaque, ce bon bonze fondant. » (80)

ribouis (un) : chaussure. Ex. : « D'énormes ribouis dont les semelles ont tendance à se faire la paire. » (41). Ex. : « Le v'là qui pose ses ribouis et, en chaussettes à trous, s'approche de la lourde. » (80). Ex. : « Il commence par poser ses ribouis et le voilà qui disparaît dans l'escadrin*. » (131)

ribouldingue (une) : sauterie. Ex. : « De toute évidence, elle n'a pas l'habitude de s'afficher en terrasse. Elle a son salon de thé pour la ribouldingue avec ces dames de la haute. » (31)

riboustin (un) : revolver. Ex. : « Seuls les sbires étant armés, il s'écarte du groupe en tenant contre moi un riboustin dans chaque main. » (155)

ricain : américain. Ex. : « La blanche chignole* ricaine transformée en carrosse d'allongé* s'élance. » (91)

rideau (en) : en panne. Ex. : « Si tu voyais toutes les chignoles* qui sont en rideau ! » (39)

rideau de scène (un) : braguette.

rider : élégant.

rididine : jeune femme.

rien à cirer (n'en avoir) : s'en désintéresser complètement.

rien à semouler (n'en avoir) : s'en moquer. Ex. : « Geneviève, je peux foutre* le feu à l'appart*, elle n'en a plus rien à semouler. » (135)

rififi (un) : règlement de comptes entre truands. Ex. : « Il va y avoir du rififi dans le patelin, au petit jour. » (24)

riflard (un) : parapluie. Ex. : « Elle me foutait la pointe des baleines dans les falots*, à vouloir m'héberger sous son riflard, cette vieille conne. » (100)

riflette (une) : guerre. Ex. : « Ils reviendraient comako* de la riflette, les encaisseurs de quetsches*, on les pensionnerait dare-dare à cent pour cent. » (20)

rifouille (une) : 1. Rire, fou rire. Ex. : « Il ne me laisse pas le temps d'aller au bout de ma rifouille. » (74). Ex. : « Il me flanque la rifouille, tel accoutré qu'il est, l'apôtre, d'un bermudoche* à rayures blanches et mauves et d'une sorte de casaque de toile blanche à poche marsupiale. » (101). Ex. : « Elle enfouit sa figure dans un oreiller pour feutrer sa rifouille. » (147). 2. Fait de lécher. Ex. : « Béru*, après s'être payé une nouvelle séance de rifouille chatouilleuse. » (59)

rigolo (un) : pistolet, revolver.

rigoriste : rigoureux.

rigoriste (la) : rigueur. (B)

rigoustin calibré féroce (un) : revolver de gros calibre.

rilaxer : relaxer. (B)

rime (une) : rythme. (B)

rime aryen (ça) : cela ne rime à rien. (B)

rimec (un) : adapt. de l'anglais « remake » (refaire, nouvelle version).

rimèque (un) : adapt. de l'anglais « remake » (nouvelle version).

rinçaga : usé, en bout de course. Ex. : « La Chevrolet me paraît un peu rinçaga côté moteur. » (132)

rincé : éreinté. Ex. : « Comme on était vraiment rincés, les trois, fous de sommeil. » (89)

rincer : soudoyer, payer quelqu'un. Ex. : « Vous ne voulez pas vous laisser rincer avec du pognon* douteux ? » (142)

rinçotter : rincer. Ex. : « Au comptoir, un vieux kroum* ganacheur* rinçotte des verres. » (105)

rindigner : s'indigner à nouveau. Ex. : « Je n'ai pas à donner adrrrrresse de mes amis ! rindigne la vieille Russe blanchâtre. » (108)

ringarderie (la) : caractère de ce qui est démodé.

ripaton (un) : pied. Ex. : « La douleur consécutive à ses ripatons carbonisés le ramène aux évidences terrestres. » (91)

ripoliner : peindre.

rire à gorge d'employé : rire à gorge déployée.

Rital (un) : Italien. Ex. : « Il entame sa péroraison sur paillasse d'évier, le gentil Rital*. Et la dame, au paroxysme du bonheur, parvenue à ce point culminant qui vous change la chaîne des Alpes en taupinière et vous donne envie de se pendre par les pieds au grand lustre du salon, entonne d'une belle voix helvétique " O monts indépendants« » (63)

rital : italien.

ritaux (des) : italiens.

ritourneller : chanter une ritournelle.

river son clou : réduire quelqu'un au silence par des arguments sans réplique ou une riposte très vive.

rixe (une) : risque. (B)

riz-à-l'ail : adapt. de l'anglais « to realize » (réaliser). (B)

rizman (un) : Chinois.

robe-de-chambrer (se) : se vêtir d'une robe de chambre.

robert (un) : 1. Sein de femme. Ex. : « Sa poitrine se soulève curieusement. C'est pas du Michelin. Des roberts de ce format on ne les gonfle pas avec une pompe à vélo. » (16). Ex. : « Trente-cinq ans, le bel âge. Çui où qu'une femme est en pleine bourre. Profitez-en bien, va ; c'est pas quand vous aurez des valoches* sous les yeux et les roberts qui feront des nœuds* que les bonshommes se jetteront sur vous. » (B, 54). Ex. : « Quand je mate* les roberts à Kasleen, je me dis que, tant qu'à faire, elle aurait pu crécher dans l'île de Sein, cette poulette. » (81). Ex. : « Oh! les adorables petits roberts! Des calottes d'enfants de chœur! » (138). 2. Oeil. Ex. : « Quand le Dabuche fait ces roberts-là, l'archevêque de Canterbury lui-même prendrait des vapeurs. » (36). Ex. : « J'ai beau écarquiller les roberts, je ne vois rien. » (57)

robico (un) : robinet.

robinet péruvien (le) : type de torture.

rocambolesquine (le) : style rocambolesque. Ex. : « Rocambolesque? Certes, oui, merci, mon Dieu! Je me vautre sur le rocambolesquine. » (81)

rôdage (en) : action de rôder. Ex. : « Et puis, à cet endroit, elle ne craignait pas d'être surprise par un nabu en rôdage. » (8)

rodomontant (un) : fanfaron. Ex. : « Les rodomontants adorent jouir des ondes consécutives aux mots tombant de leurs lèvres. » (93)

rodomonter : fanfaronner. Ex. : « Il gouaille, rodomonte devant son public. » (62)

rofiofion (une) : 1. Mitraillette. Ex. : « Je l'estourbis d'un coup de rofiofon sur la coiffe. » (48). 2. Désigne également tout instrument contondant utilisé pour frapper.

rogaton (une commission) : commission rogatoire. (B)

rognée (une) : colère. Ex. : « Là-d'sus, il a fait claquer son fouet trois-quat' fois, papa, façon Ben Hure, pour s'défouler le coléreux. Il avait des rognées terribles, mon vieux. » (B, 208)

rogner : renier. Ex. : « Çui-là, j'peux pas le rogner, matez* un peu c'te tache de vin qu'il a sur le dargif*! J'ai la même, au mêm' endroit. » (B, 128)

rogner noir : se mettre dans une colère noire. Ex. : « Il s'envenime, rogne noir, fébrilise* des centres nerveux. » (83)

rognon (un) : rein.

roguerie (une) : mauvaise humeur.

roico (le) : oiseau vivant dans la jungle rondubrazienne*. Ex. : « Je lui demande ce qu'est le roico, elle m'explique qu'il s'agit d'un gros oiseau qui a le goût de poulet. » (68)

rollser : rouler en Rolls-Royce. Ex. : « Tout en devisant et en rollsant, nous atteignons l'aéroport. » (105)

rombiasse (une) : rombière, épouse. Ex. : « Tu me dis ton secret, et on vous embastille, ta rombiasse et toi, ou tu refuses de parler, et alors c'est mémère qui va avoir droit à la séance de pressing. » (104)

roncher : ronchonner. Ex. : « Je crois qu'il y a maldonne, ronché-je pour Béru* que je rends responsable de cette déconvenue, c'est le biniou* d'un musée. » (106)

roncheusement : d'une manière ronchonne.

ronchonnatique : ronchon. Ex. : « Le conducteur est ronchonnatique à souhait. » (103)

rond-de-jamber : faire des ronds de jambe.

rond de flûte (un) : rond de jambe.

rond-de-phraseur (un) : celui qui s'exprime avec des clichés, des formules toutes faites. Ex. : « C'est le genre de type à reconsidérer " dans son contexte ", comme disent les rond-de-phraseurs. » (110)

rondeau : rond, rondement. Ex. : « Je me rends compte que quelque chose ne tourne pas rondeau. » (57). Ex. : « Ç'a été mené rondeau, les recherches. » (136)

rondefumer : faire des ronds de fumée.

rondejamber : flatter, faire des ronds de jambe. Ex. : « Il s'efforce de rondejamber au couple plus âgé, des clients probablement ? » (83)

rondelle (se manier la) : se hâter. Ex. : « Le haut-parleur d'Orly aboie dans le bar. Il dit aux voyageurs pour London de se manier la rondelle* because le zoiseau à roulettes* ne va pas tarder à mettre les adjas*. » (9)

rondelle cannelée (la) : anus.

rondo : rondement, dans le sens de parfaitement.

rondubrazien : originaire du Rondubraz*.

ronfionfion (un) : 1. Tambour, grosse caisse. Ex. : « En ce temps-là, lorsqu'on jouait les Croix-de-Bois, y avait un peigne-cul* qui imitait le bruit du canon en martyrisant une grosse caisse en bas de l'écran. Des fois, à la quatorzième séance, il s'assoupissait et le coup de ronfionfion venait au moment où le valeureux poilu roulait le patin* 14-18 à la Madelon du coin. » (18). 2. Matraque, objet contondant. Ex. : « A cet instant je dois grommeler quelque chose, ou peut-être pousser un gémissement car j'ai droit à un nouveau coup de ronfionfion sur la coiffe* et je me remets aux abonnés absents*. » (42)

ronflant : parfait, excellent. Ex. : « Il est ronflant, le nouveau milord, dans son prince-de-galles gris. » (151)

ronfler : dormir. Ex. : « Je crois, mon amour, que nos ébats ont empêché une partie de la population de l'hôtel de ronfler. » (24)

ronfleur (un) : 1. Téléphone. 2. Moteur. Ex. : « Je mets le ronfleur au point mort pour attendre. » (150)

ronfloter : ronfler doucement.

rongeur (un) : compteur de taxi. Ex. : « Je mate* son rongeur et lui balance un bifton* de cinq. » (132)

roploche (un) : sein de femme. Ex. : « Les tifs* filasse*, la bouille déjetée*, les roploches pendant comme des rideaux. » (122)

roploplo (un) : sein de femme. Ex. : « Les brasseries regorgent de populo* et les bergères* ont de la langueur dans les roploplos. » (16). Ex. : « La première nana qui se pointe avec des roploplos de choc et fait cavaler à l'aut'bout de la terre pour jouer Buffalo Bill au service de l'empereur ! » (B, 61)

roploploche (un) : sein de femme.

roquet à crinière (un) : lion.

rosaire (en) : chapelet. Ex. : « Je te dis qu'y z'ont fait éclater une bombe, ces vaches, ou plusieurs, en rosaire. » (B, 77)

Rosbif (un) : Anglais.

rose crémière (une) : rose trémière. (B)

rossard (un) : fainéant.

roteuse (une) : bouteille de vin de Champagne.

roteux (un) : vin de Champagne. Ex. : « Bien que musulmane, elle gorgeonne du roteux*, la superbe. » (131)

rotismes (les) : l'érotisme. (B)

rôtissier (un) : roturier. Ex. : « Le rôtissier que tu causes*, toujours est-il, peut prendre le droit de t'arracher la barbouze*, hé, fesse de rat, pour peu que tu l'insultates encore devant la Cour ! » (B, 65)

rotonde (la) : 1. Crâne. Ex. : « Il reste immobile à compter les chandelles qui doivent tourniquer sous sa rotonde. » (20). 2. Sein de femme.

rotonde en peau de fesse (une) : tête, crâne chauve. Ex. : « Il hoche sa rotonde en peau de fesse. » (45)

rouager : occuper une fonction subalterne. Ex. : « Lui, il est un beau rouage pensant, qui vient de penser, et qui se remet à rouager. » (81)

roubignolle (une) : testicule. Ex. : « Je lui balance un coup de saton* dans les roubignolles. » (136)

roucoulade (une) : coup de sifflet. Ex. : « J'effectue (un virage) qui déclenche les roucoulades d'un gardien de la paix. » (62)

roucoulanche (une) : action de roucouler. Ex. : « Un pigeon ne passe pas inaperçu : il fait du ram-dam* avec ses roucoulanches. » (27)

roue libre (faire) : vagabonder de l'esprit.

rougeauder : rougir. Ex. : « Un miroir m'annonce que je rougeaude un peu des pommettes. » (81)

rougnoter : puer. Ex. : « Elle est mélodieuse, cette perlouse*, pas vrai, Béru* ? pouffe-t-il. Et vous pouvez renifler, elle rougnote pas comme les louises* que vous lâchez, Gros ! » (A, 135)

rouille (la) : vin de Champagne. Ex. : « On s'écluse* une gorgée de rouille. Je sens le frais breuvage friser sur ma langue comme une touffe de petits poils de cul. » (94)

roulaga : roulé. Ex. : « Avec un gros pull à col roulaga. » (132)

roulasse (une) : prostituée.

rouledémécaniquer : se comporter à son avantage. Ex. : « Je crois comprendre ce qui s'est passé, rouledémécaniqué-je. » (138)

roulée (une) : cigarette. Ex. : « Je tire des bouffées sur ma roulée. » (16)

rouler une (en) : être ivre. Ex. : « Tout mon petit monde est encore au bistrot quand je reviens. Morbleut* en roule une qui le ferait classer monument historique par le ministre des Libations et des Bouilleurs de Cru réunis. » (55)

rouler (se les) : ne rien faire.

rouler sur la jante : perdre la raison.

rouler une pelle : embrasser. Ex. : « Je lui roule une pelle, une pioche, un râteau, une binette, une houe, deux houppettes, les " r ", vingt cigarettes, un râ, une pierre qui, ma bosse, une brouette, carrosse, un tapis, les manches, des épaules, des yeux, une larme, et puis je ne sais quoi de plus, mais y en a. » (102)

rouler sur la toile : ne plus avoir toutes ses facultés mentales.

rouler des bielles : rouler des mécaniques, se pavaner. Ex. : « Le v'là qui se met à rouler des bielles et à se composer un bath rictus pour série B italienne. » (83)

rouler dans les redites (se) : ressasser, répéter. Ex. : « Il est des cas où l'on a besoin de se rouler dans les redites afin de mieux se pénétrer d'une évidence. » (20)

rouleur (un) : individu orgueilleux, prompt à se mettre en valeur. Ex. : « Y a des gus* de ce tonneau*, rouleurs guindés, sûrs d'eux, de leurs gueugueules et bibites*. » (97)

roulotter : voler à la roulotte.

roupane (une) : slip, vêtement. Ex. : « J'ai mal dormi avec mon mât de misère* dressé sous ma roupane. » (138)

roupette de pensionné (une) : roupie de sansonnet. Ex. : « Santonio c'est pas de la roupette de pensionné, je veux dire de la roupie de chansonnette, je veux dire du répit de chansonnier. » (91)

roupane de notte (une) : robe de chambre.

roupette de chansonnier (une) : roupie de sansonnet.

roupille (la) : sommeil.

rouquasse (une) : femme rousse.

rouquemouterie (la) : caractère de ce qui est roux. Ex. : « Elle est pas joyce*, la fille

Rouquine, j'omettais. Et vraiment! D'ailleurs elle renifle* doucement la rouque-mouterie. » (141)

rouquin (un) : vin rouge. Ex. : « Bois du rouquin, ma chérie, et t'apercevras qu'y a pas meilleure façon de faire sa prière. » (B, 208)

rouquiner : boire du vin rouge.

rouquinette (une) : petite femme rousse.

rouquinos : rouge. Ex. : « Comme le fit le Chaperon Rouquinos le jour où le grand méchant loup becqueta* sa grande vioque*. » (28). Ex. : « Toc toc toc! Comme faisait le petit Chaperon Rouquinos en allant coltiner* une motte de butter* chez sa grand vioque*, sans savoir que la pauvre très chère avait servi de collation au loup pour son five o'clock tea*. » (42). Ex. : « Et j't'innove l'œil de bronze*, si t'es sage ; alors là, tu pourras am'ner ton p'tit pot d'beurre, kif* l'Chaperon Rouquinos! » (B, 148)

rouquinos (un) : vin rouge. Ex. : « Tu éclu-seras bien un petit coup de rouquinos avec nous? propose le Dodu. » (69)

rouscaillance (une) : protestation. Ex. : « Les miss lichouilles* se prennent congé l'une des autres en simagrant* des rouscail-lances. » (75). Ex. : « T'as fini les rouscail-lances sempiternelles? Mince, t'as un caractère qui remplace le vinaigre. » (92)

roussance (une) : rousseur. Ex. : « L'une des trois hôtesses est vachement chou-carde, dans les tons châtain vénitien, z'œils verts, taches de roussance. » (128)

roussâtrie (une) : caractère de ce qui est roux.

Rousse (la) : police.

rousserie (la) : police.

roussin (un) : policier.

rouste (une) : correction, raclée. Ex. : « Il lui filait des roustes monumentales. » (3)

roustir : dérober. Ex. : « On est rentrés, l'oreille et la queue basses, pareils à des fêtards qui se sont fait entôler* par des entraîneuses trop capiteuses. On nous avait rousti notre morlingue*, les gars. » (135)

roustons (briser les) : ennuyer. Ex. : « Il me brise les roustons avec son usine à merde. » (130)

routinier : routier. Ex. : « Je suis dans les transports routiniers. » (B, 65)

royaltée (la) : royauté. (B)

royaumer (se) : se goberger, prendre du bon temps (expression helvétique). Ex. : « M'sieur l'dirluche* est là, qui s'royaume, pendant qu'on s'esquintait l'ogne* av'c les z'Hongrois pour s'en arracher. » (B, 155)

royco (un) : policier. Ex. : « Ça doit être le royco du F.B.I. » (29)

ruban (un) : rue, trottoir. Ex. : « Elle a les larmes aux yeux, à cause du décès tragique de sa camarade de ruban. » (152)

rubiconder : rougir. Ex. : « Il rubiconde à mort de trop jacter* et de trop écluser* de champ. » (150)

rubiconer : rougir. Ex. : « Sa Majesté rubi-cone à outrance. » (81)

rubis et orbite : urbi et orbi (bénédiction papale). (B)

ruche (une) : 1. Oreille. Ex. : « Alors dégage tes ruches et écoute. » (102). 2. Crâne. Ex. : « Baisse ta ruche, les frelons* volent bas! » (59)

rucher (un) : crâne. Ex. : « Moi, ça se met à poindre intensément dans mon rucher. » (132)

rudimentaire (un) : rudiment.

rudimentarité (la) : état de ce qui est rudi-mentaire.

rugissifier : rugir dans la langue russe. Ex. : « À son approche et à sa voix coulante, les chiens féroces cessent d'écumer, les ivrognes batailleurs de menacer et les vieilles dames russes de rugissifier. » (108)

rupiner : avoir une attitude de riche bour-geois. Ex. : « Tu la verrais rupiner dans son salon Louis Chose, la Sidonie, vrai, tu la prendrais pour George Sand. » (100). Ex. : « Smokinge bleu nuit, col châle. Limouille* à plastron gaufré, avec boutons en per-louzes* presque véritables. Nœud pap'* en soie argenté, tatanes* vernies, de quoi rupi-ner dans un gala, éclabousser les mirettes* fémino-pédérastiques de l'assistance ! » (120)

rupinos : riche.

Rusco (un) : Russe.

Russqui (un) : Russe.

rutilant de la pensarde (un) : homme intel-ligent.

S

sabot de Noël format canoë (un) : grand pied. (B)

saboulé : vêtu. Ex. : « Des gonziers* saboulés en grand écuyer à soupe font du cheval. » (102). Ex. : « Les loufiats sont saboulés grand style. » (115). Ex. : « V'là la môme* saboulée de first : collant noir, minijupe, santiags à bouts d'acier. » (147). Ex. : « Ils sont bien saboulés, clean de partout, mais de vilaines lueurs font briller leurs châsses*. » (148). Ex. : « Le maire enceinte d'son écharpe en brandoulière, nous autres saboulés en p'tits lordes. » (B, 208)

sabouler (se) : s'habiller. Ex. : « Saboule-toi, mec, prends tous tes fafs*, ta fraîche*, et la photo de ta morue* si tu l'as amenée avec toi. » (104)

sabraqué : détruit.

sabrer au clair : mettre sabre au clair.

sac (l'avoir dans le) : être dupé. Ex. : « Il se pulvériserait la lanterne et le légiste l'aurait dans le sac pour reconnaître le premier coup de perlimpinpin. » (20)

sac (un) : unité monétaire, mille francs français anciens.

sa carte d'embarquement (avoir déjà) : être entre la vie et la mort. Ex. : « – Il est mort ? – Pas encore, mais y l'a déjà sa carte d'embarquement. » (B, 208)

sac de suie (un) : homme de race noire (péjoratif). Ex. : « Y m'cherche z'ou quoi, l'Noircicot ! T'sais qu'j'vais l'signaler aux équipes de nettoyement à Le Pen, moi ! Tu vas voir, Nonœil, comment t'est-ce il lui apprendra la politesse à c'sac d'suie. » (133)

sac à boyaux (un) : ventre. Ex. : « On se figure toujours que les accidents n'arrivent qu'aux autres jusqu'au jour où l'on se retrouve dans une chambre d'hosto* avec une guitare* emballée comme un appareil d'optique* et un drain de 8 m 47 dans le sac à boyaux. » (61)

saccagne (une) : couteau. Ex. : « Il s'était morflé* un vache coup de saccagne dans le gras du bras. » (118)

saccagner : larder de coups de couteau, lacérer.

saccule (un) : sac. Ex. : « Avoir plus d'un vautour* dans son saccule. » (130)

sachaguitryser : évoquer Sacha Guitry. Ex. : « N'écoutez pas, madame ! sachaguitryse une voix bien connue, trop connue. » (106)

sacotin (un) : unité monétaire. Ex. : « Il dépose un bifton de cinq sacotins. » (80)

safranesque : relatif au safran. Ex. : « Des senteurs safranesques et marines se marient dans nos narines palpitantes. » (57)

sagacer : être sagace, attentif. Ex. : « Moi, tu sais comme j'ai l'œil qui sagace ? » (81)

sagacerie (une) : sagacité. Ex. : « Elle s'agenouille devant le cacateur* et lui masse le ventre avec dextérité, science et sagacerie. » (97)

289

sahara bernard (un): chien de race saint-bernard.

saigner: vider. Ex.: « Bon, dit le Gros patouillard qui vient de saigner la bouteille de pommard, je peuve-t-il continuer ? » (135)

saigneur (un): personne qui saigne. Ex.: « D'autres bastos* pleuvent dans la sacristie. Le pauvre saigneur, architroué, raisine* de plus en plus. » (155)

saillet: ça y est. (B)

saint tome (un): saint homme.

saint thomesque (un): personne qui, à l'instar de saint Thomas, ne croit que ce qu'elle voit.

saint bol (un): symbole. (B)

saint-bernarder: entreprendre une action de sauvetage.

saint-cassette (un): cinq à sept, rendez-vous galant.

Saint-Cloud very moche: adapt. de l'anglais « thank you very much » (merci beaucoup). (B)

sainte (en): enceinte. Ex.: « Comme é craindait de s' faire mett' en sainte, j'lu fourrais* l'œil de bronze*. » (B, 141)

sainte axe (la): syntaxe. Ex.: « Tu leur dis: " Tiens, regarde ! " Au lieu de te faire suer le vocabulaire et la sainte axe à leur expliquer des trucs qu'ils pigent* pas ou mal. » (75)

salade (une): 1. Ennui, problème. Ex.: « Avec mon staff, on va te décortiquer tes salades en deux coups le gros*. » (132). 2. Flatterie. Ex.: « Ma salade lui plaît. Elle l'arrose d'un filet de citron et l'avale toute crue. » (24). 3. Propos. Ex.: « J'ouvre grand mes manettes pour essayer d'esgourder* leurs salades*, mais je suis chocolat* car ils jaspinent* en flamand. » (2)

salade de saison (brader de la): bavarder, mentir. Ex.: « Dès lors qu'il s'agit de brader de la salade de saison, ils ne donnent pas leurs menteuses* aux greffiers*. » (93)

salanternéclairer: éclairer la lanterne de quelqu'un.

salaud de loto (le): Salon de l'auto. Ex.: « Pas d'panique, baby, j' t'fais une grande première: la troussée cosaque* en plein salaud de loto. » (B, 148)

sale-homme (un): slalom. Ex.: « Je me mettais au sommet et je piquais en shoot*. Ensuite, je faisais des juliénas*, des perce-neige* virage, du râpage*, du sale-homme, fallait voir. » (B, 43)

saler: infliger une punition ou une condamnation très sévère.

saler les poils du nez (se): se droguer. Ex.: « Le condamné à mort se salait les poils du nez avant son arrestation. » (36)

sales-mecs (des): salamalecs. (B)

salingue: vicieux, sale. Ex.: « Son regard salingue restait fixé sur l'entrejambe écarté de son interlocutrice. » (148)

salingue (la loi): loi salique. (B)

saliver de la matière grise: éprouver une irrésistible curiosité.

salle à briffer (une): salle à manger.

salle à jaffer (une): salle à manger.

salle à manger (une): bouche.

salle à manger deux pièces (une): dentier. Ex.: « Carre*-toi la paluche* dans le clapoir*, mec*, débloque ta salle à manger deux pièces et virgule*-la-leur, s'ils n'ont jamais entendu causer* de la prothèse dentaire, ça les épatera ! » (65)

salle des fêtes (la): fessier. Ex.: « Elles portent des jupettes noires qui, lorsqu'elles se baissent, permettent une vue imprenable sur leur salle des fêtes. » (81)

salle-à-rien-manger (une): salle à manger d'un établissement de cure diététique.

saloche: salé. Ex.: « En plein petit saloche, c'est duraille* de subir un interrogatoire. Elle me le fait comprendre en me désignant sa bouche comble. » (95)

salon-à-poireauter (un): salle d'attente. (B)

salopade (une): trahison. Ex.: « Pas question qu'je fasse une salopade, même qu'y découperaient Berthe* en rondelles. » (B, 125)

salopiade (une): action répréhensible. Ex.: « Trop facile d'exécuter des salopiades sous prétexte que ce sont des ordres. » (109)

saloprance (une) : saloperie. Ex. : « Les gonzesses, t'auras beau faire, beau dire, c'est tout carnerie et saloprance*! » (105)

salsifis (un) : doigt. Ex. : « Mamie Tatzi se signe après s'être humidifié l'extrémité des salsifis dans le bénitier. » (121)

salvadordalien : qui se rapporte à Salvador Dali. Ex. : « Je tourne une nouvelle page. Napoléon III est là, en couleurs, qui nous attend derrière sa moustache salvadordalienne. » (200)

salve a de soie : cela va de soi. (B)

sambater : danser la samba.

sampiller : opérer chirurgicalement, charcuter. Ex. : « Il surveille d'un œil pesant une porte au-delà de laquelle on sampille sa commère. » (93)

san-antoniais : relatif à San-Antonio*. Ex. : « Alors tout est clair, net, précis pour cette vaste intelligence san-antoniaise. » (62)

san-antonilogisme (un) : néologisme san-antonien.

sandevouiche : adapt. de l'anglais « sandwich ». Ex. : « Qu'est-ce y a dans c'sac en plastique? Des sandevouiches. » (B, 208)

sandouiche (un) : adapt. de l'anglais « sandwich ».

sang (se cailler le) : s'inquiéter, se faire du souci.

sanguignant : ensanglanté. Ex. : « Tous ces Noirs affolés de trouille, sanguignants. » (105)

sanguignoleur : sanguinolent. Ex. : « Mal rasé, ou mal barbé*, le regard sanguignoleur. » (105)

sanguinolé : sanguinolent. Ex. : « Elle est déjà tuméfiée, éplorée, sanguinolée, aux rives du k.-o., en plein chaos. » (93)

sanguinolerie (une) : tuerie. Ex. : « Eux ont fait la guerre ou la feront, les sanguinoleries ne leur font donc pas peur. » (75)

sankéo : sang et eau. Ex. : « Le Gros sue sankéo, comme disent les Chinois de Formose. » (81)

sans ton bourrin ni ton poète : sans tambour ni trompette. (B)

sans foie ni Eloi : sans foi ni loi. Ex. : « J'en aye vu des criminelles d'tout poiluche* : des horribles, des sadiques, des tortureurs*, des sans foie ni Eloi. » (B, 208)

sans Jean Combre : sans encombre. (B)

sans faire rire le coup : sans coup férir. (B)

sans-dentenaire (un) : vieillard édenté. Ex. : « Je plaque ma paluche* sur la bouche concave de la sans-dentenaire. » (85)

sans-filer : utiliser un récepteur-émetteur.

sansencombrer : conduire sans encombre. Ex. : « L'ascenseur nous sansencombre jusqu'au sous-sol. » (94)

santonioculterie (la) : culture san-antonienne. Ex. : « Nous faisons (char d') assaut de bonne grammaire, ce qui est toujours bon, au passage pour les otites des lettrés venus se faire flageller un brin dans mes santonioculteries. » (111)

saoul-pot-laid : soupe au lait, irascible. (B)

sape (une) : vêtement.

sapin (un) : taxi. Ex. : « Moi, la croyant à dache*, je veux prendre un sapin. » (101). Ex. : « On t'a suivi, biscotte* à peine que tu m'eusses débarqué, ce sapin se pointait. » (152)

sapinmicide (un) : coupeur de sapins.

sapinuche (un) : sapin.

sarabander : danser une sarabande. Ex. : « Là-haut, les trois zoziaux continuent de sarabander. » (85)

sarahbernhardien : à la manière, outrancière, de l'actrice Sarah Bernhardt. Ex. : « Elle lui pécore* d'une voix sarahbernhardienne l'assassinat en triple exemplaire. » (105)

sarbacane (en) : sarabande. Ex. : « Et on décarre* dans la grande orgie bioutifoule*, qu'on s'file à loilpé* progressivement, et puis qu'ensuite, les clients et les clientes qu'attendaient son tour dans l'salon voisin y tient plus de ces cris d'orfèvres* et intervinssent l'un après l'autre, en sarbacane. » (B, 208)

sarcler les légumes (se faire) : subir, pour une femme, l'ablation de l'appareil génital. Ex. : « Leur bonne femme qui se fait sarcler les légumes. » (83)

sarcophage à nougats (un) : chaussure.

sarcophager : enfermer dans une caisse. Ex. : « Un chef de bande qui claque* du cœur parce qu'on le sarcophage un quart d'heure dans un appareil à bronzer. » (117)

sarcosomnus (un) : lit. Ex. : « Je prends une pose commode dans mon sarcosomnus (san-antonilogisme* gréco-latin signifiant lit). » (62)

sardine (en) : en sourdine. Ex. : « Mon transistor diffuse en sardine (Béru* dixit) une chançon tendre, bucolique et moyenâgeuse intitulée " Traînes tes quenouilles par terre ". » (B, 45). Ex. : « La radio mouline en sardine. » (101)

sardiner : 1. S'entasser comme des sardines dans leurs boîtes. 2. Mettre en boîte, en bière. Ex. : « On ne l'aurait pas scrafé* par erreur? Car vraiment je ne pige pas ce que sa mort peut fournir comme avantages à qui que ce soit! Même les pompes funèbres ne vont pas faire florès*, vu qu'on va le sardiner dans l'emballage des indigents! » (58)

sardineuse : surpeuplée, comble. Ex. : « Lorsque je pénètre dans la grande salle sardineuse où s'alignent les plumards surpleuplés d'une humanité en confiture. » (108)

sardinophage : qui se nourrit de sardines.

sardoniquerie (une) : caractère de ce qui est sardonique. Ex. : « L'autre a un cri de sardoniquerie. » (83)

sargasse (un) : sarcasme. Ex. : « Pinaud* ici présent me fait remarquer que Versailles c'est une chouette masure et il pige* pas tes sargasses à ce propos. » (B, 200). Ex. : « Ça m'peinait, la manière honteuse qu'y baissait la tête, c'pauv'vieux, d'vant les sargasses de son fils. » (B, 208)

satiné : c'est inné. Ex. : « J'avais la manière avec cette femme. Satiné, chez moi, l'art de causer* aux voluptueuses. » (B, 65)

saton (un) : pied. Ex. : « Et ça passe entre les poteaux, juste au milieu! Le plus sérieux coup de saton dans les parties, parties pour lors sans laisser d'adresse. » (93). Ex. : « Je lui balance un coup de saton dans les roubignolles*. » (136). Ex. : « Je le ramène aux réalités d'un coup de saton dans le prosibus. » (203)

satonner : administrer un coup de pied. Ex. : « Un rugbyman qui réussit un drop de cinquante mètres ne peut pas satonner plus fort. » (88)

saturance (une) : caractère de ce qui est saturé.

sauce (la) : pluie.

sauce (un) : saucisson.

saucée (une) : rafale d'arme à feu.

saucetomater : saigner. Ex. : « Un coup de frein brutal nous a précipités contre la vitre de séparation isolant les passagers du chauffeur. Comme elle est ouverte de mon côté, ma tronche passe dans la partie avant, mais il n'en va pas de même du Dodu, dont le nez se met à saucetomater séance tenante. » (73)

saucier-terre (un) : sociétaire. Ex. : « Je crois bien qu'il s'agit de Chemoldu, l'ex-saucier-terre de la Comédie-Française. » (74)

sauciflard (un) : saucisson. Ex. « Il faut vraiment que Soupin ait eu de la peau de sauciflard dans les carreaux* pour ne pas comprendre qu'il s'est passé céans des choses pas catholiques. » (20). Ex. : « Déballer un fort trognon de sauciflard. » (130)

sauciflarder : ligoter. Ex. : « Tu les déloques*, Gros, tu mets leurs uniformes à part, ensuite de quoi tu les sauciflardes serré. » (71)

saucisse (une) : doigt. Ex. : « Il croise dix énormes saucisses sur un bide* d'une capacité de deux hectolitres et attend, comme un maquignon qui s'apprête à écouter la lecture d'un testament le concernant. » (87). Ex. : « J'en fais le tour après avoir serré les cinq saucisses de Savoie plantées dans un camembert trop fait composant sa dextre. »

saucissonner : manger du saucisson.

saumâtro-bizarroïde : saumâtre et bizarre.

saur (un) : sort. Ex. : « O ironie du saur (comme dirait hareng). » (205)

sautapiedjointer : sauter à pieds joints.

saute-grenue : saugrenue. (B)

sauter : appréhender, arrêter (au sens policier du terme). Ex. : « Je l'ai sauté y a quèques années! – Belle mentalité! exclame

Nini! Et vous viendriez railler nos mœurs!
– Ma chère amie, dis-je, dans notre jargon de flic, sauter quelqu'un signifie l'arrêter. » (75)

sauter au colback : mettre en état d'arrestation. Ex. : « Je me dis que le moment est proche où je vais lui sauter au colback, car sa culpabilité ne fait plus de doute. » (31)

sauve-qui-peuter : fuir en désordre.

sauver la mise : sauver la vie, sortir d'une situation dramatique. Ex. : « Pour te sauver la mise, il faut que je mette la main sur l'assassin. » (20)

savasalmeks (des) : salamalecs. Ex. : « Ecoutez, puisqu'on discutaille à bâton qu'veux-tu, en'quat'z'yeux, sans chichi ni savasalmeks, je vous esprime mon idée d'arrière la tronche. » (B, 208)

savater : frapper quelqu'un à coups de pied. Ex. : « Je donnai le mot aux instituteurs pour qu'ils leur savatassent les noix*. » (B, 200)

saveur (coup de) : œillade. Ex. : « Je lui file un coup de saveur encourageant qui lui va droit à la cible. » (24)

savonner : bafouiller. Ex. : « On a sifflé* les deux boutanches*. Rosette se paie un caoua*. Mais elle savonne un peu en parlant. » (151)

savonner des labiales : bafouiller.

savonnette (une) : calvitie. Ex. : « Le Vieux* continua de se masser la savonnette pour en extirper son tourment. » (102)

saxophone : claustrophobe. (B)

scabrer : devenir scabreux.

scalpé du mamelon : rasé du crâne, chauve.

scalper : déboucher. Ex. : « Il va déballer deux quilles* de rouille* qu'il scalpe avec une aisance stupéfiante. » (145)

scalper Agénor : circoncire. Ex. : « Qui vous dit que j' sus pas juif, m'sieur l'abbé? Supposez que le rabbin fusse été miro et qui s' soye coupé les ongles au lieu de me scalper Agénor, hmm? » (B, 74)

scalpin (un) : calepin. Ex. : « Bouge pas, j' cherche son numéro su' mon scalpin. » (B, 103)

scander de l'échappement libre : émettre des pets.

scarabeux : qui évoque un scarabée.

scatologie (la) : psychologie. (B)

scatologuer : cataloguer. Ex. : « Comme Dieu vous a fait complets, à la fois laxatifs et excréments! Et comme vous avez su bien me scatologuer! » (114)

sceptible : susceptible. Ex. : « J'ai mon second passeport, c'est-à-dire celui où à la rubrique " Profession ", il est marqué " Homme de Lettres " au lieu de " Commissaire de Police ", car les Ricains* sont sceptibles. » (132)

schizophrène (le) : kérosène. (B)

schlinguer : puer. Ex. : « Ça schlingue la crasse chaude, la lessive froide, l'humanité impécunieuse. » (20). Ex. : « Le pouce dans l'œil d'bronze*, la menteuse* sous les roustons*, la p'tite fessée façon panpan-cucul, c't' une providence c'te fille qu'on a juste à lu reprocher d'schlinguer l'huile de foie d'morue qu'é s' coiffe avec. » (B, 136)

schmoll (un) : vieillard.

schnock (un) : personne sénile, s'emploie souvent avec « vieux » : « Un vieux schnock ».

schnouffer : droguer. Ex. : « Je me rends compte alors qu'elle est tellement schnouffée qu'elle doit passer sa vie à l'ombre d'un arbre à came pour en cueillir les fruits qui tombent. » (127). Ex. : « Son appareil à schnouffer est déballé sur la table. » (137)

schnouffer (se) : se droguer.

schpile (avoir beau) : avoir bonne conscience; adapt. de l'allemand « Spiel ». Ex. : « Il se dit qu'après sa confession pathétique, on n'aura pas beau schpile pour le mettre en l'air*; que le cœur n'y sera plus. » (142)

schprountz (un) : situation embrouillée. Ex. : « Des gens se radinent*, badauds-mouches* toujours à l'affût d'un schprountz quelconque, sans cesse attirés par le sang et la merde. » (152)

schwartz (le) : inconscience. Ex. : « J'ai basculé dans le schwartz. » (122)

sciatique (à) : asiatique. Ex. : « La moindre des choses, malgré que j'eusse pas lerche*

293

de temps à moi avec tous ces malades. On est en pleine grippe à sciatique, mon pote! Heureusement que j'ai mis au point un remède carabiné : je les traite tous au vin blanc-citron. » (B, 67)

scie : adapt. de l'anglais « see » (voir). (B)

sciencepoter : être élève à l'Ecole des sciences politiques (Sciences-Po). (B)

scientifien : scientifique. (B)

scié : fichu, perdu (exprime l'échec). Ex. : « J'ai compris que c'était scié irrémédiablement. » (74)

scier : stupéfier. Ex. : « Mon entrée les a sciés, tous. » (122)

scier une bûche : ronfler en dormant.

scoule : adapt. de l'anglais « school » (école). (B)

scoum (la) : malheur, malchance.

scrafer : 1. Casser. Ex. : « Au craquement, je pense y avoir scrafé le tarin*. Le gus* va devoir se moucher en empoignant une tomate écrasée. » (155). 2. Assassiner. Ex. : « Ses employeurs ont dû lui dire de bousiller la vieille dame habitant mon pavillon. Il a scrafé la première qu'il a aperçue, croyant que c'était la bonne. » (45). Ex. : « Dis, au moment où on l'a scrafé, il devait traîner un carat* phénoménal, le vioque*. » (129)

scraper : tuer. Ex. : « Pourquoi qu'il a envie de me scraper, le mitrailleur? » (6)

sculpté-main : sculptural. Ex. : « Elle est grande et flexible, avec une taille de guêpe, des balochards* surcomprimés, un valseur* sculpté-main. » (41)

séanter (se) : s'asseoir.

seau à lait démoniaque (le) : type de torture.

sèche (une) : cigarette. Ex. : « J'offre une cigarette à bout de coton à l'employé galonné. J'ai horreur de ces sèches. » (16)

sécher : 1. Boire. 2. Tuer.

secondaire : second. Ex. : « J'ouv' à toute violée* et c'qui s'passe alors, jamais j'saurais t'y raconter tell'ment qu'j'm'en rappelle plus. J'étais dans un état secondaire, comme on dit. » (B, 155)

second étage (le) : second Empire. (B)

secouée dans le carburo (avoir une) : être ivre. Ex. : « Bérurier* fredonne " Les Matelassiers ", preuve qu'il en a une petite secouée dans le carburo. » (109)

secouer : dérober. Ex. : « L'agent en question ramenait des documents d'une extrême importance. – Et on les y a secoués facile? » (56). Ex. : « Tels que je vous connais, vous seriez capables d'aller secouer la sacoche d'un garçon de recette! » (57). Ex. : « Il n'est pas commun qu'un flic* se fasse secouer sa fraîche* par le malfrat* qu'il surveille. » (128)

secrétaire : sectaire. (B)

secrétarier : exercer les fonctions de secrétaire.

secripete : scripte. (B)

sectaire irlandais (un) : setter irlandais. Ex. : « Mon flair de sectaire irlandais ne m'a pas trompé. » (31)

sectaire irlandoche (un) : setter irlandais. Ex. : « Dites donc, l'est pas commode, vot'sectaire irlandoche, objecta le loufiat. » (109)

sécurance (la) : sécurité. (B)

sédention (la) : sédentarité. (B)

ségréguer : séquestrer. (B)

seigneuse (une) : féminin de seigneur.

sein de ma Cheyenne (un) : un chien de ma chienne, rancune.

sein têté (sa) : Sa Sainteté le pape.

sélectionner : sectionner. (B)

self-contrôler : se contrôler.

sémaphore (un) : métaphore. Ex. : « J'attendais qu'elle y viende à la sémaphore av'c l'âne. » (B, 208)

sémaphorer : 1. Agiter. Ex. : « Béru* est là, dressé, qui sémaphore des brandillons* dans ma direction. » (69). Ex. : « La mère Béruranche se pointe sur le perron en sémaphorant des ailerons*. » (75). 2. Agiter les bras. Ex. : « Comme je me pointe, il sémaphore pour m'alerter. » (105)

sematèche : adapt. de l'anglais « smash » (au tennis, ou au volley).

semelle de bois (la) : ski. Ex. : « Je me trouve à deux skieurs de Bergeron lorsque j'attrape la canne de remontée. Heureusement que je suis un as de la semelle de bois! » (43)

semer du poivre : distancer. Ex. : « Il a cheminé assez loin de la ville avant de nous semer du poivre. » (56)

semeur de froment (un) : paysan.

séminaret (un) : minaret. (B)

semoule (dans la) : inconscient.

sempiternellité (la) : caractère de ce qui est sempiternel.

sénat (un) : sanatorium. Ex. : « Des heures que j'attends, à la fraîche! Je m'ai même offert une génuflexion* de poitrine, si tu veux tout savoir! Ecoute comme je tousse! Me voilà sur le chemin des sénats et ça te fait marrer. » (B, 55)

s'en-fout-la-mort (un) : chauffeur de taxi d'Abidjan. Ex. : « Je grimpe et nous voilà partis à la suite du " s'en-fout-la-mort " (c'est ainsi qu'on appelle les chauffeurs de bahut*, à Abidjan). » (105)

sénilesque : dû à la sénilité. Ex. : « Achille* réapparaît, une giclée de pisse sur son bénouze* gris. Durdelat considère la tache sénilesque puis me mate* d'un air désastré*. » (150)

sentir pâlichon des mollets (se) : avoir peur.

séparance (une) : séparation.

sept-à-dire : c'est-à-dire. (B)

septimème (un) : septième. Ex. : « T'aurais un septimème sens qu'ça m'surprendrait pas, grand. » (B, 106)

sépucre (un) : sépulcre. Ex. : « Pour moi, un cim'tière, plus il est mignard et isolé, au plus il est confortab'. En ville, c't'une ville, les cimetières. J'aime pas les sépucres. » (B, 208)

séquestrationné : séquestré. (B)

seringage (un) : tir.

seringue (une) : 1. Arme à feu. Ex. : « Je n'aime pas les gars qui font les avantageux lorsque je tiens une seringue braquée contre eux. » (16). Ex. : « C'est un taxi piégé. Il y avait un deuxième type caché près du chauffeur. Il tient sûrement Riri sous la menace de sa seringue. » (51). Ex. : « Dans un ultime réflexe, Béru* a pressé sur la détente de sa seringue et le chargeur s'en est allé vadrouiller dans le bide du méchant, rrrrrrrraoum! » (108). 2. Automobile. Ex. : « S'agit d'une vieille Volkswagen en haillons dont on se demande comment elle peut rouler encore, et surtout si elle ne va pas perdre cette bonne habitude d'une seconde à l'autre, en même temps que ses ultimes boulons. Prenez une meute de cadors* courants. Accrochez à chacun une guirlande de boîtes de conserve vides à la queue et vous obtiendrez à peu près le fracas de ma seringue. » (78)

seringue à injecter de l'oubli (une) : arme à feu.

seringuée (une) : sonnerie de téléphone.

seringuer : tuer. Ex. : « J'étais là lorsque les flics l'ont seringué à la Villette. » (11). Ex. : « Y s'est présenté dans l'dossard à Martin, et, presque à bout de portant, te l'a seringué de première. » (B, 208)

sériosité (la) : sérieux. Ex. : « Puis le Vieux* retrouve sa sériosité. » (135)

sermenter : jurer, prêter serment. Ex. : « Il parle, il exclame, complimente, applaudit, pouffe, glousse, promet, certifie, vivelafrance*, anticipe, participe, déclare, prend à témoin, sermente, glorifie, sanglote. » (76)

serpilleux : qui évoque une serpillière. Ex. : « La traîne de la mariée continue de dépasser de la chapelle. Elle est toute serpilleuse sur les graviers de la menue clairière. » (135)

serrer : mettre en état d'arrestation. Ex. : « Le dealer qui était surveillé par nos services se fait serrer au moment où il vendait sa marchandise. » (152)

serrer cinq (en) : serrer la main de quelqu'un.

serre-tronche (un) : casque d'écoute.

serruriser : actionner une serrure.

servent d'auto (des vêtements qui) : sacerdotaux. Ex. : « Je me surprends à lui rouler des lotos* charmeurs, mais ce petit coup de fumée me vaut un air très outré, biscotte* mes vêtements qui servent d'auto. » (205)

servetouze (une) : serviette.

service des abonnés présents (le) : service des écoutes téléphoniques.

servir le menu : interroger. Ex. : « Je pense qu'il ne fera pas trop de difficultés pour se mettre à table*. Surtout si c'est le bon Bérurier*, l'homme aux mains de bronze, qui lui sert le menu. » (31)

ses-dents-en-terre : sédentaire. (B)

seulâbre : seul. Ex. : « Béru*, tout seulâbre, tout paumé* sur le gigantesque territoire chinetoque*, pareil à Charlot à la fin de ses films quand il s'en va, sur une route vide, de sa démarche de canard. » (59)

seulard : seul.

seule-à-nelle : solennelle. Ex. : « Je dépose une protestance* seule-à-nelle comme quoi t'as pas le droit de fricasser* ta sisteur* vu que not' mariage n'a pointe été consumé*, et j'y déplore. » (B, 79)

seulmaîtraboraprédieu (un) : capitaine de navire. Ex. : « Cette précision relative à la venue imminente du seulmaîtraboraprédieu du Nekmair-Jiturr* achève de déconcerter la donzelle*. » (77)

sévériser : parler sur un ton sévère. Ex. : « C'est de Justin que vous parlez? sévèrise-t-elle. » (152)

sévicer : user de sévices.

sexe à pile (le) : adapt. de l'anglais « sex appeal ». (B)

sexe-à-poil (le) : adapt. de l'anglais « sex appeal ». (B)

sfalte (la) : asphalte. Ex. : « Y sont en train de faire des agrandissements et un parkinge*, à l'hospice, sur le côté des bâtiments, et y goudronnent. Le gnard* qui pilote le cylindre* est un Arbi*. Pendant qu'il écrasait la sfalte avec sa trottinette*, on est venu l'informer que le chef de chantier le demandait. » (B, 86)

sgoutgnaffure (une) : surprise.

shâh noine (un) : chanoine. (B)

shakespearer : parler à la manière des personnages de Shakespeare. Ex. « Ce sang! Tout ce sang! shakespeare-t-il en désignant Béru*. C'est trop. Je ne peux plus supporter. » (206)

shakhander : serrer la main, adapt. de l'anglais : « shake hand » (poignée de main). Ex. : « Il s'abstient de me shakhander et je sors avec un maximum de désinvolture. » (65)

shellisé : se dit d'un lieu engorgé d'émanations de pots d'échappement.

sherlock-holmien : en rapport avec Sherlock Holmes.

shoot (un) : schuss, technique de descente à ski. (B)

si-mûlatre (un) : simulacre. (B)

sibylliner : être sibyllin. Ex. : « – C'est un délit? – Pas encore, mais ça pourrait le devenir, sibylliné-je. » (155)

sidérable : que l'on peut sidérer.

sidérance (une) : fait d'être sidéré. Ex. : « Il morfle* le coup de buis avec la sidérance d'un bovin et choit de lui comme un cachepot d'une console à Asnam (ex-Orléansville). » (105). Ex. : « Comme elle répond que par des " Ah! Aeeee! Arrrrh! Aouiiii ", l'une des aminches* va aux nouvelles! Sa sidérance, quand elle visionne le tableau-tin*! Elle doute de ses sens. » (119)

sidi (ce) : ceci dit. (B)

sidi (un) : Arabe. Ex. : « Les photos ne m'intéressent que lorsqu'elles sont coquines et je les achète à des sidis sur le boulevard Rochechouart. » (16)

sidiste (un) : malade du sida.

sidoine : idoine. (B)

siffler : boire.

sifflet : si fait. (B)

signal d'amorphe (un) : signal en morse. (B)

signe-de-croiser : faire le signe de croix.

silencer : se taire, faire silence.

silencieuser : rester silencieux.

silicose-pourneriendyr (le) : minerai (fictif) contenant le sulfocradingue*.

simagance (une) : simagrée. Ex. : « Y en a classe* de vos manigrées* et de vos simagances. » (B, 86)

simagréer : faire des simagrées. Ex. : « Les miss lichouilles* se prennent congé l'une des autres en simagrant des rouscaillances*. » (75). Ex. : « J'aperçois un ahuri qui simagrée en dansant, je lui interromps le couple, et plao, il déguste sa mornifle*. » (76)

simenonien : qui évoque l'univers de l'écrivain Georges Simenon. Ex. : « Dès lors, j'aperçois une écluse simenonienne dans les confins. » (105)

simiesque : sismique. Ex. : « Elle est là. Et je ressens un choc. Pis qu'un choc : une secousse simiesque, comme dit Bérurier*, son oncle. » (B, 90)

sincériser : être sincère.

singe-panzé (un) : chimpanzé.

singuliériser : changer le nombre d'un mot pluriel. Ex. : « L'orgue (pour les orgues), singuliérise-t-il, fonctionnait à vide. » (62)

sinistrance (la) : caractère de ce qui est sinistre.

sinistre (une) : senestre. Ex. : « Il vient à nous, chaleureux comme un haut fourneau, nous pétrissant à qui mieux mieux dextre et sinistre. » (97)

sinistros : sinistre.

sinoquage (le) : folie. Ex. : « Je sombrais dans la modestie et le sinoquage en pensant qu'on serait en petit comité. » (81)

sinoque (un) : fou. Ex. : « On a envie d'appeler des ambulanciers et de faire embarquer ces deux sinoques à Charenton. » (135)

sioux-plaid : s'il vous plaît. Ex. : « Des cailloux pareils à des reines-claudes, monture platine sioux-plaid. » (B, 208)

siphon (un) : typhon. Ex. : « J'vais d'pus en pus vite. Ça s'savait déjà qu'j'arrivais, kif* un siphon d'la Jamaïque et les gens s'hâtaient d'entrer dans leur comparte* pour m'laisser le passage. » (B, 155)

siphonné : 1. Abasourdi. Ex. : « De plus en plus éberlué, qu'il est, Sana*! Siphonné de la coiffe. Avec des cellules qui recroquevillent. » (83). 2. Fou, idiot.

sirène de brume (une) : bouche.

siréner : hurler comme une sirène. Ex. : « Au feu eu eu eu..., que sirène ma greluse*. » (83)

sirénique : relatif à une sirène (personnage mythique). Ex. : « Y a le gus* au tatouage sirénique (il a dû se le faire faire en Angleterre, car la sirène ressemble à Mrs. Thatcher). » (142)

sirop (le) : 1. Eau. 2. Inconscience. « Etre dans le sirop » : être inconscient.

sirop d'absence (un) : évanouissement. Ex. : « Un dernier coup de saton* dans le tempo-ral manière de pas lui marchander le sirop d'absence. » (123)

sirop de bavardage (un) : sérum de vérité.

sirop de dorme (un) : anesthésique.

sirop pour guillotiné (un) : rhum.

sirop d'orge (un) : whisky.

sirop de pébroque (le) : pluie. Ex. : « Il se met à vaser* du sirop de pébroque. » (16)

sirop de rêve (un) : somnifère.

sirop de sommeil (un) : somnifère. Ex. : « Je lui offrirai alors le dernier godet* en prenant bien soin d'y coller une bonne rasade de sirop de sommeil. » (203)

sirop de trompe d'Eustache (un) : musique languissante. Ex. : « Mais déjà, de la musique mouline à tout va; ritournelle pour vieux crabes, "Strangers in the Night" et sirop de trompe d'Eustache à lavement*. » (126)

sirop de vie (le) : sang. Ex. : « J'ai la sensation désobligeante que mon cœur en a classe d'expédier du sirop de vie dans mon réseau et qu'il veut aller vivre sa vie ailleurs. » (104)

sirop-positiviste : séropositif. (B)

sirotation (une) : fait de siroter. Ex. : « Le friteurman* continue sa sirotation extatique. » (132)

sisteur (une) : adapt. de l'anglais « sister » (sœur). (B)

situasse (une) : situation. Ex. : « Il acceptait la situasse, philosophiquement. » (100). Ex. : « La situasse, il tente de s'y adapter. » (104)

six ciliens (les) : Siciliens.

six nez (bande des) : bande dessinée.

six magrées (des) : simagrées. Ex. : « Mais qu'est-ce que tu fabriques, mec*, du diable si j'entrave* quoi que ce serait à tes six magrées. » (B, 71)

six mûlatres (un) : simulacre. (B)

sixaine (une) : demi-douzaine.

skatinguer : patiner, adapt. de l'anglais « skate ». Ex. : « Oh ! comme j'aurais voulu assister à l'entrevue avec le Vioque, ensuite! Etre mouche et skatinguer sur le crâne au Surglacé pendant la séance! » (64)

skinautiquer : pratiquer le ski nautique.

skizofrène (un) : kérosène. (B)

slave (un) : salve. Ex. : « Quand je réapparais, c'est un slave d'applaudissements, comme dit Béru*. » (B, 124)

slave a de la soie : cela va de soi. (B)

smatcher : échanger. Ex. : « Nous voilà à smatcher des incompréhensions comme deux sourds-muets manchots qui commenteraient l'effondrement de la Bourse. » (135)

smok (un) : smoking.

sniffé : drogué. Ex. : « Les autres, sniffés à mort, ne réagissaient pas. » (122)

sniffer : assommer. Ex. : « Je mate* : c'est Roro qui vient de le sniffer avec une clé anglaise. » (150)

socialo : socialiste.

société fermière (une) : poitrine de femme.

socioculturo-déambulatoire : concept sociologique indéfini. Ex. : « Les murs sont couverts d'affiches et documents relatifs aux Sciences Séparées, lesquelles prétend-on vont infléchir le développement socioculturo-déambulatoire. » (108)

sociologuer en appartement : soliloquer en aparté.

socle à sommeil (un) : dos. Ex. : « Voulez-vous que je vous frotte le dos? – O.K., dit la déesse brune en s'arrêtant de m'astiquer le socle à sommeil. » (97)

sodomiser de la prunelle : regarder profondément. Ex. : « L'autre me coule un regard savoureux. Il me sodomise de la prunelle. » (203)

sœur (une) : femme.

soirir : verbe exprimant que le soir tombe. Ex. : « Déjà, le jour soirit. » (106)

solder le compte : tuer.

solféger : approuver par un si. Ex. : « Si! solfège-t-elle. » (155)

solite : courant, habituel. Ex. : « Chose pas solite dans ce pays, l'homme est en complet de ville. » (105)

sollicitance (une) : sollicitation.

soluce (une) : solution.

solutance (une) : solution.

sombrable : submersible. Ex. : « Ta pauvre mémoire flottaille* éternellement sur un minuscule lac de larmes que tes reins n'ont pas filtrées. Elle n'est pas sombrable. » (94)

sombrer dans la glycérine : s'attendrir. Ex. : « Pinaud* écrase une larme rétrospective. – Ne sombre pas dans la glycérine, lui dis-je. » (20)

sommiers (les) : fichier des personnes connues de la police.

somptueugénaire (un) : vieillard magnifique.

sonâmélever : élever son âme à Dieu.

sondement (un) : sondage. (B)

sonotomisé (un) : celui qui porte un sonotone.

sonotoné (un) : celui qui porte un sonotone.

Sophie-ce-ticket : sophistiqué. (B)

soporifiant : soporifique. (B)

soporifier : endormir. (B)

sortir de la cuisse de Gulliver : sortir de la cuisse de Jupiter. (B)

sortir du Mékong : sortir de ses gonds. (B)

sosite (une) : féminin de sosie.

sossante : soixante. Ex. : « Allons, inspecteur : plus que sossante minutes et vot' supplice s'ra finiche. » (B, 90)

sotte qu'grenue : saugrenue. Ex. : « Alors moi, manière d'changer d'style, j'te vous vas poser des questions qui risquent d'vous paraître aussi sottes qu'grenues. » (B, 208)

sottisier (un) : crâne.

souate : soit.

soubassement (le) : fessier. Ex. : « Elle se jette à quatre pattes, ce qui met en valeur un soubassement aux volumes byzantins. » (20)

soubresauter : être agité de soubresauts. Ex. : « Des flashes qui me font soubresauter les cellules grises. » (132)

soubresursaut (un) : soubresaut et sursaut.

soubret (un) : domestique, masculin de soubrette. Ex. : « Un soubret vient m'opener* la porte. » (B, 208)

soubriquet (un) : sobriquet. (B)

soucoupe (une) : crâne. Ex. : « Je le biche* par la cramouille* et je lui balance une paire de tartes maison de quoi lui décoller la soucoupe. » (18)

souder : supporter. Ex. : « Impossible de le souder, ce cancrelat ! Je me demande même si sa propre mère peut éprouver quelque tendresse à son endroit ! » (132). Ex. : « Je distingue la rumeur d'un poste de TV et renifle une odeur de cuistance* qui serait agréable pour quelqu'un aimant l'oignon, mais que je ne puis souder. » (155). Ex. : « Il ne peut plus les souder toutes ces vieillasses qu'il a connues jeunes et pimpantes ! » (211)

soudure (la) : argent. Ex. : « Le fric*, le blé*, l'oseille*, l'artiche* ! Synonymes magiques ! Le pèze*, la soudure, le carbi* ! » (18)

soudure (une) : suture. Ex. : « On t'a posé tant tellement de points de soudure que ta tronche* ressemble à un blouson d'aviateur, plein de fermetures Eclair. » (B, 86)

soufflant (un) : revolver. Ex. : « Je rengaine mon soufflant et je reviens à ce que les journaleux en délire appelleront incessamment la maison tragique. » (6). Ex. : « Bérurier* ramasse le soufflant que son mec* a lâché. » (101)

soufflante (une) : mitraillette.

souffler : 1. Estomaquer, époustoufler. Ex. : « Je le souffle pire que s'il était pâte de verre à Murano. » (83). 2. Tuer. Ex. : « Il n'empêche que la bonne Catherine a été soufflée parce qu'elle était brûlée*. » (89)

soufflet (un) : poumon. Ex. : « Je respire un grand coup l'air mouillé du matin pour me purifier les soufflets. » (24). Ex. : « Un grand type habillé de maigre, avec une veste d'esclave et des bacilles de Koch en vadrouille dans ses soufflets. » (122)

souffletdeforger : haleter.

souffrir d'une maladie de Rhin : être germanophobe. Ex. : « A force de naître dans les reliquats de Verdun, tu finis par hériter l'instinct grégaire. Il te reste un éclat d'obus, un éclat d'abus, dans le sentiment. Tu souffres héréditairement d'une maladie de Rhin. » (85)

souilleur de pellicule (un) : photographe.

soulager la glande belliqueuse (se) : assouvir sa colère.

soulignage (un) : fait de souligner. Ex. : « L'aventure très chère et bon marché et qui fait bon marché de nos rêves. Ce soulignage de nos abandons. » (81)

soupape qui se bloque (avoir la) : se mettre en colère. Ex. : « Depuis le temps, il devrait avoir pris l'habitude de mes rebuffades, mais chaque fois il a la soupape qui se bloque ! » (20)

soupaulaiter : être soupe au lait, se mettre en colère.

soupegratiner : manger une soupe gratinée.

soupière (une) : tête, crâne.

soupirail (un) : braguette.

souprolifique : soporifique. (B)

souquer : taper, cogner. Ex. : « Malgré que l'après-midi touchât à sa fin, le mahomet* continuait de souquer ferme et on morflait* sérieusement. » (123)

sourde-muettance (la) : état d'un sourd-muet.

sourdingue (un) : sourd.

sourire Banania (un) : sourire éclatant. Ex. : « Il virgule* un sourire Banania à la Marquise. » (130)

souris (une) : jolie fille.

sournois (un) : tournoi. (B)

sous-enveloppé : sous-développé. (B)

sousimpe (une) : sous-impression (terme cinématographique). Ex. : « C'était truqué. On repiquait en sousimpe la bande sonore du film de Renoir. » (75)

sous-mariner : évoluer sous l'eau.

sous Paulette : soupe au lait, irascible. Ex. : « Y se monte ! Y se monte ! Je te trouve bien sous Paulette en ce moment ! » (B, 67)

sous-verge (un) : subalterne. Ex. : « Il n'est pas là mais on me passe un de ses sous-verge (c'est un poste délicat). » (16)

sous-vêtir (se) : s'habiller de sous-vête-ments.

soute à bagages (une) : 1. Poche. 2. Bra-guette.

soute à burnes (une) : slip. Ex. : « Merde, si cette dame était un monsieur, il aurait dans sa soute à burnes un paxif gros commako ! » (108)

soutien-gorge à roustons (un) : slip. Ex. : « Lui, en slip tout ce qu'il y a de kangourou, et espère qu'il en coltine* un beau pacsif* dans le soutien-gorge à roustons. » (106)

soutien-gourdasse (un) : soutien-gorge. Ex. : « Maginez-vous qu'elle sort de son soutien-gourdasse et de son slip sans y porter la main. Ça paraît simple comme exercice ? » (74)

soutien-loloches (un) : soutien-gorge.

soutien-roberts (un) : soutien-gorge.

souvenance (une) : souvenir.

souventement : souvent.

soviétoche : soviétique.

spaghetter : manger des spaghettis. Ex. : « On s'y installe, sous les photos des illustres de la Terre venus se spaghetter la panse en ce haut lieu de la nouille toutes catégories. » (106)

sparadrer : coller avec du sparadrap. Ex. : « Ces gueux avaient sparadré l'engin sur ma poitrine. » (105)

sparadriser : panser une blessure avec du sparadrap. Ex. : « Il nous désinfecte, nous cautérise, nous panse, nous sparadrise. » (57)

spectre tâteur (un) : spectateur de strip-tease.

spectre (un) : spectacle.

spiche (un) : adapt. de l'anglais « speech » (discours).

spicologie (la) : psychologie. (B)

spiquerine (une) : speakerine.

spiqueur (un) : speaker.

sprunéo statique : terme technique indéter-miné. Ex. : « J'examine ma mémoire, laquelle ne fonctionne pas par déclenche-ment sprunéo statique, mais simplement comme ça. » (110)

squelette en sursis (un) : être humain.

standard (un) : appareil acoustique. (B)

stand-artiste (une) : standardiste. (B)

staphylocoque (un) : stéthoscope. (B)

steak-tartarer : tabasser violemment.

stéréotypie (la) : stéréophonie. (B)

stéthoscoper : ausculter à l'aide d'un stétho-scope. Ex. : « Les messiers en question nous palpent, nous températurent*, nous chronomètrent, nous vérifient, nous vase-linent*, nous talquent, nous choient, nous massent, nous stéthoscopent, nous abreuvent, nous électrifient. » (59)

stivouard (un) : adapt. de l'anglais « ste-ward ».

stop : top. Ex. : « Je m'ai renseigné et je m'ai laissé dire que votre établissement repré-sentait le stop niveau de ce qui se fait en la matière. » (128)

stoque (un) : stock. Ex. : « J'y é hacheté tou çon stoque. » (B, 77)

store (un) : paupière. Ex. : « De temps en temps, j'ouvre un store. » (3). Ex. : « Je lui ferme les stores car rien n'est plus dépri-mant qu'un regard de mort. » (16). Ex. : « C'qu'a d'con av'c ces mecs*, c'est qu'on peut pas s'rend'compte si y tournent d'l'œil étant donné qu'ils gardent constamment leurs stores baissés. » (B, 106)

store vénitien (un) : paupière.

strangerinzenailleguetter : interpréter « Strangers in the Night », chanson de Frank Sinatra.

strangulé : étranglé.

strass (une) : pièce d'une maison.

strasse (une) : rue, route. Adapt. de l'alle-mand « Strasse » (rue).

stratégique vérité : stricte vérité. (B)

stratifié : naturalisé. Ex. : « Le majestueux général Prandurond flatte l'encolure de son bourrin* stratifié. » (102)

strausser : valser.

stricte mine (la) : strychnine. (B)

strider : émettre un son strident.

striderie (une) : sonnerie stridente. Ex. : « Ça ne répond pas, me fait-elle, pleine d'espoir, dès la troisième striderie. » (105)

stupétrange : stupéfiant, étrange. Ex. :
« Non, mais tu vas voir combien cette
aventure est édifiante et stupétrange. »
(117)

stupréfier : stupéfier.

stylomine (un) : homonyme. Ex. : « Les
Martin habitent un solide immeub'en
pierre détaillée, boulevard Jacques-Martin,
dont leur blaze est stylomine. » (B, 208)

stylopositif : séropositif. (B)

subaderne (un) : subalterne. Ex. : « Interromps pas l'homme qui cause, ça se fait pas,
même quand il s'agit d'un subaderne. » (43)

subaderne : subalterne. Ex. : « Y sont indé-
merdables, ces gensss d'cinoche. Quand ils
sont plus montrab', ces malheureux, les v'là
qui passent d'l'aut' côté des caméras, à la
régie ou autres, tenant des postes suba-
dernes pour, vaille que vaille, rester dans
l'circuit. » (B, 208)

subalderne : subalterne. Ex. : « Deux de ses
sbires l'imitent servilement, comme il est
de mise quand on est subalderne (j'ai bien
écrit subalderne) et que le hiérarche*
rigole. » (135)

subjonctifié (un) : puriste de la langue française. Ex. : « Il y a des tas de pisse-chagrin*,
d'empêcheurs de peloter en rond, d'affligés
de l'entresol*, d'invertébrés de la membrane*, de tourmentés de la coiffe*,
d'endeuillés du slip*, de consternés, de
mortifiés, de refoulés, d'éduqués, de sub-
jonctifiés, d'engrisaillés*, de documentés. »
(56)

subjuguance (la) : fascination.

subochondonosorer : subodorer.

subordonneur (un) : subordonné. Ex. : « Tu
sais ce qui s'rait chouette*, c's'rait qu'tu me
délégationnes* tes pouvoirs? On percute*
nos fonctions, c'est moi qu'ai commissaire
et toi l'subordonneur. » (B, 90)

suborneur (un) : subordonné. Ex. : « Qu'est-
c'est, c'coup de sang, Chilou? Y a du
rebecca* de la part d'un suborneur dont
auquel j'sus le chef? » (113)

subtilisée (à la) : à la dérobée.

suburbain : surhumain. (B)

suc sec (un) : succès. (B)

suçant-qu'est-haut (je) : sue sang et eau. (B)

succédaner : succéder. Ex. : « Avant de se
farcir la virouze* ultime au Père-Lachaise*,
il dit que le roi de Lazare* doit lui succédaner. » (B, 200)

suce (en) : en sus. (B)

suce-moi-le-zigomar-à-roulettes (à la) : à la
noix, farfelu. Ex. : « Quelle idée à la suce-
moi-le-zigomar-à-roulettes de peindre en
noir portes et fenêtres? » (132)

suce-pet (un) : suspect. Ex. : « Honte et
peste, et notion de leur destin merdique, à
ces suce-pets, à ces coliques ensablées, à ces
odeurs d'entrailles qui n'en finissent pas
parce qu'ils n'ont jamais commencé. » (81).
Ex. : « Nous ne retapissons personne de
suce-pet. » (131). Ex. : « Y s'rait t'anormal
qu'un jeune soye pas d'estrême gauche et
anti-flic. Pis qu'anormal : suce-pet. » (B,
208)

sucette (partir en) : voler en éclats, dégringoler. Ex. : « La porte part en sucette aussi
docilement qu'une feuille morte devant la
bouche d'une soufflerie. » (82)

sucer : dépouiller de. Ex. : « Quand Bitakis*
se fait sucer dix briques au casino, vous
pouvez parier la lune (avec ou sans drapeau
soviétique) qu'il fait péter la banque le lendemain. » (37)

suce-pince (un) : suspense.

suces et costumes (les) : us et coutumes.
Ex. : « Tu te dois de respecter les suces et
costumes des contrées visitées. » (91)

suce sein : succinct. Ex. : « J' sais pas si je
vais vous raconter ça façon suce-sein,
comme vous le demandez, mais on va
tâcher moyen de faire en sorte d'être précis. » (79). Ex. : « Je dresse au vioque un
résumé suce-sein de la situasse*. » (97).
Ex. : « Si vous voudriez qu'on soye tout à
fait suce seins, patron, c'tait pas la peine
qu'on vient, suffisait d'espédier un télé-
gramme ! » (B, 106). Ex. : « Slave* étant dit,
apprends à esposer les faits d'un ton suce
sein, mon pote* ! » (B, 128)

suce-titube (un) : substitut. Ex. : « Vot'
conduite est un qualifiable. J'vais d'ores et
n'avant, en informer l'bâtonneux*, l'garde
des sottes*, le suce-titube, le pauv'cureur*
d'la République. » (B, 208)

sucrer : 1. Trembler. 2. Voler. Ex. : « Il a
voulu lui sucrer son pèze. » (24). Ex. : « On

a sucré les éconocroques* du cousin Ambroise dans sa pile de draps?» (62). 3. Percuter, renverser. Ex. : «Il s'était fait sucrer par une tire et il remuait encore les cannes, mais il devait avoir les reins cassés.» (8)

sucrer (se) : s'enrichir, se servir.

sucrer les fraises : trembler.

sucre-sale (une) : succursale. Ex. : «Tiens! Les comiques troupiers de la République, s'écrie joyeusement le Mastard en nous apercevant. Vous pouvez pas vous passer d'ma pomme*, décidément. Saint-Locdu*, ça d'vient la sucre-sale du Quai des Orfèv'!» (B, 141)

sucrette (une) : tremblement. Ex. : «J'avais les glaglas*. De la fièvre? Possible. Une sucrette à grand spectacle.» (122)

Sudamerlock (un) : Sud-Américain. Ex. : «Le Sudamerlock, dans son smoking à paillettes, ressemble à un éléphant déguisé en maître d'hôtel de boîte de nuit.» (203)

sudéen : originaire du Sud. Ex. : «Et le gars Arthur, un zig* sudéen.» (85)

sudique : originaire du Sud.

suéder : devenir suédois.

suédich (le) : langue suédoise.

suédine : originaire de Suède. (B)

suédiser (se) : devenir de nationalité suédoise.

suédoiser : parler en suédois.

suer et bodorrer : subodorer. «Je sue et bodorre une forte quantité d'invectives.» (130)

suer la bite (faire) : ennuyer.

suif (le) : émeute, rixe. Ex. : «Fifi se rend compte qu'elle ne peut pas enrayer un tel suif et elle se met à planquer les bouteilles sous le zinc.» (15). Ex. : «Les perdreaux* sont mauvais, du suif dans la volière.» (130). Ex. : «Après Clovis, Gros, il y a eu du suif dans le royaume.» (200)

suif (venir au) : chercher querelle. Ex. : «Il vient au suif en nous voyant radiner avec notre cheptel.» (48)

suif (chercher du) : chercher querelle. Ex. : «On le sent prêt à balancer une prune à celui qui voudrait lui chercher du suif.» (20)

suif (aller au) : s'emporter, porter plainte. Ex. : «Le plus duraille reste à faire : calmer le toubib et l'empêcher d'aller au suif chez mes collègues nippons.» (47)

suifer : suer. Ex. : «T'aurais pu nous fout' l'air acclimaté dans c'te caisse*. On suife des chandelles grosses comme le bras!» (76)

suintance (une) : suintement. Ex. : «En plein gargarisme*, alors que mon auditoire forme les faisceaux et que je le sens en partance pour les suintances pâmoisantes*, un coup de sonnette!» (117)

Suissaga (un) : ressortissant suisse.

sulfaté (un) : soldat allemand pendant la Seconde Guerre mondiale.

sulfater : 1. Tirer avec une arme à feu. Ex. : «Mon idée, c'est de bondir dans le couloir, mon feu en avant, et de sulfater le coin s'il y a la moindre des choses qui ne tourne pas rond.» (8). Ex. : «Il sort son étrange pistolet noir à silencieux de sa poche et en extrait le chargeur. – Combien dites-vous-t-il qu'il y a de gus* à sulfater?» (B, 151). 2. Tuer. Ex. : «Not'voix, à soi, j'la compare à l'œil qui matait* Caïn une fois qu'il a eu sulfaté son frelot*.» (B, 208)

sulfater de l'oigne : émettre des flatulences intestinales. Ex. : «Rester dans l' grand monde en sulfatant de l'oigne av'c c'te violencerie*, on peut plus tolérer.» (B, 148)

sulfateur (un) : tueur opérant à l'arme à feu.

sulfateuse à poumons (une) : mitraillette.

sulfocradingue (le) : minerai, se présentant sous une forme quasi liquide, et qui constitue un élément primordial de décafouillage-inducteur* dans la fabrication de la bombe H 2S.

sultan (un) : insultant. Ex. : «C'qu'il cloporte* est un sultan pour not' pays; s'il vous l'répéterait, hésitez pas à lu claquer* la gueule, fakir ou pas fakir; j'tolère pas plus qu'un mec* jouasse av'c not' honneur nationale* qu'av'c mes couilles*.» (B, 113)

sultanicide (un) : assassinat de sultan.

sunelaïte (un) : adapt. de l'anglais «sunlight» (projecteur).

supérantart à feuilles caduques (de Berry) (un) : arbre fictif exotique, d'essence rare.

superdentifricecolgaté : qualifie la fraîcheur d'une haleine. Ex. : « D'une voix légère, suave, fruitée, flûtée et superdentifricecolgatée. » (31)

superflu (le) : postérieur.

super fuge (un) : subterfuge. Ex. : « Y a fallu que j'usage d'un super fuge pour entrer, biscotte* t'es sous haute surveillance, gars. » (B, 73)

supérieur à chique : supérieur hiérarchique. (B)

supermaner : agir comme Superman.

suppliance (une) : supplication.

supplicechinoiser : infliger un supplice chinois.

supplice de Chantal (un) : supplice de Tantale. (B)

support-à-sac-tyrolien (un) : dos. Ex. : « Le Limoneux opère un démarrage impressionnant. Nous avons brusquement le support-à- sac-tyrolien plaqué au dossier du siège. » (79)

supposance (une) : supposition. Ex. : « Une supposance qu'on vous pose la question, faites comme moi : répondez-y pas ! » (B, 90)

supposition (une) : opposition. Ex. : « Dites, la mère, je vous préviens que j'vas faire supposition à mon chèque ! barrit le Jumbo des salons. Y a estorsion de foutre caractisée*. M'est déjà arrivé de me faire éponger à la sauvette*, mais je douillais* pas 15 lacsés* pour ! Faut pas prendre Béru* pour un mouflet* de la maternuche* ! »

suppositoire (un) : 1. Supposition. (B). 2. Balle d'arme à feu. Ex. : « On va déguster une méchante giclée de suppositoires dans les miches, gars ! » (74)

suppositoire de châtaignier (un) : pal.

supposutionner : formuler une hypothèse. Ex. : « Supposutionnons qu'on parvienne à sortir du camp, tes projets c'était quoi t'est-ce ? » (B, 61)

suprême assise (la) : suprématie. (B)

surblase (un) : surnom.

surblazo (un) : surnom. (B)

surchoix (de) : de surcroît.

surdaronne (une) : grand-mère.

surexposé : pâle, blafard. Ex. : « Rarement je lui avais trouvé visage plus défait. – Eh ben, ma vache, dis-je, tu es drôlement surexposé ! » (94)

surgé (un) : surveillant général.

surgelé-tuteur : subrogé tuteur. (B)

surin (un) : couteau.

suriner : tuer à l'arme blanche. Ex. : « Cette fois le grand pâle va me suriner, vite fait sur le gaz ! Un coup trop appuyé et ma carotide se rompt comme un vieux lacet trop tendu. » (18)

sur le tas : sur le trottoir (pour se prostituer). Ex. : « Je bricolais. J'avais deux polkas* sur le tas. Et puis j'en ai eu assez de jouer au barbiquet*. » (15)

surmener ses lacrymales : pleurer abondamment.

surmu (une) : vitesse surmultipliée. Ex. : « Alors, pour en avoir le cœur net, je passe la surmu. » (135)

surmultionner : exalter la force, dynamiser. Ex. : « Messieurs, slave vous ennuillerait-il de crier ooooh hisse pendant qu'je procède. Les poseurs de rails agissent de même. Ça surmultionne le mâle. » (B, 97)

surpatte (une) : fête où l'on danse.

surperformant : très performant. Ex. : « On inspecte les lieux avec ma loupiote* surperformante, d'une intensité de laser. » (135)

surplus américain (un) : sein de femme. Ex. : « Ah ! elles sont bath les bergères avec leurs valoches* diplomatiques sous les yeux, leurs bouches décolorées, leur peau soufrée et leurs surplus américains qui font du saut à basse altitude. » (28)

surprenance (une) : fait d'être surpris.

surprenette (à la) : par surprise. Ex. : « On l'a seringué* à la surprenette, sans qu'il eusse une réaction quéconqu'. » (93)

surprentissimer : surprendre grandement. Ex. : « Je frime* la guinde* et alors, quelque chose me surprentissime, car j'ai une sagacité exceptionnelle. » (102)

surprisi : surpris. Ex. : « Ce qui m'avait surprisi (j'ai bien écrit surprisi, pour renforcer le sens du mot)... » (110)

sursailler : sursauter, tressaillir.

survalveur à goupille rétractile (un) : partie (fictive) que l'on décapsule d'une fusée d'alarme.

survenance (une) : arrivée. Ex. : « Elle guigne la survenance de son chevalier à mobylette. » (117). Ex. : « Il arrive qu'ils soient toute une famille empilée dans la tuture*, presque immobile derrière les vitres, à te regarder passer et à attendre la survenance d'autres chalands. » (119). Ex. : « La survenance de M. Félix dans notre équipée est une aubaine pour moi. » (150)

surviendre : survenir. (B)

suspicionner : suspecter. (B)

suspidouteux : suspicieux et douteux.

swing-d'homme (un) : chewing-gum. (B)

syllabeur polysynthétique (un) : élément (fictif) d'une fusée d'alarme qui déclenche la mise à feu sous l'influence des ondes émises par le compensateur de gazouillage indexé*.

synonymer : utiliser un synonyme. Ex. : « Des walter-clozèdes*, traduit ma compagne. – En somme, vous voulez dire des chiottes ? synonyme le digne enfant du Cantal. » (75)

système filtro-bougnazeux à commotivité réglable (un) : système (fictif) servant à régénérer l'eau d'un aquarium.

système glandu-thermo-spéculateur à compensation-moldo- stridente (un) : système (fictif) de déclenchement d'une cellule photo-électrique.

système vaseux-basculaire (un) : système cardio-vasculaire. (B)

systèmeder : pratiquer le système D, se débrouiller. Ex. : « Un Français se doit de systèmeder dans les cas importants. » (117)

T tabatière à remontoir (une) : bombe à retardement.

tabellion (loi du) : loi du talion. (B)

table (se mettre à) : passer aux aveux.

tabourescabeau (un) : tabouret-escabeau.

tabouret (un) : dent. Ex. : « Alfredo, lui, n'a pas de chailles* bidon*. Ses tabourets sont garantis d'origine et ils luisent comme ceux d'un carnassier. » (43)

tac-au-taquer : répondre du tac au tac.

tacautaquer : répondre du tac au tac.

tac-tac (un) : réplique immédiate, du tac au tac.

tac-taquer : tirer à la mitraillette.

taciturne reconduction (par) : par tacite reconduction.

taciturne reconstruction (par) : par tacite reconduction. (B)

tacoter : avancer comme un tacot. Ex. : « Des chignoles* pourries, y en a plein Tenerife. Des vieillardes ferrailleuses, asthmatiques, terminées, aux pneus lisses, aux bougies éteintes, aux chemises déchirées, mais qui tacotent encore, vaille que vaille sur les routes poudreuses bordées de bananiers. » (78)

tactique hardie (une) : tachycardie. Ex. : « C'était l'époque qu'elle avait ses crises de tactique hardie. » (B, 61)

taf (un) : coup.

taf (avoir le) : avoir peur. Ex. : « Oui, lui, l'implacable, le décideur d'exécutions, lui qui a fait périr tant et tant de gens, il a les flubes*, les jetons*, les copeaux*, les foies*, la chiasse noire*, les grelots*, le traczir*, les boules à zéro*, les chaleurs*, le taf, la mouillette*, les chocottes*. » (142)

taf (avoir son) : avoir son compte. Ex. : « Elle a son taf de rondeurs. » (3). Ex. : « J'ai pas eu le temps de piger* que j'avais déjà mon taf. » (71)

tagadater : pulser, battre la chamade. Ex. : « Mon cœur tagadate à bloc lorsque j'émerge de l'autre côté. » (128)

tagoniste (un) : protagoniste.

tailler la route : marcher, rouler, se déplacer.

tailler la strasse : s'en aller, partir.

tailler une bavette : discuter.

tailleuse (en) : se dit d'une femme assise en tailleur.

taisance (la) : mutisme.

tajesté : majesté.

talbin (un) : billet de banque. Ex. : « Il prit le talbin et s'en alla chercher la mornifle*. » (149)

talbiner : payer. Ex. : « En toute grande modestie, je peux vous assurer que c'est la première fois qu'une frangine* me talbine pour bavouiller*. » (82)

talc au talc (du) : du tac au tac.

talon d'Eschyle (le) : talon d'Achille. (B)

talon (loi du) : loi du talion. (B)

taluteux : relatif au talus. Ex. : « J'éteins les phares et je radine* en courant dans l'herbe taluteuse jusqu'au virage. » (81)

tam-tamarrer : jouer du tam-tam.

tambouilleuse (une) : cuisinière.

tambourinade (une) : fait de tambouriner.

tampasc (un) : tampon hygiénique.

tamponner le vase d'expansion (s'en) : s'en désintéresser.

tangage dans la boîte à génie (avoir du) : être hébété. Ex. : « Je crois que je vais dormir. J'ignore ce que cette bique putride vient de m'inoculer, mais j'ai du tangage dans la boîte à génie. » (86)

tangoniste (un) : antagoniste.

tangoter : 1. Danser le tango. Ex. : « On tangue, on tangote, on gambille*, on babille. » (62). 2. Tanguer. Ex. : « Notre guinde tangote de plus en mieux. » (68)

tank ça peut : tant que ça peut.

tantâtre (une) : tante marâtre, mauvaise tante, tante indigne.

tante essuie bien : tant et si bien. Ex. : « Notre guinde* tangote* de plus en mieux, tante essuie bien que la chère Marie-Marie* finit par s'endormir dans mes bras. » (68)

tante (la) : attente. Ex. : « Pour tromper la tante (comme dirait mon oncle), on ligote* les baveux* anglais. » (127)

tant tendue : entendue. Ex. : « Alors la clause est tant tendue : demain, y a noce au village. » (B, 79)

tantésibienter : agir tant et si bien. Ex. : « Les pères sont toujours ravis lorsqu'un type fait du gringue* à leur fille dans une langue qui leur échappe, presque autant que les maris dont on baratine* les bourgeoises*. Fort de son assentiment, je déballe le grand jeu à Vahi-Palpélzizi*. Je tantésibiente que la môme*, bouleversée par cette tornade rose, s'en met à trembler comme une centenaire parachutée en terre Adélie vêtue d'une seule feuille de vigne. » (72)

tantichouille (un) : un tantinet chouïa*, un peu.

tanticide (un) : assassin de tantes (d'homosexuels).

tantisoipeu : peu. Ex. : « Puis-je vous demander qui vous êtes ? fait-elle d'une voix un tantisoipeu cinglante. » (81)

tantisoit : un peu. Ex. : « J'la voyais crisper du naseau, un tantisoit. » (B, 208)

tape-der (un) : fait de se taper le fessier. Ex. : « J'ai l'impression de faire du tape-der sur un rocher. » (56)

taper : 1. Emprunter de l'argent. 2. Faire, rouler à (telle vitesse, en parlant d'un véhicule).

taper (se) : 1. Consommer. 2. Vieillir. Ex. : « L'hôtesse est assez attrayante pour un vol d'une heure. Elle commence à se taper un peu, mais il lui subsiste des trucs intéressants. » (128)

taper le carton : jouer aux cartes.

tapin (un) : 1. Prostituée. Ex. : « Bérurier* raconte qu'il a levé cet aimable tapin dans un bar de la rue de Berri où il éclusait* du Byrrh-cassis en attendant les résultats du dernier plan anti-inflation. » (93). 2. Prostitution. Par extension, travail. Ex. : « La jactance*, c'est son tapin, à cet homme. » (122). Ex. : « Je le gratifie d'un pourliche somptuaire puis je ferme ma lourde à clé et je me mets au tapin. » (6)

tapinage (le) : prostitution.

tapiner : se prostituer.

tapis-la-jolie : lapis-lazuli. (B)

tapissière (une) : femme qui fait tapisserie, qui ne danse pas à une soirée dansante.

tapoteuse de clavier (une) : secrétaire. Ex. : « Mon juge, sauf l'respecte qu'je vous dois, va falloir viendre av'c nous, vous et vot' p'tite tapoteuse d' clavier. » (B, 116)

taquet (un) : coup de poing. Ex. : « Tout en gouaillant, je fais gaffe, parce que si cet olibrius prenait la fantaisie de m'aligner un taquet, sûr et certain que ça ferait travailler mon dentiste. » (20). Ex. : « Un taquet aussi monumental, t'en restes sourdingue* pendant dix minutes, avec des vertiges mutins, voire des chandelles romaines dans les vasistas*. » (127)

taquinatif : relatif au fait de taquiner. Ex. : « Sa maladie ne lui a rien ôté de ses facultés taquinatives. » (66)

tarabater : tarabuster. Ex. : « Ce qui me tarabate le mental, c'est comment il se fait que le Dabuche aille rendre de " signalés services " à une vieille fripouille comme Médé. » (93). Ex. : « La seul' chose qui m'tarabate un brin, c'est qu'Louisiana s'est mis dans l' cigare* d' me faire maigrir. » (B, 141)

tarabistouner : tarabuster.

taraboumer : battre bruyamment. Ex. : « Mon guignol* taraboume comme un fou. » (81)

taracasser : tracasser. Ex. : « Ce qui me taracasse (ou me trabute*, au choix, l'un ou l'autre ne se dit ou ne se disent pas). » (93)

taratata (une) : mitraillette.

tarauder la pensarde : tourmenter. Ex. : « L'image du môme Bruno me taraude la pensarde*. » (139)

tarbouis (un) : chaussure.

tarbouif (le) : nez.

tarderie (une) : femme laide. Ex. : « Des tarderies, mahousses, croulantes, flasques. » (24). Ex. : « Elle prend le papier, le pétrit gauchement, comme le demeuré des Du Conlajoie de la Cramouillette les gants lorsqu'il va solliciter la main de la tarderie aînée des du Neuvolan de la Chaglate. » (78). Ex. : « Mme Froufrou, pour lors, éclate. Elle imprécationne formidablement après Laurentine, comme quoi cette tarderie lui démolit le fonds de commerce ! C'est une empêcheuse de gagner son pain-à-la-sueur-de-son-front, cette mocheté ! Elle vous condamnerait à la faillite ! Vous cloquerait des complexes dans le grimpant* d'un brigadier de gendarmerie ! » (202)

targette (une) : chaussure. Ex. : « Vérifiez aussi les pompes*. – Les quoi ? – Les targettes*, les croquenots*, les godasses* enfin ! » (20)

tarin (le) : nez. Ex. : « Elle renifle une stalactite qui lui pend harmonieusement au tarin. » (16). Ex. : « Une odeur de chaussette grimpe mollement jusqu'à nos tarins blasés. » (18). Ex. : « Le Gravos renchérit du tarin et de la gorge. C'est la violente débâcle de ses muqueuses. » (74)

tartant : ennuyeux, contrariant.

tarte aux fraises (une) : 1. Gifle. 2. Visage affligé d'acné.

tarter (se faire) : s'ennuyer. Ex. : « Je sais que je me ferais tarter dans cette campagne chiatiquement belle, mais ça me rassure confusément de savoir qu'elle existe. » (94).

Ex. : « Ça, ça me fait tarter, la perspective de mourir en ayant soif. » (B, 208)

tarter la bite (faire) : ennuyer. Ex. : « Je vais te résumer, pas te faire tarter la bite dans des détails qui, pour être pittoresques n'en sont pas moins fastidieux. » (119)

tartifuger : mot qui n'a jamais existé et va cesser dès tout de suite.

tartignole : 1. Laid. 2. Ennuyeux, irritant. Ex. : « Moi, je commence à trouver ce micmac* tartignole. » (31)

tartine (une) : 1. Pied. Ex. : « Ça doit être un drôle de juteux* dans son job*. Un vrai maniaque qui casse les tartines à son monde. » (27). 2. Chaussure. Ex. : « J'achève de lacer mes tartines lorsque le docteur radine. » (4). 3. Discours. 4. Tête. Ex. : « Ils s'aperçoivent jamais qu'on se paie leur tartine. » (66)

tartine (beurrer sa) : prononcer un long développement, dont le but est de se mettre en valeur.

tartiner : 1. Baratiner, faire un long développement oral ou écrit. 2. Gifler, frapper. Ex. : « Il règle quel étrange compte, mon pote, en tartinant à tout berzingue* le museau* des gens ? » (117)

tartiner (s'en) : s'en moquer.

tartiner la prostate : ennuyer.

tartiner la prostate au beurre d'anchois (s'en) : s'en désintéresser complètement.

tartiner le mont de Vénus (s'en) : s'en moquer, pour une femme.

tartiner les triscottes à la crème de bla-bla truffée : endormir la méfiance d'autrui par des flatteries.

tartineur (un) : bavard impénitent.

tartineur à gages (un) : journaliste.

tartineur de faits divers (un) : journaliste.

tartir (faire) : ennuyer. Ex. : « Toute l'année, les gens en bavent pour mériter trois semaines de farniente pendant lesquelles ils vont se faire tartir consciencieusement dans un coin impossible. » (24). Ex. : « J'ai eu tort de traiter mon angine par le mépris. Pour se venger, elle me fait tartir quatre jours pleins avec des fièvres vertigineuses ; des cauchemars à grand spectacle. » (34). Ex. : « Moi sur mon balcon, je me fais tartir comme le zouave du pont de l'Alma un jour de crue. » (45). Ex. : « Ça me ferait tartir de me laisser mettre k.-o. par un Ecossais, surtout en présence d'une ravissante nana* qui s'en ressent* pour ma personne. » (46)

tartir (envoyer) : éconduire.

tartisse (une) : 1. Chaussure. Ex. : « Tu verrais mon futal* de toile blanche, ma limouille* jaune pâle, mes tartisses de toile immaculées comme la conception, tu chialerais de les constater ainsi dépradées*. » (101). 2. Pied. Ex. : « Tu verrais ce coup de tartisse dans le culbuteur. » (88)

tartisses (les) : lieu d'aisances. Ex. : « Des froidures me parcourent le fondement, comme lorsque tu vas aux tartisses en chemin de fer. » (81)

tartouze : ennuyeux. Ex. : « Vous vous ennuyez en Angleterre ? – Un peu, oui. Je ne veux pas dire que le bled soit tartouze, mais en temps de guerre... » (2). Ex. : « L'endroit n'est pas plus tartouze qu'un autre. » (3). Ex. : « On ne peut pas savoir ce que c'est tartouze, le cinéma lorsqu'on suit un film que par intermittence. » (3). Ex. : « J'savais pas qu' ma légitime était aussi tartouze. J'avais des doutes, mais pas à ce point ! » (B, 155)

tarzanesque : digne de Tarzan. Ex. : « Là ne s'arrêtent point les exploits tarzanesques du sieur Béru*. » (72)

tarzanner : grimper aux arbres.

tasque (une) : taxe. (B)

tasse (la) : eau. Par extension : mer, rivière. Ex. : « Un rade* dans une banlieue verdoyante, près de la tasse où le goujon ne serait pas trop rétif. » (24)

tatan (une) : tante.

tatane (une) : 1. Chaussure. 2. Pied.

tataouiner : frapper. Ex. : « Et Bérurier*-le-Preux tataouine ledit Pauley, au secours duquel a volé son aîné. » (93)

tatarler : errer, rôder. Ex. : « N'oublille jamais, gamine, que tous, les décorés, les âgés, les réputés, y a fatalement un coinceteau* d'eux qui tatarle dans les dégueulasseries culières, les mesquines envies, les besoins z'honteux. » (B, 208)

tâte-fesser : tâter des fesses souvent inconnues, en général lorsque l'on est au beau milieu de la foule.

tatouille (une) : 1. Plat cuisiné. Ex. : « Le cuistaud* n'a pas chipoté sur le piment ! Ah ! la vache ! Avec une fourche, qu'il le virgule* dans ses tatouilles. » (105). 2. Gifle. Ex. : « Il est passé derrière son client et lui allonge une tatouille sur la nuque. » (152)

taule d'abattage (une) : maison close de basse catégorie. Ex. : « Elle s'explique bientôt dans la taule d'abattage de Mme Fernande, rue des Abbesses. C'est la période triomphante où elle s'en prend cent par jour. A 15 centimètres de moyenne, ça représente 15 mètres de bite* quotidiennement, et là faut pas être feignasse* du minou*. » (141)

taule (une) : 1. Prison. 2. Lieu de travail. 3. Etablissement public, bar, restaurant, hôtel. Ex. : « Au moment où je pousse la lourde* du troquet* de Fifi les Belles Noix, il se fait un grand silence dans la taule et les truands qui stagnent là me défriment* d'un œil extrêmement peu cordial. » (15). 4. Lieu d'habitation.

taulier (un) : patron, propriétaire d'un établissement public (bar, hôtel, restaurant...).

taupe (une) : femme, épouse.

taupé : galvaudé. Ex. : « Tout autre sursauterait, exclamerait des onomatopées plus ou moins taupées, s'écrierait du "Allons donc ! " et autres billevesées. » (110)

tauromachine (la) : tauromachie.

taxi dentelle : accidentel. (B)

taxifier : servir de taxi. Ex. : « Je pousse Maurice à l'arrière de la voiture du cousin, lequel continue de me taxifier à l'œil*. » (143)

taxoche (un) : taxi. Ex. : « Le taxoche que j'ai affrété ressemble à la poubelle où l'on jette les cotons souillés dans les dispensaires de la brousse africaine. » (155)

taxoff (un) : taxi russe.

tchèque (un) : sketch. Ex. : « Tu sais qu'à l'Olympia, il fait un malheur dans son tchèque ! murmure Bérurier*. » (B, 205)

tchèque-liste (une) : check-list.

tchi (que) : rien du tout.

tchoum (faire du) : provoquer un incident diplomatique. Ex. : « Le gazier* est un cousin de la famille royale britannique et son décès brutal risque de faire du tchoum chez les Rosbifs*. » (147)

techniqué : compétent techniquement. Ex. : « Diplômés, techniqués. » (152)

técoince : toi.

técolle : toi.

tédèêum bifoireux forniqué (le) : gaz soporifique fictif. Ex. : « Je réponds simplement par une seconde giclée de mon flacon, lequel, tu l'as déjà deviné pour peu que t'aies un minimum de connaissance en chimie, contient du tédèêum bifoireux forniqué, liquide inamovible et périscopique qui a la propriété de se transformer en un puissant gaz soporifique lorsqu'il est placé au contact de l'air. » (86)

telage (la) : attelage. Ex. : « Quand je frénésie, moi, j'ai du mal à r'tenir la telage. » (B, 152)

télébaveux (un) : journal télévisé.

télécriaillerie (une) : vacarme dû aux téléviseurs. Ex. : « Nonobstant les télécriailleries, tout est calme dans l'immeuble. » (105)

télégraphier : envoyer, donner. Ex. : « Le Paul me télégraphie en urgent un parpaing* de la catégorie A sur le coin de la joue. » (15)

télémateur : qui se rapporte à la télévision. Ex. : « Toutes ces antennes télémateuses qui pêchent les nuages, là-haut. » (62)

télépather : pratiquer la télépathie. Ex. : « Moi, vous me connaissez? Je télépathe à mes heures. Voilà que je ligote* dans le caberlot* du Débris aussi clairement que s'il s'agissait d'un panneau annonçant l'arrivée des trains à la gare de Lyon. » (68)

téléphéérique (un) : téléphérique. (B)

téléphone à dragées (un) : mitraillette. Ex. : « Je lui cause du paradis avec mon téléphone à dragées? » (59)

téléphoner : adresser, envoyer. Ex. : « Je suis encore tout mou du gnon qu'il m'a téléphoné. » (20). Ex. : « Le fuyard lui téléphone un coup de semelle dans les grelots. » (32). Ex. : « Je téléphone un sourire irrésistible à la gonzesse plantée derrière le comptoir de faux acajou. » (87)

télescoper le sensoriel : attirer l'attention.

téléspècedesalcon (un) : téléspectateur. Ex. : « Comme s'il était en manque de vacarme, le téléspècedesalcon monte le son. » (102)

téléspecter : regarder la télévision. Ex. : « M'faut une occase* comme voilà pour téléspecter, mézigue. J'sus pas preneur, rapport au p'tit écran. » (B, 208)

téléspectralecon (un) : téléspectateur. Ex. : « Le silence règne presque, à peine troublé par un téléspectralecon qui mate* un vouestern* tout en détonations. » (102)

tel-expectateur (un) : téléspectateur.

téléviseux : relatif à la télévision.

télé-spectres-hâteur (un) : téléspectateur.

télévisuer : regarder la télévision.

téloche (la) : téléviseur, télévision. Ex. : « Jusqu'à la téloche qu'il contrôle à distance, passant d'une pression de pouce d'une chaîne à l'autre. » (109). Ex. : « Il peut se branler* devant la téloche en contemplant nos bandantes speakerines. » (131)

téloche-mec (un) : présentateur télé.

témérairer : être téméraire.

témointe (une) : féminin de témoin.

témouine (une) : féminin de témoin. (B)

températurer : 1. Prendre la température. Ex. : « Les messieurs en question nous palpent, nous températurent, nous chronomètrent, nous vérifient, nous vaselinent*, nous talquent, nous choient, nous massent, nous stéthoscopent*, nous abreuvent, nous électrifient. » (59). 2. Avoir de la fièvre.

tempêtance (une) : fait de tempêter. Ex. : « Sans tenir compte des cris ni des tempêtances maritales. » (93)

temporain (un) : contemporain. Ex. : « J'aime pas toucher la viandasse* de mes temporains. Surtout la bidoche* de bonhomme, surtout lorsqu'elle a cette apparence dégodante*. » (83)

temps pestif (un) : intempestif. (B)

tennis-baratin : dialogue à bâtons rompus.

tennisser : jouer au tennis.

tentrembler : tendre en tremblant.

tergir le versé : tergiverser. Ex. : « Avec mister mézigue*, tu ne l'ignores point, il n'est pas question de tergir le versé. Je sais reconnaître à la fraction de seconde quand une frangine* " en veut ". » (116)

tergir le verset : tergiverser. Ex. : « Avec une goulue comme Natacha, inutile de tergir le verset. » (122). Ex. : « A quoi bon se tergir le verset ? » (142)

terlocuchose (un) : interlocuteur.

terrain mou (un) : matelas, literie. Ex. : « En attendant que des dames polissonnes aient achevé leurs parties de jambes-en-l'air sur terrain mou. » (47)

terre à terrien : terrien, terre à terre. Ex. : « New York est là, formidable, à perte de vue, superbe et crasseux, marin et terre à terrien à la fois, scintillant et puant la frite à la graisse de cheval mécanique. » (97)

terre-j'y-versais : tergiverser. (B)

terre native (la) : alternative. Ex. : « On a la terre native soite de se rendre, soite de se laisser mourir de faim, ce dont je suis pas tellement partisan. » (B, 72)

terre-neuvate (une) : femme qui fait preuve de courage pour aider son prochain. Ex. : « Terre-neuvate dans l'âme, elle se lance en blouse dans la sauce pour tenter de sauver ce qui est sauvable, et déguste sa part de frissons. » (145)

terreux (un) : paysan, provincial. Ex. : « Il ratisse les braves terreux qui se branlaient les cloches* sur le quai. » (4)

terrier (un) : domicile.

terrine (une) : visage, tête. Ex. : « Pantaroli lui retourne une beigne en pleine terrine. » (15). Ex. : « Ils sont balafrés comme des troncs de palmiers et avec ce qu'ils se sont collé sur la terrine comme albuplast, on arriverait à faire tenir droit les seins d'une douairière. Un vrai dessin de Dubout ! » (20). Ex. : « Je lui glisse un oreiller sous la terrine. » (29)

terrine-du-chef dans le crâne (avoir de la) : être idiot.

t'es cul : aigu. Ex. : « Y a un accent t'es cul sur le " é ". » (B, 74)

tésillusion (une) : télévision.

tesque (un) : texte. Ex. : « J'vous mets à la déficiance* d'me trouver un tesque qui prétend l'contraire. » (B, 113)

testamenter : rédiger un testament. Ex. : « Le plus simple est que j'te raconte c'qui m' introduit à testamenter de la sorte. » (B, 208)

testibule (un) : vestibule. Ex. : « Moi, j'm'ai avancé sans vigogne* dans le testibule et

posé ma meilleure oreille cont'sa porte. » (B, 208)

testicule biliaire (la) : vésicule biliaire. (B)

testiculer : tester (faire un testament). (B)

testinal : intestinal.

tétance (une) : poitrine de femme.

tétasse (une) : poitrine de femme.

tête de veau ébouillantée (une) : tête, crâne chauve. Ex. : « Le vieux secoue sa belle tête de veau ébouillantée. » (45)

tête-boule : bille en tête. Ex. : « Je fonce tête-boule à travers la populace. » (18)

tête-en-os (le) : tétanos. Ex. : « La s'maine d'ensuite, y s'est planté une fourche dans l'pied en fumassant son écurie et il a biché* le tête-en-os. » (B, 208)

téteur de nicotine (un) : fumeur.

tétine (la) : rétine. (B)

tétonnesque : relatif à une poitrine de femme.

tétouiller : téter.

tétralogie (une) : léthargie. Ex. : « Ça pénètre pas, ça pique et ça fout l'sujet en état d'tétralogie. » (B, 151)

tétratoscope (un) : stéthoscope. (B)

teuf-teufer : avancer doucement. Ex. : « Le convoi ferraille et teuf-teufe par les rues vides. » (104)

teuf-teuf petoupetonneur (un) : moteur Diesel de bateau.

tévé (une) : téléviseur.

tévéha (la) : T.V.A. (B)

tévéman (un) : présentateur de télévision.

tézig : toi.

téziguemuche : toi.

thaumaturge crânesque (un) : traumatisme crânien. Ex. : « Te faut huit jours de repos absolu, biscotte* le thaumaturge crânesque qu'en a consécuté*. » (B, 86)

thaumaturger : traumatiser. Ex. : « Ça m'gêne d'aller seulabre*, mec*. J' paume* mon tonus. Ils m'ont thaumaturgé l'mental, les gueux. » (B, 116). Ex. : « La v'là grog ! Finis-la pas d'vant tes mouflets*, tu risques d'les thaumaturger pou' l'restant d' leurs vies. » (B, 118)

théâtraler : parler d'une façon théâtrale. Ex. : « San-Antonio*, me théâtrale-t-il, cette affaire dramatique vous concerne au plus haut point. » (81)

théâtraser : parler d'une façon théâtrale. Ex. : « Mais qu'ai-je ! théâtrase-t-il. Qu'ai-je donc, b... de m... de n... de D... de f...! » (65)

théâtreuse (une) : femme qui fréquente les théâtres. (B)

théière (la) : crâne. Ex. : « J'ai la théière qui bouillonne un tantinet, je vous jure. » (16). Ex. : « Miss Cynthia dont je n'ai pas encore eu le temps de m'occuper s'avance, armée d'une clé aussi anglaise qu'elle est écossaise et la propulse de toutes ses forces dans la théière du Gros. » (46). Ex. : « Ces dames se collent toujours sur la théière des badas* couverts de flowers. » (62). Ex. : « J'ai failli le prendre sur le coin de la théière. » (101). Ex. : « Il se tait car Béru* vient de lui tirer un nouveau penalty dans la théière. » (127)

Théophile en aiguille (de) : de fil en aiguille.

thermogène-énucléée : thermo-nucléaire. Ex. : « Ta bombe, c'est pas la panade* universelle ! Déjà elle marche au son, plus au mouvement classique, s'y va falloir qu'é fonctionne en suce* aux ondes estra-courtes, ça d'vient une centrale thermo-gène-énucléée ! » (B, 103)

thermomètre (un) : humeur. Ex. : « Elle se radoucit et son thermomètre remonte. » (20)

thermomètre à gamberge (le) : moral. Ex. : « Quand t'as Popaul en berne* ton thermo-mètre à gamberge doit vachement dévaler la pente ! » (B, 205)

thune (une) : pièce de monnaie.

tibulaire : patibulaire. (B)

ticheurte (un) : tee-shirt. (B)

ticket (un) : billet de banque.

tif (un) : cheveu. Ex. : « Avoir une couronne de tifs châtain-roux grisonnants. » (130)

tiffosi-congénital (un) : plante tropicale fictive.

tige (une) : 1. Jambe. Ex. : « Je commence à avoir des fourmis dans les tiges ! » (29). 2. Cigarette.

tilt (faire) : perdre la raison. Ex. : « Il a le cervelet qui fait " tilt " comme un billard électrique. » (24)

timiditer : être intimidé. Ex. : « Là, elle timi-dite un peu, gardant les cuisses serrées sur sa fourrure. » (132)

timorer : être timoré. (B)

tiné (c'est) : c'est inné. (B)

tinée (une) : grande quantité. Ex. : « Une tinée de voitures sombres sont remisées sur l'esplanade. » (99)

tinette (une) : automobile. Ex. : « Y pouvait pas planquer* sa tinette à l'ombre, c't' endoffé* ! Je m'ai brûlé les jambons* sur la banquette ! » (72)

tinorossier : chanter comme Tino Rossi. Ex. : « " O Corse île d'amour " que nous tinorossiaient les amplis du passé ! » (74)

tintignasser : cliqueter. Ex. : « Les déclic-teurs* du téléphone tintignassent. » (115)

tire (une) : voiture.

tire-bouchon (se mettre en) : perdre de sa cohérence. Ex. : « Voilà mes idées qui se mettent en tire-bouchon. » (66)

tire-bouchon à pédale (un) : objet non iden-tifié. Ex. : « Le Vieux* me guette de son œil en forme de tire-bouchon à pédale. » (24)

tire-bouchonné de la gamberge* (un) : origi-nal, doux dingue, illuminé, gâteux.

tire-bouchonner (se) : rire. Ex. : « Ça commence à se tire-bouchonner dans la car-rée*. Les truands se fendent le pébroque* à qui mieux mieux. » (15)

tire-bouchonner les carreaux : stupéfier.

tire-bouchonnesque : en pas de vis, en accordéon. Ex. : « Rien n'est plus affligeant à contempler que ce pauvre bonhomme de grande gringalure* en chaussettes malen-contreuses et ravaudées par-dessus les ravaudages*, tire-bouchonnesques sur ses godasses* de frère quêteur. » (105)

tire-bouchonneux : en colimaçon.

tire de pales (à) : pour un hélicoptère, à tire-d'aile. Ex. : « Et s'en va, à tire de pales, vers les bleus confins. » (85)

tire-gomme (un) : mouchoir. Ex. : « Je lâche mon soufflant* poisseux, m'essuie les salsi-fis* à mon tire-gomme. » (16). Ex. : « Il a épargné le tapis pour glavioter* dans son tire-gomme. » (125). Ex. : « Une fois l'un d'eux canné, ils sortent les grands tire-gommes pour s'éponger le chagrin. » (B, 208)

tire-jambon (un) : accoucheur. Ex. : « Je suçant-qu'est-haut* pour y arriver, vu que je tombe sur un petit ogre rétif, et le remerciement c'est une engueulade parce que j'ai espédié à dache* votre tire-jambon à partiecul*. » (B, 67)

tire-larirette (à) : à tire-larigot.

tirelire (une) : 1. Tête. 2. Coffre-fort. Ex. : « C'était l'Ongulé qui déponnait* les tirelires avec son matériel haut de gamme. » (117). 3. Prison. Ex. : « Il est retombé pour une histoire de trafic de bagnoles* volées et s'est refait trois années de tirelire. » (142)

tire-miches (un) : tire-fesses. Ex. : « Il devait rudement avoir envie de pister*, à peine arrivé qu'il était sur les planches et qu'il fonçait vers les tire-miches. » (B, 43)

tire-molaire (un) : dentiste.

tirer les couennes (se) : se prélasser.

tirer des toiles : réveiller, sortir du lit.

tirer la menteuse (faire) : étrangler.

tirer du sirop : éveiller. Ex. : « Je tire Béru* du sirop en lui soufflant dans les portugaises*. Il sursaute! Il a toujours la même manière de s'éveiller en sursaut, le Mastard. » (59)

tirer des torchons (se) : se lever de son lit.

tirer des plumes : réveiller.

tirer un penalty : donner un coup de pied.

tirer sur la tige : s'adonner aux stupéfiants. Ex. : « La poulette doit tirer sur la tige car elle a les yeux évasifs de quelqu'un qui s'est chargé jusqu'au ras des paupières. » (76)

tirer au tonneau de la ville un verre de château La Pompe : se verser un verre d'eau du robinet.

tirer une bourre : se bagarrer. Ex. : « Ces cadors sont charognards en plein. Toujours à s'arrêter pour se tirer une bourre, les salopards! » (134)

tirer son jus : purger une peine de prison.

tireur de sonnette (un) : représentant.

tire-viande (un) : ascenseur.

tirlingue (un) : tiroir. « Se fendre le tirlingue » : rire.

tiroir (le) : bouche.

tiroir (se fendre le) : rire. Ex. : « Elle se fend le tiroir, ce qui me permet d'admirer la délicatesse de ses amygdales. » (31)

tiroir à bêtises (un) : oreille. Ex. : « T'ouv' grands tes tiroirs à bêtises. T'écoutes la question. Tu prends tout l'temps qu'tu veux avant de répond', à condition qu'ça n'soye pas trop long. » (90)

tiroir à boustifaille (le) : bouche. Ex. : « Le défunt a effacé* deux chouettes pralinettes*. L'une dans la caisse d'horloge*, l'autre dans le tiroir à boustifaille. » (69)

tiroir à mélodie (un) : oreille. Ex. : « Dou you quenove Paris, maille darlinge? il lui murmure dans le tiroir à mélodie. » (94)

tiroir à méninges (le) : crâne.

tiroir à sottises (le) : oreille. Ex. : « Je lui mugis des questions dans le tiroir à sottises. » (76)

tiroir de la cravate (le) : poitrine. Ex. : « Je me sens du bonheur dans le tiroir de la cravate. » (24)

tiroir du bas (le) : mâchoire. Ex. : « C'est dans la mâchoire, la majesté, chez les Windsor. Pour ça qu'ils ont tous un petit je-ne-sais-quoi de chevalin dans le tiroir du bas. » (124)

tiroir du slip (un) : braguette.

tisane (une) : 1. Carburant. Ex. : « Tant qu'il aura de la tisane, pour peu que le Gros ne touche à rien, on continuera de darder* dans les azurs. » (74). Ex. : « La jauge doit commencer d'envoyer des messages de détresse. Les gars vont devoir procéder au ravitaillement en tisane. » (150). 2. Eau. Ex. : « Je prends congé de la jeune femme et je plonge dans la tisane. » (24). Ex. : « Le larbin est dégagé en touche et pique une tronche dans la tisane. » (47). 3. Dérouillée.

tisane de cartilages (une) : coup de poing.

tisaner : frapper. Ex. : « Il aime chabler* à tout va, tisaner pour un oui, un non, ou pour rien du tout. » (117)

tisaner (se) : s'enivrer.

titubance (une) : fait de tituber.

tituber de la coiffe : être éberlué. Ex. : « Bibi, depuis quelques secondes, titube de la coiffe. Ce que m'apprend Cédric Demongeard me cloue. » (155)

toboggan (un) : train, tramway.

tobogganesque : qui subit un mouvement de toboggan.

tobogganner : faire glisser sur une planche inclinée, comme sur un toboggan.

tobogganter : grimper et dévaler successivement. Ex. : « Nous suivons une route étroite, qui toboggante parmi des mamelons. » (66)

tobus (un) : autobus.

tocante (une) : montre.

tocard (un) : individu quelconque, de petite envergure. Ex. : « Je me sens dans une rogne* verte. Se laisser chambrer* par un tocard*! Y a de quoi se raser les poils du nez avec une lampe à souder! » (43)

tocasson : stupide, nul. Ex. : « Et eux, en compensation, se mettent le bulbe en survoltage* pour semer le plus tocasson de tous les maux : la mort! » (26). Ex. : « Je me dis que les Français ne sont pas aussi tocassons qu'ils le croient eux-mêmes. » (150)

tocasson (un) : incapable, minable. Ex. : « Etre battu par un tocasson, mes chéries ; par une petite chose évasive qui lâche des bouffées d'orgueil comme le vieux bourrin lâche des pets. » (203)

toctoquer : frapper à une porte. Ex. : « On toctoque à ma lourde*. » (105)

tocycliste (un) : motocycliste.

tohubohuer : faire du tohu-bohu.

tohu-bohuzer : faire du tohu-bohu.

tohuboter : faire du tohu-bohu en cahotant. Ex. : « Sa bagnole* de merde continue de tohuboter sur l'infernal chemin. » (99)

toile (une) : drap. « Se fourrer dans les toiles » : se coucher dans un lit.

toises (filer des) : se bagarrer, créer des ennuis. Ex. : « On est pas là pour se filer des toises entre poulardins*. » (40)

toisement (un) : fait de toiser. Ex. : « C'est beau, le courroux des chefs. Bataille d'aigles! Leur toisement devient insoutenable. » (150)

toison (à) : à foison. Ex. : « C'est pourtant bath, l'Italie, non? Y a du picrate* joyeux, du cul en pagaille et des nouilles à la tomate à toison. » (B, 106)

toisonner de la soupente : avoir la chevelure abondante. Ex. : « Un qui sortirait sans sa

gapette*, il aurait le cervelet à la coque en moins de rien. Ici, l'insolation, c'est le sport national. Faut toisonner de la soupente pour se garer des ultraviolets, espérez du peu! » (77)

toiture (la) : chevelure. Ex. : « Je suis infoutu* de me rappeler sa couleur pileuse. Je crois que sa toiture était blonde, mais question de la cave*, c'est le trou. » (114)

toléreux : tolérant. Ex. : « Il a des faiblesses toléreuses pour sa fifille dévergondée. » (62)

tombeauouverter : rouler à tombeau ouvert.

tomber : 1. Etre condamné pénalement. Ex. : « Je vous en parle relaxe vu que je suis tombé pour ce trafic. » (142). Ex. : « Il est tombé trois fois pour des délits de plus en plus importants. » (149). 2. Séduire avec succès. Ex. : « Tomber les filles. » (130)

tomber en digue-digue : s'évanouir.

tomber dans la résine : échouer.

tomber en sirop : s'étioler physiquement du fait de la vieillesse. Ex. : « Ils tombent en sirop mais sont heureux. Vieux Roméo arthritique attelé à sa Juliette déclavetée*. » (135)

tomber de caraïbe en syllabe : tomber de Charybde en Scylla. (B)

tombereau (un) : automobile. Ex. : « Je grimpe dans le tombereau du chauffard. » (2). Ex. : « Il remise son tombereau et se dirige vers l'un des immeubles. » (6)

tombereau à bretelles (un) : soutien-gorge.

tome (à) : adapt. de l'anglais « at home » (à la maison, chez soi). (B)

tomobiliste (un) : automobiliste.

tondeur de gazon (un) : jardinier.

tondeuse (une) : guillotine. Ex. : « A cause qu'ils l'ont passé à la tondeuse? C'était une peau de vache, Louis XVI? » (B, 200)

tondeuse à gazon (une) : rasoir électrique.

tondre la pelouse (se) : se raser.

tonneau (de ce) : de cette catégorie. Ex. : « Y a des gus* de ce tonneau, rouleurs* guindés, sûrs d'eux, de leurs gueugueules et bibites. » (97)

tonner de l'hémisphère Sud : péter.

tonneur (le) : honneur. (B)

toquard : idiot. Ex. : « Je me dis que c'est un peu toquard de finir comme ça et que Félicie* va faire une drôle de tête en recevant un petit communiqué du chef. » (107)

torché : bien écrit. Ex. : « Par cont', j'ai bien aimé " Etudes sur l'hystérie ", de Freud. Ça voui, c'est torché, c'vieux mec en avait dans l'cigare*, bon Dieu d'mouche! » (B, 121)

torcher : boire, vider. Ex. : « Je torche un double whisky au bar. » (6). Ex. : « Je torche une grande lampée. C'est du chouette. Le whisky, je m'y mettrais rapidement. Je suis plus doué sur les alcools étrangers que sur les langues étrangères. » (9). Ex. : « Durdelat emplit sa coupe, la torche, la re-remplit (comme dit Béru*). » (150)

torcher (se) : 1. Se moquer. Ex. : « Les baveux*, tout l'monde s'en torche*! » (119). 2. Réaliser. Ex. : « V'là ma Félicie* qui se torche une vraie compofran* à propos du coulis de framboises. » (114)

torchon (un) : drap. Ex. : « Je vais dire à mon brave Béru* d'aller rejoindre sa baleine dans les torchons. » (20)

torchonner : coucher. Ex. : « Un gus* moyen, quand il torchonne* en des lits étrangers, il reste folklorique. » (79)

torchonner (se) : 1. Se coucher. 2. S'essuyer. Ex. : « J'me torchonnais Coquette* avant d'la remett' dans son écrin Eminence. » (B, 208)

torchonner les orifices (s'en) : s'en moquer, s'en désintéresser.

torchons (se glisser dans les) : se coucher.

torgnoleur (un) : homme prompt à donner des gifles.

tornade sifflante (la) : type de torture.

tornader : agiter frénétiquement. Ex. : « Et qui aspirent, refoulent, défoulent, s'agitent, claquent, pressent, caressent, fessent, détergent, pompent, grondent, tornadent des pieds, de la bouche et du cul, en grande superbe frénésie. » (89)

toromachique : thoracique. Ex. : « Reusement que j'ai une cage toromachique de vingt-deux litres. » (B, 74)

torpédo macabre (la) : type de torture.

torpéduche grenouillère (une) : plante fictive méditerranéenne qui pousse en buisson.

torpeureux (un) : torve et peureux. Ex. : « Son regard torpeureux se promène sur notre tablée. Quand il parvient à moi, le vieux se met à glapir. » (99)

torpiller : mettre à mal. Ex. : « Ce qui m'a torpillé, c'est cette bouteille de rhum que j'ai sifflée* pour faire passer le champ*, qu'avait un goût de bouchon. » (42)

torpiller le bulbe (se) : réfléchir intensément. Ex. : « T'as des mecs qui se défoncent le chignon* pour expliquer le mécanisme du rire. Des z'auteurs qui se torpillent le bulbe pour agencer des quiproquos très joyces. C'est du temps perdu. Un pet, je te dis. Et " Poum ", ça suffit. Tout le monde se fend le pébroque*, s'écosse la rate*, vole en éclats de rire. » (83)

tortibac (un) : tordu, pervers. Ex. : « Faut être le dernier des tortibacs pour cigler* une mousmé* alors que l'univers est plein de fillettes qui ne demandent qu'à se propager dans les nuages avec un gars sachant chasser. » (6)

torticolé : affligé d'un torticolis. Ex. : « Il tient comme un centenaire arthritique, Alexandre-Benoît, à l'équerre et de guingois, tire-bouchonné, torticolé, les fumerons* en dedans, les côtelettes en paquet, les rognons meurtris, une épaule plus haute que l'autre. » (89)

torticoler : 1. Tourner la tête. Ex. : « Une chose me bat les noix* : à tout moment, Toinet* se retourne pour mater* la vieille pendule à balancier. Au départ, je pense qu'il a en perspective une émission de téloche*, genre ouesterne* : " John Wayne sifflera trois fois "! Qu'à la fin, comme il torticole de plus en plus rechef, je me fâche. » (139). 2. Avoir un torticolis.

tortillance (une) : fait de se tortiller. Ex. : « Une tortillance de vers en paquet dans une boîte à idée percée de petits trous. » (89)

tortiller (se) : boire, s'envoyer. Ex. : « Béru* se tortille deux bouteilles de bordeaux sous prétexte que ce vin " ne fatigue pas ". » (18)

tortore (la) : nourriture.

torturé du battant (un) : jaloux. Ex. : « Sir Concy* crève de jalousie. Il a tout de suite pigé* que sa fiancée s'en ressentait gros comme le palais de Versailles pour moi, et il ne peut pas admettre. Alors, comme tous les torturés du battant, il a besoin d'une conversation avec ma pomme*. » (46)

totonner : tourner à grande allure comme un toton (toupie). Ex. : « Il suffit d'un parfum, parfois. D'un bruit, d'un rien, et t'as la moulinette farceuse* qui se met à totonner. » (100)

toubib nécrophage (un) : médecin légiste.

toucan Tamon (un) : oiseau d'une espèce en voie de disparition. Ex. : « Le toucan Tamon ressemble à une outarde de Dijon, mais en plus jaune, sauf que les plumes de sa queue frisent. » (92)

touche (une) : dent. Ex. : « Elle est docile, la mère Bitalaviock*. Elle nous virgule* un grand rire en trente-deux touches et se met à déballer sa garde-robe, spectacle qui mènerait à l'infarctus n'importe quel couturier parisien. » (72)

toucher son auréole et ses petites ailes adaptables : mourir.

toucher son billet d'infini : mourir. Ex. : « C'est quand leur mother a touché leur billet d'infini qu'ils sont vraiment sevrés, les hommes. » (28)

touffe (une) : crâne. Ex. : « J'ai des sonneries de cuivre sous la touffe! » (20)

touide (le) : tweed.

touille-cassette (un) : magnétophone à cassettes.

toupet de pensionné (un) : roupie de sansonnet. (B)

toupie de chansonnette (une) : roupie de sansonnet. (B)

toupie de rançonné (une) : roupie de sansonnet. (B)

toupie électrique (la) : type de torture.

toupiller : caresser en cachette. Ex. : « La nana qui se laisse toupiller les échasses* sous la table, crois-en ma vieille expérience, elle est partante pour la grande farandole plumassière*, c'est couru. » (B, 65)

tourangelle sassanide (la) : partie fictive du cerveau.

tour de contrôle (la) : tête.

tourdefranceur (un) : suiveur du Tour de France.

tourdefrançomanie (la) : passion du Tour de France. Ex. : « V'là que ça le rechope* la tourdefrançomanie. Je viens de lui révéler

qu'on a voulu l'assassiner, mais déjà il s'inquiète de ses coursiers sur pneumatiques. Le jour où il canera*, on mettra un guidon de vélo sur sa tombe en guise de croix. » (58)

touriste-conkodak (un) : touriste caricatural avec appareil photo en bandoulière.

tourlouter : sonner, actionner une sonnette. Ex. : « Je sonne. Et ça recommence : on ne répond pas. Je tourloute de plus rechef, mais fume! » (132)

tournailler : vivoter, aller doucement. Ex. : « Ça marche le turbin*? – Ça tournaille, fait-il d'un ton prudent. » (5)

tournanche (une) : tournée.

tourne-broche (un) : épée. Ex. : « Et que notre Corneille t'aurait fait " bayer " si, d'emblée, le comte morniflait* pas le vieux Don Diègue et si le camarade Cid ne lui filait pas en retour son tourne-broche dans le placard*. » (81)

tourne-paluche (un) : tour de main.

tournebiller : ressentir des troubles physiques et moraux à la suite d'une violente émotion. Ex. : « Elle est belle! Mais belle! Belle à bêler. J'en tournebille! » (89)

tournebiquer : tournoyer. Ex. : « La vision de la môme* transformée en jeune fille me tournebique dans le caberle*. » (90)

tournebouler de la pensarde : être ému, perturbé.

tournedos Rossini (un) : homosexuel.

tourner chasuble : se défroquer. Ex. : « Robert-le-Pieux, un ancien séminariste qui a tourné chasuble. » (117)

tourner en pot de yaourt : pâlir.

tournevirer : tourner et virer. Ex. : « On s'écarte devant moi. Y a un sillage précédateur*, ce qu'est extrêmement rare chez les sillages. Je tournevire avec plus d'aisance. » (72)

tournibocaler : tourmenter, tarauder.

tournidem (un) : pièce mobile interne (fictive) d'une serrure. Ex. : « Craaacwouiiic, chuchote le pas de vis du tournidem, engagé dans les entrailles de la serrure. » (83)

tourniquet (un) : guillotine.

tourtereller : roucouler. Ex. : « Oui! Moui! Voui! Rrrrouiiii! tourterelle-t-elle à n'en plus pouvoir. » (103)

tout et tas de causes (en) : en tout état de cause. (B)

tout-à-l'égout (le) : tube digestif.

tout berzingue (à) : rapidement.

tout à lavement : tout à l'avenant. (B)

toute pompe (à) : rapidement.

toute vibure (à) : à toute allure.

toutes faims utiles (à) : à toutes fins alimentaires utiles. Ex. : « La poche droite contient quelques pommes de terre en robe des champs emparées à toutes faims utiles. » (117)

toutougner : manipuler. Ex. : « Tu vas te toutougner les mamelons jusqu'à ce que tu obtiennes Radio-Conakry. » (114)

toyer (se) : se coucher. Ex. : « Tous les pensionnaires, dès que ces Rouennais éclipsaient dans leur chambre, eux aussi allaient s'toyer, comme on dit à Saint-Locdu-le-Vieux*, mon pays natable*. » (B, 208)

trabuter : tarabuster, tracasser. Ex. : « Ce qui me taracasse* (ou me trabute, au choix, l'un ou l'autre ne se dit ou ne se disent pas). » (93)

trac au talc : tac au tac.

tracer : se hâter, se déplacer rapidement. Ex. : « Je trace comme un fou jusqu'à ma crèche*. » (150)

traces de freins dans le slip (avoir des) : déféquer de peur.

tracsir (le) : appréhension, peur, trac.

tractateur (un) : personne qui effectue une tractation. Ex. : « Ted Hacklack* lui tend sa procuration et lui montre une clé plate qu'il a dû aller piquer* chez la Gravosse, ou qu'il détenait déjà avant de la seringuer*, ce qui me paraît plus probable, la cantatrice se méfiant du tractateur qui allait la contacter. » (119)

traczir (le) : trac, peur. Ex. : « Oui, lui, l'implacable, le décideur d'exécutions, lui qui a fait périr tant et tant de gens, il a les flubes*, les jetons*, les copeaux*, les foies*, la chiasse noire*, les grelots*, le traczir, les boules à zéro*, les chaleurs*, le taf*, la mouillette*, les chocottes*. » (142). Ex. : « La mort, parole de Bérurier*, elle n'me file pas le traczir comme à d'aucuns-d'aucunes. » (B, 208)

trahisseur : traître. Ex. : « Les mots pour exprimer une telle merveille sont trahisseurs, vains et flous. » (150)

traillette (une) : mitraillette.

traîne-lattes (un) : vagabond. Ex. : « Un bon traîne-lattes de studio toujours à l'affût d'une gratte*. » (135)

traîner la couenne (se) : aller, se déplacer péniblement.

traîninge : adapt. de l'anglais « training » (entraînement).

trait-de-géniser : avoir un trait de génie.

traitdelumiérer : avoir une subite réminiscence de mémoire.

trajecter : se mouvoir. Ex. : « Le Mammouth achève de se trajecter dans la modeste cuisinière noire qu'il renverse également. » (104)

tranche d'escadrin (une) : étage. Ex. : « Je me farcis quatre tranches d'escadrin en remerciant le ciel de m'avoir pourvu de deux jambes en parfait état. » (31)

tranche de melon (une) : fesse. Ex. : « Meubles laqués roses, salle de bains rose, avec baignoire en forme de piscaille* qu'il faut descendre trois marches pour s'immerger la tranche de melon. » (106)

tranquillos : tranquillement.

transacter : mener une transaction.

transcendanter : sublimer, exalter. Ex. : « Tu te mets les muqueuses à plat. Tu transcendantes tes papilles ! » (75)

transformer en engrais azoté : assassiner, tuer.

transformer en radeau : méduser. Ex. : « Sa requête me transforme en radeau (il me méduse). » (124)

transgresser : progresser. (B)

transmetteur à clochage fixe bivulvé (un) : haut-parleur.

transmissure (une) : transmission.

transparenter : rendre transparent. Ex. : « Il nous fixe d'un regard qui nous transparente. » (135)

transpiration de pensée (une) : transmission de pensée. (B)

transsaharien à quatre pattes (un) : chameau. Ex. : « Le gars au pardingue* en poil de transsaharien à quatre pattes. » (20)

transtitution (une) : substitution. (B)

trappe (la) : bouche. Ex. : « J'attrape une poignée de sable et la lui flanque dans la trappe. » (125). Ex. : « Tu vois, j'vas m'y prend' commak*, la mère. En t'pinçant l'pique-bise* pour t'faire ouvrir la trappe. » (B, 141)

traqueneux (un) : capable d'un traquenard. Ex. : « Les sortilèges de l'existence, toujours biseautée, la gueuse. Qu'une perfidie n'attend pas l'autre. Traqueneuse, comme point ! » (93)

traquette (une) : peur, appréhension. Ex. : « J'ai pour lui une sombre traquette. » (16). Ex. : « Un cri de gonzesse* qui biche* une traquette monumentale. » (18). Ex. : « Il est de plus en plus pâlichon, Soupin, mais cette fois c'est à cause de sa traquette. » (20)

travailler dans le bidet : vendre des services de police privée.

travailler dans le boudin : être tueur à gages. Ex. : « J'ai jamais voulu travailler dans le boudin, c'est pas à soixante et mèche* que je vais commencer. » (93)

travailler dans la galanterie : se prostituer.

travailler dans le nougat : vomir.

travailler de la fourchette : manger copieusement.

travelinge (un) : travelling, regard. Ex. : « Un bath* travelinge pour le cinéma ! » (2). Ex. : « Pendant que je promenais mon petit travelinge circulaire au-dessus de la capitale. » (75)

travelling (un) : homosexuel, travesti. Ex. : « Konopoulos* et son travelling le regardent sans piper, ce qui, de la part des deux pédoques*, dénote une formidable concentration. » (103)

traveloche (un) : homosexuel, travesti. Ex. : « Béru* commence par balancer un coup de talon dans la gueule du traveloche, lequel abandonne son fauteuil par le côté dossier et emplâtre* le bureau. » (106)

traverser des vertes et des pas mûres : traverser des épreuves difficiles.

trébuchage (un) : fait de trébucher.

trébuchailler : trébucher.

trébucher de la syllabe : bafouiller.

trécités (les) : l'électricité.

trèfle (à) : à pic. Ex. : « Voilà qui tombe à trèfle (toujours à pic, ça fatigue). » (155)

trèfle à cinq feuilles (un) : gifle. Ex. : « Je commence à le mornifler* à toute beauté. Oh, ce trèfle à cinq feuilles, mes mignardes ! » (75)

trembiller : trembler. Ex. : « Nos cannes* se mettent à trembiller comme la tour Eiffel. » (131)

trémoler : parler avec des trémolos dans la voix.

trémoliser : parler avec des trémolos dans la voix. Ex. : « Bérurier*, lorsqu'on prend un engagement comme celui d'hier à la face de l'étranger, qu'il a trémolisé, on va jusqu'au bout. » (59)

trémouiller : avoir honte. Ex. : « Monsieur ! Chaque fois je trémouille de m'octroyer un tel vocable. C'est Monsieur ! Faut pas craindre d'outrecuider* ! Faut pas rechigner sur sa personne, ni non plus chier la honte ! » (102)

trémousser la pensarde (se) : réfléchir. Ex. : « J'ai compris que c'était scié* irrémédiablement. Inutile de se trémousser la pensarde. » (74)

trémulation (une) : mouvement arythmique. Ex. : « Une connasse franfreluchée* se pointe*, avec un boa et des tas de poils partout, attifée d'un attifet*, le cul en trémulation comme un cœur frappé d'arythmie. » (112)

trémulser : remuer, gigoter. Ex. : « Il est en grand tourment, mister Yogourt. Trémulse du fion* sur sa chaise, darde des œillades angoissées. » (81)

trémulser des méninges : réfléchir.

trente-cinquaine (une) : nombre de trente-cinq environ.

trente-huitaine (une) : nombre de trente-huit environ.

trente-quatraine (une) : nombre de trente-quatre environ.

trèpe (le) : 1. Foule, gens, passants. Ex. : « A ces heures, il y a encore peu de trèpe dans le circus*. » (24). Ex. : « Beaucoup de trèpe au buffet de la gare. » (28). Ex. : « Maintenant, il se peut qu'elle ait du trèpe, auquel cas on remettra la perquise* à plus tard. » (54). Ex. : « On ne peut pas surveiller le métro, faudrait trop de trèpe. » (111). 2. Troupeau.

trépidance (une) : trépidation. Ex. : « J'ai jamais supporté les trépidances*, é m'portent illico à la grosse veine bleue*. » (B, 136)

tressautir : tressaillir. Ex. : « Un bruit de pas nombreux me fait sursailler* et tressautir. » (147)

tresser des couronnes de guimauve : complimenter, flatter.

tresser les poils des bras (se) : ne rien faire, paresser.

tréteau (le) : 1. Epouse. Ex. : « Les Pinaud* retrouvés, restitués, réaccouplés, recommencés, c'est quelque chose de superbe. La manière qu'ils se sont assis sur un canapé, que la Vieillasse enlace son tréteau, le presse sur soi, cœur à cœur, lui fouille la chevelure du nez en lui bredouillant des mots vagues, des phrases superbement inachevées. » (92). 2. Automobile. Ex. : « On avait pris ma guinde because le tréteau du vieux était tellement large qu'on aurait eu meilleur compte de faire circuler un porte-avions Béarn sur ces routes en lacet. » (8)

trévulser : trémousser, remuer. Ex. : « Elle trévulse du prose* quand elle se penche, pour me donner à rêvasser. » (149)

tri-siéculaire : qui se produit trois fois par siècle. Ex. : « La seule manière que les peuples ont de s'en tirer sans la grande chicorne* tri-siéculaire, c'est de manœuvrer comme les deux tourtereaux ci-dessous : à la bouillave*, mes potes ! » (B, 71)

tribulation (une) : contribution. (B)

tributaire : titulaire. Ex. : « J'sus tributaire d'un permis de conduire poids lourds. Donc tu vois que si j'aquéqu'un d'hautement qualifié pour poser c' zinc, c'est bien Alexandre-Benoît Bérurier* ! » (B, 74)

tricard : privé, dépourvu. Ex. : « Après la banane, y a le caoua*, mais justement, elle est tricarde de jus, la gentille vieille, because son guignol* qui est sur la poulie folle. » (100). Ex. : « Nous voilà tricards dans notre affaire. Donc, libres, mec*. On va agir sans rendre de comptes à personne. » (141). Ex. : « J'y tiens. Y a pas de raison que je sois tricarde de péniche ! » (154)

tricolorer : s'exprimer en termes patriotiques. Ex. : « La liberté qui végétait dans le cœur des humbles s'est mise à pousser dru quand on l'a eu arrosée de son sang, tricoloré-je. » (200)

tricolorisant : 1. Patriotique. Ex. : « Le voilà parti dans les discours tricolorisants. Si je laisse faire, il va nous faire jouer la " Marseillaise " par la musique de la garde républicaine. » (26). 2. Tricolore.

tricotaille (une) : tricot. Ex. : « Emmitouflé dans de la tricotaille de grand-mère. » (117)

tricoter des cuissots : agiter les jambes. Ex. : « Il se couche sur le flanc en tricotant des cuissots. » (66)

tricoter : fabriquer, engendrer. Ex. : « Bel enfant. A croire que tu te l'es tricoté tout seul. » (62). Ex. : « Raconte ça aux mômes* des écoles si tu veux, mais pas à moi. Ton Dauphin, il se l'est fait tricoter par un pote* ! Et ta nuit avec la reine c'est sauver les appâts rances. Fallait qu'il soye homologable, le Louis XIV ! Né de père inconnu, pour un roi de France, ça fait trop désordre. » (B, 200)

trifouillarder : trifouiller.

trigone autobloquant (un) : terme (fantaisiste) d'astrologie. Ex. : « Son trigone autobloquant avait une connexion foirinante avec Vénus dans une parabole de déviation par rapport à Mars. Sa résidence lunaire allait s'impliquer dans le trémulseur endémique de Jupiter, mon cher. » (126)

trigoniser : prononcer seulement une phrase de trois mots. Ex. : « Ma che fare ! Ma che fare ? il trigonise en faisant un pas de vis de ses poignets. » (106)

tringouler : faire frémir. Ex. : « Un frisson de désespoir me tringoule. » (85)

tripes glaviots (aux) : triple galop. Ex. : « La chance qui filait par la lunette des gogues revient aux tripes glaviots. » (108)

tripoter les méninges avec une pelle à gâteau (se) : réfléchir.

tripouner : manipuler. Ex. : « Je tripoune les boutons pour sélectionner la musique. » (136)

triquer : 1. Monter en flèche. Ex. : « A cause des coups de freins de la dernière chance, les carrossiers de la région parisienne vont voir triquer le graphique de leur chiffre d'affaires. » (206). 2. Donner des coups de trique. Ex. : « Le petit chafouin qui m'a triqué d'importance s'amène avec un plateau lesté de deux tasses d'odorant caoua*. » (72)

trisser (se) : s'en aller. Ex. : « Je lui promets de venir l'attendre. Puis je me trisse. » (2). Ex. : « Je me trisse, l'abandonnant en tête à tête avec son ahurissement. » (3)

triturer la devanture : défigurer.

triumphateur (un) : possesseur d'un véhicule de marque Triumph.

trivaste (une) : correction physique. Ex. : « J'espère qu' j' t'ai pas fait mal. Ça, c'était juste un' p'tite facétie d'copains. Un jour, j'aurai p't' ête l'occase* de t' montrer c' que c'est qu'une vraie trivaste; mais sur un' aut', qu'autrement sinon, tu risqu'rais d' m'en garder rancune! » (B, 128). Ex. : « M'est avis qu'il a morflé* une vilaine trivaste, M. Blanc, avec un coup-de-poing américain. » (132)

trivespasien (un) : véhicule à moteur né du croisement d'un triporteur et d'une Vespa.

trognon (jusqu'au) : complètement. Ex. : « Je sais qu'il s'agit de gredins de la pire espèce, de ceux qui jouent de la dinguerie* pour éponger* leurs semblables, les écrémer* jusqu'au trognon. » (135)

trognu : affligé d'une trogne en guise de visage. Ex. : « Puis, recoiffé, souriant, hilare, trognu, dodu, content. » (105). Ex. : « Une forte gaillarde de cinquante balais*, mafflue, trognue, couperosée. » (149)

trohu (un) : trou. Ex. : « Je retourne coller mon lampion* au petit trohu. » (28)

trohu du travavou cavacavu enfumé (le) : type de torture.

troïka (une) : automobile. Ex. : « Saute dans une troïka maison et arrive à Saint-Denis. » (43)

troipoinçonner : typographier trois points. Ex. : « D'habitude j'écris " chier " en toutes lettres, mais les correcteurs de notre chère maison sont des gens bien élevés qui me rectifient chaque fois " chier " en " ch... ". Dorénavant, je les emboîte le pas en troipoinçonnant moi-même les " chier " de ma littérature fangeuse. » (76)

troisaine (une) : nombre de trois environ.

trôleur (un) : contrôleur.

trompe (une) : oreille.

trompe d'Eugène (une) : oreille.

trompe d'Eustache (une) : oreille. Ex. : « Comme je ne demande que ça : piger, je m'aiguise les trompes d'Eustache et je pose sur le Vieux* un regard qui ressemble à deux points d'interrogation majuscules! » (24)

trompe d'Eustache de Saint-Pierre (une) : oreille.

trompe-d'eustachien : relatif à l'ouïe. Ex. : « Chuuuut! Chuuuut! lui rétroque* Mister Sana, tout à son plaisir trompe-d'eustachien. » (117)

trompes de Sallope (les) : trompes de Fallope. Ex. : « Louisette a réservé sa réponse biscotte* elle souff' d'une salpingite* qu'lu aurait filée un Chinois qui y aurait infesté* les trompes de Sallope. » (B, 141)

trompette (une) : 1. Visage, tête. Ex. : « Je lui refile* une double beigne* aller-retour qui fait vibrer sa trompette comme une corde de guitare. » (2). Ex. : « Tu parles ou je t'expédie d'une balle dans la trompette. » (5). Ex. : « Il fait une drôle de trompette. » (20). 2. Museau (pour un chien).

tronche (la) : visage. Ex. : « Ils ont des tronches qui inciteraient à croire que l'homme descend bien du singe. » (19)

trop matiser : traumatiser. (B)

trop picale : tropicale. Ex. : « On est bon pour se choper* le typhon*, le cholestérol*, la malle-arrière* et toutes ces sales maladies trop picales. » (B, 79)

tropleinter : déborder.

troquet (un) : bar. Ex. : « Au moment où je pousse la lourde* du troquet de Fifi les Belles Noix, il se fait un grand silence dans la taule* et les truands qui stagnent là me défriment* d'un œil extrêmement peu cordial. » (15)

troquetier (un) : tenancier de bar.

trotte-menuage (un) : fait de trotter menu. Ex. : « Nous percevons son trotte-menuage dans l'honorable établissement. » (105)

trottemenuesque : relatif à trotte menu, qualifie une démarche à petits pas.

trottinette (une) : automobile.

trou (un) : prison. Ex. : « Les relations sont toujours excellentes entre un dur sorti du trou et le poulardin* qui l'y avait fait entrer. » (20)

troublance (une) : trouble. Ex. : « Le propriétaire de l'estaminet proteste en termes hachés par la troublance. » (75)

trou-de-serrurer : espionner.

trouduculaire (le) : pouce. Ex. : « Je me relève en m'agitant l'auriculaire dans le conduit auditif, puisqu'il est fait uniquement pour ça, que même on lui a donné ce dégueulasse qualificatif. De quoi remettre en question les autres salsifis* de la main, les aligner sur cette notion utilitaire. Tiens, le médius, je l'appellerais volontiers le vagiculaire*, tandis que le pouce deviendrait le trouduculaire. » (85)

trouer la paillasse : donner un coup d'arme blanche dans l'abdomen, tirer sur un homme.

trouillance (la) : peur.

trouillomètre (le) : sentiment de peur. Ex. : « Ça leur file un coup d'accélérateur dans le trouillomètre. » (5)

trouillomètre à zéro (avoir le) : avoir une peur extrême.

trouvuduvucavus-épineux (un) : plante tropicale fictive.

truander : escroquer. Ex. : « – Si vous venez pour me truander, vous l'aurez dans le cul, les gars, j'ai pas un faf* liquide et cette détente est plus sensible que le clitoris d'une gouine*. » (139)

truc à rougir les trottoirs (un) : arme à feu.

trucidant : meurtrier. Ex. : « Je me sens en rut de mort, si tu vois ? La bandaison trucidante. J'hécatombe* à tombeau ouvert. » (81)

trucitruitaire : relatif à la pêche à la truite. Ex. : « Il pue le poisson, le tapis de sol de voiture décapotable ayant reçu l'orage, l'asticot décomposé aussi, car il pratique bien des formes trucitruitaires. » (117)

truellée (une) : quantité importante. Ex. : « Des truellées de cellulite aux miches. » (130)

trufémus de protection œcuménique (un) : élément indéterminé d'une radio dans un avion de chasse de type Mystère (Hébulldegomme).

truffe (une) : imbécile. Ex. : « Un jalmince* ! La plus triste catégorie dans l'ordre des truffes*. » (46)

truiesque : en rapport avec la truie. Ex. : « En enroulant sa guibole* truiesque autour de ma jambe. » (150)

truite (un) : druide. Ex. : « Ils s'appelaient les truites. Ils faisaient du boulot d'élagage, déguisés en gonzesses*. » (B, 200)

tsoin-tsoin : sophistiqué. Ex. : « D'après son nom, je suppose qu'il s'agit d'un engin tsoin-tsoin. » (28)

Tu-tues : arme à feu.

tubar (un) : tuberculeux. Ex. : « La mer du Nord a une vilaine couleur gris tubard lorsque je parviens à La Panne. » (2). Ex. : « Il est grand, maigre, avec des yeux enfoncés dans les orbites et pareils à deux crachats de tubar car ils sont sanguinolents. » (15). Ex. : « Sa frime était d'un jaune faisandé et ses bons gros yeux injectés évoquaient les méchants glaves de tubar. » (20)

tubardise (la) : tuberculose. Ex. : « Il doit traîner une tubardise latente, cézigue*. Les cavernes décorant ses soufflets* ont des allures préhistoriques. » (93)

tube (un) : téléphone.

tube (à plein) : avec la puissance maximale.

tuber : téléphoner.

tuberculesque : semblable à un tubercule. Ex. : « Un nez tuberculesque, plus veiné que la carte des voies navigables hollandaises. » (102)

tubillonner : retentir, en parlant d'une sonnerie de téléphone. Ex. : « Quand ça tubillonne, quatre fois sur quatre, il s'agit du Vieux*. » (99)

tubophoner : téléphoner.

tubophonique : téléphonique. Ex. : « Je me précipite vers l'appareil tubophonique. » (104)

tubuffeur préconcentré (un) : téléphone fictif de voiture.

tubulaire (pas) : patibulaire. Ex. : « J'me dis : " Ce zoizeau de mauvaise inauguration*, y va fout' la vérole* su' l' chantier, av'c sa mine pas tubulaire. " » (B, 116)

tue-bascules : lourd, obèse. Ex. : « Il est voué au gras-double, le Mastard. C'est une vocation! Pire : un signe! Tout ce qui bajoute* et ventripote*, toutes les mères tue-bascules lui font du rentre-moi-dedans. » (65)

tueur de ruminants (un) : boucher.

tuile (une) : 1. Million d'anciens francs. Ex. : « Cinq tuiles, les pauvres s'imaginent, mais ça ne fait pas très épais ; en biftons* de cinq cents pions* ça donne... Attends, je vais mesurer. » (100). 2. Désagrément inattendu, malchance.

tuméfiance (une) : tuméfaction.

tuméfieur (un) : celui qui tuméfie. Ex. : « Béru*, le briseur de mâchoires, le décolleur d'oreilles, le tuméfieur d'yeux, le déboîteur de membres, Béru* fond en larmes! » (39)

tumlasuce languette (un) : lapsus linguæ. (B)

tupiner : boire.

turbin (un) : 1. Travail. Ex. : « On me dit qu'on m'engage pour un turbin sans me donner des précisions sur ce turbin. » (15). 2. Ennui. Ex. : « Il lui tombe un turbin sur le crâne. » (24). Ex. : « Soudain, inquiète, elle me demande : " Il lui est arrivé un turbin? " » (152)

turbin (faire un) : faire un tour de coquin, une chose déloyale, attirer des ennuis. Ex. : « Et comment sait-on-t-il que c'est pendant ce voiliage* de l'Orient-Express qu'on va essayer de faire un turbin à la baronne? » (B, 155)

turbine (la) : intellect, conscience. Ex. : « Il a fallu un dixième de seconde pour transmettre ce détail à ma turbine. » (53)

turbine à air comprimé (la) : cerveau.

turbine de pensionnaire (une) : roupie de sansonnet. (B)

turbiner : travailler. Ex. : « Il turbine dans un peu de tout, pourvu que ça rapporte et que ça mouille pas trop le bonhomme. » (3)

turbiner sous la coiffe : réfléchir intensément.

turbines survoltées (avoir les) : ronfler bruyamment. Ex. : « Vous l'entendez ronfler, ce goret? – Le fait est qu'il a les turbines survoltées, Bébé-rose. Ça fait penser au Creusot, un lendemain de mobilisation générale. » (62)

turbineur (un) : ouvrier, travailleur. Ex. : « Il s'agit d'un vaste atelier dans lequel s'activent une demi-douzaine de turbineurs, sous l'autorité bienveillante d'un vieux mec* à moustache grise qui ressemble à Staline, quand il arrivait à celui-ci de se marrer*. » (141)

turbo-mayonnaise (le) : entendement. Ex. : « Elle continue de chanstiquer* les réactions de mon turbo-mayonnaise! » (31)

turboser : mettre le turbo, aller vite. Ex. : « Je turbose sur l'autoroute. » (115)

turbouler : obséder, tourner la tête. Ex. : « En vrac! Les deux mots me turboulent. En vrac. » (149)

turbuler : 1. S'agiter, ondoyer. Ex. : « Il rentre chez lui, loin derrière les palaces, dans une banlieue en forme de fête foraine, pleine de motels peinturlurés et de stations d'essence bourrées d'oriflammes qui turbulent au vent du large. » (76). 2. Jouer de manière turbulente. Ex. : « Le long des maisons ocres des gosses turbulent, et se poursuivent jusqu'au milieu de la chaussée. » (85)

turf (un) : travail.

turloche (un) : téléphone.

turlu (un) : téléphone.

turlubiter : turlupiner.

turlupafer : turlupiner.

turluper : turlupiner.

turlupinade (une) : problème, devinette. Ex. : « Lorsque je bute sur une turlupinade, je veux en avoir le cornet*. » (115)

turluqueuter : turlupiner. Ex. : « Tu sais ce qui me turluqueute en sourdine? » (80). Ex. : « Cent fois j'ai failli tout espédier aux gogues*, tellement ça me turluqueutait, leurs séances, à ces vilains gueux. » (B, 86)

turluqueuer : turlupiner. Ex. : « Y a un truc qui me turluqueue, déclare le bon Bérurier* après s'être mouché avec les doigts. » (B, 79)

turlure (une) : communication téléphonique.

turlutance (une) : sonnerie du téléphone.

turluter : 1. Sonner. Ex. : « Voilà le bigophone qui turlute. » (69). 2. Téléphoner. Ex. : « Tu me surveilles les amoureux, Gros, je descends turluter depuis ma caisse*. » (121)

turluterie de cornichon (une) : sonnerie de téléphone.

turluteuse (une) : standardiste.

turlututu (un) : sirène. Ex. : « Un turlututu d'ambulance retentit. » (111)

turluzober : turlupiner.

turne (une) : chambre. Ex. : « Sans perd'une broque, j'ai bondi dans leur turne. » (130)

turne d'abattage (une) : maison close.

turpidute : turpide. Ex. : « Humble lecteur que ma narration ne peut que faire bandocher* dans le silence turpidute d'un moment de loisir. » (88)

tute (la) : boisson, alcool.

tuter : 1. Boire. Ex. : « Il tute son bloody, acquiesce machinalement, le trouvant dosé à son goût. » (93). Ex. : « Bérurier* s'explique avec un ragoût aux choux rouges en tutant une boutanche* de vin d'ici. » (104). 2. Consommer. Ex. : « Comment se fait-il en ce cas qu'il possède une bagnole* américaine, pas neuve, mais qui doit tuter des hectolitres de benzina ! » (118)

tutoie et à moi (à) : à tu et à toi. Ex. : « Les tauliers* sont des amours, qu'on est d'venus à tutoie et à moi, les quatre. Le seul reproche qu'je ferais au chef, c'est qu'avait pas assez de lardons dans la salade de fruits. » (B, 119)

tutoyer : approcher, être prêt de. Ex. : « L'homme devait tutoyer la soixantaine. » (122). Ex. : « Il doit tutoyer la crise de nerfs. » (130)

tutoyer la gâtouille : devenir sénile. Ex. : « Il tutoie la gâtouille, ce vieux nœud. On le sent qui s'enlise dans l'âge comme en des sables mouvants. » (137)

tutoyer Morphée : dormir.

tutuber : tituber. Ex. : « Pour un mec* chnouffé*, y tutube pas trop. » (B, 120)

tuyau à pneumatiques (le) : larynx.

tuyau d'échappement (un) : canon d'une arme à feu. Ex. : « J'accours, juste comme il parvient à se redresser. Lui enfonce le tuyau d'échappement de mon pistolet dans le creux de sa nuque. » (155)

tuyauterie (la) : 1. Ensemble des organes de la digestion. 2. Appareil circulatoire du sang. Ex. : « Sa main crispée est rouge et, déjà, une flaque s'étale sur le carrelage. Il va se vider la tuyauterie, ce con, si on ne lui porte pas secours. » (155)

T.V.A. (la) : trou dans un vêtement volé. Ex. : « Pour s'habiller, elle allait essayer des nippes dans les boutiques de prêt-à-porter, les débarrassait du signalisateur rivé après elles en découpant carrément l'étoffe avec des ciseaux. Elle appelait le trou résultant de cette découpe qu'elle pratiquait " la T.V.A. ", et l'admirait, comme celui que les Roumains ont pratiqué dans leur drapeau à la chute du communisme. » (217)

tvouide (le) : tweed.

tympanticide : susceptible de crever un tympan. Ex. : « Oh ! la bramante* à Uhro ! Cet égosillage* tympanticide ! » (150)

typhon (le) : typhus. (B)

typhus (un) : virus. Ex. : « Demain matin, je vais à la pêche, j'ai le typhus. » (B, 46)

tyrolien : thyroïdien. (B)

tyroliser : se dit d'un téléphone tyrolien lorsqu'il sonne.

U

ubuer : parler à la manière d'Ubu. Ex. : « Merdre, ubue-t-il... » (89)

uéraissaisse : originaire de l'ex-U.R.S.S. Ex. : « Je lui demandais en douze langues différentes si elle était : anglaise, italienne, portugaise, irlandaise, auvergnate, allemande, polonaise, uéraissaisse, moldave, japonaise, lyonnaise, leucémique. » (51)

uéssien : originaire des U.S.A. Ex. : « Je leur attrique* un bouquet de dix pions* uéssiens. » (138)

uhessaïen : langue parlée aux U.S.A.

ukrainiser : dénuder, rendre vide et plat comme la plaine de l'Ukraine. Ex. : « Le damier se déplume, se déboise, devient plaine aride ! Un champ de blé qui s'affaisse sous la lame affamée du tracteur. Béru* le dévaste méthodiquement. Il le pille. Il l'attilise*. Il le rogne. Il le dénude ; l'ukrainise. » (58)

ulcéré : ultérieur. Ex. : « Je voudrais pas vexer môssieur vot' garçon, chère maâme, mais pour ce qui est de vous aérer les soufflets* il a tendance à toujours remettre à une date ulcérée, non ? » (B, 200)

Ulster (un) : ulcère, pour un Irlandais. Ex. : « Le vieux champignon irlandais est grimpé sur sa chaise et grimace comme un mec de Dublin qui souffre d'un Ulster à l'estomac. » (205)

ultra-furax : au comble de l'irritation.

umaninité (l') : unanimité. Ex. : « Fais un référence d'homme pour voir, et tu voiras ! L'umaninité totale. » (B, 208)

un des seins (faire) : faire un dessin. Ex. : « Elle avait des jambes très fermes, Mme Zita. Galbées haute couture. Pas la peine d't'faire un des seins. » (B, 208)

uni-bosse (un) : dromadaire.

uniformé (un) : personne qui porte un uniforme. Ex. : « Nouveau geste péremptoire du chef. Un uniformé me passe les menottes. » (155)

uniguibolliste (un) : unijambiste.

unijambiser : couper une jambe. Ex. : « Le médecin de not' village voulait le driver* sur l'hosto* pour qu'on l'unijambise. Ma vieille* aurait pas pris l'affaire en main, il maigrissait de quelques kilos sur un simple coup de scie. » (B, 67)

unissonner : agir, être à l'unisson. Ex. : « Nous deux, not' force matriale*, c'est qu'on unissonne dans le fade*. » (B, 97). Ex. : « Je suis frappé de nous voir unissonner, la vieille et bibi, dans ce sentiment instinctif que d'Alacont n'est pas coupable. » (100)

unité (une) : million de centimes.

uppercuter : percuter. (B)

urbaniser : agir ou parler d'une manière urbaine. Ex. : « Asseyez-vous, il urbanise, le Riton. » (100)

urf : chic, élégant, riche. Ex. : « C'est fou ce que les toilettes sont urf au dîner. » (24). Ex. : « C'est urf ! déclare-t-il. Si je te disais que j'ai jamais vu un buffet comme çui-là ! » (39). Ex. : « Le quartier urf de la ville. » (50)

urgencerie (une) : urgence. Ex. : « On vous fournira les détails les plus amples d'ici bientôt et p't'êt' avant, mais y nous faudrait d'tout' urgencerie qu'vous intervenssiez auprès du directeur d'la prison d'Nîmes rapport à la visite qu'on va lui rend' d'ici l'temps qu'on va de Marseille à Nîmes. » (90)

urgerie (une) : urgence. Ex. : « Y a donc urgerie qu'vous v's'arrangeasse pour l'rencontrer et lu tirer les vers du nez. » (B, 113)

urlupe (une) : pièce indéterminée d'une serrure. Ex. : « Je bouillave* des urlupes. » (84)

usine à bobards (une) : journal.

usine à bouffe (une) : restaurant.

usine à bouses (une) : étable, ferme en général.

usine à cancer (une) : paquet de cigarettes. Ex. : « De temps à autre, il sort son paquet de tiges* de sa poche, va pour en prendre une, n'ose et rengaine son usine à cancer. » (151)

usine à croque (l') : bouche, dentition.

usine à débloquer (l') : tête, cerveau.

usine à distiller Bergson (l') : cerveau. Ex. : « Pinaud* me tire par le bras, mais je lui fais signe de la boucler. Mon usine à distiller Bergson fonctionne comme une aciérie en temps de guerre. Je continue à me poser des questions à propos de la conduite de Bérurier* et je continue à ne pas leur trouver de réponses. » (49)

usine à dorme (une) : hôtel.

usine à frisettes (une) : salon de coiffure.

usine à kilométrer (une) : atelier de réparation automobile, garage. Ex. : « Il stoppe la vie de son usine à kilométrer (charges sociales effroyables, la marge bénéficiaire si tu l'appliques pas quinze fois au même client, tu l'as dans l'étui à thermomètre*). » (111)

usine à limonade (une) : bistrot.

usine à maladies (une) : hôpital.

usine à phosphore (l') : cerveau.

usine à rêves (une) : lit. Ex. : « Du coup je saute de mon usine à rêves et je dégringole au rez-de-chaussée. » (43)

usine à tailler des pipes (l') : bouche. Ex. : « On lui sert son sandwiche sédimentaire. Pour le happer globalement, faut ouvrir une gueule de requin ou de ténor poussant son grand air. Minouche, elle, tu verrais c't'usine à tailler des pipes ! » (119)

usine à tripes (l') : ventre.

usine France-Lait (l') : poitrine féminine. Ex. : « Elle a son usine France-Lait qui ressemble à deux sacs de plage. » (46)

usiner : travailler.

usiner à pleins naseaux : ronfler. Ex. : « Je décide de laisser dormir Jérémie, lequel, par contre, usine à pleins naseaux. Avec des éteignoirs de cierge de ce calibre, ronfler est un devoir. Son pif*, M. Blanc, me rappelle une gigantesque hotte de cheminée en tôle noircie dans un hôtel de Courchevel. » (133)

ustensile à distiller des gentillesses (un) : téléphone.

utérus (un) : humérus. (B)

utopiser : bâtir des utopies. Ex. : « J'utopise partout, moi, quand l'envie vient me prendre. » (81)

V

vacances à la montagne chez ses amis Roux et Combaluzier (en) : se dit d'un ascenseur en dérangement.

vache de guerre (la) : hache de guerre. Ex. : « Allons, ma gazelle, on enterre la vache de guerre. Fais-moi confiance, on va s'retrouver une vitesse de croisière pépère. » (B, 143)

vaché : vautré. Ex. : « Elle est vachée sur son tiroir-caisse, Loulette. » (105). Ex. : « Je l'aperçois vachée dans un fauteuil pullman qu'elle remplit entièrement. » (149). Ex. : « Je la trouve vachée dans un fauteuil. » (203)

vachequirit (une) : valkyrie.

vacher (se) : se vautrer. Ex. : « Déjà la rosée l'inquiétait pourtant elle acceptait de s'y vacher. (Berthe Bérurier* ne saurait s'accommoder du verbe " se vautrer "). » (58). Ex. : « Un marathon, bosse! rétorque l'Enflure en se vachant dans un fauteuil. » (83)

vacherie (une) : 1. Sein de femme. 2. Entourloupe, coup pendable.

vachetement : très. Ex. : « L'homme de police m'écoute vachetement gravement (moi, je me confectionne des sandwiches d'adverbes et je ne m'en porte pas plus mal). » (81)

va-comme-je-te-fourre (à la) : variante de « à la va-comme-je-te-pousse ».

vaderétrograde satanas : rétrograde, intolérant. Ex. : « Je voudrais me justifier. Pas passer vaderétrograde satanas. Crois pas à du parti pris. » (85)

vadrouiller dans le sirop : être évanoui.

vadrouiller en rase-mottes dans les régions inexplorées du moi second : être évanoui, hypnotisé.

va-faire-causette : adapt. de l'anglais « water-closet » (toilettes). Ex. : « On pourrait l'enfermer dans les va-faire-causette de l'hôtel, tu crois pas? » (B, 29)

vagabond (un) : doigt. Ex. : « Elle s'est farci* les marches avec mes cinq vagabonds dans la raie. » (94)

vagabondage cérébral (un) : fait de rassembler ses souvenirs.

vagabonder de la menteuse : discourir.

vageindre : vagir en geignant. Ex. : « Une bonne femme qu'aura passé sa vie à geindre et à vageindre. » (114). Ex. : « Les autres passagers se mettent à geindre, vagir, vageindre, tout ça en chœur. J'en entends même qui prient. » (124)

vagiculaire (un) : médius. Ex. : « Je me relève en m'agitant l'auriculaire dans le conduit auditif, puisqu'il est fait uniquement pour ça, que même on lui a donné ce dégueulasse qualificatif. De quoi remettre en question les autres salsifis* de la main, les aligner sur cette notion utilitaire. Tiens, le médius, je l'appellerais volontiers le vagiculaire, tandis que le pouce deviendrait le trouduculaire*. » (85)

vaginer : vagir.

vagir : 1. Vaquer. Ex. : « J'ai attendu chez la Martin en matant la téloche pendant qu'elle vagissait à ses occupations. » (B, 208). 2. Chanter. Ex. : « Elle vagit une goualante qui raconte les démêlés d'un légionnaire avec une enfoirée* à la mords-moi-le-nerf-rachidien qui lui fait rater l'appel du soir. » (3)

vague (une) : poche. Ex. : « Je les embarque toutes dans mes vagues en me promettant de les confier aux mecs de l'Identité. » (6). Ex. : « Je sors de l'auber* de ma vague pour douiller l'orgie anisée. » (20). Ex. : « Je palpe mes vagues. Elles sont aussi démunies d'artillerie que les arsenaux français en 1940. » (54). Ex. : « Les gars ont prélevé la clé de contact et il n'est plus temps d'aller leur faire les vagues. » (136). Ex. : « Il arrive à l'hauteur de sa grosse Jag noire à cocarde. Cherche ses clés dans sa vague pour délourder. » (B, 208)

vaguer (se) : se coucher. Ex. : « Elle roupille* ; on s'est vagués à cinq plombes*. » (128)

vaisselle de fouille (la) : menue monnaie. Ex. : « Un trésor, c'est beaucoup dire, mettons un peu de vaisselle de fouille et n'en parlons plus ! » (20)

vaisselle de poche (la) : menue monnaie.

valder : faire feu d'une arme. Ex. : « Le môme vient de valder une bastos* oubliée par le Gros dans son composteur*. » (105)

valdingue (un) : chute.

valdingue (une) : valise.

valduche (une) : balle d'arme à feu.

valeton (un) : valet. (B)

valoche (une) : valise.

valoche (faire la) : s'en aller.

valocheman (un) : bagagiste.

valoir un saladier : être de grande valeur pécuniaire. Ex. : « C'est naïf, c'est charmant, bucolique, apostolique et ça doit valoir un saladier. » (115). Ex. : « Ces fumiers m'avaient engourdi* mon sac à main. Un Hermès en croco qui valait un saladier ! » (149)

valse dans l'ombre (une) : incarcération. Ex. : « Ils auraient vite fait de me balancer au trou*, les carabiniers. La valse dans l'ombre, très peu pour moi. » (18)

valse de Sibélius (une) : correction physique infligée à quelqu'un. Ex. : « Ensuite, il avait droit à la valse de Sibélius. Un coup de boule* dans le placard*, ça met les gnaces* à la raison, et une série de mandales* aident un bègue à parler couramment. » (18)

valseur (un) : fessier. Ex. : « Lorsqu'elle m'aperçoit, elle accentue les circonvolutions de son valseur. » (16). Ex. : « Un beau valseur, gars, doit pas être trop fort, ni trop menu. Trop fort, il décourage la main ; trop menu, il l'attriste. » (B, 54)

valsif (le) : fessier.

valsouze (une) : valse. Ex. : « C'est pas que je sois Serge Riflar, mais la valsouze, je peux pas résister. » (57)

valtoche (une) : valise. Ex. : « Un fonctionnaire décharné ordonna au Gros d'ouvrir sa valtoche, ce que Béru* fit en grommelant qu'il était malheureux de se faire casser les couilles* par un enculé* de " niacouet* ". » (120)

valtock (une) : valise.

valtouze (une) : valise.

vampage (le) : séduction. Ex. : « Mais je n'ai pas la tête à ça aujourd'hui, malgré la scène de vampage de la mère Van Boren. » (16)

vanne (un, une) : 1. Mensonge. Ex. : « Je le défrime* pour vérifier qu'il ne me balance pas une vanne. » (24). 2. Remarque perfide, plaisanterie. Ex. : « Il entendait déjà les sarcasmes du président, grand balanceur de vannes cuisants ! » (216)

vanné : fatigué.

vanner : plaisanter.

vape (un coup de) : hébétude, conséquence d'un choc physique ou moral.

vaperie (une) : vapeur. Ex. : « L'abandon de l'instant, bicot* les violons et les vaperies de l'alcool. » (B, 208)

vapes (dans les) : inconscient, hébété. Ex. : « Je suis toujours dans les vapes ? Oui, de plus en plus, même. Ecrasé sur le plancher rugueux par la masse terrible de l'ivresse qui m'annihile. » (122)

vaporiser : 1. Donner, délivrer. Ex. : « Je lui vaporise mon identité et il hoche la tête d'un air navré, style " des flics, je sais bien qu'il en faut mais moi, à votre place, j'aurais fait autre chose ". » (45). 2. Flatter.

Ex. : « Non, monsieur le ministre, lui vaporisé-je, manière de faire frémir sa pauvre bibite* colimaçonne* dans son slip pour cul étroit. » (117)

varloper : flâner.

vase (un) : chance. Ex. : « Il y a une chose contre laquelle tous les gansters de la planète ne peuvent rien, c'est ma chance. Jusqu'ici, j'ai le vase. » (5). Ex. : « Tu dois tripoter des trèfles à quatre feuilles tous les matins pour avoir un pareil vase, non ? » (6). Ex. : « Un vase pareil, il faut le reconnaître, ça frise l'incroyable. » (8). Ex. : « Quand le vase se met de la partie, tout marche admirablement. C'est aussi tenace que la cerise*, la chance. » (76)

vase d'expansion (un) : cœur. Ex. : « Ça me colle des vapeurs dans le vase d'expansion. » (31)

vaseliner du regard : faire les yeux doux.

vaser : pleuvoir. Ex. : « Il se met à vaser du sirop de pébroque*. » (16). Ex. : « Lui aussi est muni d'un pébroque*. Je sais que le temps est incertain mais ça m'étonnerait qu'il vase. » (152)

vasistas (un) : œil. Ex. : « Y se foutent le doigt dans le vasistas. » (62). Ex. : « Il a les vasistas qui se ferment tout seuls, faudrait des piquets de camping pour les tenir surlevés. » (50)

vasistas à conneries (un) : oreille. (B)

vasistas à miel (un) : oreille. (B)

vasistasser : ouvrir les yeux.

vasouillard : embrumé, flou, vaseux. Ex. : « Il prend le gnon* sur la tempe et son regard devient vasouillard. » (24). Ex. : « C'est bougrement vasouillard. » (66)

vécé (un) : cabinet professionnel. Ex. : « Enfin quoi, merde, je viens de laisser quimper* mon vécé* de médecin pour délardonner* vot' bru. » (B, 67)

vedet (un) : vedette, au masculin.

vedettariser : devenir célèbre. Ex. : « Ça vedettarise l'espace d'un disque et puis ça retombe dans un anonymat d'où ça n'aurait jamais dû sortir. » (132)

vedette chinoise (une) : rôle très secondaire dans une production artistique. Ex. : « Ben voyons, m'écrié-je, tu étais affiché en vedette chinoise, tout de suite après le prix des places. » (20)

véhémer : s'exprimer véhémentement. Ex. : « Alors il s'enrouge*, véhème, abasourd* tant qu'il peut, s'aidant de sa calvitie pour rougir plus totalement. » (93)

véhiculeur de denrées consommables (un) : serveur de restaurant.

véhicule billaire (un) : 1. Vésicule biliaire. Ex. : « Ça me remémore une épuisode* qu'est arrivée la fois qu'ma vieille eut été opérée d'la véhicule billaire. » (B, 208). 2. Véhicule de couleur jaune.

veinuler : former des veinules.

vékende : adapt. de l'anglais « week-end ».

vélodrome à mouches (un) : crâne chauve.

vélomotoriser : se déplacer à l'aide d'un vélomoteur.

velours (un) : tâche très facilement réalisable, aubaine. Ex. : « Cette impasse est longue, tortueuse, mal pavée, très sombre. Un vrai velours pour ceux qui ont besoin d'un baisodrome* volant. » (83)

velours potelé (un) : velours côtelé. Ex. : « Un grand, à pull roulé, futal d'velours potelé, savanes tout enculées*. » (B, 208)

velouter du regard : faire les yeux doux.

venir au renaud : se mettre en colère.

vénitien : vénérien. Ex. : « Tu confonds virilité et maladie vénitienne, mon pote ! Ce que t'as, c'est pas masculin, c'est incurable. Une orchidée double, ça s'appelle ! Tu devrais prendre une brouette pour te faciliter les déplacements. » (B, 202)

venticulteur (un) : personne qui sème le vent. Ex. : « Il fait jour et un vent terrible souffle sur Saint-Turluru-le-Haut. Je ne sais pas qui a semé ce vent-là, mais en tout cas il récolte la tempête, le venticulteur. » (55)

ventilo (un) : ventilateur.

ventrardise (une) : mouvement de ventre, au cours d'une danse du ventre.

ventraterrer : courir ventre à terre.

ventrer (se) : s'allonger sur le ventre. Ex. : « Epuisé par mon effort, je me ventre sur le lit voisin. » (138)

ventripoter : être ventripotent.

ventripotes (aux) : antipodes. Ex. : « Faut venir aux ventripotes pour discuter, mais on va l'faire à bâtons rompus. » (B, 106)

véquande (un) : adapt. du mot anglais « week-end ».

véquender : partir en week-end.

vèques-handes : adapt. de l'anglais « week-end ».

verbalisateur : inquisiteur. Ex. : « Béru* furète dans l'humble logis, s'arrête au frigo qu'il inventorie d'un œil verbalisateur. » (105)

verbier : bavarder, dire des fadaises. Ex. : « Juste la secrétaire qui continue de verbier (du verbe verbiage) à propos d'un merveilleux film qui vient de sortir. » (152)

verbiste (un) : bavard impénitent. Ex. : « Bavard ! Noyeur d'idées et de poisson ! Tu es " verbiste " comme on est flûtiste ou pianiste ! » (217)

verdâtre (un) : dollar. Ex. : « J'ai toujours fait confiance aux Ricains*. Dès mes premières passes, je me garantissais en verdâtres. » (121)

ver-de-terrer : ramper. Ex. : « Je repte, je rampe, je chenille*, je ver-de-terre. » (59)

verdundre : avancer tels les poilus de 14-18 sortant des tranchées pendant la bataille de Verdun. Ex. : « En avant ! verduns-je. Je m'élance à la tête de mes troupes. » (58)

vergeot : chanceux.

vergif : chanceux. Ex. : « Mince, fait Béru*, on est vergifs : la carriole* est blindée et elle a des vitres antiballes ! » (B, 72)

vérifiancer : vérifier. (B)

vérité contre-formulée (une) : mensonge.

vermifuge : centrifuge. Ex. : « Berthe*, c'est mes brancards : je suis t'attelé et l'habitude c'est un peu comme la force vermifuge ou quadrupède*, je me rappelle plus au juste, qui tient en équilibre les trucs instables. » (B, 54)

vermillonnir : devenir vermillon.

vermotesque : relatif à Vermot, auteur d'un almanach humoristique.

vermotien : qui évoque l'almanach Vermot. Ex. : « Je raconte bien, hein ? Consciencieusement. Pas feignant, l'homme de lettres ! Le Zola du pauvre, San-A*. Le Balzac vermotien. » (81)

vermoudre : rendre vermoulu. Ex. : « Paraît qu'il enterre ses salles à manger Louis XIII pour leur donner la vraie patine du temps, pour bien les vermoudre, qu'elles aient leur taf* de vers. » (62)

vermoulance (la) : caractère de ce qui est vermoulu. Ex. : « J'espère que la porte résistera pas, m'a l'air en totale vermoulance. » (B, 101)

vermouler : être vermoulu. Ex. : « On se laisse aller sur les bancs. Ils vermoulent et geignent sous le dargif* béruréen*. » (76)

vérolard (un) : celui qui est affligé d'une maladie vénérienne. Par extension, insulte.

vérole (foutre la) : semer le désordre.

verre à Adam (un) : verre à dents.

verre de montre (un) : fessier. Ex. : « Pinaud* qui a raté une marche atterrit à mes pieds sur le derrière. Il se relève et masse délicatement son verre de montre. » (28)

verrouillanche (une) : claustration.

verrouiller le piqueupe (se) : se taire. Ex. : « D'un geste péremptoire, je lui ordonne de se verrouiller le piqueupe. » (61)

vert-de-gris (un) : soldat allemand pendant la Seconde Guerre mondiale.

vertébreuse : vertébrale. Ex. : « Elle a la colonne vertébreuse de traviole. » (109)

vert et contre toux (en) : envers et contre tous.

verticaliser (se) : se mettre à la verticale, debout. Ex. : « Galant, je me verticalise en premier et lui tends la main. » (113)

vertiginer : tourner très rapidement, au point de donner le vertige.

vertigo (le) : vertige.

vertigoter : donner le vertige.

vertmir : blêmir, devenir vert. (B)

vésicule d'hier (la) : vésicule biliaire. (B)

vessies si tudes (des) : vicissitudes. Ex. : « Y a qu'à mater* ce trésor pour comprendre pour sa vertu pas briquée aux enzymes, qu'a connaît ballepeau* de la vie et de ses vessies si tudes, qu'elle a jamais vu le moindre zifolard à ombrelle*, cette mignonne. » (B, 71)

veste de cuir (une) : motard de la police.

vestiaire (un) : western. Ex. : « On dirait que tu vas tourner dans un vestiaire. » (B, 46)

vestiaireuse (une) : préposée aux vestiaires.

vestouze (une) : veste.

vétéromanichel (un) : vétérinaire nomade.

vétuste (un) : compagnon âgé d'une dame. Ex. : « La vieille a une canne anglaise et son vétuste est penché en avant, comme un qui rebrousse chemin après s'être aperçu que ses fouilles* sont trouées. » (155)

veuvasse (une) : veuve.

veuve (une) : guillotine.

viandasse (la) : corps, viande. Ex. : « Ils me videraient un chargeur dans la viandasse sans que j'aie pu manifester ma réprobation. » (136)

viande (la) : corps humain.

viande (annoncer sa) : arriver. Ex. : « Quand j'annonce ma viande dans le coinceteau*, les mecs se détranchent comme un seul homme pour m'examiner. » (15)

viande avec os (une poignée de) : main. Ex. : « Il me serre une poignée de viande avec os et se casse*. » (75)

viander (se) : se tuer dans un accident.

viander : attraper. Ex. : « Hé, tartine* pas, Bruno-le-Rouge, sinon tu vas nous faire viander comme des bleus ! » (111)

vibrure (une) : vibration.

vibure (à toute) : à toute allure, précipitamment. Ex. : « Vous savez ce qu'on dit à propos de ce fameux naturel qui revient à toute vibure lorsqu'on l'a chassé ! (19). Ex. : « Il faut qu'il se barre* à toute vibure cette nuit, s'il est encore vivant ! » (22). Ex. : « Le speaker de la télé vide son bla-bla à toute vibure comme s'il craignait de rater l'autobus. » (24). Ex. : « Je cherche à toute vibure dans ma mémoire. » (40)

vicelard : vicieux. Ex. : « J'ai mon museau d'archange vicelard en plein sur sa chaglattoune à crinière*. » (104)

viceloque : vicieux. Ex. : « Parce que t'es viceloque dans l'âme. Ta pomme*, l'dan-

ger te fait goder*. Où y a pas d'rixque, y a pas d'plaisir. » (B, 127)

Victor Hugo (un) : ancien billet de banque de cinq francs. Ex. : « Je virgulerais* bien un Victor Hugo à un mandolinier pour qu'il nous souligne d'un petit solo la langueur de cet instant. » (57)

victorhugoser : écrire à la manière de Victor Hugo.

vidaga : vide. Ex. : « Les deux armes sont vidagas, à présent. » (91)

vidage (un) : vidange. Ex. : « Notre homme entreprit de se libérer, ponctuant l'opération de quelques pets folâtres, douce musique pour ce puissant en cours de vidage. » (97)

vidange (partir en) : s'évanouir.

vider les fosses (se) : se moucher. Ex. : « Bérurier* renifle une fois ou deux, décide que ça n'est pas suffisant comme mesure d'urgence, cherche dans ses poches un tiregomme* qui ne s'y trouve pas et finit par se vider les fosses dans le couvre-lit. » (63)

videur (la) : fait d'être vide, vacuité. Ex. : « J'ai noté que, seul de ceux qui visitèrent les doublevécés*, il y est entré un instant, alors que leur exiguïté rendait évidente leur videur. » (99)

videur de pots de chambre à gages (un) : employé de maison.

videur de tinettes diplômé (un) : personnel de grand hôtel.

videur-de-récipients-sanitaires (un) : valet de chambre.

viduité (la) : fait d'être vide. Ex. : « Une vue plus élargie du compartiment de la baronne m'en confirme la viduité. » (155)

vie à la morgue (à la) : à la vie à la mort ! (B, 74)

vie d'amant : évidemment. Ex. : « J'connais personne qu'en réchappe : les réclamations d'la bidoche*. Vie d'amant, pouvez pas m'le dire ; où y a du plaisir, y a d'la gêne contrairement à ce qu'est prétendu. » (B, 208)

vieillard maniaque (un) : vieil armagnac. (B)

viendre : venir. (B)

vienenaider : venir en aide.

Vietconne (un) : Viêt-cong.

vieux comme mes robes : vieux comme Hérode.

vieweur (un) : interviewer.

vigiler : action d'être vigilant.

vigogne : vergogne, scrupule. Ex. : « Moi, j'm'ai avancé sans vigogne dans le testibule* et posé ma meilleure oreille cont'sa porte. » (B, 208)

vilain : gravement. Ex. : « Du coup, les matuches* n'auraient plus qu'à jouer au Petit Poucet, et je serais fabriqué* vilain. » (24)

vilebrequin (un) : baldaquin. (B)

villa aux cent lourdes (une) : prison.

villiégiature (une) : viager. (B)

vinaigrer : finir mal, se gâter.

vinasseur (un) : qui aime boire du vin. Ex. : « Prudent, tu l'as vu, est un vinasseur, un bâfreur*. » (114)

vindhonneurer : participer à un vin d'honneur.

vingt culs : vaincu. Ex. : « Ici, c'est malheur aux vingt culs. T'avais qu'à tirer ta gueule* ailleurs ! T'es crevé*? Tant mieux ! Ça va faire une carte d'électeur de moins à nourrir ! » (127)

vingt-deux (faire le) : surveiller, faire le guet.

vingt-deuxaine : nombre de vingt-deux environ. Ex. : « Il y a maintenant une bonne vingt-deuxaine de pèlerins* étalés sur les dalles du couloir. » (65)

vinicoler : produire du vin. Ex. : « L'étalon " kil de rouge " est le dernier lien entre eux (les clochards) et le reste, parce que c'est " le reste " qui vinicole, embouteille et nicolase*. » (75)

violaceur (la) : teint violet. Ex. : « Il prend un temps, retient un sourire et jouit de la pâleur de la Vieillasse ainsi que de la violaceur de Béru*, avant de continuer. » (64)

violée (à toute) : à toute volée. (B)

violeuricide (un) : tueur de violeur.

violir : devenir violet. Ex. : « Je pâlis, je rougis, je verdis (comme disent les aficionados d'opéra italien), je bleuis, je violis,

j'indigotis*, j'orangis* (Ris), je grisis*, je vermillonnis*. » (39). Ex. : « Il glottise* à outrance, violit, tousse, crache des choses non mastiquées. » (150)

violon (un) : 1. Prison, geôle. 2. Cœur. Ex. : « J'en eus un grand coup de tristesse douceâtre dans le violon. » (53). 3. Bidet.

violon-à-selle (un) : violoncelle. Ex. : « Elle, son jazz, c'tait le violon-à-selle, un gros zinzin qu'é s'carrait ent'les jambes et qu'elle raclait à t'en faire miauler un plein mois de mai d'chats. » (B, 208)

violonard (un) : violoniste.

violoncelleux : qui évoque un violoncelle. Ex. : « Ses hanches violoncelleuses dont l'étendue est de beaucoup plus de quatre octaves. » (131)

vioquard (un) : vieillard, père.

vioque (une) : vieille femme, mère. Ex. : « Comme le fit le Chaperon Rouquinos* le jour où le grand méchant loup becqueta* sa grand-vioque. » (28)

vioque (un) : vieil homme, père.

viorne (une) : vacarme musical. Ex. : « Ces viornes de boîtes de nuit m'ont toujours filé des spasmes dans l'horlogerie interne. » (131). Ex. : « Je ne perçois que la viorne archichiante d'un juke-box. » (134)

viorner : hurler, gueuler. Ex. : « La radio continue de viorner, toujours à plein chapeau. » (94). Ex. : « J'avais prétexté le boulot*, mais ça viornait si fort au Grand Vertige*, musique et rires entremêlés composaient un tel brouhaha qu'elle me croyait à demi, bien que j'eusse juré sur la mémoire de papa. » (118)

viragoyesque : relatif à une virago. Ex. : « Je perçois, peu après, un bruit de ferraille : l'argenterie des Bérurier* qui se fait la malle* du vaisselier. Quelques jurons viragoyesques m'atteignent les conduits*. » (151)

virée au pays du cirage (faire une) : dormir.

virgule gothique (une) : caractère hébraïque. Ex. : « On peut préférer " France-Soir " aux journaux écrits rien qu'a'c des virgules gothiques, non? » (B, 74)

virguler : jeter. Ex. : « Je virgule ensuite la chaise dans la bouille* de son pote* qui part en arrière. » (104). Ex. : « Sa Majesté me virgule un clin d'œil. » (108). Ex. : « Je virgule mamie de son plume* pour emparer le matelas. » (123). Ex. : « Ils nous ont virgulé de la grosse jeep. » (101)

viron (un ou une) : virée, tour. Ex. : « Mon premier blaud*, après ma douche et mon café, c'est de faire un viron à l'ambassade amerloque*. » (6)

virouze (une) : promenade.

virouze au pays des quetsches (une) : évanouissement, inconscience.

visager : dévisager, toiser. Ex. : « Il me détoise*, ou visage, au gré. » (105)

viser : regarder.

viseur (un) : œil. Ex. : « Tu t'es filé le doigt dans le viseur. » (28)

viseur d'obtupération concave filandrosique à sermique cavilloné (un) : instrument d'optique fictif.

visse médicale (la) : avis médical. Ex. : « Bon, t'y as fêté ses noces d'argent, bravo, banco, t'en avais b'soin, mais faut pas d'usage prolongé sans la visse médicale. » (B, 118)

visseau (un) : œil.

vital éternit (à) : adapt. du latin « ad vitam æternam ».

vital éternua (à) : adapt. du latin « ad vitam æternam. » Ex. : « On va pas rester ici jusqu'à vital éternua. » (B, 66)

vital sternum (à) : ad vitam æternam. (B)

vitamine de l'abbé 12 (la) : vitamine B12. (B)

vitement : rapidement.

vitesse de croisade (une) : vitesse de croisière. (B)

vitrail éternel (à) : adapat. du latin « ad vitam æternam ». Ex. : « Ce qu'a de bon, avec tézigue*, c'est que tu façonnes l'histoire à ta convenance. Bon, poireautons* jusqu'à vitrail éternel puisque mossieur Grand-Malin sait tout ! » (B, 77)

vitrailler : réaliser un portrait en vitrail. Ex. : « Le sourire emprunté et jamais rendu, le regard qui cherche à se vouer, une belle expression pour saint de vitrail, si on vitraillait des saints très cons. » (100)

vitranche (une) : vitrine.

vitrifié de la calbasse : chauve.

vitrine (la) : visage. Ex. : « Une demoiselle allemande, moche de vitrine, mais fantastiquement douée pour la tringle*. » (85). Ex. : « Je mate sa vitrine* fatiguée. Elle est attendrissante dans le fond, cette vieille haridelle. On suit sa valeureuse carrière sur ses traits mal ravaudés. Trente piges* de tapin*, de-ci et là. » (96)

vitupérance (une) : fait de vitupérer. Ex. : « Puis des exclamations de disjonction, des vitupérances à fulgurité* passionnelle, des étonnations* parachevées éclatent un peu partout. » (81)

vivelafrancer : tenir des propos patriotiques. Ex. : « Il parle, il exclame, complimente, applaudit, pouffe, glousse, promet, certifie, vivelafrance, anticipe, participe, déclare, prend à témoin, sermente*, glorifie, sanglote. » (76)

vocabiliaire (un) : vocabulaire. (B)

vocationner : avoir la vocation.

vocihurler : vociférer et hurler.

voie de fête (une) : voie de fait. (B)

voie des déserts (la) : voie des airs. (B)

voie de portefaix (une) : voie de fait.

voie respirateuse (une) : voie respiratoire. Ex. : « Une giclée monstre me dévale dans la charognerie qu'encombrait mes voies respirateuses. » (B, 208)

voiliage (un) : voyage. (B)

voiliageur (un) : voyageur. (B)

voir au paradis si Mussolini y est (aller) : mourir. Ex. : « Je palpe la belle enfant. Raidar. Voilà un bon bout de moment qu'elle est allée voir au paradis si Mussolini y était. » (106)

voirieur (un) : employé de la voirie.

voite (la) : ouate. (B)

volaille (la) : police. Ex. : « Merci, dis-je, vous êtes une puissante auxiliaire de la police, mon petit, aussi vous serez décorée du Mérite agricole pour services rendus à la volaille ! » (20)

volailler, volaillère : qui se rapporte à la police. Ex. : « Il est un tantisoit estomaqué, because mon compagnon noir; il nous situait pas dans les régions volaillères. » (139)

volaillerie (la) : police.

volatile : voilà-t-il. Ex. : « Volatile pas qu'on cause de moi au poste ! » (135)

voler dans les plumes : attaquer violemment en acte ou en paroles.

volet (un) : paupière. Ex. : « Je me dépêche de rouvrir mes volets et qu'aperçois-je ? » (16)

volplaner : faire du vol plané. Ex. : « Dans l'état d'euphorie où je volplane, rien ne peut me surprendre profondément. » (97). Ex. : « Mais ma pensarde* volplane, tu sais. » (105)

volte-capot (une) : volte-face en automobile. Ex. : « Il opère une époustouflante volte-capot histoire de nous courser. » (93)

voltefacer : faire volte-face. Ex. : « La blonde a voltefacé et nous mate* sans piger*. » (142)

Volvo (à) : à vau-l'eau. (B)

voluté (une) : volupté. (B)

voracer : manger avec voracité. Ex. : « Elle voraçait avec tellement tant de fougue, qu'elle a failli me décasquer le guerrier*, la bandite ! » (80)

vosigues : vous.

voter : accorder, donner. Ex. : « Je vais lui expliquer que j'ai eu un coup de tube* de Paris me rappelant. T'inquiète pas. Si elle rouscaille* trop je lui voterai un dédit. » (55). Ex. : « Schuppen me vote un sourire qui fluctuate* nettement dans la mergiture. » (81). Ex. : « Il lui vote une praline à la pommette qui fait éclater icelle comme le printemps un bourgeon. » (83). Ex. : « On l'emmitoufle d'une berlue* et on se vote à chacun un plumard*. » (155)

vouaille : adapt. de l'anglais « why » (pourquoi). (B)

vouaillefe : adapt. de l'anglais « wife » (femme). (B)

voualatil : voilà-t-il. (B)

vouane : adapt. de l'anglais « one » (un). Ex. : « Y vont déclencher le dispositif number vouane qu'équivaudre, chez eux, à not'plan or sec*. » (B, 101)

vouaquemane (un) : walkman.

vouatères (les) : adapt. de l'anglais « water-closet » (lieux d'aisances). (B)

vouécande : adapt. de l'anglais « week-end ». (B)

vouèle : adapt. de l'anglais « well » (bien). (B)

vouesterne (un) : western. Ex. : « Ça représentait un documentaire su'la vie des tortues, j'sais pas si tu mords le vouesterne. » (B, 208)

vouiliamse (poires) : adapt. de l'anglais « Williams ». (B)

vouiski (un) : whisky.

voyage (aller de son) : vomir. Ex. : « Moi je préfère regarder ailleurs. Je pense de toutes mes forces aux eaux pures du Léman pour ne pas y aller de mon voyage. » (58)

voyant de flaoutopage indexé (un) : élément fictif d'un poste émetteur-récepteur.

voyure (une) : voyance. (B)

vracant : vacant et en vrac. Ex. : « Il ramasse ses hardes encore vracantes : chemise, chaussettes, cravate, slip slip slip hurrah ! » (108)

vulve (une) : vue. Ex. : « Me connaissant de vulve, elles m'adressent des saluts empressés. » (115)

W

walter-clozèdes (les) : adapt. de l'anglais « water-closet » (lieux d'aisances).

Washington (un) : billet d'un dollar américain.

Watteau trement (il en) : il en va autrement. (B)

wattman chauve (un) : one-man-show. Ex. : « J'y ai pratiqué mon wattman chauve des grands jours, avec calçade* en levrette et embrocage* cosaque su'l'coin d'ton burlingue*, mais elle déguillait* mal du fignedé*. » (B, 127)

whiskyter : servir du whisky.

Wikinge (un) : Viking. Ex. : « Tu dirais un Wikinge revu et corrigé par la Métrogolwinge*. » (97)

wonder (une) : ampoule, cloque de la peau. Ex. : « Il lâche une rame pour nous montrer la paume de sa main où se dilate une wonder grosse commak*. » (B, 76)

Y

ya (un) : couteau. Ex. : « Je chique au désenchanté, pas lui remuer le ya dans la plaie. » (116). Ex. : « Il revient en se curant les ongles avec la pointe de son ya. » (152)

Y a volte maille n'air : adapt. de l'allemand « Jawohl, mein Herr » (oui, monsieur). (B)

Ya j'vole : adapt. de l'allemand « Jawohl » (exprimant l'affirmation). (B)

yachete (un) : yacht. (B)

yas (l') : argent, sous. Ex. : « On peut pas dire que je sois près de mes yas. » (8)

yesmaâne (un) : race de chien de petite taille.

yeux de scaphandrier dont le tuyau d'oxygène aurait fait un nœud (avoir des) : avoir les yeux exorbités.

yoyoter des cellules : perdre la raison. (B)

yukulele (un) : mitraillette.

Z

zaizé : aisé.

zanzi (un) : enzyme. Ex. : « Qu'a qu'Omo qui peut la faire partir, ou bien que les zanzis gloutons ? » (B, 72)

zanzibar biscornu (le) : partie indéterminée du corps humain.

zappy-la-Julie : lapis-lazuli. (B)

zaprogain (un) : personne âpre au gain. Ex. : « Je frissonne à l'idée que des locdus* de bas étage, des ambitieux sans scrupule, des amoindris, des refoulés, des invertébrés, des combinards, des zaprogains, des vicieux et des pommes-à-l'eau pourraient avoir la prétention de se reconnaître dans les merveilleuses pages qui suivent. » (53)

zef (un) : 1. Ennui, contrariété. Ex. : « Dis, t'es sûr que je n'aurai pas d'ennuis ? Personne va me chercher du zef ? » (83). Ex. : « S'il y avait du zef, elle allait lui passer une sacrée branlée. » (148). 2. Vent, souffle. Ex. : « Un zef mistralien ! Oui, ça surtout : le souffle. » (81). Ex. : « Le zef souffle comme un perdu, par rafales ardentes. » (142)

zeppeliner : gonfler comme un zeppelin, un ballon dirigeable. Ex. : « Le Mastard m'a suivi dans la pièce et salive de ces jeunesses ainsi offertes. V'là son bénoche* qui zeppeline d'importance. » (106)

zèzes (les) : aises. (B)

zhomos (les) : homosexuels.

zibuler : fouiller. Ex. : « Il est accroupi pour lui zibuler le bas du futal pour si, des fois, le Gros planquerait une mitraillette dans son revers. » (74)

zicouiter : court-circuiter. Ex. : « Quelque part, un mec a mis à chauffer une pleine lessiveuse de musique pop, et les martèlements sourds des instruments à percussions me zicouitent le cervelet. » (108)

zieuter : regarder.

zig (un) : homme.

zigomar(d) (un) : homme, individu douteux, incapable ou égocentrique.

zigominche (un) : homme.

zigomuche (un) : homme.

zigouiller : tuer.

zigouiquer : survolter. Ex. : « Un courant de 220 volts me zigouique la moelle épineuse. » (110)

zigouiter la tige : couper la tête. Ex. : « Moi je me dis qu'on lui a zigouité la tige pendant son sommeil, sans la réveiller, si bien qu'elle ne sait toujours pas qu'elle est morte. » (88)

zigouiter les longerons : chatouiller les jambes. Ex. : « Des fourmis me zigouitent les longerons. » (137)

zigouli (un) : légère pression. Ex. : « Un zigouli au commutateur. Lumière. Personne. » (108)

zigounou (un) : propos. Ex. : « Il va à son chef bien-aimé pour lui chuchoter un zigounou secret dans la manche à air*. » (132)

ziguche (un) : homme.

ziguilili (un) : rire, gloussement. Ex. : « Bérurier* a un petit ziguilili gêné. » (105)

zigzaguer des lampions* : ne plus savoir où donner de l'œil. Ex. : « T'as le nerf optique en panique ? Un besoin de te goinfrer* la rétine t'empare. Alors tu zigzagues des lampions. Lui mates presque simultanément les cuisses et les loloches*, le mont de Vénus* et le compensateur de trémulsions*, les lèvres et les hanches. » (206)

zinc (un) : 1. Avion. 2. Comptoir de bistrot. Par extension, bar.

zinguer : tuer par arme à feu. Ex. : « Ce qu'il est bougon, le tartarin, ce morninge ! J'espère que ses battues à travers champs le défouleront un brin. D'ici qu'il zingue l'un des participants, l'ancêtre ! Faut dire qu'il n'a plus l'âge de ses artères ! Côté du scoubidou*, l'enragée du trou normand* colimaçonne*, par contre il devient duret de l'écoutille*, et si tu mates* un moment ses paluches* d'aristo, tu t'aperçois qu'elles commencent à sucrer*. ». Ex. : « Il aurait tué un vieux, qui était, paraît-il, gênant pour Bonblanc, et réclame vingt-cinq millions pour lui zinguer son ex-femme. » (141)

zinzibuler : sonner.

zinzin (un) : 1. Fou. 2. Truc, machin, bidule.

zinzinchose (une) : idée. Ex. : « Pourquoi ai-je le sentiment que ce type voudrait me parler ? En private*. Qu'il a une zinzinchose derrière la tête ? » (85)

zize (un) : oiseau. Ex. : « La forêt est tout à fait réveillée, maintenant. Les zizes font un ramdam de tous les diables. » (26)

ziziller la pensarde : titiller l'esprit. Ex. : « Une drôle d'idée me zizille la pensarde. » (103)

zizi-panpan (un) : 1. Revolver. Ex. : « Je mets la main à mon aisselle et je dégage mon zizi-panpan de sa gaine. » (8). Ex. : « Il est semblable à une bête traquée. Faut le comprendre : la cambuse* ne comporte en fait d'issue qu'une porte basse et San-Antonio* se tient devant avec un zizi-panpan à la main. » (43). 2. Vêtement indien. Ex. : « Elle m'explique alors qu'un zizi-panpan est une sorte de filet dont les vieilles squaws se servent pour porter leurs

lardons* dans le dos, façon sac tyrolien. » (68)

zizique (une) : musique.

ziziquer : jouer de la musique. Ex. : « Ça zizique un truc folklorique, à base de cornemuse. » (94)

ziziqueur (un) : musicien.

zob tenu (avoir) : avoir obtenu. (B)

zob (un) : lobe. Ex. : « Et pour apporter ma petite tribulation* à la chose, je te prie de remarquer une deuxième nomalie*. A moins que ça vinsse d'une connerie du laboratoire de photo, on dirait qu'il a une petite tache de picrate* sur le zob de l'oreille droite. » (B, 82)

zob truction (une) : obstruction. Ex. : « Tu dis à ta polka* de répondre à nos questions au lieu d'faire des zobs tructions. » (B, 121)

zobbie (un) : hobby. Ex. : « Il godait* pour les putes*, le doc* : chacun son zobbie, comme dit si justement Bérurier*. » (B, 118)

zobé : berné. Ex. : « Bité* jusqu'à la garde, enviandé* de première. Couillonné* à toute extrémité. Niqué*. Zobé. Plumé*. Misé*. » (81)

zobs-secs (aux) : obsèques. (B)

z'œufs faits miste (des) : euphémisme. (B)

zoiseau à roulettes (un) : avion.

zoizeux : oiseux.

zolaser : abuser des descriptions, écrire comme Emile Zola. Ex. : « Le rentrededans* de Béru* à la reine, c'est poilant* un instant, mais ça ne fait pas de l'action. C'est statique, le descriptif. Il zolase, le frère ! » (65)

zolateux : en rapport avec l'œuvre d'Emile Zola. Ex. : « Je pressens un drame paysan. Un truc bien zolateux, avec pognon* dans la lessiveuse, garçon de ferme lubrique, fermière composant des apéritifs à base de poudre insecticide. » (62)

zoner : coucher. Ex. : « C'est l'heure où les pigeons viennent se faire reluire au lieu d'aller se zoner. » (11). Ex. : « Je me zone une bonne fois et je m'endors comme un bébé en attendant les pompiers. » (46). Ex. : « Je te conjure d'emmener zoner ta

335

crémière, sinon le Boss va se foutre dans un délire terrible. » (203)

zonier (un) : clochard.

zonzif (un) : zonzon.

zonzonnement (un) : zonzon.

zophages (les) : l'œsophage. Ex. : « Ça ennuierait pas ton singe* que je me farcisse* une petite lampouille* de whisky ? J'ai la béarnaise de mon château qui me tarabuste un peu les zophages. » (B, 65)

zouzouiller : parler d'une voix mielleuse.

zoziau (un) : 1. Oiseau. 2. Avion. Ex. : « Pas le moindre survivant, car le zoziau a explosé. » (24)

zozo-mazette (un) : personnage de peu d'envergure. Ex. : « Il le voit en direct que je ne suis pas un zozo-mazette. Mon énerma vaste intelligence, mon esprit, mon sens aigu de ceci-cela lui sautent aux châsses* comme la femme d'un académicien sur un paf* en ordre de marche. » (89)

zozotte (une) : verre de Pernod blanc.

zuzagé (le) : usager. (B)

zyeutée (une) : regard. Ex. : « Risquant une zyeutée par un carreau maculé de traînées blanchâtres consécutives au ciment, j'aperçois un type debout devant un réchaud. » (155)

L'ÉROTISME

« J'ai lu accidentellement la prose (je trouve pas d'autres qualifica-
tifs) d'une ulcérée de la jarretelle qui, dans un article (je continue à
ne pas trouver d'autres mots) publié par un bulletin (c'est pourtant vrai que j'exagère puisque j'appelle ça un bulletin, extrêmement confidentiel, déclare que j'en remets pour rassurer le lecteur
sur sa propre virilité. Textuel ! Je crois qu'elle ferait mieux d'ana-
lyser ses urines plutôt que mes écrits, la Madame Pudeur en question. Et pour lui prouver que mon vocabulaire n'est pas indigent,
je tiens à lui dire qu'elle est une ratée du sommier, une refroidie
du rez-de-chaussée, une virtuose du solo de mandoline, une pas-
sée-outre, une pas-réussie, une chagrineuse, une punisseuse, une
embêcheuse de baiser en rond, une déglandée, une courroucée,
une sèche, une qui voudrait qu'on l'inculque en couronne, une
pionne à tout faire, une patibulaire, une pas tibulaire, une... Oh ! et
puis flûte, de quoi je m'occupe, laissons donc les araignées tisser
paisiblement leur toile sur le siège de sa vertu. » (59)

Aabats (les) : appareil génital.

abdiquer du joufflu : renoncer à la sexualité. Ex. : « Elle avait dû ramener le pavillon depuis lurette ; abdiquer du joufflu. » (122)

abominations (les) : menstrues.

accentuer sa pression sur les lignes arrières du pack anglais : s'efforcer de pénétrer sexuellement une Anglaise vierge. Ex. : « J'accentue ma pression su' les lignes arrières du pack anglais. Des clous ! Au début, j'ai craché dans ma main, mais vouate ! Ensute, j'm'ai mouché dans c'te même main, à la sute d'une recette qu'm'avait indiquée grand-père. » (B, 208)

acharner le chipolata : pratiquer une fellation. Ex. : « Je supervise ses nichemards* blottis dans sa robe de chambre, ses hanches violoncelleuses dont l'étendue est de beaucoup plus de quatre octaves, sa bouche qui t'acharne le chipolata dans les moments intimistes. » (131)

acte de chair appâtée (un) : coït.

adhésif moldave à génuflexion opposée (un) : sexe, sexualité. Ex. : « Elle cille légèrement. Ou je me trompe comme dirait un adepte du cocufiage* qui mettait une fausse barbe pour honorer son épouse, ou cette gosse s'en ressent terriblement pour ce qui est de l'adhésif moldave à génuflexion opposée. » (49)

admission d'urgence dans le centre d'hébergement (une) : pénétration sexuelle.

affligé de l'entresol (un) : impuissant sexuel.

affligé du rez-de-chaussée (un) : impuissant sexuel.

affûteuse de chibroques (une) : femme portée sur les choses du sexe. (B)

agace-frifri (un) : pénis de petite dimension. Ex. : « T'as la babasse* confortab'. Faut pas t'présenter d'l'agace-frifri, ta pomme ! T'as la pointure grenadier. C'est pour ça qu'tu t' paies un Noirpiot ! Les colored sont chopinés* de première. » (B, 148)

agace-moniche (un) : slip féminin de très petit format. Ex. : « T'as pas peur de t'enrhumer la chaglaglatte*, si peu vêtue du trésor* ? C'est un agace-moniche, ton slip. » (132)

Agénor : pénis.

agiter le flacon (s') : se masturber.

agiter l'ogive nucléaire (s') : se masturber.

aiguillonner : pénétrer sexuellement. Ex. : « J'aiguillonnerai de part et d'autre. » (75)

aimer jouer au sifflet-ravageur : être porté sur les plaisirs sexuels. (B)

alevin (un) : spermatozoïde. Ex. : « Faudrait que vous faisez quéques blablutions*. D'autant qu'si vous seriez opérationnelle*, vous risquez la r'montée d'un d'mes al'vins dans vot' aquarium à babies*. » (B, 151)

alezan fougueux (l') : pénis en érection. Ex. : « La môme Adeline ne se sent plus et, parant au plus pressé, palpe l'entresol Renaissance* de M. Blanc* où s'avance un balcon qui n'était pas là deux minutes plus tôt. Jérémie, tu penses, sa génératrice est sur le point de sauter. Il ouvre large la porte à l'alezan fougueux. » (139)

Alfred : pénis. Ex. : « On s'aimait par la choucroute. Jamais j'ai dû autant en claper* d'ma vie, même en Alsace, même en Deutchelande. Elle, la fribour, é s'amusait à m'en tortiller autour de l'Alfred, et pis elle la tortorait* délicatement, av'c des grâces d'marquise pleine d'pédigrees. » (B, 208)

aligner : copuler avec. Ex. : « Moi, faut te dire, que question tringle*, je suis insatiable. Une gonzesse*, m'arrive de l'aligner des cinq six fois de suite, sans dégoder*. » (83)

aligner aux asperges : être porté sur le sexe. Ex. : « Elle savait les Ritals portés sur la chibrance*, mais croyait pas que les curés s'alignaient aux asperges. » (91)

allée cavalière (l') : appareil génital féminin. Ex. : « J'comprends qu'il aye t'eu envie de lu dicter un jour le courrier en la prenant sur ses genoux et en y fourrageant* l'allée cavalière. » (B, 208)

aller à la pointe : aller copuler.

aller de son voyage au pays du mimosa en branche : copuler.

aller à la botte : copuler.

aller du gourdin : copuler.

aller à dame : éjaculer, atteindre l'orgasme.

aller à la cueillette du cresson : être lesbienne.

aller au yaourt : éjaculer.

aller de son voyage (y) : éjaculer.

allumer : exciter sexuellement.

allumer un dargeot : copuler.

allumer un calume : pratiquer une fellation.

amanite (l') : pénis. Ex. : « La môme Yuchi, devant une aussi appétissante amanite, elle peut pas résister. Faut qu'elle goûte. » (85)

amazone (une) : prostituée motorisée.

ami Bébert (l') : pénis. Ex. : « Imagine-toi donc que cette chérie, de but en blanc, sans barguigner ni tâtonner, me cramponne l'ami Bébert à travers mes étoffes et se met

à me le malaxer comme pour vérifier qu'il est bien complet, total, service trois-pièces, carénage à dilatation spontanée. » (119)

amidonner le frigounet : éjaculer dans un vagin.

ami du peuple (l') : pénis. Ex. : « Qu'je me dégorge* un peu l'ami du peuple, merde ! » (B, 101)

ami Ricoré (l') : pénis.

amoindri de la membrane (un) : impuissant sexuel. (B)

amoindri du soubassement (un) : impuissant sexuel.

amour mammaire (l') : coït entre les seins. Ex. : « L'amour mammaire n'étant pas facile à réaliser, il ne voulut pas rater cette occasion, dégagea son sexe et le plaça au centre de l'énorme poitrine qu'Heidi se hâta de comprimer à deux mains. Le soulagement ne tarda pas et la duchesse en fut inondée jusqu'au menton. » (217)

amygdales (les) : testicules. Ex. : « Ça te laisse le temps de te refaire les amygdales et de te montrer dans toute ta puissance d'étalon. » (149)

amygdales du bas (les) : testicules. Ex. : « C'est quand y z'ont les amygdales du bas gonflées qu'les sadiques déconnent. » (B, 148)

amygdales sud (les) : testicules. Ex. : « Je trouvais ces hôtesses bandantes à en crever et je sentais que mes amygdales sud exploseraient avant la fin de la journée si je ne parvenais pas à en mettre une sur orbite*. » (122). Ex. : « Ça fait trois jours qu'j'aye pas pointé* un' sœur et mes amygdales sud ont pour ainsi dire esplosé. » (B, 147)

Anatole : pénis.

andouille à col roulé (l') : pénis.

andouille de Vire (l') : pénis. Ex. : « Sur l'écran, les quatre protagonistes ont des andouilles de Vire grosses comme le poignet de Béru*. » (149)

Angélique (l') : pénis. Ex. : « A mon tour, voulant pas négliger madame, et puisqu'elle m'a stratifié l'Angélique*, je la récompense d'un coup de guisot* magistral, que tant pis pour la robe-fourreau remontée tant mal que bien jusqu'à son double menton. » (120)

anguille de calbar (une) : pénis.

annapurner : copuler avec (également grimper, escalader). Ex. : « Tu peux devenir vieux con adipeux sans trop mouronner* en sachant que tes chances d'annapurner une jouvencelle restent intactes. » (75)

antenne (l') : pénis. Ex. : « Alors le gars San-Antonio* sent un frisson glacé démarrer de la plante de ses nougats* jusqu'au sommet de sa girouette*, avec escale à l'antenne. » (31)

antenne télescopique (l') : pénis. Ex. : « Moi qui suis un homme de bonne volonté, doublé d'un homme affable et triplé d'un homme à femmes, je ne me sens pas le courage de céder mon antenne télescopique à la goulue. » (155)

apothéoser la membrane : rendre, par des caresses, le summum de sa turgescence à un sexe masculin.

appareil à distribuer de l'affection (l') : pénis. Ex. : « Elle s'est fait embarquer par un gigolpince* qui n'a qu'un compte en banque à deux chiffres, mais qui possède en revanche un appareil à distribuer de l'affection ultramoderne, avec cellule photoélectrique, double carburateur et pot d'échappement renforcé. » (42)

appareil extatique (un) : sexe, sexualité. Ex. : « Elle est pas très exceptionnelle pour ce qui est de l'appareil extatique, mais c'est une fille sans façons. » (66)

appendice queutal (l') : pénis.

appliques d'origine (les) : parties génitales masculines. Ex. : « Il se dresse à son tour. En ce dont il le concerne, ses appliques d'origine, crois-moi, c'est pas de la plaisanterie. Il se trimbale* le gourdin* Tarzan, le Gros. Même au repos, son goumi* garde des proportions désobligeantes pour au moins les onze dixièmes des mortels. » (87)

apprécier la tige : pratiquer une fellation.

arc-boutée (une) : type de coup de reins amoureux. Ex. : « Encore quelques beaux allers-retours vrillés qui la font geindre de plaisir, une arc-boutée préfinale, et c'est l'embellie ponctuée ruade. » (93)

arc-bouter : être en érection. Ex. : « Popaul* arc-boute comme Jean Valjean quand il soulève la charrette du vieux roulier coincé dessous. » (147)

archet (l') : pénis.

ardente du frizounet (une) : nymphomane.

ardillon (l') : pénis. Ex. : « Bigbraque flatte son zob* de la main, comme s'il s'agissait d'un animal familier : – T'as déjà vu un gonzier* avoir froid aux châsses*, avec un ardillon commak* dans sa musette ? » (B, 148)

arnaque (faire de l') : tromper sexuellement, cocufier. Ex. : « Le gros Louis XVI avait beau être roi, si son périscope magnétique* était branché sur ses godasses au lieu d'être sur sa cravate, on comprend que sa bergère* lui ait fait de l'arnaque*. » (B, 200)

arpenter : copuler avec. Ex. : « C'était pas le genre de gonzesse* que tu pouvais arpenter en prothèse. » (96)

arpenteuse de macadam (une) : prostituée.

arracher le copeau : pratiquer la fellation. Ex. : « Une bourgeoise, tiens, dans le fond, y a pas plus salope*. C'est propre, bien lingé, ça ne fait pas de fautes de français en prenant son panoche* et personne t'arrache mieux le copeau. » (102)

arrière-boutique (l') : fessier. Ex. : « Ça ne lui empêche pas d'avoir sa portion de flotteurs* et une arrière-boutique qui n'a pas été fabriquée rien qu'avec des os. » (6). Ex. : « Elle s'en est pris les trois quarts dans l'arrière-boutique et ell'beuglait tell'ment fort qu'on croivait qu'elle dérouillait un missile Scud dans la moniche*! » (B, 148)

arrière-cour (l') : anus.

arrivée triomphale (une) : orgasme. Ex. : « Elle ajoute encore qu'elle m'aime; que " Oh! Mais si! Mais si ", que " Missiou, il mé toue! " et enfin que " Arrrhhwwwrrrr ", ce qui est tout à fait exact. Et puis c'est l'arrivée triomphale. Le déboulé dans la lumière. Je me libère de ces quelques millilitres qui font tant de chichis pour s'évacuer et conduisent le mâle à toutes les exactions, qu'ensuite t'es bien avancé, gros malin ! » (139)

arroser le réséda : copuler. Ex. : « Pour une gamine qu'a pas arrosé son réséda depuis les années 30, tu marnes* du réchaud comme une médaillée olympique. » (B, 80)

ascensionner : posséder sexuellement. Ex. : « Elle rouscaille* quand je l'ascensionne, comme quoi j'y flétris les loloches* et y bouscule les poumons. » (B, 79)

asparagus (l') : pénis. Ex. : « Pour me rafraîchir l'asparagus, je passe dans la salle de bains. Tu verras jamais, au cinoche*, des amoureux qui blablutionnent* après le radada*. Post coïtum animal crados. » (123)

asperge (l') : pénis.

asperge folâtre (une) : acte sexuel, le sexe. (B)

asperger le persil : éjaculer dans un vagin. Ex. : « Lui asperger le persil doit confiner au sublime. »

asperges (aller aux) : se livrer à la prostitution. Ex. : « Quand elle allait aux asperges, à Alger, autrefois, elle s'embourbait* pas que du légionnaire. » (90). Ex. : « Elle peut aller aux asperges sans pied à coulisse pour des vérifications prélavables. » (101)

aspériteur de fadage (l') : clitoris. Ex. : « Elle me tient les étiquettes*, une dans chaque main, et m'oriente comme une tête chercheuse, me déplaçant d'un millimètre ou deux, de temps à autre, pour que je lui conjugue bien, en rare souplesse, l'aspériteur de fadage. » (88)

aspirer le glandulaire : pratiquer une fellation. Ex. : « J'ai davantage besoin qu'on m'aspire le glandulaire que la poussière. » (121)

assaisonner les meules : éjaculer.

asséchée de la moulasse (une) : femme frigide.

astiquer (s') : se masturber. Ex. : « Il pose un pied sur la table basse et entreprend de s'astiquer sérieusement la flamberge*. » (149). « Tu t'astiques avec combien de doigts, miss Couscous ? Deux ? Trois ? Toute la main ? » (217)

astiquer : copuler. Ex. : « Il vaut mieux astiquer une frangine* avec un chibre* de déménageur qu'avec une zézette* d'expert en la matière près les tribunaux. » (122). Ex. : « Je l'ai astiquée un grand coup cette noye*. » (136)

astiquer le bigorneau : caresser manuellement un pénis. Ex. : « Bérurier* se fait mignonnement astiquer le bigorneau géant par notre conquête, meilleure façon d'user des minutes inutiles. » (104)

astiquer le flacon : caresser manuellement un pénis.

astiquer le pollux : masturber. Ex. : « La mère Marthe, charitable, lui astique le pollux à tout va. Ce qu'est unique, chez la femme, c'est son abnégation. Pouvant pas se laisser beurrer le trésor* ici, voilà que la brave caissière éponge* les ardeurs du Nordaf* à la mano*. » (133)

astiquer le centre d'hébergement (se faire) : pour une femme, avoir des relations sexuelles. Ex. : « Que sa grand fifille se fasse astiquer le centre d'hébergement par un gros farceur françouze, elle en a rien à secouer*, l'ancêtre. » (130)

astiquer le pommeau : masturber. Ex. : « Et tandis qu'elle feuillette la revue d'une main, de l'autre, elle me démarre à la manivelle, dont moi, ça me porte aux sens, un traitement de c't' ampleur, rendez-vous compte. Surtout qu'elle a les mains chaudes, l'infamure ! Ce qui devait pas arriver arrive. Moi, dans la foulée, j'y vais au yaourt*, le moillien de comporter autrement quand une gonzesse* t'astique le pommeau en te montrant des revues que si je serais le pape j'interdirais qu'on les vendisse dans les églises à la fin de la grandmesse. » (B, 87)

astronaute du septième ciel (un) : personne attirée par les plaisirs sexuels. Ex. : « Au moins, avec une pièce lourde pareille je ne crains pas de céder à la tentation, chose toujours probable lorsqu'on a mon tempérament avec le matériel complet du parfait astronaute du septième ciel. » (42)

attaquer à deux doigts le prélude de l'aprèsmidi d'un faune : se masturber (pour une femme).

aubergine (l') : pénis. Ex. : « Elle pouvait pas crier au viol pisque c'tait t'elle qui me grimpait* en danseuse, nécessairement, ni dire qu'j'la menaçais, la manière qu'elle app'lait sa mère en m'chevauchant l'aubergine, quand il est entré, ce tordu* ; hurlant comme quoi c'tait bon et que " oh ! oui ! oh ! oui ! oh ! oui ! " » (B, 127)

aumônières (les) : testicules. Ex. : « Lâchez les burnes* à M. Alfred*, y s'connaît plus, l'apôtre, si on lu tripote les pendeloques*. C'est sa partie faible. Y l'est chatouilleux des aumônières ! » (B, 137). Ex. : « On t'a déjà pompé* tout en te titillant avec la langue et en te pelotant les aumônières ? »

(149). Ex. : « Le vieux pompon ricain*
avait pigé* ça, et y donnait carte blanche à
ses roustons*, manière d'les fortifier. Y
leur laissait la bride su' le cou. Elle assurait
qu'il s'trimbalait* des aumônières de cinquante centilitres chacune. » (B, 208)

aumônières (se vider les) : éjaculer. Ex. :
« Les glandeurs n'tuent pas. Ça n'a pas
d'instinctes violents. D'autant qu'y v'nait
d'se vider les aumônières ! » (B, 148)

avaleuse de sabres (une) : femme qui pratique la fellation.

avoir bourlingué du prose : être expéri-
menté sur le plan sexuel.

**avoir la couleuvre qui fait la belle dans ton
Eminence** : être en érection. Ex. : « Moi, en
amour, l'futur, j'm'en tamponne le coquil-
lard. La triquette*, c'est pas pour plus tard.
Quand t'as la couleuvre qui fait la belle
dans ton Eminence, les calendriers grecs*,
j'te les donne. » (B, 208)

avoir de l'entrejambe : avoir l'esprit d'initiative (sexuelle).

**avoir de la langueur dans le piège à cri-
nière** : être sexuellement en état de
manque.

avoir de la vacation dans le réchaud : être
sexuellement en manque.

**avoir du chouinegomme à la place du zobi-
nard** : être sexuellement impuissant. (B)

avoir du fadingue dans le transistor : être
en panne sexuellement. Ex. : « Je redoutais
l'instant que me viendrait du fadingue
dans le transistor car c'était pas le genre de
greluse* que tu pouvais arpenter* en prothèse. » (96)

avoir du trémolo dans l'épicentre : désirer
sexuellement, être en érection.

**avoir la bouche amidonnée au sirop de
burette** : bouche après une fellation
accompagnée d'une éjaculation.

avoir la ligne d'arrivée en point de mire :
être sur le point d'atteindre l'orgasme.

avoir la self-bandoche : avoir le contrôle de
l'érection.

avoir la sentinelle sur le qui-vive : être en
érection. Ex. : « Tout en parlant, elle me
contrôle les avant-postes, s'aperçoit que la
sentinelle est sur le qui-vive, prête à tirer
un coup sur tout ce qui bouge. » (116)

avoir la zézette en torche : être impuissant
sexuellement.

avoir le bâton de Zan* carbonisé : être
impuissant sexuellement.

avoir le braque en nougatine : peiner à parvenir à une érection.

**avoir le camarade Yvanoff en position
d'Hercule** : être en érection. (B)

**avoir le chauve à col roulé qui bombe le
torse** : être en état d'érection.

avoir le cigare en torche : avoir le pénis au
repos.

avoir le cocagne qui soubresaute : être en
érection. Ex. : « Moi, j'ai le cocagne* qui
soubresaute sous la servetouze*, on dirait
des assiégés qui se rendent, qu'hissent le
drapeau blanc, réclament un armistice
d'urgence. » (206)

avoir le grognard indolent : être impuissant
sexuellement. Ex. : « A quoi ça sert d'avoir
des muscs* de briseur de chaîne si, au
plume*, t'as le grognard* indolent ? » (B,
205)

avoir le kangourou fané : n'être plus en
mesure d'obtenir une érection. Ex. : « Il
met de côté, dans sa mémoire cloaqueuse*,
des bribes de poissonnerie à déguster plus
tard, quand l'âge du kangourou fané son-
nera. » (83)

avoir le mandruche qui surdilate : être en
érection.

avoir le paf en portefeuille : être impuissant
sexuellement.

avoir le panoche qui sonne le tocsin : avoir
le pénis animé d'un mouvement de balancier.

**avoir le pantalon comme le capot d'une Fer-
rari** : avoir le pantalon tendu par son sexe
en érection.

**avoir le périscope magnétique branché sur
ses godasses** : être impuissant. Ex. : « Le
gros Louis XVI avait beau être roi, si son
périscope magnétique était branché sur ses
godasses* au lieu d'être sur sa cravate, on
comprend que sa bergère* lui ait fait de
l'arnaque*. » (B, 200)

**avoir le perturbateur de draps de lit qui
salue aux couleurs** : être en érection. Ex. :
« J'sais le perturbateur de draps de lit qui
salue aux couleurs, l'erratum qui érec-

tionne*, le taratata qui contorsionne, le par-ci par-là qui participe, le fanfan qui tulipe, le d'artagnan qui darde, le bénévole qui bénéficie, l'oubangui qui charrie, le richelieu qui drouhose, le roux qui combaluze, et tous à lavement*. » (202)

avoir le zobinche en flanelle : avoir le pénis au repos.

avoir les couilles à plat : être assouvi sexuellement.

avoir les mœurs qui ont parti en vaseline : être devenu homosexuel, pour un homme. Ex. : « Vous êtes deux pédales*, lui et toi ! Deux vilaines frappes* qui se fourrent* à tour de rôle. C'est signé Fatal ! Automatique. Je m'esplique pas autrement vot' complaisance ! T'as viré tantouze*, Alexandre-Benoît ! Il t'a z'eu aux manigances ! Tes mœurs ont parti en vaseline, bougre de grosse fiotte* ! » (B B,78)

avoir les pruneaux en chômage : être impuissant sexuellement. (B)

avoir les roberts qui font des nœuds : avoir les seins tombants à un point tel qu'il serait possible de faire des nœuds avec. (B)

avoir les roubinches fanés : pour un homme, être stérile.

avoir Mademoiselle âge tendre qui se prend pour Toscanini : être en état d'érection.

avoir mamz'elle la grosse bébête qui se trémousse dans ses appartements : avoir une érection tout habillé.

avoir Mister Popaul qui dresse son chapiteau : être en érection. Ex. : « Je démarre si aisément pour ce qui est du périscope géant. Une dame qui descend de voiture, une marchande de chaussures en action, une pensée inavouable, et voilà Mister Popaul qui dresse son chapiteau. » (137)

avoir Popaul en berne : être impuissant sexuellement.

avoir son usine à trique en chômage : être impuissant sexuellement. (B)

avoir un bulletin d'absence dans le Rasurel : être asexué.

avoir un cul de linotte : avoir la mémoire courte pour ce qui concerne les choses du sexe. Ex. : « Combien de garces* abjectes s'estiment vierges après s'être lavé les fesses, messieurs ? Elles ont des culs de linotte. » (126)

avoir un énorme dévolu à jeter : ressentir une envie sexuelle. Ex. : « J'ai un énorme dévolu à jeter, et ne sais où, hélas, ni sur qui, bordel de Zeus ! » (102)

avoir un faire-part de deuil à la place du scoubidou-verseur : être impuissant sexuellement.

avoir un marteau pneumatique dans le kangourou : être sexuellement très performant. (B)

avoir un mignon frétillement goujonneur : être sexuellement excité.

avoir un sérieux bagage dans le monte-charge : avoir une poitrine opulente.

avoir une limace en guise de chibre : être impuissant sexuellement. (B)

avoir une mâture : être en érection.

avoir Zifolette en cale sèche : être impuissant sexuellement.

avortée du panard : frigide.

Babasse (une) : vulve. Ex. : « Des mémères que le temps a dérouillées et qui raffolent se faire dérider la babasse par un petit champion du pic à glace*. » (126). Ex. : « Il présentait le gouffre d'une babasse défoncée de longue date et la souhaitait humide à souhait. » (137). Ex. : « Maintenant c'est de trois doigts qu'il lui honore la babasse, mam'zelle. » (138). Ex. : « Y fourrager la babasse, c'est pire qu'malaxer des escarguinches* qu'on fait dégorger au gros sel! » (B, 147). Ex. : « Dis donc, ta babasse, c't'une fosse d'orchestre ! » (B, 148). Ex. : « Il trouve le programme pas mal conçu. Elle a une babasse comme une entrée de métro, Violette*, à force d'en prendre des vigoureuses (même Béru* l'a astiquée*). » (151). Ex. : « J'admets que cette personne avait la babasse pas contrariante, un peu goitreuse de la moule, elle était. » (B, 208)

babasse-dégustation (une) : cunnilingus. Ex. : « M. Alexandre-Benoît va m'entreprendre par une babasse-dégustation; et avec lui, c'est pas du chiqué de sénateur asthmatique, espère! » (140)

babassou (le) : vulve. Ex. : « Lorsque je lui pris congé du babassou, elle était anéantie, la daronne*. » (122)

babiner le bolet : pratiquer une fellation.

badigeonneur de fréquence (le) : pénis. Ex. : « Sa main cool coule sur mon badigeonneur de fréquence. Oh! divine surprise. Regardez ce que mister Dodo* m'a fait. Un gros braque* tout neuf, paré pour de nouvelles péripéties. » (116)

bagatelle (la) : amour physique.

bagoulette (la) : appareil génital féminin. Ex. : « Elles se sont rencontrées à Acapulco, une année. Se sont morfillées la bagoulette, en camarades. Ont trouvé ça bon. » (88)

bagouze (la) : anus. Ex. : « J'eusse eu des instincts pédoques*, j'y aurais défoncé la bagouze* sans l'faire payer ! » (B, 148)

bagouze à col de fourrure (la) : appareil génital féminin. Ex. : « Mon médius qui tourne médium, à lui scramouler la bagouze à col de fourrure. » (93)

bagouze arrière (la) : anus.

bagouze écarquillée (la) : position sexuelle, délicate à accomplir. Ex. : « Pour réussir la bagouze écarquillée, il faut être un technicien averti (ou inverti, à la rigueur). L'exploit requiert une parfaite maîtrise de ses nerfs, des connaissances anatomiques assez poussées, une hardiesse nuancée, ses six doigts dégagés de toute arthrite, sa menteuse* en complète agilité, des salivaires performantes et l'adjonction éventuelle d'un oléagineux raffiné, style huile d'amande douce par exemple. Je me garderai bien de te donner ici le mode d'emploi, certain à l'avance que tu voudrais l'appliquer sans m'attendre, ce qui risquerait de provoquer de graves lésions à la dame de tes pensées. J'ai rencontré des impétueux dont, à la suite de telles manœuvres, les pauvres compagnes ne pouvaient plus s'asseoir pendant des semaines et encore seulement sur une pile de coussins bourrés de duvet. » (136)

bague qu'on attelle (la) : bagatelle. Ex. : « Pour commencer, cesse d'faire ta bouche en cul-de-poule, qu'autrement sinon, jamais tu pourras m'déguster l'extraterrestre*, vu qu'j'sus du module Napolo III, j'ai vu des prostiputes* professionnelles s'étouffer à l'oral av'c mon mandrin*; mais avant d'songer à la bague qu'on attelle, faut qu'j'aye une converse*, moi et Santonio. » (B, 113)

baguer : posséder sexuellement. Ex. : « Faut dire qu'la Violette* a eu une enfance masturbée*. Sa daronne* est morte en couches; naturliche*, son vieux* s'est remarida*. La belle-doche* a fait un mariage d'oraison*, n'en réalité l'était gougne*. Viovio avait pas dix ans qu'é lu broutait l'frifri* et s'faisait déguster la chaglatte*. Paraît qu'é s'servait d'aubergines comme gode*, c'te friponne! C'est pas une éducance* d'princesse, on a beau dire! Lui en est resté des attirances, Violette! Son bonheur, c'est la bagatelle à trois. Ell'raffole monicher* une frangine* pendant qu'é s'laisse baguer par un jules*. » (145)

baie des Anges (la) : appareil génital féminin.

baïonnette au canon (mettre) : être en érection. Ex. : « Un cul*? Boum! v'là Popaul* qui met baïonnette au canon. » (B, 208)

baïonnette au caleçon (jouer) : être en érection. Ex. : « Des gonzesses*, me suffit de penser à elles pour que mon Pollux* joue les Castor* et baïonnette au caleçon. » (114)

baisanche (la) : coït.

baise (la) : copulation. Ex. : « Elle est de notarié publique, elle aussi. J'm'ai laissé dire qu'une séance de baise av'c vous, Antoine, c'est plus beau que Venise. J'sais plus quelle pécore qu'v's'aviez tirée* m'a raconté vos passes de capes*, j'ai été obligée d'changer d'culotte tell'ment qu' j'm'y croiliais. » (BB, 143)

baiser : copuler. Ex. : « Et ce qu'ils racontent avant de baiser, et la manière stupide qu'ils baisent. » (88)

baiser à burnes rabattues : copuler fréquemment et/ou énergiquement.

baiser d'entresol (un) : cunnilingus.

baiserie (la) : science de l'amour physique. Ex. : « Mais moi, en baiserie*, je ne connais qu'une forme d'amour-propre et elle s'opère à cheval sur un bidet. » (136)

baisodrome (un) : lieu spécialement aménagé pour l'amour.

baisouillage (un) : coït.

balancer la purée : éjaculer. Ex. : « J'ai aperçu vot' gapian* en arrivant. Sans vouloir dénigrer : pas terrible. Un chiant, hein? Un pas drôlet*! J'vous voye mal vieillir av'c c't'un dividu*. Il doit vous tirer* chaque fois qu'à une année bitextile*, et à la fourre-vite*, qu'à peine il a balancé sa purée, m'sieur dort déjà; j'vois le genre. Pour la tendresse, s'adresser aux petites sœurs des pauv'. Lui, les gâteries prélimolaires*, que tchi*! » (B, 143)

balancer son sirop de betterave : éjaculer.

balancer ses plumes : éjaculer.

balancier (le) : pénis. Ex. : « Le Mastard a omis, dans sa précipitation, de refermer sa braguette, et comme il a oublié aussi d'enfiler son slip, t'as une vue imprenable sur son balancier. » (145)

balancier perpétuel (le) : pénis. Ex. : « On pourrait pas le reconnaître puisqu'on ne lui voit pas la tête, mais seulement le dargibus*, les sœurs siamoises* et le balancier perpétuel. » (203)

balloches (les) : testicules.

ballon (faire) : abstinence sexuelle. Ex. : « Se demandant si le Président la baisera* demain. Pourvu qu'il n'attrape pas une période de chasteté. Hier matin, elle a fait ballon. » (210)

bambou (le) : pénis.

bananade (une) : érection. Ex. : « Tu ne pouvais pas tenir mieux longtemps, parce que tu sais pourquoi? J'avais mis sur ma bouche, avant de t'embrasser, de la poudre de capharnaüm sauvage mélangée à de la poudre d'escampette bleue. Et alors quand tu goûtes ça, le monsieur, y te viens la bananade géante. » (92)

bandaison (une) : érection. Ex. : « J'entre en bandaison comme le cardinal Daniélou entrait en religion. » (84)

bandant : excitant.

bandatoire : excitant.

bander : être en érection. Ex. : « Je suis certain que ça me filerait la tricotine*, car je bande même sur photo. » (134)

348

bandoche (une) : érection. Ex. : « La bandoche, c'est d'une fragilité féroce. Une pensée de traviole*, quelquefois, et tu te retrouves avec le nœud* en berne. » (210)

bandoche (la) : désir, objectif sexuel. Ex. : « Les petites velues, c'est pas tellement ma bandoche. » (142)

bandocher : être en érection. Ex. : « Humble lecteur que ma narration ne peut que faire bandocher dans le silence turpidute* d'un moment de loisir. » (88). Ex. : « Il bandochait confortablement en songeant à Molly. » (136)

bandocherie (une) : érection. Ex. : « Même la bandocherie matineuse ne l'incite pas à la sauter*, malgré qu'elle prenne des poses. » (210)

bandouiller : être en érection.

baobab géant (un) : pénis de grande taille. Ex. : « Et j'montrais l'haut d'la cuisse, un brin vers l'intérieur. Elle a été chercher une crème à son masseur dans la salle d'bains et m'a frictionné. J'chopais* une chopine* d'archiduc d'êt' bricolé d'la sorte. Mais é conservait son impertubabilité, fleur-de-chose. Comme si ell' n'aperc'vait point mon baobab géant. » (B, 208)

baobab sous la ligne de flottaison (avoir un) : avoir un pénis surdimensionné. (B)

baraqué du popof (être) : avoir un pénis de grande dimension.

baratte bretonne (la) : pénis.

baratter : 1. Copuler. Ex. : « L'aut' nuit, j'ai rêvé que vous me broutiez* la babasse*; j'ai tant tell'ment gueulé d'plaisir qu' ça a réveillé M'sieur Merlin, not' crémier, que la femme est en vacances et dont j'ai un faible à cause d'sa moustache. A quatre heures du matin y a fallu qu'y m'baratte l'trésor*, j'y t'nais plus. Quand l'amour m'empare, Antoine*, j'sus capab' d'm'enquiller* un magnum d'champ' dans l'endroit frivole*, si j'vous direrais! » (BB, 143). 2. Etre en érection. Ex. : « Plus il lonchait*, plus il barattait ferme, l'Impétueux. » (135)

baratter les meules : malaxer les fesses.

barbichette (la) : poils du pubis féminin.

barbillonner : pratiquer le proxénétisme.

barbouzette (la) : pubis féminin. Ex. : « Elle a un beau croupion, approuve l'Eminent.

Quant à minouche*, il rit large. Et la barbouzette, conviens, c'est pas de la barbiche* de chèvre, mais de la cressonnière* surchoix, façon Victor Hugo. » (83)

barbu (le) : pubis féminin. Ex. : « Son barbu n'est pas franchement châtain. Non plus que blond. » (93)

barguigner le flamand rose : copuler.

bas-baquet (le) : bas-ventre. (B)

bas-bide (le) : bas-ventre.

basidiomycète (le) : pénis.

bas morceaux (les) : parties sexuelles masculines. Ex. : « Il fut tenté d'échapper à la main vorace qui lui malaxait les bas morceaux pour procéder à des ablutions. » (136)

bastringue (le) : appareil génital féminin. Ex. : « Ça pendait comme des rideaux d'tulle, son bastringue à la vieille. Pas mèche d'en maintenir : ça fluidait entre les radis*. » (B, 208)

batifolance (une) : figure amoureuse préliminaire.

batifoler dans la broussaille (se faire) : avoir des rapports sexuels. (B)

bâton à un bout (le) : pénis en érection.

bâton de maréchal (le) : pénis.

bâton de misère (le) : pénis. Ex. : « Nous voilà partis dans une allée discrète et je déguste le bâton de misère du monsieur. » (149)

bâton de Zan (le) : pénis.

batte de baise-ball (une) : pénis.

batte de baise-bol (une) : pénis.

bavochard glouglouteux à muqueuse consentante (un) : baiser lingual.

bavouiller : copuler.

bavouillodrome (un) : lieu spécialement aménagé pour l'amour.

béarnaise (la) : sperme. Ex. : « Et aussi, qu'un monôme d'étudiants se rassemble au-dessus d'elle et que les petits gars lui virgulent* en chœur leur béarnaise sur le corps. » (85)

Bébert : pénis. Ex. : « Excusez! dis-je en renfournant Bébert dans ses appartements. » (149)

bébête (la) : le sexe en général.

bébête à moustache (la) : pénis. Ex. : « Je lui souris. Sa main remonte en direction de ma grosse bébête à moustache. » (118)

béchamel d'amour (une) : jouissance physique. Ex. : « Tu grimpes au fade*, ninette ? Tu la sens venir, ta béchamel d'amour ? »

bectage de frifri (un) : cunnilingus. Ex. : « Une fois que tu lui as pratiqué : le doigt de cour, le bectage de frifri, la tringluche arrière* et le grand fourre-tout, qu'est-ce y reste ? Le lichouillage de doigts de pied ? Le transistor pulmonaire ? La corde à violon dans l'œil de bronze* ? La compresse chinoise. Ou des conneries de ce genre. » (B, 74)

bec verseur (le) : pénis. Ex. : « Gagné par l'ardente émotion qui découle d'une admiration à laquelle participent ton bec verseur, tes sœurs jumelles*, ton sens artistique et ta glande émotive. » (122)

Belge (le) : pénis. Ex. : « Sitôt que la sublime portera les mains sur mon épiderme, le Belge sortira du tombeau, comme dans la " Brabançonne ". » (117)

bénitier de Satan (le) : vagin. Ex. : « Elle n'a pas mis de culotte afin que je puisse, à tout instant, plonger mes doigts dans le bénitier de Satan. » (150)

berdouillette (le) : pénis.

bergougner le système : posséder sexuellement. Ex. : « Escuse le retard : un moment qu'on était en tenue de parade, Caca et mégnace* se sommes senti un regain de tendresse. J'ai voulu lui bergougner le système tout habillé manière de gagner du temps, vu qu'on jouait la montre, mais dans mes effusions j'ai pété* la fermeture Eclair de ma devanture*. » (B, 72)

berlingage (le) : virginité sexuelle féminine.

berlingot (le) : virginité sexuelle féminine. Ex. : « Tu ne peux tout de même pas sauter à pieds joints dans la chatte* d'une adolescente qui a peut-être encore son berlingot ! » (154)

berlingot-dorloté (le) : appareil génital féminin. Ex. : « Il m'est arrivé de me faire rebuffer* (de l'italien rebuffo) par des sœurs* mal lunées ou qui prenaient leur berlingot-dorloté pour le saint sacrement. » (64)

berlingue (le) : 1. Virginité. Ex. : « Même quand t'auras largué ton berlingue, reste vierge, ma chouchoute, reste vierge de ta pensée, de ta croyance. » (B, 208). 2. Appareil génital féminin. Ex. : « Mlle Ladousse se décamote* le berlingue avec clapotis agrestes. » (150)

berne (en) : se dit d'un pénis qui n'est pas, ou plus, en érection.

besogner : copuler.

bêtes à bon Dieu plein le kangourou (avoir des) : être sexuellement excité. (B)

betterave sucrière (la) : pénis.

beurrer la coquelle : copuler.

biberon (le) : pénis.

biberonner la bistoune : pratiquer une fellation. Ex. : « Le réparateur s'arrêta de réparer pour considérer la grosse salope*. Il sourit à cette truie avide, sentant poindre une pipe* carabinée. La sauter* ne lui disait rien, mais il était partant pour se faire biberonner la bistoune*, sachant combien, en l'occurrence, des lèvres épaisses et molles constituent un " plus " appréciable. » (151)

biberonneuse (une) : femme affectionnant les fellations.

biberon-valseur (le) : sexe, sexualité. Ex. : « Dans la vie y a pas que le biberon-valseur, y a aussi les choses de l'esprit, mon pote*. » (B, 46)

bibite (la) : pénis. Ex. : « La bibite à Pauley déambule sur la jupe, mouche sous verre cherchant une issue. » (210)

bibliquer : copuler.

bicher la digue : éprouver un irrésistible désir sexuel. Ex. : « Suffit qu'on se regarde pour que la digue nous biche et qu'on se jette l'un sur l'autre. » (154)

bidurage polave (un) : désir sexuel. Ex. : « Il se demande qui, de la jolie brune ou de la châtelaine, répondrait le plus ardemment à son bidurage polave. » (102)

bielles (les) : attributs sexuels masculins.

bienbaisance (une) : bienséance sexuelle. Ex. : « Vous pouvez m'engranger le Nestor* s'lon les règ' de la bienbaisance. » (B, 130)

bigornuche (le) : clitoris. Ex. : « La jolie demoiselle, ça l'excite, un tel spectacle. Du coup, elle retrousse sa belle robe blanche par-devant, écarte sa culotte et s'attaque à deux doigts le prélude à l'après-midi d'un faune*. On grossit sur l'entrejambe de l'exquise jusqu'à bien dégager son bigornuche. » (151)

bigorneau (le) : 1. Clitoris. Ex. : « Je pense que la secrétaire dodue a une belle moulasse* bien renflée avec un joli bigorneau rose au creux de l'écrin, et qu'elle doit mordre le tranchant de sa main pour pas gueuler lorsque tu la verges* en force. » 2. Pénis de petite taille. Ex. : « J'en voudrais même pas pour pisser de la camomille, d'son bigorneau. » (100)

bigorneau fureteur (le) : pénis. (B)

bigorner du brise-jet : être en état d'érection. (B)

bigornettes (les) : testicules. Ex. : « Un coup de saton* dans les bigornettes, tu parles d'un mauvais début de journée. C'est ce qui s'appelle se lever du pied gauche, car je lui ai chahuté les petites frangines* du pied gauche. » (72)

bigorninche (le) : pénis. Ex. : « L'angine me recroquevillait le bigorninche. Je sais des dames, comblées par mes soins assidus, qui auraient écarquillé grand les vasistas* en m'avisant aussi mignard*. » (124). Ex. : « Je m'approche et j'avise un ministre sur la table de massages, avec une serviette à fleurs sur le bigorninche. » (203)

bigornuche à crinière (le) : appareil génital féminin.

bigoudi (le) : pénis.

bigoudi chauffant (le) : pénis.

bigoudi de cérémonie (le) : pénis.

bigoudi fantasque (le) : pénis. Ex. : « Elle désapprivoise le bigoudi fantasque du bonhomme (un outil sans grandes espérances) pour branler le chef. » (108)

bigoudi farceur (le) : pénis.

bigoudi vadrouilleur (le) : pénis.

bigoudi verseur (le) : pénis.

bigoudoche (le) : pénis. Ex. : « Il secoue son sexe, comme un goupillon, enclenche la chasse et va se passer le bigoudoche sous le robinet. » (210)

bigoudoche folâtre (le) : pénis. Ex. : « Elle rosit en me regardant le bigoudoche folâtre.

Faut dire que des commaks*, elle ignorait que ça pouvait exister, les Chinetoques* étant membrés* comme des écureuils. » (106)

bigouli folâtre (le) : pénis. Ex. : « La palme " du tatouage " revient tout de même à un petit fripon qui s'est fait déguiser le zigouigoui* en souris. En v'là un que sa nana devait trop appeler mon rat! C'est frappant comme transformation. Son bigouli folâtre, c'est textuel une mignonne souris, avec de petites oreilles, de la moustache et des yeux gentils. » (202)

bijoux de famille (les) : parties génitales masculines. Ex. : « Tout en nous fustigeant d'un regard rageur, il flatte ses bijoux de famille comme on fourbit les cuivres du salon le samedi matin. » (58)

bilapsus linguæ (un) : caresse buccale simultanée.

bilboquer le fouinozoff : sodomiser.

bilboquet de salon (le) : sexe, sexualité. Ex. : « Félicie* sait bien que son fils bien-aimé est le champion toutes catégories du bilboquet de salon. » (19)

bilboquet à moustaches (le) : pénis.

bip-bip (le) : appareil sexuel féminin. Ex. : « Elles ont beau se carrer des trognons de choux dans le bip-bip en criant que c'est bon, je m'en tu sais quoi? Branle*! » (89)

bique (la) : pénis. Ex. : « Plantu, il branlait* rien en classe, sauf sa bique. » (B, 208)

biquer : aimer physiquement. Ex. : « Elle m'a dit que c'était le sien, qu'elle y tenait parce que l'homme qui lui avait donné la biquait. » (8)

biroute (la) : pénis. Ex. : « Crois-en ma vieille expérience, mais c'te pétroleuse* doit raffoler la biroute chercheuse. » (104). Ex. : « Quel hangar à biroutes tu me fais, ma puce! » (129). Ex. : « En nous reconnaissant, Béru* pousse une clameur de loup-garou qui vient de dérouiller* une volée de chevrotines. Il se dresse, la biroute au vent, dodelinante comme une tête de tortue de mer à laquelle on lit un texte de M. Robbe-Grillet. » (141). Ex. : « La stupeur du praticien qui se trouve nez à nœud* avec la plus grosse biroute de sa carrière. » (150)

biroute de bouvreuil (une) : pénis de petite taille. Ex. : « Une fois dans ses bras, une fois ent' ses cuisses: tchao! Y freluquaient*, messieurs les rouleurs. Soite qu'ils eussent une biroute de bouvreuil, soite qu'ils ne sussent pas s'en servir. » (B, 208)

bistochard thermostatique à injection directe (le): pénis.

bistougne (la): pénis. Ex.: « Ma grosse bistougne criait pouce. » (129)

bistougnet (le): pénis. Ex.: « S'il est vrai que le sexe soit en rapport de taille avec le pif*, il doit pas trimbaler* grand-chose dans son kangourou* le quidam. Ça se situe dans le calibre gnocchi, son bistougnet. » (139)

bistougnette (la): pénis. Ex.: « Déjà, il venait de le déculotter et d'y empoigner la bistougnette pour de louches vivisections (halte!). » (136)

bistoune (la): pénis.

bistounet (le): pénis.

bistounet à crinière (le): appareil génital féminin. Ex.: « Déguster le bistounet à crinière. » (130)

bital: en rapport avec le pénis (la bite).

bite (la): pénis.

bité: membré; désigne la taille d'un pénis. Ex.: « Sans vergogne, elle m'empoigne les génitoires. – Gagné! triomphe-t-elle. Il est bité de première, ce malandrin! » (149)

bitée (une): copulation. Ex.: « T'y croilliais plus, une bitée d'c't'importance! » (B, 130)

biter: copuler.

bitophage (un): mangeur de pénis.

bitougneur d'extase (le): pénis. Ex.: « Ma chère Gwendolen a sa tête sur mon épaule et continue de me flatter le bitougneur d'extase, comme s'il s'agissait d'un manteau de zobeline qu'on viendrait de lui offrir. » (119)

bitougneur à injection directe (le): pénis.

bitougneur à incandescence (le): pénis.

bitougnot (le): pénis.

bitougnot à tête vadrouilleuse (le): pénis.

bitoune (la): pénis. Ex.: « Un irréductible. Lui, il est sensible à un beau fessier, mais à condition qu'il y ait une grosse bitoune de l'autre côté. » (124). Ex.: « La bitoune, c'est pour l'instant, juste pour l'instant. Le cœur, lui, c'est pour toujours. » (129). Ex.: « La comtesse lui caresse l'entre-deux doucettement, à gestes de propriétaire. Elle a l'antériorité pour elle. La bitoune, selon sa morale bourgeoise, c'est comme la terre: elle appartient au premier occupant. » (148)

bitounet (le): pénis. Ex.: « Qu'est-ce qu'elle imagine, l'intrépide? Que je vais dégainer bitounet du fourreau pour la tirer dans la foule entassée? » (140)

blagues à tabac (les): seins de vieille femme. Ex.: « Ils décrètent que "minette*", faut plus y songer: trop tari définitivement; tu perds ta salive pour ballepeau*. Le pelotage* des blagues à tabac, de même. » (148)

blenno (une): blennorragie.

boire au goulot: pratiquer une fellation. Ex.: « Ah! ce que j'aimerais me laisser boire au goulot par cette fabuleuse fille du septentrion. » (150)

boîte à délices (la): vagin. Ex.: « Voilà: tu t'agenouilles avec les jambes éloignées l'une de l'autre et tu passes tes mains sous ce pont charmant. Ma pomme, je te placarde* Nestor dans la boîte à délices, ensuite je saisis tes menottes* adorables et on fait les scieurs de long. » (136)

boîte à gants (la): vulve. Ex.: « T'es là, devant cinquante mille personnes à agiter un plumeau pour chasser les mouches et messire le King te fourrage la boîte à gants. » (138)

boîte à lettres (la): vulve. Ex.: « Elle a une manière de soulever une jambe qu'est salement friponne, ma camarade. C'est ça, avoir la cuisse légère. Te présente sa boîte à lettres aux meilleures conditions. » (91)

boîte à lettres à moustaches (la): vulve.

boîte à ouvrage (la): vulve. Ex.: « A la longue, la petite serveuse finit par enjamber mon pote* et, à califourchon, organise une partie de cache-cache entre sa boîte à ouvrage et la berdouillette* du Phénoménal. » (145)

boîte à pafs (une): vulve.

boîte à suppositoires (la): anus. Ex.: « La voilà qui part en galopant, comme si on cherchait à lui enfoncer un tisonnier rougi dans la boîte à suppositoires. » (202)

bombard (le) : appareil génital féminin. Ex. : « Ça lui dégage suffisamment le bombard pour que je l'entreprenne par une tyrolienne* foisonnante. » (154)

bonbonnière (la) : testicules.

bonbons (les) : testicules. Ex. : « Ayant arraché sa limouille* et son futiau*, il dégrafe ce dernier, le laisse choir sur ses godasses*, en profite pour gratter ses bonbons qui collaient au papier, redrape sa limace* et se culotte dans les règles. » (135)

bonheur du jour (le) : 1. Appareil génital féminin. Ex. : « Tu la commences, tu lui blablutionnes l'bonheur du jour au Dom Pérignon, et puis c'est ma pomme qui se ramène pour la fourrée* géante av'c sa mastarde chignole* de cérémonie. » (B, 129). 2. Pénis. Ex. : « Elle se casse* après avoir palpé le bonheur du jour du gars. Béru* s'assure que son pistolet à délices* est toujours dans son holster. » (116)

bonhomme en bois des Galeries Tâte-fesses (le) : pénis.

bonnet à poils (le) : pubis.

bordelière (une) : patronne d'un bordel (lieu de prostitution).

bordel's man (un) : client de bordel.

bornique (la) : copulation.

botte (la) : copulation. Ex. : « A ce stade de convalo*, dites, docteur, ça s'attrape encore l'hépatite virale ou s'il vaudrait mieux que j'attendasse un peu avant de proposer la botte à votre dame ? » (126)

botte de persil (la) : pubis. Ex. : « Côté de la botte de persil, c'est luxuriant chez mon ancilliaire. Elle foisonne de la touffe*, l'Ibérique. Faut lui faire la raie au milieu pour se frayer le passage. » (139)

Bouboule : pénis. Ex. : « T'as maté mes préludances* ? Vise un peu la manière qu'Bouboule s'agite dans sa case. Sans t'commander, fais-y lui un' p'tite bienvenue d'la main, y a rien qui l'mett' mieux en joye ! » (109)

bouc (un) : obsédé sexuel. Ex. : « L'autre, tu penses, bouc comme pas deux, la manière qu'il fait tilt et lui braque ses Mazda* sur les contours. » (89)

bouche d'en bas (la) : vagin. Ex. : « T'as la craquette* qui part à dame ! La bouche d'en bas qui bave des rondelles d'saucisflard ! » (B, 148)

bouc-office (un) : braguette. Ex. : « J'ai ramoné* seize fois Berthy dans la journée d'hier et fait une fleur* à not' vieille concierge dans l'escalier, pendant qu'elle balayait. Ça commence à se savoir dans le quartier. Les bergères* me matent* droit au bouc-office. » (B, 77)

bouchon de radiateur (un) : mamelon de sein de femme. Ex. : « Mlle Anne se dresse sur un coude. Elle a la poitrine bien ajustée car, dans cette fameuse position, ses bouchons de radiateur continuent de me faire " hou les cornes ! " » (31)

bouffe (une) : cunnilingus.

bouffement (un) : cunnilingus. Ex. : « Je soutiens mordicus qu'un vrai bouffement de chatte* ne saurait être inférieur à deux heures consécutives. » (134)

bouffer : pratiquer la fellation. Ex. : « Maintenant qu'elle te bouffe la queue, elle nous mangera aussi dans la main. » (216)

bouffer le colifichet : pratiquer un cunnilingus.

bouffer le frifri : pratiquer le cunnilingus. Ex. : « Sont-ce deux frangines* ? Elles ne se ressemblent pas du tout. Deux amies de pension vouées au plus farouche des célibats ? Voire un ménage de dames arrivées à l'âge où elles ne peuvent plus se bouffer le frifri qu'avec une paille ? » (155)

bouffer la gueule (se) : s'embrasser profondément. Ex. : « La plus petite tablée se réduit en un couple d'amoureux, des Belges, qui se bouffent la gueule à salive que veux-tu, excités par la musique ibérique. » (109)

bouffer le museau : embrasser. Ex. : « Je lui bouffe le museau à perdre haleine, la pétris. » (134)

bouffeuse de trique (une) : femme pratiquant la fellation. Ex. : « Celle qui en voulait encore, et toujours, et du surchoix, bien ferme. Une bouffeuse de trique terrible, ma gentille cavalière. » (88)

bouic (un) : maison de prostitution.

bouillavage (le) : copulation.

bouillave (la) : copulation. Ex. : « Quand t'as procédé à la petite pipe* du matin, qui éclaircit le cérébral, puis à la belle bouillave digestive du tantôt, ça débouche où, la tringlette* ? » (B, 208)

bouillaver : copuler. Ex. : « Ce qu'ils sont organiques, ces deux gorets ! Bâfrer, bouillaver, pioncer*. » (62). Ex. : « Quand bien même un mari ferait retour alors que tu bouillaves avec sa baronne, coûte que coûte tu dois mener icelle au panard*, sans tenir compte des cris ni des tempêtances* maritales. » (93). Ex. : « Ainsi, pour ce qui est de ma part, gamine, sache que bouillaver Berthy ou bouillaver un aut'brancard* ça fait deux. » (B, 208)

boul'vard des filles du calvaire (le) : appareil génital féminin. Ex. : « J'avais l'temps d'm'prom'ner sur son boul'vard des filles du calvaire, bien m'hygiéner s'lon les normes. » (B, 208)

bouquet de printemps (le) : parties génitales d'un homme.

bourgeon (un) : mamelon d'un sein de femme. Ex. : « Il tire une menteuse* longue comme une nappe de banquet et lui file un p'tit coup de lichouille* sur les bourgeons. » (121)

bourranche (une) : coït. Ex. : « La bourranche saine, nette et précise, sans faux lyrisme ni autres dégueulasseries. » (93)

bourre-bourre (un) : copulation. (B)

bourrée (une) : coït. Ex. : « Le tringleur* hors classe, qu'en a jamais à suffisance et t'remet l'couvercle sans seul'ment s'l'aérer ent'deux bourrées ! » (B, 208)

bourrée auvergnate (une) : copulation. Ex. : « La dame est réticente. Du moment qu'il y a du monde, elle est pas partante pour la bourrée auvergnate, Violette. » (117)

bourrer : copuler. Ex. : « Il est vachement queutard*, Luc. Il bourre à tout va. » (211)

bourriche (la) : vulve. Ex. : « Eh ! l'ami, tu déballe pas la bourriche ; tu trouves que ça pue pas suffisamment la marée dans le secteur. » (96). Ex. : « Je dégage ma dextre musardeuse de sa bourriche. » (134)

boutique à cresson (la) : vulve. Ex. : « On s'est payé un de ces métinges de cuissots*, la nuit dernière, que si j'aurais eu une caméra, ta fortune était faite en Suède, mon pote* ! Ah, la gredine, tu parles d'un coup de reins qu'elle bénéficie ! Sa petite boutique à cresson, comment qu'elle te la remue ! Elle a une de ces trépidations dans le baigneur* que tu la prendrais pour un appareil à rilaxer*, cette pouliche*, espère un peu ! » (B, 71)

boutoirer : pénétrer sexuellement avec énergie.

bouton d'essorage (le) : clitoris. Ex. : « De ces minouches qui glapissent au premier coup de langue sur le bouton d'essorage. » (122)

boutonnière (la) : clitoris. Ex. : « Mon pote* lui fourrage* la boutonnière d'un médius autoritaire. » (147)

braczif (le) : pénis.

braczir (un) : érection. Ex. : « Pendant que le pieux seigneur allait contracter la peste infidèle, clés en poche, ils devaient drôlement s'exciter le tempérament, les tombeurs du XIIe à crocheter des serrures interposées. Tu parles d'un braczir qui devait leur monter pendant qu'ils s'acharnaient sur les pênes récalcitrants. » (203)

brandonner du calbar : avoir une érection. Ex. : « Déjà brandonnant du calbar à l'idée de descriptions zozées, le poignet de cuir arrimé ! » (204)

branle-moi le combat (un) : érection. Ex. : « Elle a retapissé* l'effervescence, le monstre branle-moi le combat à bord de mon kangourou*. » (138)

branler : masturber.

branler (se) : se masturber. Ex. : « Il peut se branler devant la téloche* en contemplant nos bandantes* speakerines. » (131)

branlette (une) : masturbation. Ex. : « Je me prenais pour Aznavour et j'avais envie de régaler l'assistance d'une branlette supplémentaire, comme le grand Charles accorde une dernière chanson a capella (ou a cappella) à ses fans en délire. » (Félix*, 136)

branleuse (une) : femme qui pratique la masturbation. Ex. : « Moi je préfère me toucher ; même les mecs me laissent froide. Je suis une branleuse, quoi, j'ai pas honte de le dire ! Indépendante à mort ! Je ne tire mon plaisir que de moi ! » (217)

branlocher : masturber.

braque (le) : pénis. Ex. : « Souvent, des pétasses de son acabit, tu leur flanques ton braque dans le clapoir* uniquement pour les faire taire un moment. » (93). Ex. : « Un policier, avec un braque pareil! – La matraque fait partie de notre panoplie professionnelle. » (100). Ex. : « Une grande perche qui t'enjambe le braque en écuyère. » (130). Ex. : « M'étant retourné, j'avise les deux pécores*, sur le plumard*, en train de faire joujou avec Béru* endormi. Elles ont fixé un beau ruban rose à son braque qu'elles réaniment en conjuguant leurs efforts. La grosse bébête dodeline déjà, se dresse lentement et fait des révérences de gauche et de droite comme une jolie petite princesse endimanchée. » (145). Ex. : « Quand, comme ma pomme*, on défile dans l'éguesistence av'c un braque de quarante centimètres, et même quarante-deux quand j'tire d'sus, on n'a pas la comportance* du tout-venant. » (B, 148). Ex. : « D'puis la mort d'son mec qui s'est planté en coléoptère* en sulfatant ses récoltes l'an dernier, ell' avait pas r'tâté du braque*. » (B, 148). Ex. : « Donc, la sociologue de renommée internationale, effarée par le braque de son confrère, lui a demandé courageusement d'en user avec elle. » (150)

braqué : membré, désigne la taille d'un pénis. Ex. : « Pas surprenant que les Jaunes aient des petites bites. Tu ne peux pas miniaturiser de la sorte avec une grosse entre les jambes, im-pos-sible! Les gonziers qui ont bâti les pyramides, eux, oui, ils devaient être braqués féroce. Ceux qui ont édifié Notre-Dame de Paname avaient aussi des chopines* de taureau, je te parie la mienne! Quant à ce titan de Victor Hugo, il se coltinait un braque à la hauteur de son œuvre, tu t'en doutes! Sinon la mère Drouet ne lui aurait pas envoyé des milliers de bafouilles dégoulinantes. »

braquemarder : pénétrer sexuellement. Ex. : « J'peux t'braquemarder jusqu'à ce t'aies un brasero dans la chaglatte*. » (B, 130). Ex. : « Qu'elle finisse de se faire braquemarder la moniche*! Elle va en mourir de cette rupture de secteur! » (148)

braquemardesque : en rapport avec le pénis. Ex. : « Sa petite culotte pervenche m'avait démarré l'apothéose braquemardesque. »

braquemuche (le) : pénis.

braquezif (le) : pénis.

braque qui fait adieu à la dame (avoir le) : ne plus être en érection. Ex. : « Tu t'croyes l'colosse d'Hérode et t'as le braque qui fait adieu à la dame, tel un mouchoir su'un quai d'gare. » (B, 208)

braquezing (le) : pénis. Ex. : « Eh ben? les apostrophe Alexandrovitch-Bénito, d'un air sardonique, c'est le braquezing à m'sieur Lévy, ça? » (B, 74)

brasero dans le baquet (avoir un) : être porté sur les choses du sexe. Ex. : « Une belle vamp comme te voilà, dans un patelin où les bonshommes ont un brasero dans le baquet! » (24)

brasero (le) : appareil génital féminin.

breloques (les) : testicules. Ex. : « Voilà plus de six heures qu'on se gèle les breloques dans cette saloperie de voiture. » (51)

bretzel (le) : gland (nœud). Ex. : « Leur tire* devait avoir des plaques à la mords-moi-le-bretzel. » (149)

bricoler une bonne façon : copuler. Ex. : « Un Indien qu'est pas seul'ment sorti d'sa réserve pour y bricoler une bonne façon, par correction. » (B, 208)

bricoler des préalables : pratiquer des caresses préliminaires à la pénétration sexuelle. Ex. : « Je lui ai bricolé des préalables pour baliser le parcours. » (122)

bricoler l'existentiel : copuler. Ex. : « Mais dans la journée, personne n'occupe cet étage ancillaire; y a que la petite maâme Braguet qui vient s'y faire bricoler l'existentiel. » (114)

bricoler un solo de banjo (se) : pour une femme, se masturber.

bricoler le compteur bleu : copuler.

bricoler le gourdin : pratiquer des attouchements sexuels. Ex. : « Elle t'a embarqué dans une cabane à outils où elle s'est mise à te bricoler le gourdin. J'ignore la manière que tu lui as accueilli les prévautés*, mais dégueu* comme je te connais bien, je suppose que t'as cru à la belle affure*. » (B, 86)

briquer le chinois à l'encaustique de glandes : pratiquer une fellation.

briquer le clito à l'huile de parlotes : pratiquer un cunnilingus. Ex. : « Y passait ses aprèmes* et ses vacances entre les jambons* d'une frangine* à lui briquer l'clito à l'huile de parlotes. » (B, 142)

brise-jet (le) : pénis. Ex. : « Il a certainement une demi-douzaine de danseuses à se foutre sous le brise-jet ! » (31)

brise-lame (le) : pénis. Ex. : « Puis, vite elle s'remettit à l'arrière-plan de ton brise-lame pour t'rattaquer au vibro*. » (B, 208)

brise-mottes (le) : pénis.

brocher : sodomiser. Ex. : « Je l'ai suivie, en regardant le mignon fignedé*, bien pommelé, préhensible, et je me voyais à la place du canasson*, mézigue*. Brochant mademoiselle à la langoureuse. J'imaginais son va-et-vient dargifleur* à mon bénef exclusif. Ce pied, Monseigneur ! » (88)

brossage (un) : copulation.

brosse (la) : copulation. Ex. : « La brosse sans amour, on s'en lasse vite ! » (216)

brosser : copuler. Ex. : « Brosse à ton rythme, génial métronome ! » (109)

broussaille (la) : poils du pubis. Ex. : « Dans mes effusions j'ai pété* la fermeture Eclair de ma devanture*. Ça a failli tourner au drame : les dents de la fermeture sont prises dans la broussaille à madame ; de ce fait, quand j'ai voulu prendre mon congé d'elle, il s'en est suivi une dépilation telle que maintenant, vue d'en bas, tu lui donnerais huit ans. Un vrai velours ! » (B, 72)

broutage de mufles (un) : baiser lingual.

broutaille (une) : cunnilingus.

broutance (une) : cunnilingus. Ex. : « Une p'tit broutance, vous, denté d'la sorte, c'est kif* d'râteler les foins. » (B, 125)

broute (une) : cunnilingus. (B)

broute-minou (un) : cunnilingus.

brouter : pratiquer un cunnilingus. Ex. : « Dis, elle s'expliquerait pas dans le gigot à l'ail*, Karola ? Ça m'ennuierait que l'Harriet la broute. » (150)

brouter la craque : pratiquer un cunnilingus.

brouter le frifri : pratiquer un cunnilingus.

brouter le gazon : pratiquer un cunnilingus. Ex. : « Ell' s'fait brouter l'gazon à ses moments perdus, j'sens. Bouge pas qu'j'opérasse un bout d'espertise dans la case trésor*. » (B, 148)

brouter le mufle : embrasser sur la bouche. Ex. : « Je broute son mufle et ça me fait du bien. »

brouter le parterre : pratiquer un cunnilingus.

broute sur gazon frisé (une) : cunnilingus.

brouteur (un) : celui qui pratique un cunnilingus.

brouti-broutage (un) : cunnilingus. Ex. : « Juste un petit brouti-broutage liminaire, et puis hop ! l'enfilage classique. » (102)

burnes (les) : testicules. Ex. : « J'ai les burnes dans la gorge ! – Vide-les, elles redescendront se mettre en place. » (216)

burnicherie (la) : testicules. Ex. : « Dans la bathouze* roupane* d'noye* en satin blanc, elle est vachetement comestib', la mère. J'viendrais pas d'faire une fleur à la doctorale*, aussi sec, profitant d'la reconnaissance qu'elle m'fait preuve, j'ai la burnicherie à plat, mézigue*. Faut qu'je rechargeasse les accus, quoi ! on n'est pas un surhomme. » (B, 208)

burniches (les) : testicules. Ex. : « T'es le furoncle de la famille, cousin, tu me purules sur les burniches. » (B, 74)

butoir (un) : pénis de grande dimension.

C

cabinet des estampes (le): vulve. Ex.: « Entre les jambes passe une main féminine qui tâtonne, chope* un braque* et se le guide dans le cabinet des estampes. » (149)

cacatois (le): pénis. Ex.: « Tu crois que j'allais profiter du voyage pour déhisser du cacatois? La peur, pourtant, c'eût dû me ramollir, non? Eh ben pas du tout. J'continuais de tangoter du paf* en scaladant les marches. » (B, 208)

cacatois (déhisser du): cesser d'être en érection.

cacheter les enveloppes: pratiquer un cunnilingus.

cacheter une donzelle: pratiquer un cunnilingus.

cadeau bonux (le): pénis. Ex.: « – Vous dégagez une telle impression de de... force! Et de... de virilité. – Et c't'impression, elle est pas dans une musette. Si vous voudriez vous donner la peine de palper mon cadeau bonux. » (B, 208)

cadre noir de Saumur (le): pubis.

cage à serin (la): vulve.

cagna (la): vagin. Ex.: « Patrouille de cinq! Chaque fantassin à son poste! Le majeur dans la cagna, c'est justice, suivi le plus rapidement possible de l'annulaire, auxiliaire de valeur. » (152)

calandre (la): prépuce. Ex.: « Donnez-moi un point d'appui et je soulèverai le monde, qu'il disait, Machin. Le levier*, je l'ai déjà (merci) avec son roulement à billes* et sa calandre grand luxe. » (57)

calbardier: relatif au caleçon, par extension, à la sexualité. Ex.: « On ne peut pas croire combien la frénésie calbardière peut donner de l'inspiration, du vocabulaire et le sens de la métaphore à cet être fruste. » (65)

calbarhéros (un): chevalier du sexe. Ex.: « Je ne pousse pas la fatuité jusqu'à lui dire : " Si la séance t'a plu, parles-en autour de toi ", pourtant un brin de compliment me ferait plaisir. C'est le drame des hommes, ce besoin de s'entendre dire qu'ils sont de grands calbarhéros. » (64)

calçade (une): copulation.

calçage (un): copulation. Ex.: « Le calçage rapide : tout vêtu, façon cosaque s'embourbant* une paysanne dans les steppes de l'Asie centrale. » (102)

calcer: copuler avec. Ex.: « Il est possible que je me trompe, comme disait le hérisson myope qui voulait calcer une brosse à cheveux. » (30). Ex.: « Faut dire que tu lubrifies d'première, ma gosseline. J'ai rarement calcé une frangine* aussi opérationnelle du frifri*. » (B, 148). Ex.: « Il a un ébrouement de chien mouillé qui vient de calcer une corniaude sous la pluie. » (150). Ex.: « Quand c'est ma Berthe* que je passe à la casserole*, y m'vient la sensation, en calçant, que j'fais des sortes d'éconocroques*. » (B, 208)

calceur (un): amant.

calebasse (la) : appareil génital féminin. Ex. : « Note qu'c't'une belle fin, somme toute, si tu compares à Jeanne d'Arc par exemple qui, elle, a cramé* sans même s'être pris un chibre* dans la calebasse. » (B, 104)

calumet de l'happé (le) : fellation.

calumetter : pratiquer une fellation. Ex. : « Si tu calumettes un gonzier* pour l'laisser floconner* dans ses gu'nilles, c'est de l'abusage* d'confiance. » (B, 148)

camarade à l'œil en amande (la) : pénis. Ex. : « Cannes* parenthésées*, elle plonge sa main sous cette arche de triomphe pour m'aller cueillir la camarade à l'œil en amande, me l'attire irrésistiblement jusqu'à son jardin d'Eden*. » (113)

camarade Bigpaf (le) : pénis. Ex. : « Je soulève sa chemise de noye*, la courbe d'un bras puissant et lui glisse le camarade Bigpaf dans le chemin des Dames*. Le temps qu'elle pige* mon dessein (animé), elle a plus le courage de rebuffer*, Maria. » (139)

camarade de lèche-frifrite (une) : lesbienne.

camarade d'entrejambe (le) : pénis.

camarade Duzob (le) : pénis.

camarade Gaspard (le) : pénis.

camarade Joufflu (le) : pénis. Ex. : « Messire l'Antoine* il a la peau du bénouze* tellement tendue qu'il va falloir découper au rasoir pour extraire le camarade Joufflu de sa caserne Rasurel*. » (123)

camarade Zézette (la) : pénis. (B)

camarade Zifolette (la) : pénis. Ex. : « Tenant ma camarade Zifolette par le goulot, elle m'emporte jusqu'à la chaise voisine. S'y agenouille comme pour élever son âme ; mais non : il s'agit seulement de son exquis dargif* pommé, faut un début à tout. » (113)

camarade Zifoloff (le) : pénis. Ex. : « Je dénoue ses vêtement qui n'attendait que ça. Puis le mien. On est là, nus du devant, soudés. Chiche que je l'embroque* tout debout, ma pécore* jolie ? Te la promène un moment dans la turne* avant d'aller l'accomplir sur le pucier*. Tu veux parier ? Le camarade Zifoloff avec sa tête chercheuse à lubrification lubrique, se met déjà en campagne. Et pile à ce moment : " Gling-gling ", on sonne ! » (120)

caméléonner la menteuse : embrasser profondément.

Camp du Drap d'Or (le) : appareil génital masculin. Ex. : « Elle a baissé les yeux et a découvert mon Camp du Drap d'Or. Sa mimique, je te jure, était cocasse. Une légère inclinaison de tête, un sourcillement. » (88)

caniche royal (le) : pénis.

canne à pêche (la) : pénis. Ex. : « Elle est dingue, la gonzesse* ! En rut-folie ! Ça existe ! Te bouscule ce colosse sur le canapé. S'empare de sa canne à pêche. Hop ! En selle ! » (128)

canon coloradesque (le) : appareil génital féminin. Ex. : « Dès lors, ma dextre fureteuse s'engage dans son canon coloradesque. » (132)

cantharidesque : excitant. Ex. : « Une petite Jaunette au sourire cantharidesque, dont tu boufferais le cul* avec les baguettes. » (138)

carabater : copuler.

caracoler : être en érection. Ex. : « Tu parles qu'il se met à caracoler de manière fringante, l'ami Chibroque*. » (126)

caracoler du chibre : être en érection.

caramboler : copuler avec. Ex. : « Je l'ai carambolée à la jouis comme je te le pousse, sans grand feu, sans appétit excessif. » (93)

caramel (le) : copulation. Ex. : « La secrétaire, pas joyce* qu'il lui abandonne le caramel pour recevoir des perdreaux*, nous visionne sans joie et mon sourire ensorceleur ne lui fait pas davantage d'effet que le dernier numéro de "L'Evénement du Jeudi" à un gardien de lamas de la cordillère des Andes. » (141)

caraméliser le baigneur : copuler.

caraméliser la pastille : sodomiser.

caravansérail autonome (le) : appareil génital féminin. Ex. : « Malgré que ni Jacob et pas davantage Delafon se soient risqués dans ces contrées, elle est impec* du caravansérail autonome, cette frangine*. » (86)

caréné du chibre : doté d'un gros pénis.

carquois (le) : braguette. Ex. : « Vous suivez la flèche*, tout bêtement. Je parle de celle qui vous sort du carquois, mes joyeux tendeurs*. » (75)

carrer la grosse dans le baigneur : pénétrer sexuellement. Ex. : « La cousine Augustine, avant not' mariage d'avec Berthe*, déjà j'lu avais carré la grosse dans le baigneur, manière d'y conter fleurette, c'qu'est normal en famille, moi j'dis; qu'aut'ment tu comportes comme des étrangers. » (B, 111)

carrer une dans le train (en) : pénétrer sexuellement.

carte d'érecteur (la) : pénis en érection. Ex. : « Lui tient sa carte d'érecteur à la main et il s'apprêtait à déposer son bulletin dans l'urne* lorsque miss Laurentine* a fait une brutale irruption dans sa vie sexuelle. » (202)

cartilage de conjugaison (le) : pénis. Ex. : « Elle continue de me pétrir le cartilage de conjugaison. Elle en est au plus-que-parfait du subjonctif lorsque je juge sa manœuvre dommageable pour la nature en général et mon bénouze* en particulier. Je lui supplie d'interrompre la manœuvre d'accostage et de laisser la priorité au commandant. » (116)

cartilage d'expansion (le) : pénis.

case bonheur (la) : vulve.

case de l'oncle Tom (la) : vulve. Ex. : « Elle enfonce trois de ses doigts dans mon bide*. Moi, trois des miens dans la case de l'oncle Tom. » (122)

case délices (la) : vulve.

case départ (la) : vulve. Ex. : « Ça s'veut radasse* d'lusc et ça n'a jamais pris un goume* dans la case départ, faites-moi pas rigoler ! » (B, 104). Ex. : « Un incident technique l'oppose à sa partenaire, concernant des ablutions qu'elle exige de lui préalablement, à quoi le Furax rétorque que l'amour pasteurisé, lui, merci bien : il raffole des venaisons. Et est-ce qu'il lui demande de se détartrer la babasse* à mademoiselle la signorina ? Non, mon petit : il est prêt à lui groumer* la case départ sans vérification aucune, parce que selon lui, l'amour c'est un grand élan bestial et généreux. » (106). Ex. : « Une infirmière vient remplacer Rosita tandis qu'elle se vaseline la case départ. » (109)

case-trésor (la) : vulve. Ex. : « V's'allez t'êt' choquée, mon bijou, j'vous préviens. Cela voulait dire tout simp'ment qu'vot' tarte aux poils* m'courjute l'sensoriel* et qu'je

vous ramon'rais la case-trésor à v's'en faire gueuler môman ! » (B, 104)

casimir : pénis. Ex. : « J'ai déballé casimir, c'qu'est jamais très pratique quand tu godes* dans tes fringues. » (B, 208)

casque à trou (un) : prépuce. Ex. : « Une bouche que tu aimerais voir à l'œuvre sur ton casque à trou. » (142)

casque de Néron (le) : prépuce. Ex. : « Pour la réveiller, je promènerai mon casque de Néron sur sa figure : les jeunes filles de bonne famille en raffolent. » (135)

casque gaulois (le) : prépuce. Ex. : « Elle te racle encore un peu le casque gaulois avec les incisives et quand tu lui geysères* dans la gargante*, elle panique un tantisoit de la glotte. » (137)

casque suisse (le) : prépuce.

casse-noix à moustaches (le) : vulve. Ex. : « Tu te demandes comment ça va s'arrêter, si elle te laminera pas le petit cosaque* av'c son casse-noix à moustaches. » (85)

casse-noix (le) : pénis.

casserolade (une) : énergique caresse intime.

castagnettes (les) : testicules.

castor (un) : homme doté d'un grand pénis.

catalogue de fin d'année (un) : appareil génital masculin. Ex. : « Je lui montre mon catalogue de fin d'année. Elle passe aussi sec son bon de commande. »

catéchumerie poilante (la) : obsession sexuelle.

caverne d'Alibabasse (une) : vagin très large. Ex. : « Dedieu de dedieu ! C'te caverne d'Alibabasse ! Non mais, t'as été déberlinguée* par un magnum de champagne, dans ta jeunesse ! » (B, 82)

célébrer le culte de la personnalité : copuler.

célébrer le poilu inconnu : copuler.

centre d'accueil (le) : vagin.

centre d'hébergeage (un) : vagin. Ex. : « Pour t'en r'venir à ma Berthy, elle va m'faire un p'tit stage d'enseigneuse* à l'institut. J'les fais préparer un duo, avec Alfred : la levrette avec élan. C't'un exercice pas évident. Faut avoir, comme ma légitime, un cent' d'hébergeage large comme l'entrée d'l'Opéra pour l'oser. J'ai connu un légionnaire qui s'est cassé la bite* en le tentant un soir d'beurranche*. Après, son paf* f'sait l'équerre, même quand y triquait*. Y a fallu lu confectionner une attelle pour qu'y pusse bouillaver* corréquement. » (B, 141)

centre d'hébergement (un) : vagin. Ex. : « Une chopine* d'c't'ampleur, y avait qu'Berthe* qui pouvait! Un cent'd'hébergement comme Maâme Bérurier*, c't'unique au monde. » (B, 125). Ex. : « Madame a raison de coïter* à la verticale, son centre d'hébergement spacieux et confortable se prêtant admirablement à une telle prouesse. » (138)

centre d'hébergement à morbachs (un) : pubis.

cerf-violent (un) : homme en rut. Ex. : « Fallait le dire que vous pratiquiez la retenue à la source*, ma chérie, je ne vous aurais pas importunée de mes ardeurs de cerf-violent. » (75)

certificat de belle vis et mœurs (un) : compliment d'ordre sexuel. Ex. : « Elle me chuchote : "Tu fais mieux l'amour que lui, bandit!" Fort de ce certificat de belle vis et mœurs, je me taille. » (83)

cervelle (la) : sperme. Ex. : « Gare aux taches! La cervelle de l'homme part à dame*. » (137)

César (le) : pénis. Ex. : « Il me suffit de leur montrer mon César pour qu'elles me filochent* jusqu'à l'Hôtel du Radada et de l'Onguent Gris Réunis. » (150)

chabanette (la) : vulve. Ex. : « La question tire Letizia de sa stupeur dolente. Elle déplante son mecton*, repousse l'affûteuse de mamelons, lâche le bistougnet* du deuxième lascar*, cesse de visionner la chabanette de la deuxième môme. » (106)

chagater : copuler. Ex. : « A une époque, t'aurais supplié Michèle Morgan de découvrir sa jarretelle à l'écran, elle te flanquait* à la porte, te rayait à vie de son carnet d'adresses. Maintenant, des comédiennes que j'aurais été presque quasiment tenté de faire semblant de respecter, exigent de coïter en gros plans. Veulent chagater en Visacouleur-foutreuses. » (206)

chagatte (la) : vulve.

chagattoune (la) : vulve. Ex. : « Elle est parée dare-dare, la chagattoune béante et mise en état d'accueil immédiat. On tergiverse pas d'un pouce. C'est fissa* l'embroque* superbe, la tringlée* épique, façon Tarass Boulba dans les steppes. » (141)

chaglaglat (le) : vulve. Ex. : « Mémère, que son birbe* devait laisser en rideau* depuis des lustres et dont le chaglaglat sombrait sous les toiles d'araignée. » (206)

chaglaglate (la) : vulve. Ex. : « Des dames à la chaglaglate délectable, de belle consistance et assortie d'un système pileux souple et soyeux. » (83). Ex. : « J'sais pas comment t'est-ce elle a la chaglaglate constituée, mais à peine que ton Charly* y rend visite la v'là qui chope* la danse de Saint-Glinglin*. » (85)

chaglaglatte (la) : vulve. Ex. : « S'y faudrait encore dégoupiller un'braguette pour palper une chaglaglatte, merci bien! » (B, 104). Ex. : « Oh! pensez-vous, fait-elle en s'asseyant sur le coin de la table, ce qui lui tord la chaglaglatte, laquelle ressemble à une grande bouche marquant le scepticisme. » (145)

chaglate (la) : vulve.

chaglatien : en rapport avec la vulve. Ex. : « Il la bourre de coups de genoux dans l'estomac pour tenter de provoquer un relâchement de ses muscles chaglatiens. » (93)

chaglatoune (la) : vulve. Ex. : « Probable qu'elle a toujours la chaglatoune pâmoisée*, Ninette. La friscouille* en survoltage. » (85)

chaglattoune à crinière (la) : vulve. Ex. : « J'ai mon museau d'archange vicelard* en plein sur sa chaglattoune à crinière. » (104)

champignon anatomique (le) : pénis. Ex. : « Qu'au même instant, elle croise ses jambes, la salope*. Ma rétine prend le choc de plein fouet. Mon champignon anatomique s'épanouit un peu plus mieux. Où ça va, ça! Tu vois pas que mon bénouze* explose! » (119). Ex. : « Tu t'croieras au septième ciel avant Jésus-Christ, tant tell'ment mon champignon anatomique va t'réjouir l'couloir à tringlette*! » (B, 152)

chanfouiner la grume (se) : s'embrasser.

chanson du sommier (une) : copulation.

chapiteau Jean Richard-Bouglione (le) : érection visible sous un vêtement.

charger : draguer. Ex. : « Un vieux mironton s'est pointé, qui l'a chargée, lui a proposé du fric*. » (83). Ex. : « Je constate que Pépère a suivi mes directives et qu'il est déjà en train de la charger vilain, la rombière*. » (203)

chargeur (un) : séducteur, dragueur.

Charles le Chauve : pénis.

Charly : pénis.

chasse à courre (la) : copulation. Ex. : « Les silencieuses, ça plonge dans l'indécision. On a toujours l'impression, au plus fort de la chasse à courre, qu'elles se demandent si elles ont bien fermé le gaz avant de venir. » (59). Ex. : « Sa petite cavalière continue la chasse à courre avec célérité, sinon discrétion. » (92)

chasse-neige (un) : pénis de grande dimension.

chatounet (le) : vulve. Ex. : « Ell'se le carre* dans le chatounet. » (130)

chatounette (la) : vulve. Ex. : « Ce que je ferais avec (et de) sa chatounette nécessiterait un catalogue dix fois plus épais que l'ancien de Manufrance! » (150)

chatte (la) : vulve. Ex. : « Je dois vous abandonner momentanément pour aller taster une nouvelle chatte à laquelle j'ai été chaudement recommandé par ma plus fervente cliente. » (83). Ex. : « Il avait envie de lui faire minette* car elle possédait des cuisses pulpeuses et une chatte qu'il devinait délectable. » (136)

chatticide (un) : dévastateur du sexe féminin (laudatif). Ex. : « Elle chuchote, en état second, voire tertiaire, que je suis un assassin de frifri*, un chatticide, un dévasteur de cramouille*! » (138)

chattoune (la) : vulve. Ex. : « Tu sais qu'elle a la chattoune sympa, la dame? Comestible tout plein. » (85). Ex. : « Ça fait combien d'temps qu'y vous a pas bouffé l'trésor*, ce veau? Hmmm? V'v'lez qu'j'réponde? Des années! Alors qu'vot' chattoune, c'est évident qu'elle est meilleure qu'du pudinge. » (143). Ex. : « L'exquise salle de bains conçue pour la remise en état de la chattoune et du pafoski*, chiffonnés par les ébats amoureux. » (150)

chattounette (la) : vulve d'une petite fille.

chaude lance ou **chaud'-lances** (une) : maladie vénérienne. Ex. : « J'ai toujours eu un bol terrib', moi, Béru*. A preuve, quand j'étais dans les tirailleurs sénégalais et qu'on allait au bordel, une bande, les aut' morflaient* des chaud'-lances, et pas mézigue*. » (B, 208)

chaude du réchaud (être) : femme portée sur les choses du sexe.

chaude du valseur (être) : femme portée sur les choses du sexe.

chaudron (le) : vulve. Ex. : « J'ai tringlé* des milliers d'sagouines, espère, à part trois quat' qu'étaient trop z'étroites du chaudron et trois ou quat' z'aut' qui cramaient du frigounet* après la séance. » (B, 148)

chauffer les turbines : exciter sexuellement. Ex. : « Tout en chauffant les turbines, Béru* chuchote à l'oreille de sa dernière conquête : – Là, tu m'cisailles, la môme! J't'croivais pas capab' d' m'engourdir* l'manche à burnes* d'un seul coup! » (B, 148)

chausser : copuler. Ex. : « Entre nous trois, il s'en décidera bien un pour la chausser fébrile* entre deux lourdes* ou à l'arrière d'une tire*! » (135). Ex. : « Chez nous, t'es content de ta bonne, de ta secrétaire, hop! tu la chausses! » (132). Ex. : « Son gros valseur* à deux portes remplissait tout' la pièce. J'mourais d'la chausser su' l'parquet. » (B, 208)

chauve à col roulé (le) : pénis. Ex. : « Je chemine piano. Le chauve à col roulé y va sur la pointe des pieds. Il se renseigne avant de forfanter*. S'agit pas de commettre d'impair! » Ex. : « Une nature comm' elle, t'as pas l'droit d'laisser passer. La manière qu'é m'estrapolait le chauve à col roulé*! Celle dont é t'glisse l'pouce dans l'oigne* en t'flattant les bourses* des aut' doigts! » (145)

chauve sur le mont Nuit (le) : pénis.

chemin des Dames (le) : appareil génital féminin. Ex. : « A c't'instant, la môme Edmée cesse de déguster* le chemin des Dames à Louisiana*. Ell' me pousse un grand cri et s'fout à chialer* à torrents. Si fort qu'elle étouffait, même qu'j'ai cru qu'elle avait un poil d' chatte* dans la gorge. Ils sont tellement frisottés, ces cons-là, quand on en avale un, merci bien! » (B, 141). Ex. : « Je lui glisse le camarade Bispaf* dans le chemin des Dames. » (139)

chetouille (la) : maladie vénérienne.

Chevalier Blanc (le) : pénis. Ex. : « Mais vite tu dégaines le Chevalier Blanc. » (152)

cheville d'Adam (la) : pénis. Ex. : « Une cheville d'Adam, bellement calibrée et tendue que la petite oie blanche, agenouillée entre ses jambes, gloupe* avec frénésie comme si, au lieu de sortir d'une braguette, elle sortait des Etablissements Gervais. » (149)

chibrac (le) : pénis. Ex. : « Il retombe assis sur le plumard*, avec son beau chibrac verni en perdition. » (149)

chibrance (la) : 1. Sexualité, sexe. Ex. : « Elle savait les Ritals* portés sur la chibrance, mais croyait pas que les curés s'alignaient aux asperges*. » (91). 2. Erection.

chibraqué de première : doté d'un pénis de grande taille.

chibre (le) : pénis. Ex. : « Commissaire ou pas, je suis un julot* qu'il va sans doute falloir grimper, un chibre à faire macérer dans de la salpingite. » (96). Ex. : « Note qu'c't'une belle fin, somme toute, si tu compares à Jeanne d'Arc par exemple qui, elle, a cramé sans même s'être pris un chibre dans la calebasse*. » (B, 104). Ex. : « Et tandis qu'il arpentait la campagne gelée dans ce ridicule survêtement de lanceur de poids russe, oui, tandis qu'il, à moins d'un mile de là, sa dame glissait sa main tiède dans la braguette d'un aimable garçon et, avec peine, en dégageait un assez beau chibre ma foi, dru et sec sous sa belle corolle, auquel elle s'empressait de faire du bouche-à-bouche, sans nécessité apparente, l'objet se trouvant déjà dans son état le plus favorable. » (113). Ex. : « Une gonzesse capab' d'se faire loger trois d'mes salsifis* peut aller pêcher le chibre la tête haute! » (B, 147). Ex. : « Je crois Félix quand il prétend qu'un jour lointain, l'épouse d'un avocat en renom est décédée d'un collapsus à la vue de son chibre. » (150)

chibré : membré; désigne la taille d'un pénis (bien ou mal « chibré »).

chibrée (une) : coït.

chibré chipolata (être) : doté d'un sexe de petite taille. Ex. : « Vous risquez pas grand-chose, vu qu'il est chibré chipolata. »

chibré seigneur (être) : doté d'un sexe d'une longueur supérieure à la moyenne. Ex. : « Y s's'ra bien trouvé un négro chibré seigneur pour lui écarquiller la moniche et la rend' fréquentable. » (B)

chibrer : pénétrer sexuellement. Ex. : « C'est triste de se faire chibrer quand on a envie de tuer. » (211)

chibrer façon princesse de Lamballe : pénétrer une femme debout, et de dos.

chibroc (le) : pénis. Ex. : « Pas la peine de trimbaler un chibroc de diplodocus quand on est incapable d'amortir quéques chiquenaudes. » (B, 74)

chibrock (le) : pénis.

chibroque (le) : pénis. Ex. : « C'est encore le Roland qui veut venir sonner de l'olifant sur le paillasson de ma belle déçue. Il est en plein rut, le veinard. Il toque son chibroque contre le combiné, pour appuyer ses dires, prouver qu'il ne se vante pas et qu'il a du répondant plein son calbard*. » (88)

chignolard (le) : pénis.

chignole (la) : pénis. Ex. : « Tu la commences, tu lui blablutionnes* au bonheur du jour* au Dom Pérignon, et puis c'est ma pomme qui se ramène pour la fourrée* géante av'c sa mastarde* chignole de cérémonie. » (B, 129)

chinetoque (le) : pénis.

chinois (le) : pénis. Ex. : « Béru* réapparaît, vanné* par son exploit, le chinois en berne. » (129)

chipolata (le) : pénis. Ex. : « Je supervise ses nichemards* blottis dans sa robe de chambre, ses hanches violoncelleuses* dont l'étendue est de beaucoup plus de quatre octaves, sa bouche qui t'acharne le chipolata dans les moments intimistes. » (131). Ex. : « Un vieux salingue* comme vous, vous la verreriez, vot' chipolata s'mettrait à ressusciter comme la gare Saint-Lazare. » (135). Ex. : « Mais c't'une esquise pute! Fallait qu'vous fussiez terrib'ment en manque d'chipolata. » (B, 148)

chipolater : masturber, caresser. Ex. : « La voilà qui me chipolate le tiroir à zob*. » (149)

chipolater la membrane : caresser un pénis.

chipolater le levier de force : caresser un pénis. Ex. : « La première image la montre nue et de dos en train de chipolater le levier de force du type. » (131)

chipolater le nougat : caresser un pénis. Ex. : « L'commandant, j'm'rappelle y avoir chipolaté l'nougat et tutoyé* l'souverain poncif*. » (BB, 125)

chipolater (le) sournois : pratiquer des caresses à un pénis. Ex. : « Elle m'a chipolaté le sournois* au moyen d'un truc à base d'huile de palme aromatisée qui l'a fait illico monter sur ses grands chevaux. » (120)

chique (la) : pénis. Ex. : « J'ai voulu le démarrer à la manivelle*, mais j'ai pris une crampe au poignet sans qu'sa chique bronche d'un n'iota. » (137)

chlaglata (la) : vulve. Ex. : « J'ai vu une fille, vous lui flanquiez deux doigts dans la tirelire*, elle vous sifflait la Brabançonne avec la chlaglata (elle était belge). » (74)

chmilblick (le) : pénis. Ex. : « Qu'y lu esplique le temps, sa bagnole* mal garée, sa bonne femme qui l'attend chez des aminches*, tout ça, bien en détail, pendant qu'elle lui fourbit le chmilblick au lavabo. » (B, 208)

cholmotser : copuler.

choper des émois dans la péninsule : être sexuellement excité. Ex. : « Elle me glisse la main sur la jambe et profite de ce que la nappe descend très bas pour la remonter (sa main) très haut. Si tellement haut, même, que je chope des émois dans la péninsule*. » (203)

choper une comme un madrier (en) : être en érection.

chopine (la) : pénis. Ex. : « Une chopine d'c't'ampleur, y avait qu'Berthe* qui pouvait! Un cent d'hébergement* comme maâme Bérurier*, c't'unique au monde. » (B, 125). Ex. : « Jérémie* lâche sa serviette et obéit. Sa chopine est moins sombre que le reste de son corps et se balance comme une trompe d'éléphant en promenade. » (133)

chopiné : membré, désigne la taille du pénis (bien ou mal « chopiné »). Ex. : « T'as la pointure grenadier, c'est pour ça

que tu t'paies un Noirpiot! Les colored sont chopinés de première. » (B, 148)

chopiner : pénétrer sexuellement. Ex. : « C'est marrant, quand elle se fait chopiner, cette fille, elle tient ses jambes toutes droites, dressées. Ça doit être fatigant, non? » (T, 136)

chopiner le gouvernail de profondeur : pratiquer une fellation.

choucrouner l'oculus : pratiquer un cunnilingus. Ex. : « Paraît qu'elle te choucroune l'oculus à t'en faire cramer* le clito*. » (89)

choucroute (la) : pubis féminin. Ex. : « Médème porte la main à sa choucroute. Ell' garde les yeux fermés, mais é s'mignarde* la case trésor*. » (B, 148)

chprountzbitz (les) : testicules. Ex. : « Cette gueule fabriquée commence à me casser les chprountzbitz. » (35)

chtouille (la) : maladie vénérienne. Ex. : « Sauter dessus comme la chtouille sur un équipage de Marines. » (61). Ex. : « Et gaffe-toi de la vérole, ma grande : si tu grimpes* des troncs*, mates*-y bien la rapière*, pas m'ram'ner un' ch'touille de gala ensute. » (125)

cigare (le) : pénis.

cigariller : pratiquer une fellation. Ex. : « Et alors, tandis qu'elle me malaxe, me cigarille, me fellationne*, me pelote-basque*, me lubrifie, me frétile sur la veine bleue des Vosges, je lui expose mon plan. » (152)

cigarillo (le) : pénis. Ex. : « Toujours prêt à clapper* un frifri* ou à fourrer* son cigarillo biscornu dans les orifesses* à dispose. » (100)

cigogner le jésus : procéder à un va-et-vient associé à l'acte sexuel. Ex. : « Un gazier* qui part en trombe, de cette manière, c'est qu'il va pas loin, espère. Dommage, car il est membré* correct. Modulé tout terrain. Et il te vous cigogne le jésus comme un soutier sa chaudière. » (210)

cigogner son mât de misère : se masturber. Ex. : « Il s'arrête de cigogner son mât de misère. Le renfourne presto dans le boudoir de son calbute*. » (134)

citerne à ma zoute (la) : sein plantureux de femme. Ex. : « Ses nichemards*, les gars! Ses mamelons d'Espagne! Ses pastèques*! Ses outres! Ses bonbonnes! Ses citernes à ma zoute! Ses boutanches* de Butagaz! Ses flotteurs* de pédalo ! Ses extrémités de Boeing! Sa société fermière*! Ses french Caen-Caen à la mode de tripes*! Sa raffinerie de Feyzin! Ses ballons d'Alsace*! Son tournoi des Cinq Nations! Ses bathyscaphes! Ses hauts-reliefs! Son temple d'Encore! Ses minarets! Ses énormités! Ses vacheries! » (75)

cithare à médius (une) : masturbation. Ex. : « La gentille dame n'a plus que la ressource de s'interpréter " Un jour mon prince viendra " à la cithare à médius, le soir dans son pucier* aux rudes toiles. » (84)

clandé (un) : maison de prostitution.

claouesque : en rapport avec les testicules (les claouis). Ex. : « Ça me glatouille* dans la région claouesque. » (149)

claouettes (les) : testicules.

claouis (les) : testicules.

claper la chagatte : pratiquer un cunnilingus.

claper le frifri : pratiquer un cunnilingus. Ex. : « Toujours prêt à claper un frifri ou à fourrer son cigarillo* biscornu dans les orifesses à dispose. » (100)

clapoter le zigomar : pratiquer une fellation. Ex. : « Et elle s'active vigoureusement, pas feignante, énergique, lui clapotant le zigomar d'une bonne cadence, comme une clarinettiste soucieuse de velouter* l'embout de son instrument. » (108)

clapougnard (le) : pénis.

claque (un) : maison de prostitution.

clarinette à moustaches (la) : pénis. Ex. : « Elle défait son sari. Elle est nue dessous. Je mets un " e " muet à nu pour la dernière fois car la donzelle* est un homme. Je reste là, le sensoriel brutalisé. C'est mutilant, une chose pareille! Un travelo*! Ces hindous, je le jure : faut pas s'y risquer, on a des surprises. Et même des déceptions. Ma clarinette à moustaches se cabre. Elle reste en arrêt, le museau pointé. Puis une immense désespérance* la démantèle. » (124)

clarinette baveuse (une) : fellation.

claudiquer de la membrane : être sexuellement impuissant. Ex. : « – Vous claudi-

quez de la membrane? indiscré*-je. – Pas précisément, commissaire, mais je suis loin de faire griller les fusibles* de ces dames comme je vous ai vu le faire à l'infirmière! Dedieu, quelle troussée* géante! » (129)

clito (le) : clitoris. Ex. : « Bon, pour commencer, je faufile d' l'indesque* pour y interpréter la danse du scalp autour du clito. » (B, 141)

clitophage (un) : amateur de clitoris.

clitoris amélioré (un) : pénis de petite dimension.

cloaque mondain (le) : vulve. Ex. : « Tu devrais refermer les jambes, Trutrude, dis-je : ça produit un courant d'air. – Elle barricade son cloaque mondain avec cette fabuleuse docilité des connes en état de gêne. » (93)

clochettes (les) : testicules.

cloison séparateuse (une) : cloison séparatrice de la vulve et de l'anus. Ex. : « J'l'assurais qu'elle était une chienne pourrie. Qu'son mironton allait lu fendre la cloison séparateuse à coups de braque, tout ça... et qu'une armée d'tirailleurs sénégalais (on n'avait pas encore cédé nos colonies aux Noirs) se point'raient dans son plumard* av'c des gourdins* mahousses comm' des courgettes. » (B, 208)

club de golf tout terrain (le) : pénis. Ex. : « Jamais mon club de golf tout terrain ne s'est montré plus résistant. T'attacherais un sac de farine de cent kilos après, il pourrait le soulever, je t'assure. » (81)

cocagne (la) : pénis.

cocktail de museaux (servir un) : embrasser. Ex. : « Je commence par servir deux scotches on the rocks, puis un cocktail de museau, vous connaissez la recette? Soixante-quatre dents, deux muqueuses, un peu de suc gastrique, vous mélangez bien le tout et vous servez très chaud. Certains, s'inspirant des méthodes américaines, ajoutent une tablette de chewing-gum, mais cet usage est à déconseiller aux personnes pourvues d'un râtelier. » (45)

cocorico (faire) : être en érection.

cocoriquer : être en érection (fier comme un coq sur son tas de fumier).

coffret à bijoux (le) : testicules.

coffret à bijoux bloqué (avoir le) : être sexuellement impuissant.

cogner (se) : copuler avec. Ex. : « Ma mère disait de papa qu'il se serait cogné une chèvre pour peu qu'elle portasse un tablier. La bavouille*, on a ça dans le sang, de père en fils et de paires en paires. » (B, 74). Ex. : « Jamais je ne pourrai me cogner cette mère Denis soviétique ! » (122)

cogner dans la lune : sodomiser. Ex. : « J'aime mieux te cogner dans la lune plutôt qu'faire du dérapage incontrôlé dans les Glandes Jaurasses*. » (B, 82)

cohabiter : copuler. Ex. : « Nous cohabitons ! tonne la teigneuse. – A votre santé, me marré-je. Y a longtemps que la petite Rebecca se fait cohabiter par vous ? » (75)

coïter : copuler. Ex. : « Madame a raison de coïter à la verticale, son centre d'hébergement* spacieux et confortable se prêtant admirablement à une telle prouesse. » (138)

colifichet (le) : vulve. Ex. : « Il lui saisit le michier* à deux mains, l'empêcher de reculer, et lui bouffe le colifichet* comme toi tu te farcirais* un énorme clam. La gosseline*, t'as beau être princesse, un mec* qui te clape la chagatte* avec cette impétuosité, tu peux que former le "V" de la victoire avec tes jambons*. » (151)

colimaçon : flapi, mou. Ex. : « Non, monsieur le ministre, lui vaporisé-je*, manière de faire frémir sa pauvre bibite* colimaçonne dans son slip pour cul* étroit. » (117)

collerette à Julot (la) : prépuce. Ex. : « Une petite secouée mutine, un coup de langue sur la collerette à Julot, et voilà son instrument qui requinque à tout berzingue*. » (148)

coller un tigre dans le moteur : pénétrer sexuellement.

collier à paf (le) : bouche. Ex. : « Elle a la bouche assez comme j'aime, apte à devenir un exquis collier à paf. » (122)

collier à zob (le) : bouche.

collimateur à moustaches (le) : vulve. Ex. : « Une espèce de férocité amoureuse le saisit. V'là qu'il s'arrime des deux paluches*, toutes griffes dehors, aux solides meules* de la gausseuse*. Il place une poussée noire de sa zone d'influence* dans le collimateur à moustaches d'Eleska. Son rush-rut est tel qu'elle fait un pas en avant. Béru* suit. Il

suit tellement vite qu'il pousse toujours. Elle veut se dérober au boutoir, alors elle accélère : sans résultat, car Béru* va plus vite qu'elle. C'est une course éperdue à travers le vaste hall. Ils courent à quatre jambes, comme deux pianistes pianotent à quatre mains. L'on dirait un animal fabuleux, préhistorique. La licorne d'abondance et l'otorhinocéros, fable. Les partouzeurs* interrompent leurs jeux de l'amour et du falzard* pour visionner. Un qui embroquait* le pot d'échappement de sa Lamborghini veut se redresser d'une détente pour rien perdre du spectacle, mais, ce faisant, il se tranche coquette* au ras des frangines* et se met à pleurer parce qu'il va devoir désormais faire pipi avec une cuillère à soupe. » (82)

colonie pendulaire (la) : appareil génital masculin.

colonne (la) : pénis.

coltiner un lézard crevé dans le kangourou (se) : être impuissant sexuellement. Ex. : « Si c'est pour se coltiner un lézard crevé dans le kangourou*, tu sais, ma poule, vaudrait mieux qu'y soye moins métallique des brandillons* et plus ferme sur les prix dans la région des Basses-Alpes. » (B, 205)

complainte de la motte (la) : expression de la satisfaction sexuelle féminine. Ex. : « J'ai eu l'occasion de la voir à l'ouvrage et d'entendre sa complainte de la motte. » (136)

composter : pénétrer sexuellement. Ex. : « En moins de temps qu'il n'en faut à un postier pour oblitérer une lettre, je composte la môme*. » (15)

composteur (un) : homme porté sur le sexe. Ex. : « Mais c'est un composteur que ce diabolique garçon ! » (134)

compte-gouttes à aumônières (le) : pénis. Ex. : « Je lui place un triplé enveloppant. En décomposant, ça donne : droite à la pommette, gauche au menton, genou dans le compte-gouttes à aumônières. » (77)

compte-gouttes gyroscopique (le) : pénis.

compteur bleu (le) : pénis. Ex. : « Je vous disais que l'escalade tire-bouchonneuse* sur les talons de Rebecca ça me rémoustille* le compteur bleu. » (75)

compucter le bazooka : sodomiser. Ex. : « Il se zone* avec une grande follingue* sans lui compucter le bazooka ! » (B, 88)

compucteur (le) : appareil génital féminin. Ex. : « Elle drive la tronche de la centauresse à travers l'étoffe de sa robe, bien l'axer sur son compucteur. » (89)

concasseur à chaglatte (le) : pénis.

concavité à mollusque (la) : appareil génital féminin. Ex. : « Et maintenant, je te vais électriser l'hémisphère austral* en chipolatant* des doigts sur ta concavité à mollusque*. » (123)

concerto de craquette (un) : masturbation féminine. Ex. : « De la voir en plein concerto de craquette, ça l'électrise. Il tombe à genoux et s'avance vers l'adolescente en frétillant de la menteuse* comme un fourmilier affamé. » (151)

concerto pour deux mandolines (un) : pratique en rapport avec le saphisme.

conclave intime (le) : pénis. Ex. : « Il se redresse, légèrement envapé* par le dégagement de fumée* de son conclave intime. » (89)

conduit (le) : anus.

confectionner un calumet : pratiquer une fellation. Ex. : « Franchement le cinéma se complique, mon gars, il se complique tellement que je prédis un triomphe au metteur en scène qui fera un rimec* de La Passion sans se croire obligé de montrer Marie-Madeleine confectionnant un calumet express à saint Jean Baptiste, ou Judas avec une betterave sucrière dans le rectum. » (206)

confectionner une savonneuse : masturber. Ex. : « M'a drivé* jusqu'à sa salle de bains pour m'confectionner une savonneuse, ce qu'était vraiment pour elle la manière la plus rudimentaire d's'en tirer. Le bâclage à la pogne* blasée. » (B, 208)

congratuler le clito : caresser le clitoris.

conjoincture (une) : acte charnel. Ex. : « Elle égosille tellement que je suis obligé de lui mettre également la main sur la bouche. Je déplore de n'avoir pas un transistor à portée, vu que Couderc commentant le tournoi des Cinq Nations, ou bien Johnny interprétant " I love the love, my love " seraient extrêmement opportuns dans notre jolie conjoincture. » (83)

conjugâterie (une) : gâterie conjugale.

conjuguer le verbe être : pénétrer sexuellement. Ex. : « Elle exploite la dépravation des bonshommes. Dans sa taule*, sur le boulevard de Courcelles, y a que des gars qui viennent se faire conjuguer le verbe être par d'autres gars. »

conjurer l'intime (se) : assouvir un désir sexuel.

connette (la) : vulve.

console (une) : poitrine de femme. Ex. : « Par-dessous, m'est avis qu'elle ne porte ni armure ni gilet pare-balles, et peut-être même pas de soutien-gorge vu que les deux boutons moletés qui se dressent sur sa console m'ont l'air dépourvus de toute protection. » (126)

consortium langoureux d'extramurgie flasque (un) : obsession sexuelle avec pulsions extra-gouvaniales*.

constipé des claouis : impuissant sexuellement.

contrebasse à poils (la) : appareil génital féminin. Ex. : « Allez, décarpille, la mère ! Annonce ta contr'basse à poils, qu'je lu interprètre " L'Beau Danub'bleu " av'c mon archet* magique ! » (B, 104)

contrebasse à cordes (la) : appareil génital féminin. Ex. : « Pendant que vous lui donnez le la à la contrebasse à cordes, vous matez* ses châsses* que les verres conclaves (cômme dit Béru*) transforment en poiscaille* chinetock*. » (35)

convertir en obélisque (se) : être en érection.

convertisseur des sens (le) : appareil génital féminin.

coqueriquer : reprendre des ardeurs, réagir positivement, notamment sexuellement. Ex. : « Dans un premier temps, les antibiotiques m'ont foutu sur les genoux, mais mon organisme reprenant le dessus, le voilà qui se met à coqueriquer. C'est réconfortant, mais gênant, la bandoche*, lorsque t'es à la verticale. » (124)

Coquette : pénis. Ex. : « Moi je vais refaire une beauté à Coquette dans la salle de bains. » (83). Ex. : « J'voye qu'maâme a pas fait les foins, faut gaffer* à pas prend' d'algues dans l'hélice. Permettassiez qu'je balise avant d'fourvoyer Coquette, Princesse. Un' p'tite raie in the midole* pour délimiter l'territoire, plize*. » (B, 120). Ex. : « Se remisant coquette, avec difficulté, compte tenu qu'elle s'attardait dans ses raideurs bibliques. » (130). Ex. : « Au bout d'un moment, le bruit cesse : l'homme vient d'éternuer de la membrane*. Il se relève, rengaine sa coquette dans sa suite privée et s'avance vers nous. » (134). Ex. : « Dans ces cas-là, une fois que j'ai rendu sa liberté à Coquette, ma braguette ouverte ressemb' à un porte-parapluies. » (B, 208)

corbeille à pain (la) : vulve. Ex. : « Ensute, bon, tout ça m'avait fabriqué un tempérament et mon pulvérisateur de poche kangourou* s'trouvait au point fixe. Mais quand j'sus approché, elle a crié, la petite ; elle jurait qu'elle pourrait jamais, beurre ou pas, s'laisser conjuguer ça dans la corbeille à pain. » (B, 208)

cornaquer : copuler.

cornecul (un) : cocu. Ex. : « Je te déméninge avec mes récits de cornecul. » (84)

corne d'abondance (la) : pénis.

corneille à moustaches (la) : vulve. Ex. : « Son corps continue de bâiller. Sa corneille à moustaches aussi. » (117)

cornet à la framboise (le) : pénis. Ex. : « Ces deux derniers mots me font un effet gouzilleur*, kif quand une gentille te lèche les bourses avant d'attaquer ton cornet à la framboise. » (149)

cornet à piston (le) : pénis.

corps à délits (le) : appareil génital.

corpus délit (le) : appareil génital. Ex. : « Se fait célébrer une tyrolienne* de force. Te place le corpus délit d'autore* sur ton appareil à jouer de l'harmonica*. » (76)

costume d'Adam soigneusement amidonné (être en) : être nu et en état d'érection.

couille-que-veux-tu (à) : sans se ménager. Ex. : « Il lui a fait l'amour à couilles-que-veux-tu. » (211)

couilles (les) : testicules. Ex. : « Ça leur cassait les couilles de s'écarter un instant de l'action pour vagabonder dans des sentiers bordés d'aubépine. » (109). Ex. : « Je le sais que t'as des couilles grosses comme deux fois la tronche* à Canuet. » (121)

couillicite (une) : douleur consécutive à un coup dans les testicules.

couleuvre de broussailles (la) : pénis.

couloir à tringlette (le) : vagin. Ex. : « Tu t'croieras au septième ciel avant Jésus-Christ, tant tell'ment mon champignon anatomique* va t'réjouir l'couloir à tringlette ! » (B, 152)

coup de bigoudi investigateur (un) : coït.

coup de bitougnot farceur (un) : coït.

coup de botte (un) : coït.

coup de dégorgeoir (un) : coït. Ex. : « M'est avis qu'il a les amygdales* enflées et qu'il est partant pour un petit coup de dégorgeoir mutin. » (142)

coup de figue-figue (un) : coït.

coup de foutre (un) : coup de foudre. Ex. : « J'te présente ma dernière conquête : Mme Slavadsoua, qu'on a aussitôt eu l'coup d'foutre, moi et elle. » (B, 104)

coup de guiseau (un) : coït.

coup de l'artillerie tractée (le) : position amoureuse. Ex. : « Je lui fais le coup de l'artillerie tractée, à la môme Tequist*. Tu jonctionnes* les deux attelages et c'est la partie de toutous. Un effort magistral. On s'escrime si tellement qu'on bascule de nos fauteuils. Le reste vire à l'indescriptible. Je vais tenter cependant. Nous voilà sur la moquette sans rupture des transmissions. On n'a pas déjanté*. L'essieu principal a tenu bon. Pourtant c'est des coups à te faire sauter la durite, tu conviendras ? On calbute de plus chef, de rebelle, de plus belle, de rechef ! Elle marche en lonchant*, Ninette. Une vraie majorette de la baisanche*! En marchant, tu juges ? A quatre pattes, elle avance. Et mécolle-pâte* qui lui trottine aux noix*, sur les genoux. Hue, cocotte ! Pas que je me laisse distancer de plus de vingt centimètres, qu'autrement sinon le contact est rompu. Je me demande vers quel itinéraire elle cavale, la fougueuse ? Ça y est, j'ai pigé* : droit à la personne en attente sur une valise. Pas intimidée, pas même surprise. Une présence étrangère ne l'importune pas, mieux : on dirait que ça la stimule, cette gueuse blonde. On franchit les trois mètres qui nous séparent. La personne en question, masculine de sexe et de vocation, se dégrafe avant l'arrivée d'Eggkarte. Si bien qu'elle chope* le relais dans la foulée, ma caracoleuse. La jonction est opérée ! Ah ! si tous les gars du monde voulaient se brandir la qu...! Telle que la voilà bi-branchée, la Suédoise, elle va être presque étanche, pour peu qu'on lui pince le nez. J'interromps la description. Le reste ne serait que littérature pornographique, ce à quoi je me refuse énergiquement, malgré les ponts d'or qui me sont proposés. » (82)

coup dans le fournil (un) : coït. Ex. : « Malgré ses heures de vol, on dirait du bois! Faudra qu'j'y en mette un p'tit coup dans le fournil. Pas vrai, ma grande? » (B, 148)

coup de polische aimable sur le mignon casque suisse du p'tit camarade de tronchage (un) : fellation. Ex. : « Un coup de polische aimable sur le mignon casque suisse du p'tit camarade de tronchage. Du v'louté dans la menteuse*, et que l'tour d'piste soye complet, plize* : n'pas confond' pourtour et alentour! » (B, 208)

coup de rapière (un) : coït. Ex. : « Je veuille qu'vous soiiez t'apte à morfler* les grands coups d'rapière qu'j'mijote à votre attention. » (B, 130)

coup de reluisance (un) : coït.

coup du rince-bouteilles vadrouilleur (un) : coït.

coupe des voluptés (la) : vulve. Ex. : « Elle m'enjambe tout en restant à genoux, si t'es capable d'imaginer. Voilà que son frifri* est à vingt centimètres de moi et me regarde droit dans les yeux. – Ça te plaît, bijou? – Une féerie, ma grande. La régalade, avec toi, c'est sûrement mieux qu'une croisière aux Caraïbes. D'une lente glissade, elle amène sa coupe des voluptés à mes lèvres. » (133)

courir la gueuse : rechercher des aventures sexuelles.

courjuter le sensoriel : exciter sexuellement. Ex. : « V's'allez t'êt' choquée, mon bijou, j'vous préviens. Cela voulait dire tout simp'ment qu'vot' tarte aux poils* m'courjute l'sensoriel et qu'j'te vous ramon'rais la case-trésor* à v's'en faire gueuler môman! » (B, 104)

court-circuiter les glandes : exciter sexuellement.

court-juter : éveiller le désir sexuel. Ex. : « Quand tu rencontres une sœur* qui te court-jute d'emblée, avec cet air-là, faut jamais hésiter. » (134)

court-juter le glandulaire : exciter sexuellement.

couscoussier (le) : pénis, en particulier d'un homme arabe. Ex. : « Elle avait pas pu s'empêcher d'pomper* le taxi, un grand Arbi frisotté qui lui disait " Merci bien, m'dame " tout l'temps qué lui harmoniquait le couscoussier. » (B, 208)

cousine de Varsovie (la) : pénis. Ex. : « Mon peignoir trop juste s'est ouvert à mon insu et ma cousine de Varsovie est en train de battre en neige les mesures d'une mazurka (de chopine*, sinon de Chopin). » (138)

cramoche (la) : vulve.

cramouillard (le) : vulve.

cramouille (la) : vulve. Ex. : « Elle chuchote, en état second, voire tertiaire, que je suis un assassin de frifri*, un chatticide*, un dévasteur de cramouille! » (138). Ex. : « Et c'était plein de frifris*, de moules*, de cramouilles, de chaglattes*, de craquettes*. » (147). Ex. : « On direrait qu'y fait sa prière. C'recueill'ment pour goinfrer un' cramouille! Oh! la la! C'est pire qu'pour une réception d'gala à l'Elysée. » (B, 148). Ex. : « Moi, un chat, je l'appelle une chatte*, comprend-tu-il? J'appelle ça un frifri*, une cramouille, une craquette*, une chagatte*, une foufoune*, une moule*, une connette*, et autres, et autres, et encore autres ! » (150)

cramouillette (la) : vulve. Ex. : « Jusqu'à alors j'avais cantonné dans les primatiales lutines : ç'a n'avait pas été plus loin que trois quat' doigts dans la cramouillette. » (B, 208)

crampe (tirer sa) : copuler.

crampette (une) : coït. Ex. : « Il ambitionnait simplement une petite crampette qui le changerait de sa fermière. » (140)

cramponner Popaul et l'emmener en matinée au cirque : guider le pénis pour faciliter la pénétration.

crampoune (une) : coït. Ex. : « Ça n'm'empêchait pas d'me faire une vraie fête d'son calçage* voituré. La crampoune en tire, j'aime assez. » (B, 208)

craque (la) : vulve.

craqueluche (la) : vulve.

craquette (la) : vulve. Ex. : « Quel ogre! Y va tout m'disloquer la craquette à ce train d'enfer! C't'un bouffeur- né, mon Sandre! » (BB, 148)

craqueur de vierge (un) : séducteur.

craqueziboum en lever de rideau (le) : pénétration sexuelle sans préliminaires. Ex. : « Si minette* ça la fait marrer*, quoi alors? La matraque C.R.S. d'autor*? Craqueziboum en lever de rideau? » (132)

craquouze (la) : vulve.

cratère (un) : vagin de grande largeur.

crépu (le) : pubis féminin. Ex. : « N'à côté d'ton crépu, la tignasse à Xavier ressemb' à d'l'or infusion. » (B, 152)

cresson (le) : poils du pubis féminin. Ex. : « On matait* sa culotte avec le cresson qui débordait! » (T, 136)

cressonnière (la) : poils du pubis féminin. Ex. : « Elle a un beau croupion, approuve l'Eminent. Quant à minouche*, il rit large. Et la barbouzette*, conviens, c'est pas de la barbiche de chèvre, mais de la cressonnière surchoix, façon Victor Hugo. » (83). Ex. : « Certes, Fortuna se teint les cheveux mais pas la cressonnière. » (108). Ex. : « Vous, z'un homme marié, m'embrasser la cressonnière pour ensuite profiter de ma faiblesse. » (B, 208)

crime de baise-majesté (un) : coït avec une reine. Ex. : « Du moment qu'une femme est reine il la poursuit jamais de ses assiduités. Préférerait se cogner* le pape plutôt que de commettre un crime de baise-majesté. » (75)

crinière (la) : pubis féminin. Ex. : « Tourne ton cul* du côté d'Moscou. Seigneur, c'panorama! On t'a jamais défriché l'delta*, ma gosse! Vingt gu, j'eusse dû amener ma tondeuse à gazon! L'plus simple, c's'rait qu'on y fout*'le feu un grand coup qu'après on t'limerait* sur brûlis. Attends qu'j'te coiffe un peu la crinière avant d'monter en ligne. » (B, 104). Ex. : « La voici avec la jupaille à la taille, la culotte sur les talons, superbe avec sa moulasse* renflée, sa crinière qui fait un bruit de papier défroissé. » (210)

croire à Saint-Claude (se) : pratiquer une fellation.

croisière (y aller de sa) : jouir sexuellement. Ex. : « Hé! pourquoi qu'tu bouges plus ton moule à gaufre*, ma fleurette? T'as pris ton fade* à la sournoise, sans crier Edgar*? Attends, j'y vais aussi d'ma croisière. » (B, 104)

croquemidoune (une) : cunnilingus.

croquer le trésor : pratiquer un cunnilingus.

croquignol (le) : pénis. Ex. : « Tu l'as déjà vu son croquignol, au p'tit prince? J'sais des officiers d'carrière qui pleureraient d'la comparaison. » (126)

crougnoter la case-trésor : pratiquer un cunnilingus. Ex. : « Y a des personnes de confiance, qu'aussitôt j'voudrais leur crougnoter la case-trésor pour leur faire la connaissance intime, s'préparer aux effusions régalatoires. » (B, 208)

crougnou (le) : vulve. Ex. : « Il est impeccable, ton crougnou, et j'en ferais mon Noël tous les matins, espère. » (89)

crougnougnou (le) : vulve. Ex. : « C'était de la moulasse* du jour, fraîche comme la rosée d'printemps. Du crougnougnou qu'une maison de la r'nommée d'Fauchon pourrait pas t'proposer l'même si elle en vendait. » (B, 208)

crougnougnouter : pratiquer un cunnilingus. Ex. : « Quand tu crougnougnoutes une paire de miches* pareilles, t'as l'impression d'mord' dans un melon d'Cavaillon. » (B, 136)

crougnouter : pratiquer un cunnilingus. Ex. : « Il y a cloqué* son panoche* dans l'clapoir* à madame, ensute d'quoi, il l'a crougnouté d'première. » (B, 208)

crougnozoff (le) : vulve.

croustiller le nénuphar : pratiquer un cunnilingus. Ex. : « Ils se sont dit que médème se laissait croustiller le nénuphar et comme ils étaient pas viceloques*, ils se sont écartés du terrain de manœuvre! » (136)

cul (le) : postérieur; par extension le sexe, la sexualité. Ex. : « Le cul sans cœur, c'est un potage sans cuiller. » (102)

cul (bouffer le) : pratiquer des caresses buccales sur un sexe et sa périphérie lors d'un coït. Ex. : « Une petite Jaunette au sourire cantharidesque*, dont tu boufferais le cul avec les baguettes. » (138)

culbuter : copuler.

cultiver son asperge à la mano : se masturber.

cuponcter : posséder sexuellement. Ex. : « En ce moment que tu fais tes magnes*, mon pote*, ta mégère est en train de se laisser cuponcter en levrette par un petit jeune homme à lunettes. » (B, 82)

cure-pipe à balancier (le) : pénis.

cyclope (le) : anus.

cyclope à col roulé (le) : pénis. Ex. : « Des comme celle-là, j'en ai grimpé* à m'en éborgner le cyclope à col roulé ! » (149)

cyclotouriste de la bite (un) : qui fait l'amour sans se presser. Ex. : « M. Félicien grimpait Fortuna en bon cyclotouriste de la bite, sans à-coups fâcheux capables de lui faucher les pattes* avant la ligne d'arrivée. » (108)

D

dagoberter le scoube : exhiber le pénis.

daguedaguer : copuler. Ex. : « Si elle daguedague vite fait, généralement, c'est par pure gentillesse. » (203)

dame de la broutaille (une) : lesbienne.

dard (le) : pénis.

darder : être en érection.

dardillon (le) : pénis.

dargeot (le) : fessier. Ex. : « Le dargeot idéal c'est lui, là-devant. La rondeur est belle, son va-et-vient réglé comme le balancier d'une horloge et la fermeté n'est pas discutable. » (B, 54). Ex. : « Il tient de ses fortes paluches* le maigre dargeot de la patiente et le va-et-viente*. Comme une ustensile. Tu croirais qu'il s'applique un cataplasme de pauvre cul* autour de la bitoune*. » (148)

dargibus (le) : postérieur. Ex. : « On pourrait pas le reconnaître puisqu'on ne lui voit pas la tête, mais seulement le dargibus, les sœurs siamoises* et le balancier perpétuel*. » (203)

dargif (le) : postérieur. Ex. : « J'y vais d'une mandale* cinglante. Ça claque sur sa joue comme un coup de fouet sur le dargif d'une jument. » (54)

dargifleur (le) : postérieur.

darmiche (le) : postérieur.

débabiner la Spontex (se) : pour une femme, écarter les cuisses de manière à offrir pleinement son sexe. Ex. : « Monsieur se dégage Charles le Chauve*, Madame se débabine la Spontex. » (83)

déballée du trésor : expérimentée sur le plan sexuel. A contrario, ne pas être déballée du trésor : « être sexuellement vierge ».

déballer la moelle : éjaculer.

déballer son yaourt : éjaculer.

débandade (une) : fin d'érection. Ex. : « Rien n'est plus insultant pour un adulte mâle de mon espèce (qui en vaut une autre, crois-moi) que d'être pris en flagrant délit de débandade par une donzelle goinfreuse de la région sud*. » (88)

débander : cesser d'être en érection.

débastringuer le frifri (se) : se toiletter les parties intimes après un coït. Ex. : « Elles ne mentent jamais, affirme-t-elle en se débastringuant le frifri avec un coin du drap, comme il est préconisé de le faire dans les manuels de savoir-vivre. » (206)

déberlinguer : déflorer. Ex. : « Je lui répondrais bien que ce qu'elle risque de moi est bien plus dangereux que ce qu'elle risque d'un ectoplasme, vu que les esprits frappeurs n'ont jamais déberlingué une jouvencelle. » (62). Ex. : « Moi, une chatte* qu'j'y rent' comme en pays conquis, j'men méfile! Avoue qu't'es tombée sur un salingue qui t'as déberlinguée av'c un magnum d'Dom Pérignon? » (B, 136)

déberlingueur (le) : pénis.

débigorné : caressé intimement. Ex. : « Elle a droit à la bouffe* artistique intégrale!

371

Tout participe au repas du fauve : la menteuse*, les chailles*, les lèvres! Elle est débigornée d'importance, mamz'elle!»

débigorner : éjaculer.

débigorner le chalumeau : éjaculer.

débigorner la membrane : éjaculer.

débigorner le sagittaire : éjaculer.

débigorner le sournois (se) : assouvir un désir sexuel. Ex. : «Un soir, dans un ciné de banlieue, il s'est débigorné le sournois avec la caissière, une mémé de septante et des!» (203)

débilboquer (se) : se défaire, pour une femme, de l'étreinte amoureuse. Ex. : «Elle appliqua ses deux mains contre ses oreilles et, d'une rude secousse, se débilboqua du vieillard. » (108)

déblayer le surplus (se) : éjaculer.

déboulé dans la lumière (un) : orgasme. Ex. : «Elle ajoute encore qu'elle m'aime; que "Oh! Mais si! Mais si", que "Missiou, il mé toue!" et enfin que "Arrrhhwwrrrr", ce qui est tout à fait exact. Et puis c'est l'arrivée triomphale. Le déboulé dans la lumière. Je me libère de ces quelques millilitres qui font tant de chichis pour s'évacuer et conduisent le mâle à toutes les exactions, qu'ensuite t'es bien avancé, gros malin!» (139)

débouler des rognons : éjaculer. (B)

débourrer : éjaculer.

débraguetter : exhiber un pénis.

débroussaillage de la toison d'or (un) : cunnilingus. Ex. : «On début' par un p'tit débroussaillage d'la toison d'or, av'c la menteuse*, bien baliser l'parcours, qu'les choses fussent nettes, l'chemin tracé au cordon.» (B, 208)

déburnage (un) : éjaculation. Ex. : «Enfourner le grand Nestor* durant une plombe quarante, avec un déburnage en cours de parcours, je le reconnais, mais repris de volée et remonté en neige façon Rotary.» (150)

déburner : éjaculer. Ex. : «Aglaé, sa manie, c't'ait que j'm'l'astique entr' les seins d'sa poitrine. Elle pressait ses loloches* autour d'mon panais*, j'croive qu'ell' craignait d'êt' enceintée*. J'lu déburnais su' l'plastro*, tant et si fort qu'à la longue, il y est

poussé des poils, comme à un homme, à force d'y larguer des zormones mâles!» (B, 141)

décamoter (se) : pratiquer une ablution intime. Ex. : «La môme* revient après s'être décamoté la tirelire*.» (149). Ex. : «Mlle Ladousse se décamote le berlingue* avec clapotis agrestes.» (150)

décamoter la fonderie (se) : procéder à des ablutions postcoït. (BB)

décapsuler le lutin folâtre : pratiquer une fellation. Ex. : «Une commère de ce gabarit doit te décapsuler le lutin folâtre superbement.» (109)

décapsuleuse de braguette (une) : femme très portée sur les choses du sexe.

décaraméliser (se) : assouvir un désir sexuel, éjaculer. Ex. : «Dans le fond, me dis qu'avec ce bâton à un bout*, mieux vaut se décaraméliser avec une solide radasse* qu'avec une nymphe pucelle.» (155)

décarrer du popaul : avoir une érection. Ex. : «Son regard et sa voix me fouettent les sens, hue, dada! Je décarre du popaul au triple galop. Sans chercher bien loin : la table. Pas besoin de le lui signifier, elle y est déjà étendue, se propose en grand, les jambes repliées haut, et se les maintenant ainsi à deux mains, façon grenouille à la renverse.» (106)

décasquer le guerrier : faire subir une ablation du prépuce. Ex. : «Elle voraçait* avec tellement tant de fougue, qu'elle a failli me décasquer le guerrier, la bandite.» (80)

déchaglatter : pour une femme, se soustraire à l'acte sexuel. Ex. : «C'est alors qu'il se passe ce pourquoi je prie farouchement le ciel depuis naguère : un coup de sonnette retentit. La gonzesse*, c'est comme une décharge électraque. Elle me déchaglatte la menteuse*, si vite que j'en reste éberlué à continuer ma tyrolienne* dans le vide.» (133)

décharger : éjaculer. Ex. : «La dernière fois, il avait déchargé dans son calbute*, ce qui procure un bonheur intense, mais se révèle source d'ennuis par la suite, à moins de disposer d'une salle de bains et d'un slip de rechange.» (136)

déchatter : interrompre un coït.

déchausser du panard : jouir sexuellement.

déchevaler : pour une femme, se soustraire à l'acte sexuel.

déclencher ses manœuvres d'automne en mer de Marmara : copuler.

déclencher une offensive de printemps (se) : se masturber.

déclitoriser : pratiquer l'ablation du clitoris.

décoiffer Popaul : pratiquer une fellation.

décolleté-grand-frisson (un) : décolleté profond d'une femme.

décolleté inférieur (un) : braguette. Ex. : « N'est-ce pas merveilleux ? demande Graziella en me flattant le décolleté inférieur d'une main fuligineuse. » (126)

décompresseur surbaissé (le) : fessier.

déconnecter le trémulseur à ondes courtes : satisfaire le désir sexuel d'un homme. Ex. : « Godeur* il est, godeur il demeure tant qu'on lui a pas déconnecté le trémulseur à ondes courtes. » (75)

découiller : éjaculer. Ex. : « T'as raté la gagne* ! Tu t'es différée d'trop ? T'es branque*, ou quoi, la mère ? T'as qu'à t'bricoler un solo d'guitare* pour t'finir. J'sus pas responsabl' d'la mauvaise gestion d'ton fade*, ma poule. J't'ai fourni l'matériel haddock* en parfait état d'marche, l'reste, j'sus comme Ponce Pilote* : j'm'en lave la bite* ! Moi, sitôt qu'j'ai découillé, l'cahier des réclamances* est fermaga*. Si tu permets, j't'emprunte ta culotte pour mes blablutions* d'après fornique*. » (B, 143)

découilleuse (une) : prostituée.

découlisser le trombone : extirper le pénis des vêtements. Ex. : « Tout en parlant elle me découlisse le trombone. » (149)

déculance (une) : déconvenue sexuelle. Ex. :« Quant à Félicien, le pauvret, c'est dramatique de l'entendre clamer sa déculance à la lune, pauvre loup affamé au coin de la forêt canadienne par trente degrés plantigrades sous zéro ! » (108)

déculer : se retirer pendant un coït. Ex. : « Cette anxiété de la sonnette pendant que j'enfilais dame Marthe. Le qui-vive ! Cette hantise de devoir déculer en plein envol. » (100). Ex. : « Sa vachasse s'enfume de folie. Lui annonce qu'elle va le tuer s'il ne décule pas séance tenante. Et lui, contre vents et marées, de lancer en ahanant : " Attends, attends ". » (210)

déculter : se retirer pendant un coït. (B)

dédéesser (se) : se désunir sexuellement d'une femme très belle.

défatiguer Popaul (se) : éjaculer.

déferler du valseur : copuler. Ex. : « Elle n'est pas laubée*, ladite secrétaire. Et que, très z'honnêtement, elle déferle du valseur avec moins de brio qu'une vache du Sucesex*. » (205)

déflagrater l'sac à foutre : éjaculer. (B)

défoncer : pénétrer sexuellement.

défoncer la bagouze : sodomiser. Ex. : « J'eusse eu des instinctes pédoques*, j'y aurais défoncé la bagouze sans l'faire payer ! » (B, 148)

défoncer le pot : sodomiser. Ex. : « C'est pas pour te faire la morale que je te tiens ce langage, c'est parce que j'aime la vie et que je trouve qu'un individu de ton âge est davantage fait pour aller tirer* des souris* dans les sous-bois que pour se laisser défoncer le pot en taule* par des méchants à la trique* d'acier. » (143)

défonceur de sommier (un) : homme porté sur les plaisirs sexuels. (B)

défonceuse (la) : pénis. Ex. : « On chuchote qu'il serait amputé de la défonceuse, et que ça lui cognerait sur le ciboulot*. » (135)

défouinasser l'intrépide : éjaculer. Ex. : « J'arriverai jamais à me défouinasser l'intrépide, cette nuit. » (84)

défourailler : éjaculer. Ex. : « Coquette* défouraille toute seule dans leurs guenilles. » (85) Ex. : « L'avait défouraillé plein les draps. » (B, 148)

défrivoliser : pratiquer une toilette intime postcoïtale.

défromager l'entresol (se) : éjaculer. Ex. : « Et voilà ! Ça y est ! Mon Alfredo s'est défromagé l'entresol pendant qu' je cause*. Et puis alors pas qu'un peu ! Avec cézigue*, ça floconne dur, espérez ! » (B B, 151)

dégagement : éjaculation. Ex. : « Il se redresse, légèrement envapé* par le dégagement de fumée de son conclave intime*. » (89) Ex. : « Ah... Non ! Voilà, j'arrive ! Au débotté ! L'Orient-Express ! Gare aux taches! Aaaaahooo! Vrouhaaap! Boua-hou! Oh! Yessssss! Tout pour ta pomme*, pétasse*! Charrrrrogne! Putain, c'dégagement! Ah! j'l'ai senti passer!» (B, 143)

dégager du fouinozoff : négliger l'hygiène de ses parties sexuelles. Ex. : « Si ça se trouve, elle dégage du fouinozoff. Les ancillaires de province n'ont pas le Cadum spontané. Souvent, elles ne se briquent les dépendances* que les veilles de fête ou les jours de bal. » (151)

dégager l'intime (se) : éjaculer. Ex. : « C'est à qui s'épongera* le plus vite! J'ai entendu un zig* affirmer qu'il se dégageait l'intime en trente-huit secondes montre en main ! » (75)

dégager les cumulus (se) : éjaculer. Ex. : « Sa biberonneuse* vient de lui dégager les cumulus. » (89)

dégager le trésor : déflorer. Ex. : « J'te vous dégage le trésor et ensuite, les voies du bonheur vous sont béantement* ouvertes, à vot' mari et vous. » (B)

dégauchir son Zénith : jouir sexuellement.

dégéminiser : redescendre du septième ciel.

déglander les tourments (se) : éjaculer.

déglinguer l'arrière-boutique : sodomiser.

dégodance (une) : fait de cesser d'être en érection.

dégodant : qui fait cesser une érection.

dégode (la) : fin d'une érection. Ex. : « Il avait des commentaires sur tout, qu'incitaient à la dégode. Y disait, tripotant les mam'luches* d'une souris : " Vous permettez, chère petite, que je vous règle la modulation de fréquence. " » (B, 208)

dégoder : cesser d'être en érection. Ex. : « Moi, faut te dire, que question tringle*, je suis insatiable. Une gonzesse*, m'arrive de l'aligner des cinq six fois de suite, sans dégoder. » (83). Ex. : « Si c'te grande cavale vient pour une tringlée*, beurré* monumental comme m'v'là, je risque d'dériver du panoche*. Car c'est un chiendent de la défonce, ça : dégoder. » (B, 208)

dégodeur (un) : celui qui cesse d'être en érection.

dégorgé des amygdales : pour un homme, sexuellement satisfait. Ex. : « J'sus toujours pas dégorgé des amygdales, moi. Va falloir

trouver du cheptel de remplacement. » (B, 101)

dégorger : éjaculer. Ex. : « Elle a retrouvé sa vitesse de croisière. Rétablie, sa supériorité sur ses frangines* friponnes : oui, oui, c'est bien elle la queen! Elle qu'a le droit exclusif de faire dégorger le seigneur. » (139)

dégorger Bébert : éjaculer.

dégorger la glandaille (se) : copuler. Ex. : « Je laisse ces monsieur-dame se dégorger la glandaille à l'extrême, s'essorer jusqu'à l'os de sèche, total, complet, triple zéro! » (129)

dégorger le bigorneau : éjaculer.

dégorger l'intime (se) : éjaculer.

dégorger le Marius : assouvir un désir sexuel, éjaculer. Ex. : « Je décide que, si je n'ai pas l'opportunité de me dégorger le Marius, autant roupiller. » (138)

dégorger le petit chauve : éjaculer.

dégoupillage de grenade à manche (un) : coït. Ex. : « La môme Sonia avec qui j'ai rencard* tantôt pour une petite séance de dégoupillage de grenade à manche... » (100)

dégoupiller la grenade à manche (se) : se masturber (pour un homme). Ex. : « Dans les cas exceptionnels, faut qu'la mano soye cochonne, sinon t'as presque meilleur temps d't' dégoupiller la grenade à manche au vibromasseur à piles. » (B, 208)

dégoupiller la trappe de vidange : ouvrir la braguette.

dégoupiller l'entrée des artistes : écarter les lèvres et ouvrir la bouche. Ex. : « Je prends sa tête entre mes mains, pose mes lèvres sur les siennes, lui dégoupille l'entrée des artistes du bout de la menteuse* pour une petite visite de politesse. Elle se laisse faire; raide (moins que moi cependant), la respiration calme; à croire qu'elle subit un traitement en ayant décidé d'être courageuse. » (116)

dégoupiller le turlut : copuler. Ex. : « – Ce qui signifie que, quand tout baignait*, elle volait vers d'autres braguettes, mais que dans les cas épineux, elle rabattait chez vous pour vous dégoupiller le turlut*. » (139)

dégrossie au salivaire : léchée. Ex. : « La chaglatte* dégrossie aux salivaires est fatalement opérationnelle. » (140)

déguiser le chmizblick en Fenwick : être en érection. Ex. : « Non seulement elle est belle et carrossée façon sirène, mais de plus elle a ce je-ne-sais-quoi qui vous déguise le chmizblick en Fenwick. » (51)

déguiser le drap de lit en chapiteau de cirque : avoir une érection sous un drap.

déguiser le père glandu en barre à mine : provoquer une érection. Ex. : « Ce qu'on aperçoit, joint à ce qu'on devine, te déguise le père glandu en barre à mine! » (120)

dégustation (une) : cunnilingus. Ex. : « Oh! dis donc, ça vaut le coup de risquer l'orgelet! Tu sais quoi? La brune Maria* est couchée en travers du lit d'Antoine*, les jambons* à 90 degrés. Messire Toinet* se tient agenouillé entre ceux-ci et pratique une dégustation expresse à la señorita larbine*. Je déponne* brusquement. » (143). Ex. : « Moi, à ta place, je lui ferais la totale en matière de dégustation. Juste un petit triolet* : index, médius, annulaire pour ponctuer en seconde partie. » (149)

dégustation de coquillage (une) : cunnilingus. Ex. : « T'sais qu'un' p'tite dégustation d'coquillage, dans la foulée, ça mange pas d'bread! » (B, 148)

dégustation de craqueluche (une) : cunnilingus.

dégustation de tarte aux poils (une) : cunnilingus. Ex. : « J'ai su un mec qui pleurait en broutant le frifri* d'une fille. Qui pleurait d'amour pour elle, en pleine dégustation de tarte aux poils, comme dit l'Audiard. » (98)

déguster : pratiquer une caresse buccale intime.

déguster du jus de trique : subir une éjaculation.

déhisser du cacatois : cesser d'être en érection. Ex. : « Tu crois que j'allais profiter du voyage pour déhisser du cacatois?... Eh ben pas du tout. J'continuais de tangoler du paf*. » (B, 208)

déjanter : pour un homme, se retirer sexuellement. Ex. : « Quand j'étais plus jeune, les choses allaient mieux car je parvenais à tirer deux coups dans la foulée, sans déjanter; hélas, les ans neutralisent de telles prouesses. » (100)

déliqueurer : faire jouir un homme. Ex. : « Il tire des bouffées, lui aussi, pendant qu'elle le déliqueure. Chacun son cigare*! » (149)

delta (le) : pubis féminin. Ex. : « Tourne ton cul* du côté d'Moscou. Seigneur, c'panorama! On t'a jamais défriché l'delta, ma gosse! Vingt gu, j'eusse dû amener ma tondeuse à gazon! L'plus simple, c's'rait qu'on y fout* le feu un grand coup qu'après on t'limerait* sur brûlis. Attends qu'j'te coiffe un peu la crinière* avant d'monter en ligne. » (B, 104)

delta amazonien (le) : pubis féminin.

démailloter le nourrisson (se) : copuler. Ex. : « Elle dispose de ses matinées, même Gerda. Ne me reste plus qu'à lui refiler le numéro de ma cabine pour avoir l'honneur de sa visite dès demain. Banco. Une occasion de se démailloter le nourrisson, ça ne se refuse pas. » (116)

démanteler le trésor : copuler.

démanteleur de babasses (le) : pénis. Ex. : « Y d'vait triquer comme un trois-mâts*, c'tordu. Exhiber le farouche goumi*, un démant'leur de babasse terrifiant. » (B, 208)

démarrer à la manivelle : masturber. Ex. : « J'ai voulu le démarrer à la manivelle, mais j'ai pris une crampe au poignet sans qu'sa chique* bronche d'un n'iota. » (137)

démembraner le Pollux : caresser un pénis.

démembrer la mâture : assouvir un désir sexuel. Ex. : « J'ai réussi à faire reluire* cette petite fée (goût bulgare) de cette délicate manière, lui sauter dessus maintenant histoire de me démembrer la mâture passerait pour une égoïsterie* masculine. » (104)

demoiselles d'Avignon (les) : testicules.

démonicher : se retirer. Ex. : « Alors bon, je démoniche de madame. Puis m'assois à son côté, sur le plumzing*. » (141)

démonturer : se désunir sexuellement. Ex. : « Elle le démonture et fonce à la salle d'eau en marchant comme un compas. » (149)

dénoyauteuse de burnes (une) : femme portée sur les choses du sexe. Ex. : « Beau châssis, pouliche de race. Une dénoyauteuse de burnes patentée. Comment qu'elle doit lui faire gicler la cervelle*, au cher maître! » (136)

dépâmé : frustré du plaisir sexuel. Ex. : « Insensibles aux petites sœurs dépâmées qui se démantèlent le trésor* avec les contondances à leur portée. » (75)

dépannage manuel (un) : masturbation. Ex. : « Moi j'ai z'eu rencontré des pogneuses* à passion, qui t'f'saient un dépannage manuel pour cause de ferme-ture mensuelle* jointe à une fluctuation dentaire. » (B, 208)

dépendances (les) : parties sexuelles.

dépolluer la coquillette (se) : se masturber.

dépopauler : extraire le pénis des vête-ments. Ex. : « Elle m'acalifourchonne, m'extrapole, me dépopaule, m'engouffre, me chevauche. » (110)

déposer son bulletin dans l'urne : pénétrer sexuellement. Ex. : « Lui tient sa carte d'érecteur* à la main et il s'apprêtait à déposer son bulletin dans l'urne. » (202)

dépoter du paf : avoir une activité sexuelle intense. Ex. : « La boutique devait bien marcher : quatre moukères* au charbon, ça dépote du paf, non ? » (121)

dépoter le trésor : déflorer. Ex. : « J'sais pas qui est-ce qui l'a déberlinguée*, mais d'vait z'êt monté cosaque*, l'frangin* ! Ou alors, elle s'est dépoté l'trésor à la bett'rave sucrière. » (B, 145)

dérasureller le javelot Olida : sortir le pénis du slip. Ex. : « Toute seule, comme une grande, et avec un maximum d'efficacité, elle me renverse en travers du page*, me dérasurelle le javelot Olida que sa manœuvre met illico au beau fixe*. » (155)

dérecter : cesser d'être en érection. Ex. : « Y a toujours une certaine nostalgie pour un homme, à dérecter. » (75)

dérouiller une bitée : pour une femme, subir sexuellement des assauts masculins.

désagrégé du calbute : impuissant sexuel. Ex. : « Mariée avec un agrégé plus ou moins désagrégé du calbute puisque Ninette devait baiser* au noir pour assurer les fins de mois de son système glandu-laire. » (114)

désamidonner du bigorneau : être impuis-sant sexuel.

désapprivoiser : interrompre une fellation. Ex. : « Elle désapprivoise le bigoudi fan-

tasque* du bonhomme (un outil sans grandes espérances) pour branler le chef. » (108)

désemboucher : interrompre une fellation. Ex. : « Sa pipe* court un peu sur son erre ; elle me désembouche et me regarde, l'air interdit. » (154)

désembrumer Popaul (se) : éjaculer. Ex. : « Pour couper court, je me chope* la boi-teuse, la trousse avec un empressement de gus* qui retrouve sa rombière* après dix ans de placard* et te la poinçonne*à la sau-vage sur son pauvre pucier* geignard. A c't'âge-là tu te désembrumes Popaul en moins de deux. » (205)

désencombrer les aumonières (se) : éja-culer.

désenconcombrer : pour un pénis de grande dimension, cesser d'être en érection.

désenruté : assouvi sexuellement.

désintellectualiser la case-trésor : pratiquer un cunnilingus. Ex. : « Violette* qui, pour l'instant, se fait désintellectualiser la case-trésor par la secrétaire, m'adresse un petit geste d'excuse en pressant ses cuisses contre les oreilles de l'aimable personne pour qu'elle ne puisse percevoir mon ino-pinance*. » (147)

désliper : ôter un slip. Ex. : « Ayant déslipé la donzelle*, je trompai le temps en lui cha-toyant* la marguerite*. » (138)

détartrer la tubulure : copuler, éjaculer.

détartrer la voie royale : pratiquer une toi-lette intime (pour une femme). Ex. : « Pen-dant que sa tireuse va détartrer la voie royale, il pique un somme. Les mâles, c'est commak* : post coïtum, c'est la ron-flette*. » (148)

détartrer le glandulaire (se) : copuler, éja-culer.

dételer : renoncer définitivement à la copu-lation. Ex. : « Pas d'erreur, c'est une fréné-tique ; cette bonne femme ne détellera jamais. Faudra toujours qu'elle trouve un gars qui lui fasse la vitrine* ! » (31)

déterger la bouche à incendie : éjaculer. Ex. : « Elle me fourbit la membrane* à s'en disjoncter le poignet ; côté arthrite, elle semble épargnée, la daronne*. Dis, elle va pas me déterger la bouche d'incendie avant la fin du repas ! » (151)

déterger le guignol (se) : éjaculer.

déterger les glandes : assouvir sexuellement. Ex. : « Je me dis que cent piges* avant Jésus-Christ, il devait y avoir plein de nanas* rutilantes dans le bâtiment, des surdouées du radada* qui savaient te déterger les glandes en apothéose. » (116)

détériorer le fondement (se faire) : se faire pénétrer sexuellement. Ex. : « Quand je pense à l'autre petite chochotte*, là-bas, en train de se faire détériorer le fondement par un âne en rut ! » (113)

détêtedenœuder : ôter de sa bouche le pénis auquel on pratique une fellation. Ex. : « Elle se tait car, parfaitement éduquée, elle ne saurait parler la bouche pleine. Et me voilà vaincu, dominé, pompé*, astiqué*, trituré. Un bris de vitre. Puis de vaisselle. Elle détêtenœude. » (143)

détremper de l'hémisphère austral : manifester un désir sexuel.

détriquer : cesser d'être en érection.

détroit de Messine (le) : appareil génital féminin.

détumescence (une) : interruption d'une érection. Ex. : « Pourtant l'escalier nécessite un effort qui provoque chez moi une opportune détumescence. » (75)

dévaler le thermomètre à moustaches : pratiquer une fellation.

déventouser : se séparer physiquement après l'acte charnel. Ex. : « Elle me déventouse l'ostrogoth à crinière* et va se déterger* le terrier à pafs* au labo. » (110)

dévergonder : être en érection. Ex. : « V'là ma tête chercheuse* qui dévergonde aussi sec. » (150)

dévisser le capuchon à la pointe Bic : pratiquer une fellation.

dévorante (une) : nymphomane. Ex. : « Celle-là doit prendre du fion* sans réclamer ton analyse témoignant que tu as passé le test du sida et qu'il est ultra-négatif. La dévorante dans toute sa gloire. » (149)

diablotin à crinière (le) : appareil génital féminin. Ex. : « La frangine* est carrossée* d'première, le joufflu* bien pommé, et qui s'permet d'avoir des fossettes. La cuisse superbe comme celle d'une statue grecque. J'ai mal vu son p'tit diablotin à

crinière, mais j'sus convaincul* qu'y mérite une visite approfondie. » (B, 123)

digue du cul (la) : désir sexuel. Ex. : « Alors, le diable, la digue du cul, la rage des sens la poussant, la petite madame accomplit les différents actes que je lui ai conseillés. » (142). Ex. : « Kitège lui taillait une petite plume* quand la digue du cul bichait* le vieux garde. » (150)

digue du fion (la) : désir sexuel. Ex. : « La digue du fion s'est emparée de l'homme. Il entreprend Marie-Thérèse à tout va, le bougre ! En découvrant l'objet de son effervescence, elle se soumet, la dame. » (136)

dire bonjour à la façon cosaque (se) : copuler.

discipline en rase-mottes (la) : saphisme.

discret (le) : anus. Ex. : « J'ai le discret obstrué à zéro, je vous jure. » (16)

disjoncter : cesser d'être en érection. Ex. : « J'en sais quatre-vingt-dix-neuf pour cent qui disjoncteraient après le lâcher de ballons*. » (150)

dix de derche : dernière figure d'une copulation à répétition. Ex. : « J'ai batifolé sans arrière-pensée. Belote et rebelote ! Dix de derche ! » (B, 75)

dodelineur d'investigations (le) : pénis.

dodo-à-ressorts (le) : amour physique. Ex. : « Te goure* pas, Gros. Richelieu, malgré la pourpre cardinalice, en donnait pas sa part aux chiens pour ce qui est du dodo-à-ressorts. » (200)

doigt de cour (se faire un) : pour une femme, se masturber. Ex. : « La patronne fait minouche* à la bonne, seulement voilà que deux déménageurs arrivent pour livrer un piano, et alors ça tourne cosaque ; magine-toi qu'ils plongent dans la mêlée avec des gourdins* gros comme le bras ; bientôt, on n'sait plus qui est qui. La vieille concierge se pointe, alertée par le chahut. La partouze* l'excite comme une folle et la brave mâme Michu se fait un doigt de cour. » (T, 127). Ex. : « Et la mère Safran qui peut plus résister ! La v'là qui s'fait un doigt d'cour et s'joue un solo de banjo* au lieu de passer l'aspirateur ! Faudra pas m'marquer cette branlette su' vos heures, mâme Safran. » (133)

doigt de cour par-derrière (se faire un) : mettre un doigt dans l'anus. (B)

doigts de pied en bouquet de violettes (les) : jouissance, amour physique. Ex. : « Mais ça ne doit pas être une fortiche sur le chapitre des doigts de pied en bouquet de violettes. » (2)

donner dans la bagouze à molette : s'adonner à l'homosexualité masculine.

donner l'imprimatur : faire l'amour. Ex. : « Et l'Antonio, pendant ce temps, se demande à laquelle qu'il aimerait donner l'imprimatur. » (102)

donner un aperçu en bécorama de ses capacités : embrasser.

dop-doper : doper, complimenter, dans le sens de stimuler.

douée de la malle arrière (une) : prostituée spécialisée dans la sodomie.

dressé sur ses ergots : en érection. Ex. : « T'ai-je précisé que mister Popaul* est dressé sur ses ergots ? » (122)

dressure vibrante (la) : pénis. Ex. : « Oh, l'absorbeuse* de dressures vibrantes ! Oh, l'engloutisseuse* de chibroques* ! » (85)

Dudule : pénis. Ex. : « C'est neutralisant, la manière péremptoire qu'elle t'investit Dudule, l'arrache à sa tanière pour lui faire exécuter son numéro de cirque, tout droit sur ses pattes de derrière. » (89)

dunlopillo (un) : sein. Ex. : « Quand on mate* les dunlopillos grand standing de la Berthe*, on se dit qu'il a de quoi le réchauffer, le serpent* à Durandal*. » (200)

Durandal (la) : pénis. Ex. : « Te dégaine la Durandal, la rend pimpante tout plein, vernissée, vermillonnée, superbe ! » (121)

Durandal surtrempée (la) : pénis.

E

éblouir du panais : jouir sexuellement (pour un homme).

éburner : 1. Pratiquer l'ablation des testicules. Ex. : « Ces mecs*, on devrait les éburner comme des olives à farcir. » (75). 2. Ejaculer. Ex. : « Av'c tézigue*, on peut aller tirer sa crampe*, merci bien. Je m'éburne en quatrième vitesse, pas te faire poireauter*, et quand j'reviens : personne ! » (B, 92)

échange troduculturel (un) : copulation. Ex. : « La taulière*, sa crèche* était équipée en vue des échanges troduculturels. » (121)

échauffer l'hormone : exciter sexuellement.

écoper la glandaille : éjaculer.

écoper les aumônières (s') : se masturber.

écouillage (un) : fait d'arracher les testicules.

écrémer : faire jouir un homme. Ex. : « J'suis pas jojo*, mais je fais les meilleures pipes* de Paname*. Sans charre*, ça ne te dit rien d'être écrémé par une duchesse ? » (149)

écrin à bagouze (l') : anus. Ex. : « Un coup dans la case trésor*, un coup dans l'écrin à bagouze. » (114)

écumer le potage : éjaculer. Ex. : « Ta partenaire t'ovationne. T'as gagné. Tu peux faire ton tour d'honneur en saluant la foule et en écumant le potage à la paresseuse. » (150)

édifesse (l') : édifice de personnes nues lors d'une séance d'amour collectif.

effacer : copuler avec. Ex. : « Si tu t'effaces pas deux gertrudes dans la journée t'es obligé de te promener avec une brouette pour te charrier le surplus d'émoi*. » (75)

effectuer un graissage-vidange : copuler. Ex. : « Combien de fois me suis-je dégagé l'esprit en effectuant un graissage-vidange dans une putation-service* ! » (114)

effeuiller le coquelicot : masturber.

effrénée du chipolata (une) : nymphomane.

effréner du dargeot : remuer les fesses, en proie à un vif désir sexuel.

égoïner : posséder sexuellement. Ex. : « Merci, tantine, vite à la lime*, occupez-vous du compte-gouttes gyroscopique* de M. Bérurier* dont l'envie de vous égoïner fait peine à voir. » (116)

éjaculance (une) : éjaculation. Ex. : « Je m'affaisse, mou comme une éjaculance. Pas plus nerveux qu'au moment où papa m'a fait cadeau à maman. Un peu moins puisqu'à l'époque j'ai eu l'intrépidité de gagner ma base avant les milliers d'autres connards* en puissance qui en voulaient aussi. » (118)

élonguer la crampette (s') : copuler. Ex. : « On attend que le petit bonhomme ait élongué sa crampette. » (80)

emballée du brasero (une) : femme particulièrement portée sur le sexe.

embarquer pour Panard-City (s') : jouir sexuellement.

embourber : copuler avec. Ex. : « Il a voulu que j'embourbe ma copine et ensuite il se l'est faite. » (83). Ex. : « J'm'ai embourbé un' vieillasse d'l'Armée du Salut dont on voiliageait dans l'même compartiment, moi et elle. » (136)

embourber façon Catherine la Grande : pénétrer une femme « a retro ».

embourber une laitue de première : copuler avec une jolie femme.

embout caoutchouté (un) : mamelon d'un sein de femme. Ex. : « Elle a droit à un mordillage de cuisse et à un titillage langoureux des embouts caoutchoutés. » (138)

embout de tuba (un) : mamelon d'un sein de femme. Ex. : « Du nichemard* de jeune charcutière, avec des embouts de tuba agressifs. » (140)

embout féroce (un) : pénis de grande taille.

embrocage (un) : coït. Ex. : « Le calumet de l'happé*, la minette* chantée, l'embrocage urbi et orbi, plus des papouilles* complémentaires. » (135)

embroque (l') : coït. Ex. : « Ses macchabées, ses bouquins* et l'embroque superbe de dame mûre si maternelle et expérimentée, ça suffit à son bonheur. » (135). Ex. : « Quand t'est-ce on grimpe* un'pute*, on la cigle* avant l'embroque! » (B, 148)

embroquement (un) : coït.

embroquer : pénétrer sexuellement. Ex. : « Pauvre Ernest, va! S'il savait que ce lot princier, si convoitant, est moins joyce* à embroquer qu'une chèvre des Pyrénées. » (83). Ex. : « Il embroque à la langoureuse la môme Mireille dont il tient fermement les miches de ses mains énergiques. » (83). Ex. : « Bien vrai, tu as envie d'embroquer ce cauchemar, Gros? » (104). Ex. : « Si j'vous causais qu'vot' fignedé* mignon m'file dans l'calbute un goumi* d'Céhéresse et qu'jt'vous embroqu'rais cosaque pour une tringlée* grand siècle, vous y traduireriez comment t'est-ce, ma mignonne? » (B, 104). Ex. : « Embroque-la férocement, la grosse salope de mère Kaufmann. Une tringlée pour toi, une autre à la mémoire de son défunt mari. » (109). Ex. : « Il lui a bien lavé le visage, à Berthe*, avant de se l'embroquer dans les lavabos. » (203). Ex. : « J'avais déjà embroqué ma cousine Lucia, faut convenir, donc j'connaissais les rudimentaires du maniement d'armes. » (B, 208)

embroquer à la Peyrefitte : sodomiser. Ex. :« Fortuna rentre de l'usine, dépose sa comptée*, prend son bain à l'essence de pin délassante et se laisse embroquer à la Peyrefitte par son matou*. » (108)

émission de bond du trésor (une) : éjaculation. Ex. : « Tant et si bien, après trois émissions consécutives de bonds du trésor (on est une vraie mitraillette à cet âge-là) il l'avait finie sur le plancher, en levrette. La manière la plus conquérante! T'as la liberté de tes mouvements et tu peux contempler autre chose que les cheveux de la gosse. » (137)

emmancher : sodomiser.

emmener une frangine aux fraises : copuler.

emmener Popaul au cirque : copuler. Ex. : « Contre une pincée de dinars il a acquis le droit d'emmener Popaul au cirque : il exige sa représentation. » (74)

empaffade (une) : coït. Ex. : « S'prend pour l'Robert Hossein* de l'empaffade! Bientôt y montera des partouzes* géantes au palais des Sports, ce con*. » (135)

empapaoutage (l') : sodomie. Ex. : « C'est la grande déculotade pour empapaoutage express. » (115)

empêché du calbar : impuissant.

empêché du stylo-à-boule : impuissant. Ex. : « Souviens-toi de Marie en Toilette*! Son Louis XVI était empêché du stylo-à-boule, et pourtant elle lui a fait des chiares* en veux-tu en voilà. » (B, 200)

empétarder : sodomiser. Ex. : « On ne lui demandait qu'à se laisser empétarder par tous les crouilles de Paris! Et il vient de nous faire une fille! » (137). Ex. : « – Y s'l'empétarde comme un fou! – Pensez-vous, il la prend par derrière, mais il n'y a pas sodomie! – Pas sodomie mon cul, est-ce que l'idée vous viendrait de dire je t'enc... à quelqu'un que vous enc... pas? » (B, 208)

empétarder (s') : s'accoupler. Ex. : « Et chez les Bérurier*, t'entendras jamais causer qu'on s'est empétardé ent'soi. Queutards, mais point sadiques. » (208)

empétardeur (un) : fornicateur.

empêtrer la canalisation d'adduction sporadique du frémissant : faire éprouver un irrépressible désir sexuel.

emplafonner : pénétrer sexuellement.

emplâtrade (une) : coït.

emplâtrage-partie (une) : coït.

emplâtrer : posséder sexuellement. Ex. : « T'as l'air contrit comme un qu'aurait emplâtré son grand-père à tâtons en croyant que c'tait la bonne. » (B, 74). Ex. : « Une fois débarquée à Damiette, elle se faisait connaître de son époux, lequel séance tenante l'emplâtrait façon grand veneur. » (108). Ex. : « Emplâtre la chère Daisy ! Donne-lui la bénédiction culière de ton goupillon paysan ! Fais-la-toi en toute conscience. » (109). Ex. : « Quand t'est-ce on peut emplâtrer une carne* dans c't'état, vous jugez-t-il des performances dont on est possib' av'c' des jeunettes. » (B, 130). Ex. : « Y en a un qui la fourre à la papa*, un autre qui l'emplâtre Oscar Wilde, elle déguste* un troisième pendant qu'un quatrième, vachement ingénieux, parvient à reconstituer un sexe féminin avec les mamelles généreuses de la souveraine ! » (135)

encaisser du rond de serviette : subir une sodomie.

encastrer dans le frifri (s') : se faire pénétrer sexuellement. Ex. : « Alors j'm'ai encastré dans le frifri cent et quèques mecs* pourerien ? » (BB, 125)

encaustiquer la porte étroite : sodomiser. Ex. : « On a tous ses manies, hein ? Balzac c'était d'écluser* du caoua*, Gide de se faire encaustiquer la porte étroite, Mauriac de nettoyer ses préservatifs à l'eau bénite. » (93)

enchevêtrer : faire l'amour. Ex. : « J'ignore si elle s'est déjà laissé enchevêtrer, Ninette, vu qu'il est coton* de situer l'âge de ces gerces* graciles. » (138)

enchtiber : pénétrer sexuellement. Ex. : « J'l'u maginais une moulasse* étriquée, mais elle a dû se faire enchtiber par des Cosaques car sa gaufrette* est quasi quasiment normale. » (B, 147)

encre sympathique (l') : sperme. Ex. : « La manière qu'elle a submergé de la glotte, cette chérie, quand il a balancé son encre sympathique, le vieux calamar. » (B, 208)

endeuillé du slip (un) : impuissant sexuel.

endroit frivole (l') : appareil génital féminin. (BB)

énervée du frifri (une) : nymphomane.

énervée du moustachu : sexuellement excitée.

enfilade (une) : pénétration sexuelle.

enfiler : pénétrer sexuellement. Ex. : « Enfile, gros joufflu ! c'est pour la paix que ton marteau-pilon* travaille ! » (109)

enfournage (un) : sodomisation, pénétration. Ex. : « L'enfournage par l'œil de bronze* aussi, c'est délicat, surtout pour la santé de la patiente. Y a des mémés* qu'il a fallu hospitaliser d'urgence après un emplâtrage* à sec, pour cause d'éclatement des décharnances*, voire occlusion intestinale. » (148)

enfourner : posséder sexuellement. Ex. : « De vrais acrobates, ces deux ! Lui, c't'un gazier* si tell'ment souple qu'il aurait pu s'faire une pipe* à lui-même personnellement ! Y parvient à enfourner Louisette cul* contre cul. » (B, 141)

enfoutrailler : souiller de sperme. Ex. : « Elle me supplie de ne pas enfoutrailler le tapis, si dur à " ravoir " ensuite. » (149)

engager dans la Légion étrangère (s') : pénétrer sexuellement. Ex. : « J'ai le médius et l'index qui viennent de s'engager dans la Légion étrangère. » (155)

engagement dans l'rond central (un) : acte sexuel. (B)

engager dans une histoire d'amour (s') : pénétrer sexuellement.

engominer le scoubidou : pénétrer sexuellement. Ex. : « Berthe* se faisant engominer le scoubidou* par Alfred* le coiffeur. » (62)

engouffrer (se faire) : se faire posséder sexuellement. Ex. : « Elle est en manque de bite*, Mistress. En Tunisie, elle a pas trop osé se faire engouffrer* par les Arbis*. Ils ont la phobie des maladies, en plus du reste, les Amerloques*. » (95)

engouffrer de la pastille : sodomiser. Ex. : « Faudra pas pleurer l'huile d'olive pour l'engouffrer d'la pastille, bien prendre mon temps, un espadon comme l'mien ! Chérie, va ! » (B, 148)

engouffrer de la rondelle : se faire sodomiser.

engourdi du calbar (être) : impuissant sexuel.

engourdisseur à fourreau (l') : pénis. Ex. : « Claudette s'installe entre mes jambes,

sous le bureau, pour me primesauter*
l'engourdisseur à fourreau. » (88)

engranger le nestor : pénétrer sexuellement.
Ex. : « Vous pouvez m'engranger le nestor
s'lon les règ' de la bienaisance. » (B, 130)

enjamber (se laisser) : se laisser posséder
sexuellement.

enquiller : pénétrer sexuellement. Ex. : « Tu
l'enquilles sur Popaul* et tu fais tourner.
Quand c'est vissé à bloc contre ton bas-
ventre, tu opères la rotation inverse. »
(129). Ex. : « Et pourtant, qu'est-ce qu'est
en train d' s'enquiller ma grosse tête chercheuse ? Comme dans du beurre, Chou-
chou ! » (B, 148)

**enquiller l'anguille de calbar* dans les
bibilles** : posséder sexuellement.

enragé du trou normand (l') : pénis.

enrogner du prose : remuer frénétiquement
le fessier pendant l'acte charnel. Ex. : « Elle
continue de chialer* en plein panard*, lady
Madame. Elle se tortille en hoquetant. Elle
enrogne du prose mais parle la bouche
pleine de sanglots. » (83)

**entamer l'hymne glorieux du sifflet dans la
tirelire** : copuler.

entartrer le glandulaire (s') : être sexuellement en état de manque. Ex. : « Il tordait
une pièce de cinq francs a'v'c ses doigts,
seulement question bourre-bourre* il jouait
relâche pour transformations et sa bergère*
était obligée de se rapatrier sur les livreurs
pour pas s'entartrer le glandulaire. » (B,
205)

entonner le chant des partisanes : pratiquer
une fellation. Ex. : « Elle s'agenouille
devant cette magnificence divine, égosille
de la clape*, s'écarquille les mâchoires, fait
dents de velours et entonne le chant des partisanes. » (152)

**entonner le chant des partisans au cor des
Alpes** : pratiquer une fellation.

entonner le chant des Pyramides : pratiquer
une fellation. Ex. : « L'Egyptienne
m'entonne le chant des Pyramides. » (89)

entre-deux (l') : appareil génital féminin.

entre-deux Renaissance (l') : appareil génital féminin.

entrecutrice (une) : lesbienne.

entrée des artistes (l') : vagin. Ex. : « J'pars à
dame*, c'est le mot ! Juste que le signor

Popoff* s'trouvait à l'entrée des artistes,
brandi communal barde. » (101). Ex. :
« Une chatte* nouvelle, il désoriente et
tâtonne. Ginette est obligée de le guider
jusqu'à l'entrée des artistes. » (210)

entrée des catacombes (l') : vagin. Ex. :
« Tiens : une minouchette* d' reconnaissance, manière d'baliser l'entrée des catacombes. » (B, 148)

entrée des fourbisseurs (l') : anus. Ex. : « J'ai
l'impression de rentrer en grandes pompes
dans la cathédrale de Chartres ! J'sus pourtant pas une mauviette du kangourou*,
mais elle va me faire déjanter*, c'te tour de
Nestlé* ! J'aurais dû mett' ma peau de
phoque ! Remue pas, gamine, ou c'est la
faillite. Allons bon, la v'là qui tousse !
Tousse pas, la mère, tu m'espulses ! Danger,
verglas ! Fais gaffe*, cré bon gu de merde !
Tiens, à propos, je préfère te passer par
l'entrée des fourbisseurs. Pas que j' soye un
champion de la Mongolie estérieure, mais
j'aime mieux t' cogner dans la lune* plutôt
qu' de faire du dérapage incontrôlé dans les
Glandes* Jaurasses. » (B, 82)

entrée du gladiateur dans la fosse aux ours
(l') : pénétration sexuelle.

**entrée de Napoléon à Notre-Dame pour le
sacre** (l') : pénétration sexuelle.

entrelanguer (s') : baiser lingualement.

entrepont (l') : bas-ventre.

entresol Renaissance (l') : appareil génital
féminin. Ex. : « Deux friponnes se grument* l'entresol Renaissance. » (83)

entriquer : exciter. Ex. : « Ses " Aoh ! Aoh ! "
m'entriquent le mental. » (81)

envoler au fade (s') : jouir sexuellement.
Ex. : « Et quand tu t'envolais au fade pendant que mon jules* allait en courses. » (80)

envoyer en l'air (s') : copuler. Ex. : « Il est
pas très bien monté, hein ?... Tu vois que,
beau gosse, ça ne veut rien dire : c'est pas
avec une frimousse qu'une dame s'envoie
en l'air, mais avec un mandrin gros
commak. » (83)

épanouir du pébroque : parvenir à la jouissance physique (pour une femme).

épaule roulée (l') : pénis. Ex. : « Elle frissonne à l'idée qu'une dame femelle se laisse
enquiller* une épaule roulée de ce diamètre. » (152)

épée (une) : homme performant en amour. Ex. : « Comme quoi, une épée, carat* ou non, ça reste une épée. Quand il dégaine sa rapière*, Misteur, c'est Roland à Ronc'vaux. » (117)

épicentre (l') : 1. Vulve. Ex. : « A force ça lui porte à l'épicentre, ces "Contes du chat perché" nouveau style. » (89). 2. Pénis.

épingler dans son herbier : inscrire à son tableau de chasse sexuelle. Ex. : « C'est écrit grand comme une publicité à Times Square qu'il veut absolument l'épingler dans son herbier. » (83)

épongé : assouvi sexuellement.

éponger : faire jouir sexuellement un homme. Ex. : « Elle est allée éponger le vieux qui lui a filé dix raides*. » (83). Ex. : « L'homme qu't'éponges doive sortir d'ta bouche prop' comme un sou neuf. » (B, 148)

éponger (s') : éjaculer.

éponger l'exaltation : assouvir sexuellement. Ex. : « Faut qu'il sorte d'urgence, le pauvre biquet. Qu'il aille dare-dare se faire éponger l'exaltation. » (203)

éponger l'intime (s') : avoir une relation sexuelle.

éponger les glandes : assouvir sexuellement.

éponger le trop-plein : éjaculer.

éponger à la sauvette : être amené à l'éjaculation rapidement, d'une manière un peu bâclée.

épongeuse d'armoires (une) : femme qui a des relations sexuelles avec des hommes de forte corpulence.

épouser par intérim à domicile et à l'essai : pratiquer l'adultère.

épousseter la crinière (s') : faire une toilette intime après un rapport sexuel.

éprouver des turlurances dans l'antenne magique : démarrer une érection.

équitation post-coïtum (l') : séance de bidet après l'amour. Ex. : « La sodomie ça se pratique sur les gerces* en Chanel, celles qu'ont le temps des bains de siège mousseux avec des bidets à leur monogramme pour la petite équitation post-coïtum. » (135)

érecter : être en érection. Ex. : « J'érecte à tout vent. » (89)

érectionner : être en érection.

ergot bigornien (l') : clitoris.

ergot de concentration (l') : clitoris. Ex. : « Je lui termine la " tulipe batave " en la ponctuant d'un trémolo fantasque sur l'ergot de concentration. » (138)

ergot de contrôle (l') : clitoris. Ex. : « Je lui mignarde* l'ergot de contrôle. » (142)

ergot de coq (l') : clitoris. Ex. : « Les menottes* frivoles escriment, s'agitent, caressent, l'une le mamelon, l'autre l'ergot de coq*. » (151)

ergot de Satan (l') : clitoris.

érotoche : érotique.

escaladable : se dit d'une femme facile. Ex. : « Moi, dès le premier regard, je l'avais cataloguée escaladable fastoche*. » (75)

escalade (aller à l') : posséder sexuellement.

escalader : posséder sexuellement. Ex. : « Elle, elle faisait ses comptes ménagers mentalement pendant que mister Féloche l'escaladait. » (108)

escalader la Grande Jorasse : posséder sexuellement. Ex. : « Un Alphonse Lerat-Gondin torturé du scoubidou*, ne prenant son fade* qu'en voyant mémère se faire escalader la Grande Jorasse par des gros chibrés* professionnels. » (135)

escalader le mont de Vénus : posséder sexuellement.

escaladeuse (une) : femme portée sur les plaisirs sexuels. Ex. : « J'ai connu des escaladeuses, mais jamais des comme Martine. Quand on sort de sa couche, on se demande si on vient de passer à travers un engrenage ou si Sugar Robinson ne vous a pas confondu avec le type qui faisait du gringue* à sa femme. » (27)

escalope (l') : appareil génital féminin.

escarguiche (l') : pénis.

escarguinche (l') : 1. Clitoris. Ex. : « Je lui coiffe la toison de la langue, ce qui affole illico ces frêles jeunes filles. La raie au mitan, œuf corse*! Ensuite, dorlotage de l'escarguinche, bien l'isoler de son environnement afin qu'il dresse fièrement sa crête coquine. » (136). 2. Appareil génital féminin. Ex. : « T'as peur que ça t'écarguille d'trop l'escarguinche? » (B, 152)

escrimer le chipolata (s') : se masturber sans succès. Ex. : « Le malheureux a beau s'escrimer le chipolata, son pénis reste tête basse. » (134)

espace bital (un) : proximité permettant la convoitise sexuelle. Ex. : « Elle essaie de placer un pion plein de fesses et de jolis nichons dans mon espace bital pour tenter de faire progresser les choses. » (149)

espédier chez Mongolfier (s') : jouir sexuellement.

esquimau Gervais (un) : fellation. Ex. : « Elle avait ses ragnagnas*, Violette. Elle voulait me compenser la déconvenue à l'esquimau Gervais, mais j'ai décliné. » (152)

essorage de burnes (un) : éjaculation hygiénique. Ex. : « Des comme celle-là, j'en ai grimpé* à m'en éborgner le cyclope à col roulé*! C'est pas de l'amour, c'est de l'essorage de burnes. » (149)

essorer : soulager rapidement par un coït sommaire.

essorer à la langoureuse : pratiquer une fellation.

essorer les glandes (se faire) : éjaculer.

essorer les génitoires (s') : éjaculer.

essorer la laitance (s') : éjaculer.

essorer la glandaille : faire éjaculer. Ex. : « Il y eut une Jaune, une métisse, deux Blanches dont les techniques amoureuses m'essorèrent la glandaille au point qu'après leur déferlement je ressemblais à un os de seiche. » (122)

essorer l'intime (s') : éjaculer.

étaler : coucher, en vue de pratiquer un coït. Ex. : « Les gonzesses* sont faciles à étaler. » (78)

étalonnage (un) : coït. Ex. : « Te m'a ensorcelé au cours de ce repas d'amoureux sans amour. Ses langueurs, ses pâmades, sa voix rauque, son trouble, son kimono retroussable. Un goumi* de maçon italoche*, je me suis traîné pendant ces deux funestes plombes*. Le gourdin des bourgeois de Daumier! Le général massue*! Un chibroque* d'imperator-rex! Le cirque Rancy (ranci, transi)! Le Fuji-Yama dans le kangourou*! L'étroit lancier du Bengale! Henri II from Montgomery! Mais que tchi* pour l'étalonnage, mon canard! » (206)

étancher le bigorneau : pratiquer une fellation. Ex. : « Ces dames lui ont trop étanché le bigorneau? Il s'est trop laissé sucer*, ce gentil esquimau! » (88)

étancher ses glandes : éjaculer, satisfaire un désir sexuel.

éteignoir (un) : vagin. Ex. : « Seule l'Alsacienne pouvait héberger son monument classé, au René, car il fallait un éteignoir féroce pour lui encaisser le guiseau*. Il traînait pas loin de quarante centimètres et quand il déballait l'outil, les dadames s'enfuyaient comme pour une alerte aux gaz, se voyant défoncées à vie, le frifri* en éclats, déchiqueté horrible comme dans un accident de chemin de fer. » (113)

étendard avec gland (l') : pénis. Ex. : « R'trousser une mariée en grand tralala, c'est pas évident. Faut d'la patience. Au plus j' perdais d' temps, au plus je dressais l'étendard avec gland! » (B, 139)

éternuage précoce (un) : éjaculation précoce. (B)

éternuement de Popaul (un) : éjaculation.

éternuer : éjaculer. Ex. : « Eternuer en de blondes toisons. » (147). Ex. : « Il aurait éternué dans le joufflu* de Berthe*, peut-être qu'il se serait montré clément. Mais là : service service! » (150)

éternuer dans son kangourou : éjaculer dans son slip.

éternuer dans son mouchoir : méthode de contraception dite du retrait. Ex. : « Je l'en veux pas d'exister. C'est pas de sa faute, la mort, si p'pa n'a pas su éternuer dans son mouchoir. » (208)

éternuer de la membrane : éjaculer. Ex. : « Au bout d'un moment, le bruit cesse : l'homme vient d'éternuer de la membrane. Il se relève, rengaine sa coquette* dans sa suite privée et s'avance vers nous. » (134)

éternuer de l'inducteur : éjaculer.

éternuer hors circuit : pratiquer le coït interrompu. Ex. : « Il promit dans un râle d'éternuer hors circuit. Ce qu'il fit en toute conscience quatre minutes et vingt secondes plus tard, un peu prématurément sans doute. » (148)

éternuer le chauve à col roulé (faire) : éjaculer. Ex. : « V's'avez-il constaté l'en combien d'temps ell'm'a fait éternuer l'chauve à col roulé, l'ami? » (B, 137)

éternuer sa cervelle : éjaculer.

étinceler de la craquette : jouir sexuellement.

étinceler le trésor : jouir sexuellement. Ex. : « J'd'mande qu'à vous faire étinceler le trésor. » (B, 130)

étole d'astrakan (une) : pubis féminin luxuriant. Ex. : « Du vrai crin animal, la mam'zelle d'out'mer. Une minouchette à c'te divinité et t'avais plus b'soin d'Email Diamant. E s'payait une d'ces étoles d'astrakan à r'donner à ton sourire l'éclat du neuf. » (B, 208)

étouffe-chrétienne (l') : pénis.

étouffoir (l') : appareil génital féminin.

être à deux doigts de la prise d'armes : être sur le point d'être en érection. Ex. : « Je vous jure qu'elle pratique un frotti-frotta si savant que je suis à deux doigts de la prise d'armes, toute Berthe* qu'elle soit. » (75)

être au jules : pour une femme, se donner sexuellement à un homme.

être de la jaquette fendue : pour un homme, être homosexuel.

être de la pédale : pour un homme, être homosexuel.

être en ménage avec la veuve Clito : être lesbienne. Ex. : « Elle se nourrit de gigot à l'ail*, m'zelle Nitouche. Doit être en ménage avec la veuve Clito. Ces donzelles* se dégustent* nature ! » (75)

étui à thermomètre (l') : anus.

excédent de bagages (l') : sperme. Ex. : « L'énergumène du prose* s'emballe à mort et balance son excédent de bagages en poussant un "Ouais !" de supporter dont l'équipe vient de marquer un but. » (149)

ex-déboutonneuse de falzar (une) : ex-prostituée.

exécuter un numéro de yo-yo : pratiquer une fellation. Ex. : « Quelques voitures occupées par des couples stationnent dans le chemin ombreux. La plupart du temps, on n'aperçoit que le buste du conducteur et la chevelure de sa compagne exécutant un numéro de yo-yo. » (89)

exécuter un tirage de luxe sur papier couché : copuler.

exécuter un tirage de luxe sur vergé impérial : copuler.

exorciser l'intime (s') : jouir sexuellement.

expédier dans les azurs : faire jouir sexuellement. Ex. : « Même sans zézette*, si t'es un vrai julot*, tu peux l'expédier dans les azurs, ta régulière*. » (140)

expliquer (s') : se prostituer. Ex. : « De fil en aiguille, elle m'a confié qu'elle s'expliquait au Bois. » (83)

expliquer à la menteuse et au gode ouvragé (s') : être lesbienne.

expliquer ce que le Créateur avait derrière la tête lorsqu'il a conçu et réalisé les dames et les messieurs : copuler.

expliquer le coup du lapin agile : copuler.

explorer le sous-sol : posséder sexuellement.

extra-terrestre (l') : pénis. (B)

extrapoler la voie sur berge : copuler.

extrapoler du fulgurant : éjaculer. Ex. : « Brusquement, elle crie "Maman". Tombe à genoux avant que j'extrapole du fulgurant. » (84)

extrapoler les deux millimètres cubes de sirop : éjaculer.

extrayeuse de sperme (une) : prostituée.

F

fade (un) : orgasme. Ex. : « Le fade, sache-le une fois pour toutes, n'a besoin que d'une seule voyelle pour s'exprimer pleinement. Et cette voyelle, c'est le " A ", uniquement. » (94). Ex. : « Et ma pomme* de continuer mon petit baisouillage savant sur l'air des scieurs de long dans la forêt finnoise. Ninette repâme. Arrive au bord du fade, le refoule pour savourer plus mieux encore. » (123). Ex. : « J'éberlue, comme un que sa partenaire de baise* virerait de ses miches* avant le fade* apothéotique. » (211)

fade (aller au) : parvenir à l'orgasme.

fade (grimper au) : atteindre l'orgasme.

fader : atteindre l'orgasme. Ex. : « Le plus jeune des hommes a reculé sa chaise de la table et s'est placé de biais, le buste glissé en avant, les jambes ouvertes. La dame grosse lui fait une magistrale pipe* expresse, véry gloutonne, comme s'il y avait le feu et qu'un pompier s'imposât d'urgence. Le bénéficiaire de ladite se met à fader bruyamment. » (95)

faire bipolariser la guimauve (se) : bénéficier d'une fellation.

faire bravo de la marionnette : être en érection. Ex. : « Le voilà qui trouve un regain, imagine ! Sa marionnette fait bravo et pirouette entre les doigts prodigieux de Berthe*. » (150)

faire caracoler Coquette en tête de peloton : être en érection.

faire connecter le diffuseur à basse fréquence (se) : se faire posséder sexuellement.

Ex. : « Ce qu'il y a d'extraordinaire dans la vie, ce sont ces péteuses désœuvrées qui viennent se faire connecter le diffuseur à basse fréquence et qui ne s'en cachent pas. Alexandra n'objecte aucun fiancé. Elle ne dit pas que c'est déraisonnable, que sa vertu grince des dents ou qu'elle a des principes. Elle s'installe sur le pucier à ressorts*, légèrement renversée en arrière. Prête ! » (60)

faire des gammes au fifre baveur : pratiquer plusieurs fellations successives. Ex. : « Sa dame pompe* une alignée de zouzous. Elle les veut de tailles différentes. Elle passe du plus petit au plus grand, et puis elle revient au plus petit. C'est ce qui s'appelle faire des gammes au fifre baveur. » (93)

faire du lèche-vitrine : embrasser. Ex. : « Non, mais tu prends du rond* en vieillissant, Béru* ! s'exclame le violé en s'époussetant les filaments. Qu'est-ce qui te prend de me faire un coup de lèche-vitrine à l'improviste, mon pote ? T'as bouffé* des hormones femelles ou si c'est le futur printemps qui te fait germer ? » (202)

faire entrée libre : pour une femme, s'offrir au premier venu. Ex. : « Vous n'avez droit qu'à la vérole honteuse, à la croix de guerre, aux nanas* qui font entrée libre devant vos potes* et aux films de Martine Carol. C'est la vie. » (16)

faire étinceler la panoplie de femelle : pour un homme, posséder sexuellement jusqu'à l'orgasme de sa partenaire.

faire fumer les naseaux arrière : sodomiser.

faire griller les fusibles d'une dame : faire jouir sexuellement une femme.

faire jaillir Popaul du porte-mine : être en érection.

faire la grande connaissance : copuler avec. Ex. : « C'est plus fort que moi, lorsqu'un homme m'ensorcelle, faut que je lui fasse la grande connaissance. » (75)

faire la joie de vivre à une dame : la posséder sexuellement.

faire la vaisselle : pratiquer un cunnilingus. Ex. : « – Je raffole des rousses, avoue Clabote. – Tiens, goûte! l'invite-t-elle avec une touchante simplicité. Il stoppe ses confidences pour lui pratiquer ce qu'on appelle en argot de salon " faire la vaisselle ". » (145)

faire le beau : être en érection. Ex. : « Mais mon bigoudi de cérémonie* a bon pied bon œil et continue de faire le beau, dressé sur ses pattes de derrière. » (147)

faire le coup du taille-crayon aux deux pointes Bic : caresser digitalement les mamelons des seins d'une femme.

faire le gala de l'Union : copuler.

faire le ménage : masturber. Ex. : « Il dégaine sa camarade zézette et se met à lui faire le ménage, façon ouistiti. » (85)

faire les scieurs de long : copuler.

faire le « V » de la défaite avec les jambes : pour une femme, s'offrir à un partenaire sexuel.

faire mâcher (se) : bénéficier d'une fellation.

faire mâchouiller le bricolet (se) : bénéficier d'une fellation. Ex. : « Je suppose qu'il éclusait* sa boutanche* de roteux* quand il passait enfouiller* le carbure*, non? Et il devait faire mâchouiller son bricolet par vos demoiselles du temps qu'il se trouvait à pied d'œuvre*. Ou plutôt, attendez. C'est vous qu'il fourrait*, pas vrai? Régime de faveur. Vos gosselines* ne sentaient pas suffisamment le rance pour complaire à ce bidasse de la rousse*. » (96)

faire partie du Salon des indépendants : être un éjaculateur précoce.

faire philippine : copuler avec deux partenaires à la fois.

faire pleurer Popaul : éjaculer.

faire ses quatre pas dans le cosmos : atteindre l'orgasme. Ex. : « Elle proclame qu'on a pas le droit d'abandonner une dame en cours, fût-ce sa propre moitié! C'est pas correct, sans compter que pour la santé parlez-moi z'en! Faut que le système nerveux l'admette! Elle faisait ses quatre pas dans le cosmos, la pauvre chérie, lorsque son abominable homme des neiges a lâché prise et s'est taillé* comme un qui aurait oublié d'éteindre le gaz! » (58)

faire tintin : faire abstinence sexuelle. Ex. : « Les veuves qu'le temps leur tricote des toiles d'araignée à force de faire tintin, les pauvrettes! » (B,152)

faire un carton : copuler. Ex. : « Pour ma part, j'aurais bien fait un carton avec une poulette* à carrosserie spéciale. » (114)

faire un doigt de cour (se) : se masturber. Ex. : « Enlève ton slip et fais-toi un doigt de cour, la mère. J'adore ce genre de spectacle. » (129)

faire une petite mayonnaise : masturber. Ex. : « Ah, on n'en était plus à la pogne* maussade de l'après-midi, quand elle m'f'sait un' p'tite mayonnaise espresse dans son lavabo pou' dire d'comporter en bonne hôtesse qu'a d'l'éducance*. » (B, 208)

faire un solo de jarretelles (se) : se masturber, pour une femme.

famille pédaloche (la) : les homosexuels en général.

fané de l'os à moelle : impuissant sexuellement.

fané de la zoute : impuissant sexuellement, impuissant par l'âge. Ex. : « Même fané de la zoute, faut qu'il s'nucle sur les géographies des donzelles. » (101)

fané du calcif : impuissant sexuellement.

fané du sous-sol : impuissant sexuellement.

fantoche (une) : fantaisie, coït. Ex. : « Tu lui sollicites une petite fantoche, vite fait sur le pouce, elle doit pas rechigner, Charlotte. » (89)

farandole plumassière (la grande) : amour physique.

farandoler les muqueuses inférieures : caresser les parties intimes.

farcir (se) : posséder sexuellement.

farcir du casuel (se) : copuler à l'occasion. Ex. :: « Il était divorcé depuis une dizaine d'années et il se farcissait du casuel. » (20)

feignant à l'établi (ne pas être) : être très porté sur les relations sexuelles.

fellateuse (une) : femme qui pratique la fellation.

fellationner : pratiquer une fellation. Ex. : « Et alors, tandis qu'elle me malaxe, me cigarille*, me fellationne, me pelote-basque*, me lubrifie, me frétille sur la veine bleue des Vosges*, je lui expose mon plan. » (152)

fellationniste (un) : homme qui pratique la fellation.

fellatrice (une) : femme qui pratique la fellation. Ex. : « Encore quelques véroniques somptueuses ! Merci ! Impériale fellatrice (ou teuse*, ou comme tu voudras, ou simplement pipeuse*, à la bonne franquette). » (126)

fermée pour cause de déchets : se dit d'une femme en période de menstruation. Ex. : « Y a du perfide dans l'air ce soir ! Il sent fourmiller les impondérables sous ses pas. Il est des jours où ça peau-de-banane* vilain sur les trottoirs ; où les gonzesses* sont fermées pour cause de déchets ; où les créanciers créancent* à qui mieux-mieux. » (58)

fermeture mensuelle (la) : période de menstruation. Ex. : « Moi, j'ai z'eu rencontré des pogneuses* à passion, qui t'faisaient un dépannage manuel* pour cause de fermeture mensuelle joint à une fluctuation dentaire. » (B, 208)

fertiliser les zones érogènes : pratiquer une caresse buccale ou manuelle.

fesse (la) : sexe, sexualité.

fesse-d'œuvre (une) : main-d'œuvre à caractère sexuel. Ex. : « Dans l'état actuel, si je dispose pas d'une fesse-d'œuvre qualifiée et coopérante, je morfonds du braque*. » (B, 77)

fête à nœud-nœud (une) : coït.

feuille de rose (une) : caresse linguale pratiquée sur l'anus. Ex. : « T'sais, ces saloperies orientales : des raloucoums*? Y en a des roses, des verts, des jaunes, c'est gélatineux av'c du sucre en poud' et ça a l'goût d'feuilles d'rose ; mais j'préfère celles que mistresse Chatemouille m'faisait dans le fion* quand t'est-ce j'lu rendais visite à son clandé* d'not' chef-lieu. Qu'en'nous soye dit : la feuille de rose s'perd, mec, j'ai l'regret d'constater. Les frivoles d'aujourd'hui n'ont plus l'même cœur à l'ouvrage. Un'langue dans l'oigne*, elles renâclent, j'm'demande pourquoi. » (133) Ex. : « Un grognement m'informe qu'il y est bel et bien. Je contourne la banque et j'avise l'Energumène agenouillé derrière la femme du taxi-driver dont il a relevé la jupe et tombé le slip, en train de lui faire " feuille de rose ". Ninette, c'est la première fois qu'on lui décerne cette haute distinction. Broutée*, elle l'a déjà été (plus ou moins bien, d'ailleurs), mais langue de velours dans l'obturateur*, jamais encore. » (143)

feuillederoser : pratiquer une caresse linguale sur l'anus. Ex. : « Le bonhomme est penché en avant, les cannes en " V " renversé, et mamz'elle le feuillederose comme un grand. » (131)

fifre à breloques (le) : pénis. Ex. : « Toi, la mère, t'vas faire l'arbre fourcheux, que j'te déguste la case trésor*, pendant qu'la potesse m'jouera Saint-Claude by night au fifre à breloques, vu ? » (B, 93)

fifre à moustache (le) : pénis. Ex. : « Il me jouerait du Bach au fifre à moustache que je ne serais pas plus charmé. » (45)

fifrelot (le) : pénis.

figasse (la) : appareil génital féminin. Ex. : « Sa délicate main de violoniste s'active à cent à l'heure ! La figasse en délire. » (132)

figasse à crinière (la) : appareil génital féminin.

figfiguer : copuler. Ex. : « Le sang de pigeon, tu sais ses vertus ? Comme aphrodisiaque, tu trouves pas mieux. M'es avis que l'émir adore (pas confondre avec les miradors) figfiguer malgré son âge avancé pour son âge. » (113)

fignedé à manche (le) : sexe, sexualité. Ex. : « Un seul moyen de la neutraliser pour un moment : recommencer mes cours de fignedé à manche. » (49)

fignedé (le) : 1. Fessier. Ex. : « Si je porte ma main au fignedé de la demoiselle, ça me mène tout droit sur les routes fleuries de la félicité. » (32). Ex. : « Si j'vous causais qu'vot' figned mignon m'file dans l'calbute un goumi* d'Céhéresse* et qu'j't'vous embroqu'rais* cosaque pour une tringlée* grand siècle, vous y traduireriez comment t'est-ce, ma mignonne? » (B, 104). Ex. : « Il se fait reluire au doigt et à l'œil. Prend le figneddé de sa partenaire pour un dé à coudre. Interprète le principal rôle d'"Une aussi longue absence". » (203). 2. Sexe, sexualité. Ex. : « Le service chez Mme Froufrou, il est drôlement démocratique. Après ses heures de boulot, on a le droit de participer aux soirées mondaines. Elle fait beaucoup pour l'évolution du salariat, Froufrou. C'est une personne qui s'active ferme pour l'unification des classes! Le nivellement par le figneddé, elle opère! » (202)

figoune (la) : vulve. Ex. : « Mam'zelle Bronson, sa figoune l'entendait pas de cette oreille, mon chinois*. Elle avait encore ses fortifs*, la miss! Intégraux! Le berlingage* angliche, va t'frotter av'c une queue d'âne. » (B, 208)

figouse (la) : appareil génital féminin. Ex. : « La figouse dodue, petite médème! Avec la barbichette* maurassienne. » (89)

figue (la) : appareil génital féminin.

figue-figue (un) : coït. Ex. : « Pour le figue-figue, je suis toujours prêt, comme les boy-scouts. » (16)

figuier (le) : appareil génital féminin. Ex. : « La flotte est rarissime à Kabôchâr*. Comment elle s'arrange pour s'arroser le figuier, j'ignore et veux pas le savoir. » (86)

fik-fik (un) : coït.

filer Coquette dans le clape : insérer un pénis dans la bouche. Ex. : « Quand je vois des jolies nanas mâchouiller à vide, comme ça, j'ai envie de leur filer Coquette dans le clape pour les stopper. » (108)

filer de l'émoustillance dans la résidence surveillée : provoquer des émois sexuels.

filer des branloches (se) : se masturber.

filer le gourdin : provoquer une érection.

filer le tricotin : provoquer une érection.

filer son coup de guiseau : copuler.

filet (le) : attache du prépuce. Ex. : « Et ta pute* de chienne qui me tire des grands coups de langue râpeuse sur le filet, merde! » (152)

fion (le) : anus. Ex. : « Chope, morue, c'est bon pour ton fion* poussiéreux. » (B, 130). Ex. : « Maria l'Andalouse et son fion de braise. » (131). Ex. : « Les " infirmiers " lui tiennent les miches* écartées tandis que le garagiste a introduit le bec de son gonfleur de pneus dans le fion du malheureux. » (136)

fiote (une) : homosexuel masculin.

flageoler de la membrane : être impuissant sexuel. Ex. : « Un gars beurré* (surtout de c't'âge-là) flageole de la membrane. Il a la rapière défaillante*. » (203)

flamberge (la) : pénis. Ex. : « Il pose un pied sur la table basse et entreprend de s'astiquer* sérieusement la flamberge. » (149)

flamboyer le pétrus : jouir sexuellement. Ex. : « Y t'a eu fait flamboyer l'pétrus? Non, hein? » (B, 148)

flanverge au ventre : en érection.

fléché : membré, désigne la taille du pénis (bien ou mal fléché). Ex. : « J'ignore à quoi rêvassait mister Ali, mais il est fléché de première. Son futal est pareil au chapiteau du cirque Jean Richard qu'on aurait dressé sur les pentes du Ventoux. » (81)

flèche (la) : pénis. Ex. : « Vous suivez la flèche, tout bêtement. Je parle de celle qui vous sort du carquois*, mes joyeux tendeurs*. » (75)

floconner : éjaculer. Ex. : « Si tu calumettes* un gonzier* pour le laisser floconner dans ses gu'nilles, c'est de l'abusage* d'confiance. » (B, 148)

flotter du calbute : être sexuellement impuissant. Ex. : « Il doit flotter du calbute pour qu'elle cherche la pointe* avec cette belle frénésie, la chérie! » (137)

flotter entre deux eaux : être en état de demi-érection. Ex. : « Une fois à loilpé, j'eus la bonne surprise de constater que Coquette* flottait entre deux eaux. » (122)

flotteur (un) : sein de femme. Ex. : « Elle est munie en flotteurs. » (3). Ex. : « Ça ne lui empêche pas d'avoir sa portion de flotteurs et une arrière-boutique* qui n'a pas été fabriquée rien qu'avec des os. » (6). Ex. : « Y a des moments, dans la vie glandulaire de l'homme, où ça plaît, les gros flotteurs. Le julot*, il est capricieux, ça lui sert de vices, souvent. Tantôt il se fera damner pour une gerce* qui te trimbale deux œufs au plat dans sa gibecière à carénage italien*, tantôt il lui prend l'envie de folâtrer entre les mamelons vosgiens d'une forcenée du capot*. » (78)

flûte baveuse (une) : fellation. (B)

foisonner de la broussaille : avoir la région pubienne très velue. Ex. : « Vache ce qu'elle foisonne de la broussaille, la taulière*! Non, mais mordez-moi cette cressonnière*, les mecs*! Je vais avoir l'impression d'embroquer* un chargement de fourrage. Faudrait quasiment te faucher avant d'y aller à l'extase. T'as le frifri* en hibernation, ma gosse! Bouge plus, que je te recoiffe avant de plonger. » (B, 82)

foisonner de la touffe : avoir la région pubienne très velue.

foisonner de la virgule : éjaculer. Ex. : « Moi j'en sais des pleins wagons à bestiaux qui se mettent à foisonner de la virgule sans seulement prévenir Ninette que le repas va être servi. » (154)

folichonner : caresser avec les doigts. Ex. : « Il lui folichonne la craquette* pendant que je narre. »

folle (une) : homosexuel au comportement et à la mise très efféminés.

folle guêpe (une) : homosexuel.

follingue (une) : homosexuel.

follingue du rez-de-chaussée (le) : pénis. Ex. : « La fille est ardente comme l'Espagne. C'est un ballet flamenco à elle toute seule. Une corrida! Une feria!.. Je n'attends pas davantage pour risquer de trouver un centre d'hébergement à mon follingue du rez-de-chaussée. » (124)

fon karayan ventral (le) : pénis. Ex. : « J'avais même pas eu la présence d'esprit de me mettre dans mon calcif et mon fon karayan ventral dirigeait la cinquième avenue de bitovent à s'en filer le tournis. » (B, 208)

forage grec (un) : sodomie.

forcenée du capot (une) : se dit d'une femme à la poitrine opulente.

fornique (la) : fornication.

fortifs (avoir ses) : être vierge, sexuellement. Ex. : « Elle avait encore ses fortifs, la

miss! Intégraux! Le berlingage* angliche, va t'frotter av'c une queue d'âne! On est t'eu une ligne Maginot aussi robuste, la guerre changeait d'tournure et c'tait messieurs les frisés* qui mettaient les panzères* au clou. » (B, 208)

foufoune (la) : vulve. Ex. : « Moi, un chat, je l'appelle une chatte*, comprends-tu-t-il? J'appelle ça un frifri*, une cramouille*, une craquette*, une chagatte*, une foufoune, une moule*, une connette*, et autres, et autres, et encore autres ! » (150)

fougnasser : pratiquer des caresses linguales. Ex. : « Une autre demoiselle dont je peux pas distinguer le visage puisqu'elle s'est fait un loup avec le sexe de la rouquemoute, fougnasse le moulapaf de celle-ci. » (89)

fouignoff (le) : anus.

fouinard (le) : anus.

fouinasser la fosse d'orchestre : posséder sexuellement.

fouinasseur de compassation (le) : pénis. Ex. : « Une fringale méchante me fulgure dans le fouinasseur de compassation. » (115)

fouinof (le) : anus; par extension, le sexe. Ex. : « Allons, allons, croivez pas des cornettes* de ce genre, ma poule. La viande c'est estensible : celle à vot' fouinof comme celle à ma bite*. Si vous aurieriez un' noisette d'margarine à ma dispose, j'vous prouverais qu'en trois minutes l'zoziau* est dans son nid sans vous faire grincer les miches* l'moins du monde! » (B, 151)

fouinoussard à breloques virulentes courbes (le) : pénis. Ex. : « Je continue de remonter le train de mon allure de somnambule lorsqu'en passant devant un compartiment, j'ai le fouinoussard à breloques virulentes courbes qui saute dans mon éprouvette perfide, mes amis. » (51)

fouinozoff à tête chercheuse (le) : pénis.

fouinozoff (le) : fesses; le sexe en général. Ex. : « Carmen Abienjuy* file une mandale* sur la gueule du bulldog qui a essayé de lui placer une main tombée au fouinozoff. » (148)

fouir : pénétrer sexuellement. Ex. : « Le jeu, toujours, consiste à fouir du piolet* comme si t'avais l'intention de ressortir aux anti-

391

podes. C'est pas du petit sarclage de retraité, mais du forage pétrolifère. Faut s'enfoncer, loin, profond, disparaître. » (83)

fouizingue (le) : fessier. Ex. : « Il ferait mieux de se voiler la fesse, car je lui vois le fouizingue comme je te vois. » (80)

four à cuire le pain de fesses (le) : fessier de prostituée.

fourber : pratiquer une caresse intime. Ex. : « Tu parles d'une amazone, cette gosse. Elle te fourbe un matou* en moins de rien. » (89)

fourbi (le) : vulve. Ex. : « Et l'autre, l'enjôleuse aux yeux d'ange, se laissait fourbir le fourbi afin d'avoir barre sur lui. » (31)

fourbir la chattoune (se) : pratiquer une toilette intime, pour une femme. Ex. : « Marika est en train de se fourbir la chattoune à l'eau savonneuse. » (134)

fourbir la membrane : masturber. Ex. : « Elle me fourbit la membrane à s'en disjoncter le poignet. » (151)

fourche d'accueil (une) : appareil génital féminin. Ex. : « C'est pourquoi, avant toute chose, je pique une tête dans sa fourche d'accueil. Besoin de discuter le coup avec son trésor à crinière* avant de lui poser d'autres questions à l'étage supérieur. » (B, 104)

fourreau à 37 degrés (le) : fellation. Ex. : « Franky, il s'est arraché d'un bond aux caresses de la môme Suzon. Et il a du mérite à le faire, vu que la miss lui pratiquait à ce moment précis le fourreau à 37 degrés*. Stupeur! La demoiselle, bien que jeune, porte déjà un râtelier* avec toute la série de dominos* à bifteck au complet. Dans l'élan, l'appareil s'est décroché de sa mâchoire pour rester suspendu après le palonnier du gars. Franky n'en a cure. Sa casquette de traviole*, le clapoire* de mam'zelle Suzy au métronome, il se précipite sur Béru*. » (202)

fourgonner le cadre de vie : caresser digitalement un sexe.

fournir sa ration d'extase à l'être légalement acquis : copuler avec son conjoint officiel.

fourrager : pratiquer une caresse intime. Ex. : « Mon pote lui fourrage la boutonnière* d'un médius autoritaire. » (147)

fourrager de la menteuse : pratiquer un cunnilingus.

fourrager l'allée cavalière : pratiquer une caresse intime. Ex. : « J'comprends qu'il aye t'eu envie de lu dicter un jour le courrier en la prenant sur ses genoux et en y fourrageant l'allée cavalière. » (B, 208)

fourrager la cressonnière : pratiquer une caresse intime. Ex. : « Sa dextre est maintenant logée sous la robe de Daisy et il lui fourrage la cressonnière comme s'il y avait égaré son dentier. » (109)

fourrager l'intime (se) : se gratter les parties génitales.

fourragère (la) : pubis féminin. Ex. : « Ma Berthe*, lorsque vous baladez vot'pogne* dans sa fourragère, vous vous prenez pour Rambo dans la jungle chez les niacouets : ça s'referme su' vot' passage. » (B, 125)

fourreau (un) : vagin. Ex. : « Des coups de bite en levrette*, histoire de bien lui bassiner le fourreau. » (138)

fourreau à thermomètre (le) : anus. Ex. : « Elle hurle comme si on lui fourrait un tisonnier incandescent dans le fourreau à thermomètre. » (117)

fourrée (une) : pénétration sexuelle. Ex. : « Tu la commences, tu lui blablutionnes* l' bonheur du jour* au Dom Pérignon, et puis c'est ma pomme* qui se ramène pour la fourrée géante av'c sa mastarde chignole* de cérémonie. » (B, 129)

fourrer : posséder sexuellement. Ex. : « Je lui montre confidentiellement ma carte de police comme s'il s'agissait d'une photo cochonne représentant Mme Gold Amer en train de se faire fourrer par un dalmatien. » (91). Ex. : « Je revenais fourrer la mère Marthe, cette grosse salope, sans coup férir. » (100). Ex. : « Tu veux te faire fourrer par le nain, hein, bougre de sale dégueulasse? » (125). Ex. : « Si j'la fourre, c'est vraiment parce qu'elle est marquise et qu'à Saint-Locdu-le-Vieux* on a toujours respecté la noblesse. » (B, 130)

fourrer à la papa : copuler dans la position la plus classique.

fourrer le petit : sodomiser. Ex. : « Oui, oui, continue, j'aime qu'on m'insulte quand on me fourre le petit! exulte Violette* dont la bonne éducation vient de disjoncter. » (147)

fourre-vite (à la) : à la va-vite, quand il est question de sexe. (B)

foutral : excitant sur le plan sexuel. Ex. : « Elle est foutrale, avec un ventre comme tu aimes, des cuisses à manger des grenouilles. » (154)

foutre (le) : sperme.

foutre la grosse : copuler.

foutreux : en rapport avec les choses du sexe.

foutriphagie (la) : état de celui qui se nourrit de sperme.

foutriquer : copuler.

foutrophage (un) : personne qui se nourrit de sperme.

français (les) : menstrues pour une Anglaise.

franchir le mur du pied : jouir sexuellement.

franchir les Pyrénées : copuler avec une Espagnole. Ex. : « Son idée, ça s'rait qu'je vinsse dans son studio, mécredi prochain, car elle a son mécredi d'congé, mam'selle la ségnorita et c'est donc c'soir-là qu'é vient s'faire franchir les Pyrénées par mon copain. » (B, 208)

frangines (les) : testicules. Ex. : « Elle décramponne* mon manche de pioche* mais c'est pour m'empoigner les frangines. » (135)

Frédéric (le) : pénis.

frénétiquer du triangle de panne : remuer frénétiquement l'entrejambe pendant un coït.

frénétiser du paf : avoir l'érection facile. Ex. : « J'charge à tort et à traverses, dès qu'un pétard* s'présente, zou, à la tringle* ! J'frénétise du paf, j'avoue. » (B, 208)

frères Karamazov (les deux) : seins.

frères Kamarazof (les trois) : médius, index et annulaire groupés pour pratiquer des attouchements sexuels à une femme. Ex. : « J'ai le médius et l'index qui viennent de s'engager dans la Légion étrangère, sans te parler de l'annulaire qui dit déjà au revoir à son petit frère pour aller les rejoindre ! Ça y est : les trois frères Kamarazov sont maintenant en place. » (155)

frétiller du mancheron : être en érection. Ex. : « Surtout espérez pas des transports immédiats, ma beauté. Ces vieux matafs* qui s'sont embourbés* des mousses toute leur vie, c'est pas un vieux chaudron cabossé qui va te vous les faire frétiller du mancheron*. Non, faut le conditionner. La pipe*, chère petite grand-mère. La grande pipe* qu'est internationale comme moillien* d'espression. Ça convient à tous les âges, à tous les meurssses*, à toutes les bourses. » (B, 82)

frétiller sur la veine bleue des Vosges : caresser, titiller un pénis. Ex. : « Et alors, tandis qu'elle me malaxe, me cigarille*, me fellationne*, me pelote-basque, me lubrifie, me frétille sur la veine bleue des Vosges, je lui expose mon plan. » (152).

friandise à tête gauloise (la) : pénis. Ex. : « Le croyez-vous vraiment ? elle demande avant de prendre ma friandise à tête gauloise dans sa bouche vermeille. Evidemment, notre situation présente permet mal de développer cette argumentation. Ma compagne me prodigue quelques caresses capables de filer le tricotin* à un escargot centenaire. » (120)

fricouzoff (le) : vulve.

frifri (le) : vulve.

frifri à bitoune (le) : vulve.

frifri à bouclettes (le) : vulve. Ex. : « Des années de tiroir, l'affiche, son frifri à bouclettes. Devait trouver le temps long. Ane ma queue d'âne, ne vois-tu rien venir ? » (84)

frigidaire : frigide. (BB)

frigougnet (le) : vulve. Ex. : « C'est qu'elle a besoin de s'aérer le frigougnet. » (93). Ex. : « J'ai tringlé* des milliers d'sagouines, espère, à part trois quat' qu'étaient trop z'étroites du chaudron* et trois ou quat' z'aut' qui cramaient du frigounet après la séance. » (B, 148)

frigounet (le) : vulve. Ex. : « Mais y va m'démolir l'frigounet, le gueux ! Ah ! charogne ! Tu la veux, ta gosse ! Vas-y, grande brute ! Y m'tuera, c'mec ! » (BB, 133). Ex. : « Ça ne fait pas son blaud*, Marinette. La poésie, elle se la bourre dans le frigounet. » (145)

frigouni (le) : vulve. Ex. : « Je m'inquiète de savoir si elle étincelle du frigouni, mam'zelle. » (138)

friscouille (la) : vulve. Ex. : « Probable qu'elle a toujours la chaglatoune* pâmoisée*, Ninette. La friscouille en survoltage. » (85)

frisottin (un) : pubis féminin. Ex. : « Mince, t'as vu la manière bien continue que son frisottin communique avec son arrière-cour*? » (89)

frisure (la) : pubis féminin. Ex. : « Il lui a saisi la main, la lui tapote tout en matouzant* la frisure en direct, vue inviolable. » (93)

fritoche (le) : pubis féminin. Ex. : « La toison à Maria, c'est la sylve amazonienne, je te jure! Pour brouter* cette Ibérique, faut la faucher auparavant, lui passer le fritoche au désherbant! » (149)

Fritz the cat : vulve.

frizounet (le) : vulve.

frotailler les régions consommables : caresser les parties intimes.

frottée (une) : acte sexuel. Ex. : « Elle glapit que c'est inhumain une frottée pareille. » (84)

frotter le casque sur la partie malade pour préalabler celle-ci (se) : frotter un sexe d'homme sur celui d'une femme, pour accroître la lubrification et améliorer la pénétration.

froufrou : de passe, en parlant d'un hôtel.

fulgurer du scoubidou verseur : copuler à grande vitesse. Ex. : « Il fulgure du scoubidou verseur*, l'apôtre. Dieu du ciel, quel démarrage insensé. Mais où il va commak*, cézigue*? C'est téméraire, moi je déclare. Et d'ailleurs, tiens, sens : il chauffe! Il va s'enflammer un rouston* à ce rythme. Comme les avions catapultés, quand une aile frotte. » (98)

fumer le réchaud (faire) : exciter sexuellement. Ex. : « Y t'fait fumer l'réchaud mon braczif* géant. » (B, 130)

fureteuse agile (la) : langue. Ex. : « Mon baiser se fait plus total, explorateur intraitable, pas une molaire qui échappe à l'inspection de ma fureteuse agile. » (123)

fusée à poileau (la) : pénis (fusée Apollo). Ex. : « Oh! ce gouvernail de profondeur*, mon neveu! Les boutons de ma soutane ont sauté! Je proémine de l'Eminence*! J'ai une mâture* façon goélette! Putain c'est pas Dieu possible! Je reconnais pas Popaul*! Dis, c'est pas à moi un missile* pareil! La fusée à poileau! » (B, 77)

fusée Ariane (la) : pénis. Ex. : « S's'rait'y pas ma p'tite fusée Ariane qui vous intéresserait, trognon? » (B, 130). Ex. : « Elle s'accroupissait sur ta fusée Ariane, prenait appui des deux mains en arrière et te viburait la prostate à deux mille tours minutes. » (141). Ex. : « Elle était excitée comme une puce à l'idée de m'engouffrer* la fusée Ariane. » (150)

fuselage (le) : pucelage. (B)

G

gagne (la) : orgasme. (B)

gagneuse (une) : prostituée.

gaine à thermomètre (la) : anus.

gala de traversins (un) : coït.

galiper : faire l'amour. Ex. : « Quand on a terminé de galiper, elle reste un instant inerte, à reprendre souffle et conscience, un sourire comblé au coin de la bouche, comme une pâquerette. » (118)

galipouille (la) : amour charnel. Ex. : « En amour, la docilité, c'est quatre-vingts pour cent du succès. La galipouille ne souffre pas de discussion. Le mec qui, au fur et à mesure qu'il comporte, est obligé de justifier, voire seulement d'expliquer, voue ses entreprises à l'échec. » (82)

galoche (rouler une) : baiser lingual.

galoche romane (une) : baiser lingual. Ex. : « Et c'est l'inévitable galoche romane, taillée dans la masse. » (88)

galocher : donner un baiser lingual.

gamelle (la) : vagin. Ex. : « Les coulisses de l'exploit, c'est ta gamelle, técolle*! T'es un fourreau d'sabre, dans ton genre, Poulette! Et puis, dis donc, pile ma pointure! » (B, 148)

gamin (le) : pénis. Ex. : « Un petit débarbouillage express au gamin pour lui refaire une tenue décente et, sans me rhabiller, je fonce au bureau d'Alexis. » (145)

gamme (une) : caresse digitale. Ex. : « Une petite tyrolienne* vite fait, une gamme express? Tiens, fume! » (75)

garde-à-vous (se payer un, être au) : avoir une érection.

gardavouser : se mettre au garde-à-vous. Par extension, se mettre en érection. Ex. : « V'là le camarade Popaul qui gardavouse de telle sorte que je ressemble plus à une cafetière qu'à une statue grecque. » (69)

gaspard rétractile (le) : pénis.

gaufrette (la) : vulve. Ex. : « Elle a une gaufrette vachement appétissante. » (45). Ex. : « Elle a la gaufrette précieuse, miss Prends-moi-toute. » (74)

gauler : être en érection.

gazelle bondissante (être de la) : être homosexuel, pour un homme.

gazon frisé (le) : poils du pubis.

géminiser : planer dans les hautes sphères de la volupté. Ex. : « Le meilleur moment de l'amour, pour qui possède de réels moyens d'existence, voire certains signes extérieurs de richesse, c'est quand, l'escalier monté, on referme la lourde et qu'on y adosse la dame. Alors là, oui, on géminise, on s'épanouit, on sent qu'on va sortir de sa viande pour aller faire un tour. » (63)

Gémini VII (une) : pénis de grande dimension. Ex. : « Dans le pays, on le savait, qu'il était doué par la nature, Prosper! Les dames le mataient* avec crainte et envie. Elles se demandaient toutes si elles étaient capables de lui héberger sa Gémini VII au tonton Bérurier*. » (B, 202)

gémir dans l'entrepont de l'Eminence : être en érection.

gémir de la moule : exprimer un désir ou une satisfaction sexuelle. Ex. : « R'garde-moi, c'te pauvrette, la manière qu'é gémit d' la moule, bordel ! Sont-ce-t-il des manières ? » (B, 104)

général massue (le) : pénis.

Gentleman Jim : pénis. Ex. : « Elle se tait, avance ses mains jointes sur Gentleman Jim. » (152)

géographer le décolleté : partir à la découverte d'une poitrine de femme. (B)

gesticulation (une) : éjaculation. Ex. : « C'est Germain Pilon, le locataire du dessus qui vient se faire faire un' p'tite pipe* en voisin. J'en ai pour deux minutes car il fait de la gesticulation précoce. » (BB, 143). Ex. : « Sa gesticulation a ravi Xavier, la manière, paraît-il, qu'elle s'est produit : fougueuse, puissante. La Graziella, sa mimique capturée en gros plan vaut de l'or. » (B, 208)

gesticules (les) : testicules. Ex. : « Ce Rital*, c't' un pommadin : rien dans le cigare et pas grand-chose dans les gesticules. » (B, 148). Ex. : « Drive*-nous à ton fureur*, schnell, notre temps est précieux. Et d'abord remise tes médors* que j'ai pas envie de me faire fouinasser la braguette par des bestiaux aussi peu tibulaires*. Un coup de croque* négligent de l'un ou des deux et t'es orphelin de tes gesticules. » (B, 205)

geysérer dans la gargante : éjaculer lors d'une fellation. Ex. : « Elle te racle encore un peu le casque gaulois* avec les incisives et quand tu lui geysère dans la gargante, elle panique un tantisoit de la glotte. » (137)

gicler la cervelle par la bonde de jouissance (faire) : provoquer une éjaculation. Ex. : « Les autres employées sont les toreros au service du matador. Des passes de cape, des poses de banderilles ; mais la mise à mort, c'est Gladys qui l'exécute. En voilà une, pour te faire gicler la cervelle par la bonde de vidange, elle est imbattable ! C'est la Greta Garbo de la jouissance ! » (141)

gicler le potage (faire) : éjaculer. (B)

gicler sa cervelle (faire) : éjaculer. Ex. : « Beau châssis, pouliche de race. Une dénoyauteuse de burnes* patentée. Comment qu'elle doit lui faire gicler la cervelle, au cher maître ! » (136)

gigot à l'ail (le) : saphisme. Ex. : « Voilà que je tombe sur une adepte du gigot à l'ail ! Mademoiselle cachette les enveloppes* ! » (53). Ex. : « S'lon moi, maâme Martin, c'est pas le julot vot'gadejette. Les matous, pour vous, c't'un moyen, mais pas l'bonheur. T'nez : vous goûteriez au gigot à l'ail qu'ça m'surprendrait pas. » (B, 208)

girouette à crinière (une) : appareil génital féminin.

glafouneur (le) : pénis. Ex. : « Que découvre-t-elle alors, la belle incandescente ? Un homme pensif, agenouillé entre ses merveilleuses jambes fuselées, le glafouneur en chute libre. » (124)

glandaille (la) : glandes ; par extension, libido. Ex. : « Comme ça, t'aimes, ma frivole ? Ça t'agace bien la glandaille ? »

glander : éjaculer ou sécréter, selon le sexe.

glandoche (le) : pénis. Ex. : « J'm'étais pavané l'glandoche à la vaseline, tout bien, reluisant, comme un vrai p'tit prince d'Emile et une nuit. » (B, 101)

glandouillettes (les) : testicules, pour un enfant.

glapatouiller le détroit de Messine : pratiquer un cunnilingus.

glatmucher : copuler. Ex. : « Pendant que je la glatmuche scientifiquement, mon esprit redécarre. » (88)

gligli (un) : caresse digitale. Ex. : « Un petit gligli mutin dans la moniche* pour repérer le territoire. » (150)

gli-gli glin-glin (séance de) : coït. Ex. : « J'y vais d'une légère séance de gli-gli glin-glin. Elle participe. Une surdouée. Pas du chiqué. » (109)

glouper : pratiquer une caresse buccale intime. Ex. : « Une cheville d'Adam*, bellement calibrée et tendue que la petite oie blanche, agenouillée entre ses jambes, gloupe avec frénésie comme si, au lieu de sortir d'une braguette, elle sortait des établissements Gervais. » (149). Ex. : « Faudrait qu'elle eusse beaucoup de poils, j'aime ! Moi, une vraie gonzesse*, c' t'avant tout la cressonnière*. Quand j' la gloupe, c'est comm' si j' morderais dans une paillasse : faut qu'j' fisse les foins avant d' trouver l'bonheur. L'escarguinche* bien protégé, tu sais ? Qu'après ta minette*, t'as les chailles* comme le peigne d'un gazier* qu'en est en manqu' d' Pétrolân*. » (B, 155)

gloupette (une) : caresse buccale. Ex. : « Ses cannes en " V " pendent dans le vide. Si tu verrais, avec ses bas blancs, les jarretelles, le tablier de sapeur*. Encore une gloupette lubrifiante. On est près du Tyrol, oublions pas. Blll lala itou. » (123)

gloutonner : embrasser goulûment. Ex. : « Tu te le gloutonnes dans le style égarement de mes sens qui font relâche de trop d'excitation. » (B, 208)

gloutonner le membre : pratiquer une fellation.

gloutonner le Nestor : pratiquer une fellation.

gloutonner le polduk : pratiquer une fellation.

gloutonner le trésor : pratiquer une fellation.

gnagnater le bigorneau (se) : se masturber, pour une femme. Ex. : « Rien de fâcheux ? questionne Poupette qui, déjà, a mis un pied sur l'accoudoir de mon fauteuil et se gnagnate le bigorneau pour se créer un climat. » (95)

gnognoter le gouzigouzou : pratiquer une fellation.

gnougnouf (le) : attributs sexuels. Ex. : « Tu vois dans leur berceau, des bébés se caresser le gnougnouf avec leur nounours en peluche. » (79). Ex. : « Et je te passe les petits colliers de bulldog, en poils de blaireaux pour s'attacher au gnougnouf. » (85). Ex. : « Faut chauffer l'four avant d'mett' l'bred à cuire. Allez, go, on y va pour le lâcher d'colombes ! Décontracte-toi bien l'gnougnouf, j't'envoye du pipole* ! » (B, 120)

gnougnoufer : pratiquer des caresses intimes, copuler.

gnougnoute (la) : appareil génital féminin. Ex. : « Maillots deux pièces (avec cuisine) tellement inexistants qu'on leur voit la gnougnoute. » (101)

gnougnouter : pratiquer un cunnilingus. Ex. : « Comment qu'elles se gnougnoutaient le praire*, au pensionnat des Cuisses Ouvertes. » (135)

gober du rond : se faire sodomiser. Ex. : « Un espèce d'pédoque* chichiteux qui gobait du rond comm' un fou. » (BB, 125)

godanche (une) : érection. Ex. : « Disparue, la godanche proverbiale du bonhomme ! » (75). Ex. : « Au bout de vingt bornes* j'ai la godanche monstrueuse : faut qu'je calce* coûte que coûte. » (B, 136). Ex. : « Rien que de palper ça, tu chopes une godanche déferlante. » (138)

gode (un) : phallus postiche. Ex. : « Tuppud* me montre la toute suprêmement nouvelle invention : le double gode. Primé au Salon du chibre* de Copenhague cette année. Il est à deux usages simultanés, pour dames à double cratère préhensile. Et réglable, attention ! Monté sur tige flexible. La partie avant est mycoforme tandis que la partie arrière, plus modeste, revêt les apparences et dimensions d'un médius moyen. » (82)

godemichet (un) : phallus postiche.

godemuche (le) : pénis.

goder : être en érection. Ex. : « Ce genre de vache aurait pu me mâchouiller pendant dix ans sans que je gode. » (125)

godeur : en proie à une érection. Ex. : « Godeur il est, godeur il demeure tant qu'on lui a pas déconnecté le trémulseur à ondes courtes*. » (75)

goinfrage de menteuse avec fourbissage de molaires (un) : baiser profond.

goinfrer le godemuche (se) : pratiquer une fellation.

goinfrette (une) : fellation. Ex. : « Elle pratique la goinfrette silencieuse. Quelle application ! Quelle précision ! Elle doit avoir des ratiches* rétractiles car tout est velours. » (121)

goinfreur de la région sud : qui pratique des caresses buccales intimes. Ex. : « Rien n'est plus insultant pour un adulte mâle de mon espèce (qui en vaut une autre, crois-moi) que d'être pris en flagrant du lit de débandade par une donzelle goinfreuse de la région sud. » (88)

goinfring's mammaire (un) : succion des seins. Ex. : « Sans préjudice d'un goinfring's mammaire à grand effet. » (80)

gougnace ou **gougnasse** (une) : lesbienne.

gougne (une) : lesbienne. Ex. : « Avoir une langue qui rendrait follingues un régiment de gougnes. » (84). Ex. : « Vous avez l'air de deux gougnes, rigole Bérurier*. » (91). Ex. : « T'nez : vous goûteriez au gigot à l'ail* qu'ça m'surprendrait pas. Non que vous fassiez gougne, pourtant c'est dans c't'horizon que j'situerais vot'grenier à cul*. » (B, 208)

gougnette (une) : lesbienne.

gougnotte (une) : lesbienne. Ex. : « Dommage qu'elle n'ait pas de poitrine et très peu de cul*, sinon elle aurait été intéressante. Mais là, c'est pas mon module d'expansion. Le côté légèrement gougnotte* ne me met pas sur la rampe de lancement idéale. Note qu'elle constitue peut-être une belle affaire plumardière*. On a des surprises souvent. » (143)

gougnouf (le) : pénis. Ex. : « Pas à tergi, ni à verser. Elle n'a plus qu'eu à se laisser téléguider le gougnouf, Mme Van de Chichoune. Le slip-montgolfière à dache. Le pied droit sur la cuvette. Et mon ami Alexandre-Benoît s'est filé sur sa rampe de lancement. » (91)

gougouiller : agiter la langue lors d'un cunnilingus. Ex. : « Une menteuse* comme la mienne gougouille à cent lingus seconde ! » (154)

gouinasse (une) : lesbienne.

gouine (une) : lesbienne.

goulache (la) : pénis.

goumanche (le) : pénis.

goume (le) : pénis. Ex. : « Ah ! ah ! T'es surprise par le gabarit du perchoir, non ? Tu croilliais pas à du goume d'c't'importance ! Tu t'dis qu'av'c un mandrin* carrossé Mac-Cormick et un pot d'vaseline d'à toute fin utile, ton ouiquinde s'rait assuré, non ? » (B, 109)

goumi (un) : pénis. Ex. : « Si j'vous causais qu'vot' figneдé* mignon m'file dans l'calbute un goumi d'Céhéresse et qu'j't'vous embroqu'rais* cosaque pour une tringlée* grand siècle, vous y traduireriez comment t'est-ce, ma mignonne ? » (B, 104). Ex. : « C'est pour en arriver à quoi ? A surprendre la femme légitime de mon meilleur ami en train de s'embourber* un pékin qu'a un goumi gros comme une bitte d'amarrage. A se demander s'y faut pas des démonte-pneus pour lui héberger le zepellin. » (203). Ex. : « Moi, maâme Martin, mon n'hobby culier, comme on dit dans les r'vues sciencifiées, c'est d'être un trop fort fourreur. Un terrible du goumi, pour mieux m'faire comprendre. » (B, 208)

goumi à frissons (le) : pénis. Ex. : « Reine des hautes combines ou non, elle raffole du goumi à frissons, c'est indéniable ; on peut pas lui enlever ça. Elle paie de sa personne.

Une nana* qui casque* ainsi sans rechigner, de tout cul* et cœur, t'as plus qu'à te découvrir (du bas principalement) pour lui présenter tes hommages, les gros. » (113)

goumi en viande (le) : pénis.

gouminche (le) : pénis.

gourdin (le) : pénis. Ex. : « Elle est choucarde toute pleine, la noiraude. Si je te disais que son odeur me fait goder* ? Elle renifle la gentille petite ménagerie artisanale. Rien que de m'amener le blair dans sa périphérie, je chope un gourdin à assommer un C.R.S. casqué. » (88). Ex. : « A quoi ça serve qu'Ducroc y s'décarcasse ! La v'là en furie ! Elle m'emballe tout l'gourdin ! Mais c'est l'hangar du Concorde, ta moniche*, ma grande ! » (B, 148)

gourdin en bidoche (le) : pénis.

gousse (une) : lesbienne. Ex. : « Une nouvelle infirmière qu'est gousse comme un champ d'ails. » (89)

goûter à l'ail : être lesbienne.

goûter le suc gastrique (se) : s'embrasser profondément.

gouvernail de profondeur (le) : pénis. Ex. : « Vous vous en branlez à deux mains, ou à deux doigts, selon que vous soyez puissants ou misérables du gouvernail de profondeur de mes déconnades. » (78). Ex. : « Elles commencent aussi sec un jeu exquis : Conchita m'empoigne le gouvernail de profondeur, au ras du gazon. Isabella en fait autant ; puis Conchita m'empare au-dessus, puis de nouveau Isabella. Conclusion, ne reste à l'air libre que le beau visage rubicond du sieur Bigzob*. » (139)

gouzigouzou (le) : pénis. Ex. : « Il est l'heure de son rendez-vous au salon de massage Gladys (l'un de ses points de chute clandestins, où on lui trévulse les roupettes* et gnognote* le gouzigouzou de première). » (141)

gouziller : caresser les parties intimes. Ex. : « Ces gentils messieurs se gouzillent le cartilage d'expansion* avec fougue et équité. » (147)

gouziller le nerveux : pratiquer une fellation. Ex. : « Elle me gouzille le nerveux d'une manière plutôt gloutonne, ce qui est rare pour la ressortissante d'un pays (la Grande-Bretagne) qui ne saurait manger du turbot sans couvert à poisson. » (138)

gouziller le périscope à turgescence indo-européenne : pratiquer une fellation.

gouzilleur : excitant, chatouillant. Ex. : « Ces deux derniers mots me font un effet gouzilleur, kif quand une gentille te lèche les bourses avant d'attaquer ton cornet à la framboise*. » (149)

gouzy-gouzou (un) : attouchement sexuel. Ex. : « Il file mollo, pas nerveux pour deux lires, l'aminche*. Le Roi-Sommeil ! Il en écrase* à son volant comme son sosie après que la Montespan lui ait bricolé un gouzy-gouzou fripon. » (106)

grabouiller la moulasse : caresser digitalement un sexe féminin. Ex. : « Juste je lui grabouille la moulasse, vite fait bien fait, dans le couloir, qu'elle se sente le frifri* au frais, cette chère Maria. » (149)

graisser la turbine : lubrifier. Ex. : « Sans beurre, y a pas mèche ! soliloque-t-il. Pour que mam'selle Fraülein va prendre du fion*, faut graisser la turbine, sinon c'est son pot d'échappement* qui déclare forfait ! » (B, 136)

grand cacatois (le) : pénis.

grand écarter le compas : ouvrir les cuisses d'une femme.

grand collecteur (le) : pénis. Ex. : « C'est triste de songer qu'elle préfère aller regarder un bout d'Egypte plutôt que de m'héberger le grand collecteur. » (116)

grand circuit dans les étoiles (le) : orgasme. Ex. : « Elle est partie pour le grand circuit dans les étoiles. » (136)

Grand Ferré (le) : pénis.

Grand Mongol (le) : pénis. Ex. : « Il y a un instant, c'était l'hymne à la fidélité, mon toubib* adoré, tout ça. Et maintenant, juste à cause d'une petite papouille* au clito*, mam'selle s'empâme* et réclame la venue du Grand Mongol ! » (118)

grande bouffe (une) : cunnilingus. Ex. : « La Grande Bouffe, avec elle, ça doit être le summum du nectar, plus deux doigts fureteurs dans la bagouze* pour créer le climat ! » (110)

grande famille (la) : les homosexuels en général.

grandes manœuvres (les) : coït. Ex. : « Elle se jette à quatre pattes, ce qui met en valeur un soubassement aux volumes byzantins. M'est avis que le militaire doit piaffer d'impatience, là-haut ! Si on l'a stoppé en pleines grandes manœuvres, il n'est sûre-ment pas à prendre avec des pincettes ! » (20)

grand Nestor (le) : pénis. Ex. : « Enfourner le grand Nestor durant une plombe* quarante, avec un déburnage* en cours de parcours, je le reconnais, mais repris de volée et remonté en neige façon Rotary. » (150)

gratte-cul (un) : pénis de petite taille. Ex. : « Elle prend volontiers de la bagouze* à l'occasion et un p'tit gratte-cul comme votre affaire est pas duraille à caser dans la conversation. » (B, 140)

greffier (le) : vulve. Ex. : « Le Mastard fait sa réapparition en rajustant sa braguette à boutons, ses gros doigts brutaux n'ayant pu apprivoiser oncques fermeture Eclair. – Y a maman qu'est pas près à courir le cent mèt' ; c'te pauv' daronne*, si j'vous dirais qu'elle avait le greffier pas plus large qu'une pièce de dix balles. » (B, 95)

grignoter la tartine : pratiquer un cunnilingus.

grignoter une frangine : pratiquer un cunnilingus. Ex. : « L'Espagnol ne pratique pas l'amour par voie buccale. Parlez de " ça " à un pote d'outre-Pyrénées (comme on dit dans "L'Equipe" en période de Tour de France) et vous le verrez cracher de dégoût. Rien que l'idée de grignoter une frangine* lui met l'estom' en portefeuille*. Il préfére-rait tourner scatophage ! Nécrophage ! Se mettre n'importe quoi sous la chaille* plu-tôt que la cressonnière* à Madame la Señora : du rat crevé, de la cuisine anglaise, du crapaud malade. » (78)

grimper : copuler avec. Ex. : « Quand t'est-ce on grimpe un'pute, on la cigle* avant l'embroque*! » (B, 148)

grimper au panard : atteindre l'orgasme.

grimper comme un cerisier : copuler fré-quemment. Ex. : « Tous les gars de Saint-Locdu* ont grimpé comme un cerisier, y compris mister Bérurier* ton serveur. » (80)

grimper en mayonnaise : atteindre l'orgasme.

grognard (le) : pénis. (B)

grommeler de la membrane : ne pas être d'humeur érotique. Ex. : « La vue du slip noir, des bas, des jarretelles, je te défie, même si tu grommelles de la membrane, de pouvoir éviter la surchauffe. » (210)

grosse veine bleue (la) : pénis. Par exten-sion, tout ce qui touche aux choses du sexe.

Ex. : « Mon ancienne secrétaire de l'usine, une fille dynamique et capable. – La grosse veine bleue? – Non, pas avec elle. » (132). Ex. : « J'ai jamais supporté les trépidances*, é m'portent illico à la grosse veine bleue. » (B, 136)

grosse glande et ses satellites (la) : parties intimes de l'homme.

grotte miraculeuse (la) : braguette. Ex. : « Il s'empoigne le module vibrant*, l'extrait de la grotte miraculeuse et le laisse dodeliner à l'air libre. » (152)

grougnouter : caresser buccalement. Ex. : « Il exhorte les demoiselles à se mieux grougnouter le delta amazonien*. » (135)

grougnouter la moulasse : pratiquer un cunnilingus. (B)

groume (le) : pénis.

groumer la case-trésor : pratiquer un cunnilingus. Ex. : « Viens que je te groume la case-trésor pour préambuler. » (B, 140)

groumer la chattoune : pratiquer un cunnilingus. Ex. : « Il ne la baiserait* pas s'ils étaient au lit ensemble, ne lui groumerait même pas la chattoune. » (210)

groumer la moniche : pratiquer un cunnilingus.

groumer la mouluche : pratiquer un cunnilingus. Ex. : « Si vous voudriez qu'je vous dise sans jambages* la façon qu'je conçois les choses, s'lon moi, une dame qui n'sent pas la charcuterie n'est pas une vraie femme. Quand j'y groume la mouluche, sauf vot' respecte, faut qu'j'aye l'impression d'bouffer un sandouiche*. » (B, 123)

groumer le trésor : pratiquer un cunnilingus. Ex. : « Les gonzesses déjantent quand t'éternues en leur groumant l'trésor. » (B, 130)

groumeur de bigorneau (un) : celui qui pratique le cunnilingus.

grumer : lécher, pratiquer un cunnilingus. Ex. : « Pouvoir grumer les muqueuses de sa maîtresse sans cesser de lui parler d'amour, ne serait-ce pas un raffinement sublime? » (62). Ex. : « Deux friponnes se grument l'entresol Renaissance*. » (83). Ex. : « Moi je la grume en trombe, la langue omniprésente, répondant à tous les appels d'urgence à la fois. » (109)

grumer la plante potagère à bulbe : pratiquer un cunnilingus.

guêtre (une) : femme facile d'un certain âge. Ex. : « Je retapisse une mousmé bien bousculée, un peu trop d'heures de vol sans doute, mais avec ses restes tu peux te faire un bon pot-au-feu. Direction l'hôtel Primevère. Pas Byzance, mais pour tirer une guêtre tu peux te passer d'un pieu à baldaquin. » (217)

guignol (le) : pénis.

guignolet (le) : pénis. Ex. : « Félix* et son guignolet, c'est plus qu'une attraction, c'est un phénomène de la nature. » (203)

guignolo (le) : pénis. Ex. : « Juste avant qu'j'm'endormisse, j'lu avais trituré l'guignolo par sympathie. » (BB, 148)

guiguite (la) : 1. Appareil génital féminin. 2. Pénis. Ex. : « La petite pute qui vous turlute* la guiguite. » (135)

guiguite folâtre (la) : pénis.

guiseau (le) : pénis. Ex. : « Avec le guiseau de M. le ministre, pour retrouver sa virginité, faudrait prendre des bains de siège de jus de citron jusqu'à la saint-glinglin. » (125). Ex. : « Elle morfle* ses trois coups de guiseau par jour, la môme. C'est ça, notre vitesse de croisière! » (135). Ex. : « Elle sent le feu du guiseau dans la moniche* surchauffée, la gentille Espingote*. La celle qui peut plus arquer*, qu'a le fignedé* frotté au piment de Cayenne, c'est bien elle. » (139)

guisot (le) : pénis. Ex. : « Le guisot de M. Alexandre-Benoît, c'est la toute grande rareté, question braque*. » (140)

guitare (la) : masturbation féminine. Ex. : « Je me dresse! La gosse n'est plus là. C'est jeunet, ça réagit mal. Au lieu de nous accompagner à la guitare, elle est aller se barricader dans ses appartements. » (73). Ex. : « Déménage pas des miches* d'cette manière! J'ai huilé l'engin après m'avoir mouché dans mes doigts! T'vas voir : le premier moment d'surprise passé, ça va d'viendre délectable. Agite-toi pas, j'vas te faire un accompagnage* de guitare pardevant pour t'aider. Là, brrr! Tout beau! Doucement! Le finegueur* dans la moulasse*. » (B, 143)

guli-gousi rotatif (un) : pénétration digitale.

Gustin : pénis. Ex. : « Comme j'achève d'essorer Gustin, voilà la gamine qui se pointe. » (154)

gymnastique sous baldaquin (la) : coït.

H

hallebarder : être en érection. Ex. : « Ça hallebarde dans mon kangourou, ya yaïe ! J'ai la hampe de l'écrivain ! » (123)

hangar à fourrage (un) : appareil génital féminin. Ex. : « Elle t'avait un de ces z'hangars à fourrage, la pouliche, youyouille ! Av'c une culotte qui pendait loin dessous, à force que des mains villageoises y pr'naient leurs z'aises. » (B, 208)

hangar à thermomètre (le) : anus.

harder : être en érection. Ex. : « Et Alexandre-Bénito, centaure et sans reproche, hardant* ardemment, uni à elle sous un parasol d'argent d'où dégoulinent des trucs gras. Personne ne s'aperçoit de rien, nous ne sommes que trois dans le secret. Aura-t-il accompli son orgasme avant que d'atteindre l'extrémité de la travée ? Que se passera-t-il si, une fois à découvert, l'Eminent continue de foutriquer* ? Nous y voilà presque dans la zone dégagée. Je frémis. Mais le Gravos* est un mec* inspiré. Il a fréquenté les bals de banlieue de jadis. Il sait louvoyer au sein d'une grappe humaine. » (77). Ex. : « Jusqu'alors j'avais cantonné dans les primatiales lutines ; ça n'était pas été plus loin que trois quat' doigts dans la cramouillette*, vu qu'on n'pouvait pas s'ébattre s'lon les normes tant elle l'avait évasive. Moi, j'hardais comme un seigneur. » (B, 208)

harmonica-à-la-renverse (un air d') : cunnilingus. Ex. : « J'ai glissé ma tête au plus intime de sa merveilleuse personne. Dès lors je lui entreprends un air d'harmonica-à-la-renverse qui ferait fureur sur la scène de l'Olympia. » (109)

harmoniquer le couscoussier : pratiquer une fellation. Ex. : « Elle m'a dit qu'un soir, ayant largué l'général Flachon-Lahampe après une séance mémorable qu'il était déguisé en marquise et fait croûter une barre de Toblerone dans l'figne* par un page, en r'gagnant son home, elle avait pas pu s'empêcher d'pomper* le taxi, un grand Arbi frisotté qui lui disait " Merci bien, m'dame " tout l'temps qu'é lui harmoniquait le couscoussier. » (B, 208)

harmoniser la moniche : caresser un sexe de femme.

haute tension dans la corde à nœud (avoir de la) : expression du désir sexuel.

hémisphère austral (l') : appareil génital. Ex. : « Et sur ce terre-plein moelleux, partouzent* cinq personnes en tenue d'Eve ou d'Adam selon la physionomie de leur hémisphère austral. » (89)

hémisphère Sud (l') : partie du corps humain située en dessous de la ceinture et comprenant, entre autres, les parties génitales. Ex. : « Ma déconvenue me ronge tout l'hémisphère Sud. J'ai l'Australie qui dégode*, la Nouvelle-Zélande qui me gratte, Nouméa comme un furoncle ! » (110)

hévéa transformé (un) : phallus postiche. Ex. : « Les pauvrettes sont contraintes de commettre le péché d'adultère si elles sont maridas ou bien de se rabattre sur l'hévéa transformé pour se donner de l'extase

401

quand elles ont, à la place d'époux, des rhumatismes déformants. » (54)

hisser le grand foc : être en érection. Ex. : « Avec Césarine, tu hisses le grand foc d'emblée. Visiteuse de braguettes, la Miss! Elle entre dans un futal* comme chez elle! » (126)

holster à couilles (l') : bourses.

homophage (une) : personne pratiquant la fellation.

honneur (l') : partie génitale masculine. Ex. : « Un coup de genou remonté qui lui meurtrit l'honneur au point de le faire dégueuler. » (24)

horizontaler : copuler.

horizontaliser : copuler.

hôtel à cul (un) : maison de rendez-vous.

housse à flûte (une) : braguette de pantalon. Ex. : « Vorace comme tu la sais, elle m'inspecte la housse à flûte. Ce coup de main pour te décapsuler un futal*! » (89)

hydrater de l'entre-sol : lubrifier par excitation, pour une femme.

hydrocaudal : affligé d'un éléphantiasis du pénis.

I

iguane de braguette (l') : pénis. Ex. :
« Ce que je redoute, c'est sa cage à serin*,
Ninette. Tu crois qu'il va pouvoir rentrer
dans sa jolie tanière, mon iguane de braguette ? » (138)

imbandant (un) : impuissant sexuel. Ex. :
« Pourquoi l'ai-je laissé épouser son
imbandant, bordel ! » (131)

impétueuser du goumi : être en érection.
Ex. : « Elle sent le fauve, la mère. Odeur
puissante à laquelle je sais Béru* sensible.
Cézigue, plus ça cocotte*, plus il impé-
tueuse du goumi. » (145)

inaction dans le secteur calbar (une) : faire
abstinence sexuelle. Ex. : « Y avait Irène
dans mon compartiment, l'air sérieux, le
maintien réservé. C'était pas Sophia Loren,
mais je me suis amusé à lui faire du rente-
dedans*. Après quinze jours d'inaction
dans le secteur calbar, j'aurais fait du
gringue* à une chèvre déguisée en cheftaine
scout. » (46)

incendie dans l'Eminence (un) : érection.
Ex. : « Me v'là avec un début d'incendie
dans l'Eminence, recta. Et rectiligne ! » (83)

incendie de réchaud (un) : désir sexuel chez
une femme.

inducteur (l') : pénis.

Infante de Castille (la petite) : appareil
génital féminin. Ex. : « Je t'ai observé du
temps que je me rafraîchissais la petite
Infante de Castille derrière le paravent. »
(203)

infanterie (l') : pénis. Ex. : « Mon infanterie
pilonne l'arrière d'tes positions ! » (B, 152)

inhaler (s') : copuler avec. Ex. : « A mon
tour, j'l'ai questionnée su' sa vie, tous les
croûtons huppés qu'ell' s'était inhalés,
mémère. Et c'était chouette de lu entend'
espliquer l'à quel point qu'y sont démunis,
quand y sont nus et dans un lit, les grands
de c'monde. » (B, 208)

injecteur (l') : pénis. Ex. : « Elle a un petit
burlingue* pour elle toute seule, où le
vieux rat vient se faire palucher l'injecteur,
chaque matin, histoire de se libérer le survolteur. » (67)

insalope (une) : femme qui refuse de se
donner physiquement.

inscrire sur son carnet de bal : pour une
femme, convoiter sexuellement.

intercaler : pénétrer sexuellement. Ex. : « Je
me l'intercale debout, héroïquement,
contre la porte capitonnée du boudoir. »
(126)

interpréter la gigue sauvage des lanciers :
posséder sexuellement.

**interpréter le concerto en ré mouleur de
brame pour fifre et jarretelle** : copuler. Ex. :
« Je lui demande de me parler de Virginie
Duchemin. Il sourcille un chouia. Môssieur se serait fait interpréter le concerto en
ré mouleur de brame pour fifre et jarretelle
par la belle enfant que ça ne m'étonnerait
qu'à quart. » (45)

**interpréter l'introduction du morceau de
Faust dans l'ouverture de la Fille de
Madame Angot** : copuler.

interpréter l'hallebardier : être en érection.

403

interpréter « Je m'adore » à la mandoline frisée : pour une femme, se masturber.

interpréter le grand air d'« Essuyez vos moustaches » : pratiquer un cunnilingus.

interpréter Ramona (s') : se masturber, pour une femme. Ex. : « Ça l'enrogne*, mets-toi à sa place. Une nana* qui te montre sa chaglatte* en plein bistrot, qui pousse le vice jusqu'à s'interpréter Ramona pour ton plus grand plaisir, et v'là un trou-de-balle* de routier qui largue* son camion de mes fesses pour te flanquer son blouson devant la rétine, bordel de merde. » (90)

intersection (l') : appareil génital féminin. Ex. : « Elle a continué de nous regarder brosser* en se massant l'intersection. » (122)

intrépide du suppositoire (un) : homosexuel.

introspecter le terrier : pénétrer sexuellement.

invertébré de la membrane (un) : impuissant sexuel.

invertébré de l'épiglotte : impuissant sexuel. Ex. : « Imagine qu'un bon mouvement rébellateur* me porte sur la barricade et que là, je reste en rideau*, panne sèche, le chignolard* façon mollusque, invertébré de l'épiglotte, hé ? » (85)

J

jambalairer : copuler. Ex. : « On moque toujours les pédégés et leur secrétaire qui jambalairent, mais il est normal que le fignedé* concrétise les relations de travail. » (112)

jambes en l'air (les) : coït. Ex. : « S'il existait des examens de jambes en l'air, elle obtiendrait à coup sûr une mention bien. » (2)

jambonner : copuler.

jambons (une partie de) : coït.

jaquette fendue (être de la) : être homosexuel.

jaquette flottante (être de, donner dans la) : homosexualité masculine. Ex. : « Il est tout gentil, brusquement. Il me met la main sur le genou. Vous le voyez pas donner dans la jaquette flottante, à son retour du Festival, le dirlo ? Se faire les petites inspectrices mignonnettes, les blondinettes avec pas trop de moustache ! Et puis forcer progressivement la dose, se consacrer ensuite aux malabars pour finir en apothéose par Bérurier* ! » (63)

jardin botanique (le) : pubis féminin. Ex. : « J'aperçois son petit jardin botanique à travers l'arachnée de sa limouillette*. » (88) Ex. : « T'as beau te teindre en blonde, ton jardin botanique annonce ta vraie couleur qu'est l'roux ardent ! » (B, 152)

jardin d'Eden (le) : appareil génital féminin.

jardiner le bosquet : copuler.

jauge à amour (la) : 1. Pénis. 2. Langue.

jauge à chaglatte (la) : pénis.

javelot Olida (le) : pénis. Ex. : « Toute seule, comme une grande, et avec un maximum d'efficacité, elle me renverse en travers du page*, me dérasurelle le javelot Olida que sa manœuvre met illico au beau fixe. » (155)

je-ne-sais-quoi (le) : appareil génital féminin. Ex. : « Vous possédez ce je ne sais quoi qui captive l'homme. – Là-dessus, la Claudette se dresse, et son " je-ne-sais-quoi " disparaît sous sa jupe. » (93)

Jésus (le) : appareil génital féminin. Ex. : « J'espère que ce gros con n'y brutalisera pas trop l'Jésus ! » (154)

jeter l'éponge au premier round : éjaculer précocement.

jeton (un) : contemplation d'un spectacle salace. Ex. : « Il dit qu'un jeton, c'est toujours bon à prendre. C'est un petit épargnant de la lubricité. » (83)

jeu polisson (un) : figure d'amour collectif. Ex. : « Elles ont allongé le premier mataf* sur le dos, lui ont déballé le zigomar vibreur*, ont flatté icelui comme il convenait pour qu'il atteigne le mieux de sa forme et jouent, ces petites polissonnes, à le chevaucher alternativement. Il s'agit réellement d'un jeu, assez innocent, somme toute, et dont je te communique les règles. Chacune de mes nanas fait dix allers-retours sur le bistounet* de l'homme. Ensuite, elle laisse sa place à une autre qui se paye également dix mignons va-et-vient. La troisième entre dans la ronde à son tour. La gagnante sera celle qui aura droit à l'apothéose du julot. Ce qui corse la chose, c'est que chacune des frangines déploie sa propre technique. T'as celle qui s'active dans la fougue cosaque, celle qui, au contraire, travaille en velouté langoureux, et celle, enfin, qui trémole du prose*. Le mataf*, son mât de misaine* est à la noce, tu peux le dire. Ces ébats de gonzesses* sur sa grande vergue, même dans ses rêves les plus érotiques consécutifs à l'abus de tequila, il imaginait pas une débriderie* pareille. Ce qui rend dingue cette séance, c'est la brièveté de chaque intervention. Dix tagadas*, c'est une misère. Lui, juste quand il prépare sa décarrade*, la mademoiselle déséquestre*, lui laissant renquiller* sa pâmade. Qu'à la fin, le marin débigorne* pendant un temps mort, entre deux partenaires. » (98)

jodler : pratiquer un cunnilingus.

jouer à Coquette le grand air du ramadan : faire abstinence sexuelle.

jouer à la bête à deux dos : copuler.

jouer à la cuillère dans l'assiette à soupe : copuler.

jouer à la lime folingue : copuler. Ex. : « Un pantalon tombé compose le premier étage de la fusée, le dernier jouant à la lime folingue. » (93)

jouer à touche pipe-line : copuler.

jouer aux quatre jambons : copuler.

jouer « **Branche-toi-sur-mon-compteur-bleu** » : sodomiser. Ex. : « Et maintenant, on va tout de même pas se dépoiler* et se laisser jouer " Branche-toi-sur-mon-compteur-bleu " par ces messieurs de la grande famille* sous prétexte que ça correspond aux nécessités de l'enquête ! » (B, 202)

jouer de la flûte de Pan : pratiquer un cunnilingus. Ex. : « Joue-lui de la flûte de Pan avant de lui faire " Pan ! " avec ta flûte. Une partie de tarte aux poils* avec des lèvres comme les tiennes, ça doit payer chez nos amies les belles ! » (149)

jouer de la flûte enchanteresse : pratiquer une fellation.

jouer de la flûte traversière : pratiquer un cunnilingus.

jouer de la guimbarde à poils : être lesbienne.

jouer de la mandoline (se) : se masturber, pour une femme. Ex. : « Autrefois, elles mouillotaient pour le cinoche*. Rien que la

lentille d'un objectif les faisait pâmer. A présent, c'est la télé. Elles se jouent de la mandoline devant la photo de Zitrone. » (206)

jouer du Bach au fifre à moustaches : pratiquer une fellation. Ex. : « Il me jouerait du Bach au fifre à moustaches que je ne serais pas plus charmé. » (45)

jouer Histoire d'aulx : pratiquer l'amour saphique.

jouer l'acte II d'Adam et Eve : copuler.

jouer l'introduction de la Flûte enchantée : pénétrer sexuellement.

jouer le grand air de la Flûte enchantée : copuler.

jouer les Castor : être en érection. Ex. : « Des gonzesses, me suffit de penser à elles pour que mon Pollux* joue les Castor et baïonnette au caleçon*. » (114)

jouer « **ôte-tes-doigts-de-là-que-je-m'y-mette** » : copuler.

jouer philippine : copuler à nouveau. Ex. : « Elle rouscaille* quand je l'ascensionne, comme quoi j'y flétris les loloches* et y bouscule les poumons... Si je me joue philippine, vous parlez d'une chanson ! » (B, 79)

jouer Ramona (se) : se masturber, pour une femme. Ex. : « La scène en cours représentait une exquise dame en attente de son amant qui se jouait Ramona avec trois doigts sur écran large. Les poils de sa chatte* faisaient penser à un jardin touffu au printemps. Rien n'y manquait : ni les scintillements de la rosée, ni le jeu du soleil sur cette végétation luxuriante et luxurieuse. » (99)

jouer Ramona au cou d'oie sans plumes (se) : pratiquer une fellation.

jouer « **Ramone-moi** » : copuler. Ex. : « La mère Bérurier* était en train de se faire jouer " Ramone-moi " par son amant le coiffeur du dessous. »

jouer Saint-Claude : pratiquer une fellation. Ex. : « Toi, la mère, t'vas faire l'arbre fourcheux, que j'te déguste la case-trésor*, pendant qu'la potesse m'jouera Saint-Claude by night au fifre à breloques*, vu ? » (B, 93)

joufflu (le) : 1. Pénis. Ex. : « J'sais r'connaît' un paf* contaminé d'un joufflu bien portant. » (BB, 125). 2. Postérieur.

joyaux (les) : testicules. Ex. : « Malheur de sa vie ! Je lui balance un coup de tatane* si faramineux dans les joyaux que ce monsieur sera inapte à procréer pendant un laps de temps illimité. Il va pouvoir se placer Coquette* sous scellés afin que personne n'y touche ! » (64)

joyaux de la Couronne (les) : testicules. Ex. : « Il verdit et se chope les joyaux de la Couronne comme s'il entendait les extraire de son bénoche* pour les offrir à une dame de ses relations privée d'abats. » (131)

joyeuses (les) : testicules. Ex. : « Un homme comme moi... dit Bérurier*, qui ne rechigne jamais pour faire son auto-éloge, un homme comme moi, Poulette, vaut mieux lui caresser les joyeuses que les lui casser ! » (B, 64). Ex. : « Les joyeuses tintinnabulantes, les jambons poilus, le bide qui proémine, c'est pas exactement la tenue play-boy. » (74)

joyeuses commères (les) : testicules. Ex. : « Alors je lui ai balancé un coup de pied retourné dans les joyeuses commères. » (47)

jules (être au) : se donner sexuellement à un homme, pour une femme.

jumeaux (les) : testicules. Ex. : « Je lui shoote un péno dans les jumeaux. » (149)

jumelles (les) : testicules.

juter : 1. Eprouver, pour une femme, un fort émoi physique. 2. Ejaculer.

Jutland (le) : vulve. Ex. : « Ma petite potesse de Copenhague, elle clamait tout ce qu'elle pouvait de se faire démanteler le Jutland. » (122)

K

kéfir d'homme : allusion au sperme.

kermesse foutratique (une) : éjaculations multiples.

ketchupesé : par référence aux règles de la femme. Ex. : « Un " tart " aux poils* ketchupesée, mercille bien, mon gars, j'sus pas preneur ! » (B)

kick (le) : clitoris. Ex. : « Un titillage délicat sur son kick, et elle démarrait illico, Ninette. »

kidnapper le berlingue : déflorer. Ex. : « Je lui promets pour très bientôt le vaillant garçon qui lui kidnappera le berlingue après l'avoir passée à la mairie. » (80)

kiosque à pafs (un) : vagin.

kouglof : anus monstrueux. Ex. : « C'tait pas d'la belle bagouze, ça non ! Plutôt un kouglof, et mastard j'te dis pas ! » (B)

kraché : effondré, vide. Ex. : « Il avait les bourses si krachées que t'aurais dit une blague à tabac en vessie de porc comme on en faisait jadis, et translucide avec ça, montrant bien qu'elles ne recelaient que dalle. »

lâcher la fumaga : éjaculer. Ex. : « Et ce qu'ils racontent avant de baiser*, et la manière stupide qu'ils baisent, et cette façon de comporter, après le coïtum, quand l'animal est triste d'avoir lâché sa fumaga dans leur tuyau d'orgue plein de délices et d'amours au féminin pluriel. » (88)

lâcher de ballons (un) : éjaculation. Ex. : « Un peu plus tard, elle vous pompait* la membrane* des heures durant, vous retenant au bord du lâcher de ballons* à l'extrême instant, pour vous réentreprendre de nouveau. » (136). Ex. : « T'es vache d'entrer comme ça. J'allais juste la tirer* ; mais à présent je vais faire ballon* et c'est ta pomme* qu'emplâtreras* mademoiselle, maintenant qu'elle est cuite à point. Nous autres, les mômes, c'est la veuve poignet* avec le lâcher de ballons dans les tartisses*. » (T, 143). Ex. : « J'en sais quatre-vingt-dix-neuf pour cent qui disjoncteraient* après le lâcher de ballons. » (150). Ex. : « Je procède sans à-coups à mon lâcher de ballons. La Rebuffade en est asphyxiée et glousse de bonheur et de surprise ravie devant la générosité de mes séminales. » (151)

lâcher de fumaga (un) : éjaculation.

lâcher de colombes à la déboulante (un) : éjaculation.

lâcher de fumée (un) : éjaculation.

lâcher son lest : éjaculer.

laisser en rideau : abandonner son partenaire sexuel avant qu'il ait atteint l'orgasme.

laitance (la) : sperme.

lance à incendie (la) : pénis.

lance d'arrosage (la) : pénis.

langourer de la bite : éprouver un désir sexuel. Ex. : « Des gus langourent de la bite sur des chaises longues en visionnant les naïades. » (101)

langue au chat (une) : cunnilingus. Ex. : « Malgré ma séance de langue au chat, je ne suis pas certain des bons sentiments de l'heureuse bénéficiaire. » (104)

langue de velours (une) : cunnilingus. Ex. : « M'sieur Pinaud*, sans cesse su' la bretèche, va démarrer la comtesse en y f'sant langu' d' velours, c' qu'est toujours appréciab'. » (B, 148)

langue de velours dans l'obturateur (une) : caresse linguale dans l'anus.

lapée des profondeurs (une) : femme à laquelle on pratique un cunnilingus.

Lapointe (le copain) : pénis. Ex. : « Mon copain Lapointe a fait relâche d'un coup. Une feuille morte ! » (122)

larguer la camelote : éjaculer.

larguer les amarres : jouir sexuellement.

larguer une crampe : éjaculer. Ex. : « Le zig* à jeun qui vient de larguer deux mignonnes crampes, crois-moi, il a besoin de se ravaler les parois stomacales*. » (85)

larguer le dernier étage de la fusée : éjaculer. Ex. : « Youyouille, j'pars à dame*, ma gosse ! Rate pas l'coche, toi non plus ! Ah ! j'en peux plus, môme ! Je vas larguer l'dernier étage d'ma fusée. » (B, 136)

lèche-frifrite (un) : cunnilingus.

lécher la pièce à dix sous : lécher l'anus.

411

légumineux (le) : pénis. Ex. : « Tu viens de refuser une superbe occase et tu as le légumineux flétri par la déception... » (62)

lever de rideau (un) : dépucelage. Ex. : « Et pourtant j'forçais d'un bon courage parce que la mad'm'selle était vraiment d'moiselle et pas destinationnée à dérouiller un goumi* d'ma capacité en l'ver d'rideau. » (B, 208)

levier de force (le) : pénis. Ex. : « La première image la montre nue et de dos en train de chipolater* le levier de force du type. » (131)

levrette (en) : coït « a retro ». Ex. : « On voit la mer comme je vois ton cul* quand je brosse* en levrette, fillette. » (123)

libérer le survolteur (se) : assouvir un désir sexuel. Ex. : « Elle m'explique qu'excepté son patron, elle ne branle* rien chez le tabellion. Elle a un petit burlingue* pour elle toute seule, où le vieux rat vient se faire palucher l'injecteur*, chaque matin, histoire de se libérer le survolteur. » (67)

lichouille (une) : cunnilingus.

lichouille de broussailles (une) : cunnilingus. Ex. : « T'aimes la lichouille d' broussailles, mignonne ? Pas triste, hein ? Ça réveille ? Ça t'met le fion* en état de siège, pas vrai ? » (B, 148)

lichouiller une tête de zob : pratiquer une fellation. Ex. : « T'as plein de mousmés* qui veulent se donner l'air d'avoir l'air, mais qui en réalité préféreraient suivre des cours d'arts ménagers plutôt que de lichouiller une tête de zob* en réprimant des spasmes, manière de faire croire à son tombeur* qu'elle est initiée à toutes les combines de la chair. » (151)

ligne de flottaison (le dessous de la) : sexe, sexualité. Ex. : « Il connaît beaucoup des choses humaines, principalement celles qui concernent le dessous de la ligne de flottaison. » (148)

lignes de Grande Ceinture (les) : chasteté forcée. Ex. : « A cause de mes salades, le père Bisemont va avoir droit aux lignes de Grande Ceinture ! Notez qu'à son âge, un peu de repos ne lui fera pas de mal. » (31)

ligne Maginot à moustache (la) : vulve. Ex. : « Je lui remonte tellement la ligne Maginot à moustache et de si frénétique façon qu'elle risque une perforation des poumons. » (81)

lime (la) : coït.

limer : copuler. Ex. : « Rien du fourreur d'élite, à la Béru*, qui lime en trombe, en trompe. » (100). Ex. : « Limait prudemment sans forcer dans les virages, se contentant de changer de braquet lorsque la pente devenait plus coriace. » (108). Ex. : « Faut qu'je lime trois quat' fois par jour, comme tout un chacun, ma gosse ! Sinon, j'ai la marmite norvégienne qu'esplose ! » (B, 148)

limeur (un) : homme très porté sur les plaisirs sexuels.

livre sans os (la) : pénis. Ex. : « Des gonzesses pareilles, j'aimerais mieux m'embourber* un bûcheron des Vosges ou un patron pêcheur de Fécamp plutôt que d'y risquer ma livre sans os. » (126)

loilpé (se filer à) : se déshabiller.

lonche (la) : coït. Ex. : « Il voit venir son panard*, le Birbe, le distingue dans les lointains de la lonche. Alors il part à sa conquête. » (100)

loncher : copuler. Ex. : « Même une gerce très salope comme cette gonzière, tu peux pas loncher toute la sainte journée, tempérament ou pas. » (B, 208). Ex. : « Pour loncher, il se dessape*, du moins de l'hémisphère Sud*. » (210)

loncher à la p'tite queuillère : faire l'amour à la va-vite. Ex. : « Qu'elle en avait tant tellement quine d'son toubibe dégodeur* et d'ses beaux messieurs maniérés qui la lonchaient à la p'tite queuillère, comme ils eussent pris t'une tasse de thé, et non pas une belle gonzesse avide d'zobanche*. » (B, 208)

lope (une) : homosexuel.

loque-breloque (une) : impuissant sexuel. Ex. : « Et le pire, c'est leur insuffisance, à ces loques-breloques. » (75)

louche à potage (la) : pénis. Ex. : « Je l'ai tirée* sur le coin de la table, sans lui ôter son slip, ce qui m'a passablement meurtri la louche à potage... » (150)

lubrifier de l'escalope : émettre des sécrétions vaginales. Ex. : « Sur dix femmes que tu broutes*, t'en as à peine une qui lubrifie correctement de l'escalope. » (154)

lune (la) : anus. Ex. : « Ainsi, il se faisait taper dans la lune par un mec contaminé ! » (152)

lupanar (un) : maison de prostitution.

lutin folâtre (le) : pénis. Ex. : « Une commère de ce gabarit doit te décapsuler le lutin folâtre superbement. » (109)

M

mâcher la membrane : pratiquer une fellation.

mâchouiller : pratiquer une fellation sur un homme dont le membre viril n'a pas ou plus toute la vigueur nécessaire. Ex. : « Ce genre de vache aurait pu me mâchouiller pendant dix ans sans que je gode*. » (125)

mâchouiller le gnocchi : pratiquer une fellation. (B)

mactée (une) : patronne de bordel, prostituée.

madame Ecartefigue (une) : lesbienne.

magasin (un) : corps de prostituée. Ex. : « Des dames vendeuses de fesses promènent leur magasin le long du trottoir. » (114)

malabar (le) : pénis.

malaxer la membrane (se) : se masturber. Ex. : « Il se malaxe la membrane à grandes secouées de lanceur de dés. » (134)

malaxer la moniche : se masturber, pour une femme.

malle arrière (la) : anus, fesses. Ex. : « Elle se l'est goinfré par la malle arrière sans qu'il ait eu un seul geste à faire. » (74)

manche (le) : pénis. Ex. : « Raconte-z-y c'qu'tu voudreras, comme quoi tu viens d'dégauchir* l'plus beau manche du monde. » (B, 148)

manche à burnes (le) : pénis. Ex. : « Là, tu m'cisailles, la môme! J't'croivais pas capab' d' m'engourdir l'manche à burnes d'un seul coup! » (B, 148)

manche à gigot (le) : pénis. Ex. : « Il est de fait que, dans la position où se trouve Mistress Kalsong-Long, il lui serait possible d'accueillir le manche à gigot de M. Blanc* sans pour autant renoncer au mien. » (138)

manche à paf branché sur la force (le) : pénis en érection.

manche de pioche (le) : pénis. Ex. : « Elle décramponne* mon manche de pioche mais c'est pour m'empoigner les frangines*. » (135)

mandarin-chercheur (le) : pénis.

mandoline (la) : appareil génital féminin. Ex. : « T'as juste à ouvrir ta mandoline et j't'interprète un' tyrolienne baveuse* d' tout' beauté. J'sais pas si t'as évalué la surface portante d' ma bavarde*, mais j'peuve te traiter cinquant' centimèt' carrés n' à la fois! » (B, 148)

mandoliner la moulasse : caresser digitalement le sexe d'une femme. Ex. : « Au début ça chatouille, mais si on persiste, l'bonheur finit par v'nir, pour peu qu'm'sieur Pinaud* t' mandoline un brin la moulasse en même temps! » (B, 148)

mandrin (le) : pénis. Ex. : « Il est pas très bien monté*, hein ?... Tu vois que, beau gosse, ça ne veut rien dire : c'est pas avec une frimousse* qu'une dame s'envoie en l'air*, mais avec un mandrin gros commak. » (83). Ex. : « La Maria gueulait comme une putoise*. Tu penses, avec un mandrin pareil dans les miches*, ça n'avait rien de surprenant! Elle avait besoin d'en causer! » (T, 136)

mandrinoche (le) : pénis. Ex. : « Le zig* en état de fornication, faut l'assouvir. Pas moyen d'échapper. C'est meurtrier, un mâle commencé et pas fini. Y a de l'homicide dans son mandrinoche. » (74)

mandroche (le) : pénis en érection. Ex. : « Dieu de Dieu, quel mandroche ! Le ballet de casse-noisette, tu parles ! Sa biroute* de flic n'a pas faibli un instant. » (210)

mandruche (le) : pénis. Ex. : « Il paraît qu'il gode* comme l'obélisque de la Concorde, Michel. Et il l'aurait en arc de cercle, le mandruche, ce déluré. Sa petite cavalière continue la chasse à courre avec célérité, sinon discrétion. Elle l'implore, le Michel, qu'il lui carre* un doigt dans le baigneur*, manière d'agrémenter et qu'il lui gazouille des salingueries* fouetteuses. » (92)

manœuvre de printemps (une) : préliminaire sexuel.

manœuvrer à la paluche (se) : se masturber.

mappemonde (la) : postérieur. Ex. : « Si je t'ajoute que je lui mordille le cou entre deux phrases et que Mister Braquefol* lui arpente la mappemonde de sa tête chercheuse*, tu comprendras que cette nana tirée des toiles* au milieu de la nuit commence à se sentir pâlotte du fignedé*, non ? » (128)

marcheur (un) : fornicateur invétéré. Ex. : « C'était un vieux marcheur qui tenait à se faire une réputation de Casanova. » (216)

marguerite (la) : appareil génital féminin. Ex. : « Ayant déslipé* la donzelle*, je trompai le temps en lui chatoyant* la marguerite. » (138)

Marius (le) : pénis. Ex. : « Je décide que, si je n'ai pas l'opportunité de me dégorger* le Marius, autant roupiller. » (138)

marner du réchaud : faire l'amour. Ex. : « Pour une gamine qu'a pas arrosé son réséda depuis les années 30, tu marnes du réchaud comme une médaillée olympique. » (B, 80)

marteau-pilon (le) : pénis. Ex. : « Enfile, gros joufflu ! C'est pour la paix que ton marteau-pilon travaille ! » (109)

martyriser la colonne (se) : se masturber.

massue (la) : érection. Ex. : « La vraie massue phénoménale, celle qui t'oblige à marcher au pas de l'oie. » (75)

mastiquer le biberon : faire une fellation.

masturbe (une) : masturbation. Ex. : « La petite masturbe qui aboutit à un duvet, on ignore. C'est pas notre genre ; on aime trop le jambon de pays. » (203)

mât d'artimon (le) : pénis.

mât de cocagne (le) : pénis. Ex. : « La jolie escalade et dévale alternativement mon mât de cocagne à une vitesse qui va croissant. Sa frénésie me file le tournis. » (129)

mât de Gascogne (le) : pénis. Ex. : « – Je suis trop étroite, elle soupirait. Elle s'est levée, d'une détente, a couru à la cuisine, et quand elle a r'venue, sa main droite cont'nait une grande ploque de crème à raser en plein moussage. Dediou de Dieu, l'effet qu'ça m'a produit quand elle m'a promené c'te drogue légère et tiède su' le mât de Gascogne. Dès lors, y a plus n'eu aucun problo. » (B, 208)

mât de misage (le) : pénis. Ex. : « Il mourra le sexe dressé ! C'est sa dunette, son zob*, Bennaz. Son mât de misage ! » (135)

mât de misaine (le) : pénis. Ex. : « Ç'avait dû lui attirer le regard, ce mât de misaine (ou de misère) qui semblait vouloir crever l'étoffe de mon boxer-short. » (122)

mât de misère (le) : pénis.

matériel à distribuer des frissons (le) : appareil génital masculin.

mateur (un) : homme dont le vice consiste à regarder la copulation d'autrui. Ex. : « Dans le Bois, c'est plein de riches vicelards qu'ont des passions à la gomme. La plupart, leur idée fixe, c'est de regarder. Quand Mireille lève un mateur, elle vient me chercher. On va au labeur à trois. » (83)

mauviette du kangourou (une) : homme dont le pénis est de petite dimension. (B)

mayonnaiser : jouir. Ex. : « Une gonzesse*, la plupart du temps, si tu la poursuis après la première envolée, elle remet le couvert* à fréquence de plus en plus rapprochée. Si bien qu'elle mayonnaise en morse. » (85)

médiumiser : pénétrer un sexe féminin avec le médium.

médiuser : pénétrer à l'aide du médius au cours d'ébats sexuels. Ex. : « Je sépare les deux bords du slip. T'as déjà vue une mappemonde ? Elle repose sur un pivot, généralement, non? Alors v'là Eggkarte méduisée. Mais en grande délicatesse. Le côté : " dites dix fois trente-trois ". » (82)

Médor : pénis. Ex. : « Pour le faire sortir de sa niche, Médor, tu pouvais toujours siffler! » (122)

melon d'Israël (un) : sein. Ex. : « Oh, pardon : ces melons d'Israël! Ils sont pas gonflés avec une pompe à vélo. Faites voir. Charogne*! Vous y faites des injections de ciment, ou quoi t'est-ce? » (B, 67)

membrane (la) : pénis. Ex. : « Moi, j'aurais ce petit lot à califourchon sur la membrane, charogne, tu parlerais d'un boulot! » (83). Ex. : « Un peu plus tard, elle vous pompait* la membrane des heures durant, vous retenant au bord du lâcher de ballons* à l'extrême instant, pour vous réentreprendre de nouveau. » (136). Ex. : « La comtesse les attendait, la bouche et le frifri* en fleurs! Elle a le fion* branché sur la haute tension, Dolorès. La membrane du Formide la survolte. » (148)

membrane à emballage rétractable (la) : pénis.

membrane flexible (la) : pénis.

membrane foireuse (la) : pénis.

membrane fureteuse (la) : pénis. (B)

membrure (une) : masturbation.

menoumenoul (le) : appareil génital féminin. Ex. : « J'tais curieux d'lu visionner la moulasse*, tant qu'à faire, pusqu' j'étais là et qu'la piaule était payée. – Montre un peu ton menoumenoul, j'lu gazouille. » (B, 208)

Messire : pénis. Ex. : « Faut dire que c'est une forte tête, Messire! Un sanguin! » (145)

métinge de cuissots (un) : coït. (B)

métronome (le) : pénis.

métronome à contrepoids (le) : pénis. Ex. : « Essayer de penser à des choses tristes pour se déconnecter le métronome à contrepoids. » (62)

métronome à frifri (le) : pénis.

métronome à moustaches (le) : pénis. Ex. : « Je nourris quelques appréhensions, lesquelles t'heureusement, n'affectent pas l'optimisme tapageur de mon métronome à moustaches. » (106)

métronome à tête chercheuse (le) : pénis.

métronomer : avoir son pénis en érection qui balance sous l'effet de l'excitation. Ex. : « A mater ses jambes nues et sa moulinette à crinière* par les échancrures il me vient des émois prodigieux. Des transes silencieuses, des picotis, des tricotins*, des godanches* sombres, des tendresses piaffantes. Je mets à penduler* vilain. A métronomer à tout berzingue*. » (72)

metteur en cul (un) : metteur en scène de films pornographiques.

metteur en obscène (un) : metteur en scène de films pornographiques.

mettre : posséder sexuellement.

mettre à plat : copuler. Ex. : « Tu devrais essayer de la mettre à plat. » (110)

mettre au beau fixe (se) : être en érection. Ex. : « Lui, pas besoin de granulés à la cantharide. Juste de voir le décolleté de la culotte noire, ça le met au beau fixe. » (135)

mettre Coquette au chaud : copuler. Ex. : « Il n'a qu'un véquende pour mettre Coquette au chaud. » (80)

mettre son calcif en portefeuille : être impuissant sexuellement.

mettre le compteur à zéro : s'assouvir sexuellement. Ex. : « Je n'ai rien contre les aimables personnes qui font commerce de leurs charmes, mais je ne fais généralement pas appel à elles pour mettre mon compteur à zéro. » (89)

mettre le couvert : copuler.

mettre les doigts de pied en botte de cresson : jouir sexuellement. Ex. : « Dès qu'on avait réuni les conditions, en trois coups d'piston tu lu f'sais mett'les doigts de pied en botte d'cresson. Ell' r'luisait* qu'à peine t'avais z'eu l'temps d'établir ta tête d'pont. » (B, 208)

mettre les doigts de pied en bouquet de violettes : jouir sexuellement.

mettre au garde-à-vous (se) : avoir une érection.

mettre les glandes à jour (se) : copuler.

mettre la grosse muqueuse à jour (se) : avoir des relations sexuelles.

mettre des idées de rebelote dans la cage à zob : donner l'envie de réitérer un coït.

mettre à jour (se) : éjaculer. Ex. : « Escusez le retard, je suçais* un vieux sénateur de ma clientèle et il n'arrivait pas à se mettre à jour. » (114)

mettre à jour la bourse aux idées (se) : assouvir un besoin sexuel.

mettre à jour le compresseur : assouvir un désir sexuel, éjaculer.

mettre à jour les tempéraments (se) : satisfaire un désir physique. Ex. : « Béru* qui va calcer* la fille givrée au clair de lune irlandaise, histoire de se mettre à jour les tempéraments. » (94)

mettre à la renverse (se) : s'abandonner dans les bras d'un homme.

mettre sur orbite : 1. Posséder sexuellement. Ex. : « Je trouvais ces hôtesses bandantes* à en crever et je sentais que mes amygdales sud* exploseraient avant la fin de la journée si je ne parvenais pas à en mettre une sur orbite. » (122). 2. Etre en érection. Ex. : « Moi, d'y repenser, ça me mit sur orbite (de cheval). » (122)

mettre un « x » au pluriel : pour un hibou, copuler. Ex. : « Un hibou crie à une chouette : " Viens chez moi, je te mettrai un « x » au pluriel ". » (62)

mettre une au frais (s'en) : copuler.

mettre la tringle (se) : s'abstenir d'avoir des relations sexuelles. Ex. : « Evidemment, on a pris un peu trop ses aises comme si on aurait été dans un bavouillodrome* spécialisé. Mais quoi, ça faisait plusieurs jours qu'on se mettait la tringle, hein ma poule ? » (58). Ex. : « – Il baise* beaucoup ton pote ? demandé-je à ce dernier qui reprend conscience. Si oui, il va devoir se mettre la tringle pendant un bout de temps vu qu'il aura les couilles* grosses comme des noix de coco non épluchées et plus violettes que des aubergines. » (137)

mettre la tringlette en tire-bouchon (se) : être attiré sexuellement.

messieurs-dames (les) : travestis, homosexuels. Ex. : « Il faut de tout pour faire un monde, d'après Félicie. Ça, je l'admets volontiers... N'empêche que j'ai une sainte horreur des messieurs-dames. » (10)

meules (les) : fesses. Ex. : « Carre*-la-lui dans les meules, fougueux taureau de village ! Calce*, fourre*, fous*, mets*, baise* et rebaise et surbaise ! Et que tes testicules rayonnants se changent en miel, ta biroute* en musique de harpe. » (109)

michier (le) : fessier. Ex. : « Il lui saisit le michier à deux mains, l'empêche de reculer, et lui bouffe le colifichet*. » (151)

mignarder : caresser intimement. Ex. : « Je lui mignarde l'ergot de contrôle*. » (142)

mignarder la craquette : pratiquer un cunnilingus. Ex. : « Dis-moi, ma poule, fait-il à Carmen, t'as jamais eu envie d'y mignarder la craquette, à cette gosse ? » (B, 148)

mignarder la frisure : caresser la vulve. Ex. : « Tu r'montes un chouïa d'manière et lu caresser le minou* n'a travers sa robe. Finito la cuisse, maint'nant tout pour la motte*, mec*. Tu lui mignardes la frisure. Voilà, t'as tout pigé. C'est gagné. Continue d' titiller son mignon frifri*. Tu sauras qu'elle épanouit de la chatte* quand é desserrera ses cannes*. » (B, 141)

mignarder le baigneur (se) : pratiquer une toilette intime.

mignarder le trésor comme une collégienne (se) : se masturber, pour une femme. (B)

mille-feuille (un) : appareil génital féminin.

milord (le) : pénis. Ex. : « Chacune veut essayer la prouesse d'm'encaisser le milord dans l'tiroir du bas*. » (B, 101). Ex. : « Milord rentre chez lui sans ses fractions, su' la pointe du nœud : c't'un délicat. » (B, 152)

mimi (un) : baiser. Ex. : « C'est le grand mimi hydraté, avec contrôle des incisives, bouillon de culture interchangé et exploration de la membrane muqueuse. » (59)

minaret (le) : pénis.

minette (faire) : pratiquer un cunnilingus. Ex. : « Ninette, espère, c'est pas la toison d'or ! T'as l'impression qu'elle s'est fait un slip dans son vieux manteau d'astrakan. Lui faire minette, c'est bouffer* un pull en mohair. » (113). Ex. : « Elle portait un slip noir affriolant que le coiffeur tenait écarté le plus possible afin de pouvoir faire minette à la duchesse. En excellent technicien de la chose, le sieur Calisson complétait la félicité de la dame avec son médius et son index joints, auxquels il imprimait ce mouvement de va-et-vient qui est celui de l'amour, même quand il est pratiqué à l'aide de prothèses plus ou moins ingénieuses. » (217)

minette (la) : cunnilingus. Ex. : « Sans vouloir me vanter, la minette est un exercice auquel j'ai toujours excellé ; mais, hélas, je deviens moins performant depuis que je suis trahi par mon asthme, car elle nécessite une grande autonomie respiratoire. Je suis convaincu que des hommes rompus à la plongée sous-marine, tel le commandant Cousteau, devraient accomplir des prouesses en la matière. C'est d'autant plus probant, pour l'excellent commandant Cousteau, qu'il dispose d'un long nez, lequel peut jouer un rôle d'appoint intéressant, en l'occurrence. » (139)

minette glapie (la) : cunnilingus.

minette gloupée (la) : cunnilingus.

minou (le) : vulve. Ex. : « Une prostipute* de chez nous, t'es tranquille qu'elle a pas l'minou comm' une boutonnière ! » (B, 101)

minouche (une) : 1. Cunnilingus. Ex. : « Reste pas d'vant la téloche, connard ! lui glapit Béru*, tu m'coupes l'panorama, juste que ces messieurs-dames* changent de positionnement pour une minouche géante. » (B, 121). 2. Appareil génital féminin. Ex. : « Elle a un beau croupion, approuve l'Eminent. Quant à minouche, il rit large. Et la barbouzette, conviens, c'est pas de la barbiche de chèvre, mais de la cressonnière* surchoix, façon Victor Hugo. » (83). Ex. : « Lui aussi, a tenté de lui brouter* minouche, pour ressusciter le bon temps. Mais ça lui a flanqué la gerbe*. » (129)

minoucher : pratiquer un cunnilingus.

minoucher la case-trésor : pratiquer un cunnilingus.

minouchette (une) : 1. Cunnilingus. Ex. : « Tiens : une minouchette d' reconnaissance, manière d'baliser l'entrée des catacombes*. » (B, 148). 2. Appareil génital féminin. Ex. : « Je voudrais l'embrasser tout partout, cave et grenier avec arrêt-buffet à la minouchette ! » (154)

mirliflot (le) : vagin. Ex. : « Son vieil oncle sadique qui va lui pousser un braque* commak* dans le mirliflot. » (85)

miser : pénétrer sexuellement. Ex. : « Elle s'est laissée miser sur la carante* sans faire

de chichis. » (126). Ex. : « Un gland qui traîne ? Vite, vite, vite : au chaud ! Jamais rater une occase de se faire miser*. » (B, 208). Ex. : « Si elle se laisse miser, de-ci et de-là, si elle te suce* un infirmier à l'occasion, c'est uniquement pour se maintenir en état de fornication. » (210)

miser comme le zéro (se faire) : être un adepte de pratiques sodomites. Ex. : « Le comte Fornicato*, qui est dans le fond un romantique, bien qu'il se fasse miser comme le zéro à la roulette et te pompe* un escadron de bersaglieri en deux temps trois mouvements (de langue). » (91). Ex. : « L'insatiable péronnelle en train de se faire miser le zéro par un individu dont je ne vois que le cul*. » (149)

miss Guiguite : pénis. Ex. : « La v'là qui me chope* miss Guiguite par la taille. Du coup elle est rassurée : y aura bel et bien fête au village, cette nuit ! » (136)

missile (le) : pénis.

missile air-cul (le) : pénis.

missile Scud (le) : pénis.

miss lichouille (une) : lesbienne.

mister Bigbraque : pénis. Ex. : « Elle me lâche Mister Bigbraque pour aller téléphoner. » (136)

mister Bitougnet : clitoris. Ex. : « La main chaude ? Au chaud. Reptation, gain de terrain. Nous y voici donc ! Bonjour, toi ! Qu'il est mignon ! Et cet emballage délicat, madame ! Ah, il craignait pas la casse, trésor ! Chérubin, va ! Bien coiffé, gentil, c'est Pantène ou Pétrole Hahn bleu que tu mets dessus pour lubrifier ? Bon, t'insinues. Mollo. Médius avant-coureur. Estafette ? Dérape pas, guignol. Premier de cordée ! Une phalange de cour. Voilà, te laisse pas embarquer, sinon ça va être la grande fâcheuse glissade. Méprise pas mister Bitougnet, qu'est là tout guilleret, et qui pimpante* en attendant la caresse circulaire. » (87)

mister Braque : pénis. Ex. : « A l'entresol, mister Braque voudrait faire un rétablissement, crever mon bénoche* et passer sa tronche de lard par la lucarne*. Faut dire que c'est une forte tête, Messire ! Un sanguin ! » (145)

mister Braquefol : pénis. Ex. : « Si je t'ajoute que je lui mordille le cou entre deux phrases et que mister Braquefol lui arpente la mappemonde* de sa tête chercheuse. » (128)

mister Braquemuche : pénis. Ex. : « Elle a un secret, cette gueuse*, merde! Un philtre! Un charme! Un don! Quèque chose, bordel! Quèque chose d'irrésistible, de stupéfiant. Et voilà que mister Braquemuche poursuit sa dilatation. » (124)

mister Frifri : vulve.

mister Glandu : pénis.

mister Hyde : pénis.

mister Hyperbrac : pénis. Ex. : « Une fois assis à mon côté je lui ai pris la main avec autorité, au beau mitan* d'une phrase anodine et la lui ai placée sur mister Hyperbrac, fidèle à mon système éprouvé qui me vaut une mornifle* dans dix pour cent des cas et une partie de cuissettes* dans les nonantes autres. » (124)

mister Lagode : pénis.

mister Mandroche : pénis. Ex. : « Mister Mandroche vibre sur sa base. La façon dont il fait le beau, l'apôtre! Je pourrais me mettre dresseur de pafs* au cirque de Pékin. » (145)

mister Polar : pénis. Ex. : « Elle en profite pour faire joujou avec mister Polar. En copine. La main preste et experte. » (149)

mister Pollux : pénis. Ex. : « Mon eau de Cologne à foison, sur ma poitrine, mon bas-ventre (attention de ne pas en foutre* sur la tronche* de mister Pollux qui s'irrite d'un rien). » (151)

mister Poluche : pénis.

mister Popaul : pénis. Ex. : « Mister Popaul, franchement coopératif, est là qui dodeline au-dessus de sa paire de roustons*. Il a la démarche un peu harassée de Frankenstein qui se lève de la table d'opération où il vient d'être fabriqué, avec pas encore l'expérience de la position verticale mais déjà une énergie indomptable. » (145)

mister Tienfume : pénis.

mister Zifolo : pénis. Ex. : « Faut dire que mister Zifolo est prompt à la détente. Tu lui montres deux greluses* en slip, avec des petits nichemards* affûtés au taille-crayon, et hop! il fait cocorico*, le bougre. » (139)

mistigri (le) : vulve. Ex. : « Elle s'efface* donc un baiser longue durée avec accompagnements manuels au mistigri et aux frères Karamazov* pour faciliter le transit. » (113)

mitouner les voies sur berge (se) : pour une femme, procéder à sa toilette intime.

modulateur de fréquence (le) : pénis. Ex. : « Et médème*, consentante, vaincue, offerte, la main sur mon modulateur de fréquence. » (135)

module lunaire (le) : pénis. Ex. : « Tu la verrais me choper* le module lunaire, se l'enquiller* sous le bras, le rouler doucettement contre sa peau soyeuse, t'entrerais dans le coma. » (106)

module vibrant (le) : pénis. Ex. : « Il s'empoigne le module vibrant, l'extrait de la grotte miraculeuse* et le laisse dodeliner à l'air libre. » (152)

moignonner le Nestor : masturber. Ex. : « Que ça gicle ou que ça casse, bongu de bois! Lui est chibraqué de première*. Alors il laisse voguer l'esquif de ses fantasmes, regard perdu, mâchoires crochetées. Et dame Marthe te lui moignonne le Nestor en trombe. » (133)

molette (la) : appareil génital féminin.

mollusque (la) : vulve. Ex. : « Je lui file une main enfourneuse, pour la récompenser, y peloter la mollusque, vite fait, manière d'exprimer la pérennité de mon sentiment pour elle et ses dérivés. » (100). Ex. : « Mais si j't'engouffre la mollusque dans ton état, tu vas déglinguer d'la pensarde*. » (B, 148)

mollusque à crinière (le) : appareil génital féminin. Ex. : « Son mollusque à crinière appelle un complément naturel en sourd-muet. » (135)

mollusquer : cesser une érection.

mollusquer de la membrane : avoir une défaillance sexuelle, pour un homme.

mollusquer du fruit de chêne : être impuissant sexuellement.

molluxe (la) : sexe féminin. Ex. : « Quand je m'en irerai de ta molluxe, tu pourras pas t'asseoir su'aut'chose qu'de la crème glacée. » (B, 130)

môme glandu (le) : pénis.

moniche (la) : vulve. Ex. : « Pour s'enquiller* sa batte de baise-bol*, faut drôlement écarquiller la moniche. » Ex. : « Faudra bien vous rassembler la moniche à deux mains, tel'ment tout ça part à dache, ma pauvre. » (130). Ex. : « Mais c'est l'hangar du Concorde, ta moniche, ma grande! » (B, 148). Ex. : « Elle s'en est pris les trois quarts dans l'arrière-boutique* et ell'beuglait tell'ment fort qu'on croivait qu'elle dérouillait un missile* Scud dans la moniche! » (B, 148). Ex. : « Un petit gligli* mutin dans la moniche pour repérer le territoire. » (150)

monicher : pratiquer un cunnilingus.

monichette (la) : vulve.

monicheur (un) : adepte du cunnilingus.

Monseigneur Big-Chibre : pénis. Ex. : « C't' une nature, m'avertis le Mastard, é s'marre tout l'temps, même quand t'est- ce t'y flanques Monseigneur Big-Chibre dans l'baigneur*; comme si ça la chatouillerait. J'voye pas c'qu'a de poilant* dans un coup d'rapière*; ça a failli m'faire déjanter*. » (B, 119)

monsieur Glandu : pénis. Ex. : « Pour commencer, je récupère M. Glandu et le remets coucouche panier. » (123)

monstre (le) : pénis. Ex. : « Attends, j'glaviote un chouïa su' la tronche du monstre, mett' tous les atouts dans not' jeu, et c'est l'appareillage du Normandie dans l'port du Havre! » (B, 148)

mont de Vénus (le) : partie bombée et couverte de poils du sexe féminin, appelée aussi pénil.

monté comme un colibri : doté d'un petit pénis. Ex. : « Ce que fut sa vie là-bas avec son Jap monté comme un colibri et bourré de traditions ancestrales, alors là, à la tienne, Etienne! » (121)

monté cosaque : doté d'un grand pénis.

monté sapajou : affligé d'un pénis de très petite dimension.

monter au fion : se prostituer.

monter aux miches : aller copuler. Ex. : « Vous n'aviez pas du tout l'expression d'un type qui monte aux miches, vous paraissiez plutôt tendu. » (112)

monter en béarnaise : éjaculer. Ex. : « Et pis j'ai pigé qu'elle en jouissait dans ses guenilles, la notairesse, d'mes efforts. Ça m'a zébré le cuir. J'sus monté en béarnaise le temps qu'tu dises ouf. » (B, 208)

morbac(h) (un) : insecte pubien. Ex. : « Un cri effrayant retentit. Inhumain, bien sûr, puisque poussé par un morbac. Arsène est mort! De profundis, morpionibus! » (138)

morfiller la bagoulette : pratiquer un cunnilingus. Ex. : « Elles se sont rencontrées à Acapulco, une année. Se sont morfillé la bagoulette, en camarades. Ont trouvé ça bon. » (88)

morfler du chibroque de beau tonnage (se) : faire l'amour avec un homme possédant un sexe de grande taille. Ex. : « Sa gerce* avait déjà dû s'morfler du chibroque de beau tonnage, vu qu'elle m'a encaissé sans sourciller comm'un zéphyr. » (B, 208)

mortier (le) : vulve. Ex. : « Vous, chez vous, c'est l'pilon dans l'mortier. Tout just' qu'vous concassez pas du manioc av'c vot' zob*. » (B, 143)

mortier de poche (le) : pénis. Ex. : « Il ne mate* pas à la sournoise, comme le père Ladorure de tout à l'heure, mais goulûment, en gars de vingt piges* dont le nerf optique est encore relié au mortier de poche. » (64)

motte (la) : appareil génital féminin. Ex. : « L'temps d' lu voter deux trois papouilles signées Béru* et elle a la motte fondante. » (136)

moudu (un) : impuissant sexuel.

moudubout (un) : impuissant sexuel. Ex. : « Les chipoteuses, cell'qu'a d'la peine à s'écarquiller les jambons, j'en fais cadeau aux moudubouts. » (B, 130)

mouillance (la) : sécrétion vaginale.

mouillante : pour une femme, capable de sécrétion vaginale. Ex. : « Elles ne sont plus mouillantes à cet âge. » (122)

mouiller : exciter sexuellement, éprouver un vif désir physique se traduisant par des sécrétions intimes.

mouillette (une) : 1. Pénis de petite dimension. Ex. : « Ah! c'est pas un Martin pour rien, lui! Y z'ont toujours eu des queues de cerise dans c'te famille. Crâneurs, avec ça! Un zob* plus mignard* qu'un p'tit doigt d'officier et y trouvent l' moilien d' rouler les mécaniques! Ben mon pauv' gars, tu joues Ouatère-l'eau*-morne-plaine, tézig*, avec ce gnocchi*. Mais qu'est-ce tu vas en fiche d'une mouillette pareille! Une qui te fait une pipe*, ell' a le sentiment d' fumer une Camel!» (B, 141). 2. Excitation sexuelle.

moulapaf (le) : vulve. Ex. : « Une autre demoiselle dont je peux pas distinguer le visage puisqu'elle s'est fait un loup avec le sexe de la rouquemoute*, fougnasse* le moulapaf de celle-ci. » (89)

moulasse (la) : vulve. Ex. : « Elle dissimulait mal une moulasse grosse comme deux kilogrammes de pain, dont la touffe exubérante s'égaillait loin sur le ventre et les cuisses. » (148). Ex. : « La voici avec la jupaille à la taille, la culotte sur les talons, superbe avec sa moulasse renflée, sa crinière* qui fait un bruit de papier défroissé. » (210)

moule (la) : appareil génital féminin. Ex. : « Quand ses grosses paluches* violeuses peuvent s'engouffrer dans des replis, il s'accomplit pour de bon, Alexandre-Benoît! C'est le consolateur type pour les dondons dodues. Il devient fraternellement incestueux. Vlout, l'entre-nichemard*! Et vzong, le taste-moulasse*. Il raffole des minouches* bien en chair, Césarin. Lui faut des triples zéros, comme gabarit de moules. Pas de la fine Bouchot mais de la belle bestiole façon espanche*. » (95). Ex. : « Quand t'as banni le zob* de ton univers, t'as la moule nazée* définitif. » (122)

moule à farce (le) : vagin.

moule à gaufre (le) : vagin. Ex. : « Hé! pourquoi qu'tu bouges plus ton moule à gaufre, ma fleurette? T'as pris ton fade* à la sournoise, sans crier Edgar? Attends, j'y vais aussi d'ma croisière*. » (B, 104). Ex. : « Te m'enjambe, cré bon gu, kif* une amazone en tutu, décapsule son moule à gaufre avec prestesse et commence à m'engouffrer le Frédéric*. » (155)

moule à pafs (le) : vagin. Ex. : « Quand é m'coiffe l'cierge av'c son moule à pafs, y s'passe des choses dans mon sensoriel. » (B, 140). Ex. : « C'est franco du moule à pafs, à c't'âge-là! Et pis ell'a l'r'gard salingue*. » (B, 148)

moulette (la) : vulve. Ex. : « Elle porte un short blanc tellement short qu'on distingue sa moulette comme je te vois. » (116)

moulinette à crinière (la) : vulve.

mouluche (la) : vulve. Ex. : « S'lon moi, une dame qui n'sent pas la charcuterie n'est pas une vraie femme. Quand j'y groume* la mouluche, sauf' vot' respecte, faut qu'j'aye l'impression d'bouffer un sandouiche. » (B, 123)

moyeu (le) : pénis.

muqueuses (les) : appareil génital féminin. Ex. : « Pouvoir grumer* les muqueuses de sa maîtresse sans cesser de lui parler d'amour, ne serait-ce pas un raffinement sublime? » (62)

museau (se brouter le) : embrasser. Ex. : « Elle doit se dire qu'une occase de se faire brouter le museau ne se refuse pas. » (3)

N

Narcisse : pénis.

nase de la membrane : impuissant sexuel. Ex. : « C'est de ma faute, moi, si ce gougnafier* est nase de la membrane ? » (137)

nécrosexuel (un) : type de pervers sexuel. Ex. : « Ce sont deux nécrosexuels, sans doute. Beaucoup de Suédois se livrent à ce sport d'endurance qui consiste à s'accoupler sous la neige et à y demeurer immobile, après l'assouvissement, jusqu'à ce que leur ardeur revienne. » (82)

nénette (la) : pénis.

nerf de naguère (le) : pénis. Ex. : « Elle lui astique le nerf de naguère d'une main. » (131)

nerveux (le) : pénis. Ex. : « Elle me gouzille* le nerveux d'une manière plutôt gloutonne. » (138)

Nestor folâtre (le) : pénis. Ex. : « Comme sa potesse* (laquelle me masse le Nestor folâtre avec témérité), elle a pris la détonation pour l'explosion d'un pétard. » (118)

nichemard (un) : sein de femme. Ex. : « Je supervise ses nichemards blottis dans sa robe de chambre, ses hanches violoncelleuses dont l'étendue est de beaucoup plus de quatre octaves, sa bouche qui t'acharne le chipolata* dans les moments intimistes. » (131)

Nil (le) : appareil génital d'une femme égyptienne. Ex. : « Elle a le Nil marécageux, mémère. Le delta du Pô, on dirait plutôt. » (89)

niqué du panoche (un) : impuissant sexuel.

niquer : posséder sexuellement.

nœud (le) : pénis. Ex. : « La bandoche, c'est d'une fragilité féroce. Une pensée de traviole*, quelquefois, et tu te retrouves avec le nœud en berne. » (210)

noix (les) : fesses. Ex. : « Il me malaxe les noix, et ça, c'est du vrai boulot de boulanger. » (140)

nomade (le) : pénis. Ex. : « Ecœuré, le Mastard se relève et renfourne son gros nomade dans sa roulotte. » (120)

non-brossage (le) : abstinence sexuelle. Ex. : « Le fumier, il ne baisera* pas ce matin. Et lui, quand il chope une période de non-brossage, il faut un électrochoc pour le redéclencher. » (210)

non-suceuse (une) : femme qui refuse de pratiquer la fellation. Ex. : « Qu'une femme refusât de prendre son sexe dans sa bouche le désobligeait comme un outrage. Il classait les non-suceuses dans le lot des pimbêches et des oies blanches, toutes filles qui ne sauraient vivre une passion. » (217)

Nostradamus (le) : pénis. Ex. : « Mon Nostradamus s'impatiente, il cogne de gauche à droite comme un grand con ivre. » (85)

nougat (le) : pénis. Ex. : « L'commandant, j'm'rappelle y avoir chipolaté l'nougat et tutoyé l'souverain poncif*. » (BB, 125)

nougater du frivolet trois pièces : être impuissant sexuellement.

nourrir de gigot à l'ail (se) : être lesbienne.

nymphowoman (une) : nymphomane.

O

Objectif (l') : anus. Ex. : « Lui mettre un doigt dans le fion*, voire deux ou trois si son objectif possède un grand diaphragme. » (154)

oblitérer : pénétrer sexuellement. Ex. : « Pour le décider à oblitérer ce paquet, il allait falloir lui raconter de belles et fumantes histoires à mister Lagode*. » (122)

oblitérer les glandes : satisfaire un désir sexuel. Ex. : « Te reste plus qu'à courir chez une des potesses* de ta " cuvée réservée " pour te faire oblitérer les glandes. » (75)

obturateur (l') : anus. Ex. : « Dans un regard j'apprends tout d'elle, de la manière dont elle doit bien rétrécir son obturateur autour de ton frangin Popaul* quand tu l'embroques*. » (128)

obturer la brèche : copuler.

octroyer une paluche (s') : se masturber.

oculus (l') : appareil génital féminin. Ex. : « Paraît qu'elle te choucroune* l'oculus à t'en faire cramer le clito*. » (89)

œil de bronze (l') : anus. Ex. : « La grimper royale, parcours intégral : bas en haut, emplâtrage maison, pile-face, avec arrêts-buffets ; titillages mammaires, complément dans l'œil de bronze. » (104). Ex. : « Si tu as besoin d'une démonstration, madame, une seule adresse : la mienne ! Viens avec ton mec, je lui expliquerai le topo. Comment, pendant que le lingual s'exprime dans la zone du clito*, mon auriculaire, mon annulaire et mon médius s'inscrivent voluptueusement à l'arrière-plan, montant et descendant comme sur les cordes tendues d'un instrument, alors que le petit inquisiteur de service, à savoir mon index fureteur, caresse en s'y vrillant l'œil de bronze. » (145). Ex. : « L'enfournage* par l'œil de bronze aussi, c'est délicat, surtout pour la santé de la patiente. Y a des mémés qu'il a fallu hospitaliser d'urgence après un emplâtrage* à sec, pour cause d'éclatement des décharnances, voire occlusion intestinale. » (148). Ex. : « Elle mouille* à raconter tout bien, la manière suave qu'il la montait en levrette*, et en danseuse sur le plumard* grinçant. Ses deux grosses mains bien plaquées sur son aimable cul* pour cadrer impec*. Et l'enfilade* romantique à la " Valses de Vienne " ! Dix coups dans la moniche*, dix autres dans l'œil de bronze : ils sont voisins de palier. Elle griffait les draps, mangeait le polochon. De l'assassinat par overdose de paf*. L'extase poussée à un tel registre côtoie l'agonie. » (151)

œil de Caïn (l') : anus. Ex. : « Un doigt de cour dans l'œil de Caïn. » (142)

œuf-nuque (un) : eunuque. Ex. : « Les femmes, y a pas à chercher, faut les accepter comme elles sont, ou alors se faire œuf-nuque ou pédoque* de charme. » (B, 205)

offrir un rassis (s') : se masturber. Ex. : « Sa principale préoccupation, c'était de se pogner* à longueur de classe. J'sus tombé à côté de lui, un trimestre. Avec ses poches pleines de billes, quand il s'offrait un rassis, t'aurais juré l'arrivée d'une course de troïkas. Il se filait des branloches* féroces, mon pote. Ecrire dans les quadrillés avec

423

une plume sergent-major au moment où il s'en taillait* une, c'était impossible. Je déjantais*. Mes conjugaisons ressemblaient à des vrilles de vigne. Quand je le voyais passer sa main d'assommeur sous sa blouse noire, je pigeais tout de suite qu'il se déclenchait une offensive de printemps*, recta. Comment son chibre* lui est pas resté dans la main, à force de le cigogner* de la sorte, j'ai jamais compris. A la longue, quand il s'agitait l'ogive nucléaire*, je bichais* le mal de mer, tellement qu'on tanguait sur notre banc, tous les deux. L'océan en furie ! » (83)

ogive à tête plongeante (l') : pénis. Ex. : « Y a pas de raison qu'au Danemark on ne sache pas où donner de l'ogive à tête plongeante, tellement les gonzesses sont fastoches* à étaler*, alors que, dans certains patelins timorés, hommes et femmes se manœuvrent à la paluche*, étant farouchement solitaires les uns des autres. » (78)

ogive chercheuse (l') : pénis.

ogive énucléée (l') : pénis. Ex. : « Quand je m'ai pointé avec mon ogive énucléée, alors pour lors, oui, elle s'est envolée vers les grands fades* ! » (B, 83)

ogive nucléaire (l') : pénis.

ognasse (l') : anus.

oigne ou **oignon** : anus. Ex. : « Je serais pas en train de lui filer un petit doigt subsidiaire dans l'oigne, pour lui parachever l'agrément, je me signerais. » (104). Ex. : « D'l'avoir dans l'oigne, au plus qu'il prend de la bite, au plus il est sûr-certain d'être le mec le plus intelligent de la planète. » (B, 208). Ex. : « Le wagon, maintenant, est plein, bourré comme un oignon de pédoque* incarcéré. » (155)

oindre le mollusque farceur à la pâmade de phalanges (s') : pour une femme, se masturber.

olive à violon (l') : jeu sexuel. Ex. : « Le matériel en est des plus simples : une grosse olive de plastique à laquelle est fixée une corde à violon. Le " sujet " loge l'olive dans une partie de sa personne que le corps médical réserve habituellement aux thermomètres et autres suppositoires. Ensuite de quoi il se contracte. Un partenaire complaisant doit alors tendre la corde au maximum et promener un archet dessus. Il en résulte des vibrations d'une délicatesse

infinie qui, généralement, comblent d'aise le patient. » (205)

oncle Benjamin (l') : pénis. Ex. : « Cette gosse, j'aimerais la plaquer contre moi, soulever son capot* et lui glisser langoureusement mon oncle Benjamin entre les cuissettes. » (138)

onctuer : lubrifier. Ex. : « Du braque* ès qualité. Magnifique. Net. On en mangerait. On en mange. Juste pour dire de l'onctuer un brin. » (85)

opération bonjour banane, adieu p'tit creux (une) : coït.

opération « Turlute » (une) : fellation.

opiner : copuler. Ex. : « J'acquiesce, n'ayant guère envie d'opiner pour l'instant. » (142)

orchidée simple (l') : orchite (inflammation du testicule). Ex. : « Ça m'est resté d'une orchidée simple que j'eusse des suites d'une vieille pute de notre chef-lieu qu'avait jamais entendu causer du permanganache d'opossum. » (B, 83)

organiser la fête de l'humanité : copuler avec. Ex. : « Bien qu'elle ne ressemble pas à un Botticelli, je suis d'humeur à lui organiser sa fête de l'humanité. » (85)

orifesse (une) : orifice propre à l'acte sexuel. Ex. : « Toujours prêt à clapper* un frifri* ou à fourrer son cigarillo* biscornu dans les orifesses à dispose. » (100)

orifice à crinière (l') : vagin. Ex. : « L'Arbi*, lui reste plus qu'à se régaler un chouille. Une petite main tombée (préalablement essuyée à son tablier blanc). Un frottis-frotta d'inspiration canine contre le monstre dargeot* de la mère. Il a les amygdales* enflées, cézigo* ! Alors il rechigne point trop sur le produit. Avec le tricotin* qu'il promène, il bêche pas question carats* de la mémé, son poids, ses bas à varices. La fine bouche c'est pour les bande-mou ! Le tringleur* impétueux, pourvu qu'il trouve un orifice à crinière où caser sa bonne marchandise, il est joyce* ! » (133)

orifice avec juste son étui (un) : vulve d'une femme maigre.

orifices sud (les) : vulve et anus. Ex. : « La môme* dont on force les orifices sud exécute un curieux mouvement de balancement pour activer la manœuvre. Elle a les yeux en code, les dents crochetées, le nez pompeur. Je vois venir le moment où elle va s'affaler. » (145)

os à moelle (l') : pénis.

ostrogoth à crinière (l') : pénis.

ours (les) : menstrues. Ex. : « Manque de bol, la fille avait ses ours ! » (216)

outil à faire reluire (l') : pénis. Ex. : « C'tait pas, visib'ment, une grande pafeuse*, mais mon outil à faire reluire l'a étourdie de stupéfiance*. » (B, 208)

outillage à loncher (l') : appareil génital.

ouvrir les ballasts : éjaculer. Ex. : « Si j'ouv' les ballasts, tu meurs étouffée, engagé l'au point que je sus. » (B, 140)

ovni (l') : pénis.

P

paf (le) : pénis. Ex. : « Etre dressé comme des pafs devant Raquel Welch. » (130). Ex. : « Un paf, c'est pas une carotte : tu n'peux pas le râper avant de l'introduire. » (93). Ex. : « L'bon Dieu a créé l'ciel et la terre en six jours, le septième, il a créé l'paf*. » (B, 148)

pafal : en rapport avec le pénis. Ex. : « Après quelques " infructuosités " consécutives à ses mensurations pafales, (Bérurier*) lui révèle tout de la levrette* cosaque. » (154)

paf bigornuche (le) : pénis au repos. Ex. : « Garder le paf bigornuche quand une gonzesse* aussi formide vous l'estrapole, ça dénote. » (B, 140)

pafé : désigne la taille d'un pénis (être bien ou mal « pafé »). Ex. : « Un Français pafé comme un' bourrique. La pièce d'collection à n'pas rater. » (B, 148)

pafeuse (une) : personne portée sur les plaisirs sexuels.

paffeur : relatif au pénis. Ex. : « Le Molière de la bande paffeuse* » (en parlant d'un producteur de films pornographiques). (135)

pafier (un) : homme porté sur les plaisirs sexuels. Ex. : « Faut ê' un Epéda multispires bien arrimé pour lui résister aux ardeurs, ce magnifique pafier. » (B, 208)

pafoski (le) : pénis. Ex. : « L'exquise salle de bains conçue pour la remise en état de la chattoune* et du pafoski, chiffonnés par les ébats amoureux. » (150)

pafouin (le) : pénis.

pagnoter : copuler.

paillasson à ratiches (le) : pubis féminin luxuriant. Ex. : « Fallait pas qui crainde l'asphyxie, l'acteur, pace qu'é s'posait là, la toison à Marie-des-îles ! Lalala ! Essuyez vos moustaches ! Tu parles d'un paillasson à ratiches ! » (B, 208)

pain de bite (le) : revenu tiré de la prostitution masculine. Ex. : « Le pain de bite, il savait l'utiliser, Serge Grokomak. S'était offert un chouette appart*. » (135)

pain de fesses (le) : prostitution.

palonnier (le) : pénis. Ex. : « Elle lui saisit le palonnier d'un geste prompt et informé. Cette bougresse le convoitait tellement que sa main tremblait d'impatience. » (136). Ex. : « Franky, il s'est arraché d'un bond aux caresses de la môme Suzon. Et il a du mérite à le faire, vu que la miss lui pratiquait à ce moment précis le fourreau à 37 degrés*. Stupeur ! La demoiselle, bien que jeune, porte déjà un râtelier* avec toute la série de dominos* à biftteck au complet. Dans l'élan, l'appareil s'est décroché de sa mâchoire pour rester suspendu après le palonnier du gars. Franky n'en a cure. Sa casquette de traviole*, le clapoire* de mam'zelle Suzy au métronome, il se précipite sur Béru*. » (202)

palonnier parallèle à ses godasses (avoir un) : être en érection.

palper la motte : caresser un sexe féminin. Ex. : « Sa dextre descend jusqu'au bas-ventre de Marie-Marthe. Ça y est, il lui palpe la motte, il est presque heureux de

427

constater qu'elle est à peu près comme il la voulait. » (210)

paluche (une) : masturbation.

paluche-party (une) : masturbation. Ex. : « C'est bien joli de montrer une partouze* sur scène, comme dans certains cabarets, ou bien une paluche-party exécutée sur fond d'orgue par l'onaniste de la cathédrale. » (74)

palucher : caresser. Ex. : « Une gonzesse* qui te traite de coquin quand tu lui paluches la région mammaire, tu parles qu'elle est consentante ! » (140)

palucher (se) : se masturber. Ex. : « Un gus* avait envie de se faire une sœur, il lui ouvrait les jambes et s'agenouillait entre, tranquillos. Il se paluchait un chouïa* avant de plonger. » (122)

palucher l'injecteur (se) : se masturber.

paluchette (une) : masturbation.

paluchette à médius pointé dans l'entregent (une) : caresse manuelle intime pratiquée à une femme.

pâmer le calbar : exciter, provoquer une érection. Ex. : « Oh, mais dis, elle me pâme le calbar, mademoiselle. » (89)

panais (le) : 1. Pénis. Ex. : « Il tire un panais gros comme un'escalope, l'apôtre ! Vous pouvez croire qu'y s'régale. » (BB, 148). 2. Erection. Ex. : « Je me sens venir un panais du diable. » (150)

panard (un) : orgasme.

panarder : jouir. Ex. : « Il panarde pile avant qu'elle n'éclate. Virgule son éblouissement* dont la duègne se sert aussitôt comme d'un onguent de jouvence. » (135)

panissard bulbeux (le) : pénis. Ex. : « Je me jette sur elle, la ceinture et me la plaque sur le baquet. Comme flanelle, je vous la recommande. Ça tient drôlement chaud au panissard bulbeux. » (51)

panoche (le) : pénis. Ex. : « Le masseur décule, Bibendum dégaine son infatigable panoche. Le masseur siffle d'admiration. » (148)

papa-maman (faire l'amour à la) : copuler dans la position la plus conventionnelle.

papouille (une) : caresse préliminaire à l'acte charnel.

paquet (un) : femme (péjoratif). Ex. : « Il arrivait qu'aucune ne lui fasse envie. Alors je rembarquais les paquets. » (216)

paquet-réclame (un) : appareil génital masculin. Ex. : « Sa grosse paluche de vivandière me caresse le paquet-réclame. » (149)

parc à moules (le) : appareil génital féminin.

parcours du combattant (le) : appareil génital féminin. Ex. : « Va faudre te cloquer* des grosses pinces à cheveux dans la cressonnière*, si on voudra baliser ton parcours du combattant. » (B, 152)

parenthésées (les cannes) : jambes écartées pendant un coït.

partance pour Panardland (être en) : parvenir au seuil de l'orgasme. Ex. : « Le client de la demoiselle Marika était en partance pour Panardland et poussait des clameurs de goret saigné. » (125)

parterre (le) : poils du pubis.

parties académiques (les) : appareil génital masculin. Ex. : « La jolie madame qui attend son jules* doit être un peu nympho ou autre, car elle me viole d'une œillée en coup de fouet. Et mézigue*, cette véhémente regardée me dégringole séance tenante dans les parties académiques. » (104)

partie de bilboque (une) : coït. Ex. : « Ça a été une partie de bilboque fêroce, su'l'coin de sa table à manger, qu'heureus'ment était en massif, style Henri II. » (B, 208)

partie d'orifice (une) : coït.

partie de contre vents et diarrhées (une) : coït d'homosexuels. Ex. : « Ensuite de quoi, ils refont une partie de contre vents et diarrhées. Expresse. Tagadagada, tsoin, tsoin ! En quelques coups de cuiller à pot. Le premier éternue de l'inducteur*, puis se porte en avant pour prendre la place du second, car, en matière de comptabilité, l'actif et le passif doivent rigoureusement s'équilibrer. Très peu de temps suffit au deuxième lancier pour faire cul sec (si je puis ainsi dire). » (82)

partie de cuissettes (une) : coït.

partie de cuissots (une) : coït.

partie de golf en deux trous (une) : coït.

partie de guiseau (une) : coït.

428

partie de jambonneaux (une) : coït.

partie de jambons (une) : coït. Ex. : « Ton con d'plouc, faut lui faire une démontrance*, qu'il susse à quoi ça correspond, exaguettement, une partie d'jambons pur fruit. » (B, 140)

partie de langues persillées (une) : cunnilingus pratiqué par deux lesbiennes.

partie de papa, maman, l'abonné et moi (une) : coït.

partie de polochon (une) : coït.

partie de scoubidou-troulalaïtou (une) : coït.

partie de tarte aux poils (une) : cunnilingus. Ex. : « Brèfle, t'j' disais donc que mes péteuses* s'offrent une partie de tarte aux poils en double. La grande, j't' prille d'agréer qu'elle aime ça autant qu'ma biroute* format travailleur d'force. » (B, 141). Ex. : « Joue-lui de la flûte de Pan* avant de lui faire " Pan ! " avec ta flûte. Une partie de tarte aux poils avec des lèvres comme les tiennes, ça doit payer chez nos amies les belles ! » (149)

partie de trou (une) : coït.

partie de tumeveux-tumas (une) : coït.

partir : jouir sexuellement. Ex. : « Comme annoncé par l'expert, la dame part en effet. C'est un décollage glorieux, ample et sûr. Elle tremble de tous ses réacteurs, son fuselage a la danse de Saint-Guy. Elle prend de la vitesse, pique sur le septième ciel, rentre son train d'atterrissage, décrit une orbe magistrale, trouve sa direction et disparaît dans un " Awtchhhhhhhhhh " qui n'en finit pas. » (83)

partir à dame : jouir sexuellement. Ex. : « Remue pas tant, qu'autrement sinon, je vas partir à dame ! » (102)

partouzard : en rapport avec l'amour collectif. Ex. : « Un lit d'hôtel a quelque chose de partouzard. » (211)

partouzette (une) : séance d'amour collectif.

partouzeur (un) : participant d'une séance d'amour collectif.

passe de cape (une) : figure amoureuse. Ex. : « Elle est de notarié publique, elle aussi. J'm'ai laissé dire qu'une séance de baise* av'c vous, Antoine, c'est plus beau que Venise. J'sais plus quelle pécore qu'v's'aviez tirée* m'a raconté vos passes de capes, j'ai été obligée d'changer d'culotte tell'ment qu' j'm'y croiliais. » (BB, 143)

passer à la casserole : posséder (ou être possédée) sexuellement.

passer à la moulinette à crinière : copuler.

passer à l'égoïne : copuler avec. Ex. : « Les nanas pas belles, dès qu'un rigolo les passe à l'égoïne, elles n'se sentent plus. » (117)

passer au composteur : copuler.

passer bobonne au sémaphore : copuler.

passer la babasse à la menteuse : pratiquer un cunnilingus.

pastille (la) : anus. Ex. : « Le petit monsieur de devant s'est fait caraméliser* la pastille. » (147)

patin (un) : baiser lingual.

patinage artistique (le) : fait de baiser lingualement. Ex. : « J'ai essayé de lui enseigner la première figure de mon patinage artistique. » (75)

patinuche (un) : baiser profond. Ex. : « Mes lèvres sèches se posent sur les siennes et c'est le gros patinuche de la happy end. » (22)

patrouille de cinq (la) : les cinq doigts d'une main monopolisés pour une caresse digitale intime. Ex. : « Patrouille de cinq ! Chaque fantassin à son poste ! Le majeur dans la cagna*, c'est justice, suivi le plus rapidement possible de l'annulaire, auxiliaire de valeur. L'index et l'auriculaire assurent l'émoi extérieur. Y a que le gros pouce pataud qui attend son heure, le madré. » (152)

pavute (une) : pute (insulte à l'adresse d'une femme). Ex. : « Aussi avaient-ils à cœur de la traiter : de boudin, de tarderie, de suce-bites, de pavute, de miches-à-godes, de miss-prend-du-rond, de planche à bread, de pouffe, de greluse, et de collier à pafs. » (217)

payer (se) : posséder sexuellement. Ex. : « Dieu qu'elle est bathouse*, la petite veuvasse* ! Les michetons* la verraient, ils carmeraient* à qui mieux mieux pour le seul plaisir de se payer une veuve aussi jolie. » (78)

paysage audiovisuel français (le) : pénis (paf en langage codé).

429

pêche (la) : appareil génital féminin. Ex. : « Je lui caresse subrepticement la motte* à travers son jean qui lui cisaille la pêche. » (150)

pédale (une) : homosexuel. Ex. : « Il s'appelle Elvis ; c'est une pédale merveilleuse, du genre ténébreux. » (33)

pédalée (une) : va-et-vient associé à l'acte sexuel. Ex. : « Juan-Carlos a la pédalée de plus en plus rapide. C'est pas le genre de grimpeur dressé sur ses pédales. Il monte pas en danseuse, lui, que non : il y va facile, style Bahamontes. Est-ce que Bahamontes baisait* comme il roulait ? » (210)

pedigree (le) : pénis. Ex. : « Elle me bricole, en râlouillant, le pedigree, se l'assujettit dans la case trésor*. » (85)

pédoque (un) : homosexuel.

pédoquer : avoir des relations homosexuelles entre hommes.

pédoquerie (la) : homosexualité. (B)

pellocher : embrasser.

pelotage (un) : caresse manuelle. Ex. : « Ils décrètent que " minette* " faut plus y songer : trop tarie définitivement ; tu perds ta salive pour ballepeau*. Le pelotage des blagues à tabac*, de même. » (148).

pelote-basquer : caresser digitalement un pénis. Ex. : « Et alors, tandis qu'elle me malaxe, me cigarille*, me fellationne*, me pelote-basque, me lubrifie, me frétille sur la veine bleue des Vosges*, je lui expose mon plan. » (152)

pelouse (la) : pubis féminin. Ex. : « V's'avez noté c'te p'louse ? Ell' lu part d'puis le nombril du ventre jusqu'à plus bas qu'les jambons ! » (B, 125)

pendeloques (les) : testicules. Ex. : « Il va, le dargif* hérissé, les pendeloques ballottantes. » (62)

pendeloques à moelle (les) : testicules.

pendentif (le) : pénis. Ex. : « Dites, p'tite espiègle, cela vous intéresserait-il d'vous faire grimper* par un bonhomme normal'ment conspué ? Qu'est-ce vous perdez vot'temps à bricoler les pendentifs d'ces deux minus*. » (B, 106)

pendouilleur du petit Pollux (un) : homme souffrant d'impuissance sexuelle. (B)

pendule sur coussins d'air (le) : pénis.

penduler : avoir des mouvements de pendule du pénis en érection. Ex. : « A mater ses jambes nues et sa moulinette à crinière* par les échancrures, il me vient des émois prodigieux. Des transes silencieuses, des picotis, des tricotins*, des godanches* sombres, des tendresses piaffantes. Je mets à penduler* vilain. A métronomer* à tout berzingue*. » (72)

péninsule (la) : bas-ventre. Ex. : « Je chope* des émois dans la péninsule. » (203)

pénoche (le) : pénis.

pension de famille (la) : testicules. Ex. : « Le type prend ma chaussure Bailly dans sa pension de famille et s'écroule. » (51)

pépette (la) : pénis. Ex. : « Il a pas le chibre* herculéen. Juste une pépette de toréador. » (149)

pépiniériste du scoubidou à crinière (un) : homme qui aime pratiquer un cunnilingus. Ex. : « Je suis un pépiniériste du scoubidou à crinière*, les gars. » (74)

perchoir (le) : pénis. Ex. : « Ah ! ah ! T'es surprise par l'gabarit du perchoir, non ? Tu croilliais pas à du goume* d'c't'importance ! » (B, 109)

perchoir à chattes (le) : pénis.

perchoir à cigognes (le) : pénis. Ex. : « Ses mains, j'les ai déposées su'mon perchoir à cigognes. Pour lors, elle a incrédulé* des gobilles*. » (B, 208)

perchoir à perroquet (le) : pénis. Ex. : « Madoué, mon perchoir à perroquet ne s'était jamais mieux porté ! T'aurais vu sa fringance ! Sa masse critique ! Ses tons apoplectiques ! » (122)

père fouettard (le) : anus. Ex. : « Les trois frères Karamazov* sont maintenant en place ; du coup, y a le minot* qui part jouer sa petite partition dans ton père fouettard ! » (155)

père glandu (le) : pénis. Ex. : « Ce qu'on aperçoit, joint à ce qu'on devine, te déguise le père glandu en barre à mine ! » (120)

perforatrice à percussion (la) : pénis.

périscope (le) : pénis. Ex. : « La dame tient le périscope du Mastard. » (130). Ex. : « Elle me goinfre le périscope, d'emblée. » (149)

périscope à crinière (le) : pénis.

périscope à turgescence indo-européenne (le) : pénis.

périscope à vaseline (le) : pénis. Ex. : « Quand un guignol fait douiller* les madames pour se laisser photographier le périscope à vaseline, faut éviter qu'il la ramène. » (203)

périscope géant (le) : pénis. Ex. : « Je démarre si aisément, pour ce qui est du périscope géant. Une dame qui descend de voiture, une marchande de chaussures en action, une pensée inavouable, et voilà Mister Popaul* qui dresse son chapiteau ! » (137)

périscope magnétique (le) : pénis. Ex. : « Le gros Louis XVI avait beau être roi, si son périscope magnétique était branché sur ses godasses* au lieu d'être sur sa cravate, on comprend que sa bergère* lui ait fait de l'arnaque*. » (B, 200)

perturbateur de draps de lit (le) : pénis. Ex. : « J'ai le perturbateur de draps de lit qui salue aux couleurs, l'erratum qui érectionne*, le taratata qui contorsionne, le par-ci par-là qui participe, le fanfan qui tulipe, le d'artagnan qui darde, le bénévole qui bénéficie, l'oubangui qui charrie, le richelieu qui drouhose, le roux qui combaluze, et tout à lavement*. » (202)

pervertisseur à crinière (le) : appareil génital féminin.

pétard (le) : postérieur. Ex. : « J'charge à tort à traverses, dès qu'un pétard s'présente, zou, à la tringle*! J'frénétise du paf*, j'avoue. » (B, 208)

pétard à miches (le) : pénis. Ex. : « Elle pose un bisou de séparation sur le museau de son pétard à miches et le reconduit dans ses appartements Eminence*. » (149)

pétée (une) : coït. Ex. : « Une pétée souveraine, je te dis. Du La Varende! Le duc de Morny limant* sa gouvernante! » (150)

petit (le) : anus.

petit borgne (le) : anus. Ex. : « Tu piges* le manège des doigts? Un dans la moniche*, l'autre dans le petit borgne. » (140). Ex. : « Moi j'donnais du braque* tous azimuts. Tu t's'rais cru à la bataille Nelson gagnée par l'amiral Trafalgar Square. J'arrêtais pas d'boucher des trous, colmatant des chattounes*, des p'tits borgnes, des bouches, des entre-nichons*. Popaul* était d'partout

à la fois! » (145). Ex. : « Tout en ponctuant d'un médius garnement dans le petit borgne. » (147)

petit cosaque (le) : pénis. Ex. : « Tu te demandes comment ça va s'arrêter, si elle te laminera pas le petit cosaque av'c son casse-noix à moustaches*. » (85)

petit crépu (le) : appareil génital féminin. Ex. : « La galoche* princière, la caresse mammaire, O.K., elle est partante. Seulement pour ce qui est du petit crépu, mât cache bonne eau*! Sors ta main de là, mon lapin! Do not masturb! Le frifri* à mam'zelle reste sur ses positions. » (119)

petite princesse des fesses (la) : pénis. Ex. : « Jusqu'à dès lorss, j'ai encor' jamais déballé ma jolie p'tite princesse des fesses d'vant une dame pour ensuite la rempaqu'ter inestenso, comme on dit en latin. » (B, 208)

petit ermite (le) : pénis. Ex. : « Voilà le petit ermite à l'air, ébloui par la lumière, déconcerté et dodelineur. » (152)

petites princesses (les) : testicules. Ex. : « Il a beau s'être garni les petites princesses de coton, Alfonso, il n'en part pas moins dans les quetsches. » (203)

petites sœurs des pauvres (les) : testicules. Ex. : « Le Vaillant a filé un maître coup de savate* dans les claouis* du second poulet* qui suivait la "reconstitution" avec tout l'intérêt souhaitable. L'autre lâche tout pour cramponner ses petites sœurs des pauvres. » (116)

petit Gaulois à tête ronde (le) : pénis. Ex. : « Moi, ce qui m'emmerde le plus, c'est de n'avoir pu la conclure, cette exquise! En pleine bagouze écarquillée*! Au moment que le petit Gaulois à tête ronde s'apprêtait à visiter les travaux. » (136)

petit soldat suisse (le) : pénis.

petit voltigeur sans échelle (le) : pénis.

pétrir la pâte : caresser digitalement un pénis. Ex. : « Plus elle pétrit la pâte, plus cette dernière lève, c'est normal. » (76)

pétroleur : en rapport avec l'acte charnel.

pétroleuse (une) : prostituée, femme portée sur les choses du sexe.

pétrus (le) : anus. Ex. : « Une bonne chibrée* au bord du pieu*, pour démarrer

431

le programme! Façon uhlan de la Quatorze en train de fourrer* nos fermières de l'Est. Le grand tonitruage dans les jambons*! Tiens, si t'as d'la vaseline, je te pratique l'œil de bronze*, comme jadis! S'l'ment tu pourras plus t'asseoir au restau* qu'je vais t'emmener ensute. Non, l'œil de bronze*, ça sera au retour, comme ça t'auras la nuit pour te dédolorer* l'pétrus. » (B, 143)

philippines (les) : testicules.

piaffer du bénouze : être en érection et surexcité. Ex. : « Le cul* d'la Catherine, y f'sait piaffer du bénouze, espère. J'r'gardais plus qu'lui. » (B, 208)

piaffer du manche : être en érection et surexcité. Ex. : « J'lu aye dit que, quand é sollicitait d'la rallonge, fallait qu'en compromission elle annonce des gentillesses rarissimes. – Tu comprends, ma brebis rose, j'l'expliquais : le matou, y piaffe du manche à c't'instant. Sa cervelle ébullitionne. Si tu l'fais entr'voir des délices, y n'peut plus défendre son osier* d'pied ferme. » (B, 208)

piano (le) : appareil génital féminin. Ex. : « Bonté divine, Viovio, cache ton piano qu'autrement j'réponde plus d'rien. A m'fout un'chopine* d'ours, c'te greluse* à nous déballer sa rôtissoire*! » (152)

pic à glace (le) : pénis.

pied (le) : orgasme.

piège à crinière (un) : appareil génital féminin.

piège à filles (le) : pénis.

piège à pafs (un) : appareil génital féminin. Ex. : « Elle leur a montré, à ces cadettes de merde, sottes pécores* inexpérimentées et vantardes ce qu'était une vraie partie de trou*! Elles ont pigé, qu'au jeu du radada en folie*, elles étaient pas encore de taille à lui tenir cul*. Qu'elles pouvaient continuer l'école du soir, ces glandeuses*. Se jouer des solos* à deux doigts avant de lui arriver à la cheville! Un piège à pafs comme le sien, fallait encore quelques mois de nourrice avant de le rendre performant. La secouée* qu'elle vient de déguster, c'est pas avec des petits dargifs* en pomme qu'on l'assume. Faut du bon gros pétrousquin* velu pour s'aligner au départ de l'épreuve. » (139)

pilon (le) : pénis. Ex. : « Si t'serais pas black, mec, j'essayerais d'te dresser un peu.

D't'enseigner les rudimentaires de la bornique*. S'l'ment y a ton ataviss* cont' auquel j'peux pas aller. On cause la même langue, mais pas la même race. Vous, chez vous, c'est l'pilon dans l'mortier*. Tout just' qu'vous concassez pas du manioc av'c vot' zob*. » (B, 143)

pilon à clitos (le) : pénis.

pilon-noceur (le) : pénis. Ex. : « Elle en glousse de ma prouesse, se tenir en angle aigu, bien arrimée aux omoplates par les mains d'un julot* pas feignant du pilonnoceur et se sentir enfourner et ballotter par la tempête des sens. » (94)

pinable : désirable sexuellement.

pince-bite (un) : amour physique. Ex. : « Parce que y a ça dont j'ai eu l'occasion de constater moules de Foix*; une morue dessalée, même tapée à devoir mett' des baleines dans sa culotte pour s'sout'nir les miches, est préférab' à une beauté ignoreuse et peinarde du pince-bite. » (B, 208)

pince de crabe (une) : caresse digitale intime. Ex. : « Même qu'j'lu ai faite la pince d'crabe : un pouce dans l'ogne*, l'indesque dans le frifri*. » (B,94)

piner : pénétrer sexuellement. Ex. : « Pine-moi durement cette mémé, cher étalon! » (109). Ex. : « La femme rangée, d'belle éducance*, qui se fait piner sobr'ment à la maison par une personne qualifiée. » (B, 148). Ex. : « Je sais bien de quelle façon je la pinerais si j'en avais l'opportunité : sur le côté, à la langoureuse, en lui tenant la jambe droite levée. » (152)

Pinocchio : pénis. Ex. : « Je la laisse folâtrer du fion* sur le nez de Pinocchio (qui n'a pas besoin que j'dise des mensonges pour croître et embellir). » (138)

pinoche (le) : pénis.

piolet (le) : pénis. Ex. : « – Si! Si, prends-moi! Vite! Ohhh! Ahhh! – Je te jure que c'est pas raisonnable, placé-je encore en dégainant néanmoins mon piolet. » (118)

pipanche (une) : fellation.

pipe (une) : fellation.

piper : pratiquer une fellation. Ex. : « Tu pipes comme une qui ne fume pas, soupiré-je. » (83)

pipeuse (une) : femme qui pratique la fellation. Ex. : « Encore quelques véroniques somptueuses ! Merci ! Impériale fellatrice (ou teuse*, ou comme tu voudras, ou simplement pipeuse, à la bonne franquette). » (126)

piquer le sprint final : atteindre l'orgasme.

pistolet à délices (le) : pénis. Ex. : « Elle se casse* après avoir palpé le bonheur du jour* du gars Béru*, s'assurer que son pistolet à délices est toujours dans son holster. » (116)

pistonner du berlingue : copuler.

pistonner la babasse : copuler.

pistonneur (un) : homme en train de copuler énergiquement. Ex. : « Le pistonneur doit chauffer des bielles, espère ! » (147)

piteur-sisters (les) : testicules. (B)

pitrogner Totor : pratiquer une fellation.

placarder Nestor dans la boîte à délices : pénétrer sexuellement. Ex. : « Voilà : tu t'agenouilles avec les jambes éloignées l'une de l'autre et tu passes tes mains sous ce pont charmant. Ma pomme, je te placarde Nestor dans la boîte à délices, ensuite je saisis tes menottes* adorables et on fait les scieurs de long. » (136)

placarder un petit arlequin dans la soute : mettre enceinte une femme. Ex. : « J'mourais d'la chausser* su' le parquet. C'qui me retenait, c'était d'y placarder un p'tit arlequin dans la soute, malgré mon savoir, une connasse pareille étant capab' d'te poursuiv' des miches* au moment de ta reculette*. » (B, 208)

placer sa botte de Nevers : pénétrer sexuellement. Ex. : « J'empare une belle véritable brune qui me lorgne et lui place ma botte de Nevers sur une montagne de coussins, tandis qu'une main inconnue me palpe les bielles* pendant ma prestation. » (83)

placer sa botte secrète : pénétrer sexuellement. Ex. : « Pas la peine de vouloir lui placer ma botte secrète : en admettant qu'elle cède à mes instances, le cœur n'y serait pas. Or, le cul* sans cœur c'est un potage sans cuiller, comme l'écrivait mardi dernier un éditorialiste de "La Croix". Et comme il a raison ! » (102)

plage languissante de la félicité (la) : orgasme.

plante potagère à bulbe (la) : vulve.

planter : copuler. Ex. : « C'qu'import' en amour c'est c'qu'on y met autour. Les gentillesses, la tendresse. Un qui plante sans moufter* et s'laisse éternuer* le bigorneau* comme un con, tu m'dis d'à quoi ça l'avance en dehors d's'vider les aumônières* ? » (143)

plantigrade (le) : pénis. Ex. : « Ces dévergondées flattent le plantigrade qui, debout sur ses roustons* arrière, continue ses grâces balourdes. » (145)

plaqueputche (un) : coït. Ex. : « Ça vous incline au plaqueputche, ce genre de goualante*. » (62)

plissement alpin (le) : appareil génital féminin. Ex. : « Je me rappelle alors les rudes dégâts provoqués par le membre d'Alexandre-Benoît dans le plissement alpin de la donzelle*. » (147)

plomber les valseuses : rendre un homme stérile.

plonger de la saucière : avoir un orgasme (pour une femme). Ex. : « Elle est furax, la tigresse noire. Elle vitupère comme quoi ils lui coupent son bonheur ! Ils la meurtrissent en pleine décarrade d'orgasme. Elle allait plonger de la saucière, la chérie ! » (148)

plumardière (une belle affaire) : femme douée pour les plaisirs sexuels.

plume (une) : fellation.

pogne (une) : masturbation. Ex. : « Ah, on n'en était plus à la pogne maussade de l'après-midi, quand elle m'f'sait un'p'tite mayonnaise expresse dans son lavabo pou' dire d'comporter en bonne hôtesse qu'a d'l'éducance*. » (B, 208)

pogner (se) : se masturber.

pogneuse (une) : femme qui masturbe. Ex. : « Moi j'ai z'eu rencontré des pogneuses à passion, qui t'faisaient un dépannage manuel* pour cause de fermeture mensuelle* jointe à une fluctuation dentaire. » (B, 208)

poignarder le fouinard : sodomiser.

poiluchard (le) : pubis féminin. Ex. : « Et moi, en pleine féerie, je gambade des phalanges dans sa crinière. Elle avait pas l'poiluchard frisé, Catherine. Au contraire : lisse et tombant comm'un'barbiche russe. » (B, 208)

poilu de quatorze (le) : pubis féminin. Ex. : « Pendant que ma mère branche le moulin à caoua* électrique, je lui caresse la moulasse* à travers sa chemise de nuit. Maria*, t'as l'impression que son poilu de Quatorze, c'est une brosse de chiendent! Elle se frotterait à loilpé* sur le parquet, ça servirait de paille de fer. » (151)

poilu de Verdun (le) : pubis féminin. Ex. : « Tu d'vrais t'élaguer un peu la moniche*, ma gosse : t'exubères* d'trop du poilu de Verdun! » (B, 152)

poinçon (le) : pénis.

poinçonner : copuler.

poinçonner son ticket d'arc-en-ciel : jouir sexuellement. Ex. : « Elle avait poinçonné son ticket d'arc-en-ciel, elle m'laissait vaquer au mien peinard*. » (B, 208)

pointe (la) : 1. Sexe, sexualité. Ex. : « Je suis le seul à me lever. Sirella, comme toutes les gonzesses*, elle s'en bat les noix* de la technique de pointe; elle, seule la pointe l'intéresse vraiment. » (113). Ex. : « La pointe y connaissent pas, ça leur sert juste à pisser. » (B, 130)

pointer : copuler. Ex. : « Elle a découvert qu'il pointait son assistante, une blonde salope d'origine suédoise, tu penses! » (129). Ex. : « Frisée à ce point, ça fait un peu peur. Tu dirais qu'elle est en train d'accoucher un nègre! T'es obligé d'la coiffer avant de la pointer, je parie, non? » (T, 136). Ex. : « Pointer pour seulement régaler la viande, je vais te dire : c'est pas très malin. » (B, 208)

pointer du cadran solaire : pratiquer l'acte sexuel. Ex. : « J'parille qu'ton vieux t'a jamais pointée du cadran solaire. J'me goure*? » (B, 148)

poireau (le) : pénis. Ex. : « Maint'nant, chopez*-moi l'poireau à deux mains, chérie! Bath sculpture d'viande, non? Une aut'dame pourrait en faire autant et y rest'rait encore une place pour la pogne d'une troisième. Pétrissez, prenez d'la peine. » (B, 148)

polak (le) : pénis. Ex. : « On d'vine qu'elle a une moule* à ventouses; ces p'tits sujets, ça t'gobe le polak pour ainsi dire. » (B, 101)

polichinelle (le) : pénis. Ex. : « Se l'embourber*, c'est comme tu t'enquillerais le polichinelle dans une essoreuse. » (85)

polisson trémousseur (le) : pénis. Ex. : « Et la v'là qui me fait une compresse au polisson trémousseur avec son très gentil et très ferme fessier. » (85)

Pollux (le) : pénis. Ex. : « Des gonzesses*, me suffit de penser à elles pour que mon Pollux joue les Castor* et baïonnette au caleçon*. » (114). Ex. : « Vous m'imaginez moi et mon Pollux pour babasses* explosées! » (B, 136)

polygone de suce-tentation (le) : appareil génital féminin. Ex. : « Donzelle Inès commence à trévulser sérieusement du polygone de suce-tentation. Elle est du genre driveuse d'ébats, cette pécore*. » (88)

polymère à foudroiement valvaire (le) : pénis. Ex. : « Elle me chevauche soudain, peignoir ouvert, heureusement, sinon du râpeux allait se fourvoyer dans son module lunaire sous la poussée de bas en haut égale au poids du volume déplacé (comme chacun sèche) de mon polymère à foudroiement valvaire. » (113)

polyvaler l'ami Nestor : pratiquer une fellation.

pompe (une) : fellation.

pomper : pratiquer une fellation. Ex. : « La houri traite les infirmières de " mal branlées " et leur conseille d'aller pomper des bites* dans le quartier masculin, manière de se faire un palais et une modulation de fréquentation dans les labiales. » (108). Ex. : « Voilà un dividu que j'ai pompé pendant un quart d'heure, et qui m'est resté avec la zézette* comme un bout de caoutchouc fusé. » (137). Ex. : « Gladys, cela vous ennuierait si je pompais l'inspecteur Blanc* sous la table? Il vient de me dire qu'on ne l'a jamais sucé* dans ces conditions. » (141). Ex. : « Elle a remercié sa patronne en la médiumisant* gauchement car elle, elle n'aime pas la fellation. Comme dit Toinet*, c'est pas encore de son âge. Ça les prend plus tard. Seulement leurs bonhommes n'attendent pas et vont se faire pomper ailleurs, si bien que les femmes mariées ne sucent* guère que leurs amants. Sauf dans la version secondes noces où la femme est équipée de son expérience antérieure et te négocie le braque* d'entrée de jeu. » (143). Ex. : « Quand je t'ai vu faire l'amour à cette femme, sur le lit de la morte, j'ai trouvé cela tellement beau qu'un désir d'une violence inouïe s'est emparé de mes sens. J'aurais voulu pomper ta belle bite*, là, devant mon époux, et te sucer* jusqu'à ce que tu imploses! » (145)

pompeur de nœuds (un) : amateur de fellations.

pompeuse (une) : femme qui pratique la fellation.

pompeuse de missiles (une) : femme qui pratique la fellation.

pompeuse de paf (une) : femme qui pratique la fellation.

pompon (le) : prépuce. Ex. : « Elle lui astiquait* le pompon à l'huile de foie de morue, pas qu'il carbonise du panais*, ce sagouin. » (150)

pomponner : copuler.

Popaul : pénis.

Popaul-le-hardi : pénis. Ex. : « Moi, déjà à loilpé*, je la cueille par la taille, alors qu'elle achève de se débarrasser de son slip accroché au bout de son peton*. J'aime bien alpaguer* une frangine* par-derrière. La serrer fort. Epouser ses creux. Et puis décarrer dans les langoures*, la sinistre* montant de sa taille à un sein, la droite, au contraire, descendant de la taille au pubis. Et puis Popaul-le-hardi, cet impétueux, qui se glisse dans son terrier comme un renard débusquant une taupe. Et les menottes* frivoles escriment, s'agitent, caressent, l'une le mamelon, l'autre l'ergot de coq*. » (151)

Popof : pénis. Ex. : « J'lu ai fait l'coup d'œil de bronze* qu'é connaissait pas, en m'servant d'ma crème à raser manière d'faciliter l'passage à Popof. » (B, 104)

porte du bahut (la) : fesses. Ex. : « Elle protestait, mais moi j'l'ouvrais les portes de son bahut et j'y allais franco su' l'œil de bronze*. » (B, 147)

porte-parapluies (le) : appareil génital féminin.

porte-tambour (la) : appareil génital féminin. Ex. : « M'a fallu une plombe* entière pour franch'ment lui prend' mes aises, pouvoir aller et venir en toute liberté, sans lu démantibuler la porte-tambour. » (B, 208)

portée sur l'aïoli : lesbienne. Ex. : « Une greluse* de faubourg se blottissant contre le flanc de sa camarade. Curieux, je la savais pas portée sur l'aïoli, la Mme Bordeaux. » (88)

porter au kangourou : favoriser le désir sexuel. Ex. : « La tortore*, nous aut', ça nous porte au kangourou. » (B, 121)

porter au sens : exciter sexuellement. Ex. : « Prends pas ombrelle*, si j'te dis qu'ta sister me porte au sens. » (B, 140)

porter les glandoches à l'incandescence : exciter sexuellement.

postiche (le) : appareil génital féminin. Ex. : « C'est drôlement chouette à bisouiller, le bout des doigts de la femme qu'on aime. Beaucoup de tordus se figurent que les points de contact physiques sont immuables. Pour eux c'est la bouche, le raminagrobis* ou les mamelons de Cavaillon*. Manque d'imagination! Atrophie du sensuel! Quand on aime, on a besoin de poser en terrain balisé : c'est bon partout. L'être aimé, vous devez avoir la secousse aussi bien en lui caressant le mollet qu'en lui becquetant* le postiche. » (202)

pot (le) : anus.

pot d'échappement (le) : anus. Ex. : « Sans beurre, y a pas mèche! soliloque-t-il. Pour que mam'selle Fraülein va prendre du fion*, faut graisser la turbine*, sinon c'est son pot d'échappement qui déclare forfait! » (B, 136)

pot d'échappement Midas (le) : anus.

pote Mandrin (le) : pénis.

pothéoser du mufle : pratiquer un baiser lingual, en forme d'apothéose. Ex. : « La pompe aspirante et refoulante. La muqueuse musclée. L'agilité labiale. On pothéose du mufle, dans un élan tellement spontané qu't'as jamais vu "Le Pont de la rivière Kwaï", tiens, mate, et dis-moi si c'est pas du belge! » (88)

potion magique (la) : sperme. (B)

poupée Barbie (la) : pénis.

pousser un avantage de vingt et quelques centimètres : pénétrer sexuellement.

praire (le) : appareil génital féminin. Ex. : « Comment qu'elles se gnougnoutaient* le praire, au pensionnat des Cuisses Ouvertes. » (135)

praliner la case-trésor : posséder sexuellement. Ex. : « T'v'là grande fille, maint'nant ! Une dame pour de vrai, qui va pouvoir se faire praliner la case-trésor par des messieurs authentiques ! Ton avorton d'mari, quand c'est qu'y va t'niquer*, y s'sentirera en perdition comme un espégologue* lorsqu'a une montée d'eau dans la grotte ! Va falloir qu'y s'cramponnasse aux parois ! » (B, 151)

pratiquer : copuler.

pratiquer le fourreau à 37 degrés : pratiquer une fellation.

pratiquer la retenue à la source : être lesbienne. Ex. : « Fallait le dire que vous pratiquiez la retenue à la source, ma chérie, je ne vous aurais pas importunée de mes ardeurs de cerf-violent. » (75)

pratiquer par la sortie de secours : sodomiser. Ex. : « Ma nouvelle femme, j'l'aim'rerais fille d' cultivateur, la bonne baiseuse* ardente au chibre* et qu'aye pas honte quand la fantaisie t'prend d'la pratiquer par la sortie d'scours, malgré qu' t'eusses un baobab sous la ligne d' flottaison*. » (B, 155)

pratiquer son réveil musculaire : copuler.

précieuses (les) : testicules. Ex. : « Je lui file le train*, les précieuses mordues par les dents acérées du pressentiment. »

précieuses ridicules (les) : testicules.

précurser l'admission : caresser préliminairement à la pénétration sexuelle.

préfacier (un) : homme qui vient de faire l'amour. Ex. : « Sa demande amène une vive réaction de son préfacier (ne vient-il pas de lui faire une introduction ?) qui bondit tant si fort que le voilà écroulé sur la carpette, les cannes* bloquées par son grimpant*. » (96)

premier étage (le) : attributs sexuels masculins.

prendre de la bagouze : se faire sodomiser. Ex. : « Elle prend volontiers d' la bagouze à l'occasion et un p'tit gratte-cul* comme vot'affaire est pas duraille à caser dans la conversation. » (B, 140)

prendre des queues : se prostituer. Ex. : « Si je travaillais dans un burlingue* au lieu de prendre des queues, on pourrait me citer en exemple. » (108)

prendre du fion : se faire sodomiser. Ex. : « Celle-là doit prendre du fion sans récla-

mer ton analyse témoignant que tu as passé le test du sida et qu'il est ultra-négatif. La dévorante dans toute sa gloire. » (149)

prendre du petit : se faire sodomiser. Ex. « Pour vous confier : elle prend du petit, Fortuna, c'est sa vraie longueur d'onde, la sodomie. » (108)

prendre du rond : se faire sodomiser. Ex. : « Les poulets* de nuit rouscaillent* avec des relents de beaujolais village, comme quoi, qui est-ce qui m'a-t-il permis des fantaisies de ce genre ? Etais-je-t-il tellement pressé d'aller me faire tailler un petit calumet* par les lopes* de cette boîte ? Quand c'est qu'on veut prend' du rond, on gare au moins sa bagnole* avant de se faire miser*, bon Dieu ! » (124). Ex. : « T'as des tas de gentils papas qui prennent du rond comme des folles à leurs moments perdus. » (136). Ex. : « Elle m'explique que sa folie c'est de prendre du rond tandis qu'elle se pratique un solo de banjo*. » (149). Ex. : « Sans lui donner le temps de protester, je lui flanque ses clés à travers le portrait*. Pas fort, je te rassure pour le cas que tu prendrais du rond, toi aussi, et que les molestations sur follingue* te déprimeraient. » (206)

prendre goût à l'œil de bronze : devenir homosexuel. Ex. : « Depuis quelque temps, j'ai idée que Son Altesse prend goût à l'œil de bronze. Il délaisse ces dames au profit de ces messieurs. » (202)

prendre le zigoto dans la casemate : se faire pénétrer sexuellement. Ex. : « J'sus t'allé lu demander si qu'a connaissait dans c't putain d'ville des jeunes filles d'bonne famille susceptiblement capab'd'me prendre le zigoto dans la casemate. » (B, 101)

prendre sa température avec des braques : se faire sodomiser. Ex. : « Je vois un beau jeune homme aux manières tellement efféminées qu'il doit fatalement prendre sa température avec des braques. » (91)

prendre son fade : jouir sexuellement.

prendre son panoche : jouir sexuellement.

prendre son pied : jouir sexuellement.

prendre un vieux coup dans les baguettes (en) : pour une femme, se faire faire l'amour. Ex. : « Madame est en conférence. – Il y a de cela, dis-je, puisqu'elle est en train d'en prendre un vieux coup dans les baguettes, mais nous savons vivre et n'aurons garde d'interrompre son coït, sachant trop, d'expérience, combien il est éprouvant pour le système glandulaire d'être interrompu en cours d'orgasme. » (100)

prépuce à col roulé (un) : prépuce non circoncis.

primesauter l'engourdisseur à fourreau : pratiquer une fellation. Ex. : « Claudette s'installe entre mes jambes, sous le bureau, pour me primesauter l'engourdisseur à fourreau. » (88)

procéder à son lâcher de ballons : atteindre l'orgasme. Ex. : « Qu'à un moment, elle procède à son lâcher de ballons en ponctuant d'une émouvante exclamation de surprise ravie. Elle dit "Wrouhaha-haaaa". » (141)

procéder à un lancer franc : éjaculer. Ex. : « Il recule d'un mouvement bref, dégaine sa rapière* longue et fine et procède à un lancer franc entre les omoplates de Miss Gladys. » (141)

proéminer de l'Eminence : être en érection.

profuseur à voyous (le) : pénis.

propager dans les nuages (se) : copuler, s'envoyer en l'air. Ex. : « Faut être le dernier des tortibacs* pour cigler* une mousmé* alors que l'univers est plein de fillettes qui ne demandent qu'à se propager dans les nuages avec un gars sachant chasser. » (6)

prose (le) : fessier.

Proserpine : pénis.

prosibe (le) : fessier.

Prosper : pénis.

Prosper le Déluré : pénis. Ex. : « Elle a un sens de l'équilibre, cette môme*, peu croyable. Faut dire qu'avec un centre de gravité comme mon copain Prosper le Déluré, elle peut aventurer des miches* sans sa mère, la Sirella jolie. » (113)

prostipute (une) : prostituée.

prototype (le) : pénis. Ex. : « Elle m'ouvre la porte du hangar* pour laisser sortir le prototype. Léger gloussement de bonne surprise, flatteur, je trouve ; et au boulot*, Ninette ! » (119)

protubérance (la) : pénis. Ex. : « Mlle Zouzou* lâche ma protubérance afin de partir à la conquête de la tirette de la fermeture Eclair. » (135)

protubérer : être en érection. Ex. : « Mais moi, quand je suis sur le chantier de naguère*, je ne protubère pas. » (142)

protubéreur à haute fréquence (le) : pénis.

pruneaux (les) : testicules. Ex. : « Y n'a eu qu'un déboire, c'est la fois qu'il prit un sematèche dans les pruneaux, misère! Un boulet qui y est arrivé à deux cents kilométreurs, à l'en faire esploser les claouis*. » (B, 208)

prunes (les) : testicules.

psychanalyser : copuler avec. Ex. : « Voilà trois jours que j'ai eu le temps de psychanalyser une souris*. Pourtant j'en aurais long à lui dire sur le comportement de mon moi second et le dépassement de mon individu. » (28)

pulsions extra-gounaviales (les) : pulsions qui sont inhérentes à toute obsession sexuelle.

pulvérisateur de poche kangourou (le) : pénis. Ex. : « Ensute, bon, tout ça m'avait fabriqué un tempérament et mon pulvérisateur de poche kangourou s'trouvait au point fixe. » (B, 208)

pupille de la nation (le) : pénis. Ex. : « Si elle s'imagine que Popaul*, mon pupille de la nation, va se mettre au garde-à-vous* pour si peu, pour si frêle, elle se carre* le doigt dans l'œil* en croyant le promener sur mister Frifri*. » (99)

purger le radiateur : éjaculer.

putation-service (une) : maison de rendez-vous. Ex. : « Combien de fois me suis-je dégagé l'esprit en effectuant un graissage-vidange* dans une putation-service ! » (144)

Quadripartouze (une) : partie carrée, joutes amoureuses à deux couples, avec changement de partenaires.

quarté : quatre orgasmes consécutifs. Ex. : « Il avait une particularité curieuse, quelle que soit sa partenaire de lit : quatre lâchers de ballons*. Il appelait cette habitude son quarté. »

quenelles : (l'avoir en) : être impuissant. Ex. : « Que voulais-tu que je fasse ? il l'avait en quenelles ! Si j'avais insisté, je lui bouffais son vermicelle. »

quéquettophile (un) : pédophile.

queue (la) : pénis. Ex. : « Pendant qu'il l'examinait, elle lui caressait la queue à travers son pantalon. Il feignait de ne pas s'en apercevoir mais prolongeait l'auscultation pour permettre à la salope de mener les choses à leur terme. » (136)

queue-d'arrondéliser : sodomiser. Ex. : « Elle, son fade, c'était de se faire queue-d'arrondéliser. Alors tu parles d'une pastille en chou-fleur qu'elle se payait. »

queutard (un) : homme très porté sur les plaisirs sexuels.

quique (la) : pénis (enfantin). Ex. : « Des fois, on s'y planquait av'c mon cousin Narcisse et on s'montrait nos quiques (c't'ainsi qu'on appelait nos bites* en c'temps-là). » (B, 208)

quitus (envoyer son) : éjaculer.

quote-parler : éjaculer.

Rrabougriser du kangourou : devenir handicapé sexuel. Ex. : « Des fois qu'on te cueille les pruneaux*, ou bien que tu rabougrises du kangourou. » (80)

raconter du valseur : puer du bas-ventre. Ex. : « Le petit coup de minouche*, vite-fait sur le pouce, pour peu que la dame raconte pas trop du valseur, ça prouve ton savoir-vivre. » (B, 83)

raconter les aventures de Popoff : copuler.

radada (un) : coït.

radada-à-propulsion-interne (un) : coït. Ex. : « Franchement, l'Ibernacion n'est pas une frêle pervenche sur la mousse question radada-à-propulsion-interne. On devine la fille d'expérience, qui a délassé le guerrier, et qui pis est, le guérillero (personnage désœuvré par excellence). » (68)

radada en folie (le jeu du) : coït.

radaduche (un) : coït. Ex. : « Ta tante Berthe le fait, quèquefois, quand on rentre d'une soirée et que la picole* nous porte au radaduche. » (B, 208)

radasse (une) : prostituée.

rade d'allumage (être en) : être momentanément en panne d'érection. (B)

radeuse (une) : prostituée.

radis noir (le) : pénis.

raffoler du minet à bascule : être homosexuel. Ex. : « Il est très brun, très élégant, mais sa démarche le laisse désirer par ceuss qui raffolent du minet à bascule. » (203)

rafraîchir l'asparagus (se) : pratiquer une toilette intime, pour un homme. Ex. : « Pour me rafraîchir l'asparagus, je passe dans la salle de bains; logique. Tu verras jamais, au cinoche*, des amoureux qui bla-blutionnent* après le radada*. Post coïtum animal crados. » (123)

rafraîchir Pétrus (se) : pratiquer une toilette intime. Ex. : « On peut pas dire que la piaule* soit luxueuse, mais y a un lit et de quoi se rafraîchir Pétrus. » (203)

ragnagnoches (les) : menstrues.

rallonge de rebandage (une) : surtaxe exigible lors d'une séance d'amour vénal. Ex. : « C'est comme une pute* qui te cogne sur le mandrin* pendant que tu la chausses* pour te faire lâcher le morcif* et te réclamer une rallonge de rebandage. » (B, 83)

raminagrobis (le) : 1. Appareil génital féminin. Ex. : « Une forme délicate et blanche que j'aperçois à travers les jambes de madame, placées en V renversé pour lui servir de base, retrousse le patronal déshabillé de la Rebuffade afin de lui dégager le raminagrobis. Et cette petite servante, si humble et peu informée des dépravations d'ici-bas, entreprend de glisser des doigts de harpiste le long de l'interminable raie de son employeuse, au grand dam de la dame. » (151). Ex. : « L'Antoine glisse de son perchoir pour s'agenouiller " devant " Gwendoline d'abord, puis " entre ". Dis, elle ignorait que c'était fameux à l'extrême de se faire lécher les bouts de seins puis caresser le raminagrobis avec les deux doigts du sifflet voyou. » (155). 2. Pénis.

Ex. : « Tu le sens mon gros raminagrobis qui te chuchote dans la moniche*? » (152)

ramolli du tiroir (un) : impuissant sexuel.

ramonée (une) : coït. Ex. : « Une petite ramonée express sur le coin du bureau, pour dire de se dégager les humeurs. » (114)

ramoner : posséder sexuellement.

ramoner la case-trésor : posséder sexuellement. Ex. : « La mamy radine* de la chambre juste à temps pour nous prendre congé. C'est véridique que le Mammouth lui a sérieusement ramoné la case-trésor : elle se déplace comme un compas en balade. Tu jurerais Frankenstein avant sa première vidange. » (95)

ramoner le conduit : copuler.

ramoner le dargif : copuler.

ramoner le frifri (se) : pratiquer une toilette intime. Ex. : « Il venait de limer* avec une professionnelle avec laquelle il a passé la nuit. La môme se ramonait le frifri au moment de son valdingue*. » (101)

ramoner les glandes (se) : 1. Copuler. 2. Ejaculer.

ramoner les muqueuses : exciter sexuellement. Ex. : « T'as une façon de causer des dames qui te ramonent les muqueuses. » (48)

ramoner les tuyaux d'orgue : posséder sexuellement.

ramoneur de broussaille (un) : homme porté sur les plaisirs sexuels.

ramoneur de fesses (un) : homme porté sur les plaisirs sexuels.

ramoneuse de tuyaux (une) : femme portée sur les plaisirs sexuels.

rampe de lancement (la) : anus. Ex. : « Le mignon doit avoir sa rampe de lancement grande comme un étui à longue-vue, pour encaisser des coups de gouminche* pareils! » (147)

rampe de lancement télescopique (la) : pénis.

rapide du chaudron (une) : nymphomane.

rapière (la) : pénis. Ex. : « Quand il dégaine sa rapière*, Misteur, c'est Roland à Ronc'vaux. » (117)

rapière défaillante (avoir la) : être impuissant sexuellement. Ex. : « Un gars beurré* (surtout de c't'âge-là) flageole de la membrane*. Il a la rapière défaillante. » (203)

rapport textuel (un) : rapport sexuel. (B)

rapprochement franco-allemand (un) : coït entre deux personnes de nationalité française et allemande.

rase-motter : caresser au plus près. Ex. : « Ma paluche* lui rase-motte le mont de Vénus. » (130)

rassis (un) : masturbation. Ex. : « Un adepte du rassis! Voilà un grand timide qui se martyrise la colonne*. »

rassis (se taper un) : se masturber. Ex. : « Il se dit que ça va chier* pour ses galons à l'amirauté. On va lui apprendre ce qu'il en coûte de se laisser taper un rassis par la princesse, au beau milieu d'une réception! » (124)

Ravaillac des bas-morcifs (un) : homme qui pénètre sexuellement une femme par traîtrise.

rayonner du fignedé : être sexuellement excité. Ex. : « Comment qu'elle rayonnait du fignedé, Berthe*! Ça lu fut été duraille de passer une motte de beurre en contr'bande cont'la sienne! » (B, 208)

raz d'Adda (un) : cf. **radada.**

recharger le glandulaire : récupérer physiquement sur le plan sexuel. Ex. : « Je viens à peine de me recharger le glandulaire et ne souhaite pas procéder sitôt à une nouvelle livraison séminale. » (154)

réchaud (le) : fessier. Par extension, libido. Ex. : « Une femme dotée d'un appétit sexuel de ce calibre, c'est pas le guide des belles manières qui lui refroidit le réchaud! » (147)

réciter les paroles de la tyrolienne à étage : pratiquer un cunnilingus.

réciter les stances à Sophie dans le crougnouzoff : pratiquer un cunnilingus.

réclamer la piste : atteindre l'orgasme.

recroqueviller d'la chaglatte : faire abstinence sexuelle, pour une femme. Ex. : « Ça fait deux mois qu'j'recroqueville d'la chaglatte*. » (130)

recteur (le) : pénis.

rectifié de la membrane (un) : se dit d'un homme impuissant sexuellement.

rectorat (le) : rectum.

reculette (une) : pratique de la méthode de contraception dite du retrait, coitus interruptus. (B)

refuge des pourléchés-pour-compte (le) : saphisme.

régaler l'avant-centre : pénétrer sexuellement. Ex. : « Ta chaglatte*, t'y rent'rerais pas l'capuchon d'un stylo Mont-blanc ! Et tu penses qu'j'pourrais faire régaler mon avant-centre ? » (B, 148)

regard 34 bis (un) : regard lourd de sous-entendus sexuels. Ex. : « Je lui file mon regard 34 bis à la Rudolf Valentino, celui que j'utilise dans les cas d'urgence. » (24)

région chattounesque (la) : appareil génital féminin.

régions consommables (les) : appareil génital masculin. Ex. : « Elle pose sa tête sur mes jambes et se met à me frottailler doucement les régions consommables, certes, mais que je réserve ordinairement à des privilégiés de mon choix. » (203)

région en friche de la terre labourable (la) : pubis féminin.

région péninsulaire (la) : appareil génital masculin. Ex. : « Quand je suis à loilpé*, elle me considère la région péninsulaire avec une avidité d'où toute pudeur est absente. » (85)

région rasurellienne (la) : parties génitales masculines.

régions moelleuses (les) : appareil génital masculin.

région Rhône-Alpes (la) : parties génitales.

régions sous-développées de l'entre-article (les) : appareil génital féminin.

régler ses arriérés : éjaculer.

régler la modulation de fréquence : caresser le mamelon d'une femme. Ex. : « Il avait des commentaires sur tout, qu'incitaient à la dégode*. Y disait, tripotant les mam'luches* d'une souris : " Vous permettez, chère petite, que je vous règle la modulation de fréquence. » (B, 208)

regnanater : sécréter. Ex. : « Je sens, aux effluves qui partent d'elle, combien elle regnanate du frifri*. » (138)

rejouer au bilboquet à moustaches : faire de nouveau l'amour.

relâche du moule à gaufre (faire) : être libre sexuellement (pour une femme). Ex. : « Te monte pas le bourrichon*, les petites madames ont découvert la pilule, v'là tout, et elles font relâche du moule à gaufre, ce qu'est humain. » (B, 69)

reluire : jouir sexuellement. Ex. : « Elle est en train de reluire comme le sacre de Bokassa. » (117)

reluire la tige (se faire) : se faire faire une fellation. Ex. : « Il y a des vicelards qui se font reluire la tige par des putes*. »

reluisance (la) : coït. Ex. : « A Paname*, la reluisance, c'est seulement un coup de grelot* à donner. » (75)

rembobiner : pour un homme bien membré*, se reculotter.

remettre le compteur à zéro : éjaculer.

remettre le couvercle : réitérer un coït. Ex. : « Le tringleur* hors classe, qu'en a jamais à suffisance et t'remet l'couvercle sans seul'ment s'l'aérer ent'deux bourrées* ! » (B, 208)

remettre le couvert : réitérer un coït.

remise en jeu dans le rond central (une) : coït. Ex. : « Cette beauté nocturne, une remise en jeu dans le rond central, ça ne doit pas être le repos du guerrier. » (132)

remiser Popaul dans le tiroir d'un pote (se) : sodomiser. Ex. : « L'Arbi*, sa force c'est ça : il peut se passer de nana. Pas pédoque* de mentalité, cependant. Pour lui, se remiser Popaul* dans le tiroir* d'un pote, ça n'tire pas à conséquence. C'est juste manière de se conjurer l'intime*. » (B, 205)

remonter la Tamise pour aller planter le décor au cœur de la cité : pénétrer sexuellement une femme anglaise. Ex. : « J'y vais d'la p'tite minette amitieuse*. Au réveil, c'est pas l'mieux. D'abord parce qu't'as la menteuse* qui clapote*, et pis certaines madames font penser à une grève des pêcheries dieppoises. Mais enfin, s'tu f'sais qu'ciqui t'amuse, en amour, ton ren'ment général fléchirait. Elle en exclamait d'plus en plus, l'Angleterre. La vraie bataille de Trafalgare Square. Jugeant qu'l'moment opportunait*, j'r'monte la tamise pour aller planter l'décor au cœur de la cité. » (B, 208)

rémouler : posséder sexuellement.

rémoustiller : émoustiller à nouveau.

renaître de ses cendres : être en érection. Ex. : « La chopine* du dormeur commence à renaître de ses cendres. »

renversade finale (une) : coït. Ex. : « A mon sens (celui du rez-de-chaussée) ça représentait un dîner et un quart d'heure d'entretien à bâtons rompus, la renversade finale. » (75)

reportage sexuel (un) : rapport sexuel. (B)

représentation de gala (une) : coït soigné.

requins (les) : menstrues. Ex. : « Elle doit attendre ses requins, grommela Boris. » (216)

respirer (se) : copuler avec. Ex. : « Je parie que vous ne vous êtes respiré que des Britiches* jusqu'à ce jour, non ? Y a donc pas un maçon portugais dans le secteur, ou un serveur italien pour vous montrer ce que c'est qu'un vrai coup de rapière* ? » (127).

rester en rideau : être incapable d'érection. Ex. : « Imagine qu'un bon mouvement rébellateur* me porte sur la barricade et que là, je reste en rideau, panne sèche, le chignolard* façon mollusque, invertébré de l'épiglotte*, hé ? » (85)

retâter de la membrane : faire l'amour une seconde fois.

retromboner : copuler une seconde fois.

réveiller nanti d'une colonne qui pourrait servir de relais-télé (se) : se réveiller en érection.

revernir le dôme : caresser intimement une femme. Ex. : « Violette* qui m'aperçoit à travers les jambes en " V " majuscule de sa nouvelle amie m'engage à me joindre aux festivités en proposant à la secrétaire un beau joufflu* toujours heureux de se laisser revernir le dôme. » (147)

rigoler la zize (se faire) : copuler. Ex. : « Je te parie des prunes qu'il est allé se faire rigoler la zize avec une soubrette. » (30)

rincé côté calbute : impuissant sexuel.

rincelette (une) : coït.

rivages des Syrtes (les) : anus. Ex. : « Risquant un médius libertin loin derrière ton holster à couilles*, jusqu'aux rivages des Syrtes qu'il flatte hardiment comme s'il préparait une invasion de la grotte sacrée ! » (149)

Robinson Crusoé : pénis. Ex. : « Sa dextre* part à la recherche de Robinson Crusoé, le déniche, tout seul dans son île, qui faisait des signaux, le pauvre grand. Pas mèche* de l'extrader, Malabar* ! Elle l'estimait pas si colosse ! Ça lui fouette le zèle, lui catapulte le sensoriel. Viendra, viendra pas ! Elle va me le casser à obstiner en force. Faut que je lui prête main-forte pour dégager le Grand Ferré*. » (123)

rognons du bas (les) : testicules.

rognons sauce madère (les) : testicules.

rond (le) : anus. Ex. : « En apercevant le pandore*, la Gabot se contracte de bas en haut. Sa chatte* produit des plis excédentaires ; tu ne parviendrais pas à lui carrer* un thermomètre dans le rond, même bien lubrifié, l'au point qu'elle est crispée. » (145)

rondelle (la) : anus.

rondibé (aller au) : copuler. Ex. : « Ce travail, Dieu d'Dieu ! Ce travail ! Ah, espère, ell' est pas prête de r'trouner au rondibé, mam'zelle Miss ! Sa cramouille* a esplosé littérairement ! » (B, 101)

rondibet du radada (un) : particularité indéterminée de l'acte sexuel. Ex. : « J'ai autant envie d'aller lui expliquer le rondibet du radada que de me faire thermomètre dans une léproserie ! » (24)

rose des ventres (la) : appareil génital féminin.

rôtissoire (la) : appareil génital féminin. Ex. : « Bonté divine, Viovio, cache ton piano* qu'autrement j'réponde plus d'rien. A m'fout un'chopine* d'ours, c'te greluse* à nous déballer sa rôtissoire ! » (152)

roubinches (les) : testicules. Ex. : « T'as des ondes abrasives dans les roubinches. »

roudoudou (le) : pénis. Ex. : « Voilà qu'il mollit du roudoudou, Albert ! Il pige* qu'il a trop présumé et que la mayonnaise ne prendra pas. » (150)

roue de secours (une) : amant. Ex. : « C'est la banlieusarde de quarante carats* qui vient se dévergonder à Pantruche*. Pourquoi un jeudi ? Peut-être que sa roue de secours est instituteur ou étudiant. » (42)

roue libre du fouinozoff (faire) : faire abstinence sexuelle. (B)

rouleau à pâtisserie (le) : pénis. Ex. : « Ça pendait comme des rideaux d'tulle, son bastringue à la vieille. Pas mèche d'en maintenir : ça fluidait* ent' les radis*. Enfin, brèfle, su' ma lancée j'ai pu le cloquer* mon rouleau à pâtisserie ; après, y n'me restait que d'en choper* l'plus possib' ent' mes deux mains pour m'en faire un cataplasme, qu'au moins j'eusse un brin d'illuse*, quoi ! » (B, 208)

rouler un patin : embrasser profondément. Ex. : « Lorsqu'on a suffisamment joué à la bête à deux dos*, je lui roule un patin final. »

rouler une galoche : embrasser profondément.

roulure (une) : prostituée ; par extension, femme facile.

roupettes (les) : testicules. Ex. : « Les promoteurs nous cassent les roupettes, comme quoi ils ont des proposes* mirifiques à nous exposer. » (115)

rouquemoute (une) : femme rousse du pubis.

roustifs (les) : testicules.

roustonikofs (les) : testicules. Ex. : « L'arrivant actionne le système d'ouverture. La porte fait un petit "cliiip". Le gars la pousse en grand. Il attaque une phrase en russe qu'il n'achève pas because mon coup de tatane* dans les roustonikofs. » (71)

roustons (les) : testicules. Ex. : « Le pouce dans l'œil d'bronze*, la menteuse* sous les roustons, la p'tite fessée façon panpancucul, c't' une providence c'te fille, qu'on a juste à lu reprocher d'schlinguer* l'huile de foie d'morue qu'é s' coiffe avec. » (B, 136). Ex. : « Je mets de la confiture de groseilles sous les roustons du clille* et mon cador se délecte. Généralement, pas un gus résiste à sa petite langue râpeuse. » (137)

rutiler le panais (se) : pour un homme, procéder à une toilette intime.

S

sabre à roustons (le) : pénis.

sabre au clair (mettre) : être en érection.

sabrer : posséder sexuellement. Ex. : « Son parfum chiassique* me dérange un peu. J'aurais à la sabrer, faudrait que j'aère l'habitation auparavant, sinon je coincerais des muqueuses. » (127). Ex. : « Sabrée de première par Sa Majesté Queue-d'âne, dame Kaufmann pantelle encore. » (109). Ex. : « Je t'ai vu sabrer Maria, la bonniche. Alors là, t'y mettais une verge de bourrin*, Tonio! Plus conséquente que mon poignet! » (136). Ex. : « Le vergeur* de la gosse n'est autre que le gredin qui voulait déjà la sabrer sur l'air des Lampions. » (149)

sac (le) : vagin. Ex. : « Ma crapule / Si j'serais t'une libellule / J't'e brouterais la chatte / Agathe / Et kif un gros lézard / J't'enquillerais* dans l'sac / Mon braque / Mart. » (B, 138)

sacre du printemps (le) : toilette intime. Ex. : « Elle me demande la permission d'user de ma salle de bains pour se faire le sacre du printemps rapidos*. » (121)

sainte trinité portative (la) : appareil génital masculin. Ex. : « Merci, petit Jésus, de m'avoir accordé ma sainte trinité portative! » (94)

salade de groins (une) : baiser. (B)

salade de phalanges (une) : caresse manuelle. Ex. : « La veuve est en train de lui assaisonner une salade de phalanges pas triste. »

salami (le) : pénis.

salingue : osé, choquant sur le plan sexuel.

salinguerie (une) : quelque chose d'osé sur le plan sexuel.

salle d'embarquement (une) : seuil de l'orgasme. Ex. : « Puis, vite elle s'remettra à l'arrière-plan de ton brise-lames* pour t'rattaquer au vibro. Et quand elle sentait qu't'arrivais dans la salle d'embarqu'ment, elle passait la seconde vitesse de l'engin, l'mettait en ralenti pour qu'tu profites bien d'l'envolée, qu'tu te voyes partir dans les zéniths. » (B, 208)

salle des fêtes (la) : appareil génital masculin.

sapeur (le) : pubis féminin luxuriant. Ex. : « Il l'a crougnoutée* d'première. La caméra était télescopique, alors ell' a télescopé pour bicher* en très très grosse plantation la fourche que produisait l'officière par alliance* tandis qu'le dentiss y dégustait l'sapeur. » (B, 208)

satellite (le) : pénis. Ex. : « Quand il traversait le hall somptueux, il éprouvait des picotements dans le satellite. La richesse des autres est un doping puissant! » (31)

saute-au-paf (une) : nymphomane.

sauter : posséder sexuellement.

sauter au culbuteur : pour une femme, s'offrir sexuellement à un homme. Ex. : « J'ai pigé* : dès qu'elle mate un julot, elle lui saute au culbuteur. » (83)

savonneuse (une) : masturbation. Ex. : « Il chante n'importe quoi sur un air ancien dont il a oublié le titre. Il raconte qu'il ramène de la mortadelle, de la viande des Grisons, du saucisson fumé, du pain noir, du vin portugais, et qu'il va bouffer* et boire, et qu'il conchie* le monde entier, et qu'il se fera peut-être une paluche*, une chouette ; la savonneuse de gala, pour fêter aujourd'hui qui tombe précisément aujourd'hui. Et il déchargera* sur la gueule* de Sa Majesté la reine dont il possède un bath* cliché qui la montre souriante. Et Mme Lady va se morfler* une grande giclée d'apparat en pleines badigoinces* comme jamais encore son grand hotu ne lui en a octroyé. » (213)

scalper le minaret : pratiquer une fellation.

scapulaire à quetsches (le) : appareil génital masculin. Ex. : « Ce sont des eunuques de la garde spéciale. Bien que privés de leurs scapulaires à quetsches, ils n'ont pas l'air de fillettes. » (56)

scoube (le) : pénis.

scoubidoche (le) : pénis. Ex. : « Je lui place donc une seconde rafale amoureuse, à Francesca. Grâce et souplesse. Style cascadeurs marocains. Hop! Et hop! Et encore hop la la! Beaucoup de précision dans la témérité. Il faut! Une défaillance et tu te massacres la colonne*. T'as le scoubidoche comme un mètre pliant. Le panneau routier recommandant de se gaffer* du verglas. Tu joues " Z " du périscope*. Salement dangereux. » (77)

scoubidou (le) : vulve. Ex. : « Berthe* se faisait engominer le scoubidou par Alfred* le coiffeur. » (62)

scoubidou à baleines (le) : pénis.

scoubidou à crinière (le) : vulve. Ex. : « Je suis un pépiniériste du scoubidou à crinière*, les gars. » (74)

scoubidou à pendeloques (le) : pénis. Ex. : « Froufrou glousse et se met à nous déballer des polissonneries plus salées qu'un baril de morues, comme quoi si Dieu nous a donné le scoubidou à pendeloques c'est bien pour que nous nous en servions. » (202)

scoubidou à tête ravageuse (le) : pénis.

scoubidou à tête rentrante (le) : pénis. Ex. : « Ils dansent langoureusement. Barbara y va à fond du bas-bide* pour l'allumer*. Lui faire friser les sourcils de son scoubidou à tête rentrante. » (83)

scoubidou de sous-officier de réserve (un) : pénis de petite dimension. Ex. : « Eux-autres, les Béru*, ils sont marqués par l'abondance du kangourou. Depuis seize générations, on n'a jamais vu un Béru* avec un scoubidou de sous-officier de réserve. » (202)

scoubidou fantasque (le) : pénis.

scoubidou farceur (le) : pénis.

scoubidou fouineur (le) : pénis. Ex. : « Camille n'est peut-être pas une championne du tastevin, mais en ce qui concerne le scoubidou fouineur, elle est sûrement capable, les yeux bandés, de vous annoncer la nationalité et l'âge de son propriétaire. » (203)

scoubidou verseur (le) : pénis.

scoubidou voltigeur (le) : pénis. Ex. : « Me voici à la cabane voisine, avec un éclat de banquise à la place du pif* et un autre en guise de scoubidou voltigeur. » (71)

scramouler : caresser digitalement. Ex. : « Mon médius qui tourne médium, à lui scramouler la bagouze à col de fourrure*. » (93)

scroumoulard (un) : appareil génital. Ex. : « Si tous les gens du monde voulaient bien se becter* le scroumoulard, tu parles d'une chaîne d'amitié que ça donnerait, mon frère ! » (89)

séance à la duc d'Aumale : position où la femme chevauche son partenaire. Ex. : « Monsieur et madame s'offraient une séance à la duc d'Aumale. Le Mammouth se tenait allongé sur la moquette, un oreiller sous la tête, car il aimait son confort, tandis que madame, tous bourrelets dehors, le chevauchait de première en lui tournant le dos, pratique dont raffolait l'ancien chef de la Ligue qui défendit Paris assiégé par le bon Henri IV. » (150)

séance de fignedé à ressort (une) : coït.

séance de heurg-heurg-zim-boum (une) : coït.

séance de vocalises (une) : cunnilingus. Ex. : « Après une bonne séance de vocalises, tu peux remiser ton pot de vaseline. » (151)

séance de clarinette à moustaches (une) : fellation. Ex. : « Je peux te dire qu'elle déteste ça, car la voilà qui pince la bouche à te la lui déguiser en lame de rabot si d'aventure une telle fantaisie la prenait pendant une séance de clarinette à moustaches. » (206)

seau d'eau miser : sodomiser.

secouée (une) : coït.

sécréter les glandes (faire) : exciter le désir sexuel. Ex. : « La belle rousse, manière de vous faire sécréter les glandes, porte une limace de noye* transparente. » (24)

Seigneur des Chaglattes (le) : pénis de Bérurier* (quarante centimètres de long).

seksi : sexy. (T)

sémaphore (le) : pénis. Ex. : « Tu l'aurais vue m'agiter le sémaphore, puis se foutre* à cheval sur moi pour me happer le pompon* avec ses miches*. » (155)

semence à perpétuer la connerie (la) : sperme.

senor Bandalez (le) : pénis.

sens du rez-de-chaussée (le) : désir sexuel, libido. Ex. : « A mon sens (celui du rez-de-chaussée), ça représentait un diner et un quart d'heure d'entretien à bâtons rompus, la renversade finale*. » (75)

sensoriel (le) : parties génitales masculines. Ex. : « Qu'est-ce que tu vas chercher, idiote. Je ne mêle jamais l'amour avec le travail. – Ah! oui, ricane Thérésa en me déballant Popaul*. Et ça? – Sauf en cas de bandaison* majeure, rectifié-je avant qu'elle ne se mette à me tutoyer le sensoriel*. » (121)

sentinelle (la) : pénis. Ex. : « Tout en parlant, elle me contrôle les avant-postes, s'aperçoit que la sentinelle est sur le qui-vive, prête à tirer un coup sur tout ce qui bouge. » (116)

séquse (le) : sexe. (B)

sérénade au balcon (une) : coït.

série d'saute au paf-taste cucul (une) : série d'attouchements sexuels. Ex. : « A peine qu'on a vu décarrer* sa chignole*, d'puis la fenêt', on s'a j'té l'un sur l'autre! Déjà pendant qu'il manœuvrait pou' s'arracher du tortoir, on commençait une série d'saute au paf-taste cucul, cette gentille gredine et moi. Ça été une partie de bilboque* féroce, su' l'coin de sa table à manger, qu'heureus'ment était en massif, style Henri II. »

elle m'a espliqué, la dame, tandis qu'j'me toilettais en douce av'c le chemin de table à jours et qu'elle s'espliquait su' son Jacob-Delafon d'course à la sall'd'bains. » (B, 208)

seringue à ressort (la) : copulation. Ex. : « J'aurais qu'un mot à dire pour l'embarquer jusqu'à la lingerie et lui pratiquer la seringue à ressort. » (149)

seringuer : copuler.

serpent (le) : pénis.

service trois pièces (le) : parties génitales d'un homme. Ex. : « Je l'entends libérer un grand pet comme le ululement d'un chat-huant; puis il se gratte les poils de la poitrine, ensuite ceux du service trois pièces, et termine par un petit rot rêvasseur. » (118)

service station rapide (un) : rapport sexuel complet et rapide. Ex. : « Bijou parle ni plus ni moins que de se faire un service station rapide (vidange-graissage route avec vérification de la pression). » (45)

servir une ratatouille d'aubergines : copuler. Ex. : « Si elle ne me chahute pas trop, j'arriverai à lui servir sa ratatouille d'aubergines, Natacha. » (122)

servir les hors-d'œuvre : pratiquer une fellation.

sesque (le) : sexe. (B)

sève (la) : sperme. Ex. : « Son trop-plein de sève l'encombrait. » (216)

sex-chope (un) : sex-shop.

sex-chopine (un) : sex-shop. Ex. : « On trouve à Copenhague les meilleurs sex-chopines du monde et les cabarets les plus hard. » (134)

sexe-à-poil (le) : sex-appeal.

sexophoniste (un) : musicien fornicateur. Ex. : « Le sexophoniste en meurt de saisissement peu après, en dégustant la chattounette* de Miss Gladys. » (141)

shooter du mandrin : être en érection.

siamoises (les) : testicules. Ex. : « C'est à qui d'elles lui caressera le tringlard*, lui flattera les siamoises, lui promènera l'extrémité des doigts sur les surfaces sensibles. » (101). Ex. : « Béru* qui a morflé* un coup de latte* dans les siamoises se met à danser sur place en se tenant les abats* à deux mains. » (206)

siège de l'amour-sale (le) : parties intimes. Ex. : « Je lui décoche un coup de saton* en plein dans le siège de son amour-sale. » (81)

sieur Bigzob (le) : pénis.

signor Bandalez (le) : pénis. Ex. : « Pas de tergiversations : je retourne finir la jolie dame. Le signor Bandalez joue les limaçons dans mon joli calcif* à fleurettes roses, mais je ne me fais pas de souci pour lui : je sais qu'il redeviendra opérationnel à la première caresse de la merveilleuse. » (151)

signor Popoff (le) : pénis. Ex. : « J'pars à dame*, c'est le mot! Juste que le signor Popoff s'trouvait à l'entrée des artistes*, brandi communal barde. » (101)

sirop de betterave (le) : sperme. Ex. : « Il dort profondément, le Monstre. La trique* lui est à ce point familière qu'il est chiche* de balancer son sirop de betterave sans seulement se réveiller. » (145)

sirop de burette (le) : sperme.

sirop d'homme (le) : sperme. Ex. : « Laisse quimper* tes andouillettes/Fillette/Et viens coucouche-panier/Dans mon pucier*/Où qu'aura toujours pour ta pomme*/Du sirop d'homme. » (B, 138). Ex. : « Notez qu'si ç'aurait été d'la moquette, Mam'zelle Violette* se fût fait un plaisir d'm'attend' Popaul* à la sortie des artiss' pour une dégustation espress. L'sirop d'homme, c'est sa folie! » (145)

sirop de mec (le) : sperme. Ex. : « La vraie ventouse, dame Agnès! La sangsue qui, au lieu d'écluser ton raisin* te boit au goulot, kif* si ton sirop de mec était la bonne liqueur verte des pères chartreux. » (154)

six juin 1944 (avoir son) : avoir ses règles. Ex. : « Mademoiselle a son six juin 1944? » (210)

slip à marée haute (avoir le) : pour une femme, être excitée sexuellement. Ex. : « Ma greluse t'avait l'slip à marée haute, putain d'elle! A tordre! » (B, 208)

slip marécageux (rendre le) : exciter sexuellement une femme. Ex. : « Une belle gonzesse* blonde, en blouse blanche, insinère* son minois par l'entr'bâillage. – Oui? e

m'demande. Moi, j'lu fignole un sourire à lu rend' l'slip marécageux instantanément. » (B, 208)

slip plein d'ardentes convoitances* (avoir le) : être sexuellement excité.

sodomer : sodomiser.

sodomisation en couronne (la) : usage en vigueur chez les footballeurs lorsqu'ils ont un sujet de satisfaction.

sœurs Brontë (les) : testicules. Ex. : « Mes sœurs Brontë en sont comme électrocutées. » (94). Ex. : « Je préfère te l'avouer tout de suite avant que tu me files un coup de lampe à souder sur les sœurs Brontë pour me faire parler. » (109)

sœurs Etienne (les) : 1. Testicules. Ex. : « Il me cueille à la sauvage : coup de latte* dans les sœurs Etienne, que j'esquive de peu en me mettant de profil et qui me vaut un bleu à la cuisse large comme un bifteck de travailleur de force. » (46). 2. Seins. Ex. : « Manière de faire des gammes, je lui titille les sœurs Etienne. » (41)

sœurs jumelles (les) : testicules. Ex. : « Gagné par l'ardente émotion qui découle d'une admiration à laquelle participent ton bec verseur*, tes sœurs jumelles, ton sens artistique et ta glande émotive. » (122)

sœurs siamoises (les) : testicules. Ex. : « On pourrait pas le reconnaître puisqu'on ne lui voit pas la tête, mais seulement le dargibus*, les sœurs siamoises et le balancier perpétuel*. » (203)

solo à deux doigts (un) : masturbation féminine vaginale et anale simultanément. Ex. : « Mademoiselle Stéphanie, laissezmoi votre place que j'essaye de m'expliquer. Pendant ce temps, vous montrerez votre chatte* à M. Achille*. Par-derrière, le porte-jarretelles en est plus efficace. Vos hémorroïdes sont guéries m'avez-vous dit? Fort bien. Si vous vous faisiez un petit solo à deux doigts pour accompagner, je suis sûre que M. Achille* apprécierait. » (151)

solo de balalaïka (un) : masturbation féminine. Ex. : « Une gentille salopiote*, jugez-en plutôt puisque, s'étant aperçue du regard convoiteur au Gravos, la v'là qu'écarte ses jambes complaisamment afin qu'il puisse mieux admirer sa baie des Anges*. Elle ne portait pas de culotte, ce qui constituait un avantage certain pour la beauté du coup d'œil. Césarin se met à baver dans sa tasse. La môme, excitée, se paie un solo de balalaïka, en douce, sous la table. » (90)

solo de banjo (un) : masturbation féminine. Ex. : « La belle Scandinave blonde risque de se faire un solo de banjo cette nuit en guise de troussée héroïque. » (131). Ex. : « Je me suis même bricolé un solo de banjo pour tenter l'impossible, lui amadouer la biroute. Rien ! » (137). Ex. : « La voilà-t-il pas qui met son autre guibolle* sur un accoudoir, histoire de béer un brin, et qui s'entreprend un petit solo de banjo ! » (145). Ex. : « Elle m'explique que sa folie c'est de prendre du rond* tandis qu'elle se pratique un solo de banjo. » (149)

solo de clarinette (un) : fellation. Ex. : « Berthe Bérurier*, dégrafée de bas en haut, en train de jouer le grand solo de clarinette de " On ne parle pas la bouche pleine ", à un grand gaillard dégrafé de haut en bas. » (62)

solo de clarinette à coulisse (un) : fellation.

solo de clarinette à crinière (un) : fellation.

solo de clito (un) : masturbation féminine. Ex. : « La dame a défait le devant de son jean et se confectionne un solo de clito, façon napolitain. "O sole mio" à la chaglatte* ! » (103)

solo de flûte enchantée (un) : fellation. Ex. : « T'sais, tu y joues un p'tit solo de flûte enchantée, manière d'l'apprivoiser, et ensute, é t'glisse dans l'trésor comme sur une piste de bob-chlingue*. » (B, 104)

solo de guitare (un) : masturbation féminine. Ex. : « Alors elle prodigue de tout son tempérament excessif, s'accompagnant même d'un solo de guitare en contrepoint. » (142)

solo de mandoline (un) : masturbation féminine.

solo de médius (un) : masturbation féminine.

solo de menteuse (un) : cunnilingus.

solo de scie musicale (un) : masturbation féminine.

solos (se jouer des) : se masturber.

sonner de l'olifant : pratiquer une fellation.

sorbetière intime (la) : appareil génital féminin. Ex. : « La minette glapie*, les

godelureaux de province rebutent. Soit qu'ils n'osent, soit que n'étant pas suffisamment familiarisés avec la femme et ses dom-tom, ils craignent de pas tenir la route. Pour Hermance, c'est plus important que la découverte de la pénicilline. Au départ, elle se gêne un peu de me voir fourvoyer dans sa sorbetière intime. Elle cherche à me refouler, de ses deux mains à plat sur ma tronche*, puis elle change d'avis et émet des râles sibilants en m'attirant un max* par les oreilles. Je vais finir par ressembler à un lapin de garenne ! » (151)

sortie de secours (la) : anus. (B)

sortir son train d'atterrissage : jouir sexuellement. Ex. : « Moins d'un quart d'heure après, l'hôtesse a rapporté la clé. Comme le client était en train de sortir son train d'atterrissage, elle a crié à l'hôtesse de la déposer sur le guéridon de l'entrée. » (141)

soubassement (le) : bas-ventre.

soubassement rembourré (le) : fessier.

souffler l'hallali dans les cornets à piston de ces messieurs : pratiquer une fellation.

souffrir d'une panne de secteur dans la région Rhône-Alpes : être impuissant sexuellement.

soupir classé chambre à air poreuse (un) : soupir d'intense désir. Ex. : « C'est d'abord le sourcil frissonneur, celui qui les met en émoi. Ensuite le battement de stores* à répétition et enfin le soupir classé chambre à air poreuse. » (45)

souquer : posséder sexuellement. Ex. : « On dira ce qu'on voudra d'la pose papa, mais on n'a rien trouvé d'mieux pour s'faire étinceler l'chinois*. Visez c'confort ! La baise* pullman ! La façon qu'on prélasse. J'ai les claouis* qui font d'la chaise longue ! Souquer une sœur* dans ces conditions c'est aussi plaisant qu'd'déguster un pastis, l'soir sous les platanes d'Provence. » (B, 143)

sournois de la faribole (un) : sadique sexuel. Ex. : « Tu peux plus t'appeler Pierre, Paul ou Jacques sans te demander si ton saint patron c'était pas un quelconque tricard* ou un sournois de la faribole*. » (B, 200)

sournois (le) : pénis. Ex. : « Elle m'a chipolaté* le sournois au moyen d'un truc à base d'huile de palme aromatisée qui l'a fait illico monter sur ses grands chevaux. » (120)

sous-marin de poche (le) : pénis. Ex. : « Li Pût* coule sa main à un point de mon individu où règne une température qui excède 37*. Sa caresse est légère mais précise. Malgré la séance épique qui vient de se dérouler, un flux nouveau entraîne mon sous-marin de poche hors des draps. » (120)

sous-sol (le) : appareil génital. Ex. : « J'ai reçu un coup de savate* dans le sous-sol et je suis tombé en digue-digue. » (13). Ex. : « Elle en a le sous-sol ravagé comme par un séisme, la pauvre âme. » (16). Ex. : « Faut avoir des vaches ressources dans le sous-sol pour pouvoir se farcir* ce monticule ! » (31)

souverain poncif (le) : pénis. Ex. : « L'commandant, j'm'rappelle y avoir chipolaté* l'nougat* et tutoyé* l'souverain poncif. » (BB, 125)

spasme de fin de section (le) : orgasme.

spasmer : jouir sexuellement. Ex. : « La gueuse me cramponne le derche* et m'y plante ses ongles de toutes ses forces, signifiant par là qu'elle spasme somptueusement. » (85)

Spontex (la) : vulve. Ex. : « Monsieur se dégage Charles le Chauve*, Madame se débabine la Spontex. » (83)

stalactite-branlette (une) : bave liée à un désir sexuel. Ex. : « Ils en bavent, les kroums. Babines garnies de stalactites-branlettes. Le mâle, t'empêcheras jamais : il est convoiteur. Même fané de la zoute*, faut qu'il s'énucle sur les géographies des donzelles*. » (101)

steeple-baise (un) : coït.

stratifier l'Angélique : provoquer une érection. Ex. : « A mon tour, voulant pas négliger madame, et puisqu'elle m'a stratifié l'Angélique*, je la récompense d'un coup de guisot magistral. » (120)

Stromboli (le) : pénis.

suce-bite (un) : homosexuel.

sucette (faire) : pratiquer une fellation. Ex. : « Tu voudrais que je fasse sucette ? » (216)

suite présidentielle (la) : vulve. Ex. : « Soye aimab' : guide M'sieur Popaul* jusqu'à la suite présidentielle. » (B, 152)

supergaloche à muqueuse compensée (une) : baiser fougueux. Ex. : « Je sortais du ciné un soir, au bras d'une charmante blonde, que je savais brune depuis peu de temps, et je lui roulais une supergaloche à muqueuse compensée, lorsqu'un zig* était venu me tirer trois bastos* dans le dossard*. » (45)

surbandante : très excitante.

surchauffé de la durite : sexuellement excité. Ex. : « Un gars surchauffé de la durite perd patience et profite de ce qu'une ménagère gratte son cor au pied pour lui poignarder le fouinard*. » (83)

surchauffé de l'entre-deux : sexuellement excité.

surface de réparation (la) : vulve. Ex. : « J'lu passe une plombe* dans la surface de réparation, à y tirer penalty sur penalty ! Tant si fort, qu'les gonziers des pourtours d'alentour cognaient aux murs pour supplier qu'on arrête, tellement y z'en pouvaient plus de goder* à blanc en nous écoutant tringler* sauvage. » (B, 109)

surplus d'émoi (un) : excitation sexuelle. Ex. : « Si tu t'effaces* pas deux gertrudes* dans la journée t'es obligé de te promener avec une brouette pour te charrier le surplus d'émoi. » (75)

T

tablier de sapeur (le) : poils du pubis féminin. Ex. : « Sa toison est généreuse. Elle devrait l'épiler car elle grimpe un peu haut, mais elle sait que les mâles adorent le tablier de sapeur, alors elle laisse proliférer. » (132). Ex. : « Elle s'offre un tablier de sapeur grand format, mémère ! La pilosité guenon. » (148)

tafanar (le) : fessier, appareil génital. Ex. : « Elle est encore vierge du tafanar, la pauvrette ! » (B, 148)

tagada (un) : aller-retour sexuel. Ex. : « Dix tagadas, c'est une misère. Lui, juste quand il prépare sa décarrade*, la mademoiselle déséquestre*, lui laissant renquiller* sa pâmade*. » (98)

tagadatsointer : copuler. Ex. : « On entend démarrer des sommiers dans les étages. La manière dont ça tagadatsointe frénétiquement, bas en haut, droite à gauche, sur rue, sur cour. » (102)

tagada-veux-tu (un) : coït. Ex. : « Le tagada-veux-tu du morninge est irremplaçable pour le mâle. La femelle, plus cérébrale, est moins partante parce que pas encore au mieux de son dispositif gambergeur*. » (103)

taille express (une) : fellation.

tailler un calumet : pratiquer une fellation. Ex. : « Dame Berthe* lui taille un calumet mutin, manière de travailler ses zygomatiques. » (121)

tailler une calmante : pratiquer une fellation. Ex. : « A quoi bon te faire goder* si t'es en train de me lire dans le train ou dans un avion ? C'est ni le contrôleur ni l'hôtesse qui viendront te tailler une calmante ! » (149)

tailler une pipe : pratiquer une fellation. Ex. : « Mirella, la flamboyeuse, est en train de lui tailler une pipe avec un bruit de restaurant à prix fixe napolitain au moment des spaghettis. » (140)

tailler une plume : pratiquer une fellation. Ex. : « La Claudette décroche sans trop se presser. Elle doit se faire les ongles ou tailler une plume au Rouquin. » (90). Ex. : « Kitège lui taillait une petite plume quand la digue du cul* bichait* le vieux garde. » (150)

tailler une plume (se) : se masturber.

tailler un rassis (se) : se masturber. Ex. : « Depuis des années déjà je me luxais le poignet à me tailler des rassis à sa santé. » (88). Ex. : « Les arrivants s'arrêtent, pétrifiés devant ce spectacle d'un Noir athlétique en train de se tailler un rassis devant un compagnon blasé. » (131)

tailler un roseau : pratiquer une fellation. Ex. : « La femme qui taille un roseau à un mec* doit assurer la bonne fin d'l'ouvrage. » (B, 148)

tambourin (le) : pucelage. Ex. : « Oh, merde av'c ton pucelage, môme ! j'ai fluminé. T'aurais préféré l'perd' en douze séances av'c un connard mal équipé ? Alors qu'maint'nant, grâce à moi, t'v'là débarrassée d'un préjugé défavorab' ! En out' tu l'as largué* sous agnstésiste, ton tambourin, chérie, estime-toi z'heureuse. A présent la vie t'tend les bras. La première queue* qui traverse l'carrefour, tu peux t'en faire un ch'val d'arçon. » (B, 208)

tangoder : danser le tango en état d'excitation sexuelle. Ex. : « Dégagé du flot berceur, je les regarde tangoder dans cette mélasse humaine. La dondon a un rire béat. Elle doit pousser des cris, mais iceux* se noient dans le vacarme. » (77)

tangoler du paf : être en érection.

tangoter du superflu : marcher en roulant du fessier.

tanguer de l'Aquitain : onduler du bassin.

tanguer de l'Arcachon : onduler du bassin.

tanguer du Parisien : onduler du bassin.

tanière (la) : vagin. Ex. : « Tu crois qu'il va pouvoir rentrer dans sa jolie tanière, mon iguane de braguette? » (138)

tante (une) : homosexuel.

tantoche (une) : homosexuel.

tantouze (une) : homosexuel.

tantouzette (une) : homosexuel. Ex. : « T'es un peu tantouzette sur les bords, toi, avec tes pognes* pleines de cambouis. » (136)

taper (se) : copuler. Ex. : « La serveuse me sourit. C'est une nouvelle très gentille que je me taperai un de ces jours. » (31)

taper dans la lune : sodomiser. Ex. : « Ainsi, il se faisait taper dans la lune par un mec* contaminé! » (152)

taper des rassis (se) : se masturber.

taper sur la colonne (se) : se masturber, pour un homme.

taper un caramel : masturber. Ex. : « Au rôti, elle m'avait sorti le popof* sous sa serviette et me tapait un caramel de première. Oh! la dextère* qu'il y avait là! Je suis parti à dame* sur le Chiraz de ses parents sans cesser de parler d'Interpol. » (155)

taper une sans sucre (s'en) : copuler.

tapin (le) : prostitution. Ex. : « Je mate sa vitrine* fatiguée. Elle est attendrissante dans le fond, cette vieille haridelle. On suit sa valeureuse carrière sur ses traits mal ravaudés. Trente piges* de tapin*, de ci et là. » (96)

tarasser le boulba à bloc : pour une femme, chevaucher son partenaire sexuel sur un rythme endiablé.

tarte aux poils (une) : appareil génital féminin. Ex. : « V's'allez t'êt' choquée, mon bijou, j'vous préviens. Cela voulait dire tout simp'ment qu'vot' tarte aux poils m'courjute l'sensoriel* et qu'j'te vous ramon'rais la case-trésor* à v's'en faire gueuler môman! » (B, 104). Ex. : « Lui, il adorait la tarte aux poils et l'œil de bronze*, et on fourrait* la souris en duettistes. » (142)

tartiner la friandise : copuler.

taste-mottes (un) : celui qui caresse les parties intimes de la femme. Ex. : « J'aiguillonnerai* de part et d'autre. Je serai omniprésent. Touche-à-tout génial; taste-mottes averti. » (75)

tastelinguister : baiser lingual. Ex. : « Je la galoche*, la pelloche*, la tastelinguiste, la bricole et lui compucte* impunément le trémulseur de ahanements*. » (102)

taste-moulasse (un) : caresse à une vulve.

tâte-motte (le) : pénis. Ex. : « Afteur avoir tout loquet vous oserez plus déballer vos tâte-mottes à vos bergères*. » (B, 74)

tâter de l'archet : faire l'amour. Ex. : « J'y ai montré ma camarade Coquette* qui restait au beau fixe. – V's'avez tâté d'son archet? » (208)

technicienne de la clarinette baveuse (une) : prostituée spécialisée dans l'amour buccal.

téléguider : draguer. Ex. : « Il s'est téléguidé une Niçoise. » (80)

temporiser l'énervement (se) : assouvir un désir sexuel. (B)

tendeur (un) : homme porté sur les plaisirs sexuels. Ex. : « C'est un goret, ton pote*, non? Je savais les flics* tendeurs, mais saute-au-cul à ce point, c'est renversant. » (128)

tendron (un) : jeune fille. Ex. : « Nonagénaire, tu lèves un tendron et tu lui fais un chiare* sans problème. » (80)

terminus (le) : orgasme.

terre jaune (la) : sodomie, dans l'homosexualité masculine.

terrible du calbute (un) : homme porté sur les plaisirs sexuels.

terrible du tiroir du bas (un) : homme porté sur les plaisirs sexuels. (B)

terrier (un): vagin. Ex.: « V'voiliez la bébête qui disparaît dans son terrier. » (B, 140)

terrier à pafs (un): vagin.

territoires du Sud (les): appareil génital.

testiburnes (les): testicules. Ex.: « Drive*-nous dans ton arrière-boutique qu'on puisse roupiller* et se mouiller la meule* avec le nectar ci-joint sans que tes paroissiens nous découpent la peau des testiburnes avec des ciseaux de brodeuse. » (B, 72)

tête chercheuse (la): prépuce. Ex.: « Mister Braquefol* lui arpente la mappemonde* de sa tête chercheuse. » (128)

tête de nœud (une): prépuce. Ex.: « Vultueux se dit d'un visage, mais ne trouvez-vous pas, chères dames (et même demoiselles), que certains pénis ressemblent précisément à des figures humaines, sans doute en vertu du fait que beaucoup de visages ressemblent à des têtes de nœuds? » (205)

tétiner le gland: pratiquer une fellation. Ex.: « E doit même pas savoir c' qu' c'est qu' d'tétiner l'gland d'un julot*! » (B, 148)

tétiner le gros père: pratiquer une fellation. Ex.: « Mam'selle Mirella va me tétiner l'gros père, histoire d'éviter la surchauffe. » (140)

tétiner le joufflu: pratiquer une fellation. Ex.: « Ayant fait sa déposition, elle se rengouffre le chibraque* à messire Colored et se remet à lui tétiner le joufflu avec un bel appétit. » (141)

tétiner Popaul: pratiquer une fellation. Ex.: « J'te prends l'exemple à Félix Faure, par exemple, qu'a dessoudé* en s'faisant tétiner Popaul par une dame. » (B, 208)

tétiner la prostate: pratiquer une fellation.

T.G.V. (le): vagin. Ex.: « La grosse zimoulette* que je vais lui carrer dans le T.G.V. avant midi. » (110)

thermomètre à moustaches (le): pénis.

tige (la): pénis. Ex.: « Durdelat tenait absolument à ce qu'on aille se faire sucer* la tige chez une dame patronnesse de ses relations. » (150)

tige de la sucette (la): pénis.

tirelire (la): vulve. Ex.: « La môme revient après s'être décamoté* la tirelire. » (149)

tirelire à bouclettes (la): vulve. Ex.: « Un dargifiet* plus beau que le portrait en couleur de Richard Nixon! Une tirelire à bouclettes qui ferait dérailler un fourgon de queue! » (75)

tirelire à crinière (la): vulve. Ex.: « La deuxième gamine, assise en tailleuse* devant elle, lui montre sa tirelire à crinière tout en s'y prodiguant un léger solo de médius*. » (106)

tirelire à moustaches (la): vulve. Ex.: « Ça cigogne* plus vite dans mon caberluche* que le bigoudi* d'un taulard* relâché après dix ans de gnouf* dans la tirelire à moustaches de sa bien-aimée qui l'attendait en haut du donjon! »

tirer: posséder sexuellement. Ex.: « Elle est de notarié publique, elle aussi. J'm'ai laissé dire qu'une séance de baise* av'c vous, Antoine, c'est plus beau que Venise. J'sais plus quelle pécore qu'v's'aviez tirée m'a raconté vos passes de capes*, j'ai été obligée d'changer d'culotte tell'ment qu' j'm'y croiliais. » (BB, 143)

tirer la tige: masturber. Ex.: « Qu'est-ce que tu foutais, la mère, proteste Béru*, tu changeais l'eau de tes batteries ou bien tu tirais la tige au Rouillé*? » (B, 90)

tirer sa crampe: copuler. Ex.: « Abib tire sa magistrale crampe, le front frisé dans la frite de sa conquête expresse, soufflant fort, s'activant ferme, merveilleusement bestial et pressé de s'assouvir. » (210)

tirer sur le bambou: pratiquer une fellation.

tireur de coup (un): homme porté sur les plaisirs sexuels.

tirlahuche à pendeloques (le): pénis.

tirlipoter le bâton (se): se masturber. Ex.: « Ça lui fait comme si je lui montrais une photo du maréchal Pétain enfant, quand il se tirlipotait déjà le bâton. »

tiroir (le): orifice sexuel.

tiroir à boudin (le): appareil génital féminin.

tiroir à déchets (le): anus.

tiroir à zob (un): braguette. Ex.: « La voilà qui me chipolate* le tiroir à zob*. » (149)

tiroir du bas (le): appareil génital. Ex.: « Chacune veut essayer la prouesse d'm'encaisser le milord* dans l'tiroir du bas. » (B, 101). Ex. : « Bérurier* force sa partenaire à lui ausculter le tiroir du bas. » (140)

tiroir du milieu (le) : appareil génital féminin.

tisonnier (un) : pénis.

toison d'or (la) : vulve. Ex. : « On début' par un p'tit débroussaillage d'la toison d'or, av'c la menteuse*, bien baliser l'parcours, qu'les choses fussent nettes, l'chemin tracé au cordon. » (B, 208)

tondre le gazon : pratiquer un cunnilingus. Ex. : « J'sus certain qu'ell' tiendrait sa place la tête haute. J't' voye parf't'ment lui tond' l'gazon pendant que j't'enfourche levrette*. » (B, 148)

tornade en bois de viande (une) : érection. Ex. : « Elle dépose le plateau sur mes jambes et j'espère qu'il ne sera pas renversé par la chouette tornade en bois de viande qui se prépare sous mon drap, à la santé de cette pouliche. » (98)

torpille terre-cul (la) : pénis.

Totor (le) : pénis. Ex. : « Attends qui l'émerge de sa tanière, le Totor. L'est à c' point branché su' la force qu' pour m' l'estrapoler, pardon, faudrait presque des démonte-pneus. Oh ! Tout beau, l'ami, viens un peu prend' l'air, ça t' donnera des couleurs! T' vas pas cantonner dans c' bénouze*, gaillard tel qu' t' v'là, merde! Douc'ment! C' qu'il fougue*, l'animal. » (B, 103)

touffe (la) : poils pubiens.

touille-chattes (le) : pénis. Ex. : « Les photos porno montrent cette pauvrette en train de tutoyer* le touille-chattes* du sieur Mafig*. » (131)

toupie fantasque (la) : pénis. Ex. : « C'est le genre de mémé qui doit te faire ronfler la toupie fantasque, espère! » (112)

tourbillonner : posséder sexuellement. Ex. : « Je vais te faire un naveu : ce magistral c..., ça me disait quéque chose. Pendant que je la tourbillonnais je me pensais : " J'ai déjà vu ce visage-là y a pas long-temps " ». (B, 72)

tourner béchamel : jouir sexuellement. Ex. : « Elle allait plonger de la saucière*, la chérie! Tourner béchamel! Ils lui paieront ce coup-là, les veaux! » (148)

tournoi de languette (un) : cunnilingus.

tout-terrain : bisexuel. Ex. : « Elle est tout-terrain : il lui arrive même parfois, en fin de nuit, de brouter la scripte et les maquilleuses. » (140)

tozoïde (un) : spermatozoïde. Ex. : « Ta descendance est une dégringolade, souvent. Seulement, y a une conne loi de compensation qui fait que t'en es fiérot et que t'étends ta main bénisseuse sur ton troupeau de tozoïdes gambadeurs. » (76)

train des équipages (le) : vagin. Ex. : « C'est changeant, une nière*, lui dis-je. Hier soir tu rebuffais ce mec et ce jourd'hui tu t'en mets vingt-deux centimètres dans le train des équipages! » (149). Ex. : « Elle n'a pas envie de palper, encore moins de se laisser carrer* ce missile dans le train des équipages. » (152)

tranchée des savonnettes (la) : appareil génital féminin. Ex. : « Fais-moi oublier ma misère, petite bougresse, haleté-je en lui fourrageant la tranchée des savonnettes. » (77)

transistor à tête chercheuse (le) : pénis. Ex. : « Une expansive, une qui fait le point au fur et à mesure et qui assure la retransmission en direct, ça vous survolte le transistor à tête chercheuse. » (59)

trappe (la) : sexe féminin.

trappe de vidange (la) : braguette.

travailler dans la muqueuse : pratiquer un cunnilingus.

travailler dans le gigot : être lesbienne. Ex. : « J'ai pigé* que la madame Zita travaillait dans l'gigot. L'était en ménage av'c la mégère en pantalon, la toute grosse mal fagotée et embouchée pire qu'une ancienne marchande d'poissons marseillaise. » (B, 208)

trémolaire bougnazé (le) : pénis. Ex. : « C'était un gai luron, délicat, paillard, aimant la bonne vie et les jolies filles. Il ne pouvait voir une femme convenablement carrossée* sans éprouver dare-dare des démangeaisons dans le trémolaire bougnazé. » (200)

trémoler du prose : agiter son postérieur. Ex. : « T'as celle qui s'active dans la fougue cosaque, celle qui, au contraire, travaille en velouté langoureux, et celle, enfin, qui trémole du prose. » (98)

trémousseur de la baguette (un) : homme en proie au désir sexuel.

tremper : copuler. Ex. : « Tu parles d'un préservatif, cette grand-mère. Ah, ça m'apprendra de tremper au p'tit bonheur ! » (93). Ex. : « On voit qu'dans tes cocotiers, on trempe just' pour s'reproduire. V's'emmenez la femme à l'homme comm' nous aut' la vache au taureau. » (143). Ex. : « Enseigner l'amour aux mômes est une pure dégueulasserie. Le moment de tremper v'nu, il leur reste quoi, aux jeunes gens et filles ? Y z'ont l'impression de faire une composition. » (B, 208)

tremper le biscuit : copuler. Ex. : « Quand t'as l'occase* de tremper le biscuit, tu oublies tes états d'âme. » (148)

tremper son slip : être sexuellement excité.

trémulser le glandulaire : exciter. Ex. : « Vous prenez rencard* à une capricieuse qui capite* de la prunelle et dont les ondes de choc vous trémulsent le glandulaire. » (75)

trémulser du Stromboli : désirer sexuellement, être en érection.

trémulseur de ahanements (le) : clitoris.

trémulseur-à-injection-prompte (le) : pénis. Ex. : « Du coup, j'ai le trémulseur-à-injection-prompte qui tambourine à la cloison de mon kangourou*. » (75)

trépigner du mât de cocagne : désirer sexuellement et être en érection.

trésor (le) : appareil génital féminin. Ex. : « Je vois une dame à même le sol, avec un fort coussin oriental sous la nuque et un second sous les reins, en train de se faire pourlécher le trésor par un chien blanc. » (89). Ex. : « T'as pas peur de t'enrhumer la chaglaglatte*, si peu vêtue du trésor ? C'est un agace-moniche*, ton slip. » (132). Ex. : « J'imagine Toinet*, aux premières loges, en train de détailler le trésor* de l'Espagote. » (136). Ex. : « Une nana qu'avait pas bouillavé* d'puis l'armistice, av'c un trésor sec comme d'la poudre à cartouches ! » (B, 136)

trésor à crinière (le) : appareil génital féminin. Ex. : « C'est pourquoi, avant toute chose, je pique une tête dans sa fourche d'accueil*. Besoin de discuter le coup avec son trésor à crinière avant de lui poser d'autres questions à l'étage supérieur. » (B, 104)

trésor des Templiers (le) : appareil génital féminin.

trévulser les roupettes : pratiquer des attouchements sexuels à un homme.

triangle d'astrakan (le) : pubis féminin.

triangle de panne (le) : pubis féminin. Ex. : « Je m'imagine en train de la tirer*, la donzelle*, remontant sa voie royale pour lui minoucher* la case délices*. Son triangle de panne, j'ose pas l'imaginer ! Clairsemé, rêche, d'une vilaine couleur vénéneuse. » (141).

triangle des Bermudes (le) : pubis féminin. Ex. : « Une altière salope, mouilleuse de bonne aventure, chevaucheuse émérite qui a dû trouver nombre de bridges mal assurés dans son triangle des Bermudes, le soir, à la chandelle. » (109)

triangle de signalisation (le) : pubis féminin.

triangle d'or (le) : pubis féminin. Ex. : « Elle passe (sa culotte), me privant ainsi de son triangle d'or qui n'a pas fini de chanter dans ma rétine. » (150)

triboulet à performances conjuguées (le) : pénis.

tricomuche (un) : érection.

tricoter des cache-nez en poil de triangles : pratiquer un cunnilingus. Ex. : « Y a bectage de frifris* à la maison. Ça se tricote des cache-nez en poil de triangles chez les bonnes demoiselles ! » (75)

tricotin (un) : érection. Ex. : « Quand le tricotin empare un vieux kroum*, tu ne sais plus où il va s'arrêter. » (95). Ex. : « Chaque fois que je ramasse une vraie biture*, j'ai le tricotin. » (122)

tricotine (la) : érection. Ex. : « Ce qui me prenait ? Une tricotine monumentale, mes bien chers frères ! » (75). Ex. : « Je suis certain que ça me filerait la tricotine, car je bande* même sur photo. » (134)

tricotiner : être en érection. Ex. : « Je tricotine un brin, biscotte* la fatigue. Coquette* bat la mesure à la langoureuse. » (129)

tricotuche (un) : érection. Ex. : « Mahatema exécute une danse du ventre extrêmement lascive. De quoi filer le tricotuche à une pompe à essence. » (74)

tringlard (le) : pénis. Ex. : « C'est à qui d'elles lui caressera le tringlard, lui flattera les siamoises*, lui promènera l'extrémité des doigts sur les surfaces sensibles. » (101)

tringle (la) : coït. Ex. : « Moi, faut te dire, que question tringle, je suis insatiable. Une gonzesse*, m'arrive de l'aligner des cinq six fois de suite, sans dégoder*. » (83). Ex. : « Y a de l'apostolat dans la tringle. Faut la respecter, car elle est l'essence de la vie. » (93)

tringle à frissons (une) : pénis. (B)

tringle à rideau (la) : pénis. Ex. : « Donc je reste avec ma tringle à rideau bien féroce, à écouter tartiner* la ravissante môme*. » (75)

tringlée (une) : coït. Ex. : « Si j'vous causais qu'vot' figne dé* mignon m'file dans l'calbute* un goumi* d'Céhéresse* et qu'j't'vous embroqu'rais* cosaque pour une tringlée grand siècle, vous y traduireriez comment t'est-ce, ma mignonne ? » (B, 104)

tringlée cosaque (une) : coït rapide et énergique.

tringler : copuler. Ex. : « Tiens, je te vas tringler à la Ferdinand l'taureau. Si tu voudras just'me brandir un peu tes miches*, belle colombe ! » (B, 104)

tringler au débotté : faire l'amour à l'improviste.

tringlette (une) : 1. Erection. Ex. : « L'essentiel de ce que je me dis c'est que j'ai une de ces tringlettes, mon pauvre ami, qui pourrait servir d'épée à Roland, pour remplacer la sienne, brisée à Roncevaux. » (123). 2. Coït.

tringleur (un) : amant. Ex. : « Encouragée par l'air admirateur qu'je lu porte, ell' me raconte que l'Jean-Jacques, c'est un terrible du calbute*. Faut êt' un Epéda multispires bien arrimées pou' lu résister aux ardeurs, ce magnifique pafier*. Le tringleur hors classe, qu'en n'a jamais à suffisance et t'remet l'couvercle* sans seul'ment s'l'aérer ent' deux bourrées* ! » (B, 208)

tringloman (un) : amateur de sexe. Ex. : « Un vrai tringloman, selon elle, avec des capacités à n'en plus finir, des initiatives osées, des combinaisons pas racontables, des défis aux bourgeoises lois de l'équilibre. » (203)

tringlomanoche à germinaison spontanée (une) : érection. Ex. : « Ses jambes sont ad-

mi-rables. Te me foutent* une tringlomanoche à germinaison spontanée, mon pauv' vieux, que vraiment tu remercies la nature de sa grande clémence d'au moins vingt-quatre centimètres. » (99)

tringluche arrière (une) : sodomie. Ex. : « Une fois que tu lui as pratiqué : le doigt de cour, le bectage de fri-fri*, la tringluche arrière et le grand fourre-tout, qu'est-ce y reste ? Le lichouillage de doigts de pieds ? Le transistor pulmonaire ? La corde à violon dans l'œil de bronze* ? La compresse chinoise ? Ou des conneries de ce genre. » (B, 74)

triolet (un) : caresse digitale à l'aide de trois doigts. Ex. : « Moi, à ta place, je lui ferais la totale en matière de dégustation*. Juste un petit triolet : index, médius, annulaire pour ponctuer en seconde partie. » (149)

tripougner les flippers : guider, lors d'un coït, son partenaire par les hanches. Ex. : « Elle joue l'amour comme toi, lavement, du billard électrique. La façon qu'elle me tripougne les flippers, tu verrais ! » (88)

trique (une) : érection. Ex. : « Il sombre dans le néant avec une trique à casser des cailloux. » (211)

trique de Guignol (une) : pénis en érection.

triquer : être en érection. Ex. : « On pourrait même emmener Maria*, si t'es aux as. Tu l'imagines sur une gondole, avec son poilu de Quatorze* ent'les cannes* ? Ça f'rait triquer l'gondolier. » (T, 136). Ex. : « Avec un tel zob* de taureau, tu dois les faire mouiller, toutes ces salopes*, mon cochon ! T'as la queue* du siècle, Chichi. C'est pas possible, un homme membré* à ce point ! Y a qu'un crocodile qui peut te sucer* complètement, grand ramoneur de fesses* ! Tu triques monumental ! Stéphanie va se décrocher la mâchoire à t'épon- ger*, vilain ! Non mais visez*-moi ce mandrin* ! Ah ! ce que je voudrais le prendre dans la moniche* ! Tu me ferais hurler de jouissance, Chichi ! Tu te souviens comme c'était bon, nous deux ? La grande Gisèle te suractivait au gode* pendant que tu m'astiquais*. Et attention, pas le gode* pour jeune fille lymphatique, mais le vrai : celui de maman. La petite Chinoise, elle, te massait les roustons*. Les tiens sont durs comme des châtaignes. » (151). Ex. : « Y s'était mis à lu débarquer ses balises*, puis à lu fourgonner sous la roupane*. Et ensute, vite, il larguait sa blouse blanche dont il était nu comme un ver par en d'ssous, l'vilain. Mais où ça flanchait, le circus, c'est qu'y d'vait triquer comme un trois-mâts, c'tordu. Exhiber le farouche goumi*, un démant'leur de babasses terrifiant*. Lui, à c't'instant, malgré la grognace* hors champ qui s'échinait, à quat' pattes, à lui flanquer le tricotin*, il bredouillait du zob* dès qu'y s'r'trouvait en saint Jean. » (B, 208). Ex. : « Tout ce qu'elle pige, c'est l'à quel point qu'il trique, ce gueux. C'est rare, un fumier qui bande aussi fort. » (210)

triquerie (une) : érection. Ex. : « Je te prends un bandeur, par exemple. Il gode* combien de temps effectif au cours de sa vie, si tu additionnes ses triqueries? Deux ans à tout casser, non? » (83)

triquette (une) : érection. Ex. : « Moi, en amour, l'futur, j'm'en tamponne. La triquette, c'est pas pour plus tard. Quand t'as la couleuvre* qui fait la belle dans ton Eminence, les calendriers grecs*, j'te les donne. » (B, 208)

trituré par le printemps : sexuellement excité. Ex. : « Pendant des années, elle a arpenté des trottoirs et grimpé des escaliers couverts de linoléum avec des pauvres mecs triturés par le printemps. » (34)

triturer la prostate : caresser un pénis.

trognon (le) : pénis. Ex. : « Le temps que tu t'inclines pour regarder si ton pneu est bien gonflé et tu dérouilles un trognon dans le prosibe*. » (76)

trois unités (les) : attributs sexuels masculins. Ex. : « Casserolade* en règle des trois unités! » (147)

tromblon (le) : pénis.

trombone (le) : pénis. Ex. : « Tout en parlant, elle me découlisse le trombone. » (149)

trombone à coulisse (le) : caresse digitale d'un pénis. Ex. : « Il m'arrive même de lui placer une main baladeuse dans le triangle des Bermudes*, ce qu'elle apprécie au plus haut point et me revaut par une légère séance de trombone à coulisse à travers mon futal*. » (142)

tromboner : copuler. Ex. : « Par la suite, il a continué de la tromboner de-ci, de-là, sa nounou, pas souvent, une ou deux fois l'an, selon les circonstances. » (100). Ex. : « Elle est serveuse dans un steak-house et se fait tromboner assez volontiers par les clients de passage. »

tromboneur (un) : amateur de coït. Ex. : « T'aimes la baise et ces dames le sentent. Elles ont un flair terrible pour détecter les tromboneurs émérites. » (100)

tromboning amoureux (une partie de) : jeu sexuel. Ex. : « Pour les non initiés, je précise que la partie de tromboning amoureux se joue de la façon suivante : un monsieur est attaché nu à un pilier, les mains derrière le dos. Bien entendu il doit se trouver en parfaite godanche*. Deux autres messieurs (qui eux peuvent être vêtus, c'est sans importance) tiennent une dame à poil chacun par un pied et une main. Ils la placent à quelque distance du partenaire et à hauteur convenable, impriment un balancement à la personne et la catapultent (je devrais dire : catapultent) sur le monsieur. S'ils ont visé juste et que la dame se trouve fichée avec précision, ils ont gagné la mise. S'ils ratent leur coup, ils sont disqualifiés. Il arrive qu'ils y parviennent à moitié, c'est-à-dire en commettant une erreur de balistique de quelques centimètres (trop haut); auquel cas, ils ont le droit de recommencer. Eggkarte* m'explique qu'on déplore parfois des accidents, lorsque à la suite d'une mauvaise visée, le derrière catapulté percute malencontreusement le moyeu* du gars de telle façon qu'il le casse. Voilà pourquoi tant de beaux Suédois sont prothésés du chibraque*. » (82)

trompe (la) : pénis.

trompe à plusieurs usages (la) : pénis.

troncher : copuler.

tronchette (une) : coït.

tronchonneuse (la) : pénis.

trop-tôt-démanché (un) : homme qui a dû interrompre un coït.

trou de balle (le) : anus. Ex. : « Sa bouche de poisson-algue se tend, ronde comme un trou de balle. » (120)

trou du luth (le) : anus. Ex. : « Des baladins grattent le trou de leur luth en psalmodiant des mélopées d'Eraste. » (56)

troufignard's party (un) : coït.

trou rond (le) : anus. (B)

troussage (un) : coït. Ex. : « Le conditionnement de la ménagère pour la rendre apte au troussage du guerrier. » (83)

troussée (une) : coït. Ex. : « J'admets qu'en cas d'urgence, la troussée soudarde a du bon. » (121). Ex. : « C'est sauvage, une troussée pareille. » (130)

trousseur (un) : homme porté sur les plaisirs sexuels.

truite à Chouvert (la) : pénis. (B)

tubuleur d'approche (le) : pénis.

tunnel (le) : vagin. Ex. : « Chez nous, au village, même les luronnes pétroleuses*, elles ignoraient les délicatesses accessoires. Avec elles c'était le tunnel, tout de suite, sans escales. » (202)

turbine (la) : pénis. Ex. : « Pour que mam'selle Fraülein va prendre du fion*, faut graisser la turbine, sinon c'est son pot d'échappement* qui déclare forfait. » (B, 136)

turgescé : qui a subi l'effet d'une turgescence. Ex. : « Comme il doit être exquis de grignoter ton clitoris suavement turgescé par le frottement de ton affolante culotte. » (147)

turlu (un) : 1. Fellation. Ex. : « Un bon turlu, le doigt dans l'oigne* pour ceux qui aiment un petit accompagnement fripon, et c'est la bonne tringlette* qui ne mange pas de pain. » (141). 2. Pénis.

turlut (le) : pénis.

turluter : pratiquer une fellation. Ex. : « Près de nous, un minet turlute son barbon* berlinois tandis que, tout au bout du renfoncement, une nana fait à son mec le coup du Poséidon. » (131)

turluter la guiguite : pratiquer une fellation. Ex. : « L'Espanche* participe avec fougue et même se lance à me turluter la guiguite, ce qui n'est pas tellement une spécialité d'outre-Pyrénées. » (136)

turluter le bigorneau : pratiquer une fellation. Ex. : « Il m'est rarement arrivé de questionner professionnellement un gus en train de se faire turluter le bigorneau. » (137)

turluter le chinois : pratiquer une fellation. Ex. : « Et puis ça doit être chouettos, à notre époque, la vie monastique, non ? Un petit poker, de temps à autre, et sans compter que vous avez du moinillon un peu pédoque* de nature qui doit vous turluter le chinois*, le soir, après le couvre-feu, non ? Ils portent pas la robe pour rien. Une petite pipe*, en camarade, ça ne mange pas de pain et ça vous met le caberlot* nickel pour bien consacrer son âme au Seigneur. Le spirituel, quand t'as les burnes* enflées, il perd de sa force. » (96)

turluter le chipolata : pratiquer une fellation.

turluter le Nestor : pratiquer une fellation. Ex. : « Les pétasses à Chilou*, c'est pas dans le bois de Saint-Cucufa que t'as une chance de les culbuter*. Trop bien sapées* pour les étreintes forestières, ces dadames! Bon, au déboulé, la frénésie étant, tu peux les embourber* aux chiches* comme je faisais là, mais c'était exceptionnel. A la rigueur extrême, elles voulaient bien s'encanailler dans un hôtel de passe, histoire d'ajouter des sensations; voire me turluter le Nestor à l'arrière de ma Maserati; mais elles restaient très mode, la baise* à haute couture elles pratiquaient. » (133) Ex. : « J'rencontre un' gonzesse* choucarde*, illico c'est sa clape* qu'j dévisage, savoir si ell' est cap' de me turluter l'Nestor ou pas. » (B, 148)

turluter le salami : pratiquer une fellation. Ex. : « Cette célibataire en manque a remarqué Jérémie parce qu'il est beau à crever et qu'elle lui turluterait volontiers le salami*. » (151)

turlutute (le) : fellation. Ex. : « Elle sait te pratiquer le turlutute salivaire à basse fréquence. Sa menteuse* est d'une frivolité folle! Ne t'épargne aucun millimètre carré, aucun centimètre cube, aucun décimètre linéaire. » (121)

turlututu (le) : homosexualité masculine. Ex. : « Sur le lot, si je récapitule, y avait tout juste l'Henri III qui possédait la santé, comme quoi le turlututu ça conserve son homme! » (B, 200)

turlututu-panpan (le) : sexe, sexualité. Ex. : « C'tait franch'ment dommage qu'elle aye poireauté* jusqu'à la quarantaine environ pour grimper au paf*, maâme Mozart, car elle était plus douée pour le turlututu-panpan que pour la musique, s'lon moi qui, d'accord, n'est pas particulièrement mélodrome. » (B, 208)

tutoyer le joufflu : pratiquer une fellation.

tutoyer la minouche : pratiquer un cunnilingus.

tutoyer le pollux : pratiquer une fellation.

tutoyer le sensoriel : pratiquer une fellation. Ex. : « Qu'est-ce que tu vas chercher, idiote. Je ne mêle jamais l'amour avec le travail. – Ah! oui, ricane Thérèse en me déballant Popaul*. Et ça? – Sauf en cas de bandaison* majeure, rectifié-je avant qu'elle ne se mette à me tutoyer le sensoriel*. » (121)

tutoyer le souverain poncif : pratiquer une fellation. Ex. : « L'commandant, j'm'rappelle y avoir chipolaté l'nougat* et tutoyé l'souverain poncif. » (BB, 125)

tutoyer le touille-chattes : pratiquer une fellation. Ex. : « Les photos porno montrent cette pauvrette en train de tutoyer le touille-chattes* du sieur Mafig*. » (131)

tyrolienne (une) : cunnilingus. Ex. : « Elle me déchaglatte la menteuse si vite que j'en reste éberlué à continuer ma tyrolienne dans le vide. » (133)

tyrolienne à (ou de) **crinière** (une) : cunnilingus. Ex. : « En le frimant*, Chilou*, j'arrive à me demander s'il copule toujours avec la même fougue? Doit se cantonner dans la menteuse, à présent. La fellation, c'est la baisance* des vioques*, la tyrolienne à crinière, leur chant du cygne. » (133). Ex. : « Je lui vote d'autor* l'incontournable tyrolienne de crinière, prémice sacré auquel nul amant digne de ce nom n'échappe. » (151)

tyrolienne à glotte circonscrite (une) : cunnilingus.

tyrolienne à moustache (une) : cunnilingus.

tyrolienne à tête chercheuse (la) : pénis. Ex. : « Au plumard* directo, et sans ôter l'dessus-d'lit satineux. En deux minutes j'lu poussais ma tyrolienne à tête chercheuse. C'tait une gamine courageuse car é n'régissait pas. Et pourtant j'forçais d'un bon courage parce que la mad'm'selle était vraiment d'moiselle et pas destinationnée à dérouiller un goumi d'ma capacité en l'ver d'rideau. » (B, 208)

tyrolienne baveuse (une) : cunnilingus. Ex. : « T'as juste à ouvrir ta mandoline* et j't'interprète un' tyrolienne baveuse d' tout' beauté. J'sais pas si t'as évalué la surface portante d' ma bavarde*, mais j'peuve te traiter cinquant' centimèt' carrés n' à la fois! » (B, 148)

tyrolienne clodoaldienne (une) : cunnilingus.

tyrolienne de broussailles (une) : cunnilingus. Ex. : « Hésite pas, ma gosse, m'sieur Pinaud*, question d'la tyrolienne de broussailles, c'est la valeur sûre! » (B, 148). Ex. : « Je lui assure l'assise de ses pieds en les plantant de part et d'autre de mon visage, et la démarre par une plaisante tyrolienne de broussailles, à laquelle je mets au défi n'importe quelle dame de résister, qu'il s'agisse de la princesse Anne, de Nancy Reagan ou de la mère Denis. » (149)

tyrolienne de cresson (une) : cunnilingus.

tyrolier : pratiquer un cunnilingus.

U

ulve (la) : vulve. Ex. : « C'te p'tite mère, è' s'portait bien, espère. Rayon roploplos*, y avait d'quoi s'accrocher quand qu'tu lâchais ta mitraille. Le dargif*, d'la vraie jument poulinière kif qu'à Saint-Locdu. Mais son ulve, alors là le vrai tabernacl'. Dedieu, dedieu! Un' babasse* pareil', c't'un miracl', j'dis! » (B)

unaniste (un) : onaniste, masturbateur. Ex. : « L'unaniste, comme l'avait appelé Bérurier*, était un grand homme maigre habillé de gris, le visage émacié et les yeux brillants. Nul doute que ses pratiques solitaires et répétées l'aient amené à cet état. »

unisexués : unis par le sexe.

urophile (un) : amateur d'urolagnie (perversion sexuelle liée à l'urine). Ex. : « Ils se réunissaient dans un petit hôtel particulier, ces urophiles pissateurs pissophiles. Les gens de maison qui y larbinaient ne devaient pas être à la fête. »

uranal (un) : amateur de pratiques sexuelles mettant en relation l'anus et l'urine. Ex. : « Y s'pissaient à la raie, quoi. C'tait des uranals, si j'comprends-tu-t-il bien, non? » (B)

usine à pédoques (une) : boîte de nuit pour homosexuels.

usine à salpingite (l') : pénis. Ex. : « Y racontait comme quoi il parvenait à verger jusqu'à des six fois par vint-quat' plombes*. Y pr'nait à témoin la doublure de la tahichienne qui lui flattait l'usine à salpingite sous l'grand fauteuil pour bien qui soye présentab' au moment propice. » (B, 208)

usine à trique (l') : pénis.

V

va-et-vient dargifleur (un) : mouvement de fessier. Ex. : « Je l'ai suivie, en regardant le mignon figedé*, bien pommelé, préhensible, et je me voyais à la place du canasson*, mézigue*. Brochant* mademoiselle à la langoureuse. J'imaginais son va-et-vient dargifleur à mon bénef* exclusif. Ce pied, Monseigneur! » (88)

vagabondes (les) : testicules.

vagindre : geindre de plaisir.

vallée de Chevreuse (la) : appareil génital féminin. Ex. : « Lola avait les poires-curés* terminées par des cabochons mauves. Et puis un grain de beauté dans la vallée de Chevreuse. » (76)

vallée de la Maurienne (la) : appareil génital féminin. Ex. : « J't'laisse, t'irrite pas trop l'clito en m'attendant, qu'n'ensute faudra t'pommader la vallée de la Maurienne pour limer*. » (B, 148)

vallée des délices (la) : appareil génital féminin. Ex. : « Une lichemouille* sur le mignon nombril par esprit d'à-propos, ça n'engage à rien et ça ne mange pas de pain. Et puis alors, c'est l'arrivée superbe dans la vallée des délices. La croquemidoune* savante, avec ses préalables, ses avertissements, ses investigations de reconnaissance. Bien établir ses positions. Reconnaître les lieux, les recoiffer de la menteuse* ; jamais se lancer dans le bouche-à-bouche fougueux, mais assurer sa tête de pont avant la décarrade* frénétique. » (98)

valse des patineurs (une) : baiser. Ex. : « D'une seule lampée je lui nettoie son rouge baiser. Pour ce qui est de la valse des patineurs, elle en connaît les principales figures. » (16)

valseur (le) : fessier. Ex. : « J'voye pas pourquoi on début'rait pas par une bioutifoule levrette à injection dirèque. Pour c'la faut qu'tu mettes les seins à plat ventre su' l'pieu et n'ensute qu'tu t'remontes l'valseur un max. » (B, 148)

valseuses (les) : testicules.

valsif (le) : fessier. Ex. : « S'emberlificote pas dans les délicatesses, Ernest. La ravage à la gnafron, sa partenaire. La main au valsif jusqu'au poignet. Travaille dans le goret, lui. » (206)

varlope à moustaches (la) : appareil génital féminin. Ex. : « Un morceau pareil doit t'arracher le copeau* sublimement à la varlope à moustaches. »

vasedesoissonner : copuler énergiquement.

vase d'espansion (le) : anus. Ex. : « V's'avez dû entend' bramer c'te mère quand j'y ai défoncé l'vase d'espansion ! Sûr qu'é pourra plus s'asseoir avant l'époque des c'rises ! Mais fallait qu'é connaisse c'genre d'sensation, non ? » (B, 104)

vecteur (le) : appareil génital féminin. Ex. : « Elle le sait, qu'une jeune fille convenable doit toujours avoir le vecteur performant ? » (138)

vergeance (une) : coït. Ex. : « Y a des glandus qui me croient obnubilé, à force que je cause de ces superbes vergeances. Je les plains. » (114)

verger : posséder sexuellement. Ex. : « Me suis enfui à tire de Maserati, en compagnie d'une pétroleuse que j'ai vergée pendant quarante-huit heures d'enfilée. » (104). Ex. : « Je perçois la voix d'un Franchouillard* qui, sur fond de bouffe*, raconte à sa gerce* la manière somptueuse qu'il va la verger*, ce soir, dans leur chambrette, tout bien, le comment il lui filera* le médius dans le rectorat* tout en l'emplâtrant* grand veneur, sans parler de son autre main qui lui triturera la laiterie*, manière de parachever les prouesses. Il cause* la bouche pleine, ce qui n'altère pas la beauté du programme. La donzelle* glousse, murmure des " Tais-toi, tu me rends folle ", bien propices aux desseins de monsieur. » (113)

vergeté : ayant subi un assaut sexuel masculin. Ex. : « Et l'Edimburg, il gode*, lui ? Je voudrais le voir s'embourber* mémère, le soir à la chandelle. Sa Majesté vergetée de first ! » (94)

vergeur (un) : amant.

veribaiseuse (une) : femme passionnée par l'amour physique.

vérifier le sommier : copuler sur un lit. Ex. : « Probable qu'ils sont allés vérifier si le sommier de leur pageot* tenait le coup. » (24)

verser dans l'aïoli : être lesbienne.

verso (le) : fessier. Ex. : « Elle aimait qu'on lui bouscule le verso. »

vertucatin (un) : femme jouant les hypocrites sur le plan sexuel. Ex. : « Je hais les bégueules minaudantes, les chochottes* du prose*, les vertucatins. » (150)

vestibules (les) : testicules. Ex. : « Les portugaises*, pour rester classique, non ? Juste se met' en train. Ensute, j'y coup'rai les vestibules et j'lu les lui cloquerai* dans la gueule*. » (B, 118)

veuve poignet (la) : masturbation.

viander : copuler. Ex. : « On attend le sida pour bientôt. A force de viander des radasses* pas comestibles*, il décrochera le grelot, l'artiste ! » (135)

vibreuses (les) : testicules.

vibro-trampolinge (un) : vibromasseur.

viburer la prostate : faire des allers-retours frénétiquement sur un pénis. Ex. : « Elle s'accroupissait sur ta fusée Ariane*, prenait

appui des deux mains en arrière et te viburait la prostate à deux mille tours minute. »
(141)

videuse de roustons (une) : femme particulièrement portée sur le sexe; par extension, prostituée.

vierge du tafanar : vierge sur le plan sexuel.
Ex. : « Elle est encore vierge du tafanar, la
pauvrette! On va lu réparer c't'oublille! »
(B, 148)

vieux grognard (un) : attributs sexuels
d'une femme âgée.

vignette de garantie (la) : virginité féminine. Ex. : « Avant, les filles qui se
mariaient déberlinguées* constituaient la
tare d'une famille. Elles l'éclaboussaient
d'une honte indélébile. Maintenant tout a
changé et la frangine* qui se laisse marida*
avec sa vignette de garantie passe pour une
pomme*. » (60)

vigoureux (le) : pénis.

vilebrequin baladeur (le) : pénis.

virer sa cuti : 1. Renoncer à la virginité.
Ex. : « Il n'y a que dans les collections rose
tendre que les jeunes gens courtisent les
jeunes filles vierges comme des tambours
qui attendent sagement le mariage pour
virer leur cuti! » (31). 2. Changer d'attirance sexuelle, par exemple pour un
homme, devenir homosexuel.

virevolteur de complaisance (le) : pénis.

virgulateur de radada (le) : appareil génital
féminin. Ex. : « Lui régler minutieusement
le virgulateur de radada pour en tirer la
quintessence. » (66)

virguler de bonheur : éjaculer. Ex. : « Il est
assis sur un trône de big monarque, bien
doré, avec des incrustations scintillantes. A
poil. N'a gardé que ses chaussettes. Jambes
écartées, il reçoit l'offrande de mademoiselle. Il grimpe au panard*. Quand il
virgule de bonheur, on perçoit les cris
d'une foule en liesse qui brame à
l'exploit. » (86)

virguler sa potion magique : éjaculer.

virguler son éblouissement : éjaculer. Ex. :
« Il panarde* pile avant qu'elle n'éclate.
Virgule son éblouissement dont la duègne
se sert aussitôt comme d'un onguent de
jouvence. » (135)

vitesse grand zob (à la) : à toute vitesse, à la
vitesse grand V lorsqu'il s'agit de sexualité.

vocalise parisienne (une) : cunnilingus.
Ex. : « Une femme à qui tu viens de pratiquer la vocalise parisienne a droit à des
égards. » (104)

voie-lacter : faire jouir son partenaire
sexuel.

voie royale (la) : appareil génital féminin.
Ex. : « Pendant que sa tireuse va détartrer
la voie royale, il pique un somme. » (148)

voies sur berges (les) : vulve. Ex. : « Elle
mord pas, croye-le. Qu'est-ce y t'intimide?
L'ampleur à mad'moiselle? Tu r'doutes
qu'ça force un peu tes voies sur berge?
Inquiète-toi pas, ma Chouquette, é l'a déjà
visité des centres d'accueil plus exiguotoires
qu'l'tien. » (B, 104)

voir le mécanisme jusqu'à l'essieu : apercevoir les parties sexuelles. Ex. : « On lui voit
le mécanisme jusqu'à l'essieu car elle n'a
pas pris le temps de renfiler ses collants. »
(80)

volière (la) : vulve. Ex. : « A propos de
vot'julot, va falloir vous faire une raison :
il est rincé côté calbute. Pour ce qui est du
zigouigoui dans la volière*, vaut mieux que
vous achetassiez des bananes pas mûres. »
(B, 82)

voluptiser l'au sud de la Loire : pratiquer
une fellation. Ex. : « Elle te voluptise l'au
sud de la Loire avec une tendre nonchalance qui te rend pacha, pour un
moment. » (88)

**voter des crédits spéciaux pour l'achat
d'une paire de patins à injection directe** :
pratiquer un baiser lingual.

Z

zébrer : pénétrer sexuellement. Ex. : « T'iras te faire zébrer par les nègres du dix-huitième et tu mouriras du sida, ça t'évit'ra d' d'v'nir vieille! » (B, 148)

zéphirer le kangourou : caresser les parties génitales masculines.

zeppelin (le) : pénis. Ex. : « Bérurier* remise son zeppelin non encore dégonflé et nous partons. » (147)

zéro (le) : anus. Ex. : « L'insatiable péronnelle en train de se faire miser* le zéro par un individu dont je ne vois que le cul. » (149)

zézette (la) : pénis. Ex. : « J'exhibe ma carte, ce qui est beaucoup moins dégueulasse que d'exhiber sa zézette. » (83). Ex. : « La vraie zézette de chasseur alpin (pour chasseuse alpine). » (88). Ex. : « Qui êtes-vous? demande-t-elle d'une voix de petite fille à qui l'ordonnateur des pompes funèbres montre sa zézette. » (121). Ex. : « La v'là qui viole des p'tits groumes* qu'ont une cacahuète comme zézette! Non mais c'est ben la rage au cul, ça! » (B, 148)

zézouillard (le) : pénis. Ex. : « Ils déambulent en prenant des attitudes de toreros et en se fouettant le haut des cuisses de leur zézouillard flasque. » (75)

ziboche (le) : pénis.

zibroque (le) : pénis.

ziffolo dodelineur (le) : pénis.

zifolard à ombrelle (le) : pénis.

zifolard à tête gauloise (le) : pénis.

zifolet (le) : pénis. Ex. : « Et voilà zifolet qui déclare forfait, reprend ses billes pour coucouche panier dans son slip "Éminence" (mon point cardinal). » (132)

zifollet (le) : pénis. Ex. : « Elle fait à dada sur le zifollet* d'un des gars, tandis qu'elle se laisse pratiquer le coup du taille-crayon aux nichebés* par une gonzesse et qu'elle agite avant de s'en servir le bec verseur* du second petit julot*. » (106)

zifolette (la) : pénis.

zifolette à col roulé (la) : pénis. Ex. : « Après quoi la gosse* est allée voir ailleurs si ma zifolette à col roulé y était. C'était une demoiselle pas compliquée, une sensorielle plus qu'une véritable sensuelle. Elle aimait le paf*, la tringlette* sans préalables casse-bonbon* ni postface mondaine. » (118)

zifolette blagueuse (la) : pénis. Ex. : « Je dois vous dire que ma tenue est un chouillet* incorrecte, vu que j'ai la zifolette blagueuse sortie de son écrin. » (76)

zifolo (le) : pénis. Ex. : « Je la regarde, le zifolo indécis, dodelineur. » (134)

zifolo à carénage télescopique (le) : pénis.

zifolo à moustache (le) : pénis.

zifolo farceur (le) : pénis. Ex. : « Quand madame t'aura lâché le zifolo farceur, referme ta braguette subrepticement et viens ici! » (143)

zignouflet inférieur (le) : pénis. Ex. : « Elle sourit, me découvrant des dents éclatantes dont mon zignouflet inférieur aimerait se faire un collier. » (51)

zignougnouf (le) : appareil génital féminin.

zigomar(d) (le) : pénis. Ex. : « Je sais qu'en ce qui me concerne, c'est la semaine d'avant ma communion justement que j'ai emmené Zigomar au cirque en grande première mondiale. » (B, 208)

zigomar à béquille (le) : pénis.

zigomar à empennage scabreux (le) : pénis. Ex. : « Oui, ce délicat petit être, cette fille si menue qu'en étant un peu moins grande elle aurait pu être naine, cet objet d'art vivant, salope* de haut niveau, me tourne autour du zigomar à empennage scabreux. » (113)

zigomard-à-tête-chercheuse (le) : pénis. Ex. : « Lui qui a prononcé tant et tant de phrases célèbres devait déclarer un jour à l'un de ses familiers, parlant de son zigomard-à-tête- chercheuse : "Jusqu'à quarante ans j'ai cru que c'était un os." » (200)

zigomar à tête chercheuse et à balancier double corps (le) : pénis.

zigomar de prolongement (le) : pénis.

zigomar dodelineur (le) : pénis. Ex. : « Mon cher grand zigomar dodelineur irruptionne*. Coucou, me voilà! Ebloui de rut! Sauvage. » (123)

zigomar vibreur (le) : pénis.

zigomuche prostatique à virole double (le) : parties génitales masculines. Ex. : « Le type prend ma chaussure Bailly dans sa pension de famille et s'écroule en se massant le zigomuche prostatique à virole double. » (51)

zigoto (le) : pénis. Ex. : « J'sus allé lu demander si qu'a connaissait dans c't'putain d'ville des jeunes filles d'bonne famille susceptiblement capab'd'me prendre le zigoto dans la casmate. » (B, 101)

zigougnof (le) : pénis.

zigouigoui (le) : pénis.

zigouigoui dans la volière (le) : amour physique. Ex. : « A propos de vot' julot*, va falloir vous faire une raison : il est rincé côté calbute*. Pour ce qui est du zigouigoui dans la volière, vaut mieux que vous achetassiez des bananes pas mûres. » (B, 82)

zigouigoui folichon (le) : amour physique.

zigouiner : titiller. Ex. : « Je rêvais. La reine d'Angleterre me taillait une pipe* dans sa Rolls et les cerises de son bada* me zigouinaient les valseuses*; ça portait le comble. » (B, 139)

zigouinet (le) : appareil génital féminin.

zigzigplomplon (le) : pénis.

zim-la-boum (le) : amour physique. Ex. : « J'ai personnellement moi-même espérimenté ces demoiselles, et je vous certifie que, question du zim-la-boum, elles ont droit aux félicitations du jury. » (B, 65)

zim-lala (le) : amour physique. Ex. : « Moi qui pratique volontiers les dames, je reconnais une personne en manque à quatre cents mètres. Et celle-ci n'a pas eu sa ration de zim-lala depuis la signature des accords d'Evian. » (102)

zimoulette (la) : pénis. Ex. : « La grosse zimoulette que je vais lui carrer* dans le T.G.V.* avant midi. » (110)

ziquette (la) : pénis.

zize (la) : pénis. Ex. : « Je te parie des prunes qu'il est allé se faire rigoler* la zize avec une soubrette. » (30)

zizette (la) : pénis.

zizi-panpan (un) : copulation. Ex. : « Un couple d'amoureux avec un air de se promettre mutuellement une partie corsée de zizi-panpan pour un avenir très imminent. » (24)

zob (le) : pénis. Ex. : « Bigbraque flatte son zob de la main, comme s'il s'agissait d'un animal familier. » (148)

zobance (la) : coït.

zobanche (la) : pénis, sexe en général.

zobard (le) : pénis. Ex. : « Si son zobard fait la baïonnette, il n'en chargera que mieux. » (84)

zobidou (le) : pénis. Ex. : « Les Pyramides, tenez, c'est de la gnognote à côté du zobidou de Félix*. Le Sphinx? Un dessus de cheminée! » (203)

zobinard (le) : pénis.

zobinche (le) : pénis. Ex. : « Lui, dételer? Jamais! Il a affublé son zobinche d'un maillot en Thermolactyl, si bien que sa noble membrane n'a pas froid aux yeux. » (113)

zobinoche (le) : pénis. Ex. : « La dinguerie du zobinoche l'empogne* à bras-le-corps. » (75)

zobothérapie (centre de) : centre de rééducation du zob* et de l'amour physique. (B)

zoiseau (le) : pénis. Ex. : « Il a un geste pudique pour se cacher les roupettes* de ses deux mains. Mais une seule suffirait car son zoizeau n'a rien de l'aigle des Andes, ce morninge*. » (128)

zone d'influence (la) : pénis. Ex. : « Je place une poussée noire de ma zone d'influence dans le collimateur à moustaches* d'Eleska. » (82)

zone Sud (la) : appareil génital.

zoom (le) : pénis. Ex. : « Elle est venue tâter de mon zoom, ce matin à l'auberge. » (94)

zoom à réglage salivaire (le) : pénis. Ex. : « Sa bouche de poisson-algue se tend, ronde comme un trou de balle*. Mince!

L'embrasser? Pouah! La bouche, faut aimer. Tu forces, tu gerbes*! Faire semblant, c'est le refile* assuré. Je lui dévie en souplesse l'objectif. Comme elle a des tendances au nanisme, me suffit d'appuyer sur son épaule d'une main et, de lui fournir, de l'autre, mon zoom à réglage salivaire pour l'amener à genoux d'œuvre. » (120)

zorber le grec : pratiquer une fellation.

zoupzoup (le) : pénis.

zoute (la) : pénis. Ex. : « Et parole, tel que je connais Pinuche, je me fais couper la zoute s'il t'en filerais* pas un idem. » (B, 77)

zoziau (le) : pénis.

zozo (le) : pénis. Ex. : « Il écarte les pans du peignoir et se fourbit le zozo qu'il a plutôt menu. » (101)

zozor (le) : pénis.

« Je passe en revue les grands trucs de mon répertoire, ceux qui m'ont valu des certificats de bonnes éconduites, des médailles d'or et des citations à l'ordre des bien armés. Ça me fulgure dans la gamberge toutes ces astuces plumardières. J'en découvre de nouvelles, encore jamais appliquées. Je suis en état de grâce, quoi! » (59)

LES POSITIONS AMOUREUSES

Adada, opéra bouffe pour clarinette à moustache
Agace ma gâchette
Aladin, ou la langue merveilleuse
Ali Babasse et les quarante violeurs
Allez les verts
Assieds-toi sur le compte-gouttes
A toi, Jumbo! ou les tromperies d'un éléphant rose
Au bon beur
Au bonheur des dames
Autant en emporte le ventre
Avale pas la fumée
Avance Hercule
Bamboula se renseigne
Bananas
Bien lavé ça ressert
British Finger Incorped
C'est pas moi, c'est l'autre
Cause-pas-la-bouche-pleine
Cavalleria Rusticana
Ce soir on décapote
Chope, supremissimo invention du Maître
Cinq sous pour l'avoir raide

Cinzano de Bergerac
Comme le temps pax
Comment-ça-va-chez-toi en dos majeur
Cours-moi-après-je-t'attrape
Crache-pas-les-pépins
De profundis morpionibus
Devinez avec quoi je frappe
Elle et lui
Encore un et on s'en va
Et çui-là-tu-le-mets-où?
Et deux qui font trois
Fais dos à dos, t'auras du gâteau
Feue Lapaire de Madame
Fez en joie
French connection
Fulmine c'est du belge
Fume-c'est-du-Stromboli
Goûte-c'est-pas-des-citrons
Gribouille se tape sur la colonne
Immolation de l'esclave
Inutile de l'envelopper, c'est pour bouffer tout de suite
Jeannot-boucher
Jehanne au bûcher

469

J'éternue dans mon slip
Joyeux Noël
Kronprinz en uniforme
L'abri antiatomique
L'acculé de frais
L'aimant de lady Chatte-au-lait
L'allume-cigare
L'alouette en vol
L'alternatif continu
L'amant de ma sœur
L'amor du petit cheval
L'amortisseur télescopique
L'amour à la cul-de-jatte
L'âne crevé
L'âne de Buridan
L'anneau de sa turne
L'anneau de Saturne
L'antenne d'émetteur radio dans le cyclone
L'appareil à cacheter les enveloppes
L'appeau de chagrin
L'appeau de Job
L'appel aux armes
L'aquaplane magique
L'arabesque fantôme
L'arc de triomphe diabolique
L'arc-en-ciel d'Orient
L'archet à l'huile d'olive
L'arène des pommes
L'arrosé du Petit-Clamart
L'attaque de Fort Apache
L'aumônière trouée
L'avalée de Chevreuse
L'avis des seins (du révérend Black-Appard)
L'échantillonnage numéro 4
L'embouchure de l'Amazone
L'embouchure mal embouchée
L'embrocage monté
L'embrocation cosaque
L'embrocation moldave, façon pivert survolté
L'embrochage sauvage
L'émission fortissimo
L'emplâtrage d'la marquise
L'emporte-pièce
L'en califourchon à la duc dos-au-mâle
L'enconnage polyvalent
L'enculade à sec
L'enculé de sa mère
L'enfilade sauvage
L'enfilade turque
L'enfilage Windsor
L'enfourchement cosaque
L'enfourchement cosaque par toute la troupe
L'enfourchement d'Attila
L'enfourchement en danseuse
L'enfourchement tartare

L'enfûtage bourguignon
L'enlèvement de Proserpine
L'entre-deux parisien
L'entrée du gladiateur
L'enveloppe cachetée
L'éponge d'une nuit d'été
L'équipée sauvage
L'ermite à moustaches
L'escalade apennine
L'esquimau vergé
L'estafette ébouriffée
L'estafette en folie
L'estafette perdue
L'éteignoir de Buzenval
L'étui à viande
L'éventail indonésien
L'hagarde meurt mais ne se rend pas
L'harmonica à moustache
L'hélice dans l'avalé
L'hélicoptère du Négus
L'hélicoptère en patrouille
L'homme de gros moignon
L'hôtel du pou nerveux
L'huître gobée
L'humecteur à papilles
L'hydroglisseur à ogive chercheuse
L'hymne à la veuve Clito
L'ice-cream soda
L'imbrication polyvalente
L'immatriculation rhodanienne
L'impasse tragique
L'incendie de Chicago
L'inculqué de frais
L'inondé de la Butte
L'introduction de Werther
L'introduction du Barbier de Séville
L'introduction du morceau de Faust dans l'ouverture de la Fille de Madame Angot
L'introduction du Roi d'Ys dans l'ouverture de la Princesse Csardas
L'œil dans le compas
L'oiseau des îles
L'olifant de chichoune
L'olifant insonorisé
L'omnibus renversé
L'onguent magique
L'ours mal léché
L'ouverture du Trouvère
L'ouvre-boîtes à manivelle
L'ultrason malgache
La badine mérovingienne
La bagouze écarquillée
La bagouze friponne
La baguette à modulation de fréquence
La baise de Castro
La balançoire cubaine

La balayeuse municipale
La banane à fermeture Eclair
La banderille en nerf de bœuf
La baratte fantôme
La bassine à friture automatique
La bassine à Nika
La bathouse au bois pionçant
La bébête qui monte
La bécane du pasteur Morton
La becquée du vampire
La bête à deux dos
La bête à veine bleue
La bicyclette sans selle
La bicyclette volante
La bicyclette yougoslave
La bielle coulée
La bissectrice ombilicale
La bite infernale
La bitoune à mollusque
La blanquette de dévôt
La boîte à celle
La bombarde moldave
La bonniche veut en être
La botte chattée
La bouée de sauvetage
La bougie démoniaque
La bougie-qui-se-dévisse
La bouillabaisse hongroise
La bouilloire à sifflet
La bouteille de Perrier
La braguette magique
La branlette d'Attila
La brasse papillon
La bretelle à moustache
La brosse papa
La brouette à glissière
La brouette chinoise
La brouette cubaine
La brouette indonésienne
La brouette japonaise
La brouette mongole
La brouette thaïlandaise
La broutoche enchantée
La burette à colle blanche
La cabriole d'Asnières
La cafetière-verseuse
La calebasse creuse
La calebasse mongole
La calotte glaciaire
La caméra cachée
La canne à lancer à moulinet automatique
La carambole sicilienne
La caresse gréco-romaine
La caresse l'long des pilotis
La casemate bombardée
La chaise du roi
La chandelle romaine

La chandelle roumaine
La chanson bulgare
La charrette bulgare
La charge cosaque
La charge de la brigade sauvage
La charge des lanciers manchots
La charge des paras
La charge du duc d'Aumale contre la smala
   d'Abd el-Kader en 1843
La charge héroïque
La charrette andalouse
La charrette du laitier
La chatte belge
La chatte sur un toit brûlant
La chenille en folie
La chenille processionnaire
La chevauchée cosaque
La chevauchée fantasque
La chevauchée fantastique
La chevauchée héroïque
La chevauchée sans retour
La chopine vaillante
La choucroute garnie (invention qui vient
   du Bas-Rein)
La chute de reins du Zambèze
La cigogne déplumée
La clarinette à fausses notes
La clarinette baveuse
La clé à molette
La clé des champs
La cloche à melon fêlée
La cocarde sans-culotte
La colombe gavée
La colonne Nelson
La combe aux fées
La combinaison hawaiienne (recommandée
   aux hypernerveux)
La compresse chinoise
La compresse humide
La constellation (le monde vu par un trou de
   serrure)
La corde à piano avec olive de plomb à se
   foutre dans l'oigne
La corde à violon
La corde à violon dans l'œil de bronze
La corolle d'aubépine
La couche du moche
La coupole en délire
La course à pied
La crêpe dentelle
La croisière suprême
La crouminioune psalmodiée
La cueillette des asperges
La cuiller à pot
La cuisine des anges
La curée de Tours
La danse de Ventre-Saint-Gris

La danse indienne
La dégustation du paysage audiovisuel français
La dégustation forcenée
La dégustation napolitaine
La digue du cul
La douane en folie
La dragée haute
La dune déboisée
La faim des arts déco
La faim des Romanoff (à la coque)
La farce de Maître Tâtelard
La fée Carambole
La féerie cinghalaise
La féerie vénérienne
La feuille de chêne
La feuille de rose
La feuille de vigne à trou
La ficelle coulissante
La fièvre monte à El Pageot
La figue confite
La figue cramoisie
La figue mi-raisin
La figure des lanciers
La fille du consul
La filoche bohémienne
La fin des lions sots
La flamme sacrée
La flaque d'crème fraîche
La flèche wallonne
La fleur tropicale
La flûte de Pan
La flûte du sous-préfet
La flûte enchantée
La fontaine lumineuse
La force de frappe baladeuse
La friponnerie grecque
La fuite en Egypte
La fumée ne me dérange pas
La furia berjalienne
La fusée Ariane à Naxos
La fusée infernale
La fusée sur son orbite
La fusée volante
La galanterie cosaque
La gargouille fantasque
La glace pistache
La gondole en folie
La gondole perverse
La gondole vaselinée
La grande bavasse
La grande bouffe
La grande muraille d'échine
La grande roue viennoise
La grenouille d'Elbeuf
La grosse mite dans les biches (féerie enfantine)

La groume fureteuse
La guerre de l'étroit n'aura pas lieu
La guiguite mouillée
La guitare hawaïenne
La horde en rut
La horde sauvage
La jauge polissonne
La lampe à souder
La lampée stéphanoise
La lance d'incendie
La langue de belle-mère
La langue de caméléon au grand chauve à col roulé
La langue de caméléon en spirale
La langue de velours
La langue fouineuse
La langue persillée hongroise
La languette mutine
La lanterne japonaise
La lanterne sourde
La lapine dans le train
La levrette afghane
La levrette en chasse
La liaison hertzienne par câbles coaxiaux
La lune de miel
La machine à cacheter les enveloppes
La machine à écrire de Maman
La main de masseur
La mandoline à touffe
La mandoline en chaleur
La mandoline Jacob-Delafon
La mangue de Lady Chatterley
La marche arrière capricieuse
La marche de la deuxième B.P.
La marche triomphale
La mariée noire
La Marseillaise des sourds-muets
La mayonnaise ratée
La mer de foutre
La minette jodlée
La minouche fougueuse
La minouche triangulaire
La mise de fonds
La monichette fantasque
La montagne magique
La morsure brûlante
La mort du p'tit âne
La mouche du scotch
La mouche sans ailes
La moule à lorgnon
La moule farceuse
La moulinette rouillée
La mousse de pied de veau
La nuit de folies du calife
La nuit des rois sur le mont Chauve
La nuit sur la Baltique
La nuit sur le mont Chauve

La paire fouettarde
La panthère à vapeur
La papaye aime ma mangue
La partie de sabre tache
La passe de muleta cochonne
La patinette glissante
La patte de homard agressive
La peau de mouton électrique
La pelle-bêche-tête-bêche
La pendule à l'heure
La pendule à vilebrequin
La perruque tournante
La petite farfadette
La petite fille dans le brouillard
La petite souris chercheuse
La petite Tonkinoise chez le gouverneur
La photo voilée
La pieuvre en folie
La pipe au thé de Ceylan
La pipette moldave
La place de la Concorde
La planche savonnée
La plaque tournante
La plongée sous-marine
La pluie de feuilles de roses
La plume de paon
La poche trouée
La pogne à Pogna
La poignée de main à coulisse
La pompe à vélo investigatrice
La pompe Pie XII
La porte de derrière
La porte-fenêtre coincée
La position de Mme Angèle chez le duc
    d'Aumale
La position duc d'Aumale
La poudre d'escampette
La poulie folle
La poupée de messire, poupée de comte
La poupée mongole
La pourlèchette
La poursuivance en levrette
La princesse de Cleveland
La prise du fortin
La prise-banane
La promenade de mister Popaul
La pyramide gloutonne
La pyramide mongole
La quenouille en bâton
La quenouille voleuse
La queue de la poêle
La queue de poisson algébrique
La Queue-les-Yvelines
La racine du ciel
La réanimation expresse
La régalade finale
La remontée du jambèze

La respiration sous-cutanée
La rose des ventres
La salade aux truffes
La salade hongroise
La sangsue vorace
La sarbacane indonésienne
La sartreuse de charme
La saucisse à D.D.
La savonnette bondissante
La savonnette mousseuse
La séance occulte
La selle de course
La sentinelle polissonne
La seringue sous-cultannée
La serviette chauffante
La sœur de maman
La sœur du vicomte
La soirée chez tante Anaïs
La souricière astringente
La souris de l'abbé Jouvence
La soutane aux orties
La statue équestre
La strada souterraine
La stronaute décapsulé
La tabatière à ressort
La tabatière sans couvercle
La tablette de chocolat
La tartine beurrée
La tartine de miel
La tête de mule
La tétine à veau
La tige convertible
Le tire-bouchon moldave
La tirelire à deux fentes
La toilette du tunnel
La toison dort
La tondeuse à gazon
La torpille nipponne
La toupie à toupet
La toupie auvergnate
La toupie bretonne
La toupie charentaise
La toupie mongole
La toupie ronfleuse
La toupie turque
La transe du sabre
La trappe dérapante
La traversée du désert
La tringluche arrière et le grand fourre-tout
La trique du Négus
La trique tricoteuse
La trompette bouchée
La troussée cosaque
La troussée du cuirassier
La tulipe batave
La tyrolienne à crinière
La tyrolienne à dynamo

La tyrolienne bulgare
La tyrolienne fourrée
La tyrolienne moldave
La valise en carton
La valse ardente
La valse des patineurs
La valse du bourreau
La vaseline marocaine
La Vénus de Milo
La vérole dans le chantier
La vessie de porc
La veuve gouailleuse
La veuve joyeuse
La vipère au point
La vipère lubrique du Kremlin-Bicêtre
La visite au cyclope
La Volga en flammes
La lettre recommandée
Le pointillé langoureux
Le 69
Le babouin glouton
Le bain du canari
Le balai normand
Le banc de belons
Le bandage herniaire
Le bâton de Barnabé
Le bâton du maréchal Polisson
Le bâtonnet à vaseline
Le battant de cloche
Le bec du toucan
Le bectage de frifri
Le bénitier de Satan
Le berceau japonais
Le béret de Fanfan
Le biberon autonome
Le bicorne à jugulaire
Le bidet de Sancho
Le bidon renversé
Le bilboquet de la reine Henriette
Le billard japonais
Le binocle du percepteur
Le bisou à la rose
Le blaireau vadrouilleur
Le bon p'tit diable
Le bond des pargnes
Le bossu fantôme
Le bottin mondain
Le bouc commissaire
Le bouchon-verseur à tête chercheuse
Le boudin d'Auvergne
Le bouquet de violettes
Le bourgeon sensoriel
Le boy-scout farceur
Le branché de la haute tension
Le branchement démoniaque
Le branle-bas en Méditerranée
Le braquemard à ressort

Le brodequin sans lacets
Le brouillard fantôme
Le bûcheron ravageur
Le buvard en bois
Le cacheteur d'enveloppes
Le cadran des supplices
Le calumet de l'happé
Le caméléon taquin
Le caméléon gobeur
Le candélabre chinois
Le canoë fantôme
Le caprice de Cupidon
Le carillon de Westminster
Le carnaval de Rio
Le carnaval very nice
Le carrousel viennois
Le casse-noisette
Le casse-noisette à glissière
Le casse-noisette bulgare
Le casse-noisette hongrois
Le casse-noisette turc
Le casse-noix béarnais
Le casse-noix de la rivière Kwaï
Le cerceau en folie
Le cerf-pas-volant
Le cerf-volant
Le cerveau magique
Le chalumeau en zig-zag
Le champ du guépard
Le chant des balalaïkas
Le chant des partis sans laisser d'adresse
Le chapeau chinois
Le chat botté jusqu'à la garde
Le chaud lapin
Le chaud-froid d'bouillon
Le chausse-pied de Belleville
Le chef de gare en folie
Le cheval de Troie
Le chevalet bulgare
Le chevalier tétonique
Le chibre d'Henri IV
Le chien des baskets de ville
Le chinois vert
Le choix du roi
Le cigare à Fidel
Le ciseau d'tailleur
Le clairon d'Verdun
Le clapier en folie
Le cœur est un petit grelot
Le col à manger de la tarte
Le colibri viennois
Le collier d'émail
Le collier de Néfertiti
Le complément d'information
Le compresseur moustachu
Le compte-gouttes à haute fréquence
Le con sert tôt de chipolata

Le concasseur breton
Le concert sur le grand canal
Le conclave qu'on vexe
Le conte de Pet-Rot
Le contre-écrou inversé
Le convoyeur de cons
Le coolie déballé
Le coquelicot en folie
Le cordonnet abusif
Le cosaque à trois pattes
Le cosaque en chaleur
Le cou d'oie farci
Le coup de l'étrier
Le coup de la chevrette corse
Le coup de la tour Eiffel renversée
Le coup de Massu
Le coup de peigne à Brutus
Le coup du « il fait trop chaud je sors prendre l'air »
Le coup du « pose-le là je reviens tout de suite »
Le coup du gendarme et de la rempailleuse de chaises
Le coup du grand vizir
Le coup du lavabo
Le coup du Martien
Le coup du moine maudit
Le coup du montreur de marionnettes
Le coup du moulin à café
Le coup du parapluie retourné
Le coup du photographe
Le coup du plumeau
Le coup du poivrier de bois
Le coup du Poséidon
Le coup du rossignol dans le rosier sableux
Le coup du serrurier
Le coup du tambourinaire en folie
Le coup du taureau camarguais
Le coupe-cigare magique
Le courant alternatif
Le court-circuit démoniaque
Le courtier de Lyon
Le crabe à ressort
Le crabe fantasque
Le crabe polisson
Le cratère géant
Le crayon à mine douce
Le crépuscule des lieux
Le cri du cormoran
Le croissant de lune dans le train
Le croque-monsieur géant
Le cul rétréci
Le cure-dents à ressort
Le cynodrome en délire
Le dé à coudre polisson
Le Debré en folie
Le décalcomanie frivole

Le décapsuleur d'ivoire
Le défilé de la victoire
Le delirium très mince, le même en plus gros
Le déménageur folâtre
Le denier des Mohicans
Le déraillement téléguidé
Le dessous de table enchanté
Le diable boiteux
Le diabolo amante
Le distributeur à pédale incorporée
Le doigt de cour
Le doigt de cour dans le jardin d'Allah
Le doigt magique
Le don du Cosaque
Le dortoir en folie
Le double « V » à ressort
Le dragon perché
Le droit au culte
Le dur à cuir chevelu
Le facteur sonne toujours deux fois
Le fantôme écossais
Le faucon des Carpates
Le feu d'archifesse
Le fifre baveur
Le figuier de Barbarie
Le figuier géant
Le fil de l'épée
Le fixateur à blanc d'œuf
Le fouettard en folie
Le fouinozoff savonneux
Le four à pines
Le fourreau à 37 degrés
Le frisson papou
Le fromager à glissière
Le galop des lanciers
Le gant de velours
Le gant ukrainien
Le garde-champêtre dévergondé
Le gobe-mouches africain
Le gondolier manchot
Le goutte-à-goutte pernicieux
Le grain de sel sous l'aqueux
Le grand et le petit stroumbitz (médaillé d'or aux jeux de l'amour et du hasard)
Le grand huit
Le grand hypoglosse surmené
Le grand neuf
Le grand six
Le grand steeple
Le grand steeple d'Hadley Chase
Le grand stipule-chaise de Longchamp
Le grand violent schprountz
Le Grand Condé
Le grand-duc à moustaches
Le grelot indonésien
Le guidon de course
Le gyroscope en folie

Le hanneton téméraire
Le hanneton renversé
Le hareng saur qui rentre
Le hareng saur qui sort
Le holdupe à la banque du sperme
Le homard fantôme
Le i grec en folie
Le jacteur tonne toujours deux fois
Le javelot chinois
Le jodler sur fourrure
Le jour de gloire
Le juif errant
Le lancier du Bengale
Le lapin sauteur
Le lave-glace à pédale
Le levier d'Hercule
Le lézard peureux
Le lézard rose des îles Aléoutiennes
Le lotus effeuillé
Le lotus nippon
Le lustre à pendeloques
Le mage polisson
Le malaxage vertical
Le manche à brosse vibrant
Le manche à gigot
Le manche à gigot écarteleur
Le manche-après-la-cognée
Le manchon de zobeline
Le mandrin tapageur
Le martinet fantasque
Le martinet gaucho
Le masseur javanais
Le médium enchanté
Le médius caverneux
Le médius musardeur
Le membre actif
Le mensonge d'une nuit d'été
Le meunier, son fils et l'âne
Le minon minette double gamahuche
Le minouchart follet
Le mirliton bagué
Le miroir parabolique
Le missil dominici
Le missil dominicil à domicile
Le missile téléguidé
Le mistifrisé de Pantin
Le monte-charge en panne
Le morpion valseur
Le nénuphar hindou
Le nettoyage par le vide
Le nœud de Mauriac
Le nouveau petit de la Rousse illustré
Le ouistiti mongol
Le p'tit borgne
Le paf à crampons
Le palanquin mongol
Le panais du marguillier

Le papillon du Négus
Le papillon ébloui
Le papillon soudanais
Le paquet de pieds-paquet
Le paquetage indonésien
Le paratonnerre avec poches à foudre
Le parapluie retroussé
Le parcours du combattant
Le pas de vis à l'envers
Le pas des lanciers
Le passage infernal
Le passe-partouze diabolique
Le pays du Fou Rire
Le pèlerinage aux sources
Le perchoir à guenon
Le perroquet farceur
Le pèse-couilles de velours
Le petit caporal
Le petit chose
Le petit dépanneur radio
Le petit doigt inquisiteur
Le petit excavateur télescopique
Le petit ramoneur
Le petit train à vapeur
Le petit trou pas cher
Le pétomane aphone (in petto man à faune)
Le pianiss d'Varsovie
Le picador de Séville
Le picotin de cramouille
Le pied à terre
Le pied dans le gazon
Le pied géant
Le piège à Comte
Le pinceau sans poils
Le pipe-line enchanté
Le piqué tatouilleur
Le pisse-froid de volaille
Le piston à coulisse (ou à cou lisse)
Le pivert en folie
Le planeur fantôme
Le plissement alpin
Le plongeon du chamois
Le pneu Tubless
Le poil de l'aqueux
Le poilu d'Verdun
Le poinçonneur des Lilas
Le poisson rouge folâtre
Le polichinelle en plongée
Le polochon à raie
Le pont de la rivière Kwaï
Le porc frais de Dorian Gray
Le portique olympique
Le portrait de Mao
Le postillon de Longjumeau
Le postulat d'Euclide
Le potentat variable
Le pouce dans l'oignon

Le poulet ardent
Le praliné cosaque
Le préjugé qui vous groume fureteuse
Le prépuce à l'oreille
Le presse-citron
Le presse-purée bulgare
Le prince des ténèbres
Le procès suce
Le projo bicolore
Le python à piton de la pythonisse
Le quarteron
Le ramoneur de la Bastille
Le ramoneur fantasque
Le ramoneur savoyard
Le raton baveur
Le rebouteux du Cantal
Le régiment des jambes Louis XV
Le repas des lanciers
Le retour de Monte-Cristo
Le revers de violée
Le rossignol de serrurier
Le roulé polonais
Le saboté
Le sabre au clerc
Le sabre et le goupillon
Le sac de noix rotatif
Le sadique du bois de Boulogne
Le salut aux couleurs
Le samouraï s'amourache
Le saucisson d'Lyon
Le sauna finnois
Le saut d'la mort
Le sentier de la reine
Le service central
Le seul maître-queue à bord
Le shâh persan
Le shâh persé
Le sifflet magique
Le sifflet pétrifié
Le solde après inventaire
Le soleil de minuit
Le solitaire en crue
Le solo de guitare
Le soudard amoureux
Le sous-off de Christophe Colomb
Le sous-pied de Salins
Le store vénitien
Le Stradivarius à corne
Le stroudubitz itinérant
Le stupre revigorant
Le subjonctif à ressort
Le suppositoire géant
Le tablier de sapeur
Le tabouret chinois
Le tabouret pivotant
Le taille-crayon à moustaches
Le taille-crayon Gibbs

Le tango godeur
Le tapis troué
Le tapis volant
Le téléphone de brousse
Le temps du blouze
Le terrassier portugais
Le testament de mes fesses
Le thermomètre à percussion
Le thermomètre de raie-au-mur à moustaches
Le ticket composté
Le ticket d'admission
Le tiroir secret
Le tisonnier vadrouilleur
Le tohu-bohu géant
Le tohu-bohu slovène
Le tome de l'Oncle Lacaze
Le torrent en folie
Le touche pipe-line
Le tour d'écrou
Le tourbillon bulgare
Le tourbillon cosaque
Le tourbillon florentin
Le tourniquet du métro
Le tourniquet enchanté
Le tourniquet grand sport
Le tourniquet japonais
Le train des équipages dans la lune
Le transistor pulmonaire
Le tremplin géant
Le trésor des Iles-sous-le-Ventre
Le triangle des Bermudas
Le triple élan d'Aubervilliers
Le triporteur en panne
Le triporteur hindou
Le trohu-ducavu maltais
Le trombone à coulisse
Le trot anglais
Le trot viennois
Le trou de l'enfer
Le trou du cannibale
Le trou normand
Le trou occulte
Le turlu chanté
Le turlututu à crinière
Le tzigane amoureux
Le vaporisateur à moustaches
Le vaporisateur chinois
Le vélo de Minus
Le vélocipède smyrniote
Le velouté chinois
Le vertige du professeur Chpruck
Le vilebrequin automatique
Le vilebrequin farceur
Le viole de nuit
Le vol du gerfaut
Le voltigeur d'Empire

Le zèbre sans pyjama
Le zizi-panpan
Les six rois dans la sirène
Les accords déviants
Les babines amidonnées
Les bottes de sept lieues
Les bourses traînantes
Les choses-étant-ce-qu'elles-sont
Les chutes du Jambaise
Les chutes du nid-à-garat
Les cinq dans la moniche
Les Comanches attaquent à l'aube
Les Cosaques dans la plaine
Les couillons rabattus
Les délices de Zanzibar
Les dents de l'amer
Les derniers jours de Pompéi
Les derniers jours du Con d'or
Les feux de la Saint-Jean
Les fingers en gold
Les flammes s'avancent
Les folles nuits d'Andalousie
Les genoux au menton
Les grands cimeterres sous la hune
Les mamelons de Cavaillon
Les manches à couilles attaquent à l'aube
Les morceaux choisis de Casanova
Les œufs brouillés
Les pages roses de la rousse
Les pâleurs de Sophie
Les pompons d'amour
Les violents du bal
Les violons du (trou de) bal
Ma couronne où je pense
Ma révérende paire
Madame Baud varie
Madame la Comtesse monte en amazone
Magic City avec entrée libre
Maintenant que je suis grand
Maman-tonton
Maudire et lécher ferme
Mimi de pinson
Monsieur l'a en l'air
Monsieur le curé change de barbe
Monte là-dessus
Nautilus-ne-répond-plus
Nicolas-livre-à-domicile
Ninon en prend trois
Nous irons dans la lune
On baigne Duduche
On défoule Pamela
On purge bébé
Ote ton doigt d'là que je m'humecte
Où-qu'est-passé-mon-pouce
Papa est de retour
Papa est en voyage d'affaires
Papa, Maman, la Bonne et Moi

Papa se dessale
Papa-la-bonne-et-moi
Papa-maman chez les Turcs
Parle-pas-pendant-que-tu-braises
Pars pas toute seule j'arrive (figure libre)
Passe-moi le beurre
Pavane pour une infante défunte (mais prête
à renaître de ses sens)
Pearl à rebours
Permettez-moi de vous embrasser
Perrette et le poteau laid
Pile ou fesse
Pince-me et pince-fesse sont sur un bateau
Plein les miches
Pose ta chique sur le radiateur
Potron minette
Poussez plus c'est complet
Prends plus haut je sens que ça vient
Prends-pas-c't'air-là quand t'as la bouche
pleine
Ramone-moi j'ai fait z'un rêve merveilleux
Recoiffe-moi avec ta langue
Recto-verso
Refais-m'le (grand prix de la Ville de Paris)
Regarde-ce-que-je-t'apporte
Remouille-moi la compresse
Retour du grand vizir
Rio Grande
Robois des bains
Rouletabille-mais-pas-les-miennes
Sans bourse délier
Si t'aimes plus ça, n'en dégoûte pas les autres
Si t'es gai, ris donc
Si tu as cru Robinson, t'as pas cru Zoé
Si tu oublies ta pilule, va voir Jivago
Souffle dans mon alcootest
Sous le plus grand chapiteau du monde
T'as beau t'appeler Vendredi, c'est pas pour
ça que je vais faire maigre
T'habites à Hungoux
Tâte comme c'est gros
Tell avive
The God Miché
Tiens, palpe et dis-moi si c'est de la barbe à
papa
Tintin dans le milou
Toc-toc, c'est moi
Tom pousse
Touche - pas - mon - Chirac - devant - tout -
le-monde
Tous les mâtins du monde
Tousse pas avale
Triste-temps-et-hisse-seul
Tronche-montagne
Tu me la sors bonne
Turlututu
Typhon sur la Jamaïque
Un bon petit diable

Un coup pour jeter ma casquette, un coup pour aller la chercher
Un p'tit coup d'trotangliche su' le champignon
Un petit trou pas cher
Un si joli petit pelage
Un tramway nommé Désir Varsovie-versa
Vive Popaul
Vous avez dit Bigeard
Y a ton lacet qui se délasse

NOMS
PROPRES

Aabbé des Anges (l') : la baie des Anges à Nice.

abbé-baissé (l') : adapt. de l'anglais B.B.C., chaîne de radio et de télévision britannique. (60)

Abienjuy (Carmen) : directrice de la police de Mar Del Plata (Argentine). (148)

Abraca : lieu imaginaire où on trouve de nombreuses routes dabrantes. (206)

Académie à seize francs : Académie française.

Acchicessa : fonctionnaire corse, huissier au siège de la police à Paris. (205)

Achille : directeur de la police. Achille est le supérieur hiérarchique direct de San-Antonio (à l'exception de quelques « éclipses » politiques dont il est victime). Jusqu'à une période assez récente, il figure l'archétype du chef, sévère mais juste, dont les sentiments personnels n'influent jamais sur les fonctions. « Lui, ce qui fait sa principale force, c'est qu'il ne réagit pas aux variations de température. La chaleur ne le dilate pas, le froid ne le contracte pas. Il est constant! C'est une citadelle. C'est un roc! C'est un pic! C'est une péninsule! » (59). Achille est un genre d'aristocrate entièrement dévolu à la cause de sa fonction, toujours disponible sur le plan professionnel, au point qu'on peut soupçonner qu'il ne quitte jamais son bureau. Physiquement, outre sa complète calvitie, c'est un homme de grande classe, élégant et qui « en impose » : « Ce qui le situe, notre dirlo, ce sont ses manières aisées, son port de tranche plus que son port d'arme. Sa façon de mater l'interlocuteur, poliment mais impitoyablement, de ses grands yeux bleus dans lesquels on se noierait facile si on plongeait dedans sans sa ceinture de sécurité. » (59). Les informations concernant sa vie privée ou ses opinions personnelles sont alors parcimonieusement dispensées, telle celle-ci : « Le Dabe est un homme extrêmement croyant et il n'aime pas qu'on standardise la divinité. » (56). A tel point qu'il pourrait bien paraître inhumain, si certains détails, parfois, ne venaient contredire cette impression; à preuve, l'incroyable (et unique) scène suivante : « Brusquement, il se passe quelque chose d'incroyable, les gars. Quelque chose de jamais vu qui nous sidère, Béru* et moi. Un petit truc rond tombe d'un œil du Vieux et s'écrase sur mon buvard. On regarde : pas d'erreur, c'est bien une larme, une vraie. D'où est-ce que ça lui sort, ce machin-là? Je le croyais tari à bloc, pire que le désert du Sahara, le Big Boss. Déjà, il en a honte. Il renifle. Son œil s'évapore pour redevenir dur comme un caillou. » (59). L'âge aidant, cette grande rigueur va peu à peu s'effilocher, et le vernis social d'Achille se craquelle. Il commence à collectionner les « mademoiselles Zouzou » (le surnom qu'il donne systématiquement à ses maîtresses, toujours des « demi-mondaines »), et à faire preuve d'intransigeance, voire d'injustice, envers ses collaborateurs; en un mot, il commence à devenir un pittoresque « vieux con ». « Ce qui lui arrive, ce coup de goumi brutal, c'est le démon de la j'sais pas combien, pour sa pomme. Trop de sérieux, trop de self-control, de tartuffades et autres vicieuses bricoles bourgeoisantes accumulées ; trop de mauvaises fréquentations dans le labyrinthe du pouvoir... Il vient d'exploser. » (93). Sa loufoquerie va s'accentuer à la suite de sa première éviction de son poste de directeur, en 1981, conséquence du changement de pouvoir politique. Il sera réhabilité suite à un « retournement de veste » spectaculaire, qui nous le fait réapparaître socialiste bon teint, vêtu d'un démocratique polo et jactant l'argot comme un authentique titi (108). Il n'en est pas moins évincé une deuxième fois, et muté à Nouméa. Au bout de six semaines, il s'inscrit au Parti communiste et est nommé sous-secrétaire d'Etat à la coordination des polices (112). Bérurier*, alors éphémère ministre de l'Intérieur, le rétablira à nouveau dans ses anciennes fonctions (122). Le naturel bourgeois d'Achille ne tarde cependant pas à reprendre le dessus. Il devient même si odieux qu'il manque se brouiller définitivement avec San-Antonio, ce qui vaut à ce dernier la confidence suivante d'Achille : « Il faut me pardonner mes éclats, voyez-vous, mon petit. Je vais vous confier une chose que vous ne répéterez à personne : je suis vieux, Antoine. J'ai droit au pardon, voire aux excuses. Sans votre présence, je périclite. Je me fane, m'étiole, me gomme. Vous êtes ma vigueur, Antoine. Mon soleil de minuit ! Je tiens à vous comme au fils que je n'eus jamais. Les affaires ne m'intéressent qu'à travers votre énergie, sinon elles me font chier, Antoine. » (135). Enfin, Achille sera limogé une troisième fois, au profit de San-Antonio lui-même (151). Là, il prend un authentique « coup de vieux » : « Le voilà en partance pour les oubliettes, l'Achille. A se détériorer les méninges et de la frime. Qu'on va bientôt trouver son râtelier trop grand pour sa clape, ses yeux trop gélatineux (toujours, les vioques mirontons). Les paluches qui trembillent en reposant la tasse sur la sous-tasse ; castagnettes et tangos, olé ! Birbique, quoi ! Coulant à pic dans la solitude de vieillesse, avec juste ses maux pour lui tenir compagnie. » (152). Mais Achille a des ressources, et il recouvrera même une deuxième jeunesse dans les bras de « mademoiselles Zouzou ». Notons que le lecteur ignore le patronyme d'Achille, qui n'apparaît dans aucun roman de la série. Ce nom est même,

manifestement, un secret, si l'on se réfère à ce passage : « – Un prénom marrant, soupire mon médium... Achille... Oui : Achille. Ah ! – Elle me largue le patronyme... Le nom qu'elle vient de me donner, c'est celui du Vieux. » (93). Toutefois, San-Antonio fait plus tard la connaissance de la fille d'Achille, une belle jeune femme rousse qui s'appelle Claire Baillet. Celle-ci étant célibataire, doit-on en conclure que le Big Boss se nomme Baillet ? Achille est surnommé : l'Alléché, Ache, Achille à la langue légère, l'Achille aux pieds légers, Achille-au-paf-léger, l'Amidonné de la raison sociale, l'Amoureux des formules aussi ronflantes que toutes faites, l'Archichauve, le Barbon, Bébé rose, le Bellâtre, le Bien Coiffé, le Bien-Aimé, le Big Boss, le Big Chief, le Big Dabe, le Big Old Boss, Big Patron, le Big Taulier, le Birbe, Bombard, le Bon Achille-aux-pieds-chaussés-de-gros-sabots, le Bonze, le Boss, le Bossuet de la Poule, le Branleur Branlant, le Camarade Achille, le Carbonisé du Mamelon, le Cerveau de la Poule, Césarin, le Charles Quint de la poulaillerie, le Chauve, le Chauve Eperdu, le Chauve plastifié, le Chenu, la Chère Vieille Tige, le Cher Dabuche, le Chevelu-à-rebours, Chichi, Chilou, Chilou-le-Tondu, le Chpountz, le Cinglant, Crâne-d'Œuf, le Croquant, le Croûton, le Dabe, le Dabe Vénérable, le Dabuc, le Dabuche, le Daron, le Dear Vioque, le Déboisé du Promontoire, le Déboisé, le Débris, le Décapé, le Décapé de la Coupole, le Déchevelé, le Décoiffé, le Décrêpé, le Déplumé, le Déplumé Intégral, le Dépoilé du Cockpit, le Désherbé du Promontoire, le Détergé-du-Sommet, le Dévasté du Dessus, Dieu le Père, le Digne, le Dirlingue, le Dirlo, le Dirlochard, le Dirloche, le Dirluche, Divan-le-Terrible, le Divin Achille, le Dragéifié, l'Elégantissime Breloque, l'Elimé de la Coupole, Son Eminence le Cardinal Achille de Richevieux, l'Emplâtré, Son Excellence Le Tondu, le Fabuleux, le Fané du Calbar, le Flamboyant, le Frisé, le Frisotté, le Frisotté de l'intervalle, le Galant, le Genou, le Glacifié du Cigare, la Globule, le Grand Vilain Chauve, le Grand Dabe, le Grand Totem, Sa Grandeur, le Grandiloquent Fumier, le Hibou, l'Homme à la Colline Déboisée, l'Homme à la Chevelure en Cuir de Cordoue, l'Homme au Crâne en Plexiglas, l'Homme au sommet du crâne étincelant comme le Fuji-Yama à l'aube, l'Homme Coiffé à la Dragée, l'Homme que même sa Calvitie est Chauve, l'Homme à la Casquette en Peau de Fesse, l'Homme Chauve, l'Impudent, l'Irascible, le Laqué, Achille le Majestueux, le Louis XIV-à-rebours de la police, le Maître Matuche, le Malheureux, le Mélodieux, Messire Braquemard, Messire Dirluche, Messire Dugenou, Messire le Scalpé, Mgr le Big Dabes, Mister Big Chief, Mister Big Boss, Mister Bigboss, Mister Dabuche, Mister Director, Mister Dirluche, Mister Ducroûton, Mister le Scalpé, Mister Tondu, Mister Tronche-en-os, Mister Viocard, Mister Vioquard, Mon Vénéré Boss, le Monarque Tondu, le Mondain, Monseigneur le Pelé, Monsieur le Disjoncteur, Monsieur Bon Dieu, Monsieur Chauve-qui-peut, Monsieur Décoiffé, Monsieur le Dear Recteur, Monsieur Lisse-du-Dessus, Monsieur Machin, Monsieur Peau de Fesse, le Mont Palomar de Vénus, le Morfondu, Môssieur « Joyeuses-Pâques », Mylord le Boss, le Napoléon de la Rousse, le Neptune Déplumé, l'Ordure, le Pauvre Croulant Coulant, le Pelé, le Pendeur de Rossin, Pépère, le Père Fouettard, le Père La Grinche, le Père La-Tignasse-à-rebours, le Père Ma ganache de potasse, le Père Vodka-Tomate, le Père-la-Médaille, le Père Ladorure, le Plastifié, le Plastifié du Mamelon, le Professeur Duscalpe, le Raclé, le Raclé de l'Occiput, le Raclé du Sommet, le Râpé du Point Culminant, le Râpé de l'Hémisphère Nord, Le Râpé de la Calbasse, le Râpé-du-Dessus, le Rasé, le Rasibus du Promontoire, Rasibus Ier, le Ratiboisé de la Houppe, le Ratiboisé, le Ratissé du Mamelon, le Respectable, le Rodomontant, le Rouge-gorge de la Maison Pébroque, le Ruy Blas des Semelles à Clous, le Scalpé, le Scalpé de la Touffe, le Scalpé du Donjon, le Scalpé du Promontoire, Notre Seigneur, mon Seigneur, le Sémillant, le Sinistré du Mamelon, le Souverain Poncif, le Super-Chauve, le Superman de la Calvitie, le Surglacé, le Surglacé de la Touffe, le Surglacé de la Rotonde, le Teigneux, le Théorique, le Tondu, Toto, le Tyran, Tyrano de Bergerac, le Vaseliné du Promontoire, le Vénérable Boss, Mon Vénérable, le Vénérable, le Vénéré Big Boss, le Vénéré, le Vénéré Maître, le Vétuste, la Vieillasse, Vieille Fripe, la Vieille Loche, le Vieux Bonze, le Vieux Branleur, le Vieux Cirque, le Vieux Croqueminouche, le Vieux Lyriqueman, le Vieux Madré, le Vieux Matamore, le Vieux Nœud Moisi, le Vieux Nœud, le Vieux Per-

dreau Déplumé, le Vieux Raboté, Le Vieux, le Vieux Crabe, le Vieux Glandu, Vieux Melon, le Vieux Mironton, le Vioquard, le Vioque, le Vitrifié, le Vitrifié de la Calbasse, le Vitrifié de la Coiffe, le Vitrifié du Mamelon, le Vitrifié du Dessus, le Vitrifié du Culminant, Sa Volonté Suprême, le Yul Brynner de la Rousse.

à cinq ou à six mille (méthode) : méthode Assimil.

Adèle : cousine bigote de San-Antonio*, qui habite Lisieux. Ex. : « Dans l'échelle des ennuis familiaux, elle se situe entre le téléphone en dérangement et l'indigestion de moules. » (42)

Afate (Bénard) : Yasser Arafat, dirigeant du mouvement palestinien O.L.P. (74)

Agathe : surnom de la Citroën de Bérurier* au milieu des années 1960. (60)

Agenor : oncle de Bérurier*, pouilleux des Puces à Saint-Ouen. (201)

Ahinjeccion (Mercédès) : secrétaire de Gaston Mouchard*. (206)

Aide Mon Maire : Edmond Maire, syndicaliste français. (130)

Aigime (Jules) : patron de l'hôtel « Du Danube et du Calvados Réunis ». (49)

Ailé-c'est-l'acier : Hailé Sélassié. (B, 65)

Akdal (Sasser) : général syrien. (131)

Akourdidé (Paul) : policier retraité, a fait toute sa carrière aux Sommiers*. (133)

Al Esbrouf (Bokono) : commis en librairie dans une maison du Quartier latin. (151)

Al Hachiass (El) : oasis égyptienne au bord du Nil. (116)

Al Harm Oriken (Omar) : ressortissant égyptien, agent double soviétique. (115)

Al Quatre As : Alcatraz, ancienne prison américaine. (B, 116)

Alabanie : pays des Balkans. Capitale : Strukla. Le mont Houlalha est le point culminant du pays (88 centimètres). L'ancien roi (et le seul) d'Alabanie fut Bougnazal l'Unique, dont le règne, qui commença le 31 janvier 1904, s'acheva le 1er février de la même année après que le monarque eut promulgué un train de décrets rendant le papier hygiénique obligatoire dans les ouatères publics, rétablissant l'usage du coupe-cigare, interdisant la vente au détail du bandage herniaire, et autorisant le poil à gratter dans les cinémas. Devise du pays : « Cithunanveupâ Jlarmé Dhanmakhuloth », ce qui signifie : « Il faut vaincre ou mourir ». Spécialités culinaires : le krassouillard pané, la khoulianbâton, la timbale de crapauds au sirop de lapin, la figure de fifre à la Veuve Clito, le rôti de maucassin, les prépuces de crabe frits à l'ail, la tête d'âne gris aux haricots rouges, la pimbêche Melbapa. » (53)

Aladin : personnage des « Mille et Une Nuits », célèbre grâce à sa wonderful Wonder. (130)

Alaimb-Hombar : marque de yacht. (65)

à l'aise d'Eden : « A l'Est d'Eden. » (B)

Alakrem (El Babah) : riche Arabe, agent recruteur d'un genre particulier. (116)

Alam Eriken (Omar) : professeur, physicien, allié à des terroristes du tiers-monde. (109)

Alarmé des Indes (l') : armée des Indes.

Alasachristie (Mme) : Agatha Christie, romancière britannique.

Albioche : Albion. Ex. : « Il regarde mourir l'Angleterre, cézigue. Sa chère vieille Albioche. » (124)

Albohaire (Fernand) : tailleur et ami de San-Antonio*. (21)

Alcazar (Ginette) : secrétaire particulière du président Tumelat. (210)

Aldonato (Giuseppe) : commerçant via Quezacco, à Catane (Sicile). (84)

Alfred : coiffeur, amant régulier (pour ne pas dire officiel) de Berthe Bérurier*, dit le Merlan, Freddy, Freddy le Merluche. Considéré par Alexandre-Benoît Bérurier* comme un ami. D'origine italienne, divorcé, Alfred est davantage jaloux de Berthe que ne le serait un mari. S'il vient à être « trompé » par celle-ci, il va jusqu'à confier à son mari : « Alexandre-Benoît, nous sommes cocus. » Alfred accumule les apparitions épisodiques : tantôt « suiveur » dans la caravane publicitaire du Tour de France cycliste (58), tantôt coiffeur sur un paquebot (203), ou encore meurtrier présumé entraînant Bérurier et Pinaud dans des aventures en Argentine (148).

Ali Fop : IFOP, institut de sondage. (B)

Alité (Jauni) : Johnny Hallyday, chanteur français. (111)

Allais (Alphonse) : humoriste français, cité pour l'histoire suivante : celle du gars qui écrivait à son pote pour lui annoncer que sa femme s'était barrée avec son oncle en emportant un bouquin de Taine et un petit thon qu'il élevait au biberon dans un aquarium. Le copain disait en un condensé saisissant : « Ta femme est partie avec Tonton, ton Taine et ton thon ! » (32)

Allons cent francs de l'apatri.i.ide... : Allons enfants de la patrie, vers de la « Marseillaise ». (127)

Altesse (Son) : cf. Bérurier (Alexandre-Benoît).

Amerloquie : Etats-Unis.

Amoché d'ail-âne (l') : Moshé Dayan, militaire et homme politique israélien. (74)

Amulettepolkas (les) : membres d'une tribu africaine du Congo. (44)

Anàrchî : prince iranien, possède un palais à Ispahan. (72)

Ancêtre (l') : cf. **Pinaud** (César).

Anchois Pommier : François Ier. (130)

André : chausseur. Ex. : « On se tape un fromage de tête, une omelette aux morilles et un rôti de veau qui ferait une superbe carrière comme semelle de crêpe chez André, le chausseur sachant l'anglais. » (8)

Andri (Alex) : directeur d'H.E.C. (Hautes Etudes Criminelles), dont il est le fondateur et l'unique enseignant. (104)

Anglaiserie : Angleterre. Ex. : « Me dis que si je ne suis pas embastillé par les Rosbifs pour complicité de meurtre, je n'aurai plus que la ressource d'entrer dans les ordres, après un tel désordre. Reusement que la peine de mort a été abolie en Anglaiserie. » (113)

Anguenille (Jacques) : Jacques Anquetil, coureur cycliste français. (58)

Ankulmayer : inspecteur de police autrichien. (155)

Anshokolâ : grotte proche de Khunsanghimpur*. (79)

Anthirlarigos : ambassadeur grec en France. (60)

Antidémoc : ambassadeur français au Rondubraz*. (68)

Antoine : enfant adoptif de Félicie* et de San-Antonio*. Son géniteur était un certain Vladimir Kelloustik*, peintre sans talent et voyou sans ambition, tué, ainsi que sa mère, dans un règlement de comptes entre truands. L'enfant, âgé alors de sept mois, est recueilli par San-Antonio, et élevé par Félicie (75). Antoine se révèle vite un loustic déluré, sorte de version masculine de Marie-Marie enfant. En revanche, et contrairement à celle-ci, il n'a pas encore, à ce jour, participé de manière active à une enquête de son tuteur. Antoine a treize ans en 1989, âge auquel il se « déniaise » avec Maria*, la bonne espagnole de la famille San-Antonio (142). Antoine est surnommé : Toinet, Crâne de Pioche, Antonio II, Toinet-la-Délure, le Bougre d'Antoine de mes Deux, le Malandrin en Culotte Courte, le Petiot, le Poulbot, le Pucereau.

Anvers-Hécontrethoux : nom d'une place de Bruxelles. Ex. : « Le Salon Eugène, c'est ce grand magasin couvert de marbre et orné d'arabesques dorées situé à l'angle du boulevard des Allées-et-Venues Germaniques et de la place d'Anvers-Hécontrethoux. Juste à côté y a une fabrique de Liège et à côté un magasin de Gand. » (205)

Apollon-Jules : cf. **Bérurier** (Apollon-Jules).

Archimerdre : Archimède.

Archiprêtre de la Goulache (l') : « L'Archipel du Goulag », œuvre littéraire de Soljénitsyne. Ex. : « Et pis tiens, toi qu'es instruit, je t'ai apporté un bouquin : " L'Archiprêtre de la Goulache ", d'un nommé Seulgénidechine*, ça doit être des recettes : la Goulache. Des recettes de curé, probably : !'Archiprêtre! » (B, 86)

Argenterie : Argentine (B). Ex. : « Le drapeau argentin représente deux bandes bleues sur du blanc au milieu duquel Wolinski a dessiné un petit soleil jaune. » (148)

Arlequin (l') : Charles Quint, roi d'Espagne. (B, 200)

Arnot (sadique) : Sadi Carnot. (B, 200)

Arouâménah : puits de la région de Kabô-châr*. (86)

As à sème (l') : Sacem, Société des auteurs, compositeurs et éditeurs de musique. (B, 65)

Aspro : marque commerciale de cachets d'aspirine. Cité en exergue de « Ça tourne au vinaigre » (20), sous le titre : « Quelques avis autorisés concernant la personnalité de San-Antonio* ». Ex. : « Un garçon qui possède du cachet! – Signé : Aspro. »

Assek (Salim) : terroriste libyen appartenant à un groupe asiatique. (130)

Assofy (Stance) : juge au tribunal de Swell-the-Children*. (69)

Assombersaut (Moïse) : directeur du service des Eaux de la région d'Embourbe-le-Petit*. (69)

Atouberzingue : dieu malotrusien*. (65)

Audiard (Michel) : écrivain et dialoguiste français. Ex. : « Il soulève sa casquette à petits carreaux, style Audiard. » (62)

Augustine : cousine issue de germain de Berthe Bérurier*, buraliste à Prendu-le-Petit. (111)

Auleblaques : All-Blacks, nom de l'équipe de rugby de Nouvelle-Zélande. (B, 133)

Autre (l') : « Personnage célèbre, dont l'identité est mal connue, et auquel on doit un nombre considérable de citations, de calembours, de bons et de mauvais mots... » (42)

Averty (Jean-Christophe) : producteur et réalisateur de télévision. Ex. : « Ma main avertie (elle en vaut deux, de même que Jean-Christophe Averty vaut deux réalisateurs normaux). » (112)

Azéraux (Hector) : inventeur du trouillomètre. Ex. : « Le trouillomètre : appareil servant à mesurer les émissions d'adrénaline dans le corps humain consécutives à une forte émotion. Il existe deux sortes de trouillomètres : le simple, et le trouillomètre Azéraux, du nom du fameux physicien argentin, Hector Azéraux. » (67)

Aznavoche : Charles Aznavour, chanteur français. (99, 205)

Babeth : Elisabeth II, reine d'Angleterre. (86)

Babouchie : territoire africain, frontalier du Misti-Frisé, capitale : Kolom-Bey-les-Deux-Mosquées. (51)

Baderne-Baderne : cf. Pinaud (César).

Baguenaude : Bagdad (Irak). (B, 74)

Baie-Renard-Clavel City : ville du Grand Nord canadien. (140)

Baillet (Claire) : fille d'Achille*, le directeur de la police judiciaire, belle jeune femme rousse.

Baldetrou : célèbre professeur en médecine, ami de Léon Petit-Littré*. (46)

Baleine (la) : cf. Bérurier (Berthe).

Baliverne (Jules) : Jules Verne, écrivain français. (B, 79)

Balmasquez y Suerunpazzo (Alonzo) : gendre de Mme Nino-Clamar*. (78)

Baloche : professeur, spécialiste du cerveau, radié de l'ordre des médecins. (86)

Bambois (Jean) : domestique de Césari-Césarini*. (118)

Bambois : agent (l'agent Bambois), informateur de la police. (130)

Bambou (Tom) : perchiste du cirque Barnabu. (40)

Banania : marque commerciale de poudre chocolatée. Cité en exergue de « Ça tourne au vinaigre » (20), sous le titre : « Quelques avis autorisés concernant la personnalité de San-Antonio ». Ex. : « C'est bon ! – Signé : Banania. »

Bandalez (Emilio) : malfrat portugais, spécialiste du vol à main armée. (121)

Bandalez (Pedro) : chauffeur de Dolorès de la Fuenta*. (148)

Bandoli (Eugénio) : directeur de l'agence Hertz de Rome (Italie). (130)

Bandzob : province indienne, située entre les provinces de Léaupôlsédârsanghor et de Mikélanjmolitor. (79)

Bar Aka (le) : bar situé rue Agénor de la Cramouille, à côté des Champs-Zé*. (87)

baraque Viens-Poupoule (la) : siège de la police.

Bärbach : localité allemande proche de Munich. (123)

Barbu (le) : Dieu. Ex. : « Des fois je dirais au Barbu de me piquer une côte première pour me fabriquer une Eve. » (24)

Barray (Gérard) : comédien, « seigneur de Marbella », qui incarna San-Antonio à l'écran. (115)

Barrayer (Gérard) : général français, 1854-1921, qui s'est illustré à Valmy, Verdun et rue de Solférino où il a sauvé un pompier brûlé au troisième degré par une chaude-lance. (152). Ou : as de l'aviation française (1894-1917). Commandait l'escadrille des « Hérons » pendant la guerre de 14-18. 328 victoires avant la limite. Une seule défaite, mais irréversible. (152). Ou : physicien français, 1816-1899, né à Montauban, inventeur de la chaussette à pas de vis et du Coton-tige à mercure. (152)

Barre-Chaban : Artaban. Ex. : « Le Gros ne me pose pas de questions superflues et, fier comme Barre-Chaban, emporte sa pensionnaire. » (128)

Barricade (André) : André Darrigade, coureur cycliste français. (58)

Batdafnistan : Afghanistan. (B, 208)

Bathouze au bois pionçant (la) : la Belle au bois dormant.

Baumgartmich : inspecteur de la police de Vienne (Autriche). (136)

Bavochard (Gaston) : commissaire de la Sûreté à Chambéry. (129)

Bazin (Hervé) : écrivain, membre de l'Académie Goncourt. Ex. : « On était deux animaux happés par les dents féroces du piège de l'amour, comme l'écrit Hervé Bazin dans son " Je croise en Dieu " qui lui a valu le prix Staline et le prix Karl Marx. » (122). A dit de San-Antonio : « La poésie de San-Antonio est incontestable, noble, laxative, et aussi acratopège que l'eau de Volvic. » (125)

Beau Vélo de Ravel : « Boléro » de Ravel. (B, 55)

Beaurouston : charcutier du carrefour Georges Pont-Pie-XII. (80)

Beauvais : commune de l'Oise. Ex. : « En moins que pas longtemps, j'enquille la bretelle de sortie pour Beauvais, patrie de Jeanne Hachette, qui défendit la ville contre Charles le Téméraire avant de fonder une maison de distribution de livres. » (141)

Bédemille (Cecil) : Cecil B. De Mille, cinéaste américain. (200)

Beethoven : musicien allemand, dit Bitauvent, Lulu-les-portugaises-fanées. (202)

Belgeuse (une) : femme de nationalité belge.

Bellaquiquetta : gérant de l'Albergo Alfredo Royal. (91)

Belle-de-Mai : travesti parisien, maîtresse de Konopoulos*. (103)

Bellechagate-sur-Bidet : commune du Cher-et-Tendre*. (67)

Bellecombe-sur-Moulx : sous-préfecture de la Seine-et-Eure, habitée par les Bellecombais et les Bellecombaises. (55)

Bellemare (Pierre) : animateur d'émissions télévisées, présentateur de l'émission « La Tête et les jambes ». Ex. : « Vous lui annoncez le nom d'un truand et, comme à l'émission de M. Bellemarre, " la Tronche et les Cannes ", il vous récite le pedigree du monsieur. » (35). Ex. : « Publicité : Ne gaspille pas ton sens auditif pour une ouïe ou pour un gnon. Au lieu d'écouter aux portes, écoute plutôt les émissions de Pierre Bellemare, enquêtes, variétés, filatures. Pierre Bellemare, l'homme qui ne laisse rien passer... sauf les pages de publicité ! » (100)

Belloise (Riri) : compagnon d'enquête de San-Antonio, dont le casier judiciaire ressemble en moins propre à un mur de lavatory. (51)

Belmondo Ier : Jean-Paul Ier, pape. (99)

Ben Chibr (Mohamed) : proxénète parisien. (137)

Benoît (Pierre) : romancier. Ex. : « Mon honnêteté, aussi foncière que le crédit du même nom, m'oblige à avouer que l'expression " vivant fardeau " n'est pas de moi. J'ai dû l'avoir empruntée soit à " La Veillée des Chaumières ", soit à un roman de Pierre Benoît, ce qui du reste revient au même ! » (24)

Berlingot : Enrico Berlinguer, chef du parti communiste italien. (91)

Berlinguet (Laurentine) : cousine de Bérurier, dite Beau Cierge, la Haridelle, mademoiselle Grain-de-courge, Mam'zelle Peau-d'hareng, Miss Bénissez-moi, Miss Dargeot-béni, Miss Guette-au-trou, Miss Missel, Miss Qui-quête-pour-le-denier-du-culte, Peau de sauterelle, la Ramoneuse de cierges de Saint-Locdu, Titine. (202)

Bernard (Isidore) : chef français d'un réseau d'espionnage européen. (45)

Bernardin : patron du Crazy Horse. Ex. : « On les avait sélectionnées soigneusement et le mec qui s'était occupé de leur recrutement possédait autant de discernement que Bernardin, du Crazy Horse, quand il s'agit pour lui de renouveler ses stripteaseuses. » (122)

Bernardin : huissier. Ex. : « Un gars maniéré, aristocratiquement chauve, et qu'on soupçonne depuis lulure de pédérastie à la Grande Taule*, étant donné ses manières et la façon dont il va regarder les petits jeunes gens dans les bars près des écoles. »

Bérou ou **Béruros (Bertaga)** : citoyenne rondubrazienne*, chef des révolutionnaires phalangistes rondubraziens*. (68)

Bérrucheul (Philippe) : jeune banquier sous Louis XV, qui pour l'amour d'une jeune insulaire acheta un territoire pour l'offrir à la France, geste apparemment anodin mais qui changea le cours de l'Histoire. (200)

Berthaga : cf. **Bérurier** (Berthe).

Bertone : carrossier italien de voitures de luxe. Ex. : « Les belles gonzesses carrossées par Bertone. » (62)

Béru : cf. **Bérurier** (Alexandre-Benoît).

Béru's Office : appartement d'Alexandre-Benoît et Berthe Bérurier*. (202)

Bérudan : barbier de Louis X, fit comprendre à son roi que les goûts et les couleurs ne se discutent pas. (200)

Bérudberg (Carolus) : étudiant médiéval peu doué, dut l'obtention de son B.C.G. (Brevet carolingien de germanisme), puis de son B.A.C. (Brevet aptitude carolingienne), à l'introduction de sa sœur auprès de l'empereur Charlemagne. (200)

Bérugnan : sergent des mousquetaires du roi, déroba à la reine les fameux ferrets de diamants, mais lui laissa en retour un petit morceau de Soleil. (200)

Béruguise : estafette venant apprendre la mort de la princesse de Condé au roi Henri III, qui en raison d'une ressemblance frappante avec la défunte se trouva introduit à la cour du roi. (200)

Bérurier (Alexandre-Benoît) : inspecteur de police, fils de Francine et de Céleste Anatole Bérurier. Il est l'un des principaux auxiliaires de San-Antonio*, et, avec Pinaud*, son meilleur ami. S'il fallait trouver une affiliation littéraire au personnage de Bérurier, on citerait Falstaff; mais Béru* est un Falstaff à la puissance « n ». Buveur, bâfreur, baiseur, braillard, bagarreur, inculte, repoussant de saleté, fort comme dix Turcs, outrancier en tout, Bérurier est un ogre de démesure. « Ses

oreilles en conques marines, ses tifs graisseux sous le bord du bitos effondré, son nez comme un projet de groin, son regard couleur de rubis, sa bouche en forme de sandwich, ses pommettes sous lesquelles on voit circuler le beaujolais. » (75). « J'ai une vue plongeante sur ses amygdales morillesques, sur sa langue plus chargée que le porte-bagages d'un campeur, sur ses ratiches jaunasses, crevassées, ébréchées (les fausses plus encore que les vraies). » (59). Il faut bien le dire, Béru est avant tout un gros dégueulasse, capable de provoquer une catastrophe nationale (quand bien même ne s'agit-il que de la petite nation belge) du seul fait d'éructer : « Il finit la quille de rouille. Et alors, chapeau. Un machin pareillement gazeux, le démolir sans respirer, faut pas craindre les bulles à ressort. Par contre, quand il repose la bouteille, il émet un quelque chose que j'serais en peine de te qualifier. Barrissement, rugissement, feulement, sirène, explosion souterraine, crash d'avion, Hiroshima, rencontre de locomotives? Faiblard, tout ça. Sirupeux. Ouaté... Ténu. Murmure, glouglou, soupir... Non, le truc à Bérurier, j'vais te dire, pour essayer : suppose l'Empire State Building plein de bombes, et qui s'écroule. Hein? Imagine et t'approcheras un peu du réel. T'auras un début de brouillon d'idée pour réaliser la vérité. L'entre-concevoir. C'est tel, c'est si, c'est tant, que mon bigophone se met à grelotter. Le portier de nuit qui, affolé, demande ce qu'est arrivé, s'il faut alerter les pompelards, si y a mort d'homme. Pour le rassurer, je dois user de diplomatie. Son standard est soudain bloqué par les clients qui paniquent. Des qui dormaient et sont tombés du lit, des qui limaient et qui s'sont cassés le nœud dans la déflagration. Des enfants chéris qui convulsent. Et puis encore, et rencore... La quiétude bourgeoise compromise, la paix belge malmenée. Au château royal on entraîne dare-dare leurs majestés dans les abris antiatomiques. Les aiguilles des sismographes ont toutes tiré un bras d'honneur en même temps. » (93). On le voit, Bérurier figure l'exutoire littéraire favori de San-Antonio; car : « Toujours ses histoires de cul et corne-cul, Béru. Je m'y suis fait. Son horizon privé, cézigue-pâte, c'est fesse et bouteille. Plus castagne, certes. » (108). Mais le personnage, pour caricatural qu'il soit, n'est pas aussi simple que cela.

Il incarne également la sérénité organique, la droiture et la loyauté, toutes choses indispensables à un intellectuel torturé comme San-Antonio : « Avec le Gros*, la vie est toujours simple et tranquille comme dans du Verlaine. Quand tu veux remettre ta pendule à l'heure, une seule adresse : celle de mister Alexandre-Benoît. A son contact, les cœurs en arythmie se calment, les pensées brûlantes se refroidissent, les projets les plus funestes partent en couille et l'existence reprend du poêle de l'ablette. » (126). D'autres caractéristiques du personnage ne peuvent être passées sous silence ; ainsi son pénis démesuré : « Je rappelle ce fait hystéro-hystorique que Sa Majesté* est chibrée à quarante centimètres virgule deux ! » (132) ; son courage physique : « Béru est ce qu'il est : gueulard, renaudeur, picoleur, soudard, et tout. Mais la témérité, c'est son lot. » (59) ; ou encore, pour ne pas dire surtout, son parler. Béru s'exprime en effet « dans ce langage impropre qui pourtant lui est propre » (59) – langage dont cet ouvrage témoigne assez pour n'y pas revenir ici. Sur ce point, nous renvoyons le lecteur au roman « Si Queue-d'Ane m'était conté » (208), véritable tour de force littéraire puisqu'il s'agit rien moins que d'un monologue de Bérurier, long de plus de 400 pages grand format. Pour l'aspect biographique, signalons que Bérurier est originaire d'un village de Normandie, Saint-Locdu-le-Vieux* ; à cet égard, Béru demeure un homme issu du milieu rural, au solide bon sens terrien. Il débute dans la police au plus bas échelon, puisqu'il est gardien de la paix : « J'sus démarré dans la Poule à la circulation et j'étais jusment proposé au quartier Saint-D'nis. » (137). Le lecteur, toutefois, fait sa connaissance alors qu'il est déjà inspecteur. San-Antonio évoque leur première rencontre, a posteriori, en ces termes : « Je me rappelle le jour où il est arrivé dans mon service, le gros Béru. Il avait un peu moins de brioche et de brio, il était plus rose, plus propre, ou, pour être juste, moins cradingue. Ça faisait pas longtemps qu'il avait quitté l'uniforme. On m'avait prévenu : " C'est un plouc, mais un merveilleux chien de chasse. Il est moins c... qu'il en a l'air, vous verrez. Il peut vous être utile " ». (64). Il est promu inspecteur principal en 1969. Mais, en dépit de l'inculture et de la grossièreté du personnage, la carrière de Bérurier est fort brillante : il accède au poste de directeur de la police en 1981, conséquence du changement de pouvoir politique qui provoque l'éviction du trop bourgeois Achille. La raison d'une si prestigieuse promotion est invoquée par Alexandre-Benoît lui-même ; selon lui, elle est due au fait que sa nièce Marie-Marie*, militante socialiste, l'a inscrit au parti à son insu. Même si Béru se maintient fort peu de temps dans ces fonctions, notons qu'il est sans doute le seul directeur de la police à avoir reçu le président de la République cul nu, suite à un désagrément intestinal qui a rendu inutilisable son pantalon (114). Ce n'est pas tout, car Bérurier ira encore plus haut : un peu plus tard, il est nommé ministre de l'Intérieur (121). Il conservera brièvement le portefeuille, suffisamment en tout cas pour que le lecteur ait l'occasion de l'admirer dans ses œuvres diplomatiques au cours d'un voyage officiel en U.R.S.S. : « Un de la délégation française qui produit son petit effet, c'est le ministre de l'Intérieur, M. Alexandre-Benoît Bérurier. Campé devant le buffet, il porte toast sur toast en exécutant des " cul sec " sans ostentation, non pas en s'aidant de la nuque façon von Stroheim, mais en mobilisant simplement sa glotte. Il balance le verre de vodka dans sa soute à picole : tiaff ! Avale dans la foulée. Change son verre vide contre un plein, recommence. Elle clame bien haut, l'Excellence : – Je bois au Kremlin ! – Tiaff ! – Je bois à Bicêtre ! – Tiaff ! – Je bois au tzar ! – Tiaff ! – Je bois au président Staline ! – Tiaff ! – Je bois au maréchal Trotski ! – Tiaff ! Ses homologues n'arrivent pas à le suivre. » (122). Bérurier est régulièrement affublé de surnoms : A.B.B., Alexandre le Gros, Alexandre- Bénito, Alexandre-Benoît le Grand, Alexandre-Benoît le Terrible, Alexandrine-Benoîte Bérurière, Alexandroche-Bénuche, Alexandrovitch, Alexandrovitch-Benito, Alexandrovitche-Benoît, Annibal, Aramis, l'Abasourdi, l'Abîmé, l'Abominable Déculotté, l'Abominable Homme des Neiges, l'Abominable Homme des Bistrots, l'Abominable Homme des Œufs à la neige, l'Abominable, l'Abominable Pote en Tas, l'Abomination des Abominations, l'Abomination, l'Abomination Ambulante, l'Abrupte Brute, l'Abruti, l'Adipeux, l'Admirable, l'Affable, l'Affranchi, l'Affreux, l'Aimable

Goret, l'Aimable Tas de saindoux, l'Aimable, l'Alarmé, l'Alarmé de Métier, l'Alter-inégal, l'Altruiste, l'Amaigri, l'Amoureux du Suspense historique, l'Amoureux, l'Ampleur, l'Amuseur public, l'Analphabète, l'Analphacon, l'Analphacon d'élite, l'Ancien Ministre, l'Andouillard, l'Anormal, l'Antagonique, l'Anxieux, l'Apaisant, l'Apaisé, l'Apôtre, l'Appliqué, l'Armée de Patton, l'Arrondi, l'Artiste, l'Artiste-équarrisseur, l'Assoiffé de Savoir, l'Assombri, l'Athlétique du Nombril, l'Attendri, l'Attila du Pauvre, l'Attila des Comptoirs, l'Auditeur, l'Auroch, l'Avantageux, l'Avarie de la Matière grise, l'Avide, l'Avoueur de Service, Baba-au-Rhum, Babar, Baby Food, le Badru, le Bâfreur, le Bâfreur Salarié, Balandoche, la Baleine Blanche, le Baleinier, le Ballonné, Balochard, le Balourd, le Baluche, la Banane, le Baraqué, le Baron, le Baron de l'Ecluse, le Baron des Madrés, le Baudruche, Bayard, Bazu Ier, Bé-Rû, le Béant, Sa Béatitude Béru Ier, Sa Béatitude, Beau Zèbre, Bébé Cadum, Bébé Rose, Bébé Rosse, Bébé Lune, Bébé Rouge, Bébéru, la Bedaine, Béduglas, le Bel A.B., Belle Pomme, le Bénévole, Benne-Hure, le Bermudé, Béru Ier, Béru l'Abnégateur, Béru le Brutal, Béru le Sentenceur, Béru le Colosse d'Hérode, Béru, Béru Ier roi des Naves, Béru le Martyr, Béru le Téméraire, Béru le Bienheureux, Béru Bourru, Béru l'Attila, Béru le Sauvage, le Béru d'Amour, Béru le Bien-aimé, Béru le Valeureux, Béru le Raisonneur, Béru la Joconde, Béru le Philosophe, Béru la Matraque, Béru Guitare (dans le plâtre), Béru le Tricotin, Béruche, Béruchette, Bérurance, Béruranche, Bérurasse, Bérurerie, Bérurier le Fameux, Bérurier le Grand, Bérurier le Vaillant, Bérurier le Preux, Bérurier l'Intrépide, Bérurier le Taureau, Bérurier le Sanguinaire, Bérurier l'Unique, Bérurier la Patate, Bérurier le Docte, Bérurier le Noble, Bérurier le Gros, Bérurier l'Avide, Bérurier Ier, Bérurier le Grand, Bérurier le Fort, Bérurier le Débonnaire, Bérurier-Popeye, Béruroche, Béruyéyé, le Bestial, Bibendum, Bidulard, le Bienveillant, Big Lard, Big Man, Big Apple, Big Très Très Big Boss, Big Tronche, Big Pomme, le Big, Big Pope, Big Toutou, Bigbraque, Bigpaf, Bigzob, Bile-en-trois, le Biquet, la Biquette, Bite d'Airain, le Bitonne Tonifiant, le Bizarre, le Boa, le Bois-sans-soif, le Bombard de l'Action, le Bombé, le Bon Elève, le Bon Père Borborygme, le Bon Bérurier, le Bon Nounours, le Bon Alexandre (le Grand)-Benoît, Bonbonne, bonhomme Michelin, le Bonhomme, Bonhomme Lalune, le Bonhomme Suifeux, Bonne Pomme, Bossuet, le Bouboulimique, Bouffe-toujours, le Bouffi, la Bouffissure, le Bouillaveur d'élite, le Bouillon d'Inculture, Sa Boulimie, le Boulimique Ier roi des Estomacs et empereur des Intestins, le Boulimique, la Boulimique, le Bourru, le Boute-Train, le Bovin, le Brave Terre-Neuvas, le Brave des Braves, le Brave Bonhomme, le Brave Sanchu Pançu, la Brave Enflure, le Brave Chien de Chasse, la Brioche, le Briseur de Murailles, le Brûlé, le Brutal, Sa Brutalité, Brutus, Buffalo, Buffle Béru, Bulldozer, le Bulldozer des Familles, le Buté, Cachalot, la Calbasse, Candide, Cap'tain Béru, Capitaine Fracasseur, le Cartésien, le Caruso du Pauvre, Casanova, le Casanova des Friteries, le Casanova au Formidable appendice, le Casanova du Pauvre, le Casanova des Faubourgs, le Casanova de Saint-Locdu-le-Vieux*, le Casanova du Faible, Casanovache, la Catastrophe Permanente, le Catégorique, Ce gros sanglier de Béru, le Célèbre Clown du Poulman Circus, le Cendre, le Cérébral, le César du Troulala, Césarin, le Champion du Métronome à crinière, le Chançard, le Charitable, le Cher Hubin, le Cher Camarade de volière, le Cher Big, le Cher Camarade de commotion, le Cher Hyppopotame, le Cher Goret, le Cher Cornard, le Cher Mammifère, Chéri Bibide, le Chéri, le Chérubin, le Chérubinbin, le Chétif, le Chevalier Paillard, le Chevalier des Hontes, le Chevalier du Panais, le Chevalier Mystère, le Chevalier de Juliénas, le Chevalier de l'Embrocation, le Chevalier Béru, le Chevalier de la Membrane à Grosse Veine Bleue, le Chibré, le Chou, le Ci-devant Dodu, la Cirrhose, le Cocu-content, le Colérique, le Comateux, le Compagnon de Plumard à B.B., le Compatissant, le Compère Loriot, le Concombre, le Confiant, le Confondant, le Confus, le Conquérant, le Conquérant des Trottoirs, le Consciencieux, le Considérable, le Convulsé, le Copieux, le Cossu Magnifique, le Courageux, le Courroucé, le Couscousphage, Crâne-de-bœuf, le Crasseux de l'Esprit, la Crème des Glands, la Crème d'Abrutissement, la Crustaciance, le Crustophage, le Cyclone, le Dandy, le Dandy de la Flicaille, Dear Béru, le Débonnaire, la Débraillance, le Débris, sa

Décadence, le Décalcifié, le Décharné, le Décidé, le Déconcertant, le Décontractuel, le Déçu, le Déculotté, le Dédaigneux, le Déducteur, sa Défaillance, le Déféqueur Public, le Défondeculotté, le Dégraissé, le Déjeté, le Délectable, le Délicat, Sa Délicatesse, le Délicieux Ballot, le Délivreur (à domicile), le Demi-Barbu, le Demi-Nègre, le Démocrate, le Démoniaque, le Désenflé, le Désespérant, le Désespoir des Psychiatres, le Déterminant, le Détonant, le Dévasté, le Dévasteur, le Déventré, le Dévorant, le Dévoreur de Charme, Sa Dévotion, le Dévoué, le Digne Homme, le Digne, le Dilaté, le Diminué, le Diplodocus, le Disert, la Divine Majesté, la Divinité Mal Braquettée, le Docile, le Docte Personnage, le Dodu, le Dodu-content, le Dodu Redondant, Dom Béru, Domination, le Dompteur, le Don Juan Biscuité, le Don Juan de la Matucherie françouaise, le Don Quichotte de la Mange, le Don Juan des Hôtels de passe, la Dorure, le Doué, Ma Douleur, le Doux Béru, Dubidon, Duchenock, Ducon, Dudule, Dugland, Duglandard, Dulardon, Dupaf, le Duraille, l'Eberlué, l'Ebréché, l'Ecaillé, l'Edenté, l'Edifiant, l'Eduqué, l'Effervescent, l'Efficient, l'Effronté, l'Effroyable, Einstein, l'Einstein de la Rousse, Elephant Man, Elephant' Flic, l'Eloge Vivant de l'Idiotie, l'Eloquent, l'Emblême, l'Embrasé, l'Emérite, l'Emerveillé, Son Eminence le Rubicond, l'Eminence, l'Eminent Escholier, l'Eminent Pléonaste, l'Eminent Docteur ès andouillette, l'Eminent Proéminent, l'Eminent Penseur, l'Eminent, l'Empaillé Graisseux, l'Empaqueté, l'Empereur des Truffes, l'Empereur des Glands, l'Emphatique, l'Emplâtre, l'Emplâtré, l'Emplâtreur, l'Emporté, l'Empressé, l'Encyclopédique, l'Endoffé, l'Energique, l'Energumène, l'Energuménissimo, l'Enfant de Saint-Locdu-le-Vieux, l'Enflé, l'Enflé-de-partout, l'Enflure Préférée, l'Enflure, l'Enflure Masseuse, l'Enflure de Saint-Locdu-le-Vieux*, l'Enflure Normande, l'Enflure Domestique, l'Enfoiré, l'Enfoirure, l'Enfoirure vivante, l'Engelure, l'Engorgé, l'Enorme, l'Enormité Bérurienne, l'Enormité, l'Enrogné, l'Ensommeillé, l'Entonnoir, l'Enveloppé, l'Epais, l'Epanoui, l'Epave, l'Eperdu, l'Epidermique, l'Epoustouflant, l'Epouvantable, l'Epuisé, l'Erudit, l'Estimable, l'Etincelant, l'Etonnant et Détonant Béru, l'Etrusque, l'Evasif, l'Evincé,

l'Excellence, l'Excrémentiel, l'Exécuteur des Basses Œuvres, l'Expérience, l'Exquis Poussah, le Fabuleux, le Facétieux, le Fakir Bey-Rû, Falstaff, le Falstaff des Bistrots, le Fameux, le Fanatique, le Faramineux, le Farineux, le Fatal, Fatty, le Féculé, le Féroce, Fesses de Singe, le Fidèle Bulldozer, le Filiforme, le Fin Diseur, le Finpoète, le Flamboyant, le Flegmatique, Fleur d'Innocence, Fleur d'Eponge, la Folle Bérurière, le Foreur, le Formidable, le Formide, le Fort (des halles), la Fosse d'Aisance en circulation, le Foudroyé, le Fougueux, Fra Diabolique, le Fracassant, le Fracasseur, le Frémissant, le Frénétique, Frère-Jean-des-Entonnoirs, Frère- Jean-des Entonnoirs-de-la-police, la Frite, le Frugal, le Fulminant, le Funambule, le Furax, le Furoncle, le Fustigé de la Membrane, Galantin, Galantinus, Gargantua, le Gargantua de la police française, le Gastronome, la Gelée, le Généreux, le Gentil Sac à vinasse, Glandoche, Glandouillard, le Glandulard, Globule, le Globuleux, Globulin, le Glorieux, le Glouton, le Gnon-humain, le Goinfre, Gold Water, Goliath, la Gonfle, le Gonflé Gras-Double, le Gonflé, le Goret, le Goret Nauséabond, le Goulu, le Grabide, le Gradouble, le Gradu, le Gradube, le Gradubide, le Graduc, le Graduprose, Sa Graisseur, le Graisseux, le Graissophage, le Grand Forniqueur, le Grand Vautour des Andes, le Grand, Grande Béruche, Grande Ame béruréenne, Gras du Bide, Gras-triple, Gras-veau, Grasdu, Grasse Majesté, Grassouillette Majesté, la Gravaille, le Gravissimo, le Gravos, le Gravosse, Gravossimo, le Gravtard, le Grobide, le Grognard, le Gros, le Gros Lard, le Gros Chérubin, le Gros Patouillard, le Gros Peigne, le Gros Loup, le Gros Sac, le Gros Trognon, le Gros Homme, le Gros Tas, le Gros Lapin, le Gros Lardon, le Gros Immonde, le Gros Malin, le Gros Inquisiteur, le Gros Cartésien, le Gros Tas-de-couilles, le Gros Dégourdoche, le Gros Poupon, le Gros Biquet, le Gros Ferré, le Gros Machin Répugnant, le Gros Sac Tyrolien, le Gros Poussah, le Gros Sac, le Gros Effroyable, le Gros Moulin à Conneries, le Gros Tonton, le Gros Saint-Bernard des Neiges, le Gros Porc épique, le Gros Patapouf, Gros-Bide, le Gros-lard Malœil, le Grosbide, la Grosse, la Grosse Béru, la Grosse Bouille, la Grosse Brioche, la Grosse Globule, la Grosse Gonfle, la Grosse Guenille bleue, la Grosse Larve, la Grosse Patate, la Grosse Poire, la Grosse Pomme, la Grosse Tarte à la Choucroute, la Grosse Truffe, la Grosse Vache, Sa Grosseur, le Grrrrros, le Guerrier, le Guerrier de Comptoir, l'Haltérophile Ego, l'Hargneux, l'Héhonté, l'Hellequin, l'Hénoooorme, l'Hénorme, l'Hénormité, Hercule et le Poireau, l'Héritier, l'Hermétique, le Héros, l'Heureux, l'Heureux Terre-Neuvas, l'Heureux Epoux de dame Berthe, l'Hilare, l'Himalaya fait Homme, l'Hippopotame, l'Hirsute, l'Homme à la Chaussette autour du cou, l'Homme à l'Intelligence en berne, l'Homme à Tout faire de la Rousse, l'Homme au Gros Moignon, l'Hommebélier, l'Homme Béru, l'Homme Béruréen, l'Homme-courage, l'Homme de Gros Moignon, l'Homme de Gros-Magnum, l'Homme de Néandertal, l'Homme des Casernes, l'Homme des Caves, l'Homme Grue, l'Homme le Mieux Chibré du continent européen, l'Homme Plâtré, l'Homme qui Baise plus vite que son ombre, l'Hommesidéré, l'Homme-Verdun, l'Honneur, l'Honorable, l'Honorable Patate, l'Honorable Enflure, l'Horrible, l'Hostile, l'Hun en Rut, l'Hydropique, l'Ignare, l'Ignoble, l'Ignobliure, l'Ignoble Bérurier, l'Ignominie, l'Ignominie en Bluejean, l'Ignominie-yéyée, l'Ignominieux, l'Illustrissime Bérurier, l'Imbécile Heureux, l'Imbibé, l'Immense, l'Immonde, l'Immondice, l'Impatient, l'Impérial, l'Imperturbable, l'Impétueux, l'Impitoyable, Son Importance, l'Important, l'Imposant, l'Impulsif Bonhomme, l'Inavouable, l'Incomparable, l'Incongru, l'Inconscient, l'Inconsistant, l'Inconvaincant, l'Incorrigible, l'Incrédule, Son Incrédulité, l'Incriminé, l'Incroyable, l'Inculte, l'Indéfectible, l'Indiscret, l'Indispensable, l'Ineffable, l'Ineffable de La Fontaine, l'Inépuisable, l'Inestimable, l'Inexorable, l'Infâme, l'Infamure Vivante, l'Infatigable, l'Infect Poussah, l'Inflexible, l'Informe, l'Ingénieux, l'Ingénu, l'Initiateur, l'Innocent, l'Inopportun, l'Inquiet, l'Insane, l'Insanité Vivante, l'Insatiable, l'Insensible, l'Insolent, l'Insoumis, l'Intarissable, l'Intellectuel à Tignasse, l'Intense, l'Intéressant, l'Intime, l'Intraitable, l'Intrépide, l'Invicible, l'Invulnérable, l'Irascible, l'Irrécupérable, l'Irréductible, l'Irréinventable Béru, l'Irrémédiable, l'Irremplaçable, l'Irréversible, Ivan le Terrible, l'Ivanhoé du Pauvre, le Jocond, le Joufflu, le Jovial,

le Joyeux, Jumbo, le Jumbo de la Maison Pouleman, le Jumbo des Salons, Kid, Kid-Vengeance, le Kolossal, Lacorne, Lagonfle, Lajoie, le Lancier d'Elite, Lanturlu, le Lardé, le Lascar, le Lavement, Liche, Lord Béruroch, Lord Pléonasme, le Louche, Loulou, le Lourdingue, le Loustic à Tique, Ludwig Bitauvent, le Lugubre, la Lune, M'sieur l'Introspecteur, le Machiavel des Faubourgs, le Machin, le Maestro Alexandro-Bénito Béruriéro, le Mafflu, le Magellan du Pauvre, le Magistral, le Magnanime, le Magnifique, le Mahousse, le Maigre, Sa Maigreur, le Maître, le Maîtrenuageur, Sa Majesté, Sa Majesté Alexandre-Benoît Pommier, Sa Majesté Alexandre-Benoît Premier, Sa Majesté l'Amaigri, Sa Majesté Béru, Sa Majesté Béru Ier, Sa Majesté Bérurière, Sa Majesté Chômeuse, Sa Majesté Connard Ier, Sa Majesté Cornard Ier, Sa Majesté Crème de Gland Ier, Sa Majesté Emplâtrante, Sa Majesté l'Enflure, Sa Majesté Gazeuse, Sa Majesté Gradube, Sa Majesté Gras-du-Bide, Sa Majesté Groslard, Sa Majesté Ignominieuse, Sa Majesté la Gonfle, Sa Majesté le Monstrueux, Sa Majesté Ronflante, Sa Majesté Terriblissime, Sa Majesté Ventripotente, le Majestueux, le Majuscule, le Mal Rasé, le Malgracieux, le Malheureux, le Malmené, la Malodorance Permanente, le Malotru, le Malsonnant, le Mammouth, le Mammouth de Banlieue, le Mammouth des Savanes, le Manneken, le Maousse, le Massacreur, la Masse, la Massue, le Mastard, le Mastardingue, Mastoc, le Mastochard, le Mastoche, le Mastodonte, le Matamore, la Matraque, le Maussade, le Mécontent, le Méfiant, le Mélodieux, le Mémorable, le Merdenflaque, la Mère Gras-double, le Messager Dulard, Messire, Messire Béru, Messire Dugnon, Messire l'Enorme, Messire la Gonfle, Messire l'Enfoirure, Messire Mastard, Messire de Mesdeux, Messire Pâté-Maconnerie, Messire Queue-d'âne, Messire Superbraque ammoniaqué, le Meurtri, Monseigneur Cassetout, le Mignon, Mignonnet, la Misérable protubérance imbécile, le Misogyne, Mister Babar, Mister Bacon, Mister Badaboum, Mister Bastringue, Mister Big Chibre, Mister Big Bide, Mister Big Man, Mister Big Pomme, Mister Big-Apple, Mister Bigzob, Mister Bigzobanche, Mister Bite Raide, Mister Bonbonne, Mister Bonhomme, Mister Bouledegomme, Mister Boulimique, Mister Cachalot, Mister Casanova, Mister Chère-loque, Mister Cognedur, Mister Dodu, Misteur Dubraque, Mister Dulard, Mister Dunœud, Mister Godedur, Mister Goret, Mister Gradube, Mister Graduble, Mister Graduc, Mister Gras-double, Mister Grolard, Mister Guitare, Mister Jumbo, Mister la Tringlette, Mister Lucullus, Mister Mammouth, Mister Mastoc, Mistress Monticule, Mister Moulinex, Mister Mylord, Mister Pompon, le Modeste, le Moelleux, le Mollusque, le Molosse, le Monarque, le Monarque des Comptoirs, le Mondain, le Monolithique, Monsieur la Tortore, Monsieur Berthe, Monseigneur Béruchol, Monseigneur Béruroche, Monseigneur Béruros, Monsieur Duconlajoie, Monsieur Gradube, Monsieur Gros-Pétard, Monsieur l'Encadreur Municipal, Monsieur l'Improvisateur-Chef, Monsieur l'Inquisiteur Abominable, Monsieur l'Instructeur Général, Monsieur l'Inventeur Admirable, Monsieur le Ministre-juge- arbitre, Monsieur Mégalo, le Monstre Antédiluvien, le Monstre, le Monstrueux, le Montagneux de la Coiffe, le Monumental, le Morceleur de Mâchoires, le Morose, le Mortifié, le Moudu, le Mouflon Béru, le Moumouté, le Mozart du Passage à tabac, le Mugicien, le Mugissant, le Multiplié par Dix, le Munificent, le Musculeux, Mylord Mammouth, le Napoléon du Savoir, le Narrateur, le Narrateur Suppléant, la Nature, la Navrance Humaine, le Noble, le Noble Animal-humain, le Noble Bérurier, le Noble Chibreur, la Noix, le Normand, Nostrabéru, le Nounours, le Nouveau Boss, l'Obaise, l'Obèse, l'Obèse-en-cure, l'Obéseur, l'Obligeant, l'Obscène au Grand cœur, l'Obtus, l'Ogre de la Maison Pébroque, l'Ogre de la Grande Volière, l'Ogre de Barbarie, l'Ogre, l'Ogre-mitaine, l'Oncle Tom, l'Ophicléide, l'Opulent, l'Oracle, l'Orageux, l'Orgueil de Notre profession, l'Ouragan Béruréen, l'Ours Béru, l'Outragé, le Pachyderme, le Pachyderme Hypodermique, le Paisible, le Panoche, le Panosse, le Panseur de Chevaux de Rodin, le Pape Pie XI, Papouf, le Passageatabateur, le Passeur à Tabac-(proto)type, la Pastèque, Patapaf, Patapouf, le Patriote, la Pauvre Loque, le Pauvre Patapouf, la Pauvre Truffe, le Pauvre Chou, la Pauvre Pomme, le Pénétrant, le Penseur, Pépérose, Pépère, Pépère Grabide, le Père Gras-du-Bide, le Péremptoire, Sa Pertinence, Sa Pertinence l'Obèse, le Pertinent, le Pertinent Impertinent, le Pesant, le Petit chou, le Petit Poucet des Grandes Castagnes, le Pharamineux, le Phénoménal, le Phénomène, le Philosophe de Comptoir, le Piaffant Béru, Piédur, Pierrot Gourmand, le Placide, le Placiderme, Sa Plaisante Majesté, le Plantigrade, la Planture, Sa Plantureuse Idiotie, le Plantureux, le Plâtreux, le Plein-de-Soupe, le Plissé, le Pocheur d'yeux, le Poète, le Poétique, le Poids-lourd, le Poinçonneur des Lilas, Sa Polissonnerie, le Polyglotte, Pomme d'Api, la Pomme, Pomme à l'huile, Pomme à l'Eau, le Pompeux, le Pope Balubien, Popomme, Popomme Pomme Pomme, le Porcin, Porcinus, le Porte-parole de la Sagesse, Potamochère, Mon Pote Jumbo, le Pote-en-tas, le Potelé, le Poussah, le Précédent Dodu, le Prédominant, le Prépondérant, le Président à Vie des Diminués du Bulbe, le Président de la Raie biblique, le Preux, le Preux Chevalier, le Primate des Gaules, le Prince de l'Amour, le Prince de l'Amitié, le Prince du Passage à Tabac, le Principal, le Pris-à-parti, le Prodigieux, la Proéminence, le Proéminent, le Professeur d'Education sexuelle, Sa Profondeur, Sa Proéminence, Prosper, le Prospère, Sa Protubérance, le Protubérant, le Puissant, la Puissante Emanation de l'Esprit français, la Putréfaction de l'Intelligence, Quadrimoteur, Quasimodo des Palaces, Queue-d'Ane, le Radieux, le Râleur, Ramona, Raspoutine, le Rasséréné, le Rassurant, le Rassuré, le Recueilli, Sa Redondance, le Réjoui, le Relaxe, le Rembourré, le Renflé, le Renfrogné, le Renseigné, le Repteur de Son Académie, le Répugnant, le Rescapé du Scotch, le Résiduel, le Révérend, le Révérend Bérurier, le Rhinocéros, Richard Cœur de Lion, Sa Rigoureuse Majesté, le Risque-Tout, le Rocher de Gibraltar, la Rogne, le Roi des Rois, le Roi des Masseurs, le Roi Incontesté des Cocus de France et de Navarre, le Roi des Ignares, Sa Rondeur, le Rondouillard, le Ronflant, la Rotonde, Sa Rotondité, le Rubescent, le Rubicond, le Rugueux, le Ruisselant, le Ruminant, le Rutilant, le Sac à Couscous, le Sac à Vinasse, Sac-à-Merde, Sac-à-Lard, Sac-à-Plâtre, Sac-à-Vin, le Sagace, le Sage, le Sagouin, Saint Michel Archange, le Sale Paillard, le Samaritain Béru, Sancho Pança, Sandre, le Sanguinaire, le Sarcastique, la Saucisse Avariée, le Sauveur, le

Savant, le Savonneux, le Sceptique, le Scientifique du Bambou, le Scieur Béru, le Sédatif, le Seigneur des Comptoirs, le Seigneur de Saint-Locdu, Sa Seigneurie, Sa Seigneurie Bérurienne, le Semi-veuf, le Sensible, le Sentencieux, le Sévère, le Sherlock Holmes Gonflé au Lard demi-sel, le Sinistre, la Solidification de la Pensée humaine, le Sombre, le Somnolent, le Somptueux, Son Altesse, Son Altesse Boulimique Béru Iᵉʳ Roi des Naves, Son Altesse Boulimique, Son Altesse Connardissime Béru Iᵉʳ, Son Altesse Eléphantesque, Son Altesse Grassissime, Son Altesse Gravossissime Alexandre-Benoît Premier, Son Altesse Grossissime Béru Iᵉʳ, Son Altesse le Roi des Glands, Son Altesse Sérénissime, Son Altesse Vaseuse, le Songeur, le Soucieux, le Soufflé, la Souillure, le Soupeur Man, la Souplesse, le Sourcilleux, le Sournois, le Souverain Porcif, le Souverain Zob, le Sphinx à Vin rouge, le Spirituel, le Sublime, le Suffisant, le Suifeux, le Super-obèse, le Superbe, le Supraterrestre, le Surabondant, le Suractivé, le Suralimenté, le Surbourré, le Surbraqué, le Surdéveloppé, le Surdimensionné, le Surdoué, le Surdoué de la Membrane, le Surgonflé, le Surgros, le Surhum de la Jamaïque, le Surmembré, le Surpafé, le Surpuissant, le Survolté, le Suspendu, le Tacticien, le Talleyrand du Pauvre, le Tanagradouble, le Tank, Tarass Poulbot, le Tartarin des Neiges, la Tarte Molle, la Tarte à la Crème, la Tartine, le Tartiné, le Tas d'immondices, le Tas de boue, le Tas de viandasse, le Tas de Sottises en vie, le Tas de Saindoux, le Tatoué, le Taureau de la Rousse, le Taureau Fougueux, le Téméraire, le Tempétueux, le Tendre, la Tendresse, le Ténor, le Ténor des Bistrots, le Tentaculaire, la Tentaculeire, le Terre-Neuvas de la Rousse, le Terrible, le Terrific, Tête-Creuse, The Mammouth Man, The Big, le Tombeur Tonitruant, le Tonifiant, le Tonitruand, le Tonitruant, Tonton, Tonton Cervelas, la Tornade, la Torpille Humaine, Tortorin, le Toscanini de la Modulation Anale, le Touffu-de-lacoiffe, le Toujours-là, le Tout-maigre, la Tranche de Lard et de Vie conjugués, le Transparent, le Très Cher, le Très Cher Collaborateur, le Triomphal, le Triomphant, Trique-d'âne, le Triton, le Trompe-la-mort, le Trop-plein de Ouatères, le Trousseur, la Truffe, Tsé-tsé Man, le Tumultueux, la Turbulence, le Tuteur,

l'Unijambé, Urbain III, l'Usufruitier, le Vagabond de la Conversation, le Vaillant, le Vaillant Béru, le Vaillant Tout-à-l'égout, le Vainqueur, le Valeureux, le Valeureux Penseur, le Vaniteux, le Vaseux, la Vedette d'Olida on Ice, Sa Véhémence, le Véhément, Sa Véhémente Majesté Alexandre-Benoît Bérurier, le Véloce, le Velu, le Vénérable, le Ventripoté, le Ventru, Sa Vermotisation, le Verre Solitaire, le Veuf Inconsolable, la Viandasse Bébé Rose, le Vibrant, le Vicomte Béru Cradingue de la Tétaupié, le Vidé, le Vieux Casanova de Bal musette, le Vieux Fromage, le Vieux Saugrenu, le Vigoureux, Sa Vigueur, la Vinasse de l'Aïolie, le Virulent, Sa Virulente Majesté, le Volumineux, le Vorace, le Vorace Mafflu, Vulcain, le Yé-yé, le Zélé, Zéphirin, Zigomar Iᵉʳ, Zorro.

Bérurier (Apollon-Jules): fils de Berthe* et d'Alexandre-Benoît Bérurier*, dit Elephant Boy, né sur le tard – en 1986 – à la suite d'un traitement hormonal subi par ses parents, stériles jusqu'alors. Félicie* (mère du commissaire) et César Pinaud* sont ses parrains. «Apollon-Jules est né. Le voici, âgé de deux mois à peine, mais pesant seize livres déjà. Sorte de Gargantua vagissant. Le front plus bombé qu'un croissant de lune, inexplicablement rouquin, bigleux, mafflu, goitreux, adorablement obèse histoire de rendre un vibrant hommage à ses chers parents, le nez en coquille d'escargot, la bouche semblable à un bigarreau, les jambes torses because de la graisse, les épaules musculeuses, modèle réduit de déménageur de pianos, voire de fort des halles, il gigote dans sa vie neuve, le bougre, gueulant à tout va, pissant à tout va, déféquant davantage qu'il ne consomme tout en brandissant des poings agressifs qui, probablement, un jour, feront trembler bien des mâchoires comme le dirait son géniteur.» (126). La filiation littéraire d'Apollon-Jules avec le Gargantua de François Rabelais est encore plus clairement évoquée un peu plus loin : « Irrésistiblement, devant cet énorme poupard, je songe au fils de Grandgousier et de la gente Gargamelle. Déjà force de la nature, à deux mois à peine! Volcan crachant la vie comme son cousin l'Etna sa lave.» (126). «Des joues comme les fesses de sa mère, un pif rouge comme celui de son paternel.» (130). Mais pourquoi un tel prénom? Le père s'en explique : «Jules, biscotte c't'un prénom familial. On a des chiées d'Jules Bérurier su'not' pierre tombale. Quant à Apollon, c'est parce qu'il est né à la clinique du Belvédère. C'est Pinuche* qui me l'a soufflé... : " C'est l'Apollon du Belvédère ! " » (126). Berthe Bérurier n'étant pas un modèle de mère, c'est Félicie qui prendra en charge l'essentiel de l'éducation de l'enfant. À l'âge de quatre ans, il semble déjà tenir ses promesses : « Je pus alors constater, Apollon-Jules déambulant cul nu, qu'il n'avait pas hérité que le nom de son père, et que son appendice queutal ressemblait déjà à la trompe d'un éléphanteau. Elle lui battait les genoux quand il courait et se terminait par un superbe gland rose de la taille d'un pompon de mataf. » (150). Par ailleurs, la ressemblance avec son père n'est pas que physique : « Apollon-Jules, c'est un tube digestif en culotte courte. C'est le ténia avec de gros yeux proéminents, pleins de gentillesse et de stupidité. Son vocabulaire se compose déjà d'une trentaine de mots (verbes y compris, dont le plus répétitif est le verbe du premier groupe " manger "). Cependant il n'est ni débile profond, ni même handicapé mental. Au contraire, quand on le regarde fonctionner (j'allais dire " exister "), on est séduit, voire gagné par sa paix intérieure. Il est une fois pour toutes en état de contentement organique : mangeant beaucoup, déféquant de même ; dormant autant qu'un chien et jouant sobrement avec une ombre, une pierre ou un morceau de ficelle irrécupérable. On le devine aimant. Il aime spontanément, à la manière d'un animal caressé. Quand il pleure, c'est à bon escient : parce qu'il a mal aux dents ou perdu ses parents, ou bien qu'il s'est meurtri. Mais étant dur au mal, ce dernier cas est rarissime. » (150)

Bérurier (Berthe) : née Poilfout (ou Lacourge, ou Zifolard, selon les sources), épouse d'Alexandre-Benoît Bérurier*. Avant de connaître Alexandre-Benoît Bérurier, elle a été bonniche d'hôtel puis serveuse dans un restaurant parisien. Extraordinaire mégère de cent kilogrammes, dévoreuse tant au plan alimentaire que sexuel, exact pendant féminin de son mari dans le pittoresque outrancier. A preuve, cet étonnant portrait, digne d'un dessin de Dubout : « Ce soir, la Gravosse est fringuée d'une mini-jupe qui lui arrive au ras de la babasse et d'une veste en cuir à fermeture Eclair qui

ne fermé-claire plus vu que le petit bitougnot pernicieux a disparu dans une gestée trop brutale. Détail saugrenu : elle s'est coiffée d'un bitos comme je n'en ai jamais vu autre part que sur la tête ci-devant couronnée de Mme veuve George Six. C'est tortillé, en soie verte, volumineux, à festons, bringuebalant, brimbalant, et cela sert de coupe à un monceau de fleurs, de fruits, de légumes, de feuilles et d'animaux jetés en un amoncellement des plus gracieux. Des tulipes veineuses, des pivoines écarlates, des bananes jaunes Van Gogh, des grappes de raisins verts, des poireaux en bottes, des feuilles de chêne en général, des mésanges effarouchées, des perroquets hypnotisés, d'humbles pâquerettes, des pois de senteur, des poils de centaure s'entre-escaladent harmonieusement. Ça pourrait être britannique ; cependant ça reste français. Est-ce à cause de la tête de coq fichée tout là-haut, au sommet ? Ou bien du petit drapeau tricolore que tient un écureuil dans ses pattes jointes ? Long ne c'est. » (75). Berthe participera activement à plusieurs enquêtes du commissaire San-Antonio, le clou de sa « carrière » se situant en 1969, lorsque tout un peuple sud-américain reconnaîtra en elle Bertaga, son « messie » révolutionnaire. (68). Berthe est surnommée : l'Affreuse, l'Annapurna, B.B., Berthagoche, Berthaga, Berthe-la-Silencieuse, Berthounette, Berthy, Mon Ange, Berthe aux Gros Flotteurs, la Baleine du Gros, la Baleine Parlante, la Baleine à Moustache, la Baleine, la Belle Hélène à Poire majuscule, la Belle du Tabour, la Belle-fort-niqueuse, la Berthaga, Mistress Berthaguche, la Berthe Dévorante, la Berthe aux Grands pieds, la Berthe aux Grandes lattes, Dame Berthe, Dame Bertoche, la Bérurière, la Blanchette, Dame Boa, la Brave B.B., le Cétacé, la Coquette, Mam'zelle de Régalard, la Dodue, la Dondon Dodue, la Douce Pâquerette, le Dragon, Berthe Du Guesclin, la Dubaril, la Dubarry du Béru, la Dulcinée, l'Eléphante, l'Eléphantasque, l'Exquise, la Fauvette des Bois, l'Infâme Femme, la Femme Savante, la Frêle Fleurette des Champs (d'épandage), la Gazelle, la Goulue, la Goutte de Rosée, l'O Graisse, la Grassouillette, la Gravosse, la Grosse, la Grosse Vache, la Grosse Bertha, la Grosse Gonfle, la Grosse Béberthe qui monte, monte dans les braguettes, ma Guenille, l'Héroïque, Mâme Jambonnette, ma Libellule, Sœur Loloche, la Mahousse, la Mammouthesse, la Mastarde, la Mégère, la Mère Béruranche, la Mère Jambe-en-l'air, la Molosse, Miss Monstre, la Monstrueuse, la Montgolfière, la Morue, la Musculeuse, l'Ogresse, Miss Olida, l'Orange-Outange, le Paquet de Saindoux, la Pin-up Bérurière, la Pompeuse de réparateurs TV, la Pote-en-Tas, la Ravissante Baleine, la Saucisse, la Sauvagesse, le Tas de Saindoux, la Terrific, la Tour-de-Nesles, la Vachasse, la Vache-qui-rit du Gros, la Vache-qui-rit, la Vachetoche, la Vaillante Guerrière, la Véhémente, la Vertueuse, la Virago, la Vorace, la Vouivre.

Béruriac (Célestin): fauconnier, père d'une jeune fille engrossée par le roi Henri IV, fou de rage pour cette raison, et que le brave François Ravaillac, fervent admirateur du roi a eu le malheur de rencontrer dans un estaminet de la rue de la Ferronnerie un jour de 1610. (200)

Bérurier (Louisiana): patronne de la fabrique de sirop d'érable « Au Sirop magique », au Canada. Parente de A.B. Bérurier* par la branche des syphilitiques des Ardennes, A.B. Bérurier étant de la branche des alcooliques de Normandie. (140)

Bérurier: grognard de Napoléon, dit Beau-Gosier, Joli-Cœur, Pan-Pan-la-Tunique, qui par sa maladresse provoqua le célèbre mot de Cambronne. (200)

Bérurier (Céleste Anatole): père d'Alexandre-Benoît. (49)

Bérurier (Prosper, Jules, Benoît): oncle d'Alexandre-Benoît, domicilié à Saint-Locdu-le-Vieux* au lieu-dit le Trou-du-Cru.

Bérurier (Achille): grand-père d'Alexandre-Benoît, mort à 99 ans. (65)

Bérurier (Francine): mère d'Alexandre-Benoît. (91)

Bérurier: secrétaire-traducteur du consul de France à Alger en 1827, dont une erreur de traduction eut de terribles conséquences. (200)

Bérurier (Akel-Brâkmâr): fils du cousin germain du père d'Alexandre-Benoît, commerçant à Bagdad (Irak). (74)

Béruriez: compagnon serrurier. Travailla avec Louis XVI à qui il montra une de ses inventions. Le roi, la trouvant très intéressante, lui conseilla d'aller la vendre au docteur Guillotin, sociologue et chercheur. (200)

Béruris: féal de Clovis, joua un rôle dans l'histoire du vase de Soissons et dans la création du stade de Reims. (200)

Bérurix: soldat de Vercingétorix qui eut un influence décisive lors du siège d'Alésia. (200)

Béruroi (Amédée): mauvais plaisant d'environ seize ans, qui fit d'une naïve gardienne de mouton la fringante guerrière que fut Jeanne d'Arc. (200)

Béruyer: valet de Louis IX, chargé de protéger les ébats du roi et de la reine, afin d'éviter l'arrivée impromptue de la reine mère. (200)

Beuscher (Paul): fabricant et revendeur d'instruments de musique, « concessionnaire exclusif des Trompettes de la Renommée ». (61)

Bézanville: commune du Calvados. (206)

Bézezy-le-Fignedé: commune de Seine-et-Eure. (55)

Bhézodröm: institut suédois de jeunes filles. (82)

Bidick (Maumau): marin breton. (96)

Bidoche: officier de police, chargé des écoutes téléphoniques. (124)

Bièvre: Eve. Ex.: « Quéqu'un qu'on ne connaît ni de Bièvre ni de l'Isle-Adam*. » (B, 74)

Big Between: alias B.B., surnommé par les Services français la Grosse Bitoune, organisation de l'Ouest, plus ou moins occulte, dirigée par un homme hors série nommé Duck. Cette organisation a son siège dans une île de l'Atlantique, au large des côtes mexicaines. (123)

Big Crèche (la): siège de la police.

Big Chaumière (la): siège de la police.

Bignol's Office (le): siège de la police.

Bikini: île célèbre pour avoir subi des expériences d'explosions nucléaires. Ex.: « A la place du Wander, il ne reste que d'extraordinaires débris et un nuage de fumée qui évoque le champignon de Bikini (lequel compte parmi les espèces vénéneuses). » (24)

Billet de Cent (Cecil): Cecil B. De Mille, cinéaste américain.

Billy (André): romancier et critique littéraire. Ex.: « Sa pogne* est froide comme celle d'un serpent, dirait André Billy. » (15)

Birouth (Kelbel): prince du Jtempal, destitué et réfugié à Paris. (202)

Bitakis (Nikos): armateur grec, propriétaire de 200 bateaux. (37)

Bitalaviock (Caroline): veuve anglaise, maîtresse de Bérurier*. (72)

B.I.T.E.: Bureau d'investigation du territoire européen, service fondé par un ancien du P.A.F.*. (80)

Bithenlère (Maxime de la): général en retraite à Nice. (90)

Bitolles (les): Beatles. (B)

Bitougne (Muguette): hôtesse d'Air France. (131)

Bitovent: Beethoven, compositeur de la Cinquième Avenue. (B, 208)

Blagapar (Miss): chargée au journal « Lutèce-Midi » de la rubrique des Ragots de la Pipelette. Ex.: « Personne pour laquelle on a envie d'entonner le God Save la Gouine en l'apercevant. » (34)

Blanc (Chicorée-Leroux): fille aînée de Jérémie Blanc*. (145)

Blanc (Cadillac V12): sœur de Jérémie Blanc*. Prénommée ainsi parce qu'au moment de sa naissance, son père avait découpé dans un magazine automobile une photo de la Cadillac V12, modèle 1930. (131)

Blanc (Jérémie): inspecteur de police, l'un des principaux auxiliaires de San-Antonio*. Devenu policier en 1986 grâce à l'appui de San-Antonio, Jérémie Blanc est un ancien employé de la voirie de la Ville de Paris, qui balayait les trottoirs du quartier Saint-Sulpice. San-Antonio fait sa connaissance par hasard, à la faveur d'une enquête nocturne: « Enfin la porte s'ouvre et je plonge sur la nuit. En fait, j'ai, face à moi, un Noir immense dont la poitrine nue obstrue tout l'encadrement. Du mec hors série! Près d'un mètre nonante, des muscles, une peau sénégalaise absolument noire, un visage aux pommettes proé-

minentes qu'éclairent des yeux de loup en vadrouille. » (128). Le commissaire ne sera pas long à découvrir les qualités de Jérémie. Celui-ci est non seulement doué de sagacité, de courage et d'esprit de décision, mais aussi d'une culture encyclopédique, particulièrement dans le domaine littéraire. Cette profonde connaissance des lettres françaises, de la part d'un ex-balayeur, ne serait invraisemblable que si celui-ci n'était pas noir; et à cet égard, Jérémie Blanc pourrait bien figurer dans l'œuvre san-antonienne le symbole de l'injustice raciste. Ses qualités tant professionnelles qu'humaines font de lui une sorte de doublure de San-Antonio, mais une doublure « en négatif »; pas seulement parce que sa peau est noire, mais surtout parce que son caractère se dissocie nettement de celui de son protecteur : Blanc se refuse à adhérer au mode de vie dissolue de celui-ci; sauf cas exceptionnels, il reste pour sa part fidèle à son épouse Ramadé, et ne consomme jamais d'alcool. Une grande amitié entre les deux personnages s'établit rapidement, au point qu'Alexandre-Benoît Bérurier*, jaloux, en prend ombrage. Blanc et Bérurier ne cessent de se chamailler, jusqu'à, parfois, en venir aux mains. Jérémie Blanc est originaire d'un village du Sénégal, Jébobola (ou Roulé-Boulé, selon les sources): « Là-bas ils croient que je suis un grand joueur de fote-balle. Avant de partir, je dirigeais le club de notre village. Je suis venu en France pour faire une carrière dans le ballon rond, comme on dit dans « L'Equipe ». Mais j'ai rien trouvé, alors je me suis fait balayeur, mon vieux. Seulement, au pays, on me croit avant-centre de l'équipe de France. » (135) Blanc ne renonce en rien, par ailleurs, à sa culture d'origine, et pratique encore des rituels de son pays (son épouse est fille de sorcier). Blanc est surnommé : Aigle Noir, Bambino, Bamboula, Bamboula Ier, Banania, Bézuquet, Blanche-Neige, Blanchette, Blanchouillard, Blanchounet, Buffalo, Chère Loque Holmes, Fils des Savanes, Fleur d'Anthracite, Fleur de Tunnel, Fleur des Savanes, Gros Nœud, l'Homme-en-comparaison-duquel-un-dessin-à-l'encre-de-Chine-ressemble-à-un-dessin-à-la-craie, Jéjé, l'Ami Ricoré, l'Ange Noir, l'Anthracité, l'Arabicole, l'Assombri, l'Endeuillé, Macaque, l'Escaladeur de Cocotiers, l'Etalon Noir, l'Homme des Afriques, l'Homo des Savanes, l'Immense Africain, la Bronzette, le All Black, le Balayeur d'Elite, le Beau Blond, le Black Pote, le Black, le Bon Négro, le Brave, le Bronzé Congénital, le Bronzé, le Cannibale, le Cher Homme de la Jungle, le Chevalier Mystère, le Chien-Pansé, le Dark, le Démissionnaire, le Diago du Pauvre, le Docile Mâchuré, le Fin Penseur des Brousses, le Foncé, le Grand Chien Panzé, le Grand Diable Sombre, le Grand Escaladeur de Cocotiers, le Grand Glandu, le Grand Noir, le Grand Primate, le Grand Primate des Gaules, le Grand Primate des Savanes, le Gringrin, le Guépard de la Brousse, le Jaguar d'Aubervilliers, le Macaque, le Mâchuré, le Négro Spirituel, le Négus, le Noirpiot, le Pas-si-blanc-que-son-nom, le Primate, le Pugnace, le Sagace, le Schwartz Mec, le Schwartzman, le Sénégalais, le Sénégaloche, le Sherlock des Savanes, le Singe-panzé, le Sir Agenoir, le Spécialiste du Balai, le Suédois, le Tarzan-du-dix-huitième, le Teinté, le Tout-Black, le Tout Schwartz, le Tout-frisé, le Tout-sombre, le Very Black, le Vieux Sherlock Arboricole, M'siou Blanc, le Mec Noir, Messire Bianco, Messire Colored, Messire Négus, Mister Bois-d'ébène, Mister La Brousse, Mister Négus, Mister White, Misteur Black, Mon Black Pote, Vendredi, Négustoche, Négustos, Niacouais de mes Fesses, le Niacouet, le Noirdu, le Noirpiot, Sa Noirceur Jérémie, Saint Panzé, Sherlock Noir, Six Pions l'Africain, Tiger Man.

Blanc (Ramadé): épouse de Jérémie Blanc. Ramadé dispose de grands pouvoirs de guérison, du fait de sa filiation avec un sorcier du Sénégal.

Blanc (Ramadédeux): fille des Blanc. Ex.: « Ainsi prénommée parce que sa mère s'appelle Ramadé. » (139)

Blanc (Tamoulé): dernier des enfants de Jérémie et Ramadé Blanc*. (130)

Blanchut (Adrien): casseur de coffres, sosie d'Adolf Hitler et dirigeant d'une secte britannique des adorateurs du Führer, alias Blanblan-la-Tirelire. (69)

Blanvin (Edouard): dit Doudou, dit Edouard Ier. Garagiste spécialisé dans les tractions avant, prince du Montégrin. (217)

Blanzébu (Octave): sous-brigadier. (137)

Blhé Nô Ragi: ordre distinctif thaïlandais. (101)

Bloody Mary: cocktail préféré de San-Antonio*, et d'Achille*, mélange de jus de tomate et de vodka.

Bluff-Allô-Bill: Buffalo Bill. (B, 205)

Bluwal (Marcel): metteur en scène de théâtre. Ex.: « Mais, comme me l'a dit justement mon camarade Marcel Bluwal un jour que nous buvions de l'alcool à la terrasse de Novalaise-Plage : " Il ne faut jamais se foutre de la gueule des riches car on ne sait pas ce qu'on peut devenir." » (57)

Bobinar (Alonzo): garçon de course du journal « El Correo de la Marquesa de Seviña », journal de Cuho*. (48)

Bôchibrok: pasteur suédois de Tringglatouvâ*. (82)

Bochie: Allemagne. (49)

Bochie Fédé: Allemagne fédérale. (205)

Boeinge (un): Boeing, avion long-courrier. Ex.: « Il ridiculise la planète. Il en démontre l'exiguïté. On vagabonde d'un continent à l'autre par-dessus les nuages. On s'aperçoit que notre véritable univers c'est le ciel bien bleu. » (66)

Bofstrogonoff (Boris): physicien russe, a développé des travaux similaires à ceux du professeur Poreux de la Coiffe* et établi la formule du Bordélaku 18. (71)

Bofstrogonoff (Natacha): fille du savant russe Boris Bofstrogonoff*. (71)

Bofstrogonoff: hôtel de Moscou.

Boigny (Alfred): Houphouët-Boigny. (B, 65)

Bombard: planton du siège de la P.J.. (30)

Bombard: planton de l'hôtel de police de Mar del Plata (Argentine). (148)

Bombard (Alain): spécialiste du milieu maritime, « l'ancien ministre éclair du gouvernement spécimen de la VIe République ». (110)

Bomberubard (Alain): marin de Camaret, seul rescapé du naufrage de son bateau en 1492, rama jusqu'à une terre lointaine où il fit la rencontre d'un marin italien au service de la reine d'Espagne Isabelle la Catholique. (200)

Bonapartoléon: Napoléon Bonaparte. (72)

Bonblanc (Jean): maire de Glanrose*. (141)

Bonde (Jame): James Bond, alias Balzac zéro, zéro, sept. Ex.: «Tu vas pas te mettre à chiquer* les Jame Bonde, mec!» (B, 61)

Bong (Tieng): mère de Li Pût*. (120)

Bonhanibe: gendarme d'Embourbe-le-Petit*. (69)

Bonno Zérès: Buenos Aires. (B)

Bonvalet-Depied: président de l'aéro-club de Chalon-sur-Saône. (151)

Bonzamerlock (rue des): rue de Bruxelles. (205)

Booz (Ruth): membre d'une milice internationale d'auto-vengeance, domiciliée à Typigekpuick*, première victime de Jérémie Blanc*. (128)

Bordeaux (Henry): écrivain français. Ex.: «Il a compris, avant moi, que le revolver est vide. Mais vide comme une salle de conférences lorsque c'est Henry Bordeaux qui est à l'affiche.» (2)

Bordellacut: commissaire divisionnaire. (133)

Bordemer (Zézette): Yvette Horner, virtuose de l'accordéon qui joue «Prends ma figue mais fais gaffe aux pépins». (58)

Borel (Jacques): restaurateur du réseau autoroutier. Ex.: «Un type possédant un sens olfacpif (j'écris bien olfacpif) tellement surdéveloppé qu'il parvient à trouver des truffes dans les cervelas truffés de Jacques Borel.» (112). Auteur d'un traité sur l'embarras gastrique, de Louis XIV à nos jours, dans lequel il a écrit: «On ne fait pas d'hommes laids sans caser des yeux.» (121)

Börggboryygme: îlot sur le lac Chaariivari*. (95)

Borïgm (Borg): assassin sadique suédois. (82)

Bosphore et Férluyr: hôtel à Istanbul. (116)

Bosselet: Bossuet. (B, 200)

Bossuet: prêtre célèbre pour ses oraisons. Auteur de «Occupe-toi d'Homélie». (130). A dit de San-Antonio*: «Il n'a pas toujours l'âge d'oraison!» et «Pour trouver un style aussi imagé que celui de San-Antonio*, il faut remonter jusqu'à Epinal». (62)

Botero: peintre contemporain. Ex.: «Elle ressemblait à une œuvre de Botero qui sait si bien exprimer les fortes femmes rubicondes, au regard d'huître et au sourire béat.» (217)

Bottin mon Daim (le): bottin mondain.

Bouddha-peste: Budapest, capitale de la Hongrie. (B, 155)

Boue-Sac: Boussac, famille d'industriels français du textile. (B, 58)

Boufcheff (Nikita): alias Joe Birthday, commandant d'une base militaire. (71)

Bouffmapine (Ivan): comte russe, chauffeur de taxi à la retraite, né à Saint-Pétersbourg. (95)

Boufftapine (Dimitri): prince russe, beau-père du comte Hubert Grégoire du Con*. (206)

Boukamba: nouvel Etat, né depuis la guerre, dont le drapeau représente un soleil noir sur fond rouge. (106)

Boukanho: capitale du Boukamba*. (106)

Bourladon: directeur de la police, successeur d'Achille* à la suite d'une des nombreuses évictions de celui-ci. (137)

Bourreau de mes thunes (le): bourreau de Béthune, surnom d'un célèbre catcheur des années 60. (B, 200)

Bourreman Office (le): siège de la police.

Bourriqu's House: siège de la police.

Boviatsi (René): auteur d'un ouvrage sur San-Antonio* («A propos de l'humanisme de San-Antonio», La Pensée Universelle, 1979), dans lequel il écrit: «On trouve tout ce qu'on veut trouver dans une œuvre aussi démesurément incohérente.» (109)

Boyokulié: capitale du Jtempal. (202)

Bozon-Verduraz oryctologique: type d'avion, avec appareil fumigatoire, esponton de secours à antenne distordue, ailerons rubéfiés et uranographe suspendu. (44)

Brabams: Brahms, compositeur allemand. Ex.: «Elle matait l'ingénieur du son qu'avait l'air d'écouter du Brabams sous son casque.» (B, 208)

Bradévostock: ville de Russie. (71)

Brandon: inspecteur de Scotland Yard. (9)

Branlard (Anatole) : écrivain dont les œuvres ont été publiées en 1895 chez Poisseux-Dubas sous le titre général de « Périphérie de la circonférence et son accommodement ». (137)

Branlbit's Castle : château de lord Oldbarbon*. (120)

Branlbitt (Alexander) : premier attaché à l'ambassade américaine de Paris. (133)

Branlburn (Lord) : héros de « Le Vampire suce comme un Dieu ». (87)

Branloche : général français, héros de l'aviation de 14-18 (c'est lui qui, à court de munitions, descendit trois avions ennemis avec un lance-pierres ; il visait le réservoir des sens). (133)

Branlomanche (Sébastien) : conseiller politique du Premier ministre canadien. (140)

Branlon (Marlou) : Marlon Brando, acteur américain.

Branlon (Mado) : Marlon Brando.

Braquemuche (saint) : saint patron du coït. (71)

Brave-Dâ (la) : la « Pravda », quotidien soviétique. (BB, 205)

Bravocadaut-Rissin (Gaétan) : chef comptable au Comptoir franco-turc Ismet Tounu. (40)

Breffort (Alexandre) : humoriste français. Ex. : « Oui, c'est le mot qui convient. Il est éminent. Et il ne se méprise pas, l'éminent se grise, dirait Breffort. Peut-être l'a-t-il dit, dans le fond ? » (8). Ex. : « En Italie, les plages sont découpées en tranches (en tranches napolitaines, dirait Breffort s'il avait le temps de dire tout ce qu'on lui prête !). » (24)

Brialy (Jean-Claude) : acteur et metteur en scène français. Ex. : « Après le spectacle, Boris décida d'aller souper chez Brialy, à l'Orangerie. Brialy entra dans son établissement, tenant ses petits chiens en laisse. Il sortait d'une soirée parisienne et portait le smoking qui semble toujours être, sur lui, son vêtement naturel. Son regard généralement malicieux était grave. » (216)

Britiche Musé-homme : British Museum.

Briticherie (la) : Angleterre.

Brocation (Hans) : Helvète, masseur de l'équipe du papier hygiénique Fafatrin sur le Tour de France cycliste. (58)

Brochu (Jules) : veuf, grand voyageur, contemplateur passionné de sexes féminins, beauf-frère de Césaire Tringleur*. (99)

Brôll (Chaâ) : cinéaste indien. (124)

Broutmich (Helmunt) : professeur et directeur du service gériatrique de l'hôpital Namofgod, à Augusta (Maine, Etats-Unis). (136)

Brunswick (Egon) : psychologue hongrois. Ex. : « Il faut reconnaître que je m'exprime dans une langue généreuse, riche en vocabulaire, propice aux métaphores les plus hardies, dans laquelle les mots ambigus abondent. Une langue qui sait toujours où se fourrer, comme dirait Brunswick ! Vous m'en donneriez trois briques que je ne vous la vendrais pas ! » (24)

Brynner (Yul) : acteur américain. Ex. : « Le faisceau fureteur et blême capte soudain une vision fugitive qui ferait se dresser les cheveux d'une statue de marbre représentant Yul Brynner dans le rôle d'une boule d'escalier de verre. » (75)

Buchinegame : Buckingham, résidence de la Couronne britannique. (B, 143)

Buffet (Bernard) : artiste peintre français. Ex. : « Pendant son absence, j'admire une toile de Buffet dans l'antichambre. Une vraie splendeur. Elle représente une feuille de marronnier sur un couvercle de lessiveuse. C'est d'une très grande beauté et d'une sobriété monumentale. Ça bouleverse votre conception intrinsèque du comportement second. Ça vous extrapole ; vous bivalence ; vous édulcore ! Une feuille de marronnier par Buffet, ça n'est plus une feuille de marronnier ; c'est la permanence sédimentaire du cycle de l'azote ! » (31)

Buis (Tony) : commissaire de police à Cannes. (63)

Bukowski : écrivain américain qui a souvent mis en scène des personnages alcooliques. Ex. : « Tout n'est pas cirrhose, dans la vie, comme le dit si justement mon chosefrère Bukowski. » (110)

Bulnaudias (Henrique) : chef de l'organisation terroriste « Le Figne-Dé ». (130)

Buquinguegam pelisse : Buckingham Palace, résidence de la famille royale britannique. (B)

Buquinjambe Palace : Buckingham Palace, résidence de la famille royale britannique. (B)

Buquinjame : Buckingham Palace, résidence de la famille royale britannique.

Burger (Hans) : citoyen est-allemand. (54)

Burnecreuse : nom d'une avenue du XVIᵉ arrondissement à Paris. (206)

Burnorectal : somnifère puissant. (80)

Buspériférick (Otto) : diplomate brésilien d'origine allemande. (73)

Butitisyourcue and Company : compagnie de taxis londonienne. (73)

Buton-Debraghette (Nicolas) : chef de la Sûreté de Bruxelles. (155)

Byrrho Quinquina : hôtel de Le Corona, capitale de l'État de Cuho*. (48)

Bystrô E Pinton Agiorno (Alonzo) : industriel argentin, roi du bœuf en boîte. (203)

C Ça se bourre : Salzbourg, ville d'Autriche. (B, 155)

Cabane Bambou (la) : siège de la police.

Cabane Copa (la) : Copacabana Palace, hôtel de Rio (Brésil). (B, 64)

Cabane Pébroque (la) : siège de la police.

Cabane Poupoule (la) : siège de la police.

Cabane Royco (la) : siège de la police.

Câble (Craque) : Clark Gable, acteur américain. (130)

Cadillac V12 : cf. **Blanc** (Cadillac V12).

Caducet-sur-Parbrise : commune du Cher-et-Tendre*, habitée par les Caducparbrisontins. (67)

Caïn : juge américain, beau-frère d'Achille*. (206)

Calle Vissi : rue de Venise. (205)

Cambronne : général du premier Empire, a dit de San-Antonio* : « Je ne trouve qu'un mot pour exprimer mon enthousiasme ! » (20)

Canard Laqué Enchaîné (Le) : journal satirique chinois.

Canons de la Varenne (les) : Canons de Navarone, épisode de la Seconde Guerre mondiale dont fut tiré un film américain. Ex. : « Là-dessous, j'ai passé dans ma salle de bains, m'fout' à jour. Ça m'gênait un peu biscotte, dans ces cas-là, tu croirais " Les Canons d'la Varenne. " » (B, 208)

Canuet : auteur d'un traité sur la confiture de figues où il écrit : « La suite appartient au futur. » (130)

Capet de Flatulence (Hughes) : vicomte qui exerce la profession de « bouffeur de chattes », avec les spécialités suivantes : minette chantée, feuille de rose, langue fourrée, doigt de cour. (134)

Câpres (boulevard des) : boulevard des Capucines, à Paris. (43)

Carco (Francis) : écrivain français qui a célébré le Paris des voyous. Ex. : « Encore un coinceteau qui change, Montmartre ! S'américanise, se danoise et suédise, et s'enconne. Elle est finie, nettoyée, la butte à Carco. Francis, c'est un Utrillo de plus désormais. » (83)

Carol (Martine) : actrice française des années 50 ;par extension, nom générique pour désigner la jeune et jolie vedette de cinéma du moment. Ex. : « Avec ça, je n'ai plus que la ressource de prendre une biture à l'eau de Javel ou d'aller visionner le dernier film de la Carol Martine internationale. » (20)

Carret (Albert) : technicien du ministère de la Défense qui accompagne, avec Jérôme Rivoire*, San-Antonio* dans son expédition au pôle Sud. (66)

Carzou (Jean) : peintre et décorateur français. Ex. : « On voit un univers à la Carzou. Des poutrelles, des carcasses métalliques. Une énorme grue. » (83)

Casa Hilaloncommessa : lieu qui abrite les amours du juge Pasoparatabaco* et de sa secrétaire. (78)

Casa Pourlardin (la) : siège de la police.

Casse-Pied (la mer) : la mer Caspienne. (B)

Cassedal (Hortense) : employée dans les services scientifiques de la Police Judiciaire de Paris, alias miss Monde, nièce obèse d'Angélique Mathias*, maîtresse de Xavier Mathias*. (147)

Cassepatte (Robert) : Robert Chapatte, ancien coureur cycliste devenu commentateur sportif. (58)

Cassète (saint) : saint évoqué par Laurentine Berlinguet*. (202)

Castré (Infidel) : dictateur de l'île de Cuho*. Libérateur du territoire, inventeur de la peau de banane à fermeture Eclair, fondateur du cendrier à évacuation centripète, grand maître de l'ordre des Buralistes, chevalier de la Bague de Cigare, importateur exclusif du passage à tabac (il est quai des Orfèvres en la matière) et enfin chevalier du Coupe-cigare. (48)

Castré (Fidèle) : Fidel Castro, chef de l'Etat de Cuba. (B, 123)

Cau (Jean) : écrivain français. Ex. : « Tous les picadors ont des gueules de cocus, demande à Jean Cau : la tauromachine, c'est son violon d'Ingres. » (154)

Cavajéjoui : princesse, amie du maharaja Mâbitâhungoû*. (79)

Ce coteau (20-100) : Vincent Scotto, compositeur des plus grands succès d'avant-guerre, entre autres ceux de Tino Rossi. (58)

Cecil B. de Cent Mille : Cecil B. De Mille, cinéaste américain. (B, 208)

Cédlodévian : loueur de vêtements de la rue de Vaugirard à Paris. (44)

Céef (S.N.) : célèbre compositeur russe à voie étroite. (33)

Céhennecéhef : S.N.C.F.. Ex. : « J'lu tends l's'cond, manière de vérifiancer quéqu'chose car moi, une fois lancé dans les déductances, pour m'arrêter, faudrait des butors d'la Céhennecéhef, comme ceux qui t'bloquent le Paris-Vintimille. » (B, 208)

Céleste (Monica) : Monica Seles, joueuse professionnelle de tennis, réputée, outre pour son talent, pour les cris qu'elle pousse sur un court. (151)

Célestine : nom de la vieille Citroën de Bérurier*. (67). Cf. **Agathe.**

Cenecefe : S.N.C.F.

Cent os du mont : Santos-Dumont, aviateur brésilien. (74)

Cequélébate : dieu malotrusien*. (65)

Cérébos : marque commerciale de sel. Ex. : « Cet auteur ne manque pas de sel – signé : Cérébos. » (20). Ex. : « Avouez les gars, que la situation ne manque pas de sel, comme dit mon ami Cérébos. » (24)

Cervlâtrufé : temple de la province de Bandzob*, dont les deux tiers se trouvent au British Museum. (79)

Césari-Césarini (César) : truand français. Ex. : « Le dénommé gagnait son caviar en exploitant trois ou quatre boîtes de nuit dont la plus huppée, " Le Grand Vertige "*, s'honorait d'une clientèle surchoix. » (118)

Césarini (Aldo) : grand chef de la Mafia sicilienne. (84)

Cétesky (Eleska) : ex-épouse de Borïgm*. (82)

Cézetrantecinque : producteur de cinéma, dit 16-35 dans l'intimité. (200)

C'gars-là de Milan (la) : Scala de Milan. (B, 79)

Chaariivarï : lac finlandais. (95)

Chabran-Laumanche : Jacques Chaban-Delmas, politicien français, ancien Premier ministre. Ex. : « Il s'enferme dans ce que M. Chabran-Laumanche appelait des morosités, avant d'en être atteint et bien contaminé de partout, le pauvre, qu'était pas antipathique après tout, surtout la manière qu'il gravissait en courant les escaliers nationaux, mais qu'est-ce que tu veux, c'est la vie : on ne peut pas être et avoir été les mamelles de la France. » (85)

Chambre et Gueuse : Sambre et Meuse. (B)

Champ d'Ernagor : Chandernagor, ancien comptoir français aux Indes. (B, 208)

Champs-Vaselinés : Champs-Elysées, avenue parisienne.

Champs-Zé : Champs-Elysées, avenue parisienne.

Chamzés : Champs-Elysées, avenue parisienne.

Chanzés : Champs-Elysées, avenue parisienne.

Chapeau melon et botte-moi le cul : « Chapeau melon et bottes de cuir », titre d'une série télévisée britannique. (MM, 90)

Chapedelin (Boniface) : général canadien, attaché militaire du Canada à Bruxelles. (140)

Charentoche : Charenton, commune du Val-de-Marne. (58)

Charles le T'aimes-les-raides : Charles le Téméraire, duc de Bourgogne. (B, 208)

Charles XI (l'empereur) : Charles de Gaulle*, général français, président de la République de 1958 à 1969. (200)

Charnu : Charles Hernu, ancien maire de Villeurbanne, ancien ministre. (118)

Charogne (rue de) : rue de Charonne, à Paris. (B, 119)

Chasseur français (le) : revue périodique consacrée au milieu rural, particulièrement à la pêche et à la chasse, célèbre pour son abondante rubrique d'annonces classées. Ex. : « Mon pauvre vieux, au lieu de nous chambrer avec tes grands airs, tu ferais mieux d'écrire aux petites annonces du " Chasseur français " pour tâcher de trouver une situation quelque part aux D.O.M. » (20)

Chat qu'espire : William Shakespeare. Ex. : « Dites voir, l'ami, croilliez-vous jouer " Mec Bête* " du Chat qu'espire ? » (B, 109)

Château des Langueurs (le) : siège de la police.

Château Pébroque (le) : siège de la police.

Châterie (la) : règne du d'Iran. (B, 72)

Chatouilh (Sam) : principal actionnaire du Beverly Hills Hotel de Los Angeles. (153)

Chaud-froid de Bouillon : Godefroi de Bouillon, fameuse figure des croisades. (205)

Chaudelance (Népomucène) : chroniqueur contemporain de Napoléon Ier, connu pour sa sottise, fut nommé roi des Cons par l'Empereur et est à l'origine de la dynastie des Con. (206)

Chaulx-lez-Maron : commune des Yvelines. (71)

Chauve (Bernard) : George Bernard Shaw, écrivain irlandais. (119)

Chaux-de-Pise (La) : La Chaux-de-Fonds, commune suisse. (B, 63)

Chaux-de-Pysse (La) : ville suisse. (205)

Chazot (Jacques) : ancien danseur. Ex. : « Surtout ne pas perdre les pédales, comme dit Chazot. » (110)

Cher-et-Tendre (Le) : département français. (67)

Chère rasade : Shéhérazade, personnage des « Mille et Une Nuits ». (205)

Chère-loque-homme-laisse : Sherlock Holmes, détective privé anglais. (109)

Chère-loque-omelette : Sherlock Holmes, détective privé anglais. (B, 128)

Chiang Li : fille de Kong Kôm Lamoon*. (144)

Chi Pâ Olichi (Hopô) : directeur d'une coopérative pharmaceutique à Macao. (106)

Chi-Pa-O-Li : jongleur chinois du cirque Barnabu. (40)

Chibrac : inspecteur de police. (137)

Chibrocdan-Lamoule : famille de la haute bourgeoisie. (90)

chicorée Leroux : Gaston Leroux, romancier français. (B, 55)

Chiê (Wat) : chef inspecteur de la police thaïlandaise. (101)

Chili : pays d'Amérique du Sud « qui mesure 4 000 kilomètres de long sur 50 centimètres de large ». (206)

Chilou : cf. Achille.

Chirac (Jacques) : homme politique français, maire de Paris, surnommé le grand brochet à bésicles, « sympa, avec sa frime de brochet de luxe. » (130). Ex. : « Qui donc est entré dans la maison, peu avant l'explosion ? Lui, là ! assure l'excellent auxiliaire de Jacques Chirac : je cite les noms des gens en place au moment de l'écrire afin d'actualiser, mais cela implique un danger : ça périme ma prose, car le temps va et le San-Antonio* demeure. » (108)

Chiraco (Tiago) : dictateur de San Bravo*. (98)

Chkoumoune : docteur en médecine, spécialiste des séquelles de la sodomie dans les professions sédentaires. (62)

Cho (Râ) : employée de maison de Li Pût* à Kuala Lumpur. (120)

Chon (Paulo) : chef de la police secrète de l'Etat du Cuho*. (48)

Chopine-Sainte-Nitouche : rue parisienne, proche de la porte Saint-Martin. (111)

Choplamoa (Pedovna) : femme du professeur Kasetapine*. (130)

Chou Poû Ri : taxi-girl de Saigon. (61)

Chouette z'Air (docteur) : docteur Schweitzer. (137)

Chouïa-Barka : clinique la plus huppée de Marrakech (Maroc). (113)

Choukroût (Aïcha) : infirmière à la clinique Chouïa-Barka*. (113)

Chprountz : vice-sous-président et administrateur des Cafés-comptoirs des Indes de 1900 jusqu'à plus ample informé. (37)

Christie (Gaga) : Agatha Christie, romancière anglaise. (113)

Christie (Lacrima) : Agatha Christie, romancière anglaise. (206)

Christine (Agaga) : Agatha Christie, romancière anglaise. (17)

Christine (Agrappa) : Agatha Christie, romancière anglaise. (B, 127)

Chudanlmaki (Tumapavu) : docteur dirigeant une base secrète en terre Adélie, kidnappeur de San-Antonio* et Bérurier*. (66)

Chultenmayer : professeur, a inventé le rayon Ubli, un désactiveur de cerveau. (92)

Churchil (Ouinesonne) : Winston Churchill, homme politique anglais. Ex. : « Sir W.C. n'a pas fait que de la politique. Ça a été également un très mauvais peintre. A mon sens, l'événement le plus marquant de sa longue carrière, c'est son enterrement dont il assura lui-même la mise en scène, et M. Léon Zitrone le reportage. » (74). Ex. : « Lu aussi, ça lui paraissait t'anormal, son chibre qui parvenait pas à éguesécuter le geste que Ouinesonne Churchil éguesécutait av'c un cigare au bout. » (B, 208)

Cibouloche (professeur) : enseignant à la faculté de psychiatrie anale. (130)

Cidre (le) : « Le Cid », tragédie de Pierre Corneille. Ex. : « Le dabe du Cidre a des crosses avec çui d'Archimède. C'est un vieux daron façon croulant. L'autre lui cloque une mandale sans s'occuper de ses crins blancs. Le Cidre prend les patins de son vieux. Il a une vache explication avec son futur beau-dabe et lui carre sa rapière

dans le baquet. Du coup, ça complique les relations avec sa poule. On croit que l'Archimède va lui arracher les lampions avec ses ciseaux à broder, mais pas du tout : elle se la fait quand même qu'il a dessoudé son vioque. Et tu sais pourquoi? Because elle l'a dans le peau, comme moi avec Berthe*. » (B, 38). Ex. : « J'avais déjà vu le Cidre, une fois. Un peu rasoir. Ses amours avec Archimède, qu'est-ce qu'on en a à foutre, tu peux me le dire? Et vachement immoral, moi je serais la censure, j'interdirais. Voilà un mec qui bute le vieux de sa gerce et qui après la fait reluire comme il est pas permis à la santé du beau-dabe. » (B, 45)

Cinq-vain-sans-deux-pôles : Saint-Vincent-de-Paul. (111)

Cinquième Avenue : célèbre avenue de New York, conçue par l'architecte Beethoven. (29)

Claudel (Paul) : écrivain français. Ex. : « Il me décoche un rire béat, rayonnant d'une infinie sérénité. Il ressemble à un mec qui aurait lu Claudel et qui l'aurait compris. » (39). Ex. : « Béants de noire stupeur, comme l'écrit Paul Claudel dans " Les Pieds nickelés en vacances ". » (135)

Claudette : secrétaire de la Paris Détective Agency*, l'officine de police privée qui sert de « couverture » à San-Antonio et son équipe. Belle fille châtain, vaguement nymphomane et au caractère exécrable. Parfaitement incompétente au plan professionnel, mais elle fait très bien l'amour, particulièrement les fellations ; ce qui lui vaut le surnom de « gobeuse » : « Je l'appelle " gobeuse " car elle est une reine de la pipe, la chérie. Elle pompe à longueur de journée tout ce qui passe à portée de ses labiales. Une vraie marotte. Elle est maquée avec un petit julot exténué dont les cernes sous les yeux sont soulignés trois fois au crayon noir. Quand ils rentrent de vacances, cézigue, il est obligé de se gaver de vitamines pour récupérer : été et fumée! La Claudette, elle ne lui laisse dégager son mandrin de sa bouche que lorsqu'il a besoin de licebroquer. » (92)

Claveau (André) : chanteur français, dit le Claveau de Famille (116), bien connu dans le Bas-Rhin, et il répondait : « Entrez, vous êtes chez vous » lorsqu'un ami lui donnait une tape amicale au bas du dos. » (29)

Clément (le lac) : lac Léman. (B, 72)

Clistaire (docteur) : spécialiste des troubles vibro-spongieux, beau-père de Xavier

Mathias*, pape des séraphistes, congrégation fondée par ses soins. (201)

Clockputch : recette de cocktail. Ex. : « Pour ceux qui voudraient faire une vacherie à leurs invités, je joins ici la recette du clockputch : Un tiers de tequila extra-forte. Un tiers d'alcool à brûler. Un tiers d'eau de Javel Lacroix. Un tiers de sirop de sucre. Une cerise confite. Vous agitez le tout avec de la glace pilée et empilée. Comme un cocktail ne saurait se composer de quatre tiers d'ingrédients, vous retirez le tiers de sirop de sucre et vous servez le reste dès que la fumée s'est dissipée en récitant la prière des agonisants. » (78)

Cloclo : Clovis. (B, 200)

Coca-Triste : Bruno Coquatrix, directeur de l'Olympia, célèbre music-hall parisien. (202)

Cognemou : professeur de la faculté des coups et blessures de Bourrepif. (38)

Cohen (Albert) : écrivain français. Ex. : « Cohen, le sublime, a dit qu'aucun amour ne résiste à la perte de deux incisives. » (216)

Colgate : 1. Goliath. Ex. : « C'est le combat de David contre Colgate ! » (B, 56). 2. Marque commerciale de pâte dentifrice. Ex. : « Je lui distribue une œillade veloutée et un sourire révisé Colgate. » (24)

Colle-au-radeau : Colorado, Etat des Etats-Unis. (B)

Colle forte (chancelier) : Helmut Kohl, chancelier allemand. (127)

Colnado : fabricant de vélos italien. Ex. : « Colnado, le couturier du vélo milanais. » (217)

Colomb (Christophe) : navigateur, découvreur de l'Amérique. Ex. : « Le plus espagnol des Italiens, qui, comme chacun le sait, découvrit qu'en coupant l'extrémité d'un œuf dur on pouvait le faire tenir debout. » Ex. : « Conscient de la mission éducative d'un écrivain, je pense que Christophe Colomb a également découvert l'Amérique. C'est un détail de sa vie que beaucoup de gens ignorent ; principalement les Américains, qui ont tendance, eux, à découvrir l'Europe. Indirectement, Colomb est donc le père du Coca-Cola, du chewing-gum et de Dillinger. C'est de cette triple découverte qu'est née l'expression : " Ben, mon Colomb ! " » (24)

Colombey-les-deux-hindous : Christophe Colomb. (B, 200)

Colombien de Marin, bien con, bien capitaine : « Combien de marins, combien de capitaines », vers de Victor Hugo. (B, 78)

Colombin-les-deux-Métisses : général de l'armée française. (69)

Comédie (l'Anatola) : l'ayatollah Khomeyni, père de la révolution islamique iranienne. (116)

Comte de Paris et banlieue (Monseigneur le) : auteur d'un traité sur la pêche au thon en Haute-Marne. (136)

Con (Jérôme) : révérend père, professeur au collège Sainte-Broutmiche de Bruxelles. (206)

Con (Hubert Grégoire du) : comte, propriétaire du haras de Couilleboeuf*. (206)

Con (Jean-Edgard) : homme politique. Ex. : « Il commença sa brillante carrière dans les rangs de l'Action française, avant la guerre. Puis, lors de la guerre d'Espagne, s'engagea dans les troupes communistes, rue de Châteaudun, pour, au moment de la débâcle, se mettre au service du maréchal Pétain, qu'il quitta, en avril 1944, afin de rallier Londres. » (206)

Con (Hervé) : dirige un institut diététique à Pen'Ajouïr. (206)

Conchita : femme de ménage de San-Antonio*. (115)

Concy (Sir Philipp) : fils à papa, habite à Mybackside-Ischicken*, fiancé à Cynthia Mac-Herrel*. (46)

Conhachier : général, voisin de palier d'Alicia Surcouff*. (133)

Con-la-Ville : commune des Yvelines, lieu où se trouve le château des Saint-Braque*. (143)

Con-Plé-Mando-Bjé : tribu malotrusienne*. (65)

Conservatoire des chaussettes à clous de Pantruche* et des concerts Cognemou de Pantin (le) : siège de la police.

Consinistre (Consigné) : Concino Concini, aventurier introduit à la cour royale par Marie de Médicis. (B, 200)

Contraception (Gomez) : secrétaire, et maîtresse du juge Pasoparatabaco*. (78)

Contrition humaine (la) : « La Condition humaine », ouvrage d'André Malraux. (134)

Convolvolo (Donato) : pickpocket de l'aéroport de Catane (Sicile). (84)

Corbeille : Corneille. (B, 200)

cordelière des Landes (la) : cordilière des Andes. (B, 148)

Cornet (Charlotte) : Charlotte Corday, a tué Marat dans sa baignoire. (B, 200)

Cornovero (Guglielmo) : professeur, grand patron des Laboratoires Acquapotabile de Rome. (106)

Corso Québellaputassa : rue de Rome. (106)

Cottivet (madame) : nom d'un personnage fameux du théâtre guignol. Ex. : « La mère Cottivet est une commère cancanière d'entre Rhône et Saône. » (151)

Couchtouala (Marie) : béatifiée par Rome, ancienne femme de ménage dans la paroisse Sainte-Articulaire-de-la-Génuflexion et avait pour patronne la marquise de Foutrepaf. (80)

Couderc (Roger) : journaliste sportif, célèbre pour ses commentaires tonitruants lors des matches de rugby télévisés. Ex. : « Elle égosille tellement que je suis obligé de lui mettre également ma main sur la bouche. Je déplore de n'avoir pas un transistor à portée, vu que Couderc commentant le Tournoi des Cinq Nations, ou bien Johnny interprétant " I love the love, my love " seraient extrêmement opportuns dans notre jolie conjoincture. » (83)

Couillagaz : gaz dérivé du Burnium de Bitembard, nocif s'il est respiré en grandes quantités. (203)

Couillapine (Piotr) : secrétaire de l'ambassade soviétique à Paris. (115)

Couillebœuf : haras situé en Normandie. (206)

Coulapique (rue de l'Amiral) : nom d'une rue d'Angers. (67)

Coup-de-Bambou (la cabane) : siège de la police.

Coupeur (Gabarit) : Gary Cooper, acteur américain. (B, 208)

Coups de Triques (la cabane) : siège de la police.

Coursyvite : entreprise de déménagement angevine. (67)

Courtapoint (Jules) : chef de l'Identité judiciaire. (130)

Courte-Ligne (Georges) : directeur de la revue « La Pêche chez soi ».

Courvoisier : savant à l'origine de la loi physique : « Ce qui rentre par le haut peut rentrer par le bas ». (B, 140)

Courzidor : Raymond Poulidor, coureur cycliste français des années 60. (58)

Coussi-Koussa : cousin de Jérémie Blanc*.

C'qu'a-dit-Marius : Stradivarius, luthier célèbre pour ses violons. (B, 151)

Credo (Alonzo) : prêtre dans un village de guerilléros rondubraziens*. (68)

Crème-lin (le) : Kremlin, siège du gouvernement russe. (B, 71)

Cronin (Archilbald Joseph) : écrivain écossais. Ex. : « Félicie* aime bien Cronin. Chaque été elle se refarcit " La Citadelle " et " Les Clés du Royaume " dans la touffeur capiteuse de notre jardin. » (62)

Cropole (la) : l'Acropole. (B, 60)

Crosby (Bing) : chanteur américain, de type crooner. Ex. : « Je suis prêt à parier mon scalp contre la perruque de Bing Crosby. » (20)

Croupe : Krupp, famille d'industriels allemands. (B, 58)

Cruchalo (Tanvala) : champion d'Italie de patinage sur saindoux. (58)

Crzzzvâd splffthrrroc danlcu : devise de la Bulgarie depuis la féodalité ottomane, qui fut reprise par Pétahouchnoc Ier le Libérateur. (104)

Cû (Dû) : père de Li Pût*. (120)

Cucul-Clandé (le) : Ku Klux Klan. Ex. : « Je les avais un peu à la caille biscotte cette réunion ressemblait à un congrès du Cucul-Clandé, les cagoules en moins. » (B, 59)

Cuho : île dans la mer des Antilles, dirigée par le dictateur Infidel Castré*. La monnaie est le rond de fumée (équivalent de mille anciens francs). (48)

Cul-Bidon : Cupidon. (B, 69)

Curey-Trécy (Aglaé) : veuve d'un colonel, emploie Cadillac V12*. (131)

Curie (Marie): nom utilisé dans l'expression latine « Ave Cæsar, Marie Curie te salutant ». (140)

Curnonsky: de son vrai nom Maurice-Edmond Sailland; gourmet, surnommé le « prince des gastronomes ». Ex. : « Un ventre signé Curnonsky et garanti pour longtemps. » (20)

Cut (Ted): fameux bourreau anglais du XVIIIe siècle, originaire d'Eggs-to-the-Cook*. Ex. : « Pour rafraîchir la miséreuse mémoire de mon lecteur, je tiens à préciser ici que cet exécuteur des hautes œuvres est l'inventeur d'un nœud coulant fameux, connu en Angleterre sous l'appellation de " Nœud de Ted "; qui, une fois franchi le Channel et subi l'inversion d'usage, devait donner chez nous ce fameux " tête de nœud " couramment employé par les chauffeurs de taxi. » (113)

Cutepley (Simon): producteur de films, homosexuel à ses heures. (63)

CX: modèle de voiture conçu et commercialisé par le constructeur Citroën. Ex. : « Merveilleuse voiture qui ressemble à une ambulance lorsqu'elle est blanche, à un corbillard quand elle est noire, et à une tire de suiveur de courses cyclistes quand elle est peinte de n'importe quelle couleur. » (115)

Cyprien: bélier que Bérurier* apprivoise, grâce au fumet de ses pieds dont Cyprien se montre très friand, en Chine, en plein désert du Kurdestan oriental. (59)

D

Dabe (le) : cf. Achille.

Dakitent (Elianor) : actrice de cinéma. (144)

Dac (Pierre) : humoriste français, auteur d'un traité sur la trajectoire intrinsèque du chèque barré dans la société romaine. (29)

Dada (Amin) : ancien chef d'Etat de l'Ouganda. Ex. : « Vous le savez, les dents du maréchal Amin Dada sont très recherchées pour la qualité de leur ivoire, bien supérieure à celle de la défense d'éléphant, son homologue chez les herbivores. Il est notoire que la denture, quand elle est exceptionnelle, révèle des destins d'exception. Napoléon Ier naquit avec une dent, Adolph Hitler ne possédait que des canines et des incisives, Amin Dada, lui, offre une particularité unique dans l'histoire humaine : ses dents repoussent. Il n'eut jamais de dents de lait, s'étant montré carnivore dès la naissance, puisqu'il mangea au lieu de le téter le sein de sa nourrice. Cet être d'élite eut immédiatement les dents longues. Second phénomène à propos de sa denture : ses dents sont entièrement en ivoire : ni pulpe, ni émail. Uniquement de l'ivoire. Troisième phénomène enfin pour en terminer avec cette partie capitale de son individu : ses dents ne s'arrêtent de pousser que pour tomber. Lorsqu'il en perd une, celle-ci est reformée dans la semaine qui suit. Bien que la chose ne soit pas rendue officielle, l'on sait que le président-maréchal est sous contrat avec Cartier auquel il assure la totalité de sa production d'ivoire pur. » (94)

Dadet (Alphonse) : secrétaire de Victor Héatravaire*. (101)

Daire (Hector) : cf. **Dère.**

Da Sole (Ochiali) : professeur d'ophtalmologie à la faculté de Parmesan, dont les travaux font autorité dans toute l'Europe. (104)

Dame aux Bégonias (la) : « La Dame aux Camélias », roman d'Alexandre Dumas fils. (B, 120)

Danhladesh (Vahé) : fille d'Hivy Danhladesh*. (79)

Danhladesh (Hivy) : hindou, membre d'une secte. (79)

Dankor (Alban) : réalisateur de films pornographiques, a réalisé « Mémoires du clitoris de la Princesse X ». (151)

Danlavaz (Chi) : guérillero rondubrazien*. (68)

Danlavaz (Conchita) : entraîneuse du bar Parisiana de Corona, à Cuho*. (48)

Danlœil (Tik) : Rik Van Looy, coureur cycliste belge surnommé par les journalistes « L'Outre-Quiévrain, l'Enfant du Nord, le Fils des Flandres, le Compatriote de Brel ou le Coureur des dunes ». (58)

Danloigne (docteur) : neurologue réputé du XVIe. (92)

Danloigne (Jules) : bossologue réputé. (88)

Danlprözegatan : lieu-dit d'un ancien dépôt des autobus à Stockholm. (82)

Dâr Hachid (Gamel) : colonel libyen, dirige le centre d'entraînement terroriste de Tripoli. (128)

Dar es-Salaam : capitale de la Tanzanie, magnifique port de pêche où les terre-neuvas viennent acheter leur choucroute et faire des parties de zanzi dans les bars. (115)

Darachid (Alluil) : juge égyptien. (116)

Dard (Frédéric) : écrivain, plus connu sous le pseudonyme de San-Antonio. Ex. : « Dame de Byrooth, la bien nommée, car je crois à l'influence des patronymes; si je te disais : j'ai un pote qui s'appelle Dard, eh ben, mon vieux... Enfin, bref... » (93)

Dard (Patrice) : fils de Frédéric Dard, alias San-Antonio*. Ex. : « Quand on dit d'un homme qu'il est expert en la matière, cela ne veut pas fatalement dire qu'il est expert en merde, – signé : Patrice Dard. » (147)

Dargeo (Paulo) : compagnon de combat de Chiraco*. (98)

d'Artagnoche : d'Artagnan, personnage des « Trois Mousquetaires », roman d'Alexandre Dumas. Ex. : « Je m'incline très bas, genre d'Artagnoche rapportant ses ferrets à cette salope d'Anne d'Autriche. » (93)

Dassault (Marcel) : ingénieur et industriel aéronautique. Ex. : « Ingénieux comme M. Dassault, lequel regardant circonvuler un fer à repasser chez sa blanchisseuse s'écria : " Tiens-tiens " car il venait de concevoir le Mirage I. » (76)

Dauphine (la) : Floride, Etat des Etats-Unis, par analogie aux différents modèles de la marque Renault (Dauphine et Floride). (B, 48)

Davidoff (Zino) : fabricant de cigares. Ex. : « Il fume un mégot de Château-Latour, ce qui est contraire aux préceptes de mon ami Zino Davidoff, lequel affirme qu'un cigare ne doit se fumer qu'à moitié, mais peut-être prétend-il cela pour pousser les cilles à la consommation ? » (110)

D'Ban Boû (Koû) : secrétaire, cuisinier de Li Pût*. (120)

Débris (le) : cf. **Pinaud** (César).

De Beauprose de la Ray-Fedhu (Adeline) : pseudonyme de Bérurier* déguisé en femme pour pénétrer dans l'Eva-Club, club féministe. (88)

De tout cœur : magazine de la jeune fille masturbée. (131)

de Vin Cuit (Léonard) : Léonard de Vinci, artiste et ingénieur italien de la Renaissance. (129)

de Troufigne (Mlle) : directrice de l'Eva-Club, mini-club Méditerranée pour millionnaires, situé dans l'archipel des Brankinioll. (88)

de Gaulle (Charles) : ancien président de la République française de 1958 à 1969. Ex. : « Utopiste à la flan, toujours le front sous ces deux étoiles mesquines. » (96). Surnommé : Carolus, Charlot, Colon-les-deux-étoiles, Grand Pif, Jean d'Arc, l'Homme au pif en forme de Bretagne, le Général Bey-Collomb, le Général de mes Deux Eglises, le Général Deusétoiles, le Grand Guerrier du Micro, le Grand, le Grand Diloquent, le Grand V., le Président-Directeur-Général, le Grand Sauveteur, Le Grandu, Le Libérationneur, Messire Charles Onze, Monseigneur Françaijevousai, Pifadingue, Ugène Hérald. (68, 141, 208)

Debogeux (Anne) : étudiante des Beaux-Arts, rencontre de feu rouge de San-Antonio*. (200)

Debrick-Hedbrock : quincaillerie bruxelloise. (205)

Deconaimé Y Lavétor Y Pijaipa Y Létépa Con Binard (Gonzalez) : père de Conchita Danlavaz*. (48)

Dédain-Bourre (Philippe) : Philippe d'Edimbourg, prince consort d'Angleterre. (79)

Defuneste (Louis) : Louis de Funès, acteur français. (130)

Dégueuli : antiparfum de Lancôme. (B, 109)

Dehli (Flahagran) : gardien de but de l'équipe de hockey sur glace d'Inde. (79)

Deibler : bourreau français. Ex. : « Aussi mort qu'un truand auquel le successeur de Deibler vient de faire une coupe, Trois-Sous. » (8). Ex. : « Avec ce talent du raccourci qui m'a valu de la part de certains critiques bien intentionnés le surnom de " Deibler de la syntaxe ", je lui narre les extraordinaires aventures de la nuit. » (62)

Dejallieu (Charles) : romancier à gros tirages. (213)

Dejallieu (Mélancolia) : épouse de Charles Dejallieu*. (213)

Delameer (Sirella) : épouse d'Adam Delameer*. (113)

Delameer (Adam) : Anglais, employé dans un bureau d'études, ancien vice-consul au Kalbahr*, alias docteur Jess O'Meil. (113)

Delange (Julia) : maîtresse de l'armateur Bitakis*. (37)

Delar'r (barde) : barde de Ploumanac'h Vermoh*. (96)

Délice Miroir (le) : le « Daily Miror », journal anglais. (BB, 205)

Delle Branla : sénateur américain, mort en 1963, impliqué dans l'assassinat de John Kennedy*. (153)

Delpoire (Michel) : Michel Delpech, chanteur français. (87)

Delprune (Michel) : Michel Delpech, chanteur français. (87)

de Maistre (Xavier) : écrivain français. Ex. : « " Voyage autour de ma chambre ", qu'il écrivit, Xavier de Maistre! Il aurait bergé dans une caverne commak, c'était carrément la croisière autour de ma chambre! » (62)

Demaseur (Romain) : jeune voyou, évadé de la prison de Nîmes. (90)

Demongeard (Cédric) : jeune peintre talentueux, amant de la baronne Van Trickhül*. (155)

Demption (André) : cardinal à Paris (80).

Deneuve (Catherine) : actrice française de cinéma. Ex. : « La plupart des époux procèdent ainsi : ils se font la mère Poupette en se persuadant que c'est Catherine Deneuve, et tout le monde en profite... sauf Catherine Deneuve, la pauvre! » (122)

Dère (Hector) : dit Buffalo-Bile (ou Bouffe-à-l'eau-Bile), cousin de San-Antonio* du côté de sa mère, « chef de bureau au ministère des Travaux en attente » (28), pour qui le commissaire éprouve une profonde antipathie (c'est réciproque). Hector est un être malgracieux, moralisant et parfaitement ennuyeux, qui se révélera un inattendu homme d'action lorsqu'il s'associera avec César Pinaud* pour fonder l'éphémère Pinaudère Agency, une officine de police privée. (47)

Derniers jours de mon pays (Les) : « Les Derniers Jours de Pompéi. »

Déroulède (Paul) : homme politique français, que l'on invoque lorsque tout fonctionne à merveille, comme sur Déroulède (des roulettes). (54)

Derrien (Mine) : comédienne. (36)

Désange (l'abbé) : abbé, célèbre à Nice. (90)

Descampetta y Gounafiez (Pedro) : commissaire de police de Marbella (Espagne). (120)

Deschanel (Paul) : homme politique français et président de la République française en 1920. Ex. : « Il descendait du train pour rendre visite aux gardes-barrières et les impressionner avec ses pieds propres. Malgré ses frasques, les gars de son bled le réélurent aux élections suivantes, et comme on se gaussait d'eux, ils se justifièrent par ces mots magnifiques : " La preuve qu'il n'est point sot, not' président, c'est qu'on a voté pour lui. " » (66)

Desky (Yvan) : espion soviétique. (115)

Dessudessout (Vincent) : célèbre chimiste français à qui on doit l'invention du compte-gouttes enregistreur et de la vaseline propédérastique. (202)

Dezange (Sir Harry) : sujet britannique, fournisseur particulier de l'archipel des Malotrus*. (65)

Dhamsterdam (Dhanlpor) : citoyen hollandais. (63)

Di Barbo (Paolo) : proxénète parisien. (137)

Didakte (Otto) : secrétaire de Von Dârtischau-Klamar*. (205)

Diderot (Denis) : écrivain et philosophe français; a dit de San-Antonio* : « San-Antonio ne serait-il pas notre plus authentique poète? » (22)

Didon (Méoutuva) : danseur noir. (118)

Dieu : dit le grand chef de gare à cons, le Tout-Puissant, le Barbu, le Chef-Barbouze, Celui d'En-Haut.

Dimbourg (les) : famille royale anglaise. (B, 205)

Dinette (Ferdinand) : domestique de Mme Godemiche*. (38)

Dirlo (le) : cf. Achille.

Disney (Walt) : créateur américain de dessins animés. Ex. : « L'art véritable de ce siècle, celui qui l'aura le plus marqué de son empreinte, qui aura eu le retentissement le plus universel et le plus profond, ce n'est ni celui de Picasso ni celui de Kandinsky, pas plus que celui de Miro ou de Magritte, non, l'art souverain du xxᵉ siècle restera celui de Walt Disney. Les nains de Blanche-Neige et le canard Donald demeurent les créations les mieux abouties, celles dont l'impact aura été le plus grand. L'individu de notre époque appartiendra à Disney, jusqu'à la fin de ses jours et des jours de ses enfants. Le cubisme, le surréalisme, l'abstrait ne signifient rien comparés à Atchoum ou à Bambi. Le monde actuel n'est plus l'œuvre de Dieu, mais celle de Disney. Et nous sommes désormais les frères cadets de Mickey et des Trois Petits Cochons ! » (94)

Ditetrantroy : docteur adjoint du docteur Plakapar*. (63)

Dix Six (Catherine de mes) : Catherine de Médicis, membre d'une importante famille florentine, reine de France. (B, 200)

Dizenof : déesse malotrusienne. (65)

Dodu (le) : cf. Bérurier (Alexandre-Benoît).

Do-Ré-Mi-Fa-Sol : Domrémy, commune des Vosges, patrie de Jeanne d'Arc. (B, 200)

Doigt Dedans (le) : boîte à clientèle homosexuelle, à Saint-Germain-des-Prés, qui a pour enseigne un médius dressé au milieu d'un poing. (124)

Dolorès-Gode : marque allemande d'automobile, dont le sigle est un dos de main dont le médius est replié sur l'intérieur. (205)

Dom Pérignon : Domrémy, commune des Vosges d'où est originaire Jeanne d'Arc. (B, 200)

Don Qui Chiasse : Don Quichotte. Ex. : « Don Qui Chiotte faisant la manche ! » (78)

Dong (Kupi) : jeune fille chinoise. (106)

Dontefervoir (Eva) : actrice belge. (38)

Dora : fille d'un premier mariage de Mélancolia Dejallieu*, victime d'un kidnapping. (213)

Doronavan : inspecteur de Scotland Yard. (69)

d'Ormesson (Jean) : écrivain français; a écrit de San-Antonio* : « Ah! si San-Antonio décidait un jour d'écrire sérieusement ! » (109)

Dotoradu (Fédo) : nom d'un théâtre de Sofia (Bulgarie). (104)

Doublepattépattachon's brothers (les) : tandem Bérurier*-Pinaud*.

Dragées au poivre (les) : film hilarant interprété à la scène comme à la ville par une équipe de ringards sous-payés à leur juste valeur. (115)

Drouet (Victor et Hugo) : espions internationaux dont la couverture sociale consiste à exercer la profession de rêviste-insulteur (ce qui consiste à insulter ou flatter la clientèle). (83)

Druon (Maurice) : ministre de la Grise culture d'hasard zélettre. (206)

Du Bo Trou : Chinois, patron du restaurant : le Haï Nan. (42)

Du mâle l'effleure : « Les Fleurs du mal », œuvre de Charles Baudelaire. Ex. : « La mère, je la sens en hésitance*. Elle lutte entre son devoir et ses élans. Mais les nanas, question devoir, c'est pas leur vertu cardinale, voire simplement épiscopale. Il suffit que le fruit de sa démangeaison mûrisse pour qu'elle se gratte, comme l'écrivait Baudelaire dans " Du mâle l'effleure ". » (113)

Dubonn e Sinjarro : plus bel hôtel de Le Corona, capitale du Cuho (48).

Duboudin-Babolia (leurs Majestés) : le roi Baudouin et la reine Fabiola de Belgique.

Dubout : dessinateur, illustrateur – entre autres – de certains livres de San-Antonio*. Ex. : « Ils sont balafrés comme des troncs de palmiers et avec ce qu'ils se sont collé sur la terrine comme albuplast, on arriverait à faire tenir droit les seins d'une douairière. Un vrai dessin de Dubout ! » (20). Ex. : « Il me montre un appareil bigophonique* réparé avec du sparadrap et qui ressemble à un dessin de Dubout. » (83)

Dubov (Ivan) : lanceur de couteaux soviétique. (104)

duc des Tambours (le) : duc d'Edimbourg. (120)

duc Déguisé (le) : duc de Guise. (B, 48)

Ducron (Mauricet) : écrivain, membre de l'Académie française. Ex. : « Entre alors un hôte de choix : Mauricet Ducron, l'académicien. Tout le monde le connaît d'antipathie. Sa stature dindonneuse, sa poitrine pour jabot, sa tronche de perruqué de la Pléiade qu'un coup de vent aurait décoiffé, son regard hallebardeur qui tient à distance, ses gestes de prélat, sa bouche de dégusteur de vins fins, autant que son parler en chambre d'écho font de lui ce qu'il est, c'est-à-dire un pédant à vocation de grand inquisiteur et qui serait dangereux s'il n'était con, et drôle s'il n'était pas trop con. » (102)

Dufouinard : nom de jeune fille de Mme Pinaud*.

Dugadin (Thomas) : agriculteur savoyard, compagnon de Mathilde, sœur de Félicie*, pendant les dix dernières années de sa vie. (129)

Dugroin : charcutier près de l'institut d'hydrothérapie de Rotberg (Alsace). (130)

Duguy-Lanhneuf : mère maquerelle*, dont Achille* est un habitué depuis vingt-cinq ans. (151)

Dukkonläjoaa : colonel des Services spéciaux finlandais. (99)

Duku (Raï) : commissaire de la police thaïlandaise. (101)

Dumanche-Ackouihl (Philippe) : sous-directeur de la police, supérieur d'Achille*, homosexuel notoire, surnommé Beau Philippe et le Magnifique, amant de l'inspecteur Mormoil. (137)

Dupanard : gardien de nuit à l'école de police. (201)

Dupanloup (monseigneur) : ecclésiastique qui a dit à propos de San-Antonio* : « Aucune thérapeutique ne pouvant agir dans son cas, je vous engage à prier pour lui. » (115)

Dupont-d'Isigny : petite ville de Normandie célèbre pour son carmel. (69)

Duproz (Octébo) : conducteur de camion au Rondubraz*. (68)

Duraille (Marguerite) : Marguerite Duras*. (140)

Durandal : voisin du dessus des Bérurier*, vieux monsieur dur d'oreille.

Duras (Marguerite) : écrivain français. Ex. : « Ah ! douce folie sensorielle qui nous emporte jusqu'aux plus lointaines contrées du désir, comme l'écrit si justement Marguerite Duras dans son traité sur La Pointe du Raz et du Bique réunis. » (102). Ex. : « Un instant de rien dégouline de notre présent pour permettre d'évacuer l'eau grasse de mon étonnement dans la sentine de ma compréhension, comme l'écrivait si justement Marguerite Duras dans son Ode à Jacques Chirac*. » (122)

Dürkömzöb (Katarina) : maîtresse de Borïgm*. (82)

Dusemeur (Auguste) : passager de la croisière sur le « Mer d'Alors* ». (203)

Dusvivandy (Maud) : employée au Foreign Office. (205)

Dutalion (Eloi) : moniteur de tir de San-Antonio* à l'école de police. (113)

Dutourd (Jean) : écrivain français, qui doit son élection à l'Académie française à sa collaboration à l'émission radiophonique « Les Grosses Têtes ». (136). Ex. : « Ecrivain français, célèbre pour son manifeste dans le " France-Soir " du 19 février 1974, dans lequel il écrit, je cite : " Je donnerais n'importe quoi pour être écrivain russe plutôt qu'écrivain français, aujourd'hui, en 1974. Je donnerais n'importe quoi pour vivre dans une société injuste, implacable où j'aurais à chaque instant le sentiment que ma plume peut me mener en prison ou au poteau. " En attendant, M. Dutourd brigue l'Académie française. Ce convoiteur de poteau se contenterait de l'immortalité. » (83). Ex. : « Je songe à la brave Maryse dont il serait grand temps que nous nous occupassions, comme dirait Jean Dutourd à qui il est arrivé de manquer un train, mais jamais un subjonctif. » (142)

Dypaä Cekkoneri : hebdomadaire finlandais. (95)

Eburneur 79 : marque de fusil à lunettes à canon trimulcé, expectative double, farniente incorporé, injection directe d'objet. (101)

Ecateur (l') : Equateur, pays d'Amérique centrale. (B)

Ecossemard : Ecossais.

édéeffe : E.D.F., Electricité de France. (95)

Eggs-to-the-Cook : localité anglaise située dans le comté de Poultock. (113)

Eglise (Jules) : Julio Iglesias, chanteur de variétés espagnol. (120)

Eight (Henry) : P.-D.G. des magasins Masturb's*. (69)

Elbalbor (Hétazor) : nom d'une rue de Budapest. (155)

El Chan Zélizé : avenue de Marrakech (Maroc). (113)

El Chibr : hôtel de Marrakech (Maroc). (113)

Ellaberth II d'Irlandie : Elisabeth II, reine d'Angleterre. (78)

El Parankouilh : célèbre bataille de la Seconde Guerre mondiale. (205)

El Semoul : restaurant de Marrakech (Maroc). (113)

Elysée-bête : Elisabeth II, reine d'Angleterre. (120)

Embourbe-le-Petit : petite commune des Yvelines, dont le maire, Evariste Plantin*, est le cousin par alliance de Bérurier*. La ville est jumelée avec Swell-the-Children (Angleterre, comté de Pedock), localité bordée par la rivière Oktebath. (69)

Embroktaviok et Félareluir : propriétaires associés de « La Petite Sibérie », restaurant russe à Paris. (38)

Encastré (Brute l') : Burt Lancaster, acteur américain. (B, 54)

Enflure (l') : cf. Bérurier (Alexandre-Benoît).

Enhespez (Don) : ancien bagnard à Saint-Laurent-du-Maroni, propriétaire terrien au Rondubraz*. (68)

Enlèvement de plusieurs pines par pelotons (l') : l'enlèvement de Proserpine par Pluton, épisode de la mythologie grecque.

Entre-Mac : « Andromaque », œuvre de Racine. Ex. : « A vaincre sans péril on triomphe sans gloire. – T'as beau me réciter Entre-Mac, ronchonne Pinaud*, c'est pas ça qui me convaincra. » (43)

Erd (Sakam) : garçon de restaurant. (124)

Er Khor : gros brasseur d'affaires et de bière munichois (qui mal y pense). (130)

Espéderaste : S.P.A., Société protectrice des animaux. (B, 55)

Esperanza (Rosette) : assistante de Xavier Mathias*. (151)

Essènecéef : S.N.C.F., Société nationale des chemins de fer français. (B, 200)

Etablissements Arcan and Co (les) : Milieu*, gangstérisme ou banditisme en général.

Etablissements Bignolon (les) : siège de la police.

Etablissements Bourreman (les) : siège de la police.

Etablissements Poulets (les) : siège de la police.

Etablissements Poulman (les) : siège de la police.

Etablissements Pue-Pieds (les) : siège de la police.

Etablissements Royco (les) : siège de la police.

Etablissements Viens Poupoule (les) : siège de la police.

Etroit mousquetaire (l') : « Les Trois Mousquetaires », œuvre d'Alexandre Dumas. (87)

Eufalacock (chemin d') : petite rue de Bruxelles. (205)

Eugène-Au-Vert : Eisenhower, général américain de la Seconde Guerre mondiale. (B, 208)

F

Fabiola : reine de Belgique. Ex. : « On s'use jusqu'à la trame à tourniquer dans la cage de notre destin, comme l'a écrit la reine Fabiola dans ses souvenirs de jeunesse intitulés " Timide et humide ". Et comme elle a bellement raison, la chère souveraine, si modeste sur son petit trône pliant. » (138)

Factieux de la Derniaireur (colonel) : a donné son nom à une place de Dijon. Ex. : « Héros de la guerre 1968-1979, qui, à la tête de sa brigade, s'empara d'un corps d'armée américain cantonné à Clos-Vougeot et détruisit avec un simple sprountzbitz à rayon infrarouge une escadrille anglaise et dix-huit chars volants belges. » (58)

Faible (Edgar) : surnom d'Edgar Faure, homme politique français, par ailleurs auteur de romans policiers. Ex. : « M. Edgar Faible, ancien président du Conseil français, auteur, par surcroît et par contumace, de " C'est jaune et ça ne sait pas ". » (57)

Falzar II le Constipé : nom d'une mosquée de Damas (Syrie). (131)

Fané (le) : cf. **Pinaud** (César).

Fardeau (Brigitte) : Brigitte Bardot, actrice de cinéma. (30)

Faute de l'abbé Tumaine (La) : confusion entre deux titres de romans d'Emile Zola : « La Faute de l'abbé Mouret » et « La Bête humaine ». (71)

Favalelli (Max) : dit Fava, journaliste, cruciverbiste, chroniqueur sportif. A également participé au jeu télévisé « Les Chiffres et les Lettres ». Ex. : « Et mon vieux Fava qui est toute la gentillesse humaine une et unique et universelle, frisait (c'est bien tout ce qu'il pouvait) la septantaine, à moins que ça ne soit la prétentaine, dans ces temps lointains. » (108)

Féfissa : marin grec du Kavulom-Kavulos*. (60)

Félakète : dieu malotrusien*. (65)

Félicie : mère adorée de San-Antonio. Veuve depuis l'âge de 32 ans, Félicie reste immuable : « Elle a son peignoir de pilou gris, avec un col à carreaux gris et blancs. Au lieu de l'épaissir, ça la rend plus menue, Félicie. Ses mèches grises tire-bouchonnent un peu de chaque côté de son visage. Et puis, il y a ses yeux. Des yeux dans lesquels je me verrai toujours beau. Je la prends contre moi. Son odeur n'est pas une odeur de vieillard. Les gens âgés puent le triste. Elle, elle sent pareil depuis toujours : des odeurs de foyer bien tenu, saines, vivifiantes. » (81). A de rares exceptions près (elle se fait kidnapper à deux reprises, dans les n°s 39 et 102), Félicie est un personnage « passif », gardienne du havre de repos que représente pour son fils unique leur pavillon à Saint-Cloud, où elle demeure dans l'attente de son retour, à élever Toinet, leur enfant adoptif, Apollon-Jules, le fils Bérurier, et à mijoter des petits plats. Félicie est surnommée par San-Antonio : Féloche, Félochette, la clémente Félicie, la douce Félicie, ma Félicette, ma Merveilleuse.

Félicien : domestique de la comtesse Troussal du Trousseau* et accessoirement comte et mari de la sus-nommée. (201)

Félix : beau-frère d'Alexandre-Benoît Bérurier*, époux de Geneviève. Ex. : « Un grand zig à la poitrine creuse et à la tête de microbe. » (59)

Félix : professeur d'histoire au lycée Babillon, hurluberlu misanthrope et sympathique, doté d'un pénis « de quarante-huit centimètres de long sur huit de diamètre » (136), ou « de soixante centimètres de long sur environ dix de diamètre » (150), selon les sources. Grand ami de San-Antonio* et Bérurier*, Félix apparaît très épisodiquement. Ainsi, on le retrouve en état d'arrestation pour délit d'exhibitionnisme dans le métro parisien (92), ou professeur d'éducation sexuelle (en fait prof de branlette) dans un pensionnat de garçons (143). « M. Félix ! Lui, plus cagneux, osseux, veineux, creusé que jamais. Lui, avec son long nez plongeant, son menton galochard, ses étiquettes décollées, son regard de nihiliste étincelant d'intelligence désabusée. Félix, le philosophe ! Le prof sans feu sacré ! Félix qui trimbale dans son slip la queue du siècle, au point de faire la pige à Béru ! Cet homme m'impressionne par son érudition, son anticonformisme absolu, sa misanthropie naturelle. Il traverse la vie en crachant et pissant dessus, côtoie les hommes sans les voir, ne s'intéressant un instant qu'à quelques marginaux dont je crois faire partie. » (150)

Félonie : pays imaginaire. Ex. : « Tu penses bien que la Félonie n'existe pas. Pas même dans mon imagination. En réalité, il s'agit d'un pseudonyme que j'utilise pour cacher le blaze d'une nation très connue. Pas qu'on m'impute la rupture des relations diplomatiques. » (89)

Fémâhl (Sa) : chirurgien à la clinique Chouïa-Barka*. (113)

Femmes en cloque (place des) : place de Paris. Ex. : « Autrefois, la place des Femmes en cloque comportait une enceinte qui fut abattue à coups de fusil pendant les " Trois Glorieuses ". » (128)

Fépaloff (Yuri) : espion soviétique habitant Conflans-Sainte-Honorine, frère d'un chauffeur de taxi de Moscou. (115)

Féraud (Louis) : couturier parisien. Ex. : « Louis Féraud avait dessiné et confec-tionné pour le " Maître " d'autres blousons, en velours noir et bleu nuit, qui " l'habillaient " tout en préservant son image de marque " d'ouvrier du théâtre ". » (216)

Férdhinân : taureau sacré dont on trouve la statue dans le temple de Cervlâtrufé*. (79)

Fernal (Alain) : agent des services secrets français. (113)

Fernaybranca (Casimir) : commissaire de police à Nice. (46)

Ferrari : marque italienne d'automobiles de luxe. Ex. : « Une salle de bains époustouflante avec bidet carrossé par Ferrari, changement de vitesse automatique, freins à tambour et injection directe. » (24)

Fifteen (chapelle) : à ne pas confondre avec la chapelle Sixteen.

Fignedé : chauffeur dans la police. (42)

Filesco (Elia) : cantatrice roumaine. (13)

Firmin : oncle de Félicie*. (32)

fiston au Barbu Suprême (le) : Jésus. (200)

Fistule (la) : Vistule, fleuve polonais. (B)

Flaubert (Gustave) : écrivain français, auteur de « Salammbô », et qui mit une semaine pour écrire : « L'air était pur, la mer tranquille et la brise endormie. » (109)

Fleisch-Barbaque : commune d'Alsace ayant une centrale nucléaire : « Contrée riante au temps de Jésus-Christ, située quelque part entre Colmar et Caen ». (130)

Fleuve Noir : éditeur de San-Antonio*. Ex. : « Quinze jours que je bouquine toutes les œuvres de mes collègues du Fleuve Noir, œuvres dans lesquelles au moins il se passe quelque chose ! » (16)

Flicard Office (le) : siège de la police.

Fly-Tox : marque d'insecticide. Ex. : « L'art de San-Antonio*, c'est de toujours trouver la comparaison qui fait mouche. – Signé : Fly-Tox. » (22)

Flytox Airline : compagnie aérienne. (99)

Fon Karayan : Herbert von Karajan, chef d'orchestre autrichien. (B, 208)

Fonce-Mombrac (Jean) : acteur de films pornographiques, a tourné dans « Mémoires du clitoris de la Princesse X ». (151)

Forez : plaine du Massif central. Ex. : « Mme Mary est fort aise (et non Forez comme l'assurent les merveilleux habitants de Montbrison). » (94)

Fornicato (comte) : comte vénitien. (91)

Fossile (le) : cf. **Pinaud** (César).

Foucketts : superintendant à Scotland Yard. Ex. : « Foucketts, il cause anglais pile comme le gonzier d'Assimil qui bonnit : My tailor is rich, pour, aussitôt après, ce con, ruiner le malheureux tailleur en affirmant que son Taylor is not rich ! » (120)

Fouignozoff : maréchal qui sauva l'argenterie de sa famille de l'invasion allemande et organisa la défense de Delatour lors des championnats du monde d'échecs. (30)

Fouille-Mer II : rue de Paris du nom du deuxième bateau de Tabarly, à bord duquel il réussit la traversée du bassin des Tuileries, en 1908. (128)

Foumledan : village de Savoie. (129)

Fouquet's en ville : Fouquier-Tinville, révolutionnaire. (B, 200)

Fourbis de ce calepin (les) : « Les Fourberies de Scapin », pièce « en meulière » de Molière. (B)

Foutons-nous du Gandhiraton : hymne indien. (79)

Fouzy-la-Grosse : commune de la Lozère. (206)

Fragonard : nom d'une école des Hautes Études publicitaires située rue Fignedé à Paris. (137)

Francen (Victor) : comédien français. Ex. : « Le jour où ce grand comédien cessa de parler en serrant les chailles, son dentier tomba, entraînant sa carrière dans sa chute. » (66). Ex. : « Effectivement, il est vieux, barbu façon Victor Francen, avec l'œil sévère. » (83)

Francerie (la) : la France.

French Chicken House Corporation (la) : siège de la police.

Frères Caratastrophe (les) : tandem Bérurier*-Pinaud*.

Frères Zonêtes (les) : opticiens français. Ex. : « Inventeurs du foyer convexe, du foyer qu'on ne vexe pas, du prisme à la qualité, de la lentille farcie et de la monture à guidon télescopique. » (38)

Frigida (Lollo) : Gina Lollobrigida, actrice italienne.

Frigide (Fardeau) : Brigitte Bardot, actrice française de cinéma. (34)

Fritalhuil-sur-Mer : ville de Belgique. (111)

Froidevache (Rolande) : patronne de l'auberge du Pont Fleuri, ex-protégée de Lardeuss*. (118)

Fuenta (Dolorès de la) : comtesse argentine qui a hébergé Bérurier* et Pinaud* lors de leur séjour en Argentine. (148)

Fugelune (Vermi) : célèbre acteur de cinéma. (36)

Fumsé-Dubailge : commune de l'Eure-et-Loir. (128)

Furstenberg (place de) : place du quartier Saint-Germain-des-Prés, à Paris. Ex. : « Je vois la place de Furstenberg, là devant moi. Avec ses arbres, ses lampadaires, toute sa fraîcheur et son romantisme. La plus belle place du monde, si peu connue pourtant. Oui, Furstenberg c'est quelque chose. Ses immeubles gris, ventrus, son silence. » (59)

Fusil-Yamoi : mont Fuji-Yama (Japon). (74)

G

Gabgie (dessert de) : désert de Gobi. (B, 54)

Gaby (Désert d') : désert de Gobi. (B, 208)

Galerie Barbeck (la) : magasin de Quimper. (96)

Galeries Barbézeff (les) : magasin de meubles à Moscou. (99)

Gallimouille : Gallimard, éditeur parisien. (92)

Gamberjon : philosophe qui a démontré la relativité du temps qu'il fera demain par rapport à celui qu'il a fait la semaine précédente. (37)

Gânash (Akel) : général irakien. (74)

Ganist (Lord) : lord anglais, propriétaire d'une Jaguar. (63)

Garcin (Jérôme) : écrivain français et directeur de la rédaction de l'hebdomadaire « L'Evénement du Jeudi ». Ex. : « L'agitation aquatique est soûlante, pourtant elle berce mon cœur d'une langueur monotone ("en présence d'une phrase aussi harmonieuse, on reste perplexe sur l'étendue des dons manifestés par San-Antonio*." – Signé : Jérôme Garcin). » (147)

Gars Khan : Agha Khan, prince et milliardaire d'Asie méridionale. (B, 58)

Gatha (Christine) : surnom d'Agatha Christie, romancière anglaise.

Gault et Millau : auteurs d'un guide gastronomique. Ex. : « Publicité : Que vous soyez fins gourmets ou bouffe-merde, et même si votre palais n'est qu'une chaumière... achetez le guide de Gault et Millau, les Toulouse et Lautrec de la gastronomie. Vous y trouverez, répertoriées, toutes les tables de France, de l'Armée du Salut à l'Elysée-Paul Bocuse. Mangez ! Mangez, chers Gault et Millau. Mangez! Nous ferons le reste ! » (100)

Gaumiau (Henri-Christian) : fusion de Henri Gault et Christian Millau, auteurs de guides gastronomiques. Ex. : « Elle promet de la bouffe sacramentelle qui flanquerait la fièvre quarte à Henri-Christian Gaumiau. » (112). Ex. : « Je ne sais pas si tu es au courant, l'artiste, mais la tortore marocaine est l'une des premières du monde. Pour ma part, et sans téléphoner à Gaumiau, je te la situe pile après la française et la chinoise. » (113)

Gaumixte (Oscar) : P.-D.G. de la fameuse compagnie de navigation Pacsif qui exploite le « Mer d'Alors* ». (203)

Gautier (Jean-Jacques) : critique littéraire. Ex. : « J'ai pas remercié souvent dans ma carrière plumesque. Je me rappelle, si, une fois : M. Jean-Jacques Gautier qui me torche un merveilleux papier. Je lui écris merci, mais c'était parce que son papelard venait de me sauver la vie. J'allais me buter, et puis il y a eu la lueur de la joie professionnelle dans le tas de tourbe emplissant ma tête. » (117)

Geluck (Philippe) : humoriste et dessinateur. Ex. : « Mon cher Philippe Geluck, dont le " Chat " va conquérir la planète, assure que le Paradis c'est rempli de gens qui se racontent, l'éternité durant, leurs souvenirs, et que l'Enfer, c'est pareil, sauf qu'ils amènent leurs diapos ! Comme il dit juste, mon admirable ! » (154)

Genève : ville suisse. Ex. : « Je ne connais pas de ville plus sereine que Genève. On sent que dans ce bled on n'a pas fait la guerre depuis des temps immémoriaux. » (6)

Geneviève : belle-sœur d'Alexandre-Benoît Bérurier*, épouse de Félix*. Ex. : « Cette pauvre Geneviève était sœur siamoise. Elle faisait équipe avec une autre qui s'appelait Hortense et qu'est maintenant garde-barrière dans l'Eure-et-Loir. Un jour Félix est tombé amoureux d'elle et l'a épousée. Seulement leur vie manquait d'intimité à Geneviève et à lui à cause d'Hortense qui assistait à toutes leurs conversations et à tous leurs zébats. C'était des discussions à n'en plus finir à la noye, à trois dans un plumard, ça devenait infernal. Alors Félix a drivé ses siamoises chez un chirurgien cambodgien qu'avait une méthode à lui pour diviser les siamois. En effet, le toubib en question a séparé les deux frangines. Manque de bol, elles avaient des organes en commun, les sisters. Geneviève a gardé la rate pour elle toute seule et Hortense a conservé le sexe par devers elle, si bien que lorsque Félix a le zigomar qui polissonne il est obligé d'aller trouver sa belle-sœur à Saint-Gougnafié-le-Petit-Trou tandis que, quand Hortense a besoin de se marrer, faut qu'elle rapplique dare-dare à Nanterre pour se dilater la rate ! » (59)

Gépé (Marcel) : célèbre merdatologue. Ex. : « Le Christophe Côlon des latrines, et qui a sauvé de l'occlusion intestinale tant et tant de mangeurs de riz grâce à sa méthode malaxo- ventripotente. » (82)

Géraldy (Paul) : poète français. Ex. : « La confrontation est longue, longue comme un jour sans toi, dirait Géraldy. » (8)

Gérant (le) : le Régent, diamant exposé au musée du Louvre. (B, 113)

Gide (André) : écrivain français. Ex. : « Une grande stimulance me perpètre, comme l'écrit André Gide dans son Journal (1515-1789). » (110). Ex. : « Et puis le noir reprend ses droits, comme l'a écrit si admirablement André Gide dans : " Gare tes miches, Baby, j'arrive ! ", le second

volet de " Les Caves s'en vont tiquant ". » (142)

Gigolo y Mantequilla y Platano des Bistougne y Merguez (Alfredo) : cardinal de Fernay Branca, ville d'Argentine. (148)

Giro (Alonzo) : coureur cycliste espagnol de l'équipe Fafatrin, que « ses qualités de grimpeur ont fait surnommer le Petit condor pyrénéen ». (58)

Giscard d'Estaing (Valéry) : ancien président de la République française, de 1974 à 1981, dit l'Ampoule Electrique. (116)

Glandes Jaurasses (les) : Grandes Jorasses, massif alpin. (B, 82)

Glanrose : commune de l'Ouest parisien. (141)

Gleenon (Valentine) : artiste de théâtre et d'opéra irlandaise. (119)

Glès (Capotan) : président du Pérou, nom d'une avenue de Lima. (123)

Gloupe (rue de la) : rue proche de la porte Saint-Martin, fréquentée par des prostituées. (111)

Gnoli (Domenico) : artiste peintre. Ex. : « Boris pensa à une toile de Gnoli, toute blanche, représentant un homme et une femme couchés sous un drap blanc révélant leurs formes enlacées. Ce tableau l'avait impressionné parce qu'il était funèbre pour qui savait le contempler. Il racontait " l'illusion humaine ", la fragilité et la force du couple, son destin compromis. » (216). Ex. « Le dessin de Gnoli était un projet de décor pour " La Belle au bois dormant ". Cela représentait une femme en crinoline enfermée dans une immense cage emplie d'oiseaux et d'étranges éléments : chapeaux, écharpes, etc. » (216)

Godemiche : veuve d'un important fabricant de machines agricoles. (38)

Godfroy-Homiches : impasse près de la rue Saint-Denis à Paris. (137)

Gog (W.C.) : colonel des services secrets américains. (48)

Gogueno (Alonzo) : sergent de la police de Mar del Plata (Argentine). (148)

Gogueno (Alonzo) : serveur à La Pinède Brûlée, boîte de nuit près d'Antibes. (37)

Goinjal : collectionneur de poils de culs de dames, ami de San-Antonio*, qui explique sa passion en ces termes : « A tant faire que de collectionner des trucs qui se lèchent, j'aime autant collectionner des poils de culs que des timbres! ». (149)

Golade (Larry) : secrétaire du gouverneur de Gibraltar, aussi nommé Larry Post, Larry Tournell, Larry Bambell, Larry Baude, Larry Cochet, Larry Sképerryl. (124)

Gold (Amère) : Golda Meir, ancien Premier ministre d'Israël. (B, 208)

Goletto (Henri) : collabore avec Konopoulos*. (103)

golf-Juan : don Juan, séducteur. Ex. : « La façon dont je lui ai réussi son rodage de soupapes m'a fait piger que question golf-Juan je craignais personne. » (54)

Golhade (Larry) : journaliste américain. (119)

Goncourt : prix littéraire prestigieux. Ex. : « Un grand critique (il mesure 1,86 m) me le disait pas plus tard que l'année d'avant : " San-Antonio*, votre esprit vous mènera tout droit à l'académie de billard de l'avenue de Wagram. " En attendant, à dix voix près j'ai raté le Goncourt! » (24). Ex. : « Faut que je prévienne MM. les Goncourt : s'ils me décernaient leur prix et que je sois pas chez moi, ils n'auraient qu'à le glisser sous la porte ou le poser sur le paillasson. » (62)

Gonocock (Alfred) : Alfred Hitchcock, cinéaste américain. (B, 200)

Gorba-le-Chef : Gorbatchev, dernier dirigeant de l'Union soviétique. (125)

Gougnotsky : restaurant au bord de la Moskova, à Moscou. (115)

Goût Suave du Singe : « God Save The Queen », hymne national britannique. (48)

Graduronz : capitale du Rondubraz*. (68)

Graff (Otto) : arbitre du match de football France-Exéma, assassiné sur le terrain. (40)

Graine-Ouiche : Greenwich. (B, 71)

Grande-Bretagnerie (la) : Grande-Bretagne.

Grand-S-Connerie (le) : le Grand Saconnex, localité de la banlieue genevoise. (B, 103)

Grande Albioche (la) : Grande-Bretagne.

Grande Boîte (la) : siège de la police.

Grande Boutique (la) : siège de la police.

Grande Cabane (la) : siège de la police.

Grande Cagna (la) : siège de la police.

Grande Cahute (la) : siège de la police.

Grande Carrée (la) : siège de la police.

Grande Casba (la) : siège de la police.

Grande Caverne (la) : siège de la police.

Grande Chaumière (la) : siège de la police.

Grande Couveuse (la) : siège de la police.

Grande Crèche (la) : siège de la police.

Grande House (la) : siège de la police.

Grandes Jocrisses (les) : les Grandes Jorasses, massif alpin. Ex. : « Le besoin m'bichait de les escalader comme si elles auraient z'été la face nord des Grandes Jocrisses ». (B, 208)

Grands Magasins Frise-Poulets (les) : siège de la police.

Grande Maison (la) : siège de la police.

Grande Masure (la) : siège de la police.

Grand Miahou d'or (le) : distinction iranienne. (72)

Grande Merderie (la) : siège de la police.

Grande Pédoque (la) : la Reine Pédauque. (B, 55)

Grande Taule (la) : siège de la police.

Grande Turne (la) : siège de la police.

Grand Véfour (le) : restaurant parisien ouvert par Raymond Oliver*, situé rue du Beaujolais dans le Ier arrondissement de Paris. (51)

Grand Vertige (le) : cabaret parisien, appartenant à Césari-Césarini*. (118)

Grande Volière (la) : siège de la police.

Grantognon (Lucien) : gardien de la centrale nucléaire de Fleisch-Barbaque*. (130)

Gratémoila : Guatemala, état d'Amérique latine. (B, 208)

Grattefort and Fayrluir Street : rue de Mybackside-Ischicken* où demeure sir Philipp Concy*. (46)

Grattemoule : professeur canadien, qui a découvert le fameux point d'intersection des parallèles et des méridiens. (99)

Gratys (Kirâz) : sujet syrien, importateur d'huile de koude. (113)

Gravos (le) : cf. **Bérurier** (Alexandre-Benoît).

Gravosse (la) : cf. **Bérurier** (Berthe).

Grenoblois (le) : Stendhal*, écrivain. Ex. : « D'accord, j'ai jamais lonché au XIX°, mais j'ai lu les bons confrères du temps, l'Honoré, le Toto, le Tatave, le Guy, l'Emile et bien sûr, le Grenoblois. » (94) (Soit, respectivement : Honoré de Balzac, Victor Hugo, Gustave Flaubert, Guy de Maupassant, Emile Zola.)

Gréviste (Jules) : Jules Grévy. (B, 200)

Grinsky (Georges) : truand français, dit le von Braun de la pègre, technicien auquel les voyous d'envergure font appel lorsqu'ils se heurtent à des problèmes d'ordre plus ou moins scientifique. (72)

Grisbi (Tata) : Agatha Christie, romancière anglaise. (B, 55)

Grochibrstrasse : rue de Cologne (Allemagne). (205)

Groin-lent : Groenland. (B, 134)

Gros (le) : cf. **Bérurier** (Alexandre-Benoît).

Gros Pet : anti-parfum de Lanvin. (B, 109)

Gros et Milieu : Gault et Millau*. (111)

Gros-and-lent : Groenland. (B)

Gros-Braquemard : ville canadienne. (140)

Groschibr (Boris) : héros bulgare. (104)

Gross-Bite (Bing) : Bing Crosby, chanteur américain. (206)

Grossbrakstrasse : rue du quartier résidentiel de Zurich (Suisse). (129)

Grosse Tringlée (rue de la) : rue de Paris située dans le quartier de la gare d'Austerlitz. (111)

Grosse Bitoune : surnom donné par les Services français au Big Between*. (123)

Grossel (Paul) : ex-brigadier de police devenu valet d'Achille*. (66)

Groupe de la Cité (le) : maison mère de Fleuve Noir, éditeur de San-Antonio*. Ex. : « Je préfère te prévenir tout de suite : je ne changerai pas d'éditeur. – Dommage. Chez nous tu obtiendrais dix-huit pour cent... Pour la faire chier, j'ai pouffé : – Si on ne me donnait que ça, au Groupe, y a lulure que j'aurais mis les voiles. » (149)

Grozob (Siméon) : secrétaire général du parti communiste bulgare. (104)

Gueulasse (Amédée) : pianiste de la Pinède Brûlée, boîte de nuit près d'Antibes, ex-truand propriétaire de bars à Pigalle. (37)

Gueulderaik : Goldorak, robot de dessin animé japonais.

Guily-Guilyx : célèbre animateur tasmanien de l'émission : « Impossible n'est pas tasmanien ». (66)

Haachimoû : grand-place de Damas (Syrie). (131)

Hâari (Mahatma) : femme agent secret irakien, connue sous le nom de code PI 3-1416. (74)

Habreûvnôosiyon : ville la plus proche de Khunsanghimpur*. (79)

Hacacheter (sir) : écossais, ami de sir Concy*. (46)

Hacklack (Ted) : homme d'affaires de Valentine Gleenon*. (119)

Haendel : compositeur allemand. Ex. : « Il est prêt à nous jouer le Concerto pour grosse moto de Haendel, l'essènecéfiste. » (35)

Haggravente (Sir Constence) : Ecossais, meilleur ami de Sir Concy*. (46)

Haklack (Ted) : yeoman à la Tour de Londres. (73)

Halaziz (Fémal) : chef des services secrets syriens. (131)

Halaziz (Gamal) : général syrien, héros national. (131)

Haleck (Salam) : cheikh arabe. (141)

Halladale : nom d'un ferry transmanche. (13)

Hallyday (Johnny) : chanteur français. Ex. : « Johnny Hallyday finit une chanson. Chic garçon, Johnny. Mal connu, donc méconnu. Un jour, il m'a dit que le chien et le cheval étaient les deux animaux les plus intelligents de la création. Il paraissait sincère. Quand le mot gars me vient à l'esprit, c'est à lui que je pense. » (206)

Hamboler (Oscar) : chef d'orchestre suisse. (205)

Hambrockmayer (Irudi) : employée de l'institut d'hydrothérapie de Rotberg (Alsace), infirmière et accessoirement maîtresse de Bérurier*. (130)

Handrin (Alex) : docteur, originaire de la Garenne-Pigeon. (118)

Hanjpur-Hanjrâdhieu : Indien, tient un comptoir à Chandernagor. (79)

Hanne (masseur) : masseur-chef du bateau de croisière le « Mer d'Alors* ». (203)

Han Rî Ko : fleuve vietnamien.

Harbourg (comte) : aristocrate de vieille noblesse allemande. (133)

Harbourt de Chaglatte : famille d'aristocrates connue pour son sens du dévouement. Ex. : « Je suis fière de pouvoir le dire, commissaire, mais nous avons toujours eu le sens du dévouement dans notre famille, surtout du côté des femmes. Ma grand-mère, déjà, pendant la quatorze-dix-huit était branleuse de blessés dans les hôpitaux du front. » (143)

Harouaména-Chouïa-Barka : président africain, a donné son nom à une rue de Paris. Ex. : « Surnommé le Libérateur. C'est lui qui a remplacé les flèches au curare par des flèches Eurêka à bout caoutchouté et qui posa pour cette affiche de Banania qui fit tant pour l'indépendance des peuples africains. » (202)

Harryclube (Rot) : directeur du journal le « Happy Birthday to You » de Swell-the-Children* (Angleterre). (69)

Hassê : temple hindou. Ex. : « Le temple d'Hassê n'a pas la même signification que celui d'Angkor. » (79)

Hatteur (Lord) : Ecossais, ami de sir Concy*. (46)

Héatravaire (Victor) : P.-D.G. des Etablissements Laguêpe, fabricant de dessous féminins, gaines et soutiens-gorge. (101)

Hébasque (Albert) : pétainiste qui a échappé aux purges d'après-guerre, assassiné par balles au début des années 80. (128)

Hébull-Degohom : entraîneur hippique à Ascot (Angleterre). (69)

Heckol (Otto) : attaché militaire à l'ambassade d'Allemagne à Rio. (64)

Hécone (Kid) : boxeur, champion d'Europe des mouches ; Bérurier* aurait été son masseur. (58)

Hector : cf. **Dère.**

Heinstein (Frank) : citoyen allemand. (202)

Henri IV : roi de France, qui a tant fait pour les maisons Liebig et Royco. (87)

Henri II : roi de France. Ex. : « Pauv'roi qu'avait inventé un buffet. » (B, 208)

Héolive (Marius) : brigadier de Embourbe-le-Petit*, né à Lille de parents corses. Son père était en vacances dans la capitale du Nord lorsque le pneu avant droit de sa voiture creva. Il eut la flemme de le réparer et se fixa dans la région. (69)

Hépingley : caporal qui a donné son nom à une rue de Paris. Ex. : « La rue du Caporal-Hépingley est une voie distraite avec des immeubles à gauche, des immeubles à droite et un carrefour à chaque bout. Le 118 offre la particularité de se situer entre le 116 et le 120. » (54)

Herckmann (adjudant) : adjudant homosexuel, a fait subir au 2ᵉ classe Bérurier* de nombreuses corvées pour s'être refusé à lui. (201)

Heskarpi (Honorus) : recteur-sorcier de la faculté d'Obsénité-Atouva*. (65)

Hetick (Herr) : collaborateur du docteur Chudanlmaκi*. (66)

Heupan (Mac) : médecin à Swell-the-Children*. (69)

Heurêka (Archimède) : plongeur du « Mer d'Alors* », bateau de croisière de la compagnie Pacsif. (203)

Héviilène (île) : île sur le lac Chaariivarï*. (95)

Hichinel (Paul) : acteur de films pornographiques, a tourné dans « Mémoires du clitoris de la Princesse X ». (151)

Hichinel (Paul) : secrétaire général du syndicat C.Q.F.D. (206)

Hidéalsthandhar : concepteur de baptistère à l'époque de Clovis. (200)

Hippolyte (père) : vieux bougnat, employait Berthe* au moment de la rencontre entre Bérurier* et sa future moitié (201).

Hiscaupe (Prosper) : commandant du sous-marin qui emmène San-Antonio* et Bérurier* au pôle Sud. (66)

Hisse (Paul) : policier. Ex. : « Rappelons que Paul Hisse possédait de toutes petites mains, de là vient, nous assure le poète, le mot menotte. C'est lui qui, au cours d'une visite à la Tour Pointue*, découvrit ce passage secret qu'on devait baptiser " passage à tabac " puisque beaucoup de visiteurs devaient par la suite y casser leur pipe. » (57)

Hitler (Adolf) : dictateur allemand, dit le Charlot de Munich. (98). Une rue porte son nom à Damas (Syrie). (131)

Hiver-Poule (l') : Liverpool, ville anglaise.

Ho (Louise-Marianne) : Luis Mariano, chanteur d'opérette. (27)

Hobibi (Tabobo) : alias Kakaocho, ministre des Affaires étrangères de sa majesté Kelbobaba*. (65)

Hochok (Electre) : médecin du service neurologique de l'hôpital Sainte-Folasse au Québec. (140)

Ho-Kel-Kon : quartier de Saigon (Viêt-nam). (61)

Holestinking (Sir) : directeur de la police londonienne. (205)

Hollyvode : Hollywood, quartier de Los Angeles (Etats-Unis). (B, 54)

Homasse (sainte) : saint Thomas. (B, 71)

Hommeil (Jess) : témoin du colonel Heckol* lors d'un duel. (64)

Hono-Mathô-Pé : place de Saigon (Viêtnam). (61)

Hooverhoufermer (Steve) : directeur du service de privatisation à l'American Bank Company de Zurich (Suisse). (129)

Hopp (Ulla) : secrétaire de direction suédoise, rencontrée par San-Antonio* en Sicile. (84)

Horragy (Blen) : médecin à Swell-the-Children*. (69)

Hossein (Robert) : acteur et metteur en scène français. Ex. : « Publicité : Si vous aimez le théâtre... Et surtout si vous ne l'aimez pas! Courez voir les spectacles de Robert Hossein, le seul metteur en scène capable de faire un triomphe en montant l'annuaire du téléphone Paris-Banlieue. Un Robert Hossein vaut deux roberts obscènes! » (100)

Hôtel Pébroque (l') : siège de la police.

Houcel (Kader) : agent terroriste libyen, plus particulièrement chargé du « front » français. (128)

Houédonk-Pâpon : palais de Saigon (Viêtnam), dynamité par les Nord-Vietnamiens le jour anniversaire du Poisson rouge à vessie natatoire incorporée, puis une seconde fois pour la fête du Têt-Deu-Kon. (61)

Houinesort : Windsor, famille régnante d'Angleterre. (B, 200)

Houlaksécho : grand savant malotrusien*, qui inventa l'eau chaude en 1934. (65)

Houlaksécho : pays d'Afrique. (130)

Hourrou (Wolfgang) : agent français en poste à Hobart (Tasmanie). (66)

House Poullmen : Scotland Yard, police britannique. (45)

Hudy (Herr) : grand maître des Laboratoires Saussis, de Francfort (Allemagne). (101)

Hugues : ami que l'on appelle à tue-tête lorsque l'on a la nausée. (60)

Hungoû (Tabîtâ) : ambassadeur du Toufoulkan. (133)

Hunhanfânh : capitale de la principauté du maharaja Tanhnahunecomça*. (79)

Huntley-Palmer : marque de biscuits anglais. Ex. : « Des Huntley-Palmer! m'écrié-je. On voit, à ce genre de détails, qu'on est dans une bonne maison, car ce sont les meilleurs biscuits du monde! Après la pénicilline, c'est ce que les Anglais ont fait de mieux. » (149)

Hywalker (John) : officier de marine américain. (60)

Hyx (Aster) : Gallois, héros de la bande dessinée des aventures d'« Aster Hyx le Gallois ». (66)

Ibéhème : marque d'ordinateurs et de machines à écrire. Ex. : « Bientôt, v'là ce qu'on becqu'tera pour s'nourrir : des chiffres, comme les ordineurs Ibéhème. » (B, 208)

Ichetecoque : Alfred Hitchcock, cinéaste américain. Ex. : « Tu sais, le gros qui fait penser à un œuf à la coque ? Y s'appelle à la Coque, voilà ça me revient, Ichetecoque ! » (B, 43)

Identité judicieuse (l') : Identité judiciaire, service de police.

Ifoti : tribu indienne du Rondubraz*, peuplée de pêcheurs très doux et très bavards. (68)

Ifotipa : tribu indienne du Rondubraz*, peuplée de chasseurs silencieux et cruels. (68)

Iglesias (Julot) : Julio Iglesias, chanteur espagnol de variétés. (BB, 143)

Ile Adam : Adam. Ex. : « Quéqu'un qu'on ne connaît ni de Bièvre* ni de l'Isle-Adam. » (B, 74)

Incendié (l') : cf. **Mathias** (Xavier).

Il-y-va-Noé : Ivanhoé, personnage d'un roman de Walter Scott. (B, 61)

Ingres-et-Loire : Indre-et-Loire, département français. (130)

Inidraï (Marthe) : prostituée, maîtresse d'Emilio Bandalez*. (121)

Insistance Publique : Assistance publique. (68)

Intelligence Servitude : Intelligence Service, services secrets britanniques. (B)

Inter : Interpol, organisation internationale de police criminelle.

Inter-poule : Interpol.

Irlandie : Irlande.

J

J'abonde : James Bond. (B, 79)

Jabonde : James Bond. (B, 148)

Jag : Jaguar, automobile de marque.

J'ai-vos-dents (la bête du) : la bête du Gévaudan. Ex. : « Y a plus de jugeote dans la tronche à César que de poils au cul de Berthe*, et c'est pas peu dire biscotte ma grosse, sa chaglatte ressemble à la bête du J'ai-vos-dents ! » (B, 111)

Jak Chi-Brak : secte thaïlandaise. (101)

Jakobsen (Nicolaj) : prix Nobel de physique, découvreur de la prismologie solaire interférente à convexité protubérante multiple. (134)

Jambèze : Zambèze, fleuve africain. (B)

Jamebonde : James Bond. (113)

Jankulavec (Boris) : ministre de l'Intérieur de Bulgarie. (104)

Japonie : Japon.

Jean-Polak Deux : Jean-Paul II, pape. (99)

Jeanne d'Arc : sainte guerrière. Ex. : « Moi, y a des moments, je me demande si Jeanne d'Arc ressemblait pas à Berthe*, dans le fond. Vous ne croyez pas? La frêle mômasse de Domrémy, j'ai jamais mordu à bloc. Je la vois plutôt solide truande, miss d'Arc. Mafflue, fessue, nichonnante et altière, forte en gueule, généreuse du derche et franche-buveuse. Jeanne d'Arc, la vérité vraie, c'est qu'elle n'était pas un personnage de Péguy mais de Rabelais. Berthe, je vous affirme ! Terrible, volumi-neuse, gueuleuse. Crevant hommes et chevaux ! Couchant son adversaire d'une torgnole, passant à la casserole douze mâles ardents et hardant les soirs de bivouac. Une nature ! Son imagerie aurait mieux convenu aux fresques de salles de garde qu'aux vitraux de cathédrales. Un certain aspect de la France, somme toute. Plus vivant, plus généreux que celui qu'on nous a fignolé dans les manuels scolaires supervisés par notre sainte mère l'Eglise. Elle a pas obéi à ses voix, Jeannette, mais à sa nature bouillonnante ! Elle était pas mytho-woman, elle était seulement pétardière, c'est-à-dire bien française. Plus tard, quand je serai très schnock, au soir, à la chandelle, je me l'écrirai, ma Jeanne d'Arc, comme tout le monde. En trois actes et un tombé. Je la ferai représenter au " Palais des Sports " avec Yvan Rebroff dans le rôle principal. » (75)

Jébobola : village du Sénégal où est né Jérémie Blanc*. Cf. **Roulé-Boulé**.

Jélaraipur (Iria) : ressortissante indienne, douée de pouvoirs occultes. (124)

J'expire (William) : William Shakespeare, dramaturge anglais. (B, 72)

Johnson (Inglinglhin) : professeur de mathématiques angulaires comparées au lycée de jeunes filles de Melbourne, exilé en terre Adélie. (66)

Jsanhbien Ktumlamî : village iranien, perdu dans la chaîne Dhârpanteur. (72)

Judburne : commandant de bord de la Flytox* Airline. (99)

535

Jules : oncle de San-Antonio*, mort à 97 ans alors qu'il faisait un effort désespéré pour comprendre l'article de fond du « Figaro ». (30)

Jules : cousin de San-Antonio*. Ex. : « C'est un endroit où j'aimerais faire ma vie, comme dit mon cousin Jules, celui qui a du jaune d'œuf sur sa cravate ! » (8)

J'y-vas-go ! (docteur) : « Docteur Jivago », titre d'un roman de Boris Pasternak. (B, 90)

K

K.K. Boû Din : association de terroristes japonais spécialisée dans le vol de documents. K.K. Boû Din signifie « dragon de feu ». (121)

Kaamë Opavoö : hôtel d'Helsinki. (95)

Kabôchâr : village libyen aux confins de la Tunisie. (86)

Kachtékopec : petit village bulgare. (104)

Kadémorpion : hôtel d'Athènes. (60)

Kâha : domestique noire, en poste chez le juge Caïn. Ex. : « Elle se nomme Kâha (parce qu'elle travaille chez Caïn, ce qui te permet des astuces du genre Caïn-Kâha, toujours fort bien venues dans un ouvrage de cette classe). » (206)

Kakahobarhi : ville du Congo. (44)

Kalbahr : émirat dans le golfe Persique. (113)

Kalbär et Kalbüt : deux savants suédois, inventeurs. (141)

Kanar (Fouad) : capitaine de l'armée égyptienne. (131)

Kanigoû ben Klêbahr : avenue de Marrakech. (113)

Kasetapine (professeur) : savant russe dissident. (130)

Kasompez Consigno (Mme) : femme d'un diplomate espagnol. (109)

Kassamoumouth : général à la tête de la révolution qui a renversé le prince Birouth*. (202)

Katastroff : illusionniste du cirque Barnabu. (40)

Katkarre (Jean-Yves) : patron du chalutier « La Môme Crevette ». (96)

Kavulom-Kavulos : bateau grec, utilisé pour le transport en terres grecques de la « Victoire de Samothrace ». (60)

Kee (Honnissoy) : servante de l'hôtel de la Livre dévaluée et de la Licorne d'abondance, a une camériste qui s'appelle Maly Pence. (69)

Kékassé (Yamamoto) : ambassadeur du Japon à Andorre. (148)

Kéköneri : lac suédois. (82)

Kelbobaba : reine de l'archipel des Malotrus*. Ex. : « Sa Gracieuse Majesté, la reine Kelbobaba ! Impératrice des Mers du Sud ! Gardienne des Récifs de corail ! Souveraine des îles Malotrus* ! Amirale de la flotte ! Générale en chef désarmée ! Membre de la Laque à demi française ! Commandeuse de l'ordre du Lézard ! Chevalière de la Figue de Barbarie ! » (65)

Kelbomek (Stanislas) : membre de la légation de Pologne. (33)

Kelbo Salo : sultanat situé dans l'île de Java (Indonésie), et dont la devise est : « Foutlâ Dan Lkuou L'Kong ». (138)

Kelécchimos : commissaire de la police grecque. (60)

Kelloustik (Vladimir) : géniteur d'Antoine*, dit Toinet, enfant adoptif de San-Antonio*. Mort dans un règlement de comptes entre truands. (75)

Kelsaltan : imanat du Moyen-Orient, dont la capitale est Kelsalmecque, les habitants les Kelsaltipes et l'unique richesse le pétrole. La langue officielle est l'arabe fouinazé et la monnaie le brakmarh. Le Kelsaltan « résulte d'un éclatement de l'Arabie karbonate de Séoud survenu tout de suite après la guerre qui opposa ce pays à l'Angleterre sous le règne de Fotomathon 1er », et « dont l'étendue est sensiblement égale à celle de la France ». Le Kelsaltan est officiellement gouverné par l'iman Komirespyr; en fait, ce pays se subdivise en petits émirats dont le plus important est l'émirat d'Aigou. La principale ville de ce dernier est Toutal-Aigou et il est gouverné par l'émir Obolan. (56)

Kelvulve (Barbara) : actrice de films pornographiques, a tourné dans « Mémoires du clitoris de la Princesse X ». (151)

Kelzob-Ketâ : unique porte-avions de la marine soudanaise, construit aux chantiers navals de Conflans-Sainte-Honorine. (74)

Kennedy (John) : ancien Président des Etats-Unis dont la devise était : « Ne jamais se laisser abattre ». (203)

Kenny (Paul) : écrivain(s). Ex. : « Alors, nous v'là... 69 rue des Frères-Paul-Kenny, romancier belge (1515-1999) dont l'œuvre la plus fameuse est " Tirer Coplan sur la comète ". » (93)

Kesouton Ku (Yamaha) : propriétaire du restaurant Yaton Ton Kébon*. (121)

Kessaclou : interprète au service de la police grecque. (60)

Khar (Otto) : ministre de l'Intérieur autrichien. (155)

Khrâmerakhrâmerapâ : incantation que chante en chœur la foule assistant à une crémation à Khunsanghimpur*. (79)

Khunsanghimpur : bourgade indienne située dans la province du Bandzob*. (79)

Kibandalez (Saligo Antonio) : serveur du bar Fuente à Marbella (Espagne). (109)

Kichi Duho Duma : marque de motocyclette. (90)

Kid Punch : kangourou tasmanien champion de boxe qui totalise 122 victoires, mis k.-o. par Bérurier*. (66)

Kidordine : fabiicant suisse de montres. Ex. : « On lui doit l'invention du cadran-solaire-bracelet et celle, non moins estimable, de la pendulette-chauffe-plats. » (63)

Kidordine : fameux spécialiste soviétique de la nutrition. (72)

Kiflouz (docteur) : médecin légiste au Caire. (116)

Kiké-donk Si Kong : bureau de l'Etat-Major (en vietnamien).

Kimkonssern (Hans) : contre-espion nazi, réfugié après la guerre à Montevideo. (87)

King-Kong : Hong-Kong. Ex. : « Si j'aurais su qu'on partait si loin, j'eusse changé d'slip et d'maillot de corps la s'maine dernière. Tu croyes qu'on en trouve à King-Kong? » (B, 106)

Kinique (Yanik) : coureur cycliste d'origine bretonne. (58)

Kipran du Rhon (marquis) : auteur de « Les Grands Moments des Grandes Reines » d'où est extrait l'histoire de l'estafette Béruguise*. (200)

Klé (Mus) : employé de maison de Li Pût* à Kuala Lumpur. (120)

Klozett (Walter) : pianiste. Ex. : « Celui qui remplit les plus grandes salles de concert du monde! Celui dont les critiques ont écrit qu'avant sa venue, le piano n'était qu'un instrument à percussion auquel il a donné une répercussion ". » (202)

Klozett (Walter) : aventurier. (86)

Knock-Hout-Mazoute : localité belge, réputée pour sa maison de santé. (155)

Kollyc (Al) : gangster américain. (118)

Kolom-Bey-les-Deux-Mosquées : capitale de la Babouchie*, célèbre pour ses élevages de girafes. (51)

Kolonalahune (saint) : saint évoqué par Laurentine Berlinguet*. (202)

Koluch (Wolgang Amadeus) : compositeur, né à Kronenbourg; a notamment écrit : « Si ton chat perd ses poils, arrête le vélo. » (124)

Komédy (Alaïolie) : ayatollah Khomeyni, chef de la révolution islamique iranienne. Ex. : « Mériflour-le-Bas est une délicieuse localité verdoyante, nichée dans un vallon du côté de Neauphle-le-Château, où le cher Alaïolie Komédy contracta durant le long exil qu'il y vécut cette immense reconnaissance pour la France qui le fait pisser dans son froc chaque fois qu'il voit le drapeau tricolore ou qu'il lit un San-Antonio*. » (127)

Komtulagros : commandant du Kavulom-Kavulos*. (60)

Konar le Rutilant : nom d'une mosquée de Damas (Syrie). (131)

Kong Kôm Lamoon : homme le plus riche de Singapour, roi du bazar et de l'import-export. (144)

Konhachier (Herr) : président-directeur feld général des usines Grassmoule de J'tue-ce-gars (Stuttgart, Allemagne). (101)

Konhar (dit le Constipé) : émir du Kalbahr*. (113)

Konopoulos : diplomate grec en poste en Suisse. (103)

Konozov (Gregory) : espion soviétique. (115)

Kons Thy Pê : célèbre pétomane cambodgien, attraction de Lô Lin Pia, music-hall de Saigon (Viêt-nam). Il a été trois fois suppositoire d'or aux jeux scatologiques de Montecuccule. (61)

Kontpassurmoa : dieu malotrusien*. (65)

Kopstétos : docteur d'origine chypriote, homosexuel. Ex. : « Il prend du rond comme un fou, mais c'est le médecin le plus sympa que j'aie jamais rencontré. » (133)

Kouchtoyla Kjtdénièz (Alexandra) : prostituée en Sibérie. (71)

Koussikoussa (Slava) : partenaire du lanceur de couteau soviétique Ivan Dubov*. (104)

Kouvrechev : commandant de bord d'un avion de l'Aeroflot. (71)

Kovovette : Koweït.

Krados Ier : roi balkanique. Ex. : « Krados Ier est ce monarque qui libéra la Macédoine du joug des Perses et fit mettre ces derniers dans des tonneaux. A la suite d'une curieuse inversion (assez répandue chez les Grecs) devait en découler l'expression : mettre les tonneaux en Perse ! » (60)

Kraft (Kriss) : gardien de but de l'équipe de France de football, capable d'arrêter un penalty, de dos, les yeux bandés, et avec un bras dans le plâtre. (40)

Krakdanlaminirob : endroit où se trouve la datcha du professeur Bofstrogonoff*, près de Moscou. (71)

Krakmoilesuki : Henri Krasucki, syndicaliste français, dirigeant de la C.G.T. (130)

Kriss (Mohamed) : tueur sanguinaire, homosexuel. (116)

Kusonne (Simon) : président péruvien, a donné son nom à une rue de Lima. (123)

LLaab Haleyèète (Danlkuu) : célèbre metteur en scène finnois, installé au Zuhessa*, spécialisé dans les films de science-friction. (115)

La Bagouze (monseigneur) : prélat qui a beaucoup fait pour l'emploi de la pilule dans les couvents. (203)

Labit-Tembernes : dame de la haute bourgeoisie qui a le malheur de voir son pékinois écrasé sous les fesses puissantes de Bérurier* sur un siège de la Marquise de Sévigné aux Champs-Elysées. Ex. : « J'avais pris cette saloperie pour un coussin. D'abord, c'est pas la place d'un clébard, sur un siège. » (45)

Laburne : lieutenant de la police canadienne. (140)

Lacq : commune des Pyrénées-Atlantiques, connue pour son expression « vite-fait-sur-le-gaz ». (54)

Lacryma-Cristi (la mère) : Agatha Christie, romancière anglaise.

Ladanlbaba : ville portuaire du San Bravo*. (98)

Lafayette : général français, a travaillé pour la galerie. (17)

Lafigue (Mme) : couturière, amie de Mme Bérurier* mère, a poursuivi l'œuvre entreprise par Mme Martinet*. (201)

Lag Dân Lekû (Tû) : femme de service à l'hôpital de Chambéry, surnommée « Fleur-de-Lumière ». (129)

Lagougne (Violette) : inspecteur de police, auxiliaire occasionnel de San-Antonio*. Cf. Violette.

Lagranhchârtreuz : massif montagneux proche de Khunsanghimpur*. (79)

Lakalote (Abba) : révolutionnaire malotrusien*. Ex. : « Kelbobaba* lui objecte que ses guerriers ne peuvent se servir de fusils, car ils ont peur des détonations. Le seul zig qu'on ait passé par les armes, Abba Lakalote, un farouche révolutionnaire, s'est vu introduire les balles dans le corps non pas à l'aide d'un fusil, mais par le truchement d'un vilebrequin. » (65)

Lama Jaune (le) : l'Amazone, fleuve d'Amérique du Sud. (B)

Lamâhr-Tinn : grand poète national du Kalbahr*. (113)

Lamain-Aupanier : domaine situé à Courmois-sur-Lerable (Seine-et-Oise). (38)

Lamartine (Alphonse de) : poète romantique. Ex. : « La nuit est bleue comme un paquet de gauloises, avec, çà et là, des étoiles d'argent, comme dirait mon pote Lamartine qui avait un joli lot de clichés au bout de sa mélancolie. » (20)

Lamonté de l'Aie (professeur) : célèbre accoucheur parisien. (67)

Lamouah (Maité) : chargée culturelle de l'ambassade du Toufoulkan. (133)

Lamoukhère : maharaja, relation de M. Cézetrantecinque*. (200)

Lancier (Maud) : professeur d'histoire, en visite touristique au Caire. (116)

Lancin (Dominique) : membre de l'Observatoire de Paris, accompagne San-Antonio* dans son expédition au pôle Sud. (66)

Lancornet : client archicocu de la Paris Détective Agency*. (90)

Landon (Bob) : général d'aviation, membre de la C.I.A. (109)

Langrené : voisin de Félicie et San-Antonio* à Saint-Cloud. (69)

Laplume-Aubégneur : fabricant de gruyère râpé. (34)

Laplume-Audaire (Julie) : romancière, a obtenu le prix Julie Laplume-Audaire, pour un livre intitulé « Julie Laplume-Audaire, sa vie, son œuvre ». (36)

Laquemaul : policier de base. (130)

Lardeuss (Miquet) : bandit. Ex. : « La vieille qui tient ce coquet établissement est une ancienne bordelière qui fut la gagneuse de Miquet Lardeuss, un superbe bandit d'avant-guerre, mort au champ de déshonneur, à la Libé, de douze balles dans la poitrine, plus une treizième dans la nuque. » (118)

Larronde : journaliste, informateur de San-Antonio*. (38)

Larsen (July) : Norvégienne, avocate internationale travaillant aux U.S.A., maîtresse d'Achille*. (151)

Lasemainede (Suzette) : collaboratrice d'Achille. (113)

Laska (la) : l'Alaska. (B, 71)

Lassef (Boris) : dit l'Illustre, acteur, metteur en scène, auteur de théâtre, d'origine russe. (213)

Lasserre : restaurateur parisien. Ex. : « Je déguste l'admirable gratin de morue aux cœurs d'artichauts confits de chez Lasserre. » Ex. : « Nous quittons ce temple du bien-manger où chaque repas fait songer à une grand-messe à la cathédrale de Chartres. » (149)

Lathuil : préparateur en pharmacie à la pharmacie Chot-Depysse (Paris), maître chanteur. (30)

Lathuile (Raymond) : dit Lagonfle, la Toiture. Journaliste grand reporter à « France-Flash ». Ex. : « C'est en fait un gros reporter. Cent vingt kilos, un mètre soixante, des cheveux qui lui descendent aux sourcils, un gros pif couvert de poils et de pustules, des yeux déposés au bord extrême de ses paupières comme des pêches sur des feuilles de vigne. » (61)

Latinie (la) : ensemble des pays latins : Italie, Espagne, Portugal, France. (B, 208)

Lâtri Nihité : mosquée d'Ispahan (Iran). (72)

Latume-Lakoupe : chef eunuque, chargé du service des esclaves blanches de la reine Kelbobaba*. (65)

Laurel et Hardy de la poulaille françouse (les) : tandem Bérurier*-Pinaud*. (63)

Laurencin (Marie) : artiste peintre. Ex. : « Quant à tes seins, je sens que je vais fantasmer dessus. J'ai vu les mêmes peints par Marie Laurencin. Les tétons et les mamelons n'ont pas la même couleur. Ça fait bouquet ! » (216)

Lavoir : Navarre. Ex. : « Si ça se trouve, ils y flanquaient des tabassées, à cette môme, sans se gourer que plus tard on allait refiler son blaze à toutes les institutions religieuses de France et de Lavoir. » (B, 200)

Lavoisier-Mélanie-Canot (professeur) : grand spécialiste des questions polaires, accompagne San-Antonio* et Bérurier* dans leur expédition au pôle Sud. (66)

Lazare : Navarre. (B, 200)

Le Doux-Mec (Jules) : célèbre coureur cycliste pédéraste, dont Bérurier* aurait été le masseur. (58)

Le Ton (Hô Ksé Bon) : arbalétrier à Lô Lin Pia, music-hall de Saigon (Viêt-nam). (61)

Lebérul (Joachim) : sous-officier dans l'armée de Louis XIV, chargé du transfert du Masque de fer. (200)

Leborgne-Daideux : capitaine (de corvée) du sous-marin qui emmène San-Antonio* et Bérurier* au pôle Sud. (66)

Lecomte (Georges) : écrivain. Ex. : « Dans ma rotonde, c'est le zéro absolu, le désert de Gobi, la calotte polaire, le silence de l'amer, la nuit agréable, la Champagne pouilleuse, la paix des profondeurs, l'œuvre de Georges Lecomte, l'esplanade des Invalides et la sensibilité britannique réunis. » (39)

Lecteur (le) : dit l'Affreux, Connissime Lecteur, Honorable Lecteur, Lecteur à Bascule, Lecteur à Tête de Linotte chercheuse, Lecteur à la Gomme, Lecteur Abscons, Lecteur Ajourné, Lecteur Anémié, Lecteur Aphrodisiaque, Lecteur Appesanti, Lecteur Apprécié, Lecteur Assidu-Laid, Lecteur Asymétrique, Lecteur Avisé de mes deux, Lecteur Barbu, Lecteur Cabossé, Lecteur Carnavalesque, Lecteur Charognard, Lecteur Chevrotant, Lecteur Compétent, Lecteur Constipé, Lecteur Cultivé, Lecteur de mon Calbute-le-plus-surmené, Lecteur de Cassettes, Lecteur de Semaine, Lecteur de mes fesses, Lecteur de conneries, Lecteur Découillé, Lecteur Désagrégé, Lecteur Déshumanisé, Lecteur Détrempé, Lecteur Dulcifié, Lecteur Engorgé, Lecteur Epileptique, Lecteur Euthanasique, Lecteur Fécond, Lecteur Frivole, Lecteur Homérique, Lecteur Hydrocéphale, Lecteur Hypospade, Lecteur Insexué, Lecteur Interlope, Lecteur Mal Retapé, Lecteur Malmené, Lecteur Morphinomane, Lecteur Motorisé, Lecteur Omnibus, Lecteur Papelard, Lecteur plein de componction et d'hémorroïdes, Lecteur Prostatique, Lecteur Respecté, Lecteur Sagace, Lecteur Scabreux, Lecteur Sodomisé, Lecteur Somptueux, Lecteur Tantacculé, Lecteur Tant-Enc..., Lecteur Tentaculaire, Lecteur Variqueux, Lecteur Vénéré, Lectouille de nos cœurs, Véritable Lecteur.

Ledvise (Jame) : riche homme d'affaires d'origine anglaise qui travaille dans l'import-export. (58)

Le Luron (Thierry) : humoriste et imitateur français. Ex. : « On se demande encore ce qui leur a pris de ne pas pousser les choses jusqu'au bout en l'inhumant au Panthéon où le papa Hugo eût été si joyce de l'accueillir, le perfide moustique. » (130)

Lémery : ville bretonne connue pour son boucher. (96)

Lemplâtré (Basile) : chauffeur de taxi canadien. (140)

Léonard de Vin-Cuit : Léonard de Vinci, peintre italien de la Renaissance. (B, 208)

Lesbrouf (Paul-Adrien) : roi du prêt-à-porter. (119)

Le Pen (Jean-Marie) : homme politique français, président du Front national, dit Jean-Marie Le Clenche, le Blondinet, le Breton, Nonœil. Ex. : « Laisse qu'y va prend' l'manche, l'Breton ! Putain, ces coups d'balai ! T'as vu sa gonzesse qui lui faisait du contrecarre, c'qui lui est arrivé ? Des ménages dans Plaies et Bosses, mon pote ! Recta ! Et j'dirais aussi rectal ! Y plaisante pas, le Blondinet ! » (B, 133)

Létronsec (Mme) : voisine du dessus des Bérurier*. (130)

Le Serpent des trois Voraces : Le Serment des Trois Horaces, épisode de l'histoire romaine.

Leû Va Loi : banlieue ouest de Pékin. (120)

Levenin : collègue de San-Antonio*, personnage aigrelet. (128)

Lhurma (Stéphane) : fabricant d'appareils sanitaires. Ex. : « Concurrent de mes joyeux camarades, les duettistes Jacob et Delafon. » Ex. : « Patron de la Société Lhurma, reine incontestée du bidet naufrageur, façon Versailles. » (87)

Li (Pat Chou) : Chinois, serveur au restaurant Haï Nan. (42)

Liauradéshomme (Tanguy) : dit Tango-la-Nitro, truand originaire de Ploumanac'h Vermoh. (96)

Libelluluof X 22 : type d'hélicoptère soviétique. (61)

Libris (Alex) : professeur de psychologie négative à Conflans-Sainte-Honorine. (115)

Liisbrock : nom d'un canal d'Amsterdam (Hollande). (87)

Lili la pute : Lilliput, pays imaginaire des « Voyages de Gulliver », de Jonathan Swift. (B, 54)

Liliane-est-au-lycée : « L'Illiade » et « L'Odyssée », œuvres littéraires d'Homère. (B, 208)

Lioz (Albert) : grainetier à Courmois-sur-Lerable (Seine-et-Oise). (38)

Lissac (frères) : opticiens, auteurs d'un livre intitulé « Me regarde pas la bouche pleine », ouvrage avec lequel l'aîné des frères Lissac a raté le Goncourt et le métro dans la même semaine. (121). Ex. : « Faut avoir des relations chez Lissac pour arriver à lire son blaze tellement il est écrit menu. » (62)

Liste-en-boule : Istanbul, ville turque. (116)

Livaro : tribu indienne du Rondubraz*, composée de réducteurs de têtes. (68)

Liveurpoule : Liverpool, ville d'Angleterre. Ex. : « – Ecoute, la mère, c't'fois, j'te vas emplâtrer à la parisienne, mais t'avise pas de gueuler sinon j'te laisse en rideau. Enfin quoi, merde, un coup d'bite c'est quand même pas l'matche Saintétienne-Liveurpoule. » (B, 95)

Livre dévaluée et de la Licorne d'abondance (la) : hôtel de Swell-the-Children*, maison natale du cousin germain de l'oncle du bourreau qui décapita Anne Boleyn, l'une des six femmes d'Henri VIII, roi d'Angleterre au xvi⁰ siècle. (69)

Lô Lin Pia : music-hall de Saigon (Viêtnam). (61)

Lokdu : prince, mari de Kelbobaba*, décédé. (65)

London (Jack) : écrivain américain. Ex. : « Je sais pas si vous avez lu Jack London ? Moi si (et je l'ai même plagié quand j'étais môme, tellement je l'admirais). » (59)

Longue-vie : Longwy, ville de Lorraine célèbre pour ses aciéries. (49)

Lophone (Alexis) : P.-D.G. des Assurances Tousanrisque (Paris). (88)

Lormont (François) : industriel, directeur d'une usine d'armement, traître à la nation. (51)

Louis-Chose : rois de France, style d'ébénisterie. Ex. : « Sur une console Louis-Chose, un buste d'empereur romain qui ressemble à Bérurier*... Bref, de la classe. » (20)

Louis-Lévithan-Quatorze : style de mobilier industriel moderne (Lévitan) imitant des meubles anciens. (83)

Louis-Philippe-Mère-grand : style d'ameublement (80).

Louÿs (Pierre) : écrivain célèbre pour sa prose érotique. : Ex. « Léon, fasciné, regardait l'agilité de ses doigts et songea à une illustration arts déco des " Chansons de Bilitis " de Pierre Louÿs. » (216)

Loveme (Fred) : acteur d'Hollywood. A notamment tourné « Prends-en deux on mangera l'autre », « Les constipés du Larfouillet », « Pas de bouquet pour les crevettes » (qui raconte les aventures de Clovis au Texas), film qui lui a valu un oscar.

Lucky-Luke : Lucullus, général romain. (B, 155)

Lune (marquise de la) : tenancière de maison close à Paris. Ex. : « Je suis noble. Notre famille est apparentée aux du Conlajoie de Bastringue et mon ancêtre, Godfroy de Volaye fut le compagnon du grand Saint Louis sous la croisade. Je possède un château en Anjou. Feu mon mari, le marquis de la Lune est mort au cours de la dernière guerre dans la Somme, à la tête de son unité. Ma fille a épousé le vicomte de Chaique-Paustal. Moi-même, je suis née de la Fornicassion de l'Hami de Mondabes. » (205)

Lupanar-Desgonzès : lieu-dit de Tenerife (Canaries). (78)

Lurette (Jean) : jeune inspecteur prometteur de la police judiciaire, caractérisé par ses vêtements sales et sa manie de mâcher du chewing-gum, membre de l'équipe très réduite placée sous les ordres de San-Antonio* qui dépend directement du président de la République. (117)

Lutin (Arsène) : Arsène Lupin, personnage de Maurice Leblanc, gentleman-cambrioleur. (B, 64)

Luxor (Guy) : animateur de la célèbre émission de la télévision grecque « Inter-Ruines ». (60)

Lyautey : maréchal français, célèbre pour avoir dit : « L'essentiel quand quelqu'un te prend pour un con, c'est de ne pas être en reste. » (115)

M

Mâ-Kâch : hôtel de Marrakech, dirigé par M. Bonnot. (113)

Mâ-Lro : poète malotrusien*. (65)

Mâbitâhungoû : maharaja de Khunsanghimpur*. (79)

Mabraguett (princesse) : Margareth, princesse du Danemark. (78)

Mac-Hantine : couple d'Ecossais qui tient l'hôtel de Stingines* : « The Great Hotel of the Generous Scottish ». (46)

Mac Hapott : pasteur de Mybackside-Ischicken*. (46)

Mac Heckett : superintendant au Yard*. (73)

Mac Hekett : chauffeur de lord Ganist*. (63)

Mac-Herrel (Cynthia) : nièce de Helen-Daphné Mac-Herrel*, élevée par sa tante à la mort de ses parents. (46)

Mac-Herrel (Helen-Daphné) : vieille dame écossaise, propriétaire d'une distillerie de whisky en Ecosse. (46)

Mac Heuband : colonel écossais, vieux camarade de lord Oldbarbon*, client de Li Pût*. (120)

Mac-Heudress : shérif de Mybackside-Ischicken*. (46)

Mac Heuflask (Robert) : général écossais, vainqueur à El Fé Ouarsashatt. (205)

Mac Heupan : révérend anglais dans le Sucesex*. (124)

Mac Heusdress : inspecteur-chef à Scotland Yard. (45)

Mac-Kac : personnage d'origine écossaise portant de remarquables moustaches.

Mac-Mahon : maréchal de France, a déclaré à la bataille de Bouvines : « C'est pas les plus cocus les plus contents ! » (17)

Mac-Ornish : technicien qui dirige la distillerie Mac-Herrel*. (46)

Macabro (Paolo) : secrétaire privé du président Chiraco. Se nomme également Kilébo Kantibez. (98)

Mâche-ta-Sucette : Massachusetts, Etat de la côte est des Etats-Unis. (91)

Machiasse (Haricot) : Enrico Macias, chanteur français de variétés. (B, 74)

Machot de Pys : savant français né à Vatefere (Morbihan) (1850-1789). On lui doit l'invention de la célèbre poudre d'escampette, dont l'armée française fit une large utilisation en 1940. A donné son nom à un boulevard du XVIIᵉ arrondissement de Paris. (133)

Madame de Sévigné : écrivain français, fameux dans le genre épistolaire. Ex. : « Je suis seul, vraiment, totalement seul, c'est une impression qui se hisse jusqu'au niveau de la certitude, comme l'écrivait Mme de Sévigné (née Rabutin Marie-Chantal) à son percepteur. » (62)

Mado (Branlon) : Marlon Brando, acteur américain. (B, 54)

Madonna : chanteuse et actrice américaine. Ex. : « En voilà une qui aura su rentabiliser ses miches, moi je te le dis. D'ailleurs, je m'explique mal l'engouement général qu'elle suscite. Y a d'autres pétasses plus mieux qu'elle, moi je trouve. Et puis je déteste les pros du radada. » (154)

Maeleström (Gustav) : fin scatophage suédois. (82)

Maf (la) : Mafia, organisation criminelle d'origine sicilienne.

Mafig (Tuboûf) : directeur de l'agence de presse égyptienne à Damas, rue Adolf-Hitler. (131)

Magnin : dit le Rouillé, le rouquin du labo, le rouquinos, travaille au laboratoire de la police. (49)

Mahousse Bretagne (la) : Grande-Bretagne. (B)

Maichose (baronne de) : aristocrate mal embouchée. Ex. : « Voilà qui m'intéresse foutrement, comme dirait la baronne de Maichose. » (24)

Mais-nous-in (Youdi) : Yehudi Menuhin, violoniste. (B, 151)

Maison aux milles lourdes (la) : siège de la police judiciaire.

Maison Blanche-Neige (la) : brigade des stupéfiants.

Maison Bourremane and Cul (la glorieuse) : siège de la police.

Maison Bourremen (la) : siège de la police.

Maison Çacogne (la) : siège de la police.

Maison Chapon (la) : siège de la police.

Maison Coco (la) : brigade des stupéfiants.

Maison Cognedur (la) : siège de la police.

Maison des Grosses Tronches (la) : siège de la police.

Maison France et Fils (la) : France. Ex. : « Alors le président de la République prend d'un geste délibéré une feuille de son papier à en-tête de la Maison France et Fils, Import, Export, Inflations, Dévaluations, Fournitures militaires, Corps expéditionnaires sur commande. » (117)

Maison Frivolitie's (la) : siège de la police. Ex. : « Nos potes de la Maison Frivolitie's le cherchent comme un prostatique cherche une pissotière au Salon de l'Auto. » (121)

Maison Gare-aux-Taches (la) : siège de la police.

Maison Lustucru (la) : siège de la police.

Maison Parapluie (la) : siège de la police. Ex. : « Un rectangle de carton blanc orné de tricolore sur lequel il est dit que M. Pinaud appartient à la maison Parapluie. » (20)

Maison Pébroque (la) : siège de la police.

Maison Perdreaux Futés (la) : siège de la police.

Maison Pointue (la) : siège de la police.

Maison Poulardin (la) : siège de la police.

Maison Poulardin and Co. (la) : siège de la police.

Maison Pouleman (la) : siège de la police.

Maison Poulopot (la) : siège de la police.

Maison Poupoule (la) : siège de la police.

Maison Pue-Pieds (la) : siège de la police.

Maison Purodor (la) : siège de la police.

Maison Viande Froide (la) : morgue.

Maison Viens Poupoule (la) : siège de la police.

Majax (Gérard) : prestidigitateur français. Ex. : « Si je n'avais pas été en éveil, je ne me serais aperçu de rien. Le grand Majax n'aurait pas fait mieux ! – Si, dis-je, il aurait fait mieux et donc tu n'aurais rien vu. » (138)

Majesté (Sa) : cf. **Bérurier** (Alexandre-Benoît).

Majeur Thormeson : Major Thomson, personnage de roman de Pierre Daninos. (B, 65)

Malaya (le) : l'Himalaya. (B, 43)

Malfringay (John) : vice-super-chancelier de l'ordre de la Jarretière et de la Gaine Scandale réunies. (33)

Malipense (Mme) : tient une droguerie, sa mère était une Honnisoy, de la branche cadette. (111)

Malnourry : officier de police. (86)

Malotrus : archipel du Pacifique, dont la devise est : « Si tu voulais chatouiller mon lézard, t'aurais affaire à moi. » (65)

Malvut (Bruno) : camarade d'école d'Antoine*, qui a un don de voyance. (139)

Mamandhréou (Théodose) : propriétaire d'une valise égarée à l'aéroport de Genève, mort de façon suspecte à son domicile pendant ce temps-là. (103)

Mamère (Noël) : ex-journaliste de télévision, devenu politicien, tendance écologiste. Ex. : « Ça ne lui coupe pas l'appétit pour autant, à en juger par les vingt kilogrammes de nichemards étalés sur son bureau. Noël Mamère les verrait, qu'il abandonnerait la politique pour monter une manufacture de soutifs ! » (154)

Mammouth (le) : cf. **Bérurier** (Alexandre-Benoît).

Manchakouïe de Maideu : duc et duchesse, en cure à l'institut de thalassothérapie de Riquebon-sur-Mer*. (145)

Manchaverge : brigadier, chef de la sécurité à la Grande Taule*. (139)

Mandarin (cardinal) : Mazarin. (B, 200)

Mangetoux (Auguste) : maire de Saint-Locdu-le-Vieux*. (125)

Mansard : architecte, affirmait à tout propos : « C'est un comble. » (32)

Manther (Rudy) : coureur cycliste allemand de l'équipe Fafatrin, dont « le physique de pin-up boy lui a valu d'être baptisé Beauboche par les suiveurs ». (58)

Manuel (Robert) : comédien français. Ex. : « Glacé comme les trois mille bustes de Molière de Robert Manuel un hiver qu'il est en panne de chauffage. » (89)

Manufacture de Chaussettes à Clous (la) : siège de la police.

Manufacture des Godasses Cloutées (la) : siège de la police.

Manufacture des Passages à Tabac (la) : siège de la police.

Mao-sait-tout : Mao Tsé-toung. (90)

Maqueue (Mireille) : Mireille Mathieu, chanteuse française de variétés. (B, 72)

Marasèche : Marrakech. (B, 113)

Marasme : Marat. Ex. : « Vous savez, le zig de la Révolution qu'une dénommée Charlotte a saigné dans sa baignoire. » (55)

Marâtre : Marat, révolutionnaire. (B, 200)

Marcello-masse-trop-Yanni : Marcello Mastroiani, acteur italien. (106)

March' Houcraive : commune du Finistère. (145)

Maréno (Diarée) : Dario Moréno, chanteur d'opérettes. (27)

Marguerite : Duras ou Yourcenar, écrivains. Ex. : « Et ces lèvres parfaites sur la double rangée de perles, comme l'a écrit un jour l'une des grandes Marguerite en service dans les lettres françaises, mais je sais plus laquelle c'était, pas la plus moche puisqu'il n'y en a pas de plus belle. L'une, quoi. De toute manière, hein, c'est aussi chiant d'un côté que de l'autre. Tu mélangerais les paragraphes, personne s'en apercevrait. Si tu me crois pas, essaie, je t'attends ici. » (132)

Maria : bonne à demeure de la famille San-Antonio*, d'origine espagnole. Maîtresse occasionnelle de San-Antonio, elle en est follement amoureuse. Physiquement, elle n'est pas un modèle de sex-appeal, mais sa bonne santé et sa générosité érotique la rendent appétissante aux yeux du commissaire ; type de femme très brune, elle se caractérise par un système pileux très fourni. C'est Maria qui « déniaisera » Toinet, l'enfant adoptif du commissaire. (142)

Marie-en-toilette : Marie-Antoinette, épouse du roi Louis XVI. (130)

Marie-Marie : nièce des Bérurier (du côté de Berthe), Marie-Marie est une sorte de Zazie espiègle au museau parsemé de taches de rousseur : « C'est mon prénom, rapport à deux grands-mères teigneuses qui s'appelaient toutes les deux Marie et qui ont toutes les deux voulu être ma marraine. » (68). Orpheline à l'âge de huit ans, elle est recueillie par les Bérurier alors qu'on allait la placer à l'Assistance publique (68). Native de Juvisy-sur-Orge, elle n'a que deux ans lorsque sa mère l'abandonne pour refaire sa vie avec un maçon italien ; à ce jour, elle n'a plus donné signe de vie. Quant à son père, camionneur de son état, « il s'est tué l'an dernier sur la nationale 7 en convoyant un chargement de légumes (dont il a eu la primeur, si je puis dire, puisqu'il a pris les vingt tonnes de romaine sur le dossard). » (68). Par la suite, « Marie-Marie a été confiée à sa deuxième grand-mère, la première étant morte peu après son baptême. Seulement la seconde grand-vioque est tombée dans l'escalier de sa cave la semaine précédente et s'est brisé un fagot de vertèbres plus ou moins cervicales, faisant de Marie-Marie une orpheline à part entière. » (68). Enfant, Marie-Marie est déjà amoureuse de San-Antonio, et persuadée qu'un jour elle l'épousera (adolescente, elle lui demande sa main, sans succès). (103). Plus tard, elle se révèle une très jolie jeune femme, enseigne l'anglais, et les relations avec San-Antonio se compliquent. Le commissaire reste en effet très attaché à Marie-Marie, la considère de fait comme la seule femme susceptible de devenir un jour son épouse, mais ne se décide pas à franchir le pas. Ils deviennent amants, semblent à une époque très près de convoler en noces, puis leurs relations s'effilochent jusqu'à ce que Marie-Marie se fiance à un médecin, le docteur Machegrin, puis l'épouse enfin. Le divorce qui s'ensuit ne change rien de fondamental à la relation très particulière qui s'est établie entre la jeune femme et le commissaire. A dater de cette époque, Marie-Marie demeure aux yeux de San-Antonio l'image vivante d'une certaine forme de regret – regret d'une éternelle vie de célibataire, coureur de jupons invétéré, à jamais insatisfait. Marie-Marie deviendra ainsi le personnage le plus grave de l'œuvre san-antonienne, et chacune de ses apparitions, en tant que femme, fera l'objet de développements exprimant le malaise existentiel, fondamentalement irréductible, du commissaire. D'autant plus qu'un fait récent n'est pas pour simplifier la situation : San-Antonio apprend qu'elle travaille pour les services secrets français. (140). Plus tard, c'est elle même qui refusera de se marier avec San-Antonio pour cette raison : « Pour me rapprocher de toi, comprendre ta vie, ton comportement, je me suis engagée dans un job similaire au tien et qui me passionne, Antoine. Je sais à présent combien on est accaparé par une enquête, à quel point elle vous capte. On s'y donne. Tu avais raison, c'est pas un travail de personne mariée. » (142). C'est ce qui s'appelle un retour de bâton... Marie-Marie est surnommée : l'Ecureuil, l'Espiègle, la Fillasse, Fleur de Souci, la Garnemente, la Gazelle des Faubourgs, la Girouette, la Goupille, ma Grande Gisquette, Miss Grinche, l'Hirondelle du Faubourg, l'Irascible Pécore, la Jeanne Hachette du Pauvre, la Jehanne Hachette des Messageries Poulaga, la Jouvencelle, la Mammifère à nichons, la Mariette, la Mauviette, Miss Mauviette, la Mésange, la Mini-donzelle, la Mômasse, la Môme Crevette, la Môme Grignette, Miss Moncœur, la Mouflette, le Moustique, la Musaraigne, la Pauvrette, la Péronnelle, la Pie-borgne, la Sauterelle, la Sifflette, la Teigne, Miss Teigne, la Tendrelle, la Tendronne, Miss Tresses, mon Trognon.

Martinet (Mme) : bouchère de Saint-Locdu-le-Vieux*, qui « déniaisa » Alexandre-Benoît Bérurier*. (201)

Marx-le-Père : Karl Marx. Ex. : « Y en a même une qui adresse une prière à Marx-le-Père, à Lénine, son fils unique, notre sauveur, à saint Staline, son disciple. » (122)

Masque de fer (le) : prisonnier inconnu, frère jumeau présumé de Louis XIV, célèbre pour avoir dit : « Entre deux jumeaux il faut choisir le moindre. » (61)

Masturb's : grands magasins londoniens. (69)

Mât (Alexandre du) : auteur qui relata les aventures du sergent Bérugnan*. (200)

Matelassiers (Les) : chanson préférée d'Alexandre-Benoît Bérurier*. Ex. : « Il s'agit d'une sorte de complainte relatant les déboires d'un matelassier qu'on avait surnommé le Cardeur de Rabelais et qui possédait une fille belle comme le jour J. Au lieu de carder des matelas, la môme utilisait ceux-ci pour des exercices à deux. Elle fit la rencontre d'un sultan réputé, Homar Halam Herriquen, qui voulut l'emmener dans son palais. La fille du matelassier crut qu'elle avait décroché la timbale, mais elle s'aperçut qu'elle n'avait décroché qu'un mouflet. Elle revint chez le Cardeur de Rabelais, nantie d'un gros bébé criard, et implora son pardon. Le matelassier le lui accorda. Et, du coup, touchée par la grâce après l'avoir été par le sultan, elle se mit à carder et apprit à son rejeton illicite à refaire les matelas meurtris. Toute la maisonnette carda en chœur et sa réputation grandit. C'est vous dire la noblesse du texte, sa haute portée morale et ses prolongements philosophiques. Chaque fois que le Gros est naze, il brame ça. Et chaque fois qu'il chante « Les Matelassiers », il pleure. Comme pleurer lui donne soif, cette vertueuse chanson a les fonctions d'un mouvement perpétuel. » (39). « L'hymne est un thermomètre infaillible qui indique la teneur en alcool du Gravos. » (65)

Mathélém : math élém., classe préparatoire de mathématiques. (54)

Mathias (Angélique, née Clistaire) : épouse de Xavier Mathias*, sorte de mégère dont le caractère impossible le dispute à l'amour qu'elle porte en secret au commissaire San-Antonio*. « Mme Mathias, une teigneuse de grand style, à la voix haut perchée, qui se fait un malin plaisir de transformer, presque chaque année, quelques centilitres de sperme en quelques kilogrammes de môme. » (100). Angélique Mathias a mis au monde, à ce jour, dix-sept enfants. Angélique Mathias est surnommée : Carabosse, Mme Cottivet, la Duégnette, l'Epousâtre du Rouillé, la Farouche Lyonnaise pour qui le véritable territoire français se limite à la région Rhône-Alpes, le Fibrome, la Garcerie Vivante, la Girouette Rouillée, la Guenon Lubrique, la Houri, la Mégère, Merden-branche, la Mère Michu, le Moche Tréteau, Ninette, la Panthère Rouge, la Pondeuse à Haute Fréquence, la Pondeuse de Lardons.

Mathias (Xavier) : directeur des services techniques de la police. Auxiliaire précieux de San-Antonio, Mathias se caractérise par une culture encyclopédique qui fait de lui l'homme des enquêtes documentaires. Savant hors pair, particulièrement en matière de chimie, il résout les énigmes scientifiques avec brio, traduit les codes les plus secrets, fournit nombre de « gadgets » dignes de James Bond (gaz soporifiques, stylos anesthésiants, etc.) et autres solutions techniques astucieuses. Il « parle vingt-huit langues, dont le japonais ». (130). D'une efficacité professionnelle jamais mise en défaut, Mathias est cependant d'un caractère timide et effacé (peut-être à cause de sa rousseur flamboyante) : il n'a tutoyé le commissaire qu'à dater d'une époque très récente. « Ce qu'il y a de chouette avec lui, c'est qu'il fournit toujours un maximum de réponses en posant un minimum de questions. Il s'étonne de rien, le Rouillé. Il regarde la vie à travers son microscope, si bien que les plans généraux lui échappent. » (75). Historiquement, Mathias, « le rouquin rapatrié de Lyon » (62), est muté à Paris en tant que laborantin, longtemps après le décès de son prédécesseur, Mongin*, convaincu de trahison. A cet égard, il n'est pas inutile de signaler la similitude tant professionnelle que physique entre ces deux personnages, comme si, Mongin ayant disparu, Mathias avait dû combler le vide sans perturber le lecteur dans ses habitudes ; qu'on en juge par ce rapide portrait de Mongin : « Mongin, le petit préparo du labo, entre dans mon bureau... Je le regarde. C'est

un grand gars rouquin comme une botte de carottes. » (18). Plus tard, un certain Magnin*, également roux et préparateur de laboratoire, complétera la confusion. (49). Mathias, du fait de sa longue carrière littéraire, deviendra naturellement un personnage beaucoup plus consistant que Mongin (ou Magnin). L'une de ses principales caractéristiques est d'être père de famille nombreuse : dix-sept enfants à ce jour, en dépit d'une vasectomie qu'il se fait pratiquer alors qu'il en a déjà seize (114). Il est marié à Angélique, une virago qui justifie en partie l'assiduité de son mari à fréquenter le laboratoire du Quai des Orfèvres, de jour comme de nuit. Cette assiduité est récompensée par sa nomination au poste de directeur des services techniques de la police – une promotion qu'il doit entièrement à San-Antonio, qui a longtemps intrigué en sa faveur. Au lieu de lui en être reconnaissant, Mathias prend « la grosse tête » et snobe son bienfaiteur. Il en résulte une inimitié durable entre les deux personnages. L'issue de cette crise se concrétisera par le fait que Mathias osera enfin tutoyer le commissaire et l'appeler Antoine (147). Détail biographique qui mérite d'être signalé : Xavier n'est en fait que le second prénom de Mathias. Le premier est Raymond, mais sa femme juge Xavier « plus distingué » (147). Mathias est surnommé : l'Albinoche, l' Albinos, l' Autre enviandé de Rouquemoute, Blondinet, le Brasero, le Brasier, la Carotte, le Chalumeau, le Coquelicot, le Cramé, Mon Drapeau soviétique, l'Eblouissant, l'Ecarlate, l'Embrasé, l'Endormi, l'Enflammé, l'Ensoleillé de la Touffe, l'Etincelant, le Fervent, le Feu-de-Brousse, le Flamboyant, le Futur Lauréat du Prix Cognacq, le Gali Mathias, l'Incandescent, l'Incendié, l'Inséminateur Naturel, le Lampion, le Lance-flammes, le M. Bricolage de la Rousse, Mathias-le-Rouquin, Mathioche, le Père la Science, le Précieux, le Presque Albinos, le Professeur de Trous de balles, le Professeur Tournesol, le Red, le Rougeoyant, la Rouillance, la Rouillasse, la Rouille, le Rouillé, le Rouquemoute, le Rouquin, le Rouquinoche, le Rouquinos, le Rouquinuche, le Roux, Sac-de-Son, le Savant, le Savantissime, Toit de Chaume, Tonthias, Mister Van Gogh, Van Gogh, le Vieux Tournesol, mon Vieux Pourprier.

Mathusalem : Jérusalem. (B, 74)

Matuvu : tribu de guerriers, les plus féroces de Malotru*. Ex. : « Les plus sanguinaires des îles Malotru*, et aussi ceux qui ont la meilleure denture puisqu'ils mangent leur belle-mère le jour de leurs noces d'argent. » (65)

Maube (la) : place Maubert à Paris.

Mauriac (Claude) : écrivain français, a dit de San-Antonio* : « San-Antonio est notre plus grand poète astringent. » (121)

Maximin : chef cuisinier. Ex. : « Nous foncerons discrètement chez le petit Maximin qui a ouvert le restaurant le plus original du monde : dans un théâtre ! » (216)

Mayburn (James) : majordome des Mac-Herrel*. (46)

M'branl-moua : village africain d'origine de Méoutuva Didon*. (118)

M. de Paris : bourreau. Ex. : « Les matins de turbin*, il met son vieux costar* qui lui sert pour la pêche. Et puis il actionne une esquive de toréador au moment où la gillette* déboule. Mais ça suffit pas. Ces gorets de suppliciés n'ont aucune retenue. A croire qu'ils le font exprès de pisser le sang contre leur camarade bourreau, les gueux. C'est viceloque*, un condamné à mort, quand on le met à mort. » (206)

Mec-Bête : « Macbeth », œuvre de William Shakespeare. (B, 109)

Mec-Con : Mékong, fleuve asiatique. (74)

Méchouine (Machin) : Yehudi Menuhin, violoniste. (99)

Médikatenlégaluche Institutenderlischsproof : institut médico-légal d'Amsterdam. (87)

Médius : doigt, aîné des cinq frères Mapogne. Ex. : « Devine qui vient dire bonjour à miss Chattounette ? Messire Médius, l'aîné des cinq frères Mapogne. » (134)

Mégat-Laumane : général, a donné son nom à une rue de Grenoble. (21)

Méhunraillon (Jean) : directeur sportif de l'équipe Fafatrin sur le Tour de France cycliste. (58)

Mélanie : prostituée utilisée par San-Antonio* (à qui « je confie mes états d'âme et ma bibite ». (130)) pour réveiller les sens d'Achille* après l'attentat contre le siège de la police parisienne.

Melmouh (Karâh) : adjoint de Tuboûf Mafig*. (131)

ménagerie Bidel (la) : siège de la police. (151)

Menor (Juan) : importante ville de l'Etat de Publiciss. (68)

Menthère (Rudi) : steward de la compagnie aérienne Swissair. (140)

Merda-Béru : île des Malotrus* où se trouve Obsénité-Atouva*. (65)

Mer d'Alors : paquebot de croisière de la compagnie Pacsif. (203)

Merdre (Célestin) : grand patron des Laboratoires pharmaceutiques Fossat-Merdre. (79)

Merdre (Jacques) : brillant chimiste, grand espoir français du hockey sur glace, fils de Célestin Merdre*. (79)

Merdsk (Eddy) : Eddy Merckx, champion cycliste belge des années 70.

Mère Amélie : terre Adélie. Ex. : « Dumont d'Urville la découvrit en 1840 et lui donna le prénom de sa femme ; ce qui prouverait, soit que d'Urville était un bon mari, soit que sa bergère était frigide. » (66)

Merlinpe-Himpain : résidence de vacances. (96)

Mess (Cherloque au) : Sherlock Holmes, détective anglais créé par sir Conan Doyle. (119)

Messieurs les Hommes : Les hommes du Milieu, les truands. (54)

Mestral (Armand) : chanteur français. Ex. : « Il a une voix de basse qui foutrait le cafard à Armand Mestral. » (35)

Mézy-au-Bénieur : commune voisine de Saint-Locdu-le-Vieux*. (202)

Mézytou : commune voisine de Saint-Locdu-le-Vieux*. (206)

Mhoudepaaf : commissaire de police à Amsterdam (Hollande). (87)

Miam-Miam : Viêt-nam. (B, 61)

Michelet : historien français. Ex. : « San-Antonio* possède au plus haut point le don du raccourci : en une innocente métaphore, il sait décrire les spectacles les plus scabreux ! – Signé : Michelet (pas le ministre : le vrai). » (62)

Michelin (bonhomme) : personnage publicitaire de la marque de pneumatiques Michelin. Ex. : « Ce gosse-là n'a pas douze piges, mais il doit peser dans les quatre-vingts kilos. On dirait le fils préféré du bonhomme Michelin. » (24)

Millet (Angélus) : Jean-François Millet, artiste peintre français dont une toile fameuse s'intitule « L'Angélus ». Ex. : « On dirait un portrait d'Angélus Millet pour illustrer le Laboureur et ses enfants, remarque cet homme cultivé, pour qui la chose artistique n'a pas de secret. » (62)

Milsabör : province de Suède. (82)

Milunuits : « Mille et Une Nuits. » (130)

Miquette qui quette : titre d'un film qui a obtenu l'Oscar, le Prosper, le Jules, l'Ernest et l'Eugène à la distribution des prix de Carrières-sous-Bois. La bande musicale s'intitule « T'es trop mou pour être un dur ». (37)

Mirosca : déesse malotrusienne*. (65)

Mitterrand (François) : président de la République française depuis 1981. Personnage à part entière dans l'œuvre san-antonienne, le président fait surtout l'objet de portraits pittoresques ; ainsi, physiquement, il est un « grand amateur de couvrechefs à la con ». (131). « Il n'a pas ses Pataugas, mais de vraies chaussures de ville marron, assorties à son complet gris clair et à ses chaussettes vertes. Sa Légion d'honneur ressemble à une balle en plein cœur, qu'on s'attend à en voir couler du sang. Très à son aise, sûr et dominateur, il remonte ses fanons au plus haut niveau en gardant la tête continuellement levée afin de causer à ses terlocuteurs qui, eux, sont de taille normale, voire élevée... Un mec à frime de pélican-lassé-d'un-long-voyage l'escorte pour l'interpréter vu que le pommier des Français ne cause que le français, le subjonctif et le latin de messe. » (122). « Il fredonne d'une voix de velours qu'il me semble reconnaître : " Il est entré dans sa maison, Napoléon, Napoléon. " Roger (Hanin) lui fait " Tssst, tsst ", pour le rappeler à l'ordre ; que déjà des bruits courent à perdre haleine, comme quoi... Tu sais bien ? Il ne serait pas lui, mais Tino (Rossi). » (117). D'autres annotations sont d'ordre psychologique : « Tout ce que profère cet homme exceptionnel révèle un mordant que le limage de ses dents n'a pu atténuer. Il persifle sans le vouloir, méprise d'instinct et prévient d'entrée de jeu qu'il est seul habilité pour répondre aux questions qu'il pose. » (122).

« Il (un politicien) entendait déjà les sarcasmes du président, grand balanceur de vannes cuisantes ! » (216). « Alors il va falloir se déguiser en pingouin ? Même à l'Elysée, je vais y bouffer en blouson ! – Ton hôte, à l'Elysée, est moins conformiste que ton invitée de ce soir. » (216). Naturellement, le portrait est parfois politique : « Mitterrand n'est pas un homme de gauche. De gauche, il l'est pour convenance personnelle, il l'est par l'esprit, peut-être aussi par le cœur, après tout, mais en aucun cas il ne l'est comme on doit l'être, c'est-à-dire viscéralement. Il est de gauche jusqu'à la ceinture, jamais ses testicules ne le seront. » (210). Lors de la première « cohabitation », il est dit « président de la République sur une voie de garage ». (130). Enfin, certaines digressions paraissent autobiographiques : « C'est notre pire point commun, à François Mitterrand et à moi, il me l'a dit : le Saint-Marcellin. Ses paroles textuelles c'est : il n'y a que deux produits remarquables dans le Dauphiné : le Saint-Marcellin et vous ! » (138). Le président interviendra personnellement dans le destin de San-Antonio en lui conférant des pouvoirs étendus et la possibilité de passer outre sa hiérarchie en référant directement à lui-même. (117). François Mitterrand est surnommé par San-Antonio : l'Amour, l'Auguste, le Bon roi François III, le César de la Petite Gaule, le Cher Immense, Votre Eminence, l'Empereur, Ernest, l'Extrême, le Fameux, le Glorieux, le Grand Connétable de France, Votre Grandeur, le Grandissimo, Notre Illustre, l'Illustre, l'Illustrissime, Mgr le King of France, Messire le Roy, le Magnanime, Sa Majesté l'Empereur Nez-Rond, le Masque-aux-dents-blanches, la Mite, le Monarque, le Monarque Républicain, Monseigneur, Monsieur le Souverain pontife, le Petitou de l'Elysée, le Plumier des Français, le Poignant, le Pommier des Français, le Précieux, le Prélat, le Premier des Français, le Premier, le Prestigieux, le Prince, le Proconsul, le Rosier, le Septenneur, le Souverain, le Superbe, le Suprême, mon Suzerain, le Tout Grand, le Très Saint-Père, le Trotte-menu, le Valeureux, le Vénéré.

Miyôh (Gôhé) : mahatma indien, célèbre pour avoir dit : « A trop vouloir cuisiner son curry de volaille, on le rate. » (124)

M'man : cf. Félicie.

Mochecuse : Paul Bocuse, grand cuisinier français. (99)

551

Mocky (Jean-Pierre) : cinéaste, réalisateur, entre autres, de « Y a-t-il un Français dans la salle ? » et du « Mari de Léon », adaptés de l'œuvre de San-Antonio*. Ex. : « Je pénètre dans une salle de la rue Vivienne où l'on programme un film de Jean-Pierre Mocky (que j'ai surnommé M. le Mocky) dans lequel tournent les trois quarts des comédiens français (les autres avaient les oreillons). La moitié de ses acteurs font voir leur bite (les hommes) et l'autre moitié leur chatte (les femmes). C'est plein d'humour grivois, de méchanceté affectueuse et de mots qui font saigner les tympans des douairières qui se sont fourvoyées céans, ayant confondu le gros paf rouge figurant sur l'affiche avec une bagnole de formule 1 de chez Ferrari. » (149)

Mon pote aime Kim : cuirassé Potemkine. (90)

Monal (Isa) : friponne de la haute bourgeoisie, maîtresse de San-Antonio*. Ex. : « Isa Monal ne ressemble pas à la Joconde, comme son état civil le suggérerait. » (103)

Monde (le) : quotidien français du soir. Ex. : « " Le Monde ", le plus à droite des journaux de gauche, le plus à gauche des journaux de droite. Son élite ! Son Poirot. Son Delpech. Son Baroncelli. Son Escarpit. Ses pages couleurs. En vente dans le monde entier, y compris en France métropolitaine. » (100). Ex. : « Je lis " Le Monde ", ce qui représente du boulot car il est imprimé plus fin que les notices des médicaments. La seule chose qui lui soit imputassable, au " Monde " : faut être équipé d'une vue de commandant de bord pour le lire ; mais je m'ai laissé dire qu'ils allaient offrir une loupe à tout abonné, ce qui est bougrement astucieux. » (102)

Mondon (Isabelle) : actrice de second ordre, que San-Antonio* entraîne dans son enquête. (99)

Mongénéral : animal, compagnon des derniers jours de Prosper Bérurier*. (202)

Mongin : préparateur du laboratoire de la police judiciaire, tué à la suite d'une trahison qu'il commet. Cf. **Mathias** (Xavier).

Monhneux-sur-Taschate : localité suisse. (103)

Moniche (Rita) : actrice de films pornographiques, a tourné dans « Mémoires du clitoris de la Princesse X ». (151)

Monkku (Ditavu) : Malaisien de Bornéo, diplomate. (131)

Monoculé (le) : boîte à clientèle homosexuelle, rue Sainte-Anne. (124)

Monseigneur le Très-au-dessus-de-la-moyenne : Dieu.

Montécouleur (Hôtel de) : ex-Hôtel Monténégro, renommé car il ne faut pas parler de nègre mais d'homme de couleur. (206)

Montégrin : Etat d'Europe du Sud qui a subi au vie siècle la domination byzantine, puis, au xviie, celle des Turcs ; libéré grâce à un soulèvement populaire dirigé par Otton Skobos qui fonda sa dynastie et prit le titre d'Otton Ier. Le Montégrin eut à supporter plusieurs occupations durant la dernière guerre. A la libération russe, la république fut proclamée et le prince régnant assassiné dans son palais de Tokor. Le dernier prince du Montégrin, en exil, est Edouard Ier, garagiste. (217)

Montépin (Xavier de) : auteur populaire français. Ex. « Qu'est-ce que c'est que ce langage ridicule ?... On se croirait dans du Georges Ohnet ou du Xavier de Montépin ! » (216)

Montesquieu : directeur de l'usine de conserves Réveillon. (30)

Monte-tes-cristaux (comte) : comte de Monte-Cristo, personnage d'un roman d'Alexandre Dumas. (71)

Montez-Vite-Et-Haut : Montevideo. (B, 64)

Montgamin : employé aux laboratoires de la police. Ex. : « C'est Montgamin qui est de permanence au labo lorsque je m'y pointe. Vous savez, le grand Montgamin, celui qui a une montre et des idées préconçues. » (35)

Mont-Parnoche : Montparnasse, quartier et gare de Paris.

Montparno : Montparnasse, quartier et gare de Paris. (42)

Morbleut (Paul) : ex-adjudant de gendarmerie. (55)

Morchepied (Léon) : inspecteur principal de police. (130)

Moréno (Dargeot) : Dario Moreno, chanteur d'opérettes. (30)

Moretti (Aldo) : comédien raté, gigolo. (213)

Morgan (Michèle) : actrice française. Ex. : « La nuit est belle et froide comme Michèle Morgan. » (20)

Morinpraître (Léon) : fin limier de la technique. Ex. : « Le plus précieux auxiliaire de Poilancatre* (après l'auxiliaire avoir et l'auxiliaire être). (42)

Morlay (Gaby) : actrice française de cinéma d'avant-guerre. Ex. : « C'est pas du Labiche, c'est pas du Feydeau. C'est chougnard. Tu ressembles à Gaby Morlay dans " Le Voile bleu ". » (216)

Mormagross Allee : rue bordant un square de Copenhague. (134)

Mormela (Mme) : femme de ménage des Bérurier*. (134)

Mormoalkipur : maharaja du Bihar, oncle de Jélaraipur*. (124)

Mortison (Art) : homologue de Xavier Mathias à la C.I.A. Ils ont suivi ensemble des cours de police technique à Stockholm. (130)

Morzyleuil : village de Savoie. (129)

Mostaclaouhi : chauffeur iranien dans une société de location de voitures. (72)

Mouchard (Gaston) : détective privé. (206)

Mouette et Chantons : Moët et Chandon, marque de champagne. (205)

Mouillechaglate (Sidonie de) : auteur un poil scandaleux de « Va, tu es rétro, Satana ». (100)

Moulakiche : brigadier, remplaçant du brigadier Poilala*. (133)

Moulalard (Gracieux) : pharmacien à Nice, copain d'enfance de Bérurier*. (90)

Moulapaf : commissaire divisionnaire. (137)

Moulassan (Moulassi) : terroriste razdmoulien*. (99)

Mouley Agauffr : rue de Marrakech. (113)

Moulfol (Madeleine) : tenancière de l'auberge Saint-Hubert à la Celle-Tontaine (Loiret), personnage si falot, insignifiant, inerte, stupide et laid que San-Antonio* en éprouve pour lui une fascination extraordinaire, et qu'il envisage d'en faire le caractère exclusif d'un roman d'inspiration flaubertienne intitulé « Madeleine Moulfol », œuvre si exigeante et grandiose dans l'expression du rien qu'il décide d'abandonner le genre littéraire policier pour s'y consacrer. (100)

Moustique : cf. **Marie-Marie.**

Moutch (Bézamé) : attaché d'ambassade razdmoulien* à Paris. (99)

Mouton-Rote-Chil : Mouton-Rothschild, grand cru du vignoble bordelais. (B, 58)

mur des Augmentations : mur des Lamentations, lieu saint de Jérusalem. (B, 145)

Musaraigne (la) : cf. **Marie-Marie.**

Musset (Alfred de) : poète, a dit de San-Antonio* : « Il mérite dix fois le Goncourt. » (22). A écrit : « Les lustres géants offrent une particularité de supporter des ampoules, ce qui compose un éclairage romantique à se chier dans le bénouze. » (Bonjour d'Alfred.) (115)

Musson : comédien. Ex. : « J'ai un ami comédien, ça fait une paie que je ne l'ai vu. Musson, il s'appelle. Un grand à mine compassée. Il joue ce qu'on appelle les petits emplois, mais il travaille comme un fou ; tu l'aperçois dans tous les films. Tu sais pas fatalement son nom, mais tu le connais, toute la France le connaît. Et qu'interprète-t-il ? Je vais te dire : un maître d'hôtel, ou un croque-mort, ou un académicien, ou un ministre, rarement autre chose, ce qui prouve combien les quatre professions que je viens de numérer sont sœurs, sont conjointes, presque interchangeables. Leur dénominateur commun ? Musson !... Je lui dis bonjour en passant ; j'oublie jamais les gens de bonne rencontre. » (117)

Mutilés du bout de mie (les) : « Les Mutinés du Bounty », film américain. (50)

Mybackside-Ischicken : ville d'Écosse où se trouve la distillerie Mac-Herrel*. (46)

N Naivorque : New York.

Nana de Montparnasse : artiste de music-hall. Ex. : « La petite Nana de Montparnasse, celle qui ramasse une pomme verte en s'asseyant dessus. » (24). Notons que Nana de Montparnasse a « une grande sœur qui ramasse les melons » de la même façon.

Napoléon Pommier : Napoléon Iᵉʳ (133), dit le gars Napo, le massacreur numbère oane. (63). Ex. : « C'est uniquement la censure qui oblige à le représenter avec la paluche au gilet, la vérité c'est qu'il avait des morpions. » (74)

Napoléon Pommier acétylène : Napoléon Iᵉʳ à Sainte-Hélène. (B, 208)

Naponaparte : Napoléon Bonaparte. (B, 200)

Naud (Maria) : Luis Mariano, chanteur d'opérettes. Ex. : « Y a du clair de lune comme au Châtelet, sauf que, fort heureusement, Maria Naud ne pousse pas la romance andalouse. » (43)

Naut (Hugues) : mari de Ruth Booz*, banquier, ancien collabo, relation d'Albert Hébasque* durant la guerre, assassiné en 1973. (128)

Nécrofage (docteur) : médecin légiste. (41)

Néfaidotre (Jean) : a donné son nom à une rue de Saint-Germain-en-Laye, professeur français, chimiste qui inventa la mollesse du caramel mou, la machine à enrouler le papier tue- mouches, qui, le premier, fit la synthèse de la poudre d'escampette, ce merveilleux produit qui nous valut de ne pas perdre les Pyrénées en 1940, qui découvrit l'appareil à transformer les éternuements en énergie nucléaire et le sérum anti-faramineux, à qui l'on doit la crème à épiler les poils d'éléphant et le briquet à deux temps et trois mouvements, qui inventa le couvercle de water-closet et qui s'aperçut le premier que le vendredi 13 portait bonheur, qui enrichit le patrimoine national de la salière à trous, du gruyère à trous, de la clarinette à trous et du trou du tronc du culte, qui améliora la suspension de la règle de trois en la dotant d'amortisseurs à bain d'huile et qui dessina le prototype du philodendron, qui découvrit l'huile à rendre les plantes grasses, la façon de castrer les escargots sans les faire sortir de leur coquille et l'accent circonflexe pliant. (42)

Néfertiti : palace du Caire. (116)

Népaller (Jean) : nom d'emprunt de San-Antonio* lors de sa mission au Cuho*. (48)

Neralbe (Jean) : régisseur de cinéma. (144)

Neubandet (Simon) : écrivain, qui a reçu le Nobel par lettre exprès avec accusé de déception. (128)

Neutriquet (Simon) : auteur d'un traité sur la malformation oculaire du râle d'eau. (137)

Neux de la Teste de Mont : colonel. (205)

Nève-Orléans : New Orleans, ville des Etats-Unis. (42)

Neverburnes : antiquaire londonien. (73)

Névudautre (Jean): gendarme de Cour-mois-sur-Lerable (Seine-et-Oise). (38)

Ney: maréchal du premier Empire. Cité en exergue de « Ça tourne au vinaigre » (20), sous le titre : « Quelques avis autorisés concernant la personnalité de San-Anto-nio* ». Ex. : « Il vous va droit au cœur ! – Signé : Maréchal Ney. »

Nez-Braquemard: canton des Etats-Unis. (88)

Nfojuurédriien: îlot sur le lac Chaariivarï*. (95)

N'Gruyer Rapé (Dolorosa): terroriste, maî-tresse du Syrien Fepaça Seyssal, tué à Londres en 1984 lors d'un attentat anti-israélien.

N'gruyère Ra-Pé: place de Saigon (Viêt-nam). (61)

Nibdanlkalbhâr: chef de la tribu des Liva-ros*. (68)

Nice-Tongue-For-69: type d'avion à turbot mayonnaise. (48)

Nicecat (Paméla): passagère de la croisière sur le « Mer d'Alors »*. (203)

Nichemar'h: île au large de Ploumanac'h Vermoh*. (96)

Nichemard-le-Vieux: moine, a été visité par l'archange Vazymou, a fait le siège de Saint-Throppée, son bienfaiteur a été le connétable Podzobanche. (84)

Nid à Garat: Niagara, célèbre pour ses chutes d'eau. (B, 208)

Niève York: New York. (B, 29)

Nikola: devin malotrusien*. (65)

Nikon-Nimalin: marque d'appareil photo japonais. (101)

Nio Sanato: pseudonyme sous lequel San-Antonio* est inscrit à l'école de police dans « Le Standinge ». (201)

Nitro: marque de savonnette à la glycé-rine. (36)

Nô (Hi): Chinois, a récupéré le vélo de Dû Cû*, à sa mort. (120)

Nod (Sir Hugh): ambassadeur de sa gras-sieuse mocheté auprès des cinq sièges*. (78)

Nœudman: marque d'antivol. (36)

Noirpiot (le): cf. **Blanc** (Jérémie).

Nokle (Abbee): coureur cycliste anglais. (58)

Nonce fêta Marie (le): « L'Annonce faite à Marie », œuvre de Paul Claudel*. (123)

Not' Dabe qu'êt soucieux, que Vot'blaze soye sanctionné... : « Notre Père qui êtes aux cieux, que Votre nom soit sanctifié... », début d'une prière chrétienne. (B, 96)

Notre-Fatma de Marrakech: mosquée principale de Marrakech. (113)

Noubly (Jean): acteur de seconde zone, de son vrai nom Nécreux, ayant pris un pseu-donyme pour la raison suivante : « Je fai-sais partie des obscurs. Mon blaze n'était jamais cité dans les interviews de vedettes ou de metteurs en scène. Or, vous l'aurez remarqué, chaque fois que ceux-ci parlent de la distribution, ils disent, immanquable-ment : "En dehors de moi, il y a Depar-dieu, Sophie Marceau, Galabru et j'en oublie." Ce qui fait que, désormais, j'ai en quelque sorte la vedette américaine. Jean Noubly, c'est moi. » (126)

Nouille Hork: New York.

Nouille York: New York.

Nouille York et racle tribune (le): le « New York Herald Tribune », journal américain. (BB, 205)

Nourissier (François): écrivain, a dit de San-Antonio* : « Les métaphores de San-Antonio sont uniques au monde. Au lieu d'user de l'expression ritournelle "rire comme un bossu", il emploie "rire comme un paquet de Camel", parce que l'illustration de ces blondes cigarettes est un dromadaire et que le dromadaire est bossu ! Bravo, San-Antonio, vous n'avez pas volé votre prix Nobel ! » (134)

Nô Zé Habon: ville du Viêt-nam. (61)

Nuit de Va-te-purger (la): la Nuit de Valpurgis, dans « Faust », opéra de Gounod. (B, 119)

O Obsénité-Atouva : capitale des Malotrus*, est habitée par les Obsoatouvabiens. (65)

O'Broshett (Connel) : sexologue, professeur à l'université de Dublin. (205)

O'Casion : chef de la sécurité du Président américain. (119)

O'Conar : chef de la police de Galway. (119)

O.L.B. : Organisme pour la libération de la Bretagne. (96)

O'Paff (Gladys) : dite Gladys de Montrouge, ancienne prostituée, d'origine écossaise, qui s'est retirée aux environs de Mybackside-Ischicken*. (46)

O'Quelkon : professeur d'anglais de la faculté Péjorative de Hotdog. (30)

O'Skileshian : chanteur lyrique dans les années 30 à l'Olympia de Dublin. (119)

O'Stbitt : agence de détectives londonienne. (73)

O.T.A.N. en apporte le vent : « Autant en emporte le vent », roman de Margaret Mitchell. (206)

Offenbach (Jacques) : compositeur français d'origine allemande. Ex. : « Offenbach. C'est allègre. Ça ne pisse pas haut, mais ça fait toujours plaisir à tes trompes d'Eustache (de Saint-Pierre). Brillant, pom-pom. Schön Pariss. Il a bien fait de se naturaliser françouse, l'Offenbach, que s'il était resté dans sa Cologne natale, cézigue, il aurait fait de l'eau au lieu de sirop. » (85)

Ohnet (Georges) : auteur français. Ex. : « Qu'est-ce que c'est que ce langage ridicule ?... On se croirait dans du Georges Ohnet ou du Xavier de Montépin*! » (216)

Oignon soviétique : Union soviétique. (125)

Okimono et Onumonku : sumos terroristes. (130)

Oldbarbon (Lord) : client anglais de Li Pût*. (120)

Olida : couturier préféré de Bérurier*. (121)

Olimpiakokatris : marin grec du Kavulom-Kavulos*. (60)

Oliver (Raymond) : chef cuisinier français. Ex. : « La seule différence existant entre San-Antonio* et un très grand écrivain, c'est que San-Antonio n'écume pas le bouillon avant de le servir. – Signé : Raymond Oliver. » (76)

Oliverix (Rémondix) : chef cuisinier de l'armée de Vercingétorix. (200)

Omelette (Chère Loque) : Sherlock Holmes, détective anglais créé par sir Conan Doyle. (B, 111)

Onaniste : Onassis, célèbre armateur grec. (B, 58)

Onisoikimalis : armateur grec du Kavulom-Kavulos*. (60)

Onze Itrone (les) : Léon Zitrone, homme de télévision français. (45)

Orage : « Horace », tragédie de Pierre Corneille. Ex. : « Des frangins qui se cherchaient des rognes. Y avait les trois Voraces et les trois Coriaces. » (B, 45)

Orangyz (Boris) : ressortissant bulgare. (95)

Ordinaire (Yvette) : Yvette Horner, virtuose du piano à bretelles. (B, 45)

Orertéhef (l') : O.R.T.F., Office de radiodiffusion et de télévision françaises. (B, 82)

Orgia (Lutèce) : Lucrèce Borgia, empoisonneuse italienne. (B, 202)

Os-en-Gelée (l') : Los Angeles, agglomération de Californie (Etats-Unis). (B)

Ossoboukos : tribu africaine du Congo. (44)

Ossobuco : commissaire de police à Rome. (106)

Ouatère-l'eau : Waterloo, ville de Belgique. (B, 141)

Ouatèremane : Waterman, marque de stylos. Ex. : « Je préfère l'orthographier ainsi parce qu'autrement, littéralement traduit, ça veut dire : " L'homme des chiottes ", ce qui me paraît immérité pour un stylo de cette classe. » (78)

Ouef-frate : Euphrate, fleuve qui arrose l'Irak. (74)

Oukonsemé : déesse malotrusienne*. (65)

Ours Noir : Marguerite Yourcenar, écrivain français. Ex. : « A court de converse, car on a retiré l'échelle des arguments et pas encore changé les draps du sujet, comme l'écrit si admirablement Ours Noir dans " Passe-moi ton bicorne, je te passerai mon gode ". » (112)

Ovaire (Eugène) : Eisenhower, général américain. (B, 118)

O-Zié : grand sorcier malotrusien*, célèbre pour ses mânes. (65)

P

Pâ (Nlatron-Che) : tenancière de maison close de Saigon (Viêt-nam), surnommée la reine de la pipe, tant est grande sa dextérité dans l'art délicat de préparer l'opium, parle couramment 76 langues, dont la langue fourrée de l'Alsacienne. (61)

Paävu Paâpry (Chaglaate) : hôtesse de renseignement au journal « Dypaä Cekkoneri »*. (95)

Padebalzaque (Honoré) : garçon de bureau au siège de la police parisienne. (41)

P.A.F. : Parti amélioré français, parti politique créé par Bérurier* et Morbleut*. (55)

Palais des Draupers (le) : siège de la police.

Palais Parapluie (le) : siège de la police.

Palanchon (Marc) : auteur de la phrase suivante : « Les Américains ont inventé le chewing-gum pour faire patienter le tiers-monde. » (149)

Paldir (José) : pêcheur à Cuho*. (48)

Pâle-Lavasse-des-Flots : Palavas-les-Flots, commune de l'Hérault. Ex. : « Salut, le grand! me lance-t-il, du ton jovial qu'emploie un charcutier de banlieue lorsqu'il te fait visiter son appartement Merlin de Pâle-Lavasse-des-Flots. » (113)

Paname : Paris.

Paname-les-Bains : Paris.

Panotoski : Michel Poniatowski, ancien ministre de l'Intérieur. Ex. : « Y s'prend pour quéqu'un, votre pandore, hein? Le ministre de l'Intérieur la ramène sûrement moins haut. T'es pas Poniatoski, Gros

Père! – Non, mais, vous l'entendez, cette belette de luzerne! Une branleuse qu'est pas finie de faire, me traiter de j'sus-pas-Panotoski! J'sus pas Panotoski, moi! On les entendra toutes, c't'été! Viens seulement dix minutes dans mon burlingue a'v'c moi, mauviette, que j't' montre si je sus pas Panotoski! » (B, 87)

Pantouflar (Pedro) : chargé des relations publiques de Tiago Chiraco*. (98)

Pantruche : Paris.

Panzani (Edgar) : Edgard Pisani, homme politique français. (B, 123)

Papabezpa : lac du Rondubraz*. (68)

Papin (Denis) : physicien français, inventeur de la machine à vapeur. Ex. : « De quoi filer des vapeurs à Denis Papin, non? » (62)

Pardérière : directeur des chaussures Pardérière et Co. Ex. : « Ne pas confondre avec le slip Pardevan, celui qui fait parler le bédiglas! » (27)

Pardevent (M.-F.) : ex-interne des hôpitaux de Paris, médecin à Vilain-le-Bel*. (143)

Paris Détective Agency : agence « privée » qui emploie San-Antonio*, Bérurier*, Pinaud* et Mathias*, et date des conséquences de l'affaire Walter Klozett (86) qui ont entraîné la démission de San-Antonio de la police judiciaire.

Parmahoute : Paramount, compagnie hollywoodienne de productions cinématographiques. (B, 206)

Partez-donc : Parthénon, vestige de la Grèce antique. (B, 60)

Partouh (Châlafour) : second secrétaire à l'ambassade du Toufoulkan. (133)

Pascal : philosophe français, auteur des « Pensées » de Blaise. (121)

Pasikonksa : aéroport d'Obsénité-Atouva*. (65)

Pasoparatabaco : juge espagnol en poste à Tenerife. (78)

Passepoil (Solange) : prostituée parisienne, fille cadette de Victor et d'Ernestine Passepoil, cultivateurs à Vire-Tacutie (Calvados). (137)

patrioche d'Antiarche : patriarche d'Antioche. Ex. : « Si on ne se fait pas escommunier avec tout ça, on aura de la veine ; pour peu que le patrioche d'Antiarche ait des accointances avec Paul VI, on est bonnards pour se carrer nos extraits de baptême dans les cagoinces. » (B, 60)

Paul Hué (O.) : professeur de la faculté de médecine de Paris, spécialiste de l'eau. (69)

Pays du biniou (le) : Bretagne. (145)

Pays des croissants chauds (le) : Turquie.

Pays de l'horlogerie et du frometon réunis (le) : Suisse.

Pays du macaroni en branche (le) : Italie.

Peau-de-Chèvre (Frédéric) : Frédéric Pottecher, journaliste et chroniqueur judiciaire. (B, 200)

Pébroque (la Cabane) : siège de la police.

Pébroque's Agency : siège de la police.

Pédéraste et Médisante : « Pelléas et Mélisande », drame lyrique de Claude Debussy.

Péherlashès : chef des gardes du maharaja Mâbitâhungoû*. (79)

Pen'Ajouir : commune du Finistère où est situé l'institut Blanches Mouettes du docteur Hervé Con*. (206)

Pensome (Albert) : instituteur de Grangognat-au-Mont-d'Or, commune de 400 habitants située à une trentaine de kilomètres de Lyon. (50)

Pépère : cf. **Pinaud** (César).

père Plexe (le) : personne connue pour son indécision. (79)

père La Cerise (le) : voisin de San-Antonio* et de Félicie* à Saint-Cloud. (115)

Perle-à-rebours : Pearl Harbor, île du Pacifique, haut lieu de la Seconde Guerre mondiale. Ex. : « Et puis mon petit copain se déchaîne. C'est Perle-à-rebours ! L'attaque-surprise de grand style ! Le raid dévastateur ! L'opération imparable. » (58)

Perret (Pierre) : chanteur, auteur-compositeur. Ex. : « J'oubliais un disque tordu de Pierre Perret (le disque s'est trop gondolé de son contenu). » (89)

Perruchieri (John) : agent de la C.I.A. (91)

Persanie (la) : Iran. (B, 208)

Persavéça (Simon) : directeur du journal « Lutèce-Midi ». (34)

Perséh (Thadéthapi) : Iranien, pêcheur de truites. (72)

Perséh (Vahi-Palpélzizi) : Iranienne, fille de Thadéthapi Perséh*. (72)

Persil : marque de lessive. Ex. : « Ses manchettes sont impeccables. Leur blancheur Persil me meurtrit la rétine. » (24)

Pet et thé (les) : administration des Postes et Télécommunications. Ex. : « Je me catapulte sur la standardiste et je lui saisis le combiné à pleines mains. – La gendarmerie de Moutiers, vite ! glapis-je à la dame des Pet et Thé ». (51)

Pet-rôt : Perrault, auteur de contes pour enfants. (123)

Petit-Littré (Léon) : éditeur de petite taille, ami d'Achille*, surnommé dans son milieu : le nabot-Léon de l'édition. (46)

Petitpeu (Justin) : agriculteur, témoin de la préparation d'un meurtre. (140)

Pétrolân : Pétrole Hahn, lotion capillaire. (B, 155)

Peugeot : constructeur automobile français qui disait souvent « Jamais 203 ». (61)

Peyrefitte (Roger) : écrivain français. Ex. : « Fortuna rentre de l'usine, dépose sa comptée, prend son bain à l'essence de pin délassante et se laisse embroquer à la Peyrefitte par son matou. » (108). Ex. : « Je pénètre dans son logis dont la coquette banalité flanquerait le vertige à Roger Peyrefitte pour qui le superflu a toujours été une nécessité, le chéri, et c'est cela, l'art de vivre. » (117)

Phâdhirak : gouffre à côté de Khunsang-himpur*. (79)

Philippe Le Bel : inventeur du fusil de guerre, célèbre fusil du même nom. (79)

Piaget (Yves) : joaillier. Ex. : « Je tranche (les liens) à l'aide du délicat canif d'or que m'offrit un jour le délicieux Yves Piaget. » (154)

Pichtgorne : Pythagore. Ex. : « Un mec qu'a tronché telle'ment d'frangines qu'on pourrait plus les compter, même av'c le théorème d'Pichtgorne ! » (B, 148)

Picrat's brothers (les) : tandem Bérurier*-Pinaud*. (42)

Pie Pelet 1er : empereur d'Eczéma de 1004 jusqu'à sa mort, fondateur de l'ordre de la Conciergerie. (40)

Pièhredâak : grand jaïn, cité par Trikviit*. (79)

Piépoilu (Narcisse) : brigadier de gendarmerie à Saint-Turdoré*. (67)

Piépoilu (Edith) : fille du brigadier Piépoilu*. (67)

Pigekedall (Johnny) : détective de l'Agence O'Stbitt. (73)

Pigeot : Peugeot. (127)

Pilote (Fonce) : Ponce Pilate. (95)

Pilulesco (Anton) : interne, travaille dans le service de cancérologie du professeur Lechouf. (139)

Pinaud (César) : inspecteur de police, l'un des principaux auxiliaires de San-Antonio*, et, avec Alexandre-Benoît Bérurier, son meilleur ami. Aussi loin que l'on remonte dans la chronologie san-antonienne, Pinaud a toujours été âgé (le fait est accentué par l'aspect délabré du personnage). En 1956, il a déjà, selon ses propres dires, 54 ans. (20). Cela ne l'empêche nullement de vieillir, lui aussi, au fil des ans, ce qui donne maintes fois à San-Antonio l'occasion de se surpasser dans l'art du portrait de la décrépitude. « Il est là, le Fluet, l'Anémiaque, le Fossile. Elle est là, la guenille, la friperie, l'amère loque. Là, un peu, pas trop, tout juste, à peine, à grand-peine. C'est un souffle ! Un microcoque ! Un rien ! De la barbe à papa ! Ses yeux ? Deux plis-

sures dont la suppuration vient tout juste de cesser. Sa bouche ? Un anus démantelé que surmonte une humble broussaille d'altitude ! Ses joues ? Deux cactus concaves ! De menton, il n'y a plus guère. C'est un talon éculé, ravagé, quasi disparu, un moignon, un trognon de talon ! Sur le front plissé une mèche déjà grise s'obstine, aussi minable que la moustache. Les oreilles sont blafardes. Mais le chef-d'œuvre de cette frime de catastrophe oubliée, le donjon en ruine de ces ruines, c'est le nez. Il plonge, il sinue, il se pince, il n'en finit pas. Un tronçon de reptile ! Un bout de surplus équivoque, qui ne fut jamais quelque chose et ne sera jamais rien ! Un mystère imbécile de la nature ! Une stalactite de chair morte et de cartilage flasque ! C'est vert, c'est blanc, avec pourtant une roseur à son extrémité. Ça écœure, ça fait de la peine ! C'est suintant ! On devine que c'est froid ! On ne peut plus rien pour lui. » (75). « Sa petite silhouette de vieil échassier déplumé, croupi dans un zoo merdique... Pinaud, plus fané et grumeleux encore que d'ordinaire, ne s'est pas rasé de plusieurs jours et sa barbe hirsute, plus sel que poivre, le fait ressembler à un vieux Ribouldingue déshydraté. Son chapeau délabré gondole au ras des sourcils. Une mèche de cheveux à peu près blancs pend au-dessus de son nez de constipé chronique. Il est le portrait de la Navrance, de la Résignation, de la Pré-agonie, et de la Désuétude absolue. » (114). « Il est tellement furtif, le Débris, tellement peu, tellement moins que rien qu'on ne s'aperçoit pratiquement pas de sa présence et donc, a fortiori, de son absence. » (126). Cette présence, toutefois, a le pouvoir de tempérer la fougue de San-Antonio, et l'incite à la réflexion et à la déduction, de la même manière que celle de Bérurier l'incite à l'action. Car il y a quelque chose de contagieux dans le tempérament de Pinaud : « Il est sédatif par navrement. Son être en digue-digue, falot, pâlot, décalotté, calottineur, indiciblement à point, réduit les rebelles, assouplit les humeurs, hale les égarés jusqu'aux rives cocoteresses de la soumission. » (108). Bien sûr, tout cela n'empêche nullement Pinaud d'être un policier de premier ordre, et en même temps qu'un homme de grandes qualités humaines : « Si vous le voyiez, avec sa moustache de rat, brûlée par les mégots, son regard larmoyant, son nez trop long et lamentable... Oui, si vous le voyiez, vous vous découvririez bien bas devant ce demi-siècle de bons et loyaux services. » (35). « Chère vieille carcasse! Toujours le même cœur à l'ouvrage sous sa décrépitude!» (114). Pourtant, Pinaud a failli renoncer à sa carrière policière en 1967; il démissionne lorsqu'il hérite d'un bistrot à Vincennes, à l'enseigne du « Perdreau Vert ». (44). « J'avais demandé à Pinuche la raison (sociale) de cette appellation. – Facile, m'avait répondu le Déchet, je suis toujours perdreau dans l'âme et toujours aussi vert. – Tu n'es pas toujours vert, tu l'es déjà, avais-je rétorqué, parodiant Jules Renard. » (47). La limonade se révélant rapidement un échec financier, Pinaud fonde une agence de police privée, la Pinaudère Agency, en s'associant avec Hector Dère*, le cousin de San-Antonio lassé de l'Administration. (47). L'expérience sera de courte durée. Plus tardivement, Pinaud saura recouvrer une deuxième jeunesse en faisant fortune dans l'after-shave. Ayant constaté que son flacon de lotion après-rasage est doté d'un goulot étroit, il soumet l'idée au fabricant américain de l'élargir afin d'augmenter la consommation du produit. La hausse des ventes qui en résulte dépassant toutes les espérances, Pinaud se met alors à percevoir une fortune en « royalties ». Son mode d'existence en est profondément modifié; il roule désormais en Rolls-Royce, troque ses frusques contre des vêtements luxueux, et révèle de fait une « classe » naturelle à peine ternie par ses mégots jaunis et son goût immodéré pour le muscadet. Enfin, le personnage se caractérise par sa douceur et sa courtoisie très « vieille France », ainsi que par son parler. Autant Bérurier parle un « langage impropre qui pourtant lui est propre » (59), autant la façon de s'exprimer de Pinaud est exagérément policée, académique, riche en circonvolutions rhétoriques; et ses interventions orales donnent souvent lieu à d'interminables discours ampoulés : « Bien qu'il n'entre pas dans mes attributions de m'occuper de l'intendance de la Paris Détective Agency dont vous assumez l'entretien avec un brio auquel il me plaît de rendre hommage et qu'oncques ne vous discuterait, je me permets de porter à votre connaissance le fait suivant : les exigences de la nature m'ayant conduit à me servir des doubles vécés (en français : les lavatories) j'ai été amené à utiliser le rouleau de papier satiné placé près de la cuvette. J'en ai fait un usage modéré, n'ayant pas à réparer de gros outrages du point de vue souillure. Mon intestin étant extrêmement paresseux, je m'alimente peu, ce qui solutionne par avance mes problèmes résiduels. Toutefois, le léger prélèvement que j'ai opéré sur le rouleau m'a amené à constater que celui-ci touchait à sa fin. En conséquence, ceux qui me succéderont en ces lieux, dits d'aisances, affronteraient de graves déconvenues s'ils le trouvaient complètement tari à un instant de leur vie où il constitue le recours le plus précieux qui soit. Fort de ces arguments, et comptant sur votre compréhension, je me permets de solliciter de votre bienveillance le renouvellement du rouleau de papier qui touche à son terme. » (100). Pinaud est affublé régulièrement de surnoms : l'Admiratif, l'Affable, l'Aimable Loque, l'Amère Loque, l'Amoindri, l'Amorti, l'Ancêtre, l'Ancien, l'Anéanti, l'Anémiaque, l'Anxieux, l'Archer de la Passivité, l'Artiste, l'Attendri, Baderne Paterne, Baderne, Baderne-Baderne, le Baderneman, le Badernien, le Badernissima, la Badernité, Badernuche, la Banane, la Banane Gâtée, Bananouille, la Bannière, le Bêlant, le Bêlantissime Pinuchet, la Bêlasse, la Belle Ame, le Bijou, Bite-en-Bronze, le Bon Samaritain, le Bon Bonze, le Bonhomme Chétif, le Bonhomme Gatouillard, le Bonhomme-la-Lune, le Bonze, le Bougre de Dégueulasserie, le Bougre de Trop-vieux, le Bouleversant, le Bouquetin des Alpes, la Bourrique, le Branlant, le Branleur Branlant, le Branleur, le Brave, la Brave Guenille, le Bredouilleur, la Breloque, la Brindille, le Bromuré, le Brumeux, le Cacatoès Coordinateur, la Camomille, la Carcasse, le Cartilagineux, le Cassé, le Cataplasme, la Cerise, César Bitautrou, le César Pion, César Pinocchio, César-la-Guenille, Césarin, Césaroche, Cette Chère Survivance, le Chancelant, le Charadeux, le Chassieux, le Chenu, le Cher Résidu, le Cher Homme, le Cher Fossile, le Cher Vénérable, le Cher Chenu, le Cher Bonhomme, la Chère Relique, la Chère Vieille Ruine, la Chère Loque Holmès, le Chétif, le Chiffonné, la Chose-Pinaud, le Cloporte, le Composté, le Conanchose de mes deux Doyle, le Cradingue, le Craquant, le Croulant, le Croulant Pinusky, le Croûton, le Dabe, le Dabuche, la Dalle Sacrée, le Débile, le

Débris, le Débris vaillant, le Déchet, le Décombre, le Décomposé, le Dédoré, le Défané, le Défroqué, la Déglingue, le Déglingué, le Délabré, la Délabrerie, le Délectable, le Démantelé, le Demi- siècle de bons et loyaux services, le Démodé, le Démoustaché, le Désaffecté, le Désintégré, le Desperado de la Rousse, le Désuet, le Détergé, le Détritus, le Dévasté, le Dévitaminé, le Digne Homme, le Diminué, le Dinosaure, le Docile, le Docte, le Doctoral, le Doucoureux, le Doux Chétif, le Duchenock-Holmes, l'Echarde, l'Ecrémé, l'Eminent Pinaud, l'Emmitouflé, l'Emmitouflé de frais, l'Emouvant Pinaud, l'Empafé de Vieux Lézard, l'Empêché, l'Empêcheur, l'Emplâtre, l'Enchifrogné, l'Enrhumé, l'Entravé de frais, l'Epave, l'Ephémère, l'Espèce de Larve, l'Evanescent, l'Ex-Ancêtre, l'Ex-Vieillard, l'Exquis Vieillard, l'Extasié, l'Extatique, le Facultatif, le Fané, le Fantoche, le Fémur, Fesse-de-Rat, le Filandreux, le Flageolant, le Flétri, la Flétrissure, le Fluet, le Fossile, le Fossilisé, le Frêle, le Frénétique de la Soumission, le Frileux, le Fripé, la Friperie, le Furoncle, la Ganache, le Gâteux, la Gâtoche, le Gâtouilleur, le Gentil, le Gentil Seigneur Pinuchet, le Géronte, la Giberne, le Gisant, la Glandouille, le Grand Sage, le Grand-Dabe, Gras-d'os, la Guenille, l'Hémorroïdien, l'Homme au Briquet fumeux, l'Homme-fossile, l'Honorable Mauviette, l'Imberbe, l'Imperturbable, l'Impondérable, l'Important, l'Incompétent, l'Ineffable Pinaud, l'Ineffable, l'Inexorable, l'Infatigable du Bulbe, l'Inquiet, l'Intègre, l'Intègre Vieillard, l'Irascible, le Lamentable, la Lanterne, le Lapinaud des Champs, Lapine, Lapinuche, Lapinus, Lebel au Bois Dormant, le Léger Pinuche, le Limoneux, la Loque, le Maigrichard, le Major Campbell nouvelle manière, amélioré système D, le Malodorant, le Mammifère en partance, Mathusalem, le Mégoté, le Mélodieux, la Membrure, le Milliardaire, le Miraculé, le Miraculé de Frais, le Misérabilé, la Misérable Colique, Mister Goutte-au-Pif, Mister Fossile et Marteau, Mister la Carcasse, le Mité, le Miteux, le Mollasson, la Momie, le Momifié, Monsieur Loyal, le Morose, la Mouche-amère-deux, Mylord Ganache, la Navrance, le Navré, le Noble Débris, le Noble Vieillard, le Noble Marathonien de la déduction solitaire, le Nœud Flasque, Nom de Dieu de Bastringue de merde, le

Nouveau Milord, l'Ovidé, le Paisible, Pandeloque, Panosse, le Pantelant, Pantruche, Papa Blanche-Neige, Papa-Gâteux, Papy, le Patriarche, le Pauvre Melon, le Pauvre Biquet, le Pénible, Pépère, le Père Lajoie, le Père La Renifle, le Père La Délabre, le Père la Colique, le Père Flanelle, le Père Pinuche, le Père Sherlock, le Père Son et Lumière, le Père La Nouillasse, le Père La Gelée, le Père La Flanelle, le Père Lapine, le Père Lapinuche, le Père la Colique, la Pilule, la Pinasse, Pinaucchio, Pinauchaud, Pinauche, Pinaucholmès, Pinaucul, Pinaud 1er, Roi du mégot, le Pinaud Pinuchard, Pinaud le Disert, Pinaud le Chétif, Pinaud des Charentes, Pinaud le Doux, Pinaud-Cul-de-singe, Pinaud-Culte, Pinaud-Occulte, Pinaudcru, Pinauder, Pinauderche, Pinaudère, Pinaudière, Pinautchina, la Pine, la Pinerie, la Pinette, Pinocchio, Pinochard, Pinoche, Pinoskof, Pinoufle, Pinovskaya, Pinuchard, Pinuche, Pinuche-le-Surdécoré, Pinuchenock, Pinuchet, Pinuchette, Pinuchinovitch, Pinuchkoff, Pinuskaya, Pinuski, Pinuskos, Pinuswky, le Placide, le Plaintif, le Planteur de Caïffa, le Postillonneur, la Poubelle, le Poussiéreux, le Préhistorique, le Prolongé, la Raclure, le Racorni, le Radieux, le Ramolli, le Ramoné, le Rasoteur Chéri, le Rat d'Egout fumeur, le Redenté, le Régénéré, le Réintégré, le Reliquat, la Relique, le Renouvelé, le Résidu, le Résigné, le Respectable, le Révérend, le Révérend Pinaud, le Révérend Pinaud des Charentes, le Révérend Pinuche, le Rincé, le Rogaton, Sa Pinucherie, le Sagace, le Sage, le Sage des Sages, Sainte-Blandine-Pinuche, le Salaud Pourri, la Saloperie, la Savate, le Semi-présent, le Sénile, le Sentencieux, la Seringue, Sherlock-Pinaud, le Sinistré, le Sinueux, le Spécimen des Temps anciens, le Spectre, le Subalterne Baderne, le Subordonné-né, le Superbe, le Superflu, le Suranné, Tante Pinaud, la Tartine, Tarzan, le Témoignage d'un autre siècle, le Tendre Pinaud, la Tendre Relique, le Toujours-là, le Trémoleur, le Très Honorable Pinuche, le Trésor Chéri, le Trisaïeul, le Triste Etron de trottoir, le Trou de Balle de bouc étique, le Vaillant, le Vénérable, la Vénérable Loque, la Vénérable Moisissure, la Vénérable Extinction de race, le Vermoulu, le Vestige, le Vétuste, le Vieillard, la Vieillarderie, la Vieillasse, le Vieillâtre, la Vieille Besace, la Vieille Breloque, la Vieille Déconfiture de Poire, la

Vieille Floppe, la Vieille Frappe, la Vieille Fripe, la Vieille Ganache, la Vieille Guenille, la Vieille Haridelle, la Vieille Merde moisie, la Vieille Morve, la Vieille Noix, la Vieille Pinasse, la Vieille Pinoche, la Vieille Poubelle, la Vieille Relique, la Vieille Seringue, la Vieillerie, la Vieillesse, la Vieilloque, la Vieille Morve, le Vieux Gland, le Vieux Chat-bêlant Pinucien, le Vieux Détritus, le Vieux Cheval Blanchi Sous Harnois, le Vieux Fromage oublié, le Vieux Melon, le Vieux Frivole, le Vieux Crabe sénile, le Vieux Branleur, le Vieux Nougat, le Vieux Chnoque, le Vieux Locdu, le Vieux Crabe, le Vieux Tétrapode vertical, le Vieux Hibou, le Vieux Furoncle, le Vieux Con, le Vieux Rat, le Vieux Branleur, le Vieux Morpion, le Vigilant Pinuche, le Vioquard, le Vioquart, la Vioquasse, le Vioque, le Voluptueux de l'Obéissance, Zébu.

Pinaud (Geneviève ou Marthe) : dite la mère Pinauderche. Epouse de César Pinaud*, dame dévote et de santé délicate qui collectionne toutes les maladies répertoriées par la Faculté. « Cette aimable personne est pour beaucoup dans le déficit de la Sécu. De la cave au grenier elle a été explorée, ponctionnée, blousée, analysée, radiographiée. On sait tout de ses bronches, de son foie, de ses ovaires, de son bulbe rachidien, de ses glandes surrénales, de son cœur, de sa rate, de son gésier, de son utérus, de ses os, de son anus, de ses rotules, de son estomac, de sa voûte plantaire, de sa gorge, de ses yeux, de ses oreilles, de son urine, de ses défécations, de ce que furent ses menstrues, de ce qu'a été sa ménopause. Elle a contracté toutes les maladies homologuées, les a toutes vaincues, les recontracte résolument, sans relâche, avec une bravoure feutrée qui force l'admiration. Elle a eu du diabète et de l'albumine, des taux de triglycérides historiques, du cholestérol dans lequel on pouvait pelleter, des virus non identifiés, des microbes à foison, des gonocoques transbahutés par l'époux, des typhus exotiques des pertes blanches, de vue, de mémoire, des eczémas rebelles, des thromboses critiques, des rhumatismes déformants, des ulcérations désespérantes, des arythmies forcenées, des hémorroïdes intransportables, des jaunisses asiates, des pneumonies irrévocablement doubles, des débuts de tuberculose, des polypes çà et là, des angines de poitrine (alors qu'elle n'a pas de poitrine!), des lumbagos lunatiques, des éruptions, des confluences, des poussées, des accès, des crises. Tout! Tout! Tout, te dis-je. Lorsqu'elle décédera, la mort n'aura que l'embarras (gastrique) du choix. » (114). Mme Pinaud découvre sur le tard (au moment où son mari fait fortune dans l'after-shave) les choses du sexe et se met à collectionner, pour lors, les gigolos. Une seule fois, elle participe de manière active à une enquête du commissaire, mais son rôle, en l'occasion, est quelque peu occulté par l'extraordinaire « présence » de Berthe Bérurier. (75)

Pine (la) : cf. **Pinaud** (César).

Pine-hochet : Pinochet, dictateur chilien. (120)

Pinuche : cf. **Pinaud** (César).

Pival de Roubille (Gaétan) : consul de France à Naples. (107)

Plaies et Bosses : « Play-Boy », revue de charme. (B, 133)

Plakapar : docteur en médecine, dirige une clinique près de Neuchâtel en Suisse. (63)

Plantin (Evariste) : cousin de Berthe Bérurier*. (69)

Platinet (Elvis) : garagiste à Saint-Just-Humbou*. (139)

Ploumanac'h Vermoh : commune de Bretagne. (96)

Plumeau : 1. Personnage conventionnel très éloigné du lieu de l'action. Ex. : « Je lui cramponne la paluche, manière de voir si elle va m'envoyer chez Plumeau. » (24). 2. La mort. Ex. : (après une tentative d'assassinat) « Il a chargé un de ses troupiers de m'envoyer finir la noye chez Plumeau. » (24)

Plume-dans-le prose : chef de la tribu N' D'Genève. (61)

Pluokksonküü (Kipeët) : rédacteur en chef du journal « Dypaä Cekkoneri »*. (95)

Podchien (Nini) : nièce du gouverneur de la Bastille, relata dans ses « Mémoires » l'astuce des Leberul*. (200)

Poilala Autour : Kuala Lumpur. (B, 120)

Poilala (Gabriel) : commissaire de police à Marseille, d'origine corse, neveu du brigadier Poilala*. (90)

Poilala (brigadier): brigadier-chef au service interne du siège de la police judiciaire à Paris, autrement dit : chef planton de la Maison Pointue. « Un Corsico dont le front serait entièrement caché par le ruban de sa machine à écrire, tellement qu'il a le tif bas et le sourcil haut. » (83). « Un dur, un tanné, un coriace dont la moustache ressemble à un cintre à habit. » (205). Poilala fait ses premières armes aux côtés de Bérurier, à l'époque où celui-ci est gardien de la paix. Homme de grandes qualités morales. « Poilala, c'est tout un bonheur à emporter... Imagine un canard à moustaches, chauve du devant, le nez en pied de marmite, le regard pincé, ce qui lui donne l'air bigleux. Hautement ganache. Mais courageuse ganache, dévouée à ses maîtres jusqu'à la mort. Teigneux avec ses inférieurs, servile avec ses supérieurs, le vrai vieux brigadier de jadis, quoi ! L'honneur de la France ! » (126). Poilala périra dramatiquement dans un attentat à la bombe perpétré dans les locaux du Quai des Orfèvres. Il sera décoré chevalier de la Légion d'honneur à titre posthume. (130)

Poilancatre : chef du laboratoire de la police. (42)

Poilfout (Berthe) : nom de jeune fille de Berthe Bérurier*. (49).

Poincaré (Raymond) : président de la IVᵉ République, mathématicien de formation. Ex. : « Raymond Poincaré, qui inventa la racine qui porte maintenant son nom. » (154)

Pointe-à-Clown : Pointe-à-Pitre, ville de Guadeloupe. (99)

Pointe du Chaz : sur la côte, aux environs de Ploumanac'h Vermoh*. (96)

Pointe Duraz (Marguerite de la) : Marguerite Duras, écrivain français « que quelques échotiers, émules de Philippe Bouvard probablement, ont surnommée Marguerite de l'Ennui. » (138)

Poiretéséro : type d'automobile à double carburateur et brosse à dents surmultipliée. (37)

Poirot-Delpech (Bertrand) : écrivain, membre de l'Académie française, chroniqueur au quotidien « Le Monde ». Ex. : « La mère Lacryma-Cristi*, j'en ai rien à branlocher, cette vieille seringue, avec ses napperons de boudoir fignolés au crochet

et ses Hercule Poirot de mes deux ; que moi aussi j'en ai un, de Poirot, et même qu'il est Delpech, en suce, alors tu vois ! » (100). Il est destinataire du poème suivant de San Antonio : « Tu m'attends à l'établi/Jeune tire-joint/Mais jamais, c'est établi/Je ne t'y rejoins. » (110)

Poléon (le) : Napoléon Bonaparte. (71)

Police-Piéton : Police Python, revolver de gros calibre. (B, 116)

Police-Scousse : Police-Secours. (B, 90)

Polis (Dimitro) : citoyen grec. (60)

Pompemela : société de production de films pornographiques, a produit « Mémoires du clitoris de la Princesse X ». (151)

Pompidou (marquise de) : Pompadour, favorite du roi Louis XV. Ex. : « J'aurais dû vivre à l'époque de la marquise de Pompidou. Les bonhommes étaient loqués façon batouze en ce temps-là, avec des bas blancs, des futals de golf en soie, des bajoues de dentelles et des manchettes amidonnées. » (B, 55)

Pompidou (Georges) : dit Gros Sourcils, président de la République française de 1969 à 1974. (116)

Pômpzobb (Mahatema) : espionne irakienne. (74)

Pon (Jean) : compositeur avec O'Tanklopez de « If you don't want it, je la remets dans ma culotte ». (61)

Ponce Pilote : Ponce Pilate. (B, 143)

Ponce Pilastre : Ponce Pilate. (B, 208)

Ponton du Sérail : Ponson du Terrail, écrivain. Ex. : « Comme dirait Ponton du Sérail : en voyant le lit vide, je le deviens. » (28)

Popaul-le-Stéphanois : a dit de San-Antonio* : « Toujours ces clins d'yeux de San-A. aux lettrés, il est chiant, ce mec ! » (109)

Popoli (Vittorio-Emmanuele) : baronne pickpocket qui sévit à l'aéroport de Catane (Sicile). (84)

Popotin (Le) : journal à scandale, spécialisé dans le ragot sexuel. (83)

Poreux de la Coiffe : physicien français qui a découvert la bactérie végétalo-foisonnante, grâce à laquelle le Sahara pourra devenir un jour aussi fertile que la Beauce ou la Brie, a collaboré dans ses travaux avec le professeur Bofstrogonoff*. (71)

Port-la-Craquette : commune du Finistère. (145)

Pothin (Félix) : évêque Pothin, martyr chrétien d'origine lyonnaise. (B, 200)

Pouilly Fûté (le) : pouilly-fuissé, vin blanc de Bourgogne. (B, 118)

Poulaga's Palace (le) : siège de la police.

Poulardin's Office (le) : siège de la police.

Poulatrix : directeur de l'Alcazar. Surnommé le « Roi-Soleil du projecteur » parce qu'il a mis en lumière tout ce que Paris a produit de chanteurs aphones, à faune et à saxophone entre la dernière et la prochaine guerre. (41)

Poultock's House (la) : siège de la police.

Poupoule (la Cabane) : siège de la police.

Pôvkon : maréchal finlandais, nom d'une place d'Helsinki. (95)

Pranduront (Germaine) : infirmière-chef de l'hôpital de Chambéry. (129)

Prang Mônpo (Tieng) : secrétaire du journal « Bangkok Soir ». (101)

Pranhmois de Bazanhot : noble de Caducet-sur-Parbrise*. (67)

Pranmoatou : île de l'archipel des Malotrus*. (65)

Prémolère (Marinette) : dentiste d'Embourbe-le-Petit*. (69)

Prenzenpourtongrad : ville de Russie. (71)

Prépuce : Crésus. (B, 140)

Président : destinataire de la dédicace de « L'Année de la moule » (1982, n° 110), en ces termes : « Je tenais à apporter ma propre, bien que modeste contribution (directe) à la gloire de ce grand homme d'Etat, qui a tant œuvré pour l'union de la gauche, fut plusieurs fois ministre et qui, luttant avec une énergie farouche contre la crise financière, est parvenu à stabiliser le franc. Merci, président Raymond Poincaré, c'est à vous que ce livre est dédié. Signé : San Antonio. »

Pricelet Elvouiss : Elvis Presley, chanteur américain, homme qui « prend son fade en éructant des romances ». (29, 96)

prince Charles (le) : fils d'Elisabeth II, successeur au trône d'Angleterre, dit le Grand Glandu. (120)

Prix Cognacq-Jay : récompense pour les familles nombreuses. Ex. : « De contentement, il va sûrement traduire son euphorie à sa bergère, dans ce style concis qui lui vaudra le prix Cognacq un de ces quatre matins ! » (35)

Prix Pruneau : « La plus haute distinction décernée par le Milieu et qui récompense le meilleur tueur à gages de l'année. » (58)

Profundis (rio de) : cours d'eau du Rondubraz*, peuplé de piranhas. (68)

Profundys (D.) : général américain basé au Viêt-nam, commandant de la base américaine de Saigon. (61)

Pudubeck (chaussée de) : rue de Bruxelles. (205)

Purgon : pharmacienne à Vilain-le-Bel*. (143)

Pût (Li) : Chinoise, prostituée de luxe, espionne, tueuse à gages, surnommée Lili Pute. (120)

Pyrénées-Orientables (les) : Pyrénées-Orientales. (B)

Q

Qu'à-demi-française (La) : Académie française. (95)

Quai (le) : Quai des Orfèvres, siège de la police.

Qualebellacoda (Rafaello) : industriel italien. (205)

Quand-t'es-beurré : Canterbury, ville et archevêché anglais. Ex. : « Kohnar le Constipé* bouffe sa tagine de poulet comme l'archevêque de Quand-t'es-beurré dit la messe. » (B, 113)

Quatorze (la) : la guerre de 14-18. (208)

Quéquettes-du-Roi (les) : commune des Yvelines. (141)

Questulagro (Pietro) : milliardaire brésilien, alias Herr Hotick. (73)

Queveutuklat (Boniface) : chef de bureau d'Hector*, cousin de Félicie*. (38)

Quiès (Aboule) : professeur Aboukir, spécialisé dans les prostates présidentielles. (58)

Quirase (Marguerite) : Marguerite Duras, auteur du roman « Petites salopes en jupettes ». (134)

Quiricanton (Thérèse) : abbesse, nom d'une rue de Paris. (43)

Quiry : haras parmi les plus réputés de la Manche. (38)

R

Raâm-Dhâm : ville principale du Bihar. (124)

Raâton (Kandih) : vieux sage du Bihar qui détient des pouvoirs occultes. (124)

Raba Tonfrok Ier : ancien roi de Thaïlande. (101)

Racreux : élève commissaire à l'école de police, spécialiste des incongruités inférieures (201).

Raffle (George) : George Raft, acteur américain. (B, 54)

Raie-au-mur : Réaumur.

Rainier III : prince de Monaco. Cité en exergue de « Ça tourne au vinaigre » (20), sous le titre : « Quelques avis autorisés concernant la personnalité de San-Antonio* ». Ex. : « Quant à moi je lui rends Grace. – Signé : Rainier III. »

Raskolnikov : type d'arme soviétique.

Raskolnikov 18 : type de char d'assaut soviétique indestructible, dit « l'Invincible ». Il peut tirer des missiles terre à terre d'une portée de quatre mille cinq cent trente-quatre kilomètres, virgule deux cent dix. (131)

Ra So (Kû) : mandarin, docteur en sexualité qui a achevé l'éducation de Li Pût*. (120)

Ratpalamarch' : ville du Finistère. (145)

Razdemoul : médecin, spécialiste des cannes fanées. (91)

Razdmoul : pays du Moyen-Orient. (99)

Razzé (Moussah) : colonel de l'armée irakienne. (74)

Readère-digéré (le) : « Reader's Digest », publication américaine. (B, 200)

Rebuffade (Edmond) : ancien proviseur, spécialiste des vieilles demeures de Saône-et-Loire. (151)

Refémele : dieu malotrusien*. (65)

Régina : bonne italienne de San-Antonio*. (80)

reine Juliénas des Pays Basques (la) : reine Juliana des Pays-Bas. (B)

Relhuyr (Frottfor F. E.) : maire de Swell-the-Children* (Angleterre). (69)

Reluir (Brossa) : commissaire de police à Malaga (Espagne). (86)

Rému et Rommel : Remus et Romulus, frères fondateurs de Rome. Ex. : « Et vos nich'mars qui pendent à l'avant, y m'font penser à la louve de Rome qu'a élevé Rému et Rommel. » (B, 143)

Renard (Bertrand) : expert en calcul dans l'émission de télévision « Les Chiffres et les Lettres ». Ex. : « Le gars Renard qui porte si bien son nom, viceloque de la division à tables peu communes, s'entraînait encore avec un boulier, en rasant les tableaux noirs, toujours la tête dans les épaules et des rancœurs inexpiables sous sa mèche boudeuse. » (108)

Renaud (Line) : chanteuse française dont l'année de naissance se termine par 89. (130)

Renaud : chanteur français. Ex. : « Un super-champion. Un infini pas con. Un incontestable. Le poète le plus poétisant de cette époque d'archimerde (sans principes). Le prince du pavé. La nostalgie arrivée à son port. Un mord-con! La noblesse de la timidité! Brandisseur de glaives. Et si frileux de l'âme, je le sens bien, que je t'emmitoufle de ma tendresse! » (121)

Renvoi-d'nougat : anti-parfum de Molyneux. (B, 109)

Résina (l'abbé) : ecclésiastique auteur d'un traité sur « L'incidence de la langue braisée dans la société moderne. » (24)

Réveillon (Noël) : industriel de la conserve. (30)

Revel (Jean-François) : écrivain, auteur d'un traité sur la façon de maltraiter les traités, ouvrage dans lequel les poils de cul sont écrits en braille « pour que tu puisses les toucher » (100) et d'un « éditorial à trous consacré au développement du saut à la perche chez les ingénieurs du son ». (102). Ex. : « San-Antonio* serait le plus grand écrivain français de langue française s'il n'était aussi, hélas! le plus répugnant. – Signé : Jean-François Revel (de l'Académie française). » (112). A dit également de San-Antonio : « Ce qui frappe chez San-Antonio, c'est son extrême délicatesse. Il aime choquer et, cependant, il prend soin d'éviter certains termes qui lui répugnent parce que trop crus. Ainsi là, en disant que Veronica " éloigne ses genoux l'un de l'autre ", il suggère qu'elle écarte les jambes, sans avoir à utiliser ce verbe " écarter ", si grossier en l'occurrence. » (148). Ex. : « Il lève sur moi son beau visage noyé par les bourrasques du chagrin, comme l'écrit si bien Jean-François Revel dans son " Ode à Jean-Marie Le Pen* ". » (154)

Rheims (Maurice) : écrivain, membre de l'Académie française. Ex. : « Une ombre de grande tristesse passe sur son regard d'azur comme un nuage sur... Attends, j'avais préparé une phrase très jolie pour faire plaisir à Maurice Rheims qui me dit du bien de partout, et voilà que je la retrouve plus, merde! Ah! si! " Une ombre de grande tristesse passe sur son regard d'azur, comme un nuage de pluie sur l'eau limpide d'un lac de Laponie. " Voilà. Ça vous plaît-t-il, maître? Comment? Ça ne casse rien? Vous trouvez? Ça fait certificat d'études pri-

maires? Oui, mais des Panzani, maître! Comparez pas la compofran d'un petit branleur et la métaphore d'un Sana* quatre étoiles, dont une de David. C'est pas la même encre qui coule, ni la même blenno. Y a lyrisme et lyrisme, c'est pas à vous que je vais l'apprendre. Vous êtes le genre à pas confondre un bonheur-du-jour avec une table de nuit. Moi, je voulais juste vous offrir un petit brin de vraie littérature, par reconnaissance; mais si vous préférez mes escargots à la parisienne, après tout, ça vous regarde. Alors, je vous en mets une douzaine? D'acc. Grosse bise! » (126)

Rhon-rhon à Samémerr : distinction iranienne. (72)

Ricane (Président) : Ronald Reagan, Président des Etats-Unis. (127)

Ridé-digeste (le) : le « Reader's Digest », publication américaine. (BB, 205)

Rideau de la Méduse (Le) : « Le Radeau de la Méduse », tableau de Géricault.

Rigaux (Jean) : humoriste, chansonnier. Ex. : « Cette nana, elle assimile peut-être Nietzsche, mais Jean Rigaux ferait un gros bide avec elle. » (24)

Riquebon-sur-Mer : située dans le Finistère, accueille un centre de thalassothérapie. (145)

Riquet (révérend père) : ecclésiastique. Ex. : « On donne un dessin animé polonais à la télévision. C'est passionnant comme un sermon du révérend père Riquet. » (24)

Rissi (Tono) : Tino Rossi*, chanteur français, d'origine corse. (58)

Rital : Italien. (63)

Ritalerie (la) : Italie. (B)

Riton-la-Pipe : homosexuel ayant dragué Bérurier*. Ex. : « Une suceuse de tasses qui à l'oignon plus vérolé que toute une roulotte de romanichels. » (B, 208)

Rivoire (Jérôme) : technicien du ministère de la Défense qui accompagne, avec Albert Carret*, San-Antonio* dans son expédition au pôle Sud. (66)

Robbe-Brûlé : Alain Robbe-Grillet, écrivain, dit Robbin-Grillet-des-Bois, membre de l'Académie des Rosiers Grimpants de Puteaux et banlieue (140), auteur du « Traité onirique sur la moustache sans poils ». (100)

Robinsoncru (Zoé) : musicienne italienne d'un orchestre de brasserie féminin. (80)

Roc-fêlé : Rockefeller, famille de banquiers américains. (B, 58)

Rocard (Michel) : homme politique français, ancien Premier ministre, auteur d'un fameux traité sur le ballon-sonde. (130)

Roidec (Léopold) : commissaire de police, collègue de San-Antonio*. (131)

Role Rosse : Rolls-Royce. (B, 82)

Rondubey-Durhadâdâ : ville marocaine. (49)

Rondubraz : pays d'Amérique latine. Ex. : « Le drapeau rondubrazien* représente un arc-en-ciel sur fond de ciel bleu, avec, dans l'angle supérieur gauche des dates commémoratives des révolutions de février 1965, de mai 1965, d'octobre 1965 et de décembre 1965, lesquelles préparaient la grande révolution de 1966, avant-coureuse de la révolution nationale de 1967 dont les réformes devaient se prolonger jusqu'en mars 1968. » (68)

Ronsard (Pierre) : poète français. Ex. : « S'il y avait pas eu Brassens pour le mettre en selle, un siècle après Sainte- Beuve, on ne le connaîtrait que comme valet de chambre d'Anchois Pommier*. » (130)

Rontéburnansky (Anastasia) : amie d'enfance de Natacha Bofstrogonoff*. (71)

Rosbiferie (la) : Angleterre.

Ross : chauffeur d'Achille*. Ross était le technicien envoyé par Rolls-Royce au beau-père d'Achille lorsque celui-ci avait acquis le véhicule, en 1920. Au cours de son séjour, il est tombé amoureux de la femme de chambre du beau-père d'Achille. Celle-ci était fiancée avec le chauffeur, mais Ross a pris la place de celui-ci. A la mort de son beau-père, Achille a « adopté » le tout : la femme de chambre, le chauffeur et la Rolls. (203)

Rosse Rolle : Rolls-Royce. (B)

Rosse Rosse : Rolls-Royce.

Rossi (Tino) : chanteur français, d'origine corse. Ex. : « Oh! qu'elle est belle ma Bretagne! qu'il chantait, l'exquis Tino, dit Napoléon V. Et comme il avait raison, lui si parfaitement corse, de rendre hommage à cette péninsule plus armoricaine encore que ses langoustes! Comme il disait juste avec sa voix de velours potelé, notre anti-tonitruant Tino, si parfaitement Rossi qu'on a envie de lui sauter au cou afin de presser un peu de Bonaparte dans ses bras. L'amour! L'impérissable d'Olonne! Le cher grand au regard sombre qui vint un jour me chanter " Joyeux anniversaire " à ma table, pendant que je dégustais un plateau de fruits de mer (et de père inconnu); et que tant je me sentis à l'aise dans la brise de sa voix royale, sous les regards conjugués -voire simplement jugués- des autres convives (pas tellement vives d'ailleurs). Oui, il me chantait " Joyeux anniversaire ", rien que pour moi dont ça l'était; me le chantilla calmement, amicalement, sans bouger autre chose que sa lèvre inférieure, et mes tympans en furent à jamais ennoblis, au point que je leur interdis formellement de se laisser aller un jour à la surdité. C'était mon anniversaire de natif du Cancer, et il chantait pour moi tout seul, lui, Tino-le-Grand, Tino-le-Sublime. Chantait au-dessus de mes fruits de mer océaniques qui s'en souviennent encore, lui le glorieux Méditerranéen. Ineffable instant de grande liesse intérieure. Et que j'ai dégusté en me servant de mes oreilles comme de cuillers à dessert. Et qu'ici, au détour d'un chapitre à la con d'une très connexe histoire, le besoin me prend de l'en remercier tardivement, mais du fond de l'âme, Tino. Tino for ever... » (102)

Roubignoli (Antonella) : marquise italienne, maîtresse occasionnelle de Bérurier*. (130)

Roubignoll's Hospital : hôpital de Manchester (Angleterre), spécialisé dans l'opération des testicules. (113)

Rougon-Maqueue (les) : « Les Rougon-Macquart », œuvre d'Emile Zola. (134)

Rouillé (le) : cf. **Mathias** (Xavier).

Roulé-Boulé : village d'origine de Jérémie Blanc*. (128). Cf. Jébobola.

Roumanie : pays d'Europe centrale. Ex. : « J'aime beaucoup la Roumanie actuelle. C'est un chouette endroit où j'aimerais me retirer quand je serai mort. » (122)

Roupett's Chauve (le) : « Muppet's Show », émission de télévision. (99)

Rouquet (Georges) : pseudonyme de San-Antonio* pour une mission en Grande-Bretagne. (13)

Rouquin (le) : cf. Mathias (Xavier).

Rouston (Henri-Charles-Albert) : commandant du bateau de croisière le « Mer d'Alors* ». (203)

Rouvidant (Christian) : chef cuisinier français. Ex. : « L'un des plus grands maîtres de la cuisine française, à l'instar de Brillat-Savarin. On lui doit, entre autres : le pot-au-feu de testicules de bœuf aux cornes d'escargots, la branlette de haddock à la langue fourrée, et la tarte aux poils nappée d'un granité de foutre. » (152)

Royal-Meddock : garde d'apparat du palais de la reine Kelbobaba*. (65)

Royale Nœud-vit (la) : Royal Navy, marine britannique. Ex. : « On vous chambre, mon vieux, ces Anglais vous mènent en barlu, ce dont ils sont fortiches av'c leur Royale Nœud-vit. » (B, 113)

Royco's Palace : siège de la police. (38)

Rubinyol (Arthur) : pianiste virtuose, a enregistré une interprétation du quatrième mouvement de la Symphonie clitoristique de Gougnemal. (95)

Rûrénouar (Saâgaz) : savant palestinien, on lui doit l'invention du scrafuge 124, « le seul explosif qui ne fait pas de bruit car il implose au lieu d'exploser ». (96)

Ryenne (César) : médecin de San-Antonio*. (32)

S Sâ Na Tô Nio : grand poète national chinois, son nom en riz cantonnais veut dire : « Bon cœur, belle bite ». (120)

Saabit (Kadmir) : « secrétaire d'embrassade » à l'ambassade du Toufoulkan. (133)

Saälkonaar (Pietr) : pilote d'hydravion finlandais. (95)

Saasfépa : station touristique du canton de Berne. (205)

Sabbagh (Pierre) : présentateur et producteur de télévision. Ex. : « Une question de littérature! nous précise M. Sabbagh... Il prend une fiche dans un casier et son visage s'éclaire comme le hall d'un cinéma. -Qui a écrit " Du Mouron à se faire ", demande-t-il, en prenant son petit air narquois qui bouleverse quatre millions cinq cent vingt-six mille spectatrices. M. Balandard répond "Shakespeare"; le représentant de Bellenaves dit que c'est San-Antonio*, et naturellement il triomphe. » (53)

Sabrokler : colonel, a donné son nom à une rue d'Abidjan. (92)

Sachristie (Agaga) : Agatha Christie, romancière anglaise. (37)

Sacripan (Mme de) : Mme de Montespan, maîtresse de Louis XIV. (B, 200)

Safébobo (Kamalou) : mécanicien dentiste, cousin du suivant, compagnon de bar de Bérurier*. (119)

Safébobo (Kamalotrou) : cantonnier, cousin du précédent, compagnon de bar de Bérurier*. (119)

Saféglouglou (Jean-Louis) : Ivoirien, batteur dans l'orchestre de la boîte de nuit « Le Tombouctou ». (42)

Safez (Kamala) : chanteuse égyptienne, engagée par un cabaret de la Suszob Bahn de Berlin. (131)

Saillet (Lucien) : sociologue, professeur de langues amovibles au lycée de Bouffémont, lequel écrit textuellement dans son « Traité sur l'insuffisance glandulaire du surveillant général (ou surgé) dans la société moderne » les lignes suivantes : « Poussez pas mémère dans les orties; des fois qu'elle aurait pas de culotte! Faut être logique! » (62)

Sainte-Beuve : 1. Ecrivain français; a écrit de San-Antonio* : « San-Antonio est décidément le romancier qui domine sa génération ». (22). 2. Patronne des hugoliens. (109)

sainte Blanquette : sainte Blandine, martyre chrétienne d'origine lyonnaise. (B, 200)

sainte Blédine-la-Miraculée : religieuse. Ex. : « "Jacquemaire" supérieure d'un couvent pendant la première partie de sa vie, mais qui se consacra au édifices bibliques pendant la seconde. » (60)

saint Bol : saint connu pour son sens de la comparaison, de la métaphore. (54)

Saint-Braque (Francine de) : fille de Gislaine de Saint- Braque*, s'occupe d'une « manière particulière », aidée de quelques amies dévouées, de la réinsertion de jeunes délinquants, dans son château de Con-la-Ville*. (143)

Saint-Braque (Gislaine de) : fille du comte Harbourt de Chaglatte*, tragédienne d'un talent tel qu'il y eut obstruction massive à la Comédie-Française pour lui en interdire l'entrée. Ex. : « Lorsque les affaires de la France commencèrent de mal aller en Indochine, elle partit jouer Phèdre à Saigon, histoire de galvaniser le moral des troupes. Là, elle dut déchanter : nos petits gars du contingent se souciaient davantage de se vider les testicules que de s'emplir la tête des vers de Racine. Ayant compris cela, ma mère, commissaire, avec un héroïsme, une abnégation qui forcent l'admiration, transforma sa compagnie en bordel de campagne. » (143)

Saint Charpiny : paroisse de Mybackside-Ischicken*. Ex. : « Saint très connu en Ecosse où il jeta le fondement de la religion en 628. Subit le supplice du pal et trépassa en balbutiant cette phrase prophétique demeurée célèbre : " Le jour viendra où, nous débarrassant d'un préjugé qui nous coûte cher, nous emploierons ASTRA ". » (46)

saint Ignace d'Aïoli : saint martyr qui fut torturé à Lesbos par une horde de lesbiennes. (90)

Saint-Joice-en-Valdingue : village de Savoie. (129)

Saint-Just-Humbou : commune de l'Oise, célèbre pour sa manufacture de préservatifs en fonte renforcée. (139)

Saint-Lago : Saint-Lazare, gare parisienne. (42)

Saint-Lagonfle : Saint-Lazare, gare parisienne. (42)

Saint-Laguche : Saint-Lazare, gare parisienne. (42)

Saint-Locducien (un) : habitant de Saint-Locdu-le-Vieux*.

Saint-Locdu-Dessous : village avant Saint-Locdu-le-Vieux.

Saint-Locdu-le-Vieux : petite ville de Normandie, lieu de naissance de Bérurier*. Les habitants sont les Saint-Locduciens. (80)

Sainte Paire : Saint-Père, pape. (80)

Saint-Pourçan-Davaloir : localité de Vendée. (103)

Saint Sahara-Bernard-l'Ermite : Sarah Bernhardt, actrice française. (B, 206)

Saint-Simon : écrivain français, a écrit de San-Antonio* : « San-Antonio est le maître incontesté de la métaphore. » (22)

sainte Tignasse-de-l'Aïoli : saint Ignace de Loyola, fonda l'ordre des Jésuites. (111)

saint Tignasse-de-l'Aloyau : saint Ignace de Loyola ; fonda l'ordre des Jésuites. (111)

Saint-Tupuduc-le-Bienheureux : monastère breton. (96)

Saint-Turdoré : commune de l'Indre-et-Loire. (67)

Saint-Turluru-le-Bas : bourg de Normandie qui n'existe plus. Ex. : « Comme c'était un patelin tout en longueur, on a fait une nationale à la place et tout ce qu'il en reste c'est une pissotière que les ci-devant Saint-Turlurin-du-Bas, émigrés à Saint-Turluru-le-Haut*, repeignent avec dévotion chaque année et contre laquelle ils viennent déposer une gerbe le 14 de chaque juillet. » (55)

Saint-Turluru-le-Haut : bourg florissant de Normandie. (55)

Sain-vint-cent-dope-Eole : Saint-Vincent-de-Paul. (111)

Sakapélos : marin grec du Kavulom-Kavulos*. (60)

Sal-Si-Fi : pédicure chinois. Ex. : « Comme me le disait Sal-Si-Fi mon pédicure chinois : " La chaleur dilate les cors ". » (24)

Salaud-de-Paulo : Sao Paulo, ville du Brésil.

Salcons (Léonce) : ami de Thomas Dugadin*, et marchand de cycles à Saint-Joice-en-Valdingue*. (129)

Sâlé (Râdih) : nom d'un pont de Bagdad (Irak). (74)

Salève (le) : montagne près d'Annecy. Ex. : « Très sotte montagnette en forme de pâté en croûte. » (113)

Sali (Equateur) : Salvador Dali, artiste peintre espagnol.

Salpingite (Gaëtane de la) : vieille dame, passionnée de romans policiers. (103)

Samar (la) : Samaritaine, magasin parisien où « l'on trouve tout ». (118)

Samso-Nyte : Esquimaude ramenée par Bérurier* d'un périple au Groenland. Bérurier l'a gagnée à un concours, ainsi qu'une tonne de morue. (134)

San-A. : cf. **San-Antonio.**

Sana : cf. **San-Antonio.**

San Bravo : république d'Amérique latine, capitale Bravissimo. (98)

San Kriégar : lieu où se trouve l'hacienda de Don Enhespez* au Rondubraz*. (68)

San-Antonio (Antoine) : commissaire de police, depuis peu directeur de la Police, auteur des livres relatant ses aventures : « Il se trouve que j'écris mes aventures et que beaucoup de gens me font l'amitié et l'honneur de les apprécier. » (154). Le lecteur ignore la date de naissance de San-Antonio ; il pourrait la déduire des éléments d'information suivants si le temps de la fiction était le même que dans la vie : San-Antonio a 34 ans dans le numéro 19 de la série et vingt-cinq ans de moins que Pinaud* dans le numéro 22 ; sachant que Pinaud a 54 ans dans le numéro 20... En outre, le commissaire est natif du premier décan du Cancer, ascendant Sagittaire. San-Antonio perd son père alors qu'il n'est qu'un enfant d'une dizaine d'années ; sa mère, Félicie*, a alors 32 ans. La figure du père est de ce fait celle de l'Absent, et, adulte, son fils s'en souvient comme d'un bon vivant, personnage attachant mais un peu superficiel, amateur de calembours et de chansons réalistes d'avant-guerre ; il le soupçonne d'avoir été un chaud lapin, et d'avoir trompé sa femme à plusieurs reprises. Quoi qu'il en soit, cet orphelinat précoce peut éclairer la relation d'amour très profond qui unit le commissaire à sa mère, avec qui il ne cessera jamais de vivre. Adolescent, Antoine fera ses études secondaires au lycée de Saint-Germain-en-Laye. Le passé professionnel de San-Antonio, avant qu'il entre dans la police, est connu du lecteur par bribes ; il a travaillé dans une usine d'aviation, au titre d'ingénieur (100), ainsi que dans une agence de police privée. Au début de sa carrière littéraire, pendant la Seconde Guerre mondiale, il travaille pour le compte des services secrets britanniques ; il répond dès lors au titre de commissaire (2). A cette époque, donc, les aventures littéraires de San-Antonio ne sont pas tout à fait contemporaines des années de parution des romans (début des années 50). Après la Libération, il continue d'exercer auprès des services secrets, mais, naturellement, en France : « Le fait que je sois commissaire des services secrets ne les impressionne pas le moins du monde. » (8). Un peu plus tard, ce titre devient « commissaire spécial ». Il habite alors brièvement, avec sa mère, un pavillon à Neuilly ; mais bientôt, et jusqu'à aujourd'hui, ce pavillon sera sis à Saint-Cloud (Hauts-de-Seine). Il est près de démissionner de la police une première fois en 1966 (59). Il est nommé commissaire principal en 1969, et le demeure jusqu'à une époque récente. A la suite d'une aventure où il a le sentiment que sa hiérarchie a abusé de sa dignité (86), il est sur le point de démissionner une deuxième fois ; mais il obtient, pour prix de son maintien au sein de la police, un statut très particulier. Après avoir donc feint de démissionner, il fonde la Paris Détective Agency* (87), fausse agence de police privée qui continue de dépendre secrètement du ministère de l'Intérieur. Dans ce cadre, il bénéficie toutefois d'une plus grande liberté. Ses collaborateurs Bérurier*, Pinaud* et Mathias* le secondent dans cette aventure pseudo-indépendante qui durera jusqu'au numéro 108 de la série. Après les mises à pied successives d'Achille* et de Bérurier à la tête de la police, et refusant l'autorité de leur successeur, San-Antonio obtient directement du président de la République un nouveau statut spécial : il disposera d'une équipe réduite d'inspecteurs et de pouvoirs étendus pour mener à bien des missions périlleuses, et rendra compte directement au président (117). Officiellement, San-Antonio dirige un « comité spécial d'étude en vue d'une réorganisation des structures de la Police, placé sous la seule autorité » du président. L'équipe prendra ses quartiers dans les locaux de la défunte Paris Détective Agency sur les Champs-Elysées, « qui servent de baisodrome à quelques hauts fonctionnaires. Sana, c'est le nouveau Napo de la Maison Pouleman. Je viens d'accomplir mon dix-huit Brumaire en investissant l'Elysée pour en ressortir armé du document qui fait de moi un Bayard super-extra ». (117). La réhabilitation d'Achille au poste de directeur de la Police met fin à cette expérience de franc-tireur (121). Son destin manque alors de peu prendre une voie inédite : il est chargé par le gouvernement de tenter de succéder au Big Beetween, chef d'une organisation mondiale occulte, à la puissance illimitée, indépendante des Etats mais œuvrant pour les démocraties occidentales (122). Il y parvient par défi, mais renonce à la succession, pour des raisons morales, sitôt sa mission accomplie (123). San-Antonio réintègre donc ses anciennes fonctions au sein de la Police. Or, conséquence d'un coup d'éclat avec Achille et de la haine farouche qui s'est établie entre Mathias et San-Antonio, celui-ci démissionne cette fois réellement, et fonde, en compagnie de Pinaud, Bérurier et Blanc*, également démissionnaires, l'Agence de Protection (134). Il s'agit d'une officine privée dont les services consistent à assurer la protection des intérêts privés (« convois de fonds, personnes menacées, industries aux techniques secrètes, banques, personnalités politiques en déplacement, expositions de joaillerie », etc.) (135). L'ex-commissaire sera rappelé par Achille, qui consent à faire amende honorable (137). Enfin, Achille est limogé à nouveau et San-Antonio est promu directeur de la Police à sa place (151), et l'est encore à l'heure où nous mettons sous presse (dernier numéro paru : 155). Sur son aspect physique, le lecteur ne sait pas grand-chose de San-Antonio, sinon qu'il est très beau garçon, et que son pénis mesure « vingt-quatre centimètres » (137) de long. Une source assez ancienne le fait apparaître ainsi : « Je mesure un mètre soixante-douze... je suis plutôt brun. » (23). Mais si rien ne vient démentir par la suite cette pigmentation, cette taille paraît en revanche un peu petite eu égard au poids du commissaire (quatre-vingt-dix kilos), à sa force physique (il tient tête à des malabars), et au fait qu'il sort, parfois, au bras de cover-girls longilignes. Par contre, l'aspect psychologique est si riche d'informations que nous n'aurons pas la prétention d'en dresser le portrait exhaustif. L'une des principales caractéristiques de San-Antonio est d'être un invétéré coureur de jupons, un collectionneur de conquêtes féminines : « Je peux vous annoncer à vue de naze : onze cents Parisiennes, dix-huit cultivatrices, cent deux mercières, douze Espagnoles, trois Anglaises, une boiteuse, une Cambodgienne, vingt-cinq négresses et une sexagénaire. (Elle avait un masque, c'était pendant le carnaval de Saint-Nom-

la-Bretèche.) » (35). Ce palmarès n'étant pas récent, on pourrait facilement le multiplier par plus de deux (on notera ainsi qu'il dépasse largement les « mille et trois » conquêtes de Don Juan). Même s'il s'en défend, le commissaire apparaît franchement misogyne, et à cet égard, le point de vue des lectrices ne laisse guère de doute. Reste que d'un point de vue masculin, San-Antonio est surtout un misanthrope – ou plutôt un humaniste déçu. Bien sûr, la carrière de San-Antonio est trop longue pour qu'on n'y décèle pas une évolution de son caractère comme de ses opinions. Ainsi, son anticonformisme semble s'exacerber au fil des ans, en même temps que son très bourgeois goût du luxe (comme pour celui qu'il éprouve pour les automobiles « de race » : M.G. puis Jaguar type E dans les années 60, Maserati dans les années 70 et 80, Mercedes 500 SL plus récemment). Mais le commissaire n'est pas à un paradoxe près, et c'est ce qui fait la complexité du personnage. En outre, il faut tenir compte que beaucoup de ses propos sont volontairement exagérés. Son côté hâbleur, son immodestie (« Faut-il que je sois intelligent pour ne pas avoir l'air vraiment con ! » (134)), irritants au premier abord, sont à prendre le plus souvent comme l'expression paradoxale de sa pudeur. Il reste en tout cas un être profondément moral, et ses défauts sont tous tempérés par sa capacité à douter de tout (qui se manifeste le plus souvent par sa propension à énoncer des certitudes contradictoires). Il est peut-être avant tout un écorché vif, un intellectuel torturé fasciné par la tranquille sérénité des imbéciles. La confusion, au fil des ans de plus en plus complète, entre l'auteur des livres et l'acteur des aventures contribue pour beaucoup à faire du commissaire un rébus psychologique. Le nom San-Antonio, depuis la parution de « Y a-t-il un Français dans la salle ? » (210), désigne en effet trois personnes distinctes : l'acteur (fictif) des aventures, l'auteur (fictif) des romans, l'auteur (réel) des mêmes romans et de quelques autres qui ne mettent pas en scène le commissaire. Cette confusion atteint son paroxysme dans « Faut-il tuer les petits garçons qui ont les mains sur les hanches ? » (213), roman dont le personnage principal est un écrivain à succès, qui réside en Suisse, qui souffre d'une infirmité au bras gauche, et dont la fille est kidnappée..., tous éléments à rapprocher de la biographie de l'auteur « réel », Frédéric Dard. San-Antonio est surnommé : l'Alpiniste pour monts de Vénus, l'Antoniasse, Antonio le Sublime, Antonio le Grand, l'Antonio du Siècle, l'Antonio Mignon, l'Antonioniote, l'Apollon de la Rousse, l'Artiste, l'As des As, l'As des Anes, l'Asseneur de quat' vérités, la Baratte, le Beau Prince, Beau Gosse, le Beau gosse qui transforme les têtes de femme en girouette et leur partie inférieure en lampe à souder, Bébé Chibre, le Bernard Palissy de la Jambe en l'air, Bibi-la-Crème, Bite-en-Bronze, le Bouffeur de culs et d'étoiles, Brosse-toujours, le Casse-plumard, Cent ans Tonio, le Chevalier Bayard, celui qui remplace le beurre et la cantharide, le Chevalier de Bitauvent, le Cœur-en-fête, le Commideux de mes saires, le commissaire Santandetonneau, le Commissaire cent ans de tonneau, le Commissouille de mes deux caires, Crac-zyboum, le Délabreur de sommiers, le Démoniaque, le Diabolic'man, Ducontonio, Dugland, le flanqueur de gnons, le Fleming du faire-reluire, le Grand, l'Hagard de Lyon, l'Homme qui remplace la table de multiplication et la poudre à éternuer, l'Homme qui remplace le beurre et les maris en voyage, l'Homme qui n'accepte jamais l'échec, l'Homme-à-la-main-de-partout, l'Imbicornable, l'Impertinent, l'Indomptable, Langue-develours, Longue-commak, la Lumière de la Poule, le Magnifique San-A, le Martyriseur de matelas, le Merveilleux San-Hantonio, Messire Mézigue, Messire Antonio-le-Pieu, Messire Antonio, Messire San-A, Messire la Minette enchantée, Monsieur le commissaire de Médeux, le Montaigne de l'Extase, le nouveau Napo de la Maison Pouleman, Œil-de-lynx, le Paganini de l'anatomie féminine, le Petit commissouille de mes caires, Queue-d'airain, le Ravissant San-A, Salotiano, San-Antonio-de-mes-fesses, San-Duconneau, San-Endoffé, San-Tonio, Sana, Sanan, Sanatot, Sang-Antonio, Sanientono, Saniotonin, Santa, Santantonneau, Santonania, Santonio, Santonio-le-Preux, le Santonionet, le Semeur de merde et d'idées folles, Sionatona, le Spadassin d'alcôves, Superflic, Superman, le Superman de sommier à l'Hôtel des Deux-Sèvres et du Cantal Réunis, Tantonio, San-Antoignon, le Tombeur de Saint-Cloud, Tonansonien, Tonio-la-main-preste, le Trépignant San-Hantonio

(comme on dit dans la noblesse), le Trousseur de garces, le Valeureux San-Antonio, le Vasco de Gama du pucier, le Vermotfougueux, le Vicomte Arebour de la Fusée-Hatlas, le Vigoureux San-Antonio, Zozobite-en-l'air.

San-Antonio : Hôtel de Taormina (Sicile), ancien monastère. (84)

San-Antonio (Félicie) : cf. **Félicie.**

Sanchez (Ibez) : alias Walter Scotch, membre des services secrets américains dans l'Etat de Cuho*. (48)

Sanchez (Tassiepa) : majordame de Don Enhespez* (ses mœurs particulières l'empêchent d'être majordome). (68)

Sand (George) : Ecrivain, auteur de : « Essuie tes moustaches, Alfred ». (115). Ex. : « C'est pas mal, la mère Sand, mais j'espère qu'elle suçait Chopin mieux qu'elle n'écrivait. » (131)

Sangigoté-Desnoy (Mme) : contre-expert des experts d'experts. (113)

Santa Bassavapa : port situé à l'extrémité du port de Corona. (48)

Santa Nanatépémar : port de pêche de l'Etat du Cuho*. (48)

Santa-Lucia-de-Vincente-Scotto : hôpital de Le Corona, capitale du Cuho*, débaptisé à la suite d'une campagne anticléricale. La nouvelle dénomination est : Hopital de la Bonita-Virue-la-y-del-Ungento-gris réunidos. (48)

Santa-Maria Kestuféla : lieu-dit du Rondubraz*. (68)

Santambour : île du nord-est du Canada. (140)

Santatampax : ville d'Argentine. (148)

Santé Paul VI (Sa) : Sa Sainteté Paul VI. (B, 55)

Santonio : cf. **San-Antonio.**

Santo-Rovapadevo : petit port du Cuho*, situé au fond de la baie Cotemoa. (48)

Santorches (Edouard) : brigadier de police. (137)

Sapeur de la Laire (le) : « Le Salaire de la peur », roman de Georges Arnaud. (101)

Sarah-Bernard : saint-bernard, race canine. (B, 208)

Sarda (André) : 1. Célèbre religieux, né à Grenade, qui fonda l'ordre des Prépuciens de la Saint-Glinglin. (152). 2. Compositeur français, né à Carcassonne en 1898, auteur d'opéras « Le Joufflu du Trou Vert », « La Damnation de Fos », d'oratorios, de contrarios, d'agios, d'adagios, de concertos et de saucisses de Toulouse symphoniques. (152). Dans de nombreux autres romans de San-Antonio, André Sarda donne son nom à des rues ou à des établissements administratifs.

S.A.R.L. : société à rendement lacrymal. Ex. : « Je le laisse lamenter encore. Dans son pays, ça se pratique couramment. Il y a les professionnels de la larme, des gars qui ont leur licence de pleureur et qui sont inscrits au registre du commerce. Certains, mêmes, se constituent en S.A.R.L. (société à rendement lacrymal, ça veut dire) pour avoir droit de faire figurer les oignons sur leurs frais généraux. » (202)

Sartre (Jean-Paul) : écrivain français, auteur d'un traité bougnafique sur l'interpénétration du réel dans l'admission à l'intemporel défromagé. (66)

Sasakarine (Yvan) : chauffeur du professeur Bofstrogonoff*. (71)

Saserdos (monseigneur) : ecclésiastique au San Bravo*. (98)

Sassali (Paolo) : passager de la croisière sur le « Mer d'Alors* ». (203)

Saucisson Olida : Samson et Dalila. (36)

Saugrenut (Mme) : femme de ménage de San-Antonio*. (201)

Scalpé (le) : cf. Achille.

Scatlatine-au-haras : Scarlett O'Hara, héroïne d' « Autant en emporte le vent ». (206)

Scatolovitch : comtesse d'origine russe. (200)

Schumann (Maurice) : écrivain français. Ex. : « Le silence, seul, répond à mon tympan aux aguets, comme l'écrirait M. Maurice Schumann, de l'Académie française par : 1. contumace ; 2. excès ; 3. inadvertance ; 4. manque d'effectifs lorsqu'il écrira un livre ; 5. désœuvrement ; 6. défaut. » (89)

Sciclounoff : avocat gastronome. Ex. : « Il avait engagé un cuisinier italien déniché par le fameux avocat Sciclounoff de Genève (un épicurien de renommée internationale). » (216). Ex. : « Sciclounoff nous a envoyé de superbes truffes, grosses comme des œufs de poule. » (216)

scie galeuse hélas fourmille (la) : fable de Jean de La Fontaine : « La Cigale et la fourmi ». (B, 78)

Scotch : Alfred Hitchcock, cinéaste américain. Ex. : « Le lendemain, tu me croiras si tu voudras, mais Alfred emmenait Berthe* au cinoche de not' quartier où ce qu'on passait un film du Scotch. » (B, 43)

Scotch and Lard : Scotland Yard. (B, 73)

Scott (Amélia) : actrice, a notamment joué dans « Pose ta chique on verra ce que c'est » et « La Vaseline de la passion ». (121)

Scoubidou (Bernadette) : Bernadette Soubirous, religieuse. (BB, 200)

Scutenaire (Louis) : poète belge. Ex. : « Je vais te citer un admirable, un que j'aime, un qui détient. Un presque ignoré, tellement grand qu'on ne voit plus que son ombre ; tellement belge qu'on n'y prête pas attention ; tellement à moi que je peux te l'offrir : Louis Scutenaire, Bruxelles, France. Il a écrit, entre z'autres : " Je vais vous dire le présent, le passé et l'avenir : votre cul pue, il a toujours pué, il puera toujours. " Merci, seigneur Scutenaire de nous informer. Le véritable enseignement consiste à apprendre aux gens ce qu'ils savent déjà, d'instinct. Pitié pour ceux qui jamais ne sauront. » (110). Auteur de la phrase suivante : « Je n'écris pas, je boxe ! » (149)

Sébastien (Patrick) : artiste de music-hall, imitateur. Ex. : « Le spiquère chevauche l'accord final pour prédire Patrick Sébastien. Qu'en v'là un, je te jure, il mérite le déplacement. Il bat à cœur, le grand blond. On l'a fignolé avec du vrai jus d'homme. Et puis il en a encore trente mètres sur le porte-bagages à nous déballer, espère. Ça viendra en son temps. La matière première, chez lui, est plus riche que le sous-sol du Minas Gerais. » (117)

Sééminal (le) : rivière proche de Khunsanghimpur*. (79)

Ségur (comtesse de) : écrivain français. Ex. : « La forme d'intervention dialoguée débouchant sans crier gare dans un roman fut mise au point par la comtesse de Ségur dont l'œuvre à la con restera l'une des hontes de mon enfance, à cause du plaisir qu'elle me procura. Démagogique, asociale, Mme Rostopchine aura fait davantage que Lénine pour la propagation des idées socialistes. » (95). Ex. : « Je me rappelais avec émotion ces paroles de la comtesse de Ségur, extraites me semble-t-il des "Malheurs de Sophie" à moins que ce ne soit du Général Duracuir : " Quand tu te penches sur la rivière et que tu te vois deux paires de couilles, n'en tire pas un orgueil trop hâtif, cela signifie simplement que tu es en train de te faire sodomiser. " Comme c'était bien vrai! Pétri de bon sens. Comme cela dénotait un sens aigu de l'observation! Ah! chère irremplaçable comtesse, comme elle aurait fait merveille dans la littérature grivoise, avec ses petites filles mouillées aux culottes modèles et ses généraux peloteurs! » (122)

Sein (Raphaël) : chef de section au Laboratoire Excrémentiel de Bois-Sansouaf (78), qui dépend des services secrets français.

Seine : fleuve qui arrose Paris. Ex. : « Des écharpes de brume flottent au-dessus de la Seine dont les méandres ressemblent au griffonnage d'un enfant commençant à écrire maman. » (28)

Seins-trop-prêts : Saint-Tropez, localité du Var. (B, 69)

Sein-vin-sang-d'épaule : Saint-Vincent-de-Paul. (111)

Sémonfiev (Katerina Ivanovna) : accompagnatrice de San-Antonio* lors de son voyage à Moscou. (115)

Séoudite (la) : Arabie Saoudite. (B)

Sépamoicélautre : magistrat angevin qui inventa l'alibi, a donné son nom à un boulevard d'Angers. (67)

Sertékuis : marin grec du « Kavulom-Kavulos* ». Ex. : « Il est mince, avec des formes au deuxième et au rez-de-chaussée. Il a les yeux faits, un soupçon de rouge à lèvres, des souliers à talons hauts et ses tifs sont si longs qu'il les noue sur sa nuque au moyen d'un ruban de velours. » (60)

Service Kub (le) : institut médico-légal. Ex. : « J'attends les envoyés du Service Kub car il serait temps de mettre le cadavre au placard. » (143)

Services Condé (les) : police.

Sésame : passe-partout de San-Antonio. Ex. : « L'outil qui a exactement la forme d'un chtreukshertpiètz, mais en plus pointu. » (63). Ex. : « On a beau être serrure de coiffeur, on ne s'en compose pas moins d'une gâche et d'un pêne, toutes choses qui amusent prodigieusement le petit outil que m'a légué depuis un certain jadis, un vieux malfrat qui m'avait à la chouette. » (68). Ex. : « Cet instrument, je ne l'ai pas inventé et celui qui l'a mis au point a oublié de le faire breveter. Maintenant c'est trop tard pour qu'il y pense, parce qu'à l'heure où je vous parle il habite une boîte en sapin dans un coin du cimetière des condamnés à mort. » (107). Le sésame n'échouera qu'une seule fois à ouvrir une porte, lorsqu'il se cassera dans la serrure que San-Antonio tentait de forcer. (127)

Sett (Edward) : lord-maire de Mybackside-Ischicken*. (46)

Seulgénidechine (Alexandre) : Alexandre Soljenitsyne, écrivain russe. (86)

Seulgénissequine : Soljenitsyne, écrivain russe. (B, 208)

Sévigné (marquise de) : auteur littéraire célèbre pour sa prose épistolaire. Ex. : « C'est à moi que vous dites tout ça? me demande une voix qui, pour être masculine, n'en est pas moins revêche, comme dit la marquise de Sévigné à la page 86 de sa lettre du 2 mars. » (83)

Seymour (Jehanne) : sujette britannique, demeurant boulevard Henri-VIII à Nice. (90)

Shagatdôré (Fatima) : agent israélien en poste à Bagdad (Irak). (74)

Shakespeare (William) : auteur dramatique anglais, auteur de la phrase suivante, citée en exergue de « L'Année de la moule » (110) :« Please do not throw anything down the toilet. »

Shavâtihoushavatipah : hôtel à Kuala Lumpur. (120)

Sherlostockholm : Stockholm. (B, 82)

Sibélétron : pétrolier grec. (60)

Sièges (les Cinq) : le Saint-Siège, à Rome.

Sigaux (Gilbert) : auteur d'un traité relatif à la pollution des eaux du Léman par les pêcheurs aux vessies surmenées. (69)

Silroa-Savéssa y Godré (Isabelle) : maîtresse de Don Enhespez*. (68)

Silvikrivine (Alain) : Alain Krivine, homme politique français d'extrême gauche. (B, 83)

Sim : artiste français, dit le Caoutchouteux. (139)

Si-mais-Non : Georges Simenon, romancier belge. (B, 55)

Singe-à-porc : Singapour. (B, 120)

Sinapisme (Franck) : Frank Sinatra, acteur et chanteur américain. (B, 54)

Sin Jer Min En Laï : chef d'une base chinoise établie au Rondubraz*. (68)

Sinoque (la Cabane) : siège de la police.

Sîntjâhn'dâark : clairière où on dresse les bûchers à Khunsanghimpur*. (79)

Skinézi : médecin, directeur d'une maison de retraite. (127)

Skoler (Manuel) : président du Pérou, a donné son nom à une avenue de Lima. (123)

Skon Naî Impuhr : rue de Kuala Lumpur. (120)

Skondmesmeer-garden : jardin public de Stockholm. (82)

Skourà (Tumla) : fakir indien. (203)

Slip (Barbara) : actrice américaine. (60)

Smallbirouth : lieu-dit près de Swell-the-Children*. (69)

Smiremork : savant scandinave qui a découvert la maladie dite de « Smiremork » dont les effets terribles rendent aveugles, sourds et muets tous ceux qui en sont frappés. (106)

S.M.T.C. : Société de minettes toutes catégories, présidée par Adhémar Rapière, docteur en médecine. (83)

Sœurs de l'Incantation Fiévreuse : ordre religieux.

Sœur Marie des Anges : infirmière, dite Attila, sœur Attila des Anges, sœur Magie des Anges, sœur Manie Etrange, sœur Maraie me Démange, sœur Marée de Vidange, sœur Mari me Dérange, sœur Marie de Vanves, sœur Marquis de Saintange, sœur Maudite Orange, sœur Mésange. (65)

Solesque : Solex. (B, 96)

Solfado (Rémi) : ouvrier-peintre italien. (42)

Solidor (Suzy) : chanteuse française. Ex. : « C'est bien ça, poursuit-il. Le bonhomme en question (car seul un homme peut être assez fort pour trimballer un cadavre sur ses épaules)... – A moins qu'il ne s'agisse de Suzy Solidor. » (20)

Sommiers (les) : archives des services de police.

Sördmongardensinonchtambrök : inspecteur de police de Stockholm. Ex. : « Le super-inspecteur Chose-truc-comme-je-vous-l'ai-déjà-écrit-plus-haut-que-ça-suffit-une-fois-un-nom-pareil-tu-parles marqua une intense satisfaction et convint que les dires du mage correspondaient parfaitement à la plus réelle des réalités. » (82)

Sou Pô Laï Tong : tong très puissant de Hong-Kong. Ex. : « Cette organisation se consacrait à deux activités très différentes : le trafic de la drogue et l'espionnage. La seconde permettait au Sou Pô Laï Tong d'organiser la première avec un maximum de sécurité. » (120)

Soubirous (Bernadette) : petite connasse extra-lucide. (210)

Soultan (Bernard) : explorateur français qui découvrit la montagne Sainte-Geneviève, le marché Biron et la partie nord des caves du Vatican. (152)

Sourde (la) : police. Ex. : « Si je finis l'année dans ce pays, je pourrai cloquer* ma démission à la Sourde et m'engager pour jouer l'homme-baleine. » (16)

Soviétie : Union soviétique. (115)

Soviétrie : Union soviétique. (99)

Spân (Chakri) : plus grand marchand de cercueils de Bangkok (Thaïlande). (101)

S-pédéraste : Société protectrice des animaux. (202)

Spiel (Théodore) : expert en philatélie de Vence. (140)

Stable-Enski : Jean Stablinsky, coureur cycliste français. (58)

Stalaktitburo : service de sécurité russe, chargé de la protection du professeur Bofstrogonoff*. (71)

Stendhal : écrivain français. Ex. : (En préface de « Remouille-moi la compresse) : « Mon constant souci de la vérité m'oblige à révéler que j'avais initialement intitulé cet ouvrage "La Chartreuse de Parme" car vous verrez, au cours de ces pages échevelées, que Pinaud* y boit de la Chartreuse verte et que Béru* y commande du jambon de Parme. Mais mon éditeur, fin lettré et homme intègre jusque sous son bandage herniaire, me fit remarquer qu'un autre écrivain dauphinois, également embusqué sous un pseudonyme, avait utilisé ce titre avant moi ; chose que j'ignorais de la tête aux pieds. En conséquence, je décidai spontanément de laisser au sieur Beyle ce qui appartenait à Stendhal et optai pour un autre titre qui, tout compte fait, se révèle plus moderne et cerne mon histoire de plus près. » (114)

Steward (J'aime-le) : James Stewart, acteur américain. (B, 54)

Stingines : petit village voisin de Mybackside-Ischicken* où se trouve le château des Mac-Herrel*. (46)

Stone-Kiroul (Peter) : attaché d'ambassade au consulat général de Grande-Bretagne à Paris. (124)

Stönéschaarden (Frédérik) : citoyen suédois. (82)

Strogonoff (Michel) : Michel Strogoff, héros de Jules Verne. (66)

Suave (Narcisse) : standardiste du siège de la police judiciaire. (140)

Suce-sex : Sussex, région d'Angleterre. (73)

Suissaga (un) : habitant de Suisse. (63)

Sun (le) : ou New Sun, secte établie dans le sud de la France. (90)

Super-Consternation (un) : Super-Constellation, type d'avion. Ex. : « Ensuite de quoi, il se met à ronfler tant et si bien que nous avons l'impression d'avoir pris un Super-Consternation au lieu du train. » (35)

Surcouff (Alicia) : actrice, vedette de « Ma femme est en colloque », de « Tu me fais pleurer l'Ephèse » et de « Un coup de pied dans le cube », maîtresse de son excellence Tabîtâ Hungoû*. (133)

Svarvas (Olga) : agent secret soviétique surnommée l'Ange Blond. (61)

Swan (Hasse) : ambassadeur américain à Singapour. Ex. : « Paraît qu'au boulot il est dur dur. Pour un oui, ou un non, Hasse Swan fait barrage. » (120)

Swell-the-Children : petite ville d'Angleterre, dans le comté de Pedock, bordée par la rivière Oktebath, jumelée avec la commune d'Embourbe-le-Petit* (Yvelines), dont le maire est le cousin de Bérurier*. (69)

T

Tabitat-Hungout : psychiatre spécialiste des dégénérés.

Tabite : colonel commandant les forces françaises au Liban. (137)

Tahtkomjlédur : vieil Indien qui a travaillé pour Pinder et pour la C.I.A. (70)

Tahundsépolos (Chyprien) : commandant d'un chalutier chypriote. (74)

Taimoudus (Aldebert) : notaire à Chambéry (Savoie). (129)

Tâ-lang Hou la Mienneh : prostituée thaïlandaise d'une maison close de Saigon. (61)

Taldargeopabo : dieu malotrusien* de la Vérité. (65)

Tamfédompa : ville du Pérou. (123)

Tan Nôr (Bi) : péripatéticien chinois. (120)

Tanatos (Gisèle) : gérante d'un magasin de pompes funèbres. (140)

Tanfédonpa : île de l'archipel des Malotrus*. (65)

Tanhalonkomsa : dieu malotrusien*. (65)

Tanhnahunecomça : maharaja, ami du maharaja Mâbitâhungoû*. (79)

Tanktuuvouudraä (Ianora) : Miss Finlande 1967. (95)

Tante Jeanine (la) : Tanzanie. (B, 115)

Tapinemba : ville d'Argentine. (148)

Tarte aux truffes (la) : « Tartuffe », comédie de Molière. Ex. : « La semaine prochaine elle veut y retourner. Cette fois, je pense que ça sera poilant, rien que le titre est prometteur. Quel est-il ? – La " Tarte aux truffes ". C'est de Méliès, je crois me rappeler. » (B, 45)

Taste-chair (la mère) : Margaret Thatcher*, Premier ministre anglais. (127)

Taströf (Erika) : camarade de « jeu » d'Eggkarte Tequïst*. (82)

Tastrov (Sdenka) : roturière russe. (95)

Taugranpier (Hubert) : secrétaire de Nikos Bitakis*. (37)

Tavirez-Tagonsés (Alfonso) : matador espagnol. (203)

Tavumonku : région campagnarde du San Bravo*. (98)

Tazieff (Haroun) : vulcanologue. Ex. : « M. Haroun Tazieff de l'Académie française (hein ? Il est pas de l'Académie ? Ben il devrait !) » (147)

Tchicalamore : jeu sicilien qui consiste à prendre trois et à laisser l'autre, mais obligatoirement dans le sens de la largeur et sans changer d'atout. (84)

Ted of London : truand anglais qui opère dans le milieu de la drogue. (128)

Tédonksikon : marin grec du « Kavulom-Kavulos* ». (60)

Tedseuquitu (Flavius) : journaliste anglais d'origine roumaine. (113)

Tel-Avoche : Tel-Aviv, ville d'Israël. (87)

Téo (Jules) : neveu d'Alexandre-Benoît Bérurier*, boxeur amateur poids coq.

Tépabosco (Casimodus) : sujet roumain doté de facultés mnémoniques exceptionnelles. Appartenait au même réseau de résistance qu'Achille*. (48)

Tequïst (Eggkarte) : fille du propriétaire du Thalerdünbrank Palace*. (82)

Terminütz : nom de la gare de Budapest. (155)

Terre Léocadie : terre Adélie.

Terre Mélanie : terre Adélie. (B)

T'es-errant : Téhéran, capitale de l'Iran. (60, 72)

Tessingler : professeur spécialiste des troubles limonado-vespéraux avec afflux con-sanguins. (41)

Tétanos (le) : le Titanic. (B, 46)

Tferhambroker (Eva) : passagère de la croisière sur le « Mer d'Alors* ». (203)

Thalerdünbrank Palace : hôtel de Stockholm. (82)

Thatcher (Margaret) : ancien Premier ministre britannique. Ex. : « Moi je me rappelle très bien encore cette bonne femme qu'on appelait la Grosse Albion et qui régnait sur l'Angleterre sous le règne d'Elisabeth VIII, Mrs. Mâchefer ou Tas-de-Chair, ou Tâte-Chère, ça me vacille dans les souvenirs. » (114)

Tathmazizien (un) : ressortissant du Tathmaziz. Ex. : « Ci pas un tathmazizien qu'il a fait ça ! affirme Tavékapalimé avec force. Dans mon pays, quand ti couper les roustons d'un homme, ti lui mets dans la bouche à lui, jamais à sa femme, ci pas convenable. » (77)

Thrighâno (gibet) : potence en usage en Israël. (74)

Thumlachope : inter-avant-gauche-du-milieu de l'équipe de France de football. (40)

T'ien Fûm : place à Pékin où commence la route de Canton. (120)

Timaitrecube (Vincent) : motard de la police. (203)

Tintin : personnage de bande dessinée créé par Hergé. Ex. : « M'est avis qu'il a trop lu les albums de Tintin, le Vieux, ça lui fausse un peu le sens des réalités. » (24)

Tintin (M. et Mme) : patrons de l'hôtel-restaurant « Chez Tintin » à Asnières, lieu du voyage de noces des Bérurier*. (201)

Tiroirkès : pays membre de l'O.P.E.P. (103)

Titan (le) : Le Titien, peintre italien de la Renaissance. (B, 200)

Toinet : cf. **Antoine.**

Tolstoï (Léon) : écrivain russe, auteur de « Guère épais ». (130)

Tondu (le) : cf. **Achille.**

Tonhaaluüil : place dans la banlieue d'Helsinki. (95)

Tonkusulhakommod : pays membre de l'O.P.E.P. (103)

Tonssak (Ovide) : sujet (à caution) italien d'origine hongroise, tueur à gages.

Torcheton (Alexis) : beau-père de M. Bonblanc*. (141)

Torpatéfez y Rentrapa : danseur moderne de Le Corona, capitale du Cuho*. (48)

Toscan du Plantier (Daniel) : producteur de cinéma, auteur de la phrase suivante : « Le vrai succès, c'est la survie à l'échec. » (conversation avec Bernard Pivot). (149)

Toto : Victor Hugo, écrivain français, surnommé Totor, le Vieux Vic.

Touiquéname : Twickenham, ville de la banlieue ouest de Londres, célèbre pour son stade de rugby. (115)

Tour Pointue (la) : siège de la police. (128)

Tour Pointue (la) : tour Eiffel. (137)

Tour de Nestlé (la) : tour de Nesle, ancien monument parisien. (B, 82)

Tournelle (Marie) : habitante de Courmois-sur-Lerable. (38)

Tout-Puissant (le) : illustre Commandeur des Frères du prophète rayonnant, secte dont le siège se trouve à El Al Hachiass*. (116)

Trabadjalamouk (Dorothy) : Anglaise, épouse du directeur du Néfertiti*. (116)

Trabajabueno (Veronica) : fille d'un important importateur de Buenos Aires (Argentine). (148)

Transi (Sphincter) : Spencer Tracy, acteur américain. (131)

584

Trempette de Jérocho (la) : les trompettes de Jéricho, « Hymne en quinze couplets ou un tombé. » (30)

Trépanées (baie des) : baie à côté de Ploumanac'h Vermoh*. (96)

Tresses (Miss) : cf. Marie-Marie.

Triburne : général français, nom d'une rue du XVIᵉ. Ex. : « Rappelons que le général Triburne est l'inventeur du pli du pantalon militaire et qu'il avait épousé une Suissesse qu'on avait surnommée La Triburne de Genève. » (79)

Trikviitt : fakir indien, spécialisé dans la corde droite, prisonnier du maharaja Mâbitâhungoû*. (79)

Tringglatouvâ : petite bourgade suédoise. Ex. : « La localité de Tringglatouvâ offre la particularité de n'être habitée que par des ménages masculins. Quelque chose comme un village de tantes, en somme. » (82)

Tringleur (Césaire) : veuf, grand voyageur, contemplateur passionné de vision de sexes féminins, beau-frère de Jules Brochu*. (99)

Triomphe : Triumph, marque automobile anglaise. (B, 200)

Trocadéro Iparez Consimar (Alonzo) : diplomate sud-américain qui fit parler de lui en proposant de rendre le braille obligatoire pour les électeurs. (42)

Trofob (Klaus) : directeur des services policiers allemands. (205)

trois tas de cailloux les plus célèbres de la planète (les) : pyramides d'Egypte, Kheops, Khephren et Mykérinos. (116)

Trois Moustiquaires (les) : « Les Trois Mousquetaires », roman d'Alexandre Dumas. (B, 64)

Troisminces (les frères) : les frères Troisgros, chefs cuisiniers français. (99)

Troissanhessel (Mercedes) : héros féminin d'un roman espagnol. (38)

Trond (Paul) : expert des experts. (113)

Trou et Ducatabatière : clowns du cirque Barnabu. (40)

Troû Dû Thronc : hôtel de Saigon (Viêtnam). (61)

Troulala (Melchior) : remplaçant de Jérémie Blanc* à son poste de balayeur. (129)

Troussal du Trousseau (comtesse) : maîtresse et initiatrice de Bérurier* aux bonnes manières, alias Mimi-belles-fesses, extenancière de claque à Montbrison (Loire). (201)

Truhan (Tony) : sous-directeur de la R.O.S.B.I.F. (Royal Office Swellien of the Bank International Fatherly). (69)

Tu-Tues : surnom du revolver de SanAntonio*. Ex. : « Un vieux camarade à six coups, crosse de nacre et canon chromé. » (42)

Tubulure Iᵉʳ : pape successeur de Gnafron VI. (80)

Tuhladanlq : hymne national du Groenland. (134)

Tû Kong (Fou) : vénérable Chinois, boutiquier de Hong-Kong, spécialiste des poudres aphrodisiaques. (120)

Tukruh (Luce) : femme du fameux planteur de macaronis. (42)

Tumarkonu : commune du Rondubraz*. (68)

Tumefèche : brigadier de police. (141)

Tumelat (Horace) : chef du parti R.A.S. à l'Assemblée nationale, ancien ministre. (210, 211)

Tuparle-Sijevouzécompry : maison de transports en commun, France et outremer. (42)

Tupinamba : ville du Pérou. (123)

Tuppud et Dukku : citoyens suédois, homosexuels, nécrophiles et représentants en godemichets. (82)

Tupuduque (Germain) : peintre fameux qui a refait le plafond de la chapelle Fifteen*. (133)

Turpousse (Maryse) : tante délinquante d'Antoine, dit Toinet (sœur de son père). (139)

Tu Tan Fou : pédicure du président Chiraco*. (98)

Tutusse (Adrien) : marchand de primeurs sur les marchés, compagnon de bar de Bérurier*. (119)

Typigekpuick : localité du comté de Galway en Irlande. (128)

U

Uku : chien de Mlle Vosgien*, de race yesmaâme*. Ex. : « De façon très inquiétante, balbutie Carole en lissant les poils d'Uku. » (64)

Uncle Ben's : vieux nœud avec un sourire en tranche de pastèque. (130)

U-rugueux (l') : Uruguay. (B, 64)

V

Vadérhétroçatânas : sœur du maharaja Mâbitâhungoû*. (79)

Vagin-se-tond : Washington, capitale des Etats-Unis. (B)

Vagiturne (Joanès) : gynécologue, ancien patron des hôpitaux de Lyon. (129)

Vakunu : inspecteur de police japonais.

Valdingue (Curt) : Kurt Waldheim, ancien chancelier autrichien. (136)

Valentino (Rudolf) : Rudolph Valentino, acteur de cinéma muet, célèbre pour son charme irrésistible. Ex. : « Je lui file mon regard 34 bis à la Rudolf Valentino, celui que j'utilise dans les cas d'urgence. » (24)

Vance (Connie) : secrétaire anglaise de Konopoulos*. (103)

Van Danger : famille hollandaise, campant en Irlande. (128)

Van Danlesvoyl (Léopold) : industriel belge. (205)

Van Danléwal : sous-directeur des mines de Kestadessou (Congo). (44)

Van Danléwoëles (Aloïs) : coureur cycliste belge, solide équipier, seize fois vainqueur de la fameuse classique Bruxelles-Bruxelles via Bruxelles. (58)

Van de Schishoon : palace d'Amsterdam. (87)

Van Desmouhle : professeur, ornithologue à la faculté de Bruxelles. (92)

Van Gode : Vincent Van Gogh*, artiste peintre.

Van Gogh (Vincent) : peintre qui avait deux yeux mais qu'une oreille, ce qui n'avait pas d'importance puisqu'il ne portait pas de lunettes. (101). Ex. : « Van Gogh est à ma connaissance le seul homme qui ait pu dormir sur ses deux oreilles. » (129)

Van Lamesche (Agénor) : fondé de pouvoir de la Banque industrielle pour le développement de l'économie italo-maltaise. (141)

Van Tauzensher (Elsi) : secrétaire d'Hans Bergens, armateur néerlandais. (125)

Van Thardyse : cycliste hollandais. (58)

Van Tozansher : directeur de la police belge. (205)

Van Trickhül (Léocadia) : baronne belge que la police doit protéger. (155)

Van Trilock : docteur hollandais. (87)

Van Trilöck (Karol) : trafiquant international notoire, spécialiste de l'espionnage militaire, surnommé Karol le Pieux. (121)

Van Triloock (madame) : vieille dame qui loue des meublés à Bruxelles. Ex. : « Mon coup de sonnette déclenche une charmante vieille dame qui devait être encore très jolie au siècle dernier, ou en tout cas à celui d'avant. » (205)

Van Tripotan (Hubert) : chef d'orchestre, dirige l'orchestre de chambre de Bruxelles. (124)

Vatefaire (Gonzague de) : cousin germain de Francine de Saint-Braque*. (143)

Vatfère (Aimé) : grand poète (un mètre quatre-vingt-dix). (33)

Vaucresson : commune des Hauts-de-Seine « dont le nom est un menu à lui tout seul ». (49)

Vazydon-Monga : rue de Paris du nom d'un général français qui s'illustra en 14-18 par un ordre du jour proclamé en pleine nuit. (128)

Vazymou de la Bagouze : marquise et écrivain. Ex. : « Elle est contente. Y a sa respiration qui fait l'amour. Dans les ouvrages de la marquise de Vazymou de la Bagouze on lirait qu'elle a un début de pâmoison. » (54)

Vazymou-le-Grand : commune des Yvelines. (127)

Vélocycle (le) : l'hémicycle. (B, 55)

Vend-ce-troën (Eric) : Erich Von Stroheim, acteur américain d'origine germanique. (BB, 205)

Vénérable (le) : cf. **Pinaud** (César).

Vent-Gogues : Vincent Van Gogh*, artiste peintre. (B, 208)

Verbois (Justin) : brocanteur aux Puces de Saint-Ouen, ami du père de Maryse Turpousse*. (139)

Vercinclitorixe : Vercingétorix, chef gaulois. (B, 90)

Verdevase (commandant) : a donné son nom à une place à Nice. (90)

Verdi (Giuseppe) : musicien italien qui a dit : « Il faut rigoler tôt. » (115)

Vermot : auteur d'un almanach humoristique, créateur du célèbre : « Comment vas-tu-yau-de-poêle ? » et autres calembredaines tout aussi fameuses, désormais devenues des « classiques ». Vermot est souvent considéré, par dérision, par San-Antonio* comme son seul véritable concurrent littéraire. (83)

Verredekirsch : ville autrichienne. (136)

Veuve (la) : surnom donné, en France, à la guillotine. (205)

Viandox : marque commerciale de jus de viande concentré. Ex. : « Une bite dans les fesses, ça réchauffe, c'est le Viandox de l'automne. » (216)

Vidroupette (colonnelle de) : voisine de Xavier Mathias*. (115)

Vie des mollusques de Lucrèce Borgia à nos jours (la) : titre d'un documentaire télévisé. (24)

Vieillasse (la) : cf. **Pinaud** (César).

Viens Poupoule (la maison) : siège de la police. (45)

Viens-Poupoule (la Succursale) : commissariat de quartier.

Vieux (le) : cf. **Achille**.

Vilain-le-Bel : commune des Yvelines, proche de Con-la-Ville*. (143)

Villa Bourdille (la) : siège de la police.

Vinasse : anti-parfum de Rochas. (B, 109)

Vincennes (Léonard de) : Léonard de Vinci, peintre italien de la Renaissance. (B, 200)

Vingt-Six (Léonard) : Léonard de Vinci, peintre italien de la Renaissance. (B, 200)

Violette : ancienne gardienne de la paix (« aubergine ») promue inspecteur par les soins éclairés d'Achille, qui la « forme » et l'« éduque ». La transformation est radicale : « Le Vieux a admirablement joué les Pygmalion et fait du boudin de naguère le plus raffiné des caviars. » (147). « De bonne grosse femme paillarde et disgracieuse, elle devient une très belle et distinguée nymphomane, aux grandes qualités professionnelles. » (151)

Vizesetpine (Katia) : prostituée en Sibérie, ancienne femme de ménage-espionne à l'ambassade de France à Moscou. (71)

Voalanglès (Fouad) : agent secret irakien en poste au Liban. (74)

Vodka (la) : Volga, fleuve russe. (B, 71)

Voir-sa-Chatte : Ouarzazate, ville marocaine. (113)

Volière (la) : siège de la police.

Von Mammel (Erwin) : nazi, réfugié au San Bravo*. (98)

Von Hograff : témoin lors d'un duel du colonel Heckol*. (64)

Von Chichmann : grand criminel de guerre nazi. (74)

Von Klafouti : professeur, travaille dans l'usine de François Lormont à la création d'une arme thermo-statique-mixte à virevolteur cadastral électronique. (51)

Von Chprountz : professeur et auteur d'un traité de criminologie judiciaire. (30)

Von Kontrer (Aloïs) : fabricant belge de bouchons. (140)

Von Dârtischau-Klamar : patron allemand des usines Dolorès-Gode*. (205)

Vosgien (Martial) : homme politique français, mis hors la loi et vivant en proscrit au Brésil. (64)

Vouestminster abeille : Westminster Abbey (Londres). (B, 133)

W

Wagner (Richard) : musicien allemand, célèbre pour avoir dit : « C'est pas celui qui l'avale qui rit » quand il mangeait du brochet et avait de ce fait une arête dans la margoule. (Sa femme lui cachait ses lunettes lorsqu'ils étaient en froid.) » (130)

Waldheim (Kurt) : ancien chancelier autrichien. Comme il existe un trou dans son passé nazi, il est surnommé en Autriche « le Trou du Kurt ». (136)

Welles (Orson) : cinéaste américain. Ex. : « Tout ça ressemble trop à un décor. On se croirait dans un film d'Orson Welles. C'est tentaculaire, délibérément insolite et échevelé. » (62)

Wouihisbranl : Willy Brandt, ancien chancelier allemand. (205)

Wrong (Suzy) : prostituée thaïlandaise, spécialiste des massages thaïlandais, langues de velours japonaises, pipes françaises, touché rectal grec, feuilles de roses belges, sodomie par prothèse allemande, flagellation turque, supplices chinois, vibromassages américains, invectives italiennes, fournisseuse du cousin germain de Sa Majesté Somdet Phra Chao Yu Hua Bhummibol Adulyadej Rama IX de Thaïlande. (101)

Y

Yabézeff : comte russe, chauffeur de taxi à la retraite, dit le père Teuf-Teuf. (95)

Yakapadékoné : marque japonaise de motos de grosse cylindrée. (121)

Yaourt Noir : surnom de Marguerite Yourcenar, écrivain français.

Yard : diminutif de Scotland Yard, police anglaise. (205)

Yaton Ton Kébon : restaurant japonais de Passy. (121)

Y Fopa Sanfer (Francisco) : gouverneur militaire de la région de Pampelune (Espagne). (109)

Yogourtositrön (général) : général de l'armée bulgare. (104)

Youddhi-Mais-Oui : Yehudi Menuhin, violoniste. (B, 208)

Youde-Labbhoûm : kibboutz israélien. (74)

Yoursblack : Marguerite Yourcenar, écrivain français.

Ypense (Oniçoi Kimal) : célèbre compositeur turbo-réacteur, arrangeur de « Faust ». (32)

Yvrard (Léon) : homme à tout faire, y compris faire-valoir, de Boris Lassef*. (216)

Z

Zabeth (la mère) : Elisabeth II, reine d'Angleterre. (155)

Zanuck : Danube. Ex. : « Le Beau Zanuck bleu de Strauss. » (B, 48)

Zavatta (Achille) : clown français, propriétaire d'un cirque. Ex. : « Il a le dessus du dôme nu comme un verre de montre, avec, de chaque côté, une touffe de cheveux copiée sur celle de Zavatta. » (20)

Zétazunis (les) : Etats-Unis.

Zig et Puce : désignation béruréenne du tandem San-Antonio-Pinaud. (206)

Zilli (Alain) : fabricant de vêtements de peau. Ex. : « Je porte un blouson de nylon n'ayant rien de commun avec ceux que fabrique mon ami Zilli, à Lyon. (Les plus beaux du monde en peau de vison, de cerf, d'astrakan, de zibeline, de chenille processionnaire, de zébu, de zébi, en pot de beaujolais, en peau de grenouille, de testicule de moine tibétain, de hareng, d'autruche, de vache, de contractuel, de pêche et de limace rouge. Une féerie! Zilli travaille pour la peau comme d'autres pour le salut de leur âme. Il vêt les stars, les princes, les pédés, les pédégés et même les humbles santantonios perdus dans les froidures.) » (138)

Z.O.B. : organisme international chargé d'enquêter à propos de certains méfaits dont sont victimes de hautes personnalités. Ex. : « Zoological operation for beatitude (appellation choisie par les chefs de police pour qualifier l'étrange brigade qui vient d'être instituée). » (205)

Zob II : fameux avion supersonique à long rayon d'action, joyau de l'aéronautique française. (115)

Zobedenib (Edwin) : hypnotiseur à l'Alcazar, cabaret parisien. (41)

Zoé : fiancée de San-Antonio*, très belle femme métisse, qui a frôlé de très près le mariage avec le commissaire (il s'en est fallu d'une bombe, placée sous le bureau du maire qui officiait à la cérémonie). (81)

Zonthal (Horry) : agent secret israélien. (74)

Zouzou (Mlle) : surnom de toutes les maîtresses d'Achille*.

Zuhessa (les) : Etats-Unis. (B)

Zworykin : Russe, inventeur de l'iconoscope. Ex. : « Tiens, puisqu'on parle de scrabble, je vais t'indiquer au passage un blaze de rêve quand tu joues avec adjonction des noms propres : M. Zworykin. Si t'arrives à le placer dans la partie, tu fais un monstre carton, surtout si ça triple! » (139)

Zyzigeânhmer : race d'oiseau. Ex. : « Oiseau rare, célèbre pour son plumage et ses longues pattes qu'on trouve dans la province du Kâzynodpâri (près de Calcutta). » (79)

Zyrcon (Ted) : nom américanisé d'Edouard Con, peintre, inventeur du cônisme, « abstraction basée sur l'ovale en tant que tel. L'ovalisation de la couleur. Il a poussé l'ovale jusqu'au bout, c'est-à-dire au cône, d'où le nom de cônisme donné à cette école. » (206)

TEXTES DES DOS DE COUVERTURE DES SAN-ANTONIO

Le numéro entre parenthèses mentionné devant chacun des titres ci-dessous correspond à celui qui suit les citations incluses dans ce dictionnaire, précisant ainsi de quel volume celles-ci sont extraites.

Par contre les références faisant suite à chaque titre et date indiquent la collection (S.P. = « Spécial Police » et S.-A. = San-Antonio) et le numéro sous lequel l'ouvrage cité est paru.

Enfin les titres repérés par (+) n'ont pas été pris en compte, dans la mesure où soit ils constituent déjà des compilations (par exemple : « Les Aventures galantes de Bérurier »), soit du fait que la première édition n'est pas signée « San-Antonio » (par exemple : « Les Confessions de l'Ange Noir »).

(1) LAISSEZ TOMBER LA FILLE (1950) – S.P. 11 – S.-A. 43

Avez-vous vu un morse jouer du saxophone ? Non ? Moi non plus, à vrai dire, mais je ne désespère pas. En revanche, je vous jure, mes amis, que j'ai déjà entendu un saxophone jouer du morse : dans un cabaret ! Au début, je n'y prêtais pas attention, vu que tout mon intérêt était porté sur la ravissante créature assise à mon côté. Moi, vous me connaissez... Très enclin à la bagatelle, mais jamais dépourvu du sens du devoir. Si vous pouviez savoir ce qu'il racontait, ce saxo, sous ses airs langoureux... Vous m'excuseriez d'avoir laissé tomber la fille ! Mais vous n'allez pas tarder à le savoir, fidèles comme je vous connais.

(2) LES SOURIS ONT LA PEAU TENDRE (1951) – S.P. 19 – S.-A. 44

Un patron de bistrot portant, dans son arrière-salle, une épée à la taille, surtout au XXe siècle, c'est assez extraordinaire. Mais franchement, où ça se corse (chef-lieu Bastia – histoire de fomenter une petite guerre civile), où ça se corse, disais-je, c'est quand l'épée n'est pas à la taille du type, mais à travers la taille... Je tiens aussi à vous préciser que cette découverte n'est pas faite pour me réjouir, vu que l'épinglé était mon seul contact dans ce foutu bled... Pour lui, le contact a été plutôt rude, et pour moi, il risque de l'être aussi, je le crains, car j'entends déjà mugir, au loin, une sirène de police...

(3) MES HOMMAGES À LA DONZELLE (1952) – S.P. 30 – S.-A. 45

Il y a une multitude de choses dont j'ai horreur. Les jeunes filles de plus de quatre-vingt-dix-sept ans, tout d'abord. Le poisson mal cuit, aussi. Puis les liaisons mal-t-à-propos ; les ouatères de wagons de seconde classe ; les bitures de Bérurier et les imparfaits du subjonctif de Pinaud. Mais s'il y a une chose qui m'énerve par-dessus tout, qui me file au bord du delirium très mince, c'est qu'on s'asseye sur mon chapeau... Surtout au cinéma... Surtout quand on l'a fait exprès... Surtout quand c'est le dargeot d'un truand qui est l'outrageur... Surtout quand tout ça cache le commencement d'une aventure insensée !

(4) DU PLOMB DANS LES TRIPES (1953) – S.P. 35 – S.-A. 47

Quand j'étais môme et que ma bonne vieille Félicie m'emmenait en vacances à la montagne, dans le Jura, j'adorais fureter du côté de la scierie. J'ai toujours aimé l'odeur du bois fraîchement coupé et le grincement plaintif des scies mécaniques mordant le sapin... Non, ne croyez pas que je cherche à vous pondre de la Haute Littérature, ni que le bucolique (néphrétique) soit à l'ordre du jour, car je vous jure que cette passion de mon enfance, je l'ai perdue... A tout jamais... Car présentement, je me trouve lié sur une de ces scies qui faisaient mon admiration... Et c'est moi qui fais le rondin. La lame se trouve très exactement à 1 mm de mon buste et je ne dispose plus que d'un centième de seconde pour agir... C'est ce qui s'appelle avoir du pain sur la planche !

(5) DES DRAGÉES SANS BAPTÊME (1953) – S.P. 38 – S.-A. 48

Lorsque votre chef vous demande à brûle-pourpoint ce que vous pensez d'un copain, on ne peut que la boucler un instant, ne serait-ce que pour se demander ce qui le pousse à poser une question pareille et aussi comment on va y répondre. Le grand patron est agité. Il est adossé au radiateur, ou plutôt, comme il mesure deux mètres, il est assis dessus. Il passe son arrêt sa main fine sur son crâne en peau de fesse véritable. Ses yeux bleuâtres me considèrent avec intérêt. Je sens qu'à moins d'accepter de passer pour une truffe le moment est venu de me manisfester. Je me racle le gosier. – Wolf, je balbutie... Wolf... Ben, c'est un bon petit gars, non ? – Non, San-Antonio : Wolf n'est pas un bon petit gars, et vous le savez aussi bien que moi...

(6) DES CLIENTES POUR LA MORGUE (1953) – S.P. 40 – S.-A. 49

Si je voulais l'envoyer rejoindre Crâne pelé dans la baille, je n'aurais qu'une bourrade à lui administrer. Mais je ne tiens pas à procéder ainsi car ce faisant je perdrais le plus important témoin de mon affaire. Et comme ce témoin est par la même occasion le principal inculpé, vous comprendrez sans qu'on vous l'écrive au néon dans la cervelle que je sois enclin à ne pas me séparer de lui. Un inculpé de cette catégorie, je l'aurai payé le prix !

(7) DESCENDEZ-LE À LA PROCHAINE (1953) – S.P. 43 – S.-A. 50

Le gars qui pourrait me prouver par a + b qu'il a, au cours de son existence, exécuté une besogne plus débectante que celle à laquelle je me livre depuis une huitaine de jours aurait droit, selon moi, au salut militaire, au salut éternel et à une place assise dans les chemins de fer. Faut vraiment avoir le palpitant arrimé avec du gros filin pour tenir le choc. Et je le tiens, moi, le choc, parce que mon job c'est justement de ne pas faire la fine bouche. Voilà une semaine que je visite les morgues de France à la recherche d'un cadavre...

Texte de l'édition imprimée en 1968 :

Pour l'heure, je fais comme Diogène, je cherche un homme. Ce mec doit correspondre à un signalement très précis : il me le faut grand. Blond cendré. Avec deux ratiches bidons. Et surtout un peu décédé sur les bords. Vous n'avez sans doute jamais parcouru six cents bornes dans une voiture en compagnie d'un allongé de trois semaines ! Croyez-moi, vous auriez envie de le faire descendre à la prochaine.

(8) PASSEZ-MOI LA JOCONDE (1954) – S.P. 48 – S.-A. 2

Un petit loulou de Poméranie qui se tortille dans la clarté de mes phares. Il vient de se faire ratatiner par une bagnole. Moi, bonne pomme, je descends pour lui administrer la potion calmante et définitive. Et voilà ! Je viens de mettre le doigt dans un engrenage qui conduit à une Joconde au sourire plutôt inquiétant.

(9) SÉRÉNADE POUR UNE SOURIS DÉFUNTE (1954) – S.P. 52 – S.-A. 3

Voilà maintenant que le Boss me fait prendre les patins de ses amis ! Il faut reconnaître que le turbin qui échoit sur la tête de son pote est de first quality ! Jugez plutôt : son fils va être cravaté de chanvre incessamment et peut-être avant par la justice britannique. Je vêts l'habit ecclésiastique pour rencontrer le condamné. Brusquement, je sens que ce mec est innocent. Une drôle de sérénade en perspective !

(10) RUE DES MACCHABÉES (1954) – S.P. 57 – S.-A. 4

Au lieu de passer au centre des chèques postaux, aujourd'hui, j'aurais mieux fait de me consacrer à des amours ancillaires (celles que je préfère). Au guichet, j'avise un vieux type blême et pâle des crayons qui retire de l'artiche. Où ça se complique, c'est quand je retrouve pépère, assis dans sa bagnole, bien sagement, mais un peu mort ! Alors je me mets en piste, courant de surprise en surprise au long de la rue des Macchabées.

(11) BAS LES PATTES ! (1954) – S.P. 59 – S.-A. 51

Vous me croirez si vous voudrez, comme dit mon éternel Bérurier, mais à Chicago, un flic français en mission officielle a beaucoup plus de problèmes avec la police locale qu'avec les gangsters ! Nulle part au monde, les poulets n'aiment qu'on vienne marcher sur leurs plates-bandes, mais aux Etats-Unis, c'est pire qu'ailleurs... Peut-être qu'ils craignent qu'on leur pique leur « enveloppe » au passage ! Halte-là !... Pas touche !... Bas les pattes !... C'est notre affaire... BAS LES PATTES ! ils disent, les poulagas, et les durs répliquent « hands up ! », ce qui prouve que ce pays est bien celui des contradictions. Il n'y a que les gonzesses qui soient comme chez nous... Surtout les taxi-girls à qui j'ai eu affaire tout au cours de ma mission... Leur devise, à elles, ce serait plutôt « legs up », « jambes en l'air » si vous préférez.

(12) DEUIL EXPRESS (1954) – S.P. 63 – S.-A. 53

Ce bouquin doit suffire à intriguer un zig dont l'existence n'est pas particulièrement de tout repos. Il va se demander si c'est un coup de la police ou d'une autre bande. Dans l'expectative, il lira. Quant à moi, en voilà assez pour aujourd'hui. Je n'ai plus qu'à aller me coller dans les toiles en attendant que la Terre ait fini son petit tour dans le noir.

(13) J'AI BIEN L'HONNEUR DE VOUS BUTER (1955) – S.P. 67 – S.-A. 54

Je marche un peu, histoire de briser ma tension nerveuse. Mais c'est une coriace que cette tension-là! Une seconde cigarette ne l'entame pas davantage. Au contraire, j'ai l'impression qu'elle est toute prête à se rompre... Je jette un coup de saveur à ma breloque; voilà près de deux heures qu'elle est entrée dans la carrée, Elia... Et celle-ci demeure aussi inerte et silencieuse qu'auparavant. Il n'y a toujours qu'une fenêtre éclairée... Et quand je dis éclairée, j'exagère... Simplement on décèle une lueur... Que fabrique-t-elle derrière cette façade croulante?...

(14) C'EST MORT ET ÇA NE SAIT PAS! (1955) – S.P. 71 – S.-A. 55

Je vous ai déjà passablement baladés à travers le monde, dans toutes les couches de toutes les sociétés, mais je n'ai pas souvenir de vous avoir présenté le Pape. N'en déduisez pas trop vite que ce bouquin se passe au Vatican et que Sa Sainteté, que je respecte profondément, est l'acteur d'une de mes facétieuses aventures! Vous n'y êtes pas du tout. Le Pape dont je parle, s'il s'appelle Paul, ne porte pas de matricule ou plutôt n'en porte plus, vu que voilà bientôt dix piges qu'il est sorti de taule. Et c'est en toute candeur qu'il a troqué la casquette-à-julot pour la tiare pontificale de la religion... luciférienne! Cette fois, vous avez pigé! Oui, mes amis, je vous emmène faire un tour dans une société secrète, avec messes noires, sacrifices et tout le schbigntz... Vous l'imaginez, votre San-Antonio, en enfant de diable? Ne vous inquiétez pas si mon encensoir fume, c'est qu'il vient de cracher quelques bastos de 9 mm.

(15) MESSIEURS LES HOMMES (1955) – S.P. 76 – S.-A. 56

Savez-vous que la pègre vient de s'enrichir d'une nouvelle recrue? Et pas une demi-portion, croyez-moi! Du vrai casseur... Du qui file la rouste aux caïds de Pigalle... Du qui se permet de descendre un flic en plein commissariat. Son nom? Pour Messieurs les hommes, il s'appelle Bernard Tonacci... Ça ne vous dit rien? Alors, je vais vous en balancer davantage : à la P.J., ce zigoto est plus connu sous le nom de commissaire San-Antonio. Pas de panique... Rassurez-vous, je n'ai pas changé de bord... Mais il faut admettre que tout pourrait le laisser croire au début de ce chef-d'œuvre.

(16) DU MOURON À SE FAIRE (1955) – S.P. 81 – S.-A. 57

Cette histoire a commencé très bizarrement. Depuis une quinzaine, je me faisais tarter à Liège, dans l'attente d'éventuels espions qui devaient passer par là. Pourtant, j'adore cette ville au charme provincial, mais franchement, quinze jours sans action... Ça me devient vite insupportable. Et puis un matin, alors que j'étais encore dans ma chambre d'hôtel, mon attention a été sollicitée par un curieux éclat lumineux. Je me suis approché par le balcon de la chambre voisine, et là j'ai vu le spectacle le plus insolite de ma vie. N'allez pas imaginer du gaulois..., du paillard..., du porno... Pas du tout. Il y avait dans la pièce un brave monsieur occupé à fourrer des fruits confits avec des... diamants! Quelques heures plus tard, je l'ai revu, le type. Mais je n'ai pas eu l'occasion de lui poser des questions, vu qu'il était en train de tomber du sixième étage dans une cage d'ascenseur...

(17) LE FIL À COUPER LE BEURRE (1955) – S.P. 85 – S.-A. 58

L'ambiance de la Foire du Trône, c'est quelque chose d'inoubliable pour un môme. De temps en temps, ça ne fait pas de mal d'aller prendre un bain de jeunesse pour se laver de toute la pourriture quotidienne. Seulement moi, je ne peux plus faire trois pas sans rencontrer des connaissances : la rançon de la gloire, quoi ! Bien sûr, mon métier m'a amené dans tous les milieux... Et je compte des amis dans les sphères les plus hautes. Pourtant, ce jour-là, je n'ai pas eu affaire au gratin. Et cette furieuse bagarre parmi les joyeux fêtards m'a valu de retrouver ce vieux Carmona ! Et de me plonger dans une des aventures les plus ahurissantes de ma vie...

(18) FAIS GAFFE À TES OS (1956) – S.P. 90 – S.-A. 59

Derrière moi, il y a le passage à niveau où l'homme se fit ratatiner par un rapide... Je laisse ma voiture sur le bord du fossé et je me mets en quête du numéro 12... Pas marle à dénicher... C'est une petite construction sans étage, couverte d'ardoise... M'est avis qu'il s'agissait d'un pavillon de chasse situé au fond d'un parc. La voie ferrée a coupé le parc et on a vendu le morcif de terrain avec la masure. Schwob l'a fait réparer, mais il y a un certain temps, car elle n'est plus très fraîche... Les volets sont clos... Dans la lumière blafarde de la lune, ce pavillon a quelque chose d'inquiétant. J'ai comme l'impression de l'avoir déjà vu sur la couverture de « Mystère-Magazine » !

(19) A TUE... ET À TOI (1956) – S.P. 93 – S.-A. 61

Dubois, lui, tout en gobant ses marennes, m'expliquait en détail la gastro-entérite de sa femme de ménage... C'est vous dire si la plus totale harmonie régnait dans la salle à manger de ces bons amis ! Et soudain, au moment pile où la mère Dubois se la radinait, portant triomphalement une gigantesque marmite recelant le cassoulet : vlan ! ou plutôt « dring ! » le bignou s'est mis à carillonner...

(20) ÇA TOURNE AU VINAIGRE (1956) – S.P. 101 – S.-A. 62

Béru ne bronche pas... Je lui file une bourrade et le Gros bascule contre la vitre. Alors, je sens une cohorte de fourmis envahir mon calbar et remonter le long de mon anatomie. J'actionne le plafonnier de la voiture et je vois une formidable flaque de sang sur la banquette. Le Gros a bloqué une praline dans la région du cou et il s'est à peu près vidé. Tel, il me paraît un peu mort. Toute l'affection que je lui porte me remonte à la gorge. - « Béru ! je balbutie. Béru, vieux pote, joue pas au con... Tu m'entends, dis ? »

(21) LES DOIGTS DANS LE NEZ (1956) – S.P. 108 – S.-A. 63

Il se soulève, prend sa chaise et me l'abat sur le crâne. Aussi fastoche que je viens de vous le dire. Mon bras paralysé par le coup de poêle à frire n'a pas eu la force de se lever pour braquer le soufflant. Je biche le siège en pleine bouille et illico je me trouve inscrit au barreau. Ça se met à tourniquer autour de moi. J'essaie de me cramponner à la table, mais des nèfles ! Je vais à dame. Le couple de petits rentiers tranquilles me saute alors dessus et fait une danse incantatoire sur ma personne.

(22) AU SUIVANT DE CES MESSIEURS (1957) – S.P. 111 – S.-A. 65

Comme j'ouvre la porte, je fais un bond en arrière qui m'envoie dinguer dans le porte-pébroques. Il y a trois messieurs sur le paillasson, qui s'apprêtaient à sonner. Et ceux-là, pas d'erreur possible, ce sont des vrais de vrais. Ils ont des bouilles qui ne trompent pas. Ils seraient nègres ou nains que ça ne se verrait pas davantage. Le gnard San-Antonio se demande à la brutale si, par hasard, ça ne serait pas le commencement de la fin.

(23) DES GUEULES D'ENTERREMENT (1957) – S.P. 117 – S.-A. 66

Il me regarde avec intérêt et commisération. – Vous êtes monsieur Berthier? demande-t-il. Il se dégrafe le col pour avoir plus de possibilités oratoires. – Non, réponds-je, pourquoi? – Je venais à cause que Mme Berthier a eu un petit ennui, fait-il gauchement. – Ah? – Oui, elle s'est fait écraser par une auto... – Et elle est morte? – Tuée net. - C'est ce que vous appelez un petit ennui, vous?

(24) LES ANGES SE FONT PLUMER (1957) – S.P. 123 – S.-A. 67

Une lettre et un chiffre rédigés hâtivement sur un petit bout de papier : K 2. Ça pouvait vouloir dire beaucoup de choses... Ça pouvait ne rien signifier du tout... Mais moi je ne crois pas qu'on puisse écrire deux signes, comme ça, sans que quelque chose ne se trame quelque part. K 2? Une marque de détachant... Il manque le R. Un morceau de jeu de bataille navale? Pas sérieux... Le nom du deuxième sommet du monde, le Kapa Due? Pourquoi pas... K 2? Ça ne vous dit rien, à vous? Moi si... aujourd'hui... Aujourd'hui... que j'ai rassemblé tous les éléments du puzzle.

(25) LA TOMBOLA DES VOYOUS (1957) – S.P. 129 – S.-A. 68

Quand on prétend être un grand pêcheur, l'as de la ligne toutes catégories, il ne faut pas dévoiler ses secrets... surtout quand ils sont aussi curieux que ceux du valeureux Bérurier. Devinez avec quoi il appâte, le Gros? Avec certaines parties des bovins qui constituent toute la différence entre un taureau et un bœuf, si vous voyez ce que je veux dire? Et c'est à cause de cette bizarre technique que tout a commencé. Nous étions penchés sur un immense bac d'abats, aux Halles, à la recherche du morceau convoité, quand le père Pinaud qui nous avait accompagnés pousse un léger cri et s'évanouit. Un coup d'œil dans le bac m'avait renseigné... Ce n'était vraiment pas beau à voir, et ça n'avait jamais appartenu à un quadrupède!

(26) J'AI PEUR DES MOUCHES (1957) – S.P. 141 – S.-A. 70

Moi, vous me connaissez? Je n'ai jamais eu peur de rien! J'ai entendu siffler pas mal de balles à mes oreilles... Il m'est même arrivé de ne pas les entendre passer pour la bonne raison que je les avais interceptées au vol... Je me suis bagarré avec des types plus colosses que celui de l'île de Rhodes, j'ai pris des gnons... sans jamais connaître le sentiment de la peur. On m'a fait le coup de la baignoire, celui de la scie à métaux sur le tibia, les allumettes enflammées sous les ongles, la cigarette écrasée sur la joue, et toujours sans m'arracher un cri ni un mot. C'est à peine si je perdais le sourire. Et pourtant... aujourd'hui, « J'ai peur des mouches »... Ces minuscules diptères me terrorisent, car dans la contrée où je suis, elles véhiculent la mort... La plus atroce des morts.

(27) LE SECRET DE POLICHINELLE (1958) – S.P. 145 – S.-A. 71

Quatre jours après cette partie de chasse mémorable qui se solda par une hécatombe, le Vieux me fait appeler dans son burlingue secret. La pièce est triste comme un vieux numéro de la « Revue boursière », et le maître des Services paraît aussi joyeux qu'une catastrophe minière. Il est droit devant son bureau d'acajou lorsque j'entre. Ses poings sont posés à chaque extrémité de son sous-main et son front relié pleine peau de fesse brille à la lumière de son réflecteur. – « San-Antonio, vous ne devinerez jamais la raison pour laquelle je vous ai mandé... »

(28) DU POULET AU MENU (1958) – S.P. 151 – S.-A. 72

Lorsque la grande aiguille de ma montre a fait sa révolution sur le cadran, la porte de l'usine se rouvre et mon zigoto réapparaît. Il est plus furtif qu'un souvenir polisson et il se met à foncer dans la partie obscure du quai, la tronche rentrée dans les épaules... Il marche vite, sans courir cependant... Il semble avoir peur... Oui, pas de doute, il est terrorisé... Je lui laisse du champ et je démarre en douceur. Soudain, il se cabre. Dans l'ombre, devant lui, se tient une seconde auto, tous feux éteints... Il marque un temps et s'écarte pour passer. Dedans, j'aperçois vaguement deux silhouettes...

(29) TU VAS TRINQUER, SAN-ANTONIO (1958) – S.P. 157 – S.-A. 40

Deux ivrognes et un clébard, voilà tout ce dont je dispose pour démarrer mon enquête aux U.S.A. Les deux poivrots ont pour noms Bérurier et Pinaud et le chien est un gentil boxer, baveur à souhait! L'Empire State Building aux pieds de Béru, il faut avoir vu ça! Mais je vais en voir bien d'autres au milieu de la pègre new-yorkaise. Mes acolytes boivent, mais c'est naturellement votre bon San-Antonio qui va trinquer.

(30) EN LONG, EN LARGE ET EN TRAVERS (1958) – S.P. 163 – S.-A. 7

Le roi de la sardine à l'huile a disparu! La recherche dans l'intérêt des familles, c'est pas mon blot! Mais quand Béru et Pinaud se volatilisent à leur tour, je me mets en chasse... En compagnie de la légitime du disparu. Une jeune femme inconsolable... Inconsolable? Tous les locataires de l'hôtel de la Manche affirment l'avoir entendue gémir toute la nuit... Mais pas de chagrin, croyez-moi! Approchez, mes belles, je vais vous raconter ça en long, en large et en travers.

(31) LA VÉRITÉ EN SALADE (1958) – S.P. 173 – S.-A. 8

Le maquillage de la mémère se craquelle comme une terre trop cuite. Elle a trois tours de perlouzes sur le goitre, deux suspensions avec éclairage indirect aux étiquettes et une dizaine de bagues qui la font scintiller comme l'autoroute de l'Ouest au soir d'un lundi de Pâques. Figurez-vous que ce monticule aurifié et horrifiant s'envoie un jules de vingt... carats! Seulement, ce petit téméraire vient de se faire allonger..., du moins tout le donne à penser... « Fouette dents de scie », comme dit Bérurier, cet angliciste distingué!

(32) PRENEZ-EN DE LA GRAINE (1959) – S.P. 179 – S.-A. 73

Mes petits lecteurs chéris, je crois que depuis le temps qu'on se connaît on commence à bien se connaître, comme le disait si justement Vincent Toriol à la bataille de Marignan (33, Champs-Elysées, Paris). Alors je vais vous en annoncer une qui méritera d'être prise en considération et dans le sens de la hauteur : je compte vous faire rire avec ce bouquin.

(33) ON T'ENVERRA DU MONDE (1959) – S.P. 188 – S.-A. 74

– Eh bien! Eh bien, Béru, t'as des vapeurs?
– M'en parle pas, balbutie-t-il, je suis un mec terminé!
– On en reparlera quand tu seras dans ton costar en planches, dis-moi un peu ce qui ne carbure pas?
– Ma femme a disparu, lâche le Gros.
Et de ponctuer cette révélation par un barrissement qui fêlerait une plaque de blindage.

(34) SAN-ANTONIO MET LE PAQUET (1959) – S.P. 194 – S.-A. 76

C'est par un petit événement en marge de nos activités professionnelles que démarre cette fois-ci l'aventure. Une aventure vraiment extraordinaire, vous pourrez en juger par la suite si vous avez la patience de poursuivre. Une aventure comme, à dire vrai, il ne m'en était encore jamais arrivé.

(35) ENTRE LA VIE ET LA MORGUE (1959) – S.P. 201 – S.-A. 77

– Qu'est-il arrivé? s'inquiète le chef de train.
– Ça se voit, non?
– Cette personne est tombée?
– Un peu, et elle s'est plutôt fait mal.
– Elle était avec vous?
– C'est-à-dire qu'elle se trouvait dans mon compartiment.
Je lui bonnis l'incident du mironton venu tirer la chevillette.
– Elle portait des lunettes, dis-je. Il paraît qu'elle a voulu aller aux toilettes et s'est trompée de lourde.

(36) TOUT LE PLAISIR EST POUR MOI (1959) – S.P. 207 – S.-A. 9

J'ai rencontré à travers le vaste monde et le long de ma vie bien des femmes exigeantes. Des qui me demandaient de remplacer leur mari au pied levé; des qui réclamaient ceci et d'autres qui sollicitaient cela et toujours je me suis évertué à les satisfaire. Mais la frangine, ce coup-là, attend vraiment l'impossible de votre San-A. chéri... Un impossible réellement... impossible... Mais moi, vous me connaissez; rien ne peut m'arrêter! Alors, poliment, je me penche sur le décolleté de la poupée et je susurre : « Mais voyons, chère amie, tout le plaisir est pour moi! »

(37) DU SIROP POUR LES GUÊPES (1960) – S.P. 216 – S.-A. 5

Vacances peinardes sur la Côte... Boîte de nuit dans la pinède... Une frangine de vingt berges dans mes bras... Et voilà que ça démarre... Un ancien pote à moi vient se faire rectifier à mon nez et à ma barbe... Un Bérurier beurré qui se radine... Un nouveau meurtre... Finie ma belle tranquillité... Décidément, j'attire l'embrouille comme le sirop attire les guêpes!

(38) DU BRUT POUR LES BRUTES (1960) – S.P. 225 – S.-A. 15

Boris Alliachev, vous connaissez? Espion international... Recherché dans une tripo-tée de pays... Enfin le genre de mec que tout flic normalement constitué rêve d'agrafer à son palmarès! Figurez-vous que je l'ai précisément sous les yeux, en ce moment... Il est assis dans un restaurant russe et il jaffe du caviar comme un qui aurait la conscience tranquille et le larfouillet bourré. Seulement voilà qu'un pastaga démarre dans les parages : un jules, laid comme un dargif de singe, entreprend de dérouiller sa poule, une ravissante môme de vingt berges. Mais ce n'est pas le genre de chose qu'on fait devant S.-A., pas vrai? Alors je sors mon uppercut des grands jours... Et pendant la bagarre, le Boris, lui, il prend la tangente! Vilaine affure, les gars, mais cette brute de S.-A. n'a pas dit son dernier mot!

(39) J'SUIS COMME ÇA (1960) – S.P. 233 – S.-A. 16

Y en a d'autres qui sont autrement, mais moi, que voulez-vous, j'suis comme ça! Vous le savez, je suis habitué aux coups les plus durs et les plus vaches. Mais celui qui m'arrive sur le coin de la hure est le plus bas que j'aie jamais encaissé : ON A KID-NAPPÉ FÉLICIE! Si vous n'avez jamais vu un San-Antonio féroce, un San-Antonio effrayant de colère, vous allez être servis. Avec Béru, on s'est bien juré que le premier des ravisseurs de ma mère qui nous tombera sous la paluche aura droit à une concession au Père-Lachaise... Qu'on se le dise!

(40) SAN-ANTONIO RENVOIE LA BALLE (1960) – S.P. 238 – S.-A. 78

Il y a des jours où c'est pas votre jour! C'est pas Bérurier qui me contredira! Pourtant, il était plutôt batouze avec son élégant costume aubergine et ses bottes de pêche... Paré qu'il était pour assister à la grande rencontre de football France- Exéma! Il est balèze, le Béru, seulement de là à affronter les onze joueurs de l'équipe de France... Dimanche mémorable qui a marqué le début de la plus fantastique enquête de ma carrière. Et si les balles ont plu sur le terrain, c'était pas toujours en direction des buts!

(41) BERCEUSE POUR BÉRURIER (1960) – S.P. 244 – S.-A. 80

Je file un coup de périscope hors de ma tire et j'avise une Aronde qui se pointe à ma hauteur. L'espace d'une seconde, je me dis qu'il s'agit peut-être d'un coup fourré orga-nisé par des malfrats qui en voudraient à mes os préférés, mais je décide que des truands ne klaxonneraient pas pour se signaler à mon attention et que, d'autre part, ils ne rouleraient pas dans une Aronde. Alors je lève le pied...

(42) NE MANGEZ PAS LA CONSIGNE (1961) – S.P. 250 – S.-A. 81

L'homme cagoulé est en train d'affûter la lame courbe d'un cimeterre. Le cimeterre marin dont causait Valéry. Ce cimeterre-là va m'expédier au cimetière sur une vraie meule. Une meule électrique, siouplaît, ce qui m'inciterait à penser que nous sommes dans un atelier.

(43) LA FIN DES HARICOTS (1961) – S.P. 259 – S.-A. 83

A peine ai-je franchi le seuil que je m'arrête, pétrifié par la surprise : la môme Danièle gît au bas de l'escalier, la tête sur le carrelage du vestibule. Elle a la coquille fêlée et une mare de sang achève de se figer. Je m'agenouille auprès de la pauvrette et je glisse la main entre ses roberts. Partie sans laisser d'adresse.

(44) Y A BON, SAN-ANTONIO (1961) – S.P. 265 – S.-A. 84

Je m'agenouille et je palpe la terre battue. Un contact terrifiant me court-circuite les centres nerveux. Je viens de rencontrer une main. Elle est froide. Je dompte ma répulsion et je palpe encore. Après la main vient le poignet, puis l'avant-bras, puis le bras, l'épaule... Un cadavre! Il y a un cadavre dans la cave à vin.

(45) DE « A » JUSQU'À « Z » (1961) – S.P. 273 – S.-A. 86

Mes funérailles étaient prévues pour dix heures, mais dès neuf heures, la maison était déjà pleine de gens. Tout le monde pleurait, ce qui me touchait beaucoup. Sur les faire-part on avait précisé « ni fleurs ni couronnes », histoire de ne pas mettre les copains dans les frais, mais, nonobstant cette recommandation, la plupart des assistants s'annonçaient avec des gerbes, des couronnes, des coussins d'œillets, des croix en roses et autres joyeux présents. Oui, il faut vraiment mourir pour mesurer le degré de sa popularité. J'en étais tout ému. Mais quand j'ai vu radiner le Gros, beau comme une pissotière repeinte, dans un complet noir, avec une chemise vraiment (et très provisoirement) blanche, soutenu par Alfred le coiffeur, mon cœur m'est remonté dans le gosier.

(46) SAN-ANTONIO CHEZ LES MAC (1961) – S.P. 281 – S.-A. 18

Connaissez-vous Stinginess Castle? Au fin fond des Highlands, en Ecosse, ce château se dresse sur une colline dans les brumes britanniques. Un nouveau fantôme le hante depuis quelque temps. Et un fantôme de poids! Il a pour nom : BÉRURIER! Et si vous saviez ce que le Gros et votre valeureux San-Antonio maquillent dans ce château de cauchemar, vous en auriez la chair de poule. Un renseignement : si vous entendez un craquement dans la pièce d'à côté pendant que vous lisez ce chef-d'œuvre, ne cherchez pas, c'est le fantôme de quelque Mac!

(47) FLEUR DE NAVE VINAIGRETTE (1962) – S.P. 293 – S.-A. 10

Avez-vous déjà vu un personnage obèse, cradingue, vinasseux et violacé, en pantoufles, maillot de corps gris (mais qui fut blanc jadis), portant un pantalon de coutil rapiécé, affublé d'un véritable sombrero mexicain se prélasser dans les fauteuils du Boeing Paris-Tokyo? Assurément non! Pour se délecter d'une pareille situation, il faut avoir lu « Fleur de nave vinaigrette ». Au passage : savez-vous comment se traduit « Fleur de nave » en japonais? « Bey-Rhû-Ryé »! Rigoureusement authentique! Si vous ne me croyez pas, consultez votre judoka habituel.

(48) MÉNAGE TES MÉNINGES (1962) – S.P. 305 – S.-A. 11

L'histoire qui est racontée ici est rigoureusement vraie. Je n'y ai pas changé une virgule. J'ai seulement modifié les événements, déformé les faits, interverti les situations, débaptisé les personnages et déplacé l'action. J'ai également pris des libertés avec le lecteur, le vocabulaire de l'affabulation. Oui, j'ai fait tout cela. Mais, parole d'homme, je n'ai pas changé une virgule à l'histoire. J'aurais peut-être dû... Ça aurait évité à Béru et au beau San-Antonio de se trouver dans la situation la plus effarante de leur brillante carrière. Et comme dit ce grand intellectuel de Bérurier : « Ménage tes méninges », gars, et prépare tes mécaniques.

(49) LE LOUP HABILLÉ EN GRAND-MÈRE (1962) – S.P. 317 – S.-A. 12

On ne peut jamais prévoir la réaction des gens! Je vous prends à témoin, mes amis : si vous receviez par la poste 20 000 000 A.F. signés anonyme, quelle serait votre réaction? J'en connais qui les convertiraient aussitôt en bons du Trésor..., d'autres qui s'offriraient illico une douzaine de danseuses..., d'autres encore qui se feraient construire un coquet pavillon à Créteil... Eh bien, le bonhomme qui vient d'entrer dans mon burlingue est d'un genre différent, lui : il veut porter plainte! Comme dit Bérurier : « Une telle honnêteté, c'est pas honnête! »

(50) SAN-ANTONIO CHEZ LES « GONES » (1962) – S.P. 321 – S.-A. 13

Si vous avez des enfants et si vous êtes tatillons sur leur éducation, je ne vous conseille pas de les envoyer à l'école de « Grangognant-au-Mont-d'Or ». Et cela pour deux raisons : la première est que ce paisible village de la région lyonnaise est actuellement le siège d'un drame qui bouleverse toute la France : les « gones » y disparaissent les uns après les autres et l'on assassine les maîtres d'école.
La deuxième raison est que le nouvel instituteur a pour nom Bérurier!
Je ne vous en dis pas plus!

(51) SAN-ANTONIO POLKA (1963) – S.P. 333 – S.-A. 19

Sans vouloir me vanter, vous savez bien que je suis suffisamment sublime pour ne pas avoir besoin de me faire mousser, je suis un skieur de first quality. Selon Béru, je possède à fond la technique du « sale-homme géant », du « Juliénas léger » et du « rapage contrôlé ». Et c'est peut-être grâce à ces qualités que j'ai pu éviter une catastrophe nationale! Comment? Entrez dans la danse et vous le saurez. Et en avant la polka de San-Antonio.

(52) EN PEIGNANT LA GIRAFE (1963) – S.P. 343 – S.-A. 14

Ceux qui n'ont jamais vu un individu manger tour à tour : « ... une semelle de chaussure, un crapaud vivant, une selle de vélo, une corne à poudre, une autre de chef de gare, un écureuil empaillé et un cadran solaire... », n'ont jamais vu Bérurier dans le plus extraordinaire numéro de boulimie de tous les temps! Ceux-là ne peuvent pas non plus imaginer le fabuleux San-Antonio tout en haut d'une grande échelle, occupé à... peigner la girafe!

(53) LE COUP DU PÈRE FRANÇOIS (1963) – S.P. 358 – S.-A. 21

Connaissez-vous l'Alabanie? C'est un coquet pays d'Europe du Sud qui a pour principales ressources l'exploitation des cactus et l'aide de la Chine populaire. Figurez-vous qu'il se passe des choses bizarroïdes à l'ambassade alabanienne de Paris... Mais le gros Bérurier et votre San-Antonio préféré vont sérieusement s'occuper du problème, croyez-moi! Malheureusement, le révérend Pinaud manque à l'appel et savez-vous pourquoi? Parce que les Alabaniens lui ont fait la plus terrible, la plus perverse, la plus française des farces... « Le Coup du père Francois »!

(54) LE GALA DES EMPLUMÉS (1963) – S.P. 385 – S.-A. 41

J'ai déjà exécuté pas mal de missions peu ordinaires, franchement originales, voire extravagantes. Mais celle qui me débarque sur les endosses est, comme dit Béru, « à tomber le c... par terre ». Figurez-vous qu'au cours du grand gala de la Rousse, le Vieux me prend à part, me tend la photo d'une gentille dadame d'une quarantaine de balais et me virgule : « Je ne vous demande qu'une chose, San-A, devenir l'amant de cette femme. » Tout à fait un travail dans mes cordes... Mais il avait oublié un petit détail, le Tondu : la photo datait de vingt ans!

(55) VOTEZ BÉRURIER (1964) – S.P. 391 – S.-A. 22

Par autorisations spéciales du préfet de Seine-et-Eure et du garde champêtre de Bellecombe, nous reproduisons fidèlement la plus étrange affiche électorale jamais placardée : « Bellecombais, Bellecombaises! On n'est pas ce que vous croyez! La preuve, c'est que moi, Bérurier Alexandre-Benoît, inspecteur principal, je lance un défi à l'assassin de Bellecombe en me présentant à vos suffrages! S'il veut m'empêcher de candider, qu'il y vienne! La politique je m'ai toujours assis dessus, et sans coussins! C'est pourquoi je me présente sous un nouveau parti dont moi et l'ex-adjudant Paul Morbleut, mon adjoint, on est les fondateurs et les membres virils : le P.A.F. (Parti amélioré français). Ce soir, dans la salle des réunions, on vous définira notre programme. Venez nombreux, l'assassin y compris! Et surtout : Votez BÉRURIER ! »

(56) BÉRURIER AU SÉRAIL (1964) – S.P. 427 – S.-A. 87

Figurez-vous qu'Alcide Sulfurik, plus connu dans les milieux de l'espionnage sous le matricule SO4 H2, a été kidnappé au retour d'une importante mission en Chine populaire par un commando de rebelles arabes dans l'aride pays de Kelsaltan! Connaissez-vous le Kelsaltan ? Il est situé très exactement à l'angle du golfe Persique et de l'avenue Raymond-Poincaré... C'est vous dire... Pour l'atteindre, il faut, à dos de chameau, traverser le grand Rasibus ou désert de la soif... Et, par ironie, il a fallu que pour accompagner votre valeureux SAN-ANTONIO dans cette mission périlleuse on fasse appel à Pinaud et surtout à BÉRURIER! Je ne vous en dis pas plus... Joignez-vous à notre étrange caravane et venez visiter le sérail du cheikh BÉRURIER (qui est d'ailleurs un cheikh avec provision).

(57) LA RATE AU COURT-BOUILLON (1965) – S.P. 443 – S.-A. 88

Je ne pouvais pas imaginer qu'un jour je verrais un spectacle pareil! BÉRURIER évoluant parmi l'élite mondiale, cohabitant avec tout ce que la terre a pu produire comme rois, reines, présidents, milliardaires, sommités artistiques... Je vous jure qu'il faut avoir vu ça au moins une fois dans son existence! Et si tout ce gratin (dont nous étions) n'avait pas été à deux doigts de l'anéantissement atomique, j'aurais ri, mais ri, à m'en mettre la rate au court-bouillon!

(58) VAS-Y BÉRU! (1965) – S.P. 485 – S.-A. 23

Quand la première salve est servie, on enclenche un deuxième chargeur. Le temps prend son temps dans ma tronche, bien que le mitrailleur fasse fissa. Je pense avec une incroyable lucidité. Je me dis des trucs, des choses, des machins. Je devine les mouvements de notre agresseur comme si je le voyais. J'ai entendu un cri et je sais qu'un de mes compagnons a été touché. Je passe la main sous ma veste afin de dégager mon excellent camarade Tu-tues de sa gaine. Faut agir mollo pour éviter d'émettre un bruit qui me situerait. Je n'y vois que tchi. Faut que j'attende la deuxième seringuée afin de situer le tireur. Dangereux, car en v'là un qui semble vouloir faire le ménage complet.

(59) TANGO CHINETOQUE (1966) – S.P. 511 – S.-A. 24

Moi, vous me connaissez? J'ai pas l'habitude de vous mener en bateau, et quand ça m'arrive, c'est moi qui rame! Alors si je vous affirme que vous n'avez pas encore jamais lu un bouquin comme celui-ci, vous pouvez me croire! Dans le « Tango chinetoque », vous allez trouver des trucs qui vous feront dresser les poils des bras sur la tronche! Vous y verrez comment, en Chine, on fabrique mille kilomètres d'autoroute par jour! Comment un mouton tombe amoureux de Béru! Comment Béru opère de l'appendicite un zig qui n'en a pas besoin! Vous y verrez comment le Gros et moi on se paye une virouze dans le cosmos! Parfaitement! Et puis, l'amour à la chinoise, ça ne vous dit rien? Cette extraordinaire aventure se passe en Chine, mais on ne rit pas jaune pour autant. Et si le coq gaulois se fait déplumasser le dargif par moments, ça ne l'empêche pas de chanter fort! Non, franchement, je plains Louis XVI qui est mort trop tôt pour avoir pu lire ça!

(60) SALUT, MON POPE! (1966) – S.P. 523 – S.-A. 25

On a chouravé la Victoire de Samothrace. De quoi perdre la tête, nous aussi, les gars! Heureusement que Pinaud se découvre des dons de Sherlock Holmes que personne n'aurait jamais soupçonnés. Malheureusement, ça ne lui servira pas à grand-chose, car il va lui arriver un drôle de turbin sur le territoire de la belle Hellène. Heureusement que je suis pote avec le destin et que Béru me tombe sur le poil au bon moment. Malheureusement, ça crache épais dans le secteur. Heureusement que Béru se découvre une vocation de pope. Tout ça n'est pas très orthodoxe, tout de même...

(61) MANGE ET TAIS-TOI (1966) – S.P. 565 – S.-A. 27

Moi, vous me connaissez? Quand la femme d'un zig qui m'a sauvé la vie vient chialer dans mon giron en me disant que son mari va être flingué deux jours plus tard pour haute trahison, je vole à sa rescousse. Même si c'est à Saigon que le mec en question doit effacer sa ration de prunes. Béru, vous le connaissez? Il est toujours prêt à suivre son supérieur aussi hiérarchique que bien-aimé sur les sentiers de la gloire et de la châtaigne, même quand il s'agit d'un boulot d'ordre privé. Les femmes, vous les connaissez? Plus elles sont baths, plus elles vous attirent d'emmouscaillements. Heureusement que moi aussi je les connais! Ainsi que la manière de s'en servir! Quant à mon style, si vous ne le connaissez pas encore, c'est le moment de vous y mettre. Car ça me ferait mal à la thyroïde que vous décédiez en n'ayant lu que Montaigne et Jean-Jacques Rousseau! Souvenez-vous d'une chose, les gars : la culture, y a que ça de vrai!

(62) FAUT ÊTRE LOGIQUE (1967) – S.P. 577 – S.-A. 28

Vous croyez aux fantômes, vous? Moi, non plus! Seulement Béru y croit, lui. Et quand le Gros doute de ses sens, il fait appel à mon bon sens... Faut être logique! On m'a toujours appris à l'école que la vérité sortait du puits. Eh bien! moi, j'y suis descendu, dans le puits. Et, en effet, j'ai trouvé la vérité... Elle avait une drôle de bouille!

(63) Y A DE L'ACTION! (1967) – S.P. 589 – S.-A. 29

Mon big boss vénéré m'a chargé d'une mission pas marrante : supprimer une fille ravissante qui, d'après lui, est un danger public. Moi, vous me connaissez, j'aime pas particulièrement ce genre de commissions, mais quand le Tondu a une idée dans la tête, il faut en passer par là où il veut. Mais tout se complique, car il y a erreur sur la personne en question. Et je me trouve fourré jusqu'où c'est pas possible dans une affaire incroyable, avec mes deux coéquipiers. On nous en fait voir de toutes les couleurs, et je vous jure que, pour sortir de ce m... machin, y a de l'action!

(64) BÉRU CONTRE SAN-ANTONIO (1967) – S.P. 613 – S.-A. 31

Fallait bien que ça arrive un jour! A force de cavaler côte à côte, Béru et moi, on a fini par se retrouver face à face. Et quand le Gros se met à faire du zèle au point de nous valoir une nouvelle guerre contre l'Allemagne, croyez-moi, c'est duraille d'arranger les bidons. Aller à l'autre bout du monde pour se tirer la bourre, c'est un comble, non? En tout cas, j'en connais un qui nous a bien eus, tous les deux. Je vous dis pas son blaze, il est dans le bouquin!

(65) L'ARCHIPEL DES MALOTRUS (1967) – S.P. 631 – S.-A. 32

Ne le cherchez pas trop sur la carte, encore que sur l'océan Pacifique vous ayez quelques chances. Mais pacifiques, les Malotrus? Parlons-en, hein! Surtout lorsque Béru vient semer la panique et fomenter des révolutions dans un pays vraiment pas comme les autres. Heureusement qu'il a un gros ticket avec la reine, ce qui doit lui porter bonheur, car il a rudement besoin de veine. Et moi, donc! Deux condamnations à mort dans la même journée pour chacun de nous, ça commence à bien faire. On ne sait plus où donner de la tête.

(66) ZÉRO POUR LA QUESTION (1968) – S.P. 643 – S.-A. 34

Moi, vous me connaissez! Je ne m'embarrasse pas de préjugés. Je connais des esprits chagrins qui me diront : « Dans un sous-marin, ça se passe pas comme ça. » Je répondrai à ces pisse-froid que, dans mon sous-marin à moi, ça se passe comme ça. La preuve, j'y étais! Je connais aussi des esprits non moins chagrins qui me diront : « Au pôle Sud, ça se passe pas comme ça. » Je répondrai à ces autres pisse-froid que, dans mon pôle Sud à moi, ça se passe comme ça. La preuve, c'est que nous y étions, Béru et moi! Allez lui demander, vous verrez ce qu'il vous répondra. Mais, de toute façon, pour les incrédules et les ci-dessus mentionnés : zéro pour la question!

(67) BRAVO, DOCTEUR BÉRU (1968) – S.P. 661 – S.-A. 35

Bérurier, ex-interne des hôpitaux de Paris? Ça vous la coupe, hein? Et pourtant vous allez voir que le Gros sait aussi bien manier le stéthoscope que le saucisson à l'ail. Surtout quand il a comme vieille bonne une sémillante donzelle nommée Pinaud. Et si ce bouquin vous détraque la rate, vous savez maintenant par qui vous faire soigner.

(68) VIVA BERTAGA (1968) – S.P. 679 – S.-A. 37

Du nouveau, les gars! Un personnage encore jamais rencontré dans les S.-A. : celui de Marie-Marie. Qui est Marie-Marie? Je préfère vous le laisser découvrir. Tout ce que je peux dire, c'est que pour ses débuts en compagnie du fameux trio (S.-A., Béru et

Pinuche), elle est plutôt servie, la môme! Tour à tour aux prises avec les Chinetoques, les guérilleros, les Indiens réduiseurs de tronches, elle se paye une drôle de virouze dans la Sude-Amérique, sur fond de révolution. Mais qui y a-t-il à la tête de cette révolution? Oh, non, je vous dis rien... Mais je vous parie qu'à la fin de ce bouquin, comme les Rondubraziens, vous crierez : « Viva Bertaga »!

(69) UN ÉLÉPHANT, ÇA TROMPE (1968) – S.P. 697 – S.-A. 38

Rappelez-vous bien ce que je vais vous dire, les gars : si Béru ne m'avait pas demandé d'assister à la distribution des prix de Marie-Marie, votre descendance allait se trouver drôlement compromise. Car une bande d'olibrius britanniques s'occupait déjà sérieusement de vos hormones, mes chéries! Heureusement que le Gros est à la hauteur des situations les plus périlleuses comme les plus scabreuses! Seulement, le problème, avec lui, c'est qu'il croit parler anglais. Enfin, grâce à des gestes éloquents, il s'en tire tout de même. Surtout avec les Anglaises!

(70) FAUT-IL VOUS L'ENVELOPPER? (1969) – S.P. 709 – S.-A. 39

J'aime mieux vous prévenir, les gars : des histoires pareilles, vous n'en trouverez pas souvent. Ce qui vaut mieux pour ma santé. Mamma mia! A la fin de ce circus effarant, je ne savais plus bien si je m'appelais San-Antonio, Edouard ou la Joy! Y a fallu que je me cramponne aux branches! Et surtout que je garde la tête froide, ce qui n'était pas fastoche avec la lampe à souder qui me servait de chapeau! Le transformateur cérébral, vous savez ce que c'est, vous? Moi, je l'ignorais. Mais maintenant je sais!

(71) EN AVANT LA MOUJIK (1969) – S.P. 766 – S.-A. 89

Je connais plusieurs centaines de milliers de femmes qui vont avoir un sérieux pincement au cœur en lisant les premières lignes de cette histoire : imaginez un peu, mes belles, le beau, l'unique, celui qui vous fait tourner les têtes, le commissaire San-Antonio vient de se marier! Et pour mettre un comble à votre désappointement, sachez que sa légitime n'est autre que la fille d'un célèbre savant russe... Mais sachez aussi qu'elle pèse deux cents livres et qu'à côté d'elle Berthe Bérurier est une starlette d'Hollywood! Rassurez-vous, il y a gros à parier qu'avant la fin de ce chef-d'œuvre, le magnifique commissaire sera de nouveau disponible...

(72) MA LANGUE AU CHAH (1970) – S.P. 780 – S.-A. 90

Pour tout vous dire, je rêvais depuis longtemps d'aller en Iran... Mais pas dans ces conditions! Au XXᵉ siècle, être obligé de se battre au sabre, c'est surprenant, non? Mais, croyez-moi, votre San-Antonio se révèle vite un as de cette discipline et les sbires qui se sont frottés à lui, s'ils n'étaient pas déjà des eunuques, ne sont pas près de mettre Casanova en péril. Quant à Bérurier au pays des Mille et Une Nuits (des mille et un z'ennuis, plutôt), c'est pas racontable en page 4 de couverture. Sachez qu'il y a plusieurs façons de donner sa langue au chat... La donner au Chah n'est pas la plus facile, vous allez voir!

(73) ÇA MANGE PAS DE PAIN (1970) – S.P. 829 – S.-A. 92

Moi, vous me connaissez? Jouer les privés, ce n'est pas mon fort. Même si le Vieux me flanque sa bénédiction... Même si le client allonge douze briques sur la table de notre salle à manger... En matière de police, comme en amour, je suis professionnel jusqu'au bout des extrémités. On ne se refait pas. Tout ça pour vous dire que ces douze millions d'A.F. me laissent de glace, comme disent les Lapons. Et pourtant, douze briques, hein..., ça mange pas de pain!

(74) N'EN JETEZ PLUS! (1971) – S.P. 864 – S.-A. 93

Monsieur le Président de la République, Monsieur le Premier Ministre, Monsieur le Président du Sénat, Monsieur le Président de l'Assemblée nationale, Messieurs les Membres du Gouvernement, Messieurs les Députés, Messieurs les Sénateurs, Messieurs les Membres du Conseil constitutionnel, Mesdames, Messieurs et Divers, permettez-moi, en ma qualité de citoyen français nanti d'une carte d'électeur en état de marche et d'ex-abonné d'honneur au Gaz de France, de vous poser respectueusement les questions ci-dessous :
Avez-vous déjà vu mon Bérurier, que dis-je! votre Bérurier, se muer tour à tour en rabbin, en pilote de ligne et en saint Jean-Baptiste?
Avez-vous déjà lu la correspondance qu'il adresse à notre Sainte Paire le pape?
M'avez-vous vu sauver de la fange, de la mort et du déshonneur l'un des Français les plus prestigieux de notre hexagonerie?
Non, n'est-ce pas?
C'est bien ce que je pensais.
Alors, qu'attendez-vous pour lire ce livre? Hmmm?

(75) MOI, VOUS ME CONNAISSEZ? (1971) – S.P. 893 – S.-A. 94

Des nuits comme celle-là, je vous jure... Y a qu'à Paname qu'on en rencontre! Et encore, faut attendre minuit. Pourtant, ça démarrait plutôt pas mal. Moi, vous me connaissez? Je me voyais déjà plonger dans les transports en commun en compagnie de la môme Rebecca... Je lui mijotais un programme de gala, avec une cargaison de frissons tous plus voluptueux les uns que les autres. Remarquez, des frissons y en a eu au cours de cette sacrée nuit! Et pas qu'un peu! Seulement, ça n'était pas ceux que j'escomptais. Lorsqu'il s'est mis à pleuvoir de la viande froide, j'ai drôlement regretté d'être sorti sans pébroque. Heureusement que Berthe Bérurier m'accompagnait. Parce qu'avec une Jeanne d'Arc de deux tonnes, vous me direz ce que je voudrai, mais on se sent moins seul!

(76) EMBALLAGE CADEAU (1972) – S.P. 936 – S.-A. 96

Généralement, l'éditeur demande à l'auteur de pondre un texte vachement alléchant pour placarder à cet endroit. Moi, à force, ça me fait tarter, ce batelage de foire. Que si ça continue, je te vous fous la photo en couleurs de mon scoubidou-verseur à la place du blabla demandé. Pas grandeur nature, évidemment, le format permettrait pas! Si vous avez pas confiance dans la munificence de ce livre, si vous êtes pas intim'ment con-vingt-cul que l'histoire ci-devante est pleine de coups de théâtre, de gonzesses habillées d'un timbre-poste, de descriptions à la mords-moi le neutron et de calembre-douilles, alors finissez de me tripoter avec vos mains sales, reposez-moi sur le rayon où que vous m'avez pris et foncez dans le fond du magasin acheter la vie de sainte Tignasse de Loyola. Je veux plus mettre ma prose en vitrine, moi! J'ai ma dignité, moi! Ou en tout cas je fais comme si!

(77) APPELEZ-MOI, CHÉRIE (1972) – S.P. 965 – S.-A. 97

On peut tout exiger d'un bœuf... Sauf qu'il remplace un taureau. Fût-ce au pied levé! Par contre, on peut demander à un taureau de mon espèce de se comporter comme une vache! A preuve... Ah! y a de quoi ruminer, je vous jure! J'sais pas si vous avez envie, ou non, de lire ce livre. Moi, à votre place, j'hésiterais pas. P't'être parce que je sais ce qu'il y a dedans ? En tout cas, si vous souhaitez voir un San-Antonio partir à la recherche du plus gros diamant du monde avec une canne blanche, ratez pas cette occase, mes fils ! Vous comprendrez alors pourquoi j'ai intitulé ce machin « Appelez-moi, chérie » ! Chérie, parfaitement, avec un « e » muet ! Heureusement que l'auteur, lui, ne l'est pas !

(78) T'ES BEAU, TU SAIS ! (1972) – S.P. 980 – S.-A. 99

– Monsieur, j'lui dis comme ça, il va falloir que je vous tue toutes affaires cessantes, mes supérieurs m'en ont donné l'ordre ! – Essayez toujours, me répond le tueur à gages en levant son verre à ma santé. Et il fait bien, vu qu'elle va être mise à rude épreuve, ma petite santé. Ah ! les souris, je vous jure... Plus je les pratique, plus je me rends compte que c'est du sable. Du sable émouvant, j'admets, mais terriblement mouvant ! Pour escalader les jolies dunes, vaut mieux ramper ! Dans cette position, on prend moins de risques, et puis quoi : c'est tellement plus agréable. Si je ne suis pas de retour à la fin de ce livre, ne vous caillez pas la laitance. Entrez et faites-vous des frites en m'attendant : la clé est sous le paillasson !

(79) ÇA NE S'INVENTE PAS (1973) – S.-A. 1

L'Inde mystérieuse, tu connais ? Tiens : j't'en joue un air à la flûte baveuse ! Si le maharaja n'est pas content, dis-y qu'y s'fasse cuire du bouddha aux pommes ! Et des émeraudes pareilles, t'en as déjà vu, des émeraudes pareilles ? Vise l'éléphant rose, comme il tend sa papatte à Béru... Comment ça, lequel qu'a la plus belle trompe ? Qu'est-ce tu sous-entends ? En tout cas, la princesse, elle, faut voir comme elle donne bien son mignon fouinozof à Sana ! Il est sympa, le fakir, hein ? Il a su rester vieux malgré son jeûne. Ce qu'il maquille en palanquin, le Gros ? Ben, t'as qu'à lire, tu verras !

(80) J'AI ESSAYÉ : ON PEUT ! (1973) – S.-A. 6

Dis, tu connais la nouvelle ? Je vais me marier ! Non, non, c'est pas du bidon : je suis sur le point de convoler. Tu me vois, loqué en convoleur de charme ? Ça va faire couler de l'encre, entre autres, non ? San-A.-la-bague-au-doigt ! Lui qui arborait plutôt un parabellum en guise de bijou. Enfin : mieux vaut tiare que jamais, comme l'affirme le pape auquel je rends un sacré service dans ce livre. Et dire que si Béru n'avait pas eu un pote cardinal, rien de tout cela ne serait arrivé... Surtout me raconte pas que tout ce bigntz est impossible. Car tu vois, pour en avoir le cœur net, j'ai essayé. Et tu sais pas ? On peut !

(81) UN OS DANS LA NOCE (1974) – S.-A. 17

Dans cette affaire, il y a beaucoup de morts et beaucoup d'anchois. Le buste de Marianne en prend un sérieux coup... Et celui de M. le maire, donc ! Et puis il y a aussi des considérations comme celle-ci : « Tandis que les modestes dames semi-bourgeoises, bien ordonnées et prévoyantes, outre leurs confitures, leurs conserves d'haricots verts en bocaux (donc haricots verre) et leurs draps empilés dans des garde-robes aux senteurs de lavande, détiennent aussi de la fringue noire pour " en cas de malheur ". La mort peut carillonner à leur lourde : elles sont parées pour l'accueillir la tête haute, ces magistrales ménagères. La mort ne leur fait pas peur, ne les affole pas. Elles en font leur affaire. L'accommodent à la sauce aux larmes, avec un bouquet garni et une couronne de perlouzes " A mon mari si marri et tellement tant bien-aimé " qu'il te vous laisse des regrets éternels et un goût de n'y revenez plus. »

(82) LES PRÉDICTIONS DE NOSTRABÉRUS (1974) – S.-A. 20

Tu sais qu'il se passe des drôles de choses en Suède? Viens-y avec moi, tu verras! Tu verras ce que t'as encore jamais vu. Tu verras : des merderies modèles, des partouzes géantes, des mariages d'hommes, que sais-je?... Tu crois que c'est à cause du froid que les frangines de là-bas ont le réchaud incandescent, toi? Et ce serait les brunes nordiques qui refileraient à Béru ce don de double vue? Je le savais déjà voyeur, le Gros. Pas mal voyou, aussi, dans son genre. Mais voyant, alors ça, je te jure! Viens te rendre compte comme les petites Suédoises s'enflamment facilement. Suffit de savoir les frotter! Viens, je te dis!

(83) METS TON DOIGT OÙ J'AI MON DOIGT (1974) – S.-A. 26

Quand une polka te demande de mettre ton doigt où elle a son doigt, vas-y, mon Nestor, car il vaut toujours mieux reconnaître le parcours avant la course. Mais quand c'est un ancien pote de la communale qui te balance cette vanne, alors prends tes cliques sous un bras, tes claques sous l'autre, et taille-toi sans en écouter davantage. Tu vois, le tartant, dans notre job, c'est de le prendre au sérieux. De vouloir faire comme si on avait de l'honneur. A force de jouer à ce jeu de c... tu finis par en contracter, de l'honneur. Et alors là... Alors, là, fiston, t'es promis à toutes les rémoulades! Les cimetières sont bourrés de mecs qui en avaient trop. Et cependant, le Vieux m'avait bel et bien ordonné de tout laisser tomber. L'ennui, c'est que je me suis dit : « Laisser tomber quoi? » Tu comprends? Non! Ben alors, lis!

(84) SI, SIGNORE (1974) – S.-A. 30

Quand le Vieux se mêle d'organiser un coup fourré, tu peux commencer à lui tresser des lauriers. Histoire de le sacrer roi des naves... Car on ne peut pas faire mieux dans le genre sac d'embrouilles. Pourtant, moi, la Sicile, j'étais partant. Tu te serais douté qu'on allait s'y chicorner avec les agents simples, doubles et triples du monde entier? Tu te serais douté qu'on y transformerait Béru en porc de comice agricole? Et que j'y prendrais des panards à grand spectacle avec ces dames de la famille MACHINCHOUETTI? Eh bien, c'est pourtant ce qui nous attendait là-bas! Plus quelques avatars pas piqués des hannetons que je te laisse le soin de découvrir tout seul, comme un grand. Après tout, si tu n'est pas encore majeur, t'es au moins vacciné. Non?

(85) MAMAN, LES PETITS BATEAUX (1975) – S.-A. 33

On t'a déjà mené en bateau, non? Donc tu as le pied marin, si tu n'as pas l'air malin. Alors, mets ton béret à pompon et embarque, matelot! Grimpe avec Béru et moi sur le Thermos pour une croisière very délectable. Tu trouveras à bord des sirènes très sublimes, avec une proue qui n'a pas besoin de soutiens-loloches et une poupe que tu peux déguster à la cuiller. Y a du champagne, du punch, de la vodka et du caviar... Et des bombes en guise de dessert. Très glacées, tu verras. Avec elles, t'es sûr de faire un boum... C'est les requins qui vont être contents! Et si tu as envie de la quille, ben, sers-toi. Avant qu'elle coule.

(86) LA VIE PRIVÉE DE WALTER KLOZETT (1975) – S.-A. 36

J'ai longtemps hésité avant de publier ce document unique, fuligineux et élégiaque qu'est la vie privée de Walter Klozett. D'abord parce que la caractéristique essentielle d'une vie privée, c'est d'être privée, justement. Ensuite, parce que cette vie privée-là ne m'appartenant pas, quoi qu'on ait tenté de faire à ce sujet, j'avais des scrupules furonculeux à la rendre publique. Mais une existence pareille fait partie du patrimoine humain. La cacher équivaudrait à mutiler une société qui a grand besoin de toutes ses ressources pour ne pas trop ressembler à un mur de chiottes. Et puis, quoi : il faut bien vivre! Qu'est-ce que tu dis? Ah, bon! Je croyais...

(87) DIS BONJOUR À LA DAME (1975) – S.-A. 42

Bon, que je te dise... Tu vas trouver relatée ici la première affaire de la « Paris Détective Agency » que je dirige avec ce brio dont tu me sais capable. Et cette première affaire, c'est pas la première venue, espère! A cause de toutes les amazones qui la composent, moi, franchement, j'ai cru devenir chèvre. Ou plutôt bouc, ce qui est davantage dans mes emplois. Avec les frangines, tu sais jamais où tu en es. D'autant que cette fois-ci, je suis tombé sur un lot de luronnes qui ont des choses au chose (ne serait-ce que les miennes!). Tu vas voir ces Jeanne d'Arc, mon neveu, vérolières et ignifugées! Pour reconnaître le bon grain de l'ivresse, dans un pareil cheptel, faut le télescope géant du mont Palomar. Et surtout pas craindre l'insomnie. Heureusement que Béru et Pinuche sont là pour me tenir la chandelle par les deux bouts!

(88) CERTAINES L'AIMENT CHAUVE (1975) – S.-A. 46

Ben, mon vieux, dans le machin ici présent que voici, il y est pas été a'v'c le dos de la cuiller, le Sana! Youyouille, tu parles d'un circus, mon n'veu! Ça carbonise à tout va. Des événements pas banaux, espère! Quant à ce dont qui concerne les gonzesses, je peux t'résumer en trois mots : dé-gueu-lasse! Enfin, brèfle, on s'est bien marrés. Je t'en serre cinq.

(89) CONCERTO POUR PORTE-JARRETELLES (1976) – S.-A. 52

C'est beau, un porte-jarretelles. C'est musical. Y en a qui préfèrent la guitare électrique, libre à eux, tout le monde peut pas avoir ma santé. Moi, le collant, j'admets pour les danseurs à la rigueur. Mais reconnais qu'une frangine, son triangle de panne est beaucoup mieux en situation sous les branches d'un porte-jarretelles en fleur, non? La couleur de çui d'ici j'te la dirai pas, t'as qu'à m'acheter; pour le prix que ça coûte, à l'heure d'aujourd'hui, ça vaut même pas la peine de m'emprunter. D'autant que dans ce gros book il est pas question que de porte-jarretelles. Y a aussi le reste. Et crois-moi, ce sont de beaux restes, tu verras!

(90) SUCETTE BOULEVARD (1976) – S.-A. 60

Une supposition que Béru soit promu commissaire et que San-Antonio redevienne simple inspecteur. Une supposition que le Gros se serve de Marie-Marie, et la déguise en bonzesse pour étudier les agissements d'une secte bizarre. Une supposition que Pinaud ne soit pas enrhumé, pour une fois, et qu'il identifie l'odeur de la naphtaline. Une supposition qu'un boulevard fort cossu soit consacré à la sucette. Et bouge pas, c'est pas fini : une supposition que t'achètes ce livre. Hein? Alors, là, c'est pas compliqué, tu fais comme mes z'héros : tu suces!

(91) REMETS TON SLIP, GONDOLIER (1977) – S.-A. 64

Les fiers-à-bras de l'esprit vont-ils se gondoler dans cette Venise bourrée de Hollandais? Les amoureux de promenades nocturnes sur le Grand Canal aimeront-ils naviguer au son des mandolines et des mitraillettes? Les touristes avides de folklore ne seront-ils pas intimidés par un gondolier sans slip qui ressemble tellement à Béru que ce pourrait bien être lui? Mais assez de questions oiseuses : embarque! De toute façon, tu te sentiras fatalement en pays de connaissance : c'est plein de pigeons place Saint-Marc.

(92) CHÉRIE, PASSE-MOI TES MICROBES! (1977) – S.-A. 69

Tu ne m'ôteras pas de l'idée que si nous n'avions pas aperçu M. Félix, menottes aux poignets, un après-midi, à la Porte Saint-Martin, rien de tout cela ne serait arrivé. Qu'en tout cas, ça se serait passé autrement. Et que nous a-t-il dit, M. Félix? Ceci : « Oui, messieurs, je montre mon sexe dans les couloirs du Métropolitain, c'est vrai. Je ne suis pas particulièrement sadique, enfin pas davantage que n'importe qui ; mais si j'agis de la sorte, c'est pour créer de l'émotion. En exhibant ma b... je l'exprime ; j'accomplis bon gré mal gré un acte littéraire. » Complètement azimuté, M. Félix! Remarque, en réfléchissant bien : même s'il s'était pas fait poirer à montrer Coquette dans le métro, tout ça serait arrivé quand même.

(93) UNE BANANE DANS L'OREILLE (1977) – S.-A. 75

Le Vieux, c'est pas la peine de lui répéter tes questions : il a une banane dans l'oreille! Alors, on peut toujours s'escrimer à cambrioler la salle des coffres des plus grandes banques d'Europe, Béru et moi. Il s'en tamponne, le Vieux. Qu'on essuie des rafales de quetsches à tous les coins de pages le laisse rigoureusement froid. Note, il vaut mieux que ça soit lui que ça laisse froid que nous! Cette banane, le pire, c'est que c'est lui qui se l'est cloquée dans le tube acoustique. Comme ça, histoire d'avoir une raison de ne pas nous entendre. Et cependant, une banane, y a tellement d'autres endroits où se la foutre, comme disait mon camarade Oscar Wilde.

(94) HUE, DADA! (1977) – S.-A. 79

Des fantômes en Irlande? Laisse-moi me marrer! Là-bas, y a que des ivrognes, mais alors des vrais de vrai! Etant donné que Guinness is good for leurs pommes, ils s'en cognent des pintes. Tandis que nous autres, en Francerie, c'est des pintes de bon sang qu'on s'envoie. J'ai eu beau chercher un certain fantôme, je n'ai pu dénicher que des poivrots et des curés. Entre autres, le bon père O'Goghnaud à qui j'ai eu la joie de donner ma bénédiction épiscopale. Tu voudrais savoir ce que j'allais épiscoper dans cette île? Ce serait trop long à te raconter. Faudrait t'expliquer le coup de la môme qui avait oublié son slip dans ma chambre d'hôtel de Dublin, et puis la visite des gonziers qui avaient l'intention de me marquer au fer rouge, et comment Béru s'est passé la frite à la cire à parquet, et puis encore des flopées de trucs. Tu sais aussi qu'on fait l'élevage de chevaux en Irlande. Eh bien, mon vieux, si tu savais sur quel Dada je suis tombé là-bas!...

(95) VOL AU-DESSUS D'UN LIT DE COCU (1978) – S.-A. 82

« Si San-Antonio n'existait pas, faudrait-il l'inventer? Oui, sans hésitation. » Le Monde.
Et bon, dans cui-là, y a Arthur Rubinyol, le fameux virtuose, qui vient sonner à l'agence. Alors ça effervescente tout azimut, on déroule le grand tapis rouge, en signe d'alléluia. Ben heureusement qu'il était rouge, le tapis! Comme ça, le raisin se voyait moins! Et puis y a le rabbin Machin, pardon, Moshé, qui se fait éventrer d'entrée de jeu. Sans causer de la Ricaine que j'ai levée dans l'avion et qui se met à tirlipoter le Vieux! Si tu ajoutes à ces plaisanteries notre équipée finnoise au cours de laquelle Béru s'est respiré la mégère du bûcheron, t'auras compris qu'il s'en passe des bizarres

dans cet opuscule! Et tout ça à cause d'un vieux coco vindicatif! Tu parles d'une corne d'abondance!

(96) SI MA TANTE EN AVAIT (1978) – S.-A. 85

Si ma tante en avait eu, les choses se seraient passées autrement. Ce livre n'aurait pas eu lieu, mon éditeur aurait donc été en faillite, plusieurs centaines d'ouvriers du livre seraient allés grossir la cohorte des chômeurs, l'économie française n'y aurait pas résisté, la pauvre, tant déjà qu'elle boite. La révolution en aurait consécuté. Là-dessus la Russie nous praguait dans la foulée, histoire de rétablir l'ordre. Ce que voyant, les Ricains s'annonçaient pour « pas de ça, Lisette! ». Conflit mondial, bombes nucléaires énuclantes et découillantes. Fin de la vie sur la planète. Point à la ligne. Voilà, brièvement résumé, ce qui se serait passé si ma tante en avait eu. En outre, si ma tante en avait eu, on l'aurait appelée « mon oncle », pas vrai? Heureusement, ma tante n'en avait pas. Par contre Santantonio et Béru, eux, en avaient. Et des grosses comme ça, viens voir!

(97) FAIS-MOI DES CHOSES (1978) – S.-A. 91

Allons, sois gentille, fais-moi des choses. Des choses de la vie. Des choses du vit. Des choses du vice. Des choses qui te font perdre l'usage de la parole. Des choses avec les doigts. Des choses avec le reste. Des choses à la Camille-cinq-sens. Oublie un instant ton existence merdique. Entre avec Bérurier dans la ronde. Dépose ta pudeur et ton slip au vestiaire. Et pénètre dans ce livre. Tu n'y auras pas froid : il est climatisé. Allez, viens! Viens! Viens! Viens et, je t'en supplie, fais-moi des choses. Je t'en ferai aussi, salope!

(98) VIENS AVEC TON CIERGE (1978) – S.-A. 95

Tu ne connais pas le San Bravo? Cherche sur une carte d'Amérique centrale. Il n'est pas grand, mais il s'en passe des choses. A cause du régime, qui n'est pas de bananes, crois-moi! Faut être fou pour aller là-bas. Ça tombe bien : je le suis. J'ai emmené, en guise d'équipe de choc, quatre gonzesses dont la mère Bérurier, y a pas de quoi pavoiser, hein? Dans le patelin en question, la vie y est tellement précaire qu'au bout de quarante-huit heures t'as l'impression d'être clamsé. C'est pourquoi, l'ami, s'il te prend l'idée saugrenue de venir me rejoindre, viens avec ton cierge! Si tu ne sais pas où le foutre, je t'expliquerai!

(99) MON CULTE SUR LA COMMODE (1979) – S.-A. 98

Mon culte, il existe, non? Et parce qu'il existe, une bande de CONservateurs en prennent ombrage, le foutent sur la commode. Mais qui est-ce qui va l'avoir dans le culte? Devine.

(100) TIRE-M'EN DEUX, C'EST POUR OFFRIR (1979) – S.-A. 100

Nous autres, les grands romanciers du siècle, avons une préférence marquée pour certains de nos enfants, parce que nous les jugeons plus beaux que les autres, voire même plus proches de nous. C'est le cas du présent chef-d'œuvre. En l'écrivant, je me suis mis à l'aimer, à bien l'aimer. J'aurais voulu y passer mes vacances; peut-être même le restant de mes jours. Un pareil engouement doit bien cacher quelque chose, non? Ou si je deviens gâtoche? A toi de juger!

(101) À PRENDRE OU À LÉCHER (1980) – S.-A. 101

On navet jamais vu ça. Ben maint'nant on l'a. Et croye-moi, on a eu chaud aux plumes. L'péril jaune, merci bien : j'sais à présent d'quoi t'il retourne! Quant aux p'tites gonzesses de Bangkroche, tu r'passeras! Pas une seule qui fusse t'à ma pointure! C't'un monde! Comme j'dis : « Quand on veut faire pute professionnelle, faut s'assurer au prélavable qu't'es capab' d'héberger l'clillent; même quand y l'est monté comm' un seigneur, dont c'est mon cas; qu'autrement sinon ça d'vient d'l'abusement d'confiance, moi j'trouve. Enfin, viens quand même av'c nous en Taillelande; si t'aimes pas le bouddha, on t'fera faire des massages.

Alexandre-Benoît Bérurier.

(102) BAISE-BALL À LA BAULE (1980) – S.-A. 102

Si tu n'as jamais vu le prince Charles d'Angleterre complètement mort, le nez dans une salade de homard, lis ce book. Si tu n'as jamais vu Béru propulser deux nonnes dans des cageots de tomates, lis ce bouquin. Si tu n'as jamais vu San-A aux prises avec un couple mystérieux qui le ridiculise, lis ce polar. Mais si tu as le palpitant qui déconne, l'ami, alors ne lis pas ce chef-d'œuvre, il te tuerait!

(103) MEURS PAS, ON A DU MONDE (1980) – S.-A. 103

Franchement, M. Konopoulos ne me demandait rien. D'ailleurs, je n'étais pas venu à Genève pour ça. La sublime nana qui m'attendait à l'aéroport avait une autre chatte à fouetter. Mais il a fallu que ce pauvre manutentionnaire soit mordu par un méchant serpent et que son aimable cadavre déboule en même temps que nos valises... C'est idiot pour Marie-Marie qui, consécutivement, a dû faire une croisière en ambulance! Mais alors, si tu avais vu nos frimes quand on a déballé l'abominable costume! Enfin, tu m'as compris? Si tu as tout pigé, pas la peine d'acheter ce livre. Mais s'il te reste des zones obscures dans la comprenette, n'hésite pas. Quand tu en auras terminé la lecture, j'aime autant te prévenir : tu devras changer de calbar. Car, on a beau dire, mais il s'en passe des choses, en Suisse!

(104) TARTE À LA CRÈME STORY (1980) – S.-A. 104

La Bulgarie est le pays du yaourt. J'aurais donc pu intituler ce bouquin « Baise-la dans le yaourt ». Mais je suis un auteur bien trop embouché pour débloquer au dos d'une couverture. Heureusement qu'à l'intérieur on peut y aller carrément. Tout se permettre, et un peu plus encore, moi, c'est justement le « un peu plus » qui m'intéresse. Et toi aussi, pas vrai, bougre de petit dégoûtant.

(105) ON LIQUIDE ET ON S'EN VA (1981) – S.-A. 105

Ah! si M. Prince n'avait pas fauché le truc magique du tueur pendant que M. Adolphe s'envoyait Mme Eva, rien de tout cela ne serait arrivé. T'aurais pas eu droit aux coliques incoercibles de Pinuche, ni au coït flamboyant de Béru, non plus qu'à l'hécatombe ci-jointe. Et à moi, ça m'aurait évité 250 pages de déconnage. Mais t'es pas forcé de les lire.

(106) CHAMPAGNE POUR TOUT LE MONDE! (1981) – S.-A. 106

Je vais te dire... Moi, quand je prête mon aimable concours à une gourgandine pour l'aider à perpétrer un vol et que ma carrière de flic d'élite ne sombre pas dans l'aventure. Quand les bombes m'éclatent sous les claouis sans me causer la moindre égratignure. Quand je suis expédié à perpète au fond d'un puits, d'où personne n'est jamais sorti, pas même la vérité, et que j'en remonte frais comme un gardon. Oui, moi, quand tout ça, plus le reste m'arrive, à la fin de ces délicatesses je respire un grand coup et je m'écrie : « Champagne pour tout le monde! A la bonne mienne, les gars! »

(107) RÉGLEZ-LUI SON COMPTE! (1949) – S.-A. 107

ATTENTION
Pour les amateurs de San-Antonio, ce livre constitue un événement. En effet, il s'agit du PREMIER SAN-ANTONIO publié par un petit éditeur lyonnais en 1949 et jamais réédité depuis. C'est par ces pages qu'a commencé la plus étonnante épopée littéraire de l'après-guerre. La première édition s'est vendue à 500 exemplaires. Aujourd'hui un San-Antonio tire à 600 000! Voici donc les premiers pas de ce héros, dont un psychiatre a dit récemment qu'il était « la santé de la France ».

(108) LA PUTE ENCHANTÉE (1982) – S.-A. 108

Tu grimpes une dame pute. T'arrives au septième ciel, fin de section. Et voilà qu'au moment de l'extase, la chère gagneuse entre en transe, et se met à te raconter une tuerie qui s'opère au même instant à 800 bornes de ton plumard. Pour le coup, tu te crois en pleine science-fiction, non? Eh bien, pas du tout, l'artiste. C'est de la science-friction! Mais je ne veux pas te faire attendre : ma pute enchantée est déjà à poil.

(109) BOUGE TON PIED QUE JE VOIE LA MER (1982) – S.-A. 109

« Bouge ton pied que je voie la mer », soupira Véra. J'ai bougé mon pied. Elle a vu la mer. Et du même coup, le spectacle le plus effarant, le plus incrédulant, le plus tout ce que tu voudras qui se puisse imaginer! Si tu ne crains pas les péripéties, entre avec nous dans la ronde, mon pote. On n'a pas le temps de s'embêter. D'ailleurs, on n'a même pas le temps de comprendre. Mais on n'est pas là pour ça, hein?

(110) L'ANNÉE DE LA MOULE (1982) – S.-A. 110

LES GRANDES ANNÉES DE CE SIÈCLE EN FRANCE
1904 : entente cordiale avec l'Angleterre
1914 : début de la guerre de 14
1918 : fin de la guerre 14-18
1936 : avènement du Front populaire
1939 : guerre au Reich allemand
1945 : fin de la guerre contre le Reich allemand
1958 : le général de Gaulle se rappelle au pouvoir
1962 : fin du conflit algérien
1968 : crise universitaire et sociale en France
1982 : San-Antonio publie « L'ANNÉE DE LA MOULE »

(111) DU BOIS DONT ON FAIT LES PIPES (1982) – S.-A. 111

Si ma Félicie ne s'était pas mise à chialer devant son poste de télé, rien ne serait arrivé. Mais moi, les larmes de m'man, je ne peux pas supporter. Faut que j'agisse. Seulement quand tu agis comme un con, tu fais des conneries, non? Note qu'avec moi, pour ce qui est des conneries, je ne te laisse jamais en manque.

(112) VA DONC M'ATTENDRE CHEZ PLUMEAU (1983) – S.-A. 112

Je n'ai, jusqu'à ce jour, reçu que deux lettres de Sa Majesté britannique Elisabeth II. La première date de plusieurs années et concerne mon livre « BAISE-BALL À LA BAULE ». La chère souveraine m'y faisait quelques remontrances parce que j'y avais assez lourdement brocardé un membre de sa royale family. L'envoi de deux douzaines de roses rouges (nous n'étions pas encore en régime socialiste), accompagnant un billet d'excuses, me valut son absolution. Mais voici que la cousine récidive, ayant entendu parler du présent ouvrage. Grâce à une indiscrétion de ma femme de ménage, elle me pria, par l'intermédiaire de l'ambassadeur de Grande-Bretagne à Berne, de lui adresser une copie de mon manuscrit. Je le fis. Ce qui motiva la seconde lettre royale. Madame Deux s'y déclare indignée de la manière dont je traite l'Intelligence Service dans ces pages et me somme de ne pas publier cette œuvrette. Passant outre cet interdit, mon éditeur et moi avons décidé de la faire paraître tout de même. Nous verrons bien.

(113) MORPIONS CIRCUS (1983) – S.-A. 113

Moi, tu me connais? Une âme de fer dans un corps sain; une main de velours dans un corsage. Tout dans la tête pour garder les mains libres. Principal défaut? Raffole des gonzesses sans distinction d'âge ni de confession. Principale qualité? Les fait reluire. Signe distinctif? A horreur des cons. Mais tu peux rester. Et prendre connaissance de ce plaisant ouvrage. Tu y trouveras : la moutarde de la polissonnerie, l'œuf de l'action et l'huile de la volupté. Si tu remues bien le tout, tu obtiendras une succulente mayonnaise. Elle donnera un peu de goût à ta vie insipide. Allez, viens!

(114) REMOUILLE-MOI LA COMPRESSE (1983) – S.-A. 114

Il avait une jambe dans le vide, l'autre sur une peau de banane et la gueule en compote. Il me demande de prendre ce qu'il y avait dans la poche de son blouson et de le porter à sa mère. Il venait de descendre deux flics. Qu'aurais-tu fait à ma place? Moi, tu me connais? J'ai pris la petite boîte. Et alors, il s'en est suivi un de ces pataquès, mon pauvre vieux! Non, franchement, je ne veux pas avoir l'air de rouscailler, mais des coups fourrés pareils, crois-moi, on peut s'en passer. De quoi devenir chèvre, mon pote! Mais n'en profite pas pour jouer au bouc! On a beau être commotionné, c'est pas le genre de la boutique!

(115) SI MAMAN ME VOYAIT! (1983) – S.-A. 115

Je te jure que si maman me voyait, elle serait dans ses petits souliers, la chérie. Et si elle voyait sa maison, elle voudrait déménager d'urgence. Pourtant elle l'aime, sa maison, maman. Heureusement, maman n'est pas là. Au fait, où est-elle? Hein? Qu'est-ce que vous avez fait de maman?

(116) DES GONZESSES COMME S'IL EN PLEUVAIT (1984) – S.-A. 116

Moi, tu me connais? Je suis pas le genre de mec qui paie pour calcer une gonzesse. Mais j'appartiens pas non plus à l'espèce qui se fait douiller. Les écailles, je laisse ça aux vrais harengs. Alors, te dire ce qui m'a pris de marcher dans cette combine de cornecul, franchement je pourrais pas. Y a des moments, dans la vie, où on perd les pédales. Note que j'en ai trouvé une chouette, chemin faisant, pour compenser. Si j'avais pu prévoir l'hécatombe qui découlerait de mes prouesses matelassières, je serais resté chez maman. Tu me crois pas? Attends que je fasse le compte des allongés... Oh! puis non : j'aurais pas assez de doigts.

(117) LES DEUX OREILLES ET LA QUEUE (1984) – S.-A. 117

Les deux oreilles et la queue, tu le sais, représentent la suprême récompense qu'un jury de corrida accorde à un toréador qui a magistralement scrafé son bestiau. Dans notre affaire, j'ai obtenu les deux oreilles et la queue. Et tu sais qui me les a accordées? Monsieur le président de la République royale française! Juré craché! Si tu ne me crois pas, t'as qu'à lire... Les deux oreilles et la queue, moi, tu te rends compte? Plus quelques jolis culs qui passaient par là, naturellement.

(118) PLEINS FEUX SUR LE TUTU (1984) – S.-A. 118

Rappelle-toi que dans cette affaire j'ai drôlement mouillé mon maillot. Tu parles d'une escalade! Je pédalais que d'une! Tout en danseuse, mon pote! Et avec pleins feux sur le tutu!

(119) LAISSEZ POUSSER LES ASPERGES (1985) – S.-A. 119

J'interviens après le troisième meurtre, mais la série continue. Je lâche tout pour m'occuper de la petite histoire au président, seulement, on me bute ces deux souris en pleine partouze. Quand je pose la question de confiance à l'ignoble Miss Gleendon, un mec lui flanque le coup de griffe du siècle. Voilà le topo. Si tu as tout compris, inutile d'acheter ce book. Mais si des zones obscures subsistent, paye-lc-toi-le. Tu vas pas mourir con toute ta vie.

(120) POISON D'AVRIL, OU LA VIE SEXUELLE DE LILI PUTE (1985) – S.-A. 120

Elle était chinoise et s'appelait Li Pût, ce qui dans l'argot pékinois signifie Poison d'Avril. Ses parents l'avaient ainsi baptisée parce qu'elle était née au mois de janvier et que donc, Dû Cû, le papa de Li Pût, avait fécondé sa mère en avril et par inadvertance, un soir qu'il s'était pété à l'alcool de riz à 90°. Le père de Li Pût, Dû Cû, était docker à Pékin. Comment? Qu'est-ce que tu dis? Ah! Y a pas la mer à Pékin? Bon, alors il était tresseur de nattes; ça te va? Quand Li Pût naquit, c'était l'année de la Morue. Tout le monde te dira, depuis Saint-André-le-Gaz (38) jusqu'à Nankin, que naître sous le signe de la Morue, hein? Tu m'as compris! Et c'est ce qui se passa, dix-sept ans plus tard, montre en main!

(121) BACCHANALE CHEZ LA MÈRE TATZI (1985) – S.-A. 121

Tu connais l'histoire de la chèvre de M. Seguin? C'est celle de la mère Tatzi. Sauf qu'il manque M. Seguin. Par contre, des loups, t'en trouves à gogo. Et avec des dents vachement carnassières. Il en faut pour bouffer cette vieille bique.

(122) DÉGUSTEZ, GOURMANDES! (1985) – S.-A. 122

A l'occasion du centenaire de ma mort, je suis heureux de vous présenter un San-Antonio nouvelle manière. Le fameux commissaire guigne la succession d'un Superman international et, l'espace d'un livre, devient son disciple. Alors, il met la baise et la rigolade en veilleuse pour tenter de réussir son examen de passage. S'il y parvient, Sana sera promu super-dauphin. S'il échoue, il sera sacré bézuquet à vie. Dans un cas comme dans l'autre, il continuera d'escalader ces dames et de dilater la rate de leurs maris. A la vôtre!

(123) PLEIN LES MOUSTACHES (1985) – S.-A. 123

La chasse aux criminels de guerre nazis n'est plus ce qu'elle a été car le gibier est en voie d'extinction, décimé qu'il est par cette épidémie qui s'appelle le temps. Mais enfin, il en reste encore quelques-uns à travers le monde, ce livre t'en administre la preuve. Quelle équipée! Quel écœurement aussi! Là, tu peux croire que j'en ai pris plein les moustaches. Pourtant, le président s'est montré très coopératif. Hélas, ça ne fait pas tout. Cézigue, il bénit l'émeute, mais il ne court pas après le renard.

(124) APRÈS VOUS S'IL EN RESTE, MONSIEUR LE PRÉSIDENT (1986) – S.-A. 124

Gentil lecteur bien-aimé, en lisant ce puissant ouvrage de politique-fiction (ou de politique-affliction), n'oublie pas que si je puise certains de mes héros dans la vie courante, je les entraîne par contre dans des délirades qui n'appartiennent qu'à moi. En somme, je les prends en charge et leur offre une croisière dans mon imaginaire. Tous frais payés. Ils en ont de la chance!

(125) CHAUDS, LES LAPINS! (1986) – S.-A. 125

Les Editions Fleuve Noir ont longuement hésité avant de publier cet ouvrage. Car les événements qu'il retrace sont rigoureusement authentiques et mettent en cause l'épouse d'un ministre. L'aventure survenue à cette courageuse femme est hors du commun, c'est pourquoi, seule une acceptation de sa part pouvait nous décider à éditer ce livre. Ce consentement héroïque, elle nous l'a donné sans réserve. Nous prions donc Mme Alexandre-Benoît Bérurier de trouver ici l'expression de notre admiration et de notre reconnaissance.

(126) ALICE AU PAYS DES MERGUEZ (1986) – S.-A. 126

Dans cet ouvrage, tu prendras connaissance de l'événement le plus important qui se soit produit depuis que l'homme a marché sur la Lune. Un événement que l'on jugeait tellement impensable qu'on n'y pensait plus. La nouvelle a créé un remue-ménage extrême dans la vie française. Au point que M. le président de la République a honoré ce livre d'une préface. Si mon éditeur a refusé de la publier, c'est parce qu'il était convaincu que, d'ici quelques années, San-Antonio sera bien plus connu que le président; et qu'il serait donc anormal qu'un auteur célèbre fût cautionné par un président oublié. Il n'en reste pas moins que c'était un très bel élan du cœur dont je remercie vivement le Pommier des Français. Ce qui l'avait motivé? Je vais te dire, prépare-toi au choc : Béru et Berthe viennent d'avoir un enfant. Un vrai, bien à eux, déjà gras et dégueulasse, car bon sang ne peut mentir. C'est pas de l'événement pur fruit, ça? Ouvre vite la fenêtre, je sens que tu vas t'évanouir.

(127) FAIS PAS DANS LE PORNO... (1986) – S.-A. 127

Voici un San-Antonio d'horreur. Mon premier. Pourquoi ai-je tant attendu avant d'aborder ce genre délicat? Mystère. Car enfin, l'horreur, je sais ce que c'est. Chaque fois que, rentrant de voyage, je trouve un mètre de courrier sur mon bureau, ou que ma petite bonne portugaise laisse brûler le gratin de cardons, ou encore que je me trouve dans un banquet aux côtés d'un vieux gland surdécoré, l'horreur me livre toutes ses sensations fortes. Eh bien, malgré ma connaissance approfondie de la question, j'hésitais à plonger. Mais maintenant, c'est fait. Et tu vas voir comme! Pour mettre le paquet, j'ai mis le paquet! Si tu trouves que c'est trop, va m'attendre dans le prochain. Tu le trouveras à ta mesure car ce sera une histoire de cons.

(128) LA FÊTE DES PAIRES (1986) – S.-A. 128

Quand j'ai sonné à la porte d'à côté, je ne savais pas que ce serait M. Blanc qui viendrait m'ouvrir. De même, j'ignorais qu'il était sénégalais et qu'il possédait toutes les qualités requises pour devenir mon ami d'enfance. Et puis voilà... Il m'a ouvert et on s'est mis à vivre des trucs comme tu peux pas savoir si tu ne lis pas ce vachement beau livre. Ç'a été la fiesta de la castagne, espère! Et celle des paires, donc! Inutile de me bricoler la prostate, ma poule : je ne dirai pas de quelles paires il s'agit. Mais tu vois : faut rencontrer les gens pour comprendre qu'ils vous manquaient.

(129) LE CASSE DE L'ONCLE TOM (1987) – S.-A. 129

Attention! Ceci est un événement! Le San-Antonio le plus copieux depuis « La Comédie humaine » de Balzac! Le vacarme que tu entends, en provenance de la rue, c'est la Metrogolvinge et la Paramoule qui se flanquent sur la gueule pour m'acquérir les droits cinégraphiques. Quand t'auras lu l'œuvre, tu ne dormiras plus avant la prochaine conférence de presse de Canuet. Tes cellules auront beau sucrer les fraises, jamais tu n'oublieras cette chose magistrale, voire foutrale. En achetant ce book, crois-moi, c'est pas une dépense que tu engages, mais un placement que tu fais. Si tu laisses ça en héritage à tes chiares, tu pourras clamser la tête haute : y aura eu une trace de ton passage en ce monde.

(130) BONS BAISERS OÙ TU SAIS (1987) – S.-A. 130

Combien d'temps croyez-vous-t-il que ça durera-t-il, c't'absence de mon Béru, commissaire? Ce silence? J'vais prendre un avocat et m'reconstituer partie civique. Réclamer des hommages et intérêts! Un homme comme mon homme, ça vaut son poids d'pognon, croiliez-moi! Faut qu'l'Etat va m'le payer, commissaire. Sans compter qu'un chibre comme l'sien, au grand jamais j'retrouv'rai l'même. C'tait classé monument hystérique, un nœud de c't'acabit! Les taureaux faisaient la gueule quand y voiliaient limer c'pauv'Alexandre-Benoît dans la nature. Ça va faire deux mois que j'étiole du frifri, commissaire. C'est plus une vie! (Doléances de Berthe Bérurier.)

(131) LE TROUILLOMÈTRE À ZÉRO (1987) – S.-A. 131

Ils voulaient pas que je sorte ce livre. Ils m'ont dit : « Non ! T'as pas le droit, des choses pareilles, de les mettre sur le marché ! » « Elles sont épouvantablement affreuses », ils m'ont dit ! « Elles vont leur chanstiquer la pensarde, comme à toi dans le bouquin ! » « Des lecteurs aussi fidèles, ça se ménage, ils ont ajouté. Ils ont droit que tu fasses gaffe à leur mental. » « Rends-les pas fous, Sana ! Ce serait trop injustement injuste ! En tout, y a des limites à pas enfreindre ! » Ils m'ont dit bien d'autres trucs encore. M'ont balancé des menaces odieuses, même, je certifie. Z'ont même demandé au président de la République d'interviendre. Et il l'a fait ! J'ai la lettre, te la montrerai ! Mais moi, plus on veut me dissuader, plus j'obstine. C'est dans mon caractère ! Alors, voilà ce bouquin, intact ! J'y ai pas déplacé une virgule, pas une faute de français ! Un petit conseil ultime : si tu portes un râtelier, ôte-le avant de le lire, car il est désagréable de bouquiner en produisant un bruit de castagnettes !

(132) CIRCULEZ ! Y A RIEN À VOIR (1987) – S.-A. 132

Roman délimité de qualité supérieure par la chambre de commerce de Pointe-à-Pitre. Aurait dû s'intituler « La tour Eiffel dans le train », ce qui était bien plus marrant, moi je prétends ; mais « ils » ont trouvé que ça faisait vulgaire. Alors, bon, qu'est-ce tu veux que je te dise, hein ? Mais franchement, la démocratie, c'est juste l'idée qu'on s'en fait ! Toujours est-il que la tour Eiffel est bel et bien dans le train et que tout ce qui s'ensuit, ben mon vieux, tu m'en diras des nouvelles ! Tu connaissais pas « Les Mystères de Nouille York » ? Les voici !

(133) GALANTINE DE VOLAILLE POUR DAMES FRIVOLES (1987) – S.-A. 133

Dans le numéro spécial de « Lire » (plus de 800 pages) qu'il a consacré à San-Antonio et qui s'intitule : « SAN-ANTONIO, son vit, son œuvre », Bernard Pivot a écrit dans sa brillante introduction que San-Antonio était le plus grand écrivain de langue française après Shakespeare. Le célèbre journaliste, monarque incontesté de la littérature actuelle, vient de nous adresser un rectificatif pour nous dire sa crainte de voir cet « après » mal interprété et créer une notion de subalternité dont San-Antonio aurait à souffrir par rapport à Shakespeare ; il préférerait substituer à son « après » la préposition « depuis », qu'il juge moins équivoque. Nous le remercions pour sa grande probité morale et espérons que le présent ouvrage renforcera encore son admiration pour l'immense écrivain.

Les éditeurs.

(134) LES MORUES SE DESSALENT (1988) – S.-A. 134

Si tu prends ton whisky « on the rocks », viens vite avec moi dans ce book. Car, pour ce qui est de la glace, tu seras servi ! Le Groenland, mon pote ! C'est-à-dire une calotte glaciaire de 2 000 km de long, sur 3 km de hauteur (la largeur, je me la rappelle plus, mais si tu la franchissais sur les fesses, tu aurais les miches en flammes !). Si ça te dit de faire une chouette balade en traîneau à clebs, d'assister au plus grand tournoi d'éjaculation de l'hémisphère Nord et de vivre une aventure scientifique capable de flanquer la courante à un ours blanc, ne rate pas cette œuvre prodigieuse. Elle te permettra en outre de connaître Marika, la superbe femme de ma vie. Mais n'essaie surtout pas de faire le mondain avec elle, hein ? Sinon tu aurais de mes nouvelles. Et pas des bonnes !

(135) ÇA BAIGNE DANS LE BÉTON (1988) – S.-A. 135

M. Blanc m'avait pourtant prévenu : « Quand on entre dans le grosso modo du Lion, rien ne va plus ! Une période de haute merde commence. » Tout foire : les femmes les plus choucardes deviennent tartes comme un plat de furoncles et les mecs les plus virils se mettent à goder comme des cravates ! Voilà pourquoi, ayant à charge de protéger un couple de vieux kroums gâtochards, nous nous retrouvons, mes potes et moi, avec quatre cadavres sur les brandillons. Moi, tu me connais ? Au début, je ne voulais pas y croire, cartésien comme il est, ton Sana. Seulement, j'ai vite pigé ma douleur ! On vit une époque épique, je te jure !

(136) BAISSE LA PRESSION, TU ME LES GONFLES ! (1988) – S.-A. 136

Un compresseur. Deux cons pressés. Deux comprimés. Deux cons primés. Bérurier devenu obsédé sexuel. M. Félix dont le paf est classé monument historique. Une Autrichienne qui nous fait passer des moments hystériques. Une dizaine de cadavres. Ça, c'est le résumé de ce livre. Maintenant, si tu veux tous les détails croustillants, faut l'acheter, mon pote ; qu'est-ce que tu veux que je te dise ! Je ne vais tout de même pas te faire peur et te faire triquer juste avec une quatrième page de couverture !

(137) RENIFLE, C'EST DE LA VRAIE (1988) – S.-A. 137

Bonne nouvelle : la chasse aux perdreaux vient d'ouvrir ! Oui, mais sale nouvelle pour les perdreaux ! Les flics se ramassent à la pelle dans les rues de Paname ! Il faut absolument qu'on fasse quelque chose, non ? Alors on fait. Béru, par exemple, se déguise en gardien de la paix. Comme il prend du service dans le quartier des putes, c'est pas triste, malgré l'hécatombe ! Franchement, si t'es contre la chicorne, la baise et la franche rigolade, vaut mieux que tu relises l'annuaire des Chemins de fer.

(138) LE CRI DU MORPION (1989) – S.-A. 138

« A ses débuts, il avait été accompagnant pubien à Lord d'un clochard de la place Maubert. » Ainsi commence la biographie de ce minuscule et très épisodique personnage qui se nomme Arsène et qui est morpion de service dans ce livre. Je ne pensais pas, en carambolant la jolie Marie-Maud, que ce facétieux animal allait m'emmener non pas en java mais à Java. Qu'à cause de lui, j'allais devoir mettre en l'air une quantité de gens peu honorables au demeurant et assister au sacre tragique de Bézaphon II, le sultan de Kelbo Salo ! Comme quoi, il ne faut jamais qu'un morpion sorte de sa réserve. Si par hasard tu en as un qui la ramène, envoie-le se gratter.

(139) PAPA, ACHÈTE-MOI UNE PUTE (1989) – S.-A. 139

Je vais te dire une bonne chose : les gens qui ont un don, faut s'en gaffer pire que du fisc. C'est bien joli, un don, mais ça peut avoir des conséquences. Moi, le don de Bruno, merci bien ! J'ai failli y laisser mes os. En tout cas, j'en sais des moins vergeots qui en sont clamsés sans avoir vu Venise. Heureusement que les corbillards ne sont pas en grève, parce que alors, on allait se ruiner en déodorants !

(140) MA CAVALE AU CANADA (1989) – S.-A. 140

J'aime mieux prévenir. Celui qui entreprend la lecture de « Ma cavale au Canada » doit avoir le cœur et les roustons bien accrochés, car il y a davantage d'épisodes dramatiques dans cette œuvre magistrale qu'il n'y en a eu pendant toute la dernière guerre et plus de scènes de baise que n'en comptent les règnes d'Henri VIII et d'Elisabeth II réunis. Prière d'éteindre sa cigarette avant de pénétrer dans ces pages. A l'intérieur, y a déjà plein de gonzesses qui ont le feu aux miches : inutile d'aggraver les risques. Vive le Québec Livres!

(141) VALSEZ, POUFFIASSES (1989) – S.-A. 141

Le monde à l'envers. Tête-bêche comme pour un 69 grand style. D'ordinaire, dans une affaire criminelle, les perdreaux cherchent un criminel. Dans celle-ci, ce serait plutôt un honnête homme qu'ils aimeraient découvrir. Si j'étais un écrivain, j'aurais intitulé ce book « Sang et Nuit ». Mais heureusement pour toi, je suis juste un San-Tantonio. Ce qui va te permettre, au milieu du carnage, d'assister à des scènes de baise de force 5 sur l'échelle de Richter. Car elles déferlent, les pouffiasses dans ces pages admirables. Avec ou sans culotte! Quand t'auras fini cet ouvrage édifiant, regarde sous la table, des fois qu'il en serait resté une pour te bricoler une bonne manière. Heureusement que Béru est là pour battre la mesure. Avec quoi? Je te dis pas. C'est zob secret!

(142) TARTE AUX POILS SUR COMMANDE (1989) – S.-A. 142

Pour bien se préparer à la consommation de la tarte aux poils, il est conseillé de manger beaucoup de cœurs d'artichauts non ébarbés. Ensuite, il est bon d'embrasser le sculpteur César, Alain Bombard ou François Nourissier à pleine joue et de façon répétitive, avant de prodiguer ces baisers fougueux à un manteau d'astrakan (dans la région des boutonnières de préférence). L'entraînement doit être intensif. Songez qu'Arthur Rubinstein s'est fait chier des années avec « La Lettre à Elise » avant d'interpréter ces nocturnes de Chopin qui ont assuré sa gloire. Lorsque vous aurez la certitude de bien maîtriser le sujet, vous pourrez vous risquer alors à pratiquer sur une dame la figure dite de « l'enveloppe cachetée ». Pour le reste, faites confiance à votre instinct et allez de l'avant! Cela dit, il n'y a pas que des séances de tartes aux poils dans ce saisissant ouvrage. Vous trouverez en outre : une balle fondue, huit caïmans (mais peut-être sont-ce des alligators?), une mine désaffectée, un nègre blanc, une balle de golf particulière et plus d'une tonne de cadavres. Quand vous aurez achevé votre lecture, faites-moi signe : on ira bouffer ensemble. De la tarte aux poils, de préférence.

(143) COCOTTES-MINUTE (1990) – S.-A. 143

Tu as déjà acheté de la viande sous cellophane, toi? Oui? Ben, faut vivre avec son temps bouffe-merdique, que veux-tu. Mais des bites sous cellophane, t'en as déjà vu des bites sous cellophane? Jamais? Moi si! Lis ce book et t'en auras plein la musette (plein l'amusette). Une aventure pareille, j'ai bien cherché : tu peux pas la trouver ailleurs que dans mon œuvre. En plus des biroutes par paquets, t'auras droit à des frangines ultra-rapidos du réchaud. Elles te regardent et ton bénouze se transforme en socquette. Je les appelle des cocottes-minute.

(144) PRINCESSE PATTE-EN-L'AIR (1990) – S.-A. 144

J'ai encore jamais tringlé dans la famille royale britannique, mais je suis convaincu que tu ne peux pas y trouver une princesse aussi habile tireuse, aussi survoltée du réchaud que celle de ce book! Et pourtant, des chaudes de la craquette, y en a eu, y en a, et y en aura encore aux alentours de Buckingham Palace! Des terribles, malgré leurs chailles qui traînent par terre! Des qu'ont la coquille Saint-Jacques large comme l'entrée de Westminster Abbaye, avec plein de capitaines de horse-guards batifolant du bonnet à poils entre leurs jambons! Mais la mienne de princesse, pour ce qui est de l'entonnoir à chibres, elle est médaille d'or. Plus forcenée de l'arrière-boutique tu meurs! Du reste, telle qu'elle est, tu meurs aussi! Parce que cette princesse-là, elle collectionne les coups de braque, mais pas les amants! Style Marguerite de Bourgogne en sa tour de Nesle, si tu vois le genre? Cela dit, faut que je t'avoue une chose : c'est pas une vraie princesse. Et que je t'avoue encore une deuxième chose : c'est pas une vraie princesse, mais c'est une vraie salope! Est-ce que je me fais bien comprendre?

(145) AU BAL DES ROMBIÈRES (1990) – S.-A. 145

Il s'en passe de sévères à l'institut de thalassothérapie de Riquebon-sur-Mer. On est obligé de planquer les cadavres dans les tiroirs car les croque-morts arriveraient pas à tous les croquer! Ça tombe à qui mieux mieux : les vieillards en premier, ce qui est justice, mais aussi les femmes, y compris les très jolies, ce qui est dégueulasse! Dans ce très gros book, l'Antonio se surpasse, tu verras. Jamais il s'est montré si farfadingue ni si tringleur! On lime à toutes les pages, à toute heure et en tous lieux! Pour couronner le chef-d'œuvre, t'as droit au premier chapitre des mémoires du Gros, écrits de sa main et intitulés : « Bérurier. Son vit, son œuvre ». Pas triste! J'aime autant te parler franchement : si tu rates ce livre, tu rates ta vie!

(146) BUFFALO BIDE (1991) – S.-A. 146

Chanson de salle de garde :
« Non, non, non, Bérurier n'est pas mort
Non, non, non, Bérurier n'est pas mort
Car il bande encore
Car il bande encore. »
Et pourtant! Oui, pourtant! Il a bel et bien trépassé à l'ombre des montagnes Rocheuses, notre héroïque Buffalo Bide.
Il aura donné sa vie à la France. Et son vit à Cupidon. Qu'il repose en pets. Amen.

(147) BOSPHORE ET FAIS RELUIRE (1991) – S.-A. 147

Ma Félicie chérie,
Je t'écris d'Istanbul où je vis des choses que tu auras du mal à croire lorsque je te les raconterai. Jamais, de toute ma carrière, je n'aurai eu tant d'ennemis sur le dos à la fois. On peut dire que je bois le calife jusqu'à l'hallali! Je travaille en « poule » avec Violette, une nouvelle inspectrice « formée » par le Vieux. Béru a complètement défoncé le fondement d'une employée du consulat. Mathias a les poches bourrées de gadgets qui ridiculiseraient James Bond. Quant à Jérémie Blanc, il devient raciste! Mais comme dit Violette : « L'un dans l'autre, on s'en sort. » Je ne me souviens pas si, la dernière fois tu m'as fait une blanquette, tu avais bien mis un jaune d'œuf dedans? Le mieux est que je m'en refasses une autre quand je rentrerai. En attendant, je Bosphore! Grosses bises, Ton fils pour la vie.

Antoine.

(148) LES COCHONS SONT LÂCHÉS (1991) – S.-A. 148

Si un jour on te demande quel est le plus gaulois des San-Antonio, le plus vert, le plus salingue, le plus rabelaisien, le plus scatologique, le plus grivois, le plus too much, réponds sans hésiter que c'est « les cochons sont lâchés ». Peut-être parce que c'est le seul où San-Antonio ne joue aucun rôle, sinon celui du romancier? Dans ces pages paillardes, Béru et Pinuche sont lancés seuls à l'aventure, afin de dénouer une ahurissante affaire. Mais le pénis « hors paire » de Bérurier sera leur braguette de sourcier. Grâce à cet appendice exceptionnel, ils franchiront tous les obstacles! Comment? Lis et tais-toi! L'heure est grave; l'heure est folle : les cochons sont lâchés! Retiens ton souffle, ma jolie. Et surtout ne déboucle pas ta ceinture si tu ne veux pas qu'il t'arrive un turbin!

(149) LE HARENG PERD SES PLUMES (1991) – S.-A. 149

Tu prends : un vieux duc cacochyme, une grosse virago hystérique, un couple espagnol aimant les films porno, deux homosexuels amoureux, une oie blanche, deux gangsters (dont l'un est américain), quelques malfrats, pétasses et arnaqueurs en tout genre. Tu introduis San-Antonio et M. Blanc parmi ce beau monde pour qu'ils y foutent la vérole. T'attends que les armes se taisent. Tu comptes les cadavres. T'éponges le raisiné. Tu te marres un bon coup. Puis tu ranges ce book dans ta bibliothèque, sur le rayon réservé à tes préférés. T'as tout compris? Bon, alors c'est que tu es en progrès.

(150) TÊTES ET SACS DE NŒUDS (1991) – S.-A. 150

Et voilà que M. Félix (tu sais, le vieux prof qui possède un sexe d'enfer) a la fermeture Eclair de sa braguette coincée. Avec diligence, Berthe veut le dépanner en s'aidant d'un coutelas. Hélas! La lame ripe et se plante dans le zob du siècle! Tu te rends compte? Le Félix allait à Bruxelles pour épouser une de ses collègues belges : la gentille Irma Ladousse! Heureusement que Béru et moi sommes là pour faire prendre patience à la future mariée! Nous voilà tous partis pour le cap Nord, à tringler comme des sauvages. Cela dit, on y va en mission. Et quelle! Une affaire inouïe pendant laquelle on vit du poignant. Heureusement qu'on lime à tout-va : ça nous repose un peu d'exister! Toujours se faire tuer, c'est pas une vie!

(151) LE SILENCE DES HOMARDS (1992) – S.-A. 151

À TOUS MES LECTEURS! Qu'ils soient mâles, femelles ou hermaphrodites. Ce livre est incontournable si vous souhaitez rester dans la grande famille san-antoniaise. Il marque un virage important dans ma carrière. Si vous avez des amis en voyage aux antipodes (voire même aux propodes), achetez-le-leur, car ils risqueraient de ne plus le trouver à leur retour; et ce serait affreux pour eux. S'ils ne vous le remboursaient pas, Dieu vous le rendrait.

(152) Y EN AVAIT DANS LES PÂTES (1992) – S.-A. 152

C'est l'histoire d'un type, au restaurant, qui fait une scène d'enfer au maître d'hôtel parce qu'il vient de trouver un poil dans ses nouilles. L'après-midi de ce même jour, le maître d'hôtel va dans un clandé et aperçoit son client en train de faire minette à une pensionnaire.
Il prend le gars à partie :

– C'était pas la peine de crier si fort pour un poil dans les nouilles quand on fait ce que vous faites! lui dit-il.

Le client s'interrompt et riposte :

– Je crierais plus fort encore si je trouvais une nouille dans ces poils!

Le grand Maurice Chevalier passait pour être plutôt ladre. Un soir qu'il donnait un dîner chez lui, le maître d'hôtel lui demanda à voix haute et intelligible s'il devait passer les fromages.

Et Maurice Chevalier s'écria :

– Quelle idée! Y en avait dans les pâtes!

Un jour, dans un restaurant, à l'étranger, j'ai trouvé un gros morceau de phare de voiture dans mon assiette de spaghettis, ce qui m'a rendu perplexe. Je n'ai rien dit, mais je ne l'ai pas mangé. On ne peut imaginer tout ce qu'il y a, parfois, dans les pâtes! Lis ce bouquin, tu t'en rendras compte!

(153) AL CAPOTE (1992) – S.-A. 153

Le mystère de l'assassinat de Kennedy? Tiens, fume! Accompagne-nous dans notre virée U.S. et tu verras ce qu'on en fait du mystère Kennedy, Béru, Mathias et moi. Ah! évidemment, ça ne s'est pas toujours bien passé, mais contrairement à ce qu'assurait le père Coubertin, l'essentiel, c'est pas de participer : c'est de gagner. Si tu veux mon avis, ce présent bouquin, dans cent ans on le fera lire encore dans les écoles. « Al Capote » fait partie du patrimoine, désormais. D'autant qu'il est plein d'histoires de cul. Je n'y peux rien si l'Histoire s'écrit avec du sang et des braquemards.

(154) FAITES CHAUFFER LA COLLE (1993) – S.-A. 154

Si vous aimez les frissons, alors là vous serez servis, et pas qu'un peu. Tout d'abord il y a ceux, ineffables ô combien, qui vous transportent au septième ciel, dont je ne suis pas avare, mes chéries, qui me connaissez bien comme moi je vous sais. Et puis les autres, ceux qui vous flanquent la Sibérie dans l'entresol, transformant vos espérances (c'est bien le mot pour la majorité, non?) en flétrissures ectoplasmiques. Je sens déjà que vous salivez d'avidité libidineuse et castagnettez de délicieuse frayeur anticipée avant même de mouiller votre doigt pour... tourner la première page de ce récit hautement édifiant.

(155) LA MATRONE DES SLEEPINGES (1993) – S.-A. 155

T'as déjà pris l'Orient-Express, toi? Jamais? Alors t'as tout raté! Tu sais qu'il s'en passe des choses dans ce train de rêve? Et pas seulement celles que tu crois. Des choses que t'en reviendras pas. Je connais des tas de mecs qui n'en sont pas revenus. Qui n'en reviendront jamais! Cela dit, la baronne Van Trickhül ne le prend pas à chacun de ses trajets. En voilà une, je te la recommande! La Matrone des Sleepinges, je l'appelle. Au retour, j'ai essayé de compter les macchabées jalonnant sa route; comme j'avais pas de calculette, j'y ai renoncé. Mais lorsque t'auras terminé la lecture de cette épopée ferroviaire, tu pourras t'y coller, si ça t'amuse. Si on te filait dix balles par tête de pipe, t'aurais de quoi prendre l'Orient-Express à ton tour. Auquel cas tu devrais faire poinçonner ton bifton plutôt que ta tronche!

(200) L'HISTOIRE DE FRANCE (1964)

Paris ne s'est pas fait en un jour, et la France ne s'est pas faite toute seule! Les plaques de nos rues et les socles de nos statues portent les noms des responsables : ça va de la rue Vercingétorix à la rue Charles-de-Gaulle. Et pourtant le nom le plus important est absent de nos places, de nos avenues, de nos boulevards et même de nos impasses : celui de Bérurier. Or, ce sont les Bérurier qui ont vraiment fait la France. Avec leurs mains, leur sang et leur sueur. Avec leur esprit aussi. Soucieux de réparer cette criante injustice, j'ai essayé de reconstituer leur trajectoire dans le temps. BÉRURIER À TRAVERS LES ÂGES. Tel aurait pu être le titre de ce livre qui n'est pas une mystification mais, au contraire, une démystification. Comme le langage, l'Histoire se doit de rester vivante; c'est pourquoi je me suis attaché à en secouer la poussière, à en « plumeauter » les toiles d'araignée, à en dédorer les tranches, les couronnes et les auréoles et à la saupoudrer d'éclats de rire. Un petit travail de réfection, quoi! Il m'a permis de constater qu'on nous avait doré l'Histoire de France avec cette même poudre aux yeux qui sert aussi à nous dorer la pilule!

(201) LE STANDINGE (1965)

(202) BÉRU ET CES DAMES (1967)

Vous ne vous en doutiez pas, que Bérurier et Diogène avaient un point commun : une lanterne! Seulement, celle de Béru est rouge...

(203) LES VACANCES DE BÉRURIER (1969)

Le plus cocasse, le plus délirant, le plus fou fou fou,le plus san-antoniesque des SAN-ANTONIO.

(204) BÉRU-BÉRU (1970)

Les femmes aussi aiment San-Antonio!

« Pourquoi j'aime les livres de San-Antonio? Parce qu'ils me font rire. Je l'avoue sans honte, sans éprouver le besoin de me justifier en faisant remarquer que, mine de rien, leur auteur est un écrivain véritable, sérieux. Le Rabelais de notre époque. Rions avec San-Antonio, notre ami, champion du rire toutes catégories : petit rire, gros rire, fou rire, rire de coin, rire bon enfant, rire vengeur, contrepèteries, à-peu-près, calembours, San-Antonio ne fait pas la fine bouche. Nous non plus. C'est si bon de rigoler sans faire de manières, de se détendre, de se dilater la rate, de se tenir le ventre, de s'étouffer de rire, d'en hurler, d'en pleurer. Quiconque nous fait rire est notre meilleur ami. Un conseil : lisez San-Antonio. Son petit monde deviendra le vôtre. »

Marcelle SEGAL (La Suisse)

(205) LA SEXUALITÉ (1971)

Voici un « San-Antonio » comme vous n'en avez encore jamais vu! Une parodie débridée de l'érotisme qui, de nos jours, submerge le monde de la littérature et du spectacle. Que vous soyez virils ou impuissants, la lecture de ce livre vous passionnera. Jamais San-Antonio n'est allé aussi loin dans la caricature, dans la bouffonnerie, dans la farce, dans « l'hénorme ». « La sexualité » est grouillante de personnages démesurés qui appartiennent désormais à la littérature.

(206) LES CON (1973)

Quel est le con qui a déclaré un jour que nous étions cernés par les cons? Alors que ce sont les gens intelligents qui nous cernent, au contraire. Ce qui est bien plus tragique, car les gens intelligents sont généralement de sales cons. Cela dit, le livre ci-joint est une histoire de cons. A la con. Par un con. Pour les cons? Depuis si longtemps j'avais envie de me déconner un petit peu... en déconnant. Mais comment? Mais à travers quoi : un traité, une lettre ouverte, une autobiographie? Comme je n'arrivais pas à trancher, j'ai choisi d'exprimer par roman policier, comme toujours. Cons à péripéties, quoi; à épisodes... Seulement, ça restait trop en marge de la question, fatalement. Si bien qu'en cours de rédaction, j'ai commis quelques pensées, oui, mon cher : des pensées! (Moi!?). Et puis, parce que ça ne m'avait encore pas soulagé, j'ai marqué ensuite un essai (comme Montaigne). Il n'est pas transformé. Tu le trouveras nature dans « Con Magazine » dont on a magistralement réuni ici la collection complète et définitive. Voilà pourquoi ce bouquin pèse lourd (uniquement dans la balance des pététés, car, rassure-toi, j'ai horreur de faire tarter le lecteur). Or, malgré toute cette déconnade, je n'ai toujours pas joui en plein. Tu sais pourquoi? Parce que le monde entier est con et que je ne peux pas parler du monde entier. Exhaustif à ce point, il n'y faut pas songer. On écrit sur les minorités, jamais bien sur les majorités. Enfin, voici tout de même « Les Con », t'auras qu'à détacher les vrais qui s'y agglutinent pour les enfiler sur une tringle. Et si ce titre te paraît singulier, lis le livre pour t'en faire un pluriel!

(207) LES MOTS EN ÉPINGLE DE FRANÇOISE DARD (+) (1980)

(208) SI « QUEUE D'ÂNE » M'ÉTAIT CONTÉ (1976)

Il y aura toujours foule pour rire avec San-Antonio.

Le Nouvel Observateur

San-Antonio est entré dans le folklore français : cent petits livres ont fait une grande œuvre.

L'Express

Le grand public a bon goût : il n'a pas eu besoin qu'on lui dise que San-Antonio était un grand écrivain. Il l'a découvert tout seul.

Le Journal du Dimanche

Etre compris sans donner prise : tel est le but constant de son flux verbal, qui ne ressemble qu'à lui-même, et qu'il appelle trop modestement ses « conneries ».

Sant-Antonio : un phénomène dans l'histoire de l'édition, un des plus grands succès du siècle.

Le Figaro

(209) LES CONFESSIONS DE L'ANGE NOIR (+) (1952-1953)

(210) Y A-T-IL UN FRANÇAIS DANS LA SALLE? (1979)

Enfin l'événement que tout le monde attendait : SAN-ANTONIO et Frédéric DARD « ont opéré leur jonction ».

(211) LES CLÉS DU POUVOIR SONT DANS LA BOÎTE À GANTS (1981)

Sadique et pathétique San-Antonio.

(212) LES AVENTURES GALANTES DE BÉRURIER (+) (1983)

(213) FAUT-IL TUER LES PETITS GARÇONS QUI ONT LES MAINS SUR LES HANCHES? (1984)

L'œuvre de San-Antonio est sans conteste un monument de la littérature contemporaine. ... Profitons de la verve tonifiante de San-Antonio, de ce grand petit garçon, qui pour notre bonheur et notre honneur a su désavouer les pédants, les minus, les minables... Renée Boviatsis (« L'Humanisme de San-Antonio », La Pensée Universelle.)

(214) LA VIEILLE QUI MARCHAIT DANS LA MER (1988)

« Lorsque j'ai commencé ce livre, j'avais l'intention d'écrire une histoire cocasse, haute en couleur : celle d'une vieille aventurière qui se donne un dauphin avant de raccrocher, et le forme à l'arnaque. Je ne me doutais pas, à cet instant, que j'allais commettre l'ouvrage le plus grinçant de ma carrière, m'enfoncer dans un conte de fées noir à vous en flanquer le vertige, et peut-être même dépasser certaines limites. Mais je ne regrette rien. Quand on est capable de tout, il faut le prouver. »

(215) SAN-ANTONIAISERIES (+) (1989)

(216) LE MARI DE LÉON (1990)

Ce livre raconte l'histoire d'un ver de terre amoureux d'une étoile. Le ver de terre s'appelle Léon. L'étoile s'appelle Boris.

(217) LES SOUPERS DU PRINCE (1992)

Quand Edouard, dit Doudou, devient Edouard Ier.
« Sire, de grâce, écoutez-moi, je reviens des galères. Je suis voleur, vous êtes roi, c'est à peu près la même affaire. »
(Pétition d'un voleur de Sa Majesté, attribuée à Lacenaire.)

TABLE DES MATIÈRES

Achevé d'imprimer en septembre 1993
dans les ateliers de Normandie Roto Impression s.a.
61250 Lonrai

N° d'imprimeur : I3-1912
Dépôt légal : septembre 1993
Imprimé en France